A FAZENDA PÚBLICA EM JUÍZO

O GEN | Grupo Editorial Nacional – maior plataforma editorial brasileira no segmento científico, técnico e profissional – publica conteúdos nas áreas de concursos, ciências jurídicas, humanas, exatas, da saúde e sociais aplicadas, além de prover serviços direcionados à educação continuada.

As editoras que integram o GEN, das mais respeitadas no mercado editorial, construíram catálogos inigualáveis, com obras decisivas para a formação acadêmica e o aperfeiçoamento de várias gerações de profissionais e estudantes, tendo se tornado sinônimo de qualidade e seriedade.

A missão do GEN e dos núcleos de conteúdo que o compõem é prover a melhor informação científica e distribuí-la de maneira flexível e conveniente, a preços justos, gerando benefícios e servindo a autores, docentes, livreiros, funcionários, colaboradores e acionistas.

Nosso comportamento ético incondicional e nossa responsabilidade social e ambiental são reforçados pela natureza educacional de nossa atividade e dão sustentabilidade ao crescimento contínuo e à rentabilidade do grupo.

LEONARDO CARNEIRO DA CUNHA

A FAZENDA PÚBLICA EM JUÍZO

22ª edição revista, atualizada e ampliada

- O autor deste livro e a editora empenharam seus melhores esforços para assegurar que as informações e os procedimentos apresentados no texto estejam em acordo com os padrões aceitos à época da publicação, e todos os dados foram atualizados pelo autor até a data de fechamento do livro. Entretanto, tendo em conta a evolução das ciências, as atualizações legislativas, as mudanças regulamentares governamentais e o constante fluxo de novas informações sobre os temas que constam do livro, recomendamos enfaticamente que os leitores consultem sempre outras fontes fidedignas, de modo a se certificarem de que as informações contidas no texto estão corretas e de que não houve alterações nas recomendações ou na legislação regulamentadora.

- Fechamento desta edição: *14.05.2025*

- O Autor e a editora se empenharam para citar adequadamente e dar o devido crédito a todos os detentores de direitos autorais de qualquer material utilizado neste livro, dispondo-se a possíveis acertos posteriores caso, inadvertida e involuntariamente, a identificação de algum deles tenha sido omitida.

- **Atendimento ao cliente: (11) 5080-0751 | faleconosco@grupogen.com.br**

- Direitos exclusivos para a língua portuguesa
  Copyright © 2025 by
  Editora Forense Ltda.
  Uma editora integrante do GEN | Grupo Editorial Nacional
  Travessa do Ouvidor, 11 – Térreo e 6º andar
  Rio de Janeiro – RJ – 20040-040
  www.grupogen.com.br

- Reservados todos os direitos. É proibida a duplicação ou reprodução deste volume, no todo ou em parte, em quaisquer formas ou por quaisquer meios (eletrônico, mecânico, gravação, fotocópia, distribuição pela Internet ou outros), sem permissão, por escrito, da Editora Forense Ltda.

- Capa: Danilo Oliveira

CIP-BRASIL. CATALOGAÇÃO NA PUBLICAÇÃO
SINDICATO NACIONAL DOS EDITORES DE LIVROS, RJ

C978f
22. ed.

Cunha, Leonardo Carneiro da
   A fazenda pública em juízo / Leonardo Carneiro da Cunha. - 22. ed., rev. atual. e reform. - Rio de Janeiro : Forense, 2025.

Inclui bibliografia
ISBN 978-85-3099-754-0

1.Direito administrativo - Brasil. 2. Execução contra a fazenda pública - Brasil. I. Título.

25-98091.0   CDU: 347.952:342.22(81)

Carla Rosa Martins Gonçalves - Bibliotecária - CRB-7/4782
13/05/2025 19/05/2025

*À minha mulher, Tatiana, por tudo.
A Pedro e Luísa, frutos do nosso amor.*

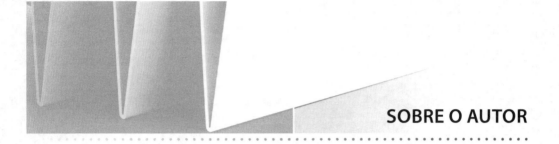

SOBRE O AUTOR

Advogado, árbitro, consultor jurídico e procurador do estado de Pernambuco. Professor associado da Faculdade de Direito do Recife (UFPE), onde obteve o título de mestre em Direito. Doutor em Direito pela PUC-SP, com pós-doutorado pela Universidade de Lisboa. Integrou a Comissão de Juristas composta para auxiliar a Câmara dos Deputados na revisão do Projeto do Código de Processo Civil de 2015.

NOTA DO AUTOR À 22ª EDIÇÃO

A obra chega à sua 22ª edição, revista, atualizada e ampliada, contando com alguns itens novos.

O livro foi atualizado com diversos precedentes obrigatórios do STF e do STJ, decorrentes do julgamento de Ações Diretas de Inconstitucionalidade e de teses fixadas em temas de repercussão geral e de recursos repetitivos.

O Capítulo VII passou a contar com um novo item, que versa sobre a intervenção anômala da União em arbitragem.

O Capítulo XII também conta com novos itens, tendo alguns outros sido ampliados.

Agradeço ao Desembargador Leonardo Resende, por me apresentar um voto de sua autoria, proferido em um julgamento do TRF da 5ª Região, em que restringiu a aplicação do § 1º do art. 1º da Lei 8.437/1992, considerando possível a concessão de tutela provisória em primeira instância, quando incabível o mandado de segurança no caso concreto. Esse seu voto fez-me lembrar de eu já ter escrito sobre o tema. Acreditava que isso estava no Capítulo XI. Procurei, mas não encontrei. Depois de muito buscar, descobri que isso estava na 11ª edição, num capítulo dedicado às medidas cautelares contra o Poder Público. Com o advento do atual CPC, que não contém um livro próprio sobre o processo cautelar, aquele capítulo da 11ª edição foi transformado no atual Capítulo X, que trata do julgamento de casos repetitivos. Resgatei, então, o texto e o incluí no Capítulo XI. Esta 22ª edição recupera, portanto, um trecho que havia sido suprimido desde a 12ª edição.

Também agradeço a Carlos Jar pelas sugestões apresentadas.

Diversos capítulos foram atualizados com vários precedentes, temas de repercussão geral e temas de recursos repetitivos. Aliás, todo o livro foi revisado e atualizado com novas referências doutrinárias e jurisprudenciais.

Espero que os leitores gostem desta nova edição.

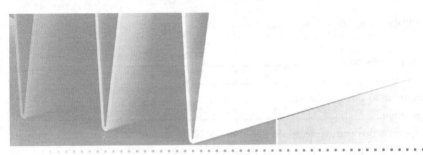

SUMÁRIO

INTRODUÇÃO		XXIX
CAPÍTULO I – A FAZENDA PÚBLICA		1
1.1	Fazenda Pública	1
	1.1.1 Conceito	1
	1.1.2 As empresas públicas e as sociedades de economia mista	4
	1.1.3 Distinção entre empresa estatal prestadora de serviço público e empresa estatal exploradora de atividade econômica	5
	1.1.3.1 Necessidade de examinar a distinção	5
	1.1.3.2 Conceito de serviço público	6
	1.1.3.3 Voltando ao conceito de Fazenda Pública	9
1.2	A capacidade postulatória e a Fazenda Pública: a Advocacia Pública	9
1.3	União e sua presentação judicial	11
1.4	Estados e sua presentação judicial	14
1.5	Municípios e sua presentação judicial	15
	1.5.1 Prefeito ou advogado público	15
	1.5.2 Associação de Representação de Municípios	16
1.6	Distrito Federal e sua presentação judicial	18
1.7	Autarquias, fundações públicas e sua presentação judicial	19
1.8	Os órgãos legislativos e sua presentação judicial	20
1.9	Convênio para a prática de ato processual por procurador de outro ente federativo (CPC, art. 75, § 4º)	24
CAPÍTULO II – PRERROGATIVAS PROCESSUAIS DA FAZENDA PÚBLICA		27
2.1	O princípio da isonomia no processo	27
2.2	A Fazenda Pública e o interesse público	29
2.3	A necessidade de se conferirem prerrogativas processuais à Fazenda Pública	30
2.4	Regime jurídico uniforme para as carreiras públicas	33
CAPÍTULO III – DOS PRAZOS E DA INTIMAÇÃO PESSOAL DA FAZENDA PÚBLICA		35
3.1	Prazos diferenciados e intimação pessoal	35
3.2	Classificação dos prazos	35
	3.2.1 Prazos próprios e impróprios	36
	3.2.2 Prazos legais	37
	3.2.3 Prazos judiciais	37
	3.2.4 Prazos convencionais	38

3.3	Aplicação do art. 183 do CPC		38
3.4	Contagem dos prazos		39
	3.4.1	Cômputo só dos dias úteis	39
	3.4.2	Feriados	40
	3.4.3	Suspensão dos prazos de 20 de dezembro a 20 de janeiro	41
3.5	Alguns casos em que não se aplica o prazo em dobro		42
	3.5.1	Generalidades	42
	3.5.2	Prazo para contestar a ação popular	42
	3.5.3	Prazos nos Juizados Federais e nos Juizados da Fazenda Pública	42
	3.5.4	Depósito do rol de testemunhas	43
	3.5.5	O prazo para impugnação ao cumprimento da sentença e para embargos à execução pela Fazenda Pública	43
	3.5.6	Os prazos na ação direta de inconstitucionalidade e na ação declaratória de constitucionalidade	44
	3.5.7	Os prazos para o Estado estrangeiro	44
	3.5.8	Os prazos na suspensão de segurança	45
	3.5.9	Prazo para a Fazenda Pública responder à ação rescisória	46
	3.5.10	Prazo para a Fazenda Pública nos procedimentos regidos pelo ECA	47
3.6	Inviabilidade da cumulação do art. 183 com o art. 229, ambos do CPC		47
3.7	Aplicação do art. 183 do CPC ao processo do mandado de segurança		48
3.8	Prazo para ajuizamento de ação rescisória		49
3.9	Intimação pessoal		52
	3.9.1	Intimação feita pelo próprio advogado	54
	3.9.2	Negócio processual sobre forma de intimação	55

CAPÍTULO IV – A PRESCRIÇÃO E AS PRETENSÕES QUE ENVOLVEM A FAZENDA PÚBLICA 57

4.1	A prescrição como encobrimento da pretensão		57
4.2	A prescrição em favor da Fazenda Pública		60
	4.2.1	Aplicação apenas aos entes que integram o conceito de Fazenda Pública: Súmula 39 do STJ. Ressalva quanto às empresas estatais que prestam serviço público	61
	4.2.2	Prestações de trato sucessivo: Súmula 85 do STJ	63
	4.2.3	"Prescrição" do fundo do direito: casos em que não se aplica a Súmula 85 do STJ	64
4.3	Interrupção da prescrição em favor da Fazenda Pública: inteligência da Súmula 383 do STF		65
4.4	Distinção entre prescrição e decadência: noções gerais		67
4.5	Análise, pelo juiz, da prescrição e da decadência em favor da Fazenda Pública		69
4.6	Prescrição em ações de indenização propostas em face da Fazenda Pública		70
4.7	Prescrição em execução proposta em face da Fazenda Pública		74
4.8	Prescrição em ações propostas em face da Fazenda Pública em razão da alegação de tortura		75
4.9	A prescrição contra a Fazenda Pública		75
4.10	A propositura de demanda judicial para discutir a dívida como causa interruptiva da prescrição da pretensão executiva		76

CAPÍTULO V – A FAZENDA PÚBLICA COMO RÉ 81

5.1 A citação da Fazenda Pública 81
5.2 A teoria da aparência e a citação da Fazenda Pública 85
5.3 As possíveis atitudes do réu 87
5.4 A revelia e a Fazenda Pública 89
5.5 A contestação apresentada pela Fazenda Pública 91
5.6 Desistência da ação proposta em face da Fazenda Pública 93
5.7 A improcedência liminar do pedido e sua aplicação nas demandas propostas em face da Fazenda Pública 96
    5.7.1 Generalidades 96
    5.7.2 Hipóteses de improcedência liminar do pedido 96
        5.7.2.1 Requisitos gerais 96
        5.7.2.2 Casos dos incisos do art. 332 do CPC e sua relação com o sistema de precedentes do CPC 97
        5.7.2.3 Improcedência liminar por prescrição ou decadência (CPC, art. 332, § 1º) 98
    5.7.3 Pronunciamento que julga liminarmente improcedente o pedido 99
    5.7.4 Recurso contra o pronunciamento que julga liminarmente improcedente o pedido 99
    5.7.5 Apelação contra a sentença que julga liminarmente improcedente o pedido 99

CAPÍTULO VI – DESPESAS, HONORÁRIOS SUCUMBENCIAIS, DEPÓSITOS JUDICIAIS, CUSTAS, MULTAS E A FAZENDA PÚBLICA 101

6.1 Pagamento de despesas no processo 101
    6.1.1 Diferenças entre custas, emolumentos e despesas em sentido estrito 101
    6.1.2 Natureza tributária das custas e dos emolumentos 101
    6.1.3 Alcance do art. 91 do CPC 102
    6.1.4 Pagamento de honorários de perito, de assistente técnico e de outras despesas em sentido estrito pela Fazenda Pública 105
6.2 Honorários advocatícios 106
    6.2.1 Direito do advogado 106
    6.2.2 Honorários para advogados públicos 107
    6.2.3 Os honorários e a causalidade 108
    6.2.4 Valor dos honorários e critérios para sua fixação 109
    6.2.5 Valor dos honorários e critérios para sua fixação nas causas em que a Fazenda Pública for parte 110
    6.2.6 A indevida aplicação do § 8º do art. 85 do CPC aos casos de valores elevados ou excessivos 112
    6.2.7 Sucumbência recursal 114
    6.2.8 Dispensa de honorários quando não impugnado o cumprimento de sentença contra a Fazenda Pública 119
    6.2.9 Honorários na execução fundada em título extrajudicial contra a Fazenda Pública 122
    6.2.10 Honorários na execução fiscal 123
    6.2.11 Honorários e reconhecimento da prescrição intercorrente 126
6.3 O preparo nos recursos 127

6.4	O depósito de 5% previsto no art. 968, II, do CPC para ajuizamento de ação rescisória	128
6.5	As *astreintes* e outras multas. Sua aplicação contra a Fazenda Pública	129
6.6	As multas previstas no § 4º do art. 1.021 e no § 3º do art. 1.026, ambos do CPC	133

CAPÍTULO VII – DA INTERVENÇÃO ANÔMALA ... 137

7.1	Previsão legal	137
7.2	A intervenção anômala (Lei 9.469/1997, art. 5º, parágrafo único)	138
	7.2.1 Requisitos	138
	7.2.2 Poderes do interveniente	139
	7.2.3 Interposição de recurso	140
	7.2.4 Modificação da competência	141
	7.2.5 Possibilidade de o terceiro interveniente ajuizar pedido de suspensão de liminar ou de segurança	144
	7.2.6 Submissão à coisa julgada	145
	7.2.7 Legitimidade do terceiro interveniente para ajuizamento de ação rescisória	145
	7.2.8 Procedimentos em que é admissível	146
	7.2.9 Cabimento no mandado de segurança?	146
	7.2.10 Intervenção anômala da União em arbitragem	147
7.3	Intervenção anômala e assistência: semelhanças e distinções	148
7.4	Intervenção anômala e *amicus curiae*: semelhanças e distinções	150

CAPÍTULO VIII – DA DENUNCIAÇÃO DA LIDE PELA FAZENDA PÚBLICA ... 155

8.1	A denunciação da lide e suas hipóteses de cabimento	155
8.2	Os princípios da eficiência e da duração razoável do processo como balizas para a denunciação da lide	157
8.3	Possibilidade de denunciação da lide pela Fazenda Pública	158

CAPÍTULO IX – DA REMESSA NECESSÁRIA ... 161

9.1	Terminologia	161
9.2	Noções históricas	161
9.3	Natureza jurídica	164
9.4	Hipóteses de cabimento	167
	9.4.1 Sentença (*rectius*, decisão de mérito) proferida contra a Fazenda Pública	167
	9.4.2 Remessa necessária e decisões que não resolvem o mérito	169
	9.4.3 Remessa necessária na ação popular	169
	9.4.4 Remessa necessária na ação de improbidade administrativa e na ação civil pública. Aplicação analógica da Lei 4.717/1965	170
	9.4.5 Remessa necessária na ação civil pública. Aplicação analógica da Lei 4.717/1965	170
	9.4.6 Remessa necessária em mandado de segurança	171
	9.4.7 Sentença que acolhe embargos à execução fiscal	172
	9.4.8 Sentença proferida em processo no qual a Fazenda Pública figura como assistente simples do réu	172
	9.4.9 Remessa necessária e sentença arbitral	173
	9.4.10 Requisito negativo de admissibilidade da remessa necessária	173

9.4.11	Remessa necessária e as decisões interlocutórias não agraváveis. Aplicação do § 1º do art. 1.009 do CPC à remessa necessária	174
9.5	Remessa necessária e a extensão da coisa julgada à questão prejudicial incidental	175
9.6	Procedimento	175
9.7	Tutela provisória na remessa necessária	176
9.8	Hipóteses de dispensa da remessa necessária	177
	9.8.1 Valor da condenação ou do direito controvertido	177
	9.8.2 Súmulas (judiciais e administrativas). Precedentes obrigatórios. Entendimentos vinculantes	178
	9.8.3 Hipóteses de dispensa da remessa necessária no mandado de segurança	180
	9.8.4 Dispensa da remessa por negócio processual?	181
9.9	A necessidade de determinação da remessa necessária pelo juiz; meios de impugnação contra a dispensa da determinação	181
9.10	Aplicação do § 3º do art. 1.013 do CPC ao julgamento da remessa necessária	182
9.11	Recurso especial em remessa necessária	183

CAPÍTULO X – JULGAMENTO DE CASOS REPETITIVOS E A FAZENDA PÚBLICA 185

10.1	A litigiosidade em massa e as questões de direito repetitivas	185
10.2	Os litigantes habituais e os litigantes eventuais. A Fazenda Pública como um litigante habitual	189
10.3	Outros mecanismos para a solução de casos repetitivos	189
10.4	O julgamento de casos repetitivos no CPC	191
10.5	Microssistema de julgamento de casos repetitivos e sua dupla função	191
10.6	Microssistema de julgamento de casos repetitivos e o processo do trabalho	193
10.7	Parte geral que regula o julgamento de casos repetitivos	194
	10.7.1 Sistema adotado: causa-piloto ou causa-modelo?	194
	10.7.1.1 Generalidades	194
	10.7.1.2 A opção brasileira	195
	10.7.1.3 A desistência ou abandono do caso-piloto. A hipótese de causa-modelo no direito brasileiro	196
	10.7.1.4 Conclusão parcial	197
	10.7.1.5 A recorribilidade e o julgamento da causa-modelo	197
10.8	Regras que compõem o núcleo do microssistema de gestão e julgamento de casos repetitivos	199
	10.8.1 Generalidades	199
	10.8.2 Reconhecimento da conexão por afinidade, com suspensão dos processos em que a questão a ser decidida se repete	199
	10.8.3 Exercício do direito à distinção e revogação da suspensão indevida (art. 1.037, §§ 8º a 13)	200
	10.8.4 Estímulo à desistência do processo, antes de proferida a sentença (CPC, art. 1.040 e parágrafos)	201
	10.8.5 Comunicação a órgão, ente ou agência reguladora, no caso de questão relacionada à prestação de serviço objeto de concessão, permissão ou autorização (CPC, arts. 985, § 2º, e 1.040, IV)	202
	10.8.6 Regramento do abandono (CPC, art. 976, § 1º)	203
	10.8.7 Regramento da competência para a concessão da tutela de urgência (CPC, arts. 982, § 2º, e 1.029, § 5º, III)	204

	10.8.8 Incorporação da decisão ao julgamento dos processos pendentes, sobrestados ou não (CPC, arts. 985, I, e 1.040, I e III)	204
10.9	Microssistema de formação concentrada de precedentes obrigatórios (CPC, art. 927)	205
	10.9.1 Generalidades	205
	10.9.2 Divulgação e publicidade	206
	10.9.3 Participação ampliada: interessados e *amicus curiae*	207
	10.9.4 Intervenção do Ministério Público	210
	10.9.5 Calendário processual (CPC, art. 191)	210
	10.9.6 Possibilidade de interposição de recurso pelo *amicus curiae*	211
	10.9.7 Eficácia da decisão para processos futuros	211
	10.9.8 Procedimento para revisão da tese jurídica (superação do precedente obrigatório formado de modo concentrado)	212
10.10	Outras regras comuns às espécies de julgamento de casos repetitivos	213
	10.10.1 Seleção do caso representativo	213
	10.10.2 Identificação da questão a ser submetida a julgamento. O respeito à congruência	214
	10.10.3 Decisão	215
	10.10.3.1 Fundamentação. A relação com o art. 489, § 1º, do CPC	215
	10.10.3.2 Elementos do acórdão do incidente de julgamento de casos repetitivos. Sumário dos argumentos examinados e núcleos decisórios	216
	10.10.4 Eficácia da decisão em relação a decisões já transitadas em julgado	217
	10.10.5 Prevenção do relator que primeiro tiver afetado (CPC, art. 1.037, § 3º)	218
	10.10.6 Instauração de mais de um procedimento para fixação de casos repetitivos. Litispendência e conexão entre os incidentes	219
	10.10.7 Prazo para julgamento – um ano (CPC, arts. 980 e 1.037, § 4º)	220
	10.10.8 Prioridade de julgamento (CPC, arts. 980 e 1.037, § 4º) e exclusão da ordem cronológica de julgamento (CPC, art. 12, § 2º, III)	220
	10.10.9 Aplicação do regime de julgamento e gestão de casos repetitivos a qualquer processo, recurso ou incidente	220
10.11	O incidente de resolução de demandas repetitivas	222
	10.11.1 Natureza jurídica	222
10.12	Requisitos de admissibilidade	222
10.13	Sustentação oral no juízo de admissibilidade do IRDR	225
10.14	Competência para admitir o IRDR. Irrecorribilidade da decisão que não admite o IRDR e possibilidade de repropositura do IRDR não admitido	226
10.15	Confronto entre o incidente de resolução de demandas repetitivas e o incidente de assunção de competência	226
10.16	Fungibilidade entre incidente de resolução de demandas repetitivas e incidente de assunção de competência	227
10.17	Competência para o julgamento do IRDR. O IRDR, as causas de competência originária e os recursos ordinários no Tribunal Superior	228
10.18	Legitimidade para instauração do IRDR	229
10.19	Casos em que cabe o IRDR e momento de sua instauração	231
10.20	Custas (CPC, art. 976, § 5º)	232
10.21	Suspensão dos processos	232
	10.21.1 Generalidades	232

10.21.2	Extensão da suspensão	234
10.21.3	Suspensão nacional dos processos	234
10.21.4	Início, duração e término do período de suspensão	236
10.21.5	Tutela provisória no incidente: interpretação provisória, em vez de suspensão dos processos	236
10.22	Procedimento e julgamento do IRDR	237
10.23	A decisão de organização do IRDR e as suas funções	238
10.24	Recursos no IRDR	240
10.25	Ação rescisória	243
10.26	IRDR e Juizados Especiais	243
10.27	Recursos especiais ou extraordinários repetitivos	245
10.28	Técnica de gestão dos recursos repetitivos pelo presidente ou vice-presidente do tribunal de origem	246
10.29	Legitimidade para provocar a instauração do incidente	248
10.30	Questão de direito que pode ser objeto do incidente	249
10.31	Poderes do relator	250
10.32	Recursos especiais repetitivos e seu processamento no STJ: regulamentação em seu regimento interno	251
10.33	Retratação do órgão recorrido em razão do julgamento do recurso extraordinário ou especial repetitivo	253

CAPÍTULO XI – DA TUTELA PROVISÓRIA CONTRA A FAZENDA PÚBLICA 255

11.1	Tutela jurisdicional de urgência no CPC/1973	255
11.2	A distinção entre tutela cautelar e tutela antecipada	258
11.3	Da ação cautelar fiscal: noções gerais	261
11.4	A tutela provisória no CPC	264
	11.4.1 Problema terminológico	264
	11.4.2 Tutela de urgência	265
	11.4.2.1 Observação introdutória	265
	11.4.2.2 Tutela de urgência cautelar e satisfativa	265
	11.4.2.3 Tutela de urgência antecedente e incidental	267
	11.4.2.4 Tutela de urgência contra a Fazenda Pública	267
	11.4.2.4.1 Cabimento	267
	11.4.2.4.2 Hipóteses vedadas em lei	267
	11.4.2.4.3 A opinião doutrinária sobre as vedações legais a tutela de urgência contra a Fazenda Pública	271
	11.4.3 Tutela de urgência cautelar	274
	11.4.3.1 Generalidades	274
	11.4.3.2 Tutela de urgência cautelar antecedente	275
	11.4.3.3 Tutela de urgência cautelar incidental	276
	11.4.4 Tutela de urgência satisfativa	276
	11.4.4.1 Generalidades	276
	11.4.4.2 Tutela de urgência satisfativa antecedente	276
	11.4.4.2.1 Hipótese de urgência contemporânea ao ajuizamento da demanda	276

		11.4.4.2.2	Estabilização da tutela de urgência.................................	277
			11.4.4.2.2.1 Observação introdutória..........................	277
			11.4.4.2.2.2 Requisitos	278
			11.4.4.2.2.3 Custas e honorários no caso de estabilização..	280
			11.4.4.2.2.4 Estabilização *versus* coisa julgada	280
			11.4.4.2.2.5 Descabimento de ação rescisória	280
			11.4.4.2.2.6 Estabilização da tutela de urgência contra a Fazenda Pública..	281
	11.4.5	Tutela de evidência		282
		11.4.5.1	Tutela de evidência e tutela provisória de evidência	282
		11.4.5.2	Hipóteses de tutela de evidência	282
		11.4.5.3	Tutela de evidência contra a Fazenda Pública	285
11.5	Meios de impugnação contra a decisão que concede tutela provisória contra a Fazenda Pública...			286
11.6	Consequências da revogação da tutela provisória: restituição ao estado anterior			289

CAPÍTULO XII – A FAZENDA PÚBLICA E A EXECUÇÃO.. 293

12.1	Execução contra a Fazenda Pública			293
	12.1.1	Cumprimento de sentença contra a Fazenda Pública..		295
		12.1.1.1	Requerimento de cumprimento de sentença contra a Fazenda Pública	300
		12.1.1.2	A defesa da Fazenda Pública no cumprimento de sentença: a impugnação	301
			12.1.1.2.1 Conteúdo da impugnação apresentada pela Fazenda Pública	305
			12.1.1.2.1.1 Observação inicial...............................	305
			12.1.1.2.1.2 Falta ou nulidade da citação, se o processo correu à revelia............................	305
			12.1.1.2.1.3 Ilegitimidade de parte	306
			12.1.1.2.1.4 Inexequibilidade do título ou inexigibilidade da obrigação	307
			12.1.1.2.1.5 Decisão fundada em lei ou ato normativo considerado inconstitucional pelo Supremo Tribunal Federal (CPC, art. 535, § 5º)	307
			12.1.1.2.1.6 Excesso de execução ou cumulação indevida de execuções.................................	311
			12.1.1.2.1.7 Qualquer causa impeditiva, modificativa ou extintiva da obrigação, como pagamento, novação, compensação, transação ou prescrição, desde que superveniente à sentença...	313
			12.1.1.2.1.8 Incompetência do juízo da execução, bem como suspeição ou impedimento do juiz	314
	12.1.2	Execução fundada em título extrajudicial em face da Fazenda Pública............		315
		12.1.2.1	A defesa da Fazenda Pública na execução fundada em título extrajudicial: os embargos à execução...	316

	12.1.3	Os créditos de natureza alimentícia..	318
	12.1.4	Regime especial para pagamento de crédito de precatório de Estados, Distrito Federal e Municípios	321
	12.1.5	Limite de gastos com pagamento de precatórios, observância da ordem cronológica de inscrição e das preferências no recebimento	329
	12.1.6	A gestão dos precatórios e o controle pelo Congresso Nacional e pelo Conselho Nacional de Justiça...	330
	12.1.7	Natureza jurídica da atividade do presidente do tribunal no precatório	332
	12.1.8	Atualização monetária e juros no pagamento do precatório..........................	333
	12.1.9	O cancelamento de precatórios e requisições de pequeno valor federais (Lei 13.463/2017)...	341
	12.1.10	Sequestro: natureza e objeto..	344
	12.1.11	Intervenção federal e estadual	346
	12.1.12	Casos de dispensa de precatório	346
	12.1.13	Os precatórios e a prioridade de tramitação de processos para pessoas idosas, para pessoas com doença grave e para pessoas com deficiência....................	353
	12.1.14	Cumprimento provisório de sentença contra a Fazenda Pública	357
	12.1.15	Abatimento, a título de compensação, no valor do precatório de débitos para com a correspondente Fazenda Pública...	358
	12.1.16	Utilização de crédito de precatório	359
	12.1.17	Parcelamento e financiamento de precatórios	360
	12.1.18	Cessão de crédito inscrito em precatório..	362
	12.1.19	Negociação e cessão de precatório mediante serviços notariais	363
	12.1.20	Utilização de depósitos judiciais para pagamento de precatórios em atraso ..	364
	12.1.21	Execução de obrigação de fazer, não fazer e entregar coisa contra a Fazenda Pública..	364
	12.1.22	Petição apresentada pela Fazenda Pública para a revisão do valor do precatório: art. 1º-E da Lei 9.494/1997...	368
12.2	Execução proposta pela Fazenda Pública..		369
	12.2.1	Execução fiscal..	369
		12.2.1.1 A dívida ativa da Fazenda Pública e a certidão de dívida ativa	370
		12.2.1.1.1 Procedimento para inscrição na dívida ativa e suspensão da prescrição	373
		12.2.1.1.2 Dispensa da execução fiscal em casos de pequenos valores e em que há súmula (judicial ou administrativa), precedente obrigatório ou entendimento vinculante....	374
		12.2.1.1.3 Dispensa ou arquivamento de execuções fiscais de valores pequenos propostas por Conselhos Profissionais. Tema 1.193/STJ	375
		12.2.1.1.4 Substituição ou emenda da certidão de dívida ativa....	376
		12.2.1.1.5 Protesto de certidão de dívida ativa	377
		12.2.1.1.6 Notificação para pagamento administrativo, restrição de crédito, averbação da CDA nos órgãos de registro de bens e direitos e sua "indisponibilidade"	378
		12.2.1.1.7 Possibilidade de condicionamento do ajuizamento da execução à verificação de indícios de bens, direitos ou atividade econômica dos devedores ou corresponsáveis..	379

	12.2.1.1.8	Interesse de agir na execução fiscal, o Tema 1.184/STF e a Resolução 547/2024 do CNJ...................................	380
12.2.1.2	As legitimidades ativa e passiva na execução fiscal........................		382
	12.2.1.2.1	Legitimidade ativa..	382
	12.2.1.2.2	Legitimidade passiva...	385
	12.2.1.2.3	Responsabilidade do sócio-gerente ou diretor.............	386
	12.2.1.2.4	Incidente de desconsideração da personalidade jurídica. Cabimento na execução fiscal...............................	388
12.2.1.3	Competência..		395
	12.2.1.3.1	Competência da primeira instância..............................	395
	12.2.1.3.2	Competência do STF...	396
	12.2.1.3.3	Competência da Justiça Estadual................................	396
	12.2.1.3.4	Competência da Justiça Federal.................................	396
	12.2.1.3.5	Competência federal delegada..................................	397
	12.2.1.3.6	Competência da Justiça Eleitoral................................	398
	12.2.1.3.7	Competência da Justiça do Trabalho..........................	398
	12.2.1.3.8	Competência territorial..	399
	12.2.1.3.9	Competência para execução fiscal e superveniência de falência ou de recuperação judicial........................	401
12.2.1.4	Procedimento..		404
	12.2.1.4.1	Fase inicial..	404
	12.2.1.4.2	Citação do executado..	405
		12.2.1.4.2.1 Meios e efeitos...................................	405
		12.2.1.4.2.2 Citação por edital na execução fiscal.....	406
		12.2.1.4.2.3 Nomeação de curador especial.............	407
	12.2.1.4.3	Nomeação de bens à penhora...................................	407
	12.2.1.4.4	Penhora...	408
		12.2.1.4.4.1 Generalidades..................................	408
		12.2.1.4.4.2 Bloqueio de ativos financeiros e penhora de dinheiro na execução fiscal...................	409
		12.2.1.4.4.2.1 Generalidades..................	409
		12.2.1.4.4.2.2 Bloqueio de ativos. Procedimento (CPC, art. 854)...	409
		12.2.1.4.4.2.3 Impugnação do executado ao bloqueio de ativos (CPC, art. 854, § 3º)..................	410
		12.2.1.4.4.3 Prioridade da penhora de dinheiro na execução fiscal..	411
		12.2.1.4.4.4 Penhora de fiança, de seguro garantia e de debêntures.....................................	411
		12.2.1.4.4.5 Penhora de direitos e ações. A penhora de precatórios.....................................	411
		12.2.1.4.4.6 Reforço de penhora na execução fiscal.....	412
		12.2.1.4.4.7 Substituição do bem penhorado na execução fiscal......................................	412

SUMÁRIO | XXI

		12.2.1.4.4.8	Penhora de imóvel na execução fiscal...	415
		12.2.1.4.4.9	Penhora de percentual sobre faturamento da empresa..	416
		12.2.1.4.4.10	Intimação da penhora na execução fiscal..	417
		12.2.1.4.4.11	Concurso de penhoras.............................	417
	12.2.1.4.5	Suspensão do processo pela falta de bens penhoráveis e reconhecimento da prescrição pelo juiz. Tema 1.229 do Superior Tribunal de Justiça....................		418
	12.2.1.4.6	A indisponibilidade de bens prevista no art. 185-A do CTN		421
	12.2.1.4.7	Pedido de parcelamento (CPC, art. 916)......................		423
	12.2.1.4.8	Intimações e desnecessidade de intervenção do Ministério Público..		423
12.2.1.5	A defesa do executado...			424
	12.2.1.5.1	Embargos à execução...		424
		12.2.1.5.1.1	Prazo e sua contagem...............................	424
		12.2.1.5.1.2	Ausência de efeito suspensivo automático. Sua concessão pelo juiz. Hipótese de efeito suspensivo automático................	426
		12.2.1.5.1.3	Garantia do juízo para admissão dos embargos. Entendimento do STJ..............	427
		12.2.1.5.1.4	Objeto dos embargos................................	429
		12.2.1.5.1.5	Improcedência liminar dos embargos à execução fiscal..	431
		12.2.1.5.1.6	Procedimento dos embargos...................	432
		12.2.1.5.1.7	Embargos na execução fiscal por carta...	432
		12.2.1.5.1.8	Resumo final sobre os embargos à execução fiscal...	432
	12.2.1.5.2	Exceção de pré-executividade......................................		432
	12.2.1.5.3	Ações autônomas (defesas heterotópicas).....................		434
	12.2.1.5.4	Meios destinados a postular a invalidação da arrematação na execução fiscal..		437
12.2.1.6	Prosseguimento da execução fiscal quando interposta apelação contra sentença que rejeitar os embargos do executado................			438
12.2.1.7	Da expropriação na execução fiscal..			439
	12.2.1.7.1	Generalidades..		439
	12.2.1.7.2	Adjudicação...		439
	12.2.1.7.3	Alienação..		440
	12.2.1.7.4	Apropriação de frutos e rendimentos de empresa ou de estabelecimentos e de outros bens........................		442
12.2.1.8	Da sentença e da coisa julgada na execução fiscal.................			445
12.2.1.9	Dos recursos na execução fiscal..			447
12.2.2	Execução de multas e condenações impostas pelo Tribunal de Contas..........			448
12.2.3	Execução de multa penal..			450
12.2.4	Execução de multas e condenações impostas pelo CADE...............................			452

CAPÍTULO XIII – A FAZENDA PÚBLICA E A AÇÃO MONITÓRIA 453
13.1 Microssistema de tutela de direitos pela técnica monitória no CPC 453
13.2 Ação monitória: noções gerais 453
13.3 Ação monitória contra a Fazenda Pública 458
13.4 Ação monitória ajuizada pela Fazenda Pública 459

CAPÍTULO XIV – MANDADO DE SEGURANÇA 461
14.1 Tratamento constitucional do mandado de segurança 461
    14.1.1 Breve histórico legislativo 461
    14.1.2 Direito líquido e certo 462
        14.1.2.1 Generalidades 462
        14.1.2.2 Admissão dos fatos como meio de verificação do direito líquido e certo 464
        14.1.2.3 Direito líquido e certo e complexidade da matéria de direito invocada 465
        14.1.2.4 Exigência da prova documental e inviabilidade da prova documentada 465
        14.1.2.5 Ausência de direito líquido e certo: consequência 466
    14.1.3 Ato ilegal ou abusivo de autoridade pública ou agente de pessoa jurídica no exercício de atribuições públicas 467
        14.1.3.1 Definição legal de autoridade 467
        14.1.3.2 Inviabilidade de mandado de segurança contra lei em tese 467
        14.1.3.3 Mandado de segurança contra omissão da autoridade pública 467
        14.1.3.4 Mandado de segurança contra ato legislativo 467
        14.1.3.5 Mandado de segurança contra ato judicial 468
        14.1.3.6 Mandado de segurança contra ato de partido político, de entidade autárquica, de pessoa natural e de entidade particular que exerça atividade pública por delegação 468
        14.1.3.7 Mandado de segurança contra ato colegiado, contra ato complexo e contra ato praticado em procedimento administrativo (licitação ou comissão de inquérito) 469
        14.1.3.8 Mandado de segurança contra ato de empresa pública ou sociedade de economia mista 469
14.2 Natureza jurídica do mandado de segurança 470
    14.2.1 Mandado de segurança como um remédio jurídico processual 470
    14.2.2 Desistência do mandado de segurança 470
14.3 Espécies de mandado de segurança 472
    14.3.1 Mandado de segurança preventivo e mandado de segurança repressivo 472
    14.3.2 Mandado de segurança individual e mandado de segurança coletivo 472
14.4 Partes no mandado de segurança 477
    14.4.1 Legitimidade ativa 477
        14.4.1.1 Legitimidade ordinária 477
        14.4.1.2 Legitimidade concorrente 479
        14.4.1.3 Legitimidade extraordinária subsidiária 480
    14.4.2 Falecimento do impetrante: sucessão *mortis causa* ou extinção do processo? 483
    14.4.3 Legitimidade passiva 484

14.4.4	Litisconsórcio no mandado de segurança. Enfoque especial à problemática da falta de citação do litisconsorte passivo necessário...............	487
14.4.5	Litisconsórcio entre a autoridade impetrada e a pessoa jurídica da qual ela faz parte...............	489
14.4.6	Indicação errônea da autoridade impetrada: correção do vício. Aplicação dos arts. 338 e 339 do CPC ao mandado de segurança...............	490
14.5	O Ministério Público no mandado de segurança...............	492
14.6	Intervenção de terceiros no mandado de segurança...............	494
14.7	Competência para processar e julgar o mandado de segurança...............	497
14.7.1	Critérios definidores da competência no mandado de segurança...............	497
14.7.2	Competência da Justiça Eleitoral para processar e julgar o mandado de segurança...............	499
14.7.3	Competência da Justiça do Trabalho para processar e julgar o mandado de segurança...............	500
14.7.4	Competência para processar e julgar o mandado de segurança contra ato de tribunal...............	504
14.7.5	Nota conclusiva sobre a competência para processar e julgar o mandado de segurança...............	505
14.8	Casos em que não se admite o mandado de segurança...............	506
14.8.1	Generalidades...............	506
14.8.2	A revogação do inciso III do art. 5º da Lei 1.533/1951...............	507
14.8.3	Casos em que não se admite o mandado de segurança...............	508
14.8.3.1	Contra ato de que caiba recurso administrativo com efeito suspensivo independentemente de caução...............	508
14.8.3.2	Contra ato judicial passível de recurso com efeito suspensivo...............	508
14.8.3.3	Contra ato judicial transitado em julgado...............	510
14.8.3.4	Litisconsórcio necessário no mandado de segurança contra ato judicial...............	511
14.8.3.5	Desnecessidade de notificação da pessoa jurídica no mandado de segurança contra ato judicial...............	511
14.9	Prazo para impetração...............	512
14.10	Procedimento...............	516
14.10.1	Petição inicial e seus requisitos...............	516
14.10.2	Indeferimento da petição inicial...............	516
14.10.3	Improcedência liminar do pedido...............	517
14.10.4	Notificação da autoridade e intimação da Advocacia Pública...............	518
14.10.5	Ingresso posterior de litisconsorte ativo...............	519
14.10.6	Momento para apresentação das informações. Consequências de sua ausência. Demais atos processuais...............	520
14.10.7	Prioridade de tramitação e preferência no julgamento...............	521
14.11	Tutela provisória...............	522
14.11.1	Previsão na Lei 12.016/2009...............	522
14.11.2	Estabilização da tutela de urgência...............	523
14.11.3	Tutela de evidência no mandado de segurança...............	524
14.12	Sentença, sua execução e cumprimento...............	525
14.12.1	Generalidades...............	525

14.12.2	Honorários e honorários recursais	527
14.12.3	Intimação da sentença	529
14.13	Remessa necessária	530
14.14	Recursos	532
14.14.1	Generalidades	532
14.14.2	Ampliação do colegiado em caso de divergência	535
14.14.3	Legitimidade para recorrer no processo de mandado de segurança e o recurso da autoridade coatora	538
14.15	Coisa julgada	539
14.15.1	Generalidades	539
14.15.2	Interesse recursal para combater o fundamento da decisão (coisa julgada *secundum eventum probationis*)	541
14.15.3	Coisa julgada sobre questão prejudicial decidida incidentemente	541
14.15.4	Coisa julgada no mandado de segurança coletivo	543

CAPÍTULO XV – PEDIDO DE SUSPENSÃO DE SEGURANÇA 547

15.1	Previsão legal	547
15.2	Natureza jurídica do pedido de suspensão	551
15.3	Legitimidade para o ajuizamento do pedido de suspensão	554
15.4	Competência para o pedido de suspensão	557
15.5	Concomitância do pedido de suspensão com o agravo de instrumento e eventual conflito entre as decisões neles proferidas	560
15.6	Procedimento do pedido de suspensão	562
15.7	Duração da suspensão concedida	565
15.8	Do agravo interno contra a decisão do pedido de suspensão	568
15.9	Da renovação do pedido de suspensão para o tribunal superior	571
15.10	Da suspensão para várias decisões similares e do pedido de aditamento	573
15.11	Do pedido de suspensão em Juizados Especiais Federais e em Juizados Especiais da Fazenda Pública	575

CAPÍTULO XVI – O SISTEMA MULTIPORTAS DE JUSTIÇA, OS NEGÓCIOS JURÍDICOS PROCESSUAIS E A FAZENDA PÚBLICA 577

16.1	Apresentação	577
16.2	Cláusula geral estimuladora da adoção de meios consensuais pelo Poder Público (LINDB, art. 26)	578
16.3	A arbitragem no Brasil	580
16.3.1	A legislação brasileira	580
16.3.2	Arbitrabilidade objetiva e subjetiva	584
16.3.3	Poder do árbitro para conceder medidas cautelares e de urgência	585
16.3.4	A arbitragem e a Administração Pública	586
16.4	A mediação e a conciliação no Brasil	591
16.4.1	Observação introdutória	591
16.4.2	A Resolução 125/2010 do Conselho Nacional da Justiça (CNJ) e a política pública de mediação e conciliação	591
16.4.3	Os ADRs no CPC	592

	16.4.4	A mediação e a conciliação..	594
	16.4.5	A mediação e a Fazenda Pública. O Código de Processo Civil e a Lei 13.140/2015...	599
16.5	Os negócios jurídicos processuais..		602
	16.5.1	Generalidades..	602
	16.5.2	Negócios processuais típicos e atípicos...	603
	16.5.3	Negócios processuais e Fazenda Pública...	605
16.6	*Dispute board* ou comitê de resolução de disputas....................................		609
	16.6.1	Histórico..	609
	16.6.2	Previsão na lei de licitações e contratos administrativos.................	610
	16.6.3	Conceito e características...	610
	16.6.4	Espécies..	611
		16.6.4.1 Generalidades..	611
		16.6.4.2 *Dispute Review Board*...	612
		16.6.4.3 *Dispute Adjudication Board*...	612
		16.6.4.4 *Combined Dispute Board*..	613
	16.6.5	Distinção entre o *Dispute Board* e a mediação................................	613
	16.6.6	Distinção entre o *Dispute Board* e a arbitragem.............................	614

CAPÍTULO XVII – RECLAMAÇÃO 617

17.1	Breve histórico da reclamação e sua evolução no Brasil.............................		617
17.2	Fundamentos da reclamação...		618
	17.2.1	Aspectos constitucionais..	618
	17.2.2	A teoria dos poderes implícitos e a teoria da reserva legal..............	619
	17.2.3	A previsão da reclamação em outras leis...	620
	17.2.4	O papel dos regimentos internos dos tribunais.................................	620
17.3	Natureza jurídica...		621
	17.3.1	Generalidades..	621
	17.3.2	Entendimento do STF a respeito da natureza jurídica da reclamação...	624
	17.3.3	Consequências da definição da natureza jurídica da reclamação....	624
		17.3.3.1 Requisitos da petição inicial e capacidade postulatória..	624
		17.3.3.2 Decisão apta a formar coisa julgada.................................	625
		17.3.3.3 Custas e honorários advocatícios na reclamação.............	625
	17.3.4	Cabimento da reclamação em todos os tribunais..............................	627
	17.3.5	Cabimento da reclamação contra decisão do próprio tribunal........	627
17.4	Reclamação e decisão transitada em julgado...		628
17.5	Hipóteses de cabimento da reclamação (demanda típica, de fundamentação vinculada).....		629
	17.5.1	Generalidades..	629
	17.5.2	Reclamação para preservação de competência do tribunal.............	630
	17.5.3	Reclamação para garantir a autoridade da decisão do tribunal......	632
		17.5.3.1 Generalidades..	632
		17.5.3.2 Reclamação contra ato que desrespeitou enunciado de súmula vinculante do STF	635
		17.5.3.3 Reclamação para garantir a observância de decisão do Supremo Tribunal Federal proferida em controle concentrado de constitucionalidade...	638

			17.5.3.3.1	Generalidades e a chamada "transcendência dos motivos determinantes"...	638
			17.5.3.3.2	Reclamação 4.374/PE do STF. A possibilidade de reclamação para revisar decisão proferida em ação declaratória de constitucionalidade..............................	641
		17.5.3.4	Reclamação para garantir a observância de precedente proferido em julgamento de casos repetitivos ou em incidente de assunção de competência		642
		17.5.3.5	Reclamação para garantir a observância de precedente proferido em julgamento de recurso especial ou extraordinário repetitivo (CPC, art. 988, § 5º, II)...		644
		17.5.3.6	Reclamação contra decisões em Juizados Especiais Cíveis. Revogação da Resolução 12/2009 do STJ...		647
	17.5.4	A reclamação como instrumento para realização da distinção................			649
	17.5.5	A reclamação como instrumento para interpretação da decisão do tribunal....			650
17.6	Legitimidade para a reclamação...				651
	17.6.1	Legitimidade ativa..			651
		17.6.1.1	Generalidades		651
	17.6.2	Capacidade processual do Ministério Público Estadual para ajuizar reclamação perante tribunal superior...			651
		17.6.2.1	Legitimidade passiva e intervenção do interessado		653
17.7	Procedimento da reclamação..				654
	17.7.1	Previsão legal...			654
	17.7.2	Processo documental (prova pré-constituída)			654
	17.7.3	Requisitos da petição inicial..			655
	17.7.4	Prevenção do relator...			656
	17.7.5	Indeferimento da petição inicial ou julgamento de improcedência liminar do pedido pelo relator..			657
	17.7.6	Tutela provisória na reclamação...			657
	17.7.7	Reclamação repetitiva...			658
	17.7.8	Prazo para ajuizamento da reclamação...			658
	17.7.9	Relação entre recurso e reclamação (CPC, art. 988, § 6º)			659
	17.7.10	Intervenção do Ministério Público na reclamação			659
17.8	Decisão que julga a reclamação				662
17.9	Recursos na reclamação..				663
17.10	Eficácia imediata e posterior lavratura do acórdão...				663

CAPÍTULO XVIII – DESAPROPRIAÇÃO 665

18.1	Tratamento constitucional da desapropriação	665
18.2	Normas que regulam o procedimento judicial da desapropriação.......................	667
18.3	Caducidade da declaração expropriatória	668
18.4	Submissão da desapropriação à mediação ou à arbitragem	671
18.5	Jurisdição para o processamento e julgamento da desapropriação......................	672
18.6	Competência para processar e julgar a desapropriação..	675
18.7	Cognição judicial na desapropriação	678
18.8	Legitimidade ativa e passiva	682
18.9	Resposta do réu na desapropriação..	684

18.10	Revelia na desapropriação	685
18.11	Inadmissibilidade de oposição na desapropriação	686
18.12	Imissão provisória na posse	687
18.13	Imissão provisória na posse de imóveis residenciais urbanos	689
18.14	Transferência da propriedade do bem	690
18.15	Desistência da desapropriação	692
18.16	Correção monetária, juros moratórios e juros compensatórios na desapropriação	694
18.17	Custas e honorários na desapropriação	699
18.18	Remessa necessária e recursos na desapropriação	702
18.19	Coisa julgada na desapropriação	702
18.20	Desapropriação para fins de reforma agrária	702
18.21	Expropriação das glebas nas quais se localizem culturas ilegais de plantas psicotrópicas	707
18.22	Desapropriação indireta	707

CAPÍTULO XIX – A FAZENDA PÚBLICA NOS JUIZADOS ESPECIAIS CÍVEIS ... 713

19.1	A previsão constitucional dos Juizados Especiais Cíveis		713
19.2	Juizados Especiais Cíveis Estaduais e Federais		714
	19.2.1	Aplicação do Código de Processo Civil	715
		19.2.1.1 O processo cooperativo nos Juizados Especiais	715
		19.2.1.2 Mediação e conciliação nos Juizados Especiais	717
		19.2.1.3 Negócios jurídicos processuais nos Juizados Especiais	718
		19.2.1.4 O incidente de desconsideração da personalidade jurídica (CPC, arts. 133 a 137) e sua aplicação nos Juizados Especiais	719
		19.2.1.5 Normas sobre prazos e sua aplicação nos Juizados Especiais	720
		19.2.1.6 Improcedência liminar do pedido nos Juizados Especiais	721
19.3	Juizados Especiais Cíveis Federais		722
	19.3.1	Competência dos Juizados Especiais Cíveis Federais	722
		19.3.1.1 Competência absoluta	725
		19.3.1.2 Juizados Especiais Federais para causas previdenciárias	726
		19.3.1.3 Competência territorial dos Juizados Especiais Cíveis Federais	726
		19.3.1.4 Reconhecimento da incompetência do Juizado Federal	727
		19.3.1.5 Competência federal delegada a juízo estadual	728
		19.3.1.6 Criação superveniente de Juizado Especial Cível Federal	729
		19.3.1.7 Conflito de competência entre juiz federal de vara comum e juiz federal de juizado	730
		19.3.1.8 Competência para cumprir carta precatória quando existente, na comarca, um Juizado Especial Cível Federal	732
	19.3.2	Partes nos Juizados Especiais Cíveis Federais	732
		19.3.2.1 Dispensa de advogado	736
		19.3.2.2 Inexistência de prazos diferenciados para a Fazenda Pública	738
	19.3.3	Provas nos Juizados Especiais Federais	739
	19.3.4	Tutela provisória nos Juizados Especiais Federais	739
		19.3.4.1 Estabilização da tutela de urgência nos Juizados Especiais Federais: inaplicabilidade	741

	19.3.5	Sistema recursal dos Juizados Especiais Federais.................................	741
		19.3.5.1 Da indispensável presença do advogado..............................	741
		19.3.5.2 Remessa necessária..	741
		19.3.5.3 Recurso contra a sentença..	741
		19.3.5.4 Embargos de declaração..	743
		19.3.5.5 Recurso contra decisão que concede ou nega tutela provisória.....	744
		19.3.5.6 Pedido de uniformização da interpretação da lei federal.............	745
		19.3.5.7 Ampliação do colegiado em caso de divergência....................	749
		19.3.5.8 Recurso especial...	750
		19.3.5.9 Recurso extraordinário...	750
		19.3.5.10 Mandado de segurança contra ato judicial.............................	753
		19.3.5.11 Ação rescisória..	754
		19.3.5.12 Recurso adesivo..	754
		19.3.5.13 Do pedido de suspensão..	755
	19.3.6	Execução nos Juizados Especiais Federais...	756
19.4	Juizados Especiais Estaduais da Fazenda Pública...		758
	19.4.1	Competência dos Juizados Especiais Estaduais da Fazenda Pública..............	758
		19.4.1.1 Competência em caso de litisconsórcio ativo........................	761
		19.4.1.2 Competência absoluta..	762
		19.4.1.3 Competência territorial dos Juizados Estaduais da Fazenda Pública........	762
		19.4.1.4 Reconhecimento da incompetência do Juizado Estadual da Fazenda Pública.......	763
		19.4.1.5 Criação superveniente de Juizado Estadual da Fazenda Pública e possibilidade de limitação inicial da sua competência..............	763
		19.4.1.6 Conflito de competência entre juiz estadual de vara comum e juiz estadual de juizado..........	763
	19.4.2	Partes nos Juizados Estaduais da Fazenda Pública.................................	764
		19.4.2.1 Dispensa de advogado...	766
		19.4.2.2 Inexistência de prazos diferenciados para a Fazenda Pública........	767
	19.4.3	Provas nos Juizados Especiais Estaduais da Fazenda Pública...............	768
	19.4.4	Tutela provisória nos Juizados Especiais Estaduais da Fazenda Pública........	768
	19.4.5	Sistema recursal dos Juizados Estaduais da Fazenda Pública...............	769
	19.4.6	Pedido de uniformização da interpretação de lei..................................	771
	19.4.7	Execução nos Juizados Estaduais da Fazenda Pública...........................	772
	19.4.8	Do pedido de suspensão..	774

REFERÊNCIAS 775

INTRODUÇÃO

O Código de Processo Civil disciplina as demandas individuais que envolvem particulares e trata, igualmente, do julgamento de casos repetitivos. Muitos dos seus dispositivos relacionam-se com as pessoas jurídicas de direito público, a começar pelo conjunto de regras que disciplinam suas prerrogativas e a atuação da Advocacia Pública.

De um tempo para cá, a doutrina passou a dedicar-se mais ao estudo das prerrogativas da Fazenda Pública em juízo e às normas que regem o processo judicial de que ela é parte. Ao lado disso, avolumam-se os casos de arbitragem que contam com a participação da Fazenda Pública.

O Direito Processual, como já se consagrou cientificamente, deve adequar-se às peculiaridades de dado direito material. Daí falar em tutelas diferenciadas, devendo haver um processo apto a garantir aquele direito específico, mediante regras processuais que lhe sejam apropriadas.

No caso da Fazenda Pública, é elementar sua submissão aos princípios e regras de direito público, sendo certo que, no direito público, vigoram o princípio da legalidade, a presunção de legitimidade dos atos administrativos, a autoexecutoriedade dos atos administrativos e a supremacia do interesse público sobre o privado.

Tais princípios e regras aplicam-se às relações jurídicas de direito material que envolvem a Fazenda Pública, não guardando pertinência com as relações das quais participem particulares. Logo, o processo que envolve a Fazenda Pública deve adequar-se a tais princípios e regras, devendo-se conferir-lhe um tratamento diferenciado, ou, como se diz, uma tutela diferenciada. É por isso que existem procedimentos específicos para demandas que envolvam a Fazenda Pública, tais como o mandado de segurança, a ação de desapropriação, a ação popular, a ação civil pública, entre outras.

Nesse mesmo sentido, a arbitragem, que tem a Fazenda Pública como parte, também deve ajustar-se a esses princípios e regras, como, aliás, já vêm reconhecendo a doutrina e as mais recentes mudanças legislativas.

A sistematização e o incremento das normas relativas à Fazenda Pública em juízo vêm ressaltando a atenção de alguns estudiosos que consideram, inclusive, já haver um regime próprio relativo ao tema, denominando-o Direito Processual Público.

O objetivo do presente trabalho é tratar dessas normas, que estão disciplinadas no Código de Processo Civil e em leis esparsas, sistematizando-as e examinando-as num enfoque do tipo "manual", permitindo ao estudante, ao advogado, ao professor, ao juiz, ao promotor de justiça, enfim, ao operador do Direito, colher, num único livro, a menção e os esclarecimentos a respeito de tais matérias.

O livro inicia com o conceito de Fazenda Pública e sua presentação em juízo, analisando a capacidade postulatória e os detalhes da representação processual da União, dos Estados, do Distrito Federal, dos Municípios, das autarquias e das fundações públicas, bem como das Assembleias Legislativas.

Em seguida, são examinadas as prerrogativas processuais da Fazenda Pública e a necessidade de mantê-las, após rápido enfoque sobre o princípio da isonomia e, igualmente, sobre o interesse público. A partir daí, analisam-se, uma a uma, as regras processuais pertinentes à Fazenda Pública, iniciando-se pelos prazos que lhe são conferidos no processo para, então, examinar a questão da prescrição das pretensões formuladas em face da Fazenda Pública e, posteriormente, a situação da Fazenda Pública como ré.

Destaca-se o capítulo relativo às regras de despesas, honorários sucumbenciais, depósitos judiciais, custas e multas aplicáveis à Fazenda Pública em juízo, com análise do tratamento que lhe é especificamente dispensado. Depois, examina-se a intervenção anômala prevista no art. 5º, parágrafo único, da Lei nº 9.469, de 10 de julho de 1997, daí seguindo-se a explanação dos argumentos relativos ao cabimento da denunciação da lide pela Fazenda Pública para, em seguida, tratar da remessa necessária.

Põem-se igualmente em relevo os capítulos seguintes, que tratam do julgamento de casos repetitivos, bem como das tutelas provisórias concedidas contra a Fazenda Pública e das regras que as restringem. Após, são examinadas as normas relativas às execuções propostas pela Fazenda Pública e, sobretudo, as que dizem respeito às execuções promovidas em face dela. Quanto às execuções propostas pela Fazenda Pública, analisa-se a execução fiscal, bem como um exame breve sobre a execução de multas e condenações impostas pelo Tribunal de Contas e, bem assim, sobre a execução de multa penal.

Segue-se tratando da ação monitória e de seu cabimento contra e pela Fazenda Pública, daí se seguindo um capítulo que versa sobre o mandado de segurança e, ainda, outro sobre as regras do pedido de suspensão de segurança.

Há, também, um capítulo que traz uma análise sobre o sistema multiportas de solução de disputas, com breve explicação a respeito da arbitragem, da mediação e da conciliação, com o registro relativo aos negócios jurídicos processuais e a possibilidade de a Fazenda Pública celebrá-los, além de tratar do comitê de disputas como meio de solução a ser utilizado pelos entes públicos.

Destaca-se um capítulo que trata da reclamação, ação proposta nos tribunais com a finalidade de garantir a autoridade de seus julgados e seus precedentes ou de preservar suas competências. Por ser um instrumento processual bastante utilizado pela Fazenda Pública em juízo, é conveniente sua análise nessa sede, sobretudo em razão da súmula vinculante e dos precedentes obrigatórios disciplinados no Código de Processo Civil.

O capítulo seguinte versa a respeito da desapropriação, examinando o uso da mediação e da arbitragem, bem como os principais aspectos processuais da demanda judicial de desapropriação.

Finalmente, no último capítulo, analisam-se as principais regras relativas aos Juizados Especiais Cíveis Federais, que têm como rés a União, as autarquias, as fundações e as empresas públicas federais, bem como as que dizem respeito aos Juizados Estaduais da Fazenda Pública, nos quais podem figurar como réus os Estados, o Distrito Federal, os Territórios, os Municípios e suas autarquias, fundações e empresas públicas.

Vindo a público o presente trabalho, espera-se que ele possa servir para instigar os debates em torno das regras que envolvem a Fazenda Pública em juízo, a fim de que se possa aperfeiçoá-las ainda mais, servindo, além disso, como ferramenta para o profissional que lida com ações que envolvem a Fazenda Pública e, igualmente, para o estudante que não encontra, com facilidade, todas essas regras reunidas num só livro.

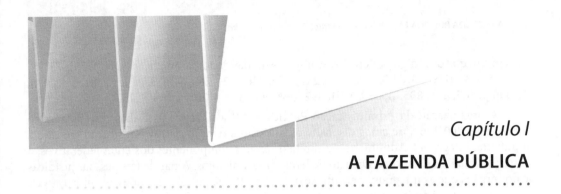

Capítulo I
A FAZENDA PÚBLICA

1.1 FAZENDA PÚBLICA

1.1.1 Conceito

A expressão *Fazenda Pública* identifica-se tradicionalmente como a área da Administração Pública que trata da gestão das finanças, bem como da fixação e implementação de políticas econômicas. Em outras palavras, *Fazenda Pública* é expressão que se relaciona com as finanças estatais, estando imbricada com o termo *Erário*, representando o aspecto financeiro do ente público. Não é por acaso a utilização, com frequência, da terminologia *Ministério da Fazenda* ou *Secretaria da Fazenda* para designar, respectivamente, o órgão despersonalizado da União ou do Estado responsável pela política econômica desenvolvida pelo Governo.

O uso frequente do termo *Fazenda Pública* fez com que se passasse a adotá-lo num sentido mais lato, traduzindo a atuação do Estado em juízo; em Direito Processual, quando se alude à *Fazenda Pública em juízo*, a expressão apresenta-se como sinônimo do *Poder Público em juízo*, ou do *Estado em juízo*, ou do *ente público em juízo*, ou, ainda, da *pessoa jurídica de direito público em juízo*.[1]

Na verdade, a palavra *Fazenda Pública* representa a *personificação* do Estado,[2] abrangendo as pessoas jurídicas de direito público. No processo em que haja a presença de uma pessoa jurídica de direito público, esta pode ser designada, genericamente, de *Fazenda Pública*.

A expressão *Fazenda Pública* é utilizada para designar as pessoas jurídicas de direito público que figurem em ações judiciais, mesmo que a demanda não verse sobre matéria estritamente fiscal ou financeira.

Quando a legislação processual utiliza-se do termo *Fazenda Pública* está a referir-se à União, aos Estados, aos Municípios, ao Distrito Federal e às suas respectivas autarquias e fundações. Em vários dispositivos, o Código de Processo Civil alude à expressão *Fazenda Pública* para referir-se àqueles entes públicos (arts. 85, §§ 3º, 5º e 7º, 91, 95, § 4º, 100, parágrafo único, 152, IV, *b*, 178, parágrafo único, 534, 535, 616, VIII, 626, 629, 633, 634, 638, 654, 700, § 6º, 701, § 4º, 722, 740, § 6º, 742, § 1º, 745, § 4º, 910, 1.021, § 5º, 1.026, § 3º, e 1.059). Há casos,

---

[1] Segundo anota Hely Lopes Meirelles, "A *Administração Pública*, quando ingressa em juízo por qualquer de suas entidades estatais, por suas autarquias, por suas fundações públicas ou por seus órgãos que tenham capacidade processual, recebe a designação tradicional de *Fazenda Pública*, porque seu erário é que suporta os encargos patrimoniais da demanda" (*Direito administrativo brasileiro*. 23. ed. atual. por Eurico de Andrade Azevedo, Délcio Balestero Aleixo e José Emmanuel Burle Filho. São Paulo: Malheiros, 1998. p. 590).

[2] DINAMARCO, Cândido Rangel. *Fundamentos do processo civil moderno*. 3. ed. São Paulo: Malheiros, 2000. t. 1, n. 78, p. 179.

porém, em que o Código prefere discriminar as modalidades fazendárias (arts. 45, 51, 75, 77, § 3º, 95, § 3º, II, 96, 97, 174, 182, 183, 242, § 3º, 246, § 2º, 269, § 3º, 334, § 8º, 381, § 4º, 438, II, 496, I, 565, § 4º, 835, II, 889, VIII, 892, § 3º, 968, § 1º, 1.007, § 1º, e 1.050).

A organização da Administração Pública, no Brasil, segue as linhas traçadas pelo Decreto-lei 200/1967, de cujos dispositivos se extrai a divisão da Administração em direta e indireta. Integram a Administração direta os órgãos componentes dos entes federativos, a saber: a União, os Estados, o Distrito Federal e os Municípios. A par de tais pessoas jurídicas e dos órgãos que as integram, permite-se o surgimento de outras entidades administrativas, que compõem a Administração indireta: são as autarquias, as fundações públicas, as empresas públicas e as sociedades de economia mista. Essas 2 (duas) últimas – empresas públicas e sociedades de economia mista – revestem-se da natureza de pessoas jurídicas de direito privado, não integrando o conceito de Fazenda Pública. Já a autarquia constitui uma pessoa jurídica de direito público com personalidade jurídica própria e atribuições específicas da Administração Pública.

Ora, se a expressão *Fazenda Pública* identifica-se com as pessoas jurídicas de direito público, somente estão nela abrangidos a União, os Estados, os Municípios, o Distrito Federal e suas respectivas autarquias e fundações públicas. Quanto às fundações, a jurisprudência vem entendendo que, conquanto detenham tal denominação, aquelas tidas como de *direito público* são criadas por lei para exercer atividades próprias do Estado, desincumbindo-se de atribuições descentralizadas dos serviços públicos e sendo geridas por recursos orçamentários. São, portanto, equiparadas a autarquias. Então, sempre que houver referência legal a autarquias, as fundações de direito público estão abrangidas.[3]

A esse rol de pessoas jurídicas de direito público acrescem as *agências*, às quais se tem atribuído a natureza jurídica de *autarquias especiais*, significando dizer que tais agências se constituem de pessoas jurídicas de direito público destinadas a desempenhar atividade pública.[4] As agências podem ser *executivas* ou *reguladoras*. As primeiras consistem em entidades dotadas de competência para o "[...] desempenho direto de atividades administrativas, inclusive com atribuição de tarefas materiais, mormente no âmbito do desempenho daquilo que, no âmbito das concepções continentais, se considera como funções públicas e serviços públicos, mas eventualmente também no tocante a atividade econômica propriamente dita".[5] Por sua vez, as agências reguladoras "[...] disporiam de competência normativa, com poderes para disciplinar a prestação de serviços públicos por particulares ou o desempenho de atividades econômicas privadas, mas de interesse coletivo".[6]

As agências executivas são autarquias e fundações que assim passam a ser consideradas quando celebram *contrato de gestão* com a Administração direta, com o objetivo de fixar metas de desempenho para a entidade, na forma do art. 37, § 8º, da Constituição Federal.[7]

---

[3] STJ, 2ª Turma, REsp 148.521/PE, Rel. Min. Adhemar Maciel, j. 16.06.1998, *DJ* 14.09.1998; STJ, 1ª Turma, ROMS 464/CE, Rel. Min. Milton Luiz Pereira, j. 20.09.1993, *DJ* 18.10.1993.

[4] JUSTEN FILHO, Marçal. *O direito das agências reguladoras independentes*. São Paulo: Dialética, 2002. p. 391.

[5] JUSTEN FILHO, Marçal. *O direito das agências reguladoras independentes*. São Paulo: Dialética, 2002. p. 66.

[6] JUSTEN FILHO, Marçal. *O direito das agências reguladoras independentes*. São Paulo: Dialética, 2002. p. 66.

[7] Assim dispõe o § 1º do art. 1º do Decreto 2.487, de 2 de fevereiro de 1998: "A qualificação de autarquia ou fundação como agência executiva poderá ser conferida mediante iniciativa do Ministério supervisor, com anuência do Ministério da Administração Federal e Reforma do Estado, que verificará

Em outras palavras, não se criam, originariamente, agências executivas; na verdade, autarquias ou fundações já existentes, ao celebrarem o referido contrato de gestão com a Administração direta, passam a ostentar a natureza de agências executivas, que são, em essência, autarquias especiais. Já as agências *reguladoras*, originalmente criadas por lei com personalidade jurídica própria, destinam-se a desincumbir-se de uma tarefa normativa, podendo disciplinar questões nas quais a Administração Pública exerça poder de polícia, a exemplo do que ocorre nos setores de energia elétrica, petróleo, comunicações, em cujo âmbito estão sendo criadas agências com o mister de disciplinar aquela atividade específica.[8]

Sem embargo dessa distinção, é possível que uma agência executiva disponha de poder normativo e uma agência reguladora possa desempenhar funções executivas.[9]

O que importa deixar evidente é que o conceito de *Fazenda Pública* abrange a União, os Estados, o Distrito Federal, os Municípios e suas respectivas autarquias e fundações públicas, sendo certo que as agências executivas ou reguladoras, por ostentarem o matiz de autarquias especiais, integram igualmente o conceito de *Fazenda Pública*.

Também se revestem da natureza de pessoas jurídicas de direito público, integrando, portanto, o conceito de Fazenda Pública, as associações públicas (Código Civil, art. 41, IV), constituídas na forma da Lei 11.107, de 6 de abril de 2005, em razão da formação de consórcio público. Realmente, o consórcio público constituirá associação pública ou pessoa jurídica de direito privado. Constituído como associação pública, adquire personalidade jurídica de direito público, mediante a vigência das leis de ratificação do protocolo de intenções, integrando a Administração Indireta de todos os entes da Federação consorciados.[10] Enfim, os consórcios públicos, constituídos sob a forma de associação pública, desfrutam da condição de pessoas jurídicas de direito público, significando dizer que a associação pública integra o conceito de *Fazenda Pública*.

À evidência, estão excluídas do conceito de *Fazenda Pública* as sociedades de economia mista e as empresas públicas. Embora integrem a Administração Pública indireta, não ostentam natureza de direito público, revestindo-se da condição de pessoas jurídicas de direito privado,

---

o cumprimento, pela entidade candidata à qualificação, dos seguintes requisitos: a) ter celebrado contrato de gestão com o respectivo Ministério supervisor; b) ter plano estratégico de reestruturação e de desenvolvimento institucional, voltado para a melhoria da qualidade da gestão e para a redução dos custos, já concluído ou em andamento".

O art. 51 da Lei 9.649, de 27 de maio de 1998, ostenta a seguinte redação: "O Poder Executivo poderá qualificar como Agência Executiva a autarquia ou fundação que tenha cumprido os seguintes requisitos: I – ter um plano estratégico de reestruturação e de desenvolvimento institucional em andamento; II – ter celebrado Contrato de Gestão com o respectivo Ministério Supervisor. § 1º A qualificação como Agência Executiva será feita em ato do Presidente da República. § 2º O Poder Executivo editará medidas de organização administrativa específicas para as Agências Executivas, visando assegurar a sua autonomia de gestão, bem como a disponibilidade de recursos orçamentários e financeiros para o cumprimento dos objetivos e metas definidos nos Contratos de Gestão".

[8] PEREIRA, Hélio do Valle. *Manual da Fazenda Pública em Juízo*. Rio de Janeiro: Renovar, 2003. p. 11.

[9] JUSTEN FILHO, Marçal. *O direito das agências reguladoras independentes*. São Paulo: Dialética, 2002. p. 66.

[10] O consórcio, quando constituído como associação pública, caracteriza-se como ente público interfederativo, de natureza autárquica, o qual deve integrar a administração pública indireta de todos os entes que o firmaram. Nesse sentido, observe-se o art. 241 da Constituição: "Art. 241. A União, os Estados, o Distrito Federal e os Municípios disciplinarão por meio de lei os consórcios públicos e os convênios de cooperação entre os entes federados, autorizando a gestão associada de serviços públicos, bem como a transferência total ou parcial de encargos, serviços, pessoal e bens essenciais à continuidade dos serviços transferidos."

a cujo regime estão subordinadas. Então, quando se alude à *Fazenda Pública*, na expressão não estão inseridas as sociedades de economia mista nem as empresas públicas, sujeitas que são ao regime geral das pessoas jurídicas de direito privado.

1.1.2 As empresas públicas e as sociedades de economia mista

Ao dispor sobre a organização da Administração Federal, o Decreto-lei 200, de 1967, define autarquia, empresa pública, sociedade de economia mista e fundação pública. O art. 5º do referido Decreto-lei 200, de 1967, em seus incisos II e III, ao definir, respectivamente, empresa pública e sociedade de economia mista, estabelece que elas são criadas "para a exploração de atividade econômica".

Em diversas passagens, a Constituição faz referência, expressa ou não, a empresas públicas e sociedades de economia mista. Os arts. 22, XXVII, 37, XVII, XIX e XX, e § 9º, 173, §§ 1º e 2º, entre outros, fazem menção a ambas. Já os arts. 109, I e IV, 144, § 1º, e 173, § 3º, referem-se apenas a empresas públicas. O art. 177, § 1º, menciona "empresas estatais". Não há, no texto constitucional, qualquer conceito delas ou critério de distinção entre elas, cabendo à legislação infraconstitucional fazê-lo.

A lei prevista no § 1º do art. 173 da Constituição é a de nº 13.303, de 2016. Ao dispor sobre o estatuto jurídico da empresa pública, da sociedade de economia mista e de suas subsidiárias, no âmbito da União, dos Estados, do Distrito Federal e dos Municípios, a Lei 13.303, de 2016, define, respectivamente, em seus arts. 3º[11] e 4º[12], a empresa pública e a sociedade de economia mista. Tal estatuto regula as normas sobre licitações e contratos administrativos das empresas públicas e das sociedades de economia mista.

A expressão "criada por lei para a exploração de atividade econômica", contida nos incisos II e III do art. 5º do Decreto-lei 200, de 1967, deve ser desconsiderada. Já se admitia, antes mesmo da atual Constituição, que as empresas públicas e as sociedades de economia mista prestassem serviço público.[13] Ademais, nem o texto constitucional nem a Lei 13.303, de 2016, preveem essa destinação específica para exploração da atividade econômica. Tanto a empresa pública como a sociedade de economia mista podem ser criadas para exploração de atividade econômica ou para a prestação de serviço público. Noutros termos, elas podem ser criadas para a intervenção do Estado na economia ou para que o Estado promova descentralização técnica.

---

[11] "Art. 3º Empresa pública é a entidade dotada de personalidade jurídica de direito privado, com criação autorizada por lei e com patrimônio próprio, cujo capital social é integralmente detido pela União, pelos Estados, pelo Distrito Federal ou pelos Municípios. Parágrafo único. Desde que a maioria do capital votante permaneça em propriedade da União, do Estado, do Distrito Federal ou do Município, será admitida, no capital da empresa pública, a participação de outras pessoas jurídicas de direito público interno, bem como de entidades da administração indireta da União, dos Estados, do Distrito Federal e dos Municípios."

[12] "Art. 4º Sociedade de economia mista é a entidade dotada de personalidade jurídica de direito privado, com criação autorizada por lei, sob a forma de sociedade anônima, cujas ações com direito a voto pertençam em sua maioria à União, aos Estados, ao Distrito Federal, aos Municípios ou a entidade da administração indireta. § 1º A pessoa jurídica que controla a sociedade de economia mista tem os deveres e as responsabilidades do acionista controlador, estabelecidos na Lei nº 6.404, de 15 de dezembro de 1976, e deverá exercer o poder de controle no interesse da companhia, respeitado o interesse público que justificou sua criação. § 2º Além das normas previstas nesta Lei, a sociedade de economia mista com registro na Comissão de Valores Mobiliários sujeita-se às disposições da Lei nº 6.385, de 7 de dezembro de 1976."

[13] FREIRE, André Luiz. *O regime de direito público na prestação de serviços públicos por pessoas privadas*. São Paulo: Malheiros, 2014. p. 306.

1.1.3 Distinção entre empresa estatal prestadora de serviço público e empresa estatal exploradora de atividade econômica

1.1.3.1 Necessidade de examinar a distinção

A empresa pública e a sociedade de economia mista ostentam natureza jurídica de direito privado.

A Constituição, em seu art. 170, garante a *livre-iniciativa*, alinhada ao princípio da *livre concorrência*. Nem sempre a livre concorrência, que se refere a livre mercado, conduz, porém, à livre-iniciativa. O livre mercado e a livre concorrência têm o sentido de ausência de interferência estatal, deixando o mercado autorregular-se. Mercado livre é condição de competitividade, que é fator decisivo para formação de preços, dinamismo tecnológico etc. Competitividade envolve comportamentos rivais e cooperativos.[14]

A exploração da atividade econômica pelos entes integrantes da Administração Pública é, de acordo com o art. 173 da Constituição, excepcional, somente sendo permitida quando necessária aos imperativos da segurança nacional ou a relevante interesse coletivo, conforme definições contidas em lei.

Há empresas públicas e sociedades de economia mista que, embora ostentem tal rótulo, não exploram atividade econômica, prestando serviços públicos essenciais, não sujeitos ao mercado concorrencial nem à livre-iniciativa. Nesse caso, são prestadoras de serviço público. Os serviços públicos são titularizados pelo Estado, que pode prestá-los diretamente ou descentralizar suas atividades administrativas a empresas estatais. Quando isso ocorre, tem-se uma empresa estatal prestadora de serviço público. Em tal hipótese, o Estado – ainda que por meio de pessoa jurídica de direito privado – atua no seu respectivo campo de ação, exercendo sua competência própria. Mediante um processo de descentralização técnica, executa-se uma atividade administrativa, presta-se um serviço público. As empresas públicas e as sociedades de economia mista, em situações assim, são prestadoras de serviço público.

Por sua vez, há empresas públicas – *a exemplo da Administração dos Portos de Paranaguá e Antonina (APPA)*[15] – que exploram atividade econômica em regime concorrencial, sem monopólio e com intuito de auferir lucro, hipótese em que se sujeitam ao regime jurídico das empresas privadas, nos termos do art. 173, §§ 1º, II, e 2º, da Constituição.

O regime de direito privado somente se aplica às empresas estatais que explorem a atividade econômica, não regendo aquelas que prestam serviços públicos. Conforme anotado em precedente do Supremo Tribunal Federal, "[o] § 1º do artigo 173 da Constituição do Brasil não se aplica às empresas públicas, sociedades de economia mista e entidades (estatais) que prestam serviço público".[16]

As empresas públicas e as sociedades de economia mista que prestam serviço público essencial não se subordinam ao regime jurídico das pessoas de direito privado, podendo,

---

[14] FERRAZ JÚNIOR, Tércio Sampaio. Comentários ao art. 173. *Constituição Federal comentada*. Rio de Janeiro: Forense, 2018. p. 1.343-1.344.

[15] Nesse sentido, conferir: STF, 1ª Turma, RE 892.727 AgR, Rel. Min. Alexandre de Moraes, Rel. p/ acórdão Min. Rosa Weber, *DJe* 16.11.2018.

[16] STF, Pleno, ADI 1.642, Rel. Min. Eros Grau, *DJe* 19.9.2008.

até mesmo, beneficiar-se da imunidade tributária recíproca (CF, art. 150, VI, *a*).[17] É o caso, por exemplo, da Cia. Docas do Estado de São Paulo, que presta serviços públicos portuários e não se sujeita à cobrança de impostos pelo Município de Santos.[18] Também se podem mencionar, nesse ponto, a Empresa Brasileira de Infraestrutura Aeroportuária (INFRAERO) e a Empresa Brasileira de Correios e Telégrafos (ECT), não sujeitas ao pagamento de impostos.[19]

1.1.3.2 Conceito de serviço público

Há, como visto, empresas públicas e sociedades de economia mista que prestam serviços públicos. É preciso, então, destacar o conceito de serviço público.

Muito se discute, no Direito Administrativo, o adequado conceito de serviço público. Segundo Renato Alessi, a definição de serviço público é uma das mais incertas e nebulosas de todo o campo do direito público.[20]

A Constituição de 1988 menciona, em diversas passagens e com sentidos diferentes, o termo *serviço público*. Em sentido subjetivo, ou seja, como sinônimo de entes e órgãos do Estado, a expressão "serviço público" é empregada nos arts. 37, XIII,[21] 39, § 7º,[22] 40, § 16;[23] no Ato das Disposições Constitucionais Transitórias, ela está nos arts. 8º, § 4º,[24] 19[25] e 53, I.[26] Em sentido objetivo, ou seja, como *atividade*, o termo *serviço público* é utilizado em diversos dispositivos: *(a)* como sinônimo de *atividade estatal*, o termo é usado, por exemplo, nos arts.

---

[17] STF, Pleno, RE 1.320.054 RG, Rel. Min. Presidente, *DJe* 14.5.2021.
[18] STF, 2ª Turma, AI 351.888/SP AgR, Rel. Min. Celso de Mello, *DJe* 22.8.2011.
[19] STF, Pleno, ACO 803/SP TAR-QO, Rel. Min. Celso de Mello, *DJe* 26.5.2011; STF, 2ª Turma, RE 363.412/BA AgRg, Rel. Celso de Mello, *DJe* 19.9.2008; STF, 2ª Turma, RE 398.630/SP, Rel. Min. Carlos Velloso, *DJ* 17.9.2004; STF, 2ª Turma, 424.227/SC, Rel. Min. Carlos Velloso, *DJe* 10.9.2004; STF, 2ª Turma, RE 354.897/RS, Rel. Min. Carlos Velloso, *DJe* 3.9.2004; STF, 2ª Turma, RE 407.099/RS, Rel. Min. Carlos Velloso, *DJ* 6.8.2004.
[20] ALESSI, Renato. *Sistema istituzionale del diritto amministrativo italiano*. Milano: Giuffrè, 1953. p. 344.
[21] "XIII – é vedada a vinculação ou equiparação de quaisquer espécies remuneratórias para o efeito de remuneração de pessoal do serviço público."
[22] "§ 7º Lei da União, dos Estados, do Distrito Federal e dos Municípios disciplinará a aplicação de recursos orçamentários provenientes da economia com despesas correntes em cada órgão, autarquia e fundação, para aplicação no desenvolvimento de programas de qualidade e produtividade, treinamento e desenvolvimento, modernização, reaparelhamento e racionalização do serviço público, inclusive sob a forma de adicional ou prêmio de produtividade."
[23] "§ 16. Somente mediante sua prévia e expressa opção, o disposto nos §§ 14 e 15 poderá ser aplicado ao servidor que tiver ingressado no serviço público até a data da publicação do ato de instituição do correspondente regime de previdência complementar."
[24] "§ 4º Aos que, por força de atos institucionais, tenham exercido gratuitamente mandato eletivo de vereador serão computados, para efeito de aposentadoria no serviço público e previdência social, os respectivos períodos."
[25] "Art. 19. Os servidores públicos civis da União, dos Estados, do Distrito Federal e dos Municípios, da administração direta, autárquica e das fundações públicas, em exercício na data da promulgação da Constituição, há pelo menos cinco anos continuados, e que não tenham sido admitidos na forma regulada no art. 37, da Constituição, são considerados estáveis no serviço público."
[26] "Art. 53. Ao ex-combatente que tenha efetivamente participado de operações bélicas durante a Segunda Guerra Mundial, nos termos da Lei nº 5.315, de 12 de setembro de 1967, serão assegurados os seguintes direitos: I – aproveitamento no serviço público, sem a exigência de concurso, com estabilidade."

20, IV,[27] e 21, XIV;[28] *(b)* como sinônimo de atividade administrativa, nos arts. 37, § 6º,[29] 61, § 1º, II, *b*,[30] 139, VI,[31] e 241.[32] Além desses dispositivos, há aqueles em que a Constituição, embora não tenha empregado a expressão *serviço público*, a ela faz referência, quando, por exemplo, alude à *concessão* e à *permissão* de serviços. É que tais expressões destinam-se naturalmente a serviços públicos, pois os agentes privados exercem sua atividade por direito próprio, e não por concessão ou permissão. A concessão e a permissão de serviço destinam-se a delegar a atividade administrativa a sujeitos privados.

Há quem afirme ser inútil investigar a noção de serviço público, que estaria superada pelo conceito de regulação.[33] Independentemente de tal noção ser relevante ou não para o Direito Administrativo atual, "para o ordenamento pátrio a noção não é despicienda, sobretudo pelo tratamento constitucional conferido ao tema".[34]

A Constituição acolhe a categoria de serviço público. O conjunto dos dispositivos constitucionais revela que se trata "de atividade de titularidade do Poder Público, que não se desnatura quando sua execução é delegada a particulares, pois a Constituição fixa um vínculo orgânico com a Administração, ao dispor, no *caput* do art. 175, que incumbe ao Poder Público a prestação de serviços públicos, diretamente ou sob regime de concessão ou permissão".[35]

Em diversos casos, o Supremo Tribunal Federal precisou, para decidir, adotar um conceito de serviço público. No julgamento da ADI 2.649, a relatora, Ministra Cármen Lúcia, assim afirmou: "O que define, portanto, o regime de prestação dos serviços públicos é a necessidade da sociedade, a demanda que com eles busca o Estado responder, a fim de aperfeiçoar os fins afirmados no sistema". Ainda sustenta a relatora que, na prestação do serviço público, o ente público ou o particular que o presta em regime de concessão ou permissão tem o *dever de prestá-lo*. E arremata: "A decisão sobre esse serviço, a sua qualidade de serviço público, está na Constituição". Em tal julgado, o STF define, enfim, que (a) os serviços públicos são de

---

[27] "Art. 20. São bens da União: (...) IV – as ilhas fluviais e lacustres nas zonas limítrofes com outros países; as praias marítimas; as ilhas oceânicas e as costeiras, excluídas, destas, as que contenham a sede de Municípios, exceto aquelas áreas afetadas ao serviço público e a unidade ambiental federal, e as referidas no art. 26, II."

[28] "Art. 21. Compete à União: (...) XIV – organizar e manter a polícia civil, a polícia penal, a polícia militar e o corpo de bombeiros militar do Distrito Federal, bem como prestar assistência financeira ao Distrito Federal para a execução de serviços públicos, por meio de fundo próprio."

[29] "§ 6º As pessoas jurídicas de direito público e as de direito privado prestadoras de serviços públicos responderão pelos danos que seus agentes, nessa qualidade, causarem a terceiros, assegurado o direito de regresso contra o responsável nos casos de dolo ou culpa."

[30] "§ 1º São de iniciativa privativa do Presidente da República as leis que: (...) II – disponham sobre: (...) b) organização administrativa e judiciária, matéria tributária e orçamentária, serviços públicos e pessoal da administração dos Territórios."

[31] "Art. 139. Na vigência do estado de sítio decretado com fundamento no art. 137, I, só poderão ser tomadas contra as pessoas as seguintes medidas: (...) VI – intervenção nas empresas de serviços públicos."

[32] "Art. 241. A União, os Estados, o Distrito Federal e os Municípios disciplinarão por meio de lei os consórcios públicos e os convênios de cooperação entre os entes federados, autorizando a gestão associada de serviços públicos, bem como a transferência total ou parcial de encargos, serviços, pessoal e bens essenciais à continuidade dos serviços transferidos."

[33] SUNDFELD, Carlos Ari. Introdução às agências reguladoras. In: SUNDFELD, Carlos Ari. *Direito administrativo econômico* (coord.). São Paulo: Malheiros, 2006. p. 32.

[34] GROTTI, Dinorá. *O serviço público e a Constituição brasileira de 1988*. São Paulo: Malheiros, 2003. p. 88.

[35] GROTTI, Dinorá. *O serviço público e a Constituição brasileira de 1988*. São Paulo: Malheiros, 2003. p. 89.

titularidade do Estado; (b) o regime de serviço público decorre da necessidade da sociedade; (c) o princípio da livre-iniciativa não se aplica aos serviços públicos.

Ao julgar a ADPF 46, o STF estabeleceu a distinção entre serviço público e atividade econômica. A arguição de descumprimento de preceito fundamental foi proposta pela Associação Brasileira das Empresas de Distribuição (ABRAED), sob o argumento de que a conduta da ECT levou à violação de uma série de preceitos fundamentais: a ECT, sob o argumento de monopólio do serviço postal, teria iniciado uma cruzada para banir do mercado todas as empresas privadas de movimentação de materiais, manuseio, distribuição de malotes, revistas, periódicos, pequenas encomendas, leitura e entrega de contas de luz e gás e outras atividades relacionadas. Em seu voto, o Ministro Eros Grau esclarece que, no âmbito do serviço público, que é espaço do Estado, não se trata de monopólio, mas de privilégio.[36] Então, afirma que o serviço postal é um serviço público por determinação constitucional. De igual modo, o Ministro Joaquim Barbosa entendeu que o serviço postal é um serviço público, por força do art. 21, X, da Constituição. Já o Ministro Gilmar Mendes destacou que, segundo os critérios utilizados pela jurisprudência do STF, o serviço postal deve ser qualificado como público, por decorrer de comando expresso da Constituição. Seu art. 21, X, retirou da iniciativa privada tal atividade. Acrescentou que o reconhecimento do *critério legislativo* (norma legal ou constitucional), para definir certa atividade como serviço público, "resulta do respeito à própria iniciativa privada, a qual é, em regra, livre para exercer suas atividades".

O STF, para julgar a ADI 3.944, considerou que os serviços de radiodifusão de sons e imagens são públicos.

A partir desses e de outros casos julgados pelo STF, pode-se inferir que o serviço público, que é de titularidade do Estado, deve ser assim considerado quando a Constituição ou as leis o qualificam ou o identificam como tal. Logo, o critério adotado é o *formal:* uma atividade somente será serviço público quando a Constituição ou a lei assim a definir.[37]

Pode-se, em suma, concluir que, no sistema brasileiro, não existe um serviço público "por natureza" ou "por essência". Para identificar uma atividade como serviço público, é

---

[36] Em seu voto, com base em Ruy Barbosa, o Ministro Eros Grau assim desenvolve a ideia de "privilégio": "Os regimes jurídicos sob os quais são prestados os serviços públicos importam que sua prestação seja desenvolvida sob *privilégios*, inclusive, em regra, o da exclusividade na exploração da atividade econômica em sentido amplo a que corresponde a sua prestação. É justamente a virtualidade desse privilégio de exclusividade na prestação, aliás, que torna atrativa para o setor privado a sua exploração, em situação de concessão ou permissão". Esse entendimento consta, igualmente, de livro de sua autoria: GRAU, Eros. *A ordem econômica na Constituição de 1988*. 15. ed. São Paulo: Malheiros, 2012. n. 51, p. 135-137. Em seu livro, ele deixa claro que o serviço público caracteriza-se por (a) privilégio e (b) atuação, ainda em regime de privilégio, de mais de um concessionário ou permissionário do serviço, enquanto a atividade econômica em sentido estrito, em vez de privilégio, pode ter (a) monopólio ou (b) competição (GRAU, Eros. *A ordem econômica na Constituição de 1988*. 15. ed. São Paulo: Malheiros, 2012. n. 51, p. 136).

[37] "Por que uma determinada atividade está incluída, na Constituição, na categoria de serviço público? Simplesmente porque o constituinte assim decidiu. Tome-se um exemplo bastante elucidativo. O serviço de gás canalizado é considerado pela Constituição como 'serviço público', de titularidade dos Estados, que podem explorá-lo diretamente ou mediante concessão (§ 2º do art. 25). Já o fornecimento de gás liquefeito de petróleo (GLP) inclui-se na categoria geral de 'atividade econômica', simplesmente a essa distinção, identificando-se as razões de caráter *histórico, econômico* ou *político* que a motivaram. *Juridicamente*, porém, a distribuição de gás canalizado é 'serviço público' e o fornecimento de GLP é 'atividade econômica'. Revogue-se o § 2º do art. 25 da Constituição, e gás canalizado passa a ser 'atividade econômica'" (AMARAL, Antônio Carlos Cintra do. *Concessão de serviço público*. 2. ed. São Paulo: Malheiros, 2002. p. 17-18).

preciso verificar o que estabelecem a Constituição e as leis. Se qualificarem determinada atividade como serviço público, deverá ser assim considerado, incidindo todo o regime jurídico daí decorrente.

O serviço público é de titularidade do Estado, mas sua prestação pode ser objeto de delegação para sujeitos privados. O serviço público, que é atividade submetida a regime jurídico específico, consiste em modalidade de atividade administrativa prestacional, devendo ser um meio para se atingir uma finalidade pública. Por ser uma atividade sujeita a regime jurídico específico, não é possível submeter a prestação de serviço público ao regime de direito privado.[38]

1.1.3.3   Voltando ao conceito de Fazenda Pública

Fazenda Pública é expressão, como se viu, que abrange as pessoas jurídicas de direito público, não englobando as empresas públicas e as sociedades de economia mista.

As empresas públicas e as sociedades de economia mista exploram atividade econômica, inserem-se no mercado concorrencial, sendo, por isso mesmo, pessoas jurídicas de direito privado. Não se incluem no conceito de Fazenda Pública.

Há, porém, empresas estatais que prestam serviço público, não se inserindo no mercado concorrencial. A elas aplica-se o regime jurídico da Fazenda Pública.

Quer isso dizer que a personalidade jurídica de direito privado não é critério suficiente para, por si só, afastar a aplicação do regime jurídico da Fazenda Pública. O tipo de atividade exercida pela empresa pública ou pela sociedade de economia mista é relevante para a aplicação do regime jurídico da Fazenda Pública.

Quando a empresa pública ou a sociedade de economia mista presta serviço público, aplicam-se as normas estabelecidas em favor da Fazenda Pública.

Enfim, quando concebida para prestar serviço público ou desenvolver qualquer atividade de índole pública, a empresa estatal e a sociedade de economia mista sofrem o influxo mais acentuado de normas de Direito Público, decorrente do resguardo de interesses públicos. Exatamente por isso, as normas que incidem em favor da Fazenda Pública incidem em favor da empresa estatal prestadora de serviço público.

1.2   A CAPACIDADE POSTULATÓRIA E A FAZENDA PÚBLICA: A ADVOCACIA PÚBLICA

Os atos processuais estão sujeitos a certos pressupostos para que possam ter existência, devendo também atender a requisitos de validade.

Um dos requisitos de validade dos atos processuais é a *capacidade postulatória*, que consiste na possibilidade de se postular em juízo. Só quem detém essa capacidade, no processo civil brasileiro, é o advogado regularmente inscrito na OAB,[39] ressalvadas as causas de até 20

---

[38]   FREIRE, André Luiz. *O regime de direito público na prestação de serviços públicos por pessoas privadas.* São Paulo: Malheiros, 2014. p. 260.

[39]   Também dispõe da capacidade postulatória o membro do Ministério Público, pois, embora não seja inscrito na OAB e ostente a incompatibilidade com a advocacia, dispõe de atribuições constitucionais (CF, art. 129) que o habilitam a postular um juízo, conferindo-lhe capacidade postulatória. O membro da Defensoria Pública também dispõe de capacidade postulatória. Assim dispõe o art. 4º, § 6º, da Lei Complementar 80/1994: "A capacidade postulatória do Defensor Público decorre exclusivamente de sua nomeação e posse no cargo público". O Defensor Público representa a parte independentemente de procuração, salvo nos casos em que se exigem poderes especiais (LC 80/1994, arts. 44, XI, 89, XI, e 128, XI).

(vinte) salários mínimos que tenham curso nos Juizados Especiais Cíveis[40] e quaisquer causas que tramitem nos Juizados Especiais Federais (tal como demonstrado no subitem 19.3.2.1 *infra*, não é necessária a presença de advogado nos Juizados Federais, independentemente do valor da causa). Daí por que, não sendo a parte advogado, deverá estar representada em juízo por advogado legalmente constituído, mediante apresentação de procuração. Faltando esse pressuposto, e não estando a parte devidamente representada por advogado, deverá o juiz aplicar o art. 76 do CPC, suspendendo o processo e assinando prazo para a sanação do vício. Não sanado o vício pelo autor, será extinto o processo sem resolução do mérito. Caso a correção deva ser feita pelo réu e este não a promova, será reputado revel. Sendo a sanação atribuída a um terceiro, e quedando este inerte, haverá de ser reputado revel ou excluído do processo, a depender da posição em que se encontre.

Se o pressuposto estiver faltando em fase recursal perante qualquer tribunal, inclusive superior, o relator não conhecerá do recurso, se a providência couber ao recorrente ou, se a providência couber ao recorrido, determinará o desentranhamento das contrarrazões (CPC, art. 76, § 2º). É preciso, antes, que o relator intime a parte para regularizar o defeito de representação (CPC, arts. 76 e 932, parágrafo único).

Tratando-se da Fazenda Pública, sua representação é feita, via de regra, por procuradores judiciais, que são titulares de cargos públicos privativos de advogados regularmente inscritos na OAB, detendo, portanto, *capacidade postulatória*. Como a representação decorre da lei, é prescindível a juntada de procuração, de forma que os procuradores representam a Fazenda Pública sem necessidade de haver procuração; a representação decorre do vínculo legal mantido entre a Administração Pública e o procurador.[41]

Vale dizer que os membros da *advocacia pública* são advogados, a quem se confere a *capacidade postulatória*, ou seja, a possibilidade de postulação a qualquer órgão do Poder Judiciário. Uma vez investidos no cargo ou função, os procuradores públicos "... adquirem o poder de representação pela só condição funcional, o que os desonera de apresentação de instrumento de mandato. Seria contraditório que detivessem aquela qualidade por decorrência normativa e simultaneamente houvessem de comprovar poder de representação volitivo. A procuração é materialização de negócio jurídico, circunstância incompatível com a natureza da relação que se estabelece entre o órgão público e seus procuradores. Seu poder de representação está

---

[40] Nesse caso, a capacidade postulatória é conferida à própria parte (Lei 9.099/1995, art. 9º). Essa é a mais difundida exceção no processo civil. Há outras, no processo penal (*habeas corpus* e revisão criminal) e no processo do trabalho. No âmbito dos processos objetivos de controle concentrado de constitucionalidade, entende-se que o Governador de Estado detém o *jus postulandi* para o ajuizamento de ação direta de inconstitucionalidade ou de arguição de descumprimento de preceito fundamental e, igualmente, para a reclamação constitucional por descumprimento de decisão nelas proferida (STF, Pleno, Rcl 1.915/SP, Rel. Min. Maurício Corrêa, j. 04.12.2003, *DJ* 06.02.2004, p. 33). Com efeito, "Governador de Estado detém aptidão processual plena para propor ação direta (ADIMC 127/AL, Rel. Min. Celso de Mello, *DJ* 04.12.92), bem como arguição de descumprimento de preceito fundamental, constituindo-se verdadeira hipótese excepcional de *jus postulandi*" (STF, Pleno, ADPF 33, Rel. Min. Gilmar Mendes, j. 07.12.2005, *DJ* 27.10.2006, p. 31).

[41] Nesse sentido, o enunciado 436 da Súmula do TST: "REPRESENTAÇÃO PROCESSUAL. PROCURADOR DA UNIÃO, ESTADOS, MUNICÍPIOS E DISTRITO FEDERAL, SUAS AUTARQUIAS E FUNDAÇÕES PÚBLICAS. JUNTADA DE INSTRUMENTO DE MANDATO (conversão da Orientação Jurisprudencial nº 52 da SBDI-I e inserção do item II à redação) – Res. 185/2012, *DEJT* divulgado em 25, 26 e 27.09.2012) I – A União, Estados, Municípios e Distrito Federal, suas autarquias e fundações públicas, quando representadas em juízo, ativa e passivamente, por seus procuradores, estão dispensadas da juntada de instrumento de mandato e de comprovação do ato de nomeação. II – Para os efeitos do item anterior, é essencial que o signatário ao menos declare-se exercente do cargo de procurador, não bastando a indicação do número de inscrição na Ordem dos Advogados do Brasil".

in re ipsa. Não por acaso, descabe *substabelecimento* dos poderes advindos da lei decorrentes da nomeação (fato que, mesmo inesperado, acontece no cotidiano forense)".[42]

Na verdade, a Procuradoria Judicial e seus procuradores constituem um *órgão* da Fazenda Pública. Então, o advogado público quando atua perante os órgãos do Poder Judiciário é a Fazenda Pública *presente* em juízo. Em outras palavras, a Fazenda Pública se faz *presente* em juízo por seus procuradores. Segundo clássica distinção feita por Pontes de Miranda, os advogados públicos *presentam* a Fazenda Pública em juízo, não sendo correto aludir-se à *representação*. Com efeito, "o órgão torna presente, portanto *presenta* a respectiva pessoa jurídica de cujo organismo faz parte. Esta é a razão pela qual não se haverá de exigir a outorga de mandato pela União e demais entidades de direito público a seus respectivos procuradores".[43]

Já se vê que, uma vez investido no cargo ou função, o procurador público adquire a representação (leia-se *presentação*) da Fazenda Pública, estando incluídos nessa presentação os poderes gerais para o foro.

A Fazenda Pública é presentada em juízo pela Advocacia Pública, instituição reconhecida nos arts. 131 e 132 da Constituição Federal.

Nos termos do art. 182 do CPC, incumbe à Advocacia Pública, na forma da lei, defender e promover os interesses públicos da União, dos Estados, do Distrito Federal e dos Municípios, por meio da representação judicial, em todos os âmbitos federativos, das pessoas jurídicas de direito público que integram a Administração direta e indireta.

Cada pessoa jurídica de direito público tem, em suma, sua própria representação, destacada a seguir.

1.3 UNIÃO E SUA PRESENTAÇÃO JUDICIAL

A União, antes do advento da Constituição Federal de 1988, era presentada em juízo pelo Ministério Público Federal. Com a superveniência do atual texto constitucional, corrigiu-se "... um equívoco que já durava mais de um século. O equívoco residia em atribuir ao Ministério Público a função de advogado da União Federal cumulada com a de fiscal da lei e titular da ação penal".[44] A Procuradoria-Geral da República, na presentação da União em juízo, contava com o auxílio do Ministério Público Estadual, a quem se conferia poderes para presentar a Fazenda Federal na cobrança de sua dívida ativa.

Atualmente, ao Ministério Público é vedada a representação judicial e a consultoria jurídica de entidades públicas, a teor do que estabelece a parte final do inciso IX do art. 129 da Constituição Federal de 1988.

A Advocacia-Geral da União é a instituição que, diretamente ou mediante algum órgão vinculado, presenta judicialmente a União. Cabem à Advocacia-Geral da União as atividades de consultoria e assessoramento jurídico ao Poder Executivo, nos termos da Lei Complementar 73, de 10 de fevereiro de 1993.

A Advocacia-Geral da União compreende (a) o Advogado-Geral da União, (b) a Procuradoria-Geral da União e a da Fazenda Nacional, (c) a Consultoria-Geral da União, (d) o Conselho Superior da Advocacia-Geral da União, (e) a Corregedoria-Geral da Advocacia da União, (f) as Procuradorias Regionais da União e as da Fazenda Nacional e

---

[42] PEREIRA, Hélio do Valle. *Manual da Fazenda Pública em Juízo*. Rio de Janeiro: Renovar, 2003. p. 82.
[43] SILVA, Ovídio A. Baptista da. *Comentários ao Código de Processo Civil*. São Paulo: RT, 2000. v. 1, p. 96.
[44] SOUTO, João Carlos. *A União Federal em Juízo*. 2. ed. São Paulo: Saraiva, 2000. p. 25.

(g) as Procuradorias da União e as da Fazenda Nacional nos Estados e no Distrito Federal e as Procuradorias Seccionais destas.[45]

Subordina-se diretamente ao Advogado-Geral da União, além do seu gabinete e dos órgãos consultivos, a Procuradoria-Geral da União. A Procuradoria-Geral da Fazenda Nacional subordina-se, técnica e juridicamente, ao Advogado-Geral da União. Desse modo, são membros da Advocacia-Geral da União: o Advogado-Geral da União, o Procurador-Geral da União, o Procurador-Geral da Fazenda Nacional, os Procuradores Regionais, os Procuradores-Chefes, os Procuradores Seccionais, os Advogados da União, os Procuradores da Fazenda Nacional, os Assistentes Jurídicos e os demais membros previstos no § 5º do art. 2º da Lei Complementar 73, de 10 de fevereiro de 1993.

À Procuradoria-Geral Federal, que também está vinculada à Advocacia-Geral da União, compete a presentação judicial e extrajudicial das autarquias e fundações públicas federais, conforme será mais bem explicitado no item 1.7 *infra*.

Ao Advogado-Geral da União compete presentar a União perante o Supremo Tribunal Federal, cabendo-lhe, ainda, desistir, transigir, acordar e firmar compromisso nas ações de interesse da União, nos termos da Lei 9.469, de 10 de julho de 1997, com as alterações levadas a efeito pela Lei 13.140, de 26 de junho de 2015, cujas normas são examinadas no Capítulo XVI.

Muito embora o Advogado-Geral tenha a atribuição específica de presentar a União perante o Supremo Tribunal Federal, é-lhe facultado presentá-la junto a qualquer juízo ou tribunal.

A Procuradoria-Geral da União, que está subordinada direta e imediatamente ao Advogado-Geral, tem a incumbência de presentar judicialmente a União perante os tribunais superiores. Vale dizer que o Advogado-Geral presenta judicialmente a União junto ao STF, ficando essa presentação conferida ao Procurador-Geral perante os demais tribunais superiores. Nos demais tribunais – que não sejam superiores –, a presentação judicial da União é conferida às Procuradorias Regionais da União, reservando-se às Procuradorias da União, organizadas em cada Estado e no Distrito Federal, sua presentação judicial perante a primeira instância da Justiça Federal, comum e especializada.

Embora o Procurador-Geral presente judicialmente a União perante os Tribunais Superiores, a lei lhe franqueia tal presentação perante os demais tribunais e, igualmente, perante a primeira instância da Justiça Federal. De igual modo, embora as Procuradorias Regionais atuem perante os demais tribunais que não sejam superiores, é-lhes facultado presentar a União igualmente junto à primeira instância da Justiça Federal.

Na execução de sua dívida ativa de caráter tributário e nas demais causas de natureza fiscal, a União é presentada pela Procuradoria-Geral da Fazenda Nacional. São consideradas causas de natureza fiscal as relativas a:

a) tributos de competência da União, inclusive infrações à legislação tributária;
b) empréstimos compulsórios;
c) apreensão de mercadorias, nacionais ou estrangeiras;
d) decisões de órgãos do contencioso administrativo fiscal;
e) benefícios e isenções fiscais;

---

[45] Sobre a estrutura e organização da Advocacia-Geral da União, vista com detalhes e com profundidade, consultar: SOUTO, João Carlos. *A União Federal em Juízo*. 2. ed. São Paulo: Saraiva, 2000. p. 34-147.

f) créditos e estímulos fiscais à exportação;
g) responsabilidade tributária de transportadores e agentes marítimos;
h) incidentes processuais suscitados em ações de natureza fiscal.

Demais disso, cabe à Procuradoria-Geral da Fazenda Nacional executar as dívidas do FGTS, as multas por infração à CLT, questões relativas ao Imposto Territorial Rural – ITR – e multas penais não pagas.

Na verdade, e consoante será analisado no subitem 12.2.1, das inscrições em dívida ativa surgem as respectivas certidões de dívida ativa, que constituem o título executivo que lastreia a execução fiscal. À Procuradoria da Fazenda Nacional incumbe inscrever os créditos fiscais em dívida ativa, cabendo-lhe igualmente promover a execução de tais créditos. Em outras palavras, "o que ela – Procuradoria-Geral da Fazenda Nacional – inscreve, ela cobra".[46]

As decisões do Tribunal de Contas da União que condenem algum administrador público ou ordenador de despesa ao pagamento de multas ou ressarcimento de valores públicos constituem título executivo, a embasar execução proposta pela Advocacia-Geral da União, e não pela Procuradoria da Fazenda Nacional. É que tal título executivo não é objeto de inscrição em dívida nem se confunde com a certidão de dívida ativa, não viabilizando a propositura de execução fiscal, tal como será visto adiante, no subitem 12.2.2.

Enfim, a União será presentada judicialmente pela Procuradoria da Fazenda Nacional se a causa ostentar natureza tributária ou fiscal ou se se tratar de execução fiscal. Nos outros tipos de demanda, sua presentação é confiada à Advocacia-Geral da União.

A União é citada nas causas em que seja interessada, na pessoa do Advogado-Geral da União, privativamente, nas hipóteses de competência do Supremo Tribunal Federal. Nos casos de competência dos Tribunais Superiores, sua citação há de ser feita na pessoa do Procurador--Geral da União. Nas hipóteses de competência dos demais tribunais, é feita na pessoa do Procurador-Regional da União, devendo ser procedida na pessoa do Procurador-Chefe ou do Procurador-Seccional da União, nos casos de competência dos juízos de primeiro grau.

Em se tratando de demanda tributária, a União será citada na pessoa do Procurador--Regional da Fazenda Nacional, nas hipóteses de competência dos tribunais que não sejam superiores. E, nos casos de competência dos juízos de primeiro grau, a citação opera-se na pessoa do Procurador-Chefe ou do Procurador-Seccional da Fazenda Nacional.

Se a demanda tributária tiver de ser processada e julgada perante o STF, a citação e a consequente presentação da União competem ao Advogado-Geral.[47] Sendo tal tipo de demanda processada e julgada num Tribunal Superior, estas deveriam caber, nos termos da Lei Complementar 73/1993, ao Procurador-Geral da União, não havendo, nesses casos, interferência da Procuradoria da Fazenda Nacional.

Sem embargo da deficiência legislativa, cumpre perfilhar a orientação segundo a qual, havendo uma demanda tributária num Tribunal Superior, a citação e presentação da União cabem ao Procurador-Geral da Fazenda Nacional. Segundo pondera João Carlos Souto:

---

[46] SOUTO, João Carlos. *A União Federal em Juízo*. 2. ed. São Paulo: Saraiva, 2000. p. 96.
[47] Assim já decidiu o STF, em decisão da qual se extrai o seguinte excerto: "Representação judicial da União no STF: atribuição do Advogado-Geral da União (LC 73/93, art. 4º, III), que abrange as 'causas de natureza fiscal' não confiadas privativamente à Procuradoria-Geral da Fazenda Nacional (LC 73/93, art. 12, II e V): vício de ilegitimidade *ad processum* do Procurador-Geral da Fazenda Nacional suprido, no caso, pela adoção do pedido de suspensão de segurança pelo Procurador-Geral da República" (STF, Pleno, SS 1.015-AgR/SP, Rel. Min. Carlos Velloso, j. 03.06.1996, *DJ* 24.09.1999, p. 40).

Conquanto a Lei Complementar n. 73/93, numa falha gravíssima, não esclareça as atribuições do procurador-geral da Fazenda Nacional, é possível concluir que elas são correlatas com as do procurador-geral da União. Isto é, incumbe-lhe defender a União Federal, nas causas de natureza tributária, perante os tribunais superiores. Melhor seria dizer perante o Superior Tribunal de Justiça, dada a dificuldade, ou quase impossibilidade, da existência de causas de natureza fiscal correrem em tribunais como o Superior Tribunal Militar, o Tribunal Superior Eleitoral ou o Tribunal Superior do Trabalho.

Não fossem as omissões do legislador de 1993 ao elaborar a referida Lei Orgânica, poder-se-ia concluir que ele preferiu manter as atribuições do procurador-geral da Fazenda Nacional previstas no Decreto-Lei n. 147/67, numa espécie de recepção àquela norma inferior. Esse decreto, porém, encontra-se defasado, é de uma época em que a Procuradoria não dispunha de atribuição judicial, constituía-se (até 1988) exclusivamente num órgão consultor. Muitas de suas lacunas foram preenchidas pelo Regimento Interno. O curioso é que esse Regimento foi aprovado pela Portaria MF n. 323, de 3 de outubro de 1988, anterior, portanto, à promulgação da Constituição Federal. No entanto, o referido regimento já previa os Tribunais Regionais Federais, que só passaram a existir legalmente a partir de 5 de outubro daquele ano. Fizeram o Regimento com base na Constituição que viria a ser promulgada. O mínimo que se pode dizer é que tal procedimento não se coaduna com um órgão incumbido de tão relevante função.[48]

Em suma, sendo a causa originária do STF, a presentação da União cabe privativamente ao Advogado-Geral. Nos demais órgãos do Poder Judiciário, se a causa for tributária, a presentação será confiada à Procuradoria da Fazenda Nacional; não sendo tributária, à Advocacia-Geral da União, obedecidas as gradações e divisões já expostas.

A presentação da União compete, privativamente, aos seus procuradores ou advogados públicos, não sendo possível cometer essa presentação ao Presidente da República, ainda que ostente a condição de advogado regularmente inscrito na OAB. É que, além de tal função ser privativa dos advogados públicos, a atividade de chefe do Poder Executivo é incompatível com o exercício da advocacia (Estatuto da OAB, art. 28, I). Assim, o advogado que vier a ocupar o cargo de Presidente da República passa, enquanto estiver cumprindo o mandato, a exercer atividade incompatível com a advocacia.

1.4 ESTADOS E SUA PRESENTAÇÃO JUDICIAL

Os Estados são presentados judicialmente pelos procuradores dos Estados, organizados em carreira, na qual o ingresso depende de concurso público de provas e títulos, com a participação da OAB em todas as suas fases. Os procuradores do Estado integram a Procuradoria-Geral do Estado, órgão componente da Administração Pública direta estadual.

Nas ações propostas em face do Estado, não se afigura correto requerer sua citação na pessoa do Governador, como se este fosse o seu presentante judicial. A citação do Estado deve operar-se na pessoa do Procurador-Geral do Estado.

Diferentemente do que sucede com a União, os Estados não têm sua representação dividida entre advogados e procuradores da Fazenda. A representação dos Estados é cometida

---

48   SOUTO, João Carlos. *A União Federal em Juízo*. 2. ed. São Paulo: Saraiva, 2000. p. 107.

aos procuradores de Estado, cabendo a divisão, por matérias ou tarefas, ao âmbito interno de organização administrativa das Procuradorias, sem que tal divisão repercuta na presentação judicial do Estado.

Desse modo, um procurador que, internamente, no âmbito da Procuradoria, exerça a função específica de emitir pareceres ou examinar contratos pode presentar judicialmente a Fazenda Estadual em juízo, justamente por ser procurador do Estado. Um procurador que esteja lotado no setor de execuções fiscais pode presentar judicialmente o Estado numa demanda não tributária ou, até mesmo, trabalhista. O simples fato de ser procurador do Estado, independentemente da função *interna* que exerça, permite-lhe presentar judicialmente a Fazenda Estadual, sem que isso traga alguma implicação para o processo.

A Fazenda Estadual dispõe de legitimidade para requerer a abertura de inventários (CPC, art. 616, VIII), devendo ser ouvida sobre a declaração e avaliação de bens nesses processos (CPC, arts. 626, § 4º, 629, 633, 634), com a finalidade de fiscalizar o recolhimento do imposto de transmissão *causa mortis* (CPC, art. 638). A presentação dos Estados, nessas demandas, é feita igualmente pelos procuradores de Estado, mesmo que a causa esteja sendo processada em comarca do interior.[49]

1.5 MUNICÍPIOS E SUA PRESENTAÇÃO JUDICIAL

1.5.1 Prefeito ou advogado público

Os Municípios, nos termos do art. 182 do CPC, são presentados em juízo pela Advocacia Pública.

Não obstante os termos do mencionado art. 182, o art. 75, III, do CPC mantém uma regra antiga no sistema brasileiro, ao dispor que o Município será presentado em juízo, ativa e passivamente, por seu prefeito ou procurador. Bem se poderia ter, seguindo o disposto no art. 182 do CPC, adotado a mesma regra existente para a União e para os Estados, cometendo aos procuradores a presentação dos Municípios. Só que, ao lado dos procuradores, conferiu-se igualmente aos prefeitos a *presentação* dos Municípios em juízo.

Em princípio, a representação (ou *presentação*) do Município em juízo é atribuída ao prefeito. Tal representação somente se fará por procurador se a lei local criar esse cargo, com função expressa de presentação do ente político. Com efeito, "a distinção é importante, porque, onde não existir cargo de Procurador, a citação inicial será feita na pessoa do Prefeito; e o advogado que for encarregado da defesa dos direitos do Município necessitará de procuração dada pelo Prefeito, como representante do Município. Mas onde existir o cargo de Procurador, com poderes expressos, a citação inicial será feita a esse, que não depende de mandato para atuar nas causas em que for parte o Município".[50]

---

[49] Celso Agrícola Barbi entende que, nos processos de inventário que tramitem nas comarcas do interior, a audiência da Fazenda Estadual poderia ser feita na pessoa dos "coletores de impostos" ou de órgãos equivalentes, sendo dispensável a oitiva de procuradores judiciais (*Comentários ao Código de Processo Civil*. 8. ed. Rio de Janeiro: Forense, 1993. v. 1, n. 137, p. 90-91). Com o advento da Constituição Federal de 1988, que atribui, no seu art. 132, a presentação dos Estados aos seus procuradores, aquela antiga prática adotada com frequência nas comarcas do interior deixou de ser possível, devendo o Estado ser ouvido na pessoa de seus procuradores, ainda que se trate de comarca situada no interior do Estado.

[50] BARBI, Celso Agrícola. *Comentários ao Código de Processo Civil*. 8. ed. Rio de Janeiro: Forense, 1993. v. 1, p. 91.

O STF entende que a instituição de órgão da advocacia pública municipal não está prevista constitucionalmente, não havendo obrigatoriedade de sua adoção, por não serem os arts. 131 e 132 da Constituição normas de reprodução obrigatória no âmbito municipal.[51] Ainda assim, a advocacia pública municipal consiste em carreira de Estado, de caráter permanente e integra as funções essenciais à Justiça.[52] Os advogados públicos municipais desfrutam das prerrogativas próprias da Advocacia Pública.

Em alguns Municípios de pequeno porte, não há o cargo de procurador judicial, devendo, nessas hipóteses, a presentação ser confiada ao prefeito, que poderá constituir advogado, outorgando-lhe poderes mediante procuração a ser exigida em juízo.[53]

Há quem defenda a possibilidade de, sendo o prefeito advogado regularmente inscrito na OAB, a defesa da Fazenda Municipal ser feita por ele mesmo, comparecendo em juízo na sua pessoa.[54] Não é, porém, possível ao prefeito, ainda que seja advogado regularmente inscrito na OAB, promover, ele mesmo, a defesa dos interesses do Município. É que, segundo o art. 28, I, do Estatuto da OAB, a função de Chefe do Poder Executivo é *incompatível* com o exercício da advocacia, estando suprimida, enquanto durar o mandato eletivo, a capacidade postulatória. Logo, o prefeito pode receber citação, mas deverá constituir advogado para representar o Município, caso não haja cargo próprio de procurador judicial.

1.5.2 Associação de Representação de Municípios

Já se viu que o art. 75, III, do CPC dispõe que o Município será representado em juízo, ativa e passivamente, por seu prefeito ou procurador. A Lei 14.341, de 2022, dispõe sobre a Associação de Representação de Municípios, para a realização de objetivos de interesse comum de caráter político-representativo, técnico, científico, educacional, cultural e social.

Os Municípios podem, nos termos do art. 2º da referida Lei 14.341, de 2022, organizar-se, para fins não econômicos, em associação. Na verdade, já podiam, em razão do disposto no art. 5º, XXI, da Constituição.

O art. 75, III, do CPC foi alterado pela Lei 14.341, de 2022, para prever que o Município pode ser representado por seu advogado público, pelo prefeito ou por "Associação de Representação de Municípios, quando expressamente autorizada".

Aliás, as Associações de Representação de Municípios podem "postular em juízo, em ações individuais ou coletivas, na defesa de interesse dos Municípios filiados, na qualidade de parte, terceiro interessado ou *amicus curiae*, quando receberem autorização individual expressa e específica do chefe do Poder Executivo" (Lei 14.341/2022, art. 3º, V).

---

[51] STF, 1ª Turma, RE 1.154.762 AgR, rel. Min. Rosa Weber, *DJe* 13.2.2019; STF, 1ª Turma, RE 1.156.016 AgR, rel. Min. Luiz Fux, *DJe* 16.5.2019; STF, 2ª Turma, ARE 893.694 AgR, rel. Min. Celso de Mello, *DJe* 20.3.2017; STF, Pleno, RE 225.777, rel. p/ ac. Min. Dias Toffolli, *DJe* 29.8.2011.

[52] Ao fixar a tese do Tema 510 da Repercussão Geral, o STF assim estabeleceu: "A expressão 'Procuradores', contida na parte final do inciso XI do art. 37 da Constituição da República, compreende os Procuradores Municipais, uma vez que estes se inserem nas funções essenciais à Justiça, estando, portanto, submetidos ao teto de noventa inteiros e vinte e cinco centésimos por cento do subsídio mensal, em espécie, dos Ministros do Supremo Tribunal Federal".

[53] MACEDO, Bruno Regis Bandeira Ferreira. As mudanças do NCPC no papel da Fazenda Pública: considerações sobre a capacidade postulatória, prazo processual e o reexame necessário. In: ARAÚJO, José Henrique Mouta; CUNHA, Leonardo Carneiro da (coords.). *Advocacia pública*. Salvador: JusPodivm, 2015. p. 43.

[54] SILVA, Ovídio A. Baptista da. *Comentários ao Código de Processo Civil*. São Paulo: RT, 2000. v. 1, p. 97.

O estatuto das Associações de Representação dos Municípios deve conter, sob pena de nulidade, "os critérios para, em assuntos de interesse comum, autorizar a associação a representar os entes da Federação associados perante outras esferas de governo, e a promover, judicial e extrajudicialmente, os interesses dos Municípios associados" (Lei 14.341/2022, art. 5º, VII).

Nos termos do § 5º do art. 75 do CPC, "a representação judicial do Município pela Associação de Representação de Municípios somente poderá ocorrer em questões de interesse comum dos Municípios associados e dependerá de autorização do respectivo chefe do Poder Executivo municipal, com indicação específica do direito ou da obrigação a ser objeto das medidas judiciais".

A jurisprudência do STF e do STJ faz uma distinção entre *representação* e *substituição processual*. E entendem que a atuação das associações não configura substituição processual, mas representação específica, nos termos do art. 5º, XXI, da Constituição, sendo necessária, para tanto, autorização expressa dos associados e lista de todos eles juntada à petição inicial.[55]

Segundo esse entendimento, o representante precisa da lista de representados. Ainda segundo esse entendimento, as associações que propõem ações coletivas "de rito ordinário" (excluídas, portanto, ações civis públicas e mandados de segurança coletivo) atuam por representação, e não por substituição processual.

O STF já havia entendido, no Tema 82, ser exigível a autorização direta dos beneficiários da *representação* processual quando ausente, no caso, autorização em assembleia geral, vedada autorização genérica prevista em estatuto. Naquela oportunidade, registrou-se não ser exigível autorização para propositura de ação coletiva em casos de substituição processual, como a ação civil pública proposta pelo Ministério Público (CF, art. 129, III, e § 1º) e os mandados de segurança coletivos.

A essa altura, cumpre enfatizar que o STF, ao fixar o Tema 82, referiu-se a *associações*, tratando, portanto, de *representação*, e não de substituição processual.

É relevante destacar que o Supremo Tribunal Federal, ao julgar o Tema 715 da Repercussão Geral, entendeu ter natureza infraconstitucional a questão da limitação territorial da eficácia da decisão proferida em ação coletiva, não reconhecendo a existência de repercussão geral. Por outro lado, ao julgar o Tema 1075, o STF proclamou a *inconstitucionalidade* do art. 16 da Lei 7.347, de 1985, para excluir a limitação territorial da eficácia da sentença coletiva.

Ao apreciar o Tema 499, o STF declarou a constitucionalidade do art. 2º-A da Lei 9.494, de 1997, que estabelece a eficácia da sentença coletiva apenas para os associados que tenham, na data da propositura da ação, domicílio no âmbito da competência territorial do órgão prolator, sendo necessário que a petição inicial da ação coletiva seja instruída com a ata da assembleia da entidade associativa que a autorizou, acompanhada da relação nominal dos seus associados e indicação dos respectivos endereços.

O STF entendeu que tal regra confina-se apenas no âmbito da ação *ordinária* coletiva, restringindo-se a *associações*, pois estas atuariam como *representantes* de seus filiados, e não como substitutas processuais. Exatamente por isso, tal regra não é aplicável ao mandado de segurança coletivo, a cujo propósito já havia o enunciado 629 de sua Súmula de Jurisprudência, que assim está redigido: "A impetração de mandado de segurança coletivo por entidade de classe em favor dos associados independe da autorização destes".

---

[55] STF, Pleno, RE 573.232, rel. Min. Ricardo Lewandowski, rel. p/ ac. Min. Marco Aurélio, *DJe* 19.9.2014; STJ, 2ª Turma, EDcl no AgInt no REsp 1.907.343/PE, rel. Min. Francisco Falcão, *DJe* 27.8.2021; STJ, 1ª Turma, REsp 1.977.830/MT, rel. Min. Sérgio Kukina, *DJe* 25.3.2022; STJ, 1ª Turma, AgInt no REsp 1.885.897/PR, rel. Min. Sérgio Kukina, *DJe* 16.9.2022.

Enfim, em relação ao mandado de segurança coletivo, o art. 22 da Lei 12.016, de 2009, e o art. 103 do CDC não limitam a coisa julgada. As referidas disposições legais, bem como o enunciado 629 da Súmula do STF estabelecem que, no mandado de segurança coletivo, a eficácia subjetiva da coisa julgada alcança toda a categoria substituída em juízo. Mesmo quando impetrado por associação, esta atua como substituta da categoria, *independentemente* de autorização ou lista nominativa dos filiados, conforme estabelecem o art. 22 da Lei nº 12.016/2009 e o art. 103, II, do CDC.

No mandado de segurança coletivo, a extensão da coisa julgada atinge *toda a categoria* que o impetrante substitui. No mandado de segurança coletivo o *grupo titular do direito coletivo* é substituído, sendo atingido pela coisa julgada. Não se trata de hipótese de mera representação, mas de substituição processual.

Pelo disposto no § 5º do art. 75 do CPC, e por sua natureza jurídica, a Associação de Representação de Municípios atua em representação, mas, se, por exemplo, impetrar mandado de segurança coletivo em favor de seus associados, a hipótese será, segundo entendem o STF e o STJ, de substituição processual. De igual modo, se for proposta ação civil pública pela associação em defesa de direito comum dos Municípios, a hipótese será de substituição processual.

Como se viu no item 1.1.1, os entes federativos podem formar consórcio público, nos termos da Lei 11.107, de 2005. O consórcio pode constituir uma associação pública ou uma pessoa jurídica de direito privado (Lei 11.107/2005, art. 1º, § 1º). O consórcio público pode ser constituído apenas por Municípios (Lei 11.107/2005, art. 4º, § 1º, I), formando um ente público interfederativo, que passa a integrar a administração pública indireta de todos os Municípios filiados. Nesse caso, quando o consórcio for constituído como associação pública, será uma pessoa jurídica de direito público, integrando o conceito de *Fazenda Pública* e gozando de todas as prerrogativas processuais que lhe são inerentes.

A Associação de Representação de Municípios, por sua vez, é pessoa jurídica de direito privado, não gozando das prerrogativas de direito material e de direito processual asseguradas aos Municípios (Lei 14.341/2022, art. 12).

A Associação Nacional dos Procuradores Municipais – ANPM ajuizou perante o Supremo Tribunal Federal a Ação Direta de Inconstitucionalidade 7.246, alegando que a previsão dessa nova forma de representação judicial viola o parágrafo único do art. 23 da Constituição (inconstitucionalidade formal, pois seria necessária lei complementar) e aos arts. 37, *caput*, II, 131 e 132 da Constituição (inconstitucionalidade material). A Procuradoria-Geral da República emitiu parecer, concluindo pela inconstitucionalidade, enquanto a Advocacia-Geral da União defendeu a constitucionalidade das normas impugnadas. A ação ainda não foi julgada.

1.6 DISTRITO FEDERAL E SUA PRESENTAÇÃO JUDICIAL

O Distrito Federal é presentado em juízo por sua Procuradoria-Geral, que é equiparada, para todos os efeitos, às Secretarias de Estado, tendo por finalidade exercer a advocacia pública, cabendo-lhe, ainda, prestar a orientação normativa e a supervisão técnica do sistema jurídico do Distrito Federal.

A Procuradoria-Geral do Distrito Federal – PRG/DF – é uma instituição de natureza permanente, essencial à Justiça e à Administração, competindo-lhe a representação judicial e a consultoria jurídica do Distrito Federal, como atribuições privativas dos respectivos procuradores, na forma do art. 132 da Constituição Federal.

Nos termos da Lei Orgânica do Distrito Federal, a Procuradoria-Geral é o órgão central do sistema jurídico do Poder Executivo, tendo como funções institucionais, entre outras, representar o Distrito Federal judicial e extrajudicialmente, além de representar a Fazenda Pública perante os Tribunais de Contas da União, do Distrito Federal e Juntas de Recursos Fiscais, bem como prestar orientação jurídico-normativa para a Administração Pública direta, indireta e fundacional e, bem ainda, efetuar a cobrança judicial da dívida ativa do Distrito Federal.

Segundo estabelece a Lei Complementar distrital 395, de 31 de julho de 2001, em seu art. 6º, III, as citações, intimações e notificações judiciais endereçadas ao Distrito Federal são recebidas pelo Procurador-Geral do Distrito Federal, a quem se confere a possibilidade de delegar essa atribuição aos titulares dos órgãos subordinados.

1.7 AUTARQUIAS, FUNDAÇÕES PÚBLICAS E SUA PRESENTAÇÃO JUDICIAL

A representação judicial das autarquias e fundações públicas é feita, respectivamente, nos termos da lei que as criar e da lei que autorize sua criação. Aliás, nos termos do art. 75, IV, do CPC, as autarquias e as fundações de direito público são presentadas em juízo, ativa e passivamente, "por quem a lei do ente federado designar".

Desse modo, conforme estabelecido pelas normas criadoras, a presentação pode ser confiada ao seu dirigente máximo ou a procuradores (chamados de procuradores autárquicos ou de procuradores de fundações, respectivamente), caso sejam criados tais cargos no âmbito interno das autarquias e fundações, com a função expressa de presentá-las em juízo.

Se, na lei criadora da autarquia ou fundação, não houver regra expressa nem se tiver criado, respectivamente, o cargo de procurador autárquico ou de procurador da fundação, deve-se entender que a presentação foi atribuída ao dirigente máximo, a quem se deve dirigir a citação inicial para que constitua, por procuração, advogado para acompanhar a demanda.

É frequente, contudo, que, no caso de autarquias ou fundações estaduais, seja atribuída sua presentação aos procuradores do Estado, os quais, além de presentar o Estado, detêm igualmente a presentação das autarquias e/ou fundações estaduais. A situação ocorre, igualmente, quanto aos Municípios e suas autarquias e fundações.

No âmbito federal, as autarquias e fundações dispõem de quadro próprio de procuradores federais. Contudo, o art. 11-A da Lei 9.028, de 12 de abril de 1995, acrescido pela Medida Provisória 2.180-35/2001, autorizou a Advocacia-Geral da União a assumir, por suas Procuradorias, temporária e excepcionalmente, a presentação judicial de autarquias ou fundações públicas nas hipóteses de (a) ausência de procurador ou advogado e (b) impedimento dos integrantes do órgão jurídico. Tal presentação judicial extraordinária poderá ocorrer por solicitação do dirigente da entidade ou por iniciativa do Advogado-Geral da União.

A ausência de procurador ou advogado – situação que gera a assunção da presentação da autarquia ou fundação pela Advocacia-Geral da União – configura-se também na hipótese de não haver órgão jurídico integrante da respectiva Procuradoria ou Departamento Jurídico, em cidade sede de órgão judiciário perante o qual corra o feito de interesse da autarquia ou fundação.

A Medida Provisória 2.180-35/2001 acrescentou o anexo V à referida Lei 9.028/1995, contendo a relação de várias autarquias e fundações federais, cuja presentação judicial passou a ser feita, diretamente, pelos órgãos próprios da Advocacia-Geral da União, permanecendo os órgãos jurídicos daquelas entidades responsáveis pelas respectivas atividades de consultoria e assessoramento jurídicos. Significa que, no caso de tais entidades, a Advocacia-Geral da União absorveu sua presentação judicial, a quem devem ser dirigidas, inclusive, as citações, intimações e notificações destinadas àquelas autarquias e fundações.

Pela Lei 10.480, de 2 de julho de 2002, foi criada a Procuradoria-Geral Federal, à qual se assegurou autonomia administrativa e financeira, vinculada à Advocacia-Geral da União, incumbindo a essa última a sua supervisão. À Procuradoria-Geral Federal compete a presentação judicial e extrajudicial das autarquias e fundações públicas federais, as respectivas atividades de consultoria e assessoramento jurídicos, a apuração da liquidez e certeza dos créditos, de qualquer natureza, inerentes às suas atividades, inscrevendo-se em dívida ativa, para fins de cobrança amigável ou judicial.

Integram a Procuradoria-Geral Federal as Procuradorias, os Departamentos Jurídicos, as Consultorias Jurídicas ou Assessorias Jurídicas das autarquias e as fundações federais, como órgãos de execução desta, mantidas as suas atuais competências.

Ao Procurador-Geral Federal, nomeado pelo Presidente da República, mediante indicação do Advogado-Geral da União, compete exercer a presentação das autarquias e fundações federais junto ao Supremo Tribunal Federal e aos Tribunais Superiores, nada impedindo, contudo, que atue perante qualquer outro juízo ou tribunal. O Procurador-Geral pode delegar essa presentação junto ao STF e aos tribunais superiores aos Procuradores-Gerais ou Chefes de Procuradorias, Departamentos, Consultorias ou Assessorias Jurídicas de autarquias e fundações federais.

A presentação judicial exercida pela Advocacia-Geral da União na forma dos arts. 11-A e 11-B da Lei 9.028/1995, acrescentados pela Medida Provisória 2.180-35/2001, poderá ser gradualmente assumida pela Procuradoria-Geral Federal, conforme ato do Advogado-Geral da União.

Significa, então, que as autarquias e fundações federais devem, gradativamente, ser presentadas pelos procuradores federais, que integram a Procuradoria-Geral Federal, vinculada à Advocacia-Geral da União.

O Banco Central do Brasil, diante da legislação própria, ficou de fora dessa regra, mantendo quadro próprio de procuradores autárquicos, não se confundindo nem pertencendo à categoria dos procuradores federais.

De igual modo, a Procuradoria-Geral da Fundação Nacional do Índio permanece responsável pelas atividades judiciais que, de interesse individual ou coletivo dos índios, não se confundam com a presentação judicial da União. Na hipótese de coexistirem, em determinada demanda, interesses da União e de índios, a Procuradoria-Geral da Fundação Nacional do Índio ingressará no feito juntamente com a Procuradoria da Advocacia-Geral da União.

Já se viu que as agências executivas ou reguladoras ostentam natureza de *autarquias especiais*, aplicando-se-lhes todas essas regras pertinentes às autarquias. Passarão, portanto, a ser presentadas pelos procuradores federais.

1.8 OS ÓRGÃOS LEGISLATIVOS E SUA PRESENTAÇÃO JUDICIAL

Os advogados públicos presentam as pessoas jurídicas de direito público, estando, entretanto, ligados ao Poder Executivo. Tem sido crescente a criação de cargos de Procuradores das Assembleias Legislativas e das Câmaras Municipais. Em outras palavras, há também advogados públicos ligados ao Poder Legislativo.

Os Procuradores das Assembleias Legislativas e os Procuradores das Câmaras Municipais prestam consultoria e assessoria jurídica a tais órgãos parlamentares. Ademais, presentam-nos em juízo.

A título exemplificativo, pode-se observar que cabe às Procuradorias dos órgãos legislativos o exame de todos os atos de concessão ou reconhecimento de direitos e vantagens dos servidores do Poder Legislativo (aposentadoria, adicionais, licença etc.), bem como a análise de minutas de contratos e editais de licitação dos referidos órgãos legislativos (Lei 14.133/2021, art. 53) no seu relacionamento com fornecedores e prestadores de serviços.

No desempenho da presentação judicial do Poder Legislativo, cabe, por exemplo, às suas Procuradorias prestar informações em favor das respectivas Mesas Diretoras nos mandados de segurança que ataquem atos por elas praticados, além de elaborar as informações a serem prestadas na defesa da constitucionalidade de dispositivos da Constituição do Estado, de leis locais ou de resoluções, quando questionados em Ação Direta de Inconstitucionalidade perante o STF ou o Tribunal de Justiça do Estado.

A propósito, é oportuno registrar que a jurisprudência do Supremo Tribunal Federal "reconhece a ocorrência de situações em que o Poder Legislativo necessite praticar em juízo, em nome próprio, uma série de atos processuais na defesa de sua autonomia e independência frente aos demais Poderes, nada impedindo que assim o faça por meio de um setor pertencente a sua estrutura administrativa, também responsável pela consultoria e assessoramento jurídico de seus demais órgãos. Precedentes: ADI 175, *DJ* 08.10.93, e ADI 825, *DJ* 01.02.93".[56]

Sabe-se que as Câmaras Municipais e as Assembleias Legislativas são entes despersonalizados, constituindo, respectivamente, órgãos dos Municípios e dos Estados.

A doutrina tradicional entende que os entes despersonalizados não detêm capacidade jurídica, não devendo, portanto, revestir-se da condição de parte em processos judiciais. Para tal doutrina tradicional, somente aqueles entes previstos no art. 75 do CPC (a exemplo do espólio e do condomínio) é que poderiam ser parte, pois, embora desprovidos de personalidade jurídica, teriam a chamada personalidade judiciária.

É comum afirmar-se que há entes que não têm personalidade jurídica, mas desfrutam de personalidade "judiciária", podendo postular em juízo em determinadas situações. Nesse sentido, a tese fixada no Tema 348 dos repetitivos pelo STJ assim estabelece: "A Câmara de Vereadores não possui personalidade jurídica, mas apenas personalidade judiciária, de modo que somente pode demandar em juízo para defender os seus direitos institucionais, entendidos esses como sendo os relacionados ao funcionamento, autonomia e independência do órgão. No caso, a Câmara de Vereadores do Município de Lagoa do Piauí/PI ajuizou ação ordinária inibitória com pedido de tutela antecipada contra a Fazenda Nacional e o INSS, objetivando afastar a incidência da contribuição previdenciária sobre os vencimentos pagos aos próprios vereadores. Não se trata, portanto, de defesa de prerrogativa institucional, mas de pretensão de cunho patrimonial".

Na verdade, a falta de personalidade jurídica não conduz, necessariamente, à ausência de capacidade. Embora se afirme que a capacidade seja um elemento da personalidade, nem sempre que haja capacidade deve existir, necessariamente, personalidade. Em algumas hipóteses, o legislador entende desnecessário atribuir personalidade a alguns entes, mas lhes assegura capacidade jurídica e processual.[57] Tais entes não são pessoas, mas são sujeitos

---

[56] STF, Pleno, ADI 1.557, Rel. Min. Ellen Gracie, *DJ* 18.6.2004, p. 43.

[57] A propósito, merece registro a lição de Marcos Bernardes de Mello: "O direito atribui a todo ser humano, indistintamente, *capacidade jurídica* que se define como a atribuição da possibilidade de ser sujeito de direito, isto é, de ser titular de direitos e obrigações na ordem civil (Código Civil, art. 2º). É, portanto, a capacidade jurídica imanente à personalidade civil. Essa imanência conduz, em geral, a doutrina a confundir capacidade jurídica com personalidade de direito. Erroneamente,

de direito, podendo ser titulares de poderes, deveres, direitos, ônus e faculdades, de índole material ou processual.[58]

Daí se infere que há sujeitos de direito que não são pessoas, mas se lhes atribui capacidade jurídica. Isso poderia causar a impressão de que haveria "pesos" ou "graus" de personalidade. O que se percebe, entretanto, é que a personalidade jurídica não sofre variações: ou o sujeito a tem ou não a tem; ou ele é ou não é pessoa.

De igual modo, não há *meia* capacidade. Não se pode dizer que o sujeito tenha capacidade para determinados atos, não a detendo para outros. Ou se tem, ou não se tem capacidade jurídica. Ora, é inegável que a Assembleia Legislativa e a Câmara Municipal detêm capacidade jurídica. A elas o sistema confere *aptidão genérica* para adquirir direitos e contrair obrigações, titularizando poderes, deveres, direitos, ônus e faculdades, além de posições jurídicas em relações de direito material e de direito processual. Com efeito, tais entes podem, por exemplo, impetrar mandado de segurança para o resguardo de prerrogativas institucionais, podendo, ademais, realizar concurso público para preenchimento de vagas em seus quadros funcionais, além de poder – e dever – realizar licitações para a aquisição de bens e serviços.[59]

---

porém, uma vez que o conceito de capacidade jurídica é bem mais amplo que o de personalidade civil" (*Teoria do fato jurídico*: plano da validade. 2. ed. São Paulo: Saraiva, 1997. p. 21). E, mais à frente, conclui: "Na verdade, embora toda pessoa (física ou jurídica) possa ser sujeito de direito (= tem capacidade jurídica), há outros entes que também o podem ser. É o caso, por exemplo, do nascituro, a quem se resguardam os direitos hereditários, da herança jacente, da sociedade não personificada (denominada impropriamente de sociedade de fato ou irregular), da massa falida, que, sem serem pessoas, são titulares de obrigações e direitos. Se a esses seres se atribui a titularidade de certos direitos e obrigações, de capacidade processual, de legitimidade *ad causam* etc., não há como negar-lhes a condição de sujeitos de direito. O ser pessoa, do ponto de vista jurídico, é atribuição (= eficácia jurídica) que o direito faz aos seres humanos e a certos entes criados pelos homens. O fato de o sistema jurídico não lhes reconhecer personalidade não lhes tira a condição de titulares de situações jurídicas." (GRAU, Eros. *A ordem econômica na Constituição de 1988*. 15. ed. São Paulo: Malheiros, 2012. n. 51, p. 21).

[58] Interessante e esclarecedor é o texto de José Carlos Barbosa Moreira sobre ser o nascituro titular de direitos. Mesmo ainda não tendo personalidade, o nascituro desfruta de direitos, sobretudo do direito à vida (O direito do nascituro à vida. *Repertório de Jurisprudência IOB*, n. 24, v. III, 2ª quinzena dez. 2005, 23336, p. 740-736).

[59] Nesse sentido: "Ambos, personificados ou não personificados, podem assumir situações jurídicas, portanto o Direito reconhece-lhes a aptidão de ser termo de relação jurídica. A teoria dos sujeitos de direito precisa ser repensada, pois não se justifica, pelo exame do direito positivo, que não se reconheça capacidade jurídica a entes a que o ordenamento jurídico atribui aptidão para ter direitos e contrair obrigações, embora não lhes tenha sido atribuída personalidade jurídica. Como negar a qualidade de sujeito de direito a um condomínio, que tem empregados e conta bancária? Como dizer que o Ministério Público e outros órgãos públicos, porque órgãos, não têm capacidade jurídica, se o Direito, no § 6º do art. 5º da Lei Federal n. 7.347/85, instituiu o chamado compromisso de ajustamento de conduta, acordo extrajudicial com força de título executivo, celebrado entre órgãos públicos (inclusive o próprio Ministério Público) legitimados à proteção dos interesses difusos e coletivos e os futuros réus de ação civil pública? Como dizer que sociedades não personificadas não são sujeitos de direito, se 'ingressam em diversas relações jurídicas, através de seus órgãos: realizam negócios jurídicos de locação, contratam empregados, podem ingressar em juízo em caso de negativa do registro ou da autorização etc.'? Há quem defenda, inclusive, a personificação jurídica da família – e não são poucos" (DIDIER JR., Fredie. *Pressupostos processuais e condições da ação:* o juízo de admissibilidade do processo. São Paulo: Saraiva, 2005. p. 117).

Enfim, a Assembleia Legislativa e a Câmara Municipal detêm capacidade jurídica, não se pode dizer que é limitada àqueles atos acima mencionados. Se se tem capacidade jurídica, não se pode limitá-la. Tendo capacidade jurídica, tais órgãos legislativos são sujeitos de direito, valendo dizer que ostentam a *aptidão genérica* para adquirir direitos e contrair obrigações, de sorte que podem ser parte em juízo, figurando como autores ou réus em processos judiciais.

Muitas vezes, as demandas são propostas pelo ou em face do Estado ou do Município, e não por ou em face de órgãos legislativos ou entes despersonalizados que os integram, não porque a esses órgãos falte capacidade jurídica. Não é isso. Tais órgãos têm, impõe-se reafirmar, capacidade jurídica. O que eles não têm – na grande maioria das demandas – é *legitimidade* para figurar no polo ativo ou no polo passivo da causa.

Assim, por exemplo, *numa demanda indenizatória* decorrente de um ato praticado por um servidor da Assembleia Legislativa ou da Câmara Municipal, aquela ou esta não detém legitimidade passiva *ad causam*, pois a responsabilidade pelos atos de agentes públicos é, respectivamente, do Estado ou do Município. Se, entretanto, for questionada a legalidade de um ato praticado por um daqueles órgãos legislativos ou se um deles precisar defender uma prerrogativa institucional, terá legitimidade para a causa. E, nesses casos, deverá ser presentado em juízo pelo Procurador da Assembleia ou pelo Procurador da Câmara.

A jurisprudência do Superior Tribunal de Justiça admite mandado de segurança impetrado por Câmara Municipal "... para defender os seus interesses estritamente institucionais, ou seja, aqueles relacionados ao funcionamento, autonomia e independência do órgão, não se enquadrando, nesse rol, o interesse patrimonial do ente municipal".[60]

A Presidência do STJ já apreciou pedido de suspensão de segurança ajuizado por Câmara Municipal, indeferindo o pedido, daí se seguindo agravo interno interposto pela própria Câmara Municipal que veio a ser julgado pela Corte Especial do STJ.[61]

Em casos como esses, a Câmara Municipal deve ser presentada por seu procurador. De igual modo, a Assembleia Legislativa, quando se apresenta em juízo, deve estar presentada por seu procurador.

Quando o órgão legislativo tem legitimidade para estar em juízo, deverá ser presentado pelo seu procurador, que é o advogado público que o presenta. Aliás, o STF, ao julgar a Ação Direta de Inconstitucionalidade 119, decidiu que "Não é inconstitucional norma da Constituição do Estado que atribui ao procurador da Assembleia Legislativa ou, alternativamente, ao procurador-geral do Estado, a incumbência de defender a constitucionalidade de ato normativo estadual questionado em controle abstrato de constitucionalidade na esfera de competência do Tribunal de Justiça. Previsão que não afronta a Constituição Federal, já que ausente o dever de simetria para com o modelo federal, que impõe apenas a pluralidade de legitimados para a propositura da ação (art. 125, § 2º, CF/88). Ausência de ofensa ao art. 132 da Carta Política, que fixa a exclusividade de representação do ente federado pela Procuradoria-Geral do Estado, uma vez que nos feitos de controle abstrato de constitucionalidade nem sequer há partes processuais propriamente ditas, inexistindo litígio na acepção técnica do termo".[62]

---

[60] STJ, 2ª Turma, REsp 1.429.322/AL, Rel. Min. Mauro Campbell Marques, *DJe* 28.2.2014.
[61] STJ, Corte Especial, AgRg na SS 2.465/BA, Rel. Min. Ari Pargendler, *DJe* 17.8.2011.
[62] STF, Pleno, ADI 119, Rel. Min. Dias Toffoli, *DJe* 28.03.2014.

1.9 CONVÊNIO PARA A PRÁTICA DE ATO PROCESSUAL POR PROCURADOR DE OUTRO ENTE FEDERATIVO (CPC, ART. 75, § 4º)

Os Estados são, como se viu no item 1.4 *supra*, presentados em juízo pelos seus procuradores. Cada Estado tem um corpo de procuradores que o presentam em juízo. O Distrito Federal tem, igualmente, seus procuradores, como visto no item 1.6 *supra*.

É possível, porém, que os procuradores de um Estado pratiquem atos em favor de outro Estado[63] ou do Distrito Federal. De igual modo, os procuradores do Distrito Federal podem praticar atos em favor de outro Estado. Para isso, é preciso que haja a celebração de convênio entre as respectivas procuradorias.

Tal possibilidade consta do § 4º do art. 75 do CPC, que assim dispõe: "Os Estados e o Distrito Federal poderão ajustar compromisso recíproco para prática de ato processual por seus procuradores em favor de outro ente federado, mediante convênio firmado pelas respectivas procuradorias".[64]

Se, por exemplo, o Estado de Pernambuco precisar participar de uma audiência perante um órgão jurisdicional em São Paulo, é possível que tal ato seja praticado por um procurador do Estado de São Paulo, desde que haja a celebração do referido convênio. Com isso, obtém-se agilidade, presteza, economia de recursos públicos (pois se evitam deslocamentos, passagens aéreas, diárias, hospedagem e demais despesas relacionadas com a viagem), garantindo-se, em última análise, eficiência.

A celebração de um convênio com essa finalidade facilita e dinamiza a presentação dos Estados e do Distrito Federal, além de valorizar a Advocacia Pública e evitar a contratação de advogados privados pelos entes públicos, muitas vezes abusiva.[65]

Segundo Bruno Regis Bandeira Ferreira Macedo, para celebração desse convênio, seria necessária a promulgação de lei específica.[66] O Código de Processo Civil já autoriza. Não é necessária qualquer outra lei. Basta que os entes federativos, com base no CPC, celebrem o convênio, estabelecendo as regras de compromisso entre as respectivas procuradorias.

Para atuar em juízo, os procuradores do Estado e do Distrito Federal não precisam exigir procuração. Seus poderes decorrem da lei, mas, se atuarem em razão do referido convênio, devem exigir cópia do convênio e do extrato de sua publicação no *Diário Oficial*, a fim de comprovar a regularidade da presentação.[67]

---

[63] "Aplica-se o § 4º do art. 75 do CPC aos municípios que tiverem procuradoria regularmente constituída." (Enunciado 172 da III Jornada de Direito Processual Civil do Conselho da Justiça Federal)

[64] O STF, ao julgar a ADI 5.737, reconheceu a constitucionalidade do dispositivo, porque ele não impõe "a celebração do convênio. As procuradorias jurídicas estaduais e distrital, prévia e devidamente organizadas em carreira segundo os ditames da Constituição, da Constituição Estadual ou da Lei Orgânica do Distrito Federal, bem como das normas constantes da lei que instituir a carreira, é que disporão, mediante ato consensual, acerca dessa cooperação mútua, mediante instrumento no qual serão definidos os contornos jurídicos dessa colaboração."

[65] GODINHO, Robson Renault. Comentários ao art. 75. In: CABRAL, Antonio do Passo; CRAMER, Ronaldo (coords.). *Comentários ao novo Código de Processo Civil*. Rio de Janeiro: Forense, 2015. p. 136.

[66] MACEDO, Bruno Regis Bandeira Ferreira. As mudanças do NCPC no papel da Fazenda Pública: considerações sobre a capacidade postulatória, prazo processual e o reexame necessário. In: ARAÚJO, José Henrique Mouta; CUNHA, Leonardo Carneiro da (coords.). *Advocacia pública*. Salvador: JusPodivm, 2015. p. 43.

[67] GODINHO, Robson Renault. Comentários ao art. 75. In: CABRAL, Antonio do Passo; CRAMER, Ronaldo (coords.). *Comentários ao novo Código de Processo Civil*. Rio de Janeiro: Forense, 2015. p. 136.

Embora o dispositivo refira-se apenas a Estados e ao Distrito Federal, é possível aplicá-lo de modo a abranger também as autarquias e fundações estaduais, permitindo que uma autarquia estadual possa firmar convênio com outra autarquia estadual, a fim de manter compromisso recíproco de atuação em juízo.[68]

O mencionado convênio é um negócio jurídico processual, assunto a ser examinado no Capítulo XVI.

---

[68] DIDIER JR., Fredie. *Curso de direito processual civil*. 18. ed. Salvador: JusPodivm, 2016. v. 1, p. 320-321. Nesse sentido, o Enunciado 383 do Fórum Permanente de Processualistas Civis: "As autarquias e fundações de direito público estaduais e distritais também poderão ajustar compromisso recíproco para prática de ato processual por seus procuradores em favor de outro ente federado, mediante convênio firmado pelas respectivas procuradorias".

Capítulo II
PRERROGATIVAS PROCESSUAIS DA FAZENDA PÚBLICA

2.1 O PRINCÍPIO DA ISONOMIA NO PROCESSO

A Constituição Federal, em seu art. 5º, enuncia que "todos são iguais perante a lei". O conteúdo de tal princípio constitucional denota que "a lei não deve ser fonte de privilégios ou perseguições, mas instrumento regulador da vida social que necessita tratar equitativamente todos os cidadãos".[1] O princípio da igualdade, longe de pretender conferir tratamento substancialmente idêntico a todas as pessoas, entes, sujeitos e organismos, leva em conta as diversidades de cada um, tomando como parâmetro a notória e antiga lição de Aristóteles, segundo quem a igualdade consiste em tratar igualmente os iguais e desigualmente os desiguais.

O que se deve aquilatar, contudo, são os critérios eleitos para separar pessoas em grupos para fins de tratamentos jurídicos diversos. É elementar que a função dos textos normativos consiste, basicamente, em discriminar situações para, então, enquadrá-las em hipóteses específicas. O fator de discriminação está, como se vê, presente – e é até inerente – na elaboração dos textos normativos. Daí a razão pela qual se faz necessário indagar quais as discriminações juridicamente intoleráveis, pois essas não podem ser admitidas, pois atentam contra o princípio da igualdade.[2]

Na verdade, o princípio da igualdade dirige-se ao próprio legislador, que não pode incorporar na legislação discriminações intoleráveis ou, melhor dizendo, destoantes da razoabilidade. As diferenças previstas em lei devem, portanto, decorrer de razões justificáveis.

No processo civil, o princípio da igualdade contém previsão no art. 7º do CPC. A igualdade processual é assegurada na "paridade de armas" (igualdade formal) e no equilíbrio processual (igualdade material). O contraditório há de ser exercido pelas partes em igualdade de condições.

O art. 7º do CPC é complementado pelo texto do seu art. 139, I, segundo o qual cabe ao juiz assegurar às partes igualdade de tratamento. Ao juiz se impõe o dever de garantir a igualdade.

O juiz deve conferir às partes igualdade de oportunidades, para que, exercendo o contraditório, possam ter a chance de tentar participar do seu convencimento, trazendo os elementos necessários e suficientes a demonstrar o acerto da respectiva tese ou defesa.

---

[1] MELLO, Celso Antônio Bandeira de. *Conteúdo jurídico do princípio da igualdade*. 3. ed. São Paulo: Malheiros, 2002. p. 10.

[2] MELLO, Celso Antônio Bandeira de. *Conteúdo jurídico do princípio da igualdade*. 3. ed. São Paulo: Malheiros, 2002. p. 11.

Com isso, a imparcialidade é reforçada. A passividade do juiz, diante de uma situação de desequilíbrio ou de desigualdade processual, pode configurar uma parcialidade. Em casos assim, é preciso que o juiz intervenha para reequilibrar a situação, em reforço à sua imparcialidade.

Ao juiz cabe garantir o equilíbrio processual, procedendo a adequações em situações excepcionais, com vistas a assegurar a igualdade. Nesse sentido, o juiz deve, com fundamento no art. 139, VI, do CPC, "dilatar os prazos processuais", reequilibrando o contraditório em casos em que a parte contrária apresenta excessiva quantidade de documentos, sendo insuficiente o prazo legalmente previsto para sobre eles a parte manifestar-se.

Há, porém, regras, no processo, que se apresentam diferenciadas, com vistas a alcançar equilíbrio e adaptar-se às peculiaridades daquela parte que detém uma nota marcante e diferenciada em relação às demais. Daí por que se confere um curador ao réu preso revel, bem como ao réu revel citado por edital ou com hora certa, enquanto não for constituído advogado (CPC, art. 72, II). De igual modo, confere-se curador ao incapaz, se não tiver representante legal ou se os interesses deste colidirem com os daquele, enquanto durar a incapacidade (CPC, art. 72, I). Quando a advogada responsável pelo processo constituir a única patrona da causa, o processo deve ser suspenso pelo parto ou pela concessão de adoção (CPC, art. 313, IX); também se suspende o processo quando o advogado responsável pelo processo constituir o único patrono da causa e tornar-se pai (CPC, art. 313, X). Algumas pessoas não podem, por sua condição, ser citadas por via postal (CPC, art. 247, II, III e IV). Havendo interesse de incapaz, confere-se tratamento diferenciado, exigindo-se a intervenção obrigatória do Ministério Público como fiscal da ordem jurídica (CPC, art. 178, II), a quem se confere ônus e poderes para requerer diligências e provas que poderão beneficiar o incapaz (CPC, art. 179, II), com prazo em dobro para suas manifestações (CPC, art. 180). Nesse mesmo sentido, há regras especiais conferidas à Fazenda Pública, entre as quais sobressaem a remessa necessária (CPC, art. 496) e a prerrogativa de prazos diferenciados, com intimação pessoal (CPC, art. 183). Há regras especiais de competência territorial que se destinam a beneficiar vulneráveis (CPC, art. 53, I, II e III, *e*) e de tramitação prioritária de processos que tenham idosos ou portadores de doença grave como parte ou interessado (CPC, art. 1.048), assim como as pessoas com deficiência (art. 9º, VII, da Lei 13.146/2015 – Estatuto da Pessoa com Deficiência).

O art. 926 do CPC estabelece o dever de os tribunais tutelarem a segurança jurídica, uniformizando sua jurisprudência e mantendo-a estável, íntegra e coerente. Além de concretizar a segurança jurídica, o dever de o tribunal uniformizar sua jurisprudência e observá-la constitui manifestação do princípio da igualdade. Em respeito à própria igualdade, o juiz ou tribunal, ao decidir caso peculiar ou que mereça solução diversa, poderá deixar de seguir o precedente, a súmula ou a jurisprudência firmada em torno do tema, desde que faça a distinção, demonstrando que o caso não se ajusta às razões determinantes que levaram à formação daquele entendimento (CPC, art. 489, § 1º, VI).

Em verdade, o que se exige do juiz é que confira às partes igualdade de oportunidades, para que, exercendo o contraditório, possam ter a chance de tentar participar do seu convencimento, trazendo os elementos necessários e suficientes a demonstrar o acerto da respectiva tese ou defesa.

Há quem questione a validade ou constitucionalidade dessas regras diferenciadas que são conferidas à Fazenda Pública no processo.[3] Não há qualquer óbice à existência de tais regras, consoante se passa a demonstrar nos tópicos seguintes.

---

[3] Segundo Rafael Sirangelo de Abreu, as prerrogativas conferidas à Fazenda Pública são, em princípio, ilegítimas, pois desequilibram posições processuais, podendo, pontualmente, ser justificadas se,

2.2 A FAZENDA PÚBLICA E O INTERESSE PÚBLICO

É antiga a ideia de que o todo vem antes das partes, remontando a Aristóteles o primado do público, resultando na contraposição do interesse coletivo ao interesse individual e na necessária subordinação, até a eventual supressão, do segundo ao primeiro, bem como na irredutibilidade do bem comum à soma dos bens individuais.[4]

Por muito tempo, defendeu-se a existência de uma supremacia do interesse público, constituindo um dos alicerces de todo o direito público. Cada vez se consolida o entendimento segundo o qual o princípio da supremacia do interesse público sobre o particular não deve ser fixado ou considerado aprioristicamente, cabendo analisá-lo em cada caso concreto. Em outras palavras, é possível que o interesse público esteja presente, exatamente, na prevalência do interesse particular.[5]

No Estado Democrático de Direito, prevalece o ambiente do consenso, do diálogo, da participação dos cidadãos na construção das decisões administrativas. Daí se dizer que, na democracia, há a *Administração Pública dialógica*.[6] A Administração Pública, em conjunto com os cidadãos, deve promover e proteger o interesse público.[7]

A expressão *interesse público* exsurge associada, não raras vezes, a outros termos similares, tais como *interesse geral, interesse difuso, interesse coletivo, utilidade pública*, ora mencionados no mesmo sentido, ora em sentidos díspares.

O *interesse público* identifica-se com a ideia de *bem comum*[8] e reveste-se de aspectos axiológicos, na medida em que se preocupa com a dignidade do ser humano.[9]

Na verdade, o interesse "social" e o "geral" estão relacionados com a "coletividade" ou com a "sociedade civil", enquanto o interesse "público" mantém ligação com o Estado. Ao Estado cabe não somente a ordenação normativa do "interesse público", mas também a soberana indicação do seu conteúdo. O interesse público constitui interesse de que *todos* compartilham. A *finalidade* dos atos administrativos deve vir informada pelo interesse público. A expressão *interesse público* evoca, imediatamente, a figura do Estado e, mediatamente, aqueles interesses que o Estado, em conjunto com os cidadãos, de modo consensual ou dialógico, diante do chamado

---

concretamente, forem necessárias para a concretização do contraditório-influência no processo (*Igualdade e processo*: posições processuais equilibradas e unidade do direito. São Paulo: RT, 2015. n. 2.1.1, p. 197).

[4] BOBBIO, Norberto. *Estado, governo, sociedade*: para uma teoria geral da política. 3. ed. Trad. Marco Aurélio Nogueira. Rio de Janeiro: Paz e Terra, 1987. p. 24-25.

[5] Sobre o assunto, vale a pena consultar: *Interesses públicos* versus *interesses privados*: desconstruindo o princípio da supremacia do interesse público. Rio de Janeiro: Lumen Juris, 2005, composto de trabalhos reunidos, sob a organização de Daniel Sarmento.

[6] LIMA, Raimundo Márcio Ribeiro. *Administração Pública dialógica*. Curitiba: Juruá, 2013.

[7] *Interesse público* constitui um conceito jurídico vago ou indeterminado, merecendo análise no caso concreto para ser verificada sua presença. Constatada a presença do interesse público, este deve prevalecer, podendo estar presente justamente na prevalência de um interesse particular. Para Raquel Cavalcanti Ramos Machado, somente é possível referir-se à supremacia do interesse público sobre o particular "quando se tratar de conflito entre interesse público primário e interesse particular não protegido por norma de direito fundamental. E, ainda nesse caso, a Administração terá de agir proporcionalmente, ou seja, sempre visando ao atendimento do interesse público primário, restringindo o interesse particular do cidadão somente na medida do estritamente necessário" (*Interesse público e direitos do contribuinte*. São Paulo: Dialética, 2007. n. 4.2.4, p. 119).

[8] CAUPERS, João. *Introdução ao direito administrativo*. 8. ed. Lisboa: Âncora, 2005. n. 14.1, p. 65.

[9] DI PIETRO, Maria Sylvia Zanella. *Discricionariedade administrativa na Constituição de 1988*. São Paulo: Atlas, 1991. p. 157.

"dissenso consentido", "escolheu" como os mais relevantes, expressados em normas jurídicas, por consultarem aos *valores* prevalecentes na sociedade. Há uma aproximação terminológica entre *interesse público* e *interesse geral*. O interesse público *não é a soma* de interesses particulares, sendo certo que a Administração é competente para definir, mediante os instrumentos democráticos de tomada de decisão, o interesse público naquilo que não constitui domínio reservado ao legislador. O interesse público invoca a presença do Estado-administrador ou do Estado-legislador, devendo estar presente tanto no momento da elaboração da lei como no de sua execução pelo administrador público.[10] O interesse público "inspira o legislador e vincula a autoridade administrativa em toda a sua atuação".[11]

O interesse é *público* quando se refere aos beneficiários da atividade administrativa, e não aos entes que a exercem. No dizer de Maria Sylvia Zanella Di Pietro, "a Administração Pública não é titular do interesse público, mas apenas a sua guardiã; ela tem que zelar pela sua proteção. Daí a *indisponibilidade* do interesse público".[12] Pode-se dizer, valendo-se das palavras de João Caupers, que o verdadeiro fio condutor da atividade administrativa é a prossecução do interesse público. O Estado não detém exclusividade na prossecução dos interesses públicos, muito embora a definição destes constitua monopólio da lei.[13] Sem embargo de o Estado não ser o único a buscar e alcançar o interesse público, sua atuação é marcada por tal busca, não devendo afastar-se desse objetivo.

A supremacia do interesse público "não significa que os interesses estatais devem sempre prevalecer sobre os dos administrados, mas que o interesse público, definido a partir da ponderação, deve prevalecer em certa atividade concreta sobre interesses isolados, sejam particulares, sejam estatais. Assim, sugere-se falar não em supremacia do interesse público sobre o privado, mas simplesmente em supremacia do interesse público, já que este pode representar a proteção a um interesse de um ou alguns administrados apenas".[14]

A Fazenda Pública revela-se como fautriz do interesse público, devendo atender à finalidade da ordem jurídica de consecução do bem comum. Não que a Fazenda Pública seja titular do interesse público, mas se apresenta como o ente destinado a preservá-lo. Diferentemente das pessoas jurídicas de direito privado, a Fazenda Pública não consiste num mero aglomerado de pessoas, com personalidade jurídica própria; é algo a mais do que isso, tendo a difícil incumbência de bem administrar a coisa pública. Daí ter se tornado jargão próprio a afirmativa de que o Estado são todos, e não um ente destacado com vida própria.

2.3 A NECESSIDADE DE SE CONFERIREM PRERROGATIVAS PROCESSUAIS À FAZENDA PÚBLICA

Em razão da própria atividade de tutelar o interesse público, a Fazenda Pública ostenta condição diferenciada das demais pessoas físicas ou jurídicas de direito privado. Além do mais,

---

[10] MANCUSO, Rodolfo de Camargo. *Interesses difusos*: conceitos e legitimação para agir. 4. ed. São Paulo: RT, 1997. p. 28-32.
[11] DI PIETRO, Maria Sylvia Zanella. *Discricionariedade administrativa na Constituição de 1988*. São Paulo: Atlas, 1991. p. 160.
[12] DI PIETRO, Maria Sylvia Zanella. *Discricionariedade administrativa na Constituição de 1988*. São Paulo: Atlas, 1991. p. 163.
[13] CAUPERS, João. *Introdução ao direito administrativo*. 8. ed. Lisboa: Âncora, 2005. n. 14.1, p. 65-66.
[14] RODRIGUES, Marco Antonio. *A Fazenda Pública no processo civil*. São Paulo: Atlas, 2016. n. 1.3.1, p. 10-11.

quando a Fazenda Pública está em juízo, ela está defendendo o erário. Na realidade, aquele conjunto de receitas públicas que pode fazer face às despesas não é de responsabilidade, na sua formação, do governante do momento. É toda a sociedade que contribui para isso. [...] Ora, no momento em que a Fazenda Pública é condenada, sofre um revés, contesta uma ação ou recorre de uma decisão, o que se estará protegendo, em última análise, é o erário. É exatamente essa massa de recurso que foi arrecadada e que evidentemente supera, aí sim, o interesse particular. Na realidade, a autoridade pública é mera administradora.[15]

Isso já seria o suficiente para demonstrar que a Fazenda Pública se apresenta em situação bastante diferenciada dos particulares, merecendo, portanto, um tratamento diverso daquele que lhes é conferido.

Exatamente por atuar no processo em virtude da existência de interesse público, consulta ao próprio interesse público viabilizar o exercício dessa sua atividade no processo da melhor e mais ampla maneira possível, evitando-se condenações injustificáveis ou prejuízos incalculáveis para o Erário e, de resto, para toda a coletividade que seria beneficiada com serviços públicos custeados com tais recursos.

Para que a Fazenda Pública possa, contudo, atuar da melhor e mais ampla maneira possível, é preciso que se lhe confiram condições necessárias e suficientes a tanto. Dentre as condições oferecidas, avultam as *prerrogativas* processuais, identificadas, por alguns, como *privilégios*. Não se trata, a bem da verdade, de *privilégios*. Estes – os privilégios – consistem em vantagens sem fundamento, criando-se uma discriminação, com situações de desvantagens.[16] As "vantagens" processuais conferidas à Fazenda Pública revestem o matiz de *prerrogativas*, pois contêm fundamento razoável, atendendo, efetivamente, ao princípio da igualdade, no sentido aristotélico de tratar os iguais de forma igual e os desiguais de forma desigual.

Ora, a Fazenda Pública, que é presentada em juízo pela Advocacia Pública, defende o interesse público, não reunindo as mesmas condições de um particular para defender seus interesses em juízo.

À Fazenda Pública conferem-se várias prerrogativas, sendo algumas, a exemplo dos prazos diferenciados e da remessa necessária, justificadas pelo excessivo volume de trabalho, pelas dificuldades estruturais da Advocacia Pública e pela burocracia inerente à sua atividade, que dificulta o acesso aos fatos, elementos e dados da causa.

Há, por outro lado, prerrogativas que decorrem do direito material envolvido ou da própria natureza das pessoas jurídicas de direito público. Nesse sentido, o ônus da prova é, em regra, atribuído ao particular, em razão da presunção de legitimidade dos atos administrativos. A execução contra a Fazenda Pública é estruturada de modo a não haver constrição, nem expropriação de bens, devendo ser expedido precatório ou requisição de pequeno valor para a efetivação de sentenças condenatórias.

Esses detalhes reforçam a desigualdade entre a Fazenda Pública e os particulares, justificando a existência de prerrogativas processuais em favor do Poder Público.

---

[15] MORAES, José Roberto de. Prerrogativas processuais da Fazenda Pública. In: SUNDFELD, Carlos Ari; BUENO, Cassio Scarpinella (coords.). *Direito processual público*: a Fazenda Pública em juízo. São Paulo: Malheiros, 2000. p. 69.

[16] MORAES, José Roberto de. Prerrogativas processuais da Fazenda Pública. In: SUNDFELD, Carlos Ari; BUENO, Cassio Scarpinella (coords.). *Direito processual público*: a Fazenda Pública em juízo. São Paulo: Malheiros, 2000. p. 68.

A jurisdição exercida nas causas da Fazenda Pública sempre foi assunto afeto ao Direito Administrativo, pois, histórica e materialmente, tais questões confinavam-se no âmbito da própria Administração Pública. O deslocamento para o Poder Judiciário, como ressalta Castro Nunes, em obra clássica,[17] constituiu um passo avançado que, "todavia, não tira às questões decorrentes de atos do Estado, sobretudo quando atue como pessoa política ou Poder Público, a sua índole de questões de direito administrativo".

Aliás, diversos ordenamentos europeus, tidos como de "primeiro mundo", e que, secularmente, põem em destaque a obediência aos princípios republicanos, do devido processo legal e da isonomia, chegam a subtrair à Justiça Comum, via de regra, as causas em que seja parte a Administração Pública, para confiá-las a outro conjunto de órgãos, que não integram necessariamente o mecanismo judicial e podem fazer parte do próprio aparelho administrativo. Típico exemplo dessa situação é o "contencioso administrativo" francês, cujos órgãos são ligados à Administração Pública, não se situando no âmbito da Justiça Comum, sendo seu órgão de cúpula o *Conseil d'État,* e não a *Cour de Cassation.* Tal diferenciação decorre exatamente da presença da Fazenda Pública no processo, na condição de parte.

Situação semelhante ocorre no Direito italiano, onde existe igualmente separação entre a Justiça ordinária e a chamada "Justiça administrativa". De igual modo, na Espanha há estrutura especial para o exercício da jurisdição, quando presente na causa a Fazenda Pública.

No Direito português, há também a jurisdição administrativa, que resulta de uma determinação constitucional. A Constituição portuguesa impõe a existência de uma categoria diferenciada de tribunais administrativos e fiscais.[18] Em Portugal, o contencioso administrativo fora criado, inicialmente, para apreciar meios de reação dos particulares contra atos supostamente ilegais da Administração Pública. Segundo Sérvulo Correia, pode-se conceituar o Contencioso Administrativo como "a instituição caracterizada pelo exercício, por uma ordem jurisdicional administrativa, de jurisdição administrativa segundo meios processuais predominantemente específicos".[19] A partir de modificações legislativas operadas desde o início de 2002, passou-se a admitir ter o contencioso administrativo português sido erigido à condição de verdadeira justiça administrativa, sendo-lhe "concedidos novos poderes que lhe permitem não só apreciar a legalidade dos actos como de condenar a Administração à prática de actos, estabelecer prazos para o efeito e até substituir à Administração, adoptando providências de execução das suas decisões".[20]

Na Alemanha, há 3 (três) sistemas distintos do comum, para o processo e julgamento de causas que envolvam a Fazenda Pública: (a) a *Verwaltungsgerichtsbarkeit* (jurisdição

---

[17] NUNES, Castro. *Da Fazenda Pública em juízo.* Rio de Janeiro: Freitas Bastos, 1950. p. 63-64.
[18] CAUPERS, João. *Introdução ao direito administrativo.* 8. ed. Lisboa: Âncora, 2005. n. 93, p. 283.
[19] CORREIA, Sérvulo. *Direito do contencioso administrativo.* Lisboa: Lex, 2005. p. 34.
[20] BRITO, Wladimir. *Lições de direito processual administrativo.* Coimbra: Coimbra Ed., 2005. n. 1.1.1, p. 10. Cumpre observar que, em Portugal, "não obstante os tribunais administrativos constituírem a jurisdição comum com competência em matéria de litígios emergentes de relações jurídico-administrativas, não constituem uma jurisdição exclusiva no que respeita aos conflitos emergentes de tais relações. Na verdade, as leis atribuem aos tribunais judiciais a resolução de diversos tipos de litígios decorrentes de relações jurídicas desta espécie, como sucede com o contencioso dos actos notariais e registrais, com o contencioso das contraordenações e com os litígios relativos aos montantes das indemnizações devidas por expropriações por utilidade pública" (CAUPERS, João. *Introdução ao direito administrativo.* 8. ed. Lisboa: Âncora, 2005. n. 93, p. 283-284).

administrativa), (b) a *Finanzgerichtsbarkeit* (jurisdição financeira) e (c) a *Sozialgerichtsbarkeit* (jurisdição social), cada uma sendo regida por legislação própria.[21]

Como se vê, não se pode negar que, no mundo todo, a Fazenda Pública é bem diferente dos particulares, razão por que recebe tratamento diferente. Por isso mesmo, não há igualdade entre a Fazenda Pública e os particulares.

Ora, sabe-se que o princípio da isonomia traduz a ideia aristotélica (ou, antes, "pitagórica" como prefere Giorgio Del Vecchio) de "igualdade proporcional", própria da "justiça distributiva", segundo a qual se deve tratar os iguais de forma igual e os desiguais de forma desigual. Sendo a Fazenda Pública desigual frente ao particular, somente estará atendido o princípio da igualdade se lhe for conferido tratamento desigual.

Considerando que o princípio da isonomia decorre dessa ideia de tratar igualmente os iguais, tratando-se os desiguais de maneira desigual, existem várias regras, no Código de Processo Civil, que contemplam tratamento desigual, e nem por isso se está a afrontar o princípio da isonomia. Muito pelo contrário. Nesses casos, atende-se ao princípio da isonomia.

Tudo isso, aliado ao fato de a Fazenda Pública ser promotora do interesse público, justifica a manutenção de prerrogativas processuais, e não privilégios, instituídas em favor das pessoas jurídicas de direito público.

2.4 REGIME JURÍDICO UNIFORME PARA AS CARREIRAS PÚBLICAS

A União, os Estados, o Distrito Federal, os Municípios e suas respectivas autarquias e fundações gozam de prazo em dobro para todas as suas manifestações processuais (CPC, art. 183). De igual modo, o Ministério Público (CPC, art. 180) e a Defensoria Pública (CPC, art. 186) gozam de prazo em dobro para todas as suas manifestações processuais.

O membro da Advocacia Pública será civil e regressivamente responsável quando agir com dolo ou fraude no exercício de suas funções (CPC, art. 184). Da mesma forma, o membro do Ministério Público (CPC, art. 181) e o membro da Defensoria Pública (CPC, art. 187) serão civil e regressivamente responsáveis quando agirem com dolo ou fraude no exercício de suas funções.

---

[21] Entendendo que a Fazenda Pública não deve gozar de regras diferenciadas, porque tais regras não estariam de acordo com o princípio da isonomia, Fernando Gama de Miranda Netto, em expressa referência ao quanto afirmado aqui neste trecho do presente livro, diz que, na Alemanha, há mera especialização dessas Justiças, a exemplo do que ocorre na Justiça do Trabalho brasileira; aqueles seriam meros órgãos da Justiça alemã, integrantes do Poder Judiciário, não havendo, nos diplomas que os regem, qualquer privilégio para o Poder Público (*Ônus da prova no direito processual público*. Rio de Janeiro: Lumen Juris, 2009. p. 69). Logo, na opinião do referido autor, a existência de tais órgãos jurisdicionais alemães não seria indicativo da necessidade de se conferir tratamento diferenciado à Administração Pública. Ora, é exatamente por desfrutar de situação peculiar que existem órgãos específicos, integrantes do Poder Judiciário, especialmente estruturados para as demandas que envolvem a Fazenda Pública. Fosse esta igual aos particulares, não haveria razão para que se criassem órgãos jurisdicionais próprios destinados a processar e julgar as causas que a envolvem. Veja-se, aliás, que, no ordenamento jurídico brasileiro, existe especial proteção conferida ao empregado, havendo a Justiça do Trabalho, especialmente dedicada a aplicar tais regras protetivas. Se o empregado não desfrutasse de tal proteção, não haveria razão para que se instituísse e se organizasse uma Justiça especializada, dotada de estrutura própria, com tribunal superior próprio. De igual modo, a existência de órgãos especializados na Alemanha, concebidos para as causas que envolvem o Poder Público, denota que este ostenta situação diferenciada em relação aos particulares.

Conforme demonstrado no item 8.3 *infra*, os arts. 181, 184 e 187 do CPC, ao estabelecerem a responsabilidade regressiva de agentes ou servidores públicos, reforçam o entendimento do STF, manifestado no RE 327.904/SP e no RE 344.133/PE, segundo o qual o art. 37, § 6º, da Constituição Federal, garante ao particular a propositura de demanda em face da Fazenda Pública, com fundamento em responsabilidade objetiva, assegurando, por outro lado, a irresponsabilidade do servidor público diante do particular; o servidor, segundo esse entendimento firmado pelo STF, responde apenas frente ao Poder Público em caso de culpa ou dolo, não devendo a demanda ser intentada contra o servidor, mas apenas em face da Fazenda Pública. O servidor, enfim, somente responde regressivamente e em casos de culpa ou dolo.

Os membros da Defensoria Pública dispõem da prerrogativa de serem intimados pessoalmente de todos os atos do processo (Lei 1.060/1950, art. 5º, § 5º; Lei Complementar 80/1994, arts. 44, I, 89, I, e 128, I). De igual modo, os membros do Ministério Público dispõem da prerrogativa de serem intimados pessoalmente de todos os atos do processo, em qualquer grau de jurisdição, mediante a entrega dos autos com vista (Lei 8.625/1993, art. 41, IV).

Os advogados públicos dispõem da prerrogativa de intimação pessoal, mediante carga dos autos, na execução fiscal (Lei 6.830/1980, art. 25).

Antes do atual Código de Processo Civil, a intimação pessoal era prerrogativa apenas dos Advogados da União, dos Procuradores da Fazenda Nacional, dos Procuradores Federais e do Banco Central. Os procuradores dos Estados e dos Municípios não gozavam dessa prerrogativa, a não ser em execuções fiscais.

O art. 183 do CPC, conforme demonstrado no item 3.9 *infra*, estendeu a prerrogativa de intimação pessoal para toda a Advocacia Pública, incluindo as dos Estados e Municípios.

Como se percebe, a Advocacia Pública, o Ministério Público e a Defensoria Pública gozam das prerrogativas de prazo em dobro e intimação pessoal, sendo garantida a seus membros a vantagem de só responderem subjetiva e regressivamente pelos atos que praticarem.

Há, enfim, um regime único dessas prerrogativas para a Fazenda Pública, o Ministério Público e a Defensoria Pública. A essas instituições conferem-se prerrogativas comuns que contribuem para o desempenho de suas relevantes funções no processo judicial.

Capítulo III
DOS PRAZOS E DA INTIMAÇÃO PESSOAL DA FAZENDA PÚBLICA

3.1 PRAZOS DIFERENCIADOS E INTIMAÇÃO PESSOAL

Entre as prerrogativas da Fazenda Pública, destacam-se os prazos diferenciados e a intimação pessoal. Tais prerrogativas são comuns à Fazenda Pública, ao Ministério Público e à Defensoria Pública.

O art. 180 do CPC dispõe que o Ministério Público goza de prazo em dobro para manifestar-se nos autos, cuja contagem tem início a partir de sua intimação pessoal.

Por sua vez, o art. 183 do CPC prevê essas duas prerrogativas para a Fazenda Pública.[1] Enquanto seu *caput* dispõe que a União, os Estados, o Distrito Federal, os Municípios e suas respectivas autarquias e fundações gozam de prazos em dobro, seu § 1º estabelece a intimação pessoal.[2]

Já o art. 186 do CPC enuncia que a Defensoria Pública goza de prazo em dobro para suas manifestações, estando, em seu § 1º, a previsão da intimação pessoal.

Há, como se viu no item 2.4, um regime único dessas prerrogativas para a Fazenda Pública, o Ministério Público e a Defensoria Pública.

O objeto do presente capítulo é examinar essas prerrogativas, iniciando pelos prazos diferenciados para, em seguida, tratar da intimação pessoal. Antes, porém, estuda-se a classificação dos prazos processuais, a fim de viabilizar uma melhor compreensão do tema.

3.2 CLASSIFICAÇÃO DOS PRAZOS

O processo constitui um conjunto de atos destinados a um resultado final, que é a solução integral do mérito. É intuitivo, pois, que a noção de processo está ligada à ideia de *tempo*:

---

[1] "Os arts. 180 e 183 somente se aplicam aos prazos que se iniciarem na vigência do CPC de 2015, aplicando-se a regulamentação anterior aos prazos iniciados sob a vigência do CPC de 1973." (Enunciado 399 do Fórum Permanente de Processualistas Civis).

[2] Em precedente específico, a 2ª Turma do STJ entendeu que não há prerrogativa de intimação pessoal para advogado público estadual, distrital e municipal, salvo em execuções fiscais (STJ, 2ª Turma, AgInt no AREsp 1.146.421/MA, Rel. Min. Herman Benjamin, *DJe* 23.11.2018). Tal precedente nega vigência ao disposto no art. 183 do CPC, que confere a prerrogativa de intimação pessoal a todos os entes públicos, sejam federais, estaduais, distritais ou municipais. Em sua *ratio decidendi*, o referido precedente invoca outros precedentes do STJ, todos fundados no CPC de 1973, o qual não continha regra similar. À época do antigo CPC, a legislação federal somente conferia à União a prerrogativa da intimação pessoal, tendo todos os entes públicos tal prerrogativa apenas no âmbito das execuções fiscais. O precedente desconsidera a previsão contida no art. 183 do CPC e merece ser revisto.

cada ato processual deve ser praticado num momento próprio, estando as partes sujeitas a prazos que devem ser obedecidos.

Para que o processo atinja sua finalidade de resolução integral do mérito, é preciso que se pratiquem vários atos, dentro dos prazos previamente estabelecidos.

Significa que, para a prática de cada ato processual, é fixado, via de regra, um prazo, cuja desobediência acarreta a *preclusão*. Na verdade, o prazo é

> o lapso dentro do qual devem os figurantes do processo desenvolver determinada atividade ou absterem-se de agir. É sequência temporal que se situa entre um momento (termo *a quo*) e outro (termo *ad quem*). A estes momentos denomina-se *termos: inicial*, ao que fixa o momento do início; *final*, ao que fixa o momento do término.[3]

Não é por outra razão, aliás, que os prazos são decisivos para o processo, assumindo várias classificações, a depender do aspecto que se leve em conta.

3.2.1 Prazos próprios e impróprios

O prazo pode ser classificado de acordo com seu destinatário: partes, intervenientes, juiz, serventuários e auxiliares da justiça. Conforme o destinatário do prazo, este pode gerar, ou não, a preclusão. Em razão dessa classificação, os prazos podem ser *próprios* ou *impróprios*.[4]

Próprios são os prazos fixados para as partes e para o membro do Ministério Público, pois de sua desobediência decorrem consequências de ordem processual,[5] tal como a *preclusão*.

Em todo processo, para que se lhes confira duração razoável, tracejam-se limites temporais ao exercício de atos processuais, de sorte que, desbordados tais limites, não se permite a sua prática.[6] A tal fenômeno atribui-se o nome de *preclusão*.[7]

Já os prazos *impróprios* são aqueles fixados em lei como mero parâmetro a ser seguido, sem que de sua inobservância exsurja qualquer tipo de preclusão. Seus destinatários são, via de regra, os juízes e serventuários da justiça. A prática do ato além do prazo impróprio fixado não conduz à preclusão temporal, não acarretando qualquer ineficácia ou invalidade.[8]

Os prazos fixados para a *Fazenda Pública* praticar atos no processo são *próprios*, já que ela, Fazenda Pública, quando se apresenta em juízo, ostenta a condição de parte, de tal maneira que, não obedecido o prazo estabelecido, haverá *preclusão temporal*.

---

[3] DALL'AGNOL, Antônio. *Comentários ao Código de Processo Civil*. São Paulo: RT, 2000. v. 2, p. 306-307.
[4] FERRAZ, Cristina. *Prazos no processo de conhecimento*. São Paulo: RT, 2001. p. 122.
[5] DALL'AGNOL, Antônio. *Comentários ao Código de Processo Civil*. São Paulo: RT, 2000. v. 2, p. 308.
[6] MARELLI, Fabio. *La Trattazione della Causa nel Regime delle Preclusioni*. Padova: Cedam, 1996. p. 5-10.
[7] CHIOVENDA, Giuseppe. *Instituições de direito processual civil*. Trad. Paolo Capitanio. Campinas: Bookseller, 1998. v. 3, p. 183.
[8] Os prazos para juiz são impróprios, mas, se este os excede injustificadamente, pode ser aplicado o disposto no art. 235 do CPC, sendo, na persistência da inércia, designado outro juiz para julgar a causa (CPC, art. 235, § 3º). Além disso, o juiz que retém os autos e excede, sem justificativa, os prazos legais não poderá ser promovido (CF, art. 93, II, *e*, com redação dada pela EC 45/2004).

3.2.2 Prazos legais

Os atos processuais, nos termos do art. 218 do CPC, realizam-se nos prazos prescritos em *lei*. A regra, portanto, é a de que os prazos são estabelecidos em lei, sendo certo que os prazos legais se destinam à grande maioria dos atos no processo.

Embora o prazo, na maioria das vezes, esteja previsto expressamente no texto normativo, nada impede que a parte já o pratique, antes mesmo do seu término. É que "a parte pode renunciar ao prazo estabelecido *exclusivamente* em seu favor, desde que o faça de maneira expressa" (CPC, art. 225).

Os prazos podem ser dilatados pelo juiz (CPC, art. 139, VI), com vistas a zelar pelo efetivo contraditório (CPC, art. 7º). As partes podem ampliar prazos por convenção entre elas, celebrada antes ou durante o prazo (CPC, art. 190).[9] O juiz, com a anuência de ambas as partes, pode reduzir prazos peremptórios (CPC, art. 222, § 1º).[10]

3.2.3 Prazos judiciais

Se é certo que os atos processuais realizam-se nos prazos prescritos em lei, não menos evidente que, sendo esta omissa, o *juiz* haverá de fixar o prazo, tendo em conta a complexidade do ato (CPC, art. 218, § 1º), e não da causa. Mesmo que a causa seja simples, mas se o ato a ser praticado apresenta alguma complexidade, o juiz há de levar isso em conta na estipulação do prazo.

Não havendo previsão legal quanto ao prazo a ser cumprido para a prática de determinado ato, cabe ao juiz estabelecê-lo. É possível, ainda, que a própria lei explicite que, no caso específico, deverá o juiz indicar um prazo a ser cumprido, a exemplo do que ocorre na hipótese do art. 76 do CPC.

Há casos em que a lei não fixa o prazo, atribuindo ao *juiz* essa tarefa, mas estabelece *limites* dentro dos quais o prazo deverá ser estabelecido. É o que ocorre, por exemplo, com o prazo do *edital*, devendo, de acordo com o art. 257, III, do CPC, o juiz determinar o prazo, que variará entre 20 (vinte) e 60 (sessenta) dias, ou no caso da *ação rescisória*, em que o art. 970 do CPC estabelece que o relator fixará o prazo entre o mínimo de 15 (quinze) e o máximo de 30 (trinta) dias.

Para esses casos, em que o prazo é fixado pelo juiz, obedecidos os limites estabelecidos em lei, Cristina Ferraz, analisando disposições equivalentes no CPC de 1973, defende ser um tipo diferente de prazo, a que atribui a denominação *prazo misto*, em virtude da conjugação de determinações legais e judiciais. Embora o prazo seja fixado pelo juiz, há um limite estabelecido em lei. De fato, "o prazo misto resulta de uma combinação entre um prazo fixado pela lei, devendo haver uma complementação com um outro prazo assinado pelo juiz".[11]

Na verdade, o prazo, nesses casos, deve ser enquadrado como espécie de *prazo judicial*, já que, em última análise, sua fixação decorre de determinação judicial, e não de disposição legal. Os prazos judiciais são "não apenas aqueles prazos não previstos pela lei, como, também, os que a lei expressamente indique o juiz como agente fixador".[12]

---

[9] Segundo o Enunciado 19 do Fórum Permanente de Processualistas Civis, é admissível, entre outros, o acordo bilateral para ampliação de prazos das partes.
[10] Nos termos do Enunciado 21 do Fórum Permanente de Processualistas Civis, é admissível, entre outros, o negócio plurilateral para redução de prazos processuais.
[11] FERRAZ, Cristina. *Prazos no processo de conhecimento*. São Paulo: RT, 2001. p. 120.
[12] DALL'AGNOL, Antônio. *Comentários ao Código de Processo Civil*. São Paulo: RT, 2000. v. 2, p. 311.

A fixação de prazo pelo juiz encerra conteúdo de decisão interlocutória, podendo ensejar a impugnação na apelação (CPC, art. 1.009, § 1º). Nesse caso, não cabe agravo de instrumento, pois a hipótese não se insere na previsão do art. 1.015 do CPC.[13] Se o prazo fixado for mínimo ou, diversamente, muito extenso, havendo prejuízo para a parte, é possível haver impugnação na apelação (CPC, art. 1.009, § 1º). Com efeito, "constitui abuso de poder fixá-lo tão curto que se torne impossível praticar o ato, ou distendê-lo de tal modo que sirva de vantagem a uma parte em detrimento da outra".[14]

Sendo a lei omissa e não havendo fixação de prazo pelo juiz, o ato deve ser realizado no lapso temporal de 5 (cinco) dias, a teor do § 3º art. 218 do CPC. E, nos termos do § 2º desse mesmo artigo, "quando a lei ou o juiz não determinar prazo, as intimações somente obrigarão a comparecimento após decorridas 48 (quarenta e oito) horas". Assim, a parte somente deve, por exemplo, comparecer a uma audiência se for intimada com antecedência de, pelo menos, 48 (quarenta e oito) horas.

3.2.4 Prazos convencionais

Há prazos que são fixados, de comum acordo, pelas partes, a exemplo do que sucede com a suspensão do processo por iniciativa das partes (CPC, art. 313, II), hipótese em que, ao requererem a suspensão do curso do procedimento, podem estabelecer o prazo em que irá durar dita suspensão, desde que não ultrapasse o período total de 6 (seis) meses (CPC, art. 313, § 4º).

3.3 APLICAÇÃO DO ART. 183 DO CPC

Para a Fazenda Pública, o art. 183 do CPC estabelece que ela disporá de prazo em dobro para *todas* as suas manifestações processuais. Nesse ponto, cumpre recordar o conceito de Fazenda Pública, de que se tratou no Capítulo I. Nele, como se viu, não se incluem as empresas públicas[15] nem as sociedades de economia mista.

Aliás, o dispositivo expressamente menciona a União, os Estados, o Distrito Federal, os Municípios e suas respectivas autarquias e fundações de direito público. Todos esses entes desfrutam de prazo em dobro para suas manifestações processuais.

A regra aplica-se a qualquer procedimento, seja comum, seja especial, igualmente à fase de cumprimento de sentença (com a ressalva da impugnação) e ao de execução (com a ressalva dos embargos).

---

[13] Se houver urgência ou necessidade, a decisão poderá ser atacada por agravo de instrumento, mesmo não estando prevista no rol do art. 1.015 do CPC. O STJ assim entendeu, ao fixar a tese do Tema 988 dos Recursos Repetitivos: "O rol do art. 1.015 do CPC é de taxatividade mitigada, por isso admite a interposição de agravo de instrumento quando verificada a urgência decorrente da inutilidade do julgamento da questão no recurso de apelação".

[14] ARAGÃO, E. D. Moniz de. *Comentários ao Código de Processo Civil*. 7. ed. Rio de Janeiro: Forense, 1991. v. 2, n. 102, p. 128.

[15] Apesar de as empresas públicas não se inserirem no conceito de Fazenda Pública, o Superior Tribunal de Justiça, seguindo orientação firmada no Supremo Tribunal Federal, entende que a Empresa de Correios e Telégrafos (ECT) é pessoa jurídica equiparada à Fazenda Pública, uma vez que presta serviço público com exclusividade (serviço postal). Daí entender que a ECT goza da prerrogativa do prazo em dobro (STJ, 2ª Turma, AgRg no Ag 418.318/DF, Rel. Min. João Otávio de Noronha, *DJ* 29.3.2004, p. 188; STJ, 2ª Turma, EDcl nos EDcl no AgRg no REsp 1.416.337/SC, Rel. Min. Humberto Martins, *DJe* 6.5.2015).

Registre-se que o art. 183 do CPC aplica-se, apenas, a prazos *legais*, não colhendo os prazos *judiciais*. Isso porque, nesses últimos, o juiz já fixa o prazo e, ao fixá-lo, leva em conta que seu destinatário é a Fazenda Pública.[16]

A Fazenda Pública desfruta da prerrogativa dos prazos diferenciados não somente quando atua como parte, mas também quando comparece em juízo como assistente de uma das partes ou, ainda, quando figura como interveniente. Observe-se, a propósito, que o art. 183 dispõe que a Fazenda Pública goza de prazo em dobro em *todas* as suas manifestações processuais, seja a que título for: como parte ou como interveniente.

3.4 CONTAGEM DOS PRAZOS

3.4.1 Cômputo só dos dias úteis

Os prazos, para a Fazenda Pública têm sua contagem feita em dobro. Na contagem do prazo em dias, computam-se apenas os dias úteis, seja o prazo legal, seja ele judicial (CPC, art. 219).[17]

Tal regra aplica-se apenas aos prazos processuais, ou seja, àqueles prazos para prática de atos *dentro* do processo, sendo *nele* contados. Em outras palavras, o prazo que tem início, desenvolve-se e encerra-se no processo é um prazo processual, sofrendo, inclusive, a incidência do disposto no art. 313 do CPC e suspendendo-se se ocorrer uma das hipóteses ali previstas (CPC, art. 221). Daí por que o prazo para pagamento no cumprimento da sentença é processual, pois é contado no processo. Nesse sentido, o enunciado 89 da I Jornada de Direito Processual Civil, do Conselho da Justiça Federal: "Conta-se em dias úteis o prazo do *caput* do art. 523 do CPC".

A contagem do prazo em dias úteis somente se aplica aos prazos processuais, ou seja, àqueles que são praticados no processo, tendo sua contagem computada dentro do processo. Desse modo, o prazo, por exemplo, para impetração do mandado de segurança não é processual, não sendo computado apenas nos dias úteis. Os 120 (cento e vinte) dias para sua impetração devem ser corridos. Cabe, entretanto, ressalvar o mandado de segurança contra ato judicial, cujo prazo de impetração é, aí sim, processual, pois sua contagem é feita *dentro* do processo.

O Código não define o que são dias úteis, mas seu art. 216 esclarece o que se considera, para efeito forense, feriado. Além dos declarados em lei, são feriados os sábados, os domingos e os dias em que não houver expediente forense. Consequentemente, são dias úteis os demais. A definição de dia útil é obtida por exclusão. É um conceito residual: o que não for feriado é dia útil.

Computam-se, na contagem dos prazos, somente os dias úteis. Nada impede, porém, que as partes estabeleçam, por negócio processual, que o prazo seja contado em dias corridos, afastando a regra do art. 219 do CPC.[18] Como explicado no Capítulo XVI, a Fazenda Pública pode celebrar negócios processuais e esse pode ser um exemplo de um deles.[19]

---

[16] Em sentido contrário, o enunciado 53 do Fórum Nacional do Poder Público: "Os prazos comuns fixados pelo juiz devem ser contados em dobro para a Fazenda Pública".

[17] O disposto no art. 219 do CPC não se aplica aos processos de falência e recuperação judicial (Lei 11.101/2005, art. 189, § 1º, I, na redação dada pela Lei 14.112/2020). Significa, então, que, na falência e na recuperação judicial, todos os prazos são contados em dias corridos, e não em dias úteis.

[18] Nesse sentido, o enunciado 579 do Fórum Permanente de Processualistas Civis: "Admite-se o negócio processual que estabeleça a contagem dos prazos processuais dos negociantes em dias corridos".

[19] Nesse sentido, o enunciado 97 do Fórum Nacional do Poder Público: "É cabível a celebração de negócio jurídico processual pela Advocacia Pública que disponha sobre a contagem de prazos processuais".

3.4.2 Feriados

Somente são feriados aqueles assim declarados por lei. Não são feriados *pontos facultativos* ou determinações episódicas de fechamento do fórum ou do tribunal. Esses são considerados dias úteis. Embora sejam rigorosamente dias úteis, deve ser aplicado o disposto nos arts. 1º e 2º da Lei 1.408/1951:

> Art. 1º Sempre que, por motivo de ordem pública, se fizer necessário o fechamento do Foro, de edifícios anexos ou de quaisquer dependências do serviço judiciário ou o respectivo expediente tiver de ser encerrado antes da hora legal, observar-se-á o seguinte: a) os prazos serão restituídos aos interessados na medida que houverem sido atingidos pela providência tomada; b) as audiências, que ficarem prejudicadas, serão realizadas em outro dia mediante designação da autoridade competente.
>
> Art. 2º O fechamento extraordinário do Foro e dos edifícios anexos e as demais medidas, a que se refere o Art. 1º, poderão ser determinados pelo Presidente dos Tribunais de Justiça, nas Comarcas onde esses tribunais tiverem a sede e pelos juízes de Direito nas respectivas Comarcas.

São feriados os sábados, os domingos, os dias declarados por lei e os dias em que não haja expediente forense. Tradicionalmente, a legislação processual nunca considerou o sábado feriado para efeito forense. O art. 216 do CPC inova nesse ponto: o sábado passou a ser feriado.

A Lei 9.093/1995 trata dos feriados civis e religiosos, nestes termos:

> Art. 1º São feriados civis:
>
> I – os declarados em lei federal;
>
> II – a data magna do Estado fixada em lei estadual;
>
> III – os dias do início e do término do ano do centenário de fundação do Município fixados em lei municipal.
>
> Art. 2º São feriados religiosos os dias de guarda, declarados em lei municipal e em número não superior a quatro, neste incluída a Sexta-Feira da Paixão.

São feriados nacionais os dias 1º de janeiro, 21 de abril, 1º de maio, 7 de setembro, 2 de novembro, 15 de novembro e 25 de dezembro (Lei 662/1949, art. 1º, com redação dada pela Lei 10.607/2002). Também é feriado nacional o dia 12 de outubro (Lei 6.802/1980).

Nos termos do art. 5º da Lei 1.408/1951, não há expediente forense no "Dia da Justiça", que é o dia 8 de dezembro, bem como na terça-feira de Carnaval, na Sexta-feira Santa e nos dias que a lei estadual designar.

Além do recesso de 20 de dezembro a 6 de janeiro e dos feriados previstos em outras leis, também são feriados na Justiça Federal os dias da Semana Santa, compreendidos entre a quarta-feira e o Domingo de Páscoa, os dias de segunda e terça-feira de Carnaval, os dias 11 de agosto e 1º e 2 de novembro e 8 de dezembro (Lei 5.010/1966, art. 62, II a IV).

No tocante à quarta-feira de cinzas, o entendimento jurisprudencial do STJ considera dia útil,

> ainda que o expediente forense tenha sido limitado ao turno vespertino (EDcl no AgRg no AResp 69.665/RO, Rel. Ministro Castro Meira, Segunda Turma, *DJe* 23/4/2012; EDcl no AgRg nos EREsp 741.271/SP, Rel. Ministro José Delgado, Primeira Seção, *DJ*

4/9/2006, p. 223; EDcl no AgRg no AResp 102.695/RJ, Rel. Ministro Benedito Gonçalves, Primeira Turma, *DJe* 2/8/2012; entre outros).[20]

O dia em que não houver expediente forense é considerado feriado, não sendo computado na contagem dos prazos.

Não se praticam atos processuais nos feriados, excetuadas urgências e os atos previstos no art. 212, § 2º (CPC, art. 214). Na contagem de prazos em dias, não se consideram feriados; computam-se apenas os úteis (CPC, art. 219). Os atos processuais, nos termos do art. 212, realizam-se em dias úteis. As citações, intimações e penhoras podem, porém, realizar-se nos feriados, independentemente de autorização judicial específica (CPC, art. 212, § 2º).

3.4.3 Suspensão dos prazos de 20 de dezembro a 20 de janeiro

O art. 220 do CPC dispõe que se suspende o curso do prazo processual nos dias compreendidos entre 20 de dezembro e 20 de janeiro, inclusive.[21]

Não há mais férias coletivas nas primeira e segunda instâncias, mas são suspensos os prazos durante o período de 20 de dezembro a 20 de janeiro. Nesse período, ressalvados o recesso da Justiça Federal (aplicável aos tribunais superiores), os recessos locais, os feriados e as férias individuais, os juízes, membros do Ministério Público, da Defensoria Pública e da Advocacia Pública, bem como os auxiliares da Justiça, exercem normalmente suas atribuições, praticando atos processuais.

Os atos, enfim, são realizados normalmente. Apenas não correm prazos[22]. Os que já tiveram início antes ficam suspensos, voltando a correr pelo período sobejante a partir do primeiro dia útil após o dia 20 de janeiro. Durante esse período de suspensão do prazo, também não se realizam audiências nem sessões de julgamento.

Observe-se, porém, que o dispositivo ressalva os juízes, os membros do Ministério Público, da Defensoria Pública e da Advocacia Pública, bem como os auxiliares da Justiça. Todos exercem suas atividades normais no período compreendido entre 20 de dezembro e 20 de janeiro. Nesse período, o juiz deve emitir pronunciamentos judiciais nos prazos previstos em lei, os auxiliares da justiça também devem praticar os atos a seu cargo, bem como os membros do Ministério Público, da Defensoria Pública e da Advocacia Pública.

Logo, se nesse período houver algum ato a ser praticado pela Fazenda Pública, ela há de ser intimada e o prazo corre normalmente. Os advogados públicos exercem, normalmente, suas atividades nesse período, ressalvadas as férias individuais de alguns deles. Estas não repercutem no processo judicial, devendo os atos ser praticados por outros que não estejam

---

[20] STJ, 2ª Turma, REsp 1.410.764/MT, Rel. Min. Herman Benjamin, *DJe* 22.10.2013.

[21] A suspensão dos prazos de 20 de dezembro a 20 de janeiro alcança também o processo penal. Assim dispõe o art. 798-A do CPP: "Art. 798-A. Suspende-se o curso do prazo processual nos dias compreendidos entre 20 de dezembro e 20 de janeiro, inclusive, salvo nos seguintes casos: I – que envolvam réus presos, nos processos vinculados a essas prisões; II – nos procedimentos regidos pela Lei nº 11.340, de 7 de agosto de 2006 (Lei Maria da Penha); III – nas medidas consideradas urgentes, mediante despacho fundamentado do juízo competente. Parágrafo único. Durante o período a que se refere o caput deste artigo, fica vedada a realização de audiências e de sessões de julgamento, salvo nas hipóteses dos incisos I, II e III do caput deste artigo."

[22] "Conforme a jurisprudência do STJ, a suspensão legal dos prazos processuais prevista no art. 220 do CPC no período de 20 de dezembro a 20 de janeiro não impede a realização de publicações no período" (STJ, 4ª Turma, AgInt nos EDcl no AREsp 1.877.085/DF, Rel. Min. Luis Felipe Salomão, *DJe* 28.10.2021).

de férias. É por isso que o art. 220 do CPC ressalva os membros da Advocacia Pública da suspensão dos prazos ali prevista.

É possível, então, que o art. 220 do CPC não se aplique em determinada demanda que envolva a Fazenda Pública, incidindo a ressalva nele contida. Tome-se como exemplo uma ação civil pública proposta pelo Ministério Público contra a União ou contra um Estado. Nesse caso, haverá a prática regular de todo e qualquer ato no período de 20 de dezembro a 20 de janeiro: os prazos correrão normalmente, sendo possível haver realização de audiências. É que o juiz, o membro do Ministério Público e o advogado público estão, todos eles, ressalvados da referida suspensão de prazos.

Enfim, a suspensão prevista no art. 220 do CPC não alcança os prazos da Fazenda Pública, que correm normalmente no período ali mencionado,[23] ressalvados o recesso da Justiça Federal e os feriados existentes dentro do período.

3.5 ALGUNS CASOS EM QUE NÃO SE APLICA O PRAZO EM DOBRO

3.5.1 Generalidades

Segundo dispõe o § 2º do art. 183 do CPC, "não se aplica o benefício da contagem em dobro quando a lei estabelecer, de forma expressa, prazo próprio para o ente público".

Significa que não se aplica o art. 183 do CPC quando há regra específica fixando prazo próprio, a exemplo das hipóteses a seguir destacadas nos próximos itens.

3.5.2 Prazo para contestar a ação popular

A ação popular é regida pela Lei 4.717, de 29 de junho de 1965. Nos termos de seu art. 7º, IV, o prazo de contestação é de 20 (vinte) dias, prorrogáveis por mais 20 (vinte), a requerimento do interessado, se particularmente difícil a produção da prova documental.

O prazo, de 20 (vinte) dias, prorrogáveis por mais 20 (vinte), é comum a todos os interessados. Sendo o prazo comum, não se aplica o prazo em dobro para a Fazenda Pública.

Como se percebe, há uma exceção que afasta a regra geral do prazo em dobro para o Poder Público.

3.5.3 Prazos nos Juizados Federais e nos Juizados da Fazenda Pública

A prerrogativa de prazos diferenciados para a Fazenda Pública não se aplica no procedimento dos Juizados Especiais Cíveis Federais. Ali os prazos para a Fazenda Pública são singelos, não havendo contagem em dobro.

Com efeito, o art. 9º da Lei 10.259/2001 assim dispõe: "Não haverá prazo diferenciado para a prática de qualquer ato processual pelas pessoas jurídicas de direito público, inclusive

---

[23] Em sentido contrário, o enunciado 32 do Fórum Nacional do Poder Público: "A suspensão dos prazos processuais do período de 20 de dezembro a 20 de janeiro aplica-se à advocacia pública, sem prejuízo das demais atribuições administrativas do órgão". Também em sentido contrário, o enunciado 21 da I Jornada de Direito Processual Civil, do Conselho da Justiça Federal: "A suspensão dos prazos processuais prevista no *caput* do art. 220 do CPC estende-se ao Ministério Público, à Defensoria Pública e à Advocacia Pública". Na mesma linha desses enunciados, a Resolução 244, de 2016, do CNJ prevê a suspensão dos prazos em todos os processos sem qualquer ressalva.

a interposição de recursos, devendo a citação para audiência de conciliação ser efetuada com antecedência mínima de trinta dias".

De igual modo, não há prazos diferenciados no âmbito dos Juizados da Fazenda Pública. De acordo com o art. 7º da Lei 12.153/2009, "Não haverá prazo diferenciado para a prática de qualquer ato processual pelas pessoas jurídicas de direito público, inclusive a interposição de recursos, devendo a citação para a audiência de conciliação ser efetuada com antecedência mínima de 30 (trinta) dias".

3.5.4 Depósito do rol de testemunhas

A testemunha tem o dever de comparecer e depor em juízo, quando efetivamente intimada (CPC, art. 455, § 5º).

Sua intimação, contudo, há de ser feita pelo menos 48 (quarenta e oito) horas antes da audiência, sob pena de a testemunha não estar obrigada a comparecer (CPC, art. 218, § 2º).

Para que a testemunha venha a ser intimada, deverá ser arrolada no momento oportuno. O rol de testemunhas deve ser depositado em juízo no momento estabelecido pelo § 4º do art. 357 do CPC. Tal dispositivo confere ao juiz a atribuição de fixar o prazo para o depósito do rol de testemunhas. O prazo há de ser comum, não podendo ser superior a 15 (quinze) dias. Trata-se, à evidência, de *prazo judicial*, porquanto ao magistrado caberá, de acordo com as peculiaridades do caso, estabelecer o prazo dentro do qual as partes devam apresentar o rol de testemunhas.

Tal prazo previsto *não* é contado em dobro para a Fazenda Pública, por ser um prazo comum, fixado judicialmente.[24] O juiz, ao fixar o prazo, já deve levar em conta a presença da Fazenda Pública, não se aplicando a prerrogativa do prazo em dobro.

3.5.5 O prazo para impugnação ao cumprimento da sentença e para embargos à execução pela Fazenda Pública

A execução contra a Fazenda Pública pode fundar-se em título judicial ou em título extrajudicial. Quando o título for judicial, há cumprimento de sentença contra a Fazenda Pública (CPC, arts. 534 e 535). Sendo extrajudicial, propõe-se a execução disciplinada no art. 910 do CPC. Tanto numa como noutra, é necessário observar o regime de precatórios ou de requisição de pequeno valor – RPV –, previsto no art. 100 da Constituição Federal.

No cumprimento de sentença, a Fazenda Pública defende-se por impugnação, e não por embargos. Os embargos constituem o meio de defesa que a Fazenda Pública apresenta na execução fundada em título extrajudicial. A impugnação é uma defesa, não ostentando a natureza de ação ou demanda judicial.

Nos termos do art. 535 do CPC, a Fazenda Pública é, no cumprimento de sentença, intimada para apresentar impugnação no prazo de 30 (trinta) dias.

O prazo de 30 (trinta) dias para impugnar é específico, sendo próprio para a Fazenda Pública. Logo, não deve ser computado em dobro (CPC, art. 183, § 2º).

Na execução fundada em título extrajudicial, a Fazenda Pública é citada para embargar no prazo de 30 (trinta) dias. Há, também aqui, um prazo específico para a Fazenda Pública. Seu prazo é de 30 (trinta) dias, não havendo contagem em dobro.

---

[24] Em sentido contrário, o enunciado 53 do Fórum Nacional do Poder Público: "Os prazos comuns fixados pelo juiz devem ser contados em dobro para a Fazenda Pública".

3.5.6 Os prazos na ação direta de inconstitucionalidade e na ação declaratória de constitucionalidade

O processo e julgamento da ação direta de inconstitucionalidade e da ação declaratória de constitucionalidade perante o Supremo Tribunal Federal estão disciplinados na Lei 9.868, de 10 de novembro de 1999.

Tais ações provocam o controle abstrato de constitucionalidade, por meio de um processo objetivo, instaurado por um dos legitimados constitucionalmente. Cabe agravo da decisão que indeferir a petição inicial (Lei 9.868/1999, art. 4º, parágrafo único; art. 15, parágrafo único), mas o julgamento final proferido no controle abstrato de constitucionalidade é irrecorrível, ressalvada a oposição de embargos de declaração, não podendo, igualmente, ser objeto de ação rescisória (Lei 9.868/1999, art. 26).

Não se permite à pessoa jurídica de direito público interessada interpor recurso nesses tipos de ação, estando franqueada essa possibilidade ao legitimado que figure como requerente. Ademais, *não* se aplica ao processo de controle concentrado de constitucionalidade o art. 183 do CPC, contando-se os prazos de forma simples. Esse, aliás, é o entendimento do Supremo Tribunal Federal,[25] secundado pelo Superior Tribunal de Justiça.[26]

O art. 183 do CPC *não* se aplica, como se vê, ao processo de controle concentrado de constitucionalidade perante o STF.[27]

3.5.7 Os prazos para o Estado estrangeiro

As causas entre Estado estrangeiro ou organismo internacional e Município ou pessoa domiciliada ou residente no País devem ser propostas perante a primeira instância da Justiça Federal (CF, art. 109, II), sendo os recursos encaminhados ao Superior Tribunal de Justiça, que exerce, nesses casos, o segundo grau de jurisdição. Significa que, em hipóteses assim, a demanda não passa pelo crivo do Tribunal Regional Federal, sendo o primeiro grau de jurisdição exercido pela primeira instância da Justiça Federal e o segundo grau, pelo STJ.

Compete ao STJ julgar, em recurso ordinário, as causas em que forem partes Estado estrangeiro ou organismo internacional, de um lado, e, de outro, Município ou pessoa residente ou domiciliada no País (CF, art. 105, II, *c*; CPC, art. 1.027, II, *b*). Nessas causas, as decisões interlocutórias são desafiadas por agravos de instrumento encaminhados, diretamente, ao STJ, o qual exerce, como visto, o segundo grau de jurisdição (CPC, art. 1.027, § 1º).

---

[25] STF, Pleno, ADI 2.130-AgR/SC, Rel. Min. Celso de Mello, *DJ* 14.12.2001, p. 31; STF, ADI 5814 MC-AgR-AgR, Rel. Min. Roberto Barroso, *DJe* 7.8.2019.

[26] "Processual Civil. Fazenda Pública. Controle abstrato de constitucionalidade. Prazo dobrado. Inaplicabilidade. 1. Segundo jurisprudência consolidada do Supremo Tribunal Federal, não se aplica, aos processos de fiscalização abstrata de constitucionalidade, a regra processual que dispõe sobre o prazo em dobro para a Fazenda Pública. Precedentes. 2. Agravo interno desprovido." (STJ, 1ª Turma, AgInt no AREsp 1.879.518/MG, rel. Min. Gurgel de Faria, *DJe* 30.3.2022).

[27] Não se contam prazos em dobro em ações diretas de inconstitucionalidade, em ações declaratórias de constitucionalidade e em arguições de descumprimento de preceito fundamental. No julgamento do ARE 661.288/SP, o STF entendeu que se aplica o prazo em dobro "aos recursos extraordinários interpostos em ações diretas de inconstitucionalidade no âmbito dos Tribunais de Justiça". Posteriormente, tal entendimento foi revisto, de forma que não se aplica o prazo em dobro no recurso extraordinário interposto em ação direta de inconstitucionalidade estadual (STF, Pleno, ARE 830.727 AgR, Rel. Min. Dias Toffoli, Rel. p/ Acórdão Min. Cármen Lúcia, *DJe* 26.6.2019). Logo, não se aplica o prazo em dobro na ação de controle concentrado, nem mesmo para a interposição do recurso extraordinário em ação de controle de constitucionalidade estadual.

O que se indaga é se o Estado estrangeiro, quando figure como parte, beneficia-se da regra contida no art. 183 do CPC, dispondo de prazo em dobro.

No entendimento firmado pelo Superior Tribunal de Justiça, o art. 188 do CPC de 1973 (que equivale ao art. 183 do CPC de 2015) não se aplica em benefício do Estado estrangeiro.[28]

No caso apreciado pelo STJ no citado precedente, o Estado estrangeiro, para emprestar suporte à sua tese, defendeu que gozaria das mesmas prerrogativas previstas no art. 188 do CPC de 1973, em virtude do princípio da igualdade entre Estados, princípio esse previsto no art. 4º, V, da Constituição Federal. Além disso, o Estado estrangeiro alegou que mantinha as mesmas dificuldades típicas da burocracia administrativa.

Ao apreciar as razões deduzidas pelo Estado estrangeiro, o Ministro relator, no seu voto condutor, manifestou o seguinte entendimento:

> Estou em que desassiste razão ao agravante. Com efeito, o princípio da igualdade entre Estados é acolhido na Carta Política do Brasil. Todavia a sua aplicabilidade restringe-se à vida internacional das soberanias estatais. O citado art. 4º refere-se a princípios de relações internacionais, que afetam os Estados enquanto convivem no meio que lhes é comum. É por esse regramento, por exemplo, que são regidas as decisões da Assembleia Geral das Nações Unidas. Cada país representado nas sessões detém direito ao voto paritário. É cabível o preceito apenas nas relações internacionais porque estas são regidas por um conjunto de normas jurídicas comuns a todos os Estados. De modo diverso, se uma legislação nacional, em particular, concede privilégios de ordem processual interna a entidades públicas domésticas, não se pode falar da extensão do benefício a entes externos. A igualdade entre Estados, no caso, é desinfluente porque o prazo privilegiado não é verificável nem em tratado, nem em costume internacional, apenas em ordenamento jurídico interno. E é nesse regramento que se devem pautar as relações processuais domésticas.
>
> Quanto à assertiva do agravante sobre "ter dificuldades típicas de uma máquina administrativa", não convence. Tanto mais quando se utiliza, para a sua defesa, de escritório particular de advocacia.

Portanto, que *não* se aplicam ao Estado estrangeiro as prerrogativas previstas no art. 183 do CPC, de sorte que seus prazos são singelos, *não* dispondo de prazo em dobro.

3.5.8 Os prazos na suspensão de segurança

Como se observa no item 15.8 *infra*, para o Supremo Tribunal Federal, o agravo interno da decisão do Presidente do Tribunal na suspensão de segurança deve ser interposto pela Fazenda Pública no prazo simples, sem que incida a prerrogativa do prazo diferenciado. Em outras palavras, o STF entende que o prazo em dobro não se aplica ao agravo interno em suspensão de segurança.[29]

---

[28] STJ, 3ª Turma, AG 297.723/SP, Rel. Min. Antônio de Pádua Ribeiro, *DJ* 14.8.2000, p. 172.
[29] A 2ª Turma do STJ, Rel. Min. Herman Benjamin, no julgamento do AgRg no REsp 1.408.864/PR, seguiu o entendimento do STF e considerou não ser possível computar o prazo em dobro do agravo contra a decisão denegatória do pedido de suspensão (*DJe* 22.4.2014). Posteriormente, a Corte Especial do STJ entendeu diferente, considerando aplicável o prazo em dobro para a interposição de agravo em suspensão de segurança (AgRg no AgRg na SLS 1.955/DF, Rel. Min. Francisco Falcão, *DJe* 29.4.2015).

Tal entendimento teria apoio no § 2º do art. 183 do CPC, pois o prazo para interposição de agravo interno contra a decisão do presidente do tribunal que indefere o pedido de suspensão seria específico da Fazenda Pública, não incidindo o benefício da contagem em dobro.

Em tal hipótese, contrariamente ao que entende o STF, aplica-se, na verdade, o art. 183 do CPC, havendo prazo em dobro, porque nem sempre será o Poder Público o agravante – lembre-se que o Ministério Público e até concessionárias de serviço público podem valer-se do pedido de suspensão.[30] Assim, *indeferido* o pedido de suspensão em mandado de segurança, o prazo do agravo interno será de 15 (quinze) dias, contado em dobro quando o agravante for a Fazenda Pública (CPC, art. 183).

3.5.9 Prazo para a Fazenda Pública responder à ação rescisória

A ação rescisória é, como se sabe, ajuizada perante um tribunal, devendo sua petição inicial atender aos requisitos dos arts. 319 e 968, ambos do CPC. Estando em ordem a petição inicial e não sendo caso de indeferimento, o relator deverá determinar a citação do réu, estabelecendo um prazo de, no mínimo, 15 (quinze) dias e de, no máximo, 30 (trinta) dias para apresentação de resposta (CPC, art. 970).

Cumpre perquirir se o art. 183 do CPC se aplica à ação rescisória, isto é, se a Fazenda Pública dispõe de prazo em dobro para responder a esse tipo de demanda.

Já se viu que o art. 183 do CPC *não* se aplica aos prazos *judiciais*. O prazo fixado para o réu responder à ação rescisória é um prazo *judicial*, já que estimado pelo relator. É bem verdade que há um limite mínimo e máximo dentro do qual o prazo haverá de ser estabelecido, circunstância que, embora gere a denominação, por alguns doutrinadores, prazo misto,[31] não o descaracteriza como prazo judicial (*vide*, a propósito, o subitem 3.2.3 *supra*). Além do mais, o art. 970 do CPC impõe como *limite máximo* para apresentação de resposta na ação rescisória o prazo de 30 (trinta) dias.

Diferente, contudo, é o entendimento do Superior Tribunal de Justiça, manifestado ainda sob a égide do CPC de 1973.[32]

De tal entendimento não diverge a orientação ministrada pelo Supremo Tribunal Federal.[33]

Significa que tanto o STF como o STJ firmaram entendimento, ainda sob a vigência do CPC de 1973, segundo o qual o prazo para apresentação de resposta na ação rescisória pela Fazenda Pública deve ser diferenciado, aplicando-se a prerrogativa estabelecida em seu favor. O prazo, para o STF e para o STJ, deveria ser contado em quádruplo, nos termos do art. 188 do CPC de 1973. Convém lembrar que não há mais prazo em quádruplo para a Fazenda Pública; o prazo para apresentar resposta, no CPC de 2015, é em dobro.

Seja como for, não parece correto esse entendimento do STF e do STJ.

---

[30] No sentido de o prazo ser em dobro, nesse caso, para o Poder Público: STJ, Corte Especial, SLS 2.572/DF, Rel. Min. Og Fernandes, j. 15.12.2021. Os precedentes do STF, firmados em sentido contrário, não perceberam a possibilidade de concessionárias poderem valer-se do agravo interno, sendo emitidos num contexto do CPC/1973.

[31] FERRAZ, Cristina. *Prazos no processo de conhecimento*. São Paulo: RT, 2001. p. 120.

[32] STJ, 6ª Turma, REsp 363.780/RS, Rel. Min. Paulo Gallotti, *DJ* 2.12.2002, p. 379; STJ, 2ª Seção, AgRAR 250/MT, Rel. Min. Barros Monteiro, *DJ* 6.8.1990, p. 7.317.

[33] STF, 1ª Turma, RE 94.960/RJ, Rel. Min. Rafael Mayer, *DJ* 8.10.1982, p. 10.190.

O art. 970 do CPC encerra comando igualmente especial, não se submetendo à regra geral do art. 183 do CPC. E isso porque o prazo para a resposta do réu é *fixado* pelo relator, *não* podendo ser inferior a 15 (quinze) dias *nem* superior a 30 (trinta) dias. Em outras palavras, a dobra prevista no art. 183 do CPC apresenta-se como incompatível com a regra inscrita no art. 970 do CPC, pois o limite *máximo* para o prazo da resposta é de 30 (trinta) dias.

A bem da verdade, o art. 183 do CPC não faz distinção entre prazos legais e prazos judiciais. Todavia, o art. 970 do CPC fixa um *máximo* de 30 (trinta) dias para a contestação na ação rescisória, de sorte que o prazo *nunca* deve ser superior àquele limite. Logo, não se permite ao relator conceder ao réu, na ação rescisória, um prazo superior a 30 (trinta) dias. Daí não se computar a dobra prevista no art. 183 do CPC, porquanto, ainda que se fixasse o limite mínimo (15 dias), a dobra já alcançaria o limite máximo de 30 (trinta) dias.

Em suma, não se aplica o art. 183 do CPC à ação rescisória, cujo prazo de resposta, a teor do art. 970 do CPC, haverá de ser fixado pelo relator, entre 15 (quinze) e 30 (trinta) dias, a depender das circunstâncias da causa e da qualidade das partes. Logo, sendo ré a Fazenda Pública na ação rescisória, o relator deverá levar esse dado em conta na estimativa do prazo que vier a ser estabelecido para a resposta.

Se, contudo, o relator, no caso concreto, determinar a aplicação do art. 183 do CPC, deve exercer o dever de prevenção e fazer constar expressamente do mandado de citação a fixação de prazo em dobro para que a Fazenda Pública possa beneficiar-se da regra.

Enfim, para evitar prejuízo à defesa, é imperioso que o relator da ação rescisória, ao fixar o prazo de resposta, esclareça, no despacho inicial, se entende aplicável ou não o art. 183 do CPC.

3.5.10 Prazo para a Fazenda Pública nos procedimentos regidos pelo ECA

O Estatuto da Criança e do Adolescente – ECA dispõe sobre procedimentos de ações individuais e coletivas que se destinam a proteger as crianças e os adolescentes.

Há, no ECA, a previsão de prazos para a prática de atos nos procedimentos nela regulados. Os prazos ali estabelecidos "são contados em dias corridos, excluído o dia do começo e incluído o dia do vencimento, vedado o prazo em dobro para a Fazenda Pública e o Ministério Público" (art. 152, § 2º, do ECA).

Enfim, nos procedimentos regulados pelo ECA, a Fazenda Pública não dispõe de prazo em dobro, não se aplicando o disposto no art. 183 do CPC.

3.6 INVIABILIDADE DA CUMULAÇÃO DO ART. 183 COM O ART. 229, AMBOS DO CPC

Proposta uma demanda em face da Fazenda Pública e, igualmente, em face de outra pessoa, tem-se um litisconsórcio passivo, estando os litisconsortes com procuradores diferentes. A Fazenda Pública beneficia-se do art. 183 do CPC. Além do benefício desse artigo, a Fazenda Pública poderia valer-se, também, da benesse conferida pelo art. 229 do CPC?

Parece que não.

E isso porque haveria uma extensão desarrazoada de prazo para a Fazenda Pública, cujo interesse já se encontra resguardado com a aplicação isolada do art. 183 do CPC, outorgando-lhe prazo em dobro para todas as suas manifestações no processo. Caso fosse possível cumular as 2 (duas) regras, a Fazenda Pública teria prazo em quádruplo para suas manifestações, desbordando da finalidade a que se visa alcançar com a regra contida no aludido art. 183 do CPC.

Assim, numa demanda proposta, por exemplo, em face da Fazenda Pública e, igualmente, em face de um particular, enquanto esse último dispõe de prazo de 30 (trinta) dias para a prática de seus atos processuais (CPC, art. 229), a Fazenda Pública desfruta da prerrogativa de igualmente praticar os atos nos prazos computados em dobro (CPC, art. 183).

Convém registrar que, se o processo tramitar em autos eletrônicos, o particular não terá prazo em dobro (CPC, art. 229, § 2º). Nesse caso, a Fazenda Pública mantém sua prerrogativa de ter seus prazos diferenciados, aplicando-se o disposto no art. 183 do CPC, que não é afastado no processo eletrônico.[34]

À evidência, revela-se inviável cumular a regra do art. 183 com a do art. 229, ambos do CPC, sendo certo que a Fazenda Pública dispõe de prazo dobro para suas manifestações processuais, sem acréscimo de outra dilatação ou ampliação de prazo.

3.7 APLICAÇÃO DO ART. 183 DO CPC AO PROCESSO DO MANDADO DE SEGURANÇA

No processo do mandado de segurança, a autoridade impetrada é notificada para prestar informações, no prazo de 10 (dez) dias. Esse prazo, como se percebe, é específico, não devendo ser contado em dobro.

Os recursos interpostos pela pessoa jurídica de direito público no mandado de segurança sujeitam-se, contudo, à regra do art. 183 do CPC, de forma que a Fazenda Pública dispõe de prazo em dobro para recorrer no procedimento do mandado de segurança.[35]

Consoante demonstrado no subitem 14.4.3 *infra*, no mandado de segurança o recurso é interposto pela pessoa jurídica da qual faz parte a autoridade coatora, podendo esta também interpor o recurso, caso presente seu interesse próprio. É possível, então, que a autoridade interponha recurso quando pretenda prevenir sua responsabilidade decorrente do ato coator.[36] Quando o recurso é interposto pela autoridade, e não pela pessoa jurídica da qual ela faz parte, *não* há prazo diferenciado. Quer isso dizer que a autoridade *não* dispõe de prazo em dobro para recorrer;[37] essa é uma prerrogativa da pessoa jurídica de direito público, e não da autoridade apontada como coatora no mandado de segurança.

A Lei 12.016/2009 estabelece o procedimento do mandado de segurança, prevendo, expressamente, a apelação (art. 14), sem lhe fixar, porém, o prazo, estabelecido que está no Código de Processo Civil, cujas regras aplicam-se, no particular, ao procedimento da ação constitucional. Assim, o prazo para a interposição da apelação é de 15 (quinze) dias, computado em dobro quando o recorrente for a Fazenda Pública (CPC, art. 183).

Impetrado o mandado de segurança diretamente no tribunal, não há falar em sentença nem em apelação, sendo cabível o recurso ordinário para o impetrante, caso tenha sido denegada a segurança (CF, arts. 102, II, *a*, e CPC, 1.027, I, II, *a*), ou os recursos extraordinário e/ou especial, na hipótese de concessão da segurança, e desde que prequestionada a matéria correlata (CF, arts. 102, III, e 105, III).

---

[34] Nesse sentido, o enunciado 400 do Fórum Permanente de Processualistas Civis: "O art. 183 se aplica aos processos que tramitam em autos eletrônicos".
[35] *RTJ* 110:258.
[36] STJ, Corte Especial, EREsp 180.613/SE, Rel. Min. Eliana Calmon, *DJ* 17.12.2004, p. 388; *Revista Forense* 380:298.
[37] STJ, 6ª Turma, REsp 264.632/SP, Rel. Min. Maria Thereza de Assis Moura, *DJ* 19.11.2007, p. 298.

A decisão que verse sobre a tutela provisória no mandado de segurança é impugnável por meio de agravo de instrumento, cujo prazo é igualmente computado em dobro quando figure como agravante a Fazenda Pública. Nos mandados de segurança impetrados originariamente em tribunal, cabe agravo interno da decisão do relator que conceder ou negar a liminar postulada (Lei 12.016/2009, art. 16, parágrafo único).[38] O agravo interno, quando interposto pela Fazenda Pública, também terá prazo em dobro, ainda que se trate de mandado de segurança.

Enfim, a Fazenda Pública, no processo de mandado de segurança, desfruta da prerrogativa de prazo em dobro para recorrer, aplicando-se, na espécie, o disposto no art. 183 do CPC. De todo modo, se, diante das peculiaridades do caso concreto, o prazo revelar-se insuficiente, o juiz pode, com apoio no art. 139, VI, do CPC, dilatá-lo. É exatamente por isso que o enunciado 5 do Fórum Nacional do Poder Público assim esclarece: "A dilação de prazos processuais prevista no art. 139, VI, do CPC é compatível com o mandado de segurança".

Quando impetrado mandado de segurança no âmbito do processo penal, não se aplica o disposto no art. 183 do CPC, de sorte que não há prazo em dobro. Segundo o STJ, não se aplica o disposto no art. 183 do CPC na esfera criminal, mesmo que se trate de mandado de segurança.[39]

3.8 PRAZO PARA AJUIZAMENTO DE AÇÃO RESCISÓRIA

A ação rescisória deve, nos termos do art. 975 do CPC, ser ajuizada no prazo de 2 (dois) anos, contado do trânsito em julgado da decisão. A Fazenda Pública, que goza da prerrogativa inscrita no art. 183 do CPC, *não* dispõe de prazo em dobro para propor ação rescisória.

A Medida Provisória 1.577, de 11 de junho de 1997, em seu art. 4º, *duplicou* o prazo para a Fazenda Pública ajuizar ação rescisória, de forma que esta passaria a dispor de 4 (quatro) anos para tanto. Em reedições posteriores, a referida Medida Provisória estabeleceu o prazo de 5 (cinco) anos para a Fazenda Pública propor ação rescisória. Tal Medida Provisória teve sua constitucionalidade questionada no Supremo Tribunal Federal, mercê do ajuizamento, pelo Conselho Federal da Ordem dos Advogados do Brasil, da Ação Direta de Inconstitucionalidade 1.753, tendo sido concedida a liminar para suspender a vigência do dispositivo,[40] vindo, depois, a ser tida como prejudicada, com a consequente extinção do processo.

---

[38] O STF entendia não ser cabível o agravo interno da decisão do relator que, em mandado de segurança originário, deferisse ou indeferisse a liminar. Tal entendimento estava consolidado no Enunciado 622 da Súmula de sua jurisprudência. A partir da edição da Lei 12.016/2009, o agravo passou a ser legalmente previsto, tendo o STF, no julgamento do MS 28.177 AgR-MS/DF, Rel. Min. Marco Aurélio, afastado expressamente a aplicação da Súmula em razão da superveniência do referido diploma legal.

[39] STJ, 5ª Turma, RMS 8.021/MG, Rel. Min. Felix Fischer, *DJ* 19.5.1997, p. 20.651; STJ, 5ª Turma, EDcl no AgRg no RMS 36.050/PI, Rel. Min. Laurita Vaz, *DJe* 5.11.2013.

[40] "Ação rescisória: MProv. 1.577-6/97, art. 4º e parág. único: a) ampliação do prazo de decadência de dois para cinco anos, quando proposta a ação rescisória pela União, os Estados, o DF ou os Municípios e suas respectivas autarquias e fundações públicas (art. 4º) e b) criação, em favor das mesmas entidades públicas, de uma nova hipótese de rescindibilidade das sentenças – indenizações expropriatórias ou similares flagrantemente superior ao preço de mercado (art. 4º, parág. único): arguição plausível de afronta aos arts. 62 e 5º, I e LIV, da Constituição: conveniência da suspensão cautelar: medida liminar deferida. Medida provisória: excepcionalidade da censura jurisdicional da ausência dos pressupostos de relevância e urgência à sua edição: raia, no entanto, pela irrisão a afirmação de urgência para as alterações questionadas à disciplina legal da ação rescisória, quando, segundo a

Novamente, a regra que conferia prazo em dobro para a Fazenda Pública ajuizar ação rescisória foi ressuscitada por superveniente Medida Provisória. O Conselho Federal da OAB ajuizou, então, a Ação Direta de Inconstitucionalidade 1.910, renovando os argumentos da Ação Direta 1.753, para postular, desta feita, o reconhecimento da inconstitucionalidade da Medida Provisória 1.703-18, de 27 de outubro de 1998, vindo o STF a reconhecer, igualmente, sua inconstitucionalidade.[41]

Significa que o prazo previsto no art. 975 do CPC é *igual* para todos, inclusive para a Fazenda Pública, que, nesse particular, *não* dispõe de prazo diferenciado *nem* de prerrogativa específica. Bem se percebe que tais precedentes demonstram que a Corte Suprema não tolera aumento de prazo que culmine no retardamento da execução, no que prejudica a parte vitoriosa; há, enfim, por parte do Supremo Tribunal Federal, uma forte resistência a mudanças drásticas na ação rescisória.[42]

À evidência, o prazo para o ajuizamento da ação rescisória é de 2 (dois) anos, contado do trânsito em julgado da decisão, tal como estabelece o art. 975 do CPC.

Sem embargo desse entendimento manifestado pelo STF, a consolidar a orientação de que o prazo para ajuizamento da ação rescisória é de 2 (dois) anos, sem se admitir lapso superior que beneficie a Fazenda Pública, impende registrar que há uma hipótese especial de prazo para a ação rescisória prevista no art. 8º-C da Lei 6.739, de 5 de dezembro de 1979, de cujo teor se extrai a seguinte dicção:

> Art. 8º-C. É de oito anos, contados do trânsito em julgado da decisão, o prazo para ajuizamento de ação rescisória relativa a processos que digam respeito a transferência de terras públicas rurais.

Esse art. 8º-C da Lei 6.739/1979 foi inserido pela Lei 10.267, de 28 de agosto de 2001.

Como se vê, o prazo para ajuizamento de ação rescisória de decisão transitada em julgado que trate da transferência de terras públicas rurais é de 8 (oito) anos. A regra considera o grave problema de grilagem de terras públicas, situação reconhecidamente complicada no Brasil, desde o século XIX.

---

doutrina e a jurisprudência, sua aplicação à rescisão de sentenças já transitadas em julgado, quanto a uma delas – a criação de novo caso de rescindibilidade – é pacificamente inadmissível e quanto à outra – a ampliação do prazo de decadência – é pelo menos duvidosa.

A igualdade das partes é imanente ao *procedural due process of law;* quando uma das partes é o Estado, a jurisprudência tem transigido com alguns favores legais que, além da vetustez, têm sido reputados não arbitrários por visarem a compensar dificuldades da defesa em juízo das entidades públicas; se, ao contrário, desafiam a medida da razoabilidade ou da proporcionalidade, caracterizam privilégios inconstitucionais: parece ser esse o caso das inovações discutidas, de favorecimento unilateral aparentemente não explicável por diferenças reais entre as partes e que, somadas a outras vantagens processuais da Fazenda Pública, agravam a consequência perversa de retardar sem limites a satisfação do direito do particular já reconhecido em juízo.

Razões de conveniência da suspensão cautelar até em favor do interesse público" (STF, Pleno, ADI 1.753 MC/DF, Rel. Min. Sepúlveda Pertence, *DJ* 12.6.1998, p. 51; *RTJ* 172/32).

[41] Sobre o assunto, consultar, por todos: RÊGO, Bruno Noura de Moraes. *Ação rescisória e a retroatividade das decisões de controle de constitucionalidade das leis no Brasil*. Porto Alegre: Sergio Antonio Fabris Editor, 2001. p. 51-61.

[42] RÊGO, Bruno Noura de Moraes. *Ação rescisória e a retroatividade das decisões de controle de constitucionalidade das leis no Brasil*. Porto Alegre: Sergio Antonio Fabris Editor, 2001. p. 57.

Em síntese, é possível afirmar que, nessas hipóteses de transferência de terras públicas rurais, a referida norma *quadruplicou* o prazo para ajuizamento da ação rescisória, sendo, na espécie, de 8 (oito) anos.

À primeira vista, a regra poderia ser tachada de inconstitucional, por ampliar demasiadamente o prazo da rescisória, atentando contra a coisa julgada e a segurança jurídica. Restaria ofendido, nessa situação, o devido processo legal substancial, por conter norma sem razoabilidade. Aliás, já se viu que o STF, ao julgar as Ações Diretas de Inconstitucionalidade 1.753 e 1.910, considerou abusivo e inconstitucional o aumento do prazo da ação rescisória para 4 (quatro) e 5 (cinco) anos em favor da Fazenda Pública, não tolerando aumento de prazo que culmine no retardamento da execução, do cumprimento ou da efetivação da decisão transitada em julgado.

Impõe-se acentuar, contudo, que tais precedentes consideraram inconstitucional o aumento do prazo para o ajuizamento de *qualquer* ação rescisória, por ser evidente o abuso normativo. No caso do art. 8º-C da Lei 6.739/1979, há uma peculiaridade: a regra destina-se a casos específicos de transferência de terras públicas rurais, permitindo a revisão de decisões que consolidaram grilagens ou transferências ilegais de bens públicos.

A regra *não* está a majorar, *indistintamente*, o prazo para ajuizamento da ação rescisória, mas somente para esses casos específicos de transferência de terras públicas rurais. Aplica-se, no particular, o *princípio da adequação*.

Para que o processo possa alcançar a máxima eficiência, seu procedimento e suas regras devem ajustar-se às peculiaridades do sujeito, do objeto e da finalidade.[43] O processo, como se costuma afirmar, é um *instrumento* que deve adaptar-se às normas de direito material aplicáveis no caso.

Daí ser forçoso concluir que o art. 8º-C da Lei 6.739/1979 *não* se revela atentatório ao princípio da razoabilidade, *não* sendo inconstitucional.

É do devido processo legal que se extrai o princípio da razoabilidade, dirigindo-se ao legislador: não deve editar normas com previsões absurdas, que destoem da razoabilidade. Em outras palavras, o princípio da razoabilidade dirige-se ao legislador, exigindo que este, ao limitar direitos individuais, verifique a legitimidade dos *fins* da medida adotada.

Segundo esclarece Humberto Ávila, a razoabilidade pode ser encarada em vários sentidos. Num desses sentidos, é empregada como diretriz que exige uma vinculação das normas jurídicas com o mundo ao qual elas fazem referência. Logo, não haverá razoabilidade quando o legislador eleger uma causa inexistente ou insuficiente para a atuação estatal. Ao fazê-lo, viola a exigência de vinculação à realidade. Em outro sentido, a razoabilidade é utilizada como diretriz que exige a relação de equivalência entre duas grandezas, ou seja, entre a medida adotada e o critério que a dimensiona.[44]

Logo, um ato não atenderá ao princípio da razoabilidade quando não for justificável no sistema, e não em virtude da ofensa a normas constitucionais explícitas. Nesse caso, haverá ofensa ao conteúdo substancial do devido processo legal.

Na hipótese do art. 8º-C da Lei 6.739/1979, desponta justificável no sistema a fixação de prazo diferenciado para ação rescisória contra decisão transitada em julgado que trate de

---

[43] LACERDA, Galeno. *Comentários ao Código de Processo Civil*. 5. ed. Rio de Janeiro: Forense, 1993. t. 1, v. 8, p. 18-20.
[44] ÁVILA, Humberto. *Teoria dos princípios: da definição à aplicação dos princípios jurídicos*. 3. ed. São Paulo: Malheiros, 2004. p. 102-111.

transferência de terras públicas rurais. Há grave problema de grilagem de terras públicas no Brasil, sendo plenamente legítima a finalidade escolhida pelo legislador de salvaguardar os bens públicos, em atendimento ao princípio da adequação, a impor que o processo se ajuste às peculiaridades do direito invocado, com o alcance dos fins colimados pelo legislador.

A Fazenda Pública não dispõe, enfim, de prazo diferenciado para o ajuizamento da ação rescisória, salvo nos casos de transferência de terras públicas rurais, hipótese em que o prazo é de 8 (oito) anos.

3.9 INTIMAÇÃO PESSOAL

A intimação da União, dos Estados, do Distrito Federal, dos Municípios e de suas autarquias e fundações faz-se perante o órgão da Advocacia Pública responsável por sua representação (CPC, art. 269, § 3º).

A intimação é pessoal, fazendo-se por carga, remessa ou meio eletrônico.

A Fazenda Pública goza da prerrogativa de intimação pessoal em qualquer processo, inclusive naqueles que tramitem nos Juizados Especiais. Nesse sentido, o enunciado 29 do Fórum Nacional do Poder Público: "Aplica-se a intimação pessoal nos processos que tramitam sob o procedimento dos juizados especiais, conforme o art. 183, § 1º, do CPC". É irrelevante a posição assumida pela Fazenda Pública no processo; ela se beneficia da prerrogativa de intimação pessoal, quando participa como parte, como interessada ou como *amicus curiae*. A esse respeito, o enunciado 7 do Fórum Nacional do Poder Público está assim redigido: "A prerrogativa de intimação pessoal da Fazenda Pública aplica-se a todos os casos em que ela participe do processo, como parte, interessada ou *amicus curiae*".

Nos processos objetivos de controle de constitucionalidade, a Fazenda Pública não goza da prerrogativa de intimação pessoal.[45]

Como já se afirmou, a intimação da Fazenda Pública deve fazer-se por carga, remessa ou meio eletrônico.

O endereço eletrônico não é destinado à realização de intimações. Estas são feitas em portal próprio, no dia em que o intimando efetivar a consulta eletrônica ao teor da intimação, ou quando decorrido o prazo de dez dias corridos, contados da data de seu envio (Lei nº 11.419/2006, art. 5º, §§ 1º a 3º). Enfim, a intimação por meio eletrônico não se realiza por *e-mail*, ou seja, o endereço eletrônico não serve para a realização de intimações.

É bem verdade que o autor, em sua petição inicial, deve indicar o seu endereço eletrônico e o do réu (CPC, art. 319, II). Essa informação não serve, porém, para viabilizar intimações. Ela é necessária para viabilizar, a título informativo, alguma comunicação às partes (Lei nº 11.419/2006, art. 5º, § 4º).

A intimação pessoal não dispensa a publicação da decisão no *Diário da Justiça eletrônico*, que há de ser feita em atenção ao princípio da publicidade (CF, art. 93, IX; CPC, arts. 8º, 11, 189 e 205, § 3º). A publicação no órgão oficial é meio de intimação (CPC, art. 272), inaplicável à Advocacia Pública. Os advogados públicos são intimados pessoalmente, por carga, remessa ou meio eletrônico. Nesse sentido, aliás, o enunciado 8 do Fórum Nacional do Poder Público: "A intimação por meio eletrônico a que se refere o § 1º do art. 183 do CPC não se realiza por Diário da Justiça eletrônico, nem por *e-mail*". No mesmo sentido, o enunciado 401 do Fórum

---

[45] STF, Pleno, ADPF 205 AgR-segundo, Rel. Min. Dias Toffoli, *DJe* 1º.8.2017; STF, Pleno, ADI 5.814 MC-AgR-AgR/RR, Rel. Min. Roberto Barroso, *DJe* 6.2.2019; STJ, 2ª Turma, AgInt no AREsp 1.676.778/SP, Rel. Min. Herman Benjamin, *DJe* 2.10.2020.

Permanente de Processualistas Civis: "Para fins de contagem de prazo da Fazenda Pública nos processos que tramitam em autos eletrônicos, não se considera como intimação pessoal a publicação pelo Diário da Justiça Eletrônico".

Nos processos eletrônicos, a intimação é feita por meio eletrônico, método que é o preferencial (CPC, arts. 246, §§ 1º e 2º, 270, 1.050 e 1.051),[46] a não ser que se frustre ou não seja possível.[47] A Fazenda Pública é obrigada a manter cadastro nos sistemas de processo em autos eletrônicos, para recebimento de citações e intimações, as quais serão efetuadas preferencialmente por esse meio (CPC, arts. 246, § 2º, e 1.050). Não feito o cadastro, a intimação será realizada pelo Diário da Justiça, perdendo a Fazenda o direito à intimação pessoal.

Realmente, segundo anotado em precedente da Corte Especial do STJ (obrigatório, nos termos do art. 927, V, do CPC), "uma vez descumpridas as disposições do art. 1.050 c/c art. 246, §§ 1º e 2º, ambos do CPC/2015, não aproveita ao ente público a prerrogativa processual da intimação pessoal".[48]

A retirada dos autos do cartório ou da secretaria pela Advocacia Pública implica intimação de qualquer decisão contida no processo, ainda que pendente de publicação (CPC, art. 272, § 6º).

Na contagem dos prazos, quando a intimação for feita por carga, considera-se dia do começo do prazo o dia da carga (CPC, art. 231, VIII).

Sendo a intimação feita por remessa dos autos, a contagem do prazo, segundo entendimento já firmado no âmbito da jurisprudência do STJ, "... inicia-se no dia da remessa dos autos com vistas, ou, se as datas não coincidirem, do recebimento destes por servidor do órgão, e não a partir do dia em que o representante ministerial manifesta, por escrito, sua ciência do teor da decisão".[49]

Quando a intimação realizar-se por meio eletrônico, considera-se dia do começo do prazo o dia útil seguinte à consulta ao teor da intimação ou ao término do prazo para que a consulta se dê (CPC, art. 231, V).

Na contagem dos prazos em dias, exclui-se o do início e se inclui o do final. O primeiro e o último dias devem ser úteis. Caso não sejam, a contagem deve ser iniciada ou encerrada no primeiro dia útil seguinte. Os prazos têm início na data da citação ou da intimação (CPC, arts. 230 e 231) e são contados a partir do primeiro dia útil subsequente (CPC, art. 224, § 3º). Nos processos eletrônicos, considera-se como data da publicação o primeiro dia útil seguinte ao da disponibilização da informação no Diário da Justiça eletrônico (CPC, art. 224, § 2º). Nesse mesmo sentido, é o art. 4º da Lei 11.419/2006.

---

[46] Há quem entenda que o meio eletrônico somente se aplica aos processos eletrônicos. No caso de processos que tramitem em autos de papel, a intimação pessoal somente poderia realizar-se por carga ou remessa dos autos. Nesse sentido, o enunciado 28 do Fórum Nacional do Poder Público: "Nos processos físicos, a intimação pessoal somente se realiza por carga ou remessa dos autos, sendo nula a intimação realizada por outros meios, inclusive por meio eletrônico".

[47] Enunciado 12 do Fórum Nacional do Poder Público: "Quando a intimação, no processo eletrônico, frustrar-se ou não for possível, deve realizar-se por oficial de justiça mediante mandado que preencha os requisitos do art. 250, entre os quais se insere a cópia do despacho, da decisão ou da sentença (arts. 250, V e 269, § 2º, CPC), aplicando-se o disposto no inciso II do art. 231, CPC, quanto à contagem do prazo".

[48] STJ, Corte Especial, AgInt no RE no AgInt no AREsp 1.304.601/CE, Rel. Min. Maria Thereza de Assis Moura, *DJe* 30.9.2019. No mesmo sentido: STJ, 2ª Turma, AgInt no AREsp 1.001.265/MG, Rel. Min. Herman Benjamin, *DJe* 16.10.2017.

[49] STJ, 5ª Turma, EDcl no RHC 43.374/PA, Rel. Min. Laurita Vaz, *DJe* 30.4.2014.

O art. 231 do CPC estabelece, em várias hipóteses, qual o dia do começo do prazo. O dia do começo do prazo não é o primeiro dia do prazo, pois "*os prazos serão contados excluindo o dia do começo e incluindo o dia do vencimento*", como dispõe o art. 224 do CPC. Assim, por exemplo, considera-se dia do começo do prazo a data da juntada aos autos do mandado cumprido (CPC, art. 231, II). Esse é o dia do começo, que será, então, excluído da contagem do prazo. O prazo, então, começa a partir do primeiro dia útil após a juntada aos autos do mandado de citação ou de intimação. Por sua vez, considera-se dia do começo do prazo o dia útil seguinte à consulta ao teor da citação ou da intimação ou ao término do prazo para que a consulta se dê, quando a citação ou a intimação for eletrônica (CPC, art. 231, V). O começo do prazo é o dia útil seguinte à consulta ou ao término do prazo para que a consulta se dê, mas, na contagem, exclui-se o primeiro dia. Logo, se a consulta ao teor da citação ou da intimação foi no dia 10, e o próximo dia útil é 11, este é o dia do começo, mas ele é excluído da contagem (CPC, art. 224), de sorte que o prazo só começa mesmo a partir do dia 12 (se for dia útil também). De igual modo, se o término do prazo de dez dias para a consulta ao sistema termina no dia 10, e o próximo dia útil for 11, este será o dia do começo do prazo, mas ele será excluído da contagem (CPC, art. 224). Desse modo, o prazo começará no dia 12, se este for dia útil também.

É preciso atentar para esses detalhes, a fim de evitar supressão de um dia na contagem dos prazos. O STJ, em vários julgados, não tem observado essas peculiaridades, suprimindo das partes um dia na contagem dos prazos. Veja-se, por exemplo, o quanto julgado no Agravo Interno no Recurso Especial 1.614.653/RS, segundo o qual se considerou o seguinte: "(...) 3. *Verifica-se que a intimação do agravante ocorreu em 9/5/2016, assim o prazo começou a ser contado do primeiro dia útil, portanto, a partir de 10/5/2016. 4. Como o prazo se iniciou em 10/5/2016 e terminou no dia 31/5/2016, é intempestivo o Recurso Especial interposto no dia 1º/6/2016*". Em tal caso, o dia do *começo* do prazo é, realmente, o primeiro dia útil após a intimação, mas, na sua *contagem*, exclui-se o dia do seu começo e inclui-se o do seu final (CPC, art. 224). Logo, deveria ali o prazo ter início em 11 de maio de 2016, e não em 10 de maio de 2016.

3.9.1 Intimação feita pelo próprio advogado

O § 1º do art. 269 do CPC faculta aos advogados promover a intimação do advogado da outra parte por meio do correio, juntando aos autos, em seguida, cópia do ofício de intimação e do aviso de recebimento. O ofício de intimação deve ser instruído com cópia da decisão.

A faculdade aplica-se a qualquer tipo de decisão, proferida em qualquer grau de jurisdição.[50]

O advogado não pode promover a intimação do advogado público por esse meio. Em outras palavras, a faculdade conferida pelo § 1º do art. 269 do CPC não pode ser exercida quando o destinatário da intimação for um advogado público. Isso porque a Fazenda Pública há de ser intimada pessoalmente, por carga, remessa ou por meio eletrônico.

Se a intimação deve ser pessoal e esta é considerada apenas aquela feita por carga dos autos, remessa ou meio eletrônico, não é possível realizar intimação da Fazenda Pública por ofício expedido pelo advogado da parte contrária. Não se aplica, enfim, o disposto no § 1º do art. 269 do CPC para intimação da Fazenda Pública.[51]

---

[50] NEVES, Daniel Amorim Assumpção. *Novo Código de Processo Civil* – Lei 13.105/2015. São Paulo: Método, 2015. p. 193.

[51] Nesse sentido, o enunciado 578 do Fórum Permanente de Processualistas Civis: "Em razão da previsão especial do § 1º do art. 183, estabelecendo a intimação pessoal da Fazenda Pública por carga, remessa ou meio eletrônico, a ela não se aplica o disposto no § 1º do art. 269".

3.9.2 Negócio processual sobre forma de intimação

A intimação da Fazenda Pública deve ser pessoal, a ser feita por meio eletrônico, por carga ou por remessa, que são os meios adequados para que ela se realize.

É possível, porém, que, no caso concreto, tais meios sejam ineficientes, ou de impossível, custosa ou demorada realização. Por isso, a Fazenda Pública pode celebrar com a parte contrária um negócio jurídico processual, a fim de estabelecer outra forma de intimação pessoal, que se realize por oficial de justiça ou por via postal ou por outro meio que venha a ser acordado. O importante é que, em qualquer meio que se acerte, os autos estejam, desde logo, disponibilizados para a Fazenda Pública. Assim, se for feita a intimação por oficial de justiça, este deve levar consigo os autos e já entregá-los ao advogado público. Em todos os meios de intimação pessoal, seja o eletrônico, seja a remessa ou a carga, os autos já estão disponíveis para a Fazenda Pública.

Enfim, é possível haver negócio jurídico processual para fixar o meio de intimação pessoal da Fazenda Pública. Nesse sentido, o enunciado 30 do Fórum Nacional do Poder Público: "É cabível a celebração de negócio jurídico processual pela Fazenda Pública que disponha sobre formas de intimação pessoal".

Capítulo IV
A PRESCRIÇÃO E AS PRETENSÕES QUE ENVOLVEM A FAZENDA PÚBLICA

4.1 A PRESCRIÇÃO COMO ENCOBRIMENTO DA PRETENSÃO

Tradicionalmente, entre os doutrinadores brasileiros estabeleceu-se o critério segundo o qual a prescrição consistiria na perda ou extinção do direito de ação.[1] Na verdade, a prescrição apenas atinge a eficácia da pretensão e da ação.

A prescrição não consiste na perda ou na extinção do direito de ação, sendo, isto sim, o encobrimento da *pretensão*, atingindo, por conseguinte, a ação. A prescrição serve à segurança e à paz pública,[2] sendo um limite temporal à eficácia das pretensões e das ações. Ela é, segundo Clóvis Beviláqua, "uma regra de ordem, de harmonia e de paz, imposta pela necessidade da certeza das relações jurídicas".[3] Nas palavras de Pontes de Miranda, prescrição é "a exceção, que alguém tem, contra o que não exerceu, durante certo tempo, que alguma regra jurídica fixa, a sua pretensão ou ação".[4]

A prescrição, segundo Menezes Cordeiro, tem por finalidade relevar o devedor da prova, pois, à medida que o tempo passa, ele irá ter crescente dificuldade em fazer prova do pagamento que tenha efetuado.[5]

O direito a uma prestação tem como correlativo o dever jurídico. Se esse último não for cumprido espontaneamente, no tempo e modo determinados, surge para o titular do direito a *pretensão*, que é o poder de *exigir* do devedor o cumprimento de sua obrigação.

A prescrição não alcança o direito, mas a *pretensão* e, consequentemente, a ação. Os prazos prescricionais não destroem o direito, não cancelam nem apagam as pretensões. Apenas, encobrindo a eficácia da pretensão, atendem à conveniência de que não perdure por muito tempo a exigibilidade.[6] A prescrição serve ao interesse público, garantindo a segurança

---

[1] LEAL, Antônio Luis da Câmara. *Da prescrição e da decadência*. 3. ed. Rio de Janeiro: Forense, 1978. p. 22; MONTEIRO, Washington de Barros. *Curso de direito civil*. 33. ed. São Paulo: Saraiva, 1995. v. 1, p. 288.
[2] CORDEIRO, António Menezes. *Tratado de direito civil*. Coimbra: Almedina, 2011. v. 5, § 18, n. IV, p. 161.
[3] BEVILÁQUA, Clóvis. *Código Civil dos Estados Unidos do Brasil comentado*. 7. ed. Rio de Janeiro: Livraria Francisco Alves, 1944. v. 1, n. 1, p. 459.
[4] PONTES DE MIRANDA, Francisco Cavalcanti. *Tratado de direito privado*. Rio de Janeiro: Borsoi, 1955. t. 6, § 662, n. 2, p. 100.
[5] CORDEIRO, António Menezes. *Tratado de direito civil*. Coimbra: Almedina, 2011. v. 5, p. 160.
[6] PONTES DE MIRANDA, Francisco Cavalcanti. *Tratado de direito privado*. Rio de Janeiro: Borsoi, 1955. t. 6, § 662, n. 2, p. 101.

jurídica e descongestionando os tribunais que deixam de enfrentar questões relacionadas a situações muito antigas, de comprovação remota.[7]

O *direito*, a partir de quando passa a ser exigível, dá origem à *pretensão*. De fato, a partir da *exigibilidade* do direito, surge ao seu titular o poder de exigir do obrigado a sua realização, caracterizando a *pretensão*.[8] Tal exigência, contudo, não comporta qualquer ação, de modo que ao exercer pretensão o sujeito não age contra ninguém; apenas exige a realização do direito, limitando-se a aguardar a satisfação por parte do destinatário.[9]

Enquanto o exercício da *pretensão* faz supor que o devedor, premido, atenda ao seu dever jurídico, a *ação*, uma vez exercida, consiste na prática de atos materiais voltados contra o sujeito passivo, independentemente do seu comportamento.[10] Em outras palavras, no exercício da *pretensão*, o titular do direito apenas exige seu cumprimento, aguardando o correlato atendimento pelo obrigado. Já na *ação*, não há tal atitude passiva de espera do cumprimento, despontando, isto sim, a prática de atos conducentes à realização ou concretização do direito.

Tal ação constitui o que a doutrina denomina *ação de direito material*, consistente em atos concretos praticados pelo titular do direito contra o obrigado para fazer valer, coativamente, a regra que lhe é favorável.[11] O exercício dessa *ação de direito material* pelo próprio titular do direito é, atualmente, vedado, em regra, pelo sistema jurídico pátrio, cabendo ao Judiciário o monopólio dessa atividade. Somente ao Estado compete concretizar a prática de atos materiais voltados à satisfação do direito. Acontece que, para a realização da *ação de direito material*, o Estado precisa ser provocado, o que é feito por meio da *ação de direito processual*. Significa que, ao exercer a *ação de direito processual*, o sujeito provoca o Estado para que, exercendo a *jurisdição* – com a declaração do direito aplicável à espécie –, possa, em seguida, estratificar a prática de atos concretos que corporificarão a *ação de direito material*.

Geralmente, quando é violada a pretensão, surge a ação material, que consiste no poder de impor um direito àquele que está obrigado ao seu cumprimento. A *pretensão* constitui o *grau de exigibilidade* do direito e a obrigação de submissão ao adimplemento. Já a ação material constitui o *grau de impositividade do direito*, surgindo, via de regra, apenas com a violação da pretensão.[12]

---

[7] TUHR, A. Von. *Tratado de las obligaciones*. Trad. W. Roces. Madrid: Editorial Reus, 1934. t. 2, n. 79, p. 175.

[8] "Pretensão é a posição subjetiva de poder exigir de outrem alguma prestação positiva ou negativa" (PONTES DE MIRANDA, Francisco Cavalcanti. *Tratado de direito privado*. Rio de Janeiro: Borsoi, 1955. t. 5, § 615, n. 1, p. 451).

[9] SILVA, Ovídio A. Baptista da. *Curso de processo civil*. 3. ed. Porto Alegre: Sergio Antonio Fabris Editor, 1996. v. 1, p. 59-90; MARINONI, Luiz Guilherme. *Novas linhas do processo civil*. 3. ed. São Paulo: Malheiros, 1999. p. 207-208; ASSIS, Araken de. *Cumulação de ações*. 3. ed. São Paulo: RT, 1998. p. 71-78.

[10] ASSIS, Araken de. *Cumulação de ações*. 3. ed. São Paulo: RT, 1998. p. 76.

[11] Essa distinção entre *pretensão*, *ação de direito material* e *ação de direito processual* sofreu severas críticas de E. D. Moniz de Aragão (Hobbes, Montesquieu e a Teoria da Ação. *Genesis – Revista de Direito Processual Civil*, Curitiba: Genesis, v. 25, p. 437-448).

[12] MELLO, Marcos Bernardes de. *Teoria do fato jurídico: plano da eficácia – 1ª parte*. São Paulo: Saraiva, 2003. § 37, n. 1, p. 183. No mesmo sentido: GOUVEIA FILHO, Roberto Pinheiro Campos; PEREIRA, Mateus Costa. Ação material e tutela cautelar. In: COSTA, Eduardo José da Fonseca; MOURÃO, Luiz Eduardo Ribeiro; NOGUEIRA, Pedro Henrique Pedrosa (coords.). *Teoria quinária da ação*: estudos em homenagem a Pontes de Miranda nos 30 anos do seu falecimento. Salvador: JusPodivm, 2010. p. 563-566.

A *ação de direito material* é exercida pelo Estado por meio de providências satisfativas ou mediante a prática de atos concretos voltados à realização específica do direito da parte interessada.

Violada a pretensão, surge a ação material. Não exercida a pretensão ou a ação no prazo previsto em lei, opera-se a prescrição.

Com efeito, consumada a prescrição, encobre-se a eficácia da pretensão e da correspondente ação material. O direito subjetivo mantém-se incólume, mas não pode mais ser exigido da parte contrária, visto que encoberta a pretensão, com a consumação da prescrição.

Nos termos do art. 189 do Código Civil, "Violado o direito, nasce para o titular a pretensão, a qual se extingue, pela prescrição, nos prazos a que aludem os arts. 205 e 206".

A referência à pretensão no referido dispositivo não é correta, justamente porque não nasce da violação do direito, consistindo, isto sim, na fase em que o direito passa a ser exigível.[13] A pretensão surge da simples possibilidade de se exigir o direito, e não da violação deste.[14] Violável não é o direito, mas a pretensão, daí nascendo a ação. Não exercida a pretensão ou a ação no prazo previsto em lei, haverá prescrição.

Em suma, a pretensão é o poder jurídico conferido a alguém, de exigir de outrem o cumprimento de uma prestação (conduta), que pode ser um fazer, um não fazer ou um dar – prestação essa que se divide em dar dinheiro e dar coisa distinta de dinheiro. Os direitos a uma prestação – dos quais surgem a pretensão e a consequente ação – relacionam-se com os prazos prescricionais que, como prevê o art. 189 do Código Civil, começam a correr do inadimplemento ou não cumprimento pelo sujeito passivo de sua obrigação.

O direito a uma prestação precisa ser concretizado no mundo físico; a sua efetivação ou satisfação é a realização da prestação devida. Quando o sujeito passivo não cumpre a prestação, ocorre o inadimplemento ou a lesão à pretensão. Como a autotutela é, em regra, proibida, o titular desse direito, embora tenha a pretensão, não tem como agir, por si ou de mão própria, para efetivar o seu direito. Deve, então, recorrer ao Poder Judiciário, buscando essa efetivação, que, como visto, ocorrerá com a concretização da prestação devida.

A prescrição não alcança o direito, mas a pretensão.

Para que se consume a prescrição, é preciso que haja (a) a titularidade de um direito, de uma pretensão (e, eventualmente, de uma ação de direito material); (b) a inação do titular do direito; e (c) a passagem do tempo estabelecido em norma jurídica.[15]

A prescrição constitui matéria de interesse público, razão pela qual não se admite que os sujeitos modifiquem seu regime ou alterem os prazos previstos em lei. Significa que a prescrição não pode ser negociada, devendo ser prevista em lei, e não em negócio jurídico.

---

[13] MELLO, Marcos Bernardes de. *Teoria do fato jurídico: plano da eficácia* – 1ª parte. São Paulo: Saraiva, 2003. § 37, n. 1, p. 181, n. 362.

[14] GOUVEIA FILHO, Roberto Pinheiro Campos; PEREIRA, Mateus Costa. Ação material e tutela cautelar. In: COSTA, Eduardo José da Fonseca; MOURÃO, Luiz Eduardo Ribeiro; NOGUEIRA, Pedro Henrique Pedrosa (coords.). *Teoria quinária da ação:* estudos em homenagem a Pontes de Miranda nos 30 anos do seu falecimento. Salvador: JusPodivm, 2010. p. 564-565.

[15] ALBUQUERQUE JÚNIOR, Roberto Paulino de. Três problemas sobre a prescrição no direito brasileiro: primeiro esboço. In: ALBUQUERQUE, Fabíola Santos; CAMPOS, Alyson Rodrigo Correia (orgs.). *Do direito civil I*. Recife: Nossa Livraria, 2013. v. 1, p. 819.

Consumada a prescrição, o direito não pode mais ser exigido. A prescrição encobre a eficácia da pretensão e, por consequência, da ação. A prescrição é um contradireito que encobre a pretensão.

4.2 A PRESCRIÇÃO EM FAVOR DA FAZENDA PÚBLICA

Em se tratando de Fazenda Pública, além das disposições encartadas no Código Civil, aplicam-se as regras contidas no Decreto 20.910, de 6 de janeiro de 1932 e, igualmente, aquelas hospedadas no Decreto-lei 4.597, de 19 de agosto de 1942.

Vale dizer que "as dívidas passivas da União, dos Estados e dos Municípios, bem assim todo e qualquer direito ou ação contra a Fazenda federal, estadual ou municipal, seja qual for a natureza, prescrevem em 5 (cinco) anos, contados da data do ato ou fato do que se originarem".[16]

Qualquer pretensão que seja formulada em face da Fazenda Pública está sujeita a um prazo prescricional de 5 (cinco) anos. E já se viu que, no conceito de Fazenda Pública, inserem-se não somente a União, os Estados, o Distrito Federal e os Municípios, mas também suas autarquias e fundações públicas. Logo, a prescrição quinquenal beneficia, de igual modo, as autarquias e fundações públicas. Essa, aliás, é a regra inserta no art. 2º do Decreto-lei 4.597/1942, que assim dispõe:

> Art. 2º O Decreto nº 20.910, de 6 de janeiro de 1932, que regula a prescrição quinquenal, abrange as dívidas passivas das autarquias, ou entidades e órgãos paraestatais, criados por lei e mantidos mediante impostos, taxas ou quaisquer contribuições exigidas em virtude de lei federal, estadual ou municipal, bem como a todo e qualquer direito e ação contra os mesmos.

A prescrição quinquenal, não custa acentuar, incide sobre *qualquer* tipo de pretensão formulada em face da Fazenda Pública, sendo conveniente reportar-se ao teor da Súmula 107 do TFR, que assim enuncia: "A ação de cobrança do crédito previdenciário contra a Fazenda Pública está sujeita à prescrição quinquenal estabelecida no Dec.-lei 20.910/32".

Das distinções que se fazem entre a prescrição e a decadência (*vide* item 4.4 *infra*) extrai-se que as ações declaratórias são, em regra, imprescritíveis, podendo ser propostas a qualquer momento. Nada impede, entretanto, que o legislador atribua-lhes prazo prescricional ou decadencial. O legislador tem o poder de escolha da eficácia do prazo, podendo impor prescrição, decadência ou, até mesmo, atribuir perpetuidade.[17]

É relevante perceber que o Decreto-lei 20.910/1932 estabelece que *toda* e *qualquer* ação ou pretensão contra a Fazenda Pública, seja qual for a natureza, prescreve em 5 (cinco) anos. É possível que haja casos específicos com prazo diferente, como na hipótese de desapropriação indireta, cujo prazo prescricional é de 10 (dez) anos, tal como demonstrado no item 18.21 *infra*. Não sendo o caso de desapropriação indireta ou não havendo disposição específica em sentido contrário, o prazo de prescrição de pretensão formulada contra a Fazenda Pública é de 5 (cinco) anos. O certo é que toda ação ou pretensão formulada em face da Fazenda Pública é prescritível. Não há imprescritibilidade nem perpetuidade, de sorte que até mesmo as

---

[16] Art. 1º do Decreto 20.910/1932.
[17] ALBUQUERQUE JÚNIOR, Roberto Paulino de. A prescritibilidade das ações (materiais) declaratórias: notas à margem da obra de Agnelo Amorim Filho. In: MIRANDA, Daniel Gomes de; CUNHA, Leonardo Carneiro da; ALBUQUERQUE JÚNIOR, Roberto Paulino de (coords.). *Prescrição e decadência:* estudos em homenagem a Agnelo Amorim Filho. Salvador: JusPodivm, 2013. p. 485-496.

demandas declaratórias são prescritíveis, ressalvadas as de indenização por tortura, tal como demonstrado no item 4.8 *infra*.

Escoado o prazo de 5 (cinco) anos, prescreve não somente *toda* a pretensão a ser deduzida em face da Fazenda Pública, mas igualmente a pretensão relativa às prestações correspondentes a vencimentos, pensões, soldos e a quaisquer restituições ou diferenças, vencidas ou por vencerem.

Não corre o prazo prescricional durante a demora que, no estudo, no reconhecimento ou no pagamento da dívida, considerada líquida, tiverem as repartições ou funcionários encarregados de estudar e apurá-la. Nesse caso, a prescrição terá seu prazo suspenso. Tal suspensão verificar-se-á pela entrada do requerimento do titular do direito ou do credor nos livros ou protocolos das repartições públicas, com designação do dia, mês e ano.

Essas regras aludem, todas elas, à *prescrição*. Na verdade, o prazo de 5 (cinco) anos previsto em tais regras é não somente de prescrição, mas também de decadência. Consoante será demonstrado adiante, não havia uma precisa distinção entre prescrição e decadência, o que somente veio a ser levado a cabo com o advento do Código Civil de 2002.

O art. 2º do Decreto-lei 4.597/1942, ao se referir a todo e qualquer direito e ação, está a estabelecer a *decadência* de direitos exercitáveis contra a Fazenda Pública. A decadência, chamada por Pontes de Miranda de *preclusão*, é extinção de efeito dos fatos jurídicos, de efeitos jurídicos.[18] Enquanto a prescrição, em vez de extinguir eficácia, constitui encobrimento dela, a decadência extingue os efeitos dos fatos jurídicos.

Há quem estabeleça outro critério para distinguir a prescrição da decadência, como será visto no item 4.4.

Pouco importa que a legislação aqui referida aluda à *prescrição*; antes do Código Civil de 2002, todos os prazos extintivos, seja de prescrição, seja de decadência, eram denominados, pela legislação de regência, prazos de prescrição.

Seja de decadência, seja de prescrição, todos os direitos, as pretensões, as ações, as exceções exercidos contra a Fazenda Pública sujeitam-se ao prazo de 5 (cinco) anos, ressalvados aqueles de menor prazo, tal como assegura o art. 10 do Decreto 20.910/1932.

4.2.1 Aplicação apenas aos entes que integram o conceito de Fazenda Pública: Súmula 39 do STJ. Ressalva quanto às empresas estatais que prestam serviço público

A prescrição quinquenal prevista no Decreto 20.910/1932 e no Decreto-lei 4.597/1942 beneficia, como se viu, a Fazenda Pública, conceito que abrange a União, os Estados, o Distrito Federal, os Municípios e suas respectivas autarquias e fundações públicas. Não estão contempladas pelas regras contidas nos referidos diplomas legais as empresas públicas e as sociedades de economia mista.

Com efeito, consoante anotado em precedente do STJ, "o prazo de prescrição quinquenal, previsto no Decreto nº 20.910/32 e no Decreto-lei nº 4.597/42, aplica-se apenas às pessoas jurídicas de direito público (União, Estados, municípios, Distrito Federal, autarquias e fundações

---

[18] PONTES DE MIRANDA, Francisco Cavalcanti. *Tratado de direito privado*. Rio de Janeiro: Borsoi, 1955. t. 6, § 668, n. 1, p. 135.

públicas), excluindo-se, portanto, as pessoas jurídicas de direito privado da Administração Pública Indireta (sociedades de economia mista, empresas públicas e fundações)".[19]

Não é por outro motivo que o Superior Tribunal de Justiça editou a Súmula 39, de cujo teor se extrai o seguinte enunciado: "Prescreve em vinte anos a ação para haver indenização, por responsabilidade civil, de sociedade de economia mista". O prazo previsto em tal Verbete Sumular restou alterado pelas disposições constantes do Código Civil de 2002. Sua referência, todavia, serve para demonstrar que, sendo sociedade de economia mista ou empresa pública, *não* há aplicação das normas do Decreto 20.910/1932 e do Decreto-lei 4.597/1942, sofrendo a incidência das regras gerais do Código Civil.

As empresas públicas e as sociedades de economia mista exploram atividade econômica, inserem-se no mercado concorrencial, sendo, por isso mesmo, pessoas jurídicas de direito privado. Não se incluem no conceito de Fazenda Pública. A elas aplicam-se as regras de prescrição do Código Civil, e não as da prescrição em favor da Fazenda Pública. Há, porém, empresas estatais que prestam serviço público, não se inserindo no mercado concorrencial. A elas aplicam-se as regras de prescrição previstas em favor da Fazenda Pública.

Quer isso dizer que a personalidade jurídica de direito privado não é critério suficiente para, por si só, atrair a incidência das regras de prescrição previstas no Código Civil. O tipo de atividade exercida pela empresa pública ou pela sociedade de economia mista é relevante para a aplicação do regime jurídico de prescrição.[20]

Quando a empresa pública ou a sociedade de economia mista presta serviço público, aplicam-se as regras de prescrição fixadas em favor da Fazenda Pública. Esse, aliás, é o entendimento consolidado na jurisprudência do Superior Tribunal de Justiça. Realmente, consoante orientação ministrada pelo STJ, quando se trata "de empresa pública, responsável pela prestação de serviços públicos próprios do Estado, com o fim de atender as necessidades essenciais da coletividade, sem que apresente situação de exploração de atividade econômica, deve ser aplicada a prescrição quinquenal, conforme o Decreto n. 20.910/32".[21]

Não restam dúvidas: "A jurisprudência desta Corte Superior de Justiça é no sentido de que nas demandas propostas contra as empresas estatais prestadoras de serviços públicos, deve-se aplicar a prescrição quinquenal prevista no Decreto 20.910/32".[22] Em diversos outros julgados, o STJ reafirma que as empresas públicas e as sociedades de economia mista que prestam serviço público sujeitam-se à prescrição quinquenal prevista para a Fazenda Pública.[23]

Enfim, quando concebida para prestar serviço público ou desenvolver qualquer atividade de índole pública, a empresa estatal sofre o influxo mais acentuado de normas de Direito Público, decorrente do resguardo de interesses públicos. Exatamente por isso, as normas sobre prescrição, aplicáveis à Fazenda Pública, incidem em favor da empresa estatal prestadora de serviço público.

---

[19] STJ, 2ª Turma, REsp 1.270.671/RS, Rel. Min. Castro Meira, *DJe* 5.3.2012.

[20] FREIRE, André Luiz. *O regime de direito público na prestação de serviços públicos por pessoas privadas*. São Paulo: Malheiros, 2014, p. 309.

[21] STJ, 2ª Turma, AgRg no REsp 1.289.200/SE, Rel. Min. Og Fernandes, *DJe* 26.3.2015.

[22] STJ, 2ª Turma, AgRg no REsp 1.308.820/DF, Rel. Min. Mauro Campbell Marques, *DJe* 10.6.2013. No mesmo sentido: STJ, Corte Especial, EREsp 1.725.030/SP, Rel. Min. Raul Araújo, *DJe* 20.12.2023.

[23] STJ, 2ª Turma, AgRg nos EDcl no REsp 1.300.567/PR, rRl. Min. Mauro Campbell Marques, *DJe* 10.6.2015; STJ, 1ª Seção, REsp 863.380/AC, Rel. Min. Herman Benjamin, *DJe* 13/04/2012; STJ, 2ª Turma, REsp 929.758/DF, rel. Min. Humberto Martins, *DJe* 14.12.2010; STJ, 2ª Turma, REsp 1.196.158/SE, rel. Min. Eliana Calmon, *DJe* 30.8.2010; STJ, 1ª Turma, AgRg no AgRg no REsp 1.075.264/RJ, rel. Min. Francisco Falcão, *DJe* 10.12.2008; entre outros.

Tudo está a demonstrar, portanto, que não é relevante a natureza da pessoa jurídica. Independentemente de ser de direito público ou de direito privado, se a empresa pública ou a sociedade de economia mista destina-se a prestar serviço público, aplica-se-lhe o regime jurídico da prescrição quinquenal, concernente à Fazenda Pública.[24] Essa é a conclusão que se encontra na doutrina especializada e na jurisprudência do Superior Tribunal de Justiça. Secundando essa orientação, a Medida Provisória 2.180-35, de 2001, acrescentou o art. 1º-C à Lei 9.404, de 1997, com o seguinte teor: "Prescreverá em cinco anos o direito de obter indenização dos danos causados por agentes de pessoas jurídicas de direito público e de pessoas jurídicas de direito privado prestadoras de serviços públicos".

Convém lembrar que tal medida provisória, sucessivamente reeditada, mantém-se em vigor até a deliberação definitiva do Congresso Nacional, nos termos do art. 2º da Emenda Constitucional 32, de 2001.[25]

Rigorosamente, o art. 1º-C da Lei 9.494, de 1997, não contém uma novidade, servindo apenas para reforçar ou reafirmar a orientação doutrinária e jurisprudencial já assentada em torno do tema: uma empresa pública ou uma sociedade de economia mista que preste serviço público sujeita-se à prescrição quinquenal prevista em favor da Fazenda Pública. Não importa a natureza da pessoa jurídica. Seja de direito público, seja de direito privado, o regime jurídico de prescrição será o da Fazenda Pública, se houver prestação de serviço público.

Em outras palavras, o art. 1º-C da Lei 9.494, de 1997, reforça, confirma, ratifica a aplicação do Decreto 20.910, de 1932, às empresas públicas e às sociedades de economia mista prestadoras de serviço público, que não explorem atividade econômica em regime concorrencial.

4.2.2 Prestações de trato sucessivo: Súmula 85 do STJ

Algumas pretensões formuladas em face da Fazenda Pública dizem respeito a vantagens financeiras, cujo pagamento se divide em dias, meses ou anos. Nessas hipóteses, "a prescrição atingirá progressivamente as prestações, à medida que completarem os prazos estabelecidos pelo presente decreto".[26] Em casos assim, a prescrição não encobre toda a pretensão, atingindo, apenas, as prestações que se venceram antes dos últimos 5 (cinco) anos.

A propósito, e em repetição à referida norma, o Superior Tribunal de Justiça editou a Súmula 85, que assim averba:

> Nas relações de trato sucessivo em que a Fazenda Pública figure como devedora, quando não tiver sido negado o próprio direito reclamado, a prescrição atinge apenas as prestações vencidas antes do quinquênio anterior à propositura da ação.

A aludida Súmula 85 do STJ aplica-se tão somente às situações de *trato sucessivo*, assim caracterizadas quando há *omissão* ou quando a Administração *não* se pronuncia *expressamente* sobre o pleito da parte interessada, passando a agir *sem* prévio pronunciamento formal. Assim,

---

[24] Nesse sentido, com maiores detalhes, CUNHA, Leonardo Carneiro da. Parecer – Itaipu – natureza jurídica e prazo de prescrição para pretensões contra si propostas. *Revista de Direito Administrativo e infraestrutura*. São Paulo: RT, v. 19, 2021, p. 339-370.

[25] "Art. 2º As medidas provisórias editadas em data anterior à da publicação desta emenda continuam em vigor até que medida provisória ulterior as revogue explicitamente ou até deliberação definitiva do Congresso Nacional."

[26] Art. 3º do Decreto 20.910/1932.

na hipótese, por exemplo, de não se ter procedido a reajuste de vencimentos ou de não se ter reenquadrado ou reclassificado o servidor, no que pese disposição legal determinando o reenquadramento ou a reclassificação, aí sim seria caso de trato sucessivo, aplicando a Súmula 85 do STJ, visto que cada pretensão estaria sendo renovada a cada mês.

Caso haja, todavia, expresso pronunciamento da Administração, que venha a *rejeitar formalmente* o pleito do sujeito, é evidente que, a partir da ciência do ato administrativo denegatório, inicia-se a contagem do prazo de 5 (cinco) anos.

Para que se aplique a Súmula 85 do STJ, é preciso que se trate de relação jurídica de trato sucessivo, ou seja, todo mês renova-se a violação ou a lesão à pretensão da parte, surgindo, mensalmente, um novo prazo, com o início contínuo do lapso temporal da prescrição. Ora, se a Administração nega, expressa e formalmente, o pleito da parte, a partir daí se inicia o curso do prazo quinquenal, *sem que* incida o enunciado contido na Súmula 85 do STJ.

4.2.3 "Prescrição" do fundo do direito: casos em que não se aplica a Súmula 85 do STJ

Consoante restou acentuado, quando há *expresso* pronunciamento da Administração que *rejeite* ou *denegue* o pleito da pessoa interessada, não há que se proceder à aplicação da Súmula 85 do STJ, porquanto não se caracteriza, em casos assim, a relação jurídica de trato sucessivo, começando, desde logo, a contagem do prazo quinquenal.

Denegada a postulação do sujeito, inicia-se o prazo para sua reclamação em juízo. Ultrapassado o prazo, há extinção do efeito do fato jurídico. Haverá, na verdade, decadência. A jurisprudência, nesse caso, denomina a situação "prescrição do fundo do direito". Os efeitos do fato jurídico extinguem-se, caracterizando, na verdade, uma decadência, e não uma prescrição.[27]

Demais disso, é comum haver lei de efeitos concretos, cuja vigência já atinge a eficácia de fatos jurídicos. A suposta *lesão*, nesses casos, não surge do ato administrativo que aplica a lei, mas sim da vigência da própria lei que, por exemplo, suprimiu uma vantagem ou modificou uma situação anterior.[28]

A hipótese é de lei de efeitos concretos. Sendo seus efeitos suportados pelo suposto titular do direito, que a partir dali teve modificada sua situação ou passou a suportar uma eventual lesão, tem-se que o marco inicial do prazo é a data da publicação da lei, não se aplicando a Súmula 85 do STJ.

Esse, inclusive, é o entendimento remansoso do Superior Tribunal de Justiça. Efetivamente, "é pacífica a jurisprudência do Superior Tribunal de Justiça no sentido de que lei que suprime vantagem ou gratificação possui efeitos concretos, sendo a suspensão do pagamento da rubrica nos meses subsequentes mero reflexo do ato originário, situação que não caracteriza relação de trato sucessivo".[29]

---

[27] "(...) Com base no princípio da *actio nata*, o Superior Tribunal de Justiça firmou a compreensão no sentido de que, em se tratando de ação proposta contra ato único de efeitos concretos que estabelece ou altera uma determinação situação jurídica entre o servidor e a Administração, não se está diante de uma relação de trato sucessivo, de sorte que o transcurso do prazo de 5 (cinco) anos importa na prescrição do próprio fundo de direito. (...)" (STJ, 1ª Turma, AgRg no REsp 1.247.106/PR, Rel. Min. Arnaldo Esteves Lima, *DJe* 10.5.2012).

[28] STF, 1ª Turma, RE 116.653/SP, Rel. Min. Néri da Silveira, *DJ* 4.10.1991, p. 13.782.

[29] STJ, 2ª Turma, REsp 1.270.895/RJ, Rel. Min. Mauro Campbell Marques, *DJe* 21.9.2011. No mesmo sentido: STJ, 2ª Turma, AgRg no REsp 1.263.087/SE, Rel. Min. Castro Meira, *DJe* 12.3.2012.

A existência de lei ou ato de efeitos concretos afasta a aplicação da Súmula 85 do STJ. Se o sujeito que se diz lesado não promover sua demanda dentro dos 5 (cinco) anos a que se reporta o art. 1º do Decreto 20.910/1932, contados a partir do início de vigência da lei que causou a alegada lesão, perderá o direito, pois haverá extinção dos efeitos jurídicos, ante a manifesta consumação da decadência, denominada pelo STJ "prescrição do fundo do direito".

A supressão de vantagem, quando não decorre de lei de efeitos concretos, resulta de ato administrativo expresso, a partir do qual o servidor deixa de perceber dita vantagem.

Sendo assim, a partir da publicação no *Diário Oficial* de tal ato concreto e imediato, ou de qualquer outro meio que confira ciência inequívoca ao servidor público, é que se inicia a contagem do prazo de 5 (cinco) anos.

Havendo expresso pronunciamento da Administração, que, pelo ato concreto, cuidou de suprimir uma vantagem financeira do servidor público, é evidente que a partir da veiculação de tal ato é que se conta o prazo quinquenal para a propositura de demanda judicial contra a Fazenda Pública.

A vantagem financeira, nesses casos, é expressa e concretamente suprimida, ocasionando, de vez e imediatamente, uma lesão, a atingir o próprio direito.

4.3 INTERRUPÇÃO DA PRESCRIÇÃO EM FAVOR DA FAZENDA PÚBLICA: INTELIGÊNCIA DA SÚMULA 383 DO STF

De acordo com o art. 8º do Decreto 20.910/1932, a prescrição quinquenal das pretensões formuladas em face da Fazenda Pública somente poderá ser interrompida uma vez. Essa regra, que se afigurava restrita para a Fazenda Pública, aplica-se, atualmente, a toda e qualquer pretensão, em razão da regra encartada no art. 202 do Código Civil, a dispor que "a interrupção da prescrição, que somente poderá ocorrer uma vez...". Então, a interrupção da prescrição por uma única oportunidade era norma que se aplicava tão somente à prescrição quinquenal das pretensões formuladas em face da Fazenda Pública, passando, a partir do vigente Código Civil, a ser regra geral, aplicável a toda e qualquer espécie de pretensão, independentemente de quem seja a pessoa favorecida pelo prazo prescricional.

Nos termos do art. 7º do Decreto 20.910/1932, "a citação inicial não interrompe a prescrição quando, por qualquer motivo, o processo tenha sido anulado". O dispositivo levava em conta as regras contidas no antigo Código Civil de 1916, que determinava a interrupção da prescrição, entre outros motivos, pela citação inicial (art. 172, I). No mais, o citado artigo reproduzia o art. 175 do Código Civil de 1916, segundo o qual, sendo a citação nula, extinto o processo sem julgamento do mérito ou vindo este a ser anulado, não se teria por interrompida a prescrição.

O art. 7º do Decreto 20.910/1932 foi implicitamente revogado pelo Código Civil de 2002.

Nos termos do inciso I do art. 172 do Código Civil de 1916, a prescrição interrompia-se pela citação pessoal feita ao devedor, ainda que ordenada por juiz incompetente. A regra harmonizava-se com o mencionado art. 7º do Decreto 20.910/1932, porquanto a interrupção da prescrição exsurgia como um dos efeitos da citação válida.

Com o advento do atual Código Civil, a interrupção da prescrição não é mais efeito da citação válida; resulta do simples *despacho* do juiz que determinar a citação do réu. Realmente, assim dispõe o art. 202, I, do Código Civil de 2002:

Art. 202. A interrupção da prescrição, que somente poderá ocorrer uma vez, dar-se-á:

I – por despacho do juiz, mesmo incompetente, que ordenar a citação, se o interessado a promover no prazo e na forma da lei processual.

O ato que interrompe a prescrição, a partir do início de vigência do atual Código Civil, não é mais a citação válida, mas sim o despacho do juiz que ordenar sua realização. Não serve como ato interruptivo da prescrição qualquer outro despacho inicial que, por exemplo, determine a emenda da petição inicial (CPC, art. 321), a correção de irregularidade de representação (CPC, art. 76) ou a intimação do autor para promover a citação dos litisconsortes necessários (CPC, art. 115, parágrafo único); apenas serve aquele que determine, ainda que o juiz não seja competente, a citação do réu.

A prescrição – que é o encobrimento *da pretensão* (CC/2002, art. 189) – decorre da *inércia* do sujeito que se diz titular do direito. Comparecendo em juízo, o sujeito não está mais inerte, não havendo mais razão para manter-se o transcurso do prazo prescricional. Isso porque a apresentação em juízo traduz uma *atividade* (o oposto da inércia) e justifica a interrupção da prescrição. É natural, portanto, que, uma vez proposta a demanda (CPC, art. 312), considere-se interrompido o prazo prescricional.

Conquanto já exista formalmente o processo com a propositura da demanda (CPC, art. 312), a esfera jurídica do réu somente é atingida com a citação válida, a partir de quando se *angulariza* a relação processual. Já tendo sido proposta a demanda, não há mais, como se viu, *inércia* do alegado titular do direito, não sendo legítimo, em princípio, condicionar a interrupção da prescrição a um evento futuro, que é a citação válida.

Diante dessa peculiaridade, o art. 240 do Código de Processo Civil adotou solução intermediária: a interrupção da prescrição decorre do *despacho* que ordena a citação, retroagindo à data da propositura da demanda (§ 1º), desde que o autor adote as providências necessárias para viabilizar a citação no prazo de 10 (dez) dias (§ 2º).

Se o autor não indicar o endereço do réu, não requerer a citação de um litisconsorte necessário, não apresentar cópia da petição inicial para instruir a carta ou o mandado de citação, enfim, se o autor não adotar as providências necessárias para viabilizar a citação no prazo de 10 (dez) dias, a interrupção da prescrição – já operada pelo despacho que ordenou a citação – não retroage para a data da propositura da demanda.

O autor não pode, contudo, ser prejudicado "pela demora imputável exclusivamente ao serviço judiciário" (CPC, art. 240, § 3º).[30]

Assim, a prescrição é interrompida pelo despacho que ordenar a citação, mas tal interrupção *retroage* à data da propositura da demanda (CPC, art. 312), desde que o autor adote as providências necessárias para a citação no prazo de 10 (dez) dias (CPC, art. 240, §§ 1º e 2º).

Se o processo vier a ser anulado ou extinto sem resolução do mérito, essa circunstância não desfaz a interrupção da prescrição. Ordenada a citação, interrompe-se o prazo prescricional, ainda que o processo venha a ser anulado ou extinto sem resolução do mérito. Diferentemente do que estabelecia o art. 175 do CC/1916, o atual Código Civil *não* desconsidera a interrupção da prescrição se a citação for *nula* ou vier a ser *anulada*. É que, contrariamente ao sistema antigo, a interrupção da prescrição, a partir do atual diploma civil, *não* decorre da citação válida, mas sim do *despacho* do juiz que a ordenar.

---

[30] Este, aliás, é o teor da Súmula 106 do STJ: "Proposta a ação no prazo fixado para seu exercício, a demora na citação, por motivos inerentes ao mecanismo da Justiça, não justifica o acolhimento da arguição de prescrição ou decadência".

Daí o art. 7º do Decreto 20.910/1932 estar revogado, exatamente por se revelar incompatível com a nova sistemática introduzida pelo Código Civil de 2002, cujas regras, concernentes à prescrição, aplicam-se, no que couber, às pretensões formuladas em face da Fazenda Pública.

Resta evidente, então, que a prescrição quinquenal das pretensões formuladas em face da Fazenda Pública somente poderá ser interrompida uma vez. Obstada a prescrição, recomeça a correr, *pela metade do prazo*, da data do ato que a interrompeu ou do último ato ou termo do respectivo processo.

Assim, paralisada a prescrição, recomeça a correr pelo prazo de dois anos e meio. Não é bem assim, todavia.

No total do período, somando-se o tempo de antes com o posterior ao momento interruptivo, não deve haver menos de 5 (cinco) anos. Essa, aliás, é a orientação ministrada na Súmula 383 do STF, assim redigida: "A prescrição em favor da Fazenda Pública recomeça a correr, por dois anos e meio, a partir do ato interruptivo, mas não fica reduzida aquém de cinco anos, embora o titular do direito a interrompa durante a primeira metade do prazo".

Assim, se o prazo transcorrido, antes do momento interruptivo da prescrição, tiver sido inferior a dois anos e meio, a interrupção faz recomeçar o resto do lapso temporal pela diferença que faltava para os 5 (cinco) anos. Tome-se como exemplo a hipótese em que a interrupção se operou quando somente se tinha passado 1 (um) ano. Nesse caso, interrompida a prescrição, recomeça a correr pelo prazo de 4 (quatro) anos, computando-se, no total, 5 (cinco) anos.

Caso, entretanto, a interrupção tenha ocorrido quando já ultrapassados mais de dois anos e meio, recomeça a correr pelo prazo de dois anos e meio. Imagine-se, por exemplo, que, no momento interruptivo, já se passaram 3 (três) ou 4 (quatro) anos. Nessa hipótese, a interrupção faz com que se volte a correr a prescrição pelo prazo de dois anos e meio; haverá, no total, cinco anos e meio, no primeiro exemplo, e seis anos e meio, no segundo exemplo.

No cômputo total do prazo prescricional, não haverá período inferior a 5 (cinco) anos, podendo ocorrer lapso de tempo superior, caso a interrupção tenha se operado quando já ultrapassados dois anos e meio.[31]

Enfim, quando o titular do direito a interrompa durante a primeira metade do prazo, a prescrição recomeça a correr pelo prazo restante, de forma que se totalizem os 5 (cinco) anos. Nem poderia ser diferente, sob pena de se reduzir, injustamente, o prazo quinquenal, quando a interrupção se operasse antes dos primeiros dois anos e meio, prejudicando o alegado credor diligente que exerça, desde logo, sua pretensão.

4.4 DISTINÇÃO ENTRE PRESCRIÇÃO E DECADÊNCIA: NOÇÕES GERAIS

Enquanto o prazo de prescrição tem na pretensão sua gênese (CC/2002, art. 189), os direitos desprovidos de pretensão são atingidos pela decadência, caso não exercidos nos prazos extintivos que lhes são próprios.

A prescrição, como já se viu, é o encobrimento da pretensão e da ação. Não é a falta de exercício do direito que lhe tira o vigor; o direito pode conservar-se inativo, por longo tempo, sem perder sua eficácia. É a falta de uso da ação que lhe atrofia a capacidade de reagir.[32]

---

[31] STF, 2ª Turma, RE 6.754, Rel. Min. Hahnemann Guimarães, *DJ* 24.7.1952.
[32] BEVILÁQUA, Clóvis. *Código Civil dos Estados Unidos do Brasil comentado*. 7. ed. Rio de Janeiro: Livraria Francisco Alves, 1944. v. 1, n. 1, p. 458.

O direito, seja real ou pessoal, pode existir sem se exercer. Por isso, o direito não prescreve. O que prescreve é a pretensão, ou a ação.[33]

Desatendido o direito, surge a pretensão, ou seja, aquele direito se torna exigível, devendo ser exercitado no prazo fixado em lei. Não exercida a pretensão no prazo estabelecido legalmente, consuma-se a prescrição.

Segundo Agnelo Amorim Filho, somente há pretensão se houver lesão. E somente há lesão nos direitos a uma prestação, isto é, nos direitos de crédito, nas demandas destinadas a cobrança de um crédito. Em outros termos, só há prescrição se a demanda for condenatória. Por sua vez, os direitos não sujeitos a uma lesão, ou seja, que não se relacionam com um crédito/débito, não geram pretensão, não estando, portanto, sujeitos à prescrição. Os direitos potestativos e aqueles postulados em ações constitutivas, quando sujeitos, para serem exercidos, a um prazo fixado em lei ou em contrato, devem ser exercitados nesse prazo, que é de decadência. Consumado o prazo, opera-se a decadência. Já as ações declaratórias são, para Agnelo Amorim Filho, imprescritíveis ou perpétuas.[34]

Diversamente, Pontes de Miranda entende que a diferença entre prescrição e decadência está na eficácia. E a diferença de eficácia, segundo ele, entre a prescrição e a decadência é radical. Enquanto a pretensão prescrita pode ser encoberta ou já está encoberta, a pretensão alcançada pela decadência (por ele chamada de pretensão preclusa) deixou de existir. São alcançados pela decadência o direito, a pretensão, a ação e a exceção, ao passo que a prescrição encobre apenas a pretensão e a ação.[35] Logo, para Pontes de Miranda, um direito a uma prestação pode ser objeto de decadência, e não só de prescrição. É o que ocorre, tal como já destacado no subitem 4.2.3 *supra*, com a chamada "prescrição do fundo do direito". Exercida a pretensão extrajudicial contra o Poder Público para postular o cumprimento de um direito a uma prestação, e denegada a postulação, inicia-se o prazo para a demanda judicial. Consumado o prazo, há extinção do efeito do fato jurídico, havendo decadência.

A prescrição apenas encobre a eficácia da pretensão ou da ação. A decadência extingue a eficácia do direito, da ação, da pretensão ou da exceção. A análise do art. 189 do Código Civil denota que foi adotada, normativamente, a teoria de Agnelo Amorim Filho. A distinção apresentada por Pontes de Miranda, entretanto, apresenta-se mais consistente.[36]

---

[33] PONTES DE MIRANDA, Francisco Cavalcanti. *Tratado de direito privado*. Rio de Janeiro: Borsoi, 1955. t. 6, § 668, n. 2, p. 136.

[34] AMORIM FILHO, Agnelo. Critério científico para distinguir a prescrição da decadência e para identificar as ações imprescritíveis. *Revista Forense*: comemorativa 100 anos. Rio de Janeiro: Forense, 2006. t. 5, p. 99-136. Nada impede, entretanto, que a lei fixe prazo para as ações declaratórias. O Decreto-lei 20.910/1932 estabelece que *toda* e *qualquer* ação ou pretensão contra a Fazenda Pública, seja qual for a natureza, prescreve em 5 (cinco) anos. Não há imprescritibilidade nem perpetuidade, de sorte que até mesmo as demandas declaratórias são prescritíveis, ressalvadas as demandas de indenização por tortura, tal como destacado no item 4.8 *infra*.

[35] PONTES DE MIRANDA, Francisco Cavalcanti. *Tratado de direito privado*. Rio de Janeiro: Borsoi, 1955. t. 6, § 668, n. 2, p. 136.

[36] Essa distinção entre prescrição e decadência não se revela presente no Direito Tributário, pois ambas extinguem indistintamente o crédito tributário. É por essa razão que Jaldemiro Rodrigues de Ataíde Jr. defende que a prescrição e a decadência são conceitos jurídico-positivos, não podendo haver definitivamente um critério científico para distingui-las (Prescrição e decadência: conceitos lógico-jurídicos ou jurídico-positivos? In: MIRANDA, Daniel Gomes de; CUNHA, Leonardo Carneiro da; ALBUQUERQUE JÚNIOR, Roberto Paulino de (coords.). *Prescrição e decadência*: estudos em homenagem a Agnelo Amorim Filho. Salvador: JusPodivm, 2013. p. 217-229).

O prazo de prescrição pode ser interrompido, suspenso ou renunciado. Já o prazo decadencial não pode ser objeto de interrupção, suspensão ou renúncia. Realmente, a decadência não tem seu prazo suspenso, interrompido nem impedido, contrariamente ao que ocorre com a prescrição. Poderá, contudo, haver impedimento, suspensão ou interrupção na hipótese de constar expressa ressalva legal (CC/2002, art. 207). É o que sucede com a regra de retroação da interrupção da prescrição, aplicável à decadência por expressa dicção do § 4º do art. 240 do CPC.

4.5 ANÁLISE, PELO JUIZ, DA PRESCRIÇÃO E DA DECADÊNCIA EM FAVOR DA FAZENDA PÚBLICA

O juiz pode conhecer, de ofício, da prescrição (CPC, arts. 332, § 1º, e 487, II).

Além de o juiz poder conhecer da prescrição de ofício, a parte pode alegá-la a qualquer momento (CPC, art. 342, II e III; CC/2002, art. 193).

Embora possa o juiz conhecer de ofício da prescrição, cumpre-lhe, antes de decretá-la, determinar a intimação do autor para pronunciar-se a respeito do assunto, adotando-se a mesma determinação constante do § 4º do art. 40 da Lei 6.830/1980 (Lei de Execuções Fiscais). Aliás, o parágrafo único do art. 487 do CPC impõe ao juiz o dever de consulta: somente poderá pronunciar a prescrição, se der antes às partes oportunidade de manifestação, ressalvada a hipótese de improcedência liminar (CPC, art. 332, § 1º).

É que pode ter havido algum caso de interrupção, impedimento ou suspensão da prescrição, devendo ser dada oportunidade ao autor para demonstrar a ocorrência de uma dessas causas interruptivas, impeditivas ou suspensivas. Essa providência, destinada a ouvir previamente o autor, além de atender à exigência da cooperação, decorre da máxima efetividade possível dada do princípio da ampla defesa e do contraditório, evitando seja a parte apanhada de surpresa, em hipótese que não tenha, efetivamente, havido a consumação da prescrição, no que pese a aparência em sentido contrário.

Enfim, cumpre deixar assente que o juiz deve conhecer de ofício da prescrição. A prescrição em favor da Fazenda Pública deve, por isso mesmo, ser conhecida de ofício pelo juiz.

Para efeito processual, é relevante observar que há uma distinção entre *decadência legal* e *decadência convencional*. Aquela – como é intuitivo – decorre de previsão legal, ao passo que esta consta de disposição contratual, estatuária ou convencional. Aí está, pois, uma diferença marcante entre a prescrição e a decadência: enquanto aquela é regulada, exclusivamente, pela lei, esta pode ter seu prazo fixado em lei ou em negócio jurídico.

Estando o prazo decadencial previsto em lei, não poderá ser alterado por vontade das partes, porquanto se afigura nula a renúncia à decadência legal (CC, art. 209). Há casos, contudo, em que os contratantes poderão fixar prazos de decadência, obedecidos os limites estabelecidos em lei, a exemplo do que sucede com a retrovenda (CC, art. 505) e com a preempção ou direito de preferência (CC, art. 513), hipóteses em que poderá haver fixação de prazo convencional de decadência, não sendo possível, entretanto, o desbordo dos limites máximo e mínimo impostos pela lei.[37]

---

[37] THEODORO JÚNIOR, Humberto. *Comentários ao novo Código Civil*. Sálvio de Figueiredo Teixeira (coord.). Rio de Janeiro: Forense, 2003, v. 3, t. 2, n. 412, p. 373.

Põe-se em relevo tal distinção na medida em que deve o juiz conhecer de ofício da decadência legal (CC, art. 210), não podendo fazê-lo no tocante à decadência convencional, se bem que essa última possa ser alegada a qualquer momento pela parte interessada (CC, art. 211).

À evidência, a decadência, seja a legal, seja a convencional, não se sujeita à preclusão.

Significa que é lícito ao réu, depois da contestação, poder alegar a decadência (CPC, art. 342, II e III). A decadência legal poderá ser objeto de alegação superveniente, por competir ao juiz dela conhecer de ofício (CPC, art. 342, II), sendo franqueada a alegação posterior da decadência convencional em virtude de expressa autorização legal (CC, art. 211; CPC, art. 342, III).

Em suma, o juiz poderá conhecer de ofício da prescrição e da decadência legal, não o fazendo quanto à decadência convencional.

4.6 PRESCRIÇÃO EM AÇÕES DE INDENIZAÇÃO PROPOSTAS EM FACE DA FAZENDA PÚBLICA

Já se viu que é de 5 (cinco) anos o prazo prescricional para a propositura de ação condenatória em face da Fazenda Pública. Dentre as ações condenatórias, exsurgem aquelas em que se pede a condenação da Fazenda Pública ao pagamento de indenização, em virtude de sua responsabilidade pelo evento danoso.

A pretensão da reparação civil em face da Fazenda Pública submetia-se, a exemplo do que sucede com qualquer outra demanda condenatória, ao prazo prescricional de 5 (cinco) anos. Acontece, porém, que o Código Civil, em seu art. 206, § 3º, V, assim dispõe:

> Art. 206. Prescreve: (...)
>
> § 3º Em três anos: (...)
>
> V – a pretensão de reparação civil.

Como se vê, as ações indenizatórias, a partir do advento do Código Civil, devem ser intentadas no prazo prescricional de 3 (três) anos.

Surge, então, a dúvida: a pretensão da reparação civil contra a Fazenda Pública mantém-se submetida ao prazo prescricional de 5 (cinco) anos, que é próprio para as ações condenatórias intentadas em face da Fazenda Pública, ou deve submeter-se à nova regra encartada no Código Civil? Em outras palavras, a Fazenda Pública beneficia-se da regra inscrita no art. 206, § 3º, V, do Código Civil?

Em princípio, a regra especial deveria prevalecer sobre a geral, de sorte que a pretensão da reparação civil contra a Fazenda Pública manter-se-ia subordinada ao regime especial da prescrição quinquenal. Cumpre, todavia, atentar-se para o disposto no art. 10 do Decreto 20.910, de 6 de janeiro de 1932, que assim dispõe:

> Art. 10. O disposto nos artigos anteriores não altera as prescrições de menor prazo, constantes das leis e regulamentos, as quais ficam subordinadas às mesmas regras.

Significa que a prescrição das pretensões formuladas contra a Fazenda Pública é quinquenal, *ressalvados* os casos em que a lei estabeleça prazos menores. Na verdade, os prazos prescricionais inferiores a 5 (cinco) anos beneficiam a Fazenda Pública.

Diante disso, a pretensão de reparação civil contra a Fazenda Pública submete-se ao prazo prescricional de 3 (três) anos, e não à prescrição quinquenal. Aplica-se, no particular, o disposto no art. 206, § 3º, V, do Código Civil, não somente em razão do que estabelece o art. 10 do Decreto 20.910/1932, mas também por se tratar de norma posterior. E, como se sabe, a norma posterior, no assunto tratado, revoga a anterior.

O que se percebe, em verdade, é um nítido objetivo[38] de beneficiar a Fazenda Pública. A legislação especial conferiu-lhe um prazo diferenciado de prescrição em seu favor. Enquanto a legislação geral (Código Civil de 1916) estabelecia um prazo de prescrição de 20 (vinte) anos, a legislação específica (Decreto 20.910/1932) previa um prazo de prescrição próprio de 5 (cinco) anos para as pretensões contra a Fazenda Pública. Nesse intuito de beneficiá-la, o próprio Decreto 20.910/1932, em seu art. 10, dispõe que os prazos menores devem favorecê-la.

A legislação geral atual (Código Civil de 2002) passou a prever um prazo de prescrição de 3 (três) anos para as pretensões de reparação civil. Ora, se a finalidade das normas contidas no ordenamento jurídico é conferir um prazo menor à Fazenda Pública, não há razão para o prazo geral – aplicável a todos, indistintamente – ser inferior àquele outorgado às pessoas jurídicas de direito público. A estas deve ser aplicado, ao menos, o mesmo prazo, e não um superior, até mesmo em observância ao disposto no art. 10 do Decreto 20.910/1932.[39]

E nem se diga que o prazo de 5 (cinco) anos deve prevalecer, porque está também previsto no art. 1º-C da Lei 9.494/1997, que assim dispõe: "Prescreverá em 5 (cinco) anos o direito de obter indenização por danos causados por agentes de pessoas jurídicas de direito público e de pessoas jurídicas de direito privado prestadoras de serviços públicos".

A referida Lei 9.494/1997 foi editada quando ainda em vigor o Código Civil de 1916. Com o advento do Código Civil de 2002, o prazo passou a ser de 3 (três) anos, alcançando as pretensões de reparação civil contra a Fazenda Pública, não somente pelo que dispõe o art. 10 do Decreto 20.910/1932, mas também pelas razões teleológicas acima apontadas.

Num primeiro momento, o Superior Tribunal de Justiça adotou a orientação segundo a qual o prazo haveria de ser de 3 (três) anos. Com efeito, ao julgar o Recurso Especial 1.066.062/RS, o STJ afirmou que, numa ação de indenização por danos morais proposta em face do Estado decorrente de prisão injusta, "... A contagem do prazo prescricional é a de 3 (três) anos, fixada pelo artigo 206, § 3º, V, do *Codex*, e deve ser contada a partir da vigência dele. Precedente citado: REsp 982.811/RR...".[40] Consoante registrado em outro precedente, o

---

[38] Na interpretação teleológica, deve-se buscar a finalidade da norma, evitando contradições de valoração e permitindo que se alcance uma regulação materialmente adequada (LARENZ, Karl. *Metodologia da ciência do direito*. Trad. José Lamego. 3. ed. Lisboa: Fundação Calouste Gulbenkian, 1997. p. 469-479).

[39] Nesse sentido: "O vigente Código Civil, no entanto, introduziu várias alterações na disciplina da prescrição, algumas de inegável importância. Uma delas diz respeito ao prazo genérico da prescrição, que passou de vinte (específica para as ações pessoais) para dez anos (art. 205). Outra é a que fixa o prazo de três anos para a prescrição da pretensão de reparação civil. Vale dizer: se alguém sofre dano por ato ilícito de terceiro, deve exercer a pretensão reparatória (ou indenizatória) no prazo de três anos, pena de ficar prescrita e não poder mais ser deflagrada. Como o texto se refere à reparação civil de forma genérica, será forçoso reconhecer que a redução do prazo beneficiará tanto as pessoas públicas como as de direito privado prestadoras de serviços públicos. Desse modo ficarão derrogados os diplomas acima referidos no que concerne à reparação civil. A prescrição da pretensão de terceiros contra tais pessoas passará de quinquenal para trienal" (CARVALHO FILHO, José dos Santos. *Manual de direito administrativo*. 12. ed. Rio de Janeiro: Lumen Juris, 2005. p. 515-516).

[40] STJ, 1ª Turma, REsp 1.066.063/RS, Rel. Min. Francisco Falcão, *DJe* 17.11.2008.

Superior Tribunal de Justiça reafirmou que "o prazo prescricional para pleitear indenização contra a Fazenda Pública foi reduzido para três anos, nos termos do art. 206, § 3º, V, do CC".[41]

Ao julgar o Recurso Especial 1.137.354/RJ, o STJ, adotando e citando expressamente as razões aqui utilizadas, reafirmou que o prazo de 3 (três) anos concernente à pretensão de reparação civil prevalece sobre o de 5 (cinco) anos.[42]

O STJ estabeleceu, então, que a pretensão de reparação civil contra a Fazenda Pública sujeitar-se-ia ao prazo prescricional de 3 (três) anos, e não à prescrição quinquenal.

Sobrevieram, entretanto, precedentes contrários a afirmar que o prazo seria quinquenal, vindo a 1ª Seção do STJ a consolidar tal entendimento.[43]

Em razão disso, submeteu-se a questão à deliberação da 1ª Seção do STJ, em recurso especial representativo da controvérsia, para fixar a tese a ser seguida nos demais casos. Ao examinar a questão, o STJ confirmou sua orientação e fixou a tese (Tema 553) nesse sentido, estabelecendo, desse modo, que o prazo prescricional, mesmo para as pretensões de reparação civil exercidas contra o Poder Público, é de 5 (cinco) anos. Segundo entendimento manifestado pelo STJ, o Decreto 20.910, de 1932, encerra norma especial, a prevalecer sobre a legislação geral. Ademais, de acordo com o entendimento manifestado pelo STJ, o art. 10 do Decreto 20.910, de 1932, refere-se a prazos anteriores, existentes quando de sua edição, não alcançando prazos posteriores, estabelecidos posteriormente.

A decisão, tomada no âmbito de um recurso especial julgado em procedimento de recursos repetitivos, fixou a orientação a ser seguida por todos.[44] A pretensão indenizatória prescreve,

---

[41] STJ, 1ª Seção, EREsp 1.066.063/RS, Rel. Min. Herman Benjamin, *DJe* 22.10.2009. *No mesmo sentido:* STJ, 2ª Turma, REsp 1.215.385/MG, Rel. Min. Mauro Campbell Marques, *DJe* 08.02.2011.

[42] "Administrativo. Responsabilidade Civil do Estado. Prescrição. Decreto nº 20.910/32. Advento do Código Civil de 2002. Redução do Prazo Prescricional para Três Anos.
1. O legislador estatuiu a prescrição de cinco anos em benefício do Fisco e, com o manifesto objetivo de favorecer ainda mais os entes públicos, estipulou que, no caso da eventual existência de prazo prescricional menor a incidir em situações específicas, o prazo quinquenal seria afastado nesse particular. Inteligência do art. 10 do Decreto nº 20.910/32.
2. O prazo prescricional de três anos relativo à pretensão de reparação civil – art. 206, § 3º, V, do Código Civil de 2002 – prevalece sobre o quinquênio previsto no art. 1º do Decreto nº 20.910/32.
3. Recurso especial provido" (STJ, 2ª Turma, REsp 1.137.354/RJ, Rel. Min. Castro Meira, j. 8.9.2009, *DJe* 18.9.2009).

[43] "Administrativo. Agravo Regimental no Agravo em Recurso Especial. Ação contra a Fazenda Pública. Prescrição Quinquenal. Decreto 20.910/32. Precedente da Primeira Seção. Agravo não Provido.
1. A Primeira Seção do Superior Tribunal de Justiça, ao julgar o EREsp 1.081.885/RR, publicado no *DJe* 1º/2/11, consolidou o entendimento no sentido de que o prazo prescricional aplicável às ações de indenização contra a Fazenda Pública é de cinco anos, previsto no Decreto 20.910/32, e não de três anos, por se tratar de norma especial, que prevalece sobre a geral.
2. Agravo regimental não provido" (STJ, 1ª Turma, AgRg no AREsp 14.062/RS, Rel. Min. Arnaldo Esteves Lima, *DJe* 3.10.2012).

[44] Eis a ementa do precedente: "Administrativo. Recurso Especial Representativo de Controvérsia (Artigo 543-C do CPC). Responsabilidade Civil do Estado. Ação Indenizatória. Prescrição. Prazo Quinquenal (Art. 1º do Decreto 20.910/32) x Prazo Trienal (Art. 206, § 3º, V, do CC). Prevalência da Lei Especial. Orientação Pacificada no Âmbito do STJ. Recurso Especial não Provido. 1. A controvérsia do presente recurso especial, submetido à sistemática do art. 543-C do CPC e da Res. STJ n. 8/2008, está limitada ao prazo prescricional em ação indenizatória ajuizada contra a Fazenda Pública, em face da aparente antinomia do prazo trienal (art. 206, § 3º, V, do Código Civil) e o prazo quinquenal (art. 1º do Decreto 20.910/32). 2. O tema analisado no presente caso não estava pacificado, visto que o prazo prescricional nas ações indenizatórias contra a Fazenda Pública era defendido de maneira antagônica nos âmbitos doutrinário e jurisprudencial. Efetivamente, as Turmas de Direito Público

segundo esse entendimento adotado pelo Superior Tribunal de Justiça, em 5 (cinco) anos, contado o prazo a partir do evento danoso. Praticado o ato que causa dano à parte, já se tem início o prazo prescricional.[45]

Não soa razoável a interpretação conferida pelo STJ ao disposto no art. 10 do Decreto 20.910/1932. Considerada a finalidade das disposições normativas editadas a respeito do assunto, o significado a ser daí extraído é de que a Fazenda Pública deve beneficiar-se de prazos menores, não se compatibilizando com tal orientação a conclusão segundo a qual aquele art. 10 refere-se apenas a prazos anteriores, existentes antes da edição do Decreto 20.910/1932.

De todo modo, tendo o entendimento do STJ sido definido em recurso especial repetitivo, restou estabelecida a tese a ser seguida por todos. Quer isso, então, dizer que o prazo é de 5 (cinco), e não de 3 (três) anos.

---

desta Corte Superior divergiam sobre o tema, pois existem julgados de ambos os órgãos julgadores no sentido da aplicação do prazo prescricional trienal previsto no Código Civil de 2002 nas ações indenizatórias ajuizadas contra a Fazenda Pública. Nesse sentido, os seguintes precedentes: REsp 1.238.260/PB, 2ª Turma, Rel. Min. Mauro Campbell Marques, *DJe* de 5.5.2011; REsp 1.217.933/RS, 2ª Turma, Rel. Min. Herman Benjamin, *DJe* de 25.4.2011; REsp 1.182.973/PR, 2ª Turma, Rel. Min. Castro Meira, *DJe* de 10.2.2011; REsp 1.066.063/RS, 1ª Turma, Rel. Min. Francisco Falcão, *DJe* de 17.11.2008; EREspsim 1.066.063/RS, 1ª Seção, Rel. Min. Herman Benjamin, *DJe* de 22/10/2009). A tese do prazo prescricional trienal também é defendida no âmbito doutrinário, dentre outros renomados doutrinadores: José dos Santos Carvalho Filho ('Manual de Direito Administrativo', 24ª ed., Rio de Janeiro: Editora Lumen Juris, 2011, págs. 529/530) e Leonardo José Carneiro da Cunha ('A Fazenda Pública em Juízo', 8ª ed., São Paulo: Dialética, 2010, págs. 88/90). 3. Entretanto, não obstante os judiciosos entendimentos apontados, o atual e consolidado entendimento deste Tribunal Superior sobre o tema é no sentido da aplicação do prazo prescricional quinquenal – previsto do Decreto 20.910/32 – nas ações indenizatórias ajuizadas contra a Fazenda Pública, em detrimento do prazo trienal contido do Código Civil de 2002. 4. O principal fundamento que autoriza tal afirmação decorre da natureza especial do Decreto 20.910/32, que regula a prescrição, seja qual for a sua natureza, das pretensões formuladas contra a Fazenda Pública, ao contrário da disposição prevista no Código Civil, norma geral que regula o tema de maneira genérica, a qual não altera o caráter especial da legislação, muito menos é capaz de determinar a sua revogação. Sobre o tema: Rui Stoco ('Tratado de Responsabilidade Civil'. Editora Revista dos Tribunais, 7ª Ed. – São Paulo, 2007; págs. 207/208) e Lucas Rocha Furtado ('Curso de Direito Administrativo'. Editora Fórum, 2ª Ed. – Belo Horizonte, 2010; pág. 1.042). 5. A previsão contida no art. 10 do Decreto 20.910/32, por si só, não autoriza a afirmação de que o prazo prescricional nas ações indenizatórias contra a Fazenda Pública foi reduzido pelo Código Civil de 2002, a qual deve ser interpretada pelos critérios histórico e hermenêutico. Nesse sentido: Marçal Justen Filho ('Curso de Direito Administrativo'. Editora Saraiva, 5ª Ed. – São Paulo, 2010; págs. 1.296/1.299). 6. Sobre o tema, os recentes julgados desta Corte Superior: AgRg no AREsp 69.696/SE, 1ª Turma, Rel. Min. Benedito Gonçalves, *DJe* de 21.8.2012; AgRg nos EREsp 1.200.764/AC, 1ª Seção, Rel. Min. Arnaldo Esteves Lima, *DJe* de 6.6.2012; AgRg no REsp 1.195.013/AP, 1ª Turma, Rel. Min. Teori Albino Zavascki, *DJe* de 23.5.2012; REsp 1.236.599/RR, 2ª Turma, Rel. Min. Castro Meira, *DJe* de 21.5.2012; AgRg no AREsp 131.894/GO, 2ª Turma, Rel. Min. Humberto Martins, *DJe* de 26.4.2012; AgRg no AREsp 34.053/RS, 1ª Turma, Rel. Min. Napoleão Nunes Maia Filho, *DJe* de 21.5.2012; AgRg no AREsp 36.517/RJ, 2ª Turma, Rel. Min. Herman Benjamin, *DJe* de 23.2.2012; EREsp 1.081.885/RR, 1ª Seção, Rel. Min. Hamilton Carvalhido, *DJe* de 1º.2.2011. 7. No caso concreto, a Corte *a quo*, ao julgar recurso contra sentença que reconheceu prazo trienal em ação indenizatória ajuizada por particular em face do Município, corretamente reformou a sentença para aplicar a prescrição quinquenal prevista no Decreto 20.910/32, em manifesta sintonia com o entendimento desta Corte Superior sobre o tema. 8. Recurso especial não provido. Acórdão submetido ao regime do artigo 543-C, do CPC, e da Resolução STJ 08/2008" (STJ, 1ª Seção, REsp. 1.251.993/PR, Rel. Min. Mauro Campbell Marques, *DJe* 19.12.2012).

[45] STJ, 2ª Turma, AgRg no REsp 1.333.609/PB, Rel. Min. Humberto Martins, *DJe* 30.10.2012.

4.7 PRESCRIÇÃO EM EXECUÇÃO PROPOSTA EM FACE DA FAZENDA PÚBLICA

O prazo de prescrição da pretensão formulada em face da Fazenda Pública é, como se viu, de 5 (cinco) anos. Julgado procedente o pedido e operado o trânsito em julgado, inicia-se outro prazo de prescrição. Com efeito, a partir do trânsito em julgado da sentença de procedência, começa a correr o prazo de prescrição da pretensão de execução.

O prazo para o exercício da pretensão executiva é o mesmo para o da pretensão veiculada na demanda de conhecimento. Se o sujeito dispõe de 5 (cinco) anos para demandar a Fazenda Pública, terá também 5 (cinco) anos para propor o cumprimento da sentença, observado o enunciado 383 da Súmula do STF, tal como explicitado no item 4.3 *supra*. Este, aliás, é o teor do enunciado 150 da Súmula do STF: "Prescreve a execução no mesmo prazo de prescrição da ação".

Não é incomum a sentença de procedência proferida contra a Fazenda Pública ser ilíquida ou os valores a que ela é condenada a pagar dependerem de meros cálculos aritméticos. Nesse caso, haverá consumação da prescrição se o autor da ação tiver dificuldade de elaborar a memória de cálculo ou de requisitar documentos à repartição pública e, nesse intervalo, decorrer o prazo legal. Não interrompe a prescrição a simples requisição junto à repartição pública de elementos necessários à elaboração da memória de cálculo.[46]

Segundo entendimento firmado no âmbito da jurisprudência do STJ, "nos casos em que a execução se dá pela realização de meros cálculos aritméticos, o simples atraso no fornecimento de fichas não tem o condão de alterar o termo inicial para a propositura da ação executiva".[47] Em outras palavras, "nas hipóteses em que a execução será realizada mediante a realização de simples cálculos aritméticos, o atraso ou dificuldade na obtenção das financeiras não altera o termo inicial da prescrição da pretensão executória".[48] Significa, enfim, que "o termo inicial da prescrição da pretensão executória é a data do trânsito em julgado da sentença. Sendo que a liquidação por cálculos – como no caso em exame – não constitui processo autônomo, não se mostrando apta a interromper ou suspender o prazo prescricional da ação de execução".[49]

Para evitar a consumação da prescrição, cabe ao autor, com fundamento nos §§ 3º e 4º do art. 524 do CPC, pedir ao juiz que determine ao Poder Público que apresente os documentos necessários à elaboração da memória de cálculo.[50] Tal requerimento constitui já exercício da pretensão, impedindo que o prazo prescricional flua em prejuízo do credor.

É possível que o juiz decida o mérito contra a Fazenda Pública por meio de uma decisão interlocutória. O juiz pode decidir parcialmente o mérito, numa das hipóteses previstas no art. 356 do CPC. Tal pronunciamento, por não extinguir o processo, é uma decisão interlocutória, que pode já acarretar uma execução imediata, independentemente de caução (CPC, art. 356, § 2º). Conquanto seja uma decisão interlocutória, há resolução parcial do mérito, apta a formar coisa julgada material. Com o trânsito em julgado da decisão parcial de mérito, já se inicia o prazo de prescrição da pretensão executória.[51]

---

[46] STJ, 2ª Turma, AgRg no AgRg no AREsp 26.508/RN, Rel. Min. Humberto Martins, *DJe* 25.11.2011.
[47] STJ, 5ª Turma, AgRg no REsp 1.169.205/RS, Rel. Min. Jorge Mussi, *DJe* 2.9.2011.
[48] STJ, 6ª Turma, AgRg no REsp 1.169.707/RS, Rel. Min. Maria Thereza de Assis Moura, *DJe* 19.10.2011.
[49] STJ, 2ª Turma, AgRg no REsp 1.528.570/SP, Rel. Min. Mauro Campbell Marques, *DJe* 23.6.2015.
[50] STJ, 2ª Turma, AgRg no AgRg no AREsp 151.681/PE, Rel. Min. Humberto Martins, *DJe* 25.10.2012.
[51] SILVA, Beclaute Oliveira. Capítulos de sentença e a prescrição na execução de pagar contra a Fazenda Pública. In: ARAÚJO, José Henrique Mouta; CUNHA, Leonardo Carneiro da (coords.). *Advocacia pública*. Salvador: JusPodivm, 2015. p. 34-36.

O prazo de prescrição já começa a correr quanto à parte que transitar em julgado. O outro capítulo da sentença, ainda não julgado, não terá desencadeado o início do prazo de prescrição da pretensão executiva.

4.8 PRESCRIÇÃO EM AÇÕES PROPOSTAS EM FACE DA FAZENDA PÚBLICA EM RAZÃO DA ALEGAÇÃO DE TORTURA

Já se viu que, de acordo com o Decreto-lei 20.910/1932, *toda* e *qualquer* ação ou pretensão contra a Fazenda Pública, seja qual for a natureza, prescreve em 5 (cinco) anos. Não há imprescritibilidade nem perpetuidade, de sorte que até mesmo as demandas declaratórias são prescritíveis.

Há, na verdade, uma hipótese de demanda proposta contra o Poder Público que se revela imprescritível, podendo ser intentada a qualquer momento: são aquelas fundadas em alegação de tortura.

Segundo destacado em precedente do Superior Tribunal de Justiça, "A jurisprudência desta Corte é pacífica no sentido de que não se aplica a prescrição quinquenal do Decreto n. 20.910/1932 às ações de reparação de danos sofridos em razão de perseguição, tortura e prisão, por motivos políticos, afirmando a sua imprescritibilidade".[52]

Quer isso dizer que "As ações de indenização por danos morais em face de tortura praticadas por agentes do Estado durante o regime militar são imprescritíveis".[53] Em outras palavras, "A jurisprudência do STJ se firmou no sentido de serem imprescritíveis as ações de indenização decorrentes de perseguição, tortura e prisão, por motivos políticos, durante o regime militar".[54]

A tortura atinge diretamente a dignidade humana, sendo fundamental o direito de postular a reparação civil decorrente de atos de tortura. Por essa razão, o STJ entende que não há prescrição, afastando-se o disposto no Decreto 20.910/1932, sendo desnecessário, até mesmo, proclamar sua inconstitucionalidade e observar a cláusula de reserva de plenário.[55]

4.9 A PRESCRIÇÃO CONTRA A FAZENDA PÚBLICA

O Decreto 20.910, de 1932, e o Decreto-lei 4.597, de 1942, estabelecem, como se viu, o prazo de prescrição quinquenal para qualquer pretensão formulada contra a Fazenda Pública. Ressalvada a hipótese de desapropriação indireta, cujo prazo prescricional é de 10 (dez) anos, tal como demonstrado no item 18.22 *infra*, toda e qualquer pretensão exercida contra a Fazenda Pública prescreve em 5 (cinco) anos.

Em outras palavras, tais diplomas legislativos preveem a prescrição da pretensão exercida contra pessoas jurídicas de direito público, ou seja, a prescrição ali tratada aplica-se aos processos em que a Fazenda Pública for ré.

E quando a Fazenda Pública for autora? Qual o prazo de prescrição da pretensão exercida pela Fazenda Pública? Os referidos diplomas normativos aplicam-se, como dito, para

---

[52] STJ, 2ª Turma, EDcl no AgRg no REsp 1.417.171/SP, Rel. Min. Humberto Martins, *DJe* 18.3.2014.
[53] STJ, 1ª Turma, AgRg no REsp 1.301.122/RJ, Rel. Min. Ari Pargendler, *DJe* 25.9.2013.
[54] STJ, 2ª Turma, AgRg no AREsp 330.242/RS, Rel. Min. Herman Benjamin, *DJe* 5.12.2013. *No mesmo sentido:* STJ, 2ª Turma, AgRg no AREsp 266.082/RS, Rel. Min. Herman Benjamin, *DJe* 24.6.2013.
[55] STJ, 2ª Turma, AgRg no AREsp 188.288/MG, Rel. Min. Eliana Calmon, *DJe* 10.5.2013.

os casos em que o Poder Público for réu. Sendo a Fazenda Pública autora, não há previsão de prazo prescricional? Aplicam-se as disposições do Código Civil e da legislação em geral?

Em virtude do princípio da isonomia, o prazo de prescrição quinquenal previsto no Decreto 20.910, de 1932, também se aplica para as pretensões exercidas pela Fazenda Pública, ou seja, para as demandas em que ela for autora.

Esse, aliás, é o entendimento já consolidado no âmbito da jurisprudência do Superior Tribunal de Justiça.

Com efeito, "a jurisprudência desta Corte Superior é no sentido de que é quinquenal o prazo de prescrição nas ações indenizatórias ajuizadas contra a Fazenda Pública, nos termos do art. 1º do Decreto 20.910/1932. Pelo princípio da isonomia, o mesmo prazo deve ser aplicado nos casos em que a Fazenda Pública é autora".[56]

Não há controvérsia no STJ. Realmente, "a jurisprudência do Superior Tribunal de Justiça é pacífica no sentido de que o prazo prescricional é quinquenal tanto nas ações indenizatórias movidas contra a Fazenda Pública quanto nas ações em que a Fazenda Pública figura como autora, em respeito ao princípio da isonomia, de modo que, à luz do entendimento deste egrégio Tribunal Superior, o prazo prescricional estabelecido no Decreto 20.910/1932 prevalece em detrimento do prazo de três anos previsto no art. 206, § 3º, inciso V, do Código Civil".[57]

A ação regressiva proposta pelo INSS contra o empregador do segurado também se submete ao prazo de prescrição de 5 (cinco) anos. Nesse caso, o INSS é autor da demanda, nela exercendo a pretensão de ressarcimento de valores pagos a título de benefício acidentário. De fato, "pelo princípio da isonomia, a jurisprudência desta Corte firmou entendimento no sentido de que, nas Ações Regressivas Acidentárias, ajuizadas pelo INSS em desfavor do empregador do segurado, objetivando o ressarcimento de gastos efetuados com o benefício acidentário concedido, o prazo quinquenal é também aplicado à Fazenda Pública, na qualidade de autora".[58]

Enfim, qualquer pretensão formulada pela ou contra a Fazenda Pública submete-se ao prazo de prescrição de 5 (cinco) anos, ressalvada a hipótese de desapropriação indireta, cujo prazo prescricional é de 10 (dez) anos, tal como demonstrado no item 18.22 *infra*.

4.10 A PROPOSITURA DE DEMANDA JUDICIAL PARA DISCUTIR A DÍVIDA COMO CAUSA INTERRUPTIVA DA PRESCRIÇÃO DA PRETENSÃO EXECUTIVA

O art. 202 do Código Civil enumera os casos em que se opera a interrupção da prescrição. As causas decorrem de atos praticados por uma das partes envolvidas na relação obrigacional. São, portanto, causas subjetivas, podendo ser classificadas, em virtude da parte que provoca a interrupção, em dois grupos: *(a)* atos do titular da pretensão, contra quem corre a prescrição (art. 202, I a V); *(b)* atos do obrigado, em favor de quem corre a prescrição (art. 202, VI).

---

[56] STJ, 1ª Turma, AgInt no REsp 1.716.221/SC, rel. Min. Benedito Gonçalves, *DJe* 5.11.2018. *No mesmo sentido:* STJ, 2ª Turma, AgRg no AREsp 850.760/RS, rel. Min. Humberto Martins, *DJe* 15.4.2016; STJ, 1ª Turma, AgInt no REsp 1.503.406/RS, rel. Min. Gurgel de Faria, *DJe* 20.2.2019.

[57] STJ, 2ª Turma, AgInt no REsp 1.891.285/DF, rel. Min. Herman Benjamin, *DJe* 16.3.2021. *No mesmo sentido:* STJ, 2ª Turma, AgInt no AREsp 1.451.967/SP, rel. Min. Francisco Falcão, *DJe* 25.9.2019; STJ, 2ª Turma, AgInt no AREsp 1.647.056/MG, rel. Min. Assusete Magalhães, *DJe* 16.9.2020; STJ, 2ª Turma, AgInt no REsp 1.661.701/CE, rel. Min. Francisco Falcão, *DJe* 27.10.2022.

[58] STJ, 2ª Turma, AgInt no REsp 1.929.452/RJ, rel. Min. Assusete Magalhães, *DJe* 22.9.2022.

Quando a interrupção decorre de ato praticado pelo credor, seu ato corresponde a alguma forma de exercício do direito: ele faz, de alguma maneira, atuar a pretensão dali derivada ou exige diretamente que o obrigado cumpra a prestação devida. Já quando a interrupção parte do obrigado, observa-se que seu comportamento consiste em reconhecer a subsistência do direito do credor.

De acordo com o art. 202, VI, do Código Civil, a prescrição interrompe-se "por qualquer ato inequívoco, ainda que extrajudicial, que importe reconhecimento do direito pelo devedor". Ao praticar um ato, em juízo ou fora dele, que implique reconhecimento do direito do credor, o devedor propicia a interrupção do prazo prescricional. Essa interrupção não se sujeita a qualquer exigência de forma, não precisa configurar em negócio jurídico, nem é preciso que o reconhecimento se dê literalmente em relação ao débito. Basta que, de modo inequívoco, a vontade expressada pelo devedor corresponda ao reconhecimento do direito do credor[59].

Para que se interrompa a prescrição, não é necessário que o reconhecimento seja direto e expresso, podendo dar-se de forma indireta e tácita. O que se deve observar, no ato de vontade do devedor, é que ele admite, pressupõe, considera que há um direito do credor. A interrupção decorre do reconhecimento da obrigação pelo devedor, e não de qualquer intenção sua. Não importa se ele teve ou não a intenção de interromper a prescrição. É suficiente que ele admita, demonstre ciência, considere haver o direito do credor. Essa admissão é um reconhecimento inequívoco da existência do crédito, causando a interrupção da prescrição em curso[60].

O que se exige, enfim, é apenas "o enunciado de conhecimento, de convicção, sobre a existência da obrigação"[61]. Nem mesmo a forma escrita é exigida; basta que o devedor, de modo inequívoco, reconheça a obrigação que assumiu ou o direito do credor, podendo esse seu reconhecimento ser comprovado, até mesmo, por testemunhas[62].

O devedor pode defender-se com a propositura de ações autônomas em que se discute o título executivo ou a dívida. A ação rescisória da sentença, a ação de anulação ou de revisão de um negócio jurídico, a ação de consignação em pagamento, a ação declaratória de inexistência de relação jurídica, a ação de anulação de auto de infração são exemplos de demandas que podem ser propostas pelo devedor com o objetivo de discutir o título executivo ou a dívida. A essa forma de defesa dá-se o nome de *defesa heterotópica* (porque exercida fora do ambiente do procedimento executivo)[63] *do executado* ou *defesa do executado por meio de ação autônoma de impugnação*. Em todos esses casos, essas ações (defesas heterotópicas) são prejudiciais à execução[64].

Nessas hipóteses, o executado reconhece a obrigação. Ao propor uma demanda judicial para discutir a dívida, para desfazer o título, para revisar o valor, para declarar a inexistência da obrigação, o devedor reconhece o direito do credor. Reconhece que existe o direito e quer que ele seja revisto, desconsiderado, desfeito, modificado... há, enfim, um ato inequívoco de

---

[59] THEODORO JÚNIOR, Humberto. *Comentários ao novo Código Civil*. In: Sálvio de Figueiredo Teixeira (coord.). Rio de Janeiro: Forense, 2003, v. III, t. II, n. 361, p. 274.

[60] LEAL, Antônio Luis da Câmara. *Da prescrição e da decadência*. Rio de Janeiro: Forense, 1959, n. 140, p. 205-206.

[61] PONTES DE MIRANDA, Francisco Cavalcanti. *Tratado de direito privado*. Rio de Janeiro: Borsoi, 1955, t. 6, § 686, n. 1, p. 219.

[62] PONTES DE MIRANDA, Francisco Cavalcanti. *Tratado de direito privado*. Rio de Janeiro: Borsoi, 1955, t. 6, § 686, n. 1, p. 220.

[63] MARTINS, Sandro Gilbert. *A defesa do executado por meio de ações autônomas:* defesa heterotópica. São Paulo: RT, 2002, passim.

[64] PEREIRA, Rosalina P. C. Rodrigues. *Ações prejudiciais à execução*. São Paulo: Saraiva, 2001, *passim*.

reconhecimento da obrigação. A prescrição, portanto, interrompe-se com o ajuizamento da demanda.

A ação rescisória não deixa de ser um instrumento à disposição do *executado*. Nesse sentido, compõe o panorama dos meios do que se convencionou chamar de "defesa do executado por ações autônomas" ou "defesa heterotópica do executado": além de apresentar a sua reação à execução por meio de impugnação (CPC, art. 525), o executado pode valer-se da ação rescisória para questionar o próprio título executivo judicial.

A impugnação não suspende automaticamente o cumprimento da sentença – *nesse ponto, assemelha-se à ação rescisória*. Para que a impugnação suspenda o cumprimento de sentença, é preciso que estejam presentes os pressupostos para a concessão da tutela provisória de urgência (fundamentação relevante e perigo de dano) – *também aqui, há semelhança com a ação rescisória*. Sucede que o efeito suspensivo da impugnação pressupõe garantia do juízo da execução com penhora, depósito ou caução – não há disposição semelhante no regramento da ação rescisória.

De acordo com o art. 969 do CPC, a "propositura da ação rescisória não impede o cumprimento da decisão rescindenda, ressalvada a concessão de tutela provisória". A ação rescisória não impede o cumprimento da decisão rescindenda. De igual modo, o § 1º do art. 784 do CPC enuncia que a "propositura de qualquer ação relativa a débito constante de título executivo não inibe o credor de promover-lhe a execução". A ação relativa a débito constante de título executivo extrajudicial não impede o credor de promover a execução.

Os textos normativos acarretam *regras idênticas* tanto para o caso de título judicial como para o caso de título extrajudicial. Não há diferença normativa. O sistema não contempla diversidade de tratamento nesse ponto.

Os elementos textuais, em ambos enunciados normativos, são iguais. Não há aí um enunciado dotado de generalidade e outro de especialidade. Na lição de Natalino Irti, é comparativa a relação entre generalidade e especialidade. A relação de gênero e espécie decorre de um desenvolvimento lógico, que requer identidade e diferença, continuidade e ruptura. Não havendo diferença entre os termos do enunciado normativo, não se pode afirmar que de um decorra uma norma geral e de outro, uma especial. Se os elementos textuais são iguais, as normas daí decorrentes são as mesmas[65].

Não há defectibilidade normativa nem equivocidade terminológica. Ambos os dispositivos estabelecem que, se o devedor discutir a dívida ou questionar a validade do título executivo, o credor não está impedido de promover sua execução.

O direito subjetivo, o crédito, o direito a uma prestação, como queira chamar, está reconhecido, tanto no título executivo judicial, como no título executivo extrajudicial. Aliás, a obrigação, contida num título executivo extrajudicial, goza da presunção de certeza, liquidez e exigibilidade (CPC, arts. 783 e 786); é nula a execução se "o título executivo extrajudicial não corresponder a obrigação certa, líquida e exigível".

A propositura de ação rescisória não impede a execução do julgado (CPC, art. 969). A propositura de ação anulatória do título executivo extrajudicial também não impede a execução do título (CPC, art. 784, § 1º). Isso, porém, não elimina o efeito de interromper a prescrição. A execução pode ser proposta, mas, se ainda não foi, a pretensão executiva, que estava em curso, interrompe-se. Uma situação não se confunde com a outra. O ajuizamento da demanda não impede que se execute a obrigação contida no título. Por ser ato inequívoco

---

[65] IRTI, Natalino. *L'età della decodificazione*. 4. ed. Milano: Giuffrè, 1999, p. 53-56.

de reconhecimento da obrigação, produz o efeito de interromper a prescrição da pretensão executiva.

O Superior Tribunal de Justiça entende nesse mesmo sentido: "A propositura de ação declaratória ou anulatória em que se discuta a dívida interrompe o prazo prescricional para cobrança do valor nela materializado"[66]. Ainda de acordo com o STJ, "É assente, nas Turmas que compõem a Segunda Seção desta Corte, o entendimento de que 'a propositura de demanda judicial pelo devedor, seja anulatória, seja de sustação de protesto, que importe em impugnação do débito contratual ou de cártula representativa do direito do credor, é causa interruptiva da prescrição' (REsp 1.321.610/SP, Terceira Turma, Relatora Ministra Nancy Andrighi, *DJe* de 27.2.2013)"[67].

A propositura da ação interrompe, portanto, o prazo prescricional da pretensão executiva. É irrelevante se o título é judicial ou extrajudicial; se há ou não coisa julgada. De acordo com o art. 202, VI, do Código Civil, a prescrição interrompe-se "por qualquer ato inequívoco, ainda que extrajudicial, que importe reconhecimento do direito pelo devedor".

Ao praticar um ato, em juízo ou fora dele, que implique reconhecimento do direito do credor, o devedor propicia a interrupção do prazo prescricional. Essa interrupção não se sujeita a qualquer exigência de forma, não precisa se configurar em negócio jurídico, nem é preciso que o reconhecimento se dê literalmente em relação ao débito. Basta que, de modo inequívoco, a vontade expressada pelo devedor corresponda ao reconhecimento do direito do credor[68].

O título executivo, seja judicial, seja extrajudicial, reconhece a existência de uma obrigação. Se, porém, tal título for questionado numa demanda judicial, surge uma situação jurídica de incerteza. Todo processo judicial é um ambiente de incerteza, inclusive as ações rescisórias. Se o credor dispõe de um título executivo extrajudicial, mas é citado numa ação anulatória do próprio título, a obrigação se torna litigiosa. De igual modo, se há uma coisa julgada que reconheça um crédito, mas o devedor propõe uma ação rescisória, a citação do credor torna a coisa julgada litigiosa.

A demanda destinada a desconstituir o título executivo (anulatória, no caso de extrajudicial; rescisória, no judicial) é um processo autônomo. Há citação própria. Os efeitos do art. 240 do CPC são produzidos, seja na ação anulatória, seja na ação rescisória. Proposta a ação, anulatória ou rescisória, não importa, o título passa a ser questionado. Até mesmo no caso de coisa julgada, sua imutabilidade e indiscutibilidade é, com a propositura da ação rescisória, posta à prova. É possível que a coisa julgada seja desfeita; citado o réu, há litigiosidade.

O réu da ação rescisória, que é o credor da obrigação contida no título judicial, passa a nela defender-se. Não se pode dizer que ele esteja inerte. Não há qualquer diferença entre a ação anulatória de título extrajudicial e a ação rescisória. A coisa julgada não é mais tão indiscutível e imutável; poderá ser desfeita. A questão se torna litigiosa. Instala-se um ambiente de incerteza.

Interrompida a prescrição, todo o prazo até então consumido é apagado, eliminado, voltando a correr desde o princípio. O recomeço do transcurso do prazo é assim estabelecido no parágrafo único do art. 202 do Código Civil: "A prescrição interrompida recomeça a correr da data do ato que a interrompeu, ou do último ato do processo para a interromper".

---

[66] STJ, 4ª Turma, AgInt no AREsp 1.102.779/SP; Min. rel. Lázaro Guimarães (Des. Conv. TRF-5ª Região), *DJe* 22.8.2018.
[67] STJ, 4ª Turma, AgRg no AREsp 108.978/SP, Rel. Min. Antônio Carlos Ferreira, *DJe* 11.4.2016.
[68] THEODORO JÚNIOR, Humberto. *Comentários ao novo Código Civil*. In: Sálvio de Figueiredo Teixeira (coord.). Rio de Janeiro: Forense, 2003, v. 3, t. 2, n. 361, p. 274.

Há, como se percebe, duas formas de se retomar a contagem do prazo prescricional. Elas decorrem das diferentes maneiras de se conseguir o efeito interruptivo. A prescrição interrompe-se *(a)* por ato de eficácia instantânea ou *(b)* por meio de processo cujo curso se prolonga no tempo. Quer isso dizer que a prescrição, uma vez interrompida, já recomeça a correr desde o início ou somente tem seu prazo retomado depois do último ato do processo que acarretou sua interrupção.

Quando a interrupção decorre de um protesto, de uma interpelação, de uma notificação ou do reconhecimento do direito do credor, a retomada do prazo prescricional é imediata, ou seja, começa já da data em que o ato interruptivo ocorreu.

Nos casos em que o credor se vale do processo judicial para interromper a prescrição – citação em juízo ou apresentação do título de crédito em inventário ou concurso de credores –, o prazo prescricional só é retomado depois de encerrado o procedimento[69]. A retomada do prazo será do *último ato* do processo, em cujo âmbito foi praticado o ato que interrompera a prescrição.

O último ato é, geralmente, o trânsito em julgado da decisão final. Com o ajuizamento de uma demanda judicial para discutir a dívida, o devedor reconhece o direito do credor. Há, como visto, um ato inequívoco de reconhecimento do direito. Tal ato já interrompe a prescrição.

Normalmente, o reconhecimento do direito é ato interruptivo da prescrição de eficácia instantânea. A retomada do prazo prescrição já deveria ser imediata. Ocorre, porém, que esse reconhecimento é feito com a propositura de uma demanda judicial. Há o desencadeamento de um processo, no qual o credor é citado e passa a atuar até o final.

Embora haja aí a interrupção da prescrição pelo reconhecimento do direito, o prazo prescricional somente é retomado depois de encerrado o processo em que se discute a dívida ou o título executivo. O Superior Tribunal de Justiça também já se debruçou sobre esse tema, mantendo exatamente esse entendimento: a propositura de demanda judicial interrompe a prescrição da pretensão executiva, mantendo-a interrompida até o trânsito em julgado de sua decisão final. Somente a partir daí é que se retoma a contagem do prazo[70].

A premissa é, portanto, a de que o credor não está inerte, pois defende o seu direito na ação promovida pelo devedor. Mais precisamente, o credor que se defende em sede de ação rescisória (ou em qualquer outra ação judicial proposta pelo devedor) não está inerte; ele age em defesa de seu crédito. Aquele que age não está inerte. E sem inércia, não há prescrição.

Não resta dúvida de que "o ajuizamento de ação rescisória, ainda que incabível, marca a interrupção do prazo prescricional, que somente voltou a correr com o julgamento definitivo da referida ação"[71].

Enfim, o ajuizamento de qualquer demanda pelo devedor para discutir, impugnar, desconstituir a dívida ou o título executivo – aí incluída a ação rescisória para desfazer a coisa julgada – configura reconhecimento inequívoco do direito do credor, sendo causa interruptiva da prescrição (Código Civil, art. 202, VI), cujo prazo somente se retoma depois de encerrado o processo em que se discute a dívida ou o título executivo.

---

[69] É possível, ainda, que a prescrição retome no curso do processo judicial, desde que paralisado – por culpa da parte titular do direito –, que fica inerte no processo. É o caso de prescrição intercorrente, que tem como termo *a quo* o último ato do processo, considerado "em caso de paralisação, o derradeiro ato praticado num processo" (THEODORO JÚNIOR, Humberto. *Prescrição e decadência*. Rio de Janeiro: Forense, 2018, p. 173).

[70] STJ, 3ª Turma, REsp 1.522.093/MS, Rel. Min. Marco Aurélio Bellizze, *DJe* 26.11.2015. No mesmo sentido: STJ, 3ª Turma, REsp 1.321.610/SP, Rel. Min. Nancy Andrigui, *DJe* 27.2.2013.

[71] STJ, 1ª Turma, REsp 1.315.537/CE, Rel. Min. Francisco Falcão, *DJe* 9.10.2012.

Capítulo V
A FAZENDA PÚBLICA COMO RÉ

5.1 A CITAÇÃO DA FAZENDA PÚBLICA

A citação, nos termos do art. 238 do CPC, é o ato de comunicação processual por meio do qual se chama a juízo o réu, o executado ou o interessado, a fim de integrar a relação processual. Em outras palavras, com a citação, o réu adquire a condição de parte.

No processo de conhecimento, o réu é convocado para comparecer à audiência de mediação ou conciliação (CPC, art. 334). Nos termos do enunciado 273 do Fórum Permanente de Processualistas Civis, "Ao ser citado, o réu deverá ser advertido de que sua ausência injustificada à audiência de conciliação ou mediação configura ato atentatório à dignidade da justiça, punível com a multa do art. 334, § 8º, sob pena de sua inaplicabilidade".

A simples circunstância de a Fazenda Pública ser ré não impede nem dispensa a realização da audiência prevista no art. 334 do CPC.[1] Proposta uma demanda contra a Fazenda Pública, esta, desde que autorizada a celebrar autocomposição, há de ser citada para comparecer à audiência de mediação ou conciliação (CPC, art. 334).

É possível que a Fazenda Pública não esteja autorizada a celebrar, naquela situação ou naquele tipo de demanda, autocomposição. Em hipóteses assim, a designação da audiência consiste em perda de tempo, conspirando contra a duração razoável do processo.[2] O caso é de não designação da audiência, enquadrando-se na hipótese de impossibilidade de autocomposição (CPC, art. 334, § 4º, II).[3] Por isso, tal como explicita o enunciado 573 do Fórum Permanente de Processualistas Civis, "As Fazendas Públicas devem dar publicidade às hipóteses em que seus órgãos de Advocacia Pública estão autorizados a aceitar autocomposição".[4]

---

[1] A propósito, assim esclarece o enunciado 673 do Fórum Permanente de Processualistas Civis: "A presença do ente público em juízo não impede, por si, a designação da audiência do art. 334".

[2] "A audiência de conciliação do art. 334 somente é cabível para a Fazenda Pública se houver autorização específica para os advogados públicos realizarem acordos" (enunciado 33 do Fórum Nacional do Poder Público).

[3] Nesse sentido, o enunciado 54 do Fórum Nacional do Poder Público: "Quando a Fazenda Pública der publicidade às hipóteses em que está autorizada a transigir, deve o juiz dispensar a realização da audiência de mediação e conciliação, caso o direito discutido na ação não se enquadre em tais situações". No mesmo sentido, o enunciado 24 da I Jornada de Direito Processual Civil, do Conselho da Justiça Federal: "Havendo a Fazenda Pública publicizado ampla e previamente as hipóteses em que está autorizada a transigir, pode o juiz dispensar a realização da audiência de mediação e conciliação, com base no art. 334, § 4º, II, do CPC, quando o direito discutido na ação não se enquadrar em tais situações".

[4] No mesmo sentido, o enunciado 16 do Fórum Nacional do Poder Público: "A Administração Pública deve publicizar as hipóteses em que está autorizada a transacionar".

Estando autorizada a celebrar autocomposição, a Fazenda Pública será citada para comparecer à audiência prevista no art. 334 do CPC, podendo, nela, efetuar a autocomposição ou, até mesmo, celebrar negócios jurídicos processuais.[5] Para celebrar negócios jurídicos processuais, não é necessária prévia autorização,[6] como está esclarecido no item 16.4.3 *infra*.

Não obtida a autocomposição ou não sendo esta possível (CPC, art. 334, § 4º), o réu poderá, querendo, apresentar resposta. Na execução, o executado é convocado para pagar ou apresentar embargos. Pode-se, então, dizer que, com a citação, dá-se ciência ao réu de que há uma demanda proposta em face dele, ao tempo em que se efetiva sua convocação para vir a juízo defender-se.[7] Tratando-se de execução proposta contra a Fazenda Pública, sua citação é para, querendo, opor embargos, e não para pagar (CPC, art. 910).

É pela citação que se transforma um terceiro em parte. O réu somente adquire a condição de parte quando é citado, passando a integrar a relação jurídica processual. Antes da citação, o processo já existe, havendo relação jurídica processual apenas entre o autor e o juiz (CPC, art. 312). Com a citação, o réu passa a integrar a relação jurídica processual, ocorrendo sua *angulação*: passa a relação jurídica processual a se formar entre autor, juiz e réu.

Em razão da citação, o réu vincula-se ao processo e a seus efeitos, passando a integrar a relação processual.

A citação efetiva-se, preferencialmente, por meio eletrônico, no prazo de até 2 (dois) dias úteis, contado da decisão que a determinar, por meio dos endereços eletrônicos indicados pelo citando no banco de dados do Poder Judiciário, conforme regulamento do Conselho Nacional de Justiça (CPC, art. 246, na redação dada pela Lei 14.195/2021). A citação eletrônica passou a ser o meio preferencial, mas depende de regulamentação pelo CNJ. O CNJ editou a Resolução 455/2022 e previu a criação do domicílio eletrônico, porém, estabeleceu, em seu art. 25, que sua presidência "*divulgará os requisitos técnicos mínimos exigidos para a transmissão eletrônica dos atos processuais destinados ao Domicílio Judicial Eletrônico e ao Portal de Serviços*".

Como se percebe, a regulamentação ainda depende da divulgação de requisitos mínimos pela presidência do CNJ. Pode-se, então, dizer que não há ainda regulamentação. Logo, enquanto não houver a regulamentação pelo CNJ, o meio preferencial continua a ser o postal. A citação pelo correio deve manter-se como preferencial, até o que o CNJ regulamente a citação por meio eletrônico.

A ausência de confirmação, em até 3 (três) dias úteis, contados do recebimento da citação eletrônica, implicará a realização da citação, por 4 (quatro) meios distintos:

a) pelo correio;

b) por oficial de Justiça;

c) pelo escrivão ou chefe de secretaria, se o citando comparecer em cartório;

d) por edital.

---

[5] Nesse sentido, o enunciado 628 do Fórum Permanente de Processualistas Civis: "As partes podem celebrar negócios jurídicos processuais na audiência de conciliação ou mediação".

[6] Assim, o enunciado 98 do Fórum Nacional do Poder Público: "Não é necessário (*sic*) autorização legislativa específica para que os advogados públicos possam celebrar negócios processuais, ficando vinculados aos parâmetros legais e aos administrativos eventualmente fixados pelos respectivos órgãos de direção".

[7] CORREIA, André de Luizi. *A citação no direito processual civil brasileiro*. São Paulo: RT, 2001. n. 2.1, p. 31.

Tramitando o processo em autos de papel, a regra geral é a de que a citação se realize pelo correio, para qualquer comarca do País (CPC, art. 247). No caso do processo eletrônico, uma vez regulamentada pelo CNJ, a citação por meio eletrônico passará a ser a prioritária.

A Fazenda Pública é obrigada a manter cadastro nos sistemas de processos em autos eletrônicos, para efeito de recebimento de citações e intimações, as quais serão efetuadas preferencialmente por esse meio (CPC, art. 246, § 2º).

A exigência de manutenção de cadastro indica que a Fazenda Pública pode ser citada por meio eletrônico. Ocorre, porém, que o art. 247 do CPC prevê, indistintamente, a realização de citação eletrônica ou pelo correio para qualquer comarca do País, com exceção, entre outras hipóteses, "quando o citando for pessoa de direito público" (CPC, art. 247, III).

Daí se percebe a existência de uma antinomia, sendo necessária a adoção, ou de uma "interpretação corretiva", ou de uma "interpretação ab-rogante". A propósito desses tipos de interpretação que resolvem antinomias, assim já se pronunciou o Supremo Tribunal Federal: "A antinomia aparente é aquela que permite a conciliação entre os dispositivos antinômicos, ainda que pelo que se denomina 'interpretação corretiva', ao passo que a antinomia real é aquela que, de forma alguma, permite essa conciliação, daí decorrendo a necessidade de se adotar a chamada 'interpretação ab-rogante', pela qual ou o intérprete elimina uma das normas contraditórias (ab-rogação simples) ou elimina as duas normas contrárias (ab-rogação dupla). Dessas três soluções, a que deve ser preferida – só sendo afastável quando de forma alguma possa ser utilizada – é a interpretação corretiva, que conserva ambas as normas incompatíveis por meio de interpretação que se ajuste ao espírito da lei e que corrija a incompatibilidade, eliminando-a pela introdução de leve ou de parcial modificação no texto da lei"[8].

Cumpre, então, tentar conferir uma interpretação corretiva ao inciso III do art. 247 do CPC, a fim de preservá-lo e ajustá-lo ao sistema atualmente em vigor.

E há, efetivamente, a possibilidade de conferir utilidade à regra, emprestando-lhe uma interpretação que a harmoniza com o sistema atual. O art. 247 do CPC, em sua redação originária, previa apenas a citação postal como meio preferencial, estabelecendo, em seus incisos, exceções à sua realização. A Lei 14.195/2021, ao incluir a citação por meio eletrônico também como modalidade prioritária, restringiu-se a mencioná-la no *caput* do art. 247, não fazendo qualquer ajuste em seus incisos. Veja-se, a propósito, que uma das exceções contidas no art. 247 é a do seu inciso IV, que afasta a citação por via postal "quando o citando residir em local não atendido pela entrega domiciliar de correspondência". Essa exceção, absolutamente compatível com a previsão da citação por via postal, não guarda qualquer pertinência com a citação por meio eletrônico, pois o local onde se encontra o citando pode não ser atendido pela entrega de correspondência, mas pode ter internet e acesso aos meios eletrônicos.

Não custa relembrar que, de acordo com o § 2º do art. 246 do CPC, a Fazenda Pública deve manter cadastro nos sistemas de processos em autos eletrônicos, para efeito de recebimento de citações e intimações, as quais serão efetuadas preferencialmente por esse meio. A exceção prevista no inciso III do art. 247 do CPC alcança apenas a citação por via postal, não devendo ser estendida para a citação por meio eletrônico. Se a Fazenda Pública

---

[8] STF, 1ª Turma, HC 68.793/RJ, Rel. Min. Sepúlveda Pertence, Rel. p/ acórdão Min. Moreira Alves, *DJ* 6.6.1997, p. 30.287. No mesmo sentido: STF, 2ª Turma, HC 72.862, Rel. Min. Néri da Silveira, *DJ* 25.10.1996, p. 41.028.

deve manter cadastro para fins de citação por meio eletrônico, é certo que pode ser citada por meio eletrônico, na forma a ser regulamentada pelo CNJ.[9]

Não confirmada a citação eletrônica no prazo de até 3 (três) dias úteis, a citação será feita por via postal, por oficial de justiça, pelo escrivão ou chefe de secretaria ou por edital (CPC, art. 246, § 1º-A).

A citação postal, nos termos do enunciado 429 da Súmula do STJ,[10] exige o aviso de recebimento.

Tal regra comporta exceções que estão previstas no próprio art. 247 do CPC, dentre as quais se destaca, na espécie, a hipótese prevista no inciso III do referido dispositivo. Em outras palavras, quando for ré pessoa jurídica de direito público, ou seja, sendo a Fazenda Pública ré numa demanda, sua citação *não* deve ser feita pelo correio.

A citação da União, dos Estados, do Distrito Federal, dos Municípios e de suas respectivas autarquias e fundações de direito público será realizada perante o órgão de Advocacia Pública responsável por sua representação judicial (CPC, art. 242, § 3º).

Quando a Fazenda Pública for ré, sua citação deve ser feita por meio eletrônico. Não se confirmando ou não sendo possível sua realização, deverá, então, ser feita por oficial de Justiça. A citação da Fazenda Pública deve ser realizada, por oficial de Justiça, perante o órgão de Advocacia Pública responsável por sua representação judicial (CPC, art. 242, § 3º), tal como já esclarecido nos itens 1.3 a 1.7 *supra*.

A necessidade de citação da Fazenda Pública por oficial de Justiça, em vez de ser feita por via postal, tem razão de ser. Sua justificativa resulta da burocracia interna da Administração Pública. Sendo inerente à atividade pública a formalidade dos atos administrativos, cumpre revestir o ato de comunicação processual de maiores cuidados, a fim de evitar descontroles, desvios, perdas ou extravios de documentos, aí incluída a citação como ato de comunicação processual.

Enfim, não sendo feita por meio eletrônico, a citação da Fazenda Pública deve ser feita por meio de oficial de Justiça (CPC, art. 247, III), não devendo realizar-se por edital. As pessoas jurídicas de direito público são conhecidas, tendo endereço conhecido, certo e acessível. Não incide qualquer uma das hipóteses previstas no art. 256 do CPC, sendo evidente a impossibilidade de a Fazenda Pública ser citada por edital.

Quando o processo tramitar em autos eletrônicos, a citação da Fazenda Pública deve ser feita, preferencialmente, por meio eletrônico. Aos entes públicos cabe, aliás, manter cadastro nos sistemas de processo em autos eletrônicos, para efeito de citações e intimações, as quais serão efetuadas preferencialmente por esse meio (CPC, art. 246, §§ 1º e 2º). É por isso que a União, os Estados, o Distrito Federal, os Municípios e suas respectivas entidades da Administração indireta devem cadastrar-se, no prazo de 30 (trinta) dias a contar da data da entrada em vigor do CPC, perante administração do tribunal (CPC, art. 1.050).

---

[9] Nesse sentido, com a proposta de "se interpretar o artigo 247, III, do CPC no sentido de que ali se veda exclusivamente a citação postal das pessoas jurídicas de direito público. Esta, salvo melhor juízo, seria uma interpretação conforme a Constituição e com as demais normas do sistema processual, incluindo a legislação extravagante (artigo 926 do CPC), já que estaria em conformidade com a norma constitucional da proporcionalidade, aqui entendida como vedação tanto da proteção excessiva como da proteção deficiente" (CÂMARA, Alexandre Freitas; DIDIER JR., Fredie. Primeiras impressões sobre a nova redação do artigo 247 do CPC. *Consultor Jurídico*. Disponível em: https://www.conjur.com.br/2021-dez-06/opiniao-impressoes-redacao-artigo-247-cpc. Acesso em: 5 jan. 2021).

[10] "429. A citação postal, quando autorizada por lei, exige o aviso de recebimento."

A citação da Fazenda Pública, feita por meio eletrônico, depende da acessibilidade da íntegra dos autos ao ente público, e caso ele tenha se cadastrado previamente no Poder Judiciário mediante procedimento no qual esteja assegurada sua adequada identificação presencial, tudo de acordo com regulamentação a ser feita pelos respectivos órgãos judiciários (Lei 11.419/2006, arts. 2º, 5º e 6º). O cadastramento há de ser feito tal como previsto no art. 1.050 do CPC.

Nos processos eletrônicos, todas as citações, inclusive da Fazenda Pública, serão feitas por meio eletrônico, na forma da citada Lei 11.419/2006 ou na forma a ser regulamentada pelo CNJ. Quando, por motivo técnico, for inviável o uso do meio eletrônico para a realização da citação, esta deverá ser realizada pela forma tradicional, ou seja, por meio de oficial de justiça, digitalizando-se o documento físico, que deverá ser posteriormente destruído.

5.2 A TEORIA DA APARÊNCIA E A CITAÇÃO DA FAZENDA PÚBLICA

A citação contém a nota da *pessoalidade*, significando dizer que deve ser feita *pessoalmente* ao réu (CPC, art. 242). Daí dizer ser "ônus do autor desincumbir-se de saber quem efetivamente deve receber a citação".[11]

Diante disso, não se poderia considerar sanado o vício da citação não realizada pessoalmente, por ter sido feita em pessoa que aparentaria ser quem deveria efetivamente ter recebido a citação.

A teoria da aparência permite que se tenha por sanada a citação feita em pessoa que aparentemente pudesse ter poderes para tê-la recebido. É isso que caracteriza a teoria da aparência. De fato, "segundo esta teoria, é válido o ato citatório feito em pessoa que, estando no estabelecimento comercial (ou na sede da pessoa jurídica demandada), aparenta ter poderes para receber citação, mormente quando tal ato induz certeza de que o destinatário tomou efetivo conhecimento da demanda".[12]

Em regra, diante do princípio da pessoalidade da citação, não se deveria aceitar a teoria da aparência. Na verdade, essa teoria somente deve ser aceita nas hipóteses dos §§ 2º e 4º do art. 248 do CPC, ou seja:

a) quando, sendo o citando pessoa jurídica, a entrega da carta de citação for feita a pessoa com poderes de gerência geral ou de administração ou, ainda, a funcionário responsável pelo recebimento de correspondências;

b) quando, nos condomínios edilícios ou nos loteamentos com controle de acesso, a carta de citação for entregue a funcionário da portaria responsável pelo recebimento de correspondência, sem recusar o recebimento nem declarar a ausência do destinatário.

Essas hipóteses ajustam-se ao entendimento do STJ, segundo o qual "é de se aplicar a teoria da aparência para reconhecer a validade da citação da pessoa jurídica realizada em quem, na sua sede, se apresenta como sua representante legal e recebe a citação sem qualquer ressalva quanto a inexistência de poderes para representá-la em Juízo".[13]

---

[11] WAMBIER, Teresa Arruda Alvim. *Nulidades do processo e da sentença*. 4. ed. São Paulo: RT, 1997. p. 279.
[12] CORREIA, André de Luizi. *A citação no direito processual civil brasileiro*. São Paulo: RT, 2001. n. 10.8, p. 348.
[13] STJ, Corte Especial, EREsp 156.970/SP, Rel. Min. Vicente Leal, j. 02.08.2000, DJ 22.10.2001, p. 261. *No mesmo sentido:* STJ, 4ª Turma, AgRg no AREsp 163.210/RJ, Rel. Min. Luís Felipe Salomão, j. 18.02.2014, DJe 24.02.2014.

Nesses casos, e somente neles, deve-se aceitar a aplicação da teoria da aparência, que constitui corolário do princípio da lealdade e boa-fé. É que, recebendo o funcionário da empresa a citação sem qualquer ressalva, dando a entender que teria poderes para tanto, ou seja, *aparentando* ter poderes para recebê-la, deve-se presumir válida a citação.

A citação, fora dessas hipóteses, deve ser feita pessoalmente, sob pena de nulidade.

Por aí já se vê que não se aplica a teoria da aparência nas citações feitas a pessoas jurídicas de direito público. É que a citação da Fazenda Pública, como se viu, não se faz pelo correio, devendo, isto sim, ser realizada por oficial de Justiça, a quem compete citar o réu pessoalmente (CPC, art. 251). Quando feita por meio eletrônico, a citação deve atender aos requisitos da legislação de regência, observado o cadastramento prévio realizado.

A teoria da aparência tem sua gênese, a bem da verdade, no antigo Direito Comercial, sendo ali aplicada com vistas a conferir validade a negócios celebrados por quem não tinha poderes de representação, mas aparentava tê-los.[14] No Direito Processual Civil, a teoria da aparência "(...) surgiu como reação à circunstância de os representantes legais das pessoas jurídicas nunca estarem no estabelecimento comercial ou colocarem à sua testa pessoas sem o devido e específico mandado para receber citações, com o nítido intuito de se beneficiarem com a nulidade do ato citatório".[15]

Ora, a Fazenda Pública, a toda evidência, não se encarta nessa situação. Os representantes legais da Fazenda Pública têm a função específica de presentá-la em juízo ou fora dele, não se furtando ao recebimento da citação, sob pena de caracterização de desvio funcional.

Além do mais, já se viu quais os casos em que se considera aceitável a aplicação da teoria da aparência. Eles podem ser assim desdobrados:[16]

a) quando a citação é realizada na pessoa de quem se apresenta ao oficial de Justiça, como se fosse o representante da pessoa jurídica, sem nada alegar quanto à falta de poderes para receber citação;

b) quando a pessoa que recebe a citação, além de se apresentar ao oficial como representante legal da pessoa jurídica, assina o mandado sob o carimbo da empresa;

c) quando a citação é feita pelo correio e a carta de citação é recebida pelo setor de correspondência da empresa, sendo assinado o aviso de recebimento, sem qualquer ressalva;

d) quando a citação é recebida por funcionário que exerce a gerência ou administração de fato da empresa.

Como se observa, a Fazenda Pública não se encaixa nesses exemplos em que se permite a aplicação da teoria da aparência. Impõe-se, desde logo, recordar que sua citação não é feita pelo correio. Ora, a maioria das hipóteses de aplicação da teoria da aparência ocorre em casos de citação pelo correio.

Demais disso, a citação deve ser feita na pessoa do representante legal da Fazenda Pública. A citação recebida por funcionário que não ostente a condição de representante legal da Fazenda Pública é nula, não sendo, em princípio, aplicável a teoria da aparência.

---

[14] Para mais detalhes sobre a teoria da aparência, *conferir:* KÜMPEL, Vitor Frederico. *Teoria da aparência no Código Civil de 2002.* São Paulo: Método, 2007.

[15] CORREIA, André de Luizi. *A citação no direito processual civil brasileiro.* São Paulo: RT, 2001. n. 10.8, p. 348.

[16] CORREIA, André de Luizi. *A citação no direito processual civil brasileiro.* São Paulo: RT, 2001. p. 348-361.

A citação da Fazenda Pública, como já se viu, é feita por oficial de Justiça, devendo, então, aplicar-se com mais vigor a regra da *pessoalidade* da citação. A citação deve ser realizada na pessoa do representante legal da Fazenda Pública, sob pena de nulidade.

Desde que haja norma expressa, é possível haver *delegação* da competência do representante legal da Fazenda Pública para receber citação. De fato, "a competência administrativa, sendo um requisito de ordem pública, é intransferível e improrrogável pela vontade dos interessados. Pode, entretanto, ser delegada e avocada, desde que o permitam as normas reguladoras da Administração".[17]

Não parece, por tudo isso, que se possa aplicar a teoria da aparência quanto à citação da Fazenda Pública. De todo modo, não custa lembrar que o comparecimento espontâneo do réu supre a falta ou nulidade da citação (CPC, art. 239, § 1º), sendo igualmente certo que a falta de prejuízo ou o atendimento à finalidade legal suprem o vício da citação feita a pessoa que não detenha poderes de representação da Fazenda Pública.

5.3 AS POSSÍVEIS ATITUDES DO RÉU

Uma vez citado, o réu pode (a) reconhecer a procedência do pedido, (b) apresentar resposta ou (c) quedar-se inerte, passando a ser revel.

Tradicionalmente, não se admitia que a Fazenda Pública reconhecesse a procedência do pedido. Sendo indisponível o direito tutelado pela Fazenda Pública, parecia não ser possível haver o reconhecimento da procedência do pedido. A indisponibilidade, entretanto, comporta gradações. Em algumas situações, embora o bem jurídico seja indisponível, outras normas constitucionais podem justificar que, mediante lei, o Poder Público renuncie a determinadas consequências, decorrências ou derivações do bem indisponível. Daí ser possível, por exemplo, a autoridade fazendária, mediante lei, autorizar remissão ou anistia do crédito fiscal.[18]

Em razão do princípio da legalidade (CF, art. 37), a Administração Pública, uma vez constatando que não tem razão em determinado conflito, tem o dever de dar cumprimento ao direito da parte contrária. Se não há direito em favor do Poder Público, não se pode falar em interesse público, justamente porque atender ao interesse público é cumprir deveres e reconhecer e respeitar direitos do administrado. Para dar cumprimento ao direito da parte contrária, não é preciso que haja decisão judicial; é possível a própria Administração Pública, em atenção aos princípios da legalidade, da moralidade e da impessoalidade, desde que observado o devido processo administrativo, fazer cumprir o direito do particular.

Ainda que a questão seja posta ao crivo do Poder Judiciário, cabe à Administração Pública, ao verificar que o particular tem razão, atender ao seu pleito e reconhecer a procedência do pedido. A circunstância de ter sido a questão judicializada não impede que haja o reconhecimento do direito, justamente por estar o Poder Público submetido ao princípio da legalidade.

Nas palavras de Eduardo Talamini:

> Sustentar o contrário – sustentar que, uma vez instaurado o processo, o Estado não teria mais o dever de reconhecer que está errado – significaria imaginar que a litispendência

---

[17] MEIRELLES, Hely Lopes. *Direito administrativo brasileiro*. 23. ed. atual. por Eurico de Andrade Azevedo, Délcio Balestero Aleixo e José Emmanuel Burle Filho. São Paulo: Malheiros, 1998. p. 133.

[18] TALAMINI, Eduardo. A (in)disponibilidade do interesse público: consequências processuais (composições em juízo, prerrogativas processuais, arbitragem e ação monitória). *Revista de Processo*, São Paulo: RT, v. 128, out. 2005, p. 60.

imuniza a Administração de seu dever maior, de submeter-se à legalidade. Significaria supor que o processo, fenômeno eminentemente instrumental, teria o condão jurídico-material de mudar os parâmetros de legalidade, os critérios do correto agir público.

É por isso que, mesmo com um processo em curso, permanece a possibilidade de o ente público reconhecer sua falta de razão e pôr fim ao litígio. Mais do que possibilidade, a Administração tem o dever de agir assim.[19]

É possível, então, haver o reconhecimento da procedência do pedido. Para isso, é necessário:

a) prévio processo administrativo, por meio do qual a Administração Pública averigue e conclua objetivamente que não há razão na defesa a ser apresentada em juízo;
b) haver prévia autorização da autoridade administrativa competente para o cumprimento da obrigação exigida pelo particular (não sendo um ato autônomo do advogado público);
c) que o reconhecimento seja objeto de fiscalização pelos órgãos de controle, a exemplo do Poder Legislativo, do Tribunal de Contas, entre outros;
d) respeitar a isonomia e a impessoalidade, de sorte que, havendo demandas repetitivas ou diversos casos em idêntica situação de conflito com a Administração Pública, o reconhecimento deve ocorrer em todos os casos, não sendo possível haver escolha ou seleção arbitrária de apenas alguns dos casos. Nessa hipótese, é cabível até mesmo um ato geral regulando as condições da autocomposição.

Atendidas essas diretrizes, é possível haver o reconhecimento da procedência do pedido.[20]

---

[19] TALAMINI, Eduardo. A (in)disponibilidade do interesse público: consequências processuais (composições em juízo, prerrogativas processuais, arbitragem e ação monitória). *Revista de Processo*, São Paulo: RT, v. 128, out. 2005, p. 65.

[20] Nos termos do art. 19 da Lei nº 10.522/2002, com a redação que lhe foi dada pela Lei nº 13.874/2019, a Procuradoria-Geral da Fazenda Nacional fica dispensada de contestar, nas hipóteses ali mencionadas. Tal disposição aplica-se à Procuradoria-Geral da União, à Procuradoria-Geral Federal e à Procuradoria-Geral do Banco Central do Brasil, de acordo com o art. 19-D daquela mesma lei, sem prejuízo do disposto na Lei nº 9.469/1997. Em vários casos, não devem os advogados públicos federais contestar. A ausência de contestação e o reconhecimento da procedência do pedido são equivalentes pragmaticamente. Assim, se houver parecer, vigente e aprovado, pelo Procurador-Geral da Fazenda Nacional, pelo Advogado-Geral da União ou por um dos Procuradores-Gerais de uma das Procuradorias acima mencionadas que conclua no mesmo sentido do pleito do particular, ou se o tema objeto da pretensão estiver fundado em dispositivo que tenha tido sua inconstitucionalidade proclamada pelo STF em sede de controle difuso ou tenha sua vigência suspensa por resolução do Senado Federal, ou sobre ele exista enunciado de súmula vinculante ou tenha sido definido pelo STF em controle concentrado de constitucionalidade de modo contrário ao Poder Público, não deve ser apresentada contestação. Essas hipóteses de dispensa de contestação podem ser estendidas a tema não abrangido pelo julgado paradigma ou pelo precedente obrigatório, quando a ele forem aplicáveis os fundamentos determinantes dali extraídos, desde que inexista outro fundamento relevante que justifique a impugnação em juízo (§ 9º do art. 19 da Lei nº 10.522/2002, com a redação que lhe foi dada pela Lei nº 13.874/2019). Também se dispensa a contestação quando o tema decidido pelo STF em matéria constitucional ou pelo STJ, pelo TST, pelo TSE ou pela TNU, nos temas de suas competências, for definido em sede de repercussão geral ou de recurso repetitivo, ou, então, não houver viabilidade de reversão da tese firmada em sentido desfavorável à Fazenda Nacional, conforme critérios definidos em ato do Procurador-Geral da Fazenda Nacional, ou for desfavorável a qualquer outro ente da Administração Pública Federal, conforme critérios definidos em ato do Advogado-Geral da União ou do Procurador-Geral do Banco Central do Brasil. De acordo com o art.

Havendo reconhecimento da procedência do pedido, com atendimento imediato à pretensão do autor, a Fazenda Pública deve ser beneficiada pela regra do § 4º do art. 90 do CPC, devendo ser condenada apenas ao pagamento da *metade* do valor dos honorários de advogado da parte autora.[21] A regra contém um estímulo ao reconhecimento da procedência do pedido pela Fazenda Pública, quando cumpridas as exigências acima enunciadas.

Em vez do reconhecimento da procedência do pedido, têm-se celebrado transações, quando haja lei conferindo essa possibilidade ao Procurador-Geral ou ao Advogado-Geral da pessoa jurídica de direito público, o qual autoriza ao procurador daquele processo específico celebrar a transação, tal como se examina, com mais detalhes, no Capítulo XVI.

Não sendo caso de reconhecimento da procedência do pedido nem de autocomposição, a Fazenda Pública, quando citada, poderá, então, apresentar resposta ou quedar-se inerte. A resposta, como se sabe, compreende a contestação, os incidentes de suspeição e impedimento e a reconvenção, esta apresentada dentro da contestação. A defesa propriamente dita está contida na contestação, que contém algumas regras a serem examinadas adiante.

Cumpre, antes disso, verificar a situação em que a Fazenda Pública apresenta-se como revel no processo.

5.4 A REVELIA E A FAZENDA PÚBLICA

Os atos que as partes praticam no processo decorrem do exercício de ônus, deveres, poderes e faculdades. Na realidade, a parte tem o *ônus* de exercer os atos processuais, não estando obrigada a praticá-los. Daí por que, caso a parte não os exerça, não sofrerá sanção nem será obrigada a fazê-lo, mas passará a deter uma *posição de desvantagem* no processo.

Assim, o réu é citado para, tomando ciência da demanda proposta pelo autor, vir a juízo defender-se. Não está ele obrigado a comparecer em juízo nem a apresentar sua defesa. Se não o fizer, porém, será revel, assumindo uma posição de desvantagem no processo, visto que serão, via de regra, produzidos os efeitos da revelia: (a) os fatos narrados pelo autor serão reputados verdadeiros e (b) os prazos correrão contra o réu, independentemente de intimação.

Vale dizer que *o réu revel é aquele que não contesta*. Não vindo o réu a apresentar contestação, será revel. É que *a revelia significa ausência de contestação*. Havendo revelia, cumpre perquirir se ela produz seus efeitos.

Já se viu que a revelia produz 2 (dois) efeitos: um material e outro processual. O efeito material da revelia consiste em se presumirem verdadeiros os fatos alegados pelo autor (CPC, art. 344). Por sua vez, o efeito processual identifica-se com a dispensa de intimação do réu para os atos do processo, de sorte que os prazos correrão independentemente de sua intimação (CPC, art. 346).

18-A da Lei nº 10.522/2002, na redação que lhe foi dada pela Lei nº 13.874/2019, "Comitê formado de integrantes do Conselho Administrativo de Recursos Fiscais, da Secretaria Especial da Receita Federal do Brasil do Ministério da Economia e da Procuradoria-Geral da Fazenda Nacional editará enunciados de súmula da administração tributária federal, conforme o disposto em ato do Ministro de Estado da Economia, que deverão ser observados nos atos administrativos, normativos e decisórios praticados pelos referidos órgãos". Tais enunciados, segundo dispõe o inciso VII do art. 19 da Lei nº 10.522/2002, com a redação que lhe foi dada pela Lei nº 13.874/2019, autorizam a dispensa de contestação.

[21] Nesse sentido, o enunciado 114 do Fórum Nacional do Poder Público: "A necessária submissão ao procedimento de ofício requisitório não é obstáculo para a aplicação do benefício do art. 90, § 4º, do CPC no que se refere ao reconhecimento do pedido pelo Poder Público".

Sendo ré a Fazenda Pública, e não apresentando contestação, é ela revel. Nesse caso, impõe-se verificar se os efeitos da revelia são produzidos normalmente.

O efeito processual da revelia, que consiste na dispensa de intimação do réu para os atos do processo (CPC, art. 346), somente se produz se o réu, além de não contestar, não comparecer nos autos. Tal efeito, em outras palavras, somente é produzido se, e enquanto, o réu não atua no processo. A partir do momento em que o réu comparece nos autos, cessa o efeito processual da revelia. Realmente, "se o réu, embora já esgotado o prazo para contestar, constituir advogado e passar a atuar regularmente no processo, não há razão para privá-lo da ciência dos atos do processo".[22]

Pode acontecer, entretanto, de o réu, quando ocorrida a revelia, já estar no processo, não chegando nem sequer a ser produzido o efeito processual previsto no art. 346 do CPC. Suponha-se a hipótese de o réu, uma vez citado, oferecer alegação de impedimento. Esta, como se sabe, suspende o processo e consequentemente, o prazo para contestação (CPC, arts. 221 e 313, III). Imagine-se que a alegação venha a ser rejeitada e, intimado o réu da decisão, não apresenta contestação, escoando-se *in albis* o prazo restante que faltava para tanto. Nesse caso, o réu será revel, mas deverá ser intimado dos atos processuais, não incidindo a regra contida no art. 346 do CPC.

Enfim, o efeito previsto no art. 346 do CPC somente se opera quando o réu, além de revel, não comparece nos autos. Vindo a comparecer ou já estando nos autos no momento em que ocorrida a revelia, tal efeito não se produz.

Aliás, o próprio art. 346 do CPC dispõe que "os prazos contra o *revel que não tenha patrono* nos autos fluirão da data de publicação do ato decisório no órgão oficial".

Essa situação, contudo, não é privativa da Fazenda Pública. Aplica-se para a situação de qualquer réu.

Resta verificar se o efeito material da revelia se aplica quando o revel for a Fazenda Pública.

Havendo revelia, são presumidos como verdadeiros os fatos alegados pelo autor em sua petição inicial. Esse, como visto, é o efeito material da revelia, previsto no art. 344 do CPC.

O direito da Fazenda Pública é *indisponível*, devendo o magistrado, mesmo na hipótese de revelia, determinar a instrução do feito para que a parte autora possa se desincumbir do seu *onus probandi*. Aliás, assim dispõe o art. 345, II, do CPC: "A revelia não produz o efeito mencionado no art. 344 se: II – o litígio versar sobre direitos indisponíveis".

À evidência, a revelia, sendo ré a Fazenda Pública, *não* produz seu efeito material,[23] de maneira que não haverá presunção de veracidade quanto aos fatos alegados pelo autor na petição inicial.[24]

---

[22] BEDAQUE, José Roberto dos Santos. *Código de Processo Civil interpretado*. Antonio Carlos Marcato (coord.). São Paulo: Atlas, 2004. n. 2 ao art. 322, p. 974.

[23] STJ, 6ª Turma, AgRg no REsp 1.170.170/RJ, Rel. Min. Og Fernandes, j. 1º.10.2013, *DJe* 09.10.2013; STJ, 2ª Turma, REsp 1.701.959/SP, Rel. Min. Herman Benjamin, j. 08.05.2018, *DJe* 23.11.2018; STJ, 1ª Turma, AgInt no AREsp 1.171.685/PR, Rel. Min. Gurgel de Faria, j. 02.08.2018, *DJe* 21.08.2018.

[24] "Nas ações propostas contra pessoas jurídicas de direito público, de acordo com o art. 320, II, do CPC [de 1973], não opera o efeito da presunção de veracidade dos fatos alegados pelo autor se a Fazenda Pública for ré, o que não quer dizer que, necessariamente, em todas as ações que envolvam pessoa jurídica de direito público seja obrigatória a intervenção do MP" (MEDEIROS, Maria Lúcia L. C. de. *A revelia sob o aspecto da instrumentalidade*. São Paulo: RT, 2003. n. 3.1.1, p. 130). No âmbito da Justiça do Trabalho, o TST entende que a revelia produz seu efeito material contra o Poder Público. É o que se extrai da OJ-SDI1-152: "pessoa jurídica de direito público sujeita-se à revelia prevista no

Como se sabe, os atos públicos presumem-se legítimos. Por isso, cabe ao autor, numa demanda proposta em face da Fazenda Pública, demonstrar, e *comprovar*, as alegações contidas em sua petição inicial. Não o fazendo, mediante a produção de qualquer prova, só restará a consequência da improcedência.[25]

Em outras palavras, cabe ao autor, numa demanda proposta em face da Fazenda Pública, elidir a presunção de legitimidade dos atos administrativos, comprovando as alegações feitas na petição inicial. Segundo esclarece Chaïm Perelman, presunções como essas se justificam essencialmente por preocupações de *segurança jurídica*. No caso da presunção de legitimidade dos atos administrativos, o objetivo não é, propriamente, a garantia da segurança jurídica, mas a facilitação do exercício da função pública. Desse modo, prevalece a legitimidade do ato administrativo enquanto prova em contrário não houver sido produzida no decorrer do processo.[26]

A revelia acarreta o julgamento antecipado do mérito (CPC, art. 355, II), justamente porque se opera a presunção de veracidade dos fatos alegados pelo autor. Significa que já há incontrovérsia, não havendo mais necessidade de prova (CPC, art. 374, III). Sendo ré a Fazenda Pública, não exsurge tal incontrovérsia, ainda que haja revelia.

Isso, contudo, não significa que estará, sempre, afastada a possibilidade de julgamento antecipado do mérito, quando for ré a Fazenda Pública. Havendo a revelia da Fazenda Pública, não estarão, somente por essa circunstância, comprovados os fatos alegados pelo autor. É possível, todavia, que os fatos alegados estejam, todos eles, suficientemente comprovados por documentos. Nesse caso, haverá julgamento antecipado do mérito, não porque houve revelia (CPC, art. 355, II), mas por não haver mais necessidade de outras provas, já que suficientes os documentos contidos nos autos (CPC, art. 355, I).

O que importa deixar assente é que, sendo ré a Fazenda Pública, não se opera, quanto aos fatos alegados pelo autor, a presunção de veracidade decorrente da revelia. Sabe-se que a presunção de veracidade gerada pela revelia é relativa, e não absoluta, admitindo prova em contrário. A revelia, por si só, não tem o condão de afastar a presunção de legitimidade dos atos administrativos. Daí a necessidade de haver prova a ser produzida pelo autor, mesmo que a Fazenda Pública ostente a condição de revel.

5.5 A CONTESTAÇÃO APRESENTADA PELA FAZENDA PÚBLICA

A contestação, que é uma modalidade de resposta do réu, submete-se a 3 (três) regras:

a) concentração;

b) eventualidade;

c) ônus da impugnação especificada dos fatos.

---

artigo 844 da CLT". No sentido contrário, ou seja, entendendo que não se produz o efeito material da revelia para a Fazenda Pública no processo do trabalho, o enunciado 93 do Fórum Nacional do Poder Público: "Não se operam os efeitos da revelia no caso de não comparecimento de advogado público ou preposto à audiência trabalhista". Em precedente específico, o STJ entendeu que, inserida em relação de direito privado, sem características próprias da relação administrativa, a Fazenda Pública sujeita-se, sim, aos efeitos materiais da revelia: STJ, 4ª Turma, REsp 1.084.745/MG, Rel. Min. Luis Felipe Salomão, j. 06.11.2012, *DJe* 30.11.2012.

[25] STJ, 2ª Turma, AgRg no REsp 1.137.177/SP, Rel. Min. Humberto Martins, j. 18.02.2010, *DJe* 02.03.2010.

[26] PERELMAN, Chaïm. *Lógica jurídica*. Trad. Vergínia K. Pupi. São Paulo: Martins Fontes, 2000. n. 22, p. 44-45.

Cumpre ao réu concentrar, na contestação, toda matéria de defesa. O que não for alegado estará precluso, não podendo mais ser invocado no processo. Depois de apresentada a contestação, não é mais lícito ao réu deduzir novas alegações, salvo quando (a) relativas a direito superveniente; (b) competir ao juiz delas conhecer de ofício; (c) por expressa autorização legal, puderem ser formuladas em qualquer tempo e juízo (CPC, art. 342). Eis a regra da concentração, que mantém íntima ligação com o instituto da preclusão.

Já a regra da eventualidade resulta do disposto no art. 336 do CPC. Cabe ao réu concentrar, em sua contestação, toda matéria de defesa (CPC, art. 336), apresentando todos os argumentos que tiver, ainda que contraditórios entre si, pois, na eventualidade de ser rejeitado o primeiro, haverá um segundo; na eventualidade de ser rejeitado o segundo, haverá um terceiro e assim por diante.

As matérias que não forem alegadas na contestação não poderão mais ser invocadas pelo réu, salvo nas exceções previstas no art. 342 do CPC.

Daí se percebe que a regra da eventualidade também decorre da regra da concentração, pois o réu deve, na contestação, concentrar toda matéria de defesa, valendo-se de todos os argumentos que tiver em seu favor, ainda que contraditórios entre si, para que sempre haja um a ser apreciado, na eventualidade da rejeição do anterior.

A exemplo de qualquer pessoa que figure como réu, a Fazenda Pública sujeita-se tanto à regra da concentração como à da eventualidade, devendo concentrar, em sua contestação, toda matéria de defesa, sob pena de preclusão, não podendo mais alegar novos argumentos, salvo nas exceções do art. 342 do CPC, que incidem em qualquer caso, independentemente de quem seja o réu.

A peculiaridade da Fazenda Pública como ré está na sua não sujeição ao *ônus da impugnação especificada dos fatos*.

Cabe ao réu – nos termos do art. 341 do CPC – manifestar-se precisamente sobre os fatos narrados na petição inicial, presumindo-se verdadeiros aqueles não impugnados. Tal presunção não se opera se não for admissível, a respeito dos fatos não impugnados, a confissão (CPC, art. 341, I). Ora, já se viu que o direito da Fazenda Pública é indisponível, não sendo admissível, no tocante aos fatos que lhe dizem respeito, a confissão.

Além da indisponibilidade do direito e da inadmissibilidade da confissão, a não sujeição da Fazenda Pública ao *ônus da impugnação especificada dos fatos* decorre da presunção de legitimidade dos atos administrativos. Conforme já restou acentuado no item anterior, os atos administrativos presumem-se legítimos, cabendo ao autor, numa demanda proposta em face da Fazenda Pública, elidir tal presunção de legitimidade.[27]

Assim, mesmo que não impugnado especificamente determinado fato, deve o autor comprová-lo, pois a ausência de impugnação não fará com que se opere a presunção de veracidade prevista no *caput* do art. 341 do CPC. Na verdade, sendo ré a Fazenda Pública, incide a exceção contida no inciso I do referido art. 341, não estando sujeita ao *ônus da impugnação especificada dos fatos*.

---

[27] Há uma corrente doutrinária que defende ser da Fazenda Pública o ônus da prova de demonstrar a legitimidade de seu ato, pois a presunção de legitimidade cessaria com o ajuizamento de uma demanda em que se questiona sua validade ou legitimidade. A partir daí, caberia à Fazenda Pública o ônus da prova quanto à legitimidade do ato, não devendo ser carreado ao particular o ônus de comprovar o contrário. Não prevalece, contudo, tal entendimento. Para maiores detalhes, consultar, por todos: GUEDES, Damian. A presunção de veracidade dos atos da Administração Pública e o processo administrativo: o dever de fiscalizar provando. *Interesse Público*, Porto Alegre: Notadez, v. 35, jan.-fev. 2006, p. 99-125.

Ainda que se entenda – por hipótese – não ser vedada a confissão pelo representante da Fazenda Pública, deve-se concluir pela aplicação, na espécie, da exceção contida no inciso I do art. 341 do CPC. É que as regras de Direito Processual Civil integram um sistema: o processual. E, como todo sistema, este deve conter unidade e coerência. Ora, se a revelia, como visto no item anterior, não produz o efeito do art. 344, quando for ré a Fazenda Pública (CPC, art. 345, II), não se deve, de igual modo, sujeitá-la ao *ônus da impugnação especificada dos fatos*. O art. 341 deve compatibilizar-se com o art. 344.

5.6 DESISTÊNCIA DA AÇÃO[28] PROPOSTA EM FACE DA FAZENDA PÚBLICA

Os atos das partes, uma vez praticados, produzem efeitos *imediatos* no processo, gerando a pronta e instante modificação, constituição ou extinção de direitos processuais (CPC, art. 200). O *único* ato das partes que *não* produz efeitos imediatos é a desistência da ação, a qual deve ser requerida por advogado que detenha poderes especiais para tanto (CPC, art. 105). Sua eficácia somente se opera depois de homologada por sentença (CPC, art. 200, parágrafo único), que irá extinguir o processo sem resolução do mérito (CPC, art. 485, VIII).

Enquanto não apresentada a contestação do réu, o autor poderá, unilateralmente, desistir da ação (CPC, art. 485, § 4º). A partir de tal momento, ou seja, depois da contestação do réu, o autor somente poderá desistir da ação se contar com a concordância daquele.

Então, até que se escoe o prazo de contestação do réu, o autor poderá, livremente, de forma unilateral, desistir da ação.

Uma vez apresentada contestação, o autor somente poderá desistir da ação caso o réu com ela manifeste sua concordância. Vale dizer que, depois desse momento, o ato, que era unilateral, passa a ser bilateral, exigindo a confluência das manifestações de vontade do autor e do réu.

Apenas se exige a aquiescência do réu quanto à desistência da ação caso ele tenha efetivamente ajuizado contestação no prazo legal. É desnecessário intimar o réu, se ele for revel. A desistência da ação, em caso de revelia, não precisa contar com a concordância do réu.

A discordância do réu quanto à desistência da ação deve ser *fundamentada*, sob pena de não ser aceita, rendendo ensejo à sua homologação. De fato, "a recusa do réu ao pedido de desistência deve ser fundamentada e justificada, não bastando a simples alegação de discordância, sem a indicação de motivo relevante".[29]

A discordância do réu há de ser motivada, pois a não aceitação da desistência, sem qualquer justificativa plausível, constitui inaceitável abuso de direito. Assim, caberá ao réu, por exemplo, demonstrando ser razoável sua defesa ou que ela está fundada em provas robustas, sendo provável que venha a lograr êxito, fundamentar sua discordância no direito a uma sentença de mérito que julgue improcedente o pedido do autor, que será, inclusive, acobertada pela coisa julgada. A desistência da ação permitiria – em manifesto prejuízo ao réu – que o autor, precavendo-se contra os argumentos trazidos na contestação e reunindo novos elementos ou provas, renovasse a demanda, quando já havia a probabilidade de o réu restar vitorioso.

---

[28] Rigorosamente, o autor desiste do prosseguimento do processo, e não da ação (FABRÍCIO, Adroaldo Furtado. Extinção do processo e mérito da causa. *Ensaios de direito processual*. Rio de Janeiro: Forense, 2003. p. 394). Sem embargo disso, optou-se por utilizar o termo "desistência da ação" não somente por ser a expressão utilizada em lei (CPC, art. 200, parágrafo único; art. 485, VIII, § 4º), mas também pelo vezo da tradição: consolidou-se, na doutrina e na jurisprudência, o seu uso.

[29] STJ, 4ª Turma, REsp 241.780/PR, Rel. Min. Sálvio de Figueiredo Teixeira, j. 17.02.2000, *DJ* 03.04.2000, p. 157; *STJ*, 6ª Turma, REsp 115.642/SP, Rel. Min. Fernando Gonçalves, j. 22.09.1997, *DJ* 13.10.1997, p. 51.660.

Essa, na realidade, é basicamente a motivação do réu para discordar da desistência.

O que não pode é o réu simplesmente discordar, sem que haja esse motivo ou sem demonstrar essa situação processual que lhe seja favorável.

Caso o réu discorde da desistência sem indicação de um motivo relevante, deixando de fundamentar sua oposição, cumpre, então, desprezar tal discordância, homologando-se a desistência pretendida.

De acordo com o art. 338 do CPC, se o réu alegar ilegitimidade passiva, o autor pode substituí-lo. A substituição de um réu por outro é um direito potestativo do autor, que, no caso, vai desistir da ação em relação ao réu originário e redirecionar sua demanda ao novo réu. Nesse caso, não se exige, para a homologação da desistência, a concordância do réu, pois, tendo ele alegado sua ilegitimidade passiva, não pode, depois, recusar a desistência da ação em relação a ele. Essa desistência não acarreta a extinção do processo, que prosseguirá relativamente ao novo réu.[30]

Todas essas regras guardam pertinência com as demandas propostas em face da Fazenda Pública. Quando esta for ré, essas regras relativas à desistência da ação serão aplicáveis normalmente.

O art. 3º da Lei 9.469, de 10 de julho de 1997, autoriza a Fazenda Pública a concordar com a desistência, desde que o autor renuncie expressamente ao direito sobre que se funda a ação. Em razão de tal dispositivo, a Fazenda Pública, na condição de ré, somente deve concordar com a desistência caso o autor a transmude em renúncia ao direito sobre o qual se funda a ação (CPC, art. 487, III, *a*).

Não é razoável essa exigência.

A desistência da ação é um negócio jurídico processual, que permite ao autor revogar sua demanda e obter uma sentença que extinga o processo sem resolução do mérito. Ao réu se permite discordar, desde que demonstre fundamento plausível. Havendo desistência, caso o autor pretenda repropor sua demanda, deverá fazê-lo perante o mesmo juízo (CPC, art. 286, II). Não há prejuízo quanto ao juiz natural, afastando-se o risco de "escolha" do julgador.

Tal postura de concordar com a desistência, desde que a parte renuncie ao direito sobre o qual se funda a ação (CPC, art. 487, III, *a*), é excessiva e desproporcional, quando o réu já tem o direito de discordar fundamentadamente. Não soa razoável que o réu, além do direito de discordar, tenha a possibilidade de exigir que o autor renuncie ao direito material, com a consequente produção de coisa julgada que impeça a efetiva apreciação – e julgamento – de seu pedido.

Essa exigência de condicionar a concordância da desistência à renúncia ao direito sobre que se funda a ação já foi repudiada pelo Tribunal Regional Federal da 1ª Região, nos seguintes termos:

> O réu não pode, sem motivo legítimo, opor-se ao pedido de desistência formulado pelo autor, condicionando-o à renúncia ao direito em que se funda a ação. O receio de ter que vir, eventualmente, a Juízo responder nova demanda, com idêntico objetivo, não se configura como legítimo a ponto de impor o prosseguimento da lide contra a vontade do autor.[31]

---

[30] DIDIER JR., Fredie. *Curso de direito processual civil*. 18. ed. Salvador: JusPodivm, 2016. v. 1, p. 735-736.

[31] TRF-1, 3ª Turma, Ag 93.01.15586-9-GO, Rel. Juiz Fernando Gonçalves, *Adocas* de 10.01.1994, n. 142.405.

Revela-se, portanto, ilegítimo ao réu condicionar sua concordância quanto à desistência da ação a uma transmudação em renúncia ao direito sobre o qual se funda a ação, não sendo razoável o disposto no art. 3º da Lei 9.469/1997, sendo, ademais, inadequado e desproporcional.

A regra contida no referido art. 3º da Lei 9.469/1997 atenta contra o *princípio da razoabilidade*, que constitui, na lição de Humberto Ávila, a positivação do princípio da isonomia.[32] O estabelecimento de um direito que se afaste do padrão normal de condutas deve ser razoável, contendo fundamento plausível. As peculiaridades que fazem da Fazenda Pública um ente merecedor de tratamento diferenciado não justificam a regra que lhe permite concordar com a desistência da ação somente se o autor renunciar ao direito sobre o qual se funda sua demanda. Tal regra não é razoável, sendo, portanto, inconstitucional.

Não obstante a falta de razoabilidade da exigência, o Superior Tribunal de Justiça já manifestou entendimento de que "a resistência ao pedido de desistência da ação não é descabida quando fundada no art. 3º da Lei n. 9.469/97".[33] Vale dizer que o STJ entende legítima a manifestação da Fazenda Pública de somente concordar com a desistência da ação se o autor renunciar ao direito material discutido na causa.[34]

Não parece razoável impor essa condição ao autor.

Ainda que se concorde com o entendimento do STJ, cumpre observar se, no caso concreto, a Fazenda Pública alegou, em sua contestação, alguma preliminar que objetive impedir a análise do mérito (CPC, art. 337). Caso haja alguma preliminar invocada na contestação da Fazenda Pública, impõe-se desconsiderar a exigência contida no art. 3º da Lei 9.469/1997. É que, tendo a ré suscitado preliminar, demonstrou que pretende obter uma sentença sem

---

[32] ÁVILA, Humberto. O que é "devido processo legal"? *Revista de Processo* 163:50-59, São Paulo: RT, set. 2008, p. 53.

[33] STJ, 2ª Turma, REsp 460.748/DF, Rel. Min. João Otávio de Noronha, j. 17.06.2006, *DJ* 03.08.2006, p. 244; *STJ*, 1ª Turma, REsp 651.721/RJ, Rel. Min. Teori Albino Zavascki, j. 12.09.2006, *DJ* 28.09.2006, p. 194; *STJ*, 1ª Turma, REsp 1.174.137/PR, Rel. Min. Luiz Fux, j. 06.04.2010, *DJe* 26.04.2010; STJ, 2ª Turma, REsp 1.189.845/RN, Rel. Min. Castro Meira, j. 18.05.2010, *DJe* 02.06.2010; STJ, 6ª Turma, AgRg no REsp 1.237.853/PR, Rel. Min. Haroldo Rodrigues (Des. conv. do TJCE), j. 09.08.2011, *DJe* 12.09.2011.

[34] Esse entendimento do STJ veio a ser reafirmado no julgamento de recurso especial representativo da controvérsia, submetido ao regime do art. 543-C do CPC. Eis a ementa do julgado:
"Processual civil. Recurso representativo da controvérsia. Art. 543-C do CPC. Desistência da ação. Não consentimento do réu. Art. 3º da Lei 9.469/97. Legitimidade.
1. Segundo a dicção do art. 267, § 4º, do CPC, após o oferecimento da resposta, é defeso ao autor desistir da ação sem o consentimento do réu. Essa regra impositiva decorre da bilateralidade formada no processo, assistindo igualmente ao réu o direito de solucionar o conflito. Entretanto, a discordância da parte ré quanto à desistência postulada deverá ser fundamentada, visto que a mera oposição sem qualquer justificativa plausível importa inaceitável abuso de direito.
2. No caso em exame, o ente público recorrente condicionou sua anuência ao pedido de desistência à renúncia expressa do autor sobre o direito em que se funda a ação, com base no art. 3º da Lei 9.469/97.
3. A existência dessa imposição legal, por si só, é justificativa suficiente para o posicionamento do recorrente de concordância condicional com o pedido de desistência da parte adversária, obstando a sua homologação.
4. A orientação das Turmas que integram a Primeira Seção desta Corte firmou-se no sentido de que, após o oferecimento da contestação, não pode o autor desistir da ação, sem o consentimento do réu (art. 267, § 4º, do CPC), sendo que é legítima a oposição à desistência com fundamento no art. 3º da Lei 9.469/97, razão pela qual, nesse caso, a desistência é condicionada à renúncia expressa ao direito sobre o qual se funda a ação.
5. Recurso especial provido. Acórdão submetido ao regime do art. 543-C do CPC e da Resolução STJ n. 8/08" (STJ, 1ª Seção, REsp 1.267.995/PB, Rel. Min. Mauro Campbell Marques, j. 27.06.2012, *DJe* 03.08.2012).

resolução do mérito. Não há razão, a partir daí, para discordar da desistência da ação ou para condicionar sua aceitação a uma renúncia ao direito material, pois praticou um ato incompatível, caracterizando a existência de uma *preclusão lógica*.

Demais disso, a boa-fé objetiva impede a prática de conduta contraditória (CPC, art. 5º). Se a Fazenda Pública manifestou interesse de ver extinto o processo sem resolução do mérito, não há razão para exigir que a desistência da ação seja transmudada em renúncia ao direito material discutido na causa.

O parágrafo único do art. 3º da Lei 9.469/1997 afasta a incidência da regra contida em seu *caput*, dispondo que "[q]uando a desistência de que trata este artigo decorrer de prévio requerimento do autor dirigido à administração pública federal para apreciação de pedido administrativo com o mesmo objeto da ação, esta não poderá negar o seu deferimento exclusivamente em razão da renúncia prevista no *caput* deste artigo". Nesse caso, a Fazenda Pública federal não pode condicionar a desistência a uma renúncia ao direito sobre o qual se funda a ação. A regra tem nítida finalidade de estimular a busca pela solução extrajudicial do conflito entre o particular e o Poder Público.

É oportuno destacar que a exigência de concordância do réu com a desistência da ação, depois de haver contestação apresentada, *não* se aplica ao processo de mandado de segurança, como, aliás, está dito no item 14.2 *infra*.

Também não se exige a concordância do réu com a desistência de ação cujo objeto verse sobre tese jurídica resolvida em julgamento de casos repetitivos. Como demonstrado no item 10.7.2.5 *infra*, há um estímulo à desistência antes de proferida a sentença. Ainda que tenha sido apresentada contestação, é possível desistir da ação sem concordância do réu (CPC, art. 1.040, § 3º).

5.7 A IMPROCEDÊNCIA LIMINAR DO PEDIDO E SUA APLICAÇÃO NAS DEMANDAS PROPOSTAS EM FACE DA FAZENDA PÚBLICA

5.7.1 Generalidades

Como destacado no item 10.2 *infra*, a Fazenda Pública é um *litigante habitual*, estando presente em causas repetitivas.

O Capítulo X explica os instrumentos referentes ao processamento e julgamento de causas repetitivas. Tais instrumentos destinam-se a *gerir e decidir os casos repetitivos*.

Além de gerir os casos repetitivos, o IRDR e os recursos repetitivos também se destinam a *formar precedentes obrigatórios*, que vinculam o próprio tribunal, seus órgãos e os juízos a ele subordinados.

Formados os precedentes obrigatórios, há regras relacionadas à sua aplicação, entre as quais as que estabelecem os casos de improcedência liminar.

O art. 332 do CPC elenca os casos de improcedência liminar do pedido. Nessas situações, o juiz, antes mesmo da citação do demandado, já julga improcedente o pedido formulado pelo demandante na sua petição inicial. Trata-se de decisão de mérito, que produz coisa julgada, podendo ser desconstituída por ação rescisória.

5.7.2 Hipóteses de improcedência liminar do pedido

5.7.2.1 Requisitos gerais

A improcedência liminar do pedido pode ocorrer em qualquer caso, seja em ação proposta na primeira instância, seja em ação originária de tribunal. O art. 332 do CPC pode, ainda, ser aplicado à reconvenção, aos embargos à execução, à reclamação,[35] enfim, pode qualquer pedido ser julgado liminarmente improcedente, desde que presente uma das hipóteses ali previstas.

Para que se julgue liminarmente improcedente o pedido, é preciso que a causa dispense a fase instrutória. Os fatos devem estar todos comprovados por documentos, não sendo necessária a produção de qualquer outro meio de prova. A improcedência liminar é uma espécie de julgamento antecipado do mérito (CPC, art. 355, I), proferido antes mesmo da citação do demandado.

Além de dispensar a fase instrutória, a improcedência liminar do pedido exige que se verifique uma das hipóteses previstas nos incisos do art. 332 do CPC ou que se verifique a hipótese prevista no seu § 1º.

5.7.2.2 Casos dos incisos do art. 332 do CPC e sua relação com o sistema de precedentes do CPC

As hipóteses previstas nos incisos do art. 332 do CPC relacionam-se com o sistema de precedentes regulado no Código de Processo Civil. Estabelecido o entendimento do tribunal, o precedente firmado haverá de ser aplicado, rendendo ensejo às consequências dessa sua aplicação e atraindo a adoção de algumas regras, entre as quais se destaca a improcedência liminar do pedido.

Depois de editado enunciado de súmula ou firmada a tese jurídica pelo tribunal no julgamento de casos repetitivos ou no julgamento do incidente de assunção de competência, se for proposta alguma demanda cujo fundamento contrarie o referido enunciado ou a mencionada tese, o juiz julgará liminarmente improcedente o pedido independentemente da citação do réu, desde que não haja necessidade de produção de provas a respeito dos fatos alegados pelo autor.

Os tribunais têm o dever de uniformizar sua jurisprudência e mantê-la estável, íntegra e coerente (CPC, art. 926). Por essas razões, juízes e tribunais devem observar os enunciados de súmula e os precedentes obrigatórios (CPC, art. 927).

O art. 332 do CPC autoriza o julgamento de improcedência liminar quando o pedido contrariar determinados precedentes, tenha ou não o entendimento sido consagrado em enunciado de súmula.

Nas hipóteses relacionadas no art. 332 do CPC, o juiz deve observar os precedentes existentes em torno do tema, só deixando de aplicá-los quando houver alguma distinção a ser feita, ou seja, se houver alguma peculiaridade que justifique o afastamento do precedente. Para isso, deve fundamentar sua decisão, nos termos do art. 489, § 1º, VI, do CPC.

Se o juiz julgar liminarmente improcedente o pedido, o autor pode interpor apelação e mostrar a necessidade de ser feita a distinção em seu caso, o que pode acarretar a retratação pelo próprio juiz ou a reforma da decisão pelo tribunal. Também é possível que, na apelação, o autor demonstre a necessidade de superação do precedente, o que deve ser feito pelo tribunal.

Nos termos do art. 332 do CPC, o juiz pode julgar liminarmente improcedente o pedido quando este contrariar enunciado de súmula do STF ou do STJ (inciso I), quando contrariar acórdão proferido pelo STF ou pelo STJ em julgamento de recursos repetitivos (inciso II), quando contrariar entendimento firmado em incidente de resolução de demandas repetitivas

---

[35] "O Relator poderá julgar a reclamação quando a matéria for objeto de jurisprudência consolidada do Tribunal" (RISTF, art. 161, parágrafo único).

ou de assunção de competência (inciso III) ou quando contrariar enunciado de súmula de tribunal de justiça sobre direito local (inciso IV).

O art. 332 deve ser interpretado em conjunto com o art. 927, ambos do CPC. Há, no art. 927, uma lista de precedentes a serem observados pelos órgãos jurisdicionais, a saber: os precedentes do STF em controle concentrado de constitucionalidade (inciso I); os enunciados de súmula vinculante (inciso II); os acórdãos em incidente de assunção de competência ou julgamento de casos repetitivos (inciso III); os enunciados das súmulas do STF em matéria constitucional e do STJ em matéria infraconstitucional (inciso IV) e a orientação do plenário ou do órgão especial aos quais os juízes e tribunais estejam vinculados (inciso V).

Comparando o texto do art. 332 com o do art. 927, observa-se que no art. 332 não há a reprodução das hipóteses previstas nos incisos I e V do art. 927.

O inciso I do art. 332 menciona súmula de tribunal superior, enquanto o inciso IV do art. 927, súmula do STF em matéria constitucional e do STJ, em matéria infraconstitucional. Aparentemente, não há restrição no inciso I do art. 332 do CPC, que dá a entender ser qualquer súmula. É preciso, porém, que se faça uma interpretação sistemática, destinada a conferir unidade e coerência ao sistema. Conjugando os dispositivos, conclui-se que a improcedência liminar apenas é admitida quando o pedido contrariar enunciado de súmula do STF em matéria constitucional e do STJ em matéria infraconstitucional. Aliás, é esse o teor do enunciado 146 do Fórum Permanente de Processualistas Civis: "Na aplicação do inciso I do art. 332, o juiz observará o inciso IV do *caput* do art. 927".

Pelas mesmas razões, o juiz pode julgar liminarmente improcedente o pedido quando este contrariar enunciado de súmula vinculante (CPC, art. 927, II), pois esta é uma súmula do STF em matéria constitucional (CPC, art. 332, I).

Já os incisos II e III do art. 332 correspondem ao inciso III do art. 927 do CPC, não havendo qualquer esforço interpretativo a ser feito.

Como já adiantado, o inciso IV do art. 332 do CPC autoriza a improcedência liminar do pedido que contrariar enunciado de súmula de tribunal de justiça sobre o direito estadual ou municipal. Essa é uma hipótese de precedente obrigatório que não está prevista no art. 927 do CPC. Isso não impede, evidentemente, a improcedência liminar do pedido, pois só está a confirmar que o rol do art. 927 do CPC é exemplificativo, e não exaustivo.

5.7.2.3 *Improcedência liminar por prescrição ou decadência (CPC, art. 332, § 1º)*

Já se viu, no item 4.5 *supra*, que o juiz pode conhecer, de ofício, da prescrição (CPC, arts. 332, § 1º, e 487, II). Por isso, pode julgar liminarmente improcedente o pedido, quando já observar que a pretensão está prescrita.

Como o réu ainda não foi citado, não deve ser consultado. A improcedência liminar do pedido em caso de prescrição dispensa a prévia consulta ao réu, justamente porque se trata de improcedência *liminar*, feita antes mesmo de sua citação. Quando o réu já tiver sido citado – e aí já não será mais improcedência *liminar* do pedido – o juiz pode, como visto, conhecer de ofício da prescrição, mas deve, antes de reconhecê-la, determinar a intimação das partes para pronunciar-se a respeito do tema. Aliás, o parágrafo único do art. 487 do CPC impõe ao juiz o dever de consulta: somente poderá pronunciar a prescrição se der antes às partes oportunidade de manifestação, ressalvada a hipótese de improcedência liminar (CPC, art. 332, § 1º).

Também se viu, naquele mesmo item 4.5, que há uma distinção entre *decadência legal* e *decadência convencional*. Enquanto aquela decorre de previsão legal, esta consta de disposição contratual, estatutária ou convencional. O juiz pode conhecer, de ofício, apenas da decadência legal, não o podendo quanto à convencional. Assim, a improcedência liminar do pedido somente pode se dar no caso de decadência legal, não no caso de decadência convencional.

5.7.3 Pronunciamento que julga liminarmente improcedente o pedido

A improcedência liminar do pedido dá-se por sentença. Quando pronunciada em causa originária do tribunal, dá-se por decisão isolada do relator.

É possível que a improcedência liminar seja de parte do pedido. Nesse caso, há improcedência liminar *parcial* do pedido, consistindo numa decisão parcial de mérito, qualificada, nos termos do art. 203, § 2º, do CPC, como uma decisão interlocutória.

5.7.4 Recurso contra o pronunciamento que julga liminarmente improcedente o pedido

Se a improcedência liminar do pedido for dada por sentença, caberá apelação prevista no próprio art. 332 do CPC. Tratando-se de improcedência liminar *parcial* do pedido, o recurso cabível é o agravo de instrumento.

O agravo de instrumento só é cabível nas hipóteses indicadas no art. 1.015 do CPC ou em disposição legal expressa.[36] No caso da improcedência liminar parcial do pedido, o agravo de instrumento está previsto no inciso II do referido art. 1.015, pois se trata de decisão de mérito.

A improcedência liminar do pedido dada por decisão isolada do relator desafia agravo interno, regulado no art. 1.021 do CPC.

5.7.5 Apelação contra a sentença que julga liminarmente improcedente o pedido

A improcedência liminar do pedido dá-se, como visto, por sentença, por decisão interlocutória ou por decisão isolada do relator.

Quando se dá por sentença, esta é atacada por apelação. A apelação, nesse caso, está regida pelo próprio art. 332 do CPC, podendo o juiz retratar-se.[37] Havendo retratação, o juiz desfaz sua sentença e ordena o prosseguimento regular do processo, com a citação do réu. Caso não se retrate, o réu deverá ser citado para apresentar suas contrarrazões e acompanhar a causa no tribunal, ao qual compete julgar o mérito, com transferência da competência que era do juízo de primeiro grau. De observar-se que, nesse caso, a questão dispensa a fase instrutória, podendo ser aplicada a regra do art. 1.013, § 3º, do CPC, que permite ao tribunal já julgar o mérito quando o processo estiver em condições de imediato julgamento.

---

[36] Se houver urgência ou necessidade, a decisão poderá ser atacada por agravo de instrumento, mesmo não estando prevista no rol do art. 1.015 do CPC. O STJ assim entendeu, ao fixar a tese do Tema 988 dos Recursos Repetitivos: "O rol do art. 1.015 do CPC é de taxatividade mitigada, por isso admite a interposição de agravo de instrumento quando verificada a urgência decorrente da inutilidade do julgamento da questão no recurso de apelação".

[37] O juiz somente pode retratar-se se a apelação for tempestiva. Nesse sentido, o enunciado 293 do Fórum Permanente de Processualistas Civis: "O juízo de retratação, quando permitido, somente poderá ser exercido se a apelação for tempestiva". O juiz não poderá inadmitir a apelação, nem mesmo por intempestividade, cabendo-lhe apenas remeter ao tribunal, independentemente do juízo de admissibilidade (CPC, art. 1.010, § 3º). Embora não lhe caiba exercer o juízo de admissibilidade nem deixar de remeter os autos ao tribunal, não poderá exercer a retratação se a apelação for intempestiva.

Se o réu não fosse citado para acompanhar o recurso, não poderia o tribunal eventualmente julgar procedente o pedido do autor, sob pena de ofender o princípio do contraditório e da ampla defesa. O art. 332 somente terá aplicação quando a causa dispensar a fase instrutória, podendo ser aplicada a regra contida no § 3º do art. 1.013 do CPC.

Se o réu não fosse citado, mas o tribunal entendesse que a sentença estaria errada e deveria haver a procedência do pedido, caberia determinar o retorno dos autos à primeira instância para que, citado o réu e desenvolvidos os atos processuais, houvesse sentença, daí se seguindo apelação etc. Objetiva-se suprimir tudo isso, com ganho de tempo: o tribunal, discordando do juiz, já pode acolher o pedido do autor, sem que haja ofensa à ampla defesa e ao contraditório, pois a matéria dispensa a fase instrutória e o réu já teve oportunidade de se defender.

Na hipótese de o réu não ser citado para responder ao recurso, poderá o tribunal já julgar a apelação? Se o tribunal resolver manter a sentença, a falta de citação não gera qualquer nulidade ou prejuízo. Para que o tribunal possa reformar a sentença e já julgar contrariamente ao réu, deverá, contudo, ter havido a citação deste para responder ao recurso. Nesse caso, a ausência de citação pode ser suprida no próprio tribunal, devendo ser determinada, ali mesmo, a citação do réu. Cumprida a diligência e dada oportunidade ao réu para defender-se, a apelação já pode ser julgada, aplicando-se os §§ 1º e 2º do art. 938 do CPC, que assim dispõem:

> § 1º Constatada a ocorrência de vício sanável, inclusive aquele que possa ser conhecido de ofício, o relator determinará a realização ou renovação do ato processual, no próprio tribunal ou em primeiro grau de jurisdição, intimadas as partes.
>
> § 2º Cumprida a exigência de que trata o § 1º, o relator, sempre que possível, prosseguirá no julgamento do recurso.

Interposta a apelação e citado o réu para apresentar resposta, os autos seguirão ao tribunal. Distribuída a apelação ao relator, este poderá negar-lhe provimento, quando já houver súmula ou entendimento firmado no mesmo sentido da sentença apelada (CPC, art. 932, IV).

Não sendo caso de aplicar o art. 932, IV, do CPC, o relator dará seguimento regular à apelação, levando-a a julgamento do órgão competente no tribunal.

Se o apelante, em suas razões, alega que a causa não dispensa, por exemplo, instrução probatória, estará demonstrando que o juiz aplicou o procedimento errado: não era caso de improcedência liminar do pedido. Nessa hipótese, o apelante demonstra um *error in procedendo*. Ao dar provimento à apelação, o tribunal deverá determinar que os autos sejam devolvidos ao juiz de primeira instância para prosseguimento regular do processo. Se, diversamente, o apelante alega que o conteúdo da sentença está errado, não se aplicando ao caso aquele entendimento consagrado em enunciado de súmula ou em precedente obrigatório, há, aí, a demonstração de um *error in iudicando*. Nesse caso, o tribunal, ao dar provimento à apelação, já julga o mérito, acolhendo o pedido do autor formulado na petição inicial.

O art. 332 do CPC não ofende o princípio do contraditório, pois a decisão é favorável ao réu e contrária ao autor. Em todos os casos de indeferimento da petição inicial, a sentença é favorável ao réu e contrária ao autor. Haveria ofensa ao contraditório se o pedido já fosse, liminarmente, acolhido ou julgado procedente, sem a mínima possibilidade de defesa.

Transitada em julgado a sentença sem que haja apelação do autor, o réu haverá de ser cientificado de sua vitória (CPC, art. 332, § 2º). Essa comunicação é indispensável para que o réu tenha *ciência* de sua vitória, podendo alegar coisa julgada material, numa eventual hipótese de repropositura da demanda.

Capítulo VI

DESPESAS, HONORÁRIOS SUCUMBENCIAIS, DEPÓSITOS JUDICIAIS, CUSTAS, MULTAS E A FAZENDA PÚBLICA

6.1 PAGAMENTO DE DESPESAS NO PROCESSO

6.1.1 Diferenças entre custas, emolumentos e despesas em sentido estrito

De acordo com o art. 82 do CPC, cabe às partes prover as despesas dos atos que realizarem ou requererem no processo, antecipando-lhes o pagamento desde o início até a sentença final. Daí se percebe que, ressalvadas as causas relativas à justiça gratuita, a parte, ao requerer a diligência ou a prática de qualquer ato processual, deve antecipar-lhe o pagamento.

O termo *despesa* constitui o gênero do qual decorrem 3 (três) espécies:

a) *custas*, que se destinam a remunerar a prestação da atividade jurisdicional, desenvolvida pelo Estado-juiz por meio de suas serventias e cartórios;

b) *emolumentos*, que se destinam a remunerar os serviços prestados pelos serventuários de cartórios ou serventias *não* oficializados, remunerados pelo valor dos serviços desenvolvidos, e não pelos cofres públicos;

c) *despesas em sentido estrito*, que se destinam a remunerar terceiras pessoas acionadas pelo aparelho judicial, no desenvolvimento da atividade do Estado-juiz. Nesse sentido, os honorários do perito e o transporte do oficial de Justiça constituem, por exemplo, *despesas em sentido estrito*.[1]

6.1.2 Natureza tributária das custas e dos emolumentos

As custas e os emolumentos judiciais (*que são as duas primeiras espécies do gênero despesa, acima citadas*) ostentam, segundo entendimento firmado pelo Supremo Tribunal Federal, natureza tributária, constituindo, mais precisamente, uma taxa destinada a remunerar um serviço público posto à disposição dos jurisdicionados.[2] E, constituindo a prestação

---

[1] Todas essas distinções e definições estão explicitadas no acórdão da 2ª Turma do STJ, REsp 366.005/RS, Rel. Min. Eliana Calmon, *DJ* 10.3.2003, p. 152.

[2] *STF*, Pleno, ADI 1.378 MC/ES, Rel. Min. Celso de Mello, *DJ* 30.5.1997, p. 23.175. *No mesmo sentido*: "Constitucional. Tributário. Custas e emolumentos: natureza jurídica: taxa. Destinação de parte do produto de sua arrecadação a entidades de classe: caixa de assistência dos advogados: inconstitucionalidade. Lei 5.672, de 1992, do Estado da Paraíba. I – As custas, a taxa judiciária e os emolumentos constituem espécie tributária, são taxas, segundo a jurisprudência iterativa do Supremo Tribunal Federal. II – A Constituição, art. 167, IV, não se refere a tributos, mas a impostos.

jurisdicional um serviço público específico de considerável importância posto à disposição das partes, incumbe a estas arcar com as correspondentes custas, que são, em verdade, taxas. Daí estarem sujeitas ao princípio constitucional da legalidade, tendo seus valores fixados em lei específica.

Não é ocioso destacar que o produto da arrecadação das custas e emolumentos judiciais é, respectivamente, destinado à serventia judicial (que é o próprio Judiciário) e ao serventuário do cartório não oficializado. Por essa razão, caso a Fazenda Pública figure num processo, não se lhe deve exigir o pagamento de custas e emolumentos judiciais. Nos termos do art. 91 do CPC, "as despesas dos atos processuais praticados a requerimento da Fazenda Pública, do Ministério Público ou da Defensoria Pública serão pagas a final pelo vencido".

Tal regra é antiga. O art. 39 da Lei 6.830/1980 assim dispõe: "A Fazenda Pública não está sujeita ao pagamento de custas e emolumentos. A prática dos atos judiciais de seu interesse independerá de preparo ou de prévio depósito". E, de acordo com seu parágrafo único, "Se vencida, a Fazenda Pública ressarcirá o valor das despesas feitas pela parte contrária".

6.1.3 Alcance do art. 91 do CPC

O art. 91 do CPC refere-se a *despesas*, estabelecendo que elas somente serão pagas pela Fazenda Pública ao final, se vencida. Já se viu, contudo, que o termo *despesa* abrange as *custas*, os *emolumentos* e as *despesas em sentido estrito*. As custas e os emolumentos – cuja natureza tributária é reconhecida pelo STF – constituem receita pública, não se devendo exigir da Fazenda Pública o pagamento a tal título.

Por sua vez, as *despesas em sentido estrito* consistem, como se assinalou, na remuneração de terceiras pessoas, estranhas ao quadro funcional do Estado-juiz, que devem ser remuneradas pelos seus serviços, não sendo legítimo que laborem sem contraprestação; é o caso, por exemplo, do perito, do transportador, do oficial de Justiça etc.[3]

Significa, então, que a Fazenda Pública está dispensada do pagamento de custas e emolumentos, não estando liberada do dispêndio com as *despesas em sentido estrito*, de que são exemplos os honorários do perito, o transporte externo do oficial de Justiça e a postagem de comunicações processuais (essas duas últimas despesas são, bastas vezes, custeadas pelo próprio Judiciário, em convênio com empresas prestadoras de serviço, cujo pagamento decorre do volume de arrecadação das custas judiciais, ou mediante atividade do próprio Estado, quando, por exemplo, o transporte externo do oficial de Justiça é feito por veículo oficial, com combustível custeado pela própria Administração Pública. Nesses casos, não se deve exigir o pagamento de despesas judiciais pela Fazenda Pública, quando esta se apresenta em juízo).[4]

Sua inaplicabilidade às taxas. III – Impossibilidade da destinação do produto da arrecadação, ou de parte deste, a instituições privadas, entidades de classe e Caixa de Assistência dos Advogados. Permiti-lo, importaria ofensa ao princípio da igualdade. Precedentes do Supremo Tribunal Federal. IV – Ação direta de inconstitucionalidade julgada procedente" (STF, Pleno, ADI 1.145/PB, Rel. Min. Carlos Velloso, *DJ* 8.11.2002, p. 20).

[3] STJ, 2ª Turma, REsp 250.903/SP, Rel. Min. Franciulli Netto, *DJ* 31.3.2003, p. 188.

[4] Com efeito, não exsurge razoável "que outros custos do processo, bancados naturalmente pelos cofres públicos, houvessem de ser também arcados pela mesma fonte pagadora. O avaliador, por exemplo, que receba remuneração pelo desempenho de sua função e não realize nenhum investimento para concretização da sua função, não pode ser remunerado novamente pela Fazenda Pública, que já é responsável pelos seus vencimentos. De igual forma, mesmo que haja necessidade de deslocamento, não haverá necessidade de pagamento em particular, se a Fazenda Pública já suporta incondicionalmente esse dispêndio (suponha-se que haja o fornecimento de veículo oficial e plena assunção

Enfim, as custas e os emolumentos, devidos em razão de atos processuais praticados a requerimento da Fazenda Pública, serão pagos ao final, pelo vencido.

Cabe, como se vê, ao adversário da Fazenda Pública arcar com as despesas dos atos que requerer, podendo vir a ser ressarcido do que despender, caso reste vitorioso ao final. A Fazenda Pública somente irá efetuar o dispêndio da importância concernente a custas e emolumentos, quando vencida ou derrotada na demanda. Realmente, "a dispensa de prévio preparo ou depósito de custas e emolumentos não significa ordem isencional. Significa adiamento para que as serventias não oficializadas façam o recolhimento ou cobrança a final".[5] Nesse caso, a Fazenda Pública não vai arcar com o pagamento das custas, pois estaria a pagar para si própria, caracterizando a *confusão* como causa de extinção das obrigações.[6] Na realidade, a Fazenda Pública, quando vencida, irá *reembolsar* ou *restituir* ao seu adversário, que é a parte vencedora, o *quantum* por ele gasto com as custas e os emolumentos judiciais.

Diante desse critério caracterizador da *confusão* como causa extintiva da obrigação de pagar, poder-se-ia concluir que, figurando a União em causa processada na Justiça Estadual, haveria de ali se submeter ao pagamento de custas e emolumentos. E isso porque a cobrança de custas devidas nas ações ajuizadas na Justiça Estadual, ainda que no exercício da jurisdição federal, rege-se pela legislação do respectivo Estado. Além do mais, a imunidade recíproca proclamada no art. 150, VI, *a*, da Constituição Federal restringe-se aos *impostos*, não se estendendo às *taxas* ou a outras espécies tributárias.[7] Deveria, portanto, haver a exigência de custas e emolumentos para a União, quando esta figurasse em causas processadas perante a Justiça Estadual.

Ocorre, porém, que o art. 24-A da Lei 9.028, de 12 de abril de 1995, introduzido pela Medida Provisória 2.180-35, de 24 de agosto de 2001, assim dispõe:

> Art. 24-A. A União, suas autarquias e fundações, são isentas de custas e emolumentos e demais taxas judiciárias, bem como de depósito prévio e multa em ação rescisória, *em quaisquer foros e instâncias*.

Logo, não somente a União, mas também as autarquias e fundações públicas federais gozam de isenção de custas e emolumentos em *quaisquer foros*.

Na verdade, é vedado à União instituir isenções de tributos estaduais (CF, art. 151, III). O sistema tributário nacional veda a instituição de isenções heterônomas, ou seja, não deve a União isentar tributos estaduais, somente podendo instituir isenção de seus próprios tributos federais. Ora, as custas, como já acentuado, ostentam natureza tributária, caracterizando-se como taxas. Quando o processo tramita na Justiça Estadual, as custas ali

---

dos custos com combustível)" (PEREIRA, Hélio do Valle. *Manual da Fazenda Pública em Juízo*. Rio de Janeiro: Renovar, 2003. p. 157-158).

[5] STJ, 1ª Turma, ROMS 10.349/RS, Rel. Min. Milton Luiz Pereira, *DJ* 20.11.2000, p. 267.

[6] No entendimento de Francisco Antônio de Barros e Silva Neto, com o advento da Emenda Constitucional 45/2004, as custas e os emolumentos destinam-se exclusivamente ao custeio dos serviços afetos às atividades específicas da Justiça, de sorte que essa nova destinação estaria a legitimar a condenação do ente público ao pagamento de custas judiciais, sendo o respectivo valor creditado em favor dos cofres do Judiciário (*A improbidade processual da Administração Pública e sua responsabilidade objetiva pelo dano processual*. Rio de Janeiro: Lumen Juris, 2010. n. 5.4, p. 206).

[7] O art. 150, VI, *a*, da CF/1988 reproduz o art. 31, V, da CF/1946, estando ainda vigente, portanto, o enunciado 324 da Súmula do STF, que assim estabelece: "A imunidade do art. 31, V, da Constituição Federal não compreende as taxas".

exigidas constituem tributo devido ao respectivo Estado. Cumpre, então, à União, quando atua na Justiça Estadual, arcar com as custas e taxas ali devidas, a não ser que haja convênio celebrado com o correspondente Estado para liberá-la de tal despesa.[8]

Realmente, nos termos do § 1º do art. 1º da Lei 9.289, de 4 de julho de 1996 (*dispõe sobre as custas devidas à União, na Justiça Federal de primeiro e segundo graus e dá outras providências*), "rege-se pela legislação estadual respectiva a cobrança de custas nas causas ajuizadas perante a Justiça Estadual, no exercício da jurisdição federal".[9]

A Fazenda Federal, ressalvada a existência de convênio com o Estado, está sujeita ao pagamento de custas e emolumentos no âmbito da Justiça Estadual e de sua atividade cartorária.[10]

Pode, entretanto, a União instituir isenção de custas para processos que tramitem na Justiça Federal. Nesse caso, a União está isentando um tributo federal, não havendo qualquer vedação constitucional nesse sentido. Então, caso o Estado, o Distrito Federal ou o Município figurem em causa processada perante a Justiça Federal, estarão isentos do pagamento das correlatas custas e emolumentos, a teor do que prescreve o art. 4º, I, da Lei 9.289/1996:

> Art. 4º São isentos de pagamento de custas:
> I – a União, os Estados, os Municípios, os Territórios Federais, o Distrito Federal e as respectivas autarquias e fundações.

Segundo entendimento firmado pelo Superior Tribunal de Justiça, em recurso especial submetido ao regime dos recursos repetitivos, tal isenção prevista no art. 4º da Lei 9.289/1996 não se aplica aos Conselhos de Fiscalização Profissional.[11]

Na execução fiscal, a Fazenda Pública não está sujeita ao pagamento de custas e emolumentos, motivo por que a prática dos atos judiciais de seu interesse independe de preparo ou de prévio depósito (Lei 6.830/1980, art. 39).[12] Vencida que seja na execução do seu crédito, seja pela extinção anômala da execução, seja pelo acolhimento dos embargos do devedor, a Fazenda deverá ressarcir o valor das despesas feitas pela parte contrária (Lei 6.830/1980, art. 39, parágrafo único).

Não é ocioso repetir que essa isenção da Fazenda Pública aplica-se, apenas, a custas e emolumentos, não alcançando as *despesas em sentido estrito*. Essa distinção, que põe, de um lado, as custas e os emolumentos, destacando, de outro lado, as despesas em sentido estrito, por muito tempo restou despercebida na jurisprudência, tendo se consolidado no enunciado 154 da Súmula do antigo TFR o seguinte entendimento: "A Fazenda Pública, nas execuções fiscais, não está sujeita a prévio depósito para custear as despesas do oficial de justiça".

---

[8] STJ, 2ª Turma, REsp 534.913/RS, Rel. Min. Francisco Peçanha Martins, *DJ* 5.12.2005, p. 277; STJ, 1ª Turma, REsp 641.271/SC, Rel. Min. Francisco Falcão, *DJ* 6.12.2004, p. 223.

[9] STJ, 1ª Turma, REsp 507.323/PR, Rel. Min. Francisco Falcão, *DJ* 15.12.2003, p. 206; STJ, 1ª Turma, REsp 1.035.163/SE, Rel. Min. Teori Albino Zavascki, *DJe* 1º.7.2008.

[10] STJ, 2ª Turma, REsp 413.980/SC, Rel. Min. João Otávio de Noronha, *DJ* 2.8.2006, p. 232.

[11] STJ, 1ª Seção, REsp 1.338.247/RS, Rel. Min. Herman Benjamin, *DJe* 19.12.2012. No mesmo sentido: STJ, 1ª Turma, AgInt no REsp 1.411.768/AL, Rel. Min. Gurgel de Faria, *DJe* 22.11.2016; STJ, 1ª Turma, AgInt no REsp 1.624.476/SP, Rel. Min. Regina Helena Costa, *DJe* 10.5.2017; STJ, 2ª Turma, REsp 1.693.950/MG, Rel. Min. Herman Benjamin, *DJe* 16.10.2017.

[12] STJ, 2ª Turma, REsp 1.264.787/PR, Rel. Min. Mauro Campbell Marques, *DJe* 8.9.2011.

Tal entendimento, além de não considerar a distinção entre custas/emolumentos e despesas em sentido estrito, fazia com que o perito, por exemplo, exercesse seu mister sem a correlata remuneração que lhe é devida ou impondo ao serventuário que retirasse de sua remuneração o valor necessário ao custeio da diligência submetida a seu cargo. Daí se reviu o entendimento para deixar assente que a isenção da Fazenda Pública alcança, como visto, apenas as custas e os emolumentos, não se estendendo às *despesas em sentido estrito.*[13]

A partir dessa orientação, aquele enunciado 154 da Súmula do TFR foi revogado. Surgiu, diante disso, um entendimento diametralmente oposto, adotado pelo Superior Tribunal de Justiça e compendiado no enunciado 190 de sua súmula: "Na execução fiscal processada perante a Justiça Estadual, cumpre à Fazenda Pública antecipar o numerário destinado ao custeio das despesas com o transporte dos oficiais de justiça". Nesse mesmo sentido, o tema 396 dos recursos especiais repetitivos: "Ainda que a execução fiscal tenha sido ajuizada na Justiça Federal (o que afasta a incidência da norma inserta no artigo 1º, § 1º, da Lei 9.289/96), cabe à Fazenda Pública Federal adiantar as despesas com o transporte/condução/deslocamento dos oficiais de justiça necessárias ao cumprimento da carta precatória de penhora e avaliação de bens (processada na Justiça Estadual), por força do princípio hermenêutico *ubi eadem ratio ibi eadem legis dispositio*".

6.1.4 Pagamento de honorários de perito, de assistente técnico e de outras despesas em sentido estrito pela Fazenda Pública

A Fazenda Pública, como se observa, não está sujeita ao pagamento de custas e emolumentos judiciais, em cujo conceito não se incluem a remuneração do assistente técnico nem os honorários do perito. Assim, considerando que cada parte deve pagar a remuneração do seu assistente técnico (CPC, art. 95), a Fazenda Pública deve arcar com a remuneração do assistente técnico que indicar; normalmente, este já é um servidor ou agente público, estando essa atividade inserida na sua função, remunerada por seus vencimentos.

Quanto ao perito, seus honorários são custeados pela parte que houver requerido o exame, ou rateados por ambas as partes, quando por elas requerido ou quando determinado de ofício pelo juiz (CPC, art. 95). Nesse caso, tendo a Fazenda Pública requerido o exame pericial, haverá de arcar com o pagamento dos correspondentes honorários periciais.

Quando a Fazenda Pública requerer perícia, esta poderá ser realizada por entidade pública ou, então, deve ser custeada com recursos previstos no orçamento para tal finalidade. Não sendo realizada por entidade pública nem havendo previsão orçamentária, o pagamento deve ser feito no exercício seguinte, depois da inclusão da previsão no respectivo orçamento. É o que consta dos §§ 1º e 2º do art. 91 do CPC, que assim dispõem:

> § 1º As perícias requeridas pela Fazenda Pública, pelo Ministério Público ou pela Defensoria Pública poderão ser realizadas por entidade pública ou, havendo previsão orçamentária, ter os valores adiantados por aquele que requerer a prova.

> § 2º Não havendo previsão orçamentária no exercício financeiro para adiantamento dos honorários periciais, eles serão pagos no exercício seguinte ou ao final, pelo vencido, caso o processo se encerre antes do adiantamento a ser feito pelo ente público.

---

[13] RE 108.845/SP, Rel. Min. Moreira Alves, *DJ* 25.11.1988; *STJ*, 2ª Turma, REsp 250.903/SP, Rel. Min. Franciulli Netto, *DJ* 31.3.2003, p. 188.

6.2 HONORÁRIOS ADVOCATÍCIOS

6.2.1 Direito do advogado

Dispõe o art. 85 do CPC que a sentença condenará o vencido a pagar honorários ao advogado do vencedor. O Código de Processo Civil confirma a regra contida no art. 23 da Lei 8.906/1994 (*Dispõe sobre o Estatuto da Advocacia e a Ordem dos Advogados do Brasil*) e estabelece que os honorários de sucumbência pertencem ao advogado, tendo este direito autônomo para executar a sentença nessa parte.

Ainda quando atue em causa própria, o advogado é titular do direito a honorários. Nos termos do § 17 do art. 85 do CPC, "Os honorários serão devidos quando o advogado atuar em causa própria".

O advogado, de acordo com o § 15 do art. 85 do CPC, pode requerer que o pagamento dos honorários seja efetuado em favor da sociedade de advogados que integra na qualidade de sócio. É preciso, contudo, que a procuração outorgada faça menção à sociedade,[14] e não apenas aos advogados pertencentes aos seus quadros (Lei 8.906/1994, art. 15, § 3º). Se o instrumento de procuração não indicar o nome da sociedade à qual integra o advogado, a sociedade não possuirá legitimidade para levantar ou executar os honorários.[15] O serviço não se considera prestado pela sociedade, quando não há menção a ela na procuração.[16]

Os honorários constituem direito do advogado e têm natureza alimentar, com os mesmos privilégios dos créditos oriundos da legislação do trabalho, sendo vedada a compensação em caso de sucumbência parcial (CPC, art. 85, § 14). Sendo os honorários direito do advogado, não é possível a compensação em caso de sucumbência parcial, pois as figuras do credor e do devedor não coincidem reciprocamente: o autor é devedor do advogado do réu, e o réu é devedor do advogado do autor.

Estabelecendo o art. 23 da Lei 8.906/1994 (Estatuto do advogado e da OAB) que os honorários de sucumbência pertencem ao advogado, não é possível haver a compensação, em virtude da diversidade dos titulares dos créditos.

Daí a impossibilidade de compensação, expressamente assinalada no § 14 do art. 85 do CPC. Por isso, está superado o enunciado 306 da Súmula do STJ, segundo o qual "Os honorários advocatícios devem ser compensados quando houver sucumbência recíproca, assegurado o direito autônomo do advogado à execução do saldo sem excluir a legitimidade da própria parte". A superação de tal verbete sumular é reconhecida no enunciado 244 do Fórum Permanente de Processualistas Civis.

O § 14 do art. 85 do CPC também reconhece, como visto, a preferência dos honorários de sucumbência, conferindo-lhes os mesmos privilégios do crédito trabalhista. A propósito, o STF, ao julgar o Tema 1.220 da Repercussão Geral, fixou a seguinte tese: "É formalmente constitucional o § 14 do art. 85 do Código de Processo Civil no que diz respeito à preferência dos honorários advocatícios, inclusive contratuais, em relação ao crédito tributário, considerando-se o teor do art. 186 do CTN".

---

[14] STJ, 6ª Turma, REsp 918.642/SP, Rel. Maria Thereza de Assis Moura, *DJe* 31.8.2009.
[15] STJ, 5ª Turma, AgRg no AgRg no REsp 1.147.615/PR, Rel. Min. Felix Fischer, *DJe* 4.10.2010.
[16] STJ, 5ª Turma, AgRg no Ag 1.242.095/RS, Rel. Min. Laurita Vaz, *DJe* 29.11.2010; STJ, Corte Especial, AgRg nos EREsp 1.114.785/SP, Rel. Min. Luiz Fux, *DJe* 19.11.2010.

6.2.2 Honorários para advogados públicos

Os honorários de sucumbência constituem direito autônomo dos advogados. Tal direito também pertence ao advogado público.[17] O § 19 do art. 85 do CPC dispõe que "Os advogados públicos perceberão honorários de sucumbência, nos termos da lei".

Ao julgar a ADPF 597 e as ADIs 6053, 6135, 6159, 6162, o STF reconheceu a constitucionalidade do recebimento de honorários de sucumbência pelos advogados públicos, estabelecendo, porém, que os valores dos honorários, somados às demais verbas remuneratórias, não podem exceder ao teto constitucional correspondente ao subsídio mensal pago aos ministros do STF (CF, art. 37, XI). Com tal julgamento, foi fixada a seguinte tese pela Suprema Corte: "É constitucional o pagamento de honorários sucumbenciais aos advogados públicos, observando-se, porém, o limite remuneratório previsto no art. 37, XI, da Constituição".

Para que os advogados públicos percebam os honorários de sucumbência, é preciso que haja uma lei regulamentando a divisão, os valores, os detalhes do recebimento por cada um deles no âmbito da respectiva procuradoria.

A simples previsão do § 19 do art. 85 do CPC não é suficiente para que os advogados públicos percebam os honorários. É necessária a edição de lei própria regulamentando sua percepção pelos advogados públicos[18].

A lei a ser editada não pode, todavia, suprimir esse direito nem subtrair sua titularidade. Nesse sentido, o enunciado 384 do Fórum Permanente de Processualistas Civis: "A lei regulamentadora não poderá suprimir a titularidade e o direito à percepção dos honorários de sucumbência dos advogados públicos"[19].

---

[17] SILVA, Marcello Terto e. Honorários advocatícios nas causas em que a Fazenda Pública é parte. Honorários advocatícios contra a Fazenda Pública e o novo CPC. In: COÊLHO, Marcus Vinícius Furtado; CAMARGO, Luiz Henrique Volpe (coords.). *Honorários advocatícios*. Salvador: JusPodivm, 2015. p. 424-430; CAVALCANTE JUNIOR, Ophir; FALCETE, Eduardo. Os honorários dos advogados públicos. In: COÊLHO, Marcus Vinícius Furtado; CAMARGO, Luiz Henrique Volpe (coords.). *Honorários advocatícios*. Salvador: JusPodivm, 2015. p. 437-454.

[18] Nesse sentido: "Na esteira da jurisprudência do Superior Tribunal de Justiça, o art. 85, § 19, do CPC/2015 é claro ao afirmar que os honorários de sucumbência pertencem ao advogado público. Entretanto, na própria redação do § 19 do art. 85 do CPC/2015, há menção acerca da necessidade de regulamentação do próprio direito. Assim, em se tratando de norma de eficácia limitada, seus efeitos estão condicionados à edição de lei regulamentar específica acerca da destinação dos respectivos recursos aos procuradores públicos de cada ente federativo" (STJ, 2ª Turma, AREsp 1.178.070/SP, Rel. Min. Francisco Falcão, *DJe* 14.12.2022).

[19] Estranhamente, o STJ tem entendido que os honorários de sucumbência integram o patrimônio público do ente administrativo, não sendo direito autônomo do advogado (STJ, 4ª Turma, AgInt nos EDcl no REsp 1.442.005/SP, Rel. Min. Luis Felipe Salomão, *DJe* 12.5.2020). *No mesmo sentido:* STJ, 1ª Turma, AgInt no AREsp 1.038.431/SP, Rel. Min. Napoleão Nunes Maia Filho, *DJe* 10.5.2019; STJ, 2ª Turma, AgInt no AREsp 2.330.769/RS, Rel. Min. Herman Benjamin, *DJe* 18.12.2023; STJ, 1ª Turma, AgInt no REsp 1.987.162/PR, Rel. Min. Gurgel de Faria, *DJe* 2.10.2023.
Diante disso, o STJ entende ser possível a "compensação de parte do precatório com a verba honorária devida ao ente público em impugnação de cumprimento de sentença julgada procedente, pois os honorários de sucumbência não constituem direito autônomo do procurador judicial, visto que integram o patrimônio público da entidade, sendo possível a compensação com o crédito previsto no título" (STJ, 2ª Turma, AgInt nos EDcl no REsp 1.907.197/SC, Rel. Min. Og Fernandes, *DJe* 2.6.2021). *No mesmo sentido:* STJ, 2ª Turma, AgInt no REsp 1.718.785/PE, Rel. Min. Francisco Falcão, *DJe* 28.10.2020; STJ, 2ª Turma, RCD no REsp 1.861.943/DF, Rel. Min. Og Fernandes, *DJe* 26.10.2021.
Sobre o tema, com fundamentada crítica ao entendimento do STJ, conferir, PEIXOTO, Ravi. A quem pertencem os honorários advocatícios dos advogados públicos? Uma crítica ao posicionamento do STJ. *Revista de processo*. São Paulo: RT, n. 345, nov-2023, p. 375-387.

No âmbito federal, a Lei 13.327, de 2016, regulamentou o direito dos advogados públicos aos honorários de sucumbência. Seu art. 27 relaciona as carreiras jurídicas, vindo seu art. 29 a dispor que os honorários de sucumbência pertencem originariamente aos ocupantes dos cargos daquelas carreiras. Por sua vez, seu art. 30 estabelece que os honorários de sucumbência devidos aos advogados públicos federais incluem o total do produto dos honorários de sucumbência recebidos nas ações judiciais em que forem parte a União, as autarquias e as fundações públicas federais, até 75% (setenta e cinco por cento) do produto do "encargo legal" acrescido aos débitos inscritos na dívida ativa da União, previsto no art. 1º do Decreto-lei 1.025, de 1969, e o total do produto do "encargo legal" acrescido aos créditos das autarquias e das fundações públicas federais inscritos na dívida ativa da União, nos termos do § 1º do art. 37-A da Lei 10.522, de 2002.[20]

Embora os honorários pertençam ao advogado público, a "Fazenda Pública possui legitimidade extraordinária para discutir, recorrer e executar os honorários sucumbenciais nos processos em que seja parte", como está lembrado no enunciado 2 do Fórum Nacional do Poder Público. O STJ também entende que o ente público pode cobrar os honorários de sucumbência, por se tratar de verba de natureza pública.[21]

6.2.3 Os honorários e a causalidade

A responsabilidade pelo pagamento dos honorários advocatícios não depende da comprovação de culpa ou dolo da parte vencida. A condenação nos ônus da sucumbência ocorre, apenas, quando se julga a *causa*. A resolução de um incidente não gera a condenação nos honorários de sucumbência.

Nos termos do § 1º do art. 85 do CPC, são devidos honorários na reconvenção, no cumprimento de sentença, provisório ou definitivo, na execução, resistida ou não, e nos recursos interpostos, cumulativamente. O julgamento de um incidente não acarreta, como já afirmado, condenação em honorários de advogado.

Não existe mais nomeação à autoria e intervenção de terceiros, previstas no CPC de 1973, mas extintas no atual CPC. A extinção da nomeação à autoria implica a superação do enunciado 472 da Súmula do STF, tal como explicitado no enunciado 239 do Fórum Permanente de Processualistas Civis.

Pelo disposto no art. 85 do CPC, ao *vencido* cabe arcar com os honorários de sucumbência.

Na maioria das vezes, a parte vencida é quem deve arcar com os honorários sucumbenciais. E isso porque foi o vencido quem deu *causa* ao ajuizamento da demanda. Numa ação de cobrança, por exemplo, não fosse o inadimplemento do devedor, o credor não teria intentado a demanda. A *resistência* do réu em atender à pretensão do autor *causou* o ingresso deste em juízo. Daí por que, vindo a ser *vencido* na causa, o réu deverá arcar com os ônus processuais. Caso, porém, venha a ser julgado improcedente o pedido do autor, ficará evidenciado que este deu *causa* indevidamente ao feito, pois não dispunha do direito que alegava.

---

[20] A Lei 13.957, de 2019, acrescentou o art. 102-A à Lei 13.898, de 2019, que assim dispõe: "Para fins de incidência do limite de que trata o inciso XI do art. 37 da Constituição, serão considerados os pagamentos efetuados a título de honorários advocatícios de sucumbência" (atualmente previsto no art. 113 da Lei 14.116/2020). Com tal previsão normativa, os honorários dos advogados públicos *federais* ficaram limitados ao teto estabelecido constitucionalmente para a remuneração dos servidores públicos.

[21] STJ, 2ª Turma, REsp 1.721.422/DF, rel. Min. Herman Benjamin, DJe 22.11.2018; STJ, 1ª Turma, AgInt no REsp 1.788.142/DF, rel. Min. Benedito Gonçalves, *DJe* 30.6.2021.

A derrota constitui um forte indício de ter sido o vencido o *causador* daquela demanda.[22] Enfim, os honorários de sucumbência decorrem da aplicação do *princípio da causalidade*.

Ainda que o vencido seja beneficiário da justiça gratuita, deverá ser condenado nos honorários sucumbenciais. O benefício da justiça gratuita não afasta a necessidade da condenação nos ônus da sucumbência. Restando vencido, deverá ser condenado no pagamento dos honorários sucumbenciais, devendo a parte vencedora aguardar, até 5 (cinco) anos, a melhoria da situação financeira do vencido, a fim de poder executá-lo. Não havendo melhoria financeira do vencido (beneficiário da justiça gratuita), durante aquele período de 5 (cinco) anos, estará prescrita a pretensão para exigir o pagamento dos honorários de sucumbência (CPC, art. 98, §§ 2º e 3º).

Em princípio, é a parte vencida quem arca com os honorários de sucumbência, por ter sido quem deu *causa* ao ajuizamento da demanda. Há casos, porém, em que, mesmo vitoriosa, a parte pode ser condenada na verba honorária, em virtude da própria *causalidade*, isto é, deve arcar com os honorários de sucumbência aquele que deu causa ao ajuizamento da demanda ou à sua extinção. Com efeito, "tome-se como exemplo a hipótese em que, proposta 'ação de consignação em pagamento', contesta o credor alegando insuficiência da quantia ofertada e consignada. O autor, reconhecendo a insuficiência, complementa o depósito, razão pela qual o juiz, na sentença, julgará seu pedido procedente, declarando a extinção da obrigação pelo pagamento por consignação. Ora, embora julgado procedente o pedido, não se pode negar que a recusa original do credor em receber o pagamento era justa, o que significa dizer que foi o devedor quem deu causa à instauração do processo. Assim sendo, apesar de vencedor, o devedor terá de arcar com as despesas processuais e honorários advocatícios da parte adversária".[23]

À evidência, o fundamento da condenação nos honorários sucumbenciais é o dado objetivo da derrota. Não basta, contudo, a derrota. É preciso que a parte tenha dado *causa* ao ajuizamento da demanda.

Consoante já decidiu o STJ, "pelo princípio da causalidade, não haverá condenação de honorários quando extinta a ação por perda de objeto por fato superveniente causado por terceiro".[24]

É exatamente por isso que o § 10 do art. 85 do CPC assim dispõe: "Nos casos de perda do objeto, os honorários serão devidos por quem deu causa ao processo".

6.2.4 Valor dos honorários e critérios para sua fixação

O valor dos honorários advocatícios, segundo estabelece o § 2º do art. 85 do CPC, deve ser fixado entre 10% e 20% sobre o montante da *condenação, do proveito econômico obtido ou, não sendo possível mensurá-lo, sobre o valor atualizado da causa*.

Ao estimar o valor dos honorários, o juiz deve levar em conta o grau de zelo do advogado, o lugar da prestação do serviço, a natureza e a importância da causa, o trabalho realizado pelo advogado e o tempo exigido para o seu serviço. Sendo a causa desnuda de complexidade, o

---

[22] DINAMARCO, Pedro da Silva. Honorários de sucumbência no Superior Tribunal de Justiça. In: COSTA, Hélio Rubens Batista Ribeiro; RIBEIRO, José Horácio Halfeld Rezende; DINAMARCO, Pedro da Silva (coords.). *Linhas mestras do processo civil:* comemoração dos 30 anos de vigência do CPC. São Paulo: Atlas, 2004. p. 496.

[23] CÂMARA, Alexandre Freitas. *Lições de direito processual civil*. 8. ed. Rio de Janeiro: Lumen Juris, 2003. v. I, p. 156.

[24] STJ, 2ª Turma, REsp 626.325/AL, Rel. Min. Castro Meira, *DJ* 9.8.2004, p. 246.

percentual a ser fixado deve ser menor, quando se compara a causa com outra demanda que exigiu um maior esforço profissional.

Os limites de 10% e de 20% aplicam-se independentemente de qual seja o conteúdo da decisão, inclusive aos casos de improcedência e de extinção sem resolução do mérito (CPC, art. 85, § 6º).

Os honorários de sucumbência não devem ser fixados em salários mínimos, tal como explicita o enunciado 201 da Súmula do STJ.

6.2.5 Valor dos honorários e critérios para sua fixação nas causas em que a Fazenda Pública for parte

O § 3º do art. 85 do CPC prevê que, quando a Fazenda Pública for parte no processo, os honorários serão fixados consoante *os percentuais indicados em uma lista contida nos seus diversos incisos*, atendidos os critérios do § 3º daquele mesmo art. 85.

Tais percentuais aplicam-se em todos os casos em que a Fazenda Pública seja parte, autora, ré ou interveniente, seja ela vitoriosa ou vencida.[25]

Convém reproduzir, por meio de uma tabela, a lista que contém os percentuais a serem fixados pelo juiz nas causas em que a Fazenda Pública for parte:

Valor da condenação ou do proveito econômico	Percentuais mínimos e máximos dos honorários
Até 200 salários mínimos	Entre 10% e 20%
De 200 até 2.000 salários mínimos	Entre 8% e 10%
De 2.000 até 20.000 salários mínimos	Entre 5% e 8%
De 20.000 até 100.000 salários mínimos	Entre 3% e 5%
Acima de 100.000 salários mínimos	Entre 1% e 3%

Sendo líquida a sentença, esses percentuais devem ser aplicados desde logo. Se ilíquida, os percentuais somente serão aplicados depois de ultimada a liquidação da sentença.

Os percentuais devem incidir sobre o valor da condenação. Não havendo condenação, a fixação deve ser feita com base no proveito econômico obtido pelo vencedor. Não havendo condenação e não sendo possível mensurar o proveito econômico obtido, o valor dos honorários deve ser fixado sobre o valor atualizado da causa (CPC, art. 85, § 4º, III).

Quando a condenação, o benefício econômico obtido pelo vencedor ou o valor da causa, conforme o caso, for superior a 200 (duzentos) salários mínimos (que é o limite do inciso I), a fixação do percentual de honorários deve observar a faixa inicial e, no que exceder, a faixa subsequente, e assim sucessivamente (CPC, art. 85, § 5º).

---

[25] SILVA, Marcello Terto e. Honorários advocatícios nas causas em que a Fazenda Pública é parte. Honorários advocatícios contra a Fazenda Pública e o novo CPC. In: COÊLHO, Marcus Vinícius Furtado; CAMARGO, Luiz Henrique Volpe (coords.). *Honorários advocatícios*. Salvador: JusPodivm, 2015. p. 421-423; CARVALHO, Paulo Gustavo Medeiros de; RIBEIRO, Rodrigo Pereira Martins. Honorários de sucumbência e o novo processo civil: Fazenda Pública e o advogado público (honorários advocatícios nas causas em que Fazenda Pública for parte). In: COÊLHO, Marcus Vinícius Furtado; CAMARGO, Luiz Henrique Volpe (coords.). *Honorários advocatícios*. Salvador: JusPodivm, 2015. p. 466-467.

Assim, se, por exemplo, o valor da condenação, do benefício econômico obtido pelo vencedor ou o valor da causa for de 100 (cem) salários mínimos, os honorários devem ser fixados entre 10% (dez por cento) e 20% (vinte por cento), aplicando-se o inciso I do § 3º do art. 85 do CPC. Se, todavia, o valor da condenação, do benefício econômico ou da causa for, por exemplo, de 300 (trezentos) salários mínimos, o valor dos honorários será fixado entre 10% (dez por cento) e 20% (vinte por cento) sobre 200 (duzentos) salários mínimos, ao que se acresce a fixação entre 8% (oito por cento) e 10% (dez por cento) sobre 100 (cem) salários mínimos.

Tome-se como exemplo um caso em que o valor da condenação, do benefício econômico obtido ou o valor da causa seja equivalente a 200.000 (duzentos mil) salários mínimos. Nesse caso, os honorários terão seu valor fixado da seguinte forma: entre 10% (dez por cento) e 20% (vinte por cento) sobre 200 (duzentos) salários mínimos, ao que se acresce a fixação entre 8% (oito por cento) e 10% (dez por cento) sobre 1.800 (mil e oitocentos) salários mínimos, adicionado da fixação entre 5% (cinco por cento) e 8% (oito por cento) sobre 18.000 (dezoito mil) salários mínimos. Daí se adiciona mais uma fixação entre 3% (três por cento) e 5% (cinco por cento) sobre 80.000 (oitenta mil) salários mínimos, somando-se mais outra fixação entre 1% (um por cento) e 3% (três por cento) sobre 100.000 (cem mil) salários mínimos.

Como já acentuado, os percentuais serão logo aplicados, quando a sentença for líquida. Sendo ela ilíquida, sua aplicação só se dará quando ultimada a liquidação. Será considerado o salário mínimo vigente no momento da sentença líquida ou o que estiver em vigor na data da decisão de liquidação (CPC, art. 85, § 4º, IV).

Os limites previstos no § 3º do art. 85 do CPC aplicam-se em qualquer caso, independentemente de qual seja o conteúdo da decisão, inclusive àqueles de improcedência ou de sentença sem resolução do mérito (CPC, art. 85, § 6º). Aliás, assim está registrado no enunciado 3 do Fórum Nacional do Poder Público: "Nos processos em que a Fazenda Pública for parte, em caso de improcedência do pedido, os honorários advocatícios devem ser fixados, em regra, sobre o proveito econômico obtido pelo vencedor".

Nas causas em que for inestimável ou irrisório o proveito econômico ou, ainda, quando o valor da causa for muito baixo, o juiz fixará o valor dos honorários por apreciação equitativa, observando os critérios relacionados no § 2º do art. 85 (CPC, art. 85, § 8º). A depender dos elementos concretos da demanda, e diante de uma *apreciação equitativa* que leve em conta os critérios contidos no § 2º do art. 85 do CPC, poderão os honorários ser estabelecidos num valor fixo, sendo, de um lado, suficiente para bem remunerar o trabalho desenvolvido pelo advogado e, de outro lado, apto a não gerar um impacto significativo ao Erário.

Para fixar os honorários por equidade, o juiz deverá observar os valores recomendados pelo Conselho Federal da OAB ou o limite mínimo de 10% estabelecido no § 2º do art. 85 do CPC, o que for maior (CPC, art. 85, § 8º-A). O § 8º-A do art. 85 do CPC não prevê critérios ou diretrizes para a fixação do valor dos honorários. Na verdade, os critérios objetivos ali estabelecidos afastariam a apreciação equitativa do juiz, que adotaria o maior valor: ou o equivalente a 10% do valor da causa ou o montante recomendado pela OAB.

Como já se viu, o juiz deve fixar o valor dos honorários entre 10% e 20% sobre o valor da condenação. Não havendo condenação, o juiz o fixará entre 10% e 20% sobre o proveito econômico. Não sendo caso de condenação nem havendo proveito econômico, o juiz deve, então, fixar os honorários entre 10% e 20% sobre o valor da causa, mas se este for irrisório, deverá fixá-los por equidade. Não faz sentido o juiz fixar, por equidade, o valor dos honorários em 10% sobre o valor da causa, pois este já é irrisório. O § 8º-A do art. 85 do CPC prevê, porém, que, em caso de equidade, o juiz deve considerar a recomendação feita pelo Conselho

Federal da OAB ou fixar o limite mínimo de 10% estabelecido no § 2º do art. 85 do CPC. A referência ao § 2º do art. 85 do CPC é inadequada, pois, se é para fixar por equidade, é porque não houve condenação, não há proveito econômico e o valor da causa é irrisório. Fixar no mínimo de 10% sobre o valor da causa é insuficiente, inadequado, irrisório, devendo ser estabelecido um valor equânime.

Há de prevalecer o que for maior: a recomendação da OAB ou o equivalente a 10% sobre o valor da causa. O juiz, ao fixar os honorários por equidade, não pode estabelecer um valor inferior ao maior deles: a recomendação da OAB ou os 10% sobre o valor da causa. O juiz não pode fixar menos que o maior valor dessas referências, mas pode, evidentemente, estabelecer um montante acima disso.

A melhor forma de interpretar o § 8º-A do art. 85 do CPC é, então, entender que está ali a previsão de um piso ou diretriz mínima. Ao fixar os honorários por equidade, o juiz não pode estabelecer um valor que seja inferior ao recomendado pelo Conselho Federal da OAB nem ao mínimo de 10% sobre o valor da causa. Se a recomendação da OAB for maior, não se pode fixar menos do que ela estabelece. Se os 10% sobre o valor da causa superar a recomendação da OAB, o juiz não pode, na apreciação equitativa, fixar menos que isso.

A fixação por equidade apenas é permitida quando o proveito econômico for inestimável ou irrisório.

Nas demandas previdenciárias, a Fazenda Pública deve, igualmente, ser condenada, se vencida, em honorários de sucumbência, atendidas as regras contidas no art. 85, § 3º, do CPC. O valor dos honorários, fixados de acordo com a lista de percentuais incidentes sobre o valor da condenação, não deverá, contudo, incidir sobre o montante correspondente às prestações vincendas. A propósito, assim enuncia a Súmula 111 do STJ: "Os honorários advocatícios, nas ações previdenciárias, não incidem sobre prestações vencidas após a sentença".

6.2.6 A indevida aplicação do § 8º do art. 85 do CPC aos casos de valores elevados ou excessivos

Não é possível fixar o valor dos honorários de sucumbência mediante juízo de equidade, na hipótese de, aplicados os percentuais do art. 85, § 3º, do CPC, o valor da verba honorária revelar-se excessivo.

O STJ, por meio de suas 1ª e 2ª Turmas, proferiu decisões que relativizavam o § 3º do art. 85 do CPC e admitiam a fixação dos honorários de sucumbência em casos de condenações ou de proveitos econômicos elevados ou considerados excessivos.[26]

Apesar da relativização do art. 85, § 3º, do CPC entre as Turmas que compõem a 1ª Seção do STJ, foram proferidos julgados posteriores, tanto da 1ª[27] quanto da 2ª[28] Turmas, que ignoraram completamente a existência da controvérsia. Tais decisões aplicaram o § 3º do art. 85 do CPC, fazendo referência, inclusive, à existência de uma pacificação jurisprudencial no sentido da necessidade de observância dos percentuais ali estabelecidos e da excepcionalidade

---

[26] STJ, 2ª Turma, REsp 1.789.913/DF, Rel. Min. Herman Benjamin, *DJe* 11.3.2019; STJ, 2ª Turma, AgInt nos EDcl nos EDcl no REsp 1.807.495/DF, Rel. Min. Mauro Campbell Marques, *DJe* 19.9.2019; STJ, 1ª Turma, REsp 1.771.147/SP, Rel. Min. Napoleão Nunes Maia Filho, *DJe* 25.9.2019; STJ, 1ª Turma, REsp 1.795.760/SP, Rel. Min. Gurgel de Faria, *DJe* 3.12.2019.

[27] STJ, 1ª Turma, AgInt no REsp 1.818.118/RS, Rel. Min. Napoleão Nunes Maia Filho, *DJe* 19.12.2019.

[28] STJ, 2ª Turma, AgInt no AREsp 1.424.719/SP, Rel. Min. Francisco Falcão, *DJe* 21.5.2019; STJ, 2ª Turma, AgInt no AREsp 1.456.057/SP, Rel. Min. Francisco Falcão, *DJe* 25.9.2019.

do juízo de equidade. Alguns desses precedentes provêm de processos que envolviam quantias vultosas (o que ensejaria, segundo a referida tese, a fixação de honorários por apreciação equitativa). Por exemplo, em caso julgado pela 1ª Turma, o valor da causa era de R$ 39.814,861,60, mas o juízo de equidade foi afastado, aplicando-se os percentuais previstos no art. 85, § 3º, do CPC.[29] Por sua vez, a 2ª Turma decidiu da mesma forma em uma execução fiscal no valor de R$ 61.104.619,02.[30]

Como se viu, a fixação de honorários de sucumbência por equidade só é, no atual CPC, aplicável, apenas residualmente, às "causas em que for inestimável ou irrisório o proveito econômico ou, ainda, quando o valor da causa for muito baixo" (art. 85, § 8º). Além disso, o § 3º do art. 85 do CPC prevê percentuais específicos para as causas em que a Fazenda Pública for parte, afastando a possibilidade de fixação de honorários por apreciação equitativa. A regra incide não só quando o Poder Público é vencido, mas em todos os processos em que ele for parte, independentemente de quem seja o sucumbente.

Assim, sob a égide do atual CPC, a fixação de honorários por apreciação equitativa é excepcional, apenas para casos de valor inestimável ou irrisório. E, nos termos do parágrafo único do art. 140 do próprio CPC, "o juiz decidirá por equidade nos casos previstos em lei". O parágrafo único do art. 140 do CPC contém uma *norma de habilitação*, assim denominada por *habilitar* o órgão para o exercício de uma função específica e tipificada.[31] É norma que contém uma atribuição de poder. Toda atribuição de poder ou de competência representa, a um só tempo, uma *autorização* e uma *limitação*.[32] Quem age sem autorização normativa transgride a norma, produzindo ato contrário ao direito.[33] Enfim, a norma autoriza a decisão por equidade e, ao mesmo tempo, impõe uma limitação, no sentido de que, quando não autorizado expressamente, o uso da equidade está expressamente vedado.

No caso dos honorários de sucumbência, sua fixação por equidade só está autorizada quando o proveito econômico for inestimável ou irrisório ou quando o valor da causa for muito baixo. Não se autoriza seu uso para os casos de valores muito altos ou expressivos. Na verdade, em tais casos, justamente por não estar autorizado, está vedado o uso da equidade.[34]

Apesar disso, há, como se viu, decisões do STJ que reconhecem que a fixação dos honorários de sucumbência por apreciação equitativa do juiz é aplicável "tanto na hipótese do valor inestimável ou irrisório, de um lado, como no caso da quantia exorbitante, de outro".[35]

---

[29] STJ, 1ª Turma, AgInt no REsp 1.824.108/DF, Rel. Min. Sérgio Kukina, *DJe* 12.3.2020.

[30] STJ, 2ª Turma, REsp 1.820.265/SP, Rel. Min. Francisco Falcão, *DJe* 16.9.2019.

[31] FORSTHOFF, Ernest. *Tratado de derecho administrativo*. Madrid: Instituto de Estudios Políticos, 1958. p. 573; BORGES, José Souto Maior. *Lançamento tributário*. 2. ed. São Paulo: Malheiros, 1999. p. 89; CUNHA, Leonardo Carneiro da. *Jurisdição e competência*. 2. ed. São Paulo: RT, 2013. p. 22-23.

[32] MIRANDA, Jorge. *Manual de direito constitucional*. 3. ed. Coimbra: Coimbra Ed., 2004. t. V, p. 58, n. 17, II.

[33] KELSEN, Hans. *Teoria geral das normas*. Trad. José Florentino Duarte. Porto Alegre: Sergio Antonio Fabris Editor, 1986. p. 129-130.

[34] Como destacado no item 6.2.10, o STJ entende que: "nos casos em que a exceção de pré-executividade visar, tão somente, à exclusão do excipiente do polo passivo da execução fiscal, sem impugnar o crédito executado, os honorários advocatícios deverão ser fixados por apreciação equitativa, nos moldes do art. 85, § 8º, do CPC/20215, porquanto não há como se estimar o proveito econômico obtido com o provimento jurisdicional" (STJ, 1ª Seção, EREsp 1.880.560/RN, Rel. Min. Francisco Falcão, *DJe* 6.6.2024).

[35] STJ, 2ª Turma, REsp 1.789.913/DF, Rel. Min. Herman Benjamin, *DJe* 11.3.2019.

Diante da divergência de entendimento, foi afetado o Tema 1.076 dos recursos repetitivos para a Corte Especial do STJ, que, então, pacificou a questão, fixando a seguinte tese: "i) A fixação dos honorários por apreciação equitativa não é permitida quando os valores da condenação, da causa ou o proveito econômico da demanda forem elevados. É obrigatória nesses casos a observância dos percentuais previstos nos §§ 2º ou 3º do artigo 85 do CPC – a depender da presença da Fazenda Pública na lide –, os quais serão subsequentemente calculados sobre o valor: (a) da condenação; ou (b) do proveito econômico obtido; ou (c) do valor atualizado da causa. ii) Apenas se admite arbitramento de honorários por equidade quando, havendo ou não condenação: (a) o proveito econômico obtido pelo vencedor for inestimável ou irrisório; ou (b) o valor da causa for muito baixo."

A fixação de honorários por equidade é, enfim, residual e excepcional, só podendo ser feita em casos de valores irrisórios ou muito baixos. Quando o valor da condenação ou do proveito econômico obtido ou o valor atualizado da causa for líquido ou liquidável, mas não for irrisório, é proibida da apreciação equitativa do valor dos honorários de sucumbência (CPC, art. 85, § 6º-A).

Registre-se que a aplicação do § 8º do art. 85 do CPC, em casos de valores elevados, estimula a litigância irresponsável, contrariando diversos princípios do direito processual.

A litigância judicial é uma atividade de risco, pois a parte derrotada pode suportar os ônus da sucumbência (CPC, arts. 82, § 2º, 85). Mesmo derrotada e condenada a tais ônus, se recorre, e seu recurso é rejeitado, a parte terá majorado o valor dos honorários de sucumbência a que foi condenada (CPC, art. 85, § 11). A postura dos litigantes há de ser proba e responsável. A litigância de má-fé acarreta a imposição de multas pelo órgão jurisdicional (CPC, arts. 81, 702, §§ 10 e 11, 1.026, §§ 2º e 3º). A postura inadequada pode também acarretar a imposição de multas por haver ato atentatório à dignidade da jurisdição (CPC, arts. 77, § 2º, 334, § 8º).

O comportamento contraditório atenta contra o princípio da boa-fé (CPC, art. 5º), podendo ensejar o estabelecimento de consequências judiciais destinadas a restabelecer a conduta que se ajuste ao padrão ético desejável.

O exame da legislação e dos precedentes existentes em torno do tema é relevante para averiguar os riscos da demanda. A repercussão econômica da disputa é fundamental para identificar o valor da causa, que deve constar da petição inicial.

Tudo está a demonstrar, portanto, que a atuação judicial gera importantes consequências financeiras. É preciso atuar com responsabilidade, para evitar ônus financeiros desnecessários à parte. O advogado deve atuar com zelo, com cuidado, com critério, para não onerar demasiadamente seu cliente. Isso ocorre tanto no ambiente privado quanto no público.

Se o § 8º do art. 85 do CPC fosse realmente aplicado a casos de elevado valor, além de se desprezar e de se negar vigência a diversos itens da tabela prevista no § 3º do art. 85 do CPC, estar-se-ia a estimular comportamentos irresponsáveis: o advogado público postularia o que quisesse, como quisesse, sem base probatória sólida, sem fundamento normativo consistente, pois não temeria o risco de sucumbência elevada. Se os tribunais resolvessem generalizar a aplicação do § 8º do art. 85 do CPC para casos de valores excessivos, além de arrostarem o art. 140 do CPC e atuarem por equidade sem autorização legal, contribuiriam para a ausência de uma litigância responsável, permitindo que se fizesse tudo, que se pedisse tudo, com consequências leves, irrisórias, sem impacto ou repercussão expressiva.

6.2.7 Sucumbência recursal

Os honorários de sucumbência decorrem, como se viu no item 6.2.3 *supra*, da causalidade.

Também ali se viu que a condenação em honorários de sucumbência ocorre, apenas, quando se julga a *causa*; resolução de um incidente não acarreta a condenação nos honorários de sucumbência. O § 11 do art. 85 do CPC prevê a majoração dos honorários no âmbito recursal; cria-se aí a chamada *sucumbência recursal*. Se o sujeito der causa a uma demanda originária, deverá arcar com os honorários de sucumbência. Se, de igual modo, der causa a uma demanda recursal, deverá arcar com a majoração dos honorários.

O valor dos honorários recursais soma-se aos honorários anteriormente fixados.[36]

Assim, vencida numa demanda, a parte deve sujeitar-se ao pagamento de honorários sucumbenciais para o advogado da parte contrária. Nessa hipótese, caso recorra e seu recurso não seja, ao final, acolhido, deverá, então, haver uma majoração específica no valor dos honorários de sucumbência. A inadmissibilidade ou a rejeição do recurso implica, objetivamente, uma consequência específica, correspondente ao aumento do percentual dos honorários de sucumbência. A sucumbência recursal, com majoração dos honorários já fixados, ocorre tanto no julgamento por decisão isolada do relator como por decisão proferida pelo colegiado.[37] O valor total dos honorários, aí incluída a parcela acrescida com o julgamento do recurso, não deve superar o equivalente a 20% do valor da condenação, do proveito econômico obtido ou, não sendo possível mensurá-lo, do valor atualizado da causa. Tal limite aplica-se a cada fase do processo: os honorários devem ser fixados até 20% na fase de conhecimento e até 20% na fase de cumprimento da sentença.

Se, por exemplo, o juiz fixou os honorários em 10% e a parte vencida recorre, tendo seu recurso sido rejeitado, a verba honorária pode ser majorada para 20%. Nesse caso, qualquer outro recurso não pode mais implicar majoração do valor, pois já se alcançou o limite máximo de 20%. Mas é possível que o juiz fixe os honorários em 10% e, em razão do desprovimento do recurso da parte vencida, o tribunal majore os honorários para 15%. Se houver outro recurso (um recurso especial ou extraordinário, por exemplo) que venha também a ser rejeitado, os honorários podem, ainda, ser majorados até 20%. Caso, entretanto, o juiz, ao julgar a causa, já fixe os honorários de sucumbência em 20%, já se terá, desde logo, alcançado o limite máximo, não sendo mais possível haver qualquer majoração: os recursos sucessivos que venham a ser interpostos não podem mais, nesse último exemplo, implicar aumento ou majoração no valor dos honorários de sucumbência, pois já fixado no limite máximo.[38]

No caso de demanda que envolva o Poder Público, devem ser observados os limites das faixas previstas no § 3º do art. 85 do CPC na fase de conhecimento e, igualmente, na fase de cumprimento da sentença.

A majoração dos honorários em virtude do julgamento de um recurso não depende de pedido. Não tendo os honorários alcançado o limite máximo, o tribunal, ao inadmitir ou desprover o recurso, deve aumentar o seu valor. Para que haja honorários recursais, é preciso

---

[36] Assim, o enunciado 241 do Fórum Permanente de Processualistas Civis: "Os honorários de sucumbência recursal serão somados aos honorários pela sucumbência em primeiro grau, observados os limites legais".

[37] CAMARGO, Luiz Henrique Volpe. Os honorários advocatícios pela sucumbência recursal no CPC/2015. *Doutrina selecionada* – parte geral. Salvador: JusPodivm, 2015. p. 749. Assim, também, o enunciado 242 do Fórum Permanente de Processualistas Civis: "Os honorários de sucumbência recursal são devidos em decisão unipessoal ou colegiada".

[38] Hipótese criticada por FREIRE, Alexandre; MARQUES, Leonardo Albuquerque. Os honorários de sucumbência no novo CPC. *Doutrina selecionada* – parte geral. Salvador: JusPodivm, 2015. p. 735.

que o recurso tenha sido totalmente inadmitido ou desprovido. O provimento parcial, ainda que mínimo, afasta a possibilidade de honorários recursais[39].

Mesmo que não sejam apresentadas contrarrazões, haverá sucumbência recursal se o recurso for inadmitido ou rejeitado,[40] desde que o recorrido tenha advogado constituído e tenha sido intimado para apresentá-las. Assim como há honorários de sucumbência em casos de revelia com advogado constituído, também há honorários recursais em casos de recurso não respondido. Se, porém, o recurso for rejeitado liminarmente pelo relator, sem que tenha havido intimação do advogado para apresentar contrarrazões, não há honorários recursais. A situação é a mesma da improcedência liminar do pedido na primeira instância: quando o juiz profere sentença de improcedência liminar, não há condenação em honorários, pois não houve advogado constituído pelo réu, o qual, aliás, nem foi citado. Os honorários de sucumbência consistem em direito do advogado: se este atua no processo, ainda que não tenha praticado algum ato importante ou decisivo, terá direito aos honorários, desde que haja causalidade da parte contrária. A inércia ou falta da prática de algum ato contribui para a definição do percentual aplicável ou fixação do valor, mas não afasta a condenação em honorários, pois estes decorrem da causalidade.[41] Nesse sentido, o enunciado 7 da I Jornada de Direito Processual Civil, do Conselho da Justiça Federal: "A ausência de resposta ao recurso pela parte contrária, por si só, não tem o condão de afastar a aplicação do disposto no art. 85, § 11, do CPC".

Não há honorários recursais em qualquer recurso, apenas naqueles em que for admissível condenação em honorários de sucumbência na primeira instância.[42] Assim, não cabe, por exemplo, sucumbência recursal em agravo de instrumento interposto contra decisão que versa sobre tutela provisória, mas cabe em agravo de instrumento interposto contra decisão que versa sobre o mérito da causa.[43] A sucumbência recursal consiste, como já visto, em majoração de honorários já fixados.

Exatamente por isso, não se aplica o § 11 do art. 85 do CPC nos recursos interpostos no mandado de segurança.[44] É que, no processo de mandado de segurança, não cabe condenação em honorários de sucumbência (Lei 12.016/2009, art. 25).[45] Se não há condenação

---

[39] Nesse sentido, o tema 1.059 dos repetitivos/STJ teve a seguinte tese fixada: "A majoração dos honorários de sucumbência prevista no art. 85, § 11, do CPC pressupõe que o recurso tenha sido integralmente desprovido ou não conhecido pelo tribunal, monocraticamente ou pelo órgão colegiado competente. Não se aplica o art. 85, § 11, do CPC em caso de provimento total ou parcial do recurso, ainda que mínima a alteração do resultado do julgamento e limitada a consectários da condenação".

[40] Em sentido contrário, CAMARGO, Luiz Henrique Volpe. Os honorários advocatícios pela sucumbência recursal no CPC/2015. *Doutrina selecionada* – parte geral. Salvador: JusPodivm, 2015. p. 760-761.

[41] Nesse sentido: STJ, 3ª Turma, EDcl no AgInt no REsp 1.573.573/RJ, Rel. Min. Marco Aurélio Bellizze, *DJe* 8.5.2017; STJ, 1ª Seção, AgInt nos EmbDiv em REsp 1.539.725/DF, Rel. Min. Antonio Carlos Ferreira, *DJe* 19.10.2017.

[42] CAMARGO, Luiz Henrique Volpe. Os honorários advocatícios pela sucumbência recursal no CPC/2015. *Doutrina selecionada* – parte geral. Salvador: JusPodivm, 2015. p. 748.

[43] CAMARGO, Luiz Henrique Volpe. Os honorários advocatícios pela sucumbência recursal no CPC/2015. *Doutrina selecionada* – parte geral. Salvador: JusPodivm, 2015. p. 749. No mesmo sentido, o enunciado 8 da I Jornada de Direito Processual Civil, do Conselho da Justiça Federal: "Não cabe majoração de honorários advocatícios em agravo de instrumento, salvo se interposto contra decisão interlocutória que tenha fixado honorários na origem, respeitados os limites estabelecidos no art. 85, §§ 2º, 3º e 8º, do CPC".

[44] STF, 1ª Turma, RE 980.055 AgR/PR, Rel. Min. Rosa Weber, *DJe* 20.11.2017.

[45] "O art. 25 da Lei 12.016/2009 estabelece regra de descabimento de condenação em honorários advocatícios 'no processo mandamental', expressão que reúne a ideia de ação e do procedimento subjacente, com a petição inicial, as informações da autoridade coatora, a intervenção do Ministério

em honorários, não pode haver sua majoração em sede recursal. Daí a inaplicabilidade do dispositivo no mandado de segurança.[46] O STJ definiu, em precedente obrigatório, que não há honorários nem mesmo na execução da sentença do mandado de segurança. Eis a tese do Tema 1.232 dos recursos repetitivos: "Nos termos do art. 25 da Lei n. 12.016/2009, não se revela cabível a fixação de honorários de sucumbência em cumprimento de sentença proferida em mandado de segurança individual, ainda que dela resultem efeitos patrimoniais a serem saldados dentro dos mesmos autos".

No julgamento de embargos de declaração, não há majoração de honorários anteriormente fixados.[47] Isso porque o § 11 do art. 85 do CPC refere-se a tribunal, afastando a sucumbência recursal no âmbito da primeira instância. Assim, opostos embargos de declaração contra decisão interlocutória ou contra sentença, não há sucumbência recursal, não havendo, de igual modo e em virtude da simetria, sucumbência recursal em embargos de declaração opostos contra decisão isolada do relator ou contra acórdão.[48]

De igual modo, não há majoração de honorários anteriormente fixados no julgamento do agravo interno.[49] Quando o relator inadmite ou nega provimento ao recurso por decisão isolada, ele já aplica o § 11 do art. 85 do CPC e majora os honorários de sucumbência fixados pelo juiz contra a parte. Rejeitado o agravo interno, o colegiado apenas confirma a decisão do relator, não incidindo novamente o § 11 do art. 85 do CPC. O relator, ao decidir, antecipa provável entendimento do colegiado. Este, ao ser provocado pelo agravo interno, confirma ou não a decisão do relator. Ao confirmar, mantém o que o relator decidiu, inclusive na parte relativa aos honorários sucumbenciais recursais. Não há outra majoração, pois foi determinada pelo relator em sua decisão isolada. Se, porém, o relator, ao inadmitir ou rejeitar o recurso, não aumenta os honorários, tal majoração deve ser feita no julgamento do agravo interno. Ou a majoração se faz na decisão do relator, ou na decisão colegiada que a confirma.[50] O que não deve é haver dupla majoração num mesmo recurso.

O julgamento de embargos de divergência pode acarretar majoração de honorários de sucumbência. Conforme já decidiu o Superior Tribunal de Justiça, "com a interposição de embargos de divergência em recurso especial tem início novo grau recursal, sujeitando-se o embargante, ao questionar decisão publicada na vigência do CPC/2015, à majoração dos honorários sucumbenciais, na forma do § 11 do art. 85, quando indeferidos liminarmente pelo relator ou se o colegiado deles não conhecer ou negar-lhes provimento".[51]

Público, a prolação de provimento judicial e, ainda, os recursos consequentes, de maneira a afastar a incidência do regime do art. 85, § 11, do CPC/2015" (STJ, 2ª Turma, RMS 52.024/RJ, Rel. Min. Mauro Campbell Marques, *DJe* 14.10.2016).

[46] DELLORE, Luiz. Comentários ao art. 85 do CPC. *Teoria geral do processo*: comentários ao CPC de 2015 – parte geral. São Paulo: Método, 2015. p. 299.

[47] Nesse sentido: STF, 1ª Turma, ARE 895.770 AgR-ED, Rel. Min. Marco Aurélio, *DJe* 4.8.2016; STJ, 1ª Turma, EDcl no AgRg no AREsp 166.474/DF, Rel. Min. Napoleão Nunes Maia Filho, *DJe* 7.11.2016; STJ, 3ª Turma, EDcl no AgInt no REsp 1.573.573/RJ, Rel. Min. Marco Aurélio Bellizze, *DJe* 8.5.2017.

[48] DELLORE, Luiz. Comentários ao art. 85 do CPC. *Teoria geral do processo*: comentários ao CPC de 2015 – parte geral. São Paulo: Método, 2015. p. 299.

[49] Nesse sentido: STJ, 2ª Turma, AgInt no AREsp 770.309/SC, Rel. Min. Francisco Falcão, *DJe* 20.10.2016; STJ, 4ª Turma, AgInt no AREsp 788.432/SP, Rel. Min. Maria Isabel Gallotti, *DJe* 11.10.2016; STJ, 3ª Turma, EDcl no AgInt no REsp 1.573.573/RJ, Rel. Min. Marco Aurélio Bellizze, *DJe* 8.5.2017.

[50] Nesse sentido, o enunciado 242 do Fórum Permanente de Processualistas Civis: "Os honorários de sucumbência recursal são devidos em decisão unipessoal ou colegiada".

[51] STJ, 2ª Seção, AgInt nos EmbDiv em REsp 1.539.725/DF, Rel. Min. Antonio Carlos Ferreira, *DJe* 19.10.2017; STJ, 2ª Seção, EDcl no AgInt nos EREsp 1.723.991/SP, rel. Min. Moura Ribeiro, *DJe* 9.12.2022.

No julgamento da remessa necessária, pode haver sucumbência recursal (partindo-se da premissa aqui adotada, segundo a qual a remessa necessária é recurso), mas não deve haver majoração dos honorários de sucumbência, por não haver causalidade apta a acarretá-la. Logo, não se aplica o § 11 do art. 85 do CPC no julgamento da remessa necessária.[52] A majoração dos honorários só se dá no âmbito dos recursos voluntários, não se aplicando nos recursos de ofício, por não haver causalidade nesses últimos.

O tribunal, ao rejeitar o recurso, pode, como visto, majorar o valor dos honorários de sucumbência. Tal majoração não impede que sejam impostas multas por litigância de má-fé, nem outras sanções processuais (CPC, art. 85, § 12). Isso porque a majoração dos honorários não constitui uma punição, não sendo exigida a comprovação de culpa ou dolo; decorre simplesmente da rejeição do recurso em casos em que a fixação dos honorários de sucumbência tenha sido inferior a 20% sobre o valor da condenação ou do direito discutido. Aplicam-se, na verdade, as mesmas regras tradicionais dos honorários de sucumbência, sendo uma condenação objetiva: é irrelevante se o recurso é ou não protelatório, se parte teve alguma intenção ou não de prejudicar etc.[53]

A sucumbência recursal, com a majoração dos honorários já fixados, somente ocorre quando o recurso for inadmitido ou rejeitado, mantida a decisão recorrida.[54] Se, porém, o recurso for conhecido e provido para reformar a decisão, o que há é a *inversão* da sucumbência: a condenação inverte-se, não havendo honorários recursais.[55]

O § 11 do art. 85 do CPC somente deve ser aplicado aos casos em que o recurso for interposto a partir do início de sua vigência,[56] não se aplicando aos recursos já interpostos ou pendentes de julgamento.[57] Trata-se de regra de decisão, e não de regra processual.

---

[52] Nesse sentido, o enunciado 4 do Fórum Nacional do Poder Público: "A majoração dos honorários de sucumbência, prevista no § 11 do art. 85 do CPC, não se aplica ao julgamento da remessa necessária".

[53] CAMARGO, Luiz Henrique Volpe. Os honorários advocatícios pela sucumbência recursal no CPC/2015. *Doutrina selecionada* – parte geral. Salvador: JusPodivm, 2015. p. 748.

[54] STJ, 3ª Turma, EDcl no AgInt no REsp 1.573.573/RJ, Rel. Min. Marco Aurélio Bellizze, *DJe* 8.5.2017.

[55] DELLORE, Luiz. Comentários ao art. 85 do CPC. *Teoria geral do processo*: comentários ao CPC de 2015 – parte geral. São Paulo: Método, 2015. p. 299.

[56] Segundo Roberto P. Campos Gouveia Filho, em conversa eletrônica, manifestou entendimento segundo o qual o CPC/1973 continua a ser aplicado não apenas aos casos em que já tiver havido interposição de recurso antes do início de vigência do CPC/2015, mas também naqueles em que já era possível ser interposto o recurso. Assim, proferida a decisão antes do início de vigência do CPC/2015, mas vindo a ser interposto depois de sua vigência, continua a ser aplicado o CPC/1973, não sendo caso de honorários recursais. O marco que define a aplicação da lei não seria a interposição do recurso, mas a mera recorribilidade do ato. Por sua vez, João Otávio Terceiro Neto B. de Albuquerque entende que "o recurso é ato postulatório. É ele, pois, a causa dos honorários a que se refere o art. 85, § 11, do CPC. Sem causalidade, não há direito a honorários, como ocorre com a remessa necessária. Desse modo, é a data da interposição do recurso que condiciona a aplicação da lei processual no tempo. Praticado o ato na vigência do CPC/1973, não cabem honorários recursais, ainda que o recurso venha a ser julgado na vigência do CPC/2015. Já se o recurso for interposto sob a égide do CPC/2015, caberão honorários de sucumbência recursal, mesmo que o dispositivo que os prevê seja posteriormente revogado" (ALBUQUERQUE, João Otávio Terceiro Neto B. Honorários de sucumbência e direito intertemporal: entre o CPC/1973 e o CPC/2015. *Revista de Processo,* São Paulo: RT, n. 265, p. 361, mar. 2017).

[57] Nesse sentido: enunciado administrativo 7 do Superior Tribunal de Justiça: "Somente nos recursos interpostos contra decisão publicada a partir de 18 de março de 2016, será possível o arbitramento de honorários sucumbenciais recursais, na forma do art. 85, § 11, do novo CPC"; NUNES, Dierle; DUTRA, Vitor Barbosa; OLIVEIRA JÚNIOR, Délio Mota de. Honorários no recurso de apelação e questões correlatas. In: COÊLHO, Marcus Vinícius Furtado; CAMARGO, Luiz Henrique Volpe (coords.). *Honorários*

Como regra de decisão, somente pode aplicar-se a fatos posteriores ao início de sua vigência. E a base da verba honorária é a causalidade, que decorre da interposição do recurso.

Os honorários de sucumbência recursal consistem num efeito da interposição do recurso. O ato de recorrer contém a *causalidade* que acarreta a majoração dos honorários quando o recurso for inadmitido ou rejeitado. Aplicar a lei nova constitui, na espécie, uma retroatividade, proibida pelo texto constitucional. Logo, não se aplica o disposto no § 11 do art. 85 do CPC aos recursos pendentes de julgamento ou interpostos sob a vigência do CPC/1973. O marco temporal para a aplicação da lei é a interposição do recurso,[58] e não seu julgamento.[59]

6.2.8 Dispensa de honorários quando não impugnado o cumprimento de sentença contra a Fazenda Pública

De acordo com o § 1º do art. 85 do CPC, são devidos honorários no cumprimento da sentença, provisório ou definitivo, e na execução, embargada ou não.

O § 7º do art. 85 do CPC dispõe que "não serão devidos honorários no cumprimento de sentença contra a Fazenda Pública que enseje expedição de precatório, desde que não tenha sido impugnada".

A regra confirma o disposto no art. 1º-D da Lei 9.494/1997, com a interpretação que lhe foi conferida pelo STF no julgamento do Recurso Extraordinário 420.816/PR. O disposto no art. 1º-D da Lei 9.494/1997 afasta os honorários na execução que envolve a Fazenda Pública, tendo-lhe o STF conferido interpretação conforme a Constituição Federal para reduzir seu campo de incidência, de modo a excluir "os casos de pagamentos de obrigações definidos em lei como de *pequeno* valor, objeto do § 3º do artigo 100 da Constituição".[60]

Assim, em razão do § 7º do art. 85 do CPC, quando o cumprimento da sentença resulta na expedição de precatório, somente serão devidos honorários se a Fazenda Pública apresentar impugnação.[61] Em outras palavras, somente há condenação da Fazenda Pública ao pagamento de honorários na impugnação, não havendo fixação de honorários no cumprimento da sentença. Então, não havendo impugnação, não haverá honorários a serem despendidos pela Fazenda Pública, salvo aqueles já constantes do título executivo.

Nem poderia ser diferente, visto que o pagamento de uma condenação judicial há de ser feito mediante precatório. Logo, a execução intentada contra a Fazenda Pública não decorre da resistência desta em não pagar o valor constante da sentença, mas sim da

---

advocatícios. Salvador: JusPodivm, 2015. p. 642-643; LIMA, Lucas Rister de Sousa. Direito intertemporal e honorários advocatícios sucumbenciais no novo CPC. In: COÊLHO, Marcus Vinícius Furtado; CAMARGO, Luiz Henrique Volpe (coords.). *Honorários advocatícios*. Salvador: JusPodivm, 2015. p. 177-199. Em sentido contrário: CAMARGO, Luiz Henrique Volpe. Os honorários advocatícios pela sucumbência recursal no CPC/2015. *Doutrina selecionada* – parte geral. Salvador: JusPodivm, 2015. p. 762-766; FAZIO, César Cipriano. Honorários advocatícios de sucumbência recursal. In: COÊLHO, Marcus Vinícius Furtado; CAMARGO, Luiz Henrique Volpe (coords.). *Honorários advocatícios*. Salvador: JusPodivm, 2015. p. 625-626.

[58] ALBUQUERQUE, João Otávio Terceiro Neto B. Honorários de sucumbência e direito intertemporal: entre o CPC/1973 e o CPC/2015. *Revista de Processo*, São Paulo: RT, n. 265, p. 361-362, mar. 2017.

[59] STJ, 3ª Turma, EDcl no AgInt no REsp 1.573.573/RJ, Rel. Min. Marco Aurélio Bellizze, *DJe* 8.5.2017; STF, 1ª Turma, ARE 897.105 AgR/DF, Rel. Min. Alexandre de Moraes, *DJe* 16.11.2017.

[60] Nesse sentido, e reafirmando o entendimento: STF, 1ª Turma, RE 419.129 AgR, Rel. Min. Marco Aurélio, *DJe* 9.11.2012.

[61] Obviamente, não se deve afastar os honorários já impostos na sentença condenatória. O que se está a tratar é dos honorários no cumprimento da sentença.

necessidade de se obedecer à ordem cronológica de inscrição dos precatórios. Como o regime de precatórios é o meio normal de satisfação da pretensão, não há insatisfação nem causalidade, afastando-se, bem por isso, a exigência de fixação de honorários no cumprimento de sentença não impugnado.

Se a execução não se submete à sistemática do precatório, é possível haver pagamento voluntário pela Fazenda Pública, já que não há exigência constitucional de observância da ordem cronológica para os créditos de pequeno valor. Não havendo pagamento voluntário, a Fazenda Pública pode ser acionada por um cumprimento de sentença. A dispensa do precatório não desobriga a fase de cumprimento de sentença. Havendo cumprimento de sentença de obrigação de pequeno valor, em vez de se expedir o precatório, expede-se, ao final, a ordem de pagamento. Nesse caso, ajuizado o cumprimento de sentença, venha ou não a ser impugnado, haverá fixação de honorários a serem pagos pela Fazenda Pública. Ainda que não tenha sido pleiteada a verba honorária, esta é cabível no cumprimento de sentença de pequeno valor proposto contra a Fazenda Pública.

Caso o cumprimento da sentença se submeta a precatório, é possível ao autor renunciar ao valor excedente, a fim de receber por meio de Requisição de Pequeno Valor – RPV –, evitando o precatório. Nessa situação, haverá honorários na execução, ainda que não haja impugnação.[62] Para que ocorra, é preciso que a renúncia seja feita antes da propositura do cumprimento de sentença, ou seja, o exequente já propõe o cumprimento de sentença com valor pequeno, requerendo a expedição da RPV. Se, porém, for proposto cumprimento de sentença de valor alto, com requerimento de expedição de precatório, mas, no curso do processo, o exequente renuncia ao excedente para receber seu crédito por RPV, não serão devidos honorários de sucumbência. A renúncia ao valor excedente, manifestada após a propositura do cumprimento de sentença, não autoriza o arbitramento dos honorários, pois a Fazenda Pública não provocou a instauração do cumprimento da sentença, não havendo causalidade que justifique os honorários de advogado.[63]

Enfim, na execução de pequeno valor, haverá honorários, independentemente de haver impugnação da Fazenda Pública.[64] Esse não foi, porém, o entendimento que prevaleceu no STJ. Ao examinar o Tema 1.190 dos repetitivos, o STJ fixou a seguinte tese: "Na ausência de impugnação à pretensão executória, não são devidos honorários advocatícios sucumbenciais em cumprimento de sentença contra a Fazenda Pública, ainda que o crédito esteja submetido a pagamento por meio de Requisição de Pequeno Valor – RPV".

No entendimento do STJ, não há honorários no cumprimento de sentença, quando a Fazenda Pública não apresente impugnação, ainda que não haja precatório, por se tratar de caso de pequeno valor.

---

[62] STJ, 2ª Turma, AgRg no REsp 1.328.643/RS, Rel. Min. Eliana Calmon, *DJe* 30.10.2012.
[63] STJ, 1ª Seção, REsp 1.406.296/RS, Rel. Min. Herman Benjamin, *DJe* 19.3.2014.
[64] "Processual Civil. Agravo. Recurso Especial. Cumprimento de sentença. Obrigação de pequeno valor. pagamento por RPV. Fixação de honorários advocatícios. Possibilidade. Art. 85, § 7º, do CPC/2015. 1. Esta Corte firmou jurisprudência de que são devidos honorários em execuções contra a Fazenda Pública relativas a quantias sujeitas ao regime de Requisições de Pequeno Valor (RPV), ainda que não haja impugnação. Precedentes. 2. Agravo interno não provido." (STJ, 2ª Turma, AgInt no AREsp 2.019.637/SP, rel. Min. Mauro Campbell Marques, *DJe* 17.6.2022). *No mesmo sentido:* STJ, 2ª Turma, AgInt no AREsp 1.461.383/PR, rel. Min. Herman Benjamin, *DJe* 11.10.2019; STJ, 2ª Turma, AgInt no REsp 1.962.703/PE, rel. Min. Og Fernandes, *DJe* 26.4.2022; STJ, 2ª Turma, AgInt no REsp 1.950.451/MG, rel. Min. Francisco Falcão, *DJe* 31.3.2022.

Assim, nos cumprimentos de sentença que tenham a Fazenda Pública como *executada*, não haverá condenação em honorários sucumbenciais, caso não haja apresentação de impugnação. Quer isso dizer que o § 7º do art. 85 do CPC *não* se aplica às execuções fiscais, pois não se trata de execução proposta em face da Fazenda Pública que acarrete a expedição de precatório.

Não é ocioso advertir que essas considerações se aplicam apenas aos cumprimentos de sentença por quantia certa propostos em face da Fazenda Pública. Tratando-se de cumprimento de sentença de obrigação de fazer, não fazer e entregar coisa, haverá fixação de honorários.

Nos casos em que houver honorários no cumprimento de sentença contra a Fazenda Pública, há de se observar que não se aplica o disposto no § 1º do art. 523 do CPC, que estabelece ser de 10% (dez por cento) o valor dos honorários no cumprimento da sentença. Tratando-se de cumprimento de sentença contra a Fazenda Pública, aplicam-se as faixas previstas no § 3º do art. 85 do CPC, e não o percentual fixo do § 1º do seu art. 523.[65]

O § 1º do art. 523 do CPC é regra que se aplica à generalidade dos casos. Há, contudo, regra específica para a Fazenda Pública (CPC, art. 85, § 3º), que não distingue entre fase de conhecimento e fase de cumprimento de sentença. Aplica-se, portanto, a regra específica. Incide, ainda, o § 1º do art. 85 do CPC, segundo o qual "são devidos honorários advocatícios na reconvenção, no cumprimento de sentença, provisório ou definitivo, na execução, resistida ou não, e nos recursos interpostos, cumulativamente".

É relevante observar o enunciado 345 da Súmula do Superior Tribunal de Justiça, segundo o qual "São devidos honorários advocatícios pela Fazenda Pública nas execuções individuais de sentença proferida em ações coletivas, ainda que não embargadas".

Não se revela adequado o entendimento do STJ que conflita, aliás, com a orientação firmada pelo Plenário do STF, no julgamento do referido Recurso Extraordinário 420.816/PR. Ademais, tal enunciado sumular deve ficar prejudicado diante do disposto no § 7º do art. 85 do CPC.

No caso das execuções de sentenças coletivas, deve haver honorários na *liquidação*, que é outra demanda cognitiva. Após a liquidação, sobrevém o cumprimento de sentença, no qual *não* há honorários, aplicando-se o disposto no § 7º do art. 85 do CPC, salvo se se tratar de execução sem precatório. Se, todavia, houver necessidade de precatório, *não* há honorários, exatamente por *não* haver causalidade, a não ser que seja ajuizada impugnação que venha a ser rejeitada. Entendimento diverso resta por contrariar o mencionado precedente do Plenário do STF.

É preciso, então, que a orientação do STJ, compendiada no enunciado 345 de sua Súmula, ajuste-se ao entendimento do STF e ao disposto no § 7º do art. 85 do CPC, estabelecendo-se que, nos casos de sentença coletiva, cabem honorários nos sucessivos processos de liquidação, e não nas subsequentes execuções individuais. Não é sem razão, aliás, que o próprio STJ, ao julgar o EREsp 490.739/PR, asseverou que "a ação individual destinada à satisfação do direito reconhecido em sentença condenatória genérica, proferida em ação civil coletiva, não é uma ação de execução comum. É ação de elevada carga cognitiva, pois nela se promove, além da individualização e liquidação do valor devido, também juízo sobre a titularidade do exequente em relação ao direito material".

---

[65] Em sentido contrário, ALVAREZ, Anselmo Prieto. Honorários advocatícios contra a Fazenda Pública e o novo CPC. In: COÊLHO, Marcus Vinícius Furtado; CAMARGO, Luiz Henrique Volpe (coords.). *Honorários advocatícios*. Salvador: JusPodivm, 2015. p. 383.

Ao julgar o Tema 973 dos recursos repetitivos, a Corte Especial do STJ confirmou a aplicação do enunciado 345 de sua súmula de jurisprudência sob a vigência do atual CPC, entendendo que o § 7º do seu art. 85 não altera o cenário normativo. O STJ definiu, então, a seguinte tese: "O artigo 85, § 7º, do CPC/2015 não afasta a aplicação do entendimento consolidado na Súmula 345 do STJ, de modo que são devidos honorários advocatícios nos procedimentos individuais de cumprimento de sentença decorrente de ação coletiva, ainda que não impugnados e promovidos em litisconsórcio".

6.2.9 Honorários na execução fundada em título extrajudicial contra a Fazenda Pública

Tudo o que se disse no subitem 6.2.7 *supra* aplica-se apenas ao cumprimento de sentença por quantia certa, que acarrete a expedição de precatório.

Consoante se demonstra no subitem 12.1.12 *infra*, é possível a execução fundada em título extrajudicial em face da Fazenda Pública. Nesse caso, a depender do montante executado, será expedido precatório ou requisição de pequeno valor.

Ainda que seja caso de precatório, haverá honorários na execução fundada em título extrajudicial que não seja embargada. Em outras palavras, o § 7º do art. 85 do CPC *não* se aplica às execuções fundadas em título executivo extrajudicial, somente guardando pertinência com os cumprimentos de sentença que não sejam impugnados. Aliás, é do próprio texto do § 7º do art. 85 do CPC que se extrai essa conclusão: ali há expressa menção a cumprimento de sentença e a ausência de impugnação, estando de fora da previsão a execução fundada em título extrajudicial e os embargos à execução.

Com efeito, quando se propõe uma demanda de conhecimento contra o Poder Público e este é condenado ao pagamento de uma quantia, não há previsão orçamentária nem rubrica específica para a satisfação da obrigação reconhecida na sentença. Se a obrigação não for de pequeno valor, é necessária a expedição de precatório para que se proceda à previsão orçamentária e seja, então, realizado o pagamento nos termos do art. 100 da Constituição Federal. Não há, como visto no subitem 6.2.3 *supra*, causalidade, ou seja, o Poder Público não dá causa à execução, exatamente porque não pode pagar espontaneamente o valor a que foi condenado, somente devendo fazê-lo mediante precatório, obedecida a ordem cronológica de inscrição, a não ser que se trate de pequena quantia a ser adimplida por requisição de pequeno valor.

Diversamente, quando há um título executivo extrajudicial que imponha ao Poder Público o pagamento de quantia certa, já há previsão orçamentária e rubrica específica para pagamento. Ao firmar o contrato ou subscrever o documento que se encaixa na previsão contida no art. 784 do CPC, a Fazenda Pública já assumiu a dívida. Se não paga no prazo ajustado, está a dar causa ao ajuizamento da execução.

Em razão da causalidade, haverá honorários na execução fundada em título extrajudicial, ainda que não embargada e mesmo que seja necessária a expedição do precatório. Não se aplicam, portanto, o disposto no § 7º do art. 85 do CPC nem o art. 1º-D da Lei 9.494/1997 nas execuções fundadas em título extrajudicial que não sejam embargadas. Nesse sentido, o enunciado 240 do Fórum Permanente de Processualistas Civis: "São devidos honorários nas execuções fundadas em título executivo extrajudicial contra a Fazenda Pública, a serem arbitrados na forma do § 3º do art. 85".

6.2.10 Honorários na execução fiscal

A execução fiscal é, como se sabe, destinada à cobrança da Dívida Ativa da União, dos Estados, do Distrito Federal, dos Municípios e de suas respectivas autarquias e fundações públicas. E a Dívida Ativa da Fazenda Pública abrange atualização monetária, juros de mora e demais encargos previstos em lei ou contrato.

O Decreto-lei 1.025/1969 aumenta o que chama de "taxa", a ser paga pelo executado em execuções fiscais, para 20%, extinguindo a participação dos servidores públicos dessa receita e determinando que seu produto seja recolhido aos cofres públicos como renda da União. Tal "taxa", por força do art. 3º do Decreto-lei 1.645/1978, passou a substituir a condenação do devedor, na cobrança executiva da Dívida Ativa da União, em honorários de advogado, devendo o respectivo produto ser, sob esse título, recolhido integralmente ao Tesouro Nacional; o percentual, que se manteve em 20%, passou a ser calculado sobre o montante do débito, inclusive multas, monetariamente atualizado e acrescido de juros de mora.

Relativamente às autarquias e fundações públicas federais, o § 1º do art. 37-A da Lei 10.522/2002 dispõe que "os créditos inscritos em Dívida Ativa serão acrescidos de encargo legal, substitutivo da condenação do devedor em honorários advocatícios, calculado nos termos e na forma da legislação aplicável à Dívida Ativa da União".

Em resumo, sobre os honorários na execução fiscal de Dívida Ativa da União, o panorama legislativo é o seguinte:

a) até 1969, admitia-se participação de servidores no produto da execução da Dívida Ativa da União;

b) em 1969, o Decreto-lei 1.025 excluiu essa participação e passou a exigir do executado o pagamento de uma "taxa" de 20%, a ser revertida para o Tesouro da União;

c) sobreveio o CPC/1973, ampliando, em relação ao CPC/1939, as hipóteses de condenação em honorários de sucumbência;

d) em 1978, o Decreto-lei 1.645 veio dizer que o "encargo" de 20% substitui a condenação do devedor em honorários de advogado, mantendo a destinação do valor ao Tesouro;

e) em 2002, a Lei 10.522 trouxe disposição semelhante à do Decreto-lei 1.645/1978, estabelecendo que o "encargo" de 20% substitui os honorários de advogado nas execuções da Dívida Ativa das autarquias e fundações públicas federais.

Então, na execução fiscal proposta pela União e, igualmente, naquelas indicadas pelas autarquias e fundações federais, o valor dos honorários de advogado, embora chamados de outro nome ("taxa", "encargo"), passou a ser, por força desses diplomas normativos, de 20%. Nas demais execuções fiscais, propostas pelos Estados, pelo Distrito Federal, pelos Municípios e pelas autarquias e fundações estaduais, distritais e municipais, o valor dos honorários de advogado era fixado nos termos do CPC/1973 (art. 20, § 4º).

No atual CPC, os honorários, quando a Fazenda Pública for parte no processo, serão fixados consoante *os percentuais indicados em uma lista contida nos diversos incisos* do § 3º do seu art. 85. Tais percentuais aplicam-se em todos os casos em que a Fazenda Pública seja parte, autora, ré ou interveniente, seja ela vitoriosa ou vencida. Eles também se aplicam às execuções fiscais propostas por Estados, Distrito Federal, Municípios e autarquias e fundações estaduais, distritais e municipais.

Quanto às execuções fiscais ajuizadas pela União e pelos demais entes federais, é bem de ver que os diplomas normativos acima citados estabeleciam que os honorários eram destinados aos seus cofres, por ser uma receita sua. Tal previsão foi revogada. Os honorários de sucumbência constituem direito autônomo dos advogados. Tal direito também pertence ao advogado público. O § 19 do art. 85 do CPC dispõe que "Os advogados públicos perceberão honorários de sucumbência, nos termos da lei".

A Lei 13.327, de 2016, regulamentou o direito dos advogados públicos federais aos honorários de sucumbência. Seu art. 30 estabelece que os honorários de sucumbência devidos aos advogados públicos federais incluem o total do produto dos honorários de sucumbência recebidos nas ações judiciais em que forem parte a União, as autarquias e as fundações públicas federais, até 75% do produto do "encargo legal" acrescido aos débitos inscritos na dívida ativa da União, previsto no art. 1º do Decreto-lei 1.025, de 1969, e o total do produto do "encargo legal" acrescido aos créditos das autarquias e das fundações públicas federais inscritos na dívida ativa da União, nos termos do § 1º do art. 37-A da Lei 10.522, de 2002.

Em outras palavras, a Lei 13.327, de 2016, veio desdizer o Decreto-lei 1.645, de 1978, que, como visto, estabeleceu, entre outras coisas, que o "encargo" de 20% de que trata o Decreto-lei 1.025, de 1969, substituiria os honorários de sucumbência previstos no CPC/1973. Na medida em que o art. 30, I, da Lei 13.327, de 2016, afirma que os honorários de sucumbência devidos aos advogados públicos federais incluem "o total do produto dos honorários de sucumbência recebidos nas ações judiciais em que forem parte a União, as autarquias e as fundações públicas federais", o dispositivo deixa claro que não há mais substituição de uma verba pela outra.

Mais do que isso, o art. 30 veio dizer que parte do "encargo" previsto no Decreto-lei 1.645, de 1978, em vez de ser revertido ao Tesouro Nacional, como dispunha o art. 3º do Decreto-lei 1.645, de 1978, passaria a ser pago aos advogados públicos federais, a título de honorários advocatícios de sucumbência. Assim, o tal "encargo" engloba os honorários de sucumbência, tanto que passou a ser destinado, em grande parte, à remuneração dos advogados públicos federais. Há, apenas, um pequeno percentual que não lhes é distribuído, mas que não altera sua natureza jurídica.

Os honorários, na execução fiscal, é, portanto, de 20% (vinte por cento) sobre o valor em execução.[66]

É evidente que isso afronta a razoabilidade, especialmente o dever de congruência,[67] que exige a harmonização das normas com suas condições externas de aplicação (isto é, com a realidade com base em que foram editadas). Se já era difícil admitir a recepção da "taxa" de que trata o Decreto-lei 1.025, de 1969, à luz do que dispõe o art. 145 da Constituição Federal, é ainda mais difícil admitir que, sendo apenas um nome diferente que se dá aos honorários sucumbenciais devidos aos advogados públicos federais na execução da Dívida Ativa da União, possa ela justificar a aplicação de percentual fixo, de 20%, em lugar dos percentuais estabelecidos no § 3º do art. 85 do CPC.

---

[65] O STJ, ao julgar os Recursos Especiais repetitivos 1.525.388/SP e 1.521.999/SP (Tema Repetitivo 969), entendeu que o encargo de 20% previsto no Decreto-lei 1.025, de 1969, não ostenta natureza de honorários de sucumbência. Tal entendimento contraria a tese fixada no julgamento do Tema Repetitivo 400, que pressupõe exatamente a natureza de honorários de advogado do referido encargo.

[67] ÁVILA, Humberto. *Teoria dos princípios: da definição à aplicação dos princípios jurídicos*. 3. ed. São Paulo: Malheiros, 2004. p. 206.

Essa "taxa" (*rectius*: honorários sucumbenciais) foi criada num outro momento histórico, quando não havia sequer, como regra, a condenação do vencido ao pagamento de honorários sucumbenciais (CPC/1939). Em 1978, passou a, expressamente, substituir os honorários, num momento histórico em que eles deveriam ser fixados segundo juízo de equidade do magistrado (CPC/1973, art. 20, § 4º).

O art. 85, § 3º, do CPC estabelece objetivamente o modo como se deve fixar a verba honorária nas causas que envolvem a Fazenda Pública. Um encargo que, sob o nome de "taxa", seja fixado em 20% e tenha grande parte do seu produto destinado aos advogados públicos federais, sob o nome de honorários sucumbenciais, é, sem dúvida, uma forma de *burlar* o atual contexto, marcado pelo mencionado art. 85, § 3º.

A regra não é razoável, tampouco é isonômica, porque a mesma regra não se aplica àquele que litiga contra o ente público, de modo que, para um mesmo fato jurídico (sucumbência), há, sem motivo justificador aparente, duas saídas legislativas possíveis: o advogado particular cujo cliente vence demanda contra a União recebe honorários segundo as regras do art. 85, § 3º, do CPC, mas o seu cliente, se derrotado, pagará, sempre, 20% a título de "taxa", nos termos do Decreto-lei 1.025, de 1969.

Quando se criou a "taxa" ou o "encargo" de 20% nas execuções fiscais federais, não havia um regime jurídico de honorários de sucumbência. Com o CPC/1973, passou a haver um regime jurídico de honorários, mas não existia uma disciplina própria e específica para os honorários envolvendo o Poder Público. O advento do atual CPC fez surgir um regime próprio para as demandas que têm a Fazenda Pública como parte. A execução fiscal, porém, ficou de fora desse regime, ofendendo a isonomia. A disciplina contida nos diversos diplomas legais para os honorários de sucumbência nas execuções fiscais federais tornou-se inconstitucional; houve uma *inconstitucionalização*[68] da regra, por ferir a igualdade, justamente por não ser possível que, na execução, processo mais simples, o percentual de honorários seja bem maior, e sem qualquer gradação, que aqueles fixados em vários outros casos, mais complexos.

Não reconhecida essa *inconstitucionalização*, e a se admitir que o valor dos honorários de advogado nas execuções fiscais ainda se mantivesse em 20%, seria imperioso, por aplicação do princípio da isonomia, considerar que a Fazenda Pública Federal, quando extinta a execução por acolhimento de embargos ou de simples petição, também estaria sujeita ao pagamento de honorários de advogado, à razão de 20% do valor executado.

Se a execução fiscal for extinta por prescrição intercorrente, não há condenação em honorários de sucumbência, ainda que a extinção decorra de provocação feita pelo executado. É o que, aliás, está definido na tese do Tema 1.129/STJ: "À luz do princípio da causalidade, não cabe fixação de honorários advocatícios quando a exceção de pré-executividade é acolhida

---

[68] "Na relação continuativa de constitucionalidade, as alterações relevantes ocorrem quando há modificações culturais – econômicas, sociais, tecnológicas ou jurídicas. Pode ser, portanto, que uma norma à qual foi atribuída a constitucionalidade num determinado ponto da linha temporal possa tornar-se inconstitucional noutro. Isso ocorre única e exclusivamente quando uma causa social, econômica, jurídica ou tecnológica tem vínculo direto com a valoração de, ao menos, uma das normas envolvidas na relação, o que dá ensejo à alteração da relação de constitucionalidade. Ou seja, é possível que um dado contextual importante para a definição da norma venha a ser modificado e, com isso, a reboque, a própria situação de constitucionalidade modifique-se, revelando uma inconstitucionalidade que antes não existia" (DIDIER JR., Fredie; MACEDO, Lucas Buril de. Controle concentrado de constitucionalidade e revisão de coisa julgada: análise da reclamação n. 4.374/PE. *Revista Jurídica da Presidência*, v. 16, n. 110, p. 580-581, out. 2014-jan. 2015).

para extinguir a execução fiscal em razão do reconhecimento da prescrição intercorrente, prevista no art. 40 da Lei n. 6.830/1980".

Além disso, o STJ entende que: "nos casos em que a exceção de pré-executividade visar, tão somente, à exclusão do excipiente do polo passivo da execução fiscal, sem impugnar o crédito executado, os honorários advocatícios deverão ser fixados por apreciação equitativa, nos moldes do art. 85, § 8º, do CPC/20215, porquanto não há como se estimar o proveito econômico obtido com o provimento jurisdicional".[69]

6.2.11 Honorários e reconhecimento da prescrição intercorrente

A execução pode ser extinta em decorrência do reconhecimento da prescrição da pretensão executiva (CPC, art. 924, V). Quando a prescrição decorre da ausência de bens penhoráveis, não há condenação em honorários de sucumbência[70-71]. Aliás, o § 5º do art. 921 do CPC teve sua redação alterada pela Lei 14.195/2021 para prever que a extinção por prescrição intercorrente se dê "sem ônus para as partes".

A partir da mudança legislativa, o STJ passou a entender que não há honorários na extinção da execução por prescrição, aplicando-se o § 5º do art. 921 do CPC "tanto à hipótese em que o juiz declara a prescrição intercorrente de ofício, quanto à situação em que a prescrição intercorrente é reconhecida em decorrência de pedido formulado pelo executado"[72].

Ainda segundo entendimento firmado no âmbito do STJ, mesmo na hipótese de resistência do exequente, seja "por meio de impugnação da exceção de pré-executividade ou dos embargos do executado, ou de interposição de recurso contra a decisão que decreta a referida prescrição –, é indevido atribuir-se ao credor, além da frustração na pretensão de resgate dos créditos executados, também os ônus sucumbenciais com fundamento no princípio da sucumbência, sob pena de indevidamente beneficiar-se duplamente a parte devedora, que não cumpriu oportunamente com a sua obrigação, nem cumprirá. (...) A causa determinante para a fixação dos ônus sucumbenciais, em caso de extinção da execução pela prescrição intercorrente, não é a existência, ou não, de compreensível resistência do exequente à aplicação da referida prescrição. É, sobretudo, o inadimplemento do devedor, responsável pela instauração do feito executório e, na sequência, pela extinção do feito, diante da não localização do executado ou de seus bens"[73].

O STJ, enfim, entende que a resistência do exequente ao reconhecimento da prescrição "não infirma nem supera a causalidade decorrente da existência das premissas que autorizaram o ajuizamento da execução, apoiadas na presunção de certeza, liquidez e exigibilidade do título executivo e no inadimplemento do devedor".[74] Não há, portanto, ônus sucumbencial na extinção da execução por prescrição intercorrente.

Esse entendimento também se aplica às execuções fiscais, como, aliás, está definido na tese do Tema 1.129/STJ: "À luz do princípio da causalidade, não cabe fixação de honorários

---

[69] STJ, 1ª Seção, EREsp 1.880.560/RN, Rel. Min. Francisco Falcão, *DJe* 6.6.2024.
[70] STJ, 4ª Turma, AgInt no REsp 1.783.853/SP, Rel. Min. Luis Felipe Salomão, *DJe* 27.6.2019; STJ, 4ª Turma, REsp 1.769.201/SP, Rel. Min. Maria Isabel Gallotti, *DJe* 20.3.2019.
[71] Sobre o tema, conferir: SARRO, Luis Antônio Giampaulo. Do princípio da causalidade e a prescrição intercorrente no novo Código de Processo Civil. *Revista de Processo*. São Paulo: RT, 2019, n. 288, p. 93-125.
[72] STJ, 3ª Turma, REsp 2.075.761/SC, Rel. Min. Nancy Andrighi, *DJe* 9.10.2023.
[73] STJ, Corte Especial, EAREsp 1.854.589/PR, Rel. Min. Raul Araújo, *DJe* 24.11.2023.
[74] STJ, Corte Especial, EAREsp 1.854.589/PR, Rel. Min. Raul Araújo, *DJe* 24.11.2023

advocatícios quando a exceção de pré-executividade é acolhida para extinguir a execução fiscal em razão do reconhecimento da prescrição intercorrente, prevista no art. 40 da Lei n. 6.830/1980".

A ausência de condenação nos honorários de sucumbência decorre da mudança legislativa operada em 26 de agosto de 2021. Por questões de direito intertemporal, o marco normativo para a incidência de normas sobre a sucumbência é a data da sentença. Por isso, "nas hipóteses em que prolatada sentença de extinção do processo após 26.08.2021, em razão do reconhecimento da prescrição intercorrente (art. 924, V, do CPC/2015), não é cabível a condenação ao pagamento de custas e honorários de sucumbência (art. 921, § 5º, do CPC/2015)".[75]

6.3 O PREPARO NOS RECURSOS

De acordo com o art. 1.007 do CPC, deve o recorrente, no ato de interposição do recurso, comprovar o respectivo preparo, quando exigido pela legislação pertinente, sob pena de deserção.

A ausência ou *insuficiência* do preparo não rende ensejo ao imediato reconhecimento da deserção, devendo ser determinada a intimação do recorrente para supri-la no prazo de 5 (cinco) dias, sob pena de, aí sim, ser reconhecida a deserção (CPC, art. 1.007, §§ 2º e 4º). No caso de ausência de preparo, o recorrente é intimado para efetuá-lo em dobro, sob pena de deserção (CPC, art. 1.007, § 4º).

Estão dispensados de preparo, inclusive porte de remessa e retorno, os recursos interpostos pelo Ministério Público, pela União, pelo Distrito Federal, pelos Estados, pelos Municípios e respectivas autarquias (CPC, art. 1.007, § 1º). O enunciado 483 da Súmula do STJ confirma essa regra, ao estabelecer que "O INSS não está obrigado a efetuar depósito prévio do preparo por gozar das prerrogativas e privilégios da Fazenda Pública".[76]

Além de estar dispensada de preparo para interpor recursos no processo civil, a Fazenda Pública encontra-se igualmente liberada de depósito prévio – quando exigido – para a mesma finalidade. Assim dispõe o art. 1º-A da Lei 9.494, de 10 de setembro de 1997, na redação conferida pela Medida Provisória 2.180-35, de 24 de agosto de 2001:

> Art. 1º-A. Estão dispensadas de depósito prévio, para interposição de recurso, as pessoas jurídicas de direito público federais, estaduais, distritais e municipais.

O depósito prévio de que estão liberadas as pessoas jurídicas de direito público *não* se confunde com aquele depósito de 5% (cinco por cento) para o ajuizamento de ação rescisória,

---

[75] STJ, 3ª Turma, REsp 2.075.761/SC, Rel. Min. Nancy Andrighi, *DJe* 9.10.2023.

[76] Tal enunciado sumular originou-se, além de outros, do julgado proferido no REsp 1.101.727/PR pela Corte Especial do STJ, que se submeteu ao procedimento do art. 543-C do CPC, sendo, portanto, representativo da controvérsia. Sua ementa ostenta a seguinte redação: "Recurso especial representativo da controvérsia. Direito processual civil. Autarquia previdenciária. Preparo. Recolhimento prévio. Desnecessidade. Deserção. Inocorrência. 1. Sendo o Instituto Nacional do Seguro Social – INSS autarquia federal equiparada em prerrogativas e privilégios à Fazenda Pública, nos termos do artigo 8º da Lei nº 8.620/93, não lhe é exigível o depósito prévio do preparo para fins de interposição de recurso, podendo efetuá-lo ao final da demanda, se vencido (Código de Processo Civil, artigo 27). 2. Recurso especial provido. Acórdão sujeito ao procedimento do artigo 543-C do Código de Processo Civil" (STJ, Corte Especial, REsp 1.101.727/PR, Rel. Min. Hamilton Carvalhido, *DJe* 23.8.2010).

matéria a ser abordada no próximo item, 6.4. E isso porque, além de o referido depósito já conter disciplina própria que isenta a Fazenda Pública de seu pagamento, a ação rescisória, como se sabe, não é recurso; constitui uma ação autônoma de impugnação, estando fora, portanto, da referida previsão normativa.

A regra poderia estar a isentar a Fazenda Pública das multas previstas no § 4º do art. 1.021 e nos §§ 2º e 3º do art. 1.026, ambos do CPC. Ocorre, porém, como será visto no item 6.6 *infra*, que a Fazenda Pública deve ser condenada nessas multas; apenas não está sujeita, para a interposição do próximo recurso, ao seu prévio pagamento.

Como o porte de remessa e retorno insere-se nas custas, é certo que, não estando sujeita ao pagamento de custas, a Fazenda Pública não se submete, de igual modo, ao dispêndio do referido porte (CPC, art. 1.007, § 1º).

6.4 O DEPÓSITO DE 5% PREVISTO NO ART. 968, II, DO CPC PARA AJUIZAMENTO DE AÇÃO RESCISÓRIA

A ação rescisória, como qualquer outra demanda, é intentada por meio de uma petição inicial. Além de atender aos requisitos do art. 319 do CPC, a petição inicial da ação rescisória deve, igualmente, observar as exigências contidas no art. 968 daquele mesmo diploma processual, ou seja, deve o autor (I) cumular ao pedido de rescisão, se for o caso, o de novo julgamento da causa e (II) depositar a importância de 5% (cinco por cento)[77] sobre o valor da causa, a título de multa, caso a ação seja, por unanimidade de votos, declarada inadmissível, ou improcedente.

O valor do depósito não será superior a 1.000 (mil) salários mínimos (CPC, art. 968, § 2º).

Não se deve, contudo, exigir tal depósito da União, dos Estados, do Distrito Federal, dos Municípios nem de suas respectivas autarquias e fundações, consoante dispõe o § 1º do próprio art. 968 do CPC.

Há quem defenda que a Fazenda Pública estaria dispensada do depósito para o ajuizamento da ação rescisória, mas não da multa em caso de inadmissibilidade ou improcedência por unanimidade de votos. Segundo esse entendimento, o depósito preliminar seria desnecessário, mas, vindo a rescisória a ser tida como inadmissível ou improcedente por unanimidade de votos, a Fazenda Pública deveria arcar com a multa de 5% (cinco por cento) sobre o valor da causa.[78]

Não é essa a conclusão, porém, que se infere do texto do § 1º do art. 968 do CPC, segundo o qual o *disposto* no seu inciso II, ou seja, todo o disposto no inciso II não se aplica à Fazenda Pública. Logo, ela não está sujeita nem ao depósito, nem à multa.

Desse modo, a Fazenda Pública, em qualquer nível e sem qualquer distinção, está liberada do depósito previsto no art. 968, II, do CPC, para o ajuizamento de ação rescisória, estando igualmente liberada da correspondente multa. Significa que a União, os Estados, o Distrito Federal, os Municípios e suas respectivas autarquias e fundações públicas beneficiam-se da regra, de sorte que tais entes *não* estão sujeitos à exigência do aludido depósito *nem* da correlata multa.

---

[77] No processo do trabalho, o depósito prévio para ação rescisória é de 20% (vinte por cento), segundo previsão contida no art. 836 da CLT.
[78] VIANA, Juvêncio Vasconcelos. *Efetividade do processo em face da Fazenda Pública*. São Paulo: Dialética, 2003. p. 29.

6.5 AS *ASTREINTES* E OUTRAS MULTAS. SUA APLICAÇÃO CONTRA A FAZENDA PÚBLICA

Todos os sujeitos que de alguma forma participam do processo devem atuar com boa-fé (CPC, art. 5º). O dispositivo não se refere à boa-fé *subjetiva*, mas à boa-fé *objetiva*, que é considerada norma, sendo, mais propriamente, um princípio. Em razão do princípio da boa-fé, a conduta há de ser coerente, e não contraditória, exigindo-se um conteúdo mais ético que evite a frustração de expectativas legítimas.[79]

A boa-fé objetiva tem, além de outras, a função de criar deveres jurídicos. Os deveres decorrentes da boa-fé objetiva devem ser observados por todos.[80] Todos os que atuam no processo devem, enfim, observar o princípio da boa-fé, atuando com lealdade e com respeito à confiança legítima. Não somente as partes, mas também o juiz, o membro do Ministério Público, os auxiliares da justiça, enfim, todos devem atuar com boa-fé e lealdade processuais.

O princípio da boa-fé impõe deveres a serem cumpridos pelos sujeitos do processo, entre os quais se incluem os deveres de cooperação. As partes devem, então, colaborar para que sejam observadas as garantais fundamentais do processo; não devem provocar dilações indevidas, atuando com boa-fé e com lealdade para que o processo tenha uma duração razoável e seja efetivo, conferindo solução adequada à disputa. A cooperação decorre da boa-fé. O art. 6º do CPC é um corolário do seu art. 5º. O conjunto de tais dispositivos contempla o dever de cooperação e, igualmente, os de boa-fé e lealdade processuais. As partes, o juiz (CPC, art. 139, II), os intervenientes, os auxiliares da justiça, enfim, todos devem colaborar entre si para que o processo realize sua função em prazo razoável.

Os deveres de cooperação podem ser divididos em deveres de *esclarecimento*, de *lealdade* e de *proteção*.[81] Há quem os divida em deveres de esclarecimento, prevenção, consulta e auxílio.[82]

Além dos deveres de cooperação decorrentes da boa-fé e de outros específicos, os sujeitos processuais são submetidos aos deveres impostos no art. 77 do CPC.[83]

---

[79] Nesse sentido, o enunciado 374 do Fórum Permanente de Processualistas Civis: "O art. 5º prevê a boa-fé objetiva".

[80] SILVA, Paula Costa e. O processo e as situações jurídicas processuais. In: DIDIER JR., Fredie; JORDÃO, Eduardo Ferreira (coords.). *Teoria do processo:* panorama doutrinário mundial. Salvador: JusPodivm, 2008. p. 784.

[81] CORDEIRO, António Manuel da Rocha Menezes. *Da boa-fé no direito civil.* Coimbra: Almedina, 2001. p. 604; VASCONCELOS, Pedro Pais. *Contratos atípicos.* Coimbra: Almedina, 1995. p. 405.

[82] SOUSA, Miguel Teixeira de. *Estudos sobre o novo processo civil.* 2. ed. Lisboa: Lex, 1997. p. 62-67; MITIDIERO, Daniel. *Colaboração no processo civil:* pressupostos sociais, lógicos e éticos. São Paulo: RT, 2009.

[83] "Art. 77. Além de outros previstos neste Código, são deveres das partes, de seus procuradores e de todos aqueles que de qualquer forma participem do processo:

I – expor os fatos em juízo conforme a verdade;

II – não formular pretensão ou de apresentar defesa quando cientes de que são destituídas de fundamento;

III – não produzir provas e não praticar atos inúteis ou desnecessários à declaração ou à defesa do direito;

IV – cumprir com exatidão as decisões jurisdicionais, de natureza provisória ou final, e não criar embaraços à sua efetivação;

V – declinar, no primeiro momento que lhes couber falar nos autos, o endereço residencial ou profissional onde receberão intimações, atualizando essa informação sempre que ocorrer qualquer modificação temporária ou definitiva;

VI – não praticar inovação ilegal no estado de fato de bem ou direito litigioso.

As partes devem agir com probidade, sem praticar atos de litigância de má-fé relacionados no art. 80 do CPC.

Tudo isso constitui deveres a serem cumpridos pelas partes no processo. E, sendo deveres, poderá a parte ser compelida a atendê-los, expondo-se a sanções repressivas.

Aquele que litigar de má-fé como autor, réu ou interveniente responde por perdas e danos (CPC, art. 79). Tais perdas e danos consistem em três elementos: os prejuízos sofridos, os honorários de advogado e as despesas efetuadas pela parte lesada (CPC, art. 81, segunda parte). O valor da indenização será fixado pelo juiz no próprio processo, sendo desnecessário ajuizar ação autônoma para tanto. Caso não seja possível mensurá-lo, o valor da indenização será liquidado por arbitramento ou pelo procedimento comum, nos próprios autos (CPC, art. 81, § 3º).

É imprescindível, para que haja a indenização, que se comprovem os danos ou prejuízos, pois não se indenizam danos hipotéticos. Tais danos devem ocorrer *no processo*, constituindo, em verdade, danos *endoprocessuais*. Os que se verificarem fora do processo, ou seja, os que são *extraprocessuais,* haverão de ser indenizados em ação autônoma, não tendo por fundamento o art. 8º do CPC, mas sim as normas de direito material, a exemplo do art. 927 do Código Civil.

A par de tal indenização, o litigante de má-fé, ou seja, aquele que não cumpre com os deveres que lhe são impostos na prática de atos processuais, sujeita-se, ainda, à multa prevista no *caput* do art. 81 do CPC, que deverá ser superior a 1% (um por cento) e inferior a 10% (dez por cento) sobre o valor atualizado da causa. O executado incide na multa por litigância de má-fé quando injustificadamente descumprir a ordem judicial (CPC, art. 536, § 3º).

Essas condenações – *perdas e danos* e *multa* – revertem em benefício da parte contrária, a teor do que prescreve o art. 96 do CPC. Desse modo, a parte que se prejudicou com o descumprimento de deveres processuais pelo seu adversário deverá beneficiar-se com o pagamento de quantias que cubram os danos processuais, além de auferir o resultado da multa imposta pelo juiz.

Diversamente, o juiz pode, em razão do disposto nos arts. 139, IV, 500, 536, § 1º, 537, 806, § 1º, e 814, todos do CPC, estabelecer multa, como meio coercitivo, direcionado a forçar o cumprimento de obrigação específica pela parte demandada. Ao conceder provimento favorável, provisório ou definitivo, o juiz poderá impor multa ao réu, independentemente de pedido do autor, fixando-lhe prazo razoável para o cumprimento do preceito.

Tal multa reverte em favor da parte contrária.

Assim, tanto as condenações resultantes da litigância de má-fé como as multas cominatórias (*astreintes*), impostas pelo descumprimento de preceito cominatório, revertem em favor da parte contrária, a quem se confere legitimidade para executar os respectivos valores.

Enquanto as condenações pela litigância de má-fé têm seu montante limitado pela lei – de forma que a multa deve ser superior a 1% (um por cento) e inferior a 10% (dez por cento), nos termos do art. 81 do CPC –, as *astreintes* não sofrem limitação quanto ao seu valor,[84] devendo

---

VII – informar e manter atualizados seus dados cadastrais perante os órgãos do Poder Judiciário e, no caso do § 6º do art. 246 deste Código, da Administração Tributária, para recebimento de citações e intimações. (Incluído pela Lei nº 14.195, de 2021.)"

[84] ARENHART, Sérgio Cruz. *A tutela inibitória da vida privada*. São Paulo: RT, 2000. p. 194-196; CUNHA, Leonardo Carneiro da. Ausência de limitação ao valor da multa prevista no art. 461, § 4º, do CPC. *Repertório IOB de Jurisprudência,* São Paulo: IOB, n. 16/2000:345, 3/17.100, ago. 2000; GUERRA, Marcelo Lima. *Execução indireta*. São Paulo: RT, 1998. p. 188-192; MARINONI,

ser fixadas de acordo com os elementos contidos nos autos, entre os quais avulta a capacidade econômica da parte demandada, não constituindo monta irrisória – a desatender a finalidade de temor ou de coação indireta – nem ostentando importe exagerado e desconforme com o padrão econômico do réu – a inviabilizar sua eventual execução.[85]

É relevante anotar que as 3 (três) condenações aqui referidas contêm requisitos diversos, destinadas a finalidades igualmente diferentes. Significa que podem ser elas cumuladas, nada impedindo que a parte seja condenada a indenizar danos processuais, a pagar a multa por litigância de má-fé e, igualmente, a sujeitar-se às *astreintes*. Imagine-se, por exemplo, um réu que, não cumprindo a tutela específica, venha, ainda, a praticar ato de litigância de má-fé, causando prejuízo processual para seu adversário. Nesse caso, as 3 (três) condenações poderão ser cumuladas, todas revertendo em favor da parte autora.

Não há nada que impeça que a Fazenda Pública seja condenada ao pagamento dessas multas. Tal condenação deve, apenas, submeter-se à sistemática do precatório, porquanto, independentemente da natureza do crédito, as condenações impostas contra a Fazenda Pública submetem-se ao precatório, salvo se se tratar de *pequeno valor*, tal como esclarecido no subitem 12.1.8 *infra*.

Não atendida, pelo ente fazendário, a determinação de cumprimento de obrigação de fazer, não fazer ou entregar coisa, quais medidas devem ser adotadas para conferir efetividade à tutela jurisdicional?

Na verdade, existem as chamadas *medidas de apoio* de que se vale o juiz para coagir ou convencer a parte demandada ao cumprimento da tutela específica. A primeira delas é a *multa* prevista nos mencionados dispositivos do CPC, que consiste, como já se viu, em meio coercitivo, direcionado a forçar o cumprimento da obrigação de fazer ou não fazer pela parte demandada. Realmente, ao conceder a tutela específica de obrigação de fazer, não fazer ou entregar coisa, o juiz poderá impor multa à Fazenda Pública, independentemente de pedido do autor.

Mas será que a fixação dessa multa contra a Fazenda Pública revela-se eficaz? Conterá efetividade o provimento, com a mera fixação da multa? E se a Fazenda Pública não cumprir a determinação judicial? O pagamento da multa deve submeter-se ao regime do precatório?

Na verdade, *qualquer* condenação imposta à Fazenda Pública, independentemente da natureza do crédito, deve sujeitar-se à sistemática do precatório. De fato, o precatório é procedimento que alcança toda e qualquer execução pecuniária intentada contra a Fazenda Pública, independentemente da natureza do crédito ou de quem figure como exequente. Logo, a referida multa somente poderá ser exigida da Fazenda Pública após o trânsito em julgado da decisão que a fixar, mediante a adoção do processo de execução, seguido da expedição de precatório. Bem por isso, sustenta Marcelo Lima Guerra ser admissível a adoção de meios alternativos, não para substituir o sistema de precatórios, mas para assegurar a eficácia prática de meios executivos. Daí sugerir que a referida multa seja imposta contra o *agente público* responsável pelo cumprimento da medida.[86]

---

[85] Luiz Guilherme. *Tutela inibitória:* individual e coletiva. São Paulo: RT, 1998. p. 299; SANTOS, Ernane Fidelis dos. *Manual de direito processual civil.* 6. ed. São Paulo: Saraiva, 1998. v. 2, p. 126; ZAVASCKI, Teori Albino. *Comentários ao Código de Processo Civil.* São Paulo: RT, 2000. v. 8, p. 503. ARENHART, Sérgio Cruz. *A tutela inibitória da vida privada.* São Paulo: RT, 2000. p. 194-196; GUERRA, Marcelo Lima. *Execução indireta.* São Paulo: RT, 1998. p. 188-192.

[86] GUERRA, Marcelo Lima. Execução contra o Poder Público. *Revista de Processo*, São Paulo: RT, v. 100, out.-dez. 2000, p. 76-80.

Para conferir efetividade ao comando judicial, cabe, portanto, a fixação de multa, a ser cobrada do agente público responsável,[87] além de se a exigir da própria pessoa jurídica de direito público.[88]

É preciso, entretanto, que, antes de impor a multa ao agente público, seja observado o contraditório, intimando-o para cumprir a decisão e advertindo-o da possibilidade de se expor à penalidade pecuniária.

O art. 77 do CPC institui deveres a serem obedecidos pelas partes e por todos aqueles que de qualquer forma participam do processo. De tais deveres destacam-se os previstos nos seus incisos IV (cumprir com exatidão as decisões jurisdicionais, de natureza provisória ou final, e não criar embaraços à sua efetivação) e VI (não praticar inovação ilegal no estado de fato de bem ou direito litigioso). O descumprimento desses deveres expõe o infrator a uma sanção, consistente, no caso, a uma multa não superior a 20% (vinte por cento) do valor da causa (CPC, art. 77, § 2º).

A multa por descumprimento aos deveres inscritos nos incisos IV e V do art. 77 do CPC constitui crédito da União ou do Estado, a ser inscrita em dívida ativa para aparelhar posterior execução fiscal, caso não venha a ser paga espontaneamente pela parte sediciosa.

O crédito será da União, caso o processo tenha curso perante a Justiça Federal ou perante a Justiça do Trabalho, órgãos aos quais são destinados recursos do orçamento federal e em cujos procedimentos poderão ser aplicáveis as regras contidas no Código de Processo Civil. Aos Estados-membros caberão as multas fixadas em processos que tenham curso na Justiça Estadual.

E assim o é porque o descumprimento dos deveres contidos nos incisos IV e VI do art. 77 do CPC é tido como *ato atentatório à dignidade da jurisdição,* ofendendo, em última análise, a presteza da prestação jurisdicional, cujo atendimento compete ao Estado preservar. Havendo ato atentatório à dignidade da jurisdição, o credor da multa é o próprio Estado, a quem compete tutelar e defender o interesse público primário, que é o interesse de toda a coletividade.

Essa multa prevista no § 2º do art. 77 do CPC não substitui aquela estipulada no art. 81 do mesmo Código nem se confunde com aquelas impostas para o cumprimento de obrigação específica (*astreintes*). Cada uma contém uma finalidade própria. Enquanto a multa do art. 81 visa punir o litigante de má-fé, as *astreintes* têm por finalidade garantir o cumprimento da tutela específica de obrigação de fazer, não fazer ou entregar coisa. Tanto uma como a outra se destinam à parte lesada com a conduta ímproba ou com o descumprimento da decisão.

Já a multa do § 2º do art. 77 não se destina à parte contrária, mas tem como credor, como se viu, a União ou o Estado-membro, caso a demanda se processe, respectivamente, na Justiça Federal ou do Trabalho ou na Justiça Estadual. A União e os Estados podem criar, a propósito, fundos de modernização do Poder Judiciário, aos quais serão revertidos os valores de tais multas (CPC, art. 97).

Significa que, por terem pressupostos e destinações diversas, todas essas multas podem ser cumuladas, expondo-se a parte ao pagamento delas, caso, a um só tempo, não cumpra provimento

---

[87] A multa não deve ser imposta ao advogado, mas ao agente público responsável pelo cumprimento da ordem judicial. Nesse sentido, o enunciado 40 do Fórum Nacional do Poder Público: "As medidas para a efetivação da tutela provisória previstas no art. 297 do CPC não podem atingir a esfera jurídica do advogado (público ou privado), no exercício de suas atribuições".

[88] NUNES, Amanda Lessa. *Astreintes* nas execuções contra a Fazenda Pública: possibilidade de incidência no patrimônio pessoal do agente público. *Revista de Processo*, São Paulo: RT, v. 245, jul. 2015, p. 123-150.

mandamental ou cause embaraço à efetividade de provimento antecipatório ou final, pratique ato de litigância de má-fé e não cumpra tutela específica de obrigação de fazer ou não fazer.

Ocorre, porém, que a Fazenda Pública, à primeira vista, não poderia sujeitar-se à multa prevista no § 2º do art. 77 do CPC, revelando-se ineficaz sua fixação. Essa multa pode, na verdade, ser imposta ao *agente público* responsável pelo cumprimento da ordem judicial. É preciso, porém, que seja advertido com antecedência para, somente depois, ser punido com a multa. Nesse sentido, assim dispõe o § 1º do art. 77 do CPC: "Nas hipóteses dos incisos IV e VI, o juiz advertirá qualquer das pessoas mencionadas no *caput* de que sua conduta poderá ser punida como ato atentatório à dignidade da justiça". O *agente público* deve ser intimado pessoalmente[89] para cumprimento da ordem, com a advertência de imposição de multa a ele mesmo, caso não atenda ao comando judicial ou crie embaraços à sua efetivação.

O *agente público* responsável pelo cumprimento da ordem judicial deve responder tanto pelas *astreintes* como por aquela prevista no § 2º do art. 77 do CPC. Tais multas, cujos pressupostos são diversos, podem ser cumuladas, sendo a primeira revertida em favor da parte contrária e, essa última, em favor do Estado ou da União, a depender do órgão jurisdicional que esteja processando a causa.[90]

Desse modo, e diante da ameaça de o agente público responder *pessoalmente* pelo pagamento de multas, não hesitará em cumprir o comando judicial, conferindo-se maior *efetividade* às decisões judiciais que imponham o atendimento de obrigações de fazer ou não fazer.[91]

6.6 AS MULTAS PREVISTAS NO § 4º DO ART. 1.021 E NO § 3º DO ART. 1.026, AMBOS DO CPC

A parte que interpõe recurso manifestamente protelatório é reputada como litigante de má-fé (CPC, art. 80, VII), devendo ser condenada na multa prevista no art. 81 do CPC.

Dos recursos previstos na legislação brasileira, o que se revela com mais propensão a conter o intuito de procrastinação são os embargos declaratórios, exatamente porque contêm o chamado efeito interruptivo previsto no art. 1.026 do CPC. De fato, uma vez opostos os embargos declaratórios, fica interrompido o prazo para a interposição de outros recursos, por qualquer das partes.

Assim, na intenção de obter mais tempo, de dispor de um maior prazo ou até mesmo de protelar o andamento do processo, poderia a parte lançar mão dos embargos declaratórios, pois seu ajuizamento tem o condão de interromper o prazo para outros recursos.

---

[89] VIANA, Emílio de Medeiros. A possibilidade de imposição de multa pessoal ao gestor público responsável pelo desatendimento de provimentos judiciais que imponham obrigações de fazer, não fazer e entregar no novo CPC. In: ARAÚJO, José Henrique Mouta; CUNHA, Leonardo Carneiro da (coords.). *Advocacia pública*. Salvador: JusPodivm, 2015. p. 119-120.

[90] No caso da multa prevista no § 2º do art. 77 do CPC, quem deverá encetar sua execução é o procurador judicial que representa o ente político, cujas atribuições são distintas daquelas cometidas ao agente público responsável pelo cumprimento da decisão judicial, não havendo, no mais das vezes, qualquer contato profissional ou funcional entre eles no cotidiano. Logo, afastada, em princípio, qualquer alegação de haver eventual comprometimento pessoal e de suposta impossibilidade prática da cobrança, ante possível corporativismo ou coleguismo existente dentro do quadro funcional.

[91] VIANA, Emílio de Medeiros. A possibilidade de imposição de multa pessoal ao gestor público responsável pelo desatendimento de provimentos judiciais que imponham obrigações de fazer, não fazer e entregar no novo CPC. In: ARAÚJO, José Henrique Mouta; CUNHA, Leonardo Carneiro da (coords.). *Advocacia pública*. Salvador: JusPodivm, 2015. p. 111-122.

Especificamente no caso dos embargos de declaração, há dispositivo expresso impondo a condenação do embargante em multa decorrente do intuito manifestamente protelatório. Realmente, este é o teor do § 2º do art. 1.026 do CPC:

> § 2º Quando manifestamente protelatórios os embargos de declaração, o juiz ou o tribunal, em decisão fundamentada, condenará o embargante a pagar ao embargado multa não excedente a dois por cento sobre o valor atualizado da causa.

Ora, opostos embargos declaratórios, e sendo estes tidos como protelatórios,[92] deve o juiz ou tribunal, declarando e justificando fundamentadamente que o são, condenar o embargante a pagar ao embargado multa não excedente a 2% (dois por cento) sobre o valor atualizado da causa. Quando o valor da causa for irrisório ou inestimável, é possível aplicar, por analogia, o disposto no § 2º do art. 81 do CPC e a multa ser fixada em até 2 (duas) vezes o valor do salário mínimo.

No art. 81 do CPC, a multa pode ser fixada em até 10% (dez por cento) sobre o valor corrigido da causa; sendo o valor da causa irrisório ou inestimável, a multa será de até 10 (dez) salários mínimos. No caso do § 2º do art. 1.026 do CPC, a multa é de até 2% (dois por cento) sobre o valor atualizado da causa. Aplicando-se analogicamente o disposto no § 2º do art. 81 do CPC e mantendo a simetria que lá existe, se o valor da causa for irrisório ou inestimável, a multa pode ser fixada em até 2 (dois) salários mínimos.

Ainda que os embargos tenham sido reputados protelatórios e tenha havido a condenação do embargante no pagamento da aludida multa, é possível que haja a oposição de novos embargos. De fato, consoante pacífico entendimento jurisprudencial, cabem embargos declaratórios contra decisão proferida em anteriores embargos de declaração, "se permanecer na nova decisão os vícios mencionados nos primeiros"[93] ou "se a nova decisão padecer de outros vícios diversos dos apontados na primitiva decisão".[94]

Tomem-se os seguintes exemplos em consideração: opostos embargos declaratórios, em que se alegou omissão no julgado, o juiz ou tribunal os rejeitou, alegando, genericamente, a ausência de qualquer vício. Nesse caso, persiste a omissão alegada, sendo possível o manejo de novos embargos. A outra hipótese: opostos embargos em que se alega omissão e o juiz ou tribunal, ao supri-la, incorre em contradição. A nova decisão, como se vê, padece de *outro* vício diverso do apontado na primeira *decisão*.

Desse modo, opostos embargos declaratórios, e vindo estes a ser tidos como protelatórios, deve o juiz ou tribunal condenar o embargante ao pagamento de uma multa de até 2% (dois por cento) sobre o valor atualizado da causa em favor do embargado. Se, ao julgar esses embargos, o juiz ou tribunal persistir no vício alegado ou desse julgamento surgirem novos vícios, pode o embargante opor novos embargos. Caso esses segundos embargos venham a ser tidos também como protelatórios, aquela multa de até 2% (dois por cento) passa para até 10% (dez por cento), ficando a interposição de qualquer outro recurso condicionada ao depósito prévio do respectivo valor. A multa de 10% (dez por cento) – fixada apenas na *reiteração* de embargos protelatórios – passa a constituir *requisito de admissibilidade* de *qualquer outro* recurso que venha a ser intentado pela parte, mesmo que esse recurso não se sujeite, normalmente, a preparo (CPC, art. 1.026, § 3º).

---

[92] De acordo com a Súmula 98 do STJ, "Embargos de declaração manifestados com notório propósito de prequestionamento não têm caráter procrastinatório".
[93] *JTARS* 35:210; *RJTJRS* 136:91; *RTJ* 125:1.344; *Revista dos Tribunais* 633:226.
[94] *RTJ* 102:771, 97:1.113; *JTACivSP* 61:216.

De igual modo, contra decisão proferida por relator cabe um agravo interno, disciplinado no art. 1.021 do CPC. Se tal agravo interno for tido pelo tribunal, em votação unânime, como manifestamente inadmissível ou improcedente, o agravante deverá ser condenado numa multa entre 1% (um por cento) e 5% (cinco por cento) do valor corrigido da causa (CPC, art. 1.021, § 4º), ficando a interposição de qualquer outro recurso condicionada ao depósito do respectivo valor. A exemplo do que sucede na hipótese do § 3º do art. 1.026 do CPC, a multa de 1% (um por cento) a 5% (cinco por cento) – fixada no julgamento do agravo interno – passa a constituir *requisito de admissibilidade* de *qualquer outro* recurso que venha a ser intentado pela parte, mesmo que esse recurso não se sujeite, normalmente, a preparo.

O que se questiona é se a Fazenda Pública deve submeter-se a essa exigência de, tendo sido condenada ao pagamento da multa de 10% (dez por cento) na reiteração de embargos de declaração protelatórios ou da multa prevista no § 4º do art. 1.021 do CPC, depositar o respectivo valor para que possa interpor qualquer outro recurso.

O próprio § 3º do art. 1.026 do CPC dispensa a Fazenda Pública do depósito, mas não a exime da condenação na multa. Condenada, deverá pagar ao final, não sendo necessário efetuar o depósito do seu valor para interposição de outros recursos.

De igual modo, o § 5º do art. 1.021 do CPC dispensa a Fazenda Pública do depósito, mas não da condenação na multa, que há de ser paga ao final, não sendo exigível o depósito para a interposição de outros recursos.

Tais dispositivos – que dispensam a Fazenda Pública de depósitos recursais – reforçam a regra contida no art. 1º-A da Lei 9.494, de 10 de setembro de 1997, de cujo teor se extrai a seguinte dicção:

> Art. 1º-A. Estão dispensadas de depósito prévio, para interposição de recurso, as pessoas jurídicas de direito público federais, estaduais, distritais e municipais.

Desse modo, para recorrer, não deve a Fazenda Pública efetuar o depósito prévio das referidas multas.

Então, condenada na multa de até 10% (dez por cento), prevista no § 3º do art. 1.026 do CPC, por ter reiterado embargos de declaração protelatórios, a Fazenda Pública *não* precisa depositar o valor respectivo para interpor qualquer outro recurso, devendo a multa ser paga ao final, quando encerrado todo o processo.

Da mesma forma, condenada na multa entre 1% (um por cento) e 5% (cinco por cento), prevista no § 4º do art. 1.021 do CPC, a Fazenda Pública *não* precisa depositar o valor respectivo para interpor qualquer outro recurso, devendo tal multa ser paga ao final.

Além do mais, *qualquer* condenação judicial em pecúnia há de ser paga pela Fazenda Pública por precatório após o *trânsito em julgado* da decisão condenatória (CF, art. 100, § 1º). Ainda que se trate de pequeno valor, o precatório estará dispensado, mas o pagamento somente poderá ser feito após o *trânsito em julgado* (CF, art. 100, § 3º). Ora, se o pagamento somente pode ser feito após o *trânsito em julgado,* não é possível haver o depósito *prévio* para que o recurso seja interposto.

Enfim, para interpor recurso, a Fazenda Pública não está sujeita ao depósito prévio de multas.[95]

---

[95] Em sentido contrário, SILVA NETO, Francisco Antônio de Barros e. *A improbidade processual da Administração Pública e sua responsabilidade objetiva pelo dano processual.* Rio de Janeiro: Lumen Juris, 2010. n. 5.4, p. 204-205.

Capítulo VII
DA INTERVENÇÃO ANÔMALA

7.1 PREVISÃO LEGAL

O art. 5º da Lei 9.469, de 10 de julho de 1997, dispõe sobre a intervenção da União nas causas em que figurarem, como autores ou réus, entes da Administração indireta, nos seguintes termos:

> Art. 5º A União poderá intervir nas causas em que figurarem, como autoras ou rés, autarquias, fundações públicas, sociedades de economia mista e empresas públicas federais.

O dispositivo prevê uma intervenção especial para a União, legitimando-a a intervir de forma ampla em processo de autarquias, fundações públicas, sociedades de economia mista e empresas públicas federais. Há, aí, uma *presunção legal absoluta* de interesse jurídico da União, permitindo a intervenção a qualquer tempo e em qualquer um dos polos da relação, desde que nele figure algum ente federal.[1]

Enquanto o *caput* do art. 5º refere-se à intervenção da União, seu parágrafo único contém maior amplitude, dizendo respeito, genericamente, às pessoas jurídicas de direito público. Eis o teor do parágrafo único do art. 5º da Lei 9.469/1997:

> Parágrafo único. As pessoas jurídicas de direito público poderão, nas causas cuja decisão possa ter reflexos, ainda que indiretos, de natureza econômica, intervir, independentemente da demonstração de interesse jurídico, para esclarecer questões de fato e de direito, podendo juntar documentos e memoriais reputados úteis ao exame da matéria e, se for o caso, recorrer, hipótese em que, para fins de deslocamento de competência, serão consideradas partes.

O referido dispositivo prevê uma forma de intervenção de terceiros, fundamentada na potencialidade de efeitos reflexos, diretos ou indiretos, de natureza econômica, da eventual decisão que vier a ser proferida na causa. Em outras palavras, essa forma de intervenção de terceiros *não* depende da presença de *interesse jurídico*, satisfazendo-se com a simples potencialidade de a decisão gerar, eventualmente, efeitos reflexos, mesmo que indiretos, de natureza econômica; a intervenção funda-se num *interesse econômico*, e não jurídico. Tal modalidade de intervenção de terceiros é chamada de *intervenção anômala*,[2] ou *intervenção especial dos entes*

---

[1] DIDIER JR., Fredie. *Curso de direito processual civil*. 18. ed. Salvador: JusPodivm, 2016. v. 1, p. 537-538.
[2] MARINONI, Luiz Guilherme; ARENHART, Sérgio Cruz. *Manual do processo de conhecimento:* a tutela jurisdicional através do processo de conhecimento. São Paulo: RT, 2001. n. 6.10, p. 201-204.

públicos.³ Há quem prefira identificá-la como um dos casos de *amicus curiae*.⁴ Ao intervir com base no referido dispositivo, a Fazenda Pública não adquire a condição de parte, *não havendo*, então, modificação de competência, a não ser quando se interpõe recurso.

Enfim, essa forma de intervenção de terceiros aplica-se a *qualquer* pessoa jurídica de direito público, incidindo em *todos* os tipos de demanda, ainda que a causa envolva, apenas, particulares.⁵ Desse modo, esse tipo de intervenção de terceiros aplica-se não somente a uma demanda relativa a entes da Administração indireta, mas também a causas mantidas apenas entre particulares.⁶

Convém analisar alguns detalhes dessa intervenção anômala.

7.2 A INTERVENÇÃO ANÔMALA (LEI 9.469/1997, ART. 5º, PARÁGRAFO ÚNICO)

7.2.1 Requisitos

Como já acentuado, o parágrafo único do art. 5º da Lei 9.469/1997 franqueia às pessoas jurídicas de direito público a possibilidade de intervirem em qualquer processo judicial, desde que a decisão possa ter reflexos, ainda que indiretos, de natureza econômica, independentemente de demonstração de interesse jurídico.

Não é preciso, como se vê, que haja interesse jurídico, nem que a esfera jurídica da Fazenda Pública possa vir a ser atingida. Mesmo que a decisão não atinja a relação jurídica que o Poder Público mantenha com uma das partes, será possível a intervenção, bastando

---

[3] DIDIER JR., Fredie. *Curso de direito processual civil*. 18. ed. Salvador: JusPodivm, 2016. v. 1, p. 537.

[4] BUENO, Cassio Scarpinella. *Amicus curiae no processo civil brasileiro*: um terceiro enigmático. São Paulo: Saraiva, 2006. p. 214; CABRAL, Antonio do Passo. *Pelas asas de Hermes*: a intervenção do amicus curiae, um terceiro especial. Uma análise dos institutos interventivos similares – o *amicus* e o *Vertreter des Öffentlichen* interesses. *Revista de Processo*, São Paulo: RT, v. 117, set.-out. 2004, p. 24-25; CARNEIRO, Athos Gusmão. Da intervenção da União Federal, como amicus curiae. Ilegitimidade para, nesta qualidade, requerer a suspensão dos efeitos de decisão jurisdicional. Leis 8.437/92, art. 4º, e 9.469/97, art. 5º. *Revista de Processo*, São Paulo: RT, v. 111, jul.-set. 2003, p. 252; Mandado de segurança. Assistência e amicus curiae. *Revista de Processo*, São Paulo: RT, v. 112, out.-dez. 2003, p. 219; PEREIRA, Milton Luiz. Amicus curiae – intervenção de terceiros. *Revista de Processo,* São Paulo: RT, v. 109, jan.-mar. 2003, p. 42.

Entendendo que, rigorosamente, não se trata de amicus curiae, embora ostente traços próprios dessa figura: ARAÚJO FILHO, Luiz Paulo da Silva. *Assistência e intervenção da União*. Rio de Janeiro: Forense, 2006. n. 6.2, p. 174-177. Também entendendo não ser caso de *amicus curiae*: DEL PRÁ, Carlos Gustavo Rodrigues. *Amicus curiae*. Curitiba: Juruá, 2007. n. 3.8, p. 117.

[5] Em sentido contrário: "A intervenção anômala da União, regulamentada pelo art. 5º, parágrafo único, da Lei n. 9.469/1997, é admitida nas causas em que figurarem, como autoras ou rés, entidades da administração pública indireta, e não em causas que versam sobre direitos estritamente particulares, como na hipótese" (STJ, 3ª Turma, AgInt na PET no REsp 1.825.274/SC, Rel. Min. Marco Aurélio Bellizze, *DJe* 23.8.2023). Também, no sentido contrário: STJ, 4ª Tuma, AgInt na PET no REsp 1.897.356/RJ, Rel. Min. Maria Isabel Gallotti, *DJe* 9.9.2024.

[6] Segundo Luiz Paulo da Silva Araújo Filho, a regra deve ser interpretada com restrição, devendo essa intervenção ser admitida apenas para que o ente público atue circunstancialmente, prestando o esclarecimento reputado necessário e juntando os documentos pertinentes, sem que permaneça nos autos, como interveniente (*Assistência e intervenção da União*. Rio de Janeiro: Forense, 2006. n. 6.3 e 6.4.1, p. 179-202).

a simples alegação de que há interesse, além da constatação da potencialidade de eventual lesão econômica.[7]

A intervenção prevista no parágrafo único do art. 5º da Lei 9.469/1997 dispensa a demonstração de interesse jurídico, satisfazendo-se com a simples evidência de uma potencial e reflexa repercussão econômica, a ser realizada em qualquer tipo de demanda judicial, seja naquelas que envolvem entes da Administração Pública indireta, seja naquelas que tenham particulares como partes.

A concretização dessa intervenção de terceiros caracteriza-se pelo imediato comparecimento da Fazenda Pública em juízo, com apresentação de documentos, provas e memoriais tidos como úteis para o desfecho da causa.

Requerida a intervenção anômala pela Fazenda Pública, as partes originárias devem ser intimadas para pronunciamento sobre o pedido de intervenção, podendo questionar a presença ou não de interesse econômico, em obediência ao princípio da ampla defesa e do contraditório.

Admitida a intervir no processo, a Fazenda Pública passa a atuar no processo no estado em que ele se encontra,[8] passando a ter sua atuação limitada aos poderes que serão a seguir esclarecidos.

7.2.2 Poderes do interveniente

Na intervenção anômala, a Fazenda Pública tem sua atuação limitada ao esclarecimento de questões de fato e de direito, podendo juntar documentos e memoriais reputados úteis ao exame da matéria.

A pessoa jurídica de direito público que intervenha na demanda, com fundamento no parágrafo único do art. 5º da Lei 9.469/1997, fica adstrita a esclarecer questões de fato e de direito e a juntar documentos e memoriais reputados úteis à eliminação da controvérsia havida em juízo. E o que significa esclarecer questões de fato e de direito? O termo *questões* desponta como sinônimo de *ponto controvertido* ou *controvérsia*. Vale dizer que as alegações contidas na petição inicial constituem *pontos*. Cada ponto, que venha a ser rebatido na contestação, assume a feição de *ponto controvertido*, ou seja, passa a ser uma *questão*. Então, a Fazenda Pública, ao intervir no processo, poderá esclarecer *questões* de fato e de direito, aduzindo alegações que reforcem a defesa dos interesses de uma das partes. Não se possibilita, com efeito, que a Fazenda Pública trate de *pontos incontroversos*, sendo-lhe permitido, apenas, esclarecer *questões*, é dizer, *pontos controvertidos*.[9] Somente poderá a Fazenda Pública tratar de pontos incontroversos, caso consista em matéria conhecível de ofício pelo juiz.

---

[7] Fredie Didier Jr. entende que, não obstante o parágrafo único do art. 5º da Lei 9.469/1997 dispensar o interesse jurídico, este deve ser exigido em qualquer caso (*Recurso de terceiro:* juízo de admissibilidade. São Paulo: RT, 2002. n. 2.3.3, p. 114-115). Mais recentemente, afirma que se trata de uma assistência com interesse meramente econômico (*Curso de direito processual civil*. 18. ed. Salvador: JusPodivm, 2016. v. 1, p. 539).

[8] STJ, 4ª Turma, AgInt no REsp 1.357.077/DF, Rel. Min. Raul Araújo, *DJe* 9.3.2022; STJ, 1ª Turma, AgInt no REsp 2.154.631/DF, Rel. Min. Sérgio Kukina, *DJEN* 5.12.2024.

[9] Luiz Paulo da Silva Araújo Filho, discordando desse entendimento, defende que a Fazenda Pública, na condição de interveniente anômala, pode prestar esclarecimentos sobre fatos incontroversos, sobretudo quando se tratar de fatos conhecíveis de ofício pelo juiz, podendo-se admitir a intervenção anômala, até mesmo, em caso de revelia (*Assistência e intervenção da União*. Rio de Janeiro: Forense, 2006. n. 6.4.1, p. 197, nota de rodapé 87). Não parece, contudo, que seja necessário esclarecer o que já é incontroverso. Sem embargo da desnecessidade de se esclarecer fato incontroverso, parece

O interveniente, nessa hipótese, não detém poderes para apresentar contestação ou qualquer outro tipo de resposta, nem dispõe de todos os ônus e faculdades que são conferidos às partes no processo. É que o *ponto* somente se torna *controvertido*, ou seja, a *questão* somente surge no processo com a *contestação* que contenha a impugnação específica sobre aquele *ponto*. Se fosse possível à pessoa jurídica de direito público, na intervenção anômala, contestar, seria ela que estaria fazendo surgir a *questão* no processo, não sendo o caso de prestar esclarecimentos sobre uma *questão*, a qual, para assim se qualificar, surgiu de uma *contestação* já apresentada. Daí não ser possível que a Fazenda Pública apresente contestação ou qualquer outro tipo de resposta.

Segundo o texto do parágrafo único do art. 5º da Lei 9.469/1997, a atuação da Fazenda Pública, como interveniente, cinge-se a esclarecer questões de fato e de direito, juntando documentos e memoriais úteis ao exame da matéria, não se lhe conferindo poderes para, por exemplo, formular perguntas a qualquer das partes em seu depoimento pessoal, reinquirir testemunhas em audiência ou praticar quaisquer outros atos que não consistam no esclarecimento de questões de fato e de direito (esclarecimento prestado pela própria interveniente), bem assim na juntada de documentos ou de memoriais reputados úteis ao exame da matéria.[10]

Além de poder esclarecer questões de fato e de direito ou de juntar documento ou memoriais úteis ao desenleio da controvérsia, confere-se à Fazenda Pública, quando intervém com fundamento no parágrafo único do art. 5º da Lei 9.469/1997, o poder de recorrer. Com efeito, pode a Fazenda Pública, nessa hipótese, interpor o recurso cabível na espécie, a fim de garantir seu interesse econômico.

7.2.3 Interposição de recurso

Utilizando-se do poder que lhe é conferido pelo parágrafo único do art. 5º da Lei 9.469/1997, a Fazenda Pública poderá interpor recurso. Ao interpor recurso, a Fazenda Pública adquire a condição de recorrente, passando a exercer os ônus, poderes, faculdades e deveres que são conferidos a qualquer parte que, no processo, interponha um recurso.

Enquanto não recorre, a Fazenda Pública, como interveniente, atua com poderes bastante limitados, podendo apenas esclarecer questões de fato e de direito, juntando documentos e memoriais reputados úteis ao julgamento da causa.

Caso, todavia, seja proferida alguma decisão que contrarie algum interesse seu, ainda que econômico e reflexo, a Fazenda Pública poderá interpor o recurso cabível na espécie, ocasião em que passa a poder exercer todos os poderes de quem interpõe um recurso, sendo-lhe conferida a possibilidade de atuar no tribunal e, até mesmo, apresentar sustentação oral.

---

correto aceitar a intervenção anômala para que seja feito esclarecimento de fatos conhecíveis de ofício. Impõe-se, então, perfilhar a correta orientação de Luiz Paulo da Silva Araújo Filho para admitir que o interveniente anômalo preste esclarecimentos – e junte documentos – sobre fato conhecível de ofício pelo juiz, ainda que se revele incontroverso nos autos.

[10] Cassio Scarpinella Bueno entende que pode a pessoa jurídica de direito público "juntar documentos e certidões, produzir prova em audiência e requerer medidas ou diligências necessárias ao descobrimento da verdade" (*Amicus curiae no processo civil brasileiro:* um terceiro enigmático. São Paulo: Saraiva, 2006. p. 248). Já Luiz Paulo da Silva Araújo Filho adverte que, como qualquer terceiro, a Fazenda Pública, na intervenção anômala, restringe-se a prestar esclarecimentos e juntar documentos.

7.2.4 Modificação da competência

Ao ingressar como interveniente na causa, com apoio no parágrafo único do art. 5º da Lei 9.469/1997, a Fazenda Pública apenas esclarece questões e junta documentos ou memoriais reputados úteis ao desenleio da controvérsia. Daí *não* haver modificação de competência.[11] E isso porque, em se tratando da União ou de outra pessoa jurídica de direito público federal, a competência somente se modifica para a Justiça Federal quando ela figurar na demanda como autora, ré, assistente ou oponente (CF, art. 109, I).[12]

Sendo União ou qualquer outro ente federal *assistente* ou *oponente* na causa, passa a competência a ser atribuída à Justiça Federal.

Na verdade, o art. 109, I, da Constituição Federal apenas alude à assistência e à oposição, por serem as *únicas* formas de intervenção em que o terceiro ingressa *espontaneamente* no processo, não sendo *citado* nem *intimado* para fazer parte da demanda. Quando o ente federal é *citado* para ingressar no processo, passa a ser réu, deslocando a competência para a Justiça Federal.[13] O cabimento da intervenção de terceiro deve ser verificado pela Justiça Federal, nos termos da Súmula 150 do STJ: "Compete à Justiça Federal decidir sobre a existência de interesse jurídico que justifique a presença, no processo, da União, suas autarquias ou empresas públicas".

Nos termos do parágrafo único do art. 5º da Lei 9.469/1997, ao interpor o recurso, a União ou o ente federal interessado passará a ostentar a condição de *parte*, deslocando-se, portanto, a competência para a Justiça Federal.[14] O que se afigura insólito nessa regra é que a condição de parte surge com a interposição do recurso. Ocorre, porém, que, para se interpor recurso, é preciso que o sujeito detenha a posição de *parte*, de *terceiro interessado* ou se apresente como *Ministério Público*, na condição de fiscal da ordem jurídica (CPC, art. 996).

No caso previsto no parágrafo único do art. 5º da Lei 9.469/1997, a Fazenda Pública, ao intervir no processo, passa a atuar com poderes limitados. Isso não lhe subtrai a condição de parte; é uma parte com poderes bastante limitados. Ao recorrer, deixa de ter limitação nos poderes, podendo praticar todos os atos no âmbito recursal.

Poderá, contudo, ocorrer a hipótese de a *primeira* manifestação da Fazenda Pública ser, justamente, a interposição do recurso. No particular, cabe indagar: em que prazo poderá a Fazenda Pública interpor o recurso, se até então não estava no processo, não tomando ciência

---

[11] STJ, 1ª Turma, REsp 574.697/RS, Rel. Min. Francisco Falcão, *DJ* 6.3.2006, p. 167; STJ, 4ª Turma, REsp 1.097.759/BA, Rel. Min. Luis Felipe Salomão, *DJe* 1º.6.2009; STJ, 4ª Turma, AgRg no REsp 1.045.692/DF, Rel. Min. Marco Buzzi, *DJe* 29.6.2012; STJ, 1ª Seção, AgInt no CC 152.972/DF, Rel. Min. Francisco Falcão, *DJe* 19.4.2018; STJ, 1ª Seção, AgInt no CC 150.843/DF, Rel. Min. Regina Helena Costa, *DJe* 6.12.2019; STJ, 1ª Turma, AgInt no REsp 1.535.789/PE, Rel. Min. Napoleão Nunes Maia Filho, *DJe* 11.3.2020.

[12] Conferir, a propósito, STJ, 1ª Seção, EDcl no AgRg no CC 89.783/RS, Rel. Min. Mauro Campbell Marques, *DJe* 18.6.2010.

[13] PERRINI, Raquel Fernandez. *Competências da Justiça Federal Comum*. São Paulo: Saraiva, 2001. p. 133.

[14] Luiz Paulo da Silva Araújo Filho, a despeito da previsão legal, entende que não há deslocamento de competência, nem mesmo quando a União interponha recurso, por considerar que essa não é uma situação assimilável à previsão do art. 109, I, da Constituição Federal (*Assistência e intervenção da União*. Rio de Janeiro: Forense, 2006. n. 6.4.2, p. 202). De igual modo, Eduardo Ribeiro de Oliveira entende que "[...] a intervenção da União, de autarquia ou empresa pública federal, com base no constante do art. 5º e seu parágrafo único da Lei 9.469/97, não conduzirá a que se fixe a competência da Justiça Federal, seja para o processo em primeiro grau, seja para o julgamento de recurso" (A competência da Justiça Federal e a Lei 9.469/97. In: ASSIS, Araken de; ALVIM, Eduardo Arruda; NERY JR., Nelson; MAZZEI, Rodrigo; WAMBIER, Teresa Arruda Alvim; ALVIM, Thereza (coords). *Direito civil e processo:* estudos em homenagem ao professor Arruda Alvim. São Paulo: RT, 2007. p. 1006-1007).

formal nos autos? Caso se entendesse que o prazo começaria a correr da ciência efetiva, e na eventualidade de a Fazenda Pública somente ter acesso à decisão muito tempo depois de ser proferida, poder-se-ia chegar à conclusão de que seria, sempre, tempestivo o recurso, conspirando em favor de um prolongamento indefinido do processo, pois haveria, a todo momento, a possibilidade de um recurso. Para evitar essa hipótese, o prazo para o recurso de terceiro deve ter o *mesmo* termo inicial do prazo para o recurso das partes. Em outras palavras, "o prazo para o terceiro é, em princípio, o mesmo das partes e se inicia no mesmo momento".[15]

Interpondo recurso, a pessoa jurídica de direito público passará, na terminologia legal, a figurar como *parte*, porquanto disporá de *todos* os poderes que lhe são conferidos, não tendo mais sua atividade limitada. A partir de então, a competência estará modificada. É preciso, porém, observar que há regras próprias a respeito da competência recursal.

Qualquer provimento, definitivo ou provisório, exarado por um juízo de primeira instância, poderá ser revisto pelo tribunal ao qual esteja vinculado. Assim, concedida, por exemplo, uma liminar ou proferida uma sentença por um *juiz federal*, o recurso será intentado perante o *respectivo TRF*. Sendo, por sua vez, a decisão ou sentença proferida por um *juiz estadual*, o recurso deve ser interposto perante o *respectivo tribunal de justiça*. E nem poderia ser diferente, pois, diante da hierarquia própria do Poder Judiciário, os juízes não estão obrigados ao cumprimento de decisões proferidas por tribunais que não exerçam ascendência hierárquica sobre eles.

Desse modo, nas hipóteses em que o juiz estadual esteja exercendo jurisdição federal (CF, art. 109, § 3º), o recurso será intentado para o Tribunal Regional Federal que abranja aquela área geográfica. Isso porque, nesse caso, o juiz estadual está dotado de competência federal, estando submetido, hierarquicamente, ao respectivo TRF. A propósito, assim dispõe o art. 108, II, da Constituição Federal:

> Art. 108. Compete aos Tribunais Regionais Federais:
> [...]
> II – julgar, em grau de recurso, as causas decididas pelos juízes federais e pelos juízes estaduais no exercício da competência federal da área de sua jurisdição.

Por aí se vê *não* ser possível a aplicação da modificação de competência prevista no parágrafo único do art. 5º da Lei 9.469/1997, sob pena de se estar aceitando que uma lei ordinária altere competência fixada constitucionalmente. Em outras palavras, julgada uma causa por um juiz estadual, o recurso deve ser apreciado pelo respectivo tribunal de justiça, *não* se podendo cometer ao TRF a competência para julgar, em grau de recurso, a causa decidida por um juiz estadual que não esteja investido de competência federal.[16]

A solução, diante disso, é desconsiderar a regra que determina a modificação da competência e, em obediência ao disposto no art. 108, II, da Constituição Federal, entender que o recurso interposto pela União ou por outro ente federal contra decisão ou sentença proferida por juiz estadual deve ser apreciado e julgado pelo respectivo tribunal de justiça, não

---

[15] DIDIER JR., Fredie. *Recurso de terceiro: juízo de admissibilidade*. São Paulo: RT, 2002. p. 169. *No mesmo sentido:* BUENO, Cassio Scarpinella. *Amicus curiae no processo civil brasileiro: um terceiro enigmático*. São Paulo: Saraiva, 2006. p. 250.

[16] CARVALHO, Vladimir Souza. *Competência da Justiça Federal*. 4. ed. Curitiba: Juruá, 2003. p. 274-275. *No mesmo sentido:* OLIVEIRA, Eduardo Ribeiro de. A competência da Justiça Federal e a Lei 9.469/97. In: ASSIS, Araken de; ALVIM, Eduardo Arruda; NERY JR., Nelson; MAZZEI, Rodrigo; WAMBIER, Teresa Arruda Alvim; ALVIM, Thereza (coords.). *Direito civil e processo: estudos* em homenagem ao professor Arruda Alvim. São Paulo: RT, 2007. p. 1.006.

sendo possível cometer ao TRF essa atribuição.[17] Esse, aliás, é o conteúdo do enunciado 55 da Súmula do STJ.

Permitir que o TRF julgue, em grau de recurso, uma causa decidida pela Justiça Estadual consiste em esgarçar a regra de competência prevista no art. 108, II, da Constituição Federal, não encontrando eco no sistema jurídico positivo brasileiro.

Caso, todavia, a decisão seja proferida, originariamente, por membro de tribunal de justiça, o agravo interno interposto pela União ou por outro ente federal deve ser dirigido ao próprio tribunal, não sendo possível que o TRF reveja a decisão de relator ou membro de um tribunal de justiça, por escapar de sua competência, fixada que está no art. 108 da Constituição Federal.

Caso a decisão final seja um acórdão proferido igualmente por tribunal, o recurso deverá ser interposto perante o Supremo Tribunal Federal ou perante o Superior Tribunal de Justiça, quando houver prequestionamento, respectivamente, de matéria constitucional ou infraconstitucional.

A regra é a mesma para provimentos proferidos tanto por Tribunal de Justiça como por Tribunal Regional Federal. É que ambos estão sujeitos, hierarquicamente, ao STF e ao STJ. A propósito, no caso de um acórdão final contrariar interesse da União ou de outro ente federal, o recurso extraordinário ou o recurso especial será intentado perante o STF ou o STJ, a depender de a matéria ser constitucional ou infraconstitucional. Num caso como esse, *não* há modificação de competência, pois tanto os Tribunais de Justiça como os Tribunais Regionais Federais devem obediência às decisões proferidas pelo STF e pelo STJ.

Os Tribunais Superiores irão julgar os recursos, sem que haja prévia modificação da competência.

E se o STF ou o STJ, ao julgar o recurso excepcional interposto pela União ou por outro ente federal, resolver *anular* o acórdão proferido pelo Tribunal de Justiça para que seja proferido outro em seu lugar, quem irá proferir o novo acórdão: o Tribunal de Justiça ou o TRF? É o Tribunal de Justiça, pois, com a anulação, há o retorno ao *status quo ante*, voltando-se a considerar que a sentença ainda não teria sido reexaminada. E, sendo sentença proferida por juiz estadual, já se viu que a apelação deve ser julgada pelo respectivo Tribunal de Justiça, não cabendo ao TRF apreciar o recurso.

Decididos os recursos, sobeja a indagação: quem deve processar a eventual execução que vier a ser proposta? O juiz estadual que julgou a causa em primeiro grau de jurisdição, por deter competência material para tanto (CPC, art. 516, II), ou a Justiça Federal, diante da presença da União ou do ente federal que havia interposto o recurso para o Tribunal Superior?

Ao que tudo indica, a regra encartada no art. 516, II, do CPC precisa ser compatibilizada com a do parágrafo único do art. 5º da Lei 9.469/1997. No exemplo acima aventado, a execução deve ser proposta perante a Justiça Federal, de sorte que, retornando os autos do Tribunal Superior, o juízo estadual deverá reconhecer, de ofício, sua incompetência e remetê-los para a Justiça Federal. Caso a União ou o ente federal adquirira a condição de parte, passa a incidir o comando hospedado no art. 109, I, da Constituição Federal, atraindo a competência da Justiça Federal para a execução, que terá a União ou um ente federal como *parte*.

---

[17] *Nesse mesmo sentido,* com ampla argumentação, BUENO, Cassio Scarpinella. *Amicus curiae no processo civil brasileiro:* um terceiro enigmático. São Paulo: Saraiva, 2006. p. 223-247.

Todas essas discussões somente têm pertinência quando a União ou um outro ente federal intervém numa causa que tenha curso na Justiça Estadual. Na hipótese de a Fazenda Pública estadual ou municipal intervir numa demanda que tramite na própria Justiça Estadual, haverá, com a interposição do recurso, modificação de competência, passando a causa, por exemplo, de uma vara cível para uma vara da Fazenda Pública, não sobressaindo maiores dificuldades, já que, nesse caso, os juízos estão vinculados ao mesmo Tribunal de Justiça. Caso a Fazenda Pública estadual ou municipal interponha, por exemplo, um agravo de instrumento contra uma decisão interlocutória proferida por um juízo cível, a petição a que alude o art. 1.018 do CPC deve ser ajuizada perante o juízo cível, a quem compete exercer ou não a retratação, após o que deverá, reconhecendo sua incompetência, determinar a remessa dos autos à distribuição para que o processo seja atribuído ao juízo de uma das varas da Fazenda Pública, comunicando-se ao tribunal a modificação da competência.

7.2.5 Possibilidade de o terceiro interveniente ajuizar pedido de suspensão de liminar ou de segurança

O parágrafo único do art. 5º da Lei 9.469/1997 autoriza a pessoa jurídica de direito público a interpor recurso de decisão que lhe seja desfavorável, atingindo interesse econômico seu, ainda que de modo reflexo e indireto. A autorização para se interpor recurso abrange também a possibilidade de se ajuizar pedido de suspensão de liminar ou de segurança?

Ora, o pedido de suspensão não detém natureza recursal, consoante restará demonstrado no item 15.2 *infra*.

Em razão da norma inscrita no art. 5º, XXXV, da Constituição Federal, segundo a qual "a lei não excluirá da apreciação do Poder Judiciário lesão ou *ameaça* a direito", passou-se a entender que, a par da jurisdição tradicional, que se relaciona com o reconhecimento de direitos postulados, exsurge uma jurisdição cautelar, a entremostrar que "[...] a tutela cautelar se insere na função do Estado de bem solucionar os conflitos, *uma vez que a jurisdição engloba igualmente a* adoção de todos os meios necessários à eficácia do direito reconhecido *no processo de conhecimento, esteja ele em curso ou na iminência de sua interposição*".[18]

Nesse sentido, o Supremo Tribunal Federal, ao julgar a Ação Declaratória de Constitucionalidade 4, definiu que a jurisdição contém o chamado *poder de acautelar,* motivo pelo qual se confere ao magistrado instrumentos para garantir a efetividade de seu mister de julgar.

A conclusão a que chegou o STF aponta para a premissa fundamental de que o poder de julgar é indissociável do poder de acautelar, despontando, por essa razão, a existência de uma *jurisdição cautelar,* apta a garantir o resultado útil do processo principal, como corolário do princípio constitucional da inafastabilidade da jurisdição.

Ao conferir às pessoas jurídicas de direito público o poder de recorrer de decisões que lhes acarretem prejuízo econômico, ainda que indireto ou reflexo, o parágrafo único do art. 5º da Lei 9.469/1997 está a permitir, de igual modo, o pedido de suspensão contra decisões contrárias à Fazenda Pública. É que o poder de recorrer convoca e autoriza o direito de manejar os instrumentos processuais destinados a assegurar o resultado útil do processo, razão de ser das medidas cautelares (aí inseridas as *contracautelas*).

---

[18] CAVALCANTE, Mantovanni Colares. Os novos rumos da jurisdição cautelar. *Revista Dialética de Direito Processual*, São Paulo: Dialética, v. 1, abr. 2003, p. 128.

O Superior Tribunal de Justiça já firmou entendimento no sentido de ser possível, pelo parágrafo único do art. 5º da Lei 9.469/1997, não somente o recurso pela Fazenda Pública, mas igualmente o pedido de suspensão.[19]

É, enfim, possível, nos casos do parágrafo único do art. 5º da Lei 9.469/1997, o ajuizamento de pedido de suspensão pela pessoa jurídica de direito público,[20] o qual deve ser ajuizado perante o tribunal competente, tal como explicitado no item 15.4 *infra*.

7.2.6 Submissão à coisa julgada

Se a pessoa jurídica de direito público ingressar numa demanda qualquer, já se viu que sua atuação é bastante limitada. Ademais, o pedido não lhe diz respeito diretamente, não devendo ser, por isso, *prejudicada* pela coisa julgada.

O pedido formulado no processo não diz respeito à Fazenda Pública interveniente. Ademais, sua atuação, como interveniente, é muito limitada, não sendo possível haver produção de coisa julgada sobre questão prejudicial decidida incidentemente, pois esta só se produz se, além de outras exigências, houver contraditório prévio e efetivo (CPC, art. 503, § 1º).

Quando intervém com base no parágrafo único do art. 5º da Lei 9.469/1997, a Fazenda Pública tem sua participação limitada a esclarecer questões de fato e de direito, bem como a juntar documentos ou memoriais reputados úteis ao exame da causa.

Com a interposição de recurso, a pessoa jurídica de direito público deixa de ter limitação na sua atuação, sendo alcançada pela coisa julgada produzida a partir do julgamento do recurso. É que, além da ausência de limitação de poderes, houve apresentação de recurso, ou seja, houve postulação, com pedido formulado, apreciado e julgado, atingindo e vinculando a Fazenda Pública, que não mais poderá rediscutir o desfecho dado pelo tribunal em qualquer outra demanda que envolva as mesmas partes.

7.2.7 Legitimidade do terceiro interveniente para ajuizamento de ação rescisória

Intervindo num processo com fundamento no parágrafo único do art. 5º da Lei 9.469/1997, e interpondo recurso, a pessoa jurídica de direito público é alcançada pela coisa julgada. Não poderá mais rediscutir a decisão final em qualquer outra demanda idêntica; poderá, contudo, ajuizar ação rescisória, pois, tendo sido parte, terá legitimidade ativa para tanto, nos termos do art. 967, I, do CPC.

Se, porém, a Fazenda Pública não tiver sido parte na demanda originária, não atuando nem recorrendo de qualquer decisão proferida no processo, não poderá, invocando o parágrafo único do art. 5º da Lei 9.469/1997, ajuizar ação rescisória.

Com efeito, não se franqueia à Fazenda Pública legitimidade para ajuizar ação rescisória contra decisão de mérito proferida em processo do qual não fez parte, fundamentando-se no interesse econômico previsto no parágrafo único do art. 5º da Lei 9.469/1997. Em primeiro

---

[19] STJ, Corte Especial, AGP 1.621/PE, Rel. Min. Nilson Naves, *DJ* 14.4.2003, p. 165.
[20] *No mesmo sentido:* BUENO, Cassio Scarpinella. *Amicus curiae no processo civil brasileiro:* um terceiro enigmático. São Paulo: Saraiva, 2006. p. 573-579. *Em sentido contrário,* não concordando com a possibilidade de haver pedido de suspensão de segurança: CARNEIRO, Athos Gusmão. Da intervenção da União Federal como *amicus curiae:* ilegitimidade para, nesta qualidade, requerer a suspensão dos efeitos de decisão jurisdicional. Leis 8.437/92, art. 4º, e 9.469/97, art. 5º. *Revista de Processo*, São Paulo: RT, v. 111, jul.-set. 2003, p. 243-258.

lugar, porque, na hipótese aventada, não figurou no processo originário, lá não adquirindo a condição de parte; não preenche, pois, a exigência do inciso I do art. 967 do CPC. Demais disso, a regra contida no parágrafo único do art. 5º da Lei 9.469/1997 não poderia ser invocada para justificar a legitimidade ativa na ação rescisória. É que o terceiro, para ajuizar ação rescisória, deve, segundo o próprio inciso II do art. 967 do CPC, ser *juridicamente* interessado, ou seja, deve apresentar *interesse jurídico*, não sendo suficiente a demonstração de mero interesse econômico. O art. 967, II, do CPC, ao aludir, expressamente, a terceiro *juridicamente* interessado, afastou, no trato da legitimidade ativa para a ação rescisória, a regra do parágrafo único do art. 5º da Lei 9.469/1997.[21]

Não é possível à Fazenda Pública, com base no parágrafo único do art. 5º da Lei 9.469/1997, ajuizar ação rescisória. É-lhe lícito, porém, ingressar como interveniente numa ação rescisória em curso. Em outras palavras, havendo interesse econômico, ainda que indireto ou reflexo, a Fazenda Pública pode ingressar como interveniente numa ação rescisória em curso,[22] se bem que não possa, ela mesma, ajuizar tal rescisória.

7.2.8 Procedimentos em que é admissível

Não se admite a intervenção anômala no processo de execução, embora seja possível nos embargos à execução.[23] A exemplo do que sucede com a assistência, a intervenção anômala é admissível no *processo de conhecimento*, tendo lugar em qualquer dos tipos de procedimento e em todos os graus de jurisdição. Deve-se admitir, igualmente, essa intervenção nos *procedimentos especiais*. Somente *não* será possível, ao que tudo indica, se incompatível com o rito do procedimento especial ou com a cognição limitada do juiz. É que alguns procedimentos são especiais por limitarem a cognição judicial ou por não permitirem dilações probatórias. De fato, a construção de procedimentos diferenciados decorre da combinação das diversas *formas de cognição*, as quais, uma vez manipuladas pelo legislador, permitem a adoção de meios adaptados às especificações do direito material ou da correlata pretensão.

No âmbito dos Juizados Especiais Cíveis, não é possível a intervenção fundada no parágrafo único do art. 5º da Lei 9.469/1997. É que ali se veda a adoção de intervenções de terceiros, salvo o incidente de desconsideração da personalidade jurídica.

A intervenção anômala também é admissível em arbitragens. A União pode intervir, se houver interesse econômico, ainda que reflexo ou indireto, em arbitragens que envolvam a Administração Pública Federal ou concessionários, subconcessionários, permissionários, arrendatários ou autorizatários do serviço público (Decreto 10.025/2019, art. 13, § 2º).

7.2.9 Cabimento no mandado de segurança?

A doutrina e a jurisprudência controvertem-se sobre a possibilidade de intervenção de terceiros no processo de mandado de segurança. Não é possível, no mandado de segurança, a

---

[21] A questão já foi enfrentada pelo Superior Tribunal de Justiça, que manifestou, exatamente, esse entendimento (STJ, 6ª Turma, REsp 265.944/CE, Rel. Min. Fernando Gonçalves, *DJ* 28.5.2001, p. 218).
[22] STJ, 4ª Turma, REsp 620.438/RJ, Rel. Min. Cesar Asfor Rocha, *DJ* 27.3.2006, p. 280.
[23] STJ, 1ª Turma, REsp 1.398.613/SP, Rel. Min. Gurgel de Faria, *DJe* 29.6.2016; STJ, 1ª Turma, AgInt na PET no REsp 1.431.825/MS, Rel. Min. Regina Helena Costa, *DJe* 21.3.2019; STJ, 4ª Turma, AgInt no REsp 1.838.866/DF, Rel. Min. Luis Felipe Salomão, *DJe* 31.8.2022.

denunciação da lide, por ser incompatível com a pretensão nele veiculada e não ser igualmente pertinente com o seu procedimento.

A regra contida nos arts. 338 e 339 do CPC é plenamente compatível com o mandado de segurança, de modo que, se a autoridade impetrada alega sua ilegitimidade passiva, o juiz deve franquear ao impetrante a possibilidade de corrigir o equívoco e requerer a notificação da autoridade correta.

Quanto à assistência, há acirrada controvérsia sobre seu cabimento no mandado de segurança, despontando, de um lado, o entendimento que não a aceita, por considerar incompatível com o rito célere do *writ*.[24] De outro lado, avulta a orientação que a admite, por entender que as disposições do Código de Processo Civil aplicam-se, subsidiariamente, ao processo do mandado de segurança, não havendo vedação em se admitir a assistência na tramitação do remédio constitucional.[25] Essa discussão deve ser revista a partir do atual CPC, a fim de se admitir a assistência simples no mandado de segurança, tal como demonstrado no item 14.6.

No caso da intervenção prevista no parágrafo único do art. 5º da Lei 9.469/1997, o Superior Tribunal de Justiça entende *não* ser cabível no mandado de segurança,[26] por não ser possível intervenção de terceiros no seu procedimento.[27]

Rigorosamente, não há nada que vede a intervenção anômala no mandado de segurança. A decisão a ser proferida no mandado de segurança pode causar impactos financeiros a uma pessoa jurídica de direito público da qual a autoridade coatora não faça parte. Pode, enfim, haver interesse econômico, direto ou indireto, de uma pessoa jurídica de direito público no resultado de um mandado de segurança. A simples escolha pelo impetrante de um procedimento não pode impedir a participação do ente público que demonstre interesse econômico no caso. A participação é elemento do Estado Democrático. A cooperação e a amplitude do contraditório no processo civil reforçam a possibilidade de amplo debate e de participação de quaisquer interessados na discussão, a fim de contribuir para o melhor resultado possível.

É certo que a jurisprudência não admite a intervenção anômala no mandado de segurança, mas é questionável tal entendimento, merecendo, a partir do atual CPC, ser revisto.

7.2.10 Intervenção anômala da União em arbitragem

A União pode, com fundamento no art. 5º, parágrafo único, da Lei 9.469, de 1997, intervir em arbitragens. O Decreto 10.025, de 2019, em seu art. 13, § 2º, dispõe que: "[a] União poderá intervir nas causas arbitrais de que trata este Decreto nas hipóteses previstas no art. 5º da Lei n. 9.469, de 1997".

Regulamentando o referido decreto, a Portaria Normativa da AGU 75/2022 estabelece critérios e requisitos para que a União possa intervir anomalamente em arbitragens.

---

[24] CAVALCANTE, Mantovanni Colares. *Mandado de segurança*. São Paulo: Dialética, 2002. p. 192-193.
[25] BUENO, Cassio Scarpinella. *Mandado de segurança*. São Paulo: Saraiva, 2002. p. 150-151; MEIRELLES, Hely Lopes. *Mandado de segurança, ação popular, ação civil pública, mandado de injunção, "habeas data", ação direta de inconstitucionalidade, ação declaratória de constitucionalidade e arguição de descumprimento de preceito fundamental.* 23. ed. atual. por Arnoldo Wald e Gilmar Ferreira Mendes. São Paulo: Malheiros, 2001. p. 62-64.
[26] Conferir, com indicação de outros precedentes: STJ, 1ª Seção, AgRg no MS 15.484/DF, Rel. Min. Mauro Campbell Marques, *DJe* 1º.2.2013.
[27] STJ, 1ª Seção, AgRg no MS 15.298/DF, Rel. Min. Og Fernandes, *DJe* 14.10.2014; STJ, 1ª Seção, AgRg no MS 16.702/DF, Rel. Min. Humberto Martins, *DJe* 22.10.2015.

A União pode, então, ingressar, como interveniente, em processos arbitrais em que figurem como parte alguma autarquia, fundação pública, sociedade de economia mista ou empresa pública federal, cujas decisões possam ter reflexos, ainda que indiretos, de natureza econômica, independentemente da demonstração de interesse jurídico.

Qualquer um desses entes interessados pode solicitar ao Núcleo Especializado em Arbitragem da Advocacia-Geral da União (NEA/AGU) para que seja promovida a intervenção da União no processo arbitral. O NEA/AGU poderá rejeitar a solicitação ou acolhê-la. Caso a rejeite, encaminhará o assunto à Procuradoria Geral da União para decisão definitiva. Diversamente, se a aceitar, o próprio NEA/AGU apresentará, no processo arbitral, o pedido de intervenção anômala.[28]

A decisão que admite ou não a intervenção da União no processo arbitral é de competência privativa do tribunal arbitral, sendo irrecorrível. Ou seja, o juízo estatal não pode rever tal decisão.[29]

O acolhimento do pedido de intervenção da União não comporta o deslocamento do processo para o Poder Judiciário. No âmbito judicial, a intervenção da União também não desloca a competência para a Justiça Federal. A União intervém no processo sem qualquer deslocamento de competência.

Admitida como interveniente no processo arbitral, a União poderá esclarecer questões de fato ou de direito, apresentando documentos ou memoriais. De acordo com o art. 34 da Portaria Normativa AGU 75/2022, deferido o seu ingresso no processo arbitral, a União pode, "nas oportunidades outorgadas pelo tribunal arbitral ou a critério do NEA/AGU, apresentar nos autos do processo arbitral questões de fato e de direito úteis ao deslinde da controvérsia, acompanhadas ou não de documentos".

O art. 5º, parágrafo único, da Lei 9.469/1997, permite que o ente público, quando atue como interveniente anômalo, interponha recurso para impugnar decisões. Tal previsão não se aplica no âmbito do processo arbitral, pois nele não cabe recurso. O juízo estatal não pode reexaminar o mérito de decisões arbitrais. A União, então, quando intervém anomalamente em processo arbitral, não pode recorrer de qualquer decisão.

A União já interveio em alguns processos arbitrais, tendo sua atuação repercutido e contribuído para o resultado.[30]

7.3 INTERVENÇÃO ANÔMALA E ASSISTÊNCIA: SEMELHANÇAS E DISTINÇÕES

A intervenção de terceiros, no CPC, está disciplinada nos arts. 119 a 138. A assistência está disciplinada num capítulo que se subdivide em 3 (três) seções.

A primeira delas trata das disposições comuns à assistência simples e à assistência litisconsorcial, enunciando que cabem, enquanto pendente a causa, em qualquer procedimento e em todos os graus de jurisdição, além de estabelecer o procedimento a ser adotado.

Já a segunda seção dedica-se à assistência simples, ao passo que a terceira seção, composta de apenas um artigo, dirige-se à assistência litisconsorcial.

---

[28] Portaria Normativa AGU 75/2022.
[29] MAIA, Alberto Jonathas. Intervenção anômala da União no processo arbitral, *Revista de Processo*. São Paulo: RT, n. 353, jul. 2024, p. 423.
[30] Sobre os casos em que a União interveio e sua contribuição, conferir: MAIA, Alberto Jonathas. Intervenção anômala da União no processo arbitral. *Revista de Processo,* São Paulo: RT, n. 353, jul. 2024, p. 426-437.

A assistência simples depende da demonstração de interesse jurídico. Para que se admita a assistência, o terceiro deve demonstrar ter *interesse jurídico* em que a decisão do processo seja favorável à parte que almeja auxiliar. A assistência é uma intervenção *típica*, que tem seu requisito legalmente estabelecido: a presença de um interesse jurídico, a ser demonstrado e preenchido pelo requerente.

Caso, todavia, não haja a presença do interesse jurídico, não poderá o terceiro ser admitido como assistente, mas poderá ser admitido como interveniente *atípico*, se as partes assim concordarem, a fim de ampliar o debate e a cooperação judicial, concretizando a ideia de participação democrática no processo civil, bastando, para isso, a anuência das partes. É possível, enfim, haver intervenção negociada de terceiro, permitindo sua participação mesmo sem a presença do interesse jurídico.[31] Também é possível negociar as regras procedimentais previstas para determinada intervenção de terceiro.[32]

A assistência pode ser simples ou litisconsorcial.

Enquanto o assistente litisconsorcial atua com autonomia, figurando como litisconsorte da parte, o simples deve agir apenas como auxiliar do assistido, não podendo praticar atos que sejam incompatíveis com a vontade deste, ou que a contrariem. Realmente, não pode o assistente simples impedir que o assistido pratique atos de disposição de vontade, como reconhecer a procedência do pedido, transigir, desistir da ação ou do recurso, renunciar à ação ou ao recurso.[33]

O art. 124 do CPC dispõe que se considera "litisconsorte da parte principal o assistente sempre que a sentença influir na relação jurídica entre ele e o adversário do assistido". Na assistência litisconsorcial, o assistido e o assistente são, na verdade, litisconsortes, submetidos a um regime de unitariedade. Há, na verdade, um litisconsórcio unitário facultativo ulterior.[34]

O assistente litisconsorcial é um litisconsorte facultativo ulterior. É um litisconsorte que ingressa posteriormente no processo, de forma espontânea, exercendo todos os direitos, poderes e faculdades de uma parte e sujeitando-se aos ônus e deveres processuais de uma parte. É por isso que a intervenção de um colegitimado no processo faz-se mediante a assistência litisconsorcial. Não é por outro motivo, aliás, que o parágrafo único do art. 18 do CPC assim dispõe: "Havendo substituição processual, o substituído poderá intervir como assistente litisconsorcial".

Justamente por ser um litisconsorte seu, o assistente litisconsorcial não está sujeito à vontade da parte originária. Mesmo que a parte originária renuncie, desista, transacione, o assistente litisconsorcial pode prosseguir e praticar os atos processuais a seu cargo, não sendo

---

[31] CUNHA, Leonardo Carneiro da. A assistência no projeto do novo Código de Processo civil. In: AURELLI, Arlete Inês; SCHMITZ, Leonard Ziesemer; DELFINO, Lúcio; RIBEIRO, Sérgio Luiz de Almeida; FERREIRA, William Santos (orgs.). *O direito de estar em juízo e a coisa julgada*: estudos em homenagem a Thereza Alvim. São Paulo: RT, 2014; SANTOS, Marina França. Intervenção de terceiro negociada: possibilidade aberta pelo novo Código de Processo Civil. *Revista Forense*, Rio de Janeiro: Forense, v. 420, 2014.

[32] A propósito, o enunciado 491 do Fórum Permanente de Processualistas Civis: "É possível negócio jurídico processual que estipule mudanças no procedimento das intervenções de terceiros, observada a necessidade de anuência do terceiro quando lhe puder causar prejuízo".

[33] Art. 122 do CPC: "A assistência simples não obsta a que a parte principal reconheça a procedência do pedido, desista da ação, renuncie ao direito sobre o que se funda a ação ou transija sobre direitos controvertidos".
Embora o dispositivo aluda apenas à desistência da ação e à renúncia ao direito, a assistência simples também não obsta a que a parte principal desista do *recurso* ou o renuncie.

[34] ALVIM, Thereza. *O direito processual de estar em juízo*. São Paulo: RT, 1996. p. 238.

atingindo pelos atos praticados por seu litisconsorte. Qualquer omissão da parte originária, seja ela negocial ou não, é irrelevante, não interferindo na atuação do assistente litisconsorcial, pois este não tem seus poderes limitados à vontade do seu litisconsorte. Não há qualquer espécie de subordinação.

Por aí já se percebem as diferenças e as semelhanças entre a assistência e a intervenção anômala.

O interveniente anômalo tem interesse *econômico* no resultado do processo, ainda que indireto ou reflexo. Já o assistente tem interesse *jurídico*.

A atuação do interveniente anômalo é bastante limitada, restringindo-se a esclarecer questões, com a apresentação de documentos e de memoriais, a não ser quando interponha recurso, o que afasta a limitação de sua atuação, pois pode praticar quaisquer atos no âmbito recursal. Diversamente, não há essa limitação na assistência. O assistente litisconsorcial é litisconsorte do assistido, praticando todos os atos processuais, sem qualquer limitação. Por sua vez, o assistente simples também pode praticar todos os atos processuais, desde que não contrarie a vontade do assistido, não obstando a uma transação, renúncia ou desistência.

Tanto a assistência (seja a simples, seja a litisconsorcial) como a intervenção anômala são formas *espontâneas* de intervenção de terceiro: o terceiro ingressa espontaneamente no processo, não sendo citado, intimado, nem convocado para integrar ou participar do processo.

7.4 INTERVENÇÃO ANÔMALA E *AMICUS CURIAE*: SEMELHANÇAS E DISTINÇÕES

Já se viu, no item 7.1. *supra*, que há quem veja na intervenção do parágrafo único do art. 5º da Lei 9.469/1997 mais uma hipótese de *amicus curiae*.

Embora seja antiga a figura do *amicus curiae*, seu estudo e utilização no sistema brasileiro são recentes.

O *amicus curiae* pode ser uma pessoa natural ou jurídica, órgão ou entidade privada ou pública, que desempenha atividades relacionadas com o tema a ser examinado pelo juízo ou tribunal e que goze de representação adequada[35] (CPC, art. 138). Sua atuação tem a finalidade de apresentar argumentos, dados ou elementos que contribuam para a prolação de uma melhor decisão, permitindo ao tribunal examinar, adequadamente, todas as nuances da questão, ponderando vários pontos de vista.

O estudo relativo ao *amicus curiae* releva que se trata de um terceiro que, originariamente, sempre teve um ânimo de *neutralidade*, mas sua evolução ao longo dos tempos demonstra que aquela figura *neutra* e *imparcial* vem se transformando numa figura *interessada* e *parcial*, que "[...] busca sua intervenção em juízo muito mais para a tutela de direitos seus do que, propriamente, para cumprimento daquele papel, que, do ponto de vista histórico, estava reservado a ele. De um *amicus* 'neutro' passou-se a um *amicus* 'litigante'".[36] Realmente, "[n]ão é incomum, por exemplo, que determinada entidade de classe, precisamente porque seus membros têm interesse na definição da interpretação ou validade de certa norma, promova diversos simpósios, estudos, levantamentos ou obtenha pareceres de especialistas sobre o tema. Todo esse acervo – nitidamente formado a partir de interesses específicos da entidade

---

[35] "A representatividade adequada exigida do *amicus curiae* não pressupõe a concordância unânime daqueles a quem representa" (enunciado 127 do Fórum Permanente de Processualistas Civis).

[36] BUENO, Cassio Scarpinella. Amicus curiae *no processo civil brasileiro*: um terceiro enigmático. São Paulo: Saraiva, 2006, passim.

e seus integrantes – tende a ser muito útil à solução do processo objetivo. Caberá ao julgador aproveitá-lo, filtrando eventuais desvios ou imperfeições".[37]

O *amicus curiae* não possui vínculo com qualquer das partes. Como esclarece Gustavo Santana Nogueira, "[a] sua intervenção não é imparcial, intervindo ele para defender uma tese jurídica que pode lhe beneficiar mas sem o interesse jurídico que justifica a assistência. Para nós, o *amicus* intervém para defender um interesse institucional".[38]

O *amicus curiae* tem interesse *institucional* de contribuir com a decisão a ser proferida pelo tribunal,[39] seja porque sua atividade está relacionada com o assunto a ser examinado, seja porque desenvolve estudos sobre o tema.

Na intervenção anômala, a Fazenda Pública pode intervir para ajudar uma das partes, por ter interesse *econômico*, ainda que indireto ou reflexo, no resultado a ser obtido com o julgamento da causa. Quer isso dizer que o terceiro, cuja esfera econômica poderá ser atingida pela decisão, pode intervir no processo, fazendo-o na condição de *interveniente anômalo*.

Tal terceiro, que é a Fazenda Pública e passa a figurar como interveniente no processo, não se confunde com o *amicus curiae* que possa eventualmente participar do seu processamento e julgamento.[40] Este contribui com argumentos, dados e elementos extraídos de sua experiência ou atividade, que se relaciona com o tema a ser examinado pelo tribunal, quando houver relevância na matéria, especificidade no tema objeto da demanda ou repercussão social da controvérsia (CPC, art. 138).[41]

Se houver mais de um terceiro que peça sua admissão no processo como *amicus curiae*, o juiz ou relator, segundo consta do enunciado 82 da I Jornada de Direito Processual Civil, do Conselho da Justiça Federal, deve observar, como critério para definição daqueles que serão admitidos, o equilíbrio na representatividade dos diversos interesses jurídicos contrapostos no litígio, velando, assim, pelo respeito à amplitude do contraditório, paridade de tratamento e isonomia entre todos os potencialmente atingidos pela decisão".

O *amicus curiae* tem o interesse de ver aquela sua *opinião, ideologia, posição, orientação* ser acolhida pelo juiz, pois se trata de ideia estudada, pesquisada e defendida no âmbito de sua atuação institucional. O interesse do *amicus curiae* é de ver a decisão ser proferida com os *fundamentos técnicos* que lhe parecem mais apropriados, independentemente de quem seja o autor ou o réu, não lhe importando quem deva ser o vencedor. Para o *amicus curiae*, o vencedor deve ser aquela tese que coincide com sua opinião ou orientação. Por isso que, no processo em que haja intervenção do *amicus curiae*, o juiz deve examinar as alegações por

---

[37] TALAMINI, Eduardo. Comentários ao art. 138. In: WAMBIER, Teresa Arruda Alvim; DIDIER JR., Fredie; TALAMINI, Eduardo; DANTAS, Bruno (coords.). *Breves comentários ao novo Código de Processo Civil*. São Paulo: RT, 2015. n. 18, p. 442.

[38] NOGUEIRA, Gustavo Santana. Do *amicus curiae*. *Revista do Tribunal Regional Federal da 1ª Região*, Brasília, v. 16, n. 7, 2004, p. 28.

[39] BUENO, Cassio Scarpinella. Amicus curiae *no processo civil brasileiro*: um terceiro enigmático. São Paulo: Saraiva, 2006. p. 500-511.

[40] Nesse sentido, o enunciado 122 do Fórum Nacional do Poder Público: "A intervenção anômala não se confunde com a intervenção da Fazenda Pública como *amicus curiae*, pois lá se exige interesse econômico, ainda que indireto, enquanto a intervenção como *amicus curiae* exige interesse institucional".

[41] Esses requisitos, previstos no art. 138 do CPC, não são cumulativos; são alternativos, ou seja, basta a presença de um deles. A propósito, eis o teor do enunciado 395 do Fórum Permanente de Processualistas Civis: "Os requisitos objetivos exigidos para a intervenção do *amicus curiae* são alternativos".

ele apresentadas,[42] sob pena de caracterizar-se omissão, a ensejar embargos de declaração a serem opostos pelo próprio *amicus* (CPC, art. 138, § 1º) ou por qualquer uma das partes do processo.[43]

O *amicus curiae* tem interesse de a decisão ter determinado conteúdo. Por isso, deve-lhe ser concedida a possibilidade de participar no processo de sua formação, sendo-lhe reconhecido o direito de ser ouvido,[44] a fim de poder influenciar o julgador e ajudá-lo na elaboração do conteúdo da decisão, contribuindo para a definição de sua *ratio decidendi*.

No processo do mandado de injunção, é cabível a intervenção de *amicus curiae*.[45] Também é cabível a intervenção de *amicus curiae* no mandado de segurança.[46]

A Fazenda Pública, quando intervém com fundamento no parágrafo único do art. 5º da Lei 9.469/1997, tem atuação bem limitada, podendo apenas esclarecer questões e apresentar documentos e memoriais; pode, ainda, recorrer, quando, então, passa a poder praticar todos os atos no âmbito recursal, podendo, por isso mesmo, realizar sustentação oral no julgamento perante o tribunal.[47] O *amicus curiae*, por sua vez, tem seus poderes estabelecidos pelo juiz. Efetivamente, segundo dispõe o § 2º do art. 138 do CPC, "Caberá ao juiz ou ao relator, na decisão que solicitar ou admitir a intervenção, definir os poderes do *amicus curiae*".

Na intervenção anômala, a Fazenda Pública pode interpor recurso de qualquer decisão. Já o *amicus curiae* não pode, em regra, recorrer (CPC, art. 138, § 1º). Há, porém, ao menos, duas exceções: garante-se a ele o direito de opor embargos de declaração (CPC, art. 138, § 1º, *fine*) e o de recorrer da decisão que julgar o incidente de resolução de demandas repetitivas (CPC, art. 138, § 3º; arts. 976 e ss.). Em razão da existência de um microssistema de julgamento de casos repetitivos (CPC, art. 928), a permissão de interposição de recursos deve estender-se, também, ao julgamento de *recursos especiais ou extraordinários repetitivos*.[48]

É possível defender, ainda, a possibilidade de o *amicus curiae* recorrer da decisão que *não* admita a sua intervenção.[49] Isso porque o *caput* do art. 138 considera irrecorrível apenas a decisão que *admite* a sua intervenção.

---

[42] Nesse sentido, o enunciado 128 do Fórum Permanente de Processualistas Civis: "No processo em que há intervenção do *amicus curiae*, a decisão deve enfrentar as alegações por ele apresentadas, nos termos do inciso IV do § 1º do art. 489".

[43] Nesse sentido, o enunciado 394 do Fórum Permanente de Processualistas Civis: "As partes podem opor embargos de declaração para corrigir vício da decisão relativo aos argumentos trazidos pelo *amicus curiae*".

[44] É por isso que o enunciado 392 do Fórum Permanente de Processualistas Civis assim esclarece: "As partes não podem estabelecer, em convenção processual, a vedação da participação do *amicus curiae*".

[45] Nesse sentido, o enunciado 12 da I Jornada de Direito Processual Civil, do Conselho da Justiça Federal: "É cabível a intervenção de *amicus curiae* (art. 138 do CPC) no procedimento do Mandado de Injunção (Lei n. 13.300/2016)".

[46] Nesse sentido, o enunciado 249 do Fórum Permanente de Processualistas Civis: "A intervenção do *amicus curiae* é cabível no mandado de segurança".

[47] Nesse sentido, o enunciado 55 do Fórum Nacional do Poder Público: "É cabível a sustentação oral pelas pessoas jurídicas de direito público quando intervierem na forma do art. 5º, parágrafo único, da Lei nº 9.469/97".

[48] Nesse sentido, enunciado 391 do Fórum Permanente de Processualistas Civis: "O *amicus curiae* pode recorrer da decisão que julgar recursos repetitivos".

[49] STF, Pleno, ADI 5.022 AgR/RO, Rel. Min. Celso de Mello, j. 18.12.2014. Em sentido contrário, ou seja: "A decisão que determina de ofício ou defere ou indefere o pedido de intervenção do *amicus curiae* é irrecorrível" (TALAMINI, Eduardo. Comentários ao art. 138. In: WAMBIER, Teresa Arruda

Há um caso de legitimidade recursal, previsto na legislação extravagante, bastante peculiar. Trata-se da legitimação recursal da CVM (Comissão de Valores Mobiliários), quando atua no processo na qualidade de *amicus curiae*. De acordo com o § 3º do art. 31 da Lei 6.385/1976, "à comissão é atribuída legitimidade para interpor recursos, quando as partes não o fizerem". Trata-se de uma legitimidade recursal subsidiária.[50]

A intervenção prevista no parágrafo único do art. 5º da Lei 9.469/1997 é *espontânea*: a Fazenda Pública comparece e requer sua admissão como interveniente. Por sua vez, o ingresso do *amicus curiae* pode ser espontâneo ou provocado. O terceiro, que pretenda atuar como *amicus*, pode comparecer espontaneamente ou sua participação pode ser solicitada pelo juiz, por uma das partes, pelo Ministério Público ou, até mesmo, por um assistente simples.[51]

A intervenção anômala serve a um interesse econômico do Poder Público, enquanto o *amicus curiae* é figura que se relaciona com a formação de precedentes e com o reforço do contraditório.[52]

Não há limitação quanto ao cabimento da intervenção anômala, nem quanto ao cabimento do *amicus curiae* no âmbito da Justiça do Trabalho. Relativamente a este último, há, aliás, o enunciado 250 do Fórum Permanente de Processualistas Civis: "Admite-se a intervenção do *amicus curiae* nas causas trabalhistas, na forma do art. 138, sempre que o juiz ou relator vislumbrar a relevância da matéria, a especificidade do tema objeto da demanda ou a repercussão geral da controvérsia, a fim de obter uma decisão respaldada na pluralidade do debate e, portanto, mais democrática".

Tanto a intervenção da Fazenda Pública, fundada no parágrafo único do art. 5º da Lei 9.469/1997, como a intervenção do *amicus curiae* não alteram a competência do juízo.

Alvim; DIDIER JR., Fredie; TALAMINI, Eduardo; DANTAS, Bruno (coords.). *Breves comentários ao novo Código de Processo Civil*. São Paulo: RT, 2015. n. 24, p. 444).

[50] DIDIER JR., Fredie. *Pressupostos processuais e condições da ação*. São Paulo: Saraiva, 2005. p. 250-252, especialmente a nota 131.

[51] Nesse sentido, o enunciado 388 do Fórum Permanente de Processualistas Civis: "O assistente simples pode requerer a intervenção de *amicus curiae*".

[52] Nesse sentido, o enunciado 460 do Fórum Permanente de Processualistas Civis: "O microssistema de aplicação e formação dos precedentes deverá respeitar as técnicas de ampliação do contraditório para amadurecimento da tese, como a realização de audiências públicas prévias e participação de *amicus curiae*".

Capítulo VIII
DA DENUNCIAÇÃO DA LIDE PELA FAZENDA PÚBLICA

8.1 A DENUNCIAÇÃO DA LIDE E SUAS HIPÓTESES DE CABIMENTO

A denunciação da lide é uma intervenção de terceiro *provocada*. O autor ou o réu pode provocá-la, requerendo a citação do terceiro para integrar o processo (CPC, art. 125). Na verdade, a denunciação da lide é uma demanda proposta pelo autor ou pelo réu; por meio dela, o autor ou o réu exercita o direito de ação e propõe uma demanda contra o terceiro.

A denunciação da lide é uma forma de intervenção de terceiros que, uma vez instaurada, gera a formação de um *cúmulo* de demandas no *mesmo* processo: de um lado, a demanda havida entre autor e réu; de outro lado, a demanda existente entre denunciante e denunciado.

Por aí já se vê que a denunciação da lide é uma demanda incidente, pois, em razão dela, não se forma um novo processo. É uma demanda em processo já existente. Proposta a denunciação da lide, surge uma ampliação objetiva do processo, passando a haver nele 2 (duas) demandas: (a) a principal ou originária e (b) a incidental (que é a denunciação da lide).

Qualquer uma das partes pode promover a denunciação da lide. Tanto o autor como o réu podem fazê-lo e isso está claro no texto do art. 125 do CPC. Quando, porém, a denunciação é promovida pelo autor, não há propriamente uma intervenção de terceiro, não havendo, efetivamente, uma demanda incidental. É que o denunciado já é indicado, na petição inicial, como réu; a demanda proposta pelo autor já indica o réu e o denunciado (CPC, art. 126).

A denunciação da lide consiste numa demanda regressiva. Por meio dela, o denunciante pretende ressarcir-se do denunciado. Por isso, a demanda instaurada com a denunciação da lide é subsidiária àquela originalmente proposta.

A denunciação da lide, a bem da verdade, consiste numa ação condenatória eventual: o denunciante pede a condenação do denunciado a ressarcir-lhe, *na eventualidade* de ele, denunciante, restar sucumbente na demanda originária ou principal. Em regra, a denunciação da lide tem fundamento no direito de regresso, em razão do qual aquele que vier a sofrer alguma condenação, derrota, perda ou prejuízo poderá, posteriormente, obter o ressarcimento do terceiro, que, por algum motivo, desponta como seu garante.

O caráter eventual da demanda contida na denunciação da lide é marcado pelo disposto no art. 129 do CPC, que assim enuncia: "Se o denunciante for vencido na ação principal, o juiz passará ao julgamento da denunciação da lide". Assim também dispõe seu parágrafo único: "Se o denunciante for vencedor, a ação de denunciação não terá o seu pedido examinado, sem prejuízo da condenação do denunciante ao pagamento das verbas de sucumbência em favor do denunciado".

É preciso, porém, destacar o enunciado 122 do Fórum Permanente de Processualistas Civis: "Vencido o denunciante na ação principal e não tendo havido resistência à denunciação da lide, não cabe a condenação do denunciado nas verbas de sucumbência".

A denunciação da lide, nos termos do art. 125 do CPC, é admitida nas seguintes hipóteses:

> I – ao alienante imediato, no processo relativo à coisa cujo domínio foi transferido ao denunciante, a fim de que possa exercer os direitos que da evicção lhe resultam;
>
> II – àquele que estiver obrigado, por lei ou pelo contrato, a indenizar, em ação regressiva, o prejuízo de quem for vencido no processo.

Pelo que se extrai do dispositivo, a denunciação da lide cabe, pela hipótese de seu inciso I, quando houver *evicção*. Esta – a evicção – consiste na perda da coisa determinada por sentença judicial, em virtude de vício anterior à sua alienação, sendo-lhe garantido, nos termos do art. 456 do Código Civil, o direito de ressarcimento contra quem lhe transferiu o bem. O dispositivo faz referência a "processo relativo à coisa cujo domínio foi transferido ao denunciante", numa indicação clara de que não é admissível qualquer limitação: a perda do bem pode decorrer de uma ação reivindicatória e, igualmente, de qualquer outro tipo de demanda, tal como a ação declaratória, a possessória, a ação de usucapião e quaisquer outras em que haja perda ou limitação da posse ou do domínio da coisa.[1]

Por sua vez, o inciso II do art. 125 do CPC permite que uma das partes originárias ofereça denunciação da lide àquele que estiver obrigado, por lei ou contrato, a indenizar o denunciante, em ação regressiva, pelo prejuízo que lhe causar a perda da demanda. Em outras palavras, a denunciação da lide, pelo inciso II do art. 125 do CPC, só é admissível nos casos de garantia automática decorrente de lei ou de contrato; deve a lei ou o contrato assegurar *previamente* à parte o direito de regresso. Simples obrigação de repasse de verbas, sem expressa previsão de direito de regresso, não autoriza a denunciação da lide.[2]

Nas hipóteses de denunciação da lide pelo inciso II do art. 125, aplica-se o parágrafo único do art. 128 do CPC, que assim dispõe: "Procedente o pedido da ação principal, pode o autor, se for o caso, requerer o cumprimento da sentença também contra o denunciado, nos limites da condenação deste na ação regressiva". Nesse sentido, o enunciado 121 do Fórum Permanente de Processualistas Civis: "O cumprimento da sentença diretamente contra o denunciado é admissível em qualquer hipótese de denunciação da lide fundada no inciso II do art. 125".

O art. 125 do CPC não reproduz o texto do art. 70 do CPC/1973, segundo o qual a denunciação da lide seria "obrigatória". Nos termos do art. 125 do CPC, "é admissível" a denunciação da lide nos casos que indica. A denunciação da lide não é, portanto, obrigatória. Isso se confirma pelo disposto no § 1º do art. 125 do CPC, segundo o qual "O direito regressivo será exercido por ação autônoma quando a denunciação da lide for indeferida, deixar de ser promovida ou não for permitida".

Quer isso dizer que a ausência de denunciação da lide não deve implicar a perda do direito de regresso, podendo a parte prejudicada propor ação autônoma para ressarcir-se.

---

[1] BARBI, Celso Agrícola. *Comentários ao Código de Processo Civil*. 8. ed. Rio de Janeiro: Forense, 1993. v. 1, n. 403, p. 202.

[2] STJ, 3ª Turma, REsp 480.231/SP, Rel. Min. Castro Filho, Rel. p/ acórdão Min. Antônio de Pádua Ribeiro, j. 15.06.2004, *DJ* 11.04.2005, p. 288.

Nesse sentido, o enunciado 120 do Fórum Permanente de Processualistas Civis: "A ausência de denunciação da lide gera apenas a preclusão do direito de a parte promovê-la, sendo possível ação autônoma de regresso".

Por aí se percebe que a denunciação da lide é apenas uma opção posta à disposição da parte interessada. É, portanto, um ônus, e não um dever, de sorte que, se não denunciar a lide, a parte fica impedida apenas de exercer seu direito de regresso no próprio processo, não lhe sendo vetada a possibilidade de fazê-lo autonomamente. A falta de denunciação da lide acarreta apenas a preclusão do direito de se utilizar de tal intervenção de terceiro, não havendo perda do direito de regresso, que poderá ser exercido posteriormente, em ação autônoma.

8.2 OS PRINCÍPIOS DA EFICIÊNCIA E DA DURAÇÃO RAZOÁVEL DO PROCESSO COMO BALIZAS PARA A DENUNCIAÇÃO DA LIDE

O fundamento da denunciação da lide é a eficiência, evitando-se que a parte, após o término da demanda originária, na qual resulte derrotada, tenha que ingressar com uma demanda regressiva contra o sujeito que está obrigado a lhe ressarcir regressivamente.

Atende-se, assim, ao princípio da eficiência no processo.

Pela denunciação da lide há, como se viu, uma reunião de duas ou mais demandas em um mesmo processo, sendo resolvidas conjuntamente, com base numa única instrução.

A eficiência deve, porém, ser ponderada com a duração razoável do processo. Não se deve admitir a denunciação da lide quando ela provocar uma demora para além do razoável no processo.[3]

Essa preocupação está revelada no § 2º do art. 125 do CPC, segundo o qual "Admite-se uma única denunciação sucessiva, promovida pelo denunciado, contra seu antecessor imediato na cadeia dominial ou quem seja responsável por indenizá-lo, não podendo o denunciado sucessivo promover nova denunciação, hipótese em que eventual direito de regresso será exercido por ação autônoma".

A denunciação da lide deve, portanto, ser regulada por regras que encontram balizas nos princípios da eficiência e da duração razoável do processo. A denunciação da lide provoca a reunião de duas ou mais demandas em um mesmo processo, a fim de que sejam resolvidas conjuntamente, com base numa única instrução. Se, porém, da denunciação ocorrer a necessidade de uma instrução que não se realizaria, não haverá a almejada duração razoável do processo, sendo incabível.

Assim, se a demanda do autor tiver fundamento de fato ou de direito que prescinda de uma instrução, não será cabível a denunciação da lide, se o fundamento desta gerar a necessidade de uma instrução. É que, não fosse a denunciação da lide, não haveria razão para proceder à atividade instrutória.

---

[3] "O processo que resolve, a um só tempo, várias situações jurídicas é mais eficiente, ainda que, para isso, tenha consumido um pouco mais de tempo e custo. Na verdade, há um conflito, nesse caso, entre o princípio da economia processual (ou da duração razoável do processo) e o da eficiência. Ponderando-os, opta-se pelo retardamento em prol de uma decisão mais eficiente, que soluciona o litígio de maneira mais global, evitando novas demandas futuras ou sucessivas. A atividade jurisdicional estrutura-se de modo a acarretar uma decisão mais completa, mais abrangente, a evitar sucessivas demandas" (CUNHA, Leonardo Carneiro da. A previsão do princípio da eficiência no novo Código de Processo Civil brasileiro. *Revista de Processo*, São Paulo, RT, v. 233, p. 65-84, jul. 2014).

Não cabe, nessa hipótese, a denunciação da lide.[4] Isso porque o seu objetivo – *como, aliás, o de qualquer outra forma de intervenção de terceiro* – é conferir eficiência, sem prejuízo da duração razoável do processo. Ora, nesse exemplo, a denunciação da lide irá provocar no processo a introdução de fundamento jurídico novo, estranho à causa de pedir deduzida na petição inicial. Admitir-se, na espécie, a denunciação da lide seria *desprestigiar o princípio da duração razoável do processo e da presteza na entrega da prestação jurisdicional*, cuja essência serve de fonte inspiradora ao instituto da denunciação da lide.[5]

8.3 POSSIBILIDADE DE DENUNCIAÇÃO DA LIDE PELA FAZENDA PÚBLICA

Questiona-se se a Fazenda Pública, em ação indenizatória contra ela movida, poderia, com fundamento nos arts. 37, § 6º, da Constituição Federal e 125, II, do CPC, denunciar a lide ao agente público causador do dano.[6] É que, geralmente, ações indenizatórias propostas

---

[4] STJ, 3ª Turma, REsp 1.164.229/RJ, Rel. Min. Sidnei Beneti, j. 09.02.2010, *DJe* 1º.09.2010.

[5] STJ, 4ª Turma, REsp 49.418/SP, Rel. Min. Sálvio de Figueiredo, j. 14.06.1994, *DJ* 08.08.1994, p. 19.572, *apud* CARNEIRO, Athos Gusmão. *Intervenção de terceiros*. 9. ed. São Paulo: Saraiva, 1997. p. 192.

[6] Alexandre Freitas Câmara entende que, nesse caso, a hipótese é de chamamento ao processo, e não de denunciação da lide, exatamente porque há solidariedade entre a Fazenda Pública e seu agente público (*Lições de direito processual civil*. 8. ed. Rio de Janeiro: Lumen Juris, 2003. v. 1, p. 200). No mesmo sentido, com argumentação mais detalhada e enfática, CÂMARA, Alexandre Freitas. Intervenção forçada de terceiros e responsabilidade civil do Estado. *Processo civil: aspectos relevantes: estudos em homenagem ao Prof. Humberto Theodoro Júnior*. São Paulo: Método, 2007. v. 2, p. 57-77. Mais recentemente, a opinião não é reproduzida, mas também não é expressamente modificada; apenas não menciona o tema: CÂMARA, Alexandre Freitas. *O novo Código de Processo Civil brasileiro*. São Paulo: Atlas, 2015. p. 90-95.

Ao julgar o Recurso Extraordinário 327.904/SP, o Supremo Tribunal Federal entendeu que o art. 37, § 6º, da Constituição Federal garante ao particular a propositura de demanda em face da Fazenda Pública, com fundamento em responsabilidade objetiva, assegurando, por outro lado, a irresponsabilidade do servidor público diante do particular; o servidor, segundo entendimento firmado pelo STF em tal precedente, responde apenas em face do Poder Público em caso de culpa ou dolo, não devendo a demanda ser intentada contra o servidor, mas apenas em face da Fazenda Pública. Eis o teor da correspondente ementa:

"Recurso extraordinário. Administrativo. Responsabilidade objetiva do Estado: § 6º do art. 37 da Magna Carta. Ilegitimidade passiva *ad causam*. Agente público (ex-prefeito). Prática de ato próprio da função. Decreto de intervenção. O § 6º do artigo 37 da Magna Carta autoriza a proposição de que somente as pessoas jurídicas de direito público, ou as pessoas jurídicas de direito privado que prestem serviços públicos, é que poderão responder, objetivamente, pela reparação de danos a terceiros. Isto por ato ou omissão dos respectivos agentes, agindo estes na qualidade de agentes públicos, e não como pessoas comuns. Esse mesmo dispositivo constitucional consagra, ainda, dupla garantia: uma, em favor do particular, possibilitando-lhe ação indenizatória contra a pessoa jurídica de direito público, ou de direito privado que preste serviço público, dado que bem maior, praticamente certa, a possibilidade de pagamento do dano objetivamente sofrido. Outra garantia, no entanto, em prol do servidor estatal, que somente responde administrativa e civilmente perante a pessoa jurídica a cujo quadro funcional se vincular. Recurso extraordinário a que se nega provimento" (STF, 1ª Turma, RE 327.904/SP, Rel. Min. Carlos Britto, j. 15.08.2006, *DJ* 08.09.2006, p. 43).

Tal entendimento veio a ser reafirmado pelo STF no julgamento do Recurso Extraordinário 344.133/PE. O relator, Ministro Marco Aurélio, em seu voto, assim se manifestou: "Verificado o dano em razão de ato comissivo – responsabilidade objetiva – ou omissivo – subjetiva – em serviço, ao beneficiário da norma constitucional não cabe escolher contra quem proporá a ação indenizatória – se contra o Estado, ou quem lhe faça o papel, ou o servidor. De legitimação passiva concorrente não se trata. Em bom vernáculo, o servidor, ante a relação jurídica mantida com o tomador dos serviços, perante este responde. Nesse caso, deve concorrer o elemento subjetivo – a culpa ou o dolo. Eis o alcance

em face da Fazenda Pública fundam-se em sua responsabilidade objetiva, ao passo que a demanda regressiva desta em face de seu agente público tem fundamento em culpa ou dolo.

Haveria, então, um elemento novo a impedir a instauração da denunciação da lide pela Fazenda Pública. Realmente, sendo objetiva a responsabilidade da Fazenda Pública, não caberia a denunciação da lide, pois o direito de regresso estaria fundado em responsabilidade subjetiva, havendo, em tal hipótese, agregação de elemento novo à causa de pedir, causando a necessidade de uma instrução não exigida inicialmente.[7]

Não são raros, todavia, os casos em que a responsabilidade da Fazenda Pública pode ser subjetiva, sendo necessária a comprovação de culpa pela parte demandante: é o que ocorre nas hipóteses de *omissão* da Administração.[8] Com efeito, segundo entendimento firmado no âmbito da jurisprudência do Supremo Tribunal Federal, "(...) Tratando-se de ato omissivo do Poder Público, a responsabilidade civil por esse ato é subjetiva. Imprescindível, portanto, a demonstração de dolo ou culpa, esta numa de suas três modalidades – negligência, imperícia ou imprudência".[9]

---

da garantia constitucional tomada no sentido que lhe é inerente e considerados valores maiores. O argumento da necessidade de cobrança de um cuidado especial do próprio agente cede à expressa previsão constitucional, à interpretação da norma em comento, que, no contexto geral, surge específica. A dualidade admitida na origem cria um terceiro sistema ao atribuir ao agente obrigação que não tem – de responder junto ao terceiro, e não ao tomador dos serviços, de forma regressiva, pelo dano causado".
O precedente, conduzido pelo voto do relator, ostenta a seguinte ementa:
"Responsabilidade. Seara pública. Ato de serviço. Legitimação passiva. Consoante dispõe o § 6º do artigo 37 da Carta Federal, respondem as pessoas jurídicas de direito público e as de direito privado prestadoras de serviços públicos pelos danos que seus agentes, nessa qualidade, causarem a terceiros, descabendo concluir pela legitimação passiva concorrente do agente, inconfundível e incompatível com a previsão constitucional de ressarcimento – direito de regresso contra o responsável nos casos de dolo ou culpa" (STF, 1ª Turma, RE 344.133/PE, Rel. Min. Marco Aurélio, j. 09.09.2008, *DJe*-216 14.11.2008).
Ora, se a demanda prevista no art. 37, § 6º, da Constituição Federal não deve ser intentada em face do servidor público, somente podendo ser proposta em face da Fazenda Pública, é curial não haver solidariedade entre eles, sendo igualmente certa a inexistência de relação jurídica entre o particular (autor da demanda) e o servidor público. Logo, não se afigura cabível o chamamento ao processo, mas sim a denunciação da lide.
Os arts. 181, 184 e 187 do CPC reforçam o entendimento do STF, ao afirmar a responsabilidade regressiva de agentes ou servidores públicos.

[7] SANCHES, Sydney. *Denunciação da lide no direito processual civil brasileiro*. São Paulo: RT, 1984. n. 7.6, p. 121.

[8] Na realidade, a responsabilidade *objetiva* do Estado somente se aplica aos comportamentos *comissivos*. No que respeita à *omissão* ou atuação *omissiva*, a responsabilidade do Estado é *subjetiva*, denominada pela doutrina "culpa anônima" ou "falta de serviço" em tradução à expressão francesa *faute de service*. Esse, inclusive, é o entendimento do Supremo Tribunal Federal, manifestado no seguinte precedente: "Responsabilidade Civil do Estado. Ato ilícito causado por agente público. Responsabilidade objetiva com base no risco administrativo. Hipótese, entretanto, em que a responsabilidade será *subjetiva* se o fato decorrer de ato omissivo. A responsabilidade civil das pessoas jurídicas de direito público pelos atos ilícitos causados por seus agentes é *objetiva*, com base no risco administrativo, ou seja, pode ser abrandada ou excluída diante da culpa da vítima, mas se tratando de ato *omissivo* do Poder Público a responsabilidade passa a ser subjetiva, exigindo dolo ou culpa, numa de suas três vertentes, negligência, imperícia ou imprudência, não sendo, entretanto, necessário individualizá-la" (STF, 2ª Turma, RE 179.147-1/SP, Rel. Min. Carlos Velloso, j. 12.12.1997, *DJ* 27.02.1998).

[9] STF, 1ª Turma, RE 633.138 AgR, Rel. Min. Luiz Fux, j. 04.09.2012, *DJe-186*, divulg. 20.09.2012, public. 21.09.2012.

Pode suceder, igualmente, de a demanda ajuizada em face da Fazenda Pública invocar, como fundamento, um ato culposo ou doloso do agente público. Imagine-se, por exemplo, uma demanda indenizatória, fundada numa alegada tortura cometida por agentes policiais. Nesse caso, haverá, desde o início, a necessidade de comprovar a tortura, ato culposo ou doloso que irá fundamentar, da mesma forma, a denunciação da lide, cuja instauração não irá gerar a agregação de elemento novo no processo nem desencadear a necessidade de uma instrução que, inicialmente, seria desnecessária.

Nesses casos, *não* se aplica o entendimento restritivo de que, sendo a responsabilidade objetiva, não caberia a denunciação da lide, caso o direito de regresso fosse fundado em responsabilidade subjetiva, pois haveria agregação de elemento novo à causa de pedir, causando a necessidade de uma instrução não exigida inicialmente.

Na verdade, nessas hipóteses aventadas, o próprio demandante funda sua pretensão na responsabilidade subjetiva da Fazenda Pública, seja em razão de uma atividade omissiva, seja por atribuir ao agente público a prática de ilegalidade ou abuso de poder que demonstraria, ao menos em tese, uma culpa ou um dolo, a ensejar o direito de regresso pela Fazenda Pública. Nessas hipóteses, a denunciação da lide, como se vê, não irá trazer elementos novos aos autos; os elementos – utilizados para a denunciação – foram, todos eles, trazidos pelo próprio demandante em sua petição inicial.

Assim, em razão do princípio da duração razoável do processo e dada a evidência de que não haveria o acréscimo de qualquer elemento novo à demanda, admissível, não restam dúvidas, a denunciação da lide pela Fazenda Pública nos exemplos já citados de responsabilidade subjetiva desta.[10]

Diversamente, se a denunciação da lide pela Fazenda Pública provocar a agregação de elemento novo, não se fundando nos elementos que já estiverem na causa e gerar a necessidade de uma instrução que, de início, seria dispensável, não será, então, cabível a denunciação.

De todo modo, conforme anotado em precedente do STJ:

> Segundo a jurisprudência desta Corte, não é obrigatória a denunciação da lide do agente público supostamente responsável pelo ato lesivo nas ações de indenização fundadas na responsabilidade civil objetiva do Estado. Precedentes: AgRg no AREsp 63.018/RJ, Rel. Min. Napoleão Nunes Maia Filho, Primeira Turma, *DJe* 03/04/2013; AgRg no REsp 1.355.717/CE, Rel. Min. Arnaldo Esteves Lima, Primeira Turma, *DJe* 21/02/2013; REsp 1.177.136/RS, Rel. Min. Mauro Campbell Marques, Segunda Turma, *DJe* 27/06/2012.[11]

Efetivamente, "O STJ firmou entendimento de que a denunciação da lide ao agente público causador não é obrigatória".[12]

---

[10] Comungando dessa opinião, assim leciona Cassio Scarpinella Bueno: "Embora a ação indenizatória proposta contra o Estado *possa* se basear unicamente na responsabilidade objetiva do Estado, isto não quer dizer que, necessariamente, toda ação indenizatória proposta contra o Estado *tenha* que se valer unicamente desta fundamentação. Destarte, toda vez que a ação indenizatória *também* se basear na existência de culpa, a denunciação ao agente público não destoará da *mesma* fundamentação da ação principal. Deve, pois, ser admitida nestes casos" (*Partes e terceiros no processo civil brasileiro*. São Paulo: Saraiva, 2003. n. 5.1, p. 222).

[11] STJ, 1ª Turma, AgRg no REsp 1.182.097/PE, Rel. Min. Benedito Gonçalves, j. 15.10.2013, *DJe* 22.10.2013.

[12] STJ, 1ª Turma, AgRg no AREsp 574.301/PE, Rel. Min. Napoleão Nunes Maia Filho, j. 15.09.2015, *DJe* 25.09.2015.

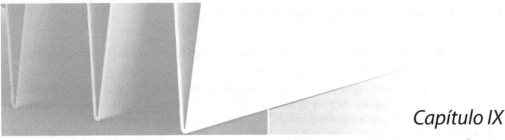

Capítulo IX
DA REMESSA NECESSÁRIA

9.1 TERMINOLOGIA

O CPC de 2015 adotou o termo *remessa necessária*, que também pode ser chamada de reexame necessário, remessa obrigatória ou duplo grau de jurisdição obrigatório. O termo *remessa necessária* é adotado de modo uniforme: além de nomear a Seção III do Capítulo XIII do Título I do Livro I da Parte Especial do Código, é referido nos seus arts. 496, § 2º, 936, 942, § 4º, II, 947, 978, parágrafo único, e 1.040, II.

Houve, então, uma mudança terminológica. O reexame necessário ou o duplo grau de jurisdição obrigatório passa a ser denominado, no CPC de 2015, remessa necessária.

9.2 NOÇÕES HISTÓRICAS

O estudo histórico do reexame necessário – originariamente denominado *recurso de ofício* – denota seu surgimento no Direito Medieval[1] ostentando matizes mais fortes e acentuados em Portugal, mais especificamente no processo penal, como uma proteção ao réu, condenado à pena de morte.[2] Nas Ordenações Afonsinas, o *recurso de ofício* era interposto, pelo próprio juiz, contra as sentenças que julgavam crimes de natureza pública ou cuja apuração se iniciasse por devassa, tendo como finalidade "corrigir o rigor do princípio dominante e os exageros introduzidos no processo inquisitório".[3]

O chamado *recurso de ofício* manteve-se nas Ordenações Manuelinas.[4] Naquela época, caso o juiz não interpusesse, contra sua própria sentença, o *recurso de ofício*, estaria sujeito a graves sanções, podendo, inclusive, perder o cargo.[5] Com a superveniência das Ordenações

---

[1] Segundo anota Cleide Previtalli Cais, o reexame necessário deita raízes na Roma antiga, ocasião em que as funções jurisdicionais eram divididas entre o povo e o poder, desenvolvendo-se durante a época de cristianização do direito pagão, com a preocupação de evitar possíveis erros ou injustiças. Aperfeiçoou-se com o advento da Revolução Francesa, vindo a ser considerado fundamental para o exercício da democracia (*O processo tributário*. 2. ed. São Paulo: RT, 1996. p. 71).

[2] BARROS, Ennio Bastos de. Os embargos infringentes e o reexame necessário. *Revista Forense*, 254:60, abr.-jun. 1976.

[3] BUZAID, Alfredo. *Da apelação "ex officio" no sistema do Código de Processo Civil*. São Paulo: Saraiva, 1951. p. 23-24.

[4] BUZAID, Alfredo. *Da apelação "ex officio" no sistema do Código de Processo Civil*. São Paulo: Saraiva, 1951. p. 20.

[5] BUZAID, Alfredo. *Da apelação "ex officio" no sistema do Código de Processo Civil*. São Paulo: Saraiva, 1951. p. 30.

Filipinas, surgiram várias exceções aos casos em que o juiz deveria apelar da própria sentença, independentemente de ser oficial ou particular a acusação.[6]

Já se vê que, historicamente, o então chamado *recurso de ofício* originou-se do Direito Processual Penal português, com o objetivo de servir como um contrapeso, a fim de minimizar eventuais desvios do processo inquisitório, cujas regras não se estenderam ao processo civil, sempre fincado no princípio dispositivo.

Posteriormente, surgiram disposições de leis esparsas, impondo ao juiz a obrigação de apelar de sua própria sentença em diversas causas civis.[7] A partir daí, o *recurso de ofício* foi, paulatinamente, sendo incorporado ao processo civil brasileiro, cabendo ao juiz proceder à sua interposição contra as sentenças proferidas em desfavor da Fazenda Nacional.[8] Em seguida, o *recurso de ofício* estendeu-se à proteção da família, sendo cabível no processo de anulação de casamento, quando julgado procedente o pedido.[9]

O Código de Processo Civil de 1939 previu a apelação, cabível das "decisões definitivas de primeira instância" (art. 820), ou seja, das sentenças que extinguissem o processo *com* resolução do mérito. Já as sentenças "terminativas" (que extinguem o processo sem resolução do mérito) eram desafiadas por um recurso chamado *agravo de petição*. Das sentenças definitivas cabia, como visto, apelação (art. 820), que poderia ser "voluntária" (art. 821) ou "necessária ou *ex officio*" (art. 822).

As hipóteses de cabimento da apelação necessária ou *ex officio* eram definidas no parágrafo único do art. 822 do CPC/1939, quais sejam: *(a)* das sentenças de nulidade do casamento; *(b)* das sentenças homologatórias de desquite amigável; e *(c)* proferidas contra a União, o Estado e o Município.

O Código de Processo Civil de 1973 manteve o *recurso de ofício*, retirando-lhe, contudo, a feição recursal, para alojá-lo no capítulo referente à coisa julgada. Atendeu-se, com isso, aos reclamos de significativa parcela da doutrina, para quem não se afigurava "possível o juiz impugnar suas próprias sentenças, manifestando-se inconformado com elas e postulando dos Tribunais a sua substituição por outra que afirma ser melhor (tais são as características e objetivos dos recursos, conforme entendimento geral)".[10]

Diante disso, no CPC/1973, algumas sentenças estavam sujeitas ao duplo grau de jurisdição, não produzindo efeitos senão depois de confirmadas pelo tribunal (art. 475). Significa que certas sentenças haveriam de ser, obrigatoriamente, reexaminadas pelo tribunal ao qual está vinculado o juiz, sob pena de jamais transitarem em julgado.[11]

O art. 475 do CPC, em sua redação originária, dispunha que estaria sujeita ao duplo grau de jurisdição, não produzindo efeito senão depois de confirmada pelo tribunal, a

---

[6] BUZAID, Alfredo. *Da apelação "ex officio" no sistema do Código de Processo Civil.* São Paulo: Saraiva, 1951. p. 29.

[7] GOUVÊA PINTO, Antonio Joaquim de. *Manual de apelações e agravos.* 2. ed. Lisboa: Imprensa Régia, 1820. p. 55-56.

[8] LIMA, Alcides de Mendonça. *Sistema de normas gerais dos recursos cíveis.* Rio de Janeiro: Freitas Bastos, 1963. p. 165.

[9] Sobre a evolução histórica do reexame necessário e, igualmente, sobre a existência de institutos semelhantes do Direito estrangeiro, conferir, com proveito: TOSTA, Jorge. *Do reexame necessário.* São Paulo: RT, 2005. p. 104-123.

[10] DINAMARCO, Cândido Rangel. *Fundamentos do processo civil moderno.* 3. ed. São Paulo: Malheiros, 2000. t. 1, n. 93, p. 211.

[11] Nesse sentido, assim enuncia a Súmula 423 do STF: "Não transita em julgado a sentença por haver omitido o recurso *ex officio*, que se considera interposto *ex lege*".

sentença (I) que anulasse o casamento; (II) proferida contra a União, o Estado e o Município; (III) que julgasse improcedente a execução de dívida ativa da Fazenda Pública.

No intuito de proteger a família e supostamente resguardar o interesse público, a disposição determinava, em seu inciso I, a necessidade de ser reexaminada pelo tribunal a sentença que anulasse o casamento. O reexame não ocorria quando a sentença decretasse o desquite, mas apenas quando anulasse o casamento, retomando os cônjuges o estado de solteiros.

A segunda hipótese, bem se percebe, resulta igualmente da suposta necessidade de resguardar o interesse público, no caso de prolação de sentença contrária à União, ao Estado e ao Município, não se incluindo na previsão legal o Distrito Federal, nem as autarquias, as fundações públicas, tampouco as sociedades de economia mista e as empresas públicas. O art. 10 da Lei 9.469, de 10 de julho de 1997, estendeu às autarquias e fundações públicas o benefício do reexame necessário.

E, finalmente, o reexame necessário deveria operar-se em relação à sentença que julgasse "improcedente a execução de dívida ativa da Fazenda Pública".

Com o advento da Lei 10.352, de 26 de dezembro de 2001, foi revogada a primeira hipótese, deixando de haver reexame necessário em relação à sentença que anulasse o casamento. A disposição que submetia a sentença anulatória do casamento ao duplo grau obrigatório vinha, a bem da verdade, revelando-se inútil, porquanto, com o advento da Lei 6.515/1977 – que passou a permitir o divórcio no Brasil –, esvaziaram-se, para não dizer que acabaram, as ações anulatórias de casamento. Além do mais, a sentença que decreta o divórcio produz, praticamente, os efeitos da anulação de casamento. Assim, em termos de resguardo do interesse público e de proteção à família, se a sentença que anula o casamento deve ser reexaminada, a do divórcio também deveria ser, exatamente porque as duas põem termo ao laço matrimonial.[12]

Deixou de haver, portanto, o reexame necessário da sentença anulatória do casamento. Restaram mantidas, contudo, as outras 2 (duas) hipóteses, aperfeiçoando-se, apenas, sua redação, passando o inciso I do art. 475 do CPC a referir-se à sentença proferida contra a União, o Estado, *o Distrito Federal*, o Município *e as respectivas autarquias e fundações de direito público*. Corrigiu-se, com isso, um equívoco, fazendo incluir o *Distrito Federal* como mais um dos beneficiários do reexame necessário. A disposição legal passou a incluir, de igual modo, as *autarquias* e as *fundações de direito público*. Na realidade, como se viu, tais pessoas jurídicas já eram beneficiárias do reexame necessário, ante a previsão do art. 10 da Lei 9.469/1997. A inclusão das *autarquias* e das *fundações públicas* é válida por "inserir a regra no âmbito do Código de Processo Civil, o que já deveria ter sido feito anteriormente".[13]

Mantiveram-se *excluídas* do reexame necessário as sentenças proferidas contra as *sociedades de economia mista* e as *empresas públicas*. Estas, por ostentarem natureza de pessoas jurídicas de direito privado, *não* se submetem à regra do art. 475 do CPC/1973, *não* dispondo, ademais, de prerrogativas conferidas à Fazenda Pública.

---

[12] Essa é a mesma opinião de Luiz Manoel Gomes Júnior (Anotações sobre a nova fase da reforma do CPC – âmbito recursal. In: NERY JR., Nelson; WAMBIER, Teresa Arruda Alvim (coords.). São Paulo: RT, 2001. p. 647).
Realmente, esclarecem Athos Gusmão Carneiro e Sálvio de Figueiredo Teixeira que essa alteração feita no art. 475 do CPC visa "*eliminar* sua incidência nas ações anulatórias de casamento, aliás muito raras, pois nelas o reexame necessário não mais apresenta sentido em sistema jurídico que passou a admitir o divórcio a vínculo" (12º Anteprojeto. *Revista de Processo* 90:36-45, São Paulo: RT, 1998, p. 40).

[13] GOMES JÚNIOR, Luiz Manoel. Anotações sobre a nova fase da reforma do CPC – âmbito recursal. In: NERY JR., Nelson; WAMBIER, Teresa Arruda Alvim (coords.). São Paulo: RT, 2001. p. 647.

O CPC de 2015, em seu art. 496, manteve o reexame necessário, passando a denominá-lo remessa necessária, estabelecendo estar sujeita ao duplo grau de jurisdição, não produzindo efeitos senão depois de confirmada pelo tribunal a sentença (I) proferida contra a União, o Estado, o Distrito Federal, o Município e as respectivas autarquias e fundações de direito público; (II) que julgar procedentes, no todo ou em parte, os embargos à execução fiscal da Fazenda Pública.

A mudança nas hipóteses de dispensa da remessa necessária feitas pelo CPC/2015 suscita interessante questão a respeito do direito intertemporal. Há de prevalecer a regra em vigor no momento da prolação da sentença. Nesse sentido, assim está redigido o enunciado 311 do Fórum Permanente de Processualistas Civis: "A regra sobre remessa necessária é aquela vigente ao tempo da prolação da sentença, de modo que a limitação de seu cabimento no CPC não prejudica os reexames estabelecidos no regime do art. 475 CPC/1973".[14]

9.3 NATUREZA JURÍDICA[15]

Consoante restou acentuado, o reexame necessário, historicamente, era tido como um recurso interposto, obrigatoriamente, pelo próprio juiz prolator da sentença. Parcela da doutrina sempre se insurgiu contra essa natureza *recursal* atribuída ao reexame necessário.[16] Daí a razão pela qual o CPC/1973 passou a tratar do instituto em capítulo separado da parte concernente aos recursos, inserindo-o no setor relativo à coisa julgada. De igual modo, o CPC/2015 manteve-o no capítulo destinado à sentença e à coisa julgada.

Além do posicionamento topográfico do instituto no interior do diploma legal, a doutrina costuma afastar a natureza recursal da remessa necessária, por entender que ela não ostenta as características próprias dos recursos.

Uma análise feita na doutrina que comentava o CPC de 1939 e da doutrina que se formou logo após a aprovação do CPC de 1973 conduz à constatação de que houve uma disputa doutrinária e ideológica. Quem sempre defendeu que a remessa necessária não era recurso conseguiu emplacar o entendimento com a mudança topográfica: o CPC de 1973 retirou o reexame necessário da parte de recursos, inserindo-o no capítulo relativo à coisa julgada. Foi o suficiente para a doutrina que defendia não ser recurso afirmar-se vitoriosa. E, a partir daí, a doutrina sucessiva passou a repetir acriticamente o argumento, afirmando que o reexame necessário não seria recurso, por não estar previsto como tal,

---

[14] Esse é o entendimento do STJ. Dentre vários precedentes, destacam-se os seguintes: STJ, Corte Especial, EREsp 600.874/SP, Rel. Min. José Delgado, *DJ* 4.9.2006, p. 201; STJ, 1ª Turma, REsp 1.023.163/SP, Rel. Min. Teori Albino Zavascki, *DJ* 15.5.2008, p. 1. Em sentido contrário, entendendo que a superveniência de lei que exclua determinada hipótese de remessa necessária produz efeitos imediatos, inclusive quanto às sentenças anteriormente proferidas, ainda que os autos já estejam no tribunal para que este examine a remessa necessária, LACERDA, Galeno. *O novo direito processual civil e os feitos pendentes*. 2. ed. Rio de Janeiro: Forense, 2006. p. 62; DINAMARCO, Cândido Rangel. *A reforma da reforma*. São Paulo: Malheiros, 2002. p. 135; NASSER, Paulo Magalhães. Considerações sobre o direito intertemporal e o reexame necessário: a supressão de hipótese de reexame necessário exclui a sujeição ao duplo grau de jurisdição de sentenças proferidas antes da vigência da lei nova, mas que ainda aguardam o reexame? *Revista de Processo*, São Paulo: RT, n. 166, 2008, p. 147-152.

[15] O presente item desenvolveu-se a partir de conversas eletrônicas travadas entre o autor e os professores Eduardo José da Fonseca Costa e Roberto Campos Gouveia Filho, em grupo de e-mail da Associação Norte e Nordeste de Professores de Processo – ANNEP.

[16] Assim, entre outros, COSTA, Alfredo de Araújo Lopes da. *Direito processual civil brasileiro*. 2. ed. Rio de Janeiro: Forense, 1959. v. 3, n. 306, p. 320; CRUZ, João Claudino de Oliveira e. *Do recurso de apelação (cível)*. Rio de Janeiro: Forense, 1949. p. 77-78.

por ter sido suprimido do capítulo concernente aos recursos e por não ter voluntariedade, dialeticidade e características que eram atribuídas aos recursos.

Há, contudo, quem defenda ser a remessa necessária realmente um recurso interposto, obrigatoriamente, pelo juiz. Na verdade, de acordo com esse segundo entendimento, embora não haja impugnação nem voluntariedade na sua interposição, existe o ato de impulso de determinar a remessa dos autos ao órgão hierarquicamente superior, a partir de quando se opera a *devolutividade,* no sentido de transferir ao tribunal o conhecimento da matéria versada na sentença. A provocação seria indispensável apenas para a propositura da demanda, podendo o recurso decorrer de ato de impulso do juiz. Demais disso, ao julgar o reexame necessário, o tribunal irá proferir um acórdão que poderá substituir ou rescindir a sentença proferida, mantendo-a, modificando-a ou anulando-a. Tais circunstâncias já seriam suficientes para conferir ao reexame necessário a natureza de recurso, sendo irrelevante a ausência de voluntariedade e de outros requisitos de admissibilidade recursal.[17] A remessa necessária seria, enfim, um recurso de ofício, uma apelação interposta pelo próprio juiz.[18]

O entendimento contrário, já destacado, identifica a remessa necessária como uma *condição de eficácia da sentença,* pois, não atendidas várias normas e requisitos recursais, não haveria como enquadrá-la como mais um tipo de recurso.[19]

A remessa necessária relaciona-se com as decisões de mérito. Somente haverá coisa julgada se houver a reapreciação da decisão pelo tribunal ao qual está vinculado o juiz que a proferiu. Enquanto não for procedida a reanálise da sentença, esta não transita em julgado, não produzindo coisa julgada. Desse modo, não havendo o reexame e, consequentemente, não transitando em julgado a sentença, será incabível a ação rescisória. Caso o juiz não determine a remessa necessária para que seja revista pelo tribunal a sentença de mérito, esta não irá transitar em julgado, sendo despropositado o manejo de ação rescisória, à míngua de pressuposto específico.

Dizer que a remessa necessária é *condição de eficácia da sentença* contém o equívoco de definir algo pelos seus efeitos, e não pelo que é. Além do mais, há sentenças proferidas contra o Poder Público, a exemplo do que ocorre no mandado de segurança, que produzem efeitos

---

[17] ASSIS, Araken de. Admissibilidade dos embargos infringentes em reexame necessário. In: NERY JR., Nelson; WAMBIER, Teresa Arruda Alvim (coords.). *Aspectos polêmicos e atuais dos recursos cíveis e de outras formas de impugnação às decisões judiciais.* São Paulo: RT, 2001. p. 122-129. Em tal texto, o Professor Araken de Assis defende a natureza recursal do reexame necessário. Em outro texto, passa, entretanto, a considerá-lo um *sucedâneo recursal,* afastando-se um pouco da ideia de que o reexame necessário seria um recurso. Aliás, para ele, *sucedâneo recursal* é um gênero que agrupa institutos discrepantes, que não são recursos por faltar algum elemento essencial de seu conceito: a falta de previsão legal (não atendendo à taxatividade), a ausência de voluntariedade na interposição e desdobramento no processo pendente. Conferir, a propósito, ASSIS, Araken de. Introdução aos sucedâneos recursais. In: NERY JR., Nelson; WAMBIER, Teresa Arruda Alvim (coords.). *Aspectos polêmicos e atuais dos recursos cíveis e de outras formas de impugnação.* São Paulo: RT, 2002. v. 6, p. 27-32.

[18] PONTES DE MIRANDA, Francisco Cavalcanti. *Comentários ao Código de Processo Civil.* Rio de Janeiro: Forense, 1974. t. 5, p. 215-218; ASSIS, Araken de. *Manual dos recursos.* 2. ed. São Paulo: RT, 2008. n. 107.3, p. 870-875.

[19] Rodrigo Mazzei questiona a natureza jurídica do reexame necessário, afirmando ser preciso um maior aprofundamento sobre o tema. Refuta todas as teorias existentes em torno do assunto, ressaltando que o reexame mais se aproxima de um recurso. Vale a leitura de seu texto: MAZZEI, Rodrigo. A remessa "necessária" (reexame por remessa) e sua natureza jurídica. In: NERY JR., Nelson; WAMBIER, Teresa Arruda Alvim (coords.). *Aspectos polêmicos e atuais dos recursos cíveis e assuntos afins.* São Paulo: RT, 2011. v. 12, p. 405-432.

imediatos, muito embora estejam sujeitas à remessa necessária. Também não faz sentido dizer que a remessa necessária é condição de eficácia da sentença nos casos previstos no art. 19 da Lei 4.717/1965[20] e no art. 28, § 1º, do Decreto-lei 3.365/1941.[21] No primeiro, a sentença de improcedência ou de inadmissibilidade do processo na ação popular está sujeita à remessa necessária, não sendo adequado afirmar que existe aí uma condição de eficácia para uma decisão judicial que confirma o ato administrativo impugnado, que já gozava de presunção de legitimidade. No segundo, a sentença não deixa de acolher o pedido do Poder Público e não está sujeita a qualquer condição de eficácia: em verdade, apenas fixa a indenização no dobro do valor inicialmente previsto.

A assertiva segundo a qual a sentença, sujeita à remessa necessária, não produz efeitos enquanto não reexaminada pelo tribunal tem significado específico: não produz o efeito de transitar em julgado. Não transita em julgado, não formando coisa julgada. Somente poderá haver tal efeito depois que o tribunal a reexaminar, seja para confirmá-la, seja para modificá-la. A remessa necessária obsta, portanto, o trânsito em julgado. Só não haverá esse óbice, se o juiz expressamente dispensar a remessa; se, porém, simplesmente silenciar ou se determinar a expressa remessa dos autos ao tribunal, a sentença somente poderá transitar em julgado depois de reexaminada pelo órgão jurisdicional competente para o julgamento do recurso que poderia ser interposto no caso. A remessa necessária impede a produção do efeito de se formar a coisa julgada. Isso, porém, não autoriza a afirmação segundo a qual o reexame necessário seria condição de eficácia ou condição para a formação da coisa julgada.

Afirmar que a remessa necessária constitui *condição para a formação de coisa julgada* também incorre no equívoco de definir algo por seus efeitos, e não pelo que é. Acresce que, nesse ponto, não haveria como distinguir a remessa necessária dos recursos, pois estes também obstam a formação da coisa julgada. Por isso que a remessa necessária é, na verdade, um recurso; um recurso de ofício. "Quem recorre (a) pratica ato de provocação do impulso oficial e (b) articula (postula recursalmente) contra a sentença. No recurso de ofício, há *a)*, porém não *b)*. Há o suscitamento sem a impugnação. Não é tácito, nem silente; é ato, e expressivo, como os outros recursos. Falta-lhe a impugnação; de modo que, na instância superior, a cognição se abre, como se tivesse havido recurso voluntário".[22]

A remessa necessária é interposta por simples declaração de vontade, com a provocação do juiz, que deve verificar se o caso é mesmo de remessa necessária ou se incide alguma hipótese de dispensa. É, enfim, um recurso de ofício,[23] interposto, geralmente, na própria sentença. É possível, todavia, que sua interposição ocorra posteriormente. O juiz determina que os autos sejam remetidos ao tribunal; há, como o próprio nome indica, uma *remessa* necessária. Não há razões do juiz, nem das partes ou de terceiros. O juiz provoca a *remessa*, a fim de que o tribunal promova o *reexame*. Tanto a *remessa* como o *reexame* são necessários.

---

[20] "Art. 19. A sentença que concluir pela carência ou pela improcedência da ação está sujeita ao duplo grau de jurisdição, não produzindo efeito senão depois de confirmada pelo tribunal; da que julgar a ação procedente caberá apelação, com efeito suspensivo."

[21] "Art. 28. Da sentença que fixar o preço da indenização caberá apelação com efeito simplesmente devolutivo, quando interposta pelo expropriado, e com ambos os efeitos, quando o for pelo expropriante. § 1º A sentença que condenar a Fazenda Pública em quantia superior ao dobro da oferecida fica sujeita ao duplo grau de jurisdição."

[22] PONTES DE MIRANDA, Francisco Cavalcanti. *Comentários ao Código de Processo Civil*. 2. ed. Rio de Janeiro: Forense, 1960. t. 11, p. 147.

[23] Também considerando a natureza recursal da remessa necessária, CASTELO BRANCO, Janaína Soares Noleto. *Advocacia Pública e solução consensual dos conflitos*. Salvador: JusPodivm, 2018, n. 4.2.5.1, p. 134-140.

Na maioria dos países, os recursos caracterizam-se por conter (a) provocação ao reexame da matéria e (b) impugnação da decisão recorrida. Pode-se dizer que, no Brasil, a definição de recurso também tem esses dois elementos, mas é possível haver impugnação não voluntária. Numa apelação, por exemplo, há provocação e há impugnação, sendo essa última voluntária, ou seja, depende da vontade de um legitimado a recorrer. No reexame necessário, a impugnação é, por sua vez, compulsória, por força de lei, e não voluntária. A voluntariedade é só do impulso, realizado pelo juiz de primeira instância. Há, no reexame necessário, provocação e impugnação, assim como existe em qualquer recurso. O impulso, feito pelo juiz, ocasiona a incidência da norma que impõe a impugnação.

Ao praticar o ato de impulso oficial, o juiz provoca a impugnação compulsória, sem que haja vontade de qualquer das partes.[24]

Não existe um conceito universal de recurso. Este é construído a partir das particularidades de cada sistema positivo. No sistema brasileiro, há recursos voluntários e recurso compulsório. Em ambos, há provocação e impugnação.

Nos casos em que há remessa necessária, os efeitos que seriam atribuídos a uma apelação são igualmente produzidos. Dizendo de outro modo: nos casos em que a apelação tem duplo efeito, mas não é interposta, e a hipótese é de remessa necessária, esses dois efeitos serão produzidos com a remessa. Nos casos em que a apelação só tem efeito devolutivo, não sendo esta interposta e sendo hipótese de remessa necessária, também só se produzirá o efeito devolutivo. Ou seja: a remessa necessária carrega consigo os mesmos efeitos da apelação não interposta.[25] Veja que o § 1º do art. 496 dispõe que só haverá remessa necessária se não houver apelação. Havendo apelação interposta pela Fazenda Pública, não haverá remessa necessária. Haveria aí aplicação da regra da singularidade: não são possíveis a remessa necessária e a apelação ao mesmo tempo. Se não há apelação, há remessa necessária. Essa não é a explicação nem a causa para afirmar que a remessa necessária ostenta natureza recursal. Esse não é um detalhe que componha o conceito de recurso. Na verdade, essa é uma consequência da natureza recursal da remessa necessária, que se pode confirmar pelas normas do direito positivo brasileiro.

9.4 HIPÓTESES DE CABIMENTO

9.4.1 Sentença (*rectius*, decisão de mérito) proferida contra a Fazenda Pública

A remessa necessária está prevista no art. 496 do CPC. Ela se aplica às decisões de mérito proferidas contra o Poder Público, ou seja, contra a União, os Estados, os Municípios, o Distrito Federal, bem como contra as autarquias e fundações públicas. As agências têm natureza autárquica. São autarquias especiais. Logo, estão abrangidas na previsão legal. Desse modo, proferida sentença contra uma agência, haverá remessa necessária.

---

[24] Essas ideias foram apresentadas por Eduardo José da Fonseca Costa e Roberto Campos Gouveia Filho em mensagens eletrônicas e são aqui encampadas.

[25] "Os efeitos da apelação necessária são os mesmos atribuídos em lei ao recurso voluntário. Essa é a única conclusão compatível com a regra de interpretação segundo a qual o privilégio é *strictissimi iuris*. Se a lei não atribui ao privilégio do recurso necessário efeitos diversos dos atribuídos ao voluntário, seria incurial reivindicar para as pessoas jurídicas de direito público outros favores ou vantagens processuais que a lei lhes não outorga" (MARTINS, Pedro Batista. *Recursos e processos da competência originária dos tribunais*. Atual. por Alfredo Buzaid. Rio de Janeiro: Forense, 1957. n. 153, p. 205).

Estão excluídas da previsão da remessa necessária as empresas públicas e as sociedades de economia mista, pois são pessoas jurídicas de direito privado, e não de direito público, não se inserindo no conceito de Fazenda Pública.

Só há, em regra, remessa necessária de sentença. Decisão concessiva de tutela provisória não se submete à remessa necessária. Também não há, no âmbito do processo civil, remessa necessária com relação a acórdãos. Um julgado originário de um tribunal de justiça ou de um TRF não se submete à remessa necessária. No âmbito da Justiça do Trabalho, há remessa necessária com relação a acórdão. Quando um TRT julga uma ação rescisória em desfavor do Poder Público, há remessa necessária para o TST. Nesse sentido, o enunciado 303, III, da Súmula do TST: "III – Em ação rescisória, a decisão proferida pelo Tribunal Regional do Trabalho está sujeita ao duplo grau de jurisdição obrigatório quando desfavorável ao ente público, exceto nas hipóteses dos incisos anteriores".

É possível que o juiz decida o mérito contra a Fazenda Pública por meio de uma decisão interlocutória. Com efeito, o juiz pode decidir parcialmente o mérito, numa das hipóteses previstas no art. 356. Tal pronunciamento, por não extinguir o processo, é uma decisão interlocutória, que pode já acarretar uma execução imediata, independentemente de caução (CPC, art. 356, § 2º). Conquanto seja uma decisão interlocutória, há resolução parcial do mérito, apta a formar coisa julgada material.

Mesmo não sendo sentença, estará sujeita à remessa necessária.[26] Como visto, a remessa necessária deve ser realizada relativamente às decisões de mérito proferidas contra a Fazenda Pública; a coisa julgada material somente pode ser produzida se houver remessa necessária. Se houve decisão de mérito contra o Poder Público, é preciso que haja seu reexame pelo tribunal respectivo; é preciso, enfim, que haja remessa necessária. Significa, então, que há remessa necessária de sentença, bem como da decisão interlocutória que resolve parcialmente o mérito.[27]

A *remessa necessária* somente se opera em relação às sentenças ou aos capítulos de sentença *contra* a Fazenda Pública, ou seja, contra União, Estados, Municípios, Distrito Federal e suas autarquias e fundações públicas. Se a reconvenção for julgada contrariamente à Fazenda Pública, o correspondente capítulo decisório estará igualmente sujeito à remessa necessária. Ressalvadas as hipóteses dos §§ 3º e 4º do art. 496 do CPC, qualquer condenação imposta à Fazenda Pública deve sujeitar-se à remessa necessária, ainda que seja apenas relativa a honorários de sucumbência.

Excepcionadas as ressalvas contidas no próprio art. 496 do CPC, toda e qualquer condenação imposta contra a Fazenda Pública deve sujeitar-se à remessa necessária, ainda que seja apenas relativa a honorários de sucumbência[28].

O Superior Tribunal de Justiça corrobora esse entendimento, tendo, aliás, editado o enunciado 325 da Súmula de sua Jurisprudência Predominante, cujo teor tem a seguinte redação: "A remessa oficial devolve ao Tribunal o reexame de todas as parcelas da condenação

---

[26] Assim também entende CASTELO BRANCO, Janaína Soares Noleto. *Advocacia Pública e solução consensual dos conflitos*. Salvador: JusPodivm, 2018, n. 4.2.5.4, p. 145-146.

[27] Nesse sentido, o enunciado 17 do Fórum Nacional do Poder Público: "A decisão parcial de mérito proferida contra a Fazenda Pública está sujeita ao regime da remessa necessária". Mesmo no processo coletivo, a decisão parcial de mérito pode sujeitar-se à remessa necessária. Nesse mesmo sentido, o enunciado 119 do Fórum Nacional do Poder Público: "Admite-se a resolução parcial de mérito nas ações coletivas propostas contra a Fazenda Pública, sujeitando-se à remessa necessária, quando esta for cabível".

[28] "A remessa necessária detém efeito translativo pleno, devolvendo ao Tribunal todas as questões discutidas expressa ou implicitamente na ação e que integram a sentença" (STJ, 1ª Turma, REsp 1.905.779/SP, Rel. Min. Gurgel de Faria, *DJe* 17.8.2023).

suportadas pela Fazenda Pública, inclusive dos honorários de advogado". Significa, então, que há remessa necessária no tocante a qualquer condenação imposta contra a Fazenda Pública, ainda que se restrinja aos honorários de sucumbência. Cumpre, todavia, consignar que somente há remessa necessária, mesmo no caso a que se refere o referido enunciado sumular, se o valor da condenação for superior aos limites previstos no § 3º do art. 496 do CPC. Assim, se a Fazenda Pública for condenada ao pagamento de honorários nos limites ali previstos, não haverá remessa necessária.

Qualquer decisão de mérito proferida contra a Fazenda Pública, tenha ou não conteúdo econômico, há de se submeter à remessa necessária, ressalvadas as hipóteses de dispensa que constam dos §§ 3º e 4º do art. 496 do CPC.

9.4.2 Remessa necessária e decisões que não resolvem o mérito

Muito já se discutiu sobre a exigência de remessa necessária quando a decisão proferida contra a Fazenda Pública não resolve o mérito. O texto legal dispõe que deve haver remessa necessária quando a sentença for proferida *contra* a Fazenda Pública.

A jurisprudência do STJ entende que não se admite a remessa necessária relativamente às sentenças que não resolvam o mérito.[29]

Se a Fazenda Pública for autora da demanda, e for extinto o processo sem resolução do mérito, não há, segundo esse mesmo entendimento, uma sentença proferida *contra* o ente público.[30] Para o STJ, só há remessa necessária se a sentença contrária ao Poder Público for de mérito.

Há remessa necessária quanto ao capítulo da sentença que condena a Fazenda Pública no pagamento de honorários de advogado. Se, porém, tal sentença não resolve o mérito, não há remessa necessária, nem mesmo quanto à parte relativa aos honorários de advogado.[31]

9.4.3 Remessa necessária na ação popular

Na ação popular, há remessa necessária não em relação à sentença que julga procedente o pedido, mas à sentença que extingue o processo sem resolução do mérito ou da que julga improcedente o pedido.

Em outras palavras, está sujeita à remessa necessária, na ação popular, a sentença contrária ao autor, seja ou não de mérito. Com efeito, assim dispõe o art. 19 da Lei 4.717/1965: "A sentença que concluir pela carência ou pela improcedência da ação está sujeita ao duplo grau de jurisdição, não produzindo efeito senão depois de confirmada pelo tribunal; (...)".

Segundo já decidiu o Superior Tribunal de Justiça, "Do cotejo dos arts. 9º e 19 da Lei n. 4.717/1965 extrai-se que a única hipótese de extinção da ação popular sem resolução do mérito que enseja o reexame necessário é aquela fulcrada na carência de ação, não havendo o duplo grau de jurisdição obrigatório de sentença que, após o transcurso, *in albis*, do prazo nonagesimal durante o qual qualquer cidadão ou o Ministério Público pode promover o prosseguimento do feito (art. 9º), julga extinta tal ação em razão de desistência da parte autora".[32] Assim, se o autor popular desistir da ação, abre-se prazo para que qualquer outro cidadão ou o Ministério Público possa assumir a condição de autor e, então, o processo

---

[29] Nesse sentido: STJ, 2ª Turma, AgRg no AREsp 335.868/CE, Rel. Min. Herman Benjamin, *DJe* 9.12.2013.
[30] STJ, 2ª Turma, AgInt no AREsp 906.674/SP, Rel. Min. Francisco Falcão, *DJe* 26.2.2018.
[31] STJ, 2ª Turma, AgRg no AREsp 335.868/CE, Rel. Min. Herman Benjamin, *DJe* 9.12.2013; STJ, 2ª Turma, AgInt no REsp 1.813.749/CE, Rel. Min. Mauro Campbell Marques, *DJe* 19.9.2019.
[32] STJ, 1ª Turma, REsp 1.115.586/DF, Rel. Min. Gurgel de Faria, *DJe* 22.8.2016.

prosseguir. Não havendo a assunção da condição de autor por quem quer que seja, o juiz vai extinguir o processo sem resolução do mérito em razão da desistência, não havendo, em tal hipótese, remessa necessária.

Enfim, a expressão "a sentença que concluir pela carência da ação" é interpretada de forma bem restritiva pelo STJ, que entende somente haver remessa necessária da sentença de carência; qualquer outra sentença que extinga sem resolução do mérito o processo da ação popular não está, segundo entendimento do STJ, sujeita à remessa necessária.[33] Carência é termo não mais utilizado pelo atual CPC; deve, atualmente, ser compreendido em acepção restrita, abrangendo a extinção por ilegitimidade ou pela falta de interesse de agir.

9.4.4 Remessa necessária na ação de improbidade administrativa e na ação civil pública. Aplicação analógica da Lei 4.717/1965

A jurisprudência entendia que a disposição relativa à ação popular aplicava-se igualmente à ação de improbidade administrativa. Assim, "Por aplicação analógica da primeira parte do art. 19 da Lei nº 4.717/65, as sentenças de improcedência de ação civil pública sujeitam-se indistintamente ao reexame necessário".[34]

Tal entendimento não deve mais ser observado, diante de superveniente modificação legislativa.

A Lei 14.230/2021 alterou a Lei 8.429/1992, proibindo expressamente a remessa necessária na ação de improbidade administrativa. Com efeito, o inciso IV do § 19 do art. 17 da Lei 8.429, de 1992, dispõe expressamente não se aplicar na ação de improbidade administrativa "o reexame obrigatório da sentença de improcedência ou de extinção sem resolução de mérito". De igual modo, o § 3º do seu art. 17-C assim prescreve: "§ 3º Não haverá remessa necessária nas sentenças de que trata esta Lei".

Assim, no processo da ação de improbidade administrativa, não há remessa necessária, nem da sentença de carência, nem da de improcedência, nem da de procedência. Não há, enfim, remessa necessária em relação a qualquer sentença proferida na ação de improbidade administrativa, ainda que contrária ao Poder Público.

9.4.5 Remessa necessária na ação civil pública. Aplicação analógica da Lei 4.717/1965

Muito se discute sobre a existência de remessa necessária na ação civil pública.

Há 5 (cinco) possibilidades hermenêuticas: *a)* não há remessa necessária em ação civil pública; *b)* aplica-se a regra geral do CPC (art. 496);[35] *c)* aplica-se, por analogia, a regra da lei de ação popular;[36] *d)* aplica-se, por analogia, o regime da ação popular, para os casos de ação

---

[33] STJ, 2ª Turma, AC 47/RS, Rel. Min. Herman Benjamin, *DJe* 14.11.2018.

[34] STJ, 2ª Turma, REsp 1.108.542/SC, Rel. Min. Castro Meira, *DJe* 29.5.2009. *No mesmo sentido:* STJ, 2ª Turma, REsp 1.605.572/MG, Rel. Min. Francisco Falcão, *DJe* 22.11.2017; STJ, 2ª Turma, AgInt no REsp 1.531.501/MG, Rel. Min. Assusete Magalhães, *DJe* 26.4.2018; STJ, 1ª Turma, AgInt no AgInt no AREsp 520.897/MG, Rel. Min. Sérgio Kukina, *DJe* 14.8.2018; STJ, 2ª Turma, REsp 1.733.729/SP, Rel. Min. Herman Benjamin, *DJe* 17.12.2018; STJ, 2ª Turma, REsp 1.787.858/SC, Rel. Min. Francisco Falcão, *DJe* 3.5.2019; STJ, 1ª Turma, AgInt no REsp 1.817.056/ES, Rel. Min. Benedito Gonçalves, *DJe* 20.11.2019; STJ, 1ª Turma, AgInt no REsp 1.612.579/RR, Rel. Min. Gurgel de Faria, *DJe* 4.5.2020.

[35] MAZZILLI, Hugo Nigro. *A defesa dos interesses difusos em juízo*. 15. ed. São Paulo: Saraiva, 2002. p. 388.

[36] SAAD NETTO, Patrícia Mara dos Santos; GOMES JR., Luiz Manoel. O art. 475, inciso II, do CPC e o sistema recursal nas ações civis públicas. *Aspectos polêmicos e atuais dos recursos cíveis e de outras*

civil pública que possa ter conteúdo de ação popular; *e)* aplicam-se ambos os regimes (com as variações "c" ou "d", conforme o caso), porque não são incompatíveis.

Opta-se pela última solução, com a aplicação da hipótese "d".

A ação civil pública pode ter o mesmo objeto de uma ação popular. A ação popular é uma ação coletiva proposta por um membro do grupo, o cidadão, cujo objeto é menos extenso do que o possível objeto de uma ação civil pública, que o abrange – tudo que pode ser objeto de ação popular também pode ser objeto de uma ação civil pública. Daí a relação íntima entre as duas, a justificar a analogia.

Assim, condenada a Fazenda Pública em ação civil pública, há remessa necessária, nos casos previstos no art. 496 do CPC; julgada improcedente ação civil pública ou extinto o processo por ausência de interesse processual ou legitimidade (CPC, art. 485, VI), quando a ação civil pública tiver conteúdo de ação popular, envolva ou não ente público, há, também, remessa necessária.[37] Assim, por exemplo, sentença de improcedência em ação civil pública para a tutela de direitos individuais homogêneos não se sujeita à remessa necessária.[38]

9.4.6 Remessa necessária em mandado de segurança

A sentença que conceder a segurança está sujeita à remessa necessária, somente transitando em julgado depois de reexaminada pelo tribunal.

Nos termos do CPC, haverá remessa necessária se a sentença for proferida contra a União, o Estado, o Distrito Federal, o Município e suas respectivas autarquias e fundações.

O § 1º do art. 14 da Lei 12.016/2009 estabelece que, concedida a segurança, haverá remessa necessária. No mandado de segurança, *não* importa a condição da parte que ocupa o polo passivo da demanda; haverá remessa necessária se houver a *concessão* da segurança. Nos termos do inciso IV do enunciado 303 da Súmula do TST, em mandado de segurança, "somente cabe reexame necessário se, na relação processual, figurar pessoa jurídica de direito público como parte prejudicada pela concessão da ordem. Tal situação não ocorre na hipótese de figurar no feito como impetrante e terceiro interessado pessoa de direito privado, ressalvada a hipótese de matéria administrativa".

Tal entendimento, consolidado na jurisprudência do TST, está equivocado, por contrariar o disposto no § 1º do art. 14 da Lei 12.016/2009. No mandado de segurança, a remessa necessária independe da condição da parte presente no processo, decorrendo do resultado da demanda, ou seja, da prolação de sentença de procedência.

O mandado de segurança pode ser impetrado contra agente integrante de entidade particular ou de pessoa jurídica de direito privado que exerça atividade pública por delegação. Também cabe, em algumas situações, mandado de segurança contra ato de agente ou funcionário de empresa pública ou sociedade de economia mista (Súmula 333 do STJ).

No mandado de segurança, haverá remessa necessária não porque a sentença foi proferida contra a União, o Estado, o Município, o Distrito Federal ou qualquer outro ente público, mas

---

formas de impugnação das decisões judiciais. São Paulo: RT, 2003, p. 445-446; STJ, 2ª Turma, AgRg no REsp 1.219.033/RJ, Rel. Min. Herman Benjamin, *DJe* 25.4.2011.

[37] STJ, 1ª Turma, AgInt no REsp 1.547.569/RJ, Rel. Min. Napoleão Nunes Maia Filho, *DJe* 27.6.2019.

[38] "Nos termos da jurisprudência desta Corte Superior, é aplicável o reexame necessário nas hipóteses de ação civil pública, independentemente da presença de pessoa de direito público no polo passivo, porém não se aplica aos litígios que versem exclusivamente sobre direitos individuais homogêneos" (STJ, 3ª Turma, AgInt no REsp 1.690.987/MG, Rel. Min. Marco Aurélio Bellizze, *DJe* 30.8.2018); STJ, 3ª Turma, REsp 1.374.232/ES, Rel. Min. Nancy Andrighi, *DJe* 2.10.2017.

porque se trata de sentença concessiva da segurança. Concedida a segurança, ainda que se trate de sentença contra empresa pública ou sociedade de economia mista, haverá a remessa necessária. Numa demanda de procedimento comum, não há remessa necessária de sentença proferida contra um ente privado, mas, no mandado de segurança, proferida sentença de procedência, *independentemente* da condição da parte demandada, haverá remessa necessária.

9.4.7 Sentença que acolhe embargos à execução fiscal

A sentença que julga procedentes, no todo ou em parte, os embargos à execução fiscal está sujeita à remessa necessária. Mesmo que o acolhimento aos embargos seja parcial, há remessa necessária.

A remessa necessária ocorre relativamente à sentença proferida contra a Fazenda Pública. Enquanto o inciso I do art. 496 refere-se ao *processo* ou à *fase* de *conhecimento*, seu inciso II diz respeito aos embargos acolhidos em *execução fiscal*. Em todos os casos, a sentença é contrária à Fazenda Pública.

Então, por que não estabelecer, numa regra única, sem destaques, que haveria remessa necessária em relação a qualquer sentença proferida contra a Fazenda Pública? Havendo a ressalva no inciso II, questiona-se: há remessa necessária de sentença proferida em embargos à execução não fiscal?

O inciso I abrange realmente apenas as sentenças proferidas no processo ou na fase de conhecimento ou apanha, também, aquelas exaradas em embargos à execução que não seja fiscal? Sendo os embargos à execução um processo cognitivo, despontou o entendimento de que a remessa estendia-se a todo e qualquer processo de conhecimento, alcançando, inclusive, as sentenças proferidas em embargos à execução *não* fiscal. Assim, por exemplo, vencida a Fazenda Pública em ação de conhecimento e, depois da remessa necessária, sobrevindo o trânsito em julgado, daí se seguindo cumprimento da sentença, impugnada pela Fazenda, o julgamento que lhe seja desfavorável estaria sujeito à remessa? Não, porque a decisão que rejeitar a impugnação é interlocutória, não havendo remessa necessária. Ainda quando se tratar de embargos à execução não fiscal, também não há remessa necessária; esta só existe em embargos à execução fiscal.[39]

Se a execução fiscal for extinta, por razões de mérito, em virtude do acolhimento de exceção de pré-executividade, a sentença sujeita-se à remessa necessária, "uma vez que a situação assemelha-se ao julgamento de procedência de Embargos do Devedor".[40] Caso a Fazenda Pública, com fundamento no art. 26 da Lei 6.830/1980, cancele a Certidão de Dívida Ativa e requeira a extinção da execução fiscal, não haverá remessa necessária, ainda que tenha sido ajuizada exceção de pré-executividade.[41]

9.4.8 Sentença proferida em processo no qual a Fazenda Pública figura como assistente simples do réu

Se a Fazenda Pública for assistente do réu, vindo este a restar sucumbente, deve ou não haver a remessa necessária? Em outras palavras, se a Fazenda Pública não for ré, mas

---

[39] Nesse sentido, o enunciado 158 das II Jornadas de Direito Processual Civil, do Conselho da Justiça Federal: "A sentença de rejeição dos embargos à execução opostos pela Fazenda Pública não está sujeita à remessa necessária".
[40] STJ, 2ª Turma, REsp 1.385.172/SP, Rel. Min. Eliana Calmon, *DJe* 24.10.2013.
[41] STJ, 2ª Turma, REsp 1.415.603/CE, Rel. Min. Herman Benjamin, *DJe* 20.6.2014.

for assistente simples do réu, havendo procedência, haverá reexame necessário? Numa ação proposta, por exemplo, contra a Caixa Econômica Federal, a União figura como assistente sua; condenada a Caixa, deve haver remessa necessária?

A remessa necessária aplica-se às decisões de mérito proferidas contra a Fazenda Pública. Para que haja coisa julgada material, é preciso que haja a remessa necessária.

O assistente simples não se sujeita à coisa julgada material. No caso de a Fazenda Pública ser assistente simples, não haverá sentença *contra* ela proferida, não sendo hipótese, portanto, de remessa necessária. Na hipótese de o assistido ser também uma pessoa jurídica de direito público, haverá remessa necessária não porque há um ente público como assistente, mas sim por haver outro que figura como a parte que restou vencida.

Diante disso, é forçoso concluir que, sendo a Fazenda Pública assistente simples do réu, *não* há remessa necessária, caso este venha a ser derrotado, a não ser que ele, réu, também ostente a condição de pessoa jurídica de direito público. Nesse caso, haverá a remessa necessária não porque há um ente público como assistente, mas sim por haver outro que figura como réu.

9.4.9 Remessa necessária e sentença arbitral

O Poder Público pode submeter-se à arbitragem, conforme reconhece o § 1º do art. 1º da Lei 9.307/1996, acrescido pela Lei 13.129/2015 e explicado no Capítulo XVI do presente livro.

Por se tratar de um processo convencional, e não haver a divisão entre instâncias, a sentença arbitral proferida contra a Fazenda Pública não se submete à remessa necessária – até porque nem haveria para onde ser remetida. Nesse sentido, assim está redigido o enunciado 164 do Fórum Permanente de Processualistas Civis: "A sentença arbitral contra a Fazenda Pública não está sujeita à remessa necessária".

9.4.10 Requisito negativo de admissibilidade da remessa necessária

Já se viu que a remessa necessária está prevista no art. 496 do CPC. Ali estão os casos em que ela é admitida e deve ocorrer.

No CPC de 1973, havia remessa necessária independentemente de apelação. O § 1º de seu art. 475 dispunha que, "nos casos previstos neste artigo, o juiz ordenará a remessa dos autos ao tribunal, *haja ou não apelação*; não o fazendo, deverá o presidente do tribunal avocá-los".

Não é essa a dicção do § 1º do art. 496 do atual CPC. Eis sua redação: "Nos casos previstos neste artigo, *não interposta a apelação no prazo legal*, o juiz ordenará a remessa dos autos ao tribunal, e, se não o fizer, o presidente do respectivo tribunal avocá-los-á".

Há, no § 1º do referido art. 496, um requisito a ser observado.

O dispositivo contém uma novidade que merece ser destacada. Até antes do atual CPC, havia remessa necessária, independentemente da interposição de apelação pelo Poder Público. Interposta ou não a apelação havia a remessa necessária da sentença contrária à Fazenda Pública. Em razão do disposto no § 1º do art. 496 do CPC, só haverá remessa necessária, se não houver apelação. Interposta que seja a apelação, não se terá, no caso, remessa necessária.[42]

---

[42] Nesse mesmo sentido, CASTELO BRANCO, Janaína Soares Noleto. *Advocacia Pública e solução consensual dos conflitos*. Salvador: JusPodivm, 2018, n. 4.2.5.1, p. 136-137.

Se a apelação for parcial, haverá a remessa necessária quanto à parte não recorrida. Aliás, eis o enunciado 432 do Fórum Permanente de Processualistas Civis: "A interposição de apelação parcial não impede a remessa necessária". Nesse caso, haverá remessa necessária quanto à parte não atacada por apelação.

Enfim, havendo apelação, não haverá remessa necessária. Sendo a apelação parcial, haverá remessa necessária quanto à parte não apelada.

Isso acarreta uma repercussão prática muito relevante. Se a apelação for interposta pela Fazenda Pública, mas não for admissível, pois não atacou, por exemplo, o fundamento da sentença apelada, deixando de atender ao requisito da regularidade formal (nesse ponto, identificado pela doutrina como dialeticidade), a apelação não será conhecida e também não haverá remessa necessária.

Tudo está a demonstrar, portanto, que não há remessa necessária se houver apelação interposta pela Fazenda Pública, independentemente de esta ser ou não admitida no caso. Apenas quando a apelação for intempestiva é que haverá remessa, pois recurso intempestivo equivale, como se sabe, a recurso não interposto. Ressalvada essa hipótese, a interposição da apelação afasta a remessa necessária.

Há, em suma, um requisito negativo de admissibilidade para remessa necessária no § 1º do art. 496 do CPC: se houver apelação interposta pela Fazenda Pública, não haverá remessa necessária.

9.4.11 Remessa necessária e as decisões interlocutórias não agraváveis. Aplicação do § 1º do art. 1.009 do CPC à remessa necessária[43]

Só deve haver remessa necessária se não houver apelação e não incidir qualquer das hipóteses previstas nos §§ 3º e 4º do art. 496 do CPC. Em outras palavras, havendo apelação, não haverá remessa necessária. Se houver apelação, o recorrente poderá nela impugnar a sentença e as interlocutórias não agraváveis (CPC, art. 1.009, § 1º).

A remessa necessária há de abranger não apenas a sentença não apelada, mas também todas as interlocutórias não agraváveis relacionadas ao capítulo objeto da remessa. Não havendo apelação, a remessa necessária devolve ao tribunal tudo o que a apelação poderia. A remessa necessária, ademais, serve para que se opere efetivamente o trânsito em julgado da decisão. As interlocutórias não agraváveis não precluem imediatamente; só precluem se não houver apelação. Não sendo interposta apelação, a remessa necessária devolve todas as decisões interlocutórias que poderiam ter sido impugnadas na apelação, mas não o foram.

Se a apelação for parcial, a remessa necessária devolve ao tribunal o capítulo da sentença não impugnado na apelação e as interlocutórias não agraváveis a esse capítulo relacionadas; na apelação parcial, as decisões interlocutórias que sejam comuns a todos os capítulos e aquelas relacionadas ao capítulo apelado terão de ser expressamente atacadas na apelação, sob pena de preclusão.

---

[43] O presente item foi inserido a partir de discussões travadas no II Colóquio Luso-Brasileiro de Direito Processual, realizado em Coimbra, por iniciativa da Instituto Jurídico de Coimbra, da Faculdade de Direito da Universidade de Coimbra e da Associação Norte e Nordeste de Professores de Processo – ANNEP, nos dias 21 e 22 de novembro de 2017. As discussões surgiram em razão de pergunta feita por uma aluna do curso de mestrado em Direito da Universidade de Coimbra, que estava na audiência.

9.5 REMESSA NECESSÁRIA E A EXTENSÃO DA COISA JULGADA À QUESTÃO PREJUDICIAL INCIDENTAL

O CPC de 2015 instituiu dois regimes jurídicos de coisa julgada: (a) o comum, aplicável à coisa julgada relativa às questões principais; (b) o especial, aplicável à coisa julgada das questões prejudiciais incidentais.

Em regra, não há coisa julgada sobre as questões prejudiciais. O § 1º do art. 503 do CPC estabelece pressupostos para que a questão prejudicial, decidida incidentalmente, torne-se indiscutível pela coisa julgada material. Preenchidos os pressupostos dos §§ 1º e 2º do art. 503 do CPC, a resolução da questão prejudicial incidental fica imunizada pela coisa julgada material. Entre os pressupostos, está a decisão *expressa*. É preciso, enfim, que haja *expressa* decisão sobre a questão prejudicial para que haja coisa julgada material sobre ela.

Sendo caso de remessa necessária, a questão prejudicial decidida incidentemente no processo deve, para que se sujeite à coisa julgada, preencher os pressupostos dos §§ 1º e 2º do art. 503 do CPC, além de ser *expressamente* decidida pelo juiz, bem como pelo tribunal. Em outras palavras, deve haver *expressa* decisão pelo juiz de primeira instância e, igualmente, pelo tribunal, ao julgar a remessa necessária.[44]

9.6 PROCEDIMENTO

Cabe ao juiz, ao proferir a sentença que se encaixe numa das hipóteses do art. 496, determinar, expressamente, a remessa dos autos ao tribunal que lhe seja hierarquicamente superior e ao qual esteja vinculado funcionalmente.

Não havendo apelação,[45] os autos devem ser enviados ao tribunal para que seja a sentença reexaminada. A ausência de tal determinação impede o trânsito em julgado, podendo o juiz corrigir a omissão a qualquer momento, não havendo preclusão quanto à matéria.

Em vista de provocação de qualquer das partes ou até mesmo de ofício, poderá, de igual modo, o presidente do tribunal avocar os autos. Caso haja apelação, não haverá remessa. Não havendo apelação, deve-se determinar o envio dos autos ao tribunal, que deverá apreciar a remessa necessária. Nela, o tribunal irá analisar *toda* a matéria discutida na causa. Se for *parcial* o recurso da Fazenda Pública, a remessa obrigatória dirá respeito à parte não apelada.

Determinada a remessa dos autos ou avocados que sejam estes, o procedimento para que o tribunal efetive o reexame da sentença será estabelecido no seu regimento interno. Na verdade, o procedimento da remessa necessária é igual ao da apelação.

A vedação à *reformatio in pejus* também se aplica à remessa necessária. Não é possível o tribunal, ao julgar a remessa necessária, agravar a situação da Fazenda Pública. Nesse sentido, assim está redigido o enunciado 45 da Súmula do STJ: "No reexame necessário, é defeso, ao tribunal, agravar a condenação imposta à Fazenda Pública".

O tribunal não pode nem mesmo alterar o capítulo da sentença relativo a juros e a correção monetária se a mudança agravar a condenação imposta à Fazenda Pública. Nesse sentido, o enunciado 34 do Fórum Nacional do Poder Público: "Viola a proibição da

---

[44] Nesse sentido, o enunciado 439 do Fórum Permanente de Processualistas Civis: "Nas causas contra a Fazenda Pública, além do preenchimento dos pressupostos previstos no art. 503, §§ 1º e 2º, a coisa julgada sobre a questão prejudicial incidental depende de remessa necessária, quando for o caso".

[45] Ou agravo de instrumento, no caso da decisão interlocutória de mérito.

reformatio in pejus o agravamento, em remessa necessária, dos juros e correção monetária estabelecidos em sentenças condenatórias contra a Fazenda Pública".

A decisão que julgar a remessa necessária substitui a decisão reexaminada. Em outras palavras, aplica-se à remessa necessária o disposto no art. 1.008 do CPC, valendo dizer que a decisão que a julga substitui a sentença reexaminada.

À remessa necessária aplica-se o art. 935 do CPC, devendo seu julgamento ser *incluído em pauta*, com a antecedência de, pelo menos, cinco dias, sob pena de nulidade (Súmula 117 do STJ). O enunciado 117 da Súmula do STJ refere-se ao prazo de 48 horas, pois era este o previsto no CPC/1973. No CPC/2015, o prazo foi ampliado para cinco dias. Aliás, convém lembrar que tal prazo deve ser contado apenas em dias úteis (CPC, art. 219).

Se a remessa necessária não for julgada na sessão designada, deverá ser novamente incluída em pauta, a não ser que o julgamento tenha sido adiado para a primeira sessão seguinte (CPC, art. 935).

No julgamento da remessa necessária, admite-se sustentação oral pelos advogados de ambas as partes. A propósito, há preferência no julgamento da remessa necessária com sustentação oral, observada a ordem dos requerimentos (CPC, art. 936, I).

O julgamento da remessa necessária terá preferência se assim for solicitado (CPC, art. 936, II), mas terá mais preferência aquele em que houver sustentação oral (CPC, art. 936, I).

A remessa necessária pode ser julgada apenas pelo relator, se configurada uma das hipóteses relacionadas no art. 932, IV e V (Súmula 253 do STJ). O enunciado 253 da Súmula do STJ menciona o art. 557, pois este era o dispositivo equivalente ao atual art. 932. Mantém-se o enunciado sumular, com a ressalva do número do dispositivo.

A remessa necessária será julgada, no órgão colegiado, pelo voto de três juízes (CPC, art. 941, § 2º, aplicável por analogia). No procedimento da remessa necessária, não se aplica a técnica de ampliação do colegiado prevista no art. 942 (CPC, art. 942, § 4º, II). Assim, a existência de um voto divergente não impede a proclamação imediata do resultado do julgamento.

Em caso de remessa necessária, nenhuma das partes pode valer-se da apelação adesiva, pois, nesse caso, as partes já sabem, de antemão, que haverá o encaminhamento dos autos ao tribunal, não estando presente um dos requisitos do recurso adesivo, qual seja, a conformação inicial com o julgado, destinada a obter o imediato trânsito em julgado.

9.7 TUTELA PROVISÓRIA NA REMESSA NECESSÁRIA

A remessa necessária carrega consigo os mesmos efeitos da apelação não interposta. Nos casos em que a apelação tem duplo efeito, mas não é interposta, e a hipótese for de remessa necessária, os dois efeitos serão produzidos com a remessa.

Nos casos em que a apelação só tem efeito devolutivo, não sendo interposta e sendo hipótese de remessa necessária, também só se produzirá o efeito devolutivo.

Nessa última hipótese, a sentença produz efeitos imediatos, a exemplo do que ocorre normalmente no mandado de segurança. Mesmo sujeita à remessa necessária, a sentença produz efeitos imediatos. É possível, porém, que haja uma urgência que imponha uma medida destinada a conferir efeito suspensivo à remessa necessária e obstar a produção de efeitos da sentença. Para tanto, o Poder Público dispõe do pedido de suspensão de segurança, examinado no Capítulo XV deste livro.

Além da suspensão de segurança, é possível pedir ao relator da remessa necessária a concessão do pretendido efeito suspensivo. Aqui há de se aplicar, por analogia, o disposto no § 3º do art. 1.012 do CPC. A remessa necessária, que é um recurso de ofício, rege-se, por analogia, pelas normas aplicáveis à apelação. Na remessa necessária, o pedido de concessão de efeito suspensivo poderá ser formulado por requerimento dirigido ao tribunal, no período compreendido entre a prolação da sentença e a distribuição da remessa, ficando o relator designado para seu exame prevento para julgá-la. Se a remessa necessária já tiver sido distribuída, o pedido de concessão de efeito suspensivo poderá ser formulado por requerimento dirigido ao relator.

O pedido de concessão de efeito suspensivo na remessa necessária não inibe nem impede a suspensão de segurança, postulada ao presidente do tribunal. De igual modo, a suspensão de segurança requerida ao presidente do tribunal não impede o pedido de concessão de efeito suspensivo ao relator da remessa necessária. São medidas concorrentes, que podem ser requeridas paralelamente.

9.8 HIPÓTESES DE DISPENSA DA REMESSA NECESSÁRIA

9.8.1 Valor da condenação ou do direito controvertido

Os §§ 3º e 4º do art. 496 do CPC preveem casos em que a remessa necessária haverá de ser dispensada pelo juiz. Para que haja a dispensa, é preciso que o juiz a ela faça expressa menção na sentença. Nesse sentido, o enunciado 18 do I Fórum Nacional do Poder Público – Brasília/DF: "A dispensa da remessa necessária prevista no art. 496, §§ 3º e 4º, CPC, depende de expressa referência na sentença".

A primeira hipótese de dispensa ocorre nos casos em que a condenação, ou o direito controvertido, for de *valor certo e líquido* inferior a 1.000 (mil) salários mínimos para a União e suas autarquias e fundações, a 500 (quinhentos) salários mínimos para os Estados, o Distrito Federal, os Municípios que constituam capitais dos Estados e suas respectivas autarquias e fundações e a 100 (cem) salários mínimos para todos os demais Municípios e suas autarquias e fundações.

O montante não excedente a tais limites deve ser considerado no momento em que a sentença for proferida.[46] Ainda que o valor atribuído à causa, quando de sua propositura, seja superior aos seus respectivos limites, o que deve ser levado em conta é o quanto representa a condenação no momento do julgamento. E se o valor envolvido ou a condenação corresponder, exatamente, a 1.000 (mil) salários mínimos (no caso da União e suas autarquias e fundações), a 500 (quinhentos) salários mínimos (no caso do Estado, do Distrito Federal, dos Municípios-capitais e de suas respectivas autarquias e fundações) e a 100 (cem) salários mínimos (no caso dos demais Municípios e de suas autarquias e fundações)? Nesses casos, haverá ou não o reexame?

Nos termos do § 3º do art. 496, não se aplica a remessa necessária se a condenação ou o proveito econômico for de valor certo e líquido *inferior a* cada um daqueles limites. Significa que somente haverá remessa se o valor for *superior* aos limites legais. Logo, ostentando a condenação ou o proveito econômico a cifra exata a um daqueles limites, *deve haver* a remessa necessária, pois já se terá ultrapassado a faixa prevista em lei para a sua dispensa. A interpretação, no caso, há de ser literal, pois se trata de norma restritiva, devendo sua exegese ser estrita, sem qualquer larqueza.

Estão, de igual modo, excluídas da remessa necessária as sentenças de procedência proferidas nos embargos à execução fiscal, cujo valor, à época da sentença, atualizado monetariamente

---

[46] Nesse sentido, o enunciado 35 do Fórum Nacional do Poder Público: "Para fins de remessa necessária, deve ser utilizado como referência o valor do salário mínimo vigente na data da publicação da sentença".

e acrescido de juros e demais encargos, seja inferior aos limites previstos no § 3º do art. 496 do CPC. Caso haja a reunião de várias execuções por conexão, há de se considerar o valor de cada dívida individualmente.

A remessa necessária somente pode ser dispensada se a sentença for certa e líquida. Aliás, o § 3º do art. 496 do CPC vale-se expressamente da expressão "valor certo e líquido". Sendo ilíquida a sentença, não é possível dispensar a remessa necessária (Súmula 490 do STJ). O enunciado 490 da Súmula do STJ refere-se ao valor de sessenta salários mínimos, que era o previsto no CPC/1973. O entendimento mantém-se; alteraram-se apenas os limites legais.

O entendimento do STJ, consolidado no enunciado 490 de sua Súmula de jurisprudência, foi mantido, ratificado e confirmado pelo julgamento do *Recurso Especial 1.101.727/PR* por sua Corte Especial.[47] Em tal julgamento, foi fixada a tese do Tema/Repetitivo 17, nos seguintes termos: "A dispensa de reexame necessário, quando o valor da condenação ou do direito controvertido for inferior a sessenta salários mínimos, não se aplica a sentenças ilíquidas". A propósito, convém lembrar que o julgamento do recurso especial repetitivo produz um precedente obrigatório (CPC, art. 927, III).

9.8.2 Súmulas (judiciais e administrativas). Precedentes obrigatórios. Entendimentos vinculantes

A remessa necessária também há de ser dispensada quando a sentença estiver fundada em súmula de tribunal superior ou em entendimento firmado em casos repetitivos. Nos termos do art. 928 do CPC, consideram-se casos repetitivos a decisão proferida em (a) incidente de resolução de demandas repetitivas e em (b) recursos especial e extraordinário repetitivos.

Logo, os incisos II e III do § 4º do art. 496 do CPC poderiam ser resumidos num único inciso, a dizer que se dispensa a remessa necessária quando a sentença estiver fundada em entendimento firmado em casos repetitivos. Há, no CPC, um microssistema de formação de precedentes obrigatórios em julgamento de casos repetitivos. Ainda se dispensa a remessa necessária quando a sentença estiver fundada em entendimento firmado em assunção de competência.

Para além dessas hipóteses, se, no âmbito interno da Administração Pública, houver recomendação de não se interpor recurso, tal recomendação vincula os advogados públicos, não devendo haver remessa necessária, que deverá ser dispensada pelo juiz.

Em razão do princípio da lealdade e boa-fé processual, cabe ao advogado público informar ao juiz para que haja expressa dispensa da remessa necessária, evitando o encaminhamento desnecessário dos autos ao respectivo tribunal. Não só ao advogado público no processo judicial, mas à Administração Pública em geral cabe divulgar, informar, comunicar, dar ampla publicidade à existência de parecer, súmula, manifestação ou orientação interna para que todos possam saber de sua existência e ter acesso a seu conteúdo.[48] Segundo a

---

[47] "RECURSO ESPECIAL. DIREITO PROCESSUAL CIVIL. REEXAME NECESSÁRIO. SENTENÇA ILÍQUIDA. CABIMENTO. 1. É obrigatório o reexame da sentença ilíquida proferida contra a União, os Estados, o Distrito Federal, os Municípios e as respectivas autarquias e fundações de direito público (Código de Processo Civil, artigo 475, parágrafo 2º). 2. Recurso especial provido. Acórdão sujeito ao procedimento do artigo 543-C do Código de Processo Civil" (STJ, Corte Especial, REsp 1.101.727/PR, Rel. Min. Hamilton Carvalhido, *DJe* 3.12.2009).

[48] A propósito, confira-se o enunciado 433 do Fórum Permanente de Processualistas Civis: "Cabe à Administração Pública dar publicidade às suas orientações vinculantes, preferencialmente pela rede mundial de computadores".

previsão legal, a remessa necessária deve ser dispensada quando a sentença estiver fundada em entendimento coincidente com orientação vinculante firmada no âmbito administrativo do próprio ente público, consolidada em manifestação, parecer ou súmula administrativa. É preciso que haja manifestação expressa, ou parecer, ou súmula administrativa para que seja dispensada a remessa necessária.

Nos termos do art. 19 da Lei 10.522/2002, com a redação que lhe foi dada pela Lei 13.874/2019, "Fica a Procuradoria-Geral da Fazenda Nacional dispensada de contestar, de oferecer contrarrazões e de interpor recursos, e fica autorizada a desistir de recursos já interpostos, desde que inexista outro fundamento relevante", nas hipóteses ali mencionadas. Tal disposição aplica-se à Procuradoria-Geral da União, à Procuradoria-Geral Federal e à Procuradoria-Geral do Banco Central do Brasil, de acordo com o art. 19-D daquela mesma lei, sem prejuízo do disposto na Lei 9.469/1997.

Em vários casos, não devem os advogados públicos federais interpor recursos. Em todos esses casos, também não deve haver remessa necessária. Assim, se houver parecer, vigente e aprovado, pelo Procurador-Geral da Fazenda Nacional, pelo Advogado-Geral da União ou por um dos Procuradores-Gerais de uma das Procuradorias acima mencionadas que conclua no mesmo sentido do pleito do particular, ou se o tema objeto da decisão judicial estiver fundado em dispositivo que tenha tido sua inconstitucionalidade proclamada pelo STF em sede de controle difuso ou tenha sua vigência suspensa por resolução do Senado Federal, ou sobre ele exista enunciado de súmula vinculante ou tenha sido definido pelo STF em controle concentrado de constitucionalidade de modo contrário ao Poder Público, não deve ser interposto recurso nem, de igual modo, deve haver remessa necessária.

Essas hipóteses de dispensa de recurso (e, de resto, da remessa necessária) podem ser estendidas a tema não abrangido pelo julgado paradigma ou pelo precedente obrigatório, quando a ele forem aplicáveis os fundamentos determinantes dali extraídos, desde que inexista outro fundamento relevante que justifique a impugnação em juízo (§ 9º do art. 19 da Lei 10.522/2002, incluído pela Lei 13.874/2019).

O reconhecimento da procedência do pedido e a manifestação de desinteresse de recorrer também devem ser considerados como fatores para dispensa da remessa necessária. Nesse sentido, o enunciado 180 da III Jornada de Processo Civil do Conselho da Justiça Federal: "A manifestação expressa da Fazenda Pública reconhecendo a procedência do pedido ou o desinteresse de recorrer da decisão judicial afasta a exigência da remessa necessária (art. 496, § 4º, IV, do CPC)".

Também se dispensa a interposição de recurso (e, consequentemente, a remessa necessária) quando o tema decidido pelo STF em matéria constitucional ou pelo STJ, pelo TST, pelo TSE ou pela TNU, nos temas de suas competências, for definido em sede de repercussão geral ou de recurso repetitivo, ou, então, não houver viabilidade de reversão da tese firmada em sentido desfavorável à Fazenda Nacional, conforme critérios definidos em ato do Procurador-Geral da Fazenda Nacional, ou for desfavorável a qualquer outro ente da Administração Pública Federal, conforme critérios definidos em ato do Advogado-Geral da União ou do Procurador-Geral do Banco Central do Brasil.

De acordo com o art. 18-A da Lei 10.522/2002, na redação que lhe foi dada pela Lei 13.874/2019, "Comitê formado de integrantes do Conselho Administrativo de Recursos Fiscais, da Secretaria Especial da Receita Federal do Brasil do Ministério da Economia e da Procuradoria-Geral da Fazenda Nacional editará enunciados de súmula da administração tributária federal, conforme o disposto em ato do Ministro de Estado da Economia, que deverão ser observados nos atos administrativos, normativos e decisórios praticados pelos referidos órgãos".

Tais enunciados, segundo dispõe o inciso VII do art. 19 da Lei 10.522/2002, com a redação que lhe foi dada pela Lei 13.874/2019, autorizam a dispensa de recurso contra decisão judicial (e, consequentemente, a dispensa da remessa necessária).

Como visto, cabe ao advogado público, em razão do princípio da boa-fé processual e da cooperação, informar ao juiz para que haja expressa dispensa da remessa necessária, evitando-se o encaminhamento desnecessário dos autos ao respectivo tribunal. Até porque o § 10 do art. 19 da Lei 10.522/2002, com a redação que lhe foi dada pela Lei 13.874/2019, determina que as hipóteses ali previstas de dispensa de recurso estendem-se "aos demais meios de impugnação às decisões judiciais".

Se não deve haver recurso, não deve, de igual modo, haver remessa necessária. Em outras palavras, sendo dispensável o recurso, é igualmente dispensável a remessa – quer seja considerada recurso ou não.

Nos termos do art. 12 da Medida Provisória 2.180-35/2001, "Não estão sujeitas ao duplo grau de jurisdição obrigatório as sentenças proferidas contra a União, suas autarquias e fundações públicas, quando a respeito da controvérsia o Advogado-Geral da União ou outro órgão administrativo competente houver editado súmula ou instrução normativa determinando a não interposição de recurso voluntário". Tal dispositivo foi revogado tacitamente pelo inciso IV do § 4º do art. 496 do CPC. Isso porque esse dispositivo regula inteiramente a matéria de que tratava aquele, havendo revogação tácita, nos termos do § 1º do art. 2º da Lei de Introdução às Normas do Direito Brasileiro.

9.8.3 Hipóteses de dispensa da remessa necessária no mandado de segurança

Segundo entende o STJ, as hipóteses de dispensa da remessa necessária não se aplicam ao mandado de segurança, ao argumento de que há de prevalecer a norma especial em detrimento da geral.

Como a lei do mandado de segurança não prevê qualquer hipótese de dispensa, deve haver sempre remessa necessária da sentença que concede a ordem, não se aplicando o CPC.[49]

Muito embora prevaleça no STJ o entendimento contrário, é mais adequado entender que as hipóteses de dispensa da remessa necessária também se aplicam ao mandado de segurança, com a ressalva das situações previstas no § 3º do art. 496 do CPC para os casos em que não há sentença líquida ou não se tem como aferir o valor do direito discutido. Se, numa demanda submetida ao procedimento comum, não há remessa necessária naquelas hipóteses, por que haveria num mandado de segurança?

Ora, sabe-se que a única diferença entre uma demanda de rito comum e o mandado de segurança está na restrição probatória desse último, que se revela cabível apenas quando os fatos estiverem provados por documentos, de forma pré-constituída. Para que se mantenha unidade no sistema, é preciso, então, que se entenda que aquelas hipóteses de dispensa do reexame necessário alcançam também a sentença proferida no mandado de segurança.

Não atende ao princípio da razoabilidade deixar de estender as hipóteses de dispensa do reexame necessário ao mandado de segurança. Demais disso, a previsão constitucional do mandado de segurança, ao fixar como requisito de sua admissibilidade o direito líquido e certo, pressupõe e exige um procedimento célere e expedito para o controle dos atos públicos. Daí por

---

[49] STJ, 2ª Turma, REsp 1.274.066/PR, Rel. Min. Mauro Campbell Marques, *DJe* 9.12.2011; STJ, 2ª Turma, AgRg no REsp 1.373.905/RJ, Rel. Min. Herman Benjamin, *DJe* 12.6.2013.

que se afina com a envergadura constitucional do mandado de segurança entender que os §§ 3º e 4º do art. 496 do CPC a ele se aplicam, de sorte que, naqueles casos, não há remessa necessária.[50]

9.8.4 Dispensa da remessa por negócio processual?

É possível haver negócios processuais *atípicos*. Em razão da cláusula geral prevista no art. 190 do CPC, as partes podem negociar regras processuais, convencionando sobre ônus, poderes, faculdades e deveres processuais, além de poderem, juntamente com o juiz, fixar o calendário processual. O tema está examinado no Capítulo XVI deste livro.

Os negócios jurídicos processuais devem situar-se no espaço de disponibilidade outorgado pelo legislador, não podendo autorregular situações alcançadas por normas cogentes.

Logo, não parece possível negócio processual que imponha remessa necessária. Esta depende de previsão em lei, pois se trata de matéria sujeita à reserva legal, estando afastada do âmbito de disponibilidade das partes.

De igual modo, não parece possível negócio processual que dispense reexame necessário, nas hipóteses em que não há dispensa legal.[51]

Significa que as hipóteses de dispensa da remessa necessária são apenas aquelas previstas em lei, não podendo as partes, por negócio processual, criar outras hipóteses de remessa, muito menos afastá-la naquelas em que a lei expressamente a impõe.

9.9 A NECESSIDADE DE DETERMINAÇÃO DA REMESSA NECESSÁRIA PELO JUIZ; MEIOS DE IMPUGNAÇÃO CONTRA A DISPENSA DA DETERMINAÇÃO

Para que haja efetivamente a remessa necessária, deve o juiz determiná-la, de maneira expressa, na própria sentença. Não havendo tal determinação, ou seja, omitindo-se o juiz em determinar a remessa obrigatória, jamais irá operar-se o trânsito em julgado da sentença.

Nesse caso, o juiz, de ofício ou a requerimento de qualquer uma das partes, poderá corrigir a omissão, determinando, a qualquer momento, a remessa dos autos ao tribunal para o reexame da sentença. Alternativamente, o presidente do tribunal, igualmente de ofício ou a requerimento de qualquer das partes, poderá avocar os autos, determinando a distribuição a um relator para que seja processado e julgado o reexame necessário.

No caso de haver a incidência de uma das hipóteses dos §§ 3º e 4º do art. 496 do CPC, não basta que o juiz simplesmente omita na sentença a determinação de reexame necessário. Isso porque a simples omissão fará com que não transite em julgado a sentença, podendo, a qualquer momento, ser determinada a remessa necessária ou avocados os autos pelo presidente do tribunal.[52]

---

[50] Nesse sentido, o enunciado 174 da III Jornada de Processo Civil do Conselho da Justiça Federal: "As exceções à obrigatoriedade de remessa necessária previstas no art. 496, §§ 3º e 4º, do CPC, aplicam-se ao procedimento de mandado de segurança".

[51] Com bons argumentos, Janaína Soares Noleto Castelo Branco defende a possibilidade de a remessa necessária ser dispensada por negócio jurídico processual. Ela entende não ser possível criar novos casos de remessa necessária por negócio processual, mas é possível, segundo defende, dispensá-la consensualmente (CASTELO BRANCO, Janaína Soares Noleto. *Advocacia Pública e solução consensual dos conflitos*. Salvador: JusPodivm, 2018, n. 5.2.1.7, p. 178-182).

[52] "Não transita em julgado a sentença por haver omitido o recurso *ex officio*, que se considera interposto *ex lege*" (Súmula 423 do STF).

Realmente, para que se faça valer o comando encartado nos §§ 3º e 4º do art. 496 do CPC, deve o juiz, fundamentadamente, dispensar a remessa necessária, esclarecendo o motivo pelo qual não a determinou. Aliás, a necessidade de fundamentar é exigência constitucional, reforçada pelo disposto no § 1º do art. 489 do CPC. Caso não haja a dispensa fundamentada, haverá simples omissão, impedindo o trânsito em julgado da sentença, cujo reexame necessário se considera determinado *ex lege,* consoante se extrai dos termos do enunciado 423 da Súmula do STF.

Aplicando o § 3º ou o § 4º do art. 496 do CPC, o juiz poderá, então, dispensar a remessa necessária, em decisão fundamentada inserida na própria sentença. Caberá à Fazenda Pública, nesse caso, interpor apelação, requerendo nas próprias razões recursais, caso não concorde com a dispensa, que o tribunal proceda ao reexame necessário, demonstrando a inaplicabilidade do § 3º ou do § 4º do art. 496 do CPC, conforme o caso.

Não interposta a apelação, haverá preclusão quanto à dispensa fundamentada da remessa necessária, passando a sentença a revestir foros de definitividade e perenidade, dado o trânsito em julgado. Dispensada a remessa necessária e não havendo recurso contra tal dispensa, exsurgirá a coisa julgada material, somente podendo o mérito ser reapreciado em sede de ação rescisória, caso se configure uma das hipóteses arroladas no art. 966 do CPC.

Já se viu que, omitindo-se o juiz quanto à determinação da remessa necessária, a sentença *não* irá transitar em julgado, podendo, a qualquer momento, ser determinada a remessa dos autos ao tribunal, cujo presidente poderá, alternativamente, avocá-los, independentemente de requerimento da parte.

Caso o juiz se omita na determinação da remessa necessária e seja provocado para fazê-lo, vindo, porém, a recusar indevidamente, o que poderá a parte fazer, se já não houver mais prazo para apelação? Nesse caso ora imaginado, o requerimento foi feito depois de não haver mais prazo para a apelação. É possível, como visto, requerer ao presidente do tribunal a avocação dos autos. A existência de recusa expressa do juiz não impede que o presidente do tribunal avoque os autos. A avocação, prevista no § 1º do art. 496 do CPC, deve ocorrer quando simplesmente não houver determinação de remessa pelo juiz, que pode ocorrer de duas formas: quando ele meramente se omite ou quando expressamente diz que não é caso de remessa.

Em qualquer das hipóteses, cabe requerer ao presidente do tribunal a avocação dos autos, nos termos do § 1º do art. 496 do CPC. Da decisão do juiz que rejeita expressamente a remessa não cabe agravo de instrumento. O que cabe – não custa repetir – é um pedido ao presidente do tribunal para que avoque os autos. Se ele indeferir, caberá agravo interno para o plenário ou para o órgão especial, a depender da previsão regimental. Se o plenário ou o órgão especial confirmar o indeferimento da avocação, é possível a interposição de recurso especial para o STJ.

9.10 APLICAÇÃO DO § 3º DO ART. 1.013 DO CPC AO JULGAMENTO DA REMESSA NECESSÁRIA

À remessa necessária aplica-se o § 3º do art. 1.013, de modo que é possível haver julgamento direto do mérito pelo tribunal.

Para melhor compreensão dessa afirmação, é preciso observar dois aspectos.

Em primeiro lugar, cumpre relembrar que várias regras relativas à apelação são aplicadas à remessa necessária por extensão. Em segundo lugar, impõe-se esclarecer quais das hipóteses do § 3º do art. 1.013 do CPC são pertinentes com a remessa necessária.

O inciso I do § 3º do art. 1.013 cuida das decisões que não são de mérito. Já se viu que esse tipo de sentença *contra* o Poder Público não se sujeita ao reexame necessário. Mas não se pode ignorar que a sentença terminativa em ação popular (art. 19 da Lei 4.717/1965) e em ação civil pública submete-se à remessa necessária. Nesses casos, não há qualquer obstáculo à aplicação analógica do § 3º do art. 1.013 do CPC, permitindo que o tribunal, reformando a sentença no julgamento da remessa necessária, avance e julgue o mérito da causa, se houver condições para isso.

Os demais incisos do § 3º do art. 1.013 são perfeitamente cabíveis na remessa necessária: a) decisão incongruente (inciso II); b) decisão omissa (inciso III); c) decisão nula por falta de fundamentação (inciso IV). Em todos esses casos, pode o tribunal, invalidando a sentença, estando a causa em condições de imediato julgamento, decidir desde logo o mérito da causa.

9.11 RECURSO ESPECIAL EM REMESSA NECESSÁRIA

O Superior Tribunal de Justiça vinha entendendo ser incabível o recurso especial contra acórdão proferido em remessa necessária. Não havendo apelação do ente público, mas tendo o caso sido rejulgado pelo tribunal em razão do reexame necessário, não seria cabível o recurso especial, pois haveria, nessa hipótese, preclusão lógica.[53]

Ao enfrentar o REsp 904.885/SP, a 2ª Turma do STJ, verificando haver precedentes em sentido divergente da 1ª Turma, resolveu afetar o julgamento à 1ª Seção, vindo a ser firmado o entendimento de que não cabe o recurso especial em reexame necessário, quando não interposta apelação pela Fazenda Pública, dada a existência de preclusão lógica.

O STJ entendeu não caber o recurso especial em reexame necessário, por haver preclusão lógica: seria incompatível o recurso especial com a ausência do recurso de apelação. Instada a manifestar-se sobre tal orientação, a Corte Especial do STJ chegou a conclusão diversa, entendendo ser cabível o recurso especial em reexame necessário.[54]

Este é, então, o atual entendimento do STJ: cabe o recurso especial em remessa necessária. Não há qualquer tipo de preclusão na ausência de apelação, não existindo óbice à interposição de recurso especial contra o acórdão que julga o reexame necessário. É possível, ainda, que o erro de procedimento ou de julgamento surja no acórdão que apreciou o reexame necessário, não havendo, portanto, óbice à interposição do recurso especial.

A falta de interposição do recurso é um *ato-fato*,[55] ou seja, *independe da vontade*. Não se avalia a vontade. A parte pode deixar de recorrer por diversos motivos, não importando qual foi a vontade. Não há nenhum ato incompatível com a possibilidade futura de interpor recurso especial. Nem se pode saber qual foi a vontade da Fazenda Pública.

Se, havendo remessa necessária, mas não existindo apelação, não couber o recurso especial, então o *revel* também não pode recorrer. A situação é a mesma. Quando o réu não apresenta contestação, não importa qual foi sua vontade. A ele se permite, a qualquer momento, participar da causa, podendo, até mesmo, interpor recursos, sem que haja qualquer contradição ou preclusão lógica.

A revelia também se caracteriza por ser um *ato-fato*, de sorte que é irrelevante a vontade da parte; não se investiga sua vontade. Não há, portanto, preclusão lógica no ato de o revel

---

[53] STJ, 5ª Turma, REsp 478.908/PE, Rel. Min. José Arnaldo da Fonseca, *DJ* 25.8.2003, p. 360.
[54] STJ, Corte Especial, REsp 905.771/CE, Rel. Min. Teori Albino Zavascki, *DJe* 19.8.2010.
[55] Sobre o ato-fato e o ato-fato processual, vejam-se os itens 16.5.1 e 16.5.3 do presente livro.

recorrer, pois não há vontade manifestada que possa contrariar ou ser logicamente impeditiva de um recurso posterior. Não há condutas contraditórias. Não há vontade manifestada; a vontade, aliás, é irrelevante quando não se recorre, não sendo possível se referir à preclusão lógica, justamente porque não há vontades ou condutas contraditórias.

Não há nenhuma conduta contraditória ou desleal da Fazenda Pública em não recorrer. Como existe o reexame necessário, é legítimo que deixe de haver recurso, pois o caso já será revisto pelo tribunal. Ao deixar de recorrer, a Fazenda está valendo-se de uma regra (antiga, diga-se de passagem) que lhe garante o reexame da sentença pelo tribunal. Não houve ato em sentido contrário, nem há qualquer contradição.

Também não há um abuso de direito por parte da Fazenda. Há exercício legítimo de um direito garantido em lei. É a própria lei que impõe a revisão obrigatória pelo tribunal. Não há ilicitude, pois o reexame necessário é determinado por lei, contendo expressa previsão no art. 496 do CPC.

O STJ entendia, antes de alterada sua jurisprudência, que não cabia recurso especial em reexame necessário, pois seria contraditório com a ausência de vontade da Fazenda Pública de recorrer. Bastaria, para que se obviasse a restrição imposta pelo STJ, que a Fazenda Pública interpusesse apelação intempestiva. Ainda que intempestiva a apelação, estaria manifestada a vontade de recorrer, afastando-se o óbice concebido pelo STJ. Isso confirma que *não* se investiga a vontade ou que a vontade é *irrelevante* quando não se interpõe recurso. Não recorrer ou recorrer intempestivamente caracteriza a mesma situação. Se fosse relevante a vontade, tais situações não seriam equivalentes, pois o recurso intempestivo revela que houve uma vontade de recorrer. Uma vontade manifestada a destempo, é verdade. Mas houve, inegavelmente, uma vontade, o que tornaria injustificável, para os fins vislumbrados pelo STJ, equiparar a ausência de recurso a um recurso intempestivo. Na verdade, as situações equivalem-se, exatamente porque é irrelevante a vontade. E, sendo irrelevante a vontade, não há qualquer conduta contraditória na interposição de um recurso especial contra acórdão que julga reexame necessário de uma sentença que não foi atacada por apelação.

Havendo a remessa necessária, o tribunal julga a causa em última instância, cabendo, pelo art. 105, III, da CF/1988, o recurso especial. Realizado o reexame necessário, haverá julgamento final, não se caracterizando qualquer preclusão lógica. A causa foi julgada e, se violado dispositivo de lei federal ou se houver divergência jurisprudencial, cabe o recurso especial.

A remessa necessária existe exatamente para que haja o rejulgamento, independentemente da manifestação de vontade.

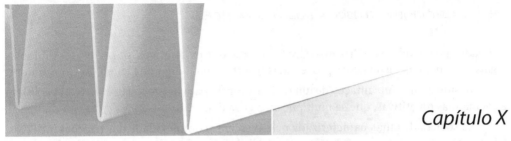

Capítulo X
JULGAMENTO DE CASOS REPETITIVOS E A FAZENDA PÚBLICA[1]

10.1 A LITIGIOSIDADE EM MASSA E AS QUESTÕES DE DIREITO REPETITIVAS

O estudo do direito processual desenvolveu-se, tradicionalmente, a partir da análise de litígios individuais. De igual modo, a legislação processual disciplina, tradicionalmente, o processo individual: as normas que disciplinam o processo civil foram estruturadas de modo a considerar *única* cada demanda, veiculando um litígio específico entre duas pessoas.

Embora as ações coletivas não sejam uma novidade, havendo registro de ação popular no Direito Romano e no período medieval, o desenvolvimento do sistema de produção e distribuição em série de bens acentuou a necessidade mais recente de disciplinar o processo para as demandas coletivas.

A partir da experiência norte-americana com as *class actions*, desenvolveram-se estudos que revelaram a necessidade de tutelar direitos difusos, coletivos e individuais homogêneos. Paralelamente, a produção e distribuição em série de bens, a prestação de serviços em massa, a identificação de situações jurídicas homogêneas, tudo isso conduziu à existência de uma litigância em massa, a merecer a concepção de um processo coletivo.

Em razão disso, foi editada a Lei 4.717/1965, que regula a ação popular, sendo também editada a Lei 7.347/1985, que disciplina a *ação civil pública*. Ao lado da ação popular e da *ação civil pública*, destaca-se o *mandado de segurança coletivo*.

As ações coletivas submetem-se, portanto, a um subsistema próprio, compreendido pelo conjunto das mencionadas leis, a que se agregam as regras processuais decorrentes do Código de Defesa do Consumidor.

Significa que existem *dois* modelos ou regimes de processo: aquele que disciplina as causas *individuais* e o que regula as causas *coletivas*. Os processos individuais são basicamente

---

[1] Vários itens do presente capítulo foram extraídos, com atualização e adaptação, dos seguintes textos: CUNHA, Leonardo Carneiro da. As causas repetitivas e a necessidade de um regime que lhes seja próprio. *Revista da Faculdade de Direito do Sul de Minas*, Pouso Alegre, v. 25, n. 2, jul.-dez. 2009; CUNHA, Leonardo Carneiro da. O regime processual das causas repetitivas. *Revista de Processo*, São Paulo: RT, v. 179, jan. 2010; CUNHA, Leonardo Carneiro da. Anotações sobre o incidente de resolução de demandas repetitivas previsto no projeto do novo Código de Processo Civil. *Revista de Processo*, São Paulo: RT, v. 193, mar. 2011; CUNHA, Leonardo Carneiro da. Recursos repetitivos. In: MENDES, Aluísio Gonçalves de Castro; WAMBIER, Teresa Arruda Alvim (org.). *O processo em perspectiva: jornadas brasileiras de direito processual*. São Paulo: RT, 2103. A sistematização e organização final foram extraídos, com algumas adaptações, de DIDIER JR., Fredie; CUNHA, Leonardo Carneiro da. *Curso de direito processual civil*. 13. ed. Salvador: JusPodivm, 2016. v. 3.

regulados pelo Código de Processo Civil, ao passo que os coletivos, nos referidos diplomas legais e, ainda, nas disposições processuais insertas no Código de Defesa do Consumidor.

Mesmo com a implantação de um regime próprio para os processos coletivos, persistem as demandas repetitivas, que se multiplicam a cada dia.

Na sociedade atual, caracterizada pela crescente complexidade das relações jurídicas, há um enorme agigantamento na quantidade de litígios, sendo praticamente ilusório tentar conter tal crescimento. Há alguns fatores que contribuem para o aumento constante de litígios em massa, tais como a ampliação dos meios de comunicação social, o aumento da consciência jurídica dos cidadãos, o desenvolvimento desenfreado de novas tecnologias e da oferta de novos produtos, aumentando as necessidades do consumo humano, a fúria legislativa, entre outros.

As demandas coletivas não têm conseguido resolver todos esses casos. Muitos dos problemas de massa são solucionados individualmente, em cada uma das inúmeras demandas propostas a respeito do mesmo tema. Com efeito, não é raro que determinada situação atinja, a um só tempo, uma quantidade exagerada de pessoas, que, diante disso, passam a ingressar em juízo na busca do reconhecimento de seu direito. Tais demandas de massa ou causas repetitivas são identificadas por veicularem esses casos judiciais, que resultam de atividades reiteradas, realizadas no setor público ou na iniciativa privada.

As ações coletivas não têm o alcance de abranger todas as situações repetitivas, por várias razões.[2]

a) Não há uma quantidade suficiente de associações, de sorte que a maioria das ações coletivas tem sido proposta pelo Ministério Público[3] ou pela Defensoria Pública, não conseguindo alcançar todas as situações massificadas que se apresentam a cada momento.

b) Há uma inadequada restrição de atuação das associações, como a exigência, por exemplo, de autorização expressa do indivíduo para se beneficiar da ação coletiva proposta pela associação.[4]

c) As ações coletivas não são admitidas em alguns casos. A Medida Provisória 2.180-35/2001 acrescentou um parágrafo único ao art. 1º da Lei 7.347/1985, estabelecendo a vedação de ação civil pública para veicular pretensões que envolvam tributos, contribuições previdenciárias, FGTS e outros fundos de natureza institucional cujos beneficiários podem ser individualmente determinados.

d) O regime da coisa julgada coletiva contribui para que as questões repetitivas não sejam definitivamente solucionadas nas ações coletivas.

---

[2] Há outras razões apontadas pela doutrina que estão bem resumidas por TEMER, Sofia. *Incidente de resolução de demandas repetitivas*: tentativa de sistematização. 3. ed. Salvador: JusPodivm, 2018. p. 35-38.

[3] Nas palavras de Marcelo Zenkner, "a pífia participação dos demais colegitimados no ajuizamento de ações civis públicas vem acarretando um preocupante assoberbamento do Ministério Público, instituição que, não obstante o notório comprometimento público de seus integrantes, encontra hoje sérias dificuldades para responder, a contento, aos legítimos reclamos da sociedade" (*Ministério Público e efetividade do processo civil*. São Paulo: RT, 2006. n. 3.1.1, p. 144).

[4] STF, Pleno, RE 573.232, Rel. Min. Ricardo Lewandowski, Rel. p/ acórdão Min. Marco Aurélio, *DJe* 19.9.2014.

A sentença coletiva faz coisa julgada, atingindo os legitimados coletivos, que não poderão propor a mesma demanda coletiva. Segundo dispõem os §§ 1º e 2º do art. 103 do CDC, porém, a extensão da coisa julgada ao plano individual apenas poderá beneficiar, jamais prejudicar, os direitos *individuais*. Eis a extensão *secundum eventum litis* da coisa julgada coletiva. O que é *secundum eventum litis* não é a *formação* da coisa julgada, mas sua *extensão* à esfera individual dos integrantes do grupo. É a extensão *erga omnes* ou *ultra partes* da coisa julgada que depende do resultado da causa, consistindo no que se chama de extensão *in utilibus* da coisa julgada.[5] Julgado procedente o pedido, ou improcedente após instrução suficiente, haverá coisa julgada para os legitimados coletivos, podendo, entretanto, ser propostas as demandas individuais em defesa dos respectivos direitos individuais. Em caso de improcedência por falta de prova, não haverá coisa julgada, podendo qualquer legitimado coletivo repropor a demanda coletiva, sendo igualmente permitido a qualquer sujeito propor sua demanda individual.[6] Quer dizer que as demandas individuais podem ser propostas em qualquer caso de improcedência.[7]

e) A restrição da eficácia subjetiva da coisa julgada em ação coletiva, estabelecida pelo art. 16 da Lei 7.347/1985[8] e, igualmente, pelo art. 2º-A da Lei 9.494/1997,[9] que lhe impõem uma limitação territorial, acarreta uma indevida fragmentação dos litígios, contrariando a essência do processo coletivo, que tem por finalidade concentrar toda a discussão numa única causa.[10] Como se percebe, as ações coletivas são insuficientes para resolver, com eficiência e de maneira definitiva, as questões de massa, contribuindo para a existência de inúmeras demandas repetitivas, a provocar um acúmulo injustificável de causas perante o Judiciário.[11]

f) Embora seja razoável entender que demanda coletiva interrompa a prescrição das pretensões individuais, há polêmica e insegurança quanto a isso, por não haver previsão específica na legislação do processo coletivo. Daí por que muitas ações individuais

---

[5] GIDI, Antonio. *Coisa julgada e litispendência em ações coletivas*. São Paulo: Saraiva, 1995, *passim*.

[6] GIDI, Antonio. *Rumo a um Código de Processo Civil coletivo*. Rio de Janeiro: Forense, 2008. p. 289-290.

[7] Nesse sentido: "Ao instituir a coisa julgada *erga omnes secundum eventum probationis* para os demais legitimados (art. 16 da LACP, art. 103, I e II, do CDC) ou mesmo *secundum eventum litis* para os indivíduos substituídos (art. 103, III e § 1º, do CDC), permitiu o legislador que convivessem com ações coletivas centenas de milhares de ações individuais tratando de questões comuns a todos os interessados, em grave prejuízo do funcionamento da máquina judiciária" (AMARAL, Guilherme Rizzo. Efetividade, segurança, massificação e a proposta de um "incidente de resolução de demandas repetitivas". *Revista de Processo*, São Paulo: RT, v. 196, jun. 2011, p. 254).

[8] "Art. 16. A sentença civil fará coisa julgada *erga omnes*, nos limites da competência territorial do órgão prolator, exceto se o pedido for julgado improcedente por insuficiência de provas, hipótese em que qualquer legitimado poderá intentar outra ação com idêntico fundamento, valendo-se de nova prova."

[9] "Art. 2º-A. A sentença civil prolatada em ação de caráter coletivo proposta por entidade associativa, na defesa dos interesses e direitos dos seus associados, abrangerá apenas os substituídos que tenham, na data da propositura da ação, domicílio no âmbito da competência territorial do órgão prolator."

[10] A respeito do assunto, com críticas aos dispositivos, aos quais se atribui a pecha de inconstitucionalidade, conferir o exame do posicionamento do Superior Tribunal de Justiça a respeito do assunto, DIDIER JR., Fredie; ZANETI JR., Hermes. *Curso de direito processual civil: processo coletivo*. 9. ed. Salvador: JusPodivm, 2014. v. 4, p. 130-137.

[11] Para Heitor Sica, a ação coletiva destinada à defesa dos direitos individuais homogêneos não confere ao jurisdicionado tutela coletiva "completa, adequada e eficiente", por serem necessárias a liquidação e a execução individuais da sentença coletiva genérica, tornando-se "inviável pensar-se em estímulo para que o jurisdicionado opte por não manejar o processo individual" (SICA, Heitor. Congestionamento viário e congestionamento judiciário. *Revista de Processo*, São Paulo: RT, v. 236, out. 2014, p. 13-26).

repetitivas são propostas, mesmo na pendência da ação coletiva, ante o receio dos interessados de terem suas pretensões individuais atingidas pela prescrição.

g) O regime jurídico da ação coletiva serve aos direitos individuais homogêneos, mas não serve para a tutela jurídica de direitos coletivos homogêneos nem de questões processuais repetitivas.

Nesse último caso, pode haver repetição de uma mesma questão processual em processos cujo objeto litigioso seja bastante diferente. Basta pensar na discussão sobre determinado requisito de admissibilidade da apelação (fundamentação analítica da apelação, por exemplo), que é aplicável indistintamente a todos os processos, mesmo com objetos litigiosos bem diferentes.

Assim, o fenômeno da repetição de submissão de uma mesma questão de direito ao Poder Judiciário ocorre:

1) com a discussão, em diversos processos, de situações jurídicas individuais homogêneas (aquelas tuteladas por meio da ação civil pública relativa a direitos individuais homogêneos);

2) com a discussão, em diversos processos, de situações jurídicas coletivas homogêneas (direitos coletivos homogêneos: um mesmo fato gera direitos a diversos grupos distintos);[12]

3) com a discussão, em diversos processos, de questões processuais repetitivas, independentemente de os respectivos objetos litigiosos serem semelhantes.[13]

Por causa disso tudo, sentiu-se a necessidade de criação de uma técnica processual para a solução, com força de precedente obrigatório, de uma questão que se repete no foro ("questão repetitiva"), seja ela de direito material (individual ou coletivo), seja ela de direito processual. Essa técnica, que se chama "julgamento de casos repetitivos", serve à solução de uma questão repetitiva, em qualquer das três situações acima listadas (CPC, art. 928, parágrafo único).

Rigorosamente, portanto, não há necessidade de os "casos" serem repetitivos. O que importa é que as *questões* sejam repetitivas. Isso porque pode haver repetição de uma mesma questão processual em casos absolutamente heterogêneos.[14]

Mas o CPC adotou o termo "casos repetitivos" (art. 928) e "demandas repetitivas" (arts. 976 e ss.), razão pela qual, feita a crítica, este capítulo – e, de resto, todo o livro – utiliza a terminologia da lei, para evitar confusões.

Essa técnica é estruturalmente diferente da ação coletiva, como se vê, pois seu objetivo é produzir um precedente obrigatório, e não a coisa julgada sobre a questão repetitiva. Só que ambas servem, afinal, para a tutela coletiva – tutela de direitos de grupo. O julgamento de casos repetitivos é incidente processual que tem natureza de processo coletivo – tutela-se o grupo daqueles interessados na solução de uma questão de direito repetitiva, mas o julgamento de casos repetitivos não se confunde com a ação coletiva. Há, então, duas espécies de processo

---

[12] BASTOS, Antônio Adonias Aguiar. Situações jurídicas homogêneas: um conceito necessário para o processamento das demandas de massa. *Revista de Processo,* São Paulo: RT, v. 186, ago. 2010, *passim.*

[13] Percebeu o ponto TEMER, Sofia. I*ncidente de resolução de demandas repetitivas*. 3. ed. Salvador: JusPodivm, 2018. p. 60-64.

[14] TEMER, Sofia. *Incidente de resolução de demandas repetitivas*. 3. ed. Salvador: JusPodivm, 2018. p. 60.

coletivo no Direito brasileiro: o processo coletivo das ações coletivas e o processo coletivo do julgamento de casos repetitivos.[15]

10.2 OS LITIGANTES HABITUAIS E OS LITIGANTES EVENTUAIS. A FAZENDA PÚBLICA COMO UM LITIGANTE HABITUAL

O fenômeno da litigância de massa é verificado com bastante frequência em demandas propostas contra a Fazenda Pública. A Fazenda Pública é, portanto, um *litigante habitual*.

Considerando as diferenças existentes na dimensão e nos recursos financeiros e, ainda, no direito aplicável, há os que se socorrem, repetidas vezes, da Justiça, envolvendo-se, ao longo do tempo, em litígios similares, enquanto há os que recorrem aos órgãos jurisdicionais, ocasional ou esporadicamente. Aqueles são os chamados *litigantes habituais* ou *litigantes frequentes*, ao passo que esses últimos são os *litigantes eventuais* ou *litigantes esporádicos*.[16]

A Fazenda Pública é, frequentemente, um *litigante habitual*, estando presente em causas repetitivas. A aplicação de regras que tratem da gestão e do julgamento de casos repetitivos repercute diretamente na atuação da Fazenda Pública em juízo.

Daí a importância e a pertinência desse tema em relação à Fazenda Pública, sendo relevante e conveniente estudá-lo.

10.3 OUTROS MECANISMOS PARA A SOLUÇÃO DE CASOS REPETITIVOS

Os casos repetitivos podem ser processados e julgados por meio de técnicas processuais que confiram racionalidade à solução a ser conferida aos inúmeros processos, com observância à isonomia e à segurança jurídica.

A edição de súmula vinculante, o recurso especial, o recurso extraordinário e o recurso de revista repetitivos, bem como o incidente de resolução de demandas repetitivas, constituem mecanismos adequados a conferir uma solução mais ágil, econômica, isonômica e segura às questões repetitivas.[17]

Além desses mecanismos, é possível utilizar, para as causas repetitivas, algumas regras com a finalidade de conferir um melhor rendimento ao tratamento a ser dado a essas situações de massa:

---

[15] DIDIER JR., Fredie; ZANETI JR., Hermes. Ações coletivas e o incidente de julgamento de casos repetitivos – espécies de processo coletivo no Direito brasileiro: aproximações e distinções. *Revista de Processo*, São Paulo: RT, n. 256, 2016.

[16] SANTOS, Boaventura de Sousa; MARQUES, Maria Manuel Leitão; PEDROSO, João; FERREIRA, Pedro Lopes. *Os tribunais nas sociedades contemporâneas: o caso português*. Porto: Edições Afrontamento, 1996. p. 71.

[17] Nesse sentido: "O processamento e o julgamento das demandas repetitivas ou de massa exige uma dogmática própria. Trata-se da necessidade de adaptação do processo civil às especificidades do litígio. Tais ações reclamam um tratamento processual próprio, um método de solução em bloco, de forma que escolhida uma ou mais ações como representativa do conflito homogeneizado (o *leading case*), uma vez proferida decisão nesta, a tese jurídica adotada deverá ter eficácia vinculativa e haverá de ser aplicada às demais ações repetitivas, de forma a preservar os princípios da isonomia, da certeza do direito, da segurança, da previsibilidade e estabilidade da ordem jurídica" (ZANFERDINI, Flávia; GOMES, Alexandre. Tratamento coletivo adequado das demandas individuais repetitivas pelo juízo de primeiro grau. *Revista de Processo*, São Paulo: RT, v. 234, 2014, p. 191).

a) *Suspensão de segurança para várias liminares em casos repetitivos (Lei 8.437/1992, art. 4º, § 8º; Lei 12.016/2009, art. 15, § 5º).* De acordo com o § 8º do art. 4º da Lei 8.437/1992, "as liminares cujo objeto seja idêntico poderão ser suspensas em uma única decisão, podendo o presidente do tribunal estender os efeitos da suspensão a liminares supervenientes, mediante simples aditamento do pedido original". Tal dispositivo aplica-se, igualmente, aos pedidos de suspensão de liminares ou sentenças proferidas no processo de mandado de segurança, mercê do disposto no § 5º do art. 15 da Lei 12.016/2009. A regra está relacionada com as demandas repetitivas, permitindo-se que, numa única decisão, o presidente do tribunal suspenda, a um só tempo, várias liminares que tenham objeto homogêneo ou semelhante, podendo-se, ainda, estender a suspensão já deferida a novas liminares que venham ser concedidas posteriormente.

b) *Pedido de uniformização da interpretação da lei federal no âmbito dos Juizados Especiais Cíveis Federais.* Às causas propostas nos Juizados Especiais Cíveis Federais acedem várias outras repetitivas. Quer isso dizer que são frequentes, no âmbito dos Juizados Federais, as demandas de massa. Para que se atenda ao regime processual das causas repetitivas, permite-se o ajuizamento de um pedido de uniformização de interpretação de lei federal. Proferido o julgamento pela Turma Recursal, é possível o ajuizamento de um pedido de uniformização de interpretação de lei federal, quando houver divergência com precedente de outra Turma Recursal, ou com súmula ou jurisprudência dominante do Superior Tribunal de Justiça (Lei 10.259/2001, art. 14). O pedido de uniformização somente é cabível quando se tratar de divergência de questão de direito material. Se a divergência disser respeito à aplicação de regra processual, revela-se inadmissível o pedido de uniformização. Havendo divergência entre Turmas Recursais da mesma Região, o pedido de uniformização deve ser julgado pela reunião conjunta das Turmas em conflito, sob a presidência do Juiz Coordenador. Se, por exemplo, a Turma Recursal de Pernambuco divergiu de precedente da Turma Recursal de Sergipe, ambas integrantes da 5ª Região, o pedido de uniformização deve ser julgado pela reunião das Turmas Recursais dessa mesma 5ª Região. Por sua vez, se a divergência ocorrer entre Turmas de diferentes regiões, o pedido de uniformização será julgado pela Turma Nacional de Uniformização – TNU, que é integrada por juízes de Turmas Recursais, sob a presidência do Coordenador da Justiça Federal. Só podem ser admitidos incidentes de uniformização interpostos perante a TNU, quando têm por fundamento divergência entre acórdãos que Turmas Recursais de diferentes Regiões, se forem juntadas cópias dos respectivos acórdãos. Se não for juntada cópia do acórdão apontado como paradigma, não será admitido o pedido de uniformização. Havendo divergência entre a decisão da Turma Recursal e súmula ou jurisprudência dominante do STJ, o pedido de uniformização será igualmente julgado pela Turma Nacional de Uniformização – TNU.

c) *Pedido de uniformização da interpretação da lei no âmbito dos Juizados Estaduais da Fazenda Pública.* Nos Juizados Especiais da Fazenda Pública, é comum haver causas repetitivas. A exemplo do que ocorre nos Juizados Especiais Federais, da decisão proferida pela Turma Recursal cabe pedido de uniformização de interpretação de lei, quando houver divergência com decisão de outra Turma Recursal sobre questões de Direito material (Lei 12.153/2009, art. 18). Se a divergência ocorrer entre Turmas Recursais do mesmo Estado, o pedido de uniformização deve ser julgado pela reunião conjunta das Turmas em conflito, sob a presidência de Desembargador indicado pelo Tribunal de Justiça. Nesse caso, a reunião de juízes domiciliados em Municípios diversos poderá ser feita por meio eletrônico. Por sua vez, se a divergência ocorrer entre Turmas de diferentes estados, o pedido de uniformização será julgado pelo Superior Tribunal de Justiça. Havendo divergência entre a decisão da Turma Recursal e súmula do STJ, o pedido de uniformização será igualmente julgado pelo STJ. Quando a orientação acolhida pela reunião conjunta das Turmas em conflito, realizada no respectivo Tribunal de Justiça, contrariar súmula do STJ, a parte interessada poderá provocar a manifestação deste, que deverá dirimir a divergência.

10.4 O JULGAMENTO DE CASOS REPETITIVOS NO CPC

No CPC, tal como estabelece seu art. 928, considera-se julgamento de casos repetitivos a decisão proferida em: (a) incidente de resolução de demandas repetitivas – IRDR; e (b) recursos especial e extraordinário repetitivos. O julgamento de casos repetitivos tem por objeto questão de direito material ou processual (CPC, art. 928, parágrafo único).[18] É possível que haja mais de um tema a ser solucionado. Não há, enfim, limitação.[19]

Também é exemplo de julgamento de casos repetitivos os "recursos de revista repetitivos", regulados pela CLT, com as alterações e os acréscimos promovidos pela Lei 13.015/2014. Essa disciplina é afeta ao processo do trabalho, por isso não será examinada aqui. Mas fica o registro: é como se houvesse um terceiro inciso no art. 928 do CPC, relativo aos recursos de revista repetitivos. Assim, o enunciado 346 do Fórum Permanente de Processualistas Civis: "A Lei nº 13.015, de 21 de julho de 2014, compõe o microssistema de solução de casos repetitivos".

Cabe, então, examinar o IRDR e os recursos especial e extraordinário repetitivos.

10.5 MICROSSISTEMA DE JULGAMENTO DE CASOS REPETITIVOS E SUA DUPLA FUNÇÃO

O objetivo do IRDR e dos recursos repetitivos é conferir tratamento prioritário, adequado e racional às questões repetitivas. Tais instrumentos destinam-se, em outras palavras, a *gerir e decidir os casos repetitivos*.

Além de gerir os casos repetitivos, o IRDR e os recursos repetitivos também se destinam a *formar precedentes obrigatórios*, que vinculam o próprio tribunal, seus órgãos e os juízes a ele subordinados.[20]

O IRDR e os recursos especial e extraordinário repetitivos compõem, por isso, dois microssistemas, cada um deles relacionado a uma de suas duas funções.

Eles integram o microssistema de gestão e julgamento de casos repetitivos (art. 928, CPC)[21] e pertencem ao microssistema de formação concentrada de precedentes obrigatórios.[22]

---

[18] Enunciado 327 do Fórum Permanente de Processualistas Civis: "Os precedentes vinculantes podem ter por objeto questão de direito material ou processual".

[19] Enunciado 88 do Fórum Permanente de Processualistas Civis: "Não existe limitação de matérias de direito passíveis de gerar a instauração do incidente de resolução de demandas repetitivas e, por isso, não é admissível qualquer interpretação que, por tal fundamento, restrinja seu cabimento".

[20] Nesse sentido: MANCUSO, Rodolfo de Camargo. *Incidente de resolução de demandas repetitivas*: a luta contra a dispersão jurisprudencial excessiva. São Paulo: RT, 2016. p. 86.

[21] Nesse sentido, ZANETI JR., Hermes. Comentários ao art. 928. In: CABRAL, Antonio do Passo; CRAMER, Ronaldo (coords.). *Comentários ao novo Código de Processo Civil*. Rio de Janeiro: Forense, 2015. n. 2, p. 1.334.

[22] ZANETI JR., Hermes. Comentários ao art. 928. In: CABRAL, Antonio do Passo; CRAMER, Ronaldo (coords.). *Comentários ao novo Código de Processo Civil*. Rio de Janeiro: Forense, 2015, n. 4, p. 1.336.

Quer isso dizer que o julgamento de casos repetitivos é gênero de incidentes que possuem natureza híbrida: servem para gerir e julgar casos repetitivos e, também, para formar precedentes obrigatórios. Por isso, esses incidentes pertencem a *dois* microssistemas: o de gestão e julgamento de casos repetitivos e o de formação concentrada de precedentes obrigatórios. Esses microssistemas são compostos pelas normas do CPC e, igualmente, pelas normas da Consolidação das Leis do Trabalho – CLT que foram inseridas pela Lei 13.015/2014, a respeito de julgamento de casos repetitivos.

Essa dupla função é facilmente visualizada no art. 985 do CPC, que cuida do IRDR: "Art. 985. Julgado o incidente, a tese jurídica será aplicada: I – a todos os processos individuais ou coletivos que versem sobre idêntica questão de direito e que tramitem na área de jurisdição do respectivo tribunal, inclusive àqueles que tramitem nos juizados especiais do respectivo Estado ou região; II – aos casos futuros que versem idêntica questão de direito e que venham a tramitar no território de competência do tribunal, salvo revisão na forma do art. 986".

O art. 1.039 do CPC, que cuida do julgamento de recurso extraordinário ou especial repetitivo, consagra a função de julgar casos repetitivos pendentes. O art. 1.040, I (função de formar precedente obrigatório) e III (função de gerir e julgar casos repetitivos pendentes), vai na mesma linha.

Aplicam-se ao IRDR e aos recursos repetitivos, enfim, tanto as normas relativas à gestão e ao julgamento de casos repetitivos (a exemplo da paralisação de processos à espera da decisão-paradigma) como as que dizem respeito à função de formação e aplicação de precedentes obrigatórios.

Luiz Guilherme Marinoni entende que, no IRDR, não há formação de precedente, pois apenas resolve casos idênticos, criando uma solução para a questão replicada nas múltiplas ações pendentes. Já nos recursos repetitivos há formação de precedentes, pois são julgados por cortes supremas, que são as cortes de precedentes. Para ele, enquanto o IRDR pertence ao discurso do caso concreto, os precedentes dizem respeito ao discurso da ordem jurídica.[23] Não concordamos com essa distinção. Tanto no IRDR como nos recursos repetitivos, o tribunal julga a causa e fixa o entendimento a ser seguido: da *ratio decidendi* do julgado surge o precedente a orientar os casos pendentes que ficaram sobrestados e, igualmente, os casos futuros que se enquadrem na mesma situação ou que se assemelhem à hipótese decidida. Aliás, cabe IRDR em tribunais superiores. As técnicas de aplicação de precedentes devem ser utilizadas, entre as quais sobressai a distinção, podendo, nos casos pendentes e nos sucessivos, haver distinção restritiva e distinção ampliativa.

O microssistema de formação e aplicação de precedentes obrigatórios é formado pelo IRDR, pelos recursos repetitivos e, ainda, pelo incidente de assunção de competência. A formação de precedentes é o objetivo desse microssistema. Formado o precedente obrigatório, tanto no incidente de assunção de competência como no julgamento de casos repetitivos, os juízos e tribunais devem observá-lo, proferindo julgamento de improcedência liminar (CPC, art. 332, II e III), dispensando a remessa necessária (CPC, art. 496, § 4º, II e III), autorizando a tutela provisória de evidência (CPC, art. 311, II) e conferindo-se ao relator o poder de decidir monocraticamente (CPC, art. 932, IV, *b* e *c*, V, *b* e *c*; art. 955, parágrafo único, II). Cabe reclamação para garantir a observância de precedente proferido em julgamento de casos repetitivos ou em incidente de assunção de competência (CPC, art. 988, IV e § 5º),

---

[23] MARINONI, Luiz Guilherme. O "problema" do incidente de resolução de demandas repetitivas e dos recursos extraordinário e especial repetitivos. *Revista de Processo*, São Paulo: RT, v. 249, 2015, p. 399-419.

sendo considerada omissa a decisão que deixar de se manifestar sobre tese firmada em julgamento de casos repetitivos ou em incidente de assunção de competência (CPC, art. 1.022, parágrafo único, I).

O Superior Tribunal de Justiça adotou entendimento de que a reclamação não é a via adequada para controle de aplicação de tese de recurso repetitivo. Com efeito, ao apreciar a Reclamação 36.476/SP, a Corte Especial do STJ entendeu que a "admissão da reclamação em tal hipótese atenta contra a finalidade da instituição do regime próprio de tratamento dos recursos especiais repetitivos. Para além de definir a tese jurídica, também incumbiria a este STJ o controle da sua aplicação individualizada em cada caso concreto, em franco descompasso com a função constitucional do Tribunal e com sério risco de comprometimento da celeridade e qualidade da prestação jurisdicional que aqui se outorga".

Em tal julgamento, o STJ afirma, ainda, que a Lei 13.256/2016 suprimiu anterior previsão de reclamação para garantir a observância de precedente oriundo de "casos repetitivos", passando a constar, nas hipóteses de cabimento, apenas o precedente oriundo de IRDR.

O entendimento do STJ é questionável e, na verdade, equivocado, tal como será demonstrado no subitem 17.5.3.5 *infra*.

O microssistema de formação concentrada de precedentes obrigatórios contém normas que determinam a ampliação da cognição e da participação, qualificando o debate para a formação do precedente, a fundamentação reforçada e a ampla publicidade. Essas normas compõem o núcleo desse microssistema.

Além das normas relativas à *formação* do precedente, o referido microssistema compõe-se também das normas concernentes à *aplicação* do precedente.

Todas essas normas aplicam-se aos instrumentos que integram esse microssistema.

Por sua vez, o microssistema de gestão e julgamento de casos repetitivos (CPC, art. 928) não é integrado pelo incidente de assunção de competência, compondo-se pelo IRDR e pelos recursos repetitivos, com a finalidade de escolher, ao menos, dois processos para discussão e decisão, paralisando-se os demais que ficam à espera da decisão-paradigma.

A percepção de que há um microssistema, com natureza híbrida, é importante. Os instrumentos que formam o microssistema de gestão e julgamento de casos repetitivos são regidos por normas comuns, que se intercomunicam, garantindo, assim, unidade e coerência. Para a gestão dos casos repetitivos e a formação de precedentes obrigatórios, devem ser aplicadas as normas que compõem esses microssistemas, como normas que se complementam e se interpretam conjuntamente.[24]

10.6 MICROSSISTEMA DE JULGAMENTO DE CASOS REPETITIVOS E O PROCESSO DO TRABALHO

Já se viu que o microssistema de julgamento de casos repetitivos é composto por normas contidas no CPC e, igualmente, por normas contidas na CLT, inseridas que foram pela Lei 13.015/2014. Há, a propósito, regramento detalhado sobre o recurso de revista repetitivo no âmbito do Tribunal Superior do Trabalho.

---

[24] Nesse sentido, aliás, é o enunciado 345 do Fórum Permanente de Processualistas Civis: "O incidente de resolução de demandas repetitivas e o julgamento dos recursos extraordinários e especiais repetitivos formam um microssistema de solução de casos repetitivos, cujas normas de regência se complementam reciprocamente e devem ser interpretadas conjuntamente".

Embora a CLT, com as alterações introduzidas pela Lei 13.015/2014, não trate do IRDR, este é aplicável no âmbito da Justiça do Trabalho. Isso porque o processo do trabalho é regido por normas que integram o microssistema de julgamento de casos repetitivos. Além do mais, o art. 15 do CPC dispõe que as normas do processo civil regulam, subsidiária e supletivamente, o processo do trabalho.

O IRDR é aplicável, portanto, ao processo do trabalho. Nesse sentido, o enunciado 347 do Fórum Permanente de Processualistas Civis: "Aplica-se ao processo do trabalho o incidente de resolução de demandas repetitivas, devendo ser instaurado quando houver efetiva repetição de processos que contenham controvérsia sobre a mesma questão de direito".

10.7 PARTE GERAL QUE REGULA O JULGAMENTO DE CASOS REPETITIVOS

10.7.1 Sistema adotado: causa-piloto ou causa-modelo?

10.7.1.1 Generalidades

Antes mesmo de examinar o IRDR e os recursos especial e extraordinário repetitivos, é preciso definir, previamente, qual o sistema que o CPC adotou: o da causa-piloto ou o da causa-modelo? A partir dessa definição, será mais fácil compreender as regras que compõem esse sistema.

Há dois sistemas de resolução de causas repetitivas: *a)* o da causa-piloto e *b)* o da causa-modelo. No sistema da causa-piloto, o órgão jurisdicional seleciona um caso para julgar, fixando a tese a ser seguida nos demais. Já na causa-modelo, instaura-se um incidente apenas para fixar a tese a ser seguida, não havendo a escolha de uma causa a ser julgada.

Na Áustria, há a previsão da causa-piloto (*Testprozess*): escolhe-se uma causa amostra a ser julgada, com a fixação da tese a ser seguida nos demais casos. O legislador previu esse sistema no art. 29 do KSchG.[25]

No direito alemão, há um Procedimento-Modelo ou Procedimento-Padrão (*Musterverfahren*), previsto na Lei de Introdução do Procedimento-Modelo para os investidores em mercado de capitais. Há, aí, uma causa-modelo, sendo fixada a tese a ser seguida no julgamento das demandas repetitivas.[26]

No ordenamento jurídico português, mais especificamente na legislação pertinente ao contencioso administrativo, há a escolha de um (ou alguns) dos processos para que seja(m) apreciado(s) e julgado(s). Os demais processos ficam suspensos, aguardando o desfecho daquele(s) que fora(m) escolhido(s) para ser apreciado(s) e julgado(s). Nos termos do n. 5 do art. 48º do Código de Processo nos Tribunais Administrativos – CTPA, após a decisão final transitada em julgado, as partes, nos autos suspensos, têm a possibilidade de, no prazo de trinta dias, (a) desistir de sua ação, (b) requerer a extensão dos efeitos da decisão ao seu próprio processo, (c) requerer a continuação de seu próprio processo ou (d) recorrer da sentença, se ela tiver sido proferida em primeira instância. Enfim, tem-se

---

[25] KANTNER, Mag. Manfred. Il "contenzioso di massa" in Austria. In: GIORGETTI, Alessandro; VALLEFUOCO, Valerio. *Il contenzioso di massa in Italia, in Europa e nel mondo*. Milano: Giuffrè, 2008. n. 2.2. d., p. 151-152.

[26] CABRAL, Antonio do Passo. O novo procedimento-modelo (*Musterverfahren*) alemão: uma alternativa às ações coletivas. *Revista de Processo*, São Paulo: RT, v. 147, maio 2007, p. 131; WITTMANN, Ralf-Thomas. Il "contenzioso di massa" in Germania. In: GIORGETTI, Alessandro; VALLEFUOCO, Valerio. *Il contenzioso di massa in Italia, in Europa e nel mondo*. Milano: Giuffrè, 2008, n. 6.5, p. 176-178.

aí um sistema de causa-piloto, aplicável às demandas que envolvem a Administração Pública: escolhe-se um ou mais processos para análise e julgamento, devendo os demais ficar aguardando a solução. Operado o trânsito em julgado da decisão final, as partes de cada um dos processos suspensos terão trinta dias para adotar uma das citadas medidas.

10.7.1.2 A opção brasileira

No sistema brasileiro, os recursos especial e extraordinário repetitivos são processados e julgados como *causa-piloto*. Escolhem-se uns recursos para exame e julgamento (CPC, art. 1.036). Os recursos afetados para análise devem ser julgados no prazo de um ano, tendo preferência sobre os demais, ressalvado o *habeas corpus* (CPC, art. 1.037, § 4º). Julgados os recursos paradigmas, decidem-se as causas neles contidas (*causas-piloto*) e, ao mesmo tempo, fixa-se a tese a ser aplicada a todos os demais processos que ficaram sobrestados. Forma-se, além disso, um precedente obrigatório a ser seguido pelos juízos e tribunais em casos que contenham a mesma questão repetitiva, de direito processual ou de direito material.

Quanto ao IRDR, cumpre observar o disposto no parágrafo único do art. 978, segundo o qual "O órgão colegiado incumbido de julgar o incidente e de fixar a tese jurídica julgará igualmente o recurso, a remessa necessária ou o processo de competência originária de onde se originou o incidente".

Já se percebe que o tribunal, no IRDR, julga a causa e fixa o entendimento a ser aplicável aos demais casos repetitivos. Trata-se, então, também, de uma causa-piloto, e não de uma causa-modelo.[27] Ainda que não houvesse o texto do parágrafo único do art. 978 do CPC, haveria aí uma causa-piloto, pois não é possível que o IRDR seja instaurado sem que haja causa pendente no tribunal. *Sendo o IRDR um incidente, é preciso que haja um caso tramitando no tribunal. A instauração do IRDR, repita-se, pressupõe a existência de uma causa no tribunal,*

---

[27] Nesse sentido: CÂMARA, Alexandre Freitas. *O novo processo civil brasileiro*. São Paulo: Atlas, 2015. p. 479; CABRAL, Antonio do Passo. Do incidente de resolução de demandas repetitivas. In: CABRAL, Antonio do Passo; CRAMER, Ronaldo (coords.). *Comentários ao novo Código de Processo Civil*. Rio de Janeiro: Forense, 2015. p. 1.417-1.419; DANTAS, Bruno. Comentários ao art. 978. In: WAMBIER, Teresa Arruda Alvim; DIDIER JR., Fredie; TALAMINI, Eduardo; DANTAS, Bruno (coords.). *Breves comentários ao novo Código de Processo Civil*. São Paulo: RT, 2015. p. 2.185. Em sentido contrário, ou seja, entendendo que o IRDR se caracteriza como espécie de causa-modelo, e não uma causa-piloto: NUNES, Dierle. Do julgamento dos recursos extraordinário e especial repetitivos. In: WAMBIER, Teresa Arruda Alvim; DIDIER JR., Fredie; TALAMINI, Eduardo; DANTAS, Bruno (coords.). *Breves comentários ao novo Código de Processo Civil*. São Paulo: RT, 2015. p. 2.320; CAMARGO, Luiz Henrique Volpe. O incidente de resolução de demandas repetitivas no projeto de novo CPC: a comparação entre a versão do Senado Federal e a da Câmara dos Deputados. In: FREIRE, Alexandre; DANTAS, Bruno; NUNES, Dierle; DIDIER JR., Fredie; MEDINA, José Miguel Garcia; FUX, Luiz; CAMARGO, Luiz Henrique Volpe; OLIVEIRA, Pedro Miranda de (orgs.). *Novas tendências do processo civil*. Salvador: JusPodivm, 2014. v. 3, p. 283; OLIVEIRA, Guilherme Peres de. Incidente de resolução de demandas repetitivas – uma proposta de interpretação de seu procedimento. In: FREIRE, Alexandre; DANTAS, Bruno; NUNES, Dierle; DIDIER JR., Fredie; MEDINA, José Miguel Garcia; FUX, Luiz; CAMARGO, Luiz Henrique Volpe; OLIVEIRA, Pedro Miranda de (orgs.). *Novas tendências do processo civil*. Salvador: JusPodivm, 2014. v. 2, p. 670; CAMBI, Eduardo; FOGAÇA, Mateus. Incidente de resolução de demandas repetitivas no novo Código de Processo Civil. *Revista de Processo*, São Paulo: RT, v. 243, maio 2015, p. 333-362; TEMER, Sofia. *Incidente de resolução de demandas repetitivas*. 3. ed. Salvador: JusPodivm, 2018. p. 70; MENDES, Aluisio Gonçalves de Castro. *Incidente de resolução de demandas repetitivas: sistematização, análise e interpretação do novo instituto processual*. Rio de Janeiro: Forense, 2017. p. 226; MANCUSO, Rodolfo de Camargo. *Incidente de resolução de demandas repetitivas: a luta contra a dispersão jurisprudencial excessiva*. São Paulo: RT, 2016. p. 161.

assim como a instauração do incidente para julgamento de recurso extraordinário e especial repetitivo pressupõe a existência de um deles no âmbito do tribunal superior.[28]

O incidente há de ser instaurado no caso que esteja em curso no tribunal.[29] Se não houvesse caso em trâmite no tribunal, não se teria um incidente, mas um processo originário, com transferência ao tribunal de parte da cognição que deveria ser realizada pelos juízos de primeira instância.

Como se sabe, não é possível ao legislador ordinário criar competências originárias para os tribunais. As competências dos tribunais regionais federais estão estabelecidas no art. 108 da Constituição Federal, cabendo às Constituições Estaduais fixar as competências dos tribunais de justiça (CF, art. 125, § 1º). O legislador ordinário pode – e foi isso que fez o CPC – criar incidentes processuais para causas originárias e recursais que tramitem nos tribunais, mas não lhe cabe criar competências originárias para os tribunais. É também por isso que não se permite a instauração do IRDR sem que haja causa tramitando no tribunal.

10.7.1.3 A desistência ou abandono do caso-piloto. A hipótese de causa-modelo no direito brasileiro

Embora o sistema brasileiro de julgamento de casos repetitivos seja de *causa-piloto*, é preciso observar a hipótese de haver desistência da demanda ou do recurso voluntário afetado para julgamento.

Quando houver desistência, o IRDR ou o recurso repetitivo pode prosseguir para definição da questão comum. A propósito do IRDR, assim dispõe o § 1º do art. 976 do CPC: "A desistência ou o abandono do processo não impede o exame do mérito do incidente". Relativamente aos recursos repetitivos, enuncia o parágrafo único do art. 998 do CPC: "A desistência do recurso não impede a análise de questão cuja repercussão geral já tenha sido reconhecida e daquela objeto de julgamento de recursos extraordinários ou especiais repetitivos".

Nesses casos, ocorre uma exceção à regra geral, caracterizando-se uma hipótese de *causa-modelo*.

A desistência do recurso, como se sabe, produz efeitos imediatos (CPC, art. 200), não necessitando de homologação judicial, nem de concordância da parte contrária (CPC, art. 998, parágrafo único). Se o IRDR tiver sido suscitado num processo originário que tramite no tribunal, aí a desistência dependerá de homologação judicial; não havendo proibição legal de desistência para esses casos, ela deve ser homologada, ainda que se prossiga o IRDR.

Quando se seleciona um caso para julgamento, instaura-se um novo procedimento. Esse procedimento incidental é instaurado e não se confunde com o procedimento principal originário ou recursal. Passa, então, a haver, ao lado do processo originário ou do recurso (inclusive a remessa necessária), um procedimento específico para julgamento e fixação da tese que irá repercutir relativamente a vários outros casos repetitivos. Quer isso dizer que surgem, paralelamente, dois procedimentos: a) o do processo originário ou do recurso, que é o procedimento principal, destinado a resolver a questão individual da parte; e b) o procedimento incidental de definição do precedente ou da tese a ser adotada, que haverá de ser seguido pelos demais órgãos jurisdicionais (CPC, art. 927, III) e que repercutirá na análise dos

---

[28] Manifestando posição contrária, pela dispensabilidade de causa pendente no tribunal: TEMER, Sofia. *Incidente de resolução de demandas repetitivas*. 3. ed. Salvador: JusPodivm, 2018. p. 109-110.

[29] Nesse sentido, o enunciado 344 do Fórum Permanente de Processualistas Civis: "A instauração do incidente pressupõe a existência de processo pendente no respectivo tribunal".

demais processos que estão sobrestados para julgamento. Esse último procedimento tem uma feição objetiva, não devendo ser objeto de desistência, da mesma forma que não se admite a desistência em processos de controle concentrado de constitucionalidade.

O objeto desse incidente é a *fixação de uma tese jurídica* geral. Quando o autor ou o recorrente, num caso como esse, desiste da ação ou do recurso, a desistência deve atingir, apenas, o procedimento relativo a uma dessas demandas. Tal desistência, todavia, não atinge o segundo procedimento, instaurado para definição da tese a ser adotada pelo tribunal. Em suma, a desistência não impede o julgamento, com a definição da tese a ser adotada pelo tribunal, mas tal julgamento não atinge o autor ou o recorrente que desistiu, servindo, apenas, para estabelecer o entendimento do tribunal, a influenciar e repercutir nos outros processos pendentes e futuros.

Nessa hipótese de desistência ou abandono, o julgamento do IRDR ou do recurso repetitivo configura uma *causa-modelo*. Abstraída essa hipótese, o que se tem é uma *causa-piloto*, com julgamento do caso.

Tal hipótese de *causa-modelo* tende, porém, a ser rara. Isso porque devem ser selecionados, ao menos, dois casos para julgamento por amostragem (CPC, art. 1.036, §§ 2º e 5º). Em que pese os §§ 2º e 5º do art. 1.036 do CPC referirem-se a recursos repetitivos, essa regra – que exige a escolha de, pelo menos, dois casos a serem julgados – aplica-se igualmente ao IRDR, em razão da existência do *microssistema de gestão e julgamento de casos repetitivos*.

Assim, se houver desistência de um dos casos, o outro há de prosseguir, devendo ser processado e julgado, mantendo-se, assim, o sistema de *causa-piloto*. Se, todavia, houver desistência dos dois ou mais casos, ou seja, se for formalizada a desistência em todos eles, ter-se-á, então, o prosseguimento do incidente para que apenas se emita a fixação da tese, com a caracterização de uma *causa-modelo*, passando o Ministério Público a assumir sua titularidade (CPC, art. 976, § 2º).

10.7.1.4 Conclusão parcial

Cabe, então, concluir:

a) não é possível instaurar o procedimento de julgamento de casos repetitivos sem que haja, no tribunal respectivo, uma causa pendente, de onde o incidente surgirá e que servirá como caso-piloto;

b) por causa disso, no julgamento de casos repetitivos, o tribunal *fixa* a tese jurídica e *julga* o caso-piloto;

c) é possível, porém, tendo havido desistência ou abandono do caso-piloto, que o tribunal, no julgamento de casos repetitivos, apenas fixe a tese jurídica aplicável aos processos pendentes e futuros – hipótese em que se adota o sistema da causa-modelo.[30]

10.7.1.5 A recorribilidade e o julgamento da causa-modelo

A partir dessas premissas, surge, então, um problema dogmático a ser resolvido.
É recorrível a decisão no incidente de julgamento de casos repetitivos?

---

[30] *Nesse sentido*, CABRAL, Antonio do Passo. Do incidente de resolução de demandas repetitivas. In: CABRAL, Antonio do Passo; CRAMER, Ronaldo (coords.). *Comentários ao novo Código de Processo Civil*. Rio de Janeiro: Forense, 2015. p. 1.417-1.419 e 1.423-1.424.

Para responder à pergunta, é preciso examinar as duas hipóteses possíveis.

Na hipótese corriqueira, em que o tribunal *fixa* a tese jurídica e *julga* o caso piloto, *não há dúvida de que a decisão é, em tese, recorrível*. O recurso, nessa situação, serve para discutir a *tese jurídica e/ou a solução do caso*. No capítulo sobre a teoria dos recursos, está demonstrada a possibilidade de o recurso ter por objeto apenas a discussão sobre o precedente a ser construído. O recurso, assim, serve para impedir a formação do precedente e/ou a coisa julgada.

O art. 987 expressamente prevê o cabimento de recurso especial ou extraordinário contra o acórdão que julga o incidente de resolução de demandas repetitivas. O § 3º do art. 138 do CPC expressamente prevê a legitimidade do *amicus curiae* para interpor recurso contra acórdão que julga o incidente de resolução de demandas repetitivas.

O problema ganha complexidade na hipótese de o tribunal apenas *fixar a tese jurídica*, quando tiver havido desistência ou abandono do caso-piloto.

Há duas possíveis soluções.

A *primeira* é considerar que esse acórdão é *irrecorrível*, pois, não tendo havido decisão de nenhum caso, não há como interpor recurso. Caberia recurso apenas contra a decisão que viesse a aplicar a tese jurídica nos casos pendentes e futuros.

Essa é uma interpretação que se pode considerar como *conservadora*. Adapta-se, para o incidente de julgamento de casos repetitivos, o entendimento tradicional do STF criado para o incidente de arguição de inconstitucionalidade em tribunal, consolidado no enunciado 513 da sua súmula: somente cabe o recurso extraordinário contra a decisão que aplicar a tese firmada pelo plenário ou órgão especial, não sendo cabível recurso contra o acórdão que julgar o incidente. Para este entendimento, "decisão de causa", nos termos dos arts. 102 e 105 da Constituição Federal, pressuposto para o cabimento do recurso extraordinário ou recurso especial, significa "decisão de um caso". Se o tribunal somente fixasse a tese, sem julgar o caso, não caberia recurso extraordinário ou especial. Seria preciso esperar a aplicação da tese às causas sobrestadas para, então, caber o recurso especial ou o recurso extraordinário, a exemplo do que ocorre no incidente de inconstitucionalidade.[31]

A *segunda* opção é considerar o acórdão *como recorrível*. O recurso, no caso, teria como objetivo único discutir a *tese jurídica* fixada – e, portanto, discutir o precedente formado. Essa opção hermenêutica pode ser considerada *heterodoxa*, se se levar em consideração a tradicional compreensão que se tem sobre o conceito de "causa decidida" para fim de cabimento de recurso especial ou extraordinário.

A heterodoxia dessa solução é facilmente constatável quando se toma como base a clássica visão sobre a jurisdição: função de decidir *casos*, e não de propor soluções para a decisão de *casos futuros*.

Embora heterodoxa, essa opção ajuda a compreender as regras decorrentes dos arts. 138, § 3º, e 987 do CPC, mencionados acima. Ajuda, também, a compreender as regras decorrentes dos §§ 3º e 4º do art. 982 do CPC, examinadas mais à frente, que permitem a formulação de um requerimento de suspensão nacional dos processos, a partir da instauração de um IRDR em determinado tribunal. Finalmente, essa opção reforça a concepção, aqui defendida, de

---

[31] Sobre o tema, com análise histórica do enunciado 513 da Súmula do STF e excelentes argumentos para a ressignificação do termo "causa decidida", TEMER, Sofia. *Incidente de resolução de demandas repetitivas: tentativa de sistematização*. 3. ed. Salvador: JusPodivm, 2018. p. 263-272.

que o interesse recursal passa por um processo de ressignificação, podendo ser visualizado também quando se pretende apenas discutir a formação do precedente judicial.

Há, de fato, uma grande quantidade de regras jurídicas no CPC que parecem ter sido concebidas para um sistema que admita recurso apenas a discutir a formação do precedente judicial.

É provável que tenha chegado o momento de *reconstruir* o sentido de "causa decidida", para fim de cabimento de recurso extraordinário ou especial – corolário aparentemente inevitável da necessária reconstrução do conceito de jurisdição.[32]

O tema é complexo, não há dúvidas. Cumpre adotar a segunda opção,[33] aqui considerada como *heterodoxa*. O sistema brasileiro de formação, aplicação e superação de precedentes judiciais, que vem sendo construído há alguns anos e que tem base constitucional, parece apontar para essa solução, ora adotada.

10.8 REGRAS QUE COMPÕEM O NÚCLEO DO MICROSSISTEMA DE GESTÃO E JULGAMENTO DE CASOS REPETITIVOS

10.8.1 Generalidades

Os instrumentos de julgamento de casos repetitivos compõem, como se viu, uma regulação híbrida, integrando o microssistema de gestão de casos repetitivos e, igualmente, o microssistema de formação concentrada de precedentes obrigatórios.

É importante o apelo a esses dois microssistemas. Em cada um deles, há um núcleo de normas a ser observado, conforme se passa a demonstrar.

Comecemos pelas normas que servem à função de gerir e julgar casos repetitivos.

10.8.2 Reconhecimento da conexão por afinidade, com suspensão dos processos em que a questão a ser decidida se repete

As normas integrantes do microssistema de julgamento de casos repetitivos caracterizam a chamada *conexão por afinidade*, estabelecendo que se identifiquem os casos que versem sobre a mesma questão de direito a ser solucionada pelo tribunal mediante o sistema da *causa-piloto* ou, excepcionalmente, da *causa-modelo*.

Os casos conexos por afinidade devem ser suspensos.

Admitido o IRDR, suspendem-se os processos pendentes, individuais ou coletivos, que tramitam no Estado ou na região, conforme o caso, em que a questão a ser decidida se repete (CPC, art. 982, I) – se em tribunal superior, a suspensão será em todo território nacional. Em alguns casos, sobretudo quando o IRDR versar sobre questão repetitiva de natureza processual, é possível que a suspensão cause problemas na própria gestão dos casos em que a questão se repete. Em tais hipóteses, o tribunal pode afastar a suspensão dos processos.

---

[32] Também considerando indispensável a reconstrução do conceito de jurisdição, inclusive a partir do reconhecimento da força normativa dos precedentes judiciais, CABRAL, Antonio do Passo. Per un nuovo concetto di giurisdizione. *Revista da Faculdade Mineira de Direito*, Belo Horizonte: PUCMinas, v. 18, n. 35, 2015.

[33] Encampada também no enunciado 604 do Fórum Permanente de Processualistas Civis: "É cabível recurso especial ou extraordinário ainda que tenha ocorrido a desistência ou abandono da causa que deu origem ao incidente".

Não havendo decisão em sentido contrário, a admissão do IRDR suspende os processos pendentes, individuais ou coletivos.[34]

De igual modo, selecionados os recursos paradigmas, o relator, no tribunal superior, constatando a presença dos pressupostos específicos para a instauração do incidente de julgamento de recursos repetitivos, proferirá decisão de afetação, na qual determinará a suspensão do processamento de todos os processos pendentes, individuais ou coletivos, que versem sobre a questão e tramitem no território nacional (CPC, art. 1.037, II).[35]

Os instrumentos de julgamento de casos repetitivos provocam, como se vê, a suspensão de todos os processos que versem sobre a mesma questão de direito a ser examinada pelo tribunal. Esse é um meio de gestão bastante relevante de casos repetitivos. Não suspender os processos em curso frustra os benefícios proporcionados pelo microssistema de gestão de casos repetitivos, pois (a) contribui para a proliferação de decisões conflitantes; (b) aumenta os custos da solução da disputa em cada caso, permitindo que as mesmas questões sejam tratadas em juízos distintos, com dispêndio de tempo, de recursos financeiros e de pessoal; (c) desperdiça a atenção dos integrantes do Judiciário, que, em vez de focar em uma única causa, têm de examinar diversos processos individuais.[36]

As regras que regem o IRDR e os recursos repetitivos criam uma técnica de aglutinação de questões comuns. Escolhem-se dois ou mais casos para análise e julgamento, sobrestando-se os demais, que, ao final, receberão a mesma solução dada aos casos escolhidos para serem decididos por amostragem.

A suspensão dos processos há de ter uma duração de um ano (CPC, arts. 980 e 1.037, § 4º). Superado o prazo, cessa a suspensão, no caso do IRDR, salvo decisão fundamentada do relator em sentido contrário (CPC, art. 980, parágrafo único).

10.8.3 Exercício do direito à distinção e revogação da suspensão indevida (art. 1.037, §§ 8º a 13)

A parte pode requerer o prosseguimento do seu processo, desde que demonstre que a distinção do seu caso torna indevida a suspensão decorrente da instauração do incidente de julgamento de casos repetitivos.

---

[34] Nos termos do enunciado 140 da II Jornada de Direito Processual Civil, do Conselho da Justiça Federal, "A suspensão de processos pendentes, individuais ou coletivos, que tramitam no Estado ou na região prevista no art. 982, I, do CPC não é decorrência automática e necessária da admissão do IRDR, competindo ao relator ou ao colegiado decidir acerca da sua conveniência". Tal enunciado não é correto e contém conteúdo *contra legem*. Admitido o IRDR, os processos suspendem-se automaticamente. O colegiado, ao admitir o IRDR, pode, porém, afastar o efeito suspensivo por entender que a suspensão dificulta a gestão dos casos repetitivos, gerando congestionamento difícil de administrar. É preciso que o colegiado decida sobre isso, não cabendo essa decisão ao relator. Há, enfim, dois equívocos graves no enunciado do CJF: (a) dizer que o efeito suspensivo não é automático, mas que depende de decisão; e (b) afirmar que o relator tem um poder que é privativo do colegiado.

[35] Na questão de ordem suscitada e decidida pelo STF no julgamento do Recurso Extraordinário 966.177/RS, o STF entendeu que "a suspensão de processamento prevista no § 5º do art. 1.035 do CPC não é consequência automática e necessária do reconhecimento da repercussão geral realizada com fulcro no *caput* do mesmo dispositivo, sendo da discricionariedade do relator do recurso extraordinário paradigma determiná-la ou modulá-la" (STF, Pleno, RE 966.177 RG-QO, Rel. Min. Luiz Fux, *DJe* 1º.2.2019). No mesmo sentido: STJ, Corte Especial, REsp 1.202.071/SP, Rel. Min. Herman Benjamin, *DJe* 3.6.2019.

[36] ARENHART, Sérgio Cruz. *A tutela coletiva de interesses individuais: para além da proteção dos interesses individuais homogêneos*. São Paulo: RT, 2013. p. 262-267.

Nessa hipótese, a parte deve demonstrar fundamentadamente que seu caso versa sobre situação particularizada por hipótese fática distinta ou questão jurídica não abrangida pelo objeto do incidente, a impor solução jurídica diversa (CPC, art. 1.037, § 9º, previsto para o incidente de julgamento de recursos extraordinário e especial repetitivos, mas aplicável ao IRDR pelo apelo ao microssistema).

Não há prazo para que a parte, demonstrando a distinção, peça o prosseguimento de seu processo. Para obter regular processamento da sua demanda, a parte pode demonstrar a distinção de seu caso até a efetiva aplicação da tese jurídica ao caso concreto.

O requerimento para prosseguimento do processo diante da distinção deve ser dirigido ao juízo onde tramita o processo suspenso. Se o processo estiver em curso em tribunal, o requerimento deve ser dirigido ao relator (CPC, art. 1.037, § 10.[37] A outra parte deve ser ouvida (CPC, art. 1.037, § 12, II).

Reconhecida a distinção nos casos em que o processo estiver sobrestado em primeiro grau, no tribunal de origem ou no tribunal superior, o próprio juiz ou relator dará prosseguimento ao processo (CPC, art. 1.037, § 12, I). No caso de recurso especial ou extraordinário sobrestado no tribunal de origem, o relator do acórdão recorrido comunicará a decisão ao presidente ou ao vice-presidente que houver determinado o sobrestamento, para que o recurso especial ou o recurso extraordinário seja submetido ao juízo de admissibilidade (CPC, art. 1.037, § 12, II).

A decisão que determina o sobrestamento é irrecorrível; não é dela que a parte deve recorrer. Se o caso for distinto, a parte deve, a qualquer momento, por simples petição, requerer que seu processo prossiga, por conter peculiaridade que o afasta da suspensão. A distinção se exerce por simples requerimento, cabendo agravo interno da decisão que acolhe ou rejeita tal requerimento.[38]

Cabe agravo de instrumento da decisão do juiz que concede ou nega o pedido de prosseguimento do processo diante da distinção (CPC, art. 1.037, § 13, I); se a decisão for de relator, cabe agravo interno (CPC, art. 1.037, § 13, II).

Reconhecida a distinção, o juiz ou relator dará prosseguimento ao processo.

A suspensão do processo não impede, portanto, que se exercite o direito à distinção.[39]

10.8.4 Estímulo à desistência do processo, antes de proferida a sentença (CPC, art. 1.040 e parágrafos)

Julgado o caso paradigma e fixada a tese pelo tribunal, a parte que teve seu processo suspenso ainda na primeira instância é estimulada a desistir da ação antes de proferida a sentença. Incidem, no caso, os parágrafos do art. 1.040 do CPC, aplicáveis a todo o microssistema:

---

[37] Nesse sentido, o enunciado 142 da II Jornada de Direito Processual Civil, do Conselho da Justiça Federal: "Determinada a suspensão decorrente da admissão do IRDR (art. 982, I), a alegação de distinção entre a questão jurídica versada em uma demanda em curso e aquela a ser julgada no incidente será veiculada por meio do requerimento previsto no art. 1.037, § 10".

[38] STJ, 1ª Turma, REsp 1.440.303/RS, Rel. Min. Gurgel de Faria, *DJe* 13.12.2017.

[39] A propósito, o enunciado 364 do Fórum de Processualistas Civis segue nessa linha: "O sobrestamento da causa em primeira instância não ocorrerá caso se mostre necessária a produção de provas para efeito de distinção de precedentes".

§ 1º A parte poderá desistir da ação em curso no primeiro grau de jurisdição, antes de proferida a sentença, se a questão nela discutida for idêntica à resolvida pelo recurso representativo da controvérsia.

§ 2º Se a desistência ocorrer antes de oferecida contestação, a parte ficará isenta do pagamento de custas e de honorários de sucumbência.

§ 3º A desistência apresentada nos termos do § 1º independe de consentimento do réu, ainda que apresentada contestação.

Fixada a tese jurídica, seja em recurso repetitivo, seja em IRDR, há um estímulo às partes dos processos sobrestados ainda na primeira instância, nos quais ainda não tenha sido proferida sentença, a que apresentem sua desistência.

A desistência, apresentada antes da contestação, dispensa o autor do pagamento de custas e honorários de sucumbência (CPC, art. 1.040, § 2º).

Normalmente, enquanto não apresentada contestação, o autor pode, unilateralmente, desistir da ação. A partir de tal momento, ou seja, depois da contestação do réu, o autor somente pode desistir da ação, se contar com a concordância daquele (CPC, art. 485, § 4º). Julgado o caso paradigma e fixada a tese jurídica pelo tribunal, os autores dos processos sobrestados em primeira instância podem, antes de proferida a sentença, desistir sem que seja necessária a concordância do réu, ainda que este tenha apresentado contestação oportunamente (CPC, art. 1.040, § 3º).

Há, enfim, um estímulo à desistência. Essa é uma regra integrante do microssistema de gestão e julgamento de casos repetitivos.

10.8.5 Comunicação a órgão, ente ou agência reguladora, no caso de questão relacionada à prestação de serviço objeto de concessão, permissão ou autorização (CPC, arts. 985, § 2º, e 1.040, IV)

Se a questão repetitiva decidida disser respeito a prestação de serviço concedido, permitido ou autorizado, o resultado do julgamento será comunicado ao órgão, ao ente ou à agência reguladora competente para fiscalização da efetiva aplicação, por parte dos entes sujeitos a regulação, da tese adotada (CPC, arts. 985, § 2º, e 1.040, IV). [40]

---

[40] Ticiano Alves e Silva defende que do § 2º do art. 985 e do inciso IV do art. 1.040 do CPC decorrem "normas atributivas" de um dever institucional de as agências reguladoras e dos entes fiscalizadores intervirem, na qualidade de *amicus curiae*, no IRDR e no julgamento de recursos repetitivos, participando, mediante o exercício do contraditório, da formação dos precedentes. Para o autor, "ao prever que os citados entes fundamentarão sua atividade regulatória e fiscalizadora no precedente formado, a regra contemplou, implicitamente, a necessidade de participação no processo de formação do precedente para se vincularem à tese". O "efeito dessa intervenção" (legitimada pelo contraditório) é, conforme o CPC, a utilização futura do precedente como "base normativa" da regulação e fiscalização pertinentes. Segundo Ticiano, "se as agências reguladoras participarem do IRDR ou, cientificadas da instauração deste, omitirem-se, elas ficam vinculadas ao precedente; se não participarem, por ausência de cientificação, não ficam vinculadas, e o precedente tem eficácia apenas persuasiva". O autor destaca, contudo, que essa vinculação não é a mesma que decorre do art. 103-A e do art. 102, § 2º, da Constituição Federal. Nessas hipóteses, a Administração Pública vincula-se *independentemente de ela ter participado do processo, isto é, a participação é irrelevante para fins da vinculação prevista constitucionalmente* (SILVA, Ticiano Alves e. O incidente de resolução de demandas repetitivas e as agências reguladoras:

Essa é uma regra integrante do microssistema de gestão e julgamento de casos repetitivos, sendo bem relevante, justamente porque "muitas questões repetitivas dizem respeito à prestação de serviços públicos por empresas concessionárias ou permissionárias, fiscalizados por órgãos governamentais ou agências reguladoras, por exemplo, referentes a contratos bancários, de seguros, telefonia, energia elétrica etc. A comunicação do resultado do julgamento a estes órgãos pode não só levar a uma implementação mais rápida e correta da decisão do IRDR, mas também estimular, se for o caso, mudança nas rotinas de fiscalização ou nas normas administrativas editadas pelo regulador".[41]

A regra tem por finalidade eliminar um dos problemas da litigiosidade de massa no Brasil, que é a "falta de diálogos institucionais entre os 'poderes' e entre os agentes responsáveis pela fiscalização do cumprimento de direitos".[42]

O Regimento Interno do Tribunal de Justiça do Estado da Bahia (art. 219, § 8º, VII) previu regra interessante, conexa a essa: o relator, na decisão de organização do procedimento do incidente de resolução de demandas repetitivas, já determina essa intimação, exatamente para que o órgão, ente ou agência já possa auxiliar na construção da decisão, e não apenas ser informado de seu conteúdo.[43]

10.8.6 Regramento do abandono (CPC, art. 976, § 1º)

Como já se viu, a desistência ou o abandono da causa pendente no tribunal não impede o exame, nem o julgamento do IRDR. A parte pode desistir de sua causa, recursal ou originária, mas o IRDR, já instaurado, prosseguirá e será julgado (CPC, art. 976, § 1º).

O parágrafo único do art. 998 do CPC reproduz a regra em relação aos recursos repetitivos, mas menciona apenas a desistência, não se referindo ao abandono do recurso. Talvez por ser difícil imaginar uma hipótese em que o recurso não seja admitido por abandono, não há menção, no parágrafo único do art. 998 do CPC, a abandono, havendo referência apenas à desistência.

Caso se concretize esse inusitado abandono, há de se aplicar, nos recursos repetitivos, a regra contida no § 1º do art. 976 do CPC no que diz respeito ao abandono. Essa aplicação é fruto da integração de normas que compõem o microssistema de gestão e julgamento de casos repetitivos.

---

o conteúdo jurídico do § 2º do art. 985 do CPC. *Fazenda Pública*. José Henrique Mouta Araújo; Leonardo Carneiro da Cunha; Marco Antonio Rodrigues (coords.). Salvador: JusPodivm, 2016. p. 773). Não se concorda com esse entendimento. A observância a uma norma não depende da participação efetiva de seu processo de formação. Formado o precedente obrigatório, todos devem observá-lo e as agências têm a função de fiscalizar sua observância. Cabe às agências fiscalizar o cumprimento das normas jurídicas, aí incluídos os precedentes obrigatórios.

[41] CABRAL, Antonio do Passo. Comentários ao art. 985. In: CABRAL, Antonio do Passo; CRAMER, Ronaldo (coords.). *Comentários ao novo Código de Processo Civil*. Rio de Janeiro: Forense, 2015. p. 1.447.

[42] NUNES, Dierle. Comentários ao art. 1.040. In: WAMBIER, Teresa Arruda Alvim; DIDIER JR., Fredie; TALAMINI, Eduardo; DANTAS, Bruno (coords.). *Breves comentários ao novo Código de Processo Civil*. São Paulo: RT, 2015. p. 2.340.

[43] Na doutrina, nesse sentido, GRECO, Leonardo. *Instituições de processo civil*. Rio de Janeiro: Forense, 2015, v. 3, p. 410-411; DIDIER JR., Fredie; TEMER, Sofia. A decisão de organização do incidente de resolução de demandas repetitivas: importância, conteúdo e o papel do regimento interno do tribunal. *Revista de Processo*, São Paulo: RT, n. 258, item 3.4, 2016.

10.8.7 Regramento da competência para a concessão da tutela de urgência (CPC, arts. 982, § 2º, e 1.029, § 5º, III)

O inciso IV do art. 313 determina que o processo, em que se discuta a questão objeto do incidente, será suspenso pela admissão do IRDR (CPC, art. 982, I).[44] No caso dos recursos repetitivos, uma vez selecionados os recursos a serem examinados e julgados, o relator, no tribunal superior, presentes os pressupostos do art. 1.036, deve determinar a suspensão do processamento de todos os processos pendentes, individuais ou coletivos, que versem sobre a questão e tramitem no território nacional (CPC, art. 1.037, II).

Já se vê que o IRDR e os recursos repetitivos podem provocar a suspensão dos processos repetitivos pendentes. E, durante a suspensão dos processos, não é possível aos respectivos juízes praticarem quaisquer atos, salvo quando houver urgência (CPC, art. 314). Enfim, é possível haver apreciação de pedido de tutela de urgência durante a suspensão dos processos.

Mas a quem cabe apreciar o pedido de tutela de urgência? Ao tribunal ou ao juízo onde tramita o processo suspenso?

No caso do IRDR, o § 2º do art. 982 do CPC dispõe: "Durante a suspensão, o pedido de tutela de urgência deverá ser dirigido ao juízo onde tramita o processo suspenso". Essa é uma regra integrante do microssistema de gestão e julgamento de casos repetitivos, estando igualmente presente no caso dos recursos repetitivos.

Realmente, a interposição do recurso especial ou extraordinário não impede a execução provisória do julgado. Isso porque tais recursos, via de regra, não são dotados de efeito suspensivo (CPC, art. 995). Se, todavia, a execução provisória puder causar lesão grave ou de difícil reparação ao recorrente, este pode requerer tutela provisória destinada a dar efeito suspensivo ao recurso excepcional (CPC, art. 995, parágrafo único). A medida somente pode ser ajuizada no tribunal superior, se já admitido o recurso; enquanto não admitido o recurso, a medida deve ser intentada perante o presidente ou vice-presidente do tribunal local (CPC, art. 1.029, § 5º).

Instaurado o incidente de julgamento de recursos extraordinários ou especiais repetitivos, os demais processos em que a questão está sendo discutida ficarão sobrestados. É bem verdade que, no tocante aos recursos especiais e extraordinários sobrestados, não há, enquanto perdurar o sobrestamento, o exercício do juízo de admissibilidade no tribunal local. Assim, a tutela provisória haveria de ser proposta perante o Presidente ou Vice-Presidente do tribunal de origem. E é exatamente isso que está disposto no inciso III do § 5º do art. 1.029 do CPC: o pedido de tutela de urgência deve ser dirigido ao presidente ou vice-presidente do tribunal recorrido, no caso de o recurso ter sido sobrestado.

10.8.8 Incorporação da decisão ao julgamento dos processos pendentes, sobrestados ou não (CPC, arts. 985, I, e 1.040, I e III)

De acordo com o inciso I do art. 985, a tese jurídica (*ratio decidendi*) definida no julgamento de casos repetitivos será aplicada a "a todos os processos individuais ou coletivos que versem sobre idêntica questão de direito e que tramitem na área de jurisdição do respectivo tribunal, inclusive àqueles que tramitem nos juizados especiais do respectivo Estado ou região".

---

[44] Enunciado 92 do Fórum Permanente de Processualistas Civis: "A suspensão de processos prevista neste dispositivo é consequência da admissão do incidente de resolução de demandas repetitivas e não depende da demonstração dos requisitos para a tutela de urgência".

O órgão julgador competente para decidir o processo pendente levará em consideração a tese jurídica, que se incorporará à sua decisão como o fundamento determinante.[45] Caberá a esse órgão julgador apenas expor as razões pelas quais o caso que lhe foi submetido se subsome à tese jurídica definida pelo tribunal (CPC, art. 489, § 1º, V). Não há necessidade de esse órgão julgador enfrentar todos os argumentos contrários e favoráveis à tese jurídica, pois eles já foram examinados pelo tribunal no acórdão do incidente de julgamento de casos repetitivos. O que lhe cabe é apenas identificar seus fundamentos determinantes e demonstrar que o caso sob julgamento a eles se ajusta.

Perceba, ainda, que a tese jurídica será aplicada a todos os processos pendentes, tenham ou não sido suspensos[46] – o processo pendente pode não estar suspenso, quer porque o prazo para o julgamento do IRDR se esvaiu, quer porque houve um lapso do órgão julgador, que não percebera que o processo era um daqueles cujo andamento poderia ter sido suspenso.[47]

10.9 MICROSSISTEMA DE FORMAÇÃO CONCENTRADA DE PRECEDENTES OBRIGATÓRIOS (CPC, ART. 927)

10.9.1 Generalidades

Os tribunais têm o dever de uniformizar sua jurisprudência e mantê-la estável, íntegra e coerente (CPC, art. 926). Em razão disso, juízes e tribunais devem observar "os acórdãos em incidente de assunção de competência ou de resolução de demandas repetitivas e em julgamento de recursos extraordinário e especial repetitivos" (CPC, art. 927, III).

Um dos objetivos do incidente de resolução de demandas repetitivas e do julgamento dos recursos repetitivos é a formação concentrada de precedentes obrigatórios. Esse também é um dos objetivos do incidente de assunção de competência. Formado o precedente obrigatório, tanto no incidente de assunção de competência como no julgamento de casos repetitivos, os juízos e tribunais devem observá-lo, proferindo julgamento de improcedência liminar (CPC, art. 332, II e III), dispensando a remessa necessária (CPC, art. 496, § 4º, II e III), autorizando a concessão de tutela provisória de evidência (CPC, art. 311, II) e conferindo-se ao relator o poder de decidir monocraticamente (CPC, art. 932, IV, *b* e *c*, V, *b* e *c*; art. 955, parágrafo único, II). Cabe reclamação para garantir a observância de precedente proferido em julgamento de casos repetitivos ou em incidente de assunção de competência (CPC, art. 988, IV, e § 5º, II), sendo considerada omissa a decisão que deixar de se manifestar sobre tese firmada em julgamento de casos repetitivos ou em incidente de assunção de competência (CPC, art. 1.022, parágrafo único, I).

Há uma unidade e coerência sistêmicas entre o incidente de assunção de competência e o julgamento de casos repetitivos. Há, enfim, um *microssistema de formação concentrada de precedentes obrigatórios*, formado pelo procedimento de criação de súmula vinculante, pelo incidente de arguição de inconstitucionalidade em tribunal, pelo incidente de assunção de

---

[45] CABRAL, Antonio do Passo. Do incidente de resolução de demandas repetitivas. In: CABRAL, Antonio do Passo; CRAMER, Ronaldo (coords.). *Comentários ao Novo Código de Processo Civil*. Rio de Janeiro: Forense, 2015. p. 1.445.

[46] CABRAL, Antonio do Passo. Do incidente de resolução de demandas repetitivas. In: CABRAL, Antonio do Passo; CRAMER, Ronaldo (coords.). *Comentários ao Novo Código de Processo Civil*. Rio de Janeiro: Forense, 2015. p. 1.446.

[47] CABRAL, Antonio do Passo. Do incidente de resolução de demandas repetitivas. In: CABRAL, Antonio do Passo; CRAMER, Ronaldo (coords.). *Comentários ao Novo Código de Processo Civil*. Rio de Janeiro: Forense, 2015. p. 1.446.

competência e pelo julgamento de casos repetitivos. Suas respectivas normas intercomunicam-se e formam um microssistema. Para que se formem precedentes obrigatórios, devem ser aplicadas as normas que compõem esse microssistema.

O microssistema de formação concentrada de precedentes obrigatórios contém normas que determinam a ampliação da participação e da cognição, qualificando o debate para a formação do precedente, a fundamentação reforçada e a ampla publicidade. Essas normas compõem o núcleo desse microssistema, destacando-se a intervenção do *amicus curiae*, a intervenção do Ministério Público, a publicidade, entre outras.

Além das normas relativas à *formação* do precedente, o referido microssistema compõe-se também das normas concernentes à *aplicação* do precedente.

Cumpre, então, examinar as regras do julgamento de casos repetitivos que se relacionam ao sistema brasileiro de precedentes judiciais.

10.9.2 Divulgação e publicidade

O art. 979 do CPC cria regra que concretiza o princípio da publicidade, estabelecendo o dever de os tribunais manterem banco de dados atualizados com informações específicas sobre questões de direito submetidas ao IRDR. O dispositivo estabelece o dever de os tribunais comunicarem imediatamente ao Conselho Nacional de Justiça para inclusão das informações relativas ao IRDR em cadastro próprio e específico.

Nos termos do art. 979 do CPC, a *instauração* e o *julgamento*[48] do IRDR devem ser amplamente divulgados e anunciados. Assim, uma vez instaurado e, ainda, antes de ser admitido impõe-se sua publicação a fim de que todos os interessados possam participar da decisão de sua admissibilidade, com apresentação, inclusive, de sustentação oral.[49]

O Conselho Nacional de Justiça deve manter um cadastro nacional de IRDRs, com o fim de permitir que todos tenham amplo acesso às informações relevantes relacionadas com a existência e o estado de tais incidentes. A divulgação e a publicidade dessas informações são fundamentais para (a) permitir que os juízos tenham conhecimento do IRDR; (b) viabilizar a intervenção de partes de outros processos e de *amici curiae*, que queiram contribuir com a discussão, oferecendo elementos técnicos e argumentos para a formação da tese jurídica a ser aplicada nas sucessivas causas repetitivas.

Esse cadastro deve ser alterado sempre que haja movimentação importante no IRDR, tais como a delimitação do objeto do IRDR, a admissão de *amicus curiae* e outros dados relevantes, que aproximem mais os interessados da tese em discussão.[50]

---

[48] Na linha de ampla publicidade imposta pelo CPC, o § 5º do art. 222 do Regimento Interno do Tribunal de Justiça do Estado da Bahia: "A sessão de julgamento deverá ser integralmente registrada mediante gravação de áudio e vídeo e transmitida por meio da rede mundial de computadores e redes de televisão estatais, sempre que possível".

[49] "Na sessão de julgamento designada para o juízo de admissibilidade do IRDR é razoável (senão recomendável) que se oportunize a realização de sustentação oral, o que, inclusive, já passou a ser regulado no regimento interno do TJMG e do TJMT, a despeito da ausência de previsão expressa no CPC/2015" [DIDIER JR., Fredie; TEMER, Sofia. A decisão de organização do incidente de resolução de demandas repetitivas: importância, conteúdo e o papel do Regimento Interno do Tribunal. In: DIDIER JR., Fredie; CUNHA, Leonardo Carneiro da (coords.). *Julgamento de casos repetitivos*. Salvador: JusPodivm, 2016. p. 232-233].

[50] TEMER, Sofia. *Incidente de resolução de demandas repetitivas: tentativa de sistematização*. 3. ed. Salvador: JusPodivm, 2018. p. 144. Segundo a Resolução nº 235 do CNJ, os dados do incidente

A divulgação e a publicidade do IRDR devem ser feitas, *pelo menos*, pelo cadastro gerido pelo CNJ, a partir das informações contidas no banco de dados mantido pelo tribunal. Além desse modo, é possível que haja outras formas de divulgação e publicidade. O banco de dados mantido no tribunal e o cadastro do CNJ são meios exemplificativos, e não exaustivos. É possível, a depender da relevância e da repercussão do caso, que o tribunal amplie essa divulgação, valendo-se *também* de outros meios para dar publicidade ao IRDR.

Tudo isso é aplicável aos recursos extraordinários com repercussão geral, aos recursos repetitivos, à decisão de relevância da questão de direito federal no recurso especial e ao incidente de assunção de competência (CPC, art. 979, § 3º).

10.9.3 Participação ampliada: interessados e *amicus curiae*

A exemplo do que sucede com o reconhecimento incidental de inconstitucionalidade, o IRDR e o incidente em recurso repetitivo provocam, além da resolução do caso concreto (caso-piloto), um julgamento da questão jurídica submetida ao crivo do tribunal apto a produzir uma tese jurídica aplicável a outros casos. Trata-se de incidente processual de natureza objetiva, sendo certo que a decisão do tribunal irá fixar a *ratio decidendi* a ser seguida não somente no caso concreto que lhe deu origem, mas também em todos os demais casos que envolvam a mesma questão jurídica.

A decisão, proferida no IRDR ou no recurso repetitivo, consistirá num paradigma para todos os demais casos, caracterizando-se como um *leading case* a fundamentar as decisões dos casos repetitivos que tenham por fundamento a mesma tese jurídica.

Enquanto não definida a tese jurídica a ser aplicada aos casos repetitivos, as partes de cada um dos respectivos processos podem intervir no mencionado incidente, contribuindo com o convencimento do tribunal. Tais partes têm interesse *jurídico* no resultado a ser obtido com o julgamento do incidente de resolução de demandas repetitivas.

Quer isso dizer que as partes das causas repetitivas, cujo processamento deve suspender-se ante a instauração do aludido incidente, podem nele intervir, exatamente porque a questão jurídica discutida também lhes diz respeito. Na verdade, o incidente admitido no tribunal *representa a controvérsia*, concentrando, no tribunal, todas as demandas que se fundam na questão jurídica a ser ali examinada. As partes de cada processo repetitivo podem tornar-se, igualmente, partes no mencionado incidente.

As partes de cada processo repetitivo são interessadas na formação do precedente, sendo, portanto, intervenientes no incidente.

Para compreender a posição desses sujeitos (que são partes nos processos suspensos), é preciso relembrar que, tanto no IRDR como nos recursos repetitivos, há a definição da tese (formando-se o precedente) e há o julgamento concreto do caso-piloto (resolvendo a disputa entre as partes do caso). A definição da tese é resultado do incidente do qual as partes dos processos suspensos são intervenientes.

E, para serem admitidos como intervenientes no incidente, é preciso que demonstrem a *utilidade* de sua intervenção. É preciso, em outras palavras, que demonstrem que têm novos

---

devem ser lançados no sistema de cada tribunal tão logo o incidente seja admitido. Aluisio Mendes, no entanto, defende que os cadastros deveriam indicar a existência e o andamento dos IRDRs desde a respectiva petição ou ofício. (MENDES, Aluisio Gonçalves de Castro. *Incidente de resolução de demandas repetitivas: sistematização, análise e interpretação do novo instituto processual*. Rio de Janeiro: Forense, 2017. p. 172)

argumentos para apresentar, podendo contribuir efetivamente (e com utilidade) da discussão e da formação do precedente.

No final de fevereiro de 2008, o STF admitiu a intervenção de um sindicato na qualidade de *assistente simples* (Sindicato da Indústria do Fumo do Estado de São Paulo – SINDI-FUMO), em processo que envolve uma indústria de cigarros, em que se discute a constitucionalidade do Decreto-lei 1.593/1977 (RE 550.769 QO/RJ, Rel. Min. Joaquim Barbosa, 28.02.2008, publicada no Informativo do STF 496). É certo que o Sindicato não mantém com o *assistido* uma relação jurídica conexa com a que se discute. Dessa forma, inviável a *assistência simples*, de acordo com o entendimento tradicional sobre o tema. Sucede que o STF entendeu que o *interesse jurídico* que autoriza a assistência simples, no caso mencionado, configurou-se pela constatação de que o seu julgamento poderia definir a orientação da jurisprudência em torno do tema (constitucionalidade de meios de coerção indireta para o pagamento do tributo, como a interdição de estabelecimento), que serviria para a solução de um número indefinido de casos. A relação jurídica conexa à relação discutida, aqui, é uma *relação jurídica coletiva*, pois envolve a proteção de direitos individuais homogêneos, cuja titularidade pertence à *coletividade das vítimas* (no caso, as indústrias de tabaco). Admitindo a força vinculativa do precedente judicial, notadamente quando proveniente do STF, o tribunal reconheceu a necessidade de permitir a ampliação do debate em momento anterior à formação do precedente. Já se admitia intervenção semelhante nos processos individuais, notadamente naqueles em se discutia *incidenter tantum* a inconstitucionalidade de um ato normativo. Sucede que, nesses casos, a intervenção se dava na qualidade de *amicus curiae* (CPC, art. 950, §§ 1º, 2º e 3º) e no incidente de análise da repercussão geral do recurso extraordinário (CPC, art. 1.038, I). O STF permitiu a intervenção como assistente simples, instituto já consagrado pela tradição jurídica brasileira. A decisão segue, pois, uma tendência, já divisada pela doutrina, de redefinição do pressuposto do interesse jurídico para a intervenção como assistente simples. Esse entendimento, no entanto, não tem sido seguido pelo STJ, que, por diversas vezes recusou a intervenção de entes coletivos em processos individuais, por entender que "o interesse institucional, não obstante encerre também interesse jurídico para a propositura da ação coletiva, não enseja a intervenção 'ad adjuvandum' em processo 'inter partes'".[51]

A orientação do STF parece ter sido encampada pela Lei 13.015/2014. O § 8º do art. 896-C da CLT admite *expressamente* a intervenção de terceiro, como assistente simples, para auxiliar a construção do precedente a ser firmado em julgamento dos recursos de revista repetitivos.

A exigência de demonstração de argumentos novos ou de efetiva e útil contribuição é relevante para que o sujeito seja admitido a participar do IRDR ou no incidente em recurso repetitivo. Uma vez comprovada a relevância e a utilidade de sua participação, ele deve ser admitido, passando, no caso-piloto, a ser assistente de uma das partes. A partir daí, a qualificação dele (interessado na formação do precedente e assistente no caso-piloto) é importante para definição de seus poderes: o que ele pode fazer no processo? Quais os limites de sua atuação? Poderá praticar todos os atos processuais e, inclusive, por ser assistente na causa-piloto, atuar em favor do assistido, desde que não contrarie sua vontade. Poderá, então, recorrer não apenas do precedente, mas também da solução concreta do caso, pois revertido o resultado, desfaz-se o precedente firmado. De igual modo, alterado

---

[51] STJ, 1ª Turma, REsp 821.586/PR, Rel. Min. Luiz Fux, *DJe* 3.11.2008. No mesmo sentido: STJ, Corte Especial, AgRg nos EREsp 1.146.066/PR, Rel. Min. Hamilton Carvalhido, *DJe* 13.4.2012; STJ, 2ª Turma, REsp 1.182.123/PE, Rel. Min. Castro Meira, *DJe* 21.5.2010.

o precedente, o resultado é invertido. Há, enfim, atividade de auxílio; há atuação em nome próprio na defesa de direito alheio. Há assistência, fundada em interesse jurídico. Tais partes, que passam a atuar no incidente admitido no tribunal, não se confundem com os *amici curiae* que possam eventualmente participar do seu processamento e julgamento; estes contribuem com argumentos, dados e elementos extraídos de sua experiência ou atividade, que se relaciona com o tema a ser examinado pelo tribunal.

A todo sujeito interessado em determinada decisão jurisdicional deve ser concedida a possibilidade de participar no processo de sua formação, sendo-lhe reconhecido o direito de ser ouvido, a fim de poder influenciar o julgador e ajudá-lo na elaboração do conteúdo da decisão,[52] contribuindo para a definição de sua *ratio decidendi*.

Enfim, é possível a qualquer interessado, seja ele portador de um interesse *institucional* (caso do *amicus curiae*), ou *jurídico* (caso das partes das demandas repetitivas), intervir e participar efetivamente do processamento e julgamento do referido incidente.

Tanto o IRDR como os recursos repetitivos destinam-se a formar precedentes obrigatórios. Por isso, devem contar com ampla participação de interessados, inclusive pessoas, órgãos e entidades com interesse na controvérsia. Todos devem participar, com a finalidade de ampliar a qualidade do debate, permitindo que a questão de direito seja mais bem compreendida, com a apresentação de diversos pontos de vista e variegados argumentos a serem objeto de reflexão pelos julgadores. Nessa linha, o enunciado 659 do Fórum Permanente de Processualistas Civis: "O relator do julgamento de casos repetitivos e do incidente de assunção de competência tem o dever de zelar pelo equilíbrio do contraditório, por exemplo solicitando a participação, na condição de *amicus curiae*, de pessoas, órgãos ou entidades capazes de sustentar diferentes pontos de vista".

É por isso que o art. 983 do CPC – inserido no capítulo relativo ao IRDR – determina que o relator ouvirá as partes e os demais interessados, os chamados *amici curiae*. Cada *amicus curiae* deve contribuir com sua experiência, seus estudos, documentos, materiais, dados, informações, enfim, com material que amplie a qualidade do debate e permita um melhor aprofundamento do assunto pelo tribunal.

Essa mesma previsão é repetida no art. 1.038, I, do CPC, segundo o qual o relator do recurso selecionado para julgamento, no âmbito dos recursos repetitivos, poderá solicitar ou admitir manifestação de pessoas, órgãos ou entidades com interesse na controvérsia, considerando a relevância da matéria e consoante dispuser o regimento interno. O relator pode solicitar ou admitir a participação de pessoa natural ou jurídica, órgão ou entidade especializada, com representatividade adequada, para manifestar-se no prazo de quinze dias (CPC, art. 138).[53]

Além da participação de *amici curiae*, o relator poderá designar audiências públicas para colher depoimentos de pessoas com experiência e conhecimento na matéria a ser discutida no incidente de assunção de competência. Para a formação de precedente, é preciso ampliar a cognição e ter um debate de qualidade.

A designação de audiências públicas está prevista nos arts. 983, § 1º, e 1.038, II.

---

[52] BOVE, Mauro. *Lineamenti di diritto processuali civile*. 3. ed. Torino: G. Giappichelli Editore, 2009. p. 31.
[53] Sobre a participação de vários *amici curiae*, assim esclarece o enunciado 82 da I Jornada de Direito Processual Civil, do Conselho da Justiça Federal: "Quando houver pluralidade de pedidos de admissão de *amicus curiae*, o relator deve observar, como critério para definição daqueles que serão admitidos, o equilíbrio na representatividade dos diversos interesses jurídicos contrapostos no litígio, velando, assim, pelo respeito à amplitude do contraditório, paridade de tratamento e isonomia entre todos os potencialmente atingidos pela decisão".

10.9.4 Intervenção do Ministério Público

Nos casos em que não for o requerente, o Ministério Público intervirá obrigatoriamente no julgamento de casos repetitivos (CPC, arts. 976, § 2º, e 1.038, III).

A participação do Ministério Público nesses casos é *corretamente* obrigatória: de um lado, amplia-se a cognição, qualificando o debate para a formação do precedente; de outro, garante-se a fiscalização na criação de uma norma jurídica de origem jurisdicional, que será de observância obrigatória pelo próprio tribunal e por todos os juízes a ele vinculados.

Convém destacar que, em qualquer caso de intervenção obrigatória do Ministério Público, é suficiente sua intimação, não sendo necessária sua manifestação. Com efeito, o STF, ao julgar a ADIn 1.936-0, reafirmou seu entendimento segundo o qual a falta de manifestação do Ministério Público, nos casos em que deve intervir, não acarreta a nulidade do processo, desde que tenha havido sua regular intimação. De acordo com o STF, para se atender à exigência normativa de sua intervenção, basta a intimação do Ministério Público, sendo prescindível seu pronunciamento expresso.

Não custa repetir que a construção do precedente deve pautar-se na ampliação do debate e na motivação qualificada. Para qualificar o debate na formação do precedente, é obrigatória a intervenção do Ministério Público (CPC, arts. 976, § 2º, e 1.038, III). A função de *fiscal da ordem jurídica* é, basicamente, para isso. A existência de interesse social é causa de intervenção do Ministério Público (CPC, art. 178, I).

Daí a razão de ser obrigatória a intimação do Ministério Público.

Além de ter legitimidade para suscitá-lo (CPC, art. 977, III), o Ministério Público deve assumir a titularidade de requerente nas hipóteses em que houver desistência ou abandono pelo suscitante, podendo manifestar-se após sua admissão, após a manifestação dos outros sujeitos e em sustentação oral (CPC, art. 984, II, *a*).

10.9.5 Calendário processual (CPC, art. 191)

O art. 191 do CPC apresenta uma das grandes novidades a ser adotada no sistema processual brasileiro: o calendário processual. Trata-se de um negócio processual plurilateral típico, celebrado entre juiz, autor e réu, bem como, se houver, intervenientes.

O calendário permite aos sujeitos processuais conhecer a possível duração do processo, com previsão cronológica do momento em que deve ser proferida a sentença.[54] Sua previsão no Código de Processo Civil busca concretizar a duração razoável do processo, evitando-se atos protelatórios.[55] Além de instrumento destinado a acelerar o processo, o calendário processual é técnica que serve à organização e à previsibilidade do processo.[56] A dispensa da intimação das partes e intervenientes é a principal finalidade do calendário processual.

O calendário processual normalmente se relaciona com a prática de atos instrutórios.[57] Com efeito, fixado o calendário para os atos instrutórios, tudo se torna mais previsível;

---

[54] RICCI, Gian Franco. *La reforma del processo civile: legge 18 giugno 2009, n. 69*. Torino: G. Giappichelli Editore, 2009. p. 36.

[55] RICCI, Gian Franco. *La reforma del processo civile: legge 18 giugno 2009, n. 69*. Torino: G. Giappichelli Editore, 2009. p. 37.

[56] PICOZZA, Elisa. Il calendario del processo. *Rivista di Diritto Processuale,* Milano: CEDAM, LXIV, n. 6, 2009, p. 1.652.

[57] RICCI, Gian Franco. *La reforma del processo civile: legge 18 giugno 2009, n. 69*. Torino: G. Giappichelli Editore, 2009. p. 37.

todos os atos ficam agendados. Já se sabe quando serão praticados, concretizando-se a duração razoável do processo. Além dos atos instrutórios, é também possível estabelecer o calendário processual para a prática de atos postulatórios, a exemplo das razões finais, bem como para a prática de atos decisórios e executivos.[58]

Nos instrumentos de gestão e julgamento de casos repetitivos, é possível haver calendário processual, a ser celebrado entre o órgão julgador (representado pelo relator), as partes, os interessados, os *amici curiae* e o Ministério Público. É possível, até mesmo, a designação de uma audiência para celebração do calendário.[59] O calendário pode ser muito útil para o agendamento de audiências públicas e manifestações sucessivas das partes, encurtando o tempo de duração do processamento do IRDR ou do recurso repetitivo, conferindo-lhe a prioridade imposta pela lei.

Convém advertir que o calendário processual é sempre negocial; não pode ser imposto pelo órgão jurisdicional. Trata-se de negócio jurídico processual plurilateral, havendo a necessidade de acordo de, pelo menos, três vontades: a do autor, a do réu e a do órgão julgador. Se houver intervenientes, estes também devem integrar o negócio processual que fixa o calendário. No IRDR ou recurso repetitivo, todos devem participar da celebração do calendário.

Estabelecido o calendário, dispensa-se a intimação das partes, dos intervenientes, dos *amici curiae* e do Ministério Público para a prática dos atos processuais que já foram agendados. Também não é mais necessária qualquer intimação para as audiências cujas datas tiverem sido agendadas no calendário. A propósito, a dispensa de intimação é a principal finalidade do calendário processual. O calendário vincula todos que o celebraram. Os prazos nele previstos só podem ser alterados em casos excepcionais, devidamente justificados.

10.9.6 Possibilidade de interposição de recurso pelo *amicus curiae*

O amicus curiae não pode, via de regra, recorrer (CPC, art. 138, § 1º).

A ele confere-se, porém, a possibilidade de recorrer da decisão que julgar o incidente de resolução de demandas repetitivas (CPC, arts. 138, § 3º, e 976 e ss.). Não há previsão expressa para que o *amicus curiae* possa recorrer da decisão que julga um recurso repetitivo no tribunal superior. Isso não é motivo para vedar, porém, a possibilidade de recurso pelo *amicus curiae* contra decisão que julgue um recurso repetitivo.

Em virtude da existência do microssistema de julgamento de casos repetitivos (CPC, art. 928), a permissão de interposição de recursos deve estender-se, também, ao julgamento de *recursos especiais ou extraordinários repetitivos*.[60]

O recurso do *amicus curiae* pode impugnar apenas a *tese jurídica* firmada na decisão.

10.9.7 Eficácia da decisão para processos futuros

O julgamento de casos repetitivos fixa a tese jurídica a ser aplicada em casos futuros semelhantes (CPC, arts. 985, II, e 1.040, I). Forma-se, assim, um precedente obrigatório.

---

[58] Sobre a calendarização da execução, COSTA, Eduardo José da Fonseca. A execução negociada de políticas públicas em juízo. *Revista de Processo*, São Paulo: RT, v. 212, 2012.
[59] Nesse sentido, o enunciado 299 do Fórum Permanente de Processualistas Civis: "O juiz pode designar audiência também (ou só) com objetivo de ajustar com as partes a fixação de calendário para fase de instrução e decisão".
[60] Nesse sentido, enunciado 391 do Fórum Permanente de Processualistas Civis: "O *amicus curiae* pode recorrer da decisão que julgar recursos repetitivos".

Se algum juízo não aplicar a tese jurídica adotada, caberá reclamação para o tribunal competente (CPC, art. 988, IV). É possível, por outro lado, que o juiz aplique, equivocadamente, a tese firmada a caso distinto, que não permita sua aplicação. Nessa hipótese, também cabe a reclamação, a fim de afastar a aplicação indevida da tese jurídica (CPC, art. 988, § 4º).[61] Esse caso também autoriza o ajuizamento de ação rescisória (CPC, art. 966, § 5º).

Após firmada a tese jurídica, se for proposta alguma demanda cujo fundamento a contrarie, o juiz julgará liminarmente improcedente o pedido independentemente da citação do réu, desde que não haja necessidade de produção de provas a respeito dos fatos alegados pelo autor (CPC, art. 332, II e III). Nesse caso, o juiz deve, na sua sentença, sob pena de nulidade, indicar os fundamentos determinantes do julgamento proferido e demonstrar que o caso sob julgamento se ajusta àqueles fundamentos (CPC, art. 489, § 1º, V), merecendo, por causa disso, a improcedência liminar. Não há ofensa ao contraditório nessa hipótese, pois o julgamento é de improcedência e beneficia o réu. O julgamento de improcedência deverá ser comunicado ao réu, para que tenha ciência do desfecho do processo.

Depois de firmada a tese jurídica, o juiz deverá, nas demandas nela fundadas, conceder a tutela provisória de evidência, se as alegações de fato puderem ser comprovadas apenas documentalmente (CPC, art. 311, II). Nesse caso, a tutela provisória de evidência pode ser concedida liminarmente (CPC, art. 311, parágrafo único).

10.9.8 Procedimento para revisão da tese jurídica (superação do precedente obrigatório formado de modo concentrado)

A tese firmada no julgamento de casos repetitivos pode ser objeto de revisão. O art. 986 do CPC cuida do tema em relação ao IRDR, mas é aplicável, com o apelo ao microssistema, ao julgamento dos recursos repetitivos.

O tribunal que o julgou, de ofício, e os legitimados a suscitar o incidente de julgamento de casos repetitivos poderão pleitear a revisão do entendimento firmado. Qualquer uma das partes pode requerer a revisão do entendimento.[62] O Ministério Público, a Defensoria Pública e qualquer outro legitimado também podem requerer a revisão do entendimento.

A modificação do entendimento somente poderá realizar-se incidentalmente no julgamento de recurso ou causa de competência originária do tribunal. *Mas a revisão da tese, exatamente por redundar na formação de outro precedente obrigatório, deve ocorrer após a instauração de um novo incidente de julgamento de casos repetitivos. Novo precedente obrigatório, nesse caso, deve ser formado da mesma maneira pela qual o precedente obrigatório revogado foi formado.*

Deferido o requerimento, o órgão colegiado do tribunal que, nos termos do seu regimento interno, fixou a tese a ser rediscutida tem preferência para revisá-la. Não é suficiente, para modificar o entendimento, o simples requerimento. É preciso demonstrar a necessidade de revisão da tese firmada em razão, entre outras alegações, (a) da revogação ou modificação da

---

[61] O STJ entende não ser cabível, nesse caso, a reclamação (STJ, Corte Especial, Rcl 36.476/SP, Rel. Min. Nancy Andrighi, *DJe* 6.3.2020).

[62] *Nesse sentido*, o enunciado 143 da *II Jornada de Direito Processual Civil*, do Conselho da Justiça Federal: "O pedido de revisão da tese jurídica firmada no incidente de resolução de demandas repetitivas pode ser feita pelas partes, nos termos do art. 977, II, do CPC/2015". No mesmo sentido, MENDES, Aluísio Gonçalves de Castro. *Incidente de resolução de demandas repetitivas: sistematização, análise e interpretação do novo instituto processual*. Rio de Janeiro: Forense, 2017. p. 72.

norma em que se fundou a decisão ou (b) da alteração econômica, política ou social referente à matéria decidida.

A decisão sobre a modificação do entendimento firmado poderá ser precedida de audiências públicas e da participação de pessoas, órgãos ou entidades que possam contribuir para a rediscussão da tese (CPC, art. 927, § 2º).

A modificação do entendimento deve observar a necessidade de fundamentação adequada e específica, considerando os princípios da segurança jurídica, da proteção da confiança e da isonomia (CPC, art. 927, § 4º). Na hipótese de alteração da tese, o tribunal pode modular os efeitos da decisão que vier a superar o entendimento anterior, limitando sua retroatividade ou lhe atribuindo efeitos prospectivos (CPC, art. 927, § 3º).

Na revisão da tese, o tribunal deve, enfim, seguir as regras gerais para a superação do precedente.

10.10 OUTRAS REGRAS COMUNS ÀS ESPÉCIES DE JULGAMENTO DE CASOS REPETITIVOS

10.10.1 Seleção do caso representativo

Os instrumentos destinados à gestão e ao julgamento de casos repetitivos constituem incidentes, como visto, instaurados e admitidos a partir de casos concretos que estejam pendentes no tribunal.

A seleção do caso representativo da controvérsia é muito importante, pois impacta nas conclusões que o tribunal pode extrair a respeito da questão repetitiva. Uma seleção mal feita poderá levar a uma cognição de menor qualidade, reduzindo o potencial de influência do contraditório no incidente e repercutindo na própria atuação das partes, dos interessados e dos *amici curiae*.[63] Se bem que o equilíbrio da participação no incidente dependa da seleção das causas, é certo que a parte não dispõe do direito de ver sua causa selecionada.[64]

Para a referida seleção, há parâmetros quantitativos e qualitativos.

O tribunal deve selecionar mais de um processo repetitivo: devem ser selecionados dois ou mais casos representativos da controvérsia (CPC, art. 1.036, §§ 1º e 5º), regra igualmente aplicável ao IRDR,[65] por força do microssistema de casos repetitivos. Eis o parâmetro quantitativo.

Já o parâmetro qualitativo consiste na escolha do processo que seja admissível e contenha *argumentação abrangente* (CPC, art. 1.036, § 6º). Embora este seja um dispositivo relativo aos recursos repetitivos, aplica-se igualmente ao IRDR, por força do microssistema de julgamento de casos repetitivos.

A expressão *argumentação abrangente* é ampla e vaga, podendo ser interpretada no sentido de uma maior quantidade de argumentos que viabilize uma boa discussão sobre o tema, com amplitude do contraditório, pluralidade de ideias e representatividade dos sujeitos do processo originário. Assim, deve ser selecionado um caso que contenha a maior quantidade de argumentos, em que haja a maior qualidade na argumentação, com clareza, logicidade e

---

[63] CABRAL, Antonio do Passo. A escolha da causa-piloto nos incidentes de resolução de processos repetitivos. *Revista de Processo*, São Paulo: RT, v. 231, 2014, p. 210-218.

[64] MARINONI, Luiz Guilherme; MITIDIERO, Daniel. *Repercussão geral no recurso extraordinário*. São Paulo: RT, 2007. p. 62.

[65] CABRAL, Antonio do Passo. Comentários ao art. 982. In: CABRAL, Antonio do Passo; CRAMER, Ronaldo (coords.). *Comentários ao novo Código de Processo Civil*. Rio de Janeiro: Forense, 2015. n. 2.3, p. 1.438.

concisão, e que apresente contra-argumentação também de boa qualidade; não é recomendável, também, escolher casos em que houve restrições à cognição ou à instrução, legais ou convencionais.[66]

O tribunal deve selecionar os casos em que as partes possam ter uma boa *representatividade*, não do grupo ou classe de pessoas que tenham interesse na solução do caso, mas da discussão da questão a ser resolvida. O que se exige, na feliz expressão de Sofia Temer, não é uma "representatividade adequada", mas uma "representatividade argumentativa".[67]

Nessa linha, havendo entre as causas repetitivas uma ação coletiva, ela deve ser a escolhida como caso-piloto.[68]

10.10.2 Identificação da questão a ser submetida a julgamento. O respeito à congruência

Tanto o IRDR como os recursos repetitivos submetem-se a procedimento próprio, precedido da escolha de causas tidas como representativas da controvérsia, que viabilizarão o debate e o julgamento da questão de direito comum.

Escolhidos os casos paradigmas, deve ser identificada com precisão a questão a ser submetida a julgamento. É o que exige o inciso I do art. 1.037 do CPC, aplicável aos recursos repetitivos. A regra, que serve tanto à formação de precedentes quanto à gestão e julgamento de casos repetitivos, há igualmente de ser aplicada ao IRDR.

É indispensável, seja no IRDR, seja nos recursos repetitivos, que se identifique, com precisão, a questão a ser submetida a julgamento. Com isso, facilita-se o reconhecimento dos demais casos que tenham afinidade com a questão e que devam ser suspensos e, posteriormente, atingidos pela tese fixada pelo tribunal.

Mas não é apenas por isso.

A identificação da questão a ser decidida *vincula* o tribunal – que *não* poderá decidir *outra* questão.

Como será visto mais à frente, o incidente de julgamento de casos repetitivos possui dois núcleos decisórios: fixação da tese jurídica e julgamento do caso-piloto. Para ambos, aplica-se a regra geral da congruência objetiva, segundo a qual o órgão jurisdicional não pode decidir fora do objeto litigioso (CPC, arts. 141 e 492).[69]

---

[66] CABRAL, Antonio do Passo. A escolha da causa-piloto nos incidentes de resolução de processos repetitivos. *Revista de Processo*, São Paulo: RT, v. 231, 2014, p. 210-218, *passim*.

[67] TEMER, Sofia. *Incidente de resolução de demandas repetitivas*. 3. ed. Salvador: JusPodivm, 2018. p. 177-178.

[68] Como, aliás, sugeriu CABRAL, Antonio do Passo. A escolha da causa-piloto nos incidentes de resolução de processos repetitivos. *Revista de Processo,* São Paulo: RT, v. 231, p. 217-220, 2014; Do incidente de resolução de demandas repetitivas. In: CABRAL, Antonio do Passo; CRAMER, Ronaldo (coord.). *Comentários ao Novo Código de Processo Civil*. 2. ed. Rio de Janeiro: Forense, 2016. p. 1.457. Nessa linha, também, o enunciado 615 do Fórum Permanente de Processualistas Civis: "Na escolha dos casos paradigmas, devem ser preferidas, como representativas da controvérsia, demandas coletivas às individuais, observados os requisitos do art. 1.036, especialmente do respectivo § 6º". Ainda assim nesse sentido, DIDIER JR., Fredie; ZANETI JR., Hermes. *Curso de direito processual civil*. 10. ed. Salvador: JusPodivm, 2016. v. 4, p. 93.

[69] Nesse sentido, o enunciado 606 do Fórum Permanente de Processualistas Civis: "Deve haver congruência entre a questão objeto da decisão que admite o incidente de resolução de demandas repetitivas e a decisão final que fixa a tese".

O contraditório *qualificado* do incidente tem por objeto a discussão da questão que foi delimitada; terceiros, Ministério Público e *amici curiae* contribuem com o debate em torno da questão previamente identificada. Decidir fora desses limites é, portanto, conduta contrária ao princípio do contraditório.

É imprescindível, por isso, que a questão de direito objeto do incidente esteja sendo debatida nos casos-pilotos. Não é lícito definir, como objeto do incidente, questão que não esteja sendo discutida em juízo. A legitimidade constitucional desse tipo de procedimento de formação concentrada de precedente obrigatório vem da circunstância, que é inerente à jurisdição, de que o órgão julgador decide questões que lhe são apresentadas, propondo soluções normativas para a definição dessa mesma questão no futuro, caso ela volte a ser submetida a juízo. Não pode o órgão jurisdicional propor soluções normativas para questões que não lhe são propostas: no sistema brasileiro de separação de poderes, essa tarefa é do Poder Legislativo.

A definição da questão de direito repetitiva a ser decidida é relevante, ainda, para a verificação da existência de litispendência ou conexão entre os incidentes, tal como já examinado – e, assim, é também importante para a identificação do órgão julgador prevento.

10.10.3 Decisão

10.10.3.1 *Fundamentação. A relação com o art. 489, § 1º, do CPC*

Na decisão do incidente de julgamento de casos repetitivos, todos os argumentos contrários e favoráveis à tese jurídica discutida haverão de ser enfrentados (CPC, arts. 984, § 2º, e 1.038, § 3º).

Essa exigência é importantíssima.

A inclusão dos argumentos contrários à tese (e que, por isso, foram *vencidos*) ajuda a compreender o precedente firmado, além de dar-lhe ainda mais legitimidade. Como disse Sofia Temer, "justamente pela necessidade de demonstrar que a tese é a melhor, em termos de racionalidade e universabilidade, é que também os fundamentos analisados e não acolhidos são essenciais no acórdão que julga o incidente, porque apenas será possível ter a visão panorâmica da controvérsia e da resolução da questão jurídica pela análise e refutação dos argumentos contrários, considerados pelo tribunal como insuficientes para infirmar a conclusão sobre a questão jurídica".[70]

Essa exigência facilitará a análise sobre a necessidade ou não de superação da tese, em razão de argumento novo.

Exige-se que o processo de formação do precedente se dê nesses termos, ainda, porque, na interpretação e na aplicação dessa decisão a casos futuros e similares, bastará que o órgão julgador verifique se é ou não caso de distinção ou superação (CPC, arts. 489, § 1º, V e VI, e 927, § 1º); se for, o precedente não será aplicado; se não for, o precedente será aplicado e a fundamentação originária do julgamento do incidente se incorporará automaticamente à própria decisão que o invoca, sem a necessidade de repeti-la ou reelaborá-la, razão pela qual não será exigível a observância ao art. 489, § 1º, IV, do CPC.[71] Essa é uma das facetas

---

[70] TEMER, Sofia. *Incidente de resolução de demandas repetitivas*. 3. ed. Salvador: JusPodivm, 2018. p. 230.
[71] Assim, o enunciado 524 do Fórum Permanente de Processualistas Civis, ao dispor que o órgão julgador está dispensado de "enfrentar os fundamentos jurídicos deduzidos no processo e já enfrentados na formação da decisão-paradigma, sendo necessário demonstrar a correlação fática e jurídica entre o caso concreto e aquele já apreciado".

da *inércia argumentativa* própria de um sistema de precedentes.[72] Somente assim o sistema ganha o *mínimo de racionalidade*.[73]

10.10.3.2 Elementos do acórdão do incidente de julgamento de casos repetitivos. Sumário dos argumentos examinados e núcleos decisórios

A decisão judicial possui três elementos: relatório, fundamentação e dispositivo (CPC, art. 489). A decisão de um dos incidentes de julgamento de casos repetitivos não foge a essa regra, obviamente.

Sucede que ela possui algumas peculiaridades que devem ser destacadas.

O *relatório* do acórdão do julgamento de casos repetitivos deve ser tão mais minucioso e completo quanto possível.[74]

O histórico dos debates em torno do assunto e a identificação precisa do caso – descrição do substrato fático sobre o qual incidirá a norma do precedente que está sendo construída – são imprescindíveis.

Além disso, é preciso que do relatório conste uma espécie de lista, sumário ou índice de todos os argumentos, contrários e favoráveis à tese jurídica discutida, examinados pelo tribunal. Essa lista deve ser apresentada de modo claro e didático, para que funcione como um verdadeiro guia de consulta. É possível, inclusive, a apresentação desse conjunto de argumentos em forma de tabelas, de modo a que se facilite a visualização do confronto entre os argumentos. Como se viu no item anterior, a identificação do repertório argumentativo que foi enfrentado pelo tribunal na construção do precedente possui múltiplas funções, todas elas importantíssimas para o bom desempenho do sistema de precedentes obrigatórios que o CPC busca implantar.

---

[72] A *"inércia argumentativa* intervém em favor do estado de coisas existente, que só deve ser alterado, se houver razões a favor da mudança, se houver prova da oportunidade de mudar de conduta diante de uma situação que se repete. No direito, as razões a favor da mudança funcionam de forma bastante semelhante à força resultante que pode pôr em movimento um corpo em repouso, ou a alterar a velocidade ou direção de um corpo em movimento" (ATAÍDE JR., Jaldemiro Rodrigues de. O princípio da inércia argumentativa diante de um sistema de precedentes em formação no direito brasileiro. *Revista de Processo,* São Paulo: RT, v. 229, mar. 2014, p. 390).

[73] DIDIER JR., Fredie; OLIVEIRA, Rafael Alexandria; BRAGA, Paula Sarno. *Curso de direito processual civil.* 10. ed. Salvador: JusPodivm, 2015. v. 2, p. 466.

[74] "O relatório constitui elemento importante, sobretudo num sistema como o brasileiro, que valoriza o precedente judicial. Essa importância aumenta, ainda mais, nos acórdãos. É pelo relatório que são identificados os detalhes da causa, a fim de que se possa verificar, nos casos sucessivos, a adequação do precedente para a solução do caso, possibilitando que se conclua pela sua aplicação ou não à hipótese posta a julgamento. É relevante o relatório no acórdão, devendo dele constar para que se possa avaliar a aplicação, nos casos sucessivos, da regra nele construída" (CUNHA, Leonardo Carneiro da. Comentários ao art. 489. In: WAMBIER, Teresa Arruda Alvim; DIDIER JR., Fredie; TALAMINI, Eduardo; DANTAS, Bruno (coords.). *Breves comentários ao novo Código de Processo Civil.* São Paulo: RT, 2015. n. 3.1, p. 1.229). "Em um sistema que valoriza o precedente judicial, como o brasileiro, o relatório possui um papel relevantíssimo na identificação da causa e, com isso, dos fatos relevantes (*material facts*), sem os quais não é possível a aplicação do precedente judicial. Não se pode aplicar ou deixar de aplicar um precedente, sem saber se os fatos da causa a ser decidida se assemelham ou se distinguem dos fatos da causa que gerou o precedente. Daí a importância do relatório, em que deve estar a correta e minuciosa exposição da causa" (DIDIER JR., Fredie; OLIVEIRA, Rafael Alexandria de; BRAGA, Paula Sarno. Comentários ao art. 489. In: CABRAL, Antonio do Passo; CRAMER, Ronaldo (coords.). *Comentários ao novo Código de Processo Civil.* Rio de Janeiro: Forense, 2015. n. 3.1, p. 706).

Em relação à fundamentação e ao dispositivo, é preciso relembrar que, no julgamento de casos repetitivos, há *dois núcleos decisórios*: a) a definição da tese jurídica que deve ser aplicada aos processos pendentes e aos futuros; b) a solução do caso-piloto. A percepção de que há esses dois *núcleos decisórios* é importantíssima para que se possa compreender o interesse na interposição de eventual recurso contra essa decisão.

É possível que haja mais de uma tese jurídica a ser definida, assim como é possível (e será muito comum) que o caso tenha objeto litigioso complexo, com vários pedidos a serem decididos (um caso em que houve cumulação de pedidos, por exemplo). Ou seja, cada *núcleo decisório* pode ter mais de um *capítulo*.

Impõe-se, então, que o acórdão exponha essa complexidade decisória com muita clareza e precisão.

Cada *núcleo decisório* deve ser apresentado separadamente, com o destaque da respectiva fundamentação e do respectivo dispositivo.

No *primeiro* núcleo decisório, o tribunal definirá a *tese jurídica* aplicável, apresentando as razões do seu convencimento – com o enfrentamento de todos os argumentos contrários e favoráveis (CPC, 489, § 1º, IV). O dispositivo desse núcleo decisório deve ser apresentado em forma de enunciado normativo, numa linguagem direta, clara e acessível; preferencialmente, escrito em frase curta, valendo-se da tradicional estrutura sujeito-verbo-complemento, sem uso de figuras de linguagem ou orações subordinadas.

No *segundo* núcleo decisório, o tribunal decidirá o caso-piloto, demonstrando de que modo o caso se subsome à tese jurídica ali mesmo criada (CPC, art. 489, § 1º, V).

Como já se viu, é possível que, em razão de abandono ou desistência do caso-piloto, o tribunal se limite a fixar a tese jurídica. Nessa hipótese, o acórdão do incidente de julgamento de casos repetitivos terá apenas um *núcleo decisório*.

A colheita dos votos dos membros do colegiado deve observar a existência desses dois núcleos decisórios. Colhem-se os votos separadamente, tanto para a solução do caso, como para a definição da tese jurídica a ser definida.

10.10.4 Eficácia da decisão em relação a decisões já transitadas em julgado

Já se viu que o acórdão do incidente de julgamento de casos repetitivos produz efeitos em relação a processos atuais e futuros. E em relação às decisões passadas, já transitadas em julgado? Pode a tese firmada ser utilizada como fundamento para eventual ação rescisória baseada no inciso V do art. 966 do CPC?

A resposta passa pelo enunciado 343 da Súmula do STF, analisado no capítulo sobre ação rescisória. Cabe, nesse momento, rememorar o que ali se disse, partindo-se da premissa de que o precedente firmado em julgamento de casos repetitivos é vinculante.

O Enunciado 343 da Súmula do STF prescreve que "Não cabe ação rescisória por ofensa a literal disposição de lei, quando a decisão rescindenda se tiver baseado em texto legal de interpretação controvertida nos tribunais". Esse enunciado ainda deve ser aplicado, mas com algumas ponderações. A aplicação desse enunciado deve ser examinada em quatro exemplos ora aventados.

a) Divergência na interpretação do Direito *entre* tribunais, sem que existisse, ao tempo da prolação da decisão rescindenda, precedente vinculante do STF ou STJ

(CPC, art. 927) sobre o tema: não há direito à rescisão, pois não se configura a *manifesta* violação de norma jurídica. Aplica-se o enunciado 343 da Súmula do STF.

b) Divergência na interpretação do Direito *entre* tribunais, sem que existisse, ao tempo da prolação da decisão rescindenda, precedente vinculante do STF ou STJ (CPC, art. 927) sobre o tema; após o trânsito em julgado, sobrevém precedente obrigatório do tribunal superior: observado o prazo da ação rescisória, há direito à rescisão, com base nesse novo precedente, para concretizar o princípio da unidade do Direito e a igualdade. Note que o § 15 do art. 525 do CPC reforça a tese de que cabe ação rescisória para fazer prevalecer posicionamento de tribunal superior formado após a coisa julgada.

c) Divergência na interpretação do Direito *entre* tribunais, havendo, ao tempo da prolação da decisão rescindenda, precedente vinculante do STF ou do STJ sobre o tema: se a decisão rescindenda contrariar o precedente vinculante, há direito à rescisão, pois se configura a *manifesta* violação de norma jurídica. Violam-se, a um só tempo, a norma do precedente e a norma que decorre do art. 927 do CPC.

d) Divergência na interpretação do Direito *entre* tribunais, havendo, ao tempo da prolação da decisão rescindenda, precedente vinculante do STF ou STJ; após o trânsito em julgado, sobrevém novo precedente do tribunal superior, alterando o seu entendimento: não há direito à rescisão, fundado nesse novo precedente, tendo em vista a segurança jurídica, tal como decidido pelo STF, no RE 590.809, Rel. Min. Marco Aurélio, j. 22.10.2014.

10.10.5 Prevenção do relator que primeiro tiver afetado (CPC, art. 1.037, § 3º)

O art. 1.037 do CPC, que se refere aos recursos repetitivos, estabelece, em seu § 3º, que "Havendo mais de uma afetação, será prevento o relator que primeiro tiver proferido a decisão a que se refere o inciso I do *caput*". O relator que primeiro tiver afetado o recurso representativo da controvérsia fica, portanto, prevento para os demais que foram afetados para julgamento por amostragem.

Tal disposição há de ser aplicada, igualmente, ao IRDR. É preciso, desde logo, destacar que se admite a instauração de mais de um IRDR sobre a mesma questão de direito, seja no mesmo tribunal, seja em tribunais diferentes.[75] Se for instaurado mais de um IRDR no mesmo tribunal, o relator do primeiro deve ficar prevento para os demais, aglutinando todos eles para julgamento conjunto, com análise de todos os argumentos apresentados.[76]

Essa prevenção definirá o órgão competente para os casos de litispendência ou conexão entre os incidentes, examinados no próximo item.

---

[75] Nesse sentido, o enunciado 90 do Fórum Permanente dos Processualistas Civis: "É admissível a instauração de mais de um incidente de resolução de demandas repetitivas versando sobre a mesma questão de direito perante tribunais de 2º grau diferentes".

[76] Nesse sentido, o enunciado 89 do Fórum Permanente de Processualistas Civis: "Havendo apresentação de mais de um pedido de instauração do incidente de resolução de demandas repetitivas perante o mesmo tribunal todos deverão ser apensados e processados conjuntamente; os que forem oferecidos posteriormente à decisão de admissão serão apensados e sobrestados, cabendo ao órgão julgador considerar as razões neles apresentadas".

10.10.6 Instauração de mais de um procedimento para fixação de casos repetitivos. Litispendência e conexão entre os incidentes

É possível a instauração simultânea de mais de um IRDR sobre a mesma questão no mesmo tribunal ou em diferentes tribunais.[77]

Se houver mais de um IRDR no mesmo tribunal sobre o mesmo tema, instaurados a partir da provocação de sujeitos distintos, todos devem ser apensados e processados conjuntamente[78] – trata-se de um caso de litispendência:[79] a mesma questão é submetida em diferentes procedimentos, sempre com o mesmo propósito: fixação do precedente para processos futuros e incorporação da fundamentação aos processos pendentes. Essa litispendência com partes distintas não leva à extinção de um dos processos, mas à reunião deles.

Se os procedimentos houverem sido instaurados pelo mesmo sujeito, apenas um deles deve prosseguir.

É possível, ainda, imaginar incidentes para solução de questões repetitivas que sejam conexas entre si. As questões são diversas, mas se imbricam, sobretudo quando envolverem a análise de argumentação jurídica semelhante. Isso será muito comum nos casos de solução de questão processual repetitiva. Basta pensar na discussão sobre a aplicação do art. 932, parágrafo único, do CPC (dever de prevenção do relator): pode haver discussão sobre a aplicação dele aos recursos cuja fundamentação seja defeituosa ou aos recursos interpostos por parte ilegítima. As questões são diversas, mas dizem respeito à aplicação de um mesmo dispositivo e versam sobre a concretização de mesmos princípios (no caso, o princípio da cooperação e o princípio da primazia da decisão de mérito).

Em todas essas hipóteses, cumpre seguir a orientação do enunciado 89 do Fórum Permanente de Processualistas Civis: todos os requerimentos devem ser apensados e processados conjuntamente, podendo o tribunal decidir quais afetar para processamento e julgamento. Caso isso ocorra, o relator que proferir a primeira decisão de afetação fica prevento para os demais (CPC, art. 1.037, § 3º).

---

[77] Enunciado 90 do Fórum Permanente de Processualistas Civis: "É admissível a instauração de mais de um incidente de resolução de demandas repetitivas sobre a mesma questão de direito perante tribunais de 2º grau diferentes". Luiz Henrique Volpe Camargo discorda da possibilidade de tramitação de incidentes perante tribunais distintos. Na sua opinião, "se a reprodução de causas com a mesma questão jurídica transcender a competência do tribunal de 2º grau onde o incidente for instaurado em primeiro lugar, não poderão ser instalados outros incidentes em outros tribunais, sob pena de permitir que se concretize o oposto da razão de existir do incidente: o tratamento desigual" (CAMARGO, Luiz Henrique Volpe. O incidente de resolução de demandas repetitivas no projeto de novo CPC: a comparação entre a versão do Senado Federal e a da Câmara dos Deputados. In: FREIRE, Alexandre; DANTAS, Bruno; NUNES, Dierle; DIDIER JR., Fredie; MEDINA, José Miguel Garcia; FUX, Luiz; CAMARGO, Luiz Henrique Volpe; OLIVEIRA, Pedro Miranda de (orgs.). *Novas tendências do processo civil*. Salvador: JusPodivm, 2014. v. 3, p. 295).

[78] Nesse sentido, o enunciado 89 do Fórum Permanente de Processualistas Civis: "Havendo apresentação de mais de um pedido de instauração do incidente de resolução de demandas repetitivas perante o mesmo tribunal todos deverão ser apensados e processados conjuntamente. Os que forem oferecidos posteriormente à decisão de admissão serão apensados e sobrestados, cabendo ao órgão julgador considerar as razões neles apresentadas".

[79] Em sentido diverso, entendendo que não se pode falar em "litispendência nesses casos", CABRAL, Antonio do Passo. Comentários ao art. 977. In: CABRAL, Antonio do Passo; CRAMER, Ronaldo (coords.). *Comentários ao novo Código de Processo Civil*. Rio de Janeiro: Forense, 2015. p. 1.426; TEMER, Sofia. Incidente de resolução de demandas repetitivas. 3. ed. Salvador: JusPodivm, 2018. p. 122.

A existência de vários IRDRs em mais de um tribunal pode acarretar a prolação de decisões em sentidos divergentes, até porque cada uma terá uma abrangência territorial limitada ao Estado ou região do respectivo tribunal (CPC, art. 985). Para evitar ou eliminar essa divergência, ou algum interessado requer a suspensão nacional (CPC, art. 982, §§ 3º e 4º), ou se interpõe recurso ao tribunal superior, que, ao final, irá uniformizar o entendimento em âmbito nacional.

10.10.7 Prazo para julgamento – um ano (CPC, arts. 980 e 1.037, § 4º)

Instaurado o IRDR, este deve ser julgado no prazo de um ano (art. 980 do CPC). De igual modo, os recursos afetados para julgamento devem ser julgados no prazo de um ano (CPC, art. 1.037, § 4º).

Superado o prazo de um ano sem que o IRDR seja julgado, cessa a suspensão dos processos, ressalvada a existência de decisão fundamentada do relator em sentido contrário (CPC, art. 980, parágrafo único).

10.10.8 Prioridade de julgamento (CPC, arts. 980 e 1.037, § 4º) e exclusão da ordem cronológica de julgamento (CPC, art. 12, § 2º, III)

O IRDR e os recursos representativos da controvérsia têm preferência sobre os demais processos, ressalvados os que envolvam réu e os pedidos de *habeas corpus* (CPC, arts. 980 e 1.037, § 4º).

Nos termos do art. 12 do CPC, o juiz e o tribunal devem, preferencialmente, julgar de acordo com a ordem cronológica de conclusão para sentença e para acórdãos, respectivamente. O dispositivo estabelece um modo de gestão pelo juiz e pelo tribunal. Ao juiz ou tribunal cabe observar, preferencialmente, a ordem cronológica de conclusão. Nada impede, porém, que o juiz ou o tribunal valha-se de outros meios de gestão, expressa e previamente estabelecidos e anunciados. Não estabelecido, nem anunciado, expressa e previamente, outro meio de gestão, cabe-lhe, preferencialmente, decidir atendendo à ordem cronológica de conclusão.

Adotada a ordem cronológica como meio de gestão, o julgamento do IRDR e dos recursos repetitivos está excluído da ordem cronológica de conclusão, tendo preferência na pauta do órgão competente para julgá-lo (CPC, art. 12, § 2º, III).

10.10.9 Aplicação do regime de julgamento e gestão de casos repetitivos a qualquer processo, recurso ou incidente

O Superior Tribunal de Justiça, ainda sob a vigência do CPC/1973, já adotou o procedimento dos recursos repetitivos para reclamações e, igualmente, para embargos de divergência. Com efeito, ao apreciar a Reclamação 12.062/GO, a 2ª Seção do STJ adotou o procedimento dos recursos repetitivos para a reclamação ali julgada.[80] E, ao apreciar os Embargos de Divergência no Recurso Especial 1.403.532/SC, reconheceu a possibilidade de se adotar o procedimento dos repetitivos para aquele tipo de recurso.[81]

---

[80] STJ, 2ª Seção, Rcl 12.062/GO, Rel. Min. Raul Araújo, *DJe* 20.11.2014.

[81] "Processual civil. Possibilidade de julgamento de embargos de divergência segundo o rito aplicável aos recursos repetitivos. Art. 543-C do CPC e Resolução 8/2008-STJ. Precedente da 2ª Seção: RCL 12.062/GO, Rel. Min. Raul Araújo, *DJe* 20.11.2014.

É possível, enfim, adotar o procedimento próprio dos recursos repetitivos para qualquer recurso ou processo originário em tribunal, aplicando-se a técnica de processamento e julgamento de casos repetitivos.[82]

O fenômeno da litigância de massa exige, como se viu, a adoção de ferramentas e técnicas próprias para conferir racionalidade, com agilidade e eficiência, ao processamento e julgamento de causas repetitivas.

Assim, é possível aplicar a técnica de processamento e julgamento de casos repetitivos a conflitos de competência que se reproduzem com a mesma discussão, a reclamações, a embargos de divergência, a mandados de segurança, a ações rescisórias ou vários casos sobre o mesmo tema. Havendo, por exemplo, no mesmo tribunal, várias ações rescisórias fundadas no mesmo fundamento de direito, é possível escolher ou afetar uma, sobrestando o processamento das demais, com a adoção das normas relativas aos casos repetitivos para, ao final, aplicar a todas elas o resultado a que se chegar no julgamento daquela escolhida para julgamento por amostragem.

O § 2º do art. 1.042 do CPC, aliás, expressamente permite a aplicação da técnica aos agravos em recurso extraordinário ou especial repetitivos.

Na realidade, quando houver, em tribunal superior, processo originário repetitivo, é possível instaurar um Incidente de Resolução de Demandas Repetitivas. O mais adequado, em vez de aplicar o procedimento dos recursos repetitivos, é instaurar um IRDR. Vale dizer que o IRDR é cabível também em tribunal superior.[83]

---

1. O rito dos recursos repetitivos, previsto no art. 543-C do CPC e na Resolução 8/2008-STJ, pode ser adotado em qualquer sede processual, no âmbito do STJ, desde que presentes a pletora de ações e evidenciada a necessidade de adoção de tratamento uniforme a todas às iniciativas processuais recursais ou afins que versem a mesma tese jurídica.

2. A interpretação das regras processuais aplicáveis aos recursos repetitivos não deve ser promovida sob visão ou teleologia restritiva, nem olhando para o passado, de tal modo que se possa garantir o efeito pretendido com a edição da Lei 11.672/2008, ou seja, evitar a desnecessária discussão de teses já pacificadas por esta Corte.

3. A egrégia Segunda Seção deste STJ já inaugurou essa auspiciosa diretriz, assimilando, de maneira proveitosa, a sempre prestante teoria jurídica da analogia juris, apontando que se deve aplicar a mesma solução a situações que sejam idênticas, no plano do Direito, ainda que as regras positivas destinadas a uma ou à outra possam ser distintas.

4. Quando as soluções são elaboradas com base na percepção do Direito, ao invés de elaboradas com suporte restrito nas dicções das regras escritas, obtém-se, com segurança, o aumento do índice de efetividade, legitimidade e de justiça, porquanto, é o Direito – e não as regras – que deve nortear a atividade julgadora; assim, só existe proveito – e nenhum prejuízo – em se processar Embargos de Divergência na sistemática repetitiva.

5. Questão de Ordem que se resolve pela admissibilidade do julgamento de Embargos de Divergência segundo o rito do art. 543-C e da Resolução 8/2008-STJ" (STJ, Corte Especial, EREsp 1.403.532/SC, Rel. Min. Napoleão Nunes Maia Filho, j. 06.05.2015).

[82] Nesse sentido, o enunciado 363 do Fórum Permanente de Processualistas Civis: "O procedimento dos recursos extraordinários e especiais repetitivos aplica-se por analogia às causas repetitivas de competência originária dos tribunais superiores, como a reclamação e o conflito de competência".

[83] Nesse sentido: AZEVEDO, Gustavo. Reclamação e questões repetitivas. In: DIDIER JR., Fredie; CUNHA, Leonardo Carneiro da (coords.). *Julgamento de casos repetitivos*. Salvador: JusPodivm, 2016. p. 265-277.

10.11 O INCIDENTE DE RESOLUÇÃO DE DEMANDAS REPETITIVAS

10.11.1 Natureza jurídica

O IRDR é, como seu próprio nome indica, um incidente. Trata-se de um incidente, instaurado num processo de competência originária ou em recurso (inclusive na remessa necessária).

Instaurado o incidente, transfere-se a outro órgão do mesmo tribunal a competência funcional para julgar o caso e, igualmente, fixar o seu entendimento a respeito de uma questão jurídica que se revela comum em diversos processos.

Essa transferência não ocorrerá quando o órgão colegiado do tribunal, competente para o julgamento do IRDR, também tiver competência para o julgamento da causa de competência originária ou do recurso. Em tribunais menores, isso será mais frequente.

Há, no IRDR, a transferência de competência a outro órgão do tribunal para fixar a tese a ser aplicada a diversos processos e, ao mesmo tempo, a transferência do julgamento de pelos menos dois casos: esse órgão do tribunal, que passa a ter competência para fixar o entendimento aplicável a diversos casos, passa a ter competência para julgar os casos que lhe deram origem (CPC, art. 978, parágrafo único).

Sendo o IRDR um incidente, é preciso que haja um caso tramitando no tribunal. O incidente há de ser instaurado no caso que esteja em curso no tribunal.[84]

Se não houver caso em trâmite no tribunal, não se terá um incidente, mas um processo originário. E não é possível ao legislador ordinário criar competências originárias para os tribunais. As competências do STF e do STJ estão previstas, respectivamente, no art. 102 e no art. 105 da Constituição Federal, as dos tribunais regionais federais estão estabelecidas no art. 108 da Constituição Federal, cabendo às Constituições Estaduais fixar as competências dos tribunais de justiça (CF, art. 125, § 1º). O legislador ordinário pode – e foi isso que fez o CPC – criar incidentes processuais para causas originárias e recursais que tramitem nos tribunais, mas não lhe cabe criar competências originárias para os tribunais. É também por isso que não se permite a instauração do IRDR sem que haja causa tramitando no tribunal.

10.12 REQUISITOS DE ADMISSIBILIDADE

O art. 976 do CPC estabelece os requisitos de admissibilidade do IRDR.

O IRDR somente é cabível, se (a) houver efetiva repetição de processos e risco de ofensa à isonomia e à segurança jurídica, (b) a questão for unicamente de direito e (c) houver causa pendente no tribunal.

Esses requisitos são cumulativos. A ausência de qualquer um deles inviabiliza a instauração do IRDR. Não é sem razão, aliás, que o art. 976 do CPC utiliza a expressão *simultaneamente*, a exigir a confluência de todos esses requisitos. Deve o tribunal, no entanto, dar a oportunidade para a correção dos defeitos, antes de considerar o incidente inadmissível.[85]

---

[84] Nesse sentido, o enunciado 344 do Fórum Permanente de Processualistas Civis: "A instauração do incidente pressupõe a existência de processo pendente no respectivo tribunal".

[85] Nesse sentido, enunciado 657 do Fórum Permanente de Processualistas Civis: "O relator, antes de considerar inadmissível o incidente de resolução de demandas repetitivas, oportunizará a correção de vícios ou a complementação de informações".

Tais requisitos de admissibilidade denotam: (a) o caráter não preventivo do IRDR, (b) a restrição do seu objeto à questão unicamente de direito, não sendo cabível para questões de fato e (c) a necessidade de pendência de julgamento de causa repetitiva no tribunal competente.

É preciso que haja efetiva repetição de processos. Não é necessária a existência de uma grande quantidade de processos; basta que haja uma repetição efetiva.[86] Os processos com efetiva repetição não devem necessariamente versar sobre um direito individual homogêneo. Ainda que os casos sejam heterogêneos, é possível haver um IRDR para definir questão jurídica que seja comum a diversos processos, sejam eles individuais, sejam eles coletivos, como já examinado.

Não é qualquer repetitividade que rende ensejo ao IRDR. A reprodução de ações coletivas que versem sobre os mesmos direitos difusos ou coletivos *stricto sensu* não autoriza a instauração do IRDR, pois, nesse caso, não se trata de simples questão de direito comum, mas da mesma demanda repetida, havendo, na realidade, *litispendência* entre das demandas coletivas, devendo os processos coletivos ser reunidos para julgamento conjunto.[87]

Embora não caiba ação coletiva para determinadas questões, esse tipo de limitação não existe quanto ao IRDR.

Não cabe IRDR para definição de questões de fato; apenas para questões de direito. Não cabe, por exemplo, o IRDR para definir se determinada construção foi vendida com vícios estruturais decorrentes de falha no projeto ou na execução da obra,[88] mas cabe para dizer se, ocorrendo esse fato, há ou não responsabilidade civil do construtor pela reparação do dano daí decorrente. Exige-se a efetiva repetição de processos em que se discuta a mesma questão de direito.

É muito difícil a distinção entre questão de fato e questão de direito. Toda questão de direito pressupõe a ocorrência de um fato. Pode-se, de todo modo, dizer que questão de fato é aquela relacionada com a causa de pedir ou com a hipótese prevista no texto normativo, enquanto a questão de direito é aquela relacionada com as consequências jurídicas de determinado fato ou com a aplicação da hipótese de incidência prevista no texto normativo, com as tarefas de subsunção do fato (ou conjunto de fatos) à norma ou de concretização do texto normativo.[89]

É preciso, como visto, que haja *efetiva* repetição de processos. Não cabe IRDR preventivo. Mas se exige que haja risco de ofensa à isonomia e à segurança jurídica. Esse requisito reforça a vocação do IRDR para formação de precedentes, aliando-se ao disposto no art. 926 do CPC.

Exatamente por isso, somente cabe o incidente quando já houver algumas sentenças antagônicas a respeito do assunto. Vale dizer que, para caber o incidente, deve haver, de um lado, sentenças admitindo determinada solução, e, por outro lado, sentenças rejeitando a mesma solução. É preciso, enfim, existir uma controvérsia já disseminada para que, então, seja cabível o IRDR. Exige-se, em outras palavras, como requisito para a instauração de tal incidente, a existência de prévia controvérsia sobre o assunto.

---

[86] Nesse sentido, o enunciado 87 do Fórum Permanente de Processualistas Civis: "A instauração do incidente de resolução de demandas repetitivas não pressupõe a existência de grande quantidade de processos versando sobre a mesma questão, mas preponderantemente o risco de quebra da isonomia e de ofensa à segurança jurídica".

[87] CAVALCANTI, Marcos de Araújo. *O incidente de demandas repetitivas e as ações coletivas*. Salvador: JusPodivm, 2015. p. 423-424.

[88] Exemplo dado por CABRAL, Antonio do Passo. Comentários ao art. 976. In: CABRAL, Antonio do Passo; CRAMER, Ronaldo (coords.). *Comentários ao novo Código de Processo Civil*. Rio de Janeiro: Forense, 2015. p. 1.421.

[89] DIDIER JR., Fredie. *Curso de direito processual civil*. 17. ed. Salvador: JusPodivm, 2015. v. 1, p. 439.

Para que se possa fixar uma tese jurídica a ser aplicada a casos futuros, é preciso que sejam examinados *todos* os pontos de vista, com a possibilidade de análise do *maior número possível* de argumentos. É assim que se evita risco à isonomia e à segurança jurídica. Se há diversos casos repetitivos, mas todos julgados no mesmo sentido, mas não risco à isonomia, nem à segurança jurídica. Deve, enfim, haver comprovação de divergência apta a gerar o IRDR: o tribunal está a processar recursos (incluindo a remessa necessária) relativos a sentenças proferidas em sentidos divergentes, com risco à isonomia e à segurança jurídica.[90]

Diferente é a hipótese de o tribunal deparar-se com processos originários repetitivos. Nesse caso, há o risco potencial de ofensa à isonomia e à segurança jurídica, podendo ser admitido o IRDR.[91] Nos processos originários, os casos já estão no tribunal, já estando presente o potencial risco à isonomia e à segurança jurídica, sendo conveniente prevenir a divergência jurisprudencial, com o que se atende aos deveres de uniformidade, estabilidade, integridade e coerência de que trata o art. 926 do CPC.

Ainda é preciso que haja causa pendente no tribunal.[92] O IRDR é instaurado a partir de um caso que esteja no tribunal, seja um processo originário, seja um recurso (inclusive a remessa necessária).[93] Somente cabe o IRDR enquanto pendente causa de competência do tribunal. A causa de competência do tribunal pode ser recursal ou originária. Caberá o IRDR, se estiver pendente de julgamento no tribunal uma apelação, um agravo de instrumento, uma ação rescisória, um mandado de segurança, enfim, uma causa recursal ou originária. Se já encerrado o julgamento, não cabe mais o IRDR. Os interessados poderão suscitar o IRDR em outra causa pendente, mas não naquela que já foi julgada.

Há, ainda, um *requisito negativo*. Não cabe o IRDR quando já afetado, no tribunal superior, recurso representativo da controvérsia para definição de tese sobre questão de direito material ou processual repetitiva (CPC, art. 976, § 4º). Em outras palavras, se um dos tribunais superiores, no âmbito de sua competência, já tiver afetado recurso repetitivo, não se admite mais a instauração do IRDR sobre aquela mesma questão. Há, enfim, uma preferência do recurso repetitivo sobre o IRDR, exatamente porque, julgado o recurso representativo da controvérsia, a tese fixada será aplicada em âmbito nacional, abrangendo,

---

[90] Segundo Marcos de Araújo Cavalcanti, a admissibilidade do IRDR exige que haja causa em curso no tribunal, mas não se deve exigir a existência de decisões conflitantes em processos repetitivos que versem sobre questões unicamente de direito (CAVALCANTI, Marcos de Araújo. *O incidente de demandas repetitivas e as ações coletivas*. Salvador: JusPodivm, 2015. p. 420-421). Para Sofia Temer, haveria inconstitucionalidade formal no parágrafo único do art. 978 do CPC, de modo que não é necessária a existência de causa no tribunal para que se admita a instauração do IRDR (TEMER, Sofia. *Incidente de resolução de demandas repetitivas: tentativa de sistematização*. 3. ed. Salvador: JusPodivm, 2018. p. 108-113). Também entendendo ser desnecessária a existência de causa pendente no tribunal: BUENO, Cassio Scarpinella. *Novo Código de Processo Civil anotado*. São Paulo: Saraiva, 2015. p. 613; MARINONI, Luiz Guilherme; ARENHART, Sérgio Cruz; MITIDIERO, Daniel. *Novo curso de processo civil: tutela dos direitos mediante procedimento comum*. São Paulo: RT, 2015. v. 2, p. 580-581).

[91] CABRAL, Antonio do Passo. Comentários ao art. 976. In: CABRAL, Antonio do Passo; CRAMER, Ronaldo (coords.). *Comentários ao novo Código de Processo Civil*. Rio de Janeiro: Forense, 2015. p. 1.422.

[92] Nesse sentido, o enunciado 344 do Fórum Permanente de Processualistas Civis: "A instauração do incidente pressupõe a existência de processo pendente no respectivo tribunal".

[93] Nesse sentido, o enunciado 342 do Fórum Permanente de Processualistas Civis: "O incidente de resolução de demandas repetitivas aplica-se a recurso, a remessa necessária ou a qualquer causa de competência originária".

até mesmo, o tribunal que poderia instaurar o IRDR. Daí haver a preferência pelo recurso repetitivo em detrimento do IRDR.[94]

Caso, porém, o tribunal superior afete matéria para julgamento quando já houver IRDR tramitando, uma possibilidade é a suspensão do incidente – e não sua extinção[95] –, até julgamento do recurso repetitivo, para contemplar situação em que possa haver prosseguimento do IRDR (se demonstrado, por exemplo, que a tese não contempla a mesma discussão).[96]

Se não cabe o IRDR quando já afetado recurso representativo da controvérsia em tribunal superior, também não deve caber quando o tribunal superior tiver já fixado a tese no julgamento de algum recurso paradigma, em procedimento repetitivo.[97]

De igual modo, não se deve admitir IRDR em tribunal de justiça ou em tribunal regional federal quando já instaurado IRDR no tribunal superior sobre a mesma questão jurídica.[98] Isso porque há uma nítida preferência pela uniformização nacional do entendimento firmado pelo tribunal superior.

10.13 SUSTENTAÇÃO ORAL NO JUÍZO DE ADMISSIBILIDADE DO IRDR

A decisão de admissibilidade do IRDR é tão importante quanto a decisão que o julga. O CPC previu expressamente a sustentação oral na sessão de julgamento do IRDR, não mencionando a sustentação oral no juízo de admissibilidade. A prática já começou a demonstrar a necessidade e a utilidade da sustentação oral na decisão de admissibilidade.

É, por isso, aliás, que o art. 979 do CPC prevê que a simples *instauração* do IRDR deve ser divulgada e publicada. Antes mesmo de ser admitido o incidente, ou seja, sua simples instauração já deve ser objeto de divulgação e publicação, a fim de anunciar a todos os interessados e, até mesmo, viabilizar o acompanhamento da sessão de julgamento da admissibilidade, na qual poderá haver a realização de sustentação oral.

Há muitos casos em que essa sustentação oral tem sido requerida e deferida pelos tribunais e nada impede, antes recomenda, que os regimentos internos prevejam expressamente essa possibilidade.[99]

---

[94] "... não é possível consentir com a coexistência de duas técnicas distintas de definição da questão jurídica, sob pena de possibilitar a formação de duas orientações antagônicas, o que seria um contrassenso. Faltará, na verdade, interesse de agir para a instauração do incidente posto que a insegurança jurídica, que é pressuposto do incidente, já estará na iminência de ser extirpada do sistema pela Corte superior" (CAMARGO, Luiz Henrique Volpe. O incidente de resolução de demandas repetitivas no projeto de novo CPC: a comparação entre a versão do Senado Federal e a da Câmara dos Deputados. In: FREIRE, Alexandre; DANTAS, Bruno; NUNES, Dierle; DIDIER JR., Fredie; MEDINA, José Miguel Garcia; FUX, Luiz; CAMARGO, Luiz Henrique Volpe; OLIVEIRA, Pedro Miranda de (orgs.). *Novas tendências do processo civil*. Salvador: JusPodivm, 2014. v. 3, p. 287).

[95] Nesse sentido, enunciado 721 do Fórum Permanente de Processualistas Civis: "É permitido ao tribunal local suspender, em vez de extinguir, o incidente de resolução de demandas repetitivas já admitido e pendente, quando houver afetação superveniente de tema idêntico pelos tribunais superiores".

[96] TEMER, Sofia. *Incidente de resolução de demandas repetitivas: tentativa de sistematização*. 3. ed. Salvador: JusPodivm, 2018. p. 122-123.

[97] TEMER, Sofia. *Incidente de resolução de demandas repetitivas*. 3. ed. Salvador: JusPodivm, 2018. p. 123.

[98] Nesse sentido: MEIRELES, Edilton. Do incidente de resolução de demandas repetitivas no processo civil brasileiro e suas repercussões no processo do trabalho. In: LEITE, Carlos Henrique Bezerra (org.). *Novo CPC – repercussões no processo do trabalho*. São Paulo: Saraiva, 2015. p. 204.

[99] "Na sessão de julgamento designada para o juízo de admissibilidade do IRDR é razoável (senão recomendável) que se oportunize a realização de sustentação oral, o que, inclusive, já passou a ser regulado

10.14 COMPETÊNCIA PARA ADMITIR O IRDR. IRRECORRIBILIDADE DA DECISÃO QUE NÃO ADMITE O IRDR E POSSIBILIDADE DE REPROPOSITURA DO IRDR NÃO ADMITIDO

A análise da presença dos requisitos de admissibilidade previstos no art. 976 do CPC deve ser feita pelo órgão colegiado competente para julgar o IRDR. O juízo de admissibilidade é realizado pelo órgão colegiado, não cabendo ao relator fazê-lo isoladamente (CPC, art. 981).[100]

O órgão colegiado do tribunal pode admitir ou não o IRDR. A decisão que admite ou que rejeita o IRDR é irrecorrível, ressalvados os embargos de declaração.[101] O juízo negativo de admissibilidade do IRDR não obsta que, uma vez satisfeito o requisito ausente, seja o incidente novamente suscitado (CPC, art. 976, § 3º). Se o IRDR for inadmitido por faltar algum requisito, basta suscitá-lo novamente quando da superveniência de fato que faça preencher o requisito ausente.

No juízo de admissibilidade, o órgão colegiado deve verificar se estão presentes os requisitos previstos no art. 976, ou seja, se (a) há efetiva repetição de processos e risco de ofensa à isonomia e à segurança jurídica, (b) a questão é unicamente de direito e (c) há causa (recursal ou originária) pendente no tribunal. Presentes os requisitos, deve ser admitido o IRDR.

O juízo de admissibilidade é, enfim, do órgão colegiado do tribunal. Como a decisão não é do relator, não cabe agravo interno, pois este é um recurso cabível apenas contra decisão isolada do relator (CPC, art. 1.021). Não cabe agravo interno de decisão colegiada.

10.15 CONFRONTO ENTRE O INCIDENTE DE RESOLUÇÃO DE DEMANDAS REPETITIVAS E O INCIDENTE DE ASSUNÇÃO DE COMPETÊNCIA

O IRDR, cujos requisitos de admissibilidade estão previstos no art. 976 do CPC, não se confunde com o incidente de assunção de competência, disciplinado no art. 947 do CPC.

O art. 947 do CPC contém a previsão dos pressupostos para a instauração do incidente de assunção de competência. Não cabe o incidente de assunção de competência se houver repetição da discussão *em múltiplos processos*. A existência de múltiplos processos convoca a instauração de instrumentos destinados ao julgamento de causas repetitivas, que compreendem o IRDR e os recursos repetitivos.[102] Havendo *múltiplos processos* em que se discuta a mesma

---

no regimento interno do TJMG e do TJMT, a despeito da ausência de previsão expressa no CPC/2015" (DIDIER JR., Fredie; TEMER, Sofia. A decisão de organização do incidente de resolução de demandas repetitivas: importância, conteúdo e o papel do Regimento Interno do Tribunal. In: DIDIER JR., Fredie; CUNHA, Leonardo Carneiro da (coords.). *Julgamento de casos repetitivos*. Salvador: JusPodivm, 2016. p. 232-233). Nesse sentido, encampando essa ideia, o enunciado 651 do Fórum Permanente de Processualistas Civis: "É admissível sustentação oral na sessão de julgamento designada para o juízo de admissibilidade do incidente de resolução de demandas repetitivas ou do incidente de assunção de competência, sendo legitimados os mesmos sujeitos indicados nos arts. 984 e 947, § 1º".

[100] Nesse sentido, o enunciado 91 do Fórum Permanente de Processualistas Civis: "Cabe ao órgão colegiado realizar o juízo de admissibilidade do incidente de resolução de demandas repetitivas, sendo vedada a decisão monocrática".

[101] Nesse sentido, o enunciado 556 do Fórum Permanente de Processualistas Civis: "É irrecorrível a decisão do órgão colegiado que, em sede de juízo de admissibilidade, rejeita a instauração do incidente de resolução de demandas repetitivas, salvo o cabimento de embargos de declaração".

[102] Nesse sentido, o enunciado 334 do Fórum Permanente de Processualistas Civis: "Por força da expressão 'sem repetição em múltiplos processos', não cabe o incidente de assunção de competência quando couber julgamento de casos repetitivos".

questão, não cabe o incidente de assunção de competência. Este é cabível para questões relevantes, de grande repercussão social, em processo específico ou em processos que tramitem em pouca quantidade.

Há casos em que pode surgir a dúvida sobre o cabimento do IRDR ou do incidente de assunção de competência. Imagine-se, por exemplo, que haja cinco ou dez processos que versem sobre a mesma questão de direito, tendo todos sido julgados no mesmo sentido. Há aí casos repetitivos, mas não há a existência de "múltiplos processos". Por terem sido todos julgados no mesmo sentido, também não há risco de ofensa à isonomia, nem à segurança jurídica, mas a questão pode ser relevante, de grande repercussão social. Nesse caso, não caberá o incidente de resolução de demandas repetitivas (por não haver risco à isonomia, nem à segurança jurídica), mas é possível que se instaure a assunção de competência, por ser conveniente prevenir qualquer possível divergência futura (CPC, art. 947, § 4º).

10.16 FUNGIBILIDADE ENTRE INCIDENTE DE RESOLUÇÃO DE DEMANDAS REPETITIVAS E INCIDENTE DE ASSUNÇÃO DE COMPETÊNCIA

O incidente de resolução de demandas repetitivas e o incidente de assunção de competência servem à formação de precedentes obrigatórios. Há, por causa disso, fungibilidade entre eles.[103]

Assim, se o órgão julgador entender que não é caso de *assunção de competência*, por existirem diversos processos em que se discuta a mesma questão de direito, admitirá que se instaure o incidente de resolução de demandas repetitivas, uma vez preenchidos os demais pressupostos;[104] se, por outro lado, entender que não é caso de *incidente de resolução de demandas repetitivas*, por não existir risco de ofensa à isonomia ou à segurança jurídica, admitirá que se instaure o incidente de assunção de competência, uma vez constatada a relevância da questão discutida.

É possível, enfim, admitir um incidente no lugar do outro, quando presentes os respectivos pressupostos.

Caso o regimento interno do tribunal preveja órgãos diversos para o julgado de IRDR e de IAC, é possível que um órgão negue o IRDR, por não estarem presentes seus respectivos pressupostos, mas o outro admita o IAC, por estarem presentes seus respectivos pressupostos, ou vice-versa. Vale dizer que a decisão de inadmissibilidade de um órgão não vincula o outro.[105]

---

[103] Encampou expressamente esse entendimento o enunciado 702 do Fórum Permanente de Processualistas Civis: "É possível a conversão de incidente de assunção de competência em incidente de resolução de demandas repetitivas e vice-versa, garantida a adequação do procedimento".

[104] Nesse sentido, o enunciado 141 da II Jornada de Direito Processual Civil, do Conselho da Justiça Federal: "É possível a conversão de incidente de assunção de competência em incidente de resolução de demandas repetitivas, se demonstrada a efetiva repetição de processos em que se discute a mesma questão de direito".

[105] LEMOS, Vinicius Silva. A possibilidade de fungibilidade entre o IRDR e o IAC: viabilidade e necessidade de sistematização. *Revista de Processo*. São Paulo: RT, v. 274, dez-2017, p. 255-289.

10.17 COMPETÊNCIA PARA O JULGAMENTO DO IRDR. O IRDR, AS CAUSAS DE COMPETÊNCIA ORIGINÁRIA E OS RECURSOS ORDINÁRIOS NO TRIBUNAL SUPERIOR

O IRDR pode ser suscitado perante tribunal de justiça ou tribunal regional federal (no âmbito trabalhista, em tribunal regional do trabalho;[106] no âmbito eleitoral, em tribunal regional eleitoral, ambos por força do art. 15 do CPC). Nos Juizados Especiais Federais e nos Juizados Especiais da Fazenda Pública, há o pedido de uniformização de interpretação de lei federal, não sendo cabível o IRDR.

Não há nada que impeça a instauração de IRDR em tribunal superior. É bem verdade que, no STJ, há o recurso especial repetitivo e, no STF, há o recurso extraordinário repetitivo e o recurso extraordinário com repercussão geral reconhecida, mas é possível haver IRDR em causas originárias e em outros tipos de recursos ordinários no âmbito dos tribunais superiores.

O IRDR é cabível em tribunal superior.[107] Não há nada, absolutamente nada, no texto normativo que impeça o IRDR em tribunal superior. Aliás, durante a tramitação legislativa do projeto de lei que deu origem ao CPC/2015, a versão final aprovada pela Câmara dos Deputados continha um parágrafo no art. 978 que dizia expressamente que o IRDR só era cabível em tribunal de justiça e em tribunal regional federal. Na versão final, não há essa restrição. O CPC foi aprovado, enfim, sem qualquer restrição quanto ao cabimento do IRDR.[108]

Não há nada, enfim, que vede o IRDR em tribunal superior. As referências à remessa necessária e ao cabimento de recursos extraordinário e especial nos textos normativos não constituem elementos linguísticos suficientes para denotar a exclusividade do incidente em tribunal de justiça e em tribunal regional federal. Imagine-se, por exemplo, o ajuizamento de múltiplos conflitos de competência entre diversos juízos estaduais e do trabalho que digam respeito a questões relacionadas com processos de recuperação judicial. É possível instaurar um IRDR, selecionando dois ou mais deles, com o sobrestamento dos demais, para que seja discutida e definida a questão, com a fixação da tese a ser seguida obrigatoriamente em todo o território nacional. O mesmo pode acontecer com diversos recursos ordinários repetitivos em mandado de segurança que tramitem no STJ. Não há qualquer vedação ao ajuizamento de um IRDR em tal hipótese ora aventada.

A indicação do órgão competente para julgar o IRDR deve constar do regimento interno de cada tribunal. É exatamente isso o que prevê o art. 978 do CPC, segundo o qual "O julgamento do incidente caberá ao órgão indicado pelo regimento interno dentre aqueles responsáveis pela uniformização de jurisprudência do tribunal". O órgão indicado pelo regimento interno

---

[106] Sobre o IRDR no processo do trabalho, conferir MEIRELES, Edilton. Do incidente de resolução de demandas repetitivas no processo civil brasileiro e suas repercussões no processo do trabalho. In: LEITE, Carlos Henrique Bezerra (org.). *Novo CPC – repercussões no processo do trabalho*. São Paulo: Saraiva, 2015.

[107] Nesse sentido: "A instauração de incidente de resolução de demandas repetitivas diretamente no Superior Tribunal de Justiça é cabível apenas nos casos de competência recursal ordinária e de competência originária e desde que preenchidos os requisitos do art. 976 do CPC" (STJ, Corte Especial, AgInt na Pet 11.838/MS, Rel. Min. Laurita Vaz, Rel. p/ acórdão Min. João Otávio de Noronha, *DJe* 10.9.2019).

[108] Detalhe percebido por MEIRELES, Edilton. Do incidente de resolução de demandas repetitivas no processo civil brasileiro e suas repercussões no processo do trabalho. In: LEITE, Carlos Henrique Bezerra (org.). *Novo CPC – repercussões no processo do trabalho*. São Paulo: Saraiva, 2015. p. 200.

deve ser o mesmo destinado ao julgamento do incidente de assunção de competência.[109] Se não for o mesmo órgão, deve, ao menos, atender aos mesmos requisitos para sua definição pelo regimento interno.

O disposto no art. 978 do CPC atende ao que determina o art. 96 da Constituição Federal. Segundo tal dispositivo constitucional, compete *privativamente* aos tribunais elaborar seus regimentos internos, dispondo sobre a competência e o funcionamento dos respectivos órgãos jurisdicionais e administrativos. Cabe aos tribunais fixar seus órgãos e suas respectivas competências internas, não devendo o legislador imiscuir-se nesse assunto.

É comum que órgãos especiais ou órgãos de maior composição, destinados a editar enunciados de súmula ou a uniformizar a jurisprudência, nos tribunais onde há, sejam compostos, em maioria ou em quantidade considerável, por membros que integram diferentes câmaras, turmas ou órgãos que examinam assuntos díspares entre si. Órgãos especiais têm, muitas vezes, membros de câmaras, turmas ou órgãos criminais. O regimento, sempre que possível, deve indicar, para julgamento do IRDR, órgão que tenha, em sua composição majoritária, desembargadores que componham turmas ou câmaras com competência para o julgamento da matéria discutida no incidente.

É conveniente, enfim, que o órgão que deve definir a *ratio decidendi* – a orientar o futuro julgamento de diversos processos – seja composto por julgadores que tenham afinidade com o tema.

Se o tribunal, ao julgar o IRDR, tiver de apreciar a inconstitucionalidade de lei ou tratado, deverá adotar o procedimento previsto nos arts. 948 a 950 do CPC e encaminhar a questão ao plenário ou corte especial. Em tal hipótese, deve ser observada a regra de reserva de plenário: somente o plenário ou o órgão especial é que pode decretar, incidentemente, a inconstitucionalidade de lei ou tratado (CF, art. 97).

10.18 LEGITIMIDADE PARA INSTAURAÇÃO DO IRDR

O IRDR pode ser suscitado, de ofício, pelo juiz de uma das causas repetitivas ou pelo relator do processo que se encontra no tribunal. Não é necessário que haja requerimento. É possível que seja instaurado de ofício (CPC, art. 977, I).

Nos termos do art. 139, X, do CPC, o juiz tem o dever de comunicar aos correspondentes legitimados a existência de causas repetitivas para que um deles proponha ação coletiva a respeito do tema. É preciso examinar a compatibilidade desse dever com a legitimidade do juiz de provocar a instauração do IRDR (CPC, art. 977, I). Na verdade, o dever previsto no art. 139, X, do CPC é compatível com a legitimidade do art. 977, I, também do CPC: o juiz pode cumprir aquele dever e provocar a instauração do IRDR;[110] as ações não são excludentes, nem vinculantes, nem dependentes entre si.

Além disso, já se viu que o juiz somente pode provocar a instauração do IRDR, caso haja algum processo no tribunal a partir do qual o incidente possa ser gerado; assim, tendo conhecimento da repetição, que se revela existente ainda em primeira instância, cabe ao juiz

---

[109] Nesse sentido, o enunciado 202 do Fórum Permanente de Processualistas Civis: "O órgão colegiado a que se refere o § 1º do art. 947 deve atender aos mesmos requisitos previstos pelo art. 978".

[110] Aliás, nesse sentido é o teor do enunciado 658 do Fórum Permanente de Processualistas Civis: "O dever de comunicação previsto no inciso X do art. 139 não impede nem condiciona que o juiz suscite a instauração de incidente de resolução de demandas repetitivas nos termos do inciso I do art. 977".

apenas cumprir o seu dever previsto no art. 139, X, do CPC,[111] não podendo, por enquanto, provocar a instauração do IRDR.

Além do juiz ou do relator, o IRDR pode ser instaurado por provocação de qualquer uma das partes da causa pendente no tribunal ou de qualquer outro processo em que a questão se repita – mesmo que pendente no Juizado Especial.[112] Para requerer a instauração do IRDR, o advogado precisa de *poder especial*; os "poderes gerais para o foro" não autorizam esse requerimento; os efeitos da decisão do IRDR, que transcendem o caso para o qual o advogado fora constituído, impõem esse cuidado na verificação dos limites outorgados à representação judicial.

Também podem requerer a instauração do IRDR o Ministério Público e a Defensoria Pública.

O juiz ou o relator deve requerer o IRDR ao presidente do tribunal por *ofício*. É por *petição* que a parte, o Ministério Público ou a Defensoria Pública deve requerer o IRDR. O ofício ou a petição será instruído com os documentos necessários à demonstração da necessidade de instauração do incidente. As alegações devem fundar-se em prova documental, não sendo cabível outro tipo de prova para a demonstração da necessidade de ser admitido o incidente.

Ao juiz confere-se legitimidade para suscitar o IRDR, mas não a qualquer juiz. Deve ser um juiz que tenha sob sua presidência uma causa que apresente uma questão de direito repetitiva, que merece ser submetida a um IRDR. É preciso, porém, como já demonstrado, que haja uma causa pendente no tribunal. O juiz pode requerer ao tribunal, então, que suscite, numa das causas ali pendentes, o IRDR. Pode, até mesmo, ser um juiz de juizado, que não terá um processo seu apreciado pelo tribunal, mas este pode, em IRDR, definir a tese relativa a uma questão de direito que esteja sendo discutida em causas repetitivas, inclusive no âmbito dos Juizados Especiais.

Como já se viu, é possível haver IRDR em tribunal superior. Nesse caso, é possível que o IRDR seja suscitado por juiz, se houver, no tribunal superior, algum processo pendente que verse sobre a mesma questão jurídica a ser examinada pelo juiz. Tome-se, mais uma vez, o exemplo de diversos conflitos de competência suscitados no STJ entre juízes estaduais e trabalhistas. Determinado juiz, que se depare com situação análoga, pode requerer ao STJ a instauração do IRDR para que se defina a questão, evitando a reiteração de tantos conflitos de competência.

O relator de alguma causa repetitiva no tribunal também pode requerer a instauração do IRDR. A ele cabe requerer, mas a admissão do IRDR há de ser feita pelo colegiado competente, pois não é possível que o IRDR seja admitido por decisão isolada do relator; exige-se decisão colegiada (CPC, art. 981).

O art. 977 do CPC menciona o juiz ou o relator. Nada impede, porém, que o próprio colegiado suscite o IRDR, a ser encaminhado ao órgão competente para admiti-lo. Se o relator pode suscitar, o colegiado, com muito mais razão, também pode.

---

[111] Em virtude do dever previsto no art. 139, X, do CPC, pode-se afirmar que há 2 (duas) espécies de processo coletivo no sistema brasileiro: a) ações coletivas; b) incidente de julgamento de casos ou questões repetitivas. Ambas as técnicas possuem distinções e similaridades que permitem falar em um devido processo coletivo para a tutela dos grupos e das situações jurídicas ativas e passivas coletivas.

[112] Nesse sentido, enunciado 605 do Fórum Permanente de Processualistas Civis: "Os juízes e as partes com processos no Juizado Especial podem suscitar a instauração do incidente de resolução de demandas repetitivas".

Para que o legitimado possa pedir a instauração do incidente, é preciso ser parte num processo que verse sobre tema que repercuta para diversas outras causas repetitivas. Deve, enfim, haver *pertinência subjetiva* da parte com a tese jurídica a ser fixada pelo tribunal. O Ministério Público poderia, até mesmo, em vez de requerer a instauração do IRDR, ajuizar ação civil pública para resolução coletiva da questão.

A legitimidade do Ministério Público para requerer o IRDR deve, na mesma linha da legitimidade para o ajuizamento de ação civil pública, ser aferida concretamente, somente sendo reconhecida se transparecer, no caso, relevante interesse social.[113]

Por sua vez, a legitimidade da Defensoria Pública, para suscitar o IRDR, deve relacionar-se com sua função típica, definida constitucionalmente, havendo necessidade de o caso envolver interesses de necessitados ou versar sobre tema que a eles esteja relacionado.

É preciso, em resumo, que haja a chamada *legitimidade adequada* ou *representação adequada*.

Tanto o Ministério Público como a Defensoria Pública podem suscitar o IRDR na condição de parte (e aí bastaria a previsão do inciso II do art. 977 do CPC), ou na condição institucional de Ministério Público ou de Defensoria Pública, sem que sejam partes em algum processo repetitivo em que se discuta a questão jurídica a ser examinada pelo tribunal (daí a previsão do inciso III do art. 977 do CPC).

10.19 CASOS EM QUE CABE O IRDR E MOMENTO DE SUA INSTAURAÇÃO

O IRDR é cabível para fixar a tese, de questão de direito material ou processual, em processo de conhecimento ou em processo de execução, seja o procedimento comum ou especial. Em qualquer processo, é possível, enfim, a suscitação do IRDR.

Estando em curso no tribunal um processo originário ou um recurso (inclusive a remessa necessária), é possível haver a instauração do IRDR, desde que presentes os requisitos previstos no art. 976 do CPC. Não há restrição quanto ao tipo de demanda ou de recurso.

---

[113] Para mais detalhes, conferir, DIDIER JR., Fredie; ZANETI JR., Hermes. *Curso de direito processual civil: processo coletivo*. 9. ed. Salvador: JusPodivm, 2014. v. 4, p. 344-352. Conferir, também, VENTURI, Elton. *Processo civil coletivo*. São Paulo: Malheiros, 2007. n. 7.1.3, p. 177-199. No âmbito do STJ, há precedentes que adotam a orientação segundo a qual a legitimidade do Ministério Público em defesa de direito individual homogêneo depende da presença de interesse social da matéria (STJ, 2ª Turma, AgRg no REsp 739.483/CE, Rel. Min. Humberto Martins, *DJe* 23.4.2010; STJ, 2ª Turma, REsp 1.185.867/AM, Rel. Min. Mauro Campbell Marques, *DJe* 12.11.2010). Há, diversamente, precedente admitindo, irrestritamente, a legitimidade do Ministério Público em defesa de direitos individuais homogêneos, a saber: STJ, 3ª Turma, AgRg no Ag 1.323.205/SP, Rel. Min. Sidnei Beneti, *DJe* 10.11.2010. No Supremo Tribunal Federal, há, igualmente, precedentes em ambos os sentidos. Por um lado, já se manifestou o entendimento segundo o qual "O Ministério Público tem legitimidade ativa para a defesa, em juízo, dos direitos e interesses individuais homogêneos, quando impregnados de relevante natureza social, como sucede com o direito de petição e o direito de obtenção de certidão em repartições públicas" (STF, 2ª Turma, RE 472.489 AgR, Rel. Min. Celso de Mello, *DJe* 29.8.2008). Por outro lado, há precedentes que afirmam que "O Ministério Público detém legitimidade para propor ação civil pública na defesa de interesses individuais homogêneos (CF/88, arts. 127, § 1º, e 129, II e III). Precedente do Plenário: RE 163.231/SP, Rel. Min. Carlos Velloso, *DJ* 29.06.2001" (STF, 2ª Turma, RE 514.023 AgR, Rel. Min. Ellen Gracie, *DJe* 5.2.2010).

Na opinião de Marcos de Araújo Cavalcanti, é possível a instauração de IRDR na pendência de agravo de instrumento contra decisão que verse sobre tutela provisória, não sendo, porém, possível ao tribunal no IRDR decidir a respeito de questões de mérito envolvidas nas demandas repetitivas, ficando o conhecimento do tribunal restrito ao efeito devolutivo do agravo de instrumento.[114] Não é possível estabelecer, a princípio, o que pode ou não ser objeto de IRDR em agravo de instrumento. Nem sempre o mérito do recurso coincide com o mérito da ação. É possível a instauração do IRDR em agravo de instrumento contra decisão que verse sobre tutela provisória para tratar, por exemplo, de uma questão processual, de uma vedação à concessão da medida ou, até mesmo, de uma questão de mérito que repercuta no deferimento ou no indeferimento da tutela provisória.

Como já se viu, o IRDR é um incidente. Logo, julgada a causa, não cabe mais o IRDR. É possível, entretanto, que o tribunal tenha sido omisso no exame de uma questão de direito, que seja exatamente a que deve ser examinada em IRDR, pois discutida em vários processos. Nessa hipótese, ainda pendente de exame a questão, poderá ser suscitado, em embargos de declaração, o IRDR.

Não há prazo para instauração do IRDR.

É preciso que haja efetiva repetição de processos e esteja a causa pendente no tribunal. Até antes de iniciados os votos, pode o relator ou o colegiado suscitar o IRDR, por ofício. A parte, o Ministério Público ou a Defensoria Pública pode, enquanto não iniciada a votação, suscitar a instauração do IRDR, por petição. A instauração do IRDR pode ser suscitada em sustentação oral, pois, nesse caso, ainda não se iniciou a votação pelos julgadores.

10.20 CUSTAS (CPC, ART. 976, § 5º)

O IRDR não se submete ao recolhimento de custas. O § 5º do art. 976 do CPC assim explicita.

A ausência de custas não alcança o recurso especial ou extraordinário interposto do acórdão que julgar o IRDR, a não ser que venham a ser expressamente dispensadas as custas em enunciado normativo expresso. Tanto no recurso especial como no extraordinário há previsão de custas.

10.21 SUSPENSÃO DOS PROCESSOS

10.21.1 Generalidades

Admitido o IRDR, suspendem-se os processos pendentes, individuais ou coletivos, em que se discute a mesma questão, que estejam tramitando no âmbito da competência territorial do tribunal. Se for um tribunal de justiça, suspendem todos os processos em curso no Estado. Sendo um tribunal regional federal, suspendem-se os processos que tramitam em toda a região. Admitido o IRDR num tribunal superior, suspendem-se os processos pendentes em todo o território nacional.

Para que os processos sejam suspensos, não basta a instauração do IRDR; é preciso que ele seja admitido.

---

[114] CAVALCANTI, Marcos de Araújo. *O incidente de demandas repetitivas e as ações coletivas*. Salvador: JusPodivm, 2015. p. 433.

Não é necessária concessão de uma tutela de urgência para que se suspendam os processos em curso. Basta que o IRDR seja admitido para que haja a suspensão.[115] Admitido o IRDR, todos os processos que versem sobre aquela questão jurídica repetitiva devem ser suspensos, inclusive os que tramitam no âmbito dos Juizados Especiais.[116]

Nos termos do art. 982, I, do CPC, admitido o incidente, o relator suspenderá os processos pendentes, individuais ou coletivos, que tramitam no Estado ou na região, conforme o caso. O relator deve esclarecer os critérios de identificação dos processos a serem suspensos e os atos a serem paralisados ou não.[117]

O *texto* do dispositivo pode induzir à conclusão de que a suspensão dos processos depende de decisão do relator. O que cabe ao relator é comunicar aos juízos onde tramitam os processos que estão todos suspensos. Admitido o IRDR, suspendem-se os processos. Cabe ao relator do IRDR declarar a suspensão e comunicá-la, por ofício, aos juízes diretores dos fóruns de cada comarca ou seção judiciária.

Faz parte do microssistema de gestão de casos repetitivos suspender todos os processos para que se concentre a discussão no próprio IRDR, repercutindo o resultado de modo uniforme, com o que se garantam eficiência e racionalidade no processamento e julgamento de todos eles.

Em virtude do microssistema de gestão e julgamento de casos repetitivos, aplica-se o § 8º do art. 1.037 do CPC ao IRDR, de modo que, admitido o incidente e comunicada aos juízos a suspensão dos processos, as partes deverão ser intimadas da suspensão de seus processos. É fundamental que haja essa intimação para que a parte possa ter conhecimento da admissão do IRDR e, então, participar, caso queira, da discussão ali travada ou exercer o direito de distinção, com a demonstração de que a questão a ser resolvida em seu caso é outra e o requerimento do prosseguimento de seu processo (CPC, art. 1.037, § 9º).

Nos processos em que há cumulação simples de pedidos, caracterizada quando cada pedido é independente (CPC, art. 327), a suspensão pode ser parcial, prosseguindo-se o processo quanto ao pedido que não tem relação com a questão de direito repetitiva a ser decidida no IRDR.[118]

A suspensão parcial do processo pode revelar-se problemática ou, até mesmo, inútil, quando, por exemplo, for necessária instrução probatória que repercuta em todos os pedidos. Nesse caso, para evitar prática inútil de atos processuais, e em atenção aos princípios da eficiência e da duração razoável do processo, que orientam a construção de regras que evitem

---

[115] Nesse sentido, o enunciado 92 do Fórum Permanente de Processualistas Civis: "A suspensão de processos prevista neste dispositivo é consequência da admissão do incidente de resolução de demandas repetitivas e não depende da demonstração dos requisitos para a tutela de urgência".

[116] Nesse sentido, o enunciado 93 do Fórum Permanente de Processualistas Civis: "Admitido o incidente de resolução de demandas repetitivas, também devem ficar suspensos os processos que versarem sobre a mesma questão objeto do incidente e que tramitem perante os juizados especiais no mesmo estado ou região".

[117] Nesse sentido, o enunciado 722 do Fórum Permanente de Processualistas Civis: "A decisão de suspensão de processos, em casos repetitivos ou em repercussão geral, deve delimitar o objeto de sobrestamento, inclusive as situações, pedidos, atos e fases processuais".

[118] Nesse sentido, o enunciado 205 do Fórum Permanente de Processualistas Civis: "Havendo cumulação de pedidos simples, a aplicação do art. 982, I e § 3º, poderá provocar apenas a suspensão parcial do processo, não impedindo o prosseguimento em relação ao pedido não abrangido pela tese a ser firmada no incidente de resolução de demandas repetitivas".

desperdício processual, não se deve suspender o processo, determinando-se a realização da atividade instrutória, que servirá para o pedido não alcançado pelo IRDR.[119]

10.21.2 Extensão da suspensão

Admitido o IRDR, todos os processos que versem sobre aquela questão de direito repetitiva deverão ser suspensos. Se eventualmente algum processo não for suspenso, qualquer uma das partes ou qualquer interessado pode requerer ao juiz da causa que suspenda seu processo, até ser julgado o IRDR e definida a tese pelo tribunal.

Enfim, qualquer interessado pode requerer a suspensão de seu processo, demonstrando que a questão jurídica a ser examinada no seu caso está abrangida pelo IRDR a ser julgado.

10.21.3 Suspensão nacional dos processos

A parte de qualquer processo que verse sobre a questão de direito discutida no IRDR, independentemente dos limites territoriais da competência do tribunal, pode requerer ao STF ou ao STJ a suspensão de todos os processos individuais ou coletivos em curso no território nacional que versem sobre a mesma questão objeto do incidente já instaurado.

Instaurado, por exemplo, um IRDR no Tribunal de Justiça de São Paulo, a parte de qualquer processo que tramite no próprio Estado de São Paulo e que verse sobre aquele tema discutido no incidente, pode requerer ao tribunal superior a extensão da suspensão a todos os processos no território nacional.

Não é necessário, todavia, que haja respeito ao limite territorial da competência do tribunal. Noutros termos, não precisa, para requerer a suspensão nacional, que a parte seja de um processo que tramite, para manter o mesmo exemplo, em São Paulo. A legitimidade para tal requerimento independe dos limites da competência territorial do tribunal. Se, por exemplo, há um IRDR instaurado no Tribunal de Justiça do Rio de Janeiro a respeito do assunto *x*, a parte de um processo que verse esse tema *x* em Aracaju pode requerer ao STF (se a matéria for constitucional) ou ao STJ (se a matéria for infraconstitucional) que suspenda todos os processos no território nacional que tratem desse tema (CPC, art. 982, §§ 3º e 4º).

O objetivo é garantir segurança jurídica e, de resto, isonomia. Julgado o IRDR, provavelmente será interposto recurso extraordinário ou recurso especial, cuja solução será estendida a todo o território nacional. Assim, o STF ou o STJ já suspende, preventivamente, todos os processos em curso no território nacional que versem sobre aquele tema, a fim de que, futuramente, possam receber a aplicação da tese a ser por ele firmada.

A simples demonstração de que há múltiplos processos versando sobre a mesma questão de direito em tramitação em mais de um Estado ou região já é suficiente para que haja a suspensão nacional, a ser determinada pelo STF ou pelo STJ. Nesse sentido, o enunciado 95 do Fórum Permanente de Processualistas Civis.

No âmbito do STJ, a suspensão nacional está disciplinada no art. 271-A de seu Regimento Interno, que assim dispõe: "Art. 271-A. Poderá o Presidente do Tribunal, a requerimento do Ministério Público, da Defensoria Pública ou das partes de incidente de resolução de demandas

---

[119] O enunciado 364 do Fórum de Processualistas Civis segue nessa linha: "O sobrestamento da causa em primeira instância não ocorrerá caso se mostre necessária a produção de provas para efeito de distinção de precedentes".

repetitivas em tramitação, considerando razões de segurança jurídica ou de excepcional interesse social, suspender, em decisão fundamentada, todos os processos individuais ou coletivos em curso no território nacional que versem sobre a questão objeto do incidente". A disposição regimental reproduz, em outros termos, o texto do § 3º do art. 982 do CPC.

De acordo com o § 1º do art. 271-A do RISTJ: "§ 1º A parte de processo em curso em localidade de competência territorial diversa daquela em que tramita o incidente de resolução de demandas repetitivas deverá comprovar a inadmissão do incidente no Tribunal com jurisdição sobre o estado ou região em que tramite a sua demanda".

Como se vê, o Regimento Interno do STJ exige um requisito negativo para quem seja parte em processo que tramite em local diverso, não abrangido pela competência do tribunal onde tramita o IRDR: ter havido inadmissão do IRDR pelo tribunal competente para seu caso. Em outras palavras, para que a parte peça a suspensão nacional, deve haver IRDR no tribunal competente para julgar seu caso ou haver IRDR em outro tribunal, desde que, neste último caso, o tribunal competente para seu caso tenha inadmitido IRDR a respeito da mesma questão repetitiva.

Requerida a suspensão nacional no STJ, o presidente poderá ouvir, em cinco dias, o relator do IRDR no tribunal de origem e o Ministério Público (RJSTJ, art. 271-A, § 2º). Deferida, a suspensão vigorará até o trânsito em julgado da decisão proferida no IDRD (RJSTJ, art. 271-A, § 3º).

Convém destacar que todas as referências feitas, no art. 271-A e seus parágrafos do RISTJ, a "presidente do tribunal" devem ser lidas como "presidente da comissão gestora de precedentes e de ações coletivas". Algumas atribuições do presidente do STJ, relativas a casos repetitivos, foram delegadas ao presidente de tal comissão.

Embora o § 3º do art. 982 do CPC mencione o "tribunal competente para conhecer do recurso extraordinário ou especial", a sugerir que a suspensão nacional há de ser determinada pelo STF ou pelo STJ, a regra também se aplica no âmbito da Justiça do Trabalho, podendo-se requerer a suspensão nacional ao TST, sobretudo porque há ali a previsão de recursos de revista repetitivos (CLT, art. 896-C, § 3º).[120]

É possível, como se viu, haver multiplicidade de IRDRs, seja no mesmo tribunal, seja em tribunais diversos. Se houver mais de um IRDR no mesmo tribunal, todos devem ser apensados para processamento e julgamento conjunto, seja quando forem idênticos, seja quando forem conexos. Caso haja IRDRs diversos em diferentes tribunais, a suspensão nacional, além de atingir todos os processos pendentes no território nacional, alcança também os IRDRs? Quais? A razão da suspensão nacional é concentrar a discussão num único IRDR e servir já de mecanismo antecedente do eventual e futuro recurso especial ou extraordinário a ser interposto da decisão final proferida no IRDR.

Ao que tudo indica, a suspensão nacional alcança os IRDRs instaurados, mantendo-se apenas um em tramitação, mas qual deles? Seguindo a regra tradicional de prevenção nas ações coletivas, deve manter-se o processamento do primeiro IRDR que tenha sido admitido, sobrestando-se os demais. A discussão haveria de concentrar-se no primeiro IRDR admitido nacionalmente, para o qual devem todos concentrar suas atenções e apresentar suas manifestações, a fim de contribuir para o resultado final, do qual caberá recurso especial ou extraordinário.

---

[120] CABRAL, Antonio do Passo. Comentários ao art. 982. In: CABRAL, Antonio do Passo; CRAMER, Ronaldo (coords.). *Comentários ao novo Código de Processo Civil*. Rio de Janeiro: Forense, 2015. p. 1.434.

Para Edilton Meireles, a resposta não é simples, sendo possível pensar na hipótese de o tribunal superior, ao apreciar o pedido de suspensão nacional, decidir a esse respeito, optando por escolher aquele mais representativo da controvérsia ou outro expressamente indicado a partir de motivação explícita do próprio tribunal superior.[121]

10.21.4 Início, duração e término do período de suspensão

Os processos repetitivos ficam suspensos enquanto não for julgado o IRDR. O prazo para julgamento é de um ano, findo o qual cessa a suspensão dos processos (CPC, art. 980). Esse prazo de um ano pode, todavia, ser prorrogado por decisão fundamentada do relator (CPC, art. 980, parágrafo único).

Tal prazo tem início com a publicação da decisão do relator que declara a suspensão dos processos (CPC, art. 982, I). Admitido o IRDR, suspendem-se os processos, cabendo ao relator declarar a suspensão e comunicá-la, por ofício, aos juízes diretores dos fóruns de cada comarca ou seção judiciária. O prazo de um ano para o julgamento do IRDR tem início a partir da publicação o despacho do relator que declara a suspensão.

A suspensão cessa automaticamente com o término do prazo de um ano, a não ser que haja decisão em sentido contrário do relator. É preciso que o relator decida fundamentadamente e anuncie antes do término do prazo, pois a cessação da suspensão é automática e decorre da previsão legal.[122]

Se tiver sido determinada a suspensão nacional pelo STF ou pelo STJ, sua duração encerra-se com o escoamento do prazo para interposição do recurso extraordinário ou do recurso especial. Se for interposto recurso especial ou extraordinário do acórdão que julgar o IRDR, a suspensão se mantém, pois tais recursos têm, nesse caso, efeito suspensivo automático (CPC, art. 987, § 1º). Não interposto recurso especial ou extraordinário, cessa a suspensão dos processos, aplicando-se a tese fixada no IRDR (CPC, art. 982, § 5º).

10.21.5 Tutela provisória no incidente: interpretação provisória, em vez de suspensão dos processos

Já se viu que o julgamento de casos repetitivos tem por objeto a resolução de uma questão de direito que se repete em diversos processos, que podem ou não ser homogêneos.

Especificamente em relação ao incidente que tenha por objeto questão de direito processual, será bem frequente a hipótese de a questão de direito repetitiva dizer respeito a processos bastante heterogêneos.

Por causa disso, em tais casos, a suspensão dos processos pendentes, efeito da admissibilidade do julgamento de casos repetitivos, pode revelar-se bem inadequada.

De fato, qual a razão para paralisar os processos – e, por isso, atrasar a solução de mérito – para definir, por exemplo, se determinado tipo de pessoa jurídica faz jus

---

[121] MEIRELES, Edilton. Do incidente de resolução de demandas repetitivas no processo civil brasileiro e suas repercussões no processo do trabalho. In: LEITE, Carlos Henrique Bezerra (org.). *Novo CPC – repercussões no processo do trabalho*. São Paulo: Saraiva, 2015. p. 205. O STJ, no pedido de suspensão nacional em IRDR nº 7, resolveu manter a tramitação apenas do IRDR a partir do qual a questão foi-lhe submetida.

[122] CABRAL, Antonio do Passo. Comentários ao art. 982. In: CABRAL, Antonio do Passo; CRAMER, Ronaldo (coords.). *Comentários ao novo Código de Processo Civil*. Rio de Janeiro: Forense, 2015. p. 1.435.

à presunção de veracidade da sua afirmação de hipossuficiência econômica, ou se um determinado Núcleo de Prática Jurídica tem direito à dobra de prazos processuais?

É preciso construir uma solução mais adequada a esse tipo de problema, sobretudo como homenagem ao princípio da eficiência (CPC, art. 8º).

Em casos assim, após a admissibilidade, o órgão julgador pode conceder uma espécie de tutela provisória, conferindo uma "interpretação provisória da questão de direito processual", que valerá enquanto não resolvido definitivamente o incidente. Caso essa interpretação venha a se confirmar ao final, não haverá nenhum problema – com a vantagem de os processos não haverem sido sobrestados; caso a interpretação não se confirme ao final, o órgão julgador, na decisão do incidente, fará a modulação dos efeitos da decisão, para preservar os atos praticados com base na "interpretação provisória". A lógica é semelhante à da tutela de urgência nos processos de controle concentrado de constitucionalidade, que também são espécies de processo objetivo.[123]

Outra solução seria, também em tutela provisória, determinar aos órgãos julgadores que, enquanto pendente o incidente, esta ou aquela interpretação deva ser aceita, sem definir uma delas, em razão, por exemplo, de ainda não haver maturidade sobre o tema. É o que pode acontecer nos casos de dúvida quanto ao cabimento de agravo de instrumento ou mandado de segurança contra decisão interlocutória, a partir da compreensão do art. 1.015 do CPC. De todo modo, também nesse caso, o tribunal cuidará de, na decisão final do incidente, preservar os atos jurídicos praticados com base em uma das interpretações provisoriamente aceitas.

Em tais hipóteses, o tribunal está adequando o procedimento em virtude da matéria discutida (matéria processual) em prol de procedimentos mais eficientes (aqueles que atingem os mesmos fins, mas sem maiores desperdícios). O tribunal constrói a regra a partir do princípio da eficiência. Com efeito, a eficiência ajuda a concretizar o princípio da adequação, permitindo que se tratem situações diferentes de modo distinto. A adequação do procedimento é medida de concretização, também, do princípio da eficiência: flexibiliza-se o procedimento para torná-lo mais eficiente. A concessão de tutela provisória em incidente de resolução de demandas repetitivas, quando a matéria for processual, adotando soluções como as ora propostas, constitui concretização do princípio da eficiência.

O fato é que algumas das regras gerais do julgamento de casos repetitivos devem ser calibradas ou ajustadas para o caso de a questão repetitiva ser de direito processual.

10.22 PROCEDIMENTO E JULGAMENTO DO IRDR

Admitido o IRDR e suspensos todos os processos pendentes, poderá o relator requisitar informações, não apenas ao juiz (ou relator) do processo ou recurso originário, mas também ao juiz ou relator de qualquer uma das causas em que se discuta a questão de direito.

O relator deve determinar a intimação (a) das *partes* do processo pendente no tribunal (aquele que deu origem à instauração do IRDR); (b) dos *demais interessados*, que são as partes dos processos repetitivos suspensos; (c) dos *amici curiae*, que são pessoas, órgãos e entidades com interesse na controvérsia (CPC, art. 138); (d) do Ministério Público, que funciona no IRDR, quando não o tiver suscitado, como fiscal da ordem jurídica (CPC, art. 976, § 2º).

---

[123] Sobre o tema, DIDIER JR., Fredie; TEMER, Sofia. "A decisão de organização do incidente de resolução de demandas repetitivas: importância, conteúdo e o papel do regimento interno do tribunal". *Revista de Processo*. São Paulo: RT, 2016, n. 258.

Como se sabe, o contraditório não se restringe a questões de fato; também alcança questões de direito (CPC, art. 10). Daí haver instrução no IRDR, para a qualificação do debate em torno da questão de direito, além de aprofundamento nos fatos comuns que dizem respeito à questão jurídica objeto do incidente.

Todos os sujeitos que são intimados a participar das discussões no IRDR podem requerer a juntada de documentos e a realização de diligências necessárias à elucidação da questão jurídica a ser apreciada pelo tribunal; o relator poderá designar audiência pública para colher depoimentos de pessoas com experiência e conhecimento na matéria, ampliando o debate e concretizando o contraditório.

Cumpridas todas as etapas previstas no art. 983 do CPC, o relator solicitará inclusão do IRDR na pauta de julgamento do órgão competente para apreciá-lo. Os autos serão apresentados ao presidente do órgão que designará dia para julgamento, ordenando a publicação da pauta (art. 934). Entre a data de publicação da pauta e da sessão de julgamento decorrerá, pelo menos, o prazo de cinco dias (art. 935), sendo certo que tal prazo deve ser contado em dias úteis (art. 219).

No julgamento do IRDR, a sustentação oral observará o disposto no art. 984 do CPC, ou seja, o relator fará a exposição do objeto do incidente, daí se seguindo as sustentações orais do autor e do réu do processo originário e do Ministério Público, pelo prazo de trinta minutos. Também podem apresentar sustentação oral os demais interessados, no prazo de trinta minutos, dividido entre todos, sendo exigida inscrição com dois dias de antecedência. O colegiado, diante da complexidade das discussões ou do número de interessados ou de *amici curiae*, pode ampliar o tempo para a sustentação oral. A ampliação somente pode ser determinada antes de encerrado o tempo (CPC, art. 139, parágrafo único).

Independentemente de haver decisão aumentando ou não o tempo para sustentação oral, é possível a celebração de negócio jurídico para modificar o tempo da sustentação oral (art. 190 do CPC).[124]

Quando atua como fiscal da ordem jurídica, o Ministério Público sempre se manifesta após as partes e interessados (CPC, arts. 171, I, 364 e 937). No julgamento do IRDR, a previsão é a de que ele se manifeste após as partes, mas antes dos interessados e dos *amici curiae*. Numa interpretação sistemática, deve-se, considerando as funções do Ministério Público como fiscal da ordem jurídica, entender que sua sustentação oral há de ser apresentada por último. De todo modo, é possível haver negócio plurilateral, celebrado entre as partes, os interessados, os *amici curiae*, o Ministério Público e o órgão julgador, para modificar a ordem das sustentações orais (CPC, art. 190).

10.23 A DECISÃO DE ORGANIZAÇÃO DO IRDR E AS SUAS FUNÇÕES

Nos termos do art. 982 do CPC, admitido o incidente, haverá suspensão dos processos pendentes, individuais ou coletivos, que tramitam no Estado ou na região, conforme o caso. Caberá ao relator comunicar a suspensão a todos os órgãos jurisdicionais do tribunal ou a ele vinculados. Além disso, o relator poderá requisitar informações a órgãos em cujo juízo tramita

---

[124] Nesse sentido, o enunciado 21 do Fórum Permanente de Processualistas Civis: "São admissíveis os seguintes negócios, entre outros: acordo para realização de sustentação oral, acordo para ampliação do tempo de sustentação oral, julgamento antecipado do mérito convencional, convenção sobre provas, redução de prazos processuais".

processo no qual se discute o objeto do incidente, devendo, ainda, determinar a intimação do Ministério Público para, querendo, manifestar-se no prazo de quinze dias.

O dispositivo prevê essas providências a serem tomadas pelo relator, o que é insuficiente para o processamento do IRDR. Ao relator cabe, depois de admitido o IRDR, proferir uma decisão de organização, na qual irá delimitar o objeto do incidente e identificar, de modo claro e preciso, a questão que será submetida a julgamento. Cabe-lhe igualmente delimitar a situação fática subjacente. Com isso, ficam mais claros os limites do contraditório e do julgamento a ser proferido, com observância da regra da congruência, segundo a qual o órgão jurisdicional não pode decidir fora do objeto litigioso (CPC, arts. 141 e 492). Também lhe cabe estabelecer os critérios para a intervenção de terceiros interessados e de *amici curiae* e, se for o caso, designar audiências públicas para discutir o tema a ser objeto de julgamento.

Tais atribuições do relator resultam da concretização dos princípios da cooperação (CPC, art. 6º) e do contraditório (CPC, art. 10). A construção dessa regra, a exigir a prolação dessa decisão de organização do IRDR, toma como parâmetro o disposto no art. 357 do CPC.

A decisão de organização está, ainda, prevista no art. 1.037, I, do CPC, que se aplica igualmente ao IRDR. Embora seja um dispositivo previsto especificamente para os recursos repetitivos, sua aplicação também ocorre no âmbito do IRDR, em razão do microssistema de gestão de casos repetitivos.

A decisão de organização do julgamento de casos repetitivos, a ser proferida pelo relator após a admissibilidade do incidente, cumpre, assim, importantes funções.

Como já se afirmou, ela serve, inicialmente, para definir os limites do grupo a ser tutelado pela decisão do incidente. Assim, ela serve a quatro propósitos: a) define a questão de direito a ser decidida, fixando os limites objetivos da atuação do tribunal; b) estabelece os critérios para a intervenção de *amicus curiae* e de terceiros interessados; c) facilita a identificação dos processos pendentes que devem ser suspensos; d) facilita a aplicação da tese firmada nos processos futuros em que se discuta a mesma questão.[125]

Para tanto, essa decisão precisa ser bem esmiuçada, devendo, como qualquer decisão, estar devidamente fundamentada (CPC, art. 489, § 1º).

Caso se constate, durante a tramitação do incidente, que há outras questões relacionadas com seu objeto original e que também devem ser apreciadas pelo tribunal, poderá ser proferida nova decisão de admissão, observando-se todas as exigências relativas à admissibilidade do incidente (deliberação colegiada, divulgação nos cadastros nacionais, entre outras).[126]

---

[125] Sobre o tema, DIDIER JR., Fredie; TEMER, Sofia. A decisão de organização do incidente de resolução de demandas repetitivas: importância, conteúdo e o papel do regimento interno do tribunal. *Revista de Processo,* São Paulo: RT, n. 258, 2016. A propósito, também, o enunciado 723 do Fórum Permanente de Processualistas Civis: "No julgamento de casos repetitivos e incidente de assunção de competência, o relator proferirá decisão de saneamento e organização do processo, depois da admissão ou da afetação, na qual, entre outras providências: (i) identificará o(s) grupo(s) titular(es) dos direitos materiais litigiosos; (ii) certificará a legitimidade e a representatividade adequada dos sujeitos condutores do procedimento; (iii) controlará e organizará a intervenção dos interessados, definindo, em especial, os seus poderes e prazos; (iv) designará a(s) audiência(s) pública(s); (v) expedirá comunicações a outros interessados que possam contribuir com o debate".

[126] TEMER, Sofia. *Incidente de resolução de demandas repetitivas.* 3. ed. Salvador: JusPodivm, 2018. p. 132.

10.24 RECURSOS NO IRDR

Do acórdão que julga o IRDR, cabem embargos de declaração, recurso especial e recurso extraordinário. Tais recursos podem ser interpostos por qualquer das partes, pelo Ministério Público, por uma das partes que teve seu processo suspenso[127] ou por um *amicus curiae* (CPC, art. 138, § 3º).

O art. 987 do CPC prevê o cabimento do recurso especial ou extraordinário contra o julgamento *do mérito* do incidente. Quer isso dizer que não é possível recorrer da decisão que *inadmite* o incidente. Só cabe, então, recurso contra a decisão julgue o mérito do incidente, não sendo recorrível a decisão que não tenha ultrapassado o juízo de admissibilidade ou que se restrinja a afirmar não ser cabível ou admissível o incidente.[128] Basicamente, não cabe o recurso porque não há "causa decidida", pressuposto constitucional indispensável aos recursos extraordinários. A previsão do CPC apenas reforça o texto constitucional – caso houvesse "causa decidida", o CPC não poderia impedir a recorribilidade extraordinária, cuja previsão é constitucional.

Ainda que coubesse o recurso extraordinário, seria bastante difícil a demonstração do interesse recursal, pois a inadmissibilidade do incidente não obsta a que se renove sua suscitação, quando surgir o requisito que faltava (CPC, art. 976, § 3º). Ademais, o alto grau de exigência na admissibilidade dos recursos especial e extraordinário impede que os tribunais superiores, para deles conhecer, examine fatos e provas (Súmulas STF e STJ, n. 279 e n. 7, respectivamente). Verificar se o incidente de resolução de demandas repetitivas preenche ou não os pressupostos legais que sua instauração exige, muitas vezes, reexame de fatos e provas, não identificados nos elementos do acórdão do tribunal de origem.

Também não cabe recurso da decisão que *admite* o incidente de resolução de demandas repetitivas. Também aqui não há "causa decidida" apta a dar ensejo a recurso extraordinário.

Já se vê que só a decisão de mérito do incidente é recorrível.

Normalmente, quando o IRDR é julgado, o tribunal *fixa* a tese jurídica e *julga* o caso-piloto. O recurso, nessa situação, serve para discutir a *tese jurídica ou a solução do caso*. Ora, o direito brasileiro adota um sistema de valorização dos precedentes judiciais, muitos dos quais com eficácia vinculativa. Tal fenômeno está intimamente relacionado com o regime do julgamento de casos repetitivos.

O problema ganha complexidade na hipótese de o tribunal apenas *fixar a tese jurídica*, quando tiver havido desistência ou abandono do caso-piloto.

Há duas possíveis soluções.

A *primeira* é considerar esse acórdão *irrecorrível*, pois, não tendo havido decisão de nenhum caso, não há como interpor recurso. Caberia recurso apenas contra a decisão que viesse a aplicar a tese jurídica nos casos pendentes e futuros.

Essa é uma interpretação que se pode considerar como *conservadora*. Adapta-se, para o incidente de julgamento de casos repetitivos, o entendimento tradicional do STF criado para o incidente de arguição de inconstitucionalidade em tribunal, consolidado no enunciado

---

[127] Enunciado 94 do Fórum Permanente de Processualistas Civis: "A parte que tiver o seu processo suspenso nos termos do inciso I do art. 982 poderá interpor recurso especial ou extraordinário contra o acórdão que julgar o incidente de resolução de demandas repetitivas".

[128] MEDINA, José Miguel Garcia. *Novo Código de Processo Civil comentado*. São Paulo: RT, 2015, p. 1.331; MANCUSO, Rodolfo de Camargo. *Incidente de resolução de demandas repetitivas*: a luta contra a dispersão jurisprudencial excessiva. São Paulo: RT, 2016. p. 289.

513 da sua súmula: somente cabe o recurso extraordinário contra a decisão que aplicar a tese firmada pelo plenário ou órgão especial, não sendo cabível recurso contra o acórdão que julgar o incidente. Para esse entendimento, "decisão de causa", nos termos dos arts. 102 e 105 da Constituição Federal, pressuposto para o cabimento do recurso extraordinário ou recurso especial, significa "decisão de um caso". Se o tribunal somente fixasse a tese, sem julgar o caso, não caberia recurso extraordinário ou recurso especial. Seria preciso esperar a aplicação da tese às causas sobrestadas para, então, caber o recurso especial ou o recurso extraordinário, a exemplo do que ocorre no incidente de inconstitucionalidade.[129]

A *segunda* opção é considerar o acórdão *como recorrível*. O recurso, no caso, teria como objetivo único discutir a *tese jurídica* fixada – e, portanto, discutir o precedente formado. Essa opção hermenêutica pode ser considerada *heterodoxa*, se se levar em consideração a tradicional compreensão que se tem sobre o conceito de "causa decidida" para fim de cabimento de recurso especial ou extraordinário.

A heterodoxia dessa solução é facilmente constatável quando se toma como base a clássica visão sobre a jurisdição: função de decidir *casos*, e não de propor soluções para a decisão de *casos futuros*.

Embora heterodoxa, essa opção ajuda a compreender as regras decorrentes dos arts. 138, § 3º, e 987, do CPC, mencionados acima. Ajuda, também, a compreender as regras decorrentes dos §§ 3º e 4º do art. 982 do CPC, que permitem a formulação de um requerimento de suspensão nacional dos processos, a partir da instauração de um IRDR em determinado tribunal. Finalmente, essa opção reforça a concepção de que o interesse recursal passa por um processo de ressignificação, podendo ser visualizado também quando se pretende apenas discutir a formação do precedente judicial.

Há, de fato, uma grande quantidade de regras jurídicas no CPC que parecem ter sido concebidas para um sistema que admita recurso apenas para discutir a formação do precedente judicial.

É provável que tenha chegado o momento de *reconstruir* o sentido de "causa decidida", para fim de cabimento de recurso extraordinário ou especial – corolário aparentemente inevitável da necessária reconstrução do conceito de jurisdição.[130]

O tema é complexo, não há dúvidas. Cumpre adotar a segunda opção, aqui considerada como *heterodoxa*. O sistema brasileiro de formação, aplicação e superação de precedentes judiciais, que vem sendo construído há alguns anos e que tem base constitucional, parece apontar para essa solução, ora adotada.

Há um detalhe que merece destaque e pode ser alvo de preocupação, sobretudo quando se tratar de caso em que tenha havido a suspensão nacional de processos determinada por tribunal superior, com fundamento no art. 982, §§ 3º e 4º, do CPC. Nesse caso, qualquer pessoa que seja parte em algum processo, em qualquer lugar do território nacional, que verse sobre

---

[129] Sobre o tema, com análise histórica do enunciado 513 da súmula do STF e excelentes argumentos para a ressignificação do termo "causa decidida", TEMER, Sofia. *Incidente de resolução de demandas repetitivas*. 3. ed. Salvador: JusPodivm, 2018. p. 263-272.

[130] Também considerando indispensável a reconstrução do conceito de jurisdição, inclusive a partir do reconhecimento da força normativa dos precedentes judiciais, CABRAL, Antonio do Passo. Per un nuovo concetto di giurisdizione. *Revista da Faculdade Mineira de Direito*, Belo Horizonte: PUCMinas, v. 18, n. 35, 2015.

aquela questão jurídica, poderá interpor recurso especial ou extraordinário. Não é exagero dizer que é possível haver, a depender do caso, centenas ou milhares de recursos interpostos contra o mesmo acórdão.

O recurso especial ou extraordinário é, em tal hipótese, um instrumento coletivo de defesa de uma interpretação a ser dada a uma questão jurídica. É razoável considerar que a legitimidade para interpor o recurso especial ou extraordinário, tal como sói ocorrer no ambiente do processo coletivo, é concorrente e disjuntiva. Quer isso dizer que todos os legitimados são considerados como sendo a mesma pessoa. Assim, interposto um recurso especial ou extraordinário, não é possível mais haver a interposição de outro, sob pena de caracterizar-se uma litispendência. Todos os interessados podem atuar e participar da discussão travada no recurso especial ou extraordinário, mas não será possível haver a confluência ou concorrência de mais de um recurso especial ou extraordinário contra o mesmo acórdão para que o tribunal superior revise a interpretação definida pelo tribunal que julgou o IRDR. Os recursos extraordinário e especial, nesse caso, excepcionalmente, têm efeito suspensivo automático (CPC, art. 987, § 1º).[131]

Quando interposto contra acórdão em IRDR, o recurso extraordinário tem repercussão geral presumida (CPC, art. 987, § 1º). Trata-se de presunção legal absoluta, não admitindo prova em contrário. Basta, então, ao recorrente simplesmente alegar que se trata de recurso extraordinário em IRDR, o que é suficiente para demonstrar a presença de repercussão geral.

Carolina Uzeda defende, a partir de uma reformulação do conceito de recurso, que a parte cuja tese proposta for acolhida por acórdão de IRDR (ou seja, o vencedor) tem interesse para interpor recurso especial, levando a questão à apreciação do STJ e permitindo o espraiamento da tese para o âmbito nacional. Para ela, "o recurso deve ser visto como um método de obtenção de um benefício não concedido pela decisão impugnada e passível de ser obtido com sua interposição". Afirma que não se pode deixar a escolha sobre levar a matéria a âmbito nacional exclusivamente nas mãos do vencido, sob pena de propiciar, inclusive, o abuso de direito. Por isso, "a este sujeito [o vencedor] é admitido recorrer para que possa receber, não da decisão, mas da tutela jurisdicional, todo o proveito prático possível de ser obtido através dela".[132-133]

---

[131] Analisando a afetação ao rito dos recursos especiais repetitivos interpostos contra julgamento de mérito de IRDR, o STJ afastou a suspensão dos processos, tendo a Min. Nancy Andrighi destacado que "na origem, ao instaurar o IRDR, o trâmite dos processos não foi suspenso, para não sustar o andamento das ações e recursos pendentes e não prejudicar os consumidores, em virtude da pequena divergência jurisprudencial a respeito dos temas a serem enfrentados" (STJ, 2ª Seção, ProAfR no REsp 1.729.593, Rel. Min. Marco Aurélio Bellizze, j. 11.09.2018).

[132] UZEDA, Carolina. *Interesse recursal*. Salvador: JusPodivm, 2018. p. 239-240.

[133] A questão chegou ao STF em 2021, quando a Corte reconheceu haver repercussão geral para recurso extraordinário interposto pelo vencedor, contra acórdão em IRDR, identificando-se como Tema 1141, que discute a "Responsabilidade civil por disponibilização na internet de informações processuais publicadas nos órgãos oficiais do Poder Judiciário, sem restrição de segredo de justiça ou obrigação jurídica de remoção" (ARE 1.307.386). No mesmo sentido, defendendo o cabimento de recurso do vencedor: THEODORO JÚNIOR, Humberto. *Curso de direito processual civil*. 51. ed. Rio de Janeiro: Forense, 2018. v. 3, p. 978. Defendendo a necessidade de criar algum meio para que as decisões prolatadas em IRDR sejam apreciadas pelo STJ ou STF: TEMER, Sofia. *Incidente de resolução de demandas repetitivas*. 4. ed. Salvador: JusPodivm, 2020. p. 286; ALVIM, Teresa Arruda; CONCEIÇÃO, Maria Lúcia Lins; SILVA, Leonardo Ferres da; MELLO, Rogério Licastro Torres de. *Primeiros comentários ao Código de Processo Civil*. 3. ed. São Paulo: Thomson Reuters Brasil, 2020.

10.25 AÇÃO RESCISÓRIA

Não cabe ação rescisória contra o núcleo decisório em que se fixa a tese jurídica aplicável a processos atuais e futuros, seja porque não há formação de coisa julgada, seja porque é possível, a qualquer momento, a revisão do entendimento firmado, desde que presentes os seus requisitos.

O tribunal, quando julga o IRDR, também decide a causa afetada para julgamento. O sistema brasileiro, como já se viu, é o da *causa-piloto*. Não cabe ação rescisória contra a decisão que fixa o entendimento a ser seguido pelos demais juízes, mas cabe a ação rescisória contra a parcela do julgamento que decida a causa afetada ou escolhida para exame e decisão. Esse núcleo da decisão resolve o caso concreto e produz coisa julgada.

10.26 IRDR E JUIZADOS ESPECIAIS

A Constituição Federal, em seu art. 98, I, impôs a criação de Juizados Especiais, providos por juízes togados, ou togados e leigos, competentes para a conciliação, o julgamento e a execução de causas cíveis de *menor complexidade,* mediante procedimento oral e sumariíssimo, permitidos a transação e o julgamento de recursos por turmas de juízes de primeira instância.

Em razão da determinação contida no inciso I do art. 98 da Constituição Federal, foi editada a Lei 9.099/1995, dispondo sobre os Juizados Especiais Cíveis e Criminais. Aos Juizados Estaduais se conferiu competência para as causas de menor complexidade e, igualmente, para as de pequeno valor.

A Emenda Constitucional 22/1999, acrescentou um parágrafo único ao art. 98 da Constituição Federal – que passou a ser § 1º por força da Emenda Constitucional 45/2004 – mercê do qual caberia à lei federal dispor sobre a criação de Juizados Especiais no âmbito da Justiça Federal. Permitiu-se, assim, a instituição de juizados para causas que envolvessem a Fazenda Pública Federal. Cumprindo a exigência constitucional, a Lei 10.259/2001 dispõe sobre a instituição dos Juizados Especiais Cíveis e Criminais no âmbito da Justiça Federal. Em razão de tal diploma legal, foram instituídos os Juizados Federais, aos quais se aplica, no que com ele não conflitar, o disposto na Lei 9.099/1995.

Diante da boa experiência e dos satisfatórios resultados obtidos com a instituição dos Juizados Especiais Federais, sobreveio a Lei 12.153/2009, que dispõe sobre os Juizados Especiais da Fazenda Pública no âmbito dos Estados, do Distrito Federal, dos Territórios e dos Municípios. Aos Estados cabe instituir os Juizados Especiais da Fazenda Pública, competindo à União instituí-los no âmbito do Distrito Federal e dos Territórios.

O sistema dos Juizados Especiais dos Estados e do Distrito Federal passou, então, a ser formado pelos Juizados Especiais Cíveis, pelos Juizados Especiais Criminais e Juizados Especiais da Fazenda Pública. A par disso, há, ainda, os Juizados Especiais Federais, que cuidam de demandas propostas em face de entes federais. Os Juizados Especiais Federais são regidos pelo conjunto das regras contidas na Lei 9.099/1995 e na Lei 10.259/2001; aplica-se a Lei 10.259/2001 e, subsidiariamente, a Lei 9.099/1995 e o Código de Processo Civil. Por sua vez, os Juizados Especiais Estaduais da Fazenda Pública regem-se pela Lei 12.153/2009 e, subsidiariamente, pelo Código de Processo Civil, pela Lei 9.099/1995 e pela Lei 10.259/2001.

O regime jurídico dos Juizados e sua estrutura são, portanto, bem diversos do regime e da estrutura da Justiça Comum. Das decisões proferidas pelos juízes dos juizados não cabe recurso para o tribunal de justiça ou para o tribunal regional federal respectivo. Cabe, isto sim, recurso para turma recursal composta por juízes de primeira instância.

Não obstante a distinções entre os Juizados e a Justiça Comum, o art. 985, I, do CPC estabelece que, julgado o IRDR, a tese jurídica será aplicada a todos os processos que versem sobre idêntica questão de direito, inclusive aos que tramitem nos juizados especiais do respectivo Estado ou região. A tese fixada no IRDR deve, como se vê, ser aplicada também aos processos que tramitam nos juizados especiais.

Tal disposição tem gerado polêmica no âmbito doutrinário.[134] Há quem defenda e elogie a previsão normativa.[135] Há, por sua vez, quem sustente sua inconstitucionalidade.[136] Há, ainda, quem defenda a aplicação do IRDR nos Juizados, a ser instaurado, admitido e julgado por turmas recursais e órgãos de uniformização.[137] E há, finalmente, quem procure trazer soluções para a hipótese de competência concorrente entre a justiça comum e os juizados especiais.[138]

A tese fixada no IRDR aplica-se aos processos dos Juizados Especiais, conforme estabelece o inciso I do art. 985 do CPC. Não parece haver inconstitucionalidade nisso. Se é verdade que não há hierarquia jurisdicional entre os juízes dos juizados e os tribunais, não é inusitado haver medidas judiciais em tribunais que controlam atos de juízes a eles não vinculados. O STJ, por exemplo, julga conflito de competência entre juízes comuns e juízes trabalhistas, embora esses últimos não estejam a ele vinculados. Ao TRF da respectiva região compete decidir os conflitos de competência entre juizado especial federal e juízo federal da mesma seção judiciária, conforme entendimento explicitado no enunciado 428

---

[134] KOEHLER, Frederico Augusto Leopoldino. Incidente de resolução de demandas repetitivas e os juizados especiais. *Revista de Processo*, São Paulo: RT, v. 237, nov. 2014.

[135] CAMARGO, Luiz Henrique Volpe. O incidente de resolução de demandas repetitivas no projeto de novo CPC: a comparação entre a versão do Senado Federal e a da Câmara dos Deputados. In: FREIRE, Alexandre; DANTAS, Bruno; NUNES, Dierle; DIDIER JR., Fredie; MEDINA, José Miguel Garcia; FUX, Luiz; CAMARGO, Luiz Henrique Volpe; OLIVEIRA, Pedro Miranda de (orgs.). *Novas tendências do processo civil*. Salvador: JusPodivm, 2014. v. 3, p. 288.

[136] ABBOUD, Georges; CAVALCANTI, Marcos. Inconstitucionalidades do incidente de resolução de demandas repetitivas e riscos ao sistema decisório. *Revista de Processo*, São Paulo: RT, v. 240, fev. 2015, p. 237-240; KOEHLER, Frederico Augusto Leopoldino. Questões polêmicas da aplicação do incidente de resolução de demandas repetitivas (IRDR) no microssistema dos juizados especiais. In: DIDIER JR., Fredie; CUNHA, Leonardo Carneiro da; MACÊDO, Lucas Buril de; ATAÍDE JR., Jaldemiro (org.). *Precedentes*. 2. ed. Salvador: JusPodivm, 2016. p. 684.

[137] Nesse sentido, os enunciados 21 ("O IRDR pode ser suscitado com base em demandas repetitivas em curso nos juizados especiais") e 44 ("Admite-se o IRDR nos juizados especiais, que deverá ser julgado por órgão colegiado de uniformização do próprio sistema") do Fórum da Escola Nacional de Formação e Aperfeiçoamento de Magistrados – ENFAM.

[138] Sugere Aluísio Mendes que "(a) diante da hipótese de competência concorrente entre a justiça ordinária e os juizados especiais, a suspensão e a vinculação estabelecidas a partir do IRDR possam produzir efeitos em relação aos processos em tramitação nos juizados especiais, a partir de incidentes instaurados nos tribunais, estaduais ou federais, conforme o caso, instaurados a partir de processos existentes na justiça ordinária, tal como ocorre na produção da jurisprudência do STJ, sem prejuízo da participação de interessados que tenham processo em tramitação nos juizados especiais; e que (b) diante de hipótese de competência material exclusiva dos juizados especiais ou ainda na hipótese de inexistência de IRDR nos tribunais estaduais e federais, quando concorrente a competência, o IRDR possa ser suscitado, instaurado e apreciado no âmbito do próprio Juizado Especial, cabendo a sua admissibilidade e julgamento a um dos órgãos responsáveis pela uniformização da jurisprudência, no âmbito estadual ou regional, conforme o caso, observado o procedimento estabelecido pelo novo Código de Processo Civil, enquanto não regulado de maneira própria por eventual previsão legal específica para os Juizados Especiais" (MENDES, Aluísio Gonçalves de Castro. *Incidente de resolução de demandas repetitivas: sistematização, análise e interpretação do novo instituto processual*. Rio de Janeiro: Forense, 2017. p. 164).

da Súmula do STJ. Os juízes dos juizados federais não estão vinculados ao TRF, mas este julga conflitos de competência que os envolvem. Os juízes dos juizados não estão hierarquicamente vinculados ao STJ; não cabe recurso especial de decisões proferidas nos juizados (Súmula 203 do STJ), mas é evidente que devem seguir o entendimento manifestado pelo STJ em recurso repetitivo e em enunciado de súmula em matéria infraconstitucional (CPC, art. 927, III e IV).

O art. 985, I, do CPC determina que a tese fixada em IRDR se aplica aos processos pendentes nos juizados especiais. Embora não haja previsão expressa no Código de Processo Civil, é evidente que os processos dos juizados devem ser suspensos com a admissão do IRDR. Não faz sentido aplicar a decisão proferida em IRDR sem que se suspendam antes os processos pendentes. A suspensão dos processos, como já se viu, é regra integrante do microssistema de gestão e julgamento de casos repetitivos. Se a decisão proferida no IRDR há de ser aplicada aos processos pendentes nos juizados é porque estes integram o microssistema de gestão e julgamento de casos repetitivos e, sendo assim, devem também ser atingidos pela suspensão decorrente de sua admissão.[139]

A partir do art. 977, I, do CPC, é possível ao juiz de juizado provocar a instauração de IRDR. Estando submetido à decisão do IRDR, não há razão para restringir a aplicação do inciso I do art. 977 do CPC apenas a juízes que não atuam em juizados. É preciso, porém, que a questão de direito repetitivo, a ser objeto do IRDR, esteja sendo discutida em processo que tramite no respectivo tribunal (Tribunal de Justiça ou Tribunal Regional Federal). Se a questão de direito estiver sendo discutida apenas no âmbito dos juizados especiais, sem qualquer processo no tribunal que possa ser selecionado como caso-piloto, o IRDR será inadmissível.

Não é cabível IRDR perante turmas regionais de uniformização ou turma nacional de uniformização, órgãos próprios do microssistema dos juizados. No âmbito dos juizados especiais, é cabível a instauração do pedido de uniformização de interpretação de lei perante o STJ (PUIL), previsto no art. 14 da Lei 10.259/2001 e no art. 18 da Lei 12.153/2009, cujo procedimento é detalhado na Resolução STJ/GP 10/2007 e no art. 67, parágrafo único, VIII-A, do Regimento Interno do STJ. A uniformização da interpretação dos textos normativos, no âmbito dos juizados, é feita, portanto, pelo PUIL, medida adequada ao seu sistema. Não cabe, em tal âmbito, o IRDR, e sim o PUIL.

10.27 RECURSOS ESPECIAIS OU EXTRAORDINÁRIOS REPETITIVOS

O incidente para julgamento dos recursos extraordinários e especiais repetitivos insere-se, como se viu, no microssistema de gestão e julgamento de causas repetitivas. Por isso, as normas destacadas na primeira parte do presente capítulo são-lhe aplicáveis.

Não obstante a aplicação de tais normas gerais ao incidente dos recursos repetitivos, este possui algumas peculiaridades que o distinguem do incidente de resolução de demandas repetitivas. Não são muitas.

Nos próximos itens, serão destacadas as diferenças dos recursos repetitivos em relação ao IRDR.

---

[139] Nesse sentido, o enunciado 93 do Fórum Permanente de Processualistas Civis: "Admitido o incidente de resolução de demandas repetitivas, também devem ficar suspensos os processos que versem sobre a mesma questão objeto do incidente e que tramitem perante os juizados especiais no mesmo estado ou região".

10.28 TÉCNICA DE GESTÃO DOS RECURSOS REPETITIVOS PELO PRESIDENTE OU VICE-PRESIDENTE DO TRIBUNAL DE ORIGEM

O presidente ou vice-presidente do tribunal de justiça ou do tribunal regional federal, ao receber o recurso especial ou extraordinário, tem quatro opções: *a)* admitir o recurso e determinar sua remessa ao respectivo tribunal superior; *b)* não admitir o recurso, cabendo dessa decisão agravo em recurso especial ou em recurso extraordinário (CPC, art. 1.042); *c)* selecionar dois ou mais recursos representativos da controvérsia e encaminhá-los ao tribunal superior competente para fins de afetação, determinando a suspensão do trâmite de todos os processos pendentes, individuais ou coletivos, que tramitam no Estado ou na região, conforme o caso (CPC, art. 1.036, § 1º); *d)* negar seguimento aos recursos sobrestados na origem, se o acórdão recorrido coincidir com a orientação já firmada pelo tribunal superior em recurso repetitivo selecionado como representativo da controvérsia (CPC, art. 1.040, I) ou em repercussão geral não reconhecida, cabendo dessa decisão agravo interno para o plenário ou órgão especial, conforme previsão regimental (CPC, art. 1.030, § 2º).

As duas últimas hipóteses são restritas ao regime de recursos repetitivos, não se aplicando aos casos simples, que não se submetem ao microssistema de gestão e julgamento de casos repetitivos.

Como se percebe, uma característica marcante da disciplina dos recursos extraordinário e especial repetitivos é o conjunto de atribuições imputadas ao presidente ou vice-presidente do tribunal local (tribunal de justiça ou tribunal regional federal). O papel desse órgão do tribunal *a quo* é absolutamente indispensável para o bom funcionamento do sistema de gestão e julgamento dos casos repetitivos.

Os arts. 1.030 e 1.036 do CPC consagram esse conjunto de regras.

O art. 256 do Regimento Interno do STJ também consagra esse conjunto de regras, trazendo dispositivos fundamentais para a gestão e o julgamento dos recursos repetitivos. Assim dispõe o art. 256 do RISTJ:

> Art. 256. Havendo multiplicidade de recursos especiais com fundamento em idêntica questão de direito, caberá ao presidente ou ao vice-presidente dos Tribunais de origem (Tribunal de Justiça ou Tribunal Regional Federal), conforme o caso, admitir dois ou mais recursos especiais representativos da controvérsia, que serão encaminhados ao Superior Tribunal de Justiça, ficando os demais processos, individuais ou coletivos, suspensos até o pronunciamento do STJ.
>
> § 1º Os recursos especiais representativos da controvérsia serão selecionados pelo Tribunal de origem, que deverá levar em consideração o preenchimento dos requisitos de admissibilidade e, preferencialmente:
>
> I – a maior diversidade de fundamentos constantes do acórdão e dos argumentos no recurso especial;
>
> II – a questão de mérito que puder tornar prejudicadas outras questões suscitadas no recurso;
>
> III – a divergência, se existente, entre órgãos julgadores do Tribunal de origem, caso em que deverá ser observada a representação de todas as teses em confronto.
>
> § 2º O Tribunal de origem, no juízo de admissibilidade:
>
> I – delimitará a questão de direito a ser processada e julgada sob o rito do recurso especial repetitivo, com a indicação dos respectivos Códigos de assuntos da Tabela Processual Unificada do Conselho Nacional de Justiça;

II – informará, objetivamente, a situação fática específica na qual surgiu a controvérsia;

III – indicará, precisamente, os dispositivos legais em que se fundou o acórdão recorrido;

IV – informará a quantidade de processos que ficarão suspensos na origem com a mesma questão de direito em tramitação no STJ;

V – informará se outros recursos especiais representativos da mesma controvérsia estão sendo remetidos conjuntamente, destacando, na decisão de admissibilidade de cada um deles, os números dos demais;

VI – explicitará, na parte dispositiva, que o recurso especial foi admitido como representativo da controvérsia.

Interposto o recurso especial ou extraordinário perante o Presidente ou Vice-Presidente do Tribunal de origem, a parte contrária será, imediatamente, intimada para oferecer contrarrazões, em quinze dias (CPC, art. 1.030, *caput*). Após as contrarrazões, caberá ao Presidente ou Vice-Presidente do tribunal local proceder ao juízo de admissibilidade do recurso, nos termos do inciso V do art. 1.030 do CPC.

Caso o presidente ou vice-presidente do tribunal local não admita o recurso, nos casos do inciso V do art. 1.030 do CPC, cabe agravo para o respectivo tribunal superior (CPC, arts. 1.030, § 1º, e 1.042).

A observação é importante, pois, em três casos, a decisão de inadmissibilidade poderá ser impugnada por *agravo interno*, e não pelo agravo do art. 1.042 (CPC, art. 1.030, § 2º).

O Presidente ou Vice-Presidente do tribunal local pode negar seguimento a: *a)* recurso extraordinário que trate de controvérsia a que o Supremo Tribunal Federal tenha negado a repercussão geral (CPC, art. 1.030, I, *a*); *b)* recurso extraordinário interposto contra acórdão que esteja em conformidade com entendimento do Supremo Tribunal Federal exarado no regime de repercussão geral (CPC, art. 1.030, I, *a*); *c)* recurso extraordinário ou a recurso especial interposto contra acórdão que esteja em conformidade com entendimento do Supremo Tribunal Federal ou do Superior Tribunal de Justiça, respectivamente, exarado no regime de julgamento de recursos repetitivos (CPC, art. 1.030, I, *b*).

Nesses três casos, o controle da decisão do Presidente ou Vice-presidente será feito no próprio tribunal local, normalmente pelo Pleno ou órgão especial, conforme o Regimento Interno do tribunal indicar, por meio de agravo interno. Esse agravo interno cumprirá o papel de servir como veículo do direito à distinção: o recorrente poderá demonstrar que seu caso é distinto, a justificar a não aplicação dos precedentes obrigatórios referidos no inciso I do art. 1.030 do CPC. Não provido o agravo interno, ao recorrente caberá reclamação para o STF ou STJ, nos termos do inciso II do § 5º do art. 988 do CPC: o agravo interno terá exaurido as instâncias ordinárias de impugnação da decisão e, com isso, terá sido preenchido o pressuposto da reclamação para o STF ou STJ previsto nesse inciso.[140]

É relevante destacar que: a) contra o acórdão que julgar esse agravo interno cabem embargos de declaração, e *não* novo recurso extraordinário ou especial, nem o agravo do art. 1.042 do CPC; b) não é possível interpor o agravo do art. 1.042 do CPC contra esse acórdão; c) a reclamação deverá ser ajuizada no prazo de cinco dias ou enquanto pendentes embargos

---

[140] O STJ entende não ser cabível, nesse caso, a reclamação (STJ, Corte Especial, Rcl 36.476/SP, Rel. Min. Nancy Andrighi, *DJe* 6.3.2020).

de declaração contra o acórdão que julgou o agravo interno, pois, do contrário, terá havido o trânsito em julgado a impedir a reclamação (CPC, art. 988, § 5º, I).[141]

Observe, porém, que o juízo de admissibilidade *provisório* feito pelo Presidente ou Vice-Presidente do tribunal *a quo* pressupõe que o recurso extraordinário ou especial ainda não tenha sido submetido ao regime da repercussão geral ou do recurso especial repetitivo (art. 1.030, V, *a*) e tenha sido selecionado como representativo da controvérsia (art. 1.030, V, *b*).

Isso porque, versando o recurso sobre tese já submetida ao regime do julgamento dos casos repetitivos, cabe ao Presidente ou Vice-Presidente do tribunal local "sobrestar o recurso" (CPC, art. 1.030, III), e não o encaminhar ao tribunal superior. Contra essa decisão de sobrestamento, cabe agravo interno (CPC, art. 1.030, § 2º), que será instrumento importante para o exercício do direito à distinção: o recorrente poderá demonstrar que o seu caso é distinto e que, por isso, o recurso não pode ficar à espera da decisão do tribunal superior sobre a questão repetitiva.

Se a questão ainda não foi submetida ao tribunal superior, para a fixação da tese, somente os recursos extraordinário ou especial, que tenham sido escolhidos como representativos da controvérsia (no mínimo dois, de acordo com o art. 1.036, § 1º, do CPC), devem ser encaminhados ao tribunal superior – os demais devem ficar sobrestados no tribunal local. Por isso, o art. 1.030, IV, do CPC, determina que o Presidente ou Vice-Presidente do tribunal local faça essa *seleção* dos recursos representativos da controvérsia. É importante registrar: "Somente podem ser selecionados recursos admissíveis que contenham abrangente argumentação e discussão a respeito da questão a ser decidida" (CPC, art. 1.036, § 6º).

Se o recurso extraordinário ou especial for interposto contra acórdão que tenha divergido de precedente de repercussão geral ou de recurso especial repetitivo, cabe ao Presidente ou Vice-Presidente do tribunal local, antes de remetê-lo ao tribunal superior, encaminhar o processo ao órgão que proferiu o acórdão recorrido, para que proceda ao juízo de retratação (CPC, art. 1.030, II). Somente na hipótese de o órgão julgador não se ter retratado, é que o recurso extraordinário ou especial admissível deve ser encaminhado ao tribunal superior (CPC, art. 1.030, V, *c*).

10.29 LEGITIMIDADE PARA PROVOCAR A INSTAURAÇÃO DO INCIDENTE

No IRDR, há vários legitimados a provocar a sua instauração – amplitude essa que leva a uma inevitável comparação entre o IRDR e as ações coletivas.

A disciplina do incidente de julgamento de recurso extraordinário ou especial repetitivo é bem diferente.

De acordo com o art. 1.036, § 1º, do CPC, o presidente ou vice-presidente do tribunal de justiça ou tribunal regional federal pode provocar a instauração do incidente, selecionando dois ou mais recursos representativos da controvérsia e os remetendo ao tribunal superior.

O texto normativo prevê que sejam selecionados dois ou mais recursos, transparecendo a clara preocupação em se melhorar a amplitude do debate para a formação de precedentes pelo tribunal superior, em conformidade com o princípio do contraditório[142] e

---

[141] Sobre ambas as observações, STF, 1ª Turma, Emb. Decl. no AgReg na Rcl 22.306, Rel. Min. Roberto Barroso, j. 15.3.2016.

[142] NUNES, Dierle. Comentários ao art. 1.036. In: WAMBIER, Teresa Arruda Alvim; DIDIER JR., Fredie; TALAMINI, Eduardo; DANTAS, Bruno (coords.). *Breves comentários ao novo Código de Processo Civil*. São Paulo: RT, 2015. p. 2.324.

com o amplo debate que marca o microssistema de formação concentrada de precedentes obrigatórios.

Embora o dispositivo apenas mencione o tribunal de justiça e o tribunal regional federal, a regra também se aplica no âmbito do STJ, embora mais raramente. É que cabe recurso extraordinário contra decisão de última instância proferida pelo STJ; havendo a repetição de recursos extraordinários nesse caso, cabe aplicação da regra, por analogia, sem problema algum.

A escolha feita pelo presidente ou vice-presidente do tribunal de justiça ou do tribunal regional federal não vinculará o relator no tribunal superior, que poderá selecionar outros recursos representativos da controvérsia (CPC, art. 1.036, § 4º).

Essa não vinculação também significa que o relator, no tribunal superior, pode simplesmente entender que não é caso de instaurar o incidente, ao menos não naquele momento. Se isso acontecer, o relator comunicará o fato ao presidente ou ao vice-presidente que os houver enviado, para que seja revogada a decisão de suspensão referida no art. 1.036, § 1º, do CPC (CPC, art. 1.037, § 1º).

Isso porque o relator, no tribunal superior, pode instaurar o incidente, independentemente de provocação do presidente ou vice-presidente do tribunal local. O § 5º do art. 1.036 é claríssimo neste sentido: "O relator em tribunal superior também poderá selecionar 2 (dois) ou mais recursos representativos da controvérsia para julgamento da questão de direito independentemente da iniciativa do presidente ou do vice-presidente do tribunal de origem".

Há, como se vê, ao menos de acordo com a literalidade dos dispositivos do CPC, uma restrição do número de legitimados a provocar a instauração do incidente.

Na prática, porém, nada impede que partes, terceiros, Ministério Público ou Defensoria Pública requeiram a instauração do incidente: se o relator, no tribunal superior, pode agir *ex officio*, tanto mais pode agir a partir da provocação de alguém.

O procedimento de afetação dos recursos repetitivos pode ser, portanto, dividido em duas etapas: *a)* decisão de seleção de dois ou mais recursos pelo presidente ou vice--presidente do tribunal de origem; e *b)* decisão de afetação pelo relator no tribunal superior. É possível, porém, que o procedimento seja único, quando o relator, no tribunal superior, concentra as duas etapas, selecionando os recursos e afetando-os para discussão e decisão.

10.30 QUESTÃO DE DIREITO QUE PODE SER OBJETO DO INCIDENTE

Já se viu neste capítulo que qualquer questão de direito pode ser objeto do julgamento de casos repetitivos: questão de direito material ou processual, individual ou coletivo. Também se viu que as restrições que existem em relação às ações coletivas não se aplicam ao julgamento de casos repetitivos; por isso é possível que tenha por objeto questões tributárias, previdenciárias, relativas ao FGTS etc.

Sucede que, em razão das peculiaridades dos recursos extraordinário e especial, somente questões de direito constitucional, no primeiro caso, e federal, no segundo, podem ser objeto do incidente para julgamento dos recursos repetitivos. Ou seja: somente podem ser objeto desse incidente questões de direito que possam ser objeto de recurso extraordinário ou especial.

Há, aqui, uma importante diferença em relação ao IRDR, cujo objeto é mais amplo: questões de direito local, por exemplo, podem ser discutidas e decididas no IRDR.

10.31 PODERES DO RELATOR

O relator é o competente para instaurar o incidente de julgamento do recurso extraordinário ou especial repetitivo, afetando os recursos escolhidos como representativos da controvérsia.

Na decisão de afetação, o relator:

a) identificará com precisão a questão a ser submetida a julgamento (CPC, art. 1.037, I): exigência importantíssima, que, ao fixar o objeto litigioso do incidente, define o tema sobre o qual o debate recairá. O tribunal não pode decidir fora do que foi delimitado, sob pena de violar a regra da congruência, a regra que proíbe decisão surpresa (CPC, art. 10) e o princípio do contraditório;

b) determinará a suspensão do processamento de todos os processos pendentes, individuais ou coletivos, que versem sobre a questão e tramitem no território nacional (CPC, art. 1.037, II). *Há, aqui, uma diferença em relação ao regime do IRDR.* Aqui, a suspensão decorre de uma decisão do relator, a quem cabe admitir e instaurar o incidente;[143] no IRDR, a suspensão decorre do juízo de admissibilidade, que é do órgão colegiado, e não da decisão do relator;

c) poderá requisitar aos presidentes ou aos vice-presidentes dos tribunais de justiça ou dos tribunais regionais federais a remessa de um recurso representativo da controvérsia (CPC, art. 1.037, III).

O relator poderá, ainda:

a) solicitar ou admitir manifestação de pessoas, órgãos ou entidades com interesse na controvérsia (*amici curiae*), considerando a relevância da matéria e consoante dispuser o regimento interno (CPC, art. 1.038, I);

b) fixar data para, em audiência pública, ouvir depoimentos de pessoas com experiência e conhecimento na matéria, com a finalidade de instruir o procedimento (CPC, art. 1.038, II);

c) requisitar informações aos tribunais inferiores a respeito da controvérsia e, cumprida a diligência, intimará o Ministério Público para manifestar-se (CPC, art. 1.038, III). Nesse caso, os prazos respectivos são de quinze dias (ao Ministério Público não se aplica, nessa hipótese, a dobra do art. 180 do CPC, por se tratar de prazo próprio fixado para a prática de ato específico – CPC, art. 180, § 2º), e os atos serão praticados, sempre que possível, por meio eletrônico (CPC, art. 1.038, § 1º).

Transcorrido o prazo para o Ministério Público e remetida cópia do relatório aos demais ministros, haverá inclusão em pauta, devendo ocorrer o julgamento com preferência sobre os demais casos, ressalvados os que envolvam réu preso e os pedidos de *habeas corpus* (CPC, art. 1.038, § 2º).

---

[143] Na questão de ordem suscitada e decidida pelo STF no julgamento do Recurso Extraordinário 966.177/RS, o STF entendeu que "a suspensão de processamento prevista no § 5º do art. 1.035 do CPC não é consequência automática e necessária do reconhecimento da repercussão geral realizada com fulcro no *caput* do mesmo dispositivo, sendo da discricionariedade do relator do recurso extraordinário paradigma determiná-la ou modulá-la" (STF, Pleno, RE 966.177 RG-QO, Rel. Min. Luiz Fux, *DJe* 1º.2.2019). No mesmo sentido: STJ, Corte Especial, REsp 1.202.071/SP, Rel. Min. Herman Benjamin, *DJe* 3.6.2019.

Parece aplicável ao incidente de julgamento de recurso extraordinário e especial repetitivo, à míngua de regra expressa em outro sentido, a disciplina decorrente do art. 984 do CPC, que cuida da sustentação oral em IRDR.

10.32 RECURSOS ESPECIAIS REPETITIVOS E SEU PROCESSAMENTO NO STJ: REGULAMENTAÇÃO EM SEU REGIMENTO INTERNO

O regimento interno do STJ contém regulamentação detalhada a respeito dos recursos especiais repetitivos. A matéria está prevista nos arts. 256-A a 256-W do RISTJ. No STJ, os recursos especiais repetitivos encaminhados pelos tribunais de origem como representativos da controvérsia recebem identificação própria no sistema informatizado e, após sua autuação e classificação, são registrados ao seu Presidente.[144]

Ao presidente do STJ (na verdade, por delegação, ao presidente da Comissão Gestora de Precedentes e de Ações Coletivas), cabe, depois de ouvido o membro do Ministério Público, examinar se o recurso representativo da controvérsia preenche os requisitos do art. 256 do RISTJ e os requisitos do art. 1.036 do CPC. Admitido o recurso, o presidente determinará sua distribuição: (a) por dependência, para os recursos especiais representativos da controvérsia que contiverem a mesma questão de direito; (b) de forma livre, mediante sorteio automático, para os demais casos (RISTJ, art. 256-D).

A essa altura, convém já esclarecer que o julgamento dos recursos repetitivos, pelo regramento do RISTJ, divide-se em três fases: *(a)* a fase de organização e admissibilidade prévia, perante o presidente do tribunal (atualmente, delegada ao presidente da Comissão Gestora de Precedentes e de Ações Coletivas); *(b)* a fase de afetação, que se inicia perante o ministro relator e termina com a efetiva afetação do tema por deliberação do órgão colegiado competente; *(c)* a fase de instrução e julgamento, quando o relator escuta os *amici curiae*, o Ministério Público e, se for o caso, designa audiências públicas, seguindo-se para julgamento pelo órgão colegiado com, finalmente, a fixação da tese.

O recurso representativo da controvérsia deve ser distribuído por prevenção ao ministro que seja relator de outros casos que já tenham sido admitidos como representativos da controvérsia. Se o ministro já é relator de casos admitidos como representativos da controvérsia, mas ainda não afetados pelo colegiado, estará prevento para novos casos que venham a ser igualmente admitidos pelo presidente do STJ (cuja função foi delegada ao presidente da Comissão Gestora de Precedentes e de Ações Coletivas) como representativos da controvérsia.

O presidente da Comissão Gestora de Precedentes e de Ações Coletivas, por delegação do presidente do STJ, ao reconhecer a existência de multiplicidade de casos, deve determinar,

---

[144] O presidente do STJ desempenha importantes funções no âmbito dos recursos especiais repetitivos. A Portaria STJ/GP 59, de 5 de fevereiro de 2024, modificada pela 209, de 9 de abril de 2024, alterou a composição da Comissão Gestora de Precedentes e de Ações Coletivas, que coordena os trabalhos do Núcleo de Gerenciamento de Precedentes e de Ações Coletivas. Algumas funções do presidente do STJ, exercidas no âmbito dos recursos repetitivos, foram delegadas, por tal portaria, ao presidente da referida comissão. Eis, a propósito, o disposto no seu art. 2º: "Art. 2º Ficam delegadas ao presidente da comissão as seguintes competências: I – despachar, antes da distribuição, em recursos indicados pelos Tribunais de origem como representativos da controvérsia; II – decidir, resolvendo os incidentes que suscitarem, os requerimentos de suspensão de todos os processos individuais ou coletivos em curso no território nacional que versem sobre a questão objeto de incidente de resolução de demandas repetitivas em tramitação; III – determinar as providências necessárias à melhoria da gestão dos dados e do acervo de processos de ações coletivas; IV – entender-se com outras autoridades ou instituições sobre os demais assuntos pertinentes previstas no art. 46-A do Regimento Interno".

como se viu, a distribuição do recurso representativo da controvérsia. Distribuído o recurso especial, o relator, nos termos do art. 256-E do RISTJ, reexaminará, no prazo de sessenta dias úteis, a contar da conclusão dos autos, a admissibilidade do recurso especial, a fim de: *(a)* rejeitar, fundamentadamente, a indicação do recurso como representativo da controvérsia; ou *(b)* propor à Corte Especial ou à Seção a afetação do recurso especial representativo da controvérsia para julgamento sob o rito dos repetitivos.

Se, em tal prazo de sessenta dias, o relator não se manifestar, presume-se que o recurso especial representativo da controvérsia teve sua indicação rejeitada pelo relator (RISTJ, art. 256-G). O escoamento do prazo implica a presunção de rejeição, mas nada impede que, mesmo após tal prazo, o relator reconheça a existência de multiplicidade e admita o recurso como apto a ser afetado.

Admitido o recurso pelo relator, este vai propor que seja afetado à sistemática de repetitivos, perante a Corte Especial ou a Seção competente. Quer isso dizer que, no âmbito do STJ, a afetação é feita colegiadamente. O recurso especial repetitivo tem, no STJ, o mesmo tratamento normativo do IRDR: a afetação é feita pelo colegiado, e não pelo relator. O relator, após indicação do presidente, reconhece a multiplicidade de casos e propõe sua afetação, mas a efetiva afetação é feita pelo colegiado, que vai, aliás, fixar a tese a ser definida.

Na verdade, a sequência procedimental, no âmbito do STJ, é a seguinte: o presidente do tribunal (cuja função foi delegada ao presidente da Comissão Gestora de Precedentes e de Ações Coletivas) identifica a multiplicidade de casos e a necessidade de o recurso ser afetado, determinando sua distribuição. O relator, no prazo de sessenta dias, fará esse reexame. Se nada disser em sessenta dias ou se rejeitar o caráter repetitivo, não submeterá o caso à afetação. Se, porém, o relator concordar com o presidente, submeterá o caso à Corte Especial ou à Seção, a qual, por sua vez, vai afetar o caso e submetê-lo ao regime dos recursos repetitivos.

Afetada a questão e estabelecida a tese a ser definida pelo colegiado, será lavrado acórdão. Publicado o acórdão de afetação, os demais recursos especiais em tramitação no STJ, fundados em idêntica questão de direito, *(a)* se já distribuídos, serão devolvidos ao tribunal de origem, para nele permanecerem suspensos; *(b)* se ainda não distribuídos, serão devolvidos ao tribunal de origem por decisão fundamentada do relator (RISTJ, art. 256-L).

O relator poderá solicitar a participação de *amici curiae* e poderá, ainda, solicitar informações ao tribunal de origem (RISTJ, arts. 256-J e 256-K). Após a publicação do acórdão de afetação, será concedida vista dos autos ao Ministério Público Federal pelo prazo de quinze dias (RISTJ, art. 256-M). Com ou sem parecer do Ministério Público, os autos serão conclusos ao relator para elaboração do voto (RISTJ, art. 256-M, parágrafo único). Após a liberação do voto pelo relator, o processo será incluído em pauta para julgamento na Seção ou na Corte Especial (RISTJ, art. 256-N).

No julgamento de mérito do tema repetitivo, será delimitada objetivamente a tese firmada pelo órgão julgador (RISTJ, art. 256-Q).

Proferido o acórdão no julgamento do recurso especial repetitivo, os demais recursos especiais já distribuídos, e não devolvidos à origem por trazerem outras questões além da afetada, serão julgados pelo relator, observada a tese firmada no julgamento de mérito do respectivo tema (RISTJ, art. 256-R, I). Os recursos especiais não distribuídos e não devolvidos à origem serão julgados pelo presidente do STJ (RISTJ, art. 256-R, II). Já os demais recursos especiais, suspensos ou não na origem, terão os destinos traçados pelos arts. 1.040 e 1.041 do CPC (RISTJ, art. 256-R, III, parágrafo único).

É relevante registrar que os recursos especiais interpostos em julgamento de mérito de IRDR serão processados, no STJ, nos mesmos termos dos recursos especiais repetitivos (RIS-TJ, art. 256-H), devendo, então, ser identificados pelo presidente (cuja função foi delegada ao presidente da Comissão Gestora de Precedentes e de Ações Coletivas) para, então, serem distribuídos a um relator, o qual, por sua vez, submetê-los-á à Seção ou à Corte Especial para afetação.

10.33 RETRATAÇÃO DO ÓRGÃO RECORRIDO EM RAZÃO DO JULGAMENTO DO RECURSO EXTRAORDINÁRIO OU ESPECIAL REPETITIVO

Publicado o acórdão que julgou o recurso extraordinário ou especial repetitivo, "o órgão que proferiu o acórdão recorrido, na origem, reexaminará o processo de competência originária, a remessa necessária ou o recurso anteriormente julgado, se o acórdão recorrido contrariar a orientação do tribunal superior" (CPC, arts. 1.030, II, e 1.040, II).

Esses recursos têm, portanto, o peculiar efeito de retratação, permitindo que o órgão que proferiu a decisão recorrida reconsidere a sua decisão, adequando o seu entendimento àquele firmado pelo tribunal superior.

Realizado o juízo de retratação, com alteração do acórdão divergente, o tribunal de origem, se for o caso, decidirá as demais questões ainda não decididas cujo enfrentamento se tornou necessário em decorrência da alteração (CPC, art. 1.041, § 1º).

No caso de haver retratação que não considere a existência de distinção entre a questão discutida no processo e a tese que fundamentou o acórdão, admite-se ação rescisória com fundamento no § 5º do art. 966 do CPC, cabendo ao autor, sob pena de inépcia da sua petição inicial, demonstrar, fundamentadamente, tratar-se de situação particularizada por hipótese fática distinta ou de questão jurídica não examinada, a impor outra solução (CPC, art. 966, § 6º). O recurso especial ou extraordinário será cabível quando não tiver havido retratação. Havendo retratação, o direito à distinção deve ser exercido pela ação rescisória.

É possível que o recurso sobrestado verse não somente sobre a questão repetitiva, mas também sobre outras questões. Nesse caso, o tribunal de origem vai reexaminar apenas a questão repetitiva para exercer ou não a retratação. Se a questão repetitiva for prévia às demais e, com a retratação, tudo se alterou, o recurso terá seu objeto atendido, não havendo mais razão para prosseguir. Se, porém, houver a retratação, mas a solução das demais questões se mantiver, o recurso interposto – e que estava até então sobrestado – será submetido ao juízo provisório de admissibilidade, independentemente de ratificação pelo recorrente. Admitido o recurso, será encaminhado ao STF ou ao STJ para apreciação das demais questões. Não admitido, caberá agravo, nos termos do art. 1.042 do CPC.

Segundo Dierle Nunes, dessa nova decisão "poderá caber novo recurso extraordinário (gênero) da(s) matéria(s) ainda não analisada(s) pelo tribunal superior".[145] Não parece ser esse o caso. Da nova decisão não cabe novo recurso; o recurso já fora interposto. A decisão resolve as questões contidas no recurso já anteriormente interposto, que deverá, independentemente de ratificação, ser submetido ao juízo de admissibilidade e, sendo este positivo, ser encaminhado ao respectivo tribunal superior.[146]

---

[145] NUNES, Dierle. Comentários ao art. 1.041. In: WAMBIER, Teresa Arruda Alvim; DIDIER JR., Fredie; TALAMINI, Eduardo; DANTAS, Bruno (coords.). *Breves comentários ao novo Código de Processo Civil*. São Paulo: RT, 2015. p. 2.342.

[146] THEODORO JÚNIOR, Humberto. *Curso de direito processual civil*. 47. ed. Rio de Janeiro: Forense, 2015. v. 3, n. 849, p. 1.145.

Essa hipótese está regulada no § 2º do art. 1.041 do CPC. Para mais bem compreendê-la, suponha-se a seguinte situação: o acórdão examinou as questões x, y e z. O recurso foi interposto atacando x, y e z, mas x é uma questão repetitiva. Por isso, o recurso ficou sobrestado. Fixado o paradigma em favor do recorrente, o recurso volta para a turma para rejulgamento da questão x. Rejulgada a questão x (com retratação), podem y e z também ser alteradas, mas podem não ser, pois podem ser questões independentes. O recurso, então, vai prosseguir, pois a turma manteve y e z. Vai submeter-se ao juízo de admissibilidade e, caso este seja positivo, vai para o tribunal superior examinar aquelas questões que estavam fora do repetitivo. O recurso já fora interposto e ficara sobrestado; não é caso de um novo recurso.

A reapreciação do recurso pelo órgão originário do tribunal de origem é uma peculiaridade do incidente de julgamento de recurso extraordinário ou especial repetitivo. Não há regra semelhante na disciplina do IRDR.

Como não se trata de regra que compõe o núcleo de um dos dois microssistemas a que pertence o IRDR (formação concentrada de precedentes obrigatórios e gestão e julgamento de casos repetitivos), não há justificativa para, nesse caso, buscar a integração da disciplina do IRDR com um apelo ao microssistema. Note, ainda, que, no mais das vezes, o IRDR envolverá questões objeto de apelação ou agravo de instrumento (recursos próprios do TJ ou TRF); esses recursos já têm regras próprias que permitem o juízo de retratação.

De fato, esse peculiar efeito de retratação decorre de uma simples e única circunstância: a decisão final foi proferida por um tribunal superior, a quem cabe dar a última palavra acerca da interpretação daquela determinada questão de direito.

Capítulo XI
DA TUTELA PROVISÓRIA CONTRA A FAZENDA PÚBLICA

11.1 TUTELA JURISDICIONAL DE URGÊNCIA NO CPC/1973

O CPC/1973 foi estruturado de forma a que cada tipo de tutela jurisdicional fosse prestada num tipo próprio de processo. A atividade cognitiva era exercida no processo de conhecimento, enquanto o de execução destinava-se à efetivação ou satisfação de um direito previamente reconhecido. Para assegurar as situações de urgência, havia o processo cautelar.

O Livro I do CPC/1973 era dedicado ao processo de conhecimento, enquanto o processo de execução estava disciplinado no seu Livro II. O CPC/1973, em seu Livro III, tratava da cautelar como um processo autônomo. Nos termos da exposição de motivos de tal Código:

> Na tradição de nosso direito processual era a função cautelar distribuída, por três espécies de processos, designados por preparatórios, preventivos e incidentes. O projeto, reconhecendo-lhe caráter autônomo, reuniu os vários procedimentos preparatórios, preventivos e incidentes sob fórmula geral, não tendo encontrado melhor vocábulo que o a*dje*tivo cautelar para designar a função que exercem. A expressão processo cautelar tem a virtude de abranger todas as medidas preventivas, conservatórias e incidentes que o projeto ordena no Livro III, e, pelo vigor e amplitude do seu significado, traduz melhor que qualquer outra palavra a tutela legal.

O processo cautelar, no CPC/1973, podia ser antecedente ou incidental, a depender de ser instaurado antes ou depois do processo principal. A autonomia procedimental era uma marca do processo cautelar naquele Código, com autuação em apartado. Consolidou-se a figura do *poder geral de cautela*, além da previsão de diversos procedimentos cautelares típicos, nominados ou específicos. Daí se estabeleceu a distinção entre cautelar inominada e cautelar nominada. As cautelares nominadas estavam destacadas e disciplinadas com requisitos próprios. Quando o caso submetido à análise judicial não encontrava enquadramento em qualquer hipótese de cautelar nominada ou específica, havia de se encartar no caso geral da cautelar inominada, cujos requisitos de mérito consistiam no *fumus boni juris* e no *periculum in mora*.

Efetivamente, o Livro III do CPC/1973, relativo ao processo cautelar, dividia-se em dois capítulos. O primeiro continha disposições gerais sobre cautelares inominadas e o procedimento que deveria ser observado tanto em relação a estas quanto aos procedimentos cautelares específicos, regulados no segundo capítulo. Os procedimentos cautelares específicos eram o *arresto*, o *sequestro*, a *caução*, a *busca e apreensão*, a *produção antecipada de provas*, os *alimentos provisionais*, o *arrolamento de bens*, o *atentado*, a *posse em nome do nascituro*, *protestos, notificações e interpelações, justificação, nunciação de obra nova* e outras medidas, como *obras e conservação em coisa litigiosa, entrega de objeto e bens de uso pessoal da mulher e dos filhos*, a *posse provisória*, a *guarda e a educação dos filhos*, o *depósito de menor* e o *afastamento temporário* de um dos cônjuges da morada do casal.

Como já acentuado, as cautelares podiam, de acordo com o CPC/1973, ser antecedentes ou incidentais. Eram antecedentes quando ajuizadas antes do processo dito principal. E, se este estivesse em curso, a cautelar só então proposta seria incidental. Intentada a cautelar antecedente e uma vez deferida a providência postulada, o autor deveria propor a demanda principal dentro de trinta dias, a contar da efetivação da medida. Se a demanda principal não fosse intentada nesse prazo, a cautelar perdia sua eficácia.

As medidas cautelares conservavam sua eficácia nesse prazo de trinta dias e na pendência do processo principal, podendo ser revogadas ou modificadas, se alteradas as circunstâncias que ensejaram sua concessão.

Era possível que o juiz concedesse a providência cautelar antecipadamente no próprio processo cautelar ou até mesmo antes da citação do réu. Se a medida cautelar perdesse sua eficácia, o autor respondia objetivamente pelos prejuízos suportados pelo réu com sua efetivação. A responsabilidade era objetiva, de sorte que não era necessária a presença de culpa ou dolo, sendo suficientes, para que se configurasse o dever de indenizar, o dano e o nexo de causalidade entre este e a efetivação da medida cautelar. O valor da indenização deveria ser liquidado nos próprios autos da ação cautelar.

A medida cautelar podia ser substituída, de ofício ou a requerimento de qualquer das partes, pela prestação de caução ou outra garantia menos gravosa para o requerido, sempre que adequada e suficiente para evitar lesão ou repará-la integralmente.

A medida cautelar tinha sua eficácia cessada se a parte, como já se disse, não intentasse a ação principal no prazo de 30 (trinta) dias, contado da sua efetivação. Também cessava a eficácia da medida cautelar se não fosse executada dentro de 30 (trinta) dias ou se o juiz declarasse extinto o processo principal.

O CPC/1973 adotou a ideia de que o processo cautelar servia para proteção do resultado a ser obtido em outro processo. Na verdade, consagrou-se a ideia de Francesco Carnelutti de que haveria uma "lide única", destinando-se a cautelar a servir de apoio ou de resguardo a outro processo. Na terminologia adotada, as partes na demanda cautelar não seriam propriamente partes, tanto que não se utilizavam os termos *autor* e *réu*, mas *requerente* e *requerido*. Ademais, o inciso III do art. 801 do CPC/1973 aludia à "lide e seu fundamento", fazendo a opção clara da chamada "lide única", não tendo a cautelar como "outra lide".

O CPC/1973 foi, em 1994, alterado para, entre outras mudanças, ter nele introduzida a figura da *tutela antecipada*. Seu art. 273 passou a permitir que o juiz, a requerimento da parte, pudesse antecipar, no todo ou em parte, os efeitos da tutela jurisdicional, desde que houvesse verossimilhança nas alegações, fundada em prova inequívoca e, ainda, houvesse risco de grave lesão ou de difícil reparação ou se verificasse ser abusiva ou protelatória a defesa do réu. Além disso tudo, era preciso, para que se antecipassem os efeitos da tutela jurisdicional, que não houvesse risco de irreversibilidade do provimento final.[1]

A tutela antecipada veio a ser alterada, com a introdução de novas regras, em 2002, mediante modificação legislativa.

---

[1] Sobre a irreversibilidade dos efeitos do provimento, consultar, SILVA NETO, Francisco Antônio de Barros. *A antecipação da tutela nos processos declaratórios*. Porto Alegre: SAFE, 2005. p. 134-137.

Em razão da necessidade de se pensar o processo na perspectiva do direito material, criou-se também a tutela antecipada específica, destinada ao cumprimento de obrigação de fazer, não fazer e de entregar coisa (CPC/1973, arts. 461 e 461-A).[2] Nesses casos, a tutela antecipada tinha fundamento no § 3º do art. 461 do CPC, de maneira que, para sua concessão, se exigia, apenas, a coexistência da *relevância do argumento* e do *justificado receio de ineficácia do provimento final*, requisitos, segundo alguns, que se equiparavam ao *fumus boni juris* e ao *periculum in mora*.[3]

O art. 461 do CPC/1973 servia, ainda, como suporte para a concessão da chamada *tutela inibitória*, cujo objetivo era *inibir, vedar, proibir* a prática de um ilícito. Desse modo, a tutela inibitória, para ser concedida, dependia da demonstração de um ilícito a ser perpetrado pelo réu ou que já se tivesse consumado, não sendo necessária a demonstração, nem a comprovação, de dano, culpa ou dolo; bastava que se demonstrasse a ameaça da prática de um ato *ilícito*. Não se fazia necessária a demonstração de risco de dano ou de ineficácia do provimento final.[4]

Segundo dispunha o § 6º do art. 273 do CPC/1973, "a tutela antecipada também poderá ser concedida quando um ou mais dos pedidos cumulados, ou parcela deles, mostrar-se incontroverso". Para que se aplicasse o § 6º do art. 273 do CPC, *não* se exigia a *verossimilhança*, fundada em *prova inequívoca*. E isso porque, ao aludir à *incontrovérsia*, o juiz estaria analisando mais do que uma simples *verossimilhança*: estaria fundado num exame de *certeza*. Não se devia, igualmente, perquirir acerca da presença de perigo de dano irreparável ou de difícil reparação, não se cogitando, ademais, da ausência de risco de irreversibilidade. Não se exigia, da mesma forma, o manifesto propósito protelatório do réu. Bastava, apenas, a *incontrovérsia* e a *desnecessidade* de produção de outras provas para que se aplicasse o § 6º do art. 273 do CPC, podendo, inclusive, a decisão conter matiz irreversível. É que, sendo a decisão fundada em *incontrovérsia*, decorria de juízo de *certeza*, dando azo a uma cognição exauriente. A necessidade de não haver irreversibilidade está relacionada com a *provisoriedade* ínsita aos pronunciamentos resultantes de cognição sumária, baseados em probabilidade ou verossimilhança, o que, como se viu, não era o caso da decisão proferida com amparo no § 6º do art. 273 do CPC/1973.

Tanto assim é que, no CPC/2015, não há mais dispositivo equivalente ao § 6º do art. 273 do CPC/1973. O que há, em seu lugar, é o julgamento antecipado parcial de mérito, previsto no art. 356 do CPC/2015.

O disposto no § 7º do art. 273 do CPC/1973 assim estava redigido: "se o autor, a título de antecipação de tutela, requerer providência de natureza cautelar, poderá o juiz, quando presentes os respectivos pressupostos, deferir a medida cautelar em caráter incidental do processo ajuizado".

A doutrina que se manifestava sobre tal dispositivo entendia que havia ali a consagração de uma *fungibilidade* entre a cautelar e a tutela antecipada.

---

[2] Há, ainda, o disposto no art. 84 do Código de Proteção e Defesa do Consumidor. A propósito da tutela específica, em última edição ainda sob o CPC/1973: MARINONI, Luiz Guilherme. *Técnica processual e tutela dos direitos*. São Paulo: RT, 2010.

[3] ARENHART, Sérgio Cruz. *A tutela inibitória da vida privada*. São Paulo: RT, 2000. p. 119; NERY JUNIOR, Nelson; NERY, Rosa Maria Andrade. *Código de Processo Civil comentado e legislação processual civil extravagante em vigor*. 14. ed. São Paulo: RT, 2014. nota 13 ao art. 461 do CPC/1973.

[4] Sobre o tema, consultar MARINONI, Luiz Guilherme. *Tutela inibitória individual e coletiva*. 5. ed. São Paulo: RT, 2012.

11.2 A DISTINÇÃO ENTRE TUTELA CAUTELAR E TUTELA ANTECIPADA

As medidas cautelares atendem à pretensão de segurança do direito, da pretensão, da prova ou da ação. A ação cautelar, que tem forte carga mandamental, provoca o exercício de uma tutela jurisdicional, destinada a atender ao direito material à segurança. A pretensão à tutela jurídica por meio de medida cautelar tem por finalidade prevenir, acautelar, assegurar.[5] Só se assegura; não se executa. Haveria, nas palavras de Pontes de Miranda, "segurança para execução", diferentemente da tutela satisfativa antecipada, em que há "execução para segurança".

A cautelar não se confunde com a tutela antecipada. Enquanto aquela constitui um tipo de tutela jurisdicional, esta consiste numa técnica processual, ou seja, num meio disponibilizado pelo direito processual para antecipar efeitos da tutela jurisdicional, que só seriam produzidos mais à frente, depois de proferida a sentença ou de operado o trânsito em julgado.

A tutela antecipada é técnica processual aplicada em qualquer processo, inclusive no cautelar.[6] Quando se concede uma liminar no processo cautelar, está-se a deferir uma antecipação de tutela cautelar. Os efeitos da medida cautelar, que somente seriam produzidos com a prolação da sentença de procedência, são antecipados, pois não é possível aguardar sua prolação, mesmo sendo bastante abreviado o procedimento.

Não se deve confundir a tutela cautelar com a tutela antecipada: aquela apenas *assegura* a possibilidade de fruição eventual e futura do direito acautelado, enquanto esta última possibilita a *imediata realização* do direito.[7] A cautelar não é satisfativa.

O que caracteriza a tutela cautelar é a circunstância de ser ela uma forma especial de proteção jurisdicional de *simples segurança*, equivalente a uma forma de tutela preventiva, que não seja satisfativa. A teoria da tutela cautelar está relacionada ao estudo do "processo de conhecimento". A construção da figura do "processo de conhecimento" fez excluir de seu âmbito o "processo cautelar", em virtude do pressuposto teórico que assimila e confunde "conhecimento" com *ordinariedade procedimental*. A cautelar, que era tida como um procedimento especial, passou a ser considerada um processo autônomo, pois não se compatibilizava com a ideia de *ordinariedade procedimental*.

De acordo com Ovídio Baptista da Silva, é a tutela sumária que tem por finalidade combater, de maneira *temporária*, o *perigo de infrutuosidade* da tutela jurisdicional, pressupondo a *urgência* ou o *perigo de dano*. Não é correto, por isso, atribuir à cautelar a característica da *provisoriedade*. A cautelar não é *provisória*, mas *temporária*.[8] Proferida a sentença na cautelar, há pronunciamento final, definitivo, e não provisório. A sentença cautelar não é suscetível de ser modificada ou revogada a qualquer tempo. Daí ser temporária, e não provisória. Cumprida sua função, seus efeitos tendem a se extinguir com a obtenção, ou não, da tutela satisfativa definitiva. A sentença cautelar não é provisória, pois não precisará ser confirmada

---

[5] PONTES DE MIRANDA, Francisco Cavalcanti. *Comentários ao Código de Processo Civil*. Rio de Janeiro: Forense, 1976. t. 12, p. 14.

[6] Na lição de Daniel Mitidiero: "A *técnica antecipatória* serve para *adequar* o processo às especificidades do direito material alegado em juízo (urgência ou evidência) a fim de que o processo seja capaz de promover a *efetividade* da tutela jurisdicional (satisfação ou asseguração de direitos)" (MITIDIERO, Daniel. *Antecipação da tutela:* da tutela cautelar à técnica antecipatória. 2. ed. São Paulo: RT, 2014. p. 55).

[7] Sobre o tema, consultar SILVA, Ovídio A. Baptista da. *Do processo cautelar*. 2. ed. Rio de Janeiro: Forense, 1999; e *Curso de processo civil*. 2. ed. São Paulo: RT, 1998; FIGUEIRA JR., Joel Dias. *Comentários ao Código de Processo Civil*. 2. ed. São Paulo: RT, 2007. v. 4, t. 1, p. 177-193.

[8] SILVA, Ovídio A. Baptista da. *Da sentença liminar à nulidade da sentença*. Rio de Janeiro: Forense, 2001. p. 73.

posteriormente. Poderá, simplesmente, perder sua eficácia, que é temporária, durando enquanto persistir a situação de perigo. Por sua vez, a tutela antecipada visa evitar o *perigo de tardança* do provimento jurisdicional, resolvendo a situação litigiosa havida entre as partes de maneira *provisória*. A tutela antecipada precisará ser, num momento posterior, confirmada ou não. Por isso é *provisória*.

A cautelar tem por finalidade evitar um *perigo de dano*, enquanto a técnica antecipatória evita um *perigo na demora*. Evita-se, com a cautelar, o dano a uma situação jurídica, a uma pretensão ou a um direito. Já a técnica da antecipação de tutela é utilizada por não ser possível aguardar o desfecho do processo; a simples demora do processo, o simples decurso do tempo é insuportável, permitindo-se a antecipação dos efeitos da tutela jurisdicional para já satisfazer, provisoriamente, o direito ou a pretensão da parte.

A tutela cautelar destina-se a resguardar o direito a outra tutela do direito ou a outra situação jurídica, não tendo por finalidade o resguardo do processo. Na cautelar, há "segurança-para-execução". A tutela satisfativa, por seu turno, tem a finalidade de realizar, desde logo, um direito, sem qualquer ligação com outro direito. Há, aqui, "execução-para-segurança".

A cautelar contém um mérito próprio, pois veicula um direito substancial, que é o direito material à segurança. A cautelar serve para tutelar esse direito à segurança, tendo finalidade diversa da que se almeja com os processos de conhecimento e de execução. Há, enfim, um direito substancial de cautela. Consequentemente, a cautelar tem mérito próprio, distinto do da demanda principal.

Os provimentos antecipatórios decorrem do exercício de *cognição sumária*, pressupondo uma situação processual de urgência ou de evidência e, igualmente, uma necessidade de se conferir *efetividade* ao processo, com o deferimento de prestação jurisdicional instante e apta a eliminar o dano ou a ameaça de direito, ou, ainda, o abuso do direito de defesa.[9]

A doutrina brasileira distingue, em geral, a cautelar da tutela antecipada por considerar que aquela se identifica pela *referibilidade* que se faz ao resultado final da demanda principal, servindo-lhe de garantia, e não de instrumento de satisfação imediata do direito. A cautelar, que se *refere* sempre a um processo principal, serviria de meio destinado a garantir efetividade ou utilidade ao provimento final de tal processo principal.[10] Assim, se ambas as partes estão disputando, judicialmente, um bem específico que se apresenta com risco de deterioração ou extravio, a providência para que tal bem seja apreendido e mantido sob a custódia de um depositário judicial caracteriza-se por ser uma *medida cautelar*, pois *se refere* à utilidade final do provimento de mérito: quem lograr êxito poderá dispor do bem, evitando-se a situação identificada pelo jargão popular de que se poderia "ganhar, mas não levar".

---

[9] O dano que rende ensejo à antecipação da tutela é aquele decorrente do próprio prolongamento do processo; a permanência do estado de insatisfação, imposta pela longa duração do processo, é a causa imediata de danos irreparáveis ou de difícil reparação, tornando inviável a *efetiva* prestação da tutela jurisdicional. É o que Italo Andolina denomina de *dano marginal por indução processual*, que é, exatamente, o dano apto a justificar a concessão do provimento antecipatório, fazendo com que se confira, desde logo, o exercício ou a satisfação do direito à parte interessada (*Cognizione ed esecuzione forzata nel sistema della tutela giurisdizionale*. Milano: Dott. A. Giuffrè, 1983. p. 15-21). Sobre o abuso do direito de defesa, consultar, MARINONI, Luiz Guilherme. *Abuso do direito de defesa e parte incontroversa da demanda*. 2. ed. São Paulo: RT, 2011.

[10] MARINONI, Luiz Guilherme. *A antecipação da tutela na reforma do processo civil*. 2. ed. São Paulo: Malheiros, 1996. n. 3.3, p. 45-46; MARINONI, Luiz Guilherme. *Efetividade do processo e tutela de urgência*. Porto Alegre: Sergio Antonio Fabris Editor, 1994. p. 51-55.

Diferente é a situação de, num provimento liminar, obter-se a *satisfação imediata* da pretensão, com a entrega do bem a quem se apresenta, aparentemente, como titular do direito. Então, naquele mesmo exemplo de haver uma disputa judicial por um bem, o provimento que defere a uma das partes a entrega imediata do bem, que poderá utilizá-lo enquanto perdurar a demanda, contém satisfação imediata. A medida, nesse caso, será antecipatória, caracterizando-se como tutela antecipada.

A providência adotada, a depender da existência de *referibilidade* ao pedido final ou da *satisfatividade* da providência, ostentará a feição de medida cautelar ou de tutela antecipada. É vedada a cautelar que tenha cariz satisfativo, destinando-se à simples conservação. Enquanto a cautelar serve para combater o *perigo de infrutuosidade*, a tutela antecipada compõe o *perigo de tardança* do provimento jurisdicional. Ambas teriam, enfim, a finalidade de eliminar riscos de danos.

Afora a *urgência*, a tutela antecipada pode ser concedida em face da *evidência* do direito postulado em juízo. Nesse caso, não importa o *perigo*, não havendo exame de qualquer *urgência*.

A cautelar e a tutela antecipada não podem ser equiparadas, nem tampouco distinguíveis pela estrutura de seus provimentos. Não é possível tratá-las no mesmo plano. Isso porque, enquanto a cautelar consiste numa tutela jurisdicional, a antecipação de tutela constitui uma técnica de julgamento. São, portanto, conceitos distintos, não sendo, aliás, adequado tratar de fungibilidade entre elas. A técnica da tutela antecipada é, na verdade, apenas um *meio* para que se realize a tutela satisfativa ou a tutela cautelar.[11] A tutela antecipada pode ser satisfativa ou cautelar. A liminar numa cautelar é um exemplo de tutela antecipada cautelar, enquanto a liminar satisfativa é uma tutela antecipada satisfativa.

Por isso, não é adequado afirmar que o § 7º do art. 273 do CPC/1973 teria consagrado uma fungibilidade entre a cautelar e a tutela antecipada. O que tal dispositivo estaria a autorizar é uma cumulação de pedido satisfativo com pedido cautelar. O § 7º do art. 273 do CPC/1973 estaria, então, a permitir que o juiz concedesse a providência cautelar, desde que presentes seus requisitos, ainda que o autor a tivesse chamado de tutela antecipada.

Tanto a tutela satisfativa como a cautelar podem ser conferidas de forma *antecipada*: a tutela antecipada, como técnica que é, refere-se ao *momento* em que se concede a prestação jurisdicional e à *cognição* exercida, que é sumária. Por meio da tutela antecipada, pode-se, desde já, conceder um provimento conservativo (tutela antecipada cautelar) ou um provimento satisfativo (tutela antecipada satisfativa). Esta última pode fundar-se na *urgência* ou na *evidência*.

Na verdade, a tutela antecipada, que distribui de forma isonômica o ônus do tempo no processo, decorre tanto da alegação de *urgência* como da *evidência* do direito posto em juízo. A urgência que reclama a concessão da tutela antecipada pode concernir a um perigo de dano ou a um perigo de ilícito.

Não é só para evitar ou reprimir um dano. A tutela antecipada também pode servir para inibir, vedar, proibir a prática de um ilícito. A tutela jurisdicional que tem essa finalidade é a tutela inibitória. E, pela técnica da antecipação, a tutela inibitória pode ser igualmente antecipada. É o que se chama de *antecipação da tutela inibitória*, cuja concessão depende apenas da demonstração de um ilícito a ser perpetrado pelo réu ou que já tenha se consumado, não sendo necessária a demonstração, nem a comprovação, de dano, culpa

---

[11] MITIDIERO, Daniel. Tendências em matéria de tutela sumária: da tutela cautelar à técnica antecipatória. *Revista de Processo*, São Paulo: RT, v. 197, jul. 2011, p. 27-65.

ou dolo; basta que se demonstre a ameaça da prática de um ato ilícito. A importância da tutela inibitória é indiscutível, em virtude da necessidade de se conferir tutela preventiva às situações jurídicas de conteúdo não patrimonial. Não se avalia, nem se investiga, para obtenção da tutela inibitória, a existência de dano provável ou de dano já consumado. Não é necessária a presença do dano, nem da culpa ou do dolo. Para a obtenção da tutela inibitória antecipada, basta a demonstração de um ilícito, continuado ou repetido, ou da probabilidade de sua ocorrência.[12]

A tutela antecipada visa a realizar um direito diante do *perigo de tardança* da tutela jurisdicional final. O *perigo de dano* ou o *perigo de ilícito* pode ser prevenido ou reprimido mediante tutela antecipada.

11.3 DA AÇÃO CAUTELAR FISCAL: NOÇÕES GERAIS

A ação cautelar fiscal, que está prevista na Lei 8.397, de 6 de janeiro de 1992, é privativa da Fazenda Pública, em casos relacionados com dívida ativa tributária, não tributária ou, ainda, com crédito proveniente das contribuições sociais previstas no art. 195 da Constituição Federal. Em outras palavras, apenas quem detém legitimidade ativa para requerê-la é a Fazenda Pública, devendo fazê-lo por meio de petição inicial que indicará (a) o juízo a quem é dirigida; (b) a qualificação e o endereço, se conhecido, do requerido; (c) as provas que serão produzidas; e (d) o requerimento para citação. Também deve a petição inicial conter pedido e causa de pedir, além do valor da causa.[13]

O procedimento da cautelar fiscal poderá ser instaurado após a constituição do crédito,[14] inclusive no curso da execução judicial da dívida ativa da União, dos Estados, do Distrito Federal, dos Municípios e respectivas autarquias. Há 2 (dois) casos, porém, em que o requerimento da medida cautelar fiscal independe da prévia constituição do crédito tributário: (a) na hipótese de o devedor ter sido notificado pela Fazenda Pública para que proceda ao recolhimento do crédito fiscal e ponha ou tente pôr seus bens em nome de terceiros ou, ainda, (b) quando o devedor aliena bens ou direitos sem proceder à devida comunicação ao órgão da Fazenda Pública competente, quando exigível em virtude de lei (Lei 8.397/1992, art. 1º, parágrafo único).[15]

---

[12] Na lição de Luiz Guilherme Marinoni: "A tutela inibitória, configurando-se como tutela preventiva, visa a prevenir o ilícito, culminando por apresentar-se, assim, como uma tutela anterior à sua prática, e não como uma tutela voltada para o passado, como a tradicional tutela ressarcitória. Quando se pensa em tutela inibitória, imagina-se uma tutela que tem por fim impedir a prática, a continuação ou a repetição do ilícito, e não uma tutela dirigida à reparação do dano" (MARINONI, Luiz Guilherme. *Tutela inibitória individual e coletiva*. 5. ed. São Paulo: RT, 2012. p. 32).

[13] "Processo civil. Ação cautelar fiscal. Valor da causa. Art. 258 do CPC. Correspondência ao conteúdo econômico. Precedentes. 1. O valor da causa arbitrado pelo autor na ação cautelar não necessita ser igual ao da causa principal, mas deve corresponder ao benefício patrimonial pleiteado. 2. Recurso especial não provido" (STJ, 2ª Turma, REsp 1.135.545/MS, Rel. Min. Eliana Calmon, *DJe* 26.8.2010).

[14] Segundo esclarece José Augusto Delgado, para que se proponha a cautelar fiscal, não se exige a constituição definitiva do crédito; deve, apenas, ele estar constituído mediante lançamento regular. Por construção jurisprudencial, o crédito pode ser considerado constituído por ocasião da lavratura do auto de infração comunicado ao contribuinte (Aspectos doutrinários e jurisprudenciais da medida cautelar fiscal. In: MARTINS, Ives Gandra da Silva; MARTINS, Rogério Gandra; ELALI, André (coords.). *Medida cautelar fiscal*. São Paulo: MP, 2006. p. 79).

Estando, porém, suspensa a exigibilidade do crédito, descabe a cautelar fiscal. Nesse sentido: STJ, 1ª Turma, REsp 279.209/RS, Rel. Min. José Delgado, j. 20.02.2001, *DJ* 02.04.2001, p. 261.

[15] STJ, 1ª Turma, REsp 1.127.933/RJ, Rel. Min. Luiz Fux, *DJe* 10.5.2011.

A ação cautelar fiscal será requerida ao juízo competente para a execução judicial da dívida ativa da Fazenda Pública. Se a execução já estiver em tribunal, será competente para a cautelar fiscal o relator do recurso.

A exemplo do que sucede com a execução fiscal (CPC, art. 46, § 5º), a cautelar fiscal pode ser ajuizada no foro do domicílio do devedor, no de sua residência ou no do lugar onde for encontrado.

Os autos da cautelar fiscal serão apensados aos do processo de execução judicial da dívida ativa da Fazenda Pública. O indeferimento da cautelar fiscal não obsta a que a Fazenda Pública intente a execução judicial da dívida ativa, nem influi no julgamento desta, de maneira que a sentença proferida na cautelar fiscal não faz coisa julgada relativamente à execução fiscal, salvo se o juiz, na cautelar fiscal, acolher a alegação de pagamento, de compensação, de transação, de remissão, de prescrição ou decadência, de conversão do depósito em renda, ou qualquer outra modalidade de extinção da pretensão deduzida.

A cautelar fiscal poderá ser requerida contra o sujeito passivo de crédito tributário ou não tributário, desde que haja (a) prova literal da constituição do crédito fiscal e (b) prova documental de algum dos casos mencionados no art. 2º da Lei 8.397/1992.

A concessão de provimento liminar, na cautelar fiscal, é possível, sendo dispensadas, inclusive, a justificação prévia e a prestação de caução. Da decisão interlocutória que conceder liminarmente a medida cabe agravo de instrumento pelo requerido. De igual modo, e por razões óbvias, cabe o agravo de instrumento a ser interposto pela Fazenda Pública, na hipótese de ser indeferida a medida liminar.

Decretada a medida cautelar fiscal, opera-se, de imediato, a indisponibilidade dos bens do requerido, até o limite da satisfação da obrigação, sendo comunicada, desde logo, ao registro público de imóveis, ao Banco Central do Brasil, à Comissão de Valores Mobiliários e às demais repartições que processem registros de transferência de bens, a fim de que, no âmbito de suas atribuições, façam cumprir a constrição judicial.

A indisponibilidade decorrente da decretação da medida cautelar fiscal não alcança, por razões óbvias, os bens acobertados pela impenhorabilidade.[16]

Se o requerido da cautelar fiscal for pessoa jurídica, a concessão da medida gera a indisponibilidade somente sobre os bens do ativo permanente.

Muito embora a concessão da cautelar fiscal atinja, apenas, os bens integrantes do ativo permanente da pessoa jurídica, o Superior Tribunal de Justiça vem admitindo – em situações excepcionais, quando a sociedade empresária estiver com suas atividades paralisadas ou não forem localizados em seu patrimônio bens que possam garantir a execução fiscal – a decretação de indisponibilidade de bens de pessoa jurídica, ainda que estes não constituam seu ativo permanente.[17]

A concessão da medida cautelar fiscal pode, ainda, ser estendida aos bens do acionista controlador e aos dos que, em razão do contrato social ou estatuto, tenham poderes para fazer a empresa cumprir suas obrigações fiscais, ao tempo (a) do fato gerador, nos casos de lançamento de ofício, ou (b) do inadimplemento da obrigação fiscal, nos demais casos. Segundo jurisprudência firmada no âmbito do Superior Tribunal de Justiça, a responsabilidade

---

[16] STJ, 1ª Turma, REsp 671.632/SC, Rel. Min. José Delgado, *DJ* 2.5.2005, p. 206.
[17] STJ, 1ª Turma, REsp 513.078/AL, Rel. Min. José Delgado, *DJ* 17.11.2003, p. 215. No mesmo sentido: STJ, 2ª Turma, REsp 677.424/PE, Rel. Min. Castro Meira, *DJ* 4.4.2005, p. 288. Ainda no mesmo sentido: STJ, 2ª Turma, REsp 365.546/SC, Rel. Min. João Otávio de Noronha, *DJ* 4.8.2006, p. 294.

dos sócios ou administradores integrantes da gerência ou do conselho de administração da sociedade depende da comprovação de excesso de mandato, infração à lei ou ao regulamento, seguindo-se a mesma sistemática de responsabilidade na execução fiscal.[18]

A indisponibilidade decorrente da concessão da medida cautelar fiscal poderá ser estendida em relação aos bens adquiridos, a qualquer título, do requerido ou daqueles que estejam ou tenham estado na função de administrador, desde que seja capaz de frustrar a pretensão da Fazenda Pública.

A medida cautelar fiscal pode ser concedida incidentalmente ou em procedimento preparatório. Neste último caso, deve a Fazenda Pública propor a execução judicial da dívida ativa no prazo de 60 (sessenta) dias, contados da data em que a exigência se tornar irrecorrível na esfera administrativa. Não é da efetivação da medida cautelar que se inicia o prazo para propositura da execução fiscal, mas do trânsito em julgado da decisão administrativa.[19] Nesse prazo a medida cautelar fiscal conserva sua eficácia, sendo igualmente conservada sua eficácia na pendência do processo de execução fiscal, mas pode, a qualquer tempo, ser revogada ou modificada.

A medida cautelar fiscal, salvo decisão em contrário, conserva sua eficácia durante o período de suspensão do crédito tributário ou não tributário.[20]

Se a Fazenda Pública não propuser a execução fiscal no mencionado prazo de 60 (sessenta) dias, contados da data em que a exigência se tornar irrecorrível na esfera administrativa, cessa a eficácia da medida cautelar fiscal.

A cessação de sua eficácia opera-se, de igual modo, se a medida não for executada dentro de 30 (trinta) dias, se for julgada extinta a execução fiscal ou se o requerido promover a satisfação do crédito que estiver sendo executado.

Cessada a eficácia da medida por qualquer um dos motivos apontados, é vedado à Fazenda Pública repetir o pedido pelo mesmo fundamento.

É possível, a qualquer tempo, substituir a medida cautelar fiscal pela prestação de garantia correspondente ao valor da pretensão da Fazenda Pública, mediante depósito em dinheiro, fiança bancária, nomeação de bens à penhora ou indicação à penhora de bens oferecidos por terceiros e aceitos pela Fazenda Pública, tudo de conformidade com a regra contida no art. 9º da Lei 6.830, de 22 de setembro de 1980.

Sobre esse pedido de substituição a Fazenda Pública será, necessariamente, ouvida no prazo de 5 (cinco) dias, presumindo-se da omissão a sua aceitação.

Ao despachar a petição inicial, concedida ou não a medida cautelar fiscal, o juiz irá determinar a citação do requerido para, no prazo de 15 (quinze) dias, contestar o pedido, indicando as provas que pretenda produzir. Conta-se o prazo da juntada aos autos do mandado (a) de citação, devidamente cumprido; ou (b) da execução da medida cautelar fiscal, quando concedida liminarmente.

Processada a demanda cautelar fiscal a tempo e modo, deve sobrevir sentença. Caso a sentença decrete a medida cautelar fiscal, caberá apelação *sem* efeito suspensivo. Se o requerido tiver postulado a substituição da medida cautelar fiscal por alguma das garantias previstas no art. 9º da Lei 6.830/1980 e tendo sido aceito o pedido de substituição, seja por manifestação expressa da Fazenda Pública, seja pelo escoamento do prazo de 5 (cinco) dias sem qualquer

---

[18] STJ, 1ª Turma, REsp 722.998/MT, Rel. Min. Luiz Fux, *DJ* 28.4.2006, p. 272.
[19] STJ, 1ª Turma, REsp 1.026.474/SC, Rel. Min. Francisco Falcão, *DJe* 16.10.2008.
[20] Em sentido contrário: STJ, 1ª Turma, REsp 1.186.252/MG, Rel. Min. Hamilton Carvalhido, *DJe* 13.4.2011.

pronunciamento seu, a apelação, nesse caso, será recebida *com* efeito suspensivo, eis que já garantido o valor do crédito.

A sentença que julgar a cautelar fiscal deve condenar o vencido no pagamento de honorários de sucumbência, haja vista o caráter contencioso da medida e a aplicação, no caso, do princípio da causalidade. Na fixação dos honorários, deve ser aplicado o disposto no art. 85, § 3º, do CPC.

11.4 A TUTELA PROVISÓRIA NO CPC

11.4.1 Problema terminológico

A tutela provisória está disciplina no Livro V do CPC, mais precisamente nos seus arts. 294 a 311. O termo *tutela provisória* não delimita adequadamente o objeto de que trata aquele Livro V. Ali há regras sobre tutela de urgência cautelar, tutela de urgência satisfativa e tutela de evidência.

Como já se viu no item 11.3 *supra,* a tutela cautelar não é provisória; é temporária. Já as tutelas satisfativas, de urgência ou de evidência, são provisórias, pois devem ser confirmadas ou não na decisão final.

A tutela satisfativa de urgência ou de evidência pode ser definitiva. O juiz pode concedê-la na sentença, hipótese em que a apelação não terá efeito suspensivo (CPC, art. 1.012, § 1º, V).

Se a tutela provisória é *gênero*, o Livro V do CPC não contém todas as suas espécies, não dispondo, por exemplo, sobre o cumprimento provisório da sentença, que, previsto nos arts. 520 a 524 do CPC, destina-se a adiantar ou antecipar, de modo resolúvel, a eficácia executiva, com vistas a abreviar o processo e permitir que já se adiante a fase executiva, antes mesmo do trânsito em julgado.

O CPC adotou a expressão *tutela provisória* no lugar da *tutela antecipada,* utilizando o termo *tutela antecipada* como espécie do gênero *tutela provisória*. A tutela antecipada é uma tutela provisória, caracterizada por ser satisfativa de urgência. Por exclusão, se os textos normativos fossem lidos literalmente, a tutela de evidência não seria uma tutela antecipada e a tutela cautelar não poderia ser, propriamente, prestada por tutela antecipada.[21]

A confusão terminológica é manifesta e pode contribuir para incompreensões.

Não custa repetir que a cautelar é um tipo de tutela jurisdicional, proferida de forma *temporária*. Já a tutela antecipada é uma técnica processual por meio da qual se determina a produção de efeitos do provimento final antes do momento normalmente a ele reservado. A tutela antecipada pode ser cautelar ou satisfativa.

O antônimo de *tutela provisória* é *tutela definitiva*. Esta última relaciona-se com o resultado do processo, podendo ser cautelar ou satisfativa.

A tutela cautelar e a tutela satisfativa podem ser prestadas antecipadamente. O juiz pode conceder a tutela antecipada cautelar ou a tutela antecipada satisfativa. Pode, em outras palavras,

---

[21] Nas palavras de Robson Renault Godinho: "O novo CPC, portanto, reserva a expressão 'tutela provisória' para disciplinar a tutela jurisdicional cautelar, a técnica da antecipação da tutela e a tutela de evidência, o que já demonstra por si só infelicidade da denominação genérica" (Comentários ao art. 294. In: CABRAL, Antonio do Passo; CRAMER, Ronaldo (coords.). *Comentários ao novo Código de Processo Civil*. Rio de Janeiro: Forense, 2015. n. 2, p. 462). No mesmo sentido: COSTA, Eduardo José da Fonseca. Comentários ao art. 294. In: STRECK, Lenio Luiz; NUNES, Dierle; CUNHA, Leonardo Carneiro da (orgs.). *Comentários ao Código de Processo Civil. 2. ed.* Alexandre Freire (coord. exec.). São Paulo: Saraiva, 2017. p. 414-415.

conceder a tutela provisória cautelar ou a tutela provisória satisfativa. A tutela provisória cautelar é sempre de urgência, enquanto a satisfativa pode ser de urgência ou de evidência.

Concedida a tutela provisória, sobrevirá ainda a tutela definitiva, que também pode ser cautelar ou satisfativa. Assim, concedida uma liminar cautelar (ou seja, uma tutela provisória cautelar), esta deve ser confirmada por uma sentença cautelar (ou seja, uma tutela definitiva cautelar). Deferida uma tutela antecipada (ou seja, uma tutela provisória satisfativa), esta deve ser confirmada por uma sentença satisfativa (ou seja, uma tutela definitiva satisfativa).

11.4.2 Tutela de urgência

11.4.2.1 Observação introdutória

A tutela provisória de urgência é técnica processual que, mediante cognição sumária, se destina a antecipar uma tutela jurisdicional definitiva. Seu requisito é o perigo, a urgência, o risco da demora.

A tutela de urgência pode ser cautelar ou satisfativa. Qualquer uma delas pode ser concedida em caráter antecedente ou incidental.

Já a tutela satisfativa pode ser de urgência ou de evidência. Geralmente, a tutela cautelar é de urgência. São raras as hipóteses de tutela cautelar de evidência, como se vê na liminar de busca e apreensão do bem alienado fiduciariamente (Decreto-lei 911/1969, art. 3º) e, ainda, no sequestro de bens previsto no art. 126 do CPP. Abstraídos esses raros casos, a tutela cautelar costuma ser apenas de urgência.

A tutela de urgência conserva sua eficácia na pendência do processo, mas pode, a qualquer tempo, ser revogada ou modificada, em decisão devidamente fundamentada. Aliás, o § 1º do art. 489 do CPC contém importante regra, que explicita casos em que não se considera fundamentada a sentença. Toda e qualquer decisão judicial deve ser fundamentada (CF, art. 93, IX; CPC, art. 11). Se toda e qualquer decisão há de ser motivada, não haverá fundamentação ou não estará suficientemente fundamentada, caso se verifique uma das hipóteses descritas no § 1º do art. 489 do CPC. O dispositivo, enfim, aplica-se a toda e qualquer decisão, seja interlocutória, sentença ou acórdão, inclusive a que concede, revoga ou modifica a tutela provisória.

11.4.2.2 Tutela de urgência cautelar e satisfativa

A tutela de urgência, cautelar ou satisfativa, deve ser concedida quando presentes os requisitos da relevância do direito e do perigo de dano ou de risco ao resultado útil do processo.

Em qualquer caso, é preciso que haja probabilidade do direito alegado, ainda que mínima. A urgência é revelada pelo perigo de dano ou risco ao resultado útil do processo. Aliás, segundo enunciado 143 do Fórum Permanente de Processualistas Civis: "A redação do art. 300, *caput*, superou a distinção entre os requisitos da concessão para a tutela cautelar e para a tutela satisfativa de urgência, erigindo a probabilidade e o perigo na demora a requisitos comuns para a prestação de ambas as tutelas de forma antecipada".

Tanto na tutela provisória de urgência cautelar como na satisfativa devem estar presentes a probabilidade do direito alegado e o perigo de dano ou risco ao resultado útil do processo. Os riscos variam, a depender de a medida ser cautelar ou satisfativa.

A cautelar, que é medida *temporária*, visa a combater o *perigo de infrutuosidade* da tutela jurisdicional.[22] Assim, quando houver risco ao resultado útil do processo, a medida a ser

---

[22] CÂMARA, Alexandre Freitas. *O novo processo civil brasileiro*. São Paulo: Atlas, 2015. p. 158.

deferida é cautelar. Já a tutela provisória satisfativa (chamada no CPC de tutela antecipada) visa a evitar o *perigo de tardança* do provimento jurisdicional, resolvendo a situação litigiosa havida entre as partes de maneira *provisória*. Há, neste último caso, um *perigo na demora*; o simples decurso do tempo é insuportável, permitindo-se a antecipação dos efeitos da tutela jurisdicional para já satisfazer, provisoriamente, o direito ou a pretensão da parte.

A tutela de urgência, cautelar ou satisfativa, pode ser concedida liminarmente ou após justificação prévia. Em regra, o juiz deve observar o contraditório, mas, não sendo possível aguardar, pode concedê-*la* antes mesmo da citação do réu (CPC, art. 9º, I).

Se o autor, em sua petição inicial, demonstra que a situação é de urgência e que a medida há de ser deferida liminarmente, o juiz, ao postergar a análise liminar da tutela provisória, deve justificar a necessidade de contraditório prévio.[23]

Concedida a medida liminarmente ou após justificação prévia, o juiz pode, conforme o caso, exigir do autor que preste caução idônea a ressarcir os eventuais danos que a outra parte possa vir a sofrer, caso venha a tutela provisória de urgência a ser posteriormente revogada ou modificada. Tal caução há de ser dispensada quando a parte for economicamente hipossuficiente e não puder oferecê-la (CPC, art. 300, § 1º). Se o requerente for o Poder Público, não pode ser exigida caução.[24]

A tutela de urgência satisfativa não será concedida quando houver perigo de irreversibilidade dos efeitos da decisão (CPC, art. 300, § 3º). Não se permite, em outras palavras, a antecipação dos efeitos da tutela satisfativa, quando houver risco de irreversibilidade. Tal regra, entretanto, não é absoluta.[25] Há casos em que se deve aplicar a *proporcionalidade*, pois se a denegação da medida revelar-se mais irreversível do que sua concessão, deve-se suplantar o óbice e concedê-la.[26] É preciso, então, ponderar os riscos.[27] Se a concessão é irreversível e a denegação também, cumpre examinar o que se revela *mais provável,* pois não se deve sacrificar um direito provável ameaçado pelo dano iminente em prol de um direito improvável, em razão de uma irreversibilidade. Além de sacrificar o direito improvável, o juiz deve, igualmente, sacrificar o interesse de menor relevância para o ordenamento.

---

[23] Enunciado 30 do Fórum Permanente de Processualistas Civis: "O juiz deve justificar a postergação da análise liminar da tutela provisória sempre que estabelecer a necessidade de contraditório prévio".

[24] Nesse sentido, o enunciado 42 do Fórum Nacional do Poder Público: "A exigência de caução real ou fidejussória para a concessão da tutela de urgência prevista no § 1º do art. 300 do CPC não é aplicável ao Poder Público, em razão do disposto no art. 100 da Constituição Federal".

[25] Nesse sentido, o enunciado 419 do Fórum Permanente de Processualistas Civis: "Não é absoluta a regra que proíbe tutela provisória com efeitos irreversíveis". No mesmo sentido, o enunciado 40 da Jornada de Direito Processual Civil, do Conselho da Justiça Federal: "A irreversibilidade dos efeitos da tutela de urgência não impede sua concessão, em se tratando de direito provável, cuja lesão seja irreversível".

[26] Nesse sentido, Robson Renault Godinho: "O caso concreto pode exigir a necessidade de sopesamento dos direitos em jogo, de modo que deve incidir um juízo de proporcionalidade" (Comentários ao art. 300. In: CABRAL, Antonio do Passo; CRAMER, Ronaldo (coords.). *Comentários ao novo Código de Processo Civil.* Rio de Janeiro: Forense, 2015. p. 474).

[27] Embora não fale em proporcionalidade expressamente, Alexandre Freitas Câmara afirma que, em certos casos, a exemplo de tutela de urgência para deferir uma intervenção cirúrgica, seria possível uma tutela de urgência satisfativa e irreversível (CÂMARA, Alexandre Freitas. *O novo processo civil brasileiro.* São Paulo: Atlas, 2015. p. 159).

11.4.2.3 Tutela de urgência antecedente e incidental

A tutela de urgência, cautelar ou satisfativa, pode ser requerida em caráter antecedente ou incidental.

Quando a urgência é contemporânea à propositura da demanda ou efetivamente não há como aguardar, a tutela de urgência pode ser requerida em caráter antecedente, devendo, posteriormente, ser aditada a petição inicial ou formulado o pedido principal.

A tutela de urgência requerida em caráter incidental independe do pagamento de custas, devendo ser proposta perante o próprio juízo que conduz o processo.[28] Quando antecedente, será proposta perante o juízo competente, que ficará prevento para conhecer do pedido principal.

Também pode haver tutela provisória no tribunal, seja no âmbito recursal, seja em sede de ação originária, cabendo ao relator analisá-la para decidir acerca da possibilidade ou não de seu deferimento (CPC, art. 932, II). Se for requerida em caráter antecedente, o pedido deve ser distribuído, ficando o relator prevento para o recurso ou ação. Quando requerida em caráter incidental, o pedido deve ser formulado ao relator do recurso ou da ação originária.

A tutela provisória requerida em caráter antecedente não se confunde com a tutela provisória liminar ou concedida *inaudita altera parte*. Tanto a tutela provisória requerida em caráter antecedente como a requerida em caráter incidental podem ser concedidas liminarmente ou somente depois de instaurado o contraditório. Aliás, o contraditório há de ser a regra (CPC, art. 9º, *caput*). Se, porém, não for possível aguardar a manifestação do réu ou sua citação, o juiz deve conceder a medida liminarmente (CPC, art. 9º, I). E isso independentemente de a tutela de urgência ser requerida em caráter antecedente ou incidental.

11.4.2.4 Tutela de urgência contra a Fazenda Pública

11.4.2.4.1 Cabimento

A tutela de urgência, seja a cautelar, seja a satisfativa, é cabível contra a Fazenda Pública. É bem verdade que a legislação veda a tutela de urgência contra a Fazenda Pública em várias hipóteses, tal como será examinado no subitem seguinte.

Significa que, nas hipóteses não alcançadas pelas vedações legais, é plenamente possível a concessão de tutela de urgência contra a Fazenda Pública.

Cabível, portanto, com as ressalvas das hipóteses previstas em diversos dispositivos legais, a tutela de urgência contra a Fazenda Pública.

11.4.2.4.2 Hipóteses vedadas em lei

A legislação brasileira proíbe a concessão de provimento de urgência contra a Fazenda Pública em alguns casos. Atualmente, a Lei 12.016/2009, que regulamenta o procedimento do mandado de segurança, veda a concessão de liminar nas hipóteses previstas no § 2º do seu art. 7º, que está assim redigido: "Não será concedida medida liminar que tenha por objeto a compensação de créditos tributários, a entrega de mercadorias e bens provenientes do exterior, a reclassificação ou equiparação de servidores públicos e a concessão de aumento ou a extensão de vantagens ou pagamento de qualquer natureza".

---

[28] Nos termos do enunciado 29 do Fórum Permanente de Processualistas Civis: "A decisão que condicionar a apreciação da tutela provisória incidental ao recolhimento de custas ou a outra exigência não prevista em lei equivale a negá-la, sendo impugnável por agravo de instrumento".

Ao julgar a Ação Direta de Inconstitucionalidade 4.296/DF, o STF proclamou a inconstitucionalidade do § 2º do art. 7º da Lei 12.016/2009, por considerar que "[a] cautelaridade do mandado de segurança é ínsita à proteção constitucional ao direito líquido e certo e encontra assento na própria Constituição Federal. Em vista disso, não será possível a edição de lei ou ato normativo que vede a concessão de medida liminar na via mandamental, sob pena de violação à garantia de pleno acesso à jurisdição e à própria defesa do direito líquido e certo protegida pela Constituição. Proibições legais que representam óbices absolutos ao poder geral de cautela".[29]

Nesses casos, além de não ser possível a concessão da medida liminar, não se possibilitava a execução provisória, devendo-se aguardar o trânsito em julgado da sentença, tendo efeito suspensivo a apelação contra esta interposta, tal como determina o § 3º do art. 14 da mencionada Lei 12.016/2009: "A sentença que conceder o mandado de segurança pode ser executada provisoriamente, salvo nos casos em que for vedada a concessão da medida liminar".

Diante da proclamação de inconstitucionalidade pelo STF, ficou sem eficácia a previsão do § 3º do art. 14 da Lei 12.016/2009, já que não há mais vedação à concessão de medida liminar no mandado de segurança. Logo, caberá sempre execução provisória.

Todas essas vedações são antigas no ordenamento jurídico brasileiro. A vedação à concessão de liminar que vise à liberação de bens e mercadorias de procedência estrangeira já constava da Lei 2.770/1956.[30] Por sua vez, a restrição à concessão de liminares objetivando a reclassificação ou equiparação de servidores públicos ou à concessão de aumento ou extensão de vantagens estava prevista nas Leis 4.348/1964 e 5.021/1966.

Embora esses impedimentos fossem antigos e sua constitucionalidade tivesse sido, sucessivamente, afirmada pelo STF, este, como se viu, resolveu, no julgamento da ADI 4.296/DF, proclamar a inconstitucionalidade do § 2º do art. 7º da Lei 12.016/2009. Quer isso dizer que não basta ao juiz invocar a vedação e indeferir a liminar. Terá de exercer ônus argumentativo mais forte para afirmar que não há perigo de dano ou que a medida se revela irreversível ou que há perigo de dano inverso para o Poder Público e, então, indeferir a medida.

A decisão do STF restringiu-se ao mandado de segurança, afirmando que a proteção constitucional ao direito líquido e certo e a garantia de amplo acesso à justiça justificariam a proclamação da inconstitucionalidade.

Essas vedações – consideradas inconstitucionais pelo STF para o mandado de segurança – estão igualmente previstas para as providências liminares concedidas em *ações cautelares*. Com efeito, o art. 3º da Lei 8.437/1992 determina, no caso de a cautelar importar em outorga ou adição de vencimentos ou de reclassificação funcional, que o recurso de apelação e, até mesmo, o reexame necessário contenham *efeito suspensivo*, obstando o cumprimento imediato da medida.

Não bastasse tudo isso, é expressamente vedada, pela Lei 8.437/1992, a concessão de liminares em ações cautelares quando impugnado ato de autoridade sujeita, na via de mandado de segurança, à competência originária de tribunal. É o que se depreende do teor do § 1º do art. 1º da mencionada Lei 8.437/1992.

Não está vedado, pela referida disposição normativa, o uso de outra ação no lugar do mandado de segurança. É possível que o sujeito, em vez de impetrar um mandado de segurança,

---

[29] STF, Pleno, ADI 4296, Rel. Min. Marco Aurélio, Rel. p/ acórdão Min. Alexandre de Moraes, *DJe* 11.10.2021.
[30] STJ, 2ª Turma, REsp 666.092/PE, Rel. Min. Eliana Calmon, *DJ* 30.5.2006, p. 137.

proponha uma ação de procedimento comum, mas não poderá requerer tutela provisória cautelar, a fim de evitar burla ou desrespeito a regras de competência por prerrogativa de função.

Com efeito, o mandado de segurança impetrado, por exemplo, contra o Presidente da República deve ser aforado, originariamente, no Supremo Tribunal Federal (CF, art. 102, I, *d*). Uma ação que seja proposta, na primeira instância da Justiça Federal, contra a União, em razão de um ato praticado pelo Presidente da República, não poderá veicular um pedido de tutela provisória, para não desrespeitar a regra de competência constitucionalmente fixada, evitando que a parte escape de ter de impetrar mandado de segurança, originariamente, no STF. A tutela provisória que viesse a ser ali concedida iria constranger o Presidente da República a ter de cumprir uma decisão de juiz de primeira instância, quando detém a prerrogativa constitucional de se sujeitar a decisões do STF.[31]

Em um exemplo como esse, a ação de procedimento comum será proposta perante o juízo competente, mas não será permitida a concessão de tutela provisória.

Tal restrição sofre, contudo, temperamentos.

Imagine-se, por exemplo, que, no caso concreto, será necessária uma dilação probatória ou que já se passaram os 120 (cento e vinte) dias para a impetração do mandado de segurança. Em tais hipóteses, não será viável o mandado de segurança. Assim, será possível a concessão de tutela provisória em ação de procedimento comum, pois, do contrário, seria suprimida o amplo acesso à justiça e a garantia de efetividade da jurisdição, afastando-se uma ameaça do controle jurisdicional.

Significa, então, que a restrição contida no § 1º do art. 1º da Lei 8.437/1992 não se aplica aos casos em que o mandado de segurança revela-se inadmissível, podendo a parte fazer uso da ação de procedimento comum e, nela, formular pedido de tutela provisória.

Além disso, essa restrição contida no § 1º do art. 1º da Lei 8.437/1992 *não* se aplica aos processos de ação popular e de ação civil pública, nos termos do § 2º daquele mesmo art. 1º. Tais ações – que detêm igualmente previsão constitucional – podem provocar a concessão de provimentos liminares ou de urgência, mesmo que o ato impugnado seja de autoridade sujeita, na via de mandado de segurança, à competência originária de tribunal.

De acordo com o § 3º do art. 1º da Lei 8.437/1992, "não será cabível medida liminar que esgote, no todo ou em parte, o objeto da ação".

Segundo o disposto no art. 29-B da Lei 8.036/1990, "Não será cabível medida liminar em mandado de segurança, no procedimento cautelar ou em quaisquer outras ações de natureza cautelar ou preventiva, nem a tutela antecipada prevista nos arts. 273 e 461 do Código de Processo Civil que impliquem saque ou movimentação da conta vinculada do trabalhador no FGTS". Tal disposição não teve sua constitucionalidade questionada no STF, nem este proclamou sua inconstitucionalidade.

Finalmente, não é possível medida que defira compensação de créditos tributários ou previdenciários (Lei 8.437/1992, art. 1º, § 5º).

As disposições restritivas de liminares em mandado de segurança aplicam-se aos casos de tutela antecipada, consoante estabelece o § 5º do art. 7º da Lei 12.016/2009: "As vedações relacionadas com a concessão de liminares previstas neste artigo se estendem à tutela antecipada a que se referem os arts. 273 e 461 da Lei nº 5.869, de 11 de janeiro de 1973 – Código de Processo Civil". Segundo decidiu o STF, a inconstitucionalidade alcançaria apenas o processo

---

[31] LACERDA, Galeno. *Comentários ao Código de Processo Civil*. 5. ed. Rio de Janeiro: Forense, 1993. T. 1, v. 8, p. 104.

do mandado de segurança, sendo válida, portanto, a previsão contida no § 5º do art. 7º da Lei 12.016/2009.

De igual modo, as regras impeditivas de cautelares contra a Fazenda Pública foram estendidas às hipóteses de antecipação de tutela, mercê da edição da Lei 9.494/1997, consoante se observa do seu art. 1º, que estabelece:

> Art. 1º Aplica-se à tutela antecipada prevista nos arts. 273 e 461 do Código de Processo Civil o disposto nos arts. 5º e seu parágrafo único e 7º da Lei nº 4.348, de 26 de junho de 1964, no art. 1º e seu § 4º da Lei nº 5.021, de 09 de junho de 1966, e nos arts. 1º, 3º e 4º da Lei nº 8.437, de 30 de junho de 1992.

Vale dizer que não é cabível provimento de urgência contra a Fazenda Pública nos seguintes casos:

a) quando tiver por finalidade a reclassificação ou equiparação de servidores públicos, ou a concessão de aumento ou extensão de vantagens, exatamente porque o recurso de apelação e o reexame necessário têm efeito suspensivo (Lei 8.437/1992, art. 3º);[32]

b) quando impugnado, na primeira instância, ato de autoridade sujeita, na via do mandado de segurança, à competência originária do tribunal (Lei 8.437/1992, art. 1º, § 1º), a não ser que o mandado de segurança seja inadmissível ou que se trate de ação popular ou de ação civil pública;

c) quando a medida esgotar, no todo ou em parte, o objeto da ação (Lei 8.437/1992, art. 1º, § 3º);

d) para compensação de créditos tributários ou previdenciários (Lei 8.437/1992, art. 1º, § 5º);

e) para saque ou movimentação da conta vinculada do trabalhador no FGTS (Lei 8.036/1990, art. 29-B).

Tais regras são reforçadas pelo art. 2º-B da Lei 9.494/1997:

> Art. 2º-B. A sentença que tenha por objeto a liberação de recurso, inclusão em folha de pagamento, reclassificação, equiparação, concessão de aumento ou extensão de vantagens a servidores da União, dos Estados, do Distrito Federal e dos Municípios, inclusive de suas autarquias e fundações, somente poderá ser executada após seu trânsito em julgado.

O Supremo Tribunal Federal, ao julgar a Ação Declaratória de Constitucionalidade 4, afirmou a constitucionalidade do art. 1º da Lei 9.494/1997.

Embora tenha reconhecido a constitucionalidade das restrições e vedações à concessão da tutela antecipada contra o Poder Público, o STF vem conferindo interpretação restritiva ao referido dispositivo, diminuindo seu âmbito de abrangência para negar reclamações constitucionais em algumas hipóteses em que lhe parece cabível a medida antecipatória, mesmo para determinar o pagamento de soma em dinheiro.

---

[32] A vedação, que deve ser interpretada restritivamente, não alcança as causas de natureza previdenciária (Súmula 729 do STF), nem se aplica para as hipóteses de restauração de vantagem suprimida. O que se veda é a concessão de aumento ou vantagem; restaurar ou recompor o que restou suprimido não se inclui na vedação, sendo possível a medida de urgência com tal finalidade.

Segundo entendimento manifestado pelo Supremo Tribunal Federal, é possível a concessão de tutela antecipada para que seja efetuado pagamento de parcela indenizatória.[33]

Se a tutela antecipada não é concedida para impor pagamento de vantagem, mas tal pagamento será realizado como *consequência* da medida antecipatória, a hipótese não se encaixa na proibição do art. 1º da Lei 9.494/1997, não havendo ofensa à decisão proferida na ADC 4. Assim, por exemplo, é possível a tutela antecipada para impor a nomeação e a posse de candidato aprovado em concurso público. É verdade que, uma vez empossado, o candidato passa a ostentar a condição de servidor público, vindo a perceber remuneração, com inclusão em folha de pagamento. Como os efeitos financeiros constituem uma consequência *secundária* da decisão, a hipótese não se encaixa nas vedações do art. 1º da Lei 9.494/1997, não arrostando o quanto decidido na ADC 4.[34] Tome-se, ainda, como exemplo a hipótese de tutela antecipada que determine a reintegração de servidor ao seu cargo. Como *consequência* da decisão, haverá inclusão em folha de pessoal, com dispêndio para pagamento de vencimentos futuros. É possível a tutela antecipada, não havendo ofensa à decisão do STF, proferida na ADC 4.[35] De igual modo, a concessão de tutela antecipada para assegurar a nomeação de candidato aprovado em concurso público, sem concessão de efeito financeiro pretérito, não atenta contra a decisão proferida na ADC 4.[36]

A decisão concessiva de tutela antecipada *que se apoie em entendimento já consolidado no STF* também não ofende o julgamento da ADC 4. Nesse caso, cumpre privilegiar a uniformidade de entendimento, pondo-se em relevo a autoridade da Suprema Corte e a normatividade do próprio texto constitucional. Se a Corte Suprema já firmou determinada orientação, deve a Administração Pública segui-la. E, se não o fizer, caberá tutela antecipada, mesmo nas hipóteses previstas no art. 1º da Lei 9.494, de 1997, não havendo afronta ao julgado proferido na ADC 4.[37]

Todas as vedações aqui mencionadas são reafirmadas no art. 1.059 do CPC/2015, segundo o qual "À tutela provisória requerida contra a Fazenda Pública aplica-se o disposto nos arts. 1º a 4º da Lei nº 8.437, de 30 de junho de 1992, e no art. 7º, § 2º, da Lei nº 12.016, de 7 de agosto de 2009".

11.4.2.4.3 A opinião doutrinária sobre as vedações legais a tutela de urgência contra a Fazenda Pública

Parte significativa da doutrina brasileira entende que as vedações legais à concessão de tutela de urgência são inconstitucionais, por atentarem contra a garantia da inafastabilidade da tutela jurisdicional.[38]

---

[33] STF, Pleno, Rcl-AgR 5.174/ES, Rel. Min. Cezar Peluso, *DJe* 6.2.2009.
[34] STF, Pleno, Rcl-AgR 5.983/PI, Rel. Min. Cezar Peluso, *DJe* 5.2.2009.
[35] STF, Pleno, Rcl-AgR 6.468/SE, Rel. Min. Cezar Peluso, *DJe* 5.2.2009.
[36] STF, Pleno, Rcl 7.402 AgR, Rel. Min. Ricardo Lewandowski, *DJe* 9.2.2011.
[37] STF, Pleno, Rcl-AgR 5.163/CE, Rel. Min. Cezar Peluso, *DJe* 6.2.2009. No mesmo sentido: STF, Pleno, Rcl-AgR 4.628/SP, Rel. Min. Cezar Peluso, *DJe* 5.2.2009.
[38] BUENO, Cassio Scarpinella. *A nova lei do mandado de segurança*. São Paulo: Saraiva, 2009. n. 17, p. 45; CERQUEIRA, Luís Otávio Sequeira de. *Comentários à nova lei do mandado de segurança* (em coautoria com Luiz Manoel Gomes Junior, Luana Pedrosa de Figueiredo Cruz, Rogerio Favreto e Sidney Palharini Júnior). São Paulo: RT, 2009. p. 90-91; FERRARESI, Eurico. *Do mandado de segurança*. Rio de Janeiro: Forense, 2009. p. 51; MACHADO, Hugo de Brito. *Mandado de segurança em matéria tributária*. 8. ed. São Paulo: Dialética, 2009. n. 8.3, p. 142; DANTAS, Marcelo Navarro Ribeiro. *Comentários à nova lei do*

Por sua vez, há quem defenda não haver inconstitucionalidade, porquanto o dispositivo não estaria, rigorosamente, a vedar ou restringir a concessão da tutela de urgência: os casos ali previstos estariam, em verdade, a retratar hipóteses em que não se fariam presentes os requisitos para a sua concessão, ou porque esta seria irreversível, ou porque ausente o *periculum in mora*.[39] Segundo Francisco Cavalcanti:

> Inconstitucional seria a criação de limitações, restringindo o princípio da plenitude da tutela jurisdicional. Tal ocorreria, caso a restrição na concessão de liminares atingisse, inclusive, aquelas representadas por medidas conservativas e assecuratórias, ensejando o perecimento de direito.
>
> [...]
>
> Essa lei não impediu a concessão de medidas acautelatórias no sentido de obstar, *exempli gratia*, a alienação forçada de bem apreendido ou a sua conservação na área de importação. Por outro lado, a restrição legal não implica proibição de liberação dos bens importados, em hipóteses nas quais a lide versa apenas sobre o valor de tributos e outras exações incidentes sobre a operação. Nessas hipóteses, a concessão de liminar é possível, desde que condicionada à contracautela, representada pelo depósito, em dinheiro, da quantia objeto de discussão, ou, excepcionalmente, mediante caução idônea, para resguardar a Fazenda Pública, na hipótese de não acolhimento da pretensão. Essa linha corresponde a um ponto de equilíbrio entre o interesse privado e o interesse da Administração Pública.[40]

Em seguida, prossegue para afirmar que:

> Trata-se de restrições que não violam o princípio da plenitude da tutela jurisdicional, porque visam, os procedimentos referidos, acréscimos, *plus*, a serem agregados à remuneração de servidores. Não há nelas, *periculum in mora*, considerando que o servidor não tem prejuízo, no tocante à remuneração então percebida, e, por outro lado, considerando a condição de solvente da Fazenda Pública, que faz desaparecer o risco de inexequibilidade do julgado favorável. Não se pode também esquecer, que, face à natureza alimentar dos pagamentos de remuneração, a restituição na hipótese de improcedência não ocorreria ou, se tal ocorresse, seria de modo parcelado, observados os limites legais (cf. A Lei n. 8.112/90).[41]

De acordo com essa corrente doutrinária, o legislador, em exame prévio, já descartou a possibilidade de concessão do provimento de urgência para situações em que não se revela presente o risco de dano de grave lesão ou de difícil reparação. Se o servidor público, por exemplo, pretende obter vantagem que agregue valores a seus vencimentos, não há,

---

mandado de segurança. Napoleão Nunes Maia Filho; Caio Cesar Vieira Rocha; Tiago Asfor Rocha Lima (orgs.). São Paulo: RT, 2010. p. 139; ROQUE, Andre Vasconcelos; DUARTE, Francisco Carlos. *Mandado de segurança*: comentários à Lei 12.016/09. Curitiba: Juruá, 2011. p. 69-71 e p. 75-76; MARINS, James. *Direito processual tributário brasileiro (administrativo e judicial)*. 6. ed. São Paulo: Dialética, 2012. p. 623-626.

[39] DECOMAIN, Pedro Roberto. *Mandado de segurança (o tradicional, o novo e o polêmico na Lei 12.016/09)*. São Paulo: Dialética, 2009. n. 10.9, p. 302-308.

[40] CAVALCANTI, Francisco. *O novo regime jurídico do mandado de segurança*. São Paulo: MP, 2009. n. 5.31, p. 114-115.

[41] CAVALCANTI, Francisco. *O novo regime jurídico do mandado de segurança*. São Paulo: MP, 2009. n. 5.32, p. 115-116.

evidentemente, qualquer *periculum in mora*. Os demais casos não são igualmente admitidos, ou porque ausente a situação de perigo, ou porque a medida se revela irreversível. Caso, por exemplo, o servidor público tenha suprimida uma vantagem de sua remuneração, aí caberá a medida de urgência, pois não se trata de *concessão*, mas de *restauração* ou *recomposição* de vantagem, havendo risco de dano irreparável ou de difícil reparação.

A vedação para concessão de tutela de urgência destinada à liberação de bens e mercadorias justifica-se, em princípio, pelo risco de irreversibilidade da medida, pois o desembaraço antecipado das mercadorias pode impedir eventual cominação do perdimento.[42] Se, em princípio, houver aparente conduta criminosa ou risco para a população, para o meio ambiente, para a saúde, enfim, para o interesse público, sendo possivelmente irreversível o provimento, há de prevalecer a vedação legal. Diversamente, se não houver nada disso; se, na realidade, a apreensão da mercadoria consistir num meio coercitivo indireto de cobrança de tributo, deve, então, ser possível a concessão da medida liminar. É que, devido um tributo, cabe ao ente fazendário constituir o crédito mediante lançamento tributário e promover a cobrança judicial, servindo-se da execução fiscal, não lhe sendo legítimo impor medidas restritivas ao contribuinte como forma indireta de cobrança, nem apreender bens ou mercadorias. A jurisprudência está pejada de decisões que repelem a adoção de meios coercitivos indiretos de cobrança, bastando lembrar o teor dos enunciados 70,[43] 323[44] e 547,[45] todos da Súmula do Supremo Tribunal Federal.

Se, concreta e excepcionalmente, estiver demonstrado pela parte autora o grave risco de dano, deverá, afastando-se a vedação legal, ser concedida a medida, em prol da efetividade e da inafastabilidade da tutela jurisdicional. Não demonstrada a situação de excepcionalidade, impõe-se rejeitar o pedido de concessão de provimento de urgência, mercê das prescrições legais que impedem seu deferimento.

Para Hélio do Valle Pereira, o legislador estaria, na verdade, incentivando o juiz "a ter redobrados escrúpulos na concessão de medidas de urgência",[46] eliminando abusos e exageros na concessão de liminares contra o Poder Público. Tais restrições legais, segundo ele, "não vingarão, entretanto, se no caso concreto, de forma fundamentada, aparecerem como impedientes à proteção jurisdicional do direito".[47]

Numa análise empírico-jurisprudencial – e, portanto, menos *estático-legalista* e mais *dinâmico-pragmática* – Eduardo José da Fonseca Costa entende que as mencionadas disposições legais não estão a impedir a concessão de liminares contra o Poder Público. Cuidam, apenas, de *enrijecer* os pressupostos para o deferimento de providências de urgência contra a Fazenda Pública, exigindo um *periculum in mora* extremado (com notório objetivo de evitar, em assuntos mais sensíveis, a vulgarização de liminares). Em outras palavras, as liminares, na opinião de Eduardo José da Fonseca Costa, podem, em tais casos, ser concedidas, desde

---

[42] STJ, 2ª Turma, REsp 1.184.720/DF, Rel. Min. Mauro Campbell Marques, DJe 1º.9.2010.
[43] "É inadmissível a interdição de estabelecimento como meio coercitivo para cobrança de tributo".
[44] "É inadmissível a apreensão de mercadorias como meio coercitivo para pagamento de tributos".
[45] "Não é lícito à autoridade proibir que o contribuinte em débito adquira estampilhas, despache mercadorias nas alfândegas e exerça suas atividades profissionais".
[46] PEREIRA, Hélio do Valle. *O novo mandado de segurança*: comentários à Lei nº 12.016, de 7/8/2009. Florianópolis: Conceito Editorial, 2010. p. 96.
[47] PEREIRA, Hélio do Valle. *O novo mandado de segurança*: comentários à Lei nº 12.016, de 7/8/2009. Florianópolis: Conceito Editorial, 2010. p. 97.

que se configure, na espécie, uma hipótese excepcional de extremo perigo. Do contrário, não deve ser concedida a medida.[48]

Cumpre perfilhar essa última orientação. Não há inconstitucionalidade na vedação. Nas hipóteses previstas em lei, não é possível, em princípio, haver a tutela de urgência contra a Fazenda Pública. Pode, porém, o juiz, demonstrando fundamentadamente, que a hipótese reclama uma regra de exceção, afastar a norma e conceder a medida. O certo, e enfim, é que tais restrições reclamam exegese restritiva, somente sendo vedada a concessão da tutela de urgência nos casos expressamente indicados no dispositivo legal.

11.4.3 Tutela de urgência cautelar

11.4.3.1 Generalidades

Como se viu no item 11.1 *supra*, o CPC/1973 previa as cautelares nominadas ou típicas. Havia um extenso catálogo de cautelares típicas (arresto, sequestro, caução, busca e apreensão, produção antecipada de prova, arrolamento de bens, atentado, posse em nome do nascituro etc.) que tinham requisitos próprios para sua concessão.

No sistema do CPC/2015, não há mais cautelares típicas. Há, porém, cautelares típicas previstas e reguladas em leis extravagantes, a exemplo da cautelar fiscal referida no item 11.3 *supra*. Dentro do CPC, não há mais a dicotomia entre cautelas nominadas e inominadas ou típicas e atípicas. É possível, porém, pedir-se *arresto* para assegurar a satisfação de crédito monetário, ou pedir-se *sequestro* para resguardar o bem em disputa. Tanto isso é verdade que o art. 301 do CPC dispõe que "A tutela de urgência de natureza cautelar pode ser efetivada mediante arresto, sequestro, arrolamento de bens, registro de protesto contra alienação de bem e qualquer outra medida idônea para asseguração do direito".

O CPC generalizou, na verdade, a *atipicidade* da tutela de urgência cautelar. Presentes os requisitos genéricos para sua concessão, o juiz poderá determinar arresto, sequestro, busca e apreensão ou qualquer outra medida conservativa. Não há mais requisitos casuísticos e exigentes, devendo a medida ser concedida a partir do preenchimento dos requisitos genéricos. Apenas *in concreto*, a depender das peculiaridades do caso, é que poderá ser concedida a medida conservativa.[49]

Não há mais autonomia processual da medida cautelar. Quer isso dizer que o pedido cautelar deve vir cumulado com o pedido principal. O processo de conhecimento é apto a veicular tanto a postulação satisfativa como a cautelar. Na mesma petição inicial, o autor pode pedir a providência cautelar e a providência satisfativa. Se pedir a providência cautelar, pode

---

[48] COSTA, Eduardo José da Fonseca. As leis "impeditivas" de liminar realmente *impedem*? In: ALVIM, Eduardo Arruda; RAMOS, Glauco Gumerato; MELO, Gustavo de Medeiros; ARAÚJO, José Henrique Mouta (coords.). *O novo mandado de segurança*: estudos sobre a Lei nº 12.016/2009. Belo Horizonte: Fórum, 2010. p. 159-168.

[49] Na lição de Daniel Mitidiero: "O fato de o legislador não ter repetido as hipóteses de cabimento do arresto, do sequestro, do arrolamento de bens e do registro de protesto contra alienação significa que essas medidas cautelares se submetem aos requisitos comuns de toda e qualquer medida cautelar: probabilidade do direito ('fumus boni iuris') e perigo na demora ('periculum in mora'). Significa ainda que o Código vigente incorporou o significado desses termos – tal como eram compreendidos na legislação anterior" (Comentários ao art. 301. In: WAMBIER, Teresa Arruda Alvim; DIDIER JR., Fredie; TALAMINI, Eduardo; DANTAS, Bruno (coords.). *Breves comentários ao novo Código de Processo Civil*. São Paulo: RT, 2015. p. 784).

postular sua antecipação, a ser deferida por provimento provisório, que deve ser confirmado no provimento definitivo.

Sendo a urgência muito grande, o pedido cautelar pode ser formulado em caráter antecedente, tal como será visto no próximo subitem.

11.4.3.2 Tutela de urgência cautelar antecedente

A tutela de urgência cautelar antecedente está prevista nos arts. 305 a 310 do CPC. Como já registrado no subitem anterior, o autor pode, em sua petição inicial, cumular a pretensão cautelar com a pretensão satisfativa.

Se, porém, a urgência for tamanha que não dê tempo de preparar a petição inicial de modo completo e reunir todas as provas, o autor pode requerer a tutela de urgência cautelar antecedente, restringindo-se a pedir a providência cautelar em petição específica, na qual irá indicar o pedido principal e seu fundamento, a exposição sumária do direito que objetiva assegurar e o perigo de dano ou o risco ao resultado útil do processo.

Não raramente, há dificuldades em identificar se a providência postulada é cautelar ou satisfativa. Já se viu que, na tutela cautelar, se assegura o perigo de infrutuosidade, evitando-se o risco de uma pretensão material não vir a ser, futuramente, satisfeita. Por sua vez, há, na tutela de urgência satisfativa, o objetivo de impedir o perigo da demora ou da tardança, mediante o adiantamento da satisfação. Existem, como dito, dificuldades práticas, em vários casos, de identificar se se está diante de um perigo de infrutuosidade ou de perigo de tardança. Há, realmente, quem veja a sustação de protesto como medida cautelar e há quem a veja como medida satisfativa; há quem enxergue os alimentos provisionais como providência cautelar e há quem os considere providência satisfativa.

Por causa disso, se o autor requerer a tutela provisória cautelar em caráter antecedente, e o juiz entender que se trata de providência satisfativa, poderá determinar sua transformação em tutela provisória satisfativa em caráter antecedente (CPC, art. 305, parágrafo único).[50]

No procedimento da cautelar antecedente, o réu será citado para, no prazo de 5 (cinco) dias, contestar o pedido e indicar as provas que pretende produzir (CPC, art. 306). Não sendo contestado o pedido, haverá revelia, com produção de seu efeito material: os fatos alegados pelo autor presumir-se-ão aceitos pelo réu como ocorridos (CPC, art. 307, *caput*). Diversamente, se o pedido for contestado, o procedimento segue com a adoção das regras do procedimento comum (CPC, art. 307, parágrafo único).

Concedida a tutela cautelar, deverá ser efetivada. Uma vez efetivada, o pedido principal terá de ser formulado pelo autor, no prazo de 30 (trinta) dias. Não é necessária a propositura de nova demanda, nem do recolhimento de novas custas. No mesmo processo, o autor irá aditar sua petição inicial e formular o pedido principal, podendo também aditar a causa de pedir (CPC, art. 308, § 2º).

Apresentado o pedido principal, adota-se o procedimento comum, com a intimação das partes para a audiência de conciliação ou mediação, na forma do art. 334 do CPC, sem necessidade de nova citação do réu, pois o processo aí é um só. O pedido principal é formulado

---

[50] A situação inversa também merece ser a mesma solução. Nesse sentido, aliás, o enunciado 502 do Fórum Permanente de Processualistas Civis: "Caso o juiz entenda que o pedido de tutela antecipada em caráter antecedente tenha natureza cautelar, observará o disposto no art. 305 e seguintes".

por aditamento da petição inicial, e não por nova petição inicial. Não há formação de novo processo; o processo é o mesmo, não sendo necessária nova citação, portanto.

11.4.3.3 Tutela de urgência cautelar incidental

A tutela de urgência cautelar pode ser postulada na própria petição inicial, juntamente com o pedido de providência satisfativa. Nesse caso, não haverá necessidade de aditamento posterior da petição inicial.

Também é possível que a urgência seja superveniente, somente sendo postulada a cautelar depois de o processo estar em curso.

Nessas hipóteses, a tutela de urgência cautelar é requerida em caráter incidental, sendo dirigida ao próprio juiz da causa, sem necessidade do pagamento de custas ou de qualquer outra formalidade. Não haverá, ademais, necessidade de qualquer aditamento, já que o processo está em curso, tendo sido instaurado pelo ajuizamento da petição inicial que contém o pedido de providência satisfativa. Em outras palavras, não se aplica o art. 308 do CPC ao pedido de cautelar incidental.

A tutela de urgência cautelar requerida em caráter incidental deve preencher os mesmos requisitos da probabilidade do direito e do risco ao resultado útil do processo.

11.4.4 Tutela de urgência satisfativa

11.4.4.1 Generalidades

A tutela provisória de urgência é a técnica processual destinada a antecipar efeitos do provimento satisfativo, permitindo a fruição ou satisfação do direito postulado, em razão do risco da demora do processo.

O juiz, mediante cognição sumária, verifica que há probabilidade de êxito da parte, bem como risco na demora do resultado, deferindo-se, então, a antecipação dos efeitos da tutela satisfativa, a autorizar a obtenção imediata do resultado pretendido.

A tutela provisória de urgência satisfativa pode ser requerida em caráter antecedente ou em caráter incidental. O art. 303 do CPC prevê o procedimento para a tutela provisória de urgência satisfativa em caráter antecedente. Não há qualquer disciplina específica para a requerida em caráter incidental, pois basta, em tal hipótese, a apresentação de uma simples petição num processo em andamento.

11.4.4.2 Tutela de urgência satisfativa antecedente

11.4.4.2.1 Hipótese de urgência contemporânea ao ajuizamento da demanda

Quando a parte estiver diante de extrema urgência ou quando houver, na terminologia adotada no art. 303 do CPC, uma "urgência contemporânea" ao ajuizamento da demanda, é possível ser formulado o requerimento de tutela provisória satisfativa antes mesmo do efetivo pedido da tutela final pretendida.

A extrema urgência autoriza o autor a restringir-se a pedir apenas a tutela provisória, em petição em simples. A autonomia procedimental para a realização de uma simples técnica processual está prevista na hipótese do art. 303 do CPC, sendo uma opção legislativa válida. O autor formula um requerimento antecedente, só de tutela provisória, vindo a formular o pedido final em outro momento.

Nesse caso de extrema urgência, a petição inicial pode limitar-se a requerer a tutela antecipada e a indicar o pedido de tutela final, com a exposição do direito que se busca realizar e do perigo da demora. O autor terá de indicar o valor da causa, levando em conta o pedido final a ser formulado oportunamente.[51]

O autor, em sua petição inicial, deverá indicar que pretende valer-se desse procedimento (CPC, art. 303, § 5º). Tal indicação é fundamental e atende ao princípio da boa-fé (CPC, art. 5º) e ao da cooperação (CPC, art. 6º), cumprindo o autor, com isso, o dever de esclarecimento e permitindo que tanto o juiz como o réu saibam que ele está a valer-se do procedimento previsto no art. 303 do CPC.

O art. 303 do CPC autoriza o autor a restringir-se a pedir apenas a tutela provisória, diante da extrema urgência. Nada impede, porém, que o autor já apresente a petição inicial completa, com todos os seus elementos, mas se restringindo a pedir apenas a tutela provisória, haja vista a existência de uma urgência contemporânea à propositura da demanda. É preciso, de todo modo, que o autor esclareça, em sua petição inicial, que está se valendo do procedimento previsto no referido art. 303.

Deferida a tutela provisória satisfativa antecedente, o autor tem o ônus de aditar a petição inicial, complementando sua argumentação, juntando novos documentos e confirmando o pedido de tutela final, em 15 (quinze) dias ou em outro prazo que o juiz fixar (CPC, art. 303, § 1º, I). O aditamento, que se fará nos mesmos autos, não depende do complemento de custas; não há incidência de novas custas (CPC, art. 303, § 3º).

Não realizado o aditamento, o processo será extinto sem resolução do mérito (CPC, art. 303, § 2º).

Realizado o aditamento, o réu será citado para comparecer à audiência de mediação ou de conciliação (CPC, art. 334), a não ser que ambas as partes tenham manifestado expressamente desinteresse na autocomposição ou se trate de direito que não a admita (CPC, art. 334, § 4º). Não havendo autocomposição, o prazo para contestação terá início (CPC, art. 335).

Indeferida a tutela provisória, o juiz determinará o aditamento da petição inicial em até 5 (cinco) dias. Não realizado o aditamento, o processo será extinto sem resolução do mérito (CPC, art. 303, § 6º).

Se a petição inicial já veio completa, o autor será intimado para confirmar o pedido de tutela final, não sendo necessário aditar a petição inicial.

11.4.4.2.2 Estabilização da tutela de urgência

11.4.4.2.2.1 Observação introdutória

Requerida a tutela provisória satisfativa antecedente, a decisão que a defere pode estabilizar-se (CPC, art. 304). Há, nesse caso, uma *monitorização* do procedimento.

Embora a cognição seja sumária ou incompleta, a parte obtém, em caráter definitivo, decisão mandamental ou executiva *secundum eventum defensionis*. Em outras palavras, a decisão, fruto de cognição sumária ou incompleta, é proferida, invertendo-se o ônus da iniciativa do contraditório, em manifesta concretização da *técnica monitória*.[52]

---

[51] "É requisito da petição inicial da tutela cautelar requerida em caráter antecedente a indicação do valor da causa"(Enunciado 44 da I Jornada de Direito Processual Civil, do Conselho da Justiça Federal).

[52] "A estabilização da tutela antecipada representa uma generalização da técnica monitória para situações de urgência e para a tutela satisfativa, na medida em que viabiliza a obtenção de resultados

Como se destaca no item 13.1 *infra*, o CPC instituiu um *microssistema* de tutela de direitos pela técnica monitória, composto pela estabilização da tutela provisória (art. 304) e pela ação monitória (arts. 700 a 702).

A estabilização ocorre na *tutela provisória de urgência satisfativa*. Tanto na estabilização como na ação monitória há obtenção adiantada de mandamento ou execução *secundum eventum defensionis*: não havendo manifestação da parte demandada, obtém-se satisfação definitiva adiantada.

Em outras palavras, a estabilização da tutela provisória de urgência (CPC, art. 304) e a ação monitória (CPC, arts. 700 a 702) formam um regime jurídico único ou um microssistema.

Na estabilização, o juiz concede uma tutela provisória satisfativa de urgência antecedente. Não havendo recurso do réu, a decisão estabiliza-se, com extinção do processo.

A estabilização somente ocorre na tutela provisória de urgência satisfativa requerida em caráter antecedente. Não há estabilização na tutela provisória cautelar,[53] nem na tutela de evidência. Também não é possível a estabilização da tutela provisória requerida em caráter incidental.

11.4.4.2.2.2 Requisitos

A decisão que deferir a tutela provisória de urgência satisfativa requerida em caráter antecedente torna-se estável, se o réu não a impugnar no prazo legal. Se a medida for deferida e o réu não interpuser agravo de instrumento, o processo é extinto e produz-se a estabilização do efeito mandamental ou executivo.

Além disso, é preciso que o autor tenha, em sua petição inicial, manifestado expressa opção pelo procedimento (CPC, art. 303, § 5º). Em razão da boa-fé processual (CPC, art. 5º) e dos deveres de cooperação (CPC, art. 6º), sobretudo o de esclarecimento, o autor deve explicitar a sua escolha pelo procedimento do art. 303 do CPC. Só haverá estabilização se tal escolha for expressamente feita e anunciada na petição inicial.

Com essa opção expressa feita pelo autor, o réu terá ciência, podendo, então, saber que sua inércia provocará a estabilização da tutela provisória satisfativa de urgência.

Para Eduardo José da Fonseca Costa, a estabilização somente se produz se houver dupla inércia: (a) o autor não adita a petição inicial e (b) o réu não recorre da decisão concessiva da tutela provisória.[54] Não é necessário, porém, a inércia do autor. Na verdade, é irrelevante. Em muitos casos, é preciso, até mesmo, que o autor adite a petição inicial para evitar que o processo seja extinto sem resolução do mérito, pois seu prazo para aditamento encerra-se antes do prazo para o recurso do réu. O juiz pode, até mesmo, dilatar o prazo para o aditamento, fixando o termo final para somente depois de ultrapassado o prazo para agravo de instrumento pelo réu.[55]

---

práticos a partir da inércia do réu" (DIDIER JR., Fredie; BRAGA, Paula Sarno; OLIVEIRA, Rafael Alexandria de. *Curso de direito processual civil*. 10. ed. Salvador: JusPodivm, 2015. v. 2, p. 604).

[53] Nesse sentido, o enunciado 420 do Fórum Permanente de Processualistas Civis: "Não cabe estabilização de tutela cautelar".

[54] COSTA, Eduardo José da Fonseca. Comentários ao art. 304. In: STRECK, Lenio Luiz; NUNES, Dierle; CUNHA, Leonardo Carneiro da (orgs.). *Comentários ao Código de Processo Civil*. 2. ed. Alexandre Freire (coord. exec.). São Paulo: Saraiva, 2017. p. 444-445.

[55] Nesse sentido, o enunciado 581 do Fórum Permanente de Processualistas Civis: "O poder de dilação do prazo, previsto no inciso VI do art. 139 e no inciso I do § 1º do art. 303, abrange a fixação do

Na verdade, para que se estabilize a tutela provisória, é preciso que o autor manifeste a opção expressa pelo procedimento (CPC, art. 303, § 5º), o juiz defira a medida e o réu não recorra da decisão. Haver ou não aditamento da petição inicial é irrelevante.

Se o assistente simples recorrer, a tutela provisória não se estabiliza, a não ser que o réu tenha se manifestado expressamente em sentido contrário.[56]

Segundo Fredie Didier Jr., Paula Sarno Braga e Rafael Alexandria de Oliveira, a estabilização decorre da inércia total do réu. Se ele apresenta qualquer meio de impugnação, não há estabilização. Assim, se o réu apresenta pedido de suspensão de segurança ou pedido de reconsideração, desde que no prazo para recurso, a decisão não se estabiliza.[57]

O texto normativo refere-se a *recurso*, que é, aliás, o único meio que impede a preclusão. A estabilização decorre, portanto, da ausência de agravo de instrumento, que é o recurso cabível contra a decisão que versa sobre tutela provisória (CPC, art. 1.015, I). Qualquer outro meio de impugnação não impede a estabilização.[58]

O procedimento do art. 303 do CPC é incompatível com a ação rescisória. Logo, não há estabilização de tutela provisória concedida na ação rescisória.[59] Nesse sentido, o enunciado 421 do Fórum Permanente de Processualistas Civis: "Não cabe estabilização de tutela antecipada em ação rescisória". No mesmo sentido, o enunciado 43 da I Jornada de Direito Processual

---

termo final para aditar o pedido inicial posteriormente ao prazo para recorrer da tutela antecipada antecedente".

[56] Nesse sentido, o enunciado 501 do Fórum Permanente de Processualistas Civis: "A tutela antecipada concedida em caráter antecedente não se estabilizará quando for interposto recurso pelo assistente simples, salvo se houver manifestação expressa do réu em sentido contrário".

[57] DIDIER JR., Fredie; BRAGA, Paula Sarno; OLIVEIRA, Rafael Alexandria de. *Curso de direito processual civil*. 10. ed. Salvador: JusPodivm, 2015. v. 2, p. 608. Em sentido semelhante: "[...] não apenas o agravo de instrumento pode impedir a estabilização, mas também outros meios análogos" (MACÊDO, Lucas Buril de; PEIXOTO, Ravi. Tutela provisória contra a Fazenda Pública no CPC/2015. In: ARAÚJO, José Henrique Mouta; CUNHA, Leonardo Carneiro da (coords.). *Advocacia pública*. Salvador: JusPodivm, 2015. n. 8.1, p. 226).

[58] Nesse sentido: STJ, 1ª Turma, REsp 1.797.365/RS, Rel. Min. Sérgio Kukina, Rel. p/ acórdão Min. Regina Helena Costa, *DJe* 22.10.2019. No mesmo sentido: "Nos termos do art. 304 do Código de Processo Civil, a tutela antecipada deferida em caráter antecedente se estabilizará quando não for interposto o respectivo recurso" (STJ, 1ª Turma, AgInt no REsp 2.040.096/MG, Rel. Min. Paulo Sérgio Domingues, *DJe* 20.5.2024). Em sentido contrário, o enunciado 43 do Fórum Nacional do Poder Público: "Qualquer medida impugnativa apresentada pela Fazenda Pública que controverta o direito sobre o qual se funda a antecipação de tutela concedida em caráter antecedente constitui meio idôneo para impedir a estabilização da demanda, prevista no art. 304 do CPC". O STJ também entendeu assim: "(...) 3.2. É de se observar, porém, que, embora o *caput* do art. 304 do CPC/2015 determine que 'a tutela antecipada, concedida nos termos do art. 303, torna-se estável se da decisão que a conceder não for interposto o respectivo recurso', a leitura que deve ser feita do dispositivo legal, tomando como base uma interpretação sistemática e teleológica do instituto, é que a estabilização somente ocorrerá se não houver qualquer tipo de impugnação pela parte contrária, sob pena de se estimular a interposição de agravos de instrumento, sobrecarregando desnecessariamente os Tribunais, além do ajuizamento da ação autônoma, prevista no art. 304, § 2º, do CPC/2015, a fim de rever, reformar ou invalidar a tutela antecipada estabilizada" (STJ, 3ª Turma, REsp 1.760.966/SP, Rel. Min. Marco Aurélio Bellizze, *DJe* 7.12.2018). Ainda, em sentido contrário: STJ, 4ª Turma, REsp 2.025.626/RS, Rel. Min. Maria Isabel Gallotti, *DJe* 5.9.2024.

[59] COSTA, Eduardo José da Fonseca. Comentários ao art. 304. In: STRECK, Lenio Luiz; NUNES, Dierle; CUNHA, Leonardo Carneiro da (orgs.). *Comentários ao Código de Processo Civil*. 2. ed. Alexandre Freire (coord. exec.). São Paulo: Saraiva, 2017. p. 447.

Civil, do Conselho da Justiça Federal: "Não ocorre a estabilização da tutela antecipada requerida em caráter antecedente, quando deferida em ação rescisória".

Para que haja, enfim, estabilização, é preciso que a tutela provisória seja concedida; não se estabiliza a decisão denegatória. Só se estabiliza a decisão concessiva da tutela provisória satisfativa de urgência concedida em caráter antecedente, desde que o autor expressamente opte pelo procedimento (CPC, 303, § 5º) e o réu não interponha recurso.

Se faltar algum requisito, não haverá estabilização, a não ser que as partes celebrem um negócio processual prevendo a estabilização. Nesse sentido, assim expressa o enunciado 32 do Fórum Permanente de Processualistas Civis: "Além da hipótese prevista no art. 304, é possível a estabilização expressamente negociada da tutela antecipada de urgência antecedente".

11.4.4.2.2.3 Custas e honorários no caso de estabilização

Conforme demonstrado no subitem 11.4.4.2.2.1 *supra* e no item 13.1 *infra*, há um *microssistema* de tutela de direitos pela técnica monitória, formado pelas normas que tratam da ação monitória (CPC, arts. 700 a 703) e pelas que tratam da estabilização da tutela provisória satisfativa de urgência antecedente (CPC, arts. 303 e 304).

Tais normas complementam-se reciprocamente, evitando lacunas.

Assim, se o réu, no caso da tutela provisória satisfativa de urgência requerida em caráter antecedente, cumpre espontaneamente a decisão e não interpõe recurso, não estará sujeito ao pagamento de custas (CPC, art. 701, § 1º), arcando com honorários de sucumbência de apenas 5% (cinco por cento) (CPC, art. 701, *caput*).

11.4.4.2.2.4 Estabilização *versus* coisa julgada

A estabilização da tutela provisória de urgência satisfativa difere da coisa julgada; são situações diferentes. Por isso que o § 6º do art. 304 do CPC enuncia que a decisão que concede a tutela de urgência não produz coisa julgada.

Quando defere a tutela provisória de urgência, o juiz restringe-se a reconhecer a presença de seus requisitos, quais sejam, a probabilidade do direito alegada e o perigo da demora.

Não há, na decisão concessiva da tutela de urgência, declaração do direito; não há julgamento apto a formar coisa julgada. Não há reconhecimento judicial do direito do autor. O juiz, reconhecendo a presença dos requisitos para a concessão da tutela provisória, antecipa efeitos mandamentais ou executivos, os quais, não havendo recurso do réu, irão tornar-se estáveis.

O que se percebe é que há, aí, uma estabilidade diversa da coisa julgada. Nesse ponto, a estabilização da tutela de urgência diferencia-se da ação monitória, em cujo âmbito há, sim, produção de coisa julgada. Na ação monitória, expedido o mandado para cumprimento ou pagamento da obrigação, se o réu se mantiver inerte, aquela ordem de pagamento ou cumprimento transforma-se em título executivo judicial, com produção de coisa julgada. A decisão concessiva da tutela de urgência, com a inércia do réu, torna-se estável.

11.4.4.2.2.5 Descabimento de ação rescisória

Como se viu, a decisão concessiva da tutela de urgência pode estabilizar-se, se o réu dela não recorrer. Tal estabilização difere da coisa julgada. Significa que a decisão que defere a tutela de urgência satisfativa requerida em caráter antecedente não produz coisa julgada. Logo, não cabe ação rescisória. Nesse sentido, o enunciado 33 do Fórum Permanente de Processualistas Civis: "Não cabe ação rescisória nos casos de estabilização da tutela antecipada de urgência".

O que cabe é, no prazo de 2 (dois) anos, contado a partir da extinção do processo, uma ação perante o próprio juízo do processo originário, destinada a rever, reformar ou invalidar a decisão concessiva da tutela de urgência (CPC, art. 304, §§ 2º e 5º).

Nessa demanda, pede-se ao juiz para aprofundar a cognição que até então fora sumária ou incompleta. Aprofundada a cognição, o juiz irá manter, reformar, modificar ou invalidar a decisão concessiva da tutela de urgência, em decisão que irá submeter-se à coisa julgada.

Tanto o autor como o réu podem propor essa ação prevista nos §§ 2º e 5º do art. 304. Escoado o prazo de 2 (dois) anos para a propositura dessa demanda, não cabe mais nada; não é cabível nem mesmo ação rescisória depois de passado o prazo de 2 (dois) anos para seu julgamento.

11.4.4.2.2.6 Estabilização da tutela de urgência contra a Fazenda Pública

A tutela de urgência satisfativa antecedente pode ser proposta contra a Fazenda Pública, estando a decisão apta a estabilizar-se. Em outras palavras, é possível que haja a estabilização da tutela provisória contra a Fazenda Pública.[60]

Na verdade, há vários casos em que a tutela de urgência é vedada contra a Fazenda Pública, como se viu no subitem 11.4.2.4.2 *supra*. Naqueles casos, não será possível a tutela de urgência, nem sua estabilização.

Nos casos em que se permite a tutela de urgência contra o Poder Público, é possível haver a tutela satisfativa antecedente, com a consequente estabilização.[61] Não se permite estabilização para antecipar condenação judicial e permitir a imediata expedição de precatório ou de requisição de pequeno valor. Isso porque a expedição de precatório ou de requisição de pequeno valor exige prévia coisa julgada. Nesse sentido, "Tem-se uma incompatibilidade entre a lógica do procedimento (urgência), com a necessidade da prévia inscrição em precatório".[62]

Há quem diga que a decisão que reconhece a estabilização e extingue o processo deve submeter-se à remessa necessária[63] e há, ainda, quem afirme que, estabilizada a tutela de urgência, e transcorrido o prazo de 2 (dois) anos sem a propositura da ação prevista nos §§ 2º e 5º do art. 304 do CPC, é preciso proceder à remessa necessária, a fim de que o tribunal

---

[60] COSTA, Eduardo José da Fonseca. Comentários ao art. 304. In: STRECK, Lenio Luiz; NUNES, Dierle; CUNHA, Leonardo Carneiro da (orgs.). *Comentários ao Código de Processo Civil*. 2. ed. Alexandre Freire (coord. exec.). São Paulo: Saraiva, 2017. p. 449; MACÊDO, Lucas Buril de; PEIXOTO, Ravi. Tutela provisória contra a Fazenda Pública no CPC/2015. In: ARAÚJO, José Henrique Mouta; CUNHA, Leonardo Carneiro da (coords.). *Advocacia pública*. Salvador: JusPodivm, 2015. n. 5, p. 214-217.

[61] Nesse sentido, o enunciado 582 do Fórum Permanente de Processualistas Civis: "Cabe estabilização da tutela antecipada antecedente contra a Fazenda Pública". No mesmo sentido, o enunciado 130 da II Jornada de Direito Processual Civil, do Conselho da Justiça Federal: "É possível a estabilização de tutela antecipada antecedente em face da Fazenda Pública".

[62] MACÊDO, Lucas Buril de; PEIXOTO, Ravi. Tutela provisória contra a Fazenda Pública no CPC/2015. In: ARAÚJO, José Henrique Mouta; CUNHA, Leonardo Carneiro da (coords.). *Advocacia pública*. Salvador: JusPodivm, 2015. n. 5, p. 217.

[63] CASTELO BRANCO, Janaína Soares Noleto. *Advocacia Pública e solução consensual dos conflitos*. Salvador: JusPodivm, 2018, n. 4.2.5.5, p. 147-149.

confirme a decisão e se possa, efetivamente, ter a estabilização da tutela provisória de urgência satisfativa antecedente.[64]

Não é, porém, passível de remessa necessária a decisão que concede a tutela de urgência contra a Fazenda Pública. A estabilização, para ocorrer, não depende de remessa necessária. Isso porque a estabilização, como se viu, não se confunde com a coisa julgada. A remessa necessária é imprescindível para que se produza a coisa julgada. Além do mais, não cabe tutela de urgência contra o Poder Público nos casos vedados em lei e nos casos de pagamento de valores atrasados, que exija expedição de precatório ou de requisição de pequeno valor. Não sendo possível tutela de urgência com efeitos financeiros retroativos, a hipótese não alcança valor que exija a remessa necessária, aplicando sua hipótese de dispensa prevista no § 3º do art. 496 do CPC.

11.4.5 Tutela de evidência

11.4.5.1 Tutela de evidência e tutela provisória de evidência

A evidência não é um tipo de tutela jurisdicional, mas um fato que autoriza que se conceda uma tutela jurisdicional mediante técnica específica ou diferenciada. A evidência, em outras palavras, é um pressuposto fático de uma técnica processual para a obtenção da tutela.[65]

A evidência é pressuposto que serve tanto à tutela definitiva como à provisória. A evidência serve à tutela definitiva, fundada em cognição exauriente, nos casos, por exemplo, de mandado de segurança, ação monitória. Também serve para autorizar a instauração de execução definitiva por quem disponha de título executivo.[66]

Assim como serve de técnica para a tutela definitiva, também serve à tutela provisória, fundada em cognição sumária. É o caso da tutela provisória de evidência. A evidência é o requisito para a concessão da tutela provisória, sendo dispensada a urgência.

A concessão da tutela provisória de evidência depende da prova das alegações de fato e da demonstração de probabilidade do acolhimento do pedido formulado pela parte. As afirmações de fato e de direito põem-se em estado de evidência, justificando-se a antecipação dos efeitos da tutela jurisdicional postulada, com concretização do princípio da duração razoável. O ônus do tempo do processo é mais bem avaliado, beneficiando a parte que aparenta ter razão, por ser muito evidente a probabilidade de acolhimento de sua pretensão.

11.4.5.2 Hipóteses de tutela de evidência

O sistema processual prevê, tradicionalmente, casos de tutela provisória de evidência, como, por exemplo, a liminar em ação possessória e a expedição de mandado para pagamento ou cumprimento da obrigação na ação monitória. Em tais hipóteses, a urgência não constitui requisito para a decisão. O juiz decide com base na evidência ou na probabilidade do direito.

Além desses casos e de outros específicos, o Código de Processo Civil prevê a tutela provisória de evidência para a generalidade dos direitos, tutelados pelo procedimento comum.

---

[64] COSTA, Eduardo José da Fonseca. Comentários ao art. 304. In: STRECK, Lenio Luiz; NUNES, Dierle; CUNHA, Leonardo Carneiro da (orgs.). *Comentários ao Código de Processo Civil.* 2. ed. Alexandre Freire (coord. exec.). São Paulo: Saraiva, 2017. p. 450.

[65] DIDIER JR., Fredie; BRAGA, Paula Sarno; OLIVEIRA, Rafael Alexandria de. *Curso de direito processual civil.* 10. ed. Salvador: JusPodivm, 2015. v. 2, p. 617.

[66] DIDIER JR., Fredie; BRAGA, Paula Sarno; OLIVEIRA, Rafael Alexandria de. *Curso de direito processual civil.* 10. ed. Salvador: JusPodivm, 2015. v. 2, p. 618.

As hipóteses genéricas de tutela de evidência estão previstas no art. 311 do CPC.

Duas delas já existiam no nosso sistema. Há outras duas que são efetivas novidades.

Já no CPC/1973 previa-se que, além da tutela de *urgência*, a tutela antecipada poderia ser concedida em face da *evidência* do direito postulado em juízo. Nesse caso, não importava o *perigo*, não havendo exame de qualquer *urgência*. Levava-se em conta a consistência das alegações das partes, aplicando-se o inciso II do art. 273 do CPC/1973. A tutela antecipada era, em tal hipótese, concedida em razão do abuso do direito de defesa ou do manifesto propósito protelatório do réu. Na linguagem da legislação francesa, a defesa, nesses casos, não é séria, devendo-se prestigiar a posição do autor que aparenta ter razão.

No CPC/2015, essa hipótese mantém-se e está prevista no inciso I do seu art. 311.

Há, na doutrina brasileira, quem entenda que essa hipótese de tutela de evidência representa uma *sanção*, tendo por finalidade *punir* o comportamento do litigante de má-fé que abusou do direito de defesa ou apresentou uma manifestação protelatória. A tutela antecipada seria, nesse caso, *sancionatória*. Por outro lado, há os que repelem essa natureza sancionatória, afirmando que se trata, na verdade, de *tutela antecipada fundada na maior probabilidade* de veracidade da posição jurídica assumida pelo autor.[67] Bastaria, então, que a tese do autor fosse mais provável do que a do réu para que se concedesse a tutela antecipada.[68] É a *evidência* do direito do autor que permite o deferimento da medida, e não o seu comportamento irregular ou de má-fé manifestado pelo réu. Sua finalidade seria promover a *igualdade substancial* entre as partes, distribuindo a carga do tempo no processo, a depender da maior ou menor probabilidade de ser fundada ou não a postulação do autor. Não haveria natureza sancionatória. Já há a sanção por ato atentatório à dignidade da jurisdição e a responsabilidade por dano processual, previstas, respectivamente, nos arts. 77, § 2º, e 81, ambos do CPC.

A hipótese do inciso III do art. 311 do CPC também não é, rigorosamente, uma novidade. O procedimento especial para ação de depósito, que estava previsto nos arts. 901 a 906 do CPC/1973, deixou de ser previsto no CPC/2015. A ação de depósito passou a submeter-se ao procedimento comum, com a possibilidade de uma tutela provisória de evidência. O pedido de cumprimento de obrigação reipersecutória (ou seja, obrigação de entregar coisa) decorrente de contrato de depósito autoriza a concessão de tutela provisória de evidência.

Já o inciso II do art. 311 do CPC prevê a tutela de evidência fundada em precedente obrigatório.[69] Estando documentalmente provados os fatos alegados pelo autor, poderá ser concedida a tutela de evidência, se houver probabilidade de acolhimento do pedido do autor, decorrente de fundamento respaldado em tese jurídica já firmada em precedente obrigatório, mais propriamente em enunciado de súmula vinculante (CPC, art. 927, II) ou em julgamento de casos repetitivos (CPC, arts. 927, III, e 928).

---

[67] "A probabilidade do direito constitui requisito para concessão da tutela da evidência fundada em abuso do direito de defesa ou em manifesto propósito protelatório da parte contrária" (Enunciado 47 da I Jornada de Direito Processual Civil, do Conselho da Justiça Federal).

[68] "O que se dá, com a conduta do réu, nestes casos, é que o índice de verossimilhança do direito do autor eleva-se para um grau que se aproxima da certeza. Se o juiz já se inclinara por considerar verossímil o direito, agora, frente à conduta protelatória do réu, ou ante o exercício abusivo do direito de defesa, fortalece-se a conclusão de que o demandado realmente não dispõe de alguma contestação séria a opor ao direito do autor. Daí a legitimidade da antecipação da tutela" (SILVA, Ovídio A. Baptista da. *Curso de direito processual civil*. 5. ed. São Paulo: RT, 2000. v. 1, p. 142).

[69] "É admissível a tutela provisória da evidência, prevista no art. 311, II, do CPC, também em casos de tese firmada em repercussão geral ou em súmulas dos tribunais superiores" (Enunciado 48 da I Jornada de Direito Processual Civil, do Conselho da Justiça Federal).

O julgamento de casos repetitivos compreende o incidente de resolução de demandas repetitivas e os recursos repetitivos (CPC, art. 928). Sua finalidade, além de gerir os casos repetitivos, é formar precedente obrigatório. Esta também é a finalidade do incidente de assunção de competência. É exatamente por isso que o incidente de assunção de competência forma, juntamente com o julgamento de casos repetitivos, o microssistema de formação concentrada de precedentes obrigatórios, tal como já explicado ao longo do Capítulo X. Diante desse microssistema, é adequado considerar possível a concessão de tutela de evidência com fundamento em precedente firmado no julgamento de incidente de assunção de competência.[70]

Na verdade, a tutela de evidência prevista no inciso II do art. 311 do CPC pode ser concedida se houver *qualquer* precedente obrigatório. Em outras palavras, presente qualquer precedente previsto no art. 927 do CPC, é possível ser concedida uma tutela de evidência, fundada no aludido inciso II do art. 311.[71]

Nesses casos do inciso II do art. 311 do CPC, o juiz pode, liminarmente inclusive, conceder a tutela de evidência, independentemente de haver demonstração de perigo de dano ou de risco à inutilidade do resultado final do processo. A evidência, em tais hipóteses, revela-se por ser aparentemente *indiscutível*, *indubitável* a pretensão da parte autora, não sendo *seriamente contestável*. Em casos assim, a tutela antecipada somente não será concedida, se a situação do autor, servidor, particular ou interessado não se ajustar à *ratio decidendi* do precedente obrigatório. Quer isso dizer que somente não será concedida a tutela antecipada, se houver a necessidade de ser feita uma distinção no caso, em razão de alguma peculiaridade que afaste a aplicação do precedente. Aliás, em casos assim, a defesa do réu deve restringir-se a demonstrar que há uma situação diferente que impõe o afastamento do precedente, ou que há fatores que não justificam mais a interpretação conferida pelo tribunal superior. Noutros termos, o réu, em casos como esse, deve demonstrar a existência de uma distinção ou a necessidade de ser superado o entendimento firmado. Não havendo tal demonstração, deve já ser julgado procedente o pedido, ou, se houver algum incidente ou outro pedido a ser apreciado.

Em casos repetitivos, pode o juiz já conceder a tutela provisória *inaudita altera parte*, para fazer aplicar o precedente do tribunal (CPC, art. 311, parágrafo único). Há quem sustente a inconstitucionalidade de tal previsão.[72] Não há, porém, inconstitucionalidade. O dispositivo concretiza a duração razoável do processo no âmbito da litigiosidade repetitiva. Ademais, existem, historicamente, tutelas de evidência liminares no sistema brasileiro, como nos casos

---

[70] Nesse sentido, o enunciado 135 da II Jornada de Direito Processual Civil, do Conselho da Justiça Federal: "É admissível a concessão de tutela da evidência fundada em tese firmada em incidente de assunção de competência".

[71] "(...) o art. 311 deve ser interpretado de modo que se compreenda o CPC em sua inteireza. Assim, pode-se afirmar que seu significado sistemático aponta para seguinte construção textual: 'a tutela da evidência será concedida, independentemente da demonstração de perigo da demora da prestação da tutela jurisdicional, quando as alegações de fato puderem ser comprovadas apenas documentalmente e houver tese firmada em precedente obrigatório, nos moldes do art. 926 do CPC" (MACÊDO, Lucas Buril de. *Precedentes judiciais e o direito processual civil*. 3. ed. Salvador: JusPodivm, 2019. p. 526). No mesmo sentido: "Propõe-se, contudo, interpretação sistemática, teleológica e extensiva da regra, para que se entenda que deve ser possível a concessão de tutela de evidência também quando houver tese jurídica assentada em outros precedentes obrigatórios, tais como aqueles previstos no art. 927, CPC" (DIDIER JR., Fredie; BRAGA, Paula Sarno; OLIVEIRA, Rafael Alexandria. *Curso de direito processual civil*. 15. ed. Salvador: JusPodivm, 2020. v. 2, p. 765).

[72] MACÊDO, Lucas Buril de. Antecipação da tutela por evidência e os precedentes obrigatórios. *Revista de Processo*, São Paulo: RT, v. 242, abr. 2015, p. 521-549.

das ações possessórias, dos embargos de terceiro e da ação monitória, sem que se considere qualquer inconstitucionalidade presente em tais situações.

Por sua vez, o inciso IV do art. 311 do CPC prevê a concessão de tutela de evidência quando "a petição inicial for instruída com prova documental suficiente dos fatos constitutivos do direito do autor, a que o réu não oponha prova capaz de gerar dúvida razoável". Nessa hipótese, o autor deve apresentar prova documental que seja suficiente para comprovar os fatos constitutivos do seu direito, sendo-lhe, por essa razão, evidente.

A evidência, que decorre da prova documental apresentada pelo autor, não deve ser desfeita por prova igualmente documental do réu. Se a prova documental apresentada pelo autor for suficiente para comprovar suas alegações, sem que o réu apresente qualquer dúvida razoável, haverá evidência que justifique a concessão da tutela provisória.

Essa é uma hipótese que não permite a concessão liminar da tutela de evidência. Isso porque depende da conduta do réu; ele, ao contestar, não apresenta dúvida razoável às alegações, comprovadas documentalmente, do autor.

A hipótese, na verdade, é de julgamento antecipado do mérito (CPC, art. 355, I). Estando os fatos constitutivos do direito comprovados por documentos, e não sendo necessária mais a produção de qualquer prova, é possível o julgamento antecipado do mérito, mas também é possível a tutela provisória de evidência.

Qual, então, a utilidade da tutela provisória nesse caso? Por que o juiz já não profere a sentença de uma vez? A finalidade e a utilidade da hipótese descrita no inciso IV do art. 311 do CPC relacionam-se com o afastamento do efeito suspensivo da apelação (CPC, art. 1.012, § 1º, V). O juiz pode, na sentença, quando a hipótese for de julgamento antecipado do mérito por serem suficientes os documentos apresentados, antecipar a tutela (desde que haja requerimento da parte), a fim de retirar da apelação seu efeito suspensivo.

As hipóteses de tutela de evidência estão, portanto, previstas no art. 311 do CPC, em outros dispositivos do Código e, ainda, em leis extravagantes, não tendo relação com a urgência nem com o risco de inutilidade da tutela definitiva.

11.4.5.3 Tutela de evidência contra a Fazenda Pública

É possível a tutela de evidência contra a Fazenda Pública. Se a Fazenda Pública abusa do direito de defesa, é possível haver a concessão da tutela provisória.

Não é comum – sendo até improvável – pensar numa hipótese de ação de depósito contra a Fazenda Pública. De todo modo, se for proposta uma ação de depósito contra a Fazenda Pública, cabe a tutela provisória de evidência prevista no inciso III do art. 311 do CPC.

A hipótese do inciso IV do art. 311 do CPC equivale ao caso de mandado de segurança. Com efeito, a evidência serve à tutela definitiva, fundada em cognição exauriente, no procedimento do mandado de segurança, cuja concessão é desafiada por apelação sem efeito suspensivo. De igual modo, havendo evidência documental numa ação de procedimento comum contra a Fazenda Pública em que não haja dúvida razoável oposta ao documento, é possível o juiz conceder a tutela de evidência para afastar o efeito suspensivo da apelação, desde que não incidam, no caso, as hipóteses legais de vedação de tutela provisória.

Significa que as vedações legais à tutela antecipada contra a Fazenda Pública aplicam-se no caso do inciso IV do art. 311 do CPC. É preciso conciliar o art. 1.059 com o art. 311, IV, ambos do CPC. O juiz, na hipótese do inciso IV do art. 311 do CPC, pode conceder a tutela de evidência para afastar o efeito suspensivo da apelação numa ação contra a Fazenda

Pública, desde que isso não implique pagamento ou expedição de precatório ou de requisição de pequeno valor.

Sempre que houver julgamento antecipado do mérito por suficiência da prova documental, será possível a tutela provisória contra a Fazenda Pública, desde que a hipótese não se enquadre numa das vedações legais. Nos casos em que está vedada a tutela provisória, não é possível a tutela de evidência fundada no inciso IV do art. 311 do CPC contra a Fazenda Pública.

Também é possível a tutela de evidência contra a Fazenda Pública na hipótese prevista no inciso II do art. 311 do CPC.

A propósito, convém observar que o enunciado 35 do Fórum Permanente de Processualistas Civis assim estabelece: "As vedações à concessão de tutela provisória contra a Fazenda Pública limitam-se às tutelas de urgência".[73] Tal enunciado deve ser lido com a necessária adaptação: as vedações legais aplicam-se na hipótese do inciso IV do art. 311 do CPC.

Como se verá no item 11.5 *infra*, a decisão concessiva de tutela antecipada que se apoie em entendimento já consolidado no STF não sofre a incidência do disposto no art. 1º da Lei 9.494/1997, podendo haver determinação ao Poder Público de pagamento imediato de vantagens a servidores. Tal entendimento – manifestado em vários precedentes do STF – confirma a ampla possibilidade da tutela de evidência, fundada no inciso II do art. 311 do CPC, contra a Fazenda Pública, sem que haja a incidência das vedações contidas em diversos dispositivos legais.

Essa hipótese do inciso II do art. 311 do CPC insere-se no conjunto de regras que tutelam a segurança jurídica e o respeito ao sistema de precedentes, exigindo que o Judiciário cumpra com os deveres de uniformidade, estabilidade, coerência e integridade (CPC, art. 926). Ao Poder Público, nesse mesmo sentido, cumpre atender aos princípios da legalidade, da moralidade e da impessoalidade (CF, art. 37), que se relacionam diretamente com o respeito aos precedentes e à integridade e à coerência do sistema.

Enfim, cabe a tutela provisória de evidência contra a Fazenda Pública, ressalvados os casos de vedação legal quanto à hipótese do inciso IV do art. 311 do CPC.

11.5 MEIOS DE IMPUGNAÇÃO CONTRA A DECISÃO QUE CONCEDE TUTELA PROVISÓRIA CONTRA A FAZENDA PÚBLICA

Deferida uma tutela provisória por um juízo de primeira instância, cabe, normalmente, um *agravo de instrumento* (CPC, art. 1.015, I), no qual poderá ser requerido o efeito suspensivo, com fundamento na urgência ou na evidência (CPC, art. 995, parágrafo único), cabendo ao relator examinar tal requerimento (CPC, art. 932, II; art. 1.019, I).

Afora o agravo de instrumento, é igualmente possível o ajuizamento do *pedido de suspensão* para o presidente do respectivo tribunal. O ajuizamento simultâneo do agravo de instrumento e do pedido de suspensão não se encontra vedado, sendo, bem ao revés, permitido no sistema, tal como se demonstra no item 15.5 *infra*.

A par do agravo de instrumento e do pedido de suspensão, a Fazenda Pública pode, ainda, intentar uma *reclamação*, se a tutela provisória for concedida contrariamente a enunciado de

---

[73] Em sentido contrário, o enunciado 14 do Fórum Nacional do Poder Público: "Não é cabível concessão de tutela provisória de evidência contra a Fazenda Pública nas hipóteses mencionadas no art. 1.059 do CPC".

súmula vinculante ou de precedente obrigatório, ou a decisão do Supremo Tribunal Federal em controle concentrado de constitucionalidade (CPC, art. 988, III e IV).

Ainda sob a vigência do CPC/1973, vinha sendo ajuizada uma quantidade razoável de reclamações no STF contra decisões que concediam tutela antecipada nas hipóteses vedadas pela Lei 9.494/1997, o que atenta contra a observância da determinação do STF no julgamento da ADC 4, a qual vincula todos os órgãos jurisdicionais.

Tendo a Suprema Corte estabelecido que é *constitucional* a regra que limita a concessão de tutela antecipada contra a Fazenda Pública, deferir provimento antecipatório nos casos em que há vedação pela Lei 9.494/1997 configura desrespeito à autoridade da decisão do STF proferida na ADC 4.[74]

Da decisão que defere a antecipação de tutela antecipada cabe, pois, um agravo de instrumento pela Fazenda Pública, a quem se confere também a possibilidade de ajuizar um pedido de suspensão para o presidente do respectivo tribunal. Além de tais medidas, caso a tutela provisória seja concedida em inobservância de decisão do STF, de entendimento consolidado em enunciado de súmula vinculante ou em precedente obrigatório, cabe reclamação (CPC, art. 988, III e IV), a exemplo do que já ocorria quando se concedia, no regime do Código anterior, tutela antecipada ao arrepio das vedações inscritas no art. 1º da Lei 9.494/1997, com manifesta ofensa à autoridade da decisão proferida na ADC 4.

O entendimento do STF, quanto ao cabimento da reclamação constitucional por ofensa ao quanto decidido na ADC 4, tem sido bastante restritivo. Em várias situações, a Suprema Corte vem entendendo que não se aplica o julgamento proferido na ADC 4, rejeitando a respectiva reclamação.

A vedação de concessão de provimento de urgência para impor à Fazenda Pública a concessão de aumento ou vantagem aplica-se também quando a causa for de natureza previdenciária. Não será cabível o provimento de urgência em causas previdenciárias para determinar o pagamento imediato de alguma vantagem pecuniária.[75] É bem verdade que, deferida a medida liminar, não se revela cabível a reclamação para garantir a autoridade da decisão do STF na ADC 4. A propósito, eis o teor do enunciado 729 da Súmula do STF: "A decisão na ADC-4 não se aplica à antecipação de tutela em causa de natureza previdenciária". E isso porque o julgamento da ADC 4 *não* tratou de causas previdenciárias, não havendo, na hipótese de concessão de liminar, ofensa ao quanto decidido pelo STF.

O enunciado 729 da súmula do STF *não* franqueia, *nem* permite, a concessão de tutela antecipada para determinar pagamento de quantia pecuniária em causas previdenciárias. O que tal enunciado sumular afirma é que, nas causas previdenciárias, não se aplica o julgado na ADC 4. Tal julgado reconheceu a constitucionalidade da Lei 9.494/1997, que se refere à proibição de tutela antecipada para pagamento de vantagens a servidores públicos, não mencionando pensionistas ou questões previdenciárias.

A Lei 12.016/2009 contém previsão *mais ampla*, proibindo, no mandado de segurança, a concessão de liminar que imponha o pagamento de *qualquer natureza*, aí incluída, *evidentemente*, qualquer vantagem previdenciária. O STF, porém, proclamou a inconstitucionalidade

---

[74] STF, Pleno, RCL 846/SP, Rel. Min. Marco Aurélio, Rel. p/ acórdão Min. Ellen Gracie, *DJ* 14.12.2001, p. 30; STF, 2ª Turma, AgRRcl 1.939/SC, Rel. Min. Carlos Velloso, *DJ* 1º.2.2002, p. 86; STF, Pleno, AgRRcl 1.489/RJ, Rel. Min. Ilmar Galvão, *DJ* 13.10.2000, p. 12.

[75] *Em sentido contrário:* STJ, 1ª Turma, AgRg no AREsp 230.482/RS, Rel. Min. Sérgio Kukina, *DJe* 12.3.2013.

do § 2º do art. 7º da Lei 12.016/2009, que *veda* expressamente a concessão de medida liminar, *em mandado de segurança*, para pagamento de vantagem *de qualquer natureza*.[76]

Ainda no entendimento do STF, a determinação, por meio de tutela antecipada, para que seja efetuado o pagamento de parcela indenizatória, não arrosta a autoridade da decisão proferida na ADC 4, pois tal situação não está abrangida pelo art. 1º da Lei 9.494/1997.[77]

Se da tutela antecipada, concedida para dada finalidade, surjam consequências financeiras *indiretas* ou *secundárias*, não estará sendo afrontada a decisão proferida na ADC 4. Em outras palavras, se a tutela antecipada não é concedida para impor pagamento de vantagem, mas tal pagamento será realizado como *consequência* da medida antecipatória, a hipótese não se encaixa na proibição do art. 1º da Lei 9.494/1997, não havendo ofensa à decisão proferida na ADC 4. Assim, por exemplo, é possível a tutela antecipada para impor a nomeação e a posse de candidato aprovado em concurso público. É verdade que, uma vez empossado, o candidato passa a ostentar a condição de servidor público, vindo a perceber remuneração, com inclusão em folha de pagamento. Como os efeitos financeiros constituem uma consequência *secundária* da decisão, a hipótese não se encaixa nas vedações do art. 1º da Lei 9.494/1997, não arrostando o quanto decidido na ADC 4.[78] Tome-se, ainda, como exemplo a hipótese de tutela antecipada que determine a reintegração de servidor ao seu cargo. Como *consequência* da decisão, haverá inclusão em folha de pessoal, com dispêndio para pagamento de vencimentos futuros. É possível a tutela antecipada, não havendo ofensa à decisão do STF, proferida na ADC 4.[79] De igual modo, a concessão de tutela antecipada para assegurar a nomeação de candidato aprovado em concurso público, sem concessão de efeito financeiro pretérito, não atenta contra a decisão proferida na ADC 4, sendo incabível a reclamação.[80]

A decisão concessiva de tutela antecipada *que se apoie em entendimento já consolidado no STF* também não ofende o julgamento da ADC 4. Nesse caso, cumpre privilegiar a uniformidade de entendimento, pondo-se em relevo a autoridade da Suprema Corte e a normatividade do próprio texto constitucional. Se a Corte Suprema já firmou determinada orientação, deve a Administração Pública segui-la. E, se não o fizer, caberá tutela antecipada, mesmo nas hipóteses previstas no art. 1º da Lei 9.494/1997, não havendo afronta ao julgado proferido na ADC 4.[81]

Enfim, se a tutela antecipada for concedida ao arrepio das vedações inscritas no art. 1º da Lei 9.494/1997, revela-se cabível uma reclamação para o Supremo Tribunal Federal, para garantir a autoridade da decisão proferida na ADC 4, desde que a hipótese não se enquadre num desses casos, afastados pelo STF da abrangência dos efeitos de tal decisão.[82] Em tese, a tutela antecipada concedida contra o Poder Público pode ser atacada por agravo de instrumento ou por reclamação, podendo, ainda, ser objeto de um pedido de suspensão dirigido ao Presidente do respectivo tribunal.

---

[76] STF, Pleno, ADI 4296, Rel. Min. Marco Aurélio, Rel. p/ acórdão Min. Alexandre de Moraes, *DJe* 11.10.2021.
[77] STF, Pleno, Rcl-AgR 5.174/ES, Rel. Min. Cezar Peluso, *DJe* 6.2.2009.
[78] STF, Pleno, Rcl-AgR 5.983/PI, Rel. Min. Cezar Peluso, *DJe* 5.2.2009.
[79] STF, Pleno, Rcl-AgR 6.468/SE, Rel. Min. Cezar Peluso, *DJe* 5.2.2009.
[80] STF, Pleno, Rcl 7.402 AgR, Rel. Min. Ricardo Lewandowski, *DJe* 9.2.2011.
[81] STF, Pleno, Rcl-AgR 5.163/CE, Rel. Min. Cezar Peluso, *DJe* 6.2.2009. No mesmo sentido: STF, Pleno, Rcl-AgR 4.628/SP, Rel. Min. Cezar Peluso, *DJe* 5.2.2009.
[82] Sobre o entendimento do STF e a necessidade de se interpretar restritivamente as proibições de tutela antecipada contra a Fazenda Pública, conferir: LIMA NETO, Francisco Vieira; GUIMARÃES, Jader Ferreira. As tutelas de urgência contra a Fazenda Pública na jurisprudência atual do STF. *Revista de Processo*, São Paulo: RT, v. 143, jan. 2007, p. 164-177.

Todas essas medidas são concorrentes. Pode a Fazenda Pública valer-se, a um só tempo, de todas elas. A Fazenda Pública, além de interpor o agravo de instrumento, pode, simultaneamente, ajuizar um pedido de suspensão para o presidente do respectivo tribunal e, ainda, intentar uma reclamação para o tribunal que teve seu entendimento desrespeitado. A cumulação dessas medidas não se afigura vedada pelo sistema.

De acordo com a regra *da singularidade*, é proibida a interposição simultânea de mais de um *recurso* contra a mesma decisão, excepcionado apenas o ajuizamento conjunto de recurso especial e extraordinário. Acontece, porém, que o pedido de suspensão não é, como se verá no item 15.2 *infra*, um recurso, ostentando a natureza de *ação cautelar específica*. Logo, não sendo recurso, não se submete à incidência do princípio da singularidade, podendo ser ajuizado em conjunto com outro meio de impugnação.

De igual modo, a reclamação não é recurso, podendo ser intentada conjuntamente com outra medida que ostente natureza recursal. Trata-se, a bem da verdade, de uma *ação*, ajuizada originariamente no tribunal, com vistas a obter a preservação de sua competência ou a garantir a autoridade de seus julgados.[83]

Como tais medidas são concorrentes, podem, enfim, ser ajuizadas conjuntamente, facultando-se à Fazenda Pública, em vez de ajuizá-las em conjunto, optar por apenas uma delas, ou duas, ou, repita-se, todas juntas.

11.6 CONSEQUÊNCIAS DA REVOGAÇÃO DA TUTELA PROVISÓRIA: RESTITUIÇÃO AO ESTADO ANTERIOR

Concedida tutela provisória, sua efetivação é conservada durante a pendência do processo (CPC, art. 296) e observa, no que couber, as normas referentes ao cumprimento provisório da sentença (CPC, art. 297, parágrafo único).

A tutela provisória acarreta a imediata execução ou efetivação da medida, consistindo, em verdade, num cumprimento provisório.[84] Significa que o regime do cumprimento provisório é aplicável à efetivação da tutela provisória, pondo-se em evidência a regra do inciso II do art. 520 do CPC: revogada, modificada ou anulada a decisão provisória, fica sem efeito a medida, restituindo-se as partes ao estado anterior e liquidados eventuais prejuízos nos mesmos autos.

Daí por que, deferida tutela provisória para determinar, por exemplo, a manutenção de um candidato num concurso público, a posterior revogação, anulação ou cassação da medida impõe a restituição ao estado anterior: o candidato deve ser considerado eliminado do certame, não se aplicando a teoria do fato consumado.[85] Aliás, segundo anotado em precedente do STJ, "É cediço, neste Superior Tribunal de Justiça, que a teoria do fato consumado não se aplica aos casos em que o candidato participou do concurso público por força de liminar".[86]

---

[83] DANTAS, Marcelo Navarro Ribeiro. *Reclamação constitucional no direito brasileiro*. Porto Alegre: Sergio Antonio Fabris Editor, 2000. p. 459-461.

[84] Nesse sentido, o enunciado 38 da I Jornada de Direito Processual Civil, do Conselho da Justiça Federal: "As medidas adequadas para a efetivação da tutela provisória independem do trânsito em julgado, inclusive contra o Poder Público (art. 297 do CPC)".

[85] Sobre a insubsistência da "teoria" do fato consumado, CAVALCANTI NETO, Antonio de Moura. *A aplicação da teoria do fato consumado às tutelas sumárias concedidas contra o Poder Público*. São Paulo: dissertação de mestrado apresentada e defendida na PUC-SP, 2016.

[86] STJ, 6ª Turma, AgRg no Ag 874.884/DF, Rel. Min. Maria Thereza de Assis Moura, *DJ* 17.12.2007, p. 360. No mesmo sentido: STJ, 6ª Turma, AgRg no RMS 24.641/CE, Rel. Min. Maria Thereza de Assis Moura, *DJe* 13.9.2010. Também no mesmo sentido: STJ, 5ª Turma, AgRg no REsp 1.018.824/SE, Rel. Min.

Com efeito, "A teoria do fato consumado não se aplica às hipóteses em que a participação do candidato no concurso ocorreu de modo precário, por força de liminar".[87] Nesse sentido, "o candidato que permanece no certame por força de provimento judicial liminar não tem direito líquido e certo à nomeação".[88]

Em situações excepcionais, o STJ admite a aplicação da teoria do fato consumado. Realmente, "Conforme a orientação jurisprudencial do STJ, aplica-se a teoria do fato consumado nas hipóteses em que a restauração da estrita legalidade ocasionaria mais danos sociais do que a manutenção da situação consolidada pelo decurso do tempo em razão de ordem judicial concedida em mandado de segurança".[89] Vale dizer que "A teoria do fato consumado aplica-se, em caráter excepcionalíssimo, a casos em que a inércia da Administração ou a morosidade do Judiciário geram, por decurso temporal, a cristalização de situações precárias, o que não se coaduna com a hipótese dos autos".[90]

A jurisprudência do STJ admite, em situações excepcionalíssimas, consolidação do fato consumado (o que é chamado de "teoria do fato consumado"), em observância à segurança jurídica e desde que preenchidos os requisitos para o cargo público, como na hipótese em que a candidata, mediante providência liminar de urgência, prosseguiu no concurso público e veio a tomar posse; depois, foi aprovada no estágio probatório e exerce a função pública há 5 (cinco) anos.[91]

Tome-se, ainda, como exemplo a concessão de tutela provisória para determinar o pagamento de benefício previdenciário ou para impor o acréscimo de vantagem em pensão ou aposentadoria. Reformado, anulado ou cassado o provimento provisório, deverá o autor restituir os valores recebidos em decorrência da medida concedida, respeitada a margem consignável ou o limite do desconto em folha.[92]

A partir do julgamento proferido por sua 3ª Seção, no Recurso Especial 991.030/RS, o Superior Tribunal de Justiça passou a entender que a necessidade de retorno ao *status quo ante* não se aplicaria às demandas previdenciárias. Em geral, revogada a tutela antecipada, deve haver o retorno ao estado anterior, salvo se a questão for previdenciária. A partir daí, vários outros julgados seguiram essa orientação.[93]

A orientação firmada pela 3ª Seção do STJ no julgamento do Recurso Especial 991.030/RS veio a ser igualmente seguida pelas turmas integrantes da 1ª Seção.[94] Acontece, porém, que, em tal julgamento, a 3ª Seção do STJ entendeu que não deveria haver o retorno ao estado

---

Napoleão Nunes Maia Filho, *DJe* 13.12.2010. Ainda no mesmo sentido: STJ, 5ª Turma, RMS 23.390/DF, Rel. Min. Laurita Vaz, *DJe* 17.12.2010.

[87] STJ, 2ª Turma, AgRg no RMS 37.650/BA, Rel. Min. Humberto Martins, *DJe* 14.10.2013.
[88] STJ, 6ª Turma, AgRg no RMS 31.668/CE, Rel. Min. Sebastião Reis Júnior, *DJe* 6.3.2014.
[89] STJ, 2ª Turma, AgRg no AREsp 460.157/PI, Rel. Min. Mauro Campbell Marques, *DJe* 26.3.2014.
[90] STJ, 2ª Turma, AgRg no REsp 1.148.950/DF, Rel. Min. Humberto Martins, *DJe* 3.2.2014.
[91] STJ, 5ª Turma, RMS 31.152/PR, Rel. Min. Jorge Mussi, *DJe* 25.2.2014.
[92] STJ, 6ª Turma, REsp 725.118/RJ, Rel. Min. Paulo Gallotti, *DJ* 24.4.2006, p. 477; STJ, 5ª Turma, AgRg no REsp 984.135/RS, Rel. Min. Napoleão Nunes Maia Filho, *DJ* 7.2.2008, p. 1.
[93] STJ, 6ª Turma, AgRg no REsp 1.053.868/RS, Rel. Min. Paulo Gallotti, *DJe* 25.8.2008; STJ, 5ª Turma, AgRg no REsp 1.011.702/RS, Rel. Min. Jorge Mussi, *DJe* 25.8.2008; STJ, 5ª Turma, AgRg no REsp 1.058.348/RS, Rel. Min. Laurita Vaz, *DJe* 20.10.2008; STJ, 6ª Turma, AgRg no REsp 1.055.647/RS, Rel. Min. Og Fernandes, *DJe* 8.9.2008; STJ, 5ª Turma, AgRg no AREsp 12.844/SC, Rel. Min. Jorge Mussi, *DJe* 2.9.2011.
[94] STJ, 2ª Turma, AgRg no AREsp 194.038/MG, Rel. Min. Mauro Campbell Marques, *DJe* 24.10.2012; STJ, 2ª Turma, AgRg no AREsp 252.190/RS, Rel. Min. Humberto Martins, *DJe* 18.12.2012; STJ, 1ª Turma, AgRg no AREsp 126.832/MG, Rel. Min. Cesar Asfor Rocha, *DJe* 7.8.2012.

anterior, pois a tutela antecipada teria sido concedida com base num entendimento que ainda era controvertido, somente vindo a ser firmada orientação no sentido contrário muito tempo depois pelo STF. Diante dessa peculiaridade, e considerando-se a boa-fé da segurada, não se deveria, em prol da segurança jurídica, determinar a devolução do que havia sido pago a título de tutela antecipada.[95]

Na verdade, todos os precedentes que seguiram a decisão da 3ª Seção do STJ, segundo os quais não há restituição ao *status quo ante* quando revogada a tutela antecipada em matéria previdenciária, estão a generalizar uma situação que era particular, específica, que levava em conta uma peculiaridade que impunha garantir a segurança jurídica.

Não se deve, ao que parece, generalizar o entendimento para assentar a orientação no sentido de que, sempre que se tratar de causa previdenciária, não se deve impor o retorno ao estado anterior, quando revogada a tutela antecipada. É preciso avaliar cada caso. Se, no caso concreto, não há as peculiaridades verificadas na hipótese do Recurso Especial 991.030/RS, não havendo segurança jurídica a proibir a retroação dos efeitos da revogação da decisão antecipatória, deve, então, ser promovida a repetição do indébito. Do contrário, ou seja, verificadas as condições ali apontadas, cumpre impedir a repetição do indébito.

Ao apreciar o Recurso Especial 1.384.418/SC, Rel. Min. Herman Benjamin, a 1ª Seção do STJ reviu essa orientação para levar em conta as peculiaridades do caso posto a julgamento e considerar que não se deve analisar a questão de forma generalizada, cabendo avaliar a presença concreta da boa-fé objetiva para, então, determinar ou não a devolução de valores recebidos a título de tutela antecipada, quando esta vier a ser revogada.[96]

A Corte Especial do STJ, ao julgar os Embargos de Divergência no Recurso Especial 1.086.154, entendeu que há boa-fé do segurado quando a tutela provisória for confirmada por sentença e esta, igualmente, for confirmada pelo tribunal, no acórdão que julgue a apelação. Há, de acordo com o STJ, uma *dupla conformidade* entre a sentença e o acórdão, a acarretar uma estabilização da decisão de primeira instância, criando no vencedor a expectativa legítima de ser titular do direito reconhecido na sentença e confirmado pelo tribunal de segunda instância. O recurso do vencido é, a partir daí, limitado, havendo expectativa legítima da titularidade do direito, a caracterizar a boa-fé exigida de quem recebe a verba de natureza alimentar posteriormente cassada, por confiar no acerto do duplo julgamento que lhe fora favorável.[97]

Não parece correto esse entendimento da Corte Especial do STJ. A efetivação de uma tutela provisória faz-se por conta e risco da parte que dela se beneficia. Há aí uma execução provisória. O título é provisório, estando sujeito a ser modificado, revogado ou desfeito. Não se pode falar em expectativa legítima, em boa-fé ou em estabilidade. A existência de uma sentença favorável, confirmada por um acórdão, ao que o STJ chamou de *dupla conformidade*, não confere qualquer estabilidade, qualquer segurança jurídica, qualquer expectativa legítima; não há, enfim, qualquer boa-fé a ser protegida. Se a decisão é provisória e ainda cabe recurso, é possível ser revista e desfeita. O ambiente é de incerteza, e não de certeza. Não há estabilidade a ser protegida. Não há boa-fé que resguarde a situação da parte e a impeça de devolver o que recebeu provisoriamente.

---

[95] STJ, 3ª Seção, REsp 991.030/RS, Rel. Min. Maria Thereza de Assis Moura, *DJe* 15.10.2008.
[96] STJ, 1ª Seção, REsp 1.384.418/SC, Rel. Min. Herman Benjamin, *DJe* 30.8.2013.
[97] STJ, Corte Especial, EREsp 1.086.154/RS, Rel. Min. Nancy Andrighi, *DJe* 19.3.2014.

A revogação ou anulação de um provimento de urgência impõe a restituição das partes ao estado anterior,[98] ressalvadas situações excepcionais, que demonstrem a necessidade de impedir a restituição, mercê da prevalência da segurança jurídica e da boa-fé, com aplicação da proporcionalidade.[99]

Retornar ao estado anterior não significa, entretanto, a necessidade de sempre haver devolução de quantia paga. Imagine-se, por exemplo, que a tutela antecipada é deferida para determinar a concessão de licença médica a servidor público. Efetivada a medida, o servidor passa a gozar da licença, recebendo, regularmente, seus vencimentos. A posterior revogação ou anulação da decisão antecipatória acarretará seu retorno ao estado anterior, que consiste em voltar ao exercício de suas funções públicas, não havendo, nessa hipótese, necessidade de devolver qualquer quantia. A decisão, na espécie, não determinou aumento ou vantagem adicional. Estando ou não de licença médica, a remuneração do servidor seria a mesma; ele a receberia de qualquer maneira. O que a tutela provisória implicou, em tal exemplo, foi a alteração na sua situação funcional, desobrigando-o de comparecer ao órgão em que trabalha e de exercer suas funções. Retornar ao estado anterior, nesse caso, equivale a voltar ao exercício regular de suas atividades, não havendo qualquer repercussão financeira que o obrigue a devolver valores que lhe foram pagos durante o período de licença.

Enfim, o regime do cumprimento provisório da sentença é aplicável à tutela provisória, de sorte que, revogada, modificada ou anulada a decisão antecipatória, se impõe restituir as partes ao estado anterior.[100] Tudo isso é aplicável a qualquer tutela provisória, seja cautelar, seja satisfativa, de urgência ou de evidência. Aliás, o parágrafo único do art. 297 do CPC insere-se no título relativo às normas gerais, tendo aplicação a toda e qualquer espécie de tutela provisória.

---

[98] Nesse sentido, a tese do Tema 692/STJ: "A reforma da decisão que antecipa os efeitos da tutela final obriga o autor da ação a devolver os valores dos benefícios previdenciários ou assistenciais recebidos, o que pode ser feito por meio de desconto em valor que não exceda 30% (trinta por cento) da importância de eventual benefício que ainda lhe estiver sendo pago, restituindo-se as partes ao estado anterior e liquidando-se eventuais prejuízos nos mesmos autos, na forma do art. 520, II, do CPC/2015 (art. 475-O, II, do CPC/73)".

[99] STJ, 2ª Turma, AgRg no REsp 1.263.480/CE, Rel. Min. Humberto Martins, *DJe* 9.9.2011.

[100] "Nos termos da jurisprudência da Primeira e da Segunda Seção, cabe o ressarcimento ao réu, nos próprios autos, dos valores despendidos por força de antecipação de tutela, posteriormente revogada em face de sentença de improcedência do pedido" (STJ, 4ª Turma, REsp 1.312.836/RS, Rel. Min. Maria Isabel Gallotti, *DJe* 22.2.2017).

Capítulo XII
A FAZENDA PÚBLICA E A EXECUÇÃO

12.1 EXECUÇÃO CONTRA A FAZENDA PÚBLICA

A execução realiza-se no interesse do exequente, que adquire, pela penhora, o direito de preferência sobre os bens penhorados (CPC, art. 797). A execução por quantia certa tem por finalidade específica expropriar bens do executado, a fim de satisfazer o exequente. E, nos termos do art. 825 do CPC, a expropriação consiste (a) na adjudicação em favor do exequente ou das pessoas indicadas no § 5º do art. 876 do CPC, (b) na alienação, (c) na apropriação de frutos e rendimentos de empresa ou de estabelecimentos ou de outros bens.

Quando a Fazenda Pública é o executado, todas essas regras não têm aplicação, pois os bens públicos são, em geral, impenhoráveis e inalienáveis.

Nesse caso, ou seja, sendo o executado a Fazenda Pública, não se aplicam as regras próprias da execução por quantia certa, não havendo a adoção de medidas expropriatórias para a satisfação do crédito. Diante da peculiaridade e da situação da Fazenda Pública, a execução por quantia certa contra ela intentada contém regras próprias. Põe-se em relevo, no particular, a *instrumentalidade* do processo, a impor adequação procedimental, na exata medida em que as exigências do direito material na disciplina das relações jurídicas que envolvem a Fazenda Pública influenciam e ditam as regras processuais.

Isso porque os pagamentos feitos pela Fazenda Pública são despendidos pelo Erário, merecendo tratamento específico a execução intentada contra as pessoas jurídicas de direito público, a fim de adaptar as regras pertinentes à sistemática do precatório.[1]

---

[1] Para mais detalhes sobre o precatório, conferir: CUNHA, Leonardo Carneiro da. Precatórios: atual regime jurídico. Rio de Janeiro: Forense, 2023. Ali se pode observar que, além das pessoas jurídicas de direito público, submete-se ao regime de precatórios, segundo entendimento firmado pelo STF, a Empresa Brasileira de Correios e Telégrafos – ECT –, que ostenta a natureza de empresa pública.
Abstraída a ECT, não é possível a aplicação do regime de precatórios às sociedades de economia mista nem às empresas públicas, por constituírem pessoas jurídicas de direito privado, não se inserindo no conceito de Fazenda Pública. Nesse sentido: STF, Pleno, RE 599.628, Rel. Min. Ayres Britto, Rel. p/ acórdão Min. Joaquim Barbosa, *DJe* 17.10.2011.
O STF permite a extensão do regime de precatórios a algumas sociedades de economia mista, que prestem serviços essencialmente públicos. Para tanto, o STF exige uma série de requisitos cumulativos: (a) prestar serviço público; (b) não exercer atividade econômica; (c) não estar na livre concorrência, mas sim em regime monopolista e de exclusividade; (d) não possuir intuito de lucro; (e) os bens destinados à execução serem considerados impenhoráveis (STF, 1ª Turma, RE 627.242 AgR, Rel. Min. Marco Aurélio, Rel. p/ acórdão Min. Roberto Barroso, *DJe* 25.5.2017). Não pode uma empresa que atua no regime de mercado, ou que distribui lucro, deter o privilégio de arcar com as condenações judiciais mediante precatório. Seria uma vantagem desleal que feriria o princípio da livre concorrência, que é uma norma fundamental da ordem econômica brasileira (CF, art. 170, IV).

Não há, enfim, expropriação na execução intentada contra a Fazenda Pública, devendo o pagamento submeter-se à sistemática do precatório[2] (ou da requisição de pequeno valor, como será demonstrado no decorrer do presente capítulo). Por essa razão, parte da doutrina defende não haver, propriamente, uma execução contra a Fazenda Pública, estando a sentença condenatória contra ela proferida despida de força executiva, justamente por não serem penhoráveis os bens públicos.[3] Na verdade, o que há é a falta de medidas expropriatórias contra o Poder Público; a execução contra a Fazenda Pública é especial, sendo estruturada de modo a viabilizar a expedição do precatório ou da RPV.

A execução contra a Fazenda Pública tem seu regime jurídico disciplinado pela Constituição Federal, que estabelece ser necessária a expedição de precatório ou de requisição de pequeno valor. E, para que se possa garantir o pagamento dos créditos inscritos em precatório ou constantes de requisições de pequeno valor, a "União, os Estados, o Distrito Federal e os Municípios aferirão mensalmente, em base anual, o comprometimento de suas respectivas receitas correntes líquidas com o pagamento de precatórios e obrigações de pequeno valor" (CF, art. 100, § 17, incluído pela EC 94/2016).[4]

Outro ponto bastante relevante é o fato de empresas públicas e sociedades de economia mista não dependerem de orçamento público. As razões do pagamento mediante precatório são várias (*v.g.*, impenhorabilidade de bens, princípios da impessoalidade e da isonomia etc.). Uma delas é que os valores são arcados pelo Poder Público. É o Erário que paga as condenações judiciais. O orçamento público possui inúmeras peculiaridades, com rubricas e dotações para destinações específicas, dependendo de aprovação da lei de diretrizes orçamentárias, repasses de verba pública etc. Há um conjunto de regras que impõem antecedências e diretrizes para os gastos públicos. O precatório, nesse contexto, permite que o Poder Público organize com antecedência seu orçamento para incluir o pagamento das condenações judiciais, sem atingir as demais rubricas e dotações que já contam com destinação específica para saúde, educação, segurança etc. O regime de precatórios não é compatível com uma contabilidade tipicamente privada. Para gozar do regime de precatórios, os bens da sociedade devem ser impenhoráveis e inalienáveis. Mais precisamente, o patrimônio deve estar exclusivamente destinado e vinculado ao serviço público prestado pela sociedade de economia mista, em regime de monopólio. Ao julgar o Recurso Extraordinário 892.727/DF, o STF afirmou que não se submetem ao regime de precatório as empresas públicas dotadas de personalidade jurídica de direito privado com patrimônio próprio e autonomia administrativa que exerçam atividade econômica sem monopólio e com finalidade de lucro. O STF entendeu que, conforme sua jurisprudência e a do TST, essas empresas devem se sujeitar ao regime de execução direta. Eis, a propósito, a tese do Tema 253 da Repercussão Geral: "Sociedades de economia mista que desenvolvem atividade econômica em regime concorrencial não se beneficiam do regime de precatórios, previsto no art. 100 da Constituição da República".

Os conselhos de fiscalização profissional não se beneficiam do regime de precatórios para pagamentos de suas dívidas decorrentes de decisão judicial. O STF, apreciando o tema 877 de repercussão geral, fixou a seguinte tese: "Os pagamentos devidos, em razão de pronunciamento judicial, pelos Conselhos de Fiscalização não se submetem ao regime de precatórios". Enfim, segundo decidiu o STF, as execuções propostas em face de conselhos profissionais devem seguir as regras gerais, não se submetendo ao regime dos precatórios.

[2] Não é possível celebrar negócio jurídico processual para afastar a exigência de precatório ou a sua submissão à observância da ordem cronológica de pagamentos prevista no art. 100 da Constituição. Também não é possível a celebração de negócio processual para afastar o pagamento por RPV. Nesse sentido, o enunciado 102 do Fórum Nacional do Poder Público: "É inválido negócio processual para afastar o pagamento das dívidas judiciais por precatório ou requisição de pequeno valor". A invalidade decorre, no caso, da ilicitude do objeto do negócio. Não é lícito afastar a exigência constitucional do pagamento por precatório ou RPV.

[3] FURTADO, Paulo. *Execução*. 2. ed. São Paulo: Saraiva, 1991. n. 195, p. 280.

[4] Nos termos do § 18 do art. 100 da CF, incluído pela EC 94/2016: "Entende-se como receita corrente líquida, para os fins de que trata o § 17, o somatório das receitas tributárias, patrimoniais, industriais,

Os bens públicos são revestidos dos atributos da inalienabilidade e impenhorabilidade,[5] motivo pelo qual se revela inoperante, em face da Fazenda Pública, a regra de responsabilidade patrimonial prevista no art. 789 do CPC.

Desse modo, a execução por quantia certa contra a Fazenda Pública está estruturada de modo especial, não havendo penhora nem apropriação ou expropriação de bens para alienação judicial, a fim de satisfazer o crédito executado.

Enfim, a execução contra a Fazenda Pública rege-se por regras próprias, que serão examinadas no presente capítulo.

A execução contra a Fazenda Pública pode fundar-se em título judicial ou em título extrajudicial. Quando o título for judicial, há cumprimento de sentença contra a Fazenda Pública (arts. 534 e 535). Sendo extrajudicial, propõe-se a execução disciplinada no art. 910 do CPC. Tanto numa como noutra, é necessário observar o regime de precatórios ou de requisição de pequeno valor – RPV –, previsto no art. 100 da Constituição Federal.

12.1.1 Cumprimento de sentença contra a Fazenda Pública

O cumprimento de sentença constitui uma fase do processo. O processo, que é um só, divide-se em duas fases: a de acertamento e a de cumprimento.

Não é, rigorosamente, apropriado falar em *fase* de cumprimento de sentença nos casos de obrigações de fazer, não fazer e dar coisa, pois a decisão esgota a tutela dessas situações jurídicas.

A fase de cumprimento ocorre, única e exclusivamente, para a execução de decisões que reconhecem obrigação de pagar quantia, pois nelas não se tutela satisfativamente o direito reconhecido. Nos casos de sentença condenatória de obrigação de pagar, haverá, então, outra fase, que é a do cumprimento de sentença.

O cumprimento de sentença que pretende o pagamento de quantia certa há de ser requerido pelo exequente, a quem cabe apresentar memória de cálculo contendo os elementos relacionados no art. 534 do CPC. Nos casos de obrigação de fazer, não fazer e entregar coisa, não se aplica o art. 534; aplicam-se, isto sim, as regras gerais dos arts. 536 e 538 do CPC.

Não há qualquer peculiaridade no cumprimento de sentença contra a Fazenda Pública quando se tratar de obrigação de fazer, não fazer e entregar coisa. A peculiaridade – com incidência dos arts. 534 e 535 do CPC – apresenta-se apenas quando a obrigação for de pagar quantia certa, atraindo, igualmente, a incidência do art. 100 da Constituição Federal.[6]

---

agropecuárias, de contribuições e de serviços, de transferências correntes e outras receitas correntes, incluindo as oriundas do § 1º do art. 20 da Constituição Federal, verificado no período compreendido pelo segundo mês imediatamente anterior ao de referência e os 11 (onze) meses precedentes, excluídas as duplicidades, e deduzidas: I – na União, as parcelas entregues aos Estados, ao Distrito Federal e aos Municípios por determinação constitucional; II – nos Estados, as parcelas entregues aos Municípios por determinação constitucional; III – na União, nos Estados, no Distrito Federal e nos Municípios, a contribuição dos servidores para custeio de seu sistema de previdência e assistência social e as receitas provenientes da compensação financeira referida no § 9º do art. 201 da Constituição Federal".

[5] É comum haver confusão entre o conceito de inalienabilidade e impenhorabilidade. Embora interligados, o bem impenhorável nem sempre será, por isso mesmo, inalienável. É o que sucede, segundo lembra Lásaro Cândido da Cunha, com o bem de família, que é impenhorável, mas não é inalienável. "Por sua vez, o bem inalienável será sempre impenhorável, salvo se perder essa característica" (CUNHA, Lásaro Cândido da. *Precatório:* execução contra a Fazenda Pública. Belo Horizonte: Del Rey, 1999. p. 38).

[6] A propósito, o STF, apreciando o tema 45 da repercussão geral, por unanimidade, fixou tese nos seguintes termos: "A execução provisória de obrigação de fazer em face da Fazenda Pública não

Diante das particularidades impostas pelo art. 100 da Constituição Federal, o procedimento comum do cumprimento de sentença não se aplica à Fazenda Pública. Esta é executada por meio de um procedimento especial de cumprimento de sentença, regulado nos arts. 534 e 535 do CPC.

Sendo a Fazenda Pública condenada ao pagamento de quantia certa, sua efetivação ou execução faz-se mediante cumprimento de sentença, regulado nos arts. 534 e 535 do CPC. O procedimento comum do cumprimento de sentença não se aplica à Fazenda Pública. A sentença que a condenar pode, contudo, ser ilíquida, devendo, em razão disso, ser objeto de uma liquidação para, somente depois, poder ser executada.

Os tipos de liquidação de sentença – por procedimento comum e por arbitramento – são perfeitamente aplicáveis aos processos que envolvam a Fazenda Pública. As regras – decorrentes dos arts. 509 a 512 do CPC – são *aplicáveis* aos processos de que faça parte a Fazenda Pública, motivo pelo qual a liquidação de sentença proferida contra qualquer pessoa jurídica de direito público segue, igualmente, os ditames daquelas regras.

O art. 512 do CPC permite a liquidação imediata, mesmo na pendência de recurso. Ainda que o recurso ostente efeito suspensivo, é possível iniciar a liquidação da sentença. Tal regra aplica-se aos processos que tenham a Fazenda Pública como ré. A expedição de precatório ou a de requisição de pequeno valor depende, por imposição constitucional, do *prévio trânsito em julgado*. Isso poderia conduzir à conclusão segundo a qual não seria possível a liquidação imediata contra a Fazenda Pública, não se lhe aplicando o art. 512 do CPC. Ocorre, porém, que a exigência constitucional do prévio trânsito em julgado diz respeito à *expedição* do precatório ou da requisição de pequeno valor. Tal exigência *não* impede a liquidação imediata. O trânsito em julgado, não custa repetir, é necessário, apenas, para a expedição do precatório ou da requisição de pequeno valor. É possível, enfim, a liquidação imediata contra a Fazenda Pública.

Embora se trate de um só processo, cada fase tem início por uma demanda própria. Há, para cada fase, uma pretensão à tutela jurisdicional distinta. A exigência de requerimento caracteriza o cumprimento de sentença que reconhecer a obrigação de pagar quantia como uma demanda contida no mesmo processo. Sendo o cumprimento de sentença apenas uma das fases de um mesmo processo, o juiz, de acordo com a regra do impulso oficial (CPC, art. 2º), poderia, em princípio, dar início, de ofício, à fase do cumprimento da sentença. Só que não lhe é possível fazê-lo, justamente porque o cumprimento da sentença (no caso de obrigação pecuniária) instaura-se por demanda proposta pelo exequente.

Tal requerimento do exequente nada mais é do que uma petição inicial simplificada, cujos requisitos – quando ajuizada contra a Fazenda Pública – estão relacionados no art. 534 do CPC.

O cumprimento de sentença contra a Fazenda Pública é regulado pelos arts. 534 e 535 do CPC. Não há, como já visto, penhora nem apropriação ou expropriação de bens para alienação judicial, a fim de satisfazer o crédito executado. Isso porque os bens públicos são inalienáveis

---

atrai o regime constitucional dos precatórios". No mesmo sentido: "Direito constitucional. Agravo interno em recurso extraordinário. Mandado de segurança. Descumprimento de decisão judicial de obrigação de fazer pela Fazenda Pública. Regime de precatório afastado. Precedentes. 1. O caso envolve descumprimento, pela Administração Pública, de obrigação de fazer determinada por decisão judicial transitada em julgada, o que afasta a exigência do regime de precatórios. Nesse sentido: RE 573.872-RG. 2. Inaplicável o art. 85, § 11, do CPC/2015, uma vez que não é cabível condenação em honorários advocatícios (art. 25 da Lei nº 12.016/2009 e Súmula 512/STF). 3. Agravo interno a que se nega provimento, com aplicação da multa prevista no art. 1.021, § 4º, do CPC/2015, em caso de unanimidade da decisão" (STF, 1ª Turma, RE 636.158 AgR, Rel. Min. Roberto Barroso, *DJe* 7.8.2017).

e impenhoráveis. Daí por que a execução é especial, resultando, ao final, na expedição de precatório ou de requisição de pequeno valor.

No cumprimento de sentença, a Fazenda Pública não é intimada para pagar, mas apenas para apresentar impugnação. Não há, por isso mesmo, incidência da multa prevista no § 1º do art. 523. Aliás, é exatamente isto que consta do § 2º do art. 534 do CPC: "a multa prevista no § 1º do art. 523 não se aplica à Fazenda Pública".

Como afirmado no item 6.2.8, não há honorários de advogado, no cumprimento de sentença contra a Fazenda Pública, se esta não apresentar sua impugnação (CPC, art. 85, § 7º). No cumprimento de sentença entre particulares, o executado é intimado para pagar voluntariamente a dívida no prazo de 15 (quinze) dias, sob pena de incidir multa de 10% (dez por cento) e, igualmente, honorários de advogado de 10% (dez por cento). No cumprimento de sentença contra a Fazenda Pública, não é assim.

A Fazenda Pública não é intimada para pagar, justamente porque não lhe é franqueada a possibilidade de pagamento voluntário. Cabe-lhe pagar as condenações que lhe são impostas, de acordo com a ordem cronológica de inscrição dos precatórios. É por isso que não incide, no cumprimento de sentença contra a Fazenda Pública, a multa prevista no § 1º do art. 523 do CPC, não havendo honorários de advogado se não for apresentada impugnação (CPC, art. 85, § 7º). Por essa mesma razão, não é possível à Fazenda Pública valer-se do expediente previsto no art. 526[7] do CPC e, antecipando-se à intimação para pagamento, já efetuá-lo no valor que entende devido.[8] A Fazenda Pública não é intimada, como já afirmado, para pagar, mas para apresentar impugnação. O pagamento voluntário não lhe é franqueado, porque está sujeita à disciplina do precatório, prevista no art. 100 da Constituição, devendo aguardar o momento próprio para pagar, em observância à ordem cronológica. Aliás, o pagamento voluntário, em descumprimento à ordem cronológica, pode acarretar o sequestro do valor, por preterição àquela mesma ordem cronológica (CF, art. 100, § 6º).

No caso de condenação de pequeno valor, não há existência constitucional de observância da ordem cronológica. Logo, a Fazenda Pública pode, nas hipóteses de pequeno valor, efetuar pagamento voluntário. Sendo assim, é possível valer-se do expediente previsto no art. 526 do CPC e, antecipando-se à intimação para pagamento, já efetuá-lo no valor que entende devido. Mas isso, não custa repetir, só é possível nos casos em que a condenação for de pequeno valor.

Ainda no caso de pequeno valor, proposto o cumprimento de sentença, e não havendo impugnação ou rejeitadas as arguições da Fazenda Pública, o pagamento da obrigação será, por ordem do juiz, dirigido à autoridade responsável, realizado no prazo de 2 (dois) meses, contado da entrega da requisição, mediante depósito na agência bancária mais próxima da residência do exequente (CPC, art. 535, § 3º, II). Ao julgar a ADI 5.534, o STF declarou a

---

[7] "Art. 526. É lícito ao réu, antes de ser intimado para o cumprimento da sentença, comparecer em juízo e oferecer em pagamento o valor que entender devido, apresentando memória discriminada do cálculo. § 1º O autor será ouvido no prazo de 5 (cinco) dias, podendo impugnar o valor depositado, sem prejuízo do levantamento do depósito a título de parcela incontroversa. § 2º Concluindo o juiz pela insuficiência do depósito, sobre a diferença incidirão multa de dez por cento e honorários advocatícios, também fixados em dez por cento, seguindo-se a execução com penhora e atos subsequentes. § 3º Se o autor não se opuser, o juiz declarará satisfeita a obrigação e extinguirá o processo".

[8] Concordando com esse entendimento, mas ressalvando os casos de Municípios que pagam, desde logo, seus débitos judiciais: ASSIS, Araken. Manual da execução. 18. ed. São Paulo: RT, 2016, n. 75.1, p. 457. Não se entende – nem se concorda – com a ressalva a Municípios que pagam, desde logo, seus débitos judiciais. Não há qualquer ressalva no texto constitucional, não havendo justificativa de pagamento imediato, em descumprimento às exigências contidas no art. 100 da Constituição Federal.

constitucionalidade do art. 535, § 3º, II, do CPC, considerando válido o prazo de 2 (dois) meses para pagamento, inclusive para Estados, Municípios e suas autarquias e fundações. Por outro lado, ao julgar a ADI 5.492, o STF reconheceu a inconstitucionalidade da expressão "banco oficial" e deu ao dispositivo interpretação conforme a Constituição, para que se entenda que a "agência" nele referida pode ser de instituição financeira pública ou privada.[9]

Proposta uma demanda contra a Fazenda Pública por mais de um autor, cada um deve apresentar seu próprio requerimento de cumprimento de sentença, com seu correspondente demonstrativo de cálculo. Em caso de litisconsórcio ativo, será considerado o valor devido a cada um deles, expedindo-se *cada* requisição de pagamento para *cada* um dos litisconsortes.[10] Pode ocorrer, porém, de serem expedidos, simultaneamente, requisições de pequeno valor e requisições mediante precatório. Se houver uma grande quantidade de litisconsortes que comprometa o cumprimento da sentença ou dificulte a defesa da Fazenda Pública na impugnação a ser apresentada, o juiz pode limitar a presença dos litisconsortes, aplicando-se o disposto nos §§ 1º e 2º do art. 113 do CPC.[11]

Requerido o cumprimento da sentença, a Fazenda Pública será intimada (e não citada) para apresentar, em trinta dias, sua impugnação. A intimação é pessoal (CPC, art. 183), feita ao advogado público que já acompanhava o processo ou a qualquer outro que o substitua, podendo realizar-se por carga, remessa ou meio eletrônico (CPC, art. 183, § 1º).

Não apresentada impugnação ou transitada em julgado a decisão que a inadmitir ou rejeitar, deverá ser expedido precatório, seguindo-se com a observância das normas contidas no art. 100 da Constituição Federal, ou seja, o juiz determina a expedição de precatório ao Presidente do respectivo tribunal para que reste consignado à sua ordem o valor do crédito, com requisição às autoridades administrativas para que façam incluir no orçamento geral, a fim de proceder ao pagamento no exercício financeiro subsequente.

Determinada a expedição do precatório pelo juiz, deverá o cartório judicial providenciar sua autuação com cópia das principais peças dos autos originários, entre elas a certidão de trânsito em julgado (requisito relevante diante do § 5º do art. 100 da CF) e a referência à natureza do crédito, se alimentício ou não. Estando instruído e assinado pelo juiz, o precatório deverá ser encaminhado ao Presidente do respectivo tribunal, sendo ali registrado, autuado e distribuído. O Presidente do tribunal deverá inscrever o precatório e comunicar ao órgão competente para efetuar a ordem de despesa, a fim de que a Administração Pública passe a adotar as medidas necessárias e suficientes à abertura do crédito que irá liquidar a dívida mediante depósito bancário feito à disposição da presidência do tribunal.

Até 2021, o precatório havia de ser inscrito até o dia 1º de julho para que fosse o correspondente montante inserido no próprio orçamento que ainda seria aprovado, fazendo-se o pagamento até o final do exercício seguinte, quando o crédito tinha o seu valor corrigido monetariamente. Assim, sendo, por exemplo, o precatório inscrito até 1º de julho de 2020, deve o correlato valor ser pago até o dia 31 de dezembro de 2021. Caso o precatório somente fosse

---

[9] STF, Pleno, ADI 5.492, Rel. Min. Dias Toffoli, *DJe* 9.8.2023.

[10] STF, 2ª Turma, AC-Ag 653/SP, Rel. Min. Joaquim Barbosa, *DJ* 12.5.2006, p. 17; STF, 1ª Turma, RE 634.707, Rel. Min. Marco Aurélio, *DJe* 4.5.2012. Nesse sentido, o Tema 148 da Repercussão Geral do STF: "A interpretação do § 4º do art. 100, alterado e hoje § 8º do art. 100 da Constituição da República, permite o pagamento dos débitos em execução nos casos de litisconsórcio facultativo".

[11] Enunciado 386 do Fórum Permanente de Processualistas Civis: "A limitação do litisconsórcio facultativo multitudinário acarreta o desmembramento do processo". Enunciado 387 do Fórum Permanente de Processualistas Civis: "A limitação do litisconsórcio multitudinário não é causa de extinção do processo".

inscrito após o dia 1º de julho de 2020, haveria a perda de um exercício financeiro, devendo ser incluído no orçamento seguinte para ser pago até o dia 31 de dezembro de 2022 (CF, art. 100, § 5º, na redação anterior à EC 114/2021).

A partir de 2022, os precatórios devem ser inscritos até o dia 2 de abril, para que o crédito seja pago, com seu valor corrigido monetariamente, até o final do exercício seguinte. Assim, inscrito o precatório até 2 de abril de 2022, deverá ser pago até 31 de dezembro de 2023. Isso porque o § 5º do art. 100 da Constituição teve sua redação alterada pela Emenda Constitucional 114/2021. O marco temporal, previsto no § 5º do art. 100 da Constituição, foi alterado de 1º de julho para 2 de abril, mas tal mudança, nos termos do art. 8º da Emenda Constitucional 114/2021, só entra em vigor a partir de 2022. E nem poderia ser diferente, pois a mudança operada não poderia alcançar os precatórios já inscritos até então.

Até 2021, os precatórios deveriam ser inscritos até 1º de julho, para pagamento até o final do exercício seguinte. A partir de 2022, o prazo de inscrição passou a ser o dia 2 de abril de cada ano. Ao julgar a ADI 7.064, o STF afirmou a constitucionalidade da mudança, por considerá-la proporcional e razoável, tornando mais realista a perspectiva de equacionamento da dívida que constará na lei orçamentária.

Se, porém, houver precatório com valor alto, que supere 15% (quinze por cento) do montante dos demais precatórios apresentados até 1º de julho de 2020, ainda no exemplo imaginado, o montante correspondente a 15% (quinze por cento) do crédito inscrito em tal precatório será pago até 31 de dezembro de 2021, devendo o restante ser pago em parcelas iguais nos 5 (cinco) próximos exercícios seguintes, ou seja, até 31 de dezembro de 2022, de 2023, de 2024, de 2025 e de 2026, acrescidas de juros de mora e correção monetária (CF, art. 100, § 20, incluído pela EC 94/2016).

O credor *pode*, alternativamente, optar por realizar acordo com a Fazenda Pública perante Juízos Auxiliares de Conciliação de Precatórios, com redução máxima de 40% (quarenta por cento) do valor do crédito atualizado, desde que não haja qualquer recurso ou defesa judicial pendente, respeitados os requisitos definidos na regulamentação editada pelo respectivo ente federado (CF, art. 100, § 20, incluído pela EC 94/2016).

Nos termos da Lei 14.057, de 2020, as propostas de acordo direto para pagamento de precatório serão apresentadas pelo credor ou pela entidade devedora perante o Juízo Auxiliar de Conciliação de Precatórios vinculado ao Presidente do Tribunal que proferiu a decisão exequenda. Tais propostas podem ser apresentadas até o pagamento integral do valor do precatório e não suspendem o pagamento de suas parcelas. Não se permite, na proposta, afastar a atualização monetária ou os juros previstos no § 12 do art. 100 da Constituição.[12] Recebida a proposta de acordo direto, o Juiz Auxiliar de Conciliação de Precatórios determinará a intimação do credor ou da entidade devedora para aceitar ou recusar a proposta ou apresentar-lhe contraproposta, observado o limite máximo de desconto de 40% do valor do crédito atualizado.

Aceita a proposta de acordo, o Juízo Auxiliar de Conciliação de Precatórios homologará o acordo e dará conhecimento dele ao Presidente do Tribunal para que sejam adotadas as medidas cabíveis.

---

[12] Ao julgar as ADIs 4.357 e 4.425, o STF proclamou a inconstitucionalidade desse § 12, por entender que tal índice não é suficiente para recompor as perdas inflacionárias. Os índices aplicáveis estão definidos no Tema 810 da Repercussão Geral do STF e no Tema 905 dos repetitivos do STJ. A partir 9 de dezembro de 2021, as condenações judiciais impostas à Fazenda Pública devem ser atualizadas pela Selic, em virtude do disposto no art. 3º da EC 113/2021.

O acordo terminativo de litígio de que tratam o art. 1º da Lei 9.469, de 1997, e o § 12 do art. 19 da Lei 10.522, de 2002, pode ser proposto pela entidade pública ou pelo titular do crédito e pode abranger condições diferenciadas de deságio e de parcelamento para o pagamento do crédito. O parcelamento não pode, porém, ser superior a 8 (oito) parcelas anuais e sucessivas, se houver título executivo judicial transitado em julgado ou a 12 (doze) parcelas anuais e sucessivas, se não houver título judicial transitado em julgado. Recebida a proposta, o juízo competente para o processamento da ação intimará o credor ou a entidade pública, conforme o caso, para aceitar ou recusar a proposta ou apresentar-lhe contraproposta.

Aceito o valor proposto, esse montante será consolidado como principal e parcelado em tantas quantas forem as parcelas avençadas, observado o disposto nos §§ 5º e 12 do art. 100 da Constituição quanto à atualização monetária e aos juros de mora.[13]

Embora a Lei 14.057, de 2020, preveja a apresentação de uma proposta formal, com intimação para aceitação ou não ou para envio de contraproposta, é possível – e até recomendável – que se instaure sessão de conciliação ou de mediação para que sejam intensificadas as tratativas destinadas à obtenção de um bom acordo para todos os envolvidos.

12.1.1.1 Requerimento de cumprimento de sentença contra a Fazenda Pública

Se a sentença for líquida, ou se o valor da obrigação já estiver fixado em liquidação, o cumprimento de sentença faz-se a requerimento do exequente (CPC, art. 523). O cumprimento de sentença contra a Fazenda Pública também tem início por requerimento do exequente (CPC, art. 534).

Com efeito, o cumprimento da sentença que reconhece o dever de pagar quantia faz-se por requerimento do exequente. Tanto no cumprimento provisório quanto no definitivo, é necessário o requerimento do exequente (CPC, art. 513, § 1º). Não se exige o requerimento do exequente para o cumprimento das obrigações de fazer, não fazer (CPC, art. 536) e entregar coisa (CPC, art. 538). Embora se trate de um só processo, cada fase tem início por uma demanda própria. Há, para cada fase, uma pretensão à tutela jurisdicional distinta. A exigência de requerimento caracteriza o cumprimento de sentença que reconhecer a obrigação de pagar quantia certa como uma demanda contida no mesmo processo. Sendo o cumprimento de sentença apenas uma das fases de um mesmo processo, o juiz, de acordo com a regra do impulso oficial (CPC, art. 2º), poderia, em princípio, dar início, de ofício, à fase do cumprimento da sentença. Só que não lhe é possível fazê-lo, justamente porque o cumprimento da sentença (no caso de obrigação pecuniária) instaura-se por demanda proposta pelo exequente.

Tal requerimento do exequente nada mais é do que uma petição inicial simplificada, cujos requisitos – quando ajuizada contra a Fazenda Pública – estão relacionados no art. 534. Assim, no seu requerimento, o exequente apresentará demonstrativo discriminado e atualizado do crédito que contenha o nome completo e o número do seu CPF ou CNPJ, a depender de ser, respectivamente, pessoa natural ou pessoa jurídica. Também deve conter, no demonstrativo apresentado pelo exequente, o índice de correção monetária, os juros aplicados e as respectivas taxas, bem como os seus termos inicial e final e, bem ainda, a especificidade

---

[13] Ao julgar as ADIs 4.357 e 4.425, o STF proclamou a inconstitucionalidade desse § 12, por entender que tal índice não é suficiente para recompor as perdas inflacionárias. Os índices aplicáveis estão definidos no Tema 810 da Repercussão Geral do STF e no Tema 905 dos repetitivos do STJ. A partir 9 de dezembro de 2021, as condenações judiciais impostas à Fazenda Pública devem ser atualizadas pela Selic (EC 113/2021, art. 3º).

dos eventuais descontos obrigatórios realizados. Se for o caso, o demonstrativo também deve conter a periodicidade da capitalização dos juros.

Proposta uma demanda contra a Fazenda Pública por mais de um autor, cada um deve apresentar seu próprio requerimento de cumprimento de sentença, com seu correspondente demonstrativo de cálculo. Em caso de litisconsórcio ativo, será considerado o valor devido a cada um deles, expedindo-se *cada* requisição de pagamento para *cada* um dos litisconsortes[14]. Pode ocorrer, porém, de serem expedidas, simultaneamente, requisições de pequeno valor e requisições mediante precatório. Se houver uma grande quantidade de litisconsortes que comprometa o cumprimento da sentença ou dificulte a defesa da Fazenda Pública na impugnação a ser apresentada, o juiz pode limitar a presença dos litisconsortes, aplicando-se o disposto nos §§ 1º e 2º do art. 113 do CPC.

12.1.1.2 A defesa da Fazenda Pública no cumprimento de sentença: a impugnação

Já se viu que, no cumprimento de sentença contra a Fazenda Pública, esta é intimada para, em 30 (trinta) dias, apresentar impugnação. Quando o título executivo judicial for a sentença penal condenatória, a sentença arbitral, a decisão interlocutória estrangeira após o exequatur ou a sentença estrangeira homologada pelo STJ, a Fazenda Pública será citada, e não intimada, para apresentar sua impugnação (art. 515, § 1º).

No cumprimento de sentença, a Fazenda Pública defende-se por impugnação, e não por embargos. Os embargos constituem o meio de defesa que a Fazenda Pública apresenta na execução fundada em título extrajudicial. A impugnação é uma defesa, não ostentando a natureza de ação ou demanda judicial.

O cumprimento de sentença contra a Fazenda Pública pode ser promovido em litisconsórcio ativo. Nos termos do § 1º do art. 534 do CPC, cada litisconsorte deve requerer seu cumprimento de sentença, apresentando sua correspondente memória de cálculo. Se houver uma grande quantidade de litisconsortes que comprometa o cumprimento da sentença ou dificulte a defesa da Fazenda Pública na impugnação a ser apresentada, o juiz pode limitar a presença dos litisconsortes, aplicando-se o disposto nos §§ 1º e 2º do art. 113 do CPC. A Fazenda Pública pode, antes de impugnar, pedir a limitação ao juiz. Tal pedido interrompe o prazo para impugnação, que será integralmente devolvido à Fazenda Pública a partir da intimação da decisão que acolhê-lo ou rejeitá-lo (CPC, art. 113, § 2º).

A Fazenda Pública é intimada para apresentar impugnação no prazo de 30 (trinta) dias. A intimação da Fazenda Pública é pessoal (CPC, art. 183), podendo ser feita por carga, remessa ou meio eletrônico (CPC, art. 183, § 1º).

Quando a intimação for feita por carga, considera-se dia do começo do prazo o dia da carga (CPC, art. 231, VIII). Sendo a intimação feita por remessa dos autos, a contagem do prazo, segundo entendimento já firmado no âmbito da jurisprudência do STJ, "... inicia-se no dia da remessa dos autos com vista, ou, se as datas não coincidirem, do recebimento destes por servidor do órgão, e não a partir do dia em que o representante ministerial manifesta, por escrito, sua ciência do teor da decisão".[15] Quando a intimação se realizar por meio eletrônico,

---

[14] STF, 2ª Turma, AC-Ag 653/SP, rel. Min. Joaquim Barbosa, *DJ* 12.5.2006, p. 17; STF, 1ª Turma, RE 634.707, rel. Min. Marco Aurélio, *DJe* 4.5.2012.

[15] STJ, 5ª Turma, EDcl no RHC 43.374/PA, Rel. Min. Laurita Vaz, *DJe* 30.4.2014. No mesmo sentido: STJ, 5ª Turma, AgRg no AREsp 636.010/SP, rel. Min. Jorge Mussi, *DJe* 1º.2.2017.

considera-se dia do começo do prazo o dia útil seguinte à consulta ao teor da intimação ou ao término do prazo para que a consulta se dê (CPC, art. 231, V).

O prazo de trinta dias para impugnar é específico, sendo próprio para a Fazenda Pública. Logo, não deve ser contado em dobro (CPC, art. 183, § 2º). O prazo para impugnar é de trinta dias, computando-se apenas, na sua contagem, os dias úteis (CPC, art. 219).[16]

A impugnação apresentada pela Fazenda Pública no cumprimento da sentença é dotada de efeito suspensivo. Nos termos do § 6º do art. 525 do CPC, "A apresentação de impugnação não impede a prática dos atos executivos, inclusive os de expropriação, podendo o juiz, a requerimento do executado e desde que garantido o juízo com penhora, caução ou depósito suficientes, atribuir-lhe efeito suspensivo, se seus fundamentos forem relevantes e se o prosseguimento da execução for manifestamente suscetível de causar ao executado grave dano de difícil ou incerta reparação". Tal dispositivo não se aplica ao cumprimento de sentença proposto contra a Fazenda Pública pelos seguintes motivos: (a) o efeito suspensivo depende de penhora, depósito ou caução. A Fazenda Pública não se sujeita a penhora, depósito nem caução, não precisando garantir o juízo; (b) a expedição de precatório ou requisição de pequeno valor depende do prévio trânsito em julgado (CF/1988, art. 100, §§ 3º e 5º), de sorte que somente pode ser determinado o pagamento se não houver mais qualquer discussão quanto ao valor executado.

Em outras palavras, o precatório ou a RPV somente se expede depois de não haver mais qualquer discussão quanto ao valor executado, valendo dizer que tal expedição depende do trânsito em julgado da decisão que julgar a impugnação.[17] Por essa razão, a impugnação apresentada pela Fazenda Pública deve, forçosamente, ser recebida no efeito suspensivo, pois, enquanto não se tornar incontroverso ou definitivo o valor cobrado, não há como expedir o precatório ou a RPV.[18]

O trânsito em julgado a que se referem os §§ 3º e 5º do art. 100 da Constituição Federal é o da sentença que julgar a impugnação ao cumprimento da sentença ou os embargos à execução fundada em título extrajudicial. E isso porque o valor a ser incluído no orçamento deve ser definitivo, não pendendo qualquer discussão a seu respeito. Observe-se que toda lei orçamentária que é aprovada estabelece, em um de seus dispositivos, que somente incluirá dotações para o pagamento de precatórios cujos processos contenham certidão de trânsito em julgado da decisão exequenda e, igualmente, certidão de trânsito em julgado dos embargos à execução ou, em seu lugar, certidão de que não tenham sido opostos embargos ou qualquer

---

[16] "(...) a intimação para o cumprimento de sentença, independentemente de quem seja o destinatário, tem como finalidade a prática de um ato processual, pois, além de estar previsto na própria legislação processual (CPC), também traz consequências para o processo, caso não seja adimplido o débito no prazo legal, tais como a incidência de multa, fixação de honorários advocatícios, possibilidade de penhora de bens e valores, início do prazo para impugnação ao cumprimento de sentença, dentre outras. E, sendo um ato processual, o respectivo prazo, por decorrência lógica, terá a mesma natureza jurídica, o que faz incidir a norma do art. 219 do CPC/2015, que determina a contagem em dias úteis." (STJ, 3ª Turma, REsp 1.708.348/RJ, rel. Min. Marco Aurélio Bellizze, *DJe* 1º.8.2019). *No mesmo sentido:* STJ, 2ª Turma, REsp 1.778.885/DF, rel. Min. Og Fernandes, *DJe* 21.6.2021.

[17] Nesse sentido, o enunciado 532 do Fórum Permanente de Processualistas Civis: "A expedição do precatório ou da RPV depende do trânsito em julgado da decisão que rejeita as arguições da Fazenda Pública executada".

[18] Nesse sentido, o enunciado 120 do Fórum Nacional do Poder Público: "A impugnação ao cumprimento de sentença contra a Fazenda Pública tem efeito suspensivo automático em relação à matéria impugnada, devido à exigência constitucional de prévio trânsito em julgado para expedição de precatório ou de RPV".

impugnação aos respectivos cálculos. Ora, se o precatório somente pode ser expedido quando já definitivo o valor, não havendo mais discussão a seu respeito – o que se pode comprovar por certidão de trânsito em julgado dos embargos à execução ou da impugnação ao cumprimento da sentença –, é evidente que a impugnação deve, necessariamente, ser recebida com efeito suspensivo. A simples apresentação da impugnação acarreta a suspensão do cumprimento da sentença.

Quando a impugnação for parcial, a parte não questionada, nos termos do § 4º do art. 535 do CPC, será, desde logo, objeto de cumprimento, expedindo-se o precatório ou a RPV. Isso porque a parte questionada acarreta a suspensão imediata do cumprimento da sentença.[19] Nesse caso, não incide a vedação do § 8º do art. 100 da CF, pois não se trata de intenção do exequente de repartir o valor para receber uma parte por RPV e outra, por precatório.

A propósito, o STF, ao julgar o tema 28 da repercussão geral, fixou a seguinte tese: "Surge constitucional expedição de precatório ou requisição de pequeno valor para pagamento da parte incontroversa e autônoma do pronunciamento judicial transitada em julgada observada a importância total executada para efeitos de dimensionamento como obrigação de pequeno valor". Esse tema foi afetado no Recurso Extraordinário 1.205.530, em cujo julgamento do STF assim se afirmou: "Possível é a execução parcial do título judicial no que revela parte autônoma transitada em julgado na via da recorribilidade".[20]

Ao julgar a ADI 5.534, o STF confirmou esse entendimento e conferiu interpretação conforme à Constituição ao § 4º do art. 535 do CPC, para estabelecer que a execução da parte incontroversa deve observar o valor total da condenação, conforme definido no julgamento do tema 28 da repercussão geral. Assim, promovido, por exemplo, cumprimento de sentença contra a União no valor equivalente a 100 salários mínimos, e vindo a União a reconhecer que são devidos apenas 50 salários mínimos, a execução pode prosseguir por essa parcela incontroversa, mas deverá, no caso, ser expedido precatório, e não RPV. Embora a parte incontroversa seja de pequeno valor, a autorizar a expedição de RPV, o valor global da execução é de 100 salários mínimos, devendo ser expedido precatório, em vez de RPV.

Apresentada a impugnação, o juiz poderá rejeitá-la liminarmente, quando intempestiva ou quando verse sobre matéria não prevista no art. 535 do CPC, caso em que deve ser considerada manifestamente protelatória. Não há previsão para essa rejeição liminar, mas constitui uma decorrência lógica da previsão de prazo para seu ajuizamento e, igualmente, da regra inscrita no aludido art. 535. Ora, se há um prazo para ajuizamento da impugnação, é óbvio que deve ser rejeitada quando sua apresentação for intempestiva.[21] De igual modo, se a impugnação somente pode versar sobre determinadas matérias (CPC, art. 535), revela-se incabível quando não tratar de qualquer uma delas, impondo-se sua rejeição liminar.

Também pode haver rejeição liminar quando o executado alegar excesso de execução, mas não declarar, em sua impugnação, o valor que entende correto. Essa hipótese de rejeição liminar está expressamente prevista no § 2º do art. 535 do CPC. Embora a ausência de indicação do valor que a Fazenda Pública entenda como devido acarrete a rejeição liminar da

---

[19] Nesse sentido, o enunciado 56 do Fórum Nacional do Poder Público: "A expedição de requisitório do valor controvertido fica condicionada ao trânsito em julgado da decisão dos embargos à execução ou da impugnação ao cumprimento de sentença opostos pela Fazenda Pública".
[20] STF, Pleno, RE 1.205.530, Rel. Min. Marco Aurélio, *DJe* 1º.7.2020.
[21] STJ, 4ª Turma, AgInt no AREsp 216.583/SP, Rel. Min. Marco Buzzi, *DJe* 10.5.2018.

impugnação, o juiz deve determinar a remessa dos autos ao contador para averiguação dos cálculos, quando verificar a possibilidade de existência de excesso de execução.[22]

Não sendo caso de rejeição liminar da impugnação, o juiz irá recebê-la. Em seguida, deverá determinar a intimação do exequente para sobre ela manifestar-se. Não há previsão legal quanto ao prazo do exequente para manifestação sobre a impugnação. Daí por que o exequente deve manifestar-se no prazo que lhe for assinado pelo juiz, levando em conta a maior ou menor complexidade da causa (CPC, art. 218, § 1º). Não assinado o prazo pelo juiz, será de cinco dias (CPC, art. 218, § 3º). Diante do silêncio da lei, deve o juiz fixar o prazo para que o exequente se manifeste sobre a impugnação; deixando de fazê-lo, o prazo será de cinco dias.

Mesmo intimado, é possível que o exequente não se pronuncie sobre a impugnação. A ausência de manifestação do exequente não implica qualquer presunção de veracidade quanto ao afirmado pelo executado. A sentença que se executa é título executivo, gozando de presunção de certeza, liquidez e exigibilidade, estando, ademais, acobertada pela preclusão e, tratando-se de execução definitiva, pela coisa julgada. Ao executado incumbe o ônus da prova das alegações que fizer, não se operando a presunção de veracidade dos fatos alegados, em razão de simples inércia do exequente, ao deixar de se pronunciar sobre a impugnação.

Após a manifestação do exequente, poderá o juiz determinar a produção de provas adicionais e designar audiência de instrução e julgamento. Não havendo necessidade de outras provas, o juiz poderá, diversamente, já decidir a impugnação.

A impugnação, como já se afirmou, pode ser rejeitada liminarmente pelo juiz. Da decisão que a rejeitar, desde logo, cabe agravo de instrumento. A lista taxativa de decisões agraváveis, prevista no art. 1.015 do CPC, não se aplica à fase de cumprimento de sentença. No cumprimento de sentença, todas as decisões interlocutórias são agraváveis, nos termos do parágrafo único do art. 1.015 do CPC.

Se processada e, ao final, rejeitada a impugnação, também cabe agravo de instrumento. A rejeição da impugnação faz-se por decisão interlocutória, sendo admissível agravo de instrumento.[23] Diversamente, se acolhida a impugnação para extinguir a execução, terminada essa fase do processo, aí cabe apelação.

Caso, porém, a impugnação seja acolhida apenas para diminuir o valor da execução ou suprimir alguma parcela cobrada, não será caso de extinção da execução. Nessa hipótese, o

---

[22] STJ, 2ª Turma, REsp 1.887.589/GO, Rel. Min. Og Fernandes, *DJe* 14.4.2021.

[23] Segundo o STJ, da decisão do juiz determinar a expedição de precatório ou de RPV, cabe apelação, e não agravo de instrumento. Nesse sentido: "*A jurisprudência do Superior Tribunal de Justiça orienta-se no sentido de que o recurso cabível contra a decisão que homologa cálculo, na fase de cumprimento de sentença, e determina a expedição de precatório ou RPV desafia apelação. Nesse sentido: AgInt no REsp n. 1.991.052/MG, relator Ministro Sérgio Kukina, Primeira Turma, julgado em 6/3/2023, DJe de 9/3/2023; REsp n. 1.902.533/PA, relator Ministro Og Fernandes, Segunda Turma, julgado em 18/5/2021, DJe de 24/5/2021; REsp n. 1.855.034/PA, relator Ministro Herman Benjamin, Segunda Turma, julgado em 3/3/2020, DJe de 18/5/2020*" (STJ, 2ª Turma, AgInt no REsp 2.089.713/MA, Rel. Min. Francisco Falcão, *DJEN* 9.12.2024). Para o STJ, a decisão que homologa os cálculos e determina a expedição do precatório ou da RPV extingue a execução, sendo passível de apelação, e não de agravo de instrumento; o caso, para o STJ, é de erro grosseiro, inviabilizado a aplicação da fungibilidade recursal. Nesse sentido: "*1. O recurso cabível contra decisão que homologa os cálculos apresentados e determina a expedição de precatório ou RPV, declarando extinta a execução, é o de apelação. Precedentes. 2. Constatada a ocorrência de erro grosseiro, tendo vista a interposição de agravo de instrumento, inviável a aplicação do princípio da fungibilidade recursal*" (STJ, 2ª Turma, AgInt no REsp 2.120.344/PI, Rel. Min. Maria Thereza de Assis Moura, *DJe* 18.11.2024).

cumprimento da sentença deve prosseguir, com um valor menor. Cabível, então, agravo de instrumento, e não apelação.

Julgado o agravo de instrumento ou a apelação, caberão recurso especial e extraordinário, desde que presentes seus requisitos específicos. De todas as decisões cabem, desde que haja omissão, obscuridade, contradição ou erro material, embargos de declaração.

12.1.1.2.1 Conteúdo da impugnação apresentada pela Fazenda Pública

12.1.1.2.1.1 Observação inicial

A Fazenda Pública, no cumprimento da sentença, somente pode alegar as matérias relacionadas no art. 535 do CPC. A Fazenda, em sua impugnação, apenas pode tratar de vícios, defeitos ou questões da própria execução e, ainda, suscitar causas impeditivas, modificativas ou extintivas da obrigação, desde que supervenientes à sentença. É *taxativo* o elenco de matérias previstas no art. 535 do CPC, não podendo o executado alegar, em sua impugnação, qualquer outro tema.

Ressalvadas a falta ou nulidade de citação, se o processo correu à revelia (CPC, art. 535, I), e a chamada *coisa julgada inconstitucional* (CPC, art. 535, § 5º), à Fazenda Pública não se permite alegar questões anteriores à sentença, restringindo-se a suscitar matéria que diga respeito à própria execução ou que seja superveniente ao trânsito em julgado da sentença. E isso porque as questões anteriores à sentença já foram alcançadas pela preclusão ou pela coisa julgada, não devendo mais ser revistas na execução.

Na execução fundada em título extrajudicial, a Fazenda Pública defende-se por embargos à execução, cujo conteúdo é amplo e irrestrito, não se aplicando a limitação de matérias prevista no art. 535 do CPC. Tratando-se de título extrajudicial, não há razão para restringir o âmbito dos embargos, pois não há preclusão nem coisa julgada relativamente ao título que impeça a alegação de questões pertinentes à obrigação ou à relação jurídica que deu origem ao crédito. Os limites impostos no art. 535 do CPC, não custa repetir, incidem apenas à impugnação ao cumprimento da sentença, não se referindo aos embargos à execução fundada em título executivo extrajudicial. De acordo com o § 2º do art. 910 do CPC, "Nos embargos, a Fazenda Pública poderá alegar qualquer matéria que lhe seria lícito deduzir como defesa no processo de conhecimento".

A Fazenda Pública defende-se, no cumprimento de sentença, por impugnação. As matérias a serem alegadas estão relacionadas no art. 535 do CPC, sendo as mesmas que devem ser alegadas na impugnação ao cumprimento de sentença comum. Com efeito, todas as matérias relacionadas no § 1º do art. 525 do CPC coincidem com as que estão mencionadas no seu art. 535, com exceção da alegação de "penhora incorreta ou avaliação errônea", exatamente porque não há penhora nem avaliação no cumprimento de sentença contra a Fazenda Pública.

Feitas essas observações, cumpre examinar as matérias que podem ser alegadas na impugnação ao cumprimento da sentença contra a Fazenda Pública.

12.1.1.2.1.2 Falta ou nulidade da citação, se o processo correu à revelia

Ao ser proposta a demanda de conhecimento, o processo já existe para o autor, somente sendo produzidos, para o réu, os efeitos mencionados no art. 240 depois que for validamente citado (CPC, art. 312). Antes da citação o processo já existe, havendo relação jurídico-processual (CPC, art. 312). Com a citação, os efeitos da demanda passam a ser igualmente produzidos para o réu (CPC, art. 240). Em razão da citação, o réu se vincula ao processo e a seus efeitos. Ademais, a citação constitui requisito de validade para os atos processuais praticados contra o réu. Logo, a validade da sentença de procedência depende da citação do réu.

Proferida sentença em desfavor da Fazenda Pública, *em processo que correu à sua revelia,* quer porque não fora citada, quer porque o fora de maneira defeituosa, tal sentença está contaminada por *vícios transrescisórios,*[24] e esses defeitos são arguidos na impugnação ao cumprimento da sentença. A impugnação veicula, nesse sentido, uma *querela nullitatis,* ou seja, a Fazenda Pública postula a nulidade da sentença, a fim de que seja reiniciada a fase de conhecimento.

A citação não é pressuposto de existência do processo ou da sentença. Essa observação é importante, pois, para quem pensa em sentido diverso, a *querela nullitatis* equipara-se a uma ação declaratória de inexistência da sentença,[25] e não a uma ação de nulidade.

A citação é condição de eficácia do processo em relação ao réu e, além disso, requisito de validade dos atos processuais que lhe seguirem. Ademais, sentença proferida sem a citação do réu, mas a favor dele, não é inválida nem ineficaz, tendo em vista a total ausência de prejuízo (CPC, arts. 282, § 2º, e 488). O indeferimento da petição inicial, por exemplo, é uma sentença liminar, sem resolução do mérito, favorável ao réu e prevista no art. 330 do CPC. De igual modo, a sentença de mérito proferida com base no art. 332 do CPC é favorável ao réu que não foi nem sequer citado, o que confirma que existe processo e que não há invalidez ou ineficácia, quando o réu sagra-se vitorioso sem ser citado.

Mesmo diante de vícios de tal gravidade, há possibilidade de suprimento do defeito pelo comparecimento do réu ao processo (CPC, art. 239, § 1º). Se a Fazenda Pública, regularmente intimada para cumprir a sentença proferida em processo com tal defeito, comparecer e não o apontar, convalidado estará o vício pela preclusão.[26]

Nessa hipótese do inciso I do art. 535 do CPC, caso realmente se comprove que a citação foi inexistente ou inválida, deverá o juiz acolher a impugnação para anular a sentença, reiniciando toda a fase de conhecimento. Tal acolhimento somente poderá ocorrer se a Fazenda Pública tiver, na fase de conhecimento, sido revel. Se, mesmo ausente ou inválida a citação, a Fazenda apresentou regularmente, na fase de conhecimento, sua contestação, não deve ser acolhida impugnação, por não haver a revelia.

12.1.1.2.1.3 Ilegitimidade de parte

A Fazenda Pública pode, em sua impugnação, alegar a ilegitimidade das partes *na fase de cumprimento de sentença.* Não lhe é permitido alegar a ilegitimidade para a demanda cognitiva. Essa última ilegitimidade há de ser alegada na fase de conhecimento. Operado o trânsito em julgado, tal alegação, que não tiver sido deduzida na fase de conhecimento, é tida como alegada e repelida (CPC, art. 508), não podendo ser suscitada na impugnação.

O que a Fazenda Pública pode invocar, em sua impugnação, é a ilegitimidade para o cumprimento da sentença, não se lhe franqueando a possibilidade de discutir a legitimidade

---

[24] TESHEINER, José Maria. *Pressupostos processuais e nulidades no processo civil.* São Paulo: Saraiva, 2000. p. 283.
[25] WAMBIER, Teresa Arruda Alvim. *Nulidades do processo e da sentença.* 4. ed. São Paulo: RT, 2004, *passim*; TALAMINI, Eduardo. *Coisa julgada e a sua revisão.* São Paulo: RT, 2005. p. 368.
[26] PONTES DE MIRANDA, Francisco Cavalcanti. *Comentários ao Código de Processo Civil.* 2. ed. Rio de Janeiro: Forense, 1974. t. XI, p. 77.

relativa à própria demanda cognitiva, já que se trata de assunto já alcançado pela preclusão e, até mesmo, pela coisa julgada.

Embora o inciso II do art. 525 do CPC esteja normalmente relacionado à legitimidade *ad causam*, também é lícito, com base nele, arguir-se a *ilegitimidade processual* ou, até mesmo, a ausência de capacidade processual, como um defeito de representação processual, desde que esteja relacionado ao cumprimento da sentença.

12.1.1.2.1.4 Inexequibilidade do título ou inexigibilidade da obrigação

A Fazenda Pública pode, em sua impugnação, alegar inexequibilidade do título ou inexigibilidade da obrigação. Haverá inexequibilidade quando a decisão não ostentar a natureza de título executivo judicial ou quando lhe faltarem os atributos da respectiva obrigação (certeza e liquidez). A obrigação é inexigível quando penda alguma condição ou termo que iniba a eficácia do direito reconhecido na sentença. A obrigação consubstanciada no título executivo precisa ser *certa*, *líquida* e *exigível*.

Caberá a impugnação pela Fazenda Pública, com fundamento no inciso III do art. 535 do CPC, se, por exemplo, o exequente valer-se de sentença submetida a recurso com efeito suspensivo ou de sentença rescindida.

Realmente, interposta apelação com efeito suspensivo, a exigibilidade ainda não existe, não podendo ser promovido o cumprimento da sentença. De igual modo, promovido o cumprimento de sentença já rescindida por ação rescisória, será inexequível o título, devendo o executado apresentar impugnação.

12.1.1.2.1.5 Decisão fundada em lei ou ato normativo considerado inconstitucional pelo Supremo Tribunal Federal (CPC, art. 535, § 5º)

Já se viu que a Fazenda Pública pode, na impugnação, alegar inexigibilidade da obrigação reconhecida no título executivo judicial. O § 5º do art. 535 do CPC equipara à hipótese de inexigibilidade da obrigação a hipótese conhecida na doutrina como "coisa julgada inconstitucional".

O dispositivo equivale ao disposto no § 1º do art. 475-L do CPC/1973, que estava assim redigido: "Para efeito do disposto no inciso II do *caput* deste artigo, considera-se também inexigível o título judicial fundado em lei ou ato normativo declarados inconstitucionais pelo Supremo Tribunal Federal, ou fundado em aplicação ou interpretação da lei ou ato normativo tidas pelo Supremo Tribunal Federal como incompatíveis com a Constituição Federal".

Lendo o dispositivo, em cotejo com o texto do § 5º do art. 535 do CPC/2015, observa-se que esse último contém o acréscimo da expressão "em controle de constitucionalidade concentrado ou difuso". Elimina-se, assim, uma discussão acerca do tipo de controle de constitucionalidade que rende ensejo à aplicação da regra.

O § 5º do art. 535 do CPC prevê uma causa de inexigibilidade da obrigação, mutilando a relação jurídica material, pois impede ou encobre o exercício da pretensão, a exemplo do que ocorre com a prescrição.[27] Permite-se ao executado resistir à satisfação do crédito, suscitando a inexigibilidade da obrigação.

---

[27] Sobre o tema, consultar, com proveito, SILVA, Beclaute Oliveira. Coisa julgada baseada em lei inconstitucional: análise sob o prisma da teoria das cargas de eficácia da sentença em Pontes de Miranda. In: COSTA, Eduardo José da Fonseca; MOURÃO, Luiz Eduardo Ribeiro; NOGUEIRA, Pedro Henrique

Não é toda sentença inconstitucional que pode ter seu cumprimento obstado. Segundo Teori Albino Zavascki:

> São apenas três, portanto, os vícios de inconstitucionalidade que permitem a utilização do novo mecanismo: (a) a aplicação de lei inconstitucional; ou (b) a aplicação da lei a situação considerada inconstitucional; ou, ainda, (c) a aplicação da lei com um sentido (= uma interpretação) tido por inconstitucional. Há um elemento comum às três hipóteses: o da *inconstitucionalidade da norma aplicada* pela sentença. O que as diferencia é, apenas, a técnica utilizada para o reconhecimento dessa inconstitucionalidade. No primeiro caso (aplicação de lei inconstitucional) supõe-se a declaração de inconstitucionalidade com redução de texto. No segundo (aplicação da lei em situação tida por inconstitucional), supõe-se a técnica da declaração de inconstitucionalidade parcial sem redução de texto. E no terceiro (aplicação de lei com um sentido inconstitucional), supõe-se a técnica da interpretação conforme a Constituição.[28]

A decisão do STF pode ter sido resultado do controle difuso ou concentrado da constitucionalidade das leis, desde que, em ambos os casos, tenha sido proferida pelo *Plenário*. É importante ressaltar que mesmo as decisões proferidas em controle difuso servem como paradigma para a aplicação do mencionado dispositivo, tendo em vista a eficácia *ultra partes* e *paradigmática* que vem sendo dada pelo STF a tais decisões, em fenômeno que já se designou de "objetivação do controle difuso de constitucionalidade". Para a aplicação do dispositivo é desnecessária a resolução do Senado (CF, art. 52, X), suspendendo a vigência da lei.[29]

A aplicação do dispositivo pressupõe, ainda: *(a)* que a decisão do STF tenha sido anterior à formação do título judicial; *(b)* a lei – cuja inconstitucionalidade já tenha sido proclamada pelo STF – deve ter sido essencial para a procedência do pedido.

Com efeito, a pretensão executiva somente pode ter sua eficácia encoberta se o posicionamento do STF for *anterior* à sua prolação, de modo que ela tenha sido proferida com um *defeito genético:* já surgiu em desconformidade com a orientação do STF. Tanto é assim que o § 7º do art. 535 do CPC dispõe que "[a] decisão do Supremo Tribunal Federal referida no § 5º deve ter sido proferida antes do trânsito em julgado da decisão exequenda".

A regra não se aplica quando a decisão do STF tenha sido proferida posteriormente à formação do título judicial. Proferida a decisão do STF após o trânsito em julgado, e não

---

Pedrosa (coords.). *Teoria quinária da ação:* estudos em homenagem a Pontes de Miranda nos 30 anos do seu falecimento. Salvador: JusPodivm, 2010.

[28] ZAVASCKI, Teori Albino. Inexigibilidade de sentenças inconstitucionais. In: DIDIER JR., Fredie (org.). *Relativização da coisa julgada* – enfoque crítico. 2. ed. Salvador: JusPodivm, 2006. p. 333.

[29] "É indiferente, também, que o precedente tenha sido tomado em controle concentrado ou difuso, ou que, nesse último caso, haja resolução do Senado suspendendo a execução da norma. Também essa distinção não está contemplada no texto normativo, sendo de anotar que, de qualquer sorte, não seria cabível resolução do Senado na declaração de inconstitucionalidade parcial sem redução de texto e na que decorre da interpretação conforme a Constituição. Além de não prevista na lei, a distinção restritiva não é compatível com a evidente intenção do legislador, já referida, de valorizar a autoridade dos precedentes emanados do órgão judiciário guardião da Constituição, que não pode ser hierarquizada em função do procedimento em que se manifesta" (ZAVASCKI, Teori Albino. Inexigibilidade de sentenças inconstitucionais. In: DIDIER JR., Fredie (org.). *Relativização da coisa julgada* – enfoque crítico. 2. ed. Salvador: JusPodivm, 2006. p. 337).

tendo havido modulação de efeitos pela Corte Suprema, a hipótese será de ação rescisória, ajuizada perante o tribunal competente, "cujo prazo será contado do trânsito em julgado da decisão proferida pelo Supremo Tribunal Federal" (CPC, art. 535, § 8º).

A hipótese de cabimento da ação rescisória prevista no § 8º do art. 535 do CPC não se confunde com a prevista no inciso V do art. 966 do mesmo diploma legal. Os pressupostos e a contagem do prazo para exercício do direito à rescisão são diversos.

Se o órgão jurisdicional decide contrariamente a entendimento já firmado pelo STF, será possível ao executado, no posterior cumprimento de sentença, apresentar impugnação para invocar a inexigibilidade do título (CPC, art. 535, § 5º). Nesse caso, a alegação tem por finalidade obstar o cumprimento da sentença, encobrindo a pretensão executiva. A impugnação não visa desfazer ou rescindir a decisão sob cumprimento; destina-se apenas a reconhecer sua ineficácia, sua inexigibilidade, impedindo que se prossiga com o cumprimento da sentença. Para desfazer ou rescindir a decisão, é preciso ajuizar a ação rescisória. Em tal hipótese, a rescisória terá por fundamento o inciso V do art. 966 do CPC, pois terá havido manifesta violação a norma jurídica: o órgão julgador decidiu contrariando a norma construída pelo STF ao interpretar o correspondente texto ou enunciado constitucional.

Enfim, se a desarmonia entre a decisão rescindenda e a orientação do STF for congênita, caberá ação rescisória com fundamento no inciso V do art. 966 do CPC. A obrigação é considerada inexigível, sendo possível, na impugnação ao cumprimento da sentença, alegar essa inexigibilidade (art. 535, §§ 5º e 7º). Só que a impugnação se restringe a obter o reconhecimento da inexigibilidade e a impedir o cumprimento da sentença; não desfaz ou rescinde a decisão nem permite a repetição de valores já pagos em razão da decisão proferida pelo órgão julgador. Se se pretende efetivamente desfazer ou rescindir a coisa julgada, aí será necessário o ajuizamento de ação rescisória, que terá por fundamento o inciso V do art. 966 do CPC.

A distinção é importante. A impugnação apenas reconhece a inexigibilidade e impede o cumprimento da sentença, não tendo o condão de desfazê-la nem de permitir que haja, por exemplo, a repetição do que já foi pago voluntariamente. Se o executado pretende receber o que pagou voluntariamente, terá de ajuizar ação rescisória para desfazer ou rescindir a decisão exequenda e, então, repetir o valor pago.

Se, porém, a desarmonia entre a decisão e o entendimento Supremo Tribunal Federal vier a ocorrer depois da coisa julgada, aí a ação rescisória não terá fundamento no inciso V do art. 966 do CPC. Isso porque, nesse caso, quando fora proferida a decisão, não existia ainda pronunciamento do STF. Logo, não houve *manifesta violação* a norma jurídica. O órgão julgador não contrariou entendimento do Supremo Tribunal Federal, inexistente à época da decisão. Na hipótese de o Supremo Tribunal Federal vir a proferir decisão contrária *após* o trânsito em julgada da decisão rescindenda, a rescisória terá por fundamento o § 8º do art. 535 do CPC. A hipótese é diversa.

Não se confundem, pois, as hipóteses do inciso V do art. 966 com a do § 8º do art. 535, ambos do CPC. Na *primeira* hipótese, a desarmonia entre a decisão rescindenda e o entendimento do STF há de ser congênita ou anterior ao trânsito em julgado. Na *segunda*, há de ser posterior. Ainda na segunda hipótese, não caberá a ação rescisória se o Supremo Tribunal Federal tiver modulado os efeitos de seu julgado em atenção à segurança jurídica. Realmente, se o STF tiver estabelecido no julgamento que seus efeitos são prospectivos, não alcançando situações anteriormente consolidadas, não haverá ação rescisória para desfazer decisões proferidas antes do pronunciamento da Corte Suprema.

A hipótese do inciso V do art. 966 difere, ainda, da do § 8º do seu art. 535 na contagem do prazo. Enquanto a rescisória do inciso V do art. 966 tem seu prazo contado a partir do trânsito em julgado da última decisão proferida no processo, a desse último tem seu prazo contado do trânsito em julgado da decisão proferida pelo Supremo Tribunal Federal.

Em suma, se a desarmonia entre a decisão rescindenda e a orientação do STF for congênita, a obrigação é considerada inexigível, sendo possível, na impugnação ao cumprimento da sentença, alegar essa inexigibilidade (CPC, art. 535, §§ 5º e 7º).

Se, ainda que afastada a lei tida como inconstitucional pelo STF, persistir a conclusão a que chegara o juiz, não faz sentido acolher a pretensão formulada na impugnação. É preciso, em outras palavras, que haja uma relação de *causa e efeito*, de sorte que, afastada a lei que fundamentara a sentença, o desfecho desta seja, inevitavelmente, alterado. Caso, afastada a lei invocada na fundamentação da sentença, esta mantenha sua conclusão, não há de ser acolhida a impugnação. Se, mesmo seguindo a orientação do STF, o juízo tenha condenado a Fazenda Pública ou julgado procedente o pedido do autor, não há razão para aceitar a impugnação. É por isso que, apresentada a impugnação, com fundamento no § 5º do art. 535 do CPC, terá o exequente a oportunidade de demonstrar que, ainda que a decisão observasse o entendimento do STF, o resultado seria o mesmo, tendo havido, de todo modo, a procedência do seu pedido, com a condenação do executado. Noutros termos, se o desatendimento ao entendimento do STF não impuser modificação na sentença, restando apenas por alterar sua fundamentação, não há razão para acolhimento da impugnação.

É relevante observar que a regra já existia, tendo sido inserida no ordenamento jurídico brasileiro desde abril de 2000, por meio de medida provisória, vindo a ser reeditada no CPC/1973 por força das modificações levadas a efeito pela Lei 11.232/2005. As coisas julgadas existentes até 11 de abril de 2000 *não* sofrem qualquer repercussão da regra, sob pena de afronta à garantia da irretroatividade da lei (CF, art. 5º, XXXVI). Aliás, esse é o entendimento do Superior Tribunal de Justiça, consolidado no enunciado 487 de sua súmula de jurisprudência, que, referindo-se a dispositivo do CPC/1973, está assim redigido: "O parágrafo único do art. 741 do CPC não se aplica às sentenças transitadas em julgado em data anterior à da sua vigência".

Em novembro de 2023, o Plenário do STF, analisando a aplicação do art. 535, § 5º, do CPC no âmbito dos Juizados Especiais Federais, consolidou as seguintes teses, firmadas no âmbito do Tema 100 da Repercussão Geral (RE 586.068/PR): "1) é possível aplicar o artigo 741, parágrafo único, do CPC/1973, atual art. 535, § 5º, do CPC/2015, aos feitos submetidos ao procedimento sumaríssimo, desde que o trânsito em julgado da fase de conhecimento seja posterior a 27.8.2001; 2) é admissível a invocação como fundamento da inexigibilidade de ser o título judicial fundado em 'aplicação ou interpretação tida como incompatível com a Constituição' quando houver pronunciamento jurisdicional, contrário ao decidido pelo Plenário do Supremo Tribunal Federal, seja no controle difuso, seja no controle concentrado de constitucionalidade; 3) o art. 59 da Lei 9.099/1995 não impede a desconstituição da coisa julgada quando o título executivo judicial se amparar em contrariedade à interpretação ou sentido da norma conferida pela Suprema Corte, anterior ou posterior ao trânsito em julgado, admitindo, respectivamente, o manejo (i) de impugnação ao cumprimento de sentença ou (ii) de simples petição, a ser apresentada em prazo equivalente ao da ação rescisória".

12.1.1.2.1.6 Excesso de execução ou cumulação indevida de execuções

De acordo com o art. 780 do CPC, "O exequente pode cumular várias execuções, ainda que fundadas em títulos diferentes, quando o executado for o mesmo e desde que para todas elas seja competente o mesmo juízo e idêntico o procedimento".

Como se vê, é possível a cumulação de várias execuções num mesmo processo. Para isso, é preciso, porém, que o juízo seja absolutamente competente para processá-las, devendo todas sujeitar-se ao mesmo procedimento. Se para cada execução corresponder um procedimento próprio, não será possível a cumulação de execuções.

Não se revela possível, porém, a cumulação de demandas executivas, uma delas, em título judicial, e outra, em título extrajudicial. Isso porque os procedimentos executivos possuem peculiaridades próprias que tornam impossível o processamento conjunto. O cumprimento da sentença tramita como fase de um processo já em curso, ao passo que a execução fundada em título extrajudicial deve trilhar o caminho traçado pelo processo autônomo de execução.

Além disso, são diversas as formas dos atos processuais. A Fazenda Pública, no cumprimento da sentença, defende-se pela impugnação, cujo objeto é limitado às matérias previstas no art. 535 do CPC. Já na execução fundada em título extrajudicial, a defesa da Fazenda Pública faz-se por embargos, por meio dos quais se permite a alegação de toda e qualquer matéria (CPC, art. 910, § 2º).

No tocante à cumulação de execuções fundadas em dois ou mais títulos judiciais distintos, a questão a ser enfrentada diz respeito à competência do juízo perante o qual se vai requerer a cumulação. Isso porque um dos requisitos de admissibilidade da cumulação diz respeito à competência do juízo para o processamento de cada uma das execuções cumuladas. A competência para a execução de créditos provenientes de certificação judicial é, em regra, do juízo da sentença (CPC, art. 516, I e II). Desse modo, somente o juízo perante o qual se formou o título é que tem competência para tomar providências executivas.

Pode-se afirmar, diante disso, que a cumulação de execuções fundadas em distintos títulos judiciais somente é possível se os títulos judiciais emanaram de um mesmo órgão jurisdicional, caso em que será sua a competência para executá-los.

Por fim, destaque-se que, mesmo sendo único o título executivo do qual se possa extrair distintos direitos a prestação, isso não quer dizer que será possível cumular, num só procedimento, todas essas demandas executivas. Do mesmo modo que é possível cumular execuções com base em títulos distintos, desde que atendidos os requisitos legais, é possível também que não seja lícito cumular execuções, ainda que seja único o título do qual emanem as pretensões executivas.

É possível, enfim, que, para cada capítulo decisório, o credor deva valer-se de um procedimento executivo próprio, não sendo possível, portanto, haver a cumulação das execuções. Não se permite, por exemplo, cumular o cumprimento de sentença de uma obrigação de fazer com o de uma obrigação de pagar quantia, pois os procedimentos não são idênticos.

Nas situações em que não seja possível cumular as duas execuções, já que cada uma submete-se a procedimento próprio, poderá a Fazenda Pública, se houver tal cumulação, ajuizar impugnação, a fim de que seja extinto o cumprimento da sentença. Em razão do princípio da primazia do julgamento do mérito, deve o juiz, ao acolher a impugnação, em vez de impor a extinção completa da execução, determinar o prosseguimento de apenas uma delas, em razão de a escolha a ser feita pelo exequente. Assim, deve o juiz intimá-lo para que faça sua escolha, optando por uma das execuções cumuladas.

Em sua impugnação, pode o executado alegar *excesso de execução*, que ocorre, de acordo com o § 2º do art. 917 do CPC, nas seguintes hipóteses: (I) quando o credor pleiteia quantia superior à do título; (II) quando recai sobre coisa diversa daquela declarada no título; (III) quando se processa de modo diferente do que foi determinado na sentença; (IV) quando o credor, sem cumprir a prestação que lhe corresponde, exige o adimplemento do devedor; (V) se o credor não provar que a condição se realizou.

Se, em sua impugnação, a Fazenda Pública alegar excesso de execução, deverá demonstrar em que consiste o excesso. Caso não se desincumba desse ônus, sua impugnação será rejeitada liminarmente. Havendo outras alegações além da de excesso de execução, essa última não será apreciada se não houver a demonstração do valor que seria o correto, prosseguindo-se o exame da impugnação nos demais pontos.

O disposto no § 2º do art. 535 do CPC supera o entendimento do STJ, firmado no julgamento REsp 1.387.248/SC, submetido ao regime dos recursos repetitivos. Ali o STJ concluiu que a *exceptio declinatoria quanti* não se aplica à Fazenda Pública. Tal entendimento do STJ, manifestado sob a égide do CPC/1973, não prevalece mais diante do CPC/2015. É que no § 2º do art. 535 está expresso que, "Quando se alegar que o exequente, em excesso de execução, pleiteia quantia superior à resultante do título, cumprirá à executada declarar de imediato o valor que entende correto, sob pena de não conhecimento da arguição".

É preciso, porém, fazer uma advertência: a regra tem aplicação nos casos em que o valor da execução foi liquidado em fase própria ou, unilateralmente, pelo exequente, se isso for possível por simples cálculos aritméticos. Não raramente, porém, acontece a utilização abusiva da memória de cálculo prevista no art. 534 do CPC, em situações em que isso não era possível, pois exigiriam a dilação probatória para a verificação da extensão dos prejuízos. Nesses casos, o executado pode ter a certeza de que o valor é desproposital, mas não pode afirmar de pronto quanto deve, exatamente porque é necessária a produção de provas em audiência, como as provas pericial e testemunhal.

Um exemplo talvez demonstre a importância dessa ponderação. Imagine uma sentença que, em uma demanda indenizatória, condenou a Fazenda Pública a ressarcir os lucros cessantes de uma empresa de transporte de passageiros, pelo fato de ela não ter podido utilizar um de seus ônibus durante determinado período. Na fase de liquidação, seria preciso provar a média de viagens feitas pelo ônibus em mês, bem como a média da ocupação, tendo em vista determinada rota, a lucratividade do negócio e ainda o percentual de beneficiários que têm direito a transporte gratuito (como idosos) etc. Imagine que o credor, unilateralmente, entendendo tratar-se de situação que permite a "liquidação unilateral", calcule o valor da obrigação e promova a execução. A Fazenda Pública poderá discutir o "excesso de execução", mas não terá como apresentar de pronto o valor que entende devido, exatamente porque o cálculo desse montante não prescinde da produção de provas em audiência e, pois, em contraditório. Nesses casos, há falta de liquidez da obrigação, pois o título dependeria de uma liquidação pelo procedimento comum, e não por simples cálculo do credor.

Na verdade, não incide, em casos como esse, a exigência de o executado demonstrar o valor devido ou em que consistiria o excesso. Não há, nessas situações, o ônus de demonstrar o valor que deveria ser executado. É que, rigorosamente, tais casos não constituem hipóteses de excesso de execução, revelando-se como situações de *iliquidez* da obrigação, afastando-se, portanto, o ônus da alegação, por parte do executado, do valor correto. À Fazenda Pública caberá, isto sim, apontar a *iliquidez* da obrigação, indicando a necessidade de uma liquidação pelo procedimento comum ou por arbitramento.

Fora dessas hipóteses que estão, em verdade, a configurar casos de iliquidez, a Fazenda Pública, quando impugnar alegando excesso de execução, deve demonstrar em que consiste o excesso, indicando o valor que entende ser devido. A impugnação será parcial, podendo a execução prosseguir na parte incontroversa, já com a expedição do precatório ou da RPV. Quanto à parte impugnada ou controvertida, a execução ficará suspensa.

12.1.1.2.1.7 Qualquer causa impeditiva, modificativa ou extintiva da obrigação, como pagamento, novação, compensação, transação ou prescrição, desde que superveniente à sentença

A Fazenda Pública, em sua impugnação, pode alegar qualquer fato impeditivo, modificativo ou extintivo da obrigação, seja uma exceção substancial, seja uma objeção substancial. O elenco de matérias constante do inciso VI do art. 535 do CPC é meramente exemplificativo, de sorte que *qualquer* fato *superveniente* que impeça, modifique ou extinga a obrigação pode ser alegado pela Fazenda Pública em sua impugnação.

É preciso, com efeito, que se trate de *fato superveniente ao trânsito em julgado da decisão exequenda*. O inciso VI do art. 535 do CPC alude a fato "superveniente ao trânsito em julgado da sentença". Os fatos supervenientes à sentença podem, ainda no curso da fase de conhecimento, ser alegados (CPC, art. 1.014 c/c o art. 493). Se o fato é *superveniente* à sentença, mas *anterior* ao trânsito em julgado, não poderá ser alegado na impugnação, não estando contido na hipótese do inciso VI do art. 535 do CPC. Isso porque será tido como alegado e repelido (CPC, art. 508).

Assim, a *prescrição*, por exemplo, deve atingir a pretensão executiva, e não a pretensão deduzida na demanda de conhecimento.

A Fazenda Pública pode, em sua impugnação, alegar uma compensação superveniente.[30] Segundo anotado em precedente do Superior Tribunal de Justiça, "É admissível a discussão quanto à compensação de valores restituídos em ajuste anual de imposto de renda com o valor objeto de execução contra a Fazenda Pública fundada em título judicial".[31]

Se a compensação era contemporânea à fase de conhecimento, mas não foi alegada ou foi alegada, e rejeitada, não poderá mais ser alegada na impugnação ao cumprimento de sentença, pois terá havido preclusão ou efeito preclusivo da coisa julgada. A compensação que se pode alegar na impugnação ao cumprimento de sentença é apenas a superveniente, ou seja, a que diga respeito a crédito posterior, constituído após a fase de conhecimento.

Para alegar a compensação, à Fazenda Pública basta cumprir o que dispõe o art. 369 do Código Civil: "A compensação efetua-se entre dívidas líquidas, vencidas e de coisas fungíveis". Convém lembrar, ainda, que crédito prescrito não pode ser utilizado para fim de compensação, tendo em vista a regra do art. 190 do Código Civil, segundo a qual a exceção substancial prescreve concomitantemente com a pretensão a que esteja vinculada.

Impõe-se, ainda, observar ser possível que a Fazenda Pública apresente impugnação, alegando a existência de transação superveniente. A transação pode ser celebrada após a sentença ou, até mesmo, depois do trânsito em julgado. É lícito às partes celebrar transação sobre uma questão já resolvida judicialmente, a não ser que uma delas desconheça a existência do trânsito em julgado (CC, art. 850). Celebrada transação após a sentença, não deve ser proposto

---

[30] STJ, 1ª Seção, EREsp 779.917/DF, Rel. Min. Eliana Calmon, *DJ* 1º.8.2006, p. 364.
[31] STJ, 2ª Turma, EDcl no REsp 910.692/DF, Rel. Min. Mauro Campbell Marques, *DJe* 12.11.2008.

cumprimento da sentença, sob pena de ser ajuizada e acolhida a impugnação (CPC, art. 535, VI). Se a transação for celebrada quando já proferida sentença e ainda pendente apelação perante o tribunal, o procedimento recursal deverá ser extinto em razão da homologação do negócio jurídico pelo tribunal. Se a transação se der após o trânsito em julgado, quando os autos já retornaram ao juízo de primeira instância para o cumprimento da sentença, será deste a competência para homologar a transação no próprio procedimento executivo. Sendo homologada a transação, é a decisão que a homologou que passa a ser o título executivo (CPC, art. 515, II). Pode ter havido, porém, essa transação sem a respectiva homologação judicial. Nesse caso, se for executada a sentença, em sua versão original, a Fazenda Pública poderá ajuizar impugnação, reportando-se à transação e apresentando o seu respectivo instrumento.

12.1.1.2.1.8 Incompetência do juízo da execução, bem como suspeição ou impedimento do juiz

O cumprimento da sentença deve ser instaurado e processado perante o juízo que decidiu a causa em primeiro grau de jurisdição (CPC, art. 516, II), ou, se a causa é de competência originária de tribunal, deve a execução ser proposta no tribunal que proferiu o acórdão exequendo (CPC, art. 516, I).

Na impugnação, a Fazenda Pública pode alegar a incompetência do juízo *da execução*, não lhe sendo possível suscitar a incompetência do juízo quanto à fase de conhecimento, por se tratar de questão alcançada pela coisa julgada, a não ser que se trate de execução provisória. Nesse último caso, poderá a incompetência ser alegada perante o tribunal, e não mais junto ao órgão *a quo*.

Ao juízo prolator da sentença não cabe mais investigar sua competência. É que, proferida a sentença, o juiz não pode mais alterá-la (CPC, art. 494), nem mesmo para reconhecer sua incompetência absoluta. Proferida a sentença, não se afigura possível ao próprio juiz modificá-la ou anulá-la para reconhecer sua incompetência. Cabe à parte alegá-la no âmbito recursal. Operado o trânsito em julgado, haverá coisa julgada, não podendo mais a questão ser revista pelo próprio juízo, nem alegada no cumprimento da sentença ou na impugnação apresentada pelo executado.

Ainda que a sentença tenha sido proferida por juízo absolutamente incompetente, não se permite mais que tal incompetência possa ser discutida após o trânsito em julgado, salvo no âmbito da ação rescisória (CPC, art. 966, II), mas não no cumprimento da sentença ou na impugnação apresentada pelo executado. Logo, não é possível invocar tal vício na impugnação, sendo defeso ao juiz apreciar tal incompetência.

Nos termos do art. 535, V, do CPC, a incompetência do juízo da execução constitui matéria a ser alegada na impugnação. De igual modo, a incompetência do foro é matéria de impugnação. Enfim, tanto a incompetência absoluta como a relativa devem ser apresentadas em impugnação. Não há diferença quanto à forma de suscitação. Logo, deve qualquer incompetência, relativa ou absoluta, ser alegada na própria impugnação.

Já a alegação de impedimento ou suspeição deve ser feita nos termos dos arts. 146 e 148 do CPC, em petição específica dirigida ao juiz do processo, fora do âmbito da impugnação. Arguido o impedimento ou a suspeição, o processo suspende-se (CPC, art. 313, III), até que o juiz acolha ou, não o acolhendo, até que o relator decida por manter ou não a suspensão (CPC, art. 146, § 2º).

Apresentada alegação de impedimento ou de suspeição, suspende-se o processo (CPC, art. 313, III). Nesse caso, suspendem-se, igualmente, os prazos (CPC, art. 221), inclusive aquele destinado ao oferecimento de impugnação.

12.1.2 Execução fundada em título extrajudicial em face da Fazenda Pública

Conforme já se acentuou, a execução contra a Fazenda Pública pode fundar-se em título judicial ou em título extrajudicial. Quando o título for judicial, há cumprimento de sentença contra a Fazenda Pública (CPC, arts. 534 e 535). Sendo extrajudicial, propõe-se a execução disciplinada no art. 910 do CPC. Tanto numa como noutra, é necessário observar o regime de precatórios ou de requisição de pequeno valor – RPV –, previsto no art. 100 da Constituição Federal.

Já houve muita discussão sobre o cabimento de execução fundada em título extrajudicial contra a Fazenda Pública. Tal celeuma está superada. Não há mais dúvida quanto ao cabimento. Aliás, assim expressa o enunciado 279 da Súmula do STJ: "É cabível execução por título extrajudicial contra a Fazenda Pública".

Na execução fundada em título extrajudicial, a Fazenda Pública não é citada para pagar ou expor-se à penhora, mas para, em trinta dias, opor embargos (CPC, art. 910). Não opostos os embargos ou transitada em julgado a decisão que os inadmitir ou rejeitar, deverá ser expedido precatório ou RPV, seguindo-se com a observância das normas contidas no art. 100 da Constituição Federal.

Em caso de litisconsórcio ativo, será considerado o valor devido a cada exequente, expedindo-se *cada* requisição de pagamento para *cada* um dos litisconsortes. Pode ocorrer, porém, de serem expedidas, simultaneamente, requisições de pequeno valor e requisições mediante precatório. Se houver uma grande quantidade de litisconsortes que comprometa a execução ou dificulte a defesa da Fazenda Pública nos embargos a serem apresentados, o juiz pode limitar a presença dos litisconsortes, aplicando-se o disposto nos §§ 1º e 2º do art. 113 do CPC.[32]

Determinada a expedição do precatório pelo juiz, deverá o cartório judicial providenciar sua autuação com cópia das principais peças dos autos originários, entre elas a certidão de trânsito em julgado (requisito relevante diante do § 5º do art. 100 da CF) e a referência à natureza do crédito, se alimentício ou não. Estando instruído e assinado pelo juiz, o precatório deverá ser encaminhado ao Presidente do respectivo tribunal, sendo ali registrado, autuado e distribuído. O Presidente do tribunal deverá inscrever o precatório e comunicar ao órgão competente para efetuar a ordem de despesa, a fim de que a Administração Pública passe a adotar as medidas necessárias e suficientes à abertura do crédito que irá liquidar a dívida mediante depósito bancário feito à disposição da presidência do tribunal.

Até 2021, o precatório havia de ser inscrito até o dia 1º de julho para que fosse o correspondente montante inserido no próprio orçamento que ainda seria aprovado, fazendo-se o pagamento até o final do exercício seguinte, quando o crédito terá o seu valor corrigido monetariamente. A partir de 2022, por força da mudança levada a efeito no § 5º do art. 100 da CF pela Emenda Constitucional 114/2021, o precatório há de ser inscrito até o dia

---

[32] Enunciado 386 do Fórum Permanente de Processualistas Civis: "A limitação do litisconsórcio facultativo multitudinário acarreta o desmembramento do processo". Enunciado 387 do Fórum Permanente de Processualistas Civis: "A limitação do litisconsórcio multitudinário não é causa de extinção do processo".

2 de abril, a fim de que seja o respectivo valor inserido no orçamento e pago até o final do exercício seguinte.

12.1.2.1 A defesa da Fazenda Pública na execução fundada em título extrajudicial: os embargos à execução

A Fazenda Pública, na execução fundada em título extrajudicial, defende-se por meio de embargos à execução. Proposta a execução, ela é citada para opor embargos no prazo de 30 (trinta) dias. A contagem de tal prazo, nos termos do art. 219 do CPC, considera apenas os dias úteis.

Não há limitação cognitiva nos embargos à execução. De acordo com o § 2º do art. 910 do CPC, "Nos embargos, a Fazenda Pública poderá alegar qualquer matéria que lhe seria lícito deduzir como defesa no processo de conhecimento". Enquanto na impugnação ao cumprimento da sentença a Fazenda Pública somente pode alegar as matérias relacionadas no art. 535 do CPC, não há limite relativamente ao conteúdo dos embargos à execução.

Sendo a execução fundada em título extrajudicial, não há limitação cognitiva. A Fazenda Pública pode alegar toda e qualquer matéria. É nos embargos que a Fazenda Pública pode, inclusive, alegar incompetência absoluta ou relativa do juízo da execução, nos termos do art. 917, V. A arguição de impedimento e de suspeição deve observar o disposto nos arts. 146 e 148.

O Superior Tribunal de Justiça, ao julgar o Recurso Especial 1.387.248/SC, submetido ao regime dos recursos repetitivos, confirmou ser indispensável apontar o valor que o executado entende correto, quando alegar excesso de execução. Em tal julgamento, a Fazenda Nacional, atuando como *amicus curiae*, defendeu que a regra não se aplica à Fazenda Pública, suscitando a questão a ser examinada pelo STJ.

Ao enfrentar a questão, o STJ concluiu que a *exceptio declinatoria quanti* não se aplica à Fazenda Pública. Tal entendimento do STJ, manifestado sob a égide do CPC/1973, não prevalece mais diante do CPC/2015. É que o § 3º do seu art. 910 determina a aplicação do disposto nos seus arts. 534 e 535. E, no § 2º do seu art. 535, está expresso que, "Quando se alegar que o exequente, em excesso de execução, pleiteia quantia superior à resultante do título, cumprirá à executada declarar de imediato o valor que entende correto, sob pena de não conhecimento da arguição".

Ainda que assim não fosse, o STJ, na verdade, acolheu alegação da Fazenda Nacional segundo a qual "os credores de títulos executivos judiciais em desfavor da Fazenda Nacional promovem o cumprimento do julgado, indicando o valor que entendem devido, com base em documentos imprescindíveis à feitura dos cálculos que sequer constam dos autos".

O que se percebe é que o STJ generalizou uma situação particular. Quando a Fazenda Pública embargar alegando excesso de execução, deve, sim, indicar o valor que entende correto. A regra é geral, não havendo qualquer particularidade que a afaste da execução contra a Fazenda Pública. Afastá-la é desconsiderar os deveres de cooperação que devem ser cumpridos no processo, além permitir dilações indevidas na execução contra a Fazenda Pública, o que não se revela adequado. A regra tem aplicação nos casos em que o valor da execução foi liquidado em fase própria ou, unilateralmente, pelo credor, se isso for possível por simples cálculos aritméticos.

Em regra, a Fazenda Pública deve submeter-se ao ônus da declinação do valor. Nos casos, entretanto, em que se exige a dilação probatória para a verificação dos valores, a Fazenda Pública pode ter a certeza de que o valor é desproposital, mas não pode afirmar de pronto quanto deve, exatamente porque é necessária a produção de provas em audiência, como as provas pericial e testemunhal. *Nesses* casos (e não em *todos* os casos), não incide a exigência de a Fazenda Pública demonstrar o valor devido ou em que consistiria o excesso. Não há, *nessas* situações (e não em *todas* as situações), o ônus de demonstrar o valor que deveria ser executado. É que, rigorosamente, tais casos não constituem hipóteses de excesso de execução, revelando-se como situações de iliquidez da obrigação, afastando-se, portanto, o ônus da alegação, por parte do executado, do valor correto. Ao executado caberá, isto sim, apontar a iliquidez da obrigação, indicando a necessidade de uma liquidação por artigos ou por arbitramento.

Opostos embargos pela Fazenda Pública, a execução suspende-se. Os embargos da Fazenda contêm efeito suspensivo automático. Nos termos do § 1º do art. 919 do CPC, "o juiz poderá, a requerimento do embargante, atribuir efeito suspensivo aos embargos quando verificados os requisitos para a concessão da tutela antecipada, e desde que a execução já esteja garantida por penhora, depósito ou caução suficientes". Tal dispositivo não se aplica à execução proposta contra a Fazenda Pública pelos seguintes motivos: (a) o efeito suspensivo depende de penhora, depósito ou caução. A Fazenda Pública não se sujeita a penhora, depósito nem caução, não precisando garantir o juízo; (b) a expedição de precatório ou RPV depende do prévio trânsito em julgado (CF, art. 100, §§ 3º e 5º), de sorte que somente pode ser determinado o pagamento se não houver mais qualquer discussão quanto ao valor executado. Por esse motivo, os embargos opostos pela Fazenda Pública devem ser recebidos no efeito suspensivo. Não é por outra razão, aliás, que o § 1º do art. 910 do CPC estabelece que somente será expedido, ou o precatório ou a RPV, se não forem opostos os embargos ou se já houver trânsito em julgado da decisão que os rejeitar. Enquanto não houver trânsito em julgado da decisão, não se expede precatório nem RPV. O dispositivo alinha-se ao § 5º do art. 100 da Constituição Federal, que exige trânsito em julgado. Logo, os embargos têm efeito suspensivo.

Quando os embargos forem parciais, a execução, nos termos do § 3º do art. 919 do CPC, prosseguirá quanto à parte não embargada. Tal regra aplica-se aos embargos opostos pela Fazenda Pública. Nesse caso, a execução deve prosseguir relativamente ao valor equivalente à parte incontroversa, expedindo-se, quanto a essa parte, o precatório. Em tal situação, não há o fracionamento vedado no § 8º do art. 100 da Constituição, pois não se trata de intenção do exequente de repartir o valor para receber uma parte por RPV e outra por precatório.

Os embargos assumem forma de ação de conhecimento, devendo ser deduzidas por petição inicial que atenda aos seus requisitos, entre os quais desponta o valor da causa. O valor da causa nos embargos à execução não deve coincidir, necessariamente, com o valor da execução ou do crédito cobrado; deve corresponder ao proveito econômico a ser auferido. Se os embargos voltam-se contra a totalidade do crédito, uma vez acolhidos, o proveito econômico consiste em deixar de pagar tudo o que está sendo cobrado. Nesse caso, o valor da causa será o mesmo da execução. Caso seja alegado, nos embargos, excesso de execução, o valor da causa deve corresponder à diferença entre o que está sendo exigido e o que foi reconhecido pelo embargante.[33]

Os embargos opostos pela Fazenda Pública podem ser rejeitados liminarmente nas hipóteses previstas no art. 918 do CPC, bem como naquela prevista no § 3º do art. 917 do CPC. Em outras palavras, serão rejeitados liminarmente os embargos quando intempestivos, nos casos de inépcia e de improcedência liminar, quando manifestamente infundados ou protelatórios, ou quando for alegado excesso de execução, sem que seja apontado o valor

---

[33] Nesse sentido: STJ, 4ª Turma, REsp 1.001.725/SP, Rel. Min. Aldir Passarinho Junior, *DJ* 5.5.2008. No mesmo sentido: STJ, 1ª Turma, REsp 584.983/PE, Rel. Min. Luiz Fux, *DJ* 31.5.2004, p. 218.

correto ou demonstrado em que consiste o excesso (não desincumbimento do ônus de opor a *exceptio declinatoria quanti*) – CPC, art. 917, § 4º, I.

O ato do juiz que rejeita liminarmente os embargos, indeferindo, desde logo, a petição inicial, é uma sentença. Logo, é cabível a apelação prevista no art. 331 do CPC, sendo conferido ao juiz o poder de retratar-se.

Recebidos os embargos pela Fazenda Pública, a execução fica suspensa, devendo o juiz determinar a intimação do embargado para se manifestar no prazo de quinze dias (CPC, art. 920, I). Em seguida, o juiz julgará imediatamente o pedido ou designará audiência (CPC, art. 920, II). Encerrada a instrução, ele proferirá sentença (CPC, art. 920, III).

Inadmitidos ou rejeitados os embargos opostos pela Fazenda Pública, a sentença não está sujeita à remessa necessária.[34] Segundo entendimento do STJ, "... A sentença que rejeita ou julga improcedentes os embargos à execução opostos pela Fazenda Pública não está sujeita ao reexame necessário".[35]

Segundo o art. 1.012, § 1º, III, do CPC, a apelação interposta contra a sentença que extinga sem resolução do mérito ou rejeite os embargos não tem efeito suspensivo. Só que a expedição de precatório ou de RPV depende do prévio trânsito em julgado (CF, art. 100, §§ 3º e 5º), de modo que somente pode ser determinado o pagamento se não houver qualquer discussão quanto ao valor executado. Por causa disso, a apelação contra sentença que extingue sem resolução do mérito ou julga improcedentes os embargos à execução contra a Fazenda Pública, mercê das referidas exigências constitucionais, há de ser recebida no duplo efeito. Vale dizer que o art. 1.012, § 1º, III, do CPC não se aplica a execuções por quantia certa contra a Fazenda Pública.

12.1.3 Os créditos de natureza alimentícia

É entendimento assente no Supremo Tribunal Federal que a necessidade de obediência ao procedimento do precatório, tal como definido no art. 100 da Constituição Federal, *aplica-se, inclusive, aos créditos de natureza alimentícia*, devendo, em qualquer hipótese, haver prévia prolação de sentença judicial que condene a Fazenda Pública ao pagamento reclamado.[36]

Assim, todas[37] as execuções judiciais de créditos pecuniários propostas em face da Fazenda Pública – *independentemente da natureza do crédito ou de quem figure como exequente* – devem submeter-se ao procedimento próprio do precatório.

Na verdade, o § 1º do art. 100 da Constituição Federal confirma que os débitos de natureza alimentícia "... serão pagos com preferência sobre todos os demais débitos", ressalvados aqueles de que sejam titulares pessoas idosas ou pessoas com doenças graves. A propósito, assim esclarece o enunciado 144 da Súmula do STJ: "Os créditos de natureza alimentícia gozam de preferência, desvinculados os precatórios da ordem cronológica dos créditos de natureza diversa".

---

[34] Nesse sentido, o enunciado 158 da II Jornada de Direito Processual Civil, do Conselho da Justiça Federal: "A sentença de rejeição dos embargos à execução opostos pela Fazenda Pública não está sujeita à remessa necessária".

[35] STJ, 2ª Turma, REsp 1.107.662/SP, Rel. Min. Mauro Campbell Marques, *DJe* 2.12.2010; STJ, 1ª Turma, AgRg no REsp 1.253.018/BA, Rel. Min. Arnaldo Esteves Lima, *DJe* 16.4.2013; STJ, 2ª Turma, REsp 1.467.426/SP, rel. Min. Og Fernandes, *DJe* 18.3.2015.

[36] STF, 1ª Turma, RE 222.435/RS, Rel. Min. Octavio Gallotti, *DJ* 6.11.1998; STF, 1ª Turma, RE 188.156/SP, Rel. Min. Sepúlveda Pertence, *DJ* 7.5.1999, p. 13; STF, 1ª Turma, RE 188.285/SP, Rel. Min. Celso de Mello, *DJ* 1º.3.1996, p. 5.028.

[37] Ressalvadas, apenas, aquelas consideradas de pequeno valor.

Nesse mesmo sentido, assim estabelece o enunciado 655 da Súmula do STF: "A exceção prevista no art. 100, *caput,* da Constituição, em favor dos créditos de natureza alimentícia, não dispensa a expedição de precatório, limitando-se a isentá-los da observância da ordem cronológica dos precatórios decorrentes de condenações de outra natureza".

Com a promulgação da Constituição Federal de 1988, passou a haver 2 (duas) ordens cronológicas: uma para os créditos de natureza alimentícia e outra para os de natureza não alimentar, devendo aqueles primeiros ser pagos prioritariamente.

Depois da Emenda Constitucional 62/2009, passaram a existir 3 (três) ordens cronológicas. A Emenda Constitucional 94/2016 promoveu algumas mudanças nesse sistema.

Os créditos alimentares deverão ser pagos antes dos créditos não alimentares. Há, então, uma ordem cronológica de créditos alimentares, que são pagos com prioridade. Depois de pagos estes, inicia-se o pagamento dos não alimentares, obedecendo-se a sua ordem cronológica própria.

Antes, porém, dos créditos alimentares, devem ser pagos os também alimentares de que sejam titulares pessoas idosas, pessoas com doenças graves ou com deficiência, até o valor equivalente ao triplo do limite fixado em lei para as requisições de pequeno valor, admitido o fracionamento para essa finalidade, sendo o restante pago na ordem cronológica de apresentação dos precatórios de créditos alimentares (CF, art. 100, § 2º). A prioridade para pessoas idosas e para pessoas com doença grave foi estabelecida pela EC 62/2009, vindo a EC 94/2016 acrescentar as pessoas com deficiências entre os titulares desse direito à prioridade, tal como demonstrado no subitem 12.1.13 *infra.*

Tais atributos pessoais (idade, doença ou deficiência) não deveriam ser transmitidos, por serem personalíssimos, mas o § 2º do art. 100 da Constituição Federal menciona os titulares, originários ou por sucessão hereditária, de créditos inscritos em precatório ou que ostentem pequenos valores. Quer isso dizer que a prioridade estabelecida é mantida em caso de morte do credor; com isso, seus herdeiros passam a desfrutar dessa vantagem.

Há, então, em primeiro lugar, os créditos alimentares de pessoas idosas, pessoas com doenças graves e pessoas com deficiência, até o limite equivalente ao triplo do valor fixado para as requisições de pequeno valor (conferir, a propósito, o subitem 12.1.13 *infra*). Em segundo lugar, devem ser pagos os demais créditos alimentares, restando, por fim, os créditos não alimentares.

Os créditos de natureza alimentar estão definidos no § 1º do art. 100 da Constituição Federal, compreendendo aqueles decorrentes de salários, vencimentos, proventos, pensões e suas complementações, benefícios previdenciários e indenizações por morte ou invalidez, fundados na responsabilidade civil, em virtude de sentença transitada em julgado.[38]

Há quem entenda que a definição do § 1º do art. 100 da Constituição Federal contém um rol meramente exemplificativo, podendo ser ampliado para acrescentar, por exemplo, honorários advocatícios.[39] Há, por outro lado, quem defenda ser o rol taxativo,[40] pois se trata

---

[38] SILVA, Ricardo Perlingeiro Mendes da. *Execução contra a Fazenda Pública.* São Paulo: Malheiros, 1999. p. 130.

[39] VIANA, Juvêncio Vasconcelos. Novas considerações acerca da execução contra a Fazenda Pública. *Revista Dialética de Direito Processual,* São Paulo: Dialética, v. 5, ago. 2003, p. 59. Nesse mesmo sentido: STJ, 2ª Turma, ROMS 12.059/RS, Rel. Min. Laurita Vaz, *DJ* 9.12.2002, p. 317; *RSTJ* 165:189. Também nesse sentido: STJ, 1ª Turma, ROMS 16.890/SC, Rel. Min. José Delgado, *DJ* 21.11.2005, p. 123.

[40] FRANCO, Fernão Borba. *Execução em face da Fazenda Pública.* São Paulo: Juarez de Oliveira, 2002. p. 211. Entendendo ser taxativo o rol, embora reconheça a polêmica da questão, a ponto de sugerir

de definição prevista no próprio texto constitucional para esclarecimento de norma excepcional, ou seja, de norma que excepciona ou ressalva a ordem cronológica dos precatórios, estabelecendo outra nova ordem.

No julgamento do Recurso Extraordinário 470.407/DF, o STF entendeu que a definição contida no § 1º-A do art. 100 da Constituição Federal (que, pela Emenda Constitucional 62/2009, passou a ser o § 1º) não é exaustiva, de sorte que os honorários de advogado ostentam natureza de prestação alimentícia, conforme disposto nos arts. 22 e 23 da Lei 8.906/1994 (que trata do Estatuto da Advocacia e da OAB).[41] Seguindo a orientação firmada pelo STF, o STJ passou a decidir que "Os honorários advocatícios relativos às condenações por sucumbência têm natureza alimentícia".[42] Vale dizer que, no atual entendimento do STJ, os honorários, não só os contratuais, mas também os sucumbenciais, têm natureza alimentar.[43] Em outras palavras, os honorários devem sujeitar-se a precatório, mas hão de ser pagos com prioridade, haja vista sua natureza alimentar.[44] Nesse sentido, é o teor do enunciado 47 da súmula vinculante do STF: "Os honorários advocatícios incluídos na condenação ou destacados do montante principal devido ao credor consubstanciam verba de natureza alimentar cuja satisfação ocorrerá com a expedição de precatório ou requisição de pequeno valor, observada ordem especial restrita aos créditos dessa natureza". A tese, de resto, foi consagrada no § 14 do art. 85 do CPC.

Por serem da titularidade do advogado, os honorários, além da natureza alimentar, constituem vantagem autônoma, sem a característica da acessoriedade. Estão, por isso, desvinculados do crédito principal. Podem, portanto, ser objeto de execução própria. Ainda que o valor principal se sujeite a precatório, o montante dos honorários pode acarretar a expedição de RPV sem que atente contra o § 8º do art. 100 da Constituição Federal.[45] Sendo seu valor maior, podem ser objeto de precatório próprio, desvinculado do precatório do crédito principal.[46] Tratando-se, porém, de honorários contratuais, não pode haver o fracionamento, devendo o valor ser cobrado com o crédito principal, pois aí eles consistem num percentual da condenação ou do valor executado, não sendo autônomos.[47]

Ao fixar a tese no Tema 1142 da Repercussão Geral, o STF reafirmou a autonomia da verba de honorários para estabelecer que, em ação coletiva, os honorários do advogado constituem

---

que se aguarde a posição da jurisprudência: THEODORO JÚNIOR, Humberto. Aspectos processuais do precatório na execução contra a Fazenda Pública. *Revista Dialética de Direito Processual*, São Paulo: Dialética, v. 22, jan. 2005, p. 80-81.

[41] STF, 1ª Turma, RE 470.407/DF, Rel. Min. Marco Aurélio, *DJ* 13.10.2006, p. 51.
[42] STJ, Corte Especial, EREsp 706.331/PR, Rel. Min. Humberto Gomes de Barros, *DJe* 31.3.2008.
[43] STJ, 1ª Seção, EREsp 647.283/SP, Rel. Min. José Delgado, *DJe* 9.6.2008. No mesmo sentido: STJ, 1ª Turma, AgRg no REsp 758.736/PR, Rel. Min. Luiz Fux, *DJe* 17.12.2008.
[44] STJ, 2ª Turma, AgRg no REsp 980.786/PR, Rel. Min. Castro Meira, *DJe* 9.2.2009. No mesmo sentido: STJ, 1ª Seção, EDcl nos EREsp 647.283/SP, Rel. Min. Benedito Gonçalves, *DJe* 23.3.2009. Também no mesmo sentido: STJ, 3ª Turma, REsp 948.492/ES, Rel. Min. Sidnei Beneti, *DJe* 12.12.2011.
[45] STF, Pleno, RE 564.132, Rel. Min. Eros Grau, Rel. p/ acórdão Min. Cármen Lúcia, *DJe* 10.2.2015.
[46] STJ, 1ª Seção, REsp 1.347.736/RS, Rel. Min. Castro Meira, Rel. p/ acórdão Min. Herman Benjamin, *DJe* 15.4.2014.
[47] "Agravo regimental em recurso extraordinário. Administrativo. Honorários advocatícios contratuais. Expedição de RPV ou precatório para pagamento em separado. Impossibilidade. Agravo desprovido. 1. É firme o entendimento desta Corte no sentido da impossibilidade de expedição de requisição de pagamento de honorários contratuais dissociados do principal a ser requisitado. 2. Agravo regimental a que se nega provimento" (STF, 2ª Turma, RE 1.025.776 AgR, Rel. Min. Edson Fachin, *DJe* 1º.8.2017). No mesmo sentido: STF, 2ª Turma, RE 1.035.724 AgR, Rel. Min. Edson Fachin, *DJe* 21.9.2017; STF, 2ª Turma, RE 1.094.439 AgR, Rel. Min. Dias Toffoli, *DJe* 19.3.2018.

parcela única, a ser cobrada de uma só vez, e não vinculada a cada execução individual, o que poderia acarretar diversas RPVs ou vários precatórios. Deve ser uma única requisição, mediante RPV ou precatório, a depender do valor executado. A tese foi assim fixada: "Os honorários advocatícios constituem crédito único e indivisível, de modo que o fracionamento da execução de honorários advocatícios sucumbenciais fixados em ação coletiva contra a Fazenda Pública, proporcionalmente às execuções individuais de cada beneficiário, viola o § 8º do artigo 100 da Constituição Federal".[48]

Mais recentemente, o STJ, ao reafirmar ser exemplificativo o rol do § 1º do art. 100 da Constituição, não considerou o caráter alimentar da indenização devida pelo Poder Público em decorrência de ato ilícito em virtude da demora na concessão da aposentadoria[49].

12.1.4 Regime especial para pagamento de crédito de precatório de Estados, Distrito Federal e Municípios

Os requisitos para pagamento de precatórios estão *todos* previstos na Constituição Federal, não sendo possível que outros sejam estabelecidos pela legislação infraconstitucional. Às normas infraconstitucionais não se permite agregar novos requisitos para além daqueles fixados no texto constitucional.

Sem embargo disso, a Emenda Constitucional 62/2009 acrescentou ao art. 100 da Constituição os §§ 15 e 16, delegando ao legislador infraconstitucional a possibilidade de criar um regime especial para pagamento de precatórios de Estados, do Distrito Federal e de Municípios. Tal possibilidade não alcança os precatórios da União.

O objetivo desse regime especial é viabilizar o pagamento de precatórios que estão vencidos há anos e que não foram ainda pagos por Estados, pelo Distrito Federal e por Municípios. A norma não alcança a União nem os demais entes federais.

Nos termos dos referidos §§ 15 e 16 do art. 100 da Constituição Federal, independentemente das regras contidas no texto constitucional, é possível, por lei complementar, ser estabelecido regime especial para pagamento de crédito de precatórios de Estados, Distrito Federal e Municípios, dispondo sobre vinculações à receita corrente líquida, além da forma e do prazo de liquidação.

A seu critério exclusivo e na forma de lei, a União poderá assumir débitos, oriundos de precatórios, de Estados, do Distrito Federal e de Municípios, refinanciando-os diretamente.

O mencionado regime especial deve ser instituído, como visto, por lei complementar. Enquanto não editada tal lei, aplicam-se as regras contidas no art. 97 do ADCT da Constituição Federal. A Emenda Constitucional 62/2009, além de alterar as normas previstas no art. 100 da Constituição da República, fez incluir, em seu ADCT, um novo dispositivo, qual seja, o art. 97, criando o regime especial de pagamento de precatórios de Estados, do Distrito Federal e de Municípios, enquanto não promulgada e sancionada a referida lei complementar, cabendo aos Estados, ao Distrito Federal e aos Municípios optar pela adoção de tal regime.[50]

A constitucionalidade desse regime especial foi questionada no Supremo Tribunal Federal.

---

[48] STF, Pleno, RE 1.309.081 RG, Rel. Min. Presidente, *DJe* 18.6.2021.
[49] STJ, 1ª Turma, RMS 72.481/BA, Rel. Min. Sérgio Kukina, *DJe* 15.12.2023.
[50] O regime especial somente é aplicável ao ente público que tenha, dentro do prazo previsto no art. 3º da EC 62/2009, feito expressa opção. É necessário, então, que haja expressa escolha feita pelo Poder Público ao regime especial para pagamento de precatórios.

Ao apreciar as Ações Diretas de Inconstitucionalidade 4.357 e 4.425, o STF entendeu serem inconstitucionais o § 15 do art. 100 da Constituição Federal, bem como o art. 97 de seu ADCT, de forma que tais dispositivos foram expurgados do sistema constitucional. Em outras palavras, não há mais o regime especial instituído pelo art. 97 do ADCT da Constituição Federal.

Segundo entendeu o STF, o regime especial de precatórios, tal como instituído pela Emenda Constitucional 62/2009, é inconstitucional por violar a ideia central do Estado Democrático de Direito, infringindo as garantias do livre acesso à justiça, do devido processo legal, da coisa julgada e da duração razoável do processo.

Logo após o julgamento das referidas ações diretas, o Ministro Luiz Fux, na condição de relator, determinou, *ad cautelam,* que os tribunais de todos os Estados e do Distrito Federal deem imediata continuidade aos pagamentos de precatórios, na forma do art. 97 do ADCT, respeitando-se a vinculação de receitas para fins de satisfação da dívida pública, sob pena de sequestro. Em outras palavras, o STF, mesmo tendo reconhecido e proclamado a inconstitucionalidade do regime especial previsto no art. 97 do ADCT, verificou que não poderia impedir ou sobrestar o cumprimento dos pagamentos pendentes, na forma como já estavam sendo realizados. Em novo julgamento, o STF resolveu questão de ordem, com o intuito de:

1) modular os efeitos da decisão para que se dê sobrevida ao regime especial de pagamento de precatórios, instituído pela Emenda Constitucional 62/2009, por 5 (cinco) exercícios financeiros a contar de 1º de janeiro de 2016;

2) conferir eficácia prospectiva à declaração de inconstitucionalidade dos seguintes aspectos da ação direta de inconstitucionalidade, fixando como marco inicial a data de conclusão do julgamento da presente questão de ordem (25.3.2015) e mantendo-se válidos os precatórios expedidos ou pagos até esta data, a saber:

2.1) fica mantida a aplicação do índice oficial de remuneração básica da caderneta de poupança (TR), nos termos da Emenda Constitucional 62/2009, até 25.3.2015, data após a qual (i) os créditos em precatórios deverão ser corrigidos pelo Índice de Preços ao Consumidor Amplo Especial (IPCA-E) e (ii) os precatórios tributários deverão observar os mesmos critérios pelos quais a Fazenda Pública corrige seus créditos tributários; e

2.2) ficam resguardados os precatórios expedidos, no âmbito da Administração Pública Federal, com base nos arts. 27 das Leis 12.919/2013 e 13.080/2015, que fixam o IPCA-E como índice de correção monetária;

3) quanto às formas alternativas de pagamento previstas no regime especial:

3.1) consideram-se válidas as compensações, os leilões e os pagamentos à vista por ordem crescente de crédito previstos na Emenda Constitucional 62/2009, desde que realizados até 25.3.2015, data a partir da qual não será possível a quitação de precatórios por tais modalidades;

3.2) fica mantida a possibilidade de realização de acordos diretos, observada a ordem de preferência dos credores e de acordo com lei própria da entidade devedora, com redução máxima de 40% do valor do crédito atualizado;

4) durante o período fixado no item 1 acima, ficam mantidas a vinculação de percentuais mínimos da receita corrente líquida ao pagamento dos precatórios, bem como as sanções para o caso de não liberação tempestiva dos recursos destinados ao pagamento de precatórios (art. 97, § 10, do ADCT);

5) delegação de competência ao CNJ para que considere a apresentação de proposta normativa que discipline (i) a utilização compulsória de 50% dos recursos da conta de depósitos judiciais tributários para o pagamento de precatórios e (ii) a possibilidade de compensação de precatórios vencidos, próprios ou de terceiros, com o estoque de créditos inscritos em dívida ativa até 25.3.2015, por opção do credor do precatório; e

6) atribuição de competência ao CNJ para que monitore e supervisione o pagamento dos precatórios pelos entes públicos.

O regime especial dos precatórios previsto no EC 62/2009, a inconstitucionalidade parcial proclamada na ADI 4.425 e a modulação de efeitos aplicam-se aos precatórios expedidos anteriormente à sua promulgação. Nesse sentido, a tese do Tema 519 da Repercussão Geral do STF: "O regime especial de precatórios trazido pela Emenda Constitucional nº 62/2009 aplica-se aos precatórios expedidos anteriormente a sua promulgação, observados a declaração de inconstitucionalidade parcial quando do julgamento da ADI nº 4.425 e os efeitos prospectivos do julgado".

O regime especial é, de todo modo, constitucional, como se viu.

Causa espécie, nesse contexto, o disposto no § 16 do art. 100 da Constituição Federal, que estabelece ser possível à União, "*a seu critério exclusivo* e na forma da lei", "assumir débitos, oriundos de precatórios de Estados, do Distrito Federal e de Municípios, refinanciando-os diretamente". Faculta-se, enfim, a federalização da dívida, apenas em virtude de uma *escolha privativa* da União, o que arrosta o princípio constitucional da impessoalidade previsto no art. 37 da Constituição Federal, atentando contra a própria essência do precatório, que consiste em evitar privilégios ou vantagens indevidas para o pagamento de condenações judiciais, fazendo respeitar a ordem cronológica de inscrição dos respectivos créditos.

A norma confere à União a possibilidade de escolher um débito específico para assumir, o que malfere a necessidade de obediência à ordem cronológica dos precatórios, desatendendo ao princípio da impessoalidade. Ora, sabe-se que a impessoalidade inspira a exigência de obediência à ordem cronológica.[51] Escolher qualquer crédito para ser satisfeito desatende, concretamente, à ordem cronológica, não se respeitando, então, o princípio da impessoalidade.

O § 16 do art. 100 da Constituição Federal confere, ainda, à União a faculdade de escolher a dívida de um Estado ou um Município específico, o que também atenta contra o princípio da impessoalidade, além de ofender o princípio da isonomia, por privilegiar credores de entes específicos, não agraciando todos os que aguardam, há tempos, pelo pagamento de seus créditos e que se encontram na mesma situação.

---

[51] Segundo anotado em precedente do STF, "(...) O regime constitucional de execução por quantia certa contra o Poder Público, qualquer que seja a natureza do crédito exequendo (*RTJ* 150/337) – ressalvadas as obrigações definidas em lei como de pequeno valor – impõe a necessária extração de precatório, cujo pagamento deve observar, em obséquio aos princípios ético-jurídicos da moralidade, da impessoalidade e da igualdade, a regra fundamental que outorga preferência apenas a quem dispuser de precedência cronológica (*prior in tempore, potior in jure*). A exigência constitucional pertinente à expedição de precatório – com a consequente obrigação imposta ao Estado de estrita observância da ordem cronológica de apresentação desse instrumento de requisição judicial de pagamento – tem por finalidade (a) assegurar a igualdade entre os credores e proclamar a inafastabilidade do dever estatal de solver os débitos judicialmente reconhecidos em decisão transitada em julgado (*RTJ* 108/463), (b) impedir favorecimentos pessoais indevidos e (c) frustrar tratamentos discriminatórios, evitando injustas perseguições ou preterições motivadas por razões destituídas de legitimidade jurídica" (STF, Pleno, Rcl 2.143 AgR, Rel. Min. Celso de Mello, *DJ* 6.6.2003, p. 30).

A instituição do regime especial para pagamento de precatórios viola, em verdade, o princípio constitucional da moralidade administrativa.[52]

Realmente, em vários dispositivos, há a preocupação constitucional com a moralidade administrativa. A Constituição Federal, em seu art. 37, II, exige o concurso público para o ingresso na função pública. Seu art. 37, XVI, veda a acumulação de cargos, estando, no art. 37, XXI e § 1º, proibida a autopromoção. Ademais, é necessária a demonstração de idoneidade moral ou reputação ilibada para ocupação de cargos de ministro do Tribunal de Contas (CF, art. 73), do Supremo Tribunal Federal (CF, art. 101), do Superior Tribunal de Justiça (CF, art. 104), do Tribunal Superior do Trabalho (CF, art. 111-A), do Tribunal Superior Eleitoral (CF, art. 119), do Tribunal Regional Eleitoral (CF, art. 120) e do Advogado-Geral da União (CF, art. 131, § 1º). O art. 12 exige idoneidade moral para requerer a nacionalidade brasileira, havendo inelegibilidade por violação à moralidade (CF, art. 14, § 9º). Acresce que o texto constitucional prevê a utilização de mecanismos de defesa dos direitos dos cidadãos, por meio da universalização da jurisdição (art. 5º, XXXV), da proibição de utilização de provas ilícitas (art. 5º, LVI), do controle da atividade administrativa pelo mandado de segurança e ação popular, sobretudo contra atos lesivos à moralidade (art. 5º, LXIX e LXXIII), além da possibilidade de anulação de atos de improbidade administrativa, com possibilidade de ressarcimento de danos, cuja pretensão é imprescritível (art. 37, § 4º).

Não bastasse isso, a Constituição Federal instituiu vários mecanismos de controle da atividade administrativa, aí incluído aquele exercido pelos tribunais de contas (art. 70).

Tudo está a demonstrar que o texto constitucional impõe que a conduta administrativa seja impulsionada por uma forte carga ética. Os recursos públicos devem ser aplicados e geridos com seriedade, motivação, objetividade e correção, atendendo ao interesse público.

Significa que ofende a moralidade administrativa não cumprir determinada promessa, bem como frustrar uma expectativa legítima criada pela própria Administração. Se não atende à moralidade administrativa frustrar uma expectativa legítima criada pela própria Administração, ofende, *a fortiori,* o descumprimento de ordem judicial, que reconheceu expressamente um direito a ser atendido pelo Poder Público.[53]

A moralidade administrativa relaciona-se, como se percebe, com a *confiança legítima* que se deve ter em face dos atos públicos.

A instituição do regime especial para pagamento de precatórios é incompatível com a confiança legítima, atentando contra a lealdade e a boa-fé, necessárias à promoção da moralidade administrativa.

Constitui um passo importante para a Ciência do Direito aproximar a confiança da boa-fé. O princípio da confiança tem íntima ligação com o princípio da boa-fé, de forma a

---

[52] Segundo Humberto Ávila, o art. 37 da Constituição Federal põe a moralidade como um dos princípios fundamentais da atividade administrativa, mas o texto constitucional, "longe de conceder uma palavra isolada à moralidade, atribui-lhe grande importância em vários dos seus dispositivos. A sumária sistematização do significado preliminar desses dispositivos demonstra que a Constituição Federal preocupou-se com padrões de conduta de vários modos" (*Teoria dos princípios:* da definição à aplicação dos princípios jurídicos. 9. ed. São Paulo: Malheiros, 2009. n. 2.4.7, p. 94).

[53] Com a palavra, Humberto Ávila observa que "o princípio da moralidade exige condutas sérias, leais, motivadas e esclarecedoras, mesmo que não previstas na lei. Constituem, pois, violação ao princípio da moralidade a conduta adotada sem parâmetros objetivos e baseada na vontade individual do agente e o ato praticado sem a consideração da expectativa criada pela Administração" (*Teoria dos princípios: da definição à aplicação dos princípios jurídicos*. 9. ed. São Paulo: Malheiros, 2009. n. 2.4.7, p. 96).

fixar um conteúdo ético mais acentuado à atuação dos sujeitos de direito. A confiança, que se relaciona mais com a moral, influencia a boa-fé, cuja aplicação opera-se mais para o direito.[54]

Para que se atenda à boa-fé e à confiança, garantindo-se um mínimo de conduta ética e de estabilização nas relações jurídicas, é preciso que se continue a conferir primazia à coisa julgada, afastando-se qualquer instabilidade ou desconfiança nas decisões proferidas pelo Judiciário, cuja função e atividade devem ser fonte de segurança, respeito e confiabilidade por parte dos jurisdicionados.

Enfim, foi instituído o regime especial de precatórios com a finalidade de viabilizar o pagamento de créditos inscritos há anos e não adimplidos pelo Distrito Federal, nem por vários Estados e Municípios. O regime é inconstitucional por ferir vários direitos fundamentais, tais como a efetividade da jurisdição, a intangibilidade da coisa julgada, a impessoalidade, a isonomia e a moralidade administrativa, abalando os alicerces do próprio Estado Democrático de Direito.

Diante da inconstitucionalidade proclamada pelo STF relativamente ao § 15 do art. 100 da Constituição, bem como ao art. 97 de seu ADCT, foi editada a Emenda Constitucional 94/2016, que acresceu ao ADCT da Constituição os arts. 101 a 105, estabelecendo outro regime especial para pagamento de precatórios a Estados, ao Distrito Federal e a Municípios que, em 25 de março de 2015, estivessem em mora com o pagamento de seus precatórios. O regime especial não se aplica à União. O regime especial aplica-se apenas aos Estados, ao Distrito Federal e aos Municípios que preencham a hipótese prevista no art. 101 do Ato das Disposições Constitucionais Transitórias.

Os Estados, o Distrito Federal e os Municípios que, em 25 de março de 2015, se estivessem em mora com o pagamento de seus precatórios, deveriam adimplir seus débitos vencidos até 31 de dezembro de 2020 (e também os que se vencerem nesse período), depositando, mensalmente, em conta especial do tribunal respectivo, sob única e exclusiva administração deste, 1/12 (um doze avos) do valor calculado percentualmente sobre as respectivas receitas correntes líquidas, apuradas no segundo mês anterior ao do pagamento, em percentual suficiente para o pagamento dos seus débitos e, ainda que variável, nunca inferior, em cada exercício, à média do comprometimento percentual da receita corrente líquida no período de 2012 a 2014, em conformidade com plano de pagamento a ser anualmente apresentado ao tribunal de justiça local.

O § 1º do art. 101 do ADCT esclarece o que se entende por receita corrente líquida para fins desse regime especial, podendo o pagamento dos precatórios ser feito mediante a utilização de recursos orçamentários próprios e dos instrumentos previstos no § 2º daquele mesmo art. 101.

Durante a vigência desse regime especial, pelo menos 50% (cinquenta por cento) dos recursos destinados ao pagamento dos precatórios em mora devem observar sua ordem cronológica de apresentação, respeitadas as preferências dos créditos alimentares e, nestas, as relativas à idade, ao estado de saúde e à deficiência, nos termos do § 2º do art. 100 da Constituição, sobre todos os demais créditos de todos os anos (ADCT, art. 102). Por opção do respectivo ente federativo, a aplicação dos recursos remanescentes poderá ser destinada ao pagamento de precatórios, mediante acordos diretos, respeitada a ordem de preferência dos credores, perante Juízos Auxiliares de Conciliação de Precatórios, com redução máxima

---

[54] CORDEIRO, Antônio Manuel da Rocha e Menezes. *Da boa-fé no direito civil*. Coimbra: Almedina, 2001. p. 1.241-1.242.

de 40% (quarenta por cento) do valor do crédito atualizado, desde que, em relação ao crédito, não haja recurso ou defesa judicial pendente (ADCT, art. 102).

Adotado o regime especial, não poderá haver sequestro de valores destinados ao pagamento de precatórios, salvo no caso de falta de liberação tempestiva dos recursos para o tribunal de justiça local. Não liberados tempestivamente os recursos para o tribunal de justiça, seu presidente estabelecerá o sequestro, até o limite do valor não liberado, das contas do ente federado inadimplente, devendo o chefe do respectivo Poder Executivo responder por improbidade administrativa. Normalmente, o sequestro é determinado pelo presidente do tribunal em razão de requerimento da parte interessada, não devendo ser feito de ofício. Nesse caso de regime especial, porém, o sequestro há de ser realizado de ofício, pois integra o procedimento necessário à efetividade do regime especial. Ademais, o § 6º do art. 100 da Constituição exige expressamente o requerimento para que haja o sequestro. Por sua vez, o inciso I do art. 104 do ADCT, utilizando-se de verbo imperativo, confere ao presidente do tribunal poder para determinar o sequestro, sem menção a requerimento ou sem exigi-lo.

A falta de liberação tempestiva de recursos implica, ainda, a retenção pela União de recursos referentes aos repasses do Fundo de Participação dos Estados e do Distrito Federal e ao Fundo de Participação dos Municípios. Assim, os Estados devem reter os repasses previstos no parágrafo único do art. 158 da Constituição, depositando os correspondentes valores na conta especial mantida no tribunal de justiça local para que sejam pagos, com eles, os precatórios em mora, nos termos do art. 101 do ADCT.

A conta especial deve ser mantida no tribunal de justiça, que vai geri-la. Ainda que haja precatórios expedidos na Justiça do Trabalho, na Justiça Federal ou, até mesmo, em execuções originárias propostas em tribunais superiores contra o ente federado, os depósitos hão de ser feitos na conta especial. A EC 94/2016, na trilha do que já era feito em alguns Estados, concentrou no tribunal de justiça a administração dos valores destinados ao pagamento de precatórios. Com isso, evitam-se dispersão, confusão e dificuldade na gestão do montante que serve para saldar os precatórios. Cabe ao presidente do tribunal de justiça local administrar tais valores, destinando-os ao pagamento das dívidas decorrentes de condenações judiciais e inscritas em precatório.

Enquanto perdurar a omissão na liberação dos recursos, o ente federado não poderá contrair empréstimo externo ou interno, ficando impedido de receber transferências voluntárias, salvo para os fins do § 2º do art. 101 do ADCT.

Durante a vigência do regime especial de pagamento de precatórios previsto no art. 101 do ADCT, os credores de precatórios, próprios ou de terceiros, podem realizar compensação com débitos de natureza tributária ou de outra natureza que, até 25 de março de 2015, tenham sido inscritos na dívida ativa dos Estados, do Distrito Federal ou dos Municípios, observados os requisitos definidos em lei própria do ente federado. Tais compensações não se sujeitam a qualquer tipo de vinculação, como as transferências a outros entes e as destinadas à educação, à saúde e a outras finalidades.

Esse regime especial não se caracteriza por ser mais uma moratória, tendo, isto sim, a manifesta e nítida finalidade de apresentar instrumentos concretos e eficientes para solucionar um problema crônico no Brasil e viabilizar o pagamento dos precatórios pendentes.

Os arts. 101 a 105 do ADCT, inseridos pela EC 94/2016, estabelecem, como se viu, um regime especial para pagamento de precatórios a Estados, ao Distrito Federal e a Municípios que, em 25 de março de 2015, estivessem em mora com o pagamento de seus precatórios.

A Emenda Constitucional 99/2017 modificou a redação do art. 101 do ADCT da Constituição para ampliar o prazo ali previsto. Rigorosamente, não houve a instituição de um novo regime especial, mas mudanças naquele já instituído pela Emenda Constitucional 94/2016.

De acordo com a nova redação conferida ao referido art. 101, os Estados, o Distrito Federal e os Municípios que, em 25 de março de 2015, estiverem em mora com o pagamento de seus precatórios deverão adimplir seus débitos vencidos até 31 de dezembro de 2024 (e também os que se vencerem nesse período), atualizados pelo Índice Nacional de Preços ao Consumidor Amplo Especial (IPCA-E) ou por outro índice que venha a substituí-lo.

O prazo para adimplemento, que se relacionava com os débitos vencidos até 31 de dezembro de 2020, passou a abranger os débitos vencidos até 31 de dezembro de 2024. A EC 99/2017 ampliou, portanto, o prazo em mais 4 (quatro) anos, de 31 de dezembro de 2020 para 31 de dezembro de 2024.

Houve, ainda, a mudança do índice de correção monetária. Com a EC 99/2017, o índice passou a ser o IPCA-E.

A Emenda Constitucional 99/2017 alterou o § 2º do art. 101 do ADCT da Constituição Federal, acrescentando novos incisos (o III e o IV), além de inserir os §§ 3º e 4º. Ampliou-se a possibilidade de utilização dos valores de depósitos judiciais para pagamento dos precatórios pendentes.

O débito de precatórios, nos termos do § 2º do art. 101 do ADCT da Constituição, será pago com recursos orçamentários próprios provenientes das fontes de receita corrente líquida e, adicionalmente, poderão ser utilizados recursos dos depósitos judiciais e dos depósitos administrativos em dinheiro referentes a processos judiciais ou administrativos, tributários ou não tributários, nos quais sejam parte os Estados, o Distrito Federal ou os Municípios, e as respectivas autarquias, fundações e empresas públicas, mediante a instituição de fundo garantidor ali mesmo previsto. Quanto aos 30% (trinta por cento) dos demais depósitos judiciais, também podem ser utilizados para pagamento dos precatórios, nos termos do inciso II do referido § 2º.

A possibilidade do uso de depósitos judiciais para pagamento de precatórios está igualmente prevista na Lei Complementar 151, de 2015.[55]

Os Estados, o Distrito Federal e os Municípios também podem valer-se de empréstimos para pagar os precatórios pendentes, conforme o inciso III do § 2º do mencionado art. 101.

Os depósitos em precatórios e requisições de pagamento de pequeno valor efetuados até 31 de dezembro de 2009 e ainda não levantados podem, de igual modo, servir para pagamento de precatórios pendentes e ainda não pagos. Nesse caso, os precatórios e RPVs, cujos depósitos tenham sido feitos até 31 de dezembro de 2009 e ainda não levantados, devem ser cancelados, podendo os aludidos depósitos ser transferidos para a conta especial mantida no Tribunal de Justiça para pagamento dos precatórios pendentes e ainda não adimplidos. Cancelados os precatórios e requisitórios, seus respectivos credores podem requerer novamente aos correspondentes juízes das execuções a renovação da sua expedição. Colhida a manifestação da entidade devedora, o precatório pode ser novamente expedido, mantida a posição de ordem cronológica original e a remuneração de todo o período.

---

[55] O STF, ao julgar as ADIs 5.361 e 5.463, considerou constitucionais as disposições da Lei Complementar 151/2015 a esse respeito (STF, Pleno, ADI 5361, Rel. Min. Nunes Marques, *DJe* 24.1.2024; STF, Pleno, ADI 5.463, Rel. Min. Nunes Marques, *DJe* 24.1.2014).

A EC 99/2017 introduz um § 2º ao art. 102 do ADCT para estabelecer que "as preferências relativas à idade, ao estado de saúde e à deficiência serão atendidas até o valor equivalente ao quíntuplo fixado em lei para os fins do disposto no § 3º do art. 100 da Constituição, admitido o fracionamento para essa finalidade, e o restante será pago em ordem cronológica de apresentação do precatório".

Na vigência desse regime especial, os Estados, o Distrito Federal e os Municípios, cujos estoques de precatórios ainda pendentes de pagamento superem 70% (setenta por cento) das respectivas receitas correntes líquidas (aí incluídos os precatórios a pagar de suas entidades da administração indireta), estão proibidos de realizar desapropriações, excetuadas aquelas para fins de necessidade pública nas áreas de saúde, educação, segurança pública, transporte público, saneamento básico e habitação de interesse social.

Enquanto os Estados, o Distrito Federal e os Municípios estiverem submetidos a esse regime especial e efetuando o pagamento da parcela mensal devida, nem eles, nem as respectivas autarquias, fundações e empresas estatais dependentes poderão sofrer sequestro de valores, exceto no caso de não liberação tempestiva dos recursos.

Os Estados, o Distrito Federal e os Municípios devem regulamentar, por leis próprias, esse regime especial em até 120 (cento e vinte) dias a partir de 1º de janeiro de 2018. Decorrido tal prazo sem a regulamentação, é facultada aos credores de precatórios, próprios ou de terceiros, a compensação com débitos de natureza tributária ou de outra natureza que até 25 de março de 2015 tenham sido inscritos na dívida ativa dos Estados, do Distrito Federal ou dos Municípios, observados os requisitos definidos em lei própria do ente federado.

Em razão da Emenda Constitucional 109/2021, esses precatórios ainda não pagos pelos Estados, Distrito Federal e Municípios devem ser adimplidos até 31 de dezembro de 2029, mediante o regime especial ali previsto. Durante a vigência desse regime especial, "as preferências relativas à idade, ao estado de saúde e à deficiência serão atendidas até o valor equivalente ao quíntuplo fixado em lei para os fins do disposto no § 3º do art. 100 da Constituição Federal, admitido o fracionamento para essa finalidade, e o restante será pago em ordem cronológica de apresentação do precatório" (ADCT, art. 102, § 2º).

Mantendo o IPCA-E, a Emenda Constitucional 109/2021 ampliou o prazo de pagamento para 31 de dezembro de 2029.

Enfim, o regime especial instituído pela Emenda Constitucional 94/2016 – e posteriormente alterado pela Emendas Constitucionais 99/2017 e 109/2021 – não se aplica à União. O regime especial aplica-se apenas aos Estados, ao Distrito Federal e aos Municípios que preencham a hipótese prevista no art. 101 do ADCT da Constituição.

Assim, os Estados, o Distrito Federal e os Municípios que, em 25 de março de 2015, estavam em mora no pagamento de seus precatórios devem, até 31 de dezembro de 2029, saldar seus débitos vencidos (aí incluídos os que se vencerem dentre desse período), atualizados pelo IPCA-E, mediante depósitos mensais em conta especial do Tribunal de Justiça local, sob única e exclusiva administração deste, de 1/12 (um doze avos) do valor calculado percentualmente sobre suas receitas correntes líquidas apuradas no segundo mês anterior ao mês de pagamento, em percentual suficiente para o pagamento de seus débitos e, ainda que variável, nunca inferior, em cada exercício, ao percentual praticado na data de entrada em vigor do regime especial, tudo conforme o plano de pagamento a ser anualmente apresentado ao Tribunal de Justiça local.

12.1.5 Limite de gastos com pagamento de precatórios, observância da ordem cronológica de inscrição e das preferências no recebimento

O art. 107 do ADCT da Constituição estabelece limites individualizados para as despesas primárias de diversos entes e órgãos dos Poderes Executivo, Legislativo e Judiciário da União. Até o fim de 2026, ficou estabelecido, pelo art. 107-A do ADCT (acrescido pela EC n. 114/2021), para cada exercício financeiro, limite para alocação na proposta orçamentária das despesas com pagamentos de precatórios, equivalente ao valor da despesa paga no exercício de 2016.

As requisições de pequeno valor (RPVs) não se incluem nesses limites, estando fora do teto de gastos previstos nos arts. 107 e 107-A do ADCT da Constituição (ADCT, art. 107-A, § 1º).

Significa que, até 2026, os precatórios da União e dos demais entes federais devem ser pagos com a observância dos limites previstos no art. 107-A do ADCT da Constituição. Não se incluem em tais limites os créditos de RPVs nem as despesas destinadas ao pagamento de precatórios utilizados para adimplemento de débitos parcelados ou inscritos em dívida ativa, compra de imóveis públicos, pagamento de outorga de delegações de serviços públicos, aquisição de participação societária e compra de direitos do ente federativo, inclusive em contratos de partilha de petróleo (CF, art. 100, § 11), as parcelas ou os acordos previstos no § 20 do art. 100 da Constituição e as amortizações mencionados no § 21 do mesmo art. 100 (ADCT, art. 107-A, § 5º).

Também não se incluem nos limites estabelecidos nos arts. 107 e 107-A do ADCT da Constituição os precatórios decorrentes de demandas relativas à complementação da União aos Estados e aos Municípios por conta do Fundo de Manutenção e Desenvolvimento do Ensino Fundamental e de Valorização do Magistério (FUNDEF), os quais devem ser pagos em 3 (três) parcelas anuais e sucessivas, da seguinte forma: 40% no primeiro ano; 30% no segundo ano; 30% no terceiro ano (EC 114/2021, art. 4º).

A propósito, as receitas que os Estados e os Municípios receberem a título de pagamentos da União por força de demandas judiciais que tenham por objeto a complementação de parcela desta no FUNDEF deverão ser aplicadas na manutenção e no desenvolvimento do ensino fundamental e na valorização de seu magistério, conforme destinação originária do Fundo (EC 114/2021, art. 5º). Dessa aplicação, no mínimo 60% (sessenta por cento) deverá ser repassado aos profissionais do magistério, inclusive aposentados e pensionistas, na forma de abono, vedada a incorporação na remuneração, na aposentadoria ou na pensão (EC 114/2021, art. 5º, parágrafo único).

Diante do limite para pagamento de precatórios, estabelecido até 2026, haverá créditos que não serão pagos, pois excederão o limite. Nesse caso, tais créditos – excedentes – terão prioridade em exercícios seguintes, observadas a ordem cronológica e a prioridade estabelecida no § 8º do art. 107-A do ADCT, criada para esse regime transitório (ADCT, art. 107-A, § 2º).

Assim, até 2026, o pagamento de precatórios da União e demais entes federais deve ser realizado, com prioridade, relativamente aos créditos excedentes do limite de gastos do período anterior, observada a seguinte ordem: *(a)* créditos de pequeno valor (RPVs); *(b)* créditos de natureza alimentícia, cujos titulares, originários ou por sucessão hereditária, tenham, pelo menos, 60 anos de idade, ou sejam pessoas com doença grave ou com deficiência, assim definidos em lei, até o valor equivalente ao triplo do montante fixado para RPV; *(c)* demais precatórios de natureza alimentícia até o valor equivalente ao triplo do montante fixado para RPV; *(d)* demais precatórios de natureza alimentícia de valor superior ao triplo do montante fixado para RPV; *(e)* demais precatórios.

Imagine-se, por exemplo, que foram inscritos 20 precatórios. O pagamento do décimo segundo alcançou o limite de gastos, de forma que o décimo terceiro e os demais, até o vigésimo, ficaram para os exercícios seguintes. No próximo exercício, deverão ser pagos, prioritariamente, tais créditos, mas, entre eles, em primeiro lugar, serão pagos os que forem alimentares de idosos, deficientes ou doentes, cujos valores sejam de até o triplo do montante fixado para a RPV; depois, os alimentares cujos valores sejam de até o triplo do montante fixado para a RPV; em seguida, os alimentares de maiores valores e, finalmente, os demais precatórios. Concluído o pagamento dos remanescentes do exercício anterior, começarão a ser pagos os do próprio exercício, observadas a ordem cronológica e as prioridades estabelecidas no § 8º do art. 107-A do ADCT da Constituição.

Para os Estados, o Distrito Federal e os Municípios, bem como para suas respectivas autarquias e fundações públicas, é preciso observar o cumprimento da ordem cronológica e das prioridades previstas no texto constitucional permanente. Tais prioridades também devem ser aplicadas para a União e demais entes federais, depois que se encerrar o período transitório, estabelecido até 2026, pelo art. 107-A do ADCT da Constituição.

A Emenda Constitucional 114/2021 estabeleceu um regime transitório, para a União e demais entes federais, que deve vigorar até 2026.

12.1.6 A gestão dos precatórios e o controle pelo Congresso Nacional e pelo Conselho Nacional de Justiça

Já se viu que o STF, ao julgar as Ações Diretas de Inconstitucionalidade 4.357 e 4.425, entendeu serem inconstitucionais o § 15 do art. 100 da Constituição, bem como o art. 97 de seu ADCT.

Também se viu que, em questão de ordem suscitada após o julgamento de tais ações diretas, o STF determinou, entre outras coisas, que se delegasse competência ao Conselho Nacional de Justiça para que considere a apresentação de proposta normativa que discipline *(a)* a utilização compulsória de 50% dos recursos da conta de depósitos judiciais tributários para o pagamento de precatórios e *(b)* a possibilidade de compensação de precatórios vencidos, próprios ou de terceiros, com o estoque de créditos inscritos em dívida ativa até 25 de março de 2015, por opção do credor do precatório. Além disso, reconheceu ter o CNJ competência para monitorar e supervisionar o pagamento dos precatórios pelos entes públicos.

Em razão da competência que lhe foi atribuída por esse julgamento do STF, o CNJ editou a Resolução 303/2019, dispondo sobre a gestão dos precatórios e respectivos procedimentos operacionais no âmbito do Poder Judiciário.

Por meio de tal resolução, o CNJ padronizou a operacionalização das normas que regulam o regime do precatório, a fim de atender ao princípio da eficiência. Diante da especificidade, da provisoriedade e da complexidade do regime especial de precatórios estabelecido pelo art. 101 do ADCT da Constituição Federal, na redação dada pela EC 99/2017, e considerando a necessidade de um efetivo controle da gestão dos precatórios e de tornar mais efetivo o cumprimento das sentenças que impõem condenações contra o Poder Público, o CNJ editou a referida resolução, padronizando, como se disse, a operacionalização das normas que regulam os precatórios.

Nos termos do art. 6º da Emenda Constitucional 114/2021, o Congresso Nacional, no prazo de 1 (um) ano, a contar da sua promulgação, promoverá, por meio de comissão mista, exame analítico dos atos, fatos e políticas públicas com maior potencial gerador de precatórios e de sentenças judiciais contrárias à Fazenda Pública da União. Tal comissão deve atuar em cooperação com o CNJ e com o Tribunal de Contas da União e poderá requisitar informações e documentos de órgãos e entidades da Administração Pública direta e indireta de qualquer dos Poderes da União, dos Estados, do Distrito Federal e dos Municípios, buscando identificar medidas legislativas a serem adotadas com intuito de trazer maior segurança jurídica no âmbito federal.

Tais medidas e previsões normativas reforçam a importância do CNJ na definição, execução e articulação de políticas relacionadas com o sistema de justiça brasileiro, sobretudo com o cumprimento de sentenças judiciais proferidas contra o Poder Público. Também corroboram a importante função do CNJ de um verdadeiro laboratório, observatório e divulgador de boas práticas judiciais brasileiras.

Não foi essa, porém, a percepção do STF.

Ao julgar a Ação Direta de Inconstitucionalidade 7.064, o Supremo Tribunal Federal considerou que o art. 6º da EC 114, de 2021, atenta contra o princípio da separação de poderes (CF, art. 2º). Partindo do pressuposto de que a Constituição estabelece a distribuição de competências em matéria orçamentária de modo a equilibrar o sistema de freios e contrapesos, o STF entende que o referido dispositivo da EC 114, de 2021, "subverte a ordem de atribuições, impondo um controle sobre a atividade tanto do Poder Executivo, condenado em demandas judiciais, quanto do Poder Judiciário, que julga o melhor direito e condena o Estado a pagar o cidadão".

Ainda no julgamento da referida ADI 7.064, o STF entendeu que "o papel que está sendo atribuído à referida comissão já é desempenhado pelos órgãos do Poder Executivo que exercem a defesa e representação da União, em âmbito federal, e pelos Presidentes dos Tribunais que, com base em regulamentação do Conselho Nacional de Justiça atestam a lisura do ofício precatório e o encaminham para inclusão no orçamento".

Nesse sentido, segundo o STF entendeu no referido julgamento, a AGU já trabalha em atividades de prevenção de perdas em desfavor da União, executando, até mesmo, trabalho de redução de litigiosidade. Seria, então, "tautológico atribuir ao próprio Poder Legislativo o controle de medidas que, na maioria das vezes, ele mesmo editou e foram desaprovadas de maneira definitiva, pelo Poder Judiciário, resultando na expedição dos precatórios". Esse papel é da AGU, sendo inconstitucional a disposição que modifica "o eixo de sustentação do sistema de separação de poderes".

Por isso, o STF proclamou a inconstitucionalidade da regra segundo a qual o Congresso Nacional deve, em cooperação com o CNJ e o TCU, diagnosticar o cenário de disputas judiciais e buscar identificar medidas legislativas a serem adotadas com o objetivo de trazer maior segurança jurídica no âmbito federal.

Não parece que a previsão ofenda a separação de poderes. As competências constitucionais não devem ser rigidamente consideradas. O princípio da eficiência permite compartilhamento de competências. O princípio democrático estimula a consensualidade. Haver uma comissão, formada pelo Congresso Nacional, com cooperação com o CNJ e o TCU, para diagnosticar o cenário de disputas e buscar identificar medidas legislativas a serem adotadas não elimina a importante tarefa da AGU, nem subtrai qualquer sistema de atribuição de competências.

Seria uma medida de cooperação, na busca de maior eficiência e de maior consensualidade para redução de litigiosidade.

De qualquer modo, o STF considerou a previsão inconstitucional, por atentar contra a separação de poderes, o que significa que a disposição foi expurgada do sistema normativo brasileiro.

12.1.7 Natureza jurídica da atividade do presidente do tribunal no precatório

Consoante já se acentuou, na execução proposta contra a Fazenda Pública a atividade judicial de primeiro grau é cumprida e acabada com a expedição do precatório. A partir daí, o que se desenvolve é a atividade do Presidente do tribunal quanto ao procedimento em si mesmo do precatório. Tal atividade, desenvolvida pelo Presidente do tribunal, reveste contornos de cunho jurisdicional ou administrativo?

A doutrina controverte-se acerca do tema, sendo de se ressaltar o entendimento no sentido de admitir como *jurisdicional* a atividade do Presidente do tribunal, no processamento do precatório.[56] De outro lado, pontifica a orientação voltada a considerar a atividade do Presidente do tribunal como *administrativa*, destacando-se como o último ato jurisdicional o do juiz que ordena a expedição do precatório.[57]

Na seara jurisprudencial, não há controvérsia quanto à matéria, sobressaindo o entendimento, tanto do STF como do STJ, no sentido de reconhecer como *administrativa* a atividade do Presidente do tribunal, desenvolvida no processamento do precatório. Realmente, ao julgar a ADI 1.098/SP, o Supremo Tribunal Federal definiu que a ordem judicial de pagamento, bem como os demais atos necessários a tal finalidade, concernem ao campo administrativo, e não ao jurisdicional.[58]

Nos termos do enunciado 311 da Súmula do STJ, "Os atos do presidente do tribunal que disponham sobre processamento e pagamento de precatório não têm caráter jurisdicional".

Caracteriza-se, portanto, como atividade *administrativa* o processamento do precatório pelo Presidente do tribunal.

Exatamente porque é *administrativa* a atividade do Presidente do tribunal na condução do precatório, as questões incidentais, na execução em face da Fazenda Pública, devem ser resolvidas pelo juízo que julgou a causa em primeiro grau. De fato, questões pendentes ou que surgirem após a expedição do precatório, tais como impugnação de juros ou de acréscimos indevidos, ou, ainda, a postulação de correção monetária não inserida no precatório, devem ser resolvidas pelo juízo de primeiro grau, cabendo ao Presidente do tribunal *apenas* processar o precatório requisitório expedido por ordem daquele.[59]

Sendo administrativa a natureza da atividade desenvolvida pelo Presidente do tribunal no processamento do precatório, não são cabíveis recursos extraordinário nem especial, já que não houve o julgamento de uma *causa*, para fins de cabimento de tais recursos. Esse, aliás, é o entendimento firmado tanto pelo STF[60] como pelo STJ.[61]

Nesse sentido, o enunciado 733 da Súmula do STF: "Não cabe recurso extraordinário contra decisão proferida no processamento de precatórios".

---

[56] FEDERIGHI, Wanderley José. *A execução contra a Fazenda Pública*. São Paulo: Saraiva, 1996. p. 59; VIANA, Juvêncio Vasconcelos. *Execução contra a Fazenda Pública*. São Paulo: Dialética, 1998. p. 122-123.
[57] ASSIS, Araken de. *Comentários ao Código de Processo Civil*. São Paulo: RT, 2000, v. 9, p. 417.
[58] STF, Pleno, ADI 1.098/SP, Rel. Min. Marco Aurélio, *DJ* 25.10.1996, p. 41.026.
[59] STJ, 1ª Turma do STJ, REsp 187.831/SP, Rel. Min. José Delgado, *DJ* 22.3.1999, p. 83; STJ, 2ª Turma, REsp 141.137/SP, Rel. Min. Francisco Peçanha Martins, *DJ* 13.12.1999, p. 132; STJ, 2ª Turma, REsp 1.142.728/SP, Rel. Min. Castro Meira, *DJe* 2.6.2010; STJ, 1ª Turma, RMS 32.009/RJ, Rel. Min. Benedito Gonçalves, *DJe* 23.11.2010.
[60] STF, Pleno, AGRRE 213.696/SP, Rel. Min. Carlos Velloso, *DJ* 6.2.1998, p. 73.
[61] STJ, 6ª Turma, AGA 288.539/SP, Rel. Min. Fernando Gonçalves, *DJ* 19.6.2000, p. 222.

Justamente por ser administrativa a atividade do Presidente no processamento do precatório, não cabe, já se viu, a interposição de recurso especial ou de recurso extraordinário. Caso, entretanto, o Presidente do tribunal exerça, no procedimento do precatório, atividade tipicamente judicial, usurpando a função judicial para decidir acerca de algum incidente que sobrevier, essa sua decisão, confirmada que seja em agravo interno, desafiará a interposição de um recurso especial ou extraordinário. É que, nesse caso, há atividade judicial, descerrando o acesso aos Tribunais Superiores por meio dos recursos excepcionais.[62]

Ressalvada essa hipótese de usurpação de função judicial, a atividade desenvolvida pelo Presidente do tribunal na condução do precatório é administrativa, não ensejando a interposição de recursos especial ou extraordinário. Justamente por ser administrativa a atividade exercida no processamento do precatório, cabível a impetração de mandado de segurança contra alguma determinação tida por ilegal ou abusiva.[63]

12.1.8 Atualização monetária e juros no pagamento do precatório

Como já se pôde perceber, o precatório inscrito até o dia 1º de julho deve ser pago até o final do exercício seguinte. A partir de 2022, o precatório há de ser inscrito até 2 de abril para ser pago até o final do exercício seguinte. Nesse período, entre a inscrição e o pagamento, decorre, com frequência, cerca de 1 (um) ano ou mais do que isso. O valor a ser pago ao credor deve ser *corrigido monetariamente*. É o que consta do § 5º do art. 100 da Constituição Federal.

O pagamento do crédito constante do precatório deve ser feito, como se vê, com seu valor atualizado monetariamente. Tal atualização não contempla, porém, a incidência de juros moratórios.

Não há, com efeito, a incidência de juros relativamente ao período que medeia a inscrição do precatório e o efetivo pagamento do crédito. Já se viu que, nesse período, o § 5º do art. 100 da Constituição Federal exige que seja computada a correção monetária. Não deve, entretanto, haver cômputo de juros entre a data da inscrição do precatório e a do efetivo pagamento[64].

Em primeiro lugar, a previsão contida no § 5º do art. 100 da Constituição Federal alude, apenas, a *correção monetária*, não se referindo a juros moratórios. Logo, não seria possível o cômputo dos juros no período entre a inscrição do precatório e a data do efetivo pagamento.

Demais disso, os juros incidem em razão da *mora* do devedor; o atraso no pagamento acarreta a necessidade de se computarem juros no valor da dívida. No caso do precatório, já se viu que, uma vez inscrito até o dia 1º de julho (ou até 2 de abril, a partir de 2022), o crédito correspondente deve ser pago até o final do exercício seguinte. Então, a Fazenda Pública dispõe desse prazo – chamado "período de graça" – para efetuar o pagamento. Realizado o pagamento nesse período constitucionalmente fixado, não há mora; assim, não havendo falar em cômputo de juros.[65]

---

[62] STJ, 2ª Turma, EDcl em EDREsp 159.275/SP, Rel. Min. Ari Pargendler, *DJ* 28.9.1998, p. 39.
[63] VIANA, Juvêncio Vasconcelos. Novas considerações acerca da execução contra a Fazenda Pública. *Revista Dialética de Direito Processual*, São Paulo: Dialética, v. 5, ago. 2003, p. 58.
[64] Esse intervalo de tempo, em que não há incidência de juros, é conhecido como "período de graça".
[65] A partir da EC 113/2021, a Selic passou a ser definida como o índice de correção monetária para o pagamento de precatórios. Contudo, a Selic tem, em sua composição, juros. Por isso, o STF, ao examinar o Tema 1.335 da Repercussão Geral, entendeu que ela não pode incidir durante o período de graça. Eis, então, a tese fixada pelo STF no Tema 1.335: "1. Não incide a taxa SELIC, prevista no art. 3º da EC nº 113/2021, no prazo constitucional de pagamento de precatórios do § 5º do art. 100 da Constituição. 2. Durante o denominado 'período de graça', os valores inscritos em precatório terão exclusivamente correção monetária, nos termos decididos na ADI 4.357- QO/DF e na ADI 4.425-QO/DF".

Caso a sentença condenatória determine o cômputo de juros até o pagamento do precatório, deverá ser impugnada, sob pena de, transitada em julgado dessa forma, ter de ser feito o pagamento com esse acréscimo indevido de juros, em razão do respeito à coisa julgada.[66]

Abstraída essa hipótese de coisa julgada, o certo é que, efetuado o pagamento no período constitucionalmente fixado, não há mora, não havendo juros. A questão consolidou-se no âmbito jurisprudencial, passando a constar do enunciado 17 da súmula vinculante do STF, de cujo teor se extrai a seguinte dicção: "Durante o período previsto no parágrafo 1º do artigo 100 da Constituição, não incidem juros de mora sobre os precatórios que nele sejam pagos"[67]. Constando o assunto da súmula vinculante do STF, caberá reclamação contra decisão que adotar orientação divergente, a fim de que se ajuste ao entendimento firmado pela Corte Suprema (CPC, art. 988, III).

Na verdade, os juros moratórios somente incidem a partir do *atraso* no pagamento, ou seja, decorrido o exercício financeiro, e não tendo sido pago, a partir de janeiro do ano seguinte é que deve iniciar o cômputo dos juros. Assim, tome-se como exemplo um precatório que tenha sido inscrito até o dia 1º de julho de 2020. Deverá, como se viu, ser efetuado o pagamento até o dia 31 de dezembro de 2021, respeitada a ordem cronológica de inscrição. Sendo o pagamento realizado até aquele dia 31 de dezembro, não haverá cômputo de juros moratórios, pois não houve inadimplemento. Passado, contudo, o dia 31 de dezembro de 2021, sem que tenha havido o pagamento, incidirão juros moratórios a partir de 1º de janeiro de 2022 até a data em que ocorrer o efetivo pagamento.

Inscrito o precatório até 2 de abril de 2022, deverá ser pago até 31 de dezembro de 2023, com correção monetária, não havendo juros, pois o pagamento, feito nesse período, não incorre em mora. Se, porém, passar de 31 de dezembro de 2023, e não for efetuado, passarão a incidir juros moratórios.

Para que esses juros sejam pagos, será preciso haver a expedição de um precatório complementar, pois não se podem agregar valores num precatório já inscrito. Antes, porém, de se expedir o precatório complementar, deverá o credor apresentar sua conta, em que demonstra o valor devido a título de juros, sendo *intimada* a Fazenda Pública para sobre ela pronunciar-se, depois do que será expedido o precatório complementar.[68]

Portanto, atualmente só existe precatório complementar para a cobrança de juros moratórios do período posterior ao exercício em que deveria ser pago o precatório. Entre a data da expedição do precatório e a do efetivo pagamento não há cômputo de juros, sendo o valor pago corrigido monetariamente, sem possibilidade de haver precatório complementar.[69]

---

[66] STJ, 6ª Turma, AgRg no REsp 639.196/RS, Rel. Min. Paulo Gallotti, *DJ* 27.3.2006, p. 365.

[67] O prazo para pagamento do precatório era, originariamente, previsto no § 1º do art. 100 da Constituição. Em virtude de sucessivas emendas constitucionais, o prazo passou a ser previsto no § 5º do art. 100 da Constituição. Daí o enunciado da súmula referir-se ao § 1º, mas se deve ler como o § 5º.

[68] STJ, 2ª Turma, AgRg no AREsp 418.301/SP, Rel. Min. Herman Benjamin, *DJe* 19.3.2014; STJ, 1ª Turma, AgRg no REsp 1.068.812/SP, Rel. Min. Sérgio Kukina, *DJe* 18.2.2014.

[69] Por isso, o STF entende que só pode haver, nesse período, precatório complementar em situações excepcionais de erro material, inexatidão aritmética ou substituição de índice de correção monetária. Nesse sentido, a tese do Tema 1.360 da Repercussão Geral: "1. É vedada a expedição de precatórios complementares ou suplementares de valor pago, salvo nas hipóteses de erro material, inexatidão aritmética ou substituição de índices aplicáveis por força de alteração normativa; 2. A verificação de enquadramento nas hipóteses admitidas de complementação ou suplementação de precatório pressupõe o reexame de matéria fático-probatória".

Tudo isso se aplica também à execução de honorários de sucumbência proposta em face da Fazenda Pública: na execução dos honorários, só incidem juros se não for respeitado o prazo para pagamento do precatório.[70]

O § 12 do art. 100 da Constituição Federal assim dispunha: "a atualização monetária de valores de requisitórios, após sua expedição, até o efetivo pagamento, independentemente de sua natureza, será feita pelo índice oficial de remuneração básica da caderneta de poupança, e, para fins de compensação da mora, incidirão juros simples no mesmo percentual de juros incidentes sobre a caderneta de poupança, ficando excluída a incidência de juros compensatórios".

Ao julgar as Ações Diretas de Inconstitucionalidade 4.357 e 4.425, o STF proclamou a inconstitucionalidade desse § 12, por entender que tal índice não é suficiente para recompor as perdas inflacionárias. Consequentemente, também deve ser considerada inconstitucional a previsão que já constava do art. 1º-F da Lei 9.494/1997, cujo conteúdo está atualmente redigido nos seguintes termos: "Nas condenações impostas à Fazenda Pública, independentemente de sua natureza e para fins de atualização monetária, remuneração do capital e compensação da mora, haverá a incidência uma única vez, até o efetivo pagamento, dos índices oficiais de remuneração básica e juros aplicados à caderneta de poupança". Ora, se não é válido um dispositivo inserido no texto constitucional por Emenda Constitucional, também não pode ser admitido dispositivo com idêntico conteúdo em lei ordinária.

O entendimento do STF restringe-se, todavia, às demandas tributárias. Ao julgar os embargos de declaração opostos ao acórdão que julgou as referidas Ações Diretas de Inconstitucionalidade 4.357 e 4.425, o STF deixou claro que: "1. O art. 1º-F da Lei nº 9.494/1997 foi declarado inconstitucional pelo Supremo Tribunal Federal, ao julgar as ADIs nº 4.357 e 4.425, apenas na parte em que o texto legal estava logicamente vinculado no art. 100, § 12, da CRFB, incluído pela EC nº 62/2009, o qual se refere tão somente à atualização de valores de requisitórios, não abarcando as condenações judiciais da Fazenda Pública. 2. A correção monetária nas condenações judiciais da Fazenda Pública segue disciplinada pelo art. 1º-F da Lei nº 9.494/1997, devendo-se observar o índice oficial de remuneração da caderneta de poupança como critério de cálculo; o IPCA-E deve corrigir o crédito uma vez inscrito em precatório. 3. Os juros moratórios nas condenações judiciais da Fazenda Pública seguem disciplinadas pelo art. 1º-F da Lei nº 9.494/1997, aplicando-se-lhes o índice oficial de remuneração da caderneta de poupança como critério de cálculo, exceto no que diz respeito às relações jurídico-tributárias, aos quais devem seguir os mesmos critérios pelos quais a Fazenda Pública remunera o seu crédito".[71]

Nas relações jurídico-tributárias, o dispositivo é, então, inconstitucional, por ofensa ao princípio da isonomia, pois a Fazenda Pública deve, a partir de 25 de março de 2015, ser condenada a pagar ao contribuinte o valor de condenação judicial a que se sujeitar com a mesma correção monetária e os mesmos juros da exação fiscal. Nas demais relações jurídicas, "o Índice de Preços ao Consumidor Amplo-Especial (IPCA-E) é o índice de correção monetária a ser aplicado a todos os valores inscritos em precatórios, estejam eles sujeitos, ou não, ao regime especial criado pela EC nº 62/2009, qualquer que seja o ente federativo de que se trate".[72]

---

[70] STJ, 2ª Turma, REsp 1.141.369/MG, Rel. Min. Mauro Campbell Marques, *DJe* 15.10.2010.
[71] STF, Pleno, ADI 4.357 QO-ED, Rel. Min. Luiz Fux, *DJe* 6.8.2018.
[72] STF, Pleno, ADI 4.357 QO-ED-segundos, Rel. Min. Luiz Fux, *DJe* 6.8.2018.

Ao julgar o Recurso Extraordinário 870.947/SE, o STF fixou, com eficácia obrigatória, as seguintes teses para o Tema 810 da Repercussão Geral: "1) O art. 1º-F da Lei nº 9.494/97, com a redação dada pela Lei nº 11.960/09, na parte em que disciplina os juros moratórios aplicáveis a condenações da Fazenda Pública, é inconstitucional ao incidir sobre débitos oriundos de relação jurídico-tributária, aos quais devem ser aplicados os mesmos juros pelos quais a Fazenda Pública remunera seu crédito tributário, em respeito ao princípio constitucional da isonomia (CRFB, art. 5º, *caput*); quanto às condenações oriundas de relação jurídica não tributária, a fixação dos juros moratórios segundo o índice de remuneração da caderneta de poupança é constitucional, permanecendo hígido, nesta extensão, o disposto no art. 1º-F da Lei nº 9.495/97 com a redação dada pela Lei nº 11.960/09; e 2) O art. 1º-F da Lei nº 9.494/97, com a redação dada pela Lei nº 11.960/09, na parte em que disciplina a atualização monetária das condenações impostas à Fazenda Pública segundo a remuneração oficial da caderneta de poupança, revela-se inconstitucional ao impor restrição desproporcional ao direito de propriedade (CRFB, art. 5º, XXII), uma vez que não se qualifica como medida adequada a capturar a variação de preços da economia, sendo inidônea a promover os fins a que se destina".

O STF, ao julgar as Ações Diretas de Inconstitucionalidade 4.357 e 4.425, considerou também inconstitucional o art. 1º-F da Lei 9.494/1997 para as relações jurídico-tributárias.

Ao julgar a Ação Direta de Inconstitucionalidade 5.348, o STF reafirmou "a norma do art. 1º-F da Lei n. 9.494/1997, pela qual se estabelece a aplicação dos índices oficiais de remuneração da caderneta de poupança para atualização monetária nas condenações da Fazenda Pública, configura restrição desproporcional ao direito fundamental de propriedade".[73]

Ao julgar os Recursos Especiais 1.495.146/MG, 1.495.144/RS e 1.492.221/PR, Rel. Min. Mauro Campbell Marques, submetidos ao regime dos recursos repetitivos (*Tema 905*), a 1ª Seção do STJ firmou a seguinte tese:

a) O art. 1º-F da Lei 9.494/1997, no tocante à correção monetária, não se aplica às condenações judiciais impostas à Fazenda Pública, independentemente de sua natureza[74];

b) O art. 1º-F da Lei 9.494/1997, na parte em que estabelece a incidência de juros de mora nos débitos da Fazenda Pública com base no índice oficial de remuneração da caderneta de poupança, aplica-se às condenações impostas à Fazenda Pública, excepcionadas as condenações oriundas de relação jurídico-tributária;

c) Os índices dependem da natureza da condenação.

 a. Nas de natureza administrativa em geral, os juros de mora são de 0,5% ao mês até dezembro de 2002 e, a partir da vigência do Código Civil de 2002, correspondem à variação da taxa Selic, vedada a cumulação com outro índice; no período posterior à Lei 11.960/2009, os juros de mora correspondem à variação do índice de remuneração da caderneta de poupança. Até antes do início de vigência do Código Civil e depois do início de vigência da Lei 11.960/2009, a correção monetária é feita com base na variação do IPCA-E. No período em que se aplica a Selic, não há outro índice de correção monetária, pois a Selic cumula juros com correção monetária;

---

[73] STF, Pleno, ADI 5.348, Rel. Min. Cármen Lúcia, *DJe* 28.11.2019.
[74] Mais recentemente, o STJ confirmou ser inaplicável o art. 1º-F da Lei 9.404/2007 quanto à *correção monetária* (STJ, 2ª Turma, AgInt no AREsp 638.541/MA, Rel. Min. Mauro Campbell Marques, *DJe* 24.11.2023).

b. Nas condenações judiciais relativas a servidores e empregados públicos, os juros de mora, até julho de 2001, são de 1% ao mês (capitalização simples), com correção monetária pelo IPCA-E a partir de janeiro de 2001; de agosto de 2001 a junho de 2009, os juros de mora são de 0,5% ao mês, com correção monetária pelo IPCA-E; a partir de julho de 2009, os juros de mora correspondem à remuneração da caderneta de poupança, com correção monetária pelo IPCA-E;

c. Nas condenações judiciais concernentes a desapropriações diretas e indiretas, não incide o art. 1º-F da Lei 9.494/1997, por haver regras próprias e específicas para juros moratórios e compensatórios;

d. Nas condenações judiciais de natureza previdenciária, a correção monetária é calculada pelo INPC quanto ao período posterior à vigência da Lei 11.430/2006, que incluiu o art. 41-A na Lei 8.213/1991. Quanto aos juros de mora, incide o art. 1º-F da Lei 9.494/1997, adotando-se a remuneração oficial da caderneta de poupança;

e. Nas condenações judiciais de natureza tributária, a correção monetária e os juros de mora devem corresponder às utilizadas na cobrança de tributos pagos em atraso. Não havendo disposição legal específica, os juros de mora são calculados à taxa de 1% ao mês (CTN, art. 161, § 1º). Observada a regra isonômica e havendo previsão legal, é legítima a utilização da taxa Selic, vedada sua cumulação com quaisquer outros índices.

d) A coisa julgada há de ser preservada. Se houver condenação que imponha índices diversos dos acima especificados, deve ser respeitada em virtude da imutabilidade e indiscutibilidade da coisa julgada.[75]

A conclusão a que chegou o STF no julgamento das ADIs 4.357 e 4.425, bem como na fixação da tese do Tema 810 da Repercussão Geral – secundada pelo STJ na fixação da tese do Tema 905 dos recursos repetitivos –, aplica-se, igualmente, às condenações trabalhistas impostas à Fazenda Pública. Com efeito, nos casos de débitos trabalhistas em que a Fazenda Pública seja devedora, o débito há de ser corrigido pelo IPCA-E, com os juros da caderneta de poupança.

O STF, no julgamento da ADC 58, ressalvou expressamente os créditos trabalhistas contra a Fazenda Pública, de modo que incide o IPCA-E, conforme decidido nas ADIs 4.357 e 4.425 e fixado no Tema 810 da Repercussão Geral.[76] De acordo com a ressalva, em vez

---

[75] A 1ª Turma do STJ entendeu que a superveniente mudança de orientação jurisprudencial a respeito do índice de correção monetária deve aplicar-se aos casos julgados, não havendo que se falar em coisa julgada (STJ, 1ª Turma, AgInt no REsp 1.771.560/DF, Rel. Min. Benedito Gonçalves, DJe 13.5.2020). Por sua vez, a 2ª Turma do STJ já decidiu que deve ser respeitada a coisa julgada (STJ, 2ª Turma, REsp 1.861.550/DF, Rel. Min. Og Fernandes, DJe 4.8.2020). É evidente que se deve respeitar a coisa julgada. Se a relação jurídica for continuativa e sobrevier mudança no índice de correção, cabe à parte ajuizar ação de revisão prevista no art. 505, I, do CPC. Se o índice estiver errado, é cabível ação rescisória (CPC, art. 966, V). O que não se pode é desconsiderar a coisa julgada. Na hipótese de o STF vir a entender que o índice correto é outro, em decisão proferida após o trânsito em julgado da decisão rescindenda, a rescisória terá por fundamento o § 8º do art. 535 do CPC.

[76] "Direito constitucional. Direito do trabalho. Ações diretas de inconstitucionalidade e ações declaratórias de constitucionalidade. Índices de correção dos depósitos recursais e dos débitos judiciais na justiça do trabalho. Art. 879, § 7º, e art. 899, § 4º, da CLT, na redação dada pela Lei 13.467, de 2017. Art. 39, caput e § 1º, da Lei 8.177 de 1991. Política de correção monetária e tabelamento de juros. Institucionalização da taxa referencial (TR) como política de desindexação da economia. TR como índice de correção monetária. Inconstitucionalidade. Precedentes do STF. Apelo ao legislador. Ações diretas de inconstitucionalidade e ações declaratórias de constitucionalidade julgadas parcialmente procedentes, para conferir interpretação conforme à Constituição ao art. 879, § 7º, e ao

art. 899, § 4º, da CLT, na redação dada pela Lei 13.467, de 2017. Modulação de efeitos. 1. A exigência quanto à configuração de controvérsia judicial ou de controvérsia jurídica para conhecimento das Ações Declaratórias de Constitucionalidade (ADC) associa-se não só à ameaça ao princípio da presunção de constitucionalidade – esta independe de um número quantitativamente relevante de decisões de um e de outro lado –, mas também, e sobretudo, à invalidação prévia de uma decisão tomada por segmentos expressivos do modelo representativo. 2. O Supremo Tribunal Federal declarou a inconstitucionalidade do art. 1º-F da Lei 9.494/1997, com a redação dada pela Lei 11.960/2009, decidindo que a TR seria insuficiente para a atualização monetária das dívidas do Poder Público, pois sua utilização violaria o direito de propriedade. Em relação aos débitos de natureza tributária, a quantificação dos juros moratórios segundo o índice de remuneração da caderneta de poupança foi reputada ofensiva à isonomia, pela discriminação em detrimento da parte processual privada (ADI 4.357, ADI 4.425, ADI 5.348 e RE 870.947-RG – tema 810). 3. A indevida utilização do IPCA-E pela jurisprudência do Tribunal Superior do Trabalho (TST) tornou-se confusa ao ponto de se imaginar que, diante da inaplicabilidade da TR, o uso daquele índice seria a única consequência possível. A solução da Corte Superior Trabalhista, todavia, lastreia-se em uma indevida equiparação da natureza do crédito trabalhista com o crédito assumido em face da Fazenda Pública, o qual está submetido a regime jurídico próprio da Lei 9.494/1997, com as alterações promovidas pela Lei 11.960/2009. 4. A aplicação da TR na Justiça do Trabalho demanda análise específica, a partir das normas em vigor para a relação trabalhista. A partir da análise das repercussões econômicas da aplicação da lei, verifica-se que a TR se mostra inadequada, pelo menos no contexto da Consolidação das Leis Trabalhistas (CLT), como índice de atualização dos débitos trabalhistas. 5. Confere-se interpretação conforme a Constituição ao art. 879, § 7º, e ao art. 899, § 4º, da CLT, na redação dada pela Lei 13.467, de 2017, definindo-se que, até que sobrevenha solução legislativa, deverão ser aplicados à atualização dos créditos decorrentes de condenação judicial e à correção dos depósitos recursais em contas judiciais na Justiça do Trabalho os mesmos índices de correção monetária e de juros vigentes para as hipóteses de condenações cíveis em geral (art. 406 do Código Civil), à exceção das dívidas da Fazenda Pública que possui regramento específico (art. 1º-F da Lei 9.494/1997, com a redação dada pela Lei 11.960/2009), com a exegese conferida por esta Corte na ADI 4.357, ADI 4.425, ADI 5.348 e no RE 870.947-RG (tema 810). 6. Em relação à fase extrajudicial, ou seja, a que antecede o ajuizamento das ações trabalhistas, deverá ser utilizado como indexador o IPCA-E acumulado no período de janeiro a dezembro de 2000. A partir de janeiro de 2001, deverá ser utilizado o IPCA-E mensal (IPCA-15/IBGE), em razão da extinção da UFIR como indexador, nos termos do art. 29, § 3º, da MP 1.973-67/2000. Além da indexação, serão aplicados os juros legais (art. 39, *caput*, da Lei 8.177, de 1991). 7. Em relação à fase judicial, a atualização dos débitos judiciais deve ser efetuada pela taxa referencial do Sistema Especial de Liquidação e Custódia – SELIC, considerando que ela incide como juros moratórios dos tributos federais (arts. 13 da Lei 9.065/95; 84 da Lei 8.981/95; 39, § 4º, da Lei 9.250/95; 61, § 3º, da Lei 9.430/96; e 30 da Lei 10.522/02). A incidência de juros moratórios com base na variação da taxa SELIC não pode ser cumulada com a aplicação de outros índices de atualização monetária, cumulação que representaria *bis in idem*. 8. A fim de garantir segurança jurídica e isonomia na aplicação do novo entendimento, fixam-se os seguintes marcos para modulação dos efeitos da decisão: (i) são reputados válidos e não ensejarão qualquer rediscussão, em ação em curso ou em nova demanda, incluindo ação rescisória, todos os pagamentos realizados utilizando a TR (IPCA-E ou qualquer outro índice), no tempo e modo oportunos (de forma extrajudicial ou judicial, inclusive depósitos judiciais) e os juros de mora de 1% ao mês, assim como devem ser mantidas e executadas as sentenças transitadas em julgado que expressamente adotaram, na sua fundamentação ou no dispositivo, a TR (ou o IPCA-E) e os juros de mora de 1% ao mês; (ii) os processos em curso que estejam sobrestados na fase de conhecimento, independentemente de estarem com ou sem sentença, inclusive na fase recursal, devem ter aplicação, de forma retroativa, da taxa Selic (juros e correção monetária), sob pena de alegação futura de inexigibilidade de título judicial fundado em interpretação contrária ao posicionamento do STF (art. 525, §§ 12 e 14, ou art. 535, §§ 5º e 7º, do CPC). 9. Os parâmetros fixados neste julgamento aplicam-se aos processos, ainda que transitados em julgado, em que a sentença não tenha consignado manifestação expressa quanto aos índices de correção monetária e taxa de juros (omissão expressa ou simples consideração de seguir os critérios legais). 10. Ação declaratória de constitucionalidade e ações diretas de inconstitucionalidade julgadas parcialmente procedentes" (STF, Pleno, ADC 58, Rel. Min. Gilmar Mendes, *DJe* 7.4.2021).

de aplicar o IPCA-E na fase pré-judicial e a taxa SELIC a partir do ajuizamento, às condenações de débitos diretos da Fazenda Pública, inclusive no âmbito da Justiça do Trabalho, aplica-se a tese do Tema 810 do STF, que determina a aplicação do IPCA-E como índice de correção monetária, acrescido dos juros da caderneta de poupança. O entendimento do STF é seguido pelo TST, que reitera a aplicação ininterrupta do IPCA-E para correção monetária de débitos trabalhistas devidos pela Fazenda Pública.[77]

A partir de 9 de dezembro de 2021, "nas condenações que envolvam a Fazenda Pública, independentemente de sua natureza e para fins de atualização monetária, de remuneração e de compensação da mora, inclusive do precatório, haverá a incidência, uma única vez, até o efetivo pagamento, do índice da taxa referencial do Sistema Especial de Liquidação e de Custódia (Selic), acumulado mensalmente" (EC 113/2021, art. 3º).

Vale dizer que os precatórios são monetariamente corrigidos pela Selic, a partir de dezembro de 2021. Tal previsão não pode ser aplicada retroativamente para períodos e casos anteriores, nem pode atingir as coisas julgadas até então formadas. A previsão de um novo índice de correção não pode alcançar períodos anteriores, em razão do princípio da irretroatividade das leis, concretizador da segurança jurídica.

Ao julgar a ADI 7.064, o STF, por razões de praticidade, rejeitou a alegação de inconstitucionalidade da Selic como indexador possível para a atualização de débitos judiciais.

Assim, as condenações impostas ao Poder Público devem, desde dezembro de 2021, ser atualizadas pela Selic. Se a dívida for tributária, aplica-se apenas a Selic. Sendo não tributária, a correção é feita pela Selic, mas os juros moratórios, em caso de não pagamento do precatório no período de graça, são os mesmos aplicáveis às cadernetas de poupança, nos termos do art. 1º-F da Lei 9.494/1997.

Ao examinar o Tema 1.335 da Repercussão Geral, o STF entendeu que a Selic não pode incidir durante o período de graça, pois há, na sua composição, juros, e os juros não incidem nesse período. Eis, então, a tese fixada pelo STF no Tema 1.335: "1. Não incide a taxa SELIC, prevista no art. 3º da EC nº 113/2021, no prazo constitucional de pagamento de precatórios do § 5º do art. 100 da Constituição. 2. Durante o denominado 'período de graça', os valores inscritos em precatório terão exclusivamente correção monetária, nos termos decididos na ADI 4.357- QO/DF e na ADI 4.425-QO/DF".

O Recurso Extraordinário 1.317.982 foi afetado como Tema 1.170 da Repercussão Geral, tendo sido julgado, com a fixação da seguinte tese: "É aplicável às condenações da Fazenda Pública envolvendo relações jurídicas não tributárias o índice de juros moratórios estabelecido no art. 1º-F da Lei 9.494/1997, na redação dada pela Lei 11.960/2009, a partir da vigência da referida legislação, mesmo havendo previsão diversa em título executivo judicial transitado em julgado".

Como está definido pelo STF, mesmo que haja coisa julgada em sentido divergente, os juros moratórios, nas relações não tributárias que envolvem o Poder Público, são os mesmos aplicáveis para remuneração da caderneta de poupança, aplicando-se o art. 1º-F da Lei 9.494/1997. Nesse sentido, o STF fixou a seguinte tese no julgamento do Tema 1.361 da Repercussão Geral: "O trânsito em julgado de decisão de mérito com previsão de índice específico

---

[77] Nesse sentido: TST, 5ª Turma, Recurso de Revista 1040.-08.2010.5.04.0009, Rel. Min. Breno Medeiros, *DeJT* 24.9.2021; TST, 3ª Turma, Recurso de Revista 1314-63.2010.5.01.0038, *DeJT* 24.5.2019; TST, 5ª Turma, Recurso de Revista 2377-46.2013.5.02.0441, Rel. Min. Breno Medeiros, *DeJT* 22.10.2021; TST, 3ª Turma, Recurso de Revista 102200-87.2008.5.02.0046; TST, 3ª Turma, Recurso de Revista 1233-96.2010.5.04.0017, Rel. Min. Alberto Luiz Bresciani de Fontan Pereira, *DeJT* 27.9.2019; TST, 5ª Turma, Agravo no Recurso de Revista 20385-39.2016.5.04.0141, Rel. Min. Breno Medeiros, *DeJT* 22.10.2021.

de juros ou de correção monetária não impede a incidência de legislação ou entendimento jurisprudencial do STF supervenientes, nos termos do Tema 1.170/RG".

Antes mesmo desses julgamentos pelo STF, a Resolução 482/2022 do CNJ já havia alterado a Resolução 303/2019 para orientar a incidência dos juros nos diversos períodos de pagamento dos precatórios. Vale conferir os seguintes dispositivos da Resolução 303/2019 do CNJ:

> Art. 21. A partir de dezembro de 2021, e para fins de atualização monetária, remuneração do capital e de compensação da mora, os precatórios, independentemente de sua natureza, serão corrigidos pelo índice da taxa referencial do Sistema Especial de Liquidação e de Custódia (Selic), acumulado mensalmente.
>
> Art. 21-A. Os precatórios não tributários requisitados anteriormente a dezembro de 2021 serão atualizados a partir de sua data-base mediante os seguintes indexadores:
>
> I – ORTN – de 1964 a fevereiro de 1986;
>
> II – OTN – de março de 1986 a janeiro de 1989;
>
> III – IPC/IBGE de 42,72% – em janeiro de 1989;
>
> IV – IPC/IBGE de 10,14% – em fevereiro de 1989;
>
> V – BTN – de março de 1989 a março de 1990;
>
> VI – IPC/IBGE – de março de 1990 a fevereiro de 1991;
>
> VII – INPC – de março de 1991 a novembro de 1991;
>
> VIII – IPCA-E/IBGE – em dezembro de 1991;
>
> IX – UFIR - de janeiro de 1992 a dezembro de 2000;
>
> X – IPCA-E / IBGE – de janeiro de 2001 a 9 de dezembro de 2009;
>
> XI – Taxa Referencial (TR) – 10 de dezembro de 2009 a 25 de março de 2015;
>
> XII – IPCA-E/ IBGE – de 26.03.2015 a 30 de novembro de 2021;
>
> XIII – Taxa Referencial do Sistema Especial de Liquidação e de Custódia (Selic) – de dezembro de 2021 em diante.
>
> § 1º Antes do momento definido no caput deste artigo observar-se-ão os índices de atualização previstos no título executivo ou na conta de liquidação.
>
> § 2º Para os precatórios expedidos no âmbito da administração pública federal, aplicar-se-á o IPCA-E como índice de atualização no período de vigência dos arts. 27 das Leis nº 12.919/2013 e 13.080/2015.
>
> § 3º Na atualização dos precatórios estaduais e municipais emitidos pela Justiça do Trabalho devem ser observadas as disposições do art. 39, caput, da Lei nº 8.177/1991, no período de março de 1991 a junho de 2009, IPCA-E de julho a 9 de dezembro de 2009, Taxa Referencial (TR) de 10 de dezembro de 2009 a 25 de março de 2015, IPCA-E de 26.03.2015 a 30 de novembro de 2021 e taxa referencial do Sistema Especial de Liquidação e de Custódia (Selic) de dezembro de 2021 em diante.
>
> § 4º Até novembro de 2021, aos precatórios de natureza tributária serão aplicados os mesmos critérios de atualização e remuneração da mora pelos quais a Fazenda Pública remunera seu crédito tributário seguindo, a partir do mês seguinte, a regra de atualização do artigo 21 dessa Resolução.
>
> § 5º A atualização dos precatórios não-tributários deve observar o período a que alude o § 5º do artigo 100 da Constituição Federal, em cujo lapso temporal o valor se sujeitará exclusivamente à correção monetária pelo índice previsto no inciso XII deste artigo.

§ 6º Não havendo o adimplemento no prazo a que alude o § 5º do artigo 100 da Constituição Federal, a atualização dos precatórios tributários e não-tributários será pela taxa Selic.

§ 7º A utilização da TR no período previsto no inciso XI deste artigo é admitida somente para os precatórios pagos ou expedidos até 25 de março de 2015.

Art. 22. Na atualização da conta do precatório não tributário os juros de mora devem incidir somente até o mês de novembro de 2021, observado o disposto no § 5º do artigo anterior.

§ 1º A partir de dezembro de 2021, a compensação da mora dar-se-á da forma discriminada no art. 20 desta Resolução, ocasião em que a taxa referencial do Sistema Especial de Liquidação e de Custódia – Selic incidirá sobre o valor consolidado, correspondente ao crédito principal atualizado monetariamente na forma do art. 22 desta Resolução até novembro de 2021 e aos juros de mora, observado o disposto nos §§ 5º e 6º do artigo anterior.

§ 2º Em nenhuma hipótese a atualização monetária e o cálculo dos juros, previstos nos arts. 21 e 21-A, poderão retroagir a período anterior da data-base da expedição do precatório.

Art. 23. As diferenças decorrentes da utilização de outros índices de correção monetária e juros que não os indicados neste capítulo, constantes ou não do título executivo, deverão ser objeto de decisão do juízo da execução e, sendo o caso, objeto de precatório complementar.

Art. 24. A metodologia de atualização prevista nesta Resolução se aplica às requisições de pequeno valor até a data do pagamento.

Parágrafo único. Vencido o prazo para pagamento da requisição, a atualização é devida na forma do art. 20 desta Resolução.

12.1.9 O cancelamento de precatórios e requisições de pequeno valor federais (Lei 13.463/2017)

A Lei 13.463, de 2017, dispõe sobre a destinação dos recursos voltados para o pagamento de precatórios e requisições de pequeno valor federais. Tal lei somente se aplica a pagamentos de precatórios e RPVs feitos pela União ou outros entes federais; ela não se aplica a pagamentos feitos pela Fazenda Pública estadual nem pela municipal.

De acordo com o seu art. 2º, os precatórios e requisições federais já expedidos, cujos valores tenham sido transferidos à instituição financeira responsável pela gestão de recursos, mas não tenham sido levantados pelo credor há mais de 2 (dois) anos, devem ser cancelados. O cancelamento se dá mediante devolução dos recursos, pela instituição financeira, à conta única do Tesouro Nacional.

O presidente do respectivo tribunal será cientificado do cancelamento, devendo, então, comunicar o fato ao juiz da execução, que, por sua vez, notificará o credor.

Quer isso dizer que os valores depositados, há mais de 2 (dois) anos, e não levantados pelo exequente, são reintegrados ao Tesouro Nacional, que destinará parte dos referidos recursos às finalidades instituídas pela própria Lei 13.463, de 2017.

É relevante observar se, quando do cancelamento, o pagamento já havido sido feito. O precatório ou RPV já fora atendido. O valor já está disponibilizado ao exequente, que apenas não tomou a iniciativa de levantá-lo. Por isso, o cancelamento não resulta na perda de tais valores. Segundo precedente do Superior Tribunal de Justiça:

Efetuado o depósito dos valores do precatório ou RPV, os montantes respectivos se transferem à propriedade do credor, pois saem da esfera de disponibilidade patrimonial do Ente Público. Sendo de sua propriedade, o credor pode optar por sacá-los quando bem entender; eventual subtração da quantia que lhe pertence, para retorná-la em caráter definitivo aos cofres públicos, configuraria verdadeiro confisco – ou mesmo desapropriação de dinheiro, instituto absolutamente esdrúxulo e ilegal.[78]

De acordo com o art. 3º da Lei 13.463/2017, o credor poderá requerer a expedição de novo ofício requisitório, garantida a ordem cronológica do requisitório anterior e a remuneração correspondente a todo o período.

A 2ª Turma do Superior Tribunal de Justiça, num primeiro momento, entendeu ser imprescritível a pretensão do credor de requerer a expedição de novo precatório ou RPV, pois, nos termos de sua própria jurisprudência, "a prática de atos pelo ente público, que importem em reconhecimento inequívoco do direito da parte contrária, como a realização de pagamentos das verbas controvertidas aos exequentes (servidores públicos), são incompatíveis com os efeitos da prescrição. Reconhecimento, na hipótese, da renúncia tácita ao prazo prescricional, nos termos do art. 191 do Código Civil".[79] Posteriormente, a mesma 2ª Turma passou a entender que tal pretensão não seria imprescritível, começando o correr o prazo prescricional a partir do cancelamento[80] do precatório ou RPV, cujos valores, embora depositados, não tenham sido levantados.[81]

Por sua vez, a 1ª Turma do STJ entende que referida previsão legal de cancelamento do precatório "deixa à mostra que não se trata de extinção de direito do credor do precatório

---

[78] STJ, 1ª Turma, REsp 1.874.973/RS, Rel. Min. Napoleão Nunes Maia Filho, *DJe* 13.10.2020.

[79] STJ, 2ª Turma, REsp 1.827.462/PE, Rel. Min. Herman Benjamin, *DJe* 11.10.2019. No mesmo sentido: STJ, 5ª Turma, AgRg no REsp 1.100.377/RS, Rel. Min. Marco Aurélio Bellizze, *DJe* 18.3.2013.

[80] Caso se entenda mesmo pela existência de prescrição, o prazo deve ter início da ciência do cancelamento, e não do anterior depósito feito e não levantado há mais de 2 (dois) anos. Nesse sentido: "Agravo interno no recurso especial. Cancelamento de RPV já expedida. Lei 13.462/2017. Prescrição. Não ocorrência. Termo inicial. Teoria da *actio nata*. Devolução dos montantes depositados ao tesouro nacional. 1. Apesar de a Lei 13.462/2017 ter possibilitado o cancelamento dos precatórios e requisições de pequenos valores depositados há mais de dois anos e não levantados pelos credores, assim como sua devolução ao Tesouro Nacional, assegurou aos últimos o direito de pedir a expedição de novo requisitório, conservando a ordem cronológica anterior e a remuneração correspondente a todo o período. 2. Deve ser rechaçada a tese da União de que o credor cujo precatório foi cancelado, consoante a Lei 13.462/2017, não pode pedir sua reexpedição, na forma do art. 3º do mesmo diploma normativo, se, entre a data do depósito do valor do precatório, posteriormente cancelado, e o aludido pleito de reexpedição tiver transcorrido mais de cinco anos. 3. Não prospera o argumento da União de que, nessa hipótese, a inércia do particular em levantar o precatório acarreta a prescrição do crédito, mesmo para sua reexpedição, porque o termo inicial seria a data do depósito. 4. Primeiro porque antes do advento da referida lei não existia prazo para o credor levantar os precatórios depositados, não havendo a previsão de cancelamento do precatório e retorno ao Tesouro Nacional dos valores não levantados depois de dois anos. Então não há como sustentar que desde o depósito já corria o prazo de prescrição para que o saque fosse feito. Além disso, os arts. 2º e 3º da Lei 13.462/2017 não estabeleceram prazo para o pleito de novo ofício requisitório, nem termo inicial de prescrição para o credor reaver os valores dos precatórios cancelados. Evidente, outrossim, que tal pretensão não é imprescritível. 5. Nesse caso, deve-se aplicar a teoria da *actio nata*, segundo a qual o termo *a quo* para contagem da prescrição da pretensão tem início com a violação do direito subjetivo e quando o titular do seu direito passa a conhecer o fato e a extensão de suas consequências. 6. A afronta ocorre com a devolução dos montantes depositados ao Tesouro Nacional, de modo que não há como reconhecer a prescrição. 7. Agravo Interno não provido" (STJ, 2ª Turma, AgInt no REsp 1.859.389/CE, Rel. Min. Herman Benjamin, *DJe* 21.8.2020).

[81] STJ, 2ª Turma, REsp 1.859.409/RN, Rel. Min. Mauro Campbell Marques, *DJe* 25.6.2020. No mesmo sentido: STJ, 2ª Turma, REsp 1.844.138/PE, Rel. Min. Og Fernandes, *DJe* 9.10.2020; STJ, 2ª Turma, REsp 1.947.651/RN, Rel. Min. Og Fernandes, *DJe* 6.10.2021.

ou RPV, mas sim de uma postergação para recebimento futuro, quando tiverem decorridos 2 anos da liberação, sem que o credor levante os valores correspondentes".[82] Não há prazo para requerer nova expedição do requisitório, já que o reconhecimento do crédito e depósito dos valores representa o ingresso do crédito no patrimônio do credor, sendo que a reincorporação ao Tesouro Nacional é feita mediante ulterior remuneração (prevista na própria lei). Logo, não há que se falar em prescrição, pois se trata de verba colocada à disposição do ente federal mediante remuneração expressamente prevista em lei; ou seja, operação que mais se assemelha a um empréstimo sem prazo específico para pagamento. Ainda de acordo com a 1ª Turma do STJ, não há prescrição, pois "o retorno dos valores do precatório ou RPV, havendo seu cancelamento depois de um biênio, tem todo o aspecto de um empréstimo ao Ente Público pagador (...)".[83] Para a 1ª Turma do STJ, "não há que se falar em prescrição, sobretudo por se tratar do exercício de um direito potestativo, o qual não estaria sujeito à prescrição, podendo ser exercido a qualquer tempo".[84] Enfim, para a 1ª Turma do STJ, é imprescritível a "pretensão à reexpedição da requisição de pequeno valor (RPV) cancelada nos termos da Lei n. 13.463/2017",[85] tendo em vista a ausência de previsão legal nesse sentido.[86]

Diante da divergência de entendimento, a 1ª Seção do STJ afetou o Recurso Especial 1.944.707/PE para julgamento como representativo da controvérsia, delimitando a questão como Tema 1141, nos seguintes termos: "Definir se é prescritível a pretensão de expedição de novo precatório ou RPV, após o cancelamento da requisição anterior, de que tratam os arts. 2º e 3º da Lei 13.463, de 06.07.2017".[87]

Os recursos foram julgados, e a 1ª Seção do STJ concluiu pela prescritibilidade da pretensão, firmando a seguinte tese: "A pretensão de expedição de novo precatório ou requisição de pequeno valor, fundada nos arts. 2º e 3º da Lei 13.463/2017, sujeita-se à prescrição quinquenal prevista no art. 1º do Decreto 20.910/32 e tem, como termo inicial, a notificação do credor, na forma do § 4º do art. 2º da referida Lei 13.463/2017".

Por sua vez, o STF, no julgamento da ADI 5.755, reconheceu a inconstitucionalidade do art. 2º da Lei 13.463, de 2017, tendo, então, sido a regra extirpada do ordenamento. Logo, não há mais razão para requerer a expedição de novo precatório, não sendo mais necessário examinar a existência ou não de prescrição a esse respeito.

Ao julgar embargos de declaração opostos pela União, o STF decidiu modular os efeitos de sua decisão para estabelecer que a proclamação de inconstitucionalidade só deveria ser eficaz a partir de 6 de julho de 2022, quando da publicação da ata de julgamento da ação. Por isso, a regra do cancelamento manteve-se até 5 de julho de 2022, não podendo mais ser aplicada desde 6 de julho de 2022.

Por isso, o STJ fixou a seguinte tese no Tema 1.217 dos recursos repetitivos: "É válido o ato jurídico de cancelamento automático de precatórios ou requisições federais de pequeno valor realizados entre 06/07/2017 (data da publicação da Lei 13.463/2017) e 06/07/2022 (data da publicação da ata da sessão de julgamento da ADI 5.755/DF), nos termos do art. 2º,

---

[82] STJ, 1ª Turma, REsp 1.874.973/RS, Rel. Min. Napoleão Nunes Maia Filho, *DJe* 13.10.2020.
[83] STJ, 1ª Turma, REsp 1.856.498/PE, Rel. Min. Napoleão Nunes Maia Filho, *DJe* 13.10.2020.
[84] STJ, 1ª T., AgInt no REsp 1.868.064/PB, Rel. Min. Manoel Erhardt (Des. Conv. TRF5), *DJe* 18.11.2021.
[85] STJ, 1ª Turma, AgInt no REsp 1.939.146/CE, Rel. Min. Gurgel de Faria, *DJe* 8.11.2021.
[86] STJ, 1ª Turma, AgInt no AREsp 1.707.348/CE, Rel. Min. Benedito Gonçalves, *DJe* 2.6.2021; STJ, 1ª Turma, AgInt no REsp 1.882.202/CE, Rel. Min. Sérgio Kukina, *DJe* 18.8.2021.
[87] STJ, 1ª Seção, ProAfR no REsp 1.944.707/PE, rel. Min. Assusete Magalhães, *DJe* 25.4.2022.

caput, e § 1º, da Lei 13.463/2017, desde que caracterizada a inércia do credor em proceder ao levantamento do depósito pelo prazo legalmente estabelecido (dois anos). É ilegal esse mesmo ato se circunstâncias alheias à vontade do credor impediam, ao tempo do cancelamento, o levantamento do valor depositado".

Enfim, não é mais possível o cancelamento dos precatórios não resgatados e RPVs federais a partir de 6 de julho de 2022. Antes disso, porém, o cancelamento mantém-se válido, podendo o credor requerer nova expedição de precatório ou RPV federal dentro do prazo prescricional de 5 (cinco) anos.

12.1.10 Sequestro: natureza e objeto

Não sendo pago o crédito inscrito em precatório, a consequência, até agora vista, é permitir o cômputo de juros moratórios. Nesse caso, além dos juros, seria possível determinar o sequestro ou bloqueio de verbas públicas para viabilizar o pagamento?

A resposta é positiva.

Com efeito, o sequestro é possível somente para o caso de preterição na ordem de inscrição do precatório e, bem ainda, para o caso de "não alocação orçamentária do valor necessário à satisfação do seu débito". A propósito, assim está redigido o § 6º do art. 100 da Constituição Federal:

> § 6º As dotações orçamentárias e os créditos abertos serão consignados diretamente ao Poder Judiciário, cabendo ao Presidente do Tribunal que proferir a decisão exequenda determinar o pagamento integral e autorizar, a requerimento do credor e exclusivamente para os casos de preterimento de seu direito de precedência *ou de não alocação orçamentária do valor necessário à satisfação do seu débito,* o sequestro da quantia respectiva.

É possível, portanto, que haja o sequestro não somente para o caso de preterição da ordem cronológica, mas também para a falta de alocação orçamentária do valor necessário à satisfação do crédito exequendo.

Somente se permite o sequestro nos casos expressamente previstos na Constituição. Não é possível, por exemplo, requerer o sequestro para pagamento de crédito de pessoas com doença grave sem observância à regra dos precatórios. Nesse sentido, a tese do Tema 598 da Repercussão Geral do STF: "O deferimento de sequestro de rendas públicas para pagamento de precatório deve se restringir às hipóteses enumeradas taxativamente na Constituição Federal de 1988".

O referido sequestro nada mais é do que um *arresto*, sendo imprópria a designação *sequestro*.[88] Tal *arresto*, contudo, não ostenta a natureza de medida cautelar,[89] consistindo numa medida satisfativa, de natureza executiva, destinada a entregar a quantia apreendida ao credor preterido em sua preferência.[90]

O que se discute é quem será, no caso de preterição da ordem cronológica de inscrição, o legitimado passivo do sequestro (leia-se arresto): a apreensão da quantia destinada

---

[88] CÂMARA, Alexandre Freitas. *Lições de direito processual civil*. 7. ed. Rio de Janeiro: Lumen Juris, 2003. v. 2, p. 343.
[89] SILVA, Ovídio A. Baptista da. *Curso de processo civil*. 3. ed. São Paulo: RT, 1998. v. 2, n. 15.2, p. 116.
[90] CÂMARA, Alexandre Freitas. *Lições de direito processual civil*. 7. ed. Rio de Janeiro: Lumen Juris, 2003. v. 2, p. 343; ASSIS, Araken de. *Manual da execução*. 9. ed. São Paulo: RT, 2005. n. 429.2, p. 922-923.

a satisfazer o credor irá operar-se sobre o patrimônio da Fazenda Pública ou sobre o patrimônio do credor que recebeu em preterição, antes de chegado o seu momento?

Há quem defenda que tal medida somente possa ser encetada em face da Fazenda Pública, incidindo o sequestro sobre rendas públicas, e não sobre o valor do pagamento feito com quebra da ordem de preferência dos precatórios, abrindo-se uma exceção ao princípio da impenhorabilidade dos bens públicos.[91] Por sua vez, há quem entenda que somente o patrimônio do credor que recebeu antes do momento adequado é que estaria sujeito à medida de sequestro, não se atingindo o patrimônio público.[92] O sequestro, na realidade, pode incidir tanto sobre o patrimônio público como sobre o do credor que recebeu antes do momento adequado,[93] possibilitando, portanto, um litisconsórcio passivo no requerimento de sequestro.[94]

Nos termos do § 6º do art. 100 da Constituição Federal, é possível o sequestro no caso de falta de alocação orçamentária dos recursos necessários e suficientes ao pagamento do crédito inscrito no precatório. Em tal situação, o sequestro atinge verbas públicas, ou seja, recursos financeiros da própria entidade executada.

O art. 101 do Ato das Disposições Constitucionais Transitórias prevê um regime especial para os entes públicos que, em 25 de março de 2015, estivessem em mora com o pagamento de seus precatórios. Tal regime beneficia Estados, o Distrito Federal e Municípios que se encaixem nessa hipótese, não alcançando a União. Os Estados, o Distrito Federal e os Municípios, bem como suas respectivas autarquias e fundações, que se beneficiarem desse regime e estiverem efetuando os pagamentos de acordo com tal regime não podem sofrer sequestro de valores, salvo no caso de falta de liberação tempestiva dos recursos.

Em regra, o sequestro não pode ser determinado de ofício, sendo necessário que haja prévio requerimento do credor. Requerido o sequestro, será ouvido o chefe do Ministério Público para, somente depois, ser determinada a medida executiva de satisfação do crédito. O sequestro previsto no inciso I do art. 104 do Ato das Disposições Constitucionais Transitórias não depende de requerimento, podendo ser ordenado de ofício pelo presidente do tribunal de justiça, pela falta de liberação tempestiva para pagamento dos precatórios pendentes no regime especial estabelecido no art. 101 do mesmo Ato das Disposições Constitucionais Transitórias.

Quanto à legitimidade ativa, poderá requerer o sequestro *qualquer* credor preterido: não somente aquele que está imediatamente acima, na ordem cronológica, como os que lhe antecedam. Assim, imaginem-se os credores que estão, respectivamente, nos 5º, 6º e 7º lugares na ordem cronológica de inscrição. Se o 7º receber antes do 5º e do 6º, caberia, em princípio, ao 6º requerer o sequestro. Só que esse último não deve receber seu crédito antes do 5º. Na verdade, quem deve requerer o sequestro é o 5º, nada impedindo, porém, que o 6º também o faça. Nesse caso, o 6º estará agindo por *substituição processual* em relação ao 5º.[95] A ordem cronológica, que decorre do princípio da impessoalidade, justifica a legitimidade extraordinária. A defesa da ordem cronológica é comum a todos os credores

---

[91] SILVA, Ovídio A. Baptista da. *Curso de processo civil*. 3. ed. São Paulo: RT, 1998. v. 2, n. 15.2, p. 116.
[92] CÂMARA, Alexandre Freitas. *Lições de direito processual civil*. 7. ed. Rio de Janeiro: Lumen Juris, 2003. v. 2, p. 343.
[93] ASSIS, Araken de. *Manual da execução*. 9. ed. São Paulo: RT, 2005. n. 429.3, p. 923.
[94] VIANA, Juvêncio Vasconcelos. Novas considerações acerca da execução contra a Fazenda Pública. *Revista Dialética de Direito Processual*, São Paulo: Dialética, v. 5, ago. 2003, p. 65.
[95] BUENO, Cassio Scarpinella. Execução por quantia certa contra a Fazenda Pública – uma proposta atual de sistematização. In: SHIMURA, Sérgio; WAMBIER, Teresa Arruda Alvim (coords.). *Processo de execução*. São Paulo: RT, 2001. p. 152.

que foram afetados pela preterição. É possível aplicar, no caso, por analogia, o disposto no art. 3º da Lei 12.016/2009.

No caso da falta de pagamento por ausência de alocação orçamentária dos correspondentes recursos, a legitimidade ativa para requerer o sequestro é do credor que não teve seu crédito satisfeito.

12.1.11 Intervenção federal e estadual

Inscrito o precatório até o dia 1º de julho (ou até 2 de abril, a partir de 2022), seu pagamento será requisitado para ser feito até o final do exercício seguinte. Não efetuado no momento previsto constitucionalmente, ter-se-á fundamento para requerer a intervenção judicial. É que, nesse caso, há desobediência à ordem ou decisão judicial.[96]

A intervenção está prevista nos arts. 34 a 36 da Constituição Federal, estando disciplinadas no art. 34 as hipóteses de intervenção da União nos Estados ou no Distrito Federal. O art. 35 da Constituição disciplina os casos de intervenção estadual nos Municípios ou da União nos Territórios Federais, estando o procedimento capitulado no seu art. 36.

A satisfação parcial do débito não tem o condão de gerar a satisfação da dívida, não tendo poder liberatório. Nesse caso, não tendo havido pagamento integral do crédito, o precatório continua mantido inscrito na ordem cronológica, até satisfação plena.[97]

A alegação de falta de recursos, conquanto parecesse não ser motivo suficiente para afastar a intervenção,[98] passou a ser tida como justificativa plausível, a impedir o decreto interventivo. Diante da ausência de configuração de dolo ou de atuação deliberada do administrador público, a simples falta de recursos para satisfação do precatório é tida como justificativa aceitável para afastar a medida extrema da intervenção, com aplicação do princípio da proporcionalidade.[99]

12.1.12 Casos de dispensa de precatório

A execução contra a Fazenda Pública pode, como se viu, fundar-se em título judicial ou em título extrajudicial. Quando o título for judicial, há cumprimento de sentença contra a Fazenda Pública (arts. 534 e 535). Sendo extrajudicial, propõe-se a execução disciplinada no art. 910. Tanto numa como noutra, é necessário observar o regime de precatórios ou de Requisição de Pequeno Valor – RPV –, previsto no art. 100 da Constituição Federal.

Nos termos do § 3º do art. 100 da Constituição Federal, não há necessidade de expedição de precatório nos casos de execução de pequeno valor.

A Lei 10.259, de 12 de julho de 2001, ao instituir os Juizados Especiais Cíveis no âmbito da Justiça Federal com competência para processar, conciliar e julgar as causas até o valor de 60 (sessenta) salários mínimos (art. 3º), estabeleceu, em seu art. 17, que a obrigação de pagar quantia certa, *após* o trânsito em julgado da decisão, será atendida independentemente de precatório. E, para os efeitos do § 3º do art. 100 da Constituição Federal, segundo dispõe o

---

[96] STOCO, Rui. Os precatórios judiciais e a intervenção no Estado ou Municípios. *Revista dos Tribunais*, São Paulo: RT, v. 739, maio 1997, p. 74.
[97] STOCO, Rui. Os precatórios judiciais e a intervenção no Estado ou Municípios. *Revista dos Tribunais*, São Paulo: RT, v. 739, maio 1997, p. 75.
[98] STOCO, Rui. Os precatórios judiciais e a intervenção no Estado ou Municípios. *Revista dos Tribunais*, São Paulo: RT, v. 739, maio 1997, p. 76.
[99] STF, Pleno, IF 1.317/SP, Rel. Min. Gilmar Mendes, *DJ* 1º.8.2003, p. 113.

§ 1º do art. 17 da referida Lei 10.259/2001, as obrigações ali definidas como de pequeno valor terão como limite aquele mencionado montante de 60 (sessenta) salários mínimos. Logo, as condenações impostas contra a União, que ostentem a cifra de até 60 (sessenta) salários mínimos, devem ser cumpridas sem a necessidade da expedição de precatório. Nessa hipótese, de acordo com o § 2º do art. 17 da aludida Lei 10.259/2001, é vedado o fracionamento, a repartição ou a quebra do valor da execução, não se permitindo que parte da quantia seja paga imediatamente e a outra parte, mediante a expedição de precatório. Desse modo, caso o montante da condenação ultrapasse o valor correspondente a 60 (sessenta) salários mínimos, o pagamento será feito, sempre, por meio de precatório, tal como estabelece o § 4º daquele art. 17 da Lei 10.259/2001.

Aos Estados, Municípios e Distrito Federal cabe fixar o limite considerado de pequeno valor para que seja dispensada a expedição do precatório.[100] Enquanto não editados os respectivos diplomas legais, deve prevalecer o teto estabelecido no art. 87 do ADCT da Constituição Federal: para as condenações impostas às Fazendas dos Estados e do Distrito Federal, o limite fixado é de até 40 (quarenta) salários mínimos, sendo de até 30 (trinta) salários mínimos para as condenações impostas às Fazendas Municipais.

Tais limites previstos no art. 87 do ADCT da Constituição Federal não constituem critérios mínimos nem máximos, não ostentando a feição de pisos nem tetos definitivos, de forma que os Estados, os Municípios e o Distrito Federal podem fixar limites inferiores ou superiores àqueles estabelecidos no referido dispositivo do ADCT.[101] Enquanto não fixados os limites próprios de cada ente federativo, prevalecem, provisoriamente, para o ente que não fixou o seu, os referenciais do art. 87 do ADCT.

Em qualquer caso, se o valor da execução ultrapassar o limite específico, deverá o pagamento submeter-se ao regime do precatório, *a não ser que* a parte renuncie ao crédito do valor excedente, para que possa optar pelo pagamento do saldo sem o precatório.

Há, porém, um limite mínimo a ser observado pelas pessoas jurídicas de direito público, o qual está estabelecido no § 4º do art. 100 da Constituição Federal, cujo teor assim dispõe:

> § 4º Para os fins do disposto no § 3º, poderão ser fixados, por leis próprias, valores distintos às entidades de direito público, segundo as diferentes capacidades econômicas, *sendo o mínimo igual ao valor do maior benefício do regime geral de previdência social.*

Tal dispositivo foi inserido pela Emenda Constitucional 62/2009.

Como se observa, há um limite mínimo a ser observado, de sorte que não é possível estabelecer um montante inferior ao maior benefício do regime geral de previdência social.

Já se viu que cabe a cada ente público, por lei própria, fixar os limites de dispensa de precatório. Enquanto não fixado tal limite próprio, prevalecem as regras constitucionais transitórias.

Quando a Emenda Constitucional 62/2009 entrou em vigor, já havia leis estaduais e municipais estabelecendo os respectivos valores de dispensa de precatório. Algumas leis, a

---

[100] Essa fixação deve ser feita por lei do respectivo ente federado, não havendo necessidade de iniciativa do Chefe do Poder Executivo. Nesse sentido, a tese do Tema 1.326 da Repercussão Geral do STF: "A iniciativa legislativa para definição de obrigações de pequeno valor para pagamento de condenação judicial não é reservada ao chefe do Poder Executivo".
[101] STF, Pleno, ADI 2.868/PI, Rel. Min. Carlos Britto, Rel. p/ acórdão Min. Joaquim Barbosa, *DJ* 12.11.2004, p. 5.

exemplo da piauiense (*que veio a ser questionada na Ação Direta de Inconstitucionalidade 2.868/PI e que previa o montante equivalente a cinco salários mínimos como o teto da dispensa de precatório*), estabeleciam limites bem inferiores ao valor do maior benefício do regime geral de previdência social.

Não restam dúvidas de que estão *revogadas* todas essas leis que estabeleciam limites inferiores ao valor do maior benefício do regime geral de previdência social. Com a superveniência da exigência constitucional de limite mínimo, não persistem mais as leis que conflitem com tal previsão.

É ponto incontroverso na doutrina e na jurisprudência brasileiras que não existe inconstitucionalidade superveniente. A nova previsão constitucional não torna inconstitucionais as leis anteriores que a ela não se adéquem. Em vez de tornar inconstitucionais as normas até então em vigor, a nova regra constitucional tem o condão, isto sim, de revogá-las.

Por essa razão, estão revogadas todas as leis estaduais e municipais que fixavam limites de dispensa de precatório inferiores ao valor do maior benefício do regime geral de previdência social. Revogadas tais leis, ficam os Estados e Municípios sem previsão de limite para dispensa de precatório. Nesse caso, hão de prevalecer, até que sejam editadas novas leis estaduais e municipais, as regras transitórias contidas na Constituição Federal: 40 (quarenta) salários mínimos para os Estados e para o Distrito Federal e 30 (trinta) salários mínimos para os Municípios. A sentença, nesses casos de dispensa do precatório, *não* perde sua feição condenatória nem elimina a necessidade de um futuro e posterior processo de execução. O que se dispensa é, apenas, a expedição do *precatório*. Sendo o título judicial, devem ser aplicados os arts. 534 e 535. Se for extrajudicial, aplica-se o disposto no art. 910 do CPC. No primeiro caso, a Fazenda Pública é intimada para apresentar impugnação. No segundo, é citada, podendo oferecer embargos. Não apresentada sua defesa (impugnação ou embargos, a depender do caso) ou rejeitada a que tenha sido apresentada, deverá ser expedida ordem de pagamento, em vez de se expedir um precatório. Emitida a ordem de pagamento, cabe à Fazenda Pública creditar o valor respectivo, no prazo assinalado pelo juiz. Não o fazendo, caberá o sequestro ou o bloqueio de verbas públicas, no valor suficiente para o cumprimento da ordem.[102]

A ordem de pagamento é encaminhada, diretamente, pelo juiz de primeiro grau ao ordenador de despesas do ente público ou deve ser, seguindo a mesma trilha dos precatórios, requisitada por meio do Presidente do tribunal? A legislação não é suficientemente clara a esse respeito.

Enfrentando essa questão, o Superior Tribunal de Justiça concluiu que "A requisição de pagamento das obrigações devidas pela Fazenda Pública é de competência exclusiva do Presidente do Tribunal a que está vinculado o juízo da execução, (...), tanto nos pagamentos realizados por meio de precatórios como por requisições de pequeno valor".[103]

Regulamentando o procedimento no âmbito da Justiça Federal de primeiro e segundo graus, o Conselho da Justiça Federal editou sucessivas resoluções, estabelecendo que o pagamento deverá ser requisitado ao Presidente do tribunal, facultada a utilização de meio eletrônico. Compete ao Presidente do tribunal aferir a regularidade formal das requisições,

---

[102] Tal medida já está, inclusive, prevista no § 2º do art. 17 da Lei 10.259/2001.
[103] STJ, 2ª Turma, REsp 1.082.310/MS, Rel. Min. Eliana Calmon, *DJe* 25.5.2009. No mesmo sentido: STJ, 6ª Turma, REsp 1.070.296/MS, Rel. Min. Celso Limongi (Des. conv. TJ/SP), *DJe* 5.4.2010; STJ, 2ª Turma, REsp 1.688.363/SP, Rel. Min. Herman Benjamin, *DJe* 10.10.2017. STJ, 2ª Turma, REsp 1.712.848/SP, Rel. Min. Herman Benjamin, *DJe* 22.5.2018.

assegurando a obediência à ordem de preferência dos pagamentos. A requisição de pagamento de valores de até 60 (sessenta) salários mínimos – dispensando-se, pois, a sistemática do precatório – passou a ser denominada *Requisição de Pequeno Valor (RPV)*.

Desde 2002, são editadas resoluções a esse respeito. A Resolução 168/2011 foi revogada pela Resolução 405, de 9 de junho de 2016, a qual foi revogada pela de nº 458, de 4 de outubro de 2017, que foi alterada pela Resolução 631, de 14 de maio de 2020, pela Resolução 657, de 10 agosto de 2020 e pela Resolução 670, de 10 de novembro 2020. No âmbito federal, o pagamento de quantia certa a que for condenada a Fazenda Pública será feito nos termos da Resolução 822/2023, do Conselho da Justiça Federal, facultada a utilização de meio eletrônico, competindo ao Presidente do respectivo Tribunal Regional Federal aferir a regularidade formal das requisições, bem como assegurar a obediência à ordem de preferência de pagamento dos créditos.

Antes de determinar a expedição do precatório ou da RPV ao tribunal, o juiz da execução intimará as partes do teor da requisição.[104]

Tratando-se de crédito de pequeno valor de responsabilidade da União, de suas autarquias ou de fundações de direito público, o tribunal organizará, mensalmente, a relação das requisições, em ordem cronológica, com os valores por beneficiário, encaminhando-a à Secretaria de Planejamento, Orçamento e Finanças do Conselho da Justiça Federal e ao representante legal da entidade devedora.

Os saques correspondentes a precatórios e a requisições de pequeno valor serão feitos independentemente de alvará e reger-se-ão pelas normas aplicáveis aos depósitos bancários.

Os valores sacados, com ou sem alvará, estarão sujeitos à retenção da contribuição para o PSS, bem como do imposto de renda na fonte, nos termos da lei. O Tribunal Regional Federal comunicará a efetivação do depósito ao juízo da execução, e este cientificará as partes.

No caso de penhora, arresto, sequestro ou sucessão *causa mortis*, os valores já depositados serão convertidos em depósito judicial, indisponível, à ordem do juízo, até ulterior deliberação sobre a titularidade do crédito.

Qualquer fato que impeça o saque será imediatamente comunicado pelo juízo da execução ao Presidente do tribunal, que determinará o bloqueio até decisão final.

No caso de autocomposição realizada pelos Centros Judiciais de Solução de Conflitos e Cidadania – CEJUSCONs – e pelas demais unidades de conciliação, o juízo da homologação da autocomposição expedirá o ofício requisitório ao respectivo Tribunal Regional Federal.

Cumpre verificar se, numa demanda em que haja litisconsórcio ativo, a dispensa do precatório decorrerá do valor global da demanda ou do valor devido a cada litisconsorte. Se, por exemplo, numa ação proposta por *A, B* e *C* em face da União, a condenação dessa última ostentar a cifra de 100 (cem) salários mínimos, sendo 20 (vinte) salários mínimos para *A*, 50 (cinquenta) salários mínimos para *B* e 30 (trinta) salários mínimos para *C*, será necessário o precatório, porque o valor total ultrapassa os 60 (sessenta) salários mínimos ou cada um dos litisconsortes irá receber sem precatório, uma vez que o valor relativo a cada um é inferior àquele limite de 60 (sessenta) salários mínimos?

De se recordar que *uma* demanda caracteriza-se por conter *um* autor, *um* réu, *uma* causa de pedir remota, *uma* causa de pedir próxima, *um* pedido imediato e *um* pedido mediato.

---

[104] Nesse sentido, o enunciado 85 do Fórum Nacional do Poder Público: "A intimação para manifestação sobre os cálculos elaborados pelo juízo em fase de execução contra a Fazenda Pública deve preceder a expedição do requisitório de pagamento".

Quando, num mesmo processo, houver *mais de um* autor ou *mais de um* réu (ou mais de um autor e mais de um réu ao mesmo tempo), haverá uma *cumulação subjetiva* de demandas; haverá tantas demandas quantos forem os autores ou os réus.[105]

Sendo certo que, no litisconsórcio, há uma cumulação de demandas, o tratamento deve ser conferido em relação a cada uma. Ora, se cada litisconsorte tivesse ingressado, isoladamente, com a sua ação, não haveria precatório. Da mesma forma, se estiverem presentes, todos juntos, num único processo, haverá cumulação de litígios, devendo ser considerado o valor de cada um deles.

Enfim, em caso de litisconsórcio, será considerado o valor devido a cada um deles, expedindo-se *cada* requisição de pagamento para *cada* um dos litisconsortes.[106] Poderá ocorrer, porém, de serem expedidas, simultaneamente, requisições de pequeno valor e requisições mediante precatório.[107]

Assim, sendo, por exemplo, ajuizada uma demanda em face da União por *A*, *B* e *C*, e vindo a União a ser condenada no valor equivalente a 250 (duzentos e cinquenta) salários mínimos, sendo 100 (cem) salários mínimos devidos para *A*, 50 (cinquenta) salários mínimos para *B* e 100 (cem) salários mínimos para *C*. Nesse caso, haverá 3 (três) requisições de pagamento: uma de pequeno valor para *B* e 2 (duas) mediante precatório para *A* e *C*.[108]

De acordo com o Plenário do STF, o fato de existirem litisconsortes titulares de verbas passíveis de cobrança mediante RPV não reflete na forma de cobrança dos honorários de sucumbência, que, sendo arbitrados em favor de um advogado, se tornam indivisos para fins de expedição de precatório ou de RPV. Se a soma dos honorários incidentes sobre os créditos

---

[105] ALVIM, Thereza. *O direito processual de estar em juízo*. São Paulo: RT, 1996. p. 140-142. Somente há uma *única* demanda, segundo esclarece Thereza Alvim, quando se tratar de litisconsórcio unitário. Com efeito, "no litisconsórcio unitário existe uma só lide" (*O direito processual de estar em juízo*. São Paulo: RT, 1996. p. 164).

[106] Nesse sentido: STF, 2ª Turma, AC-Ag 653/SP, Rel. Min. Joaquim Barbosa, *DJ* 12.5.2006, p. 17. No mesmo sentido: STF, 1ª Turma, RE 634.707, Rel. Min. Marco Aurélio, *DJe* 4.5.2012.

[107] Em precedente específico, o TST entendeu que, quando se tratar de ação coletiva proposta por Sindicato, sendo a execução igualmente coletiva, não é possível considerar o valor individual de cada beneficiário da decisão. Nessa hipótese, há de levar em conta o valor total, devendo ser expedido precatório. Eis a notícia veiculada no sítio eletrônico do TST: "Precatório. Individualização do crédito. Impossibilidade. Sindicato. Substituição processual. Tratando-se de reclamação trabalhista ajuizada por sindicato na qualidade de substituto processual, não é possível a individualização do crédito de cada um dos substituídos, devendo a execução ocorrer mediante precatório, nos moldes do art. 100 da CF. A individualização só se viabiliza quando se tratar de ação plúrima, conforme a Orientação Jurisprudencial nº 9 do Tribunal Pleno. Com esse entendimento, a SBDI-II, por maioria, conheceu da remessa necessária e do recurso ordinário e, no mérito, deu-lhes provimento para julgar procedente a ação rescisória, e, em juízo rescisório, determinar seja a execução, no caso, processada sob a forma de precatório. Vencidos os Ministros João Oreste Dalazen, Maria Cristina Irigoyen Peduzzi e Hugo Carlos Scheuermann, os quais negavam provimento aos recursos por entenderem, no caso de substituição processual, não haver falar em crédito único, cujo fracionamento, eventualmente, burlaria os limites impostos pelo § 8º do art. 100 da CF, mas em somatório de créditos pertencentes a distintos credores, podendo ser, cada qual, de pequeno valor. TST-ReeNec e RO-19300-03.2010.5.17.0000, SBDI-II, Rel. Min. Alexandre Agra Belmonte, 19.2.2013".

[108] Esse fracionamento somente é possível em caso de litisconsórcio ativo, *não* se permitindo no caso de *ação coletiva*. Realmente, segundo entendimento firmado no âmbito da jurisprudência do STF, é impossível o "... fracionamento da execução, para requerer requisição de pequeno valor, quando for o caso de ação coletiva" (STF, 2ª Turma, RE 551.955 AgR, Rel. Min. Ellen Gracie, *DJe* 18.12.2009). No mesmo sentido: STF, 2ª Turma, RE 511.179 ED, Rel. Min. Eros Grau, *DJ* 30.11.2007, p. 126. Ainda no mesmo sentido: STF, 2ª Turma, AI 603.197 AgR/RS, Rel. Min. Gilmar Mendes, *DJe* 7.3.2008.

de cada litisconsorte resultar em valor superior àquele estipulado para a expedição de RPV, há de haver cobrança sob o regime de precatórios, ainda que os créditos principais sejam cobrados mediante RPV.[109] Segundo o STF, "uma vez que o crédito do advogado se origina de uma relação de direito processual, sendo devido em função de atos únicos praticados no curso do processo, em proveito de todos os litisconsortes e independentemente de quantos eles sejam, fixados os honorários de forma global sobre o valor da condenação, o crédito constituído é uno, indivisível e guarda total autonomia no que concerne ao crédito dos litisconsortes".[110]

O que não se permite é o fracionamento do valor, ou seja, não se admite que um credor de valor equivalente a, por exemplo, 150 (cento e cinquenta) salários mínimos fracione a execução, cobrando 100 (cem) salários mínimos mediante precatório e 50 (cinquenta) salários mínimos por meio de requisição de pequeno valor. Ou ele renuncia ao excedente, ficando com 60 (sessenta) salários mínimos, para evitar a sistemática do precatório, ou ele executa o valor total, submetendo-se à requisição por precatório.

Nos termos do § 8º do art. 100 da Constituição Federal, é vedado o fracionamento, a repartição ou a quebra do valor da execução, a fim de que seu pagamento não se faça, em parte, por RPV e, em parte, mediante expedição de precatório. A finalidade dessa regra, como se vê, é evitar que o exequente, intencionalmente, utilize-se, simultaneamente, dos 2 (dois) mecanismos de satisfação de seu crédito: o precatório para uma parte da dívida e a RPV para a outra parte.

Nesse mesmo sentido, não é possível executar o ressarcimento das custas judiciais por meio de RPV e o restante da condenação por precatório.[111] Se, porém, o credor das custas for diverso do credor do valor principal, pode aquele executá-las, se o valor for pequeno, por RPV, cabendo a este, se valor for superior ao limite da RPV, executar seu crédito por precatório.[112]

Quando, enfim, os titulares das diversas verbas executadas forem diversos, é possível haver a execução separada para cada crédito. Em tal hipótese, se um valor for pequeno, e o outro não, expede-se RPV para o pequeno valor e precatório para o outro. É o que o ocorre com os honorários de sucumbência: o credor deles é o advogado, e não a parte. Se o valor dos honorários for pequeno, o advogado pode pedir a expedição da RPV, cabendo à parte executar seu crédito, de maior valor, por precatório.[113] Quer isso dizer que, se o valor for autônomo ou

---

[109] STF, Pleno, ED-EDv RE 947.185 RS, Rel. Min. Ricardo Lewandowski, *DJe* 18.9.2016.
[110] STF, Pleno, RE 919.793 AgR-ED-EDv, Rel. Min. Dias Toffoli, *DJe* 26.6.2019. No mesmo sentido: STF, 1ª Turma, RE 1.190.856 AgR, Rel. Min. Roberto Barroso, *DJe* 10.6.2019.
[111] "Recurso extraordinário. 2. Alegação de ofensa ao art. 87 do ADCT e ao § 4º do art. 100 da Constituição Federal. Ocorrência. 3. Fracionamento do valor de precatório em execução de sentença, com o objetivo de efetuar o pagamento das custas processuais por meio de requisição de pequeno valor (RPV). Impossibilidade. 4. Recurso extraordinário provido" (STF, Pleno, RE 592.619, Rel. Min. Gilmar Mendes, *DJe* 16.11.2010).
[112] "Constitucional. Execução contra a Fazenda Pública. Custas processuais. Pagamento via requisição de pequeno valor – RPV. Fracionamento da execução principal. Questão não examinada pelo tribunal. Peculiaridade do caso concreto. Recurso extraordinário desprovido. I – A tese da possibilidade ou não do fracionamento da execução principal contra a Fazenda Pública para pagamento de custas processuais não pôde ser examinada em razão de peculiaridade do caso concreto. II – No caso, o titular do cartório tem legitimidade para executar as custas processuais, uma vez que a parte, por ser beneficiária de assistência judiciária gratuita, não as adiantou. III – Recurso extraordinário desprovido" (STF, Pleno, RE 578.695, Rel. Min. Ricardo Lewandowski, *DJe* 20.3.2009).
[113] "Constitucional e processual civil. Alegado fracionamento de execução contra a Fazenda Pública de estado-membro. Honorários advocatícios. Verba de natureza alimentar, a qual não se confunde com o débito principal. Ausência de caráter acessório. Titulares diversos. Possibilidade de pagamento autônomo. Requerimento desvinculado da expedição do ofício requisitório principal. Vedação cons-

independente, não incide a vedação de fracionamento prevista no § 8º do art. 100 da Constituição. Se, todavia, a parcela for acessória ou integrar o crédito do mesmo titular, não pode haver fracionamento para que uma parte seja paga por RPV e a outra, por precatório. No caso dos honorários de sucumbência, o crédito é autônomo; seu titular é o advogado, pessoa diversa do credor do valor principal.[114]

Tratando-se de honorários contratuais, não pode haver o fracionamento, devendo o valor ser cobrado com o crédito principal, pois aí eles consistem num percentual da condenação ou do valor executado.[115]

Abstraídas as hipóteses de pluralidade de créditos ou de execuções cumuladas, cada uma relativa a créditos de titulares diversos, não é possível ao credor fracionar sua execução para receber uma parte por RPV e outra por precatório.

Não é, porém, o que ocorre no caso de execução de parte incontroversa da dívida. Em outras palavras, quando a impugnação (no caso de cumprimento de sentença) ou os embargos (no caso de execução fundada em título extrajudicial) forem parciais, a execução prosseguirá quanto à parte incontroversa. Assim, proposta, por exemplo, uma execução em face da União, no valor equivalente a 300 (trezentos) salários mínimos, imagine-se que, em sua impugnação ou em seus embargos, a União alega excesso de execução, demonstrando que o valor correto deveria corresponder a 180 (cento e oitenta) salários mínimos, e não aos 300 (trezentos) salários mínimos, tal como consta da execução. Nesse caso, o valor equivalente a 180 (cento e oitenta) salários mínimos é incontroverso, devendo, no particular, prosseguir a execução, com a expedição do precatório. Em tal situação, não há o fracionamento vedado no § 8º do art. 100 da Constituição, pois não se trata de intenção do exequente de repartir o valor para receber uma parte por RPV e a outra, por precatório.[116]

---

tucional de repartição de execução para fraudar o pagamento por precatório. Interpretação do art. 100, § 8º (originariamente § 4º), da Constituição da República. Recurso ao qual se nega seguimento" (STF, Pleno, RE 564.132, Rel. Min. Eros Grau, Rel. p/ acórdão Min. Cármen Lúcia, *DJe* 10.2.2015).

[114] "Direito constitucional. Agravo interno em agravo de instrumento. Honorários advocatícios. Natureza alimentícia. Fracionamento do precatório. Decisão alinhada à jurisprudência do STF. 1. O Supremo Tribunal Federal, no julgamento do RE 564.132-RG, assentou que a natureza da verba honorária não se confunde com a do débito principal, sendo possível desvinculá-la da expedição do ofício requisitório principal. 2. Agravo interno a que se nega provimento" (STF, 1ª Turma, AI 830.094 AgR, Rel. Min. Roberto Barroso, *DJe* 18.12.2017).

[115] "Agravo regimental em recurso extraordinário. Administrativo. Honorários advocatícios contratuais. Expedição de RPV ou precatório para pagamento em separado. Impossibilidade. Agravo desprovido. 1. É firme o entendimento desta Corte no sentido da impossibilidade de expedição de requisição de pagamento de honorários contratuais dissociados do principal a ser requisitado. 2. Agravo regimental a que se nega provimento" (STF, 2ª Turma, RE 1.025.776 AgR, Rel. Min. Edson Fachin, *DJe* 1º.8.2017).

[116] STJ, 6ª Turma, REsp 714.235/RS, Rel. Min. Hamilton Carvalhido, *DJ* 9.5.2005, p. 490; STJ, 6ª Turma, AgRg no REsp 640.357/RS, Rel. Min. Hélio Quaglia Barbosa, *DJ* 27.6.2005, p. 462; STJ, 6ª Turma, AgRg no REsp 691.979/PR, Rel. Min. Paulo Medina, *DJ* 1º.8.2005, p. 600; STJ, 5ª Turma, REsp 636.326/RS, Rel. Min. José Arnaldo da Fonseca, *DJ* 15.8.2005, p. 351; STJ, 5ª Turma, AgRg no AgRg no REsp 673.163/RS, Rel. Min. Gilson Dipp, *DJ* 29.8.2005, p. 417; STJ, 5ª Turma, REsp 738.330/RS, Rel. Min. Arnaldo Esteves Lima, *DJ* 29.8.2005, p. 433.

A 1ª Seção do STJ, em embargos de divergência, manifestou seu entendimento para concordar com todos esses precedentes referidos: STJ, 1ª Seção, EREsp 551.991/RS, Rel. Min. Teori Albino Zavascki, *DJ* 20.3.2006, p. 182.

Nesse mesmo sentido, a Corte Especial do STJ concluiu que o prosseguimento da execução no tocante à parte incontroversa não viola o § 4º do art. 100 da Constituição Federal (EREsp 756.670/PR, Rel. Min. Francisco Falcão, *DJ* 19.6.2006, p. 75).

A propósito, o STF, ao julgar o tema 28 da repercussão geral, fixou a seguinte tese: "Surge constitucional expedição de precatório ou requisição de pequeno valor para pagamento da parte incontroversa e autônoma do pronunciamento judicial transitada em julgado observada a importância total executada para efeitos de dimensionamento como obrigação de pequeno valor". Esse tema foi afetado no Recurso Extraordinário 1.205.530, em cujo julgamento do STF assim se afirmou: "Possível é a execução parcial do título judicial no que revela parte autônoma transitada em julgado na via da recorribilidade".[117]

Ao julgar a ADI 5.534, o STF confirmou esse entendimento e conferiu interpretação conforme à Constituição ao § 4º do art. 535 do CPC, para estabelecer que a execução da parte incontroversa deve observar o valor total da condenação, conforme definido no julgamento do tema 28 da Repercussão Geral. Assim, promovido, por exemplo, cumprimento de sentença contra a União no valor equivalente a 100 salários mínimos, e vindo a União a reconhecer que são devidos apenas 50 salários mínimos, a execução pode prosseguir por essa parcela incontroversa, mas deverá, no caso, ser expedido precatório, e não RPV. Embora a parte incontroversa seja de pequeno valor, a autorizar a expedição de RPV, o valor global da execução é de 100 salários mínimos, devendo ser expedido precatório, em vez de RPV.

Também não descumpre a vedação ao fracionamento a execução de créditos individuais de sentença coletiva, promovida por substituto processual. Nesse sentido, eis a tese do Tema 1.317 da Repercussão Geral: "A execução de créditos individuais e divisíveis decorrentes de título judicial coletivo, promovida por substituto processual, não caracteriza o fracionamento de precatório vedado pelo § 8º do art. 100 da Constituição".

Todas essas regras devem aplicar-se, igualmente, às demais execuções de pequeno valor fundadas no § 3º do art. 100 da Constituição Federal que sejam propostas na Justiça Estadual em face dos Estados ou Municípios.

Fora dessa hipótese prevista no § 3º do art. 100 da Constituição Federal, a execução de quantia certa em face da Fazenda Pública segue a regra geral, adotando-se a sistemática do precatório.

12.1.13 Os precatórios e a prioridade de tramitação de processos para pessoas idosas, para pessoas com doença grave e para pessoas com deficiência

O art. 71 da Lei 10.741, de 1º de outubro de 2003 (*Estatuto da Pessoa Idosa*), estabelece que terão prioridade na tramitação de processos judiciais e administrativos aquelas pessoas com idade igual ou superior a 60 (sessenta) anos. As pessoas com idade superior a 80 (oitenta) anos têm prioridade especial, de acordo com a Lei 13.466, de 12 de julho de 2017, que assim previu, mediante a inclusão do § 5º ao art. 71 da Lei 10.741/2003.[118]

---

[117] STF, Pleno, RE 1.205.530, Rel. Min. Marco Aurélio, *DJe* 1º.7.2020.

[118] "Art. 71. É assegurada prioridade na tramitação dos processos e procedimentos e na execução dos atos e diligências judiciais em que figure como parte ou interveniente pessoa com idade igual ou superior a 60 (sessenta) anos, em qualquer instância.

§ 1º O interessado na obtenção da prioridade a que alude este artigo, fazendo prova de sua idade, requererá o benefício à autoridade judiciária competente para decidir o feito, que determinará as providências a serem cumpridas, anotando-se essa circunstância em local visível nos autos do processo.

§ 2º A prioridade não cessará com a morte do beneficiado, estendendo-se em favor do cônjuge supérstite, companheiro ou companheira, com união estável, maior de 60 (sessenta) anos.

De igual modo, o art. 1.048 do CPC confere prioridade de tramitação aos processos em que figure como parte ou interveniente pessoa de idade igual ou superior a 60 (sessenta) anos ou com doença grave, assim compreendida qualquer uma das enumeradas no art. 6º, XIV, da Lei 7.713/1988 (CPC, art. 1.048, I). Tal prioridade somente se materializa caso haja expresso requerimento da parte ou do interveniente interessado e desde que esteja presente a comprovação da referida idade ou da grave doença (CPC, art. 1.048, § 1º).

Ao lado disso, a Lei 13.146/2015 prevê, em seu art. 9º, VII, que a pessoa com deficiência tem o direito de receber atendimento prioritário na tramitação de processos judiciais e administrativos em que for parte ou interessada. A pessoa com câncer também tem o direito de prioridade na tramitação de processos judiciais e administrativos (Lei 14.238/2021, art. 4º, V, § 2º, IV).

Essa prioridade, conferida pela legislação ordinária a idosos e a pessoas com doença grave, já existia em relação aos precatórios de créditos alimentares. Realmente, os créditos de natureza alimentícia cujos titulares sejam pessoas com doença grave, definida em lei, ou tenham 60 (sessenta) ou mais anos de idade na data da expedição do precatório, serão pagos com preferência sobre todos os demais créditos, inclusive sobre os alimentares (CF, art. 100, § 2º). A prioridade constitucional não alcança as pessoas idosas com idade superior a 80 (oitenta) anos. O Estatuto da Pessoa Idosa, no § 5º de seu art. 71, confere prioridade especial aos maiores de 80 (oitenta) anos, mas tal prioridade não alcança os precatórios, pois é necessária, para tanto, previsão constitucional. A Constituição Federal prevê prioridade, na tramitação de precatórios, para quem tenha idade igual ou superior a 60 (sessenta) anos, não a prevendo para os maiores de 80 (oitenta) anos de idade. Logo, a prioridade especial dos maiores de 80 (oitenta) anos não alcança os precatórios.

Quanto às pessoas com deficiência, a Emenda Constitucional 94/2016 estendeu-lhes a prioridade prevista no § 2º do art. 100 da Constituição Federal.

Em relação à pessoa com doença grave e às pessoas com deficiência, impõe-se destacar que sua prioridade depende de regulamentação legal; valendo dizer que somente se enquadra como doença grave aquela assim definida expressamente em lei; considera-se pessoa com deficiência "aquela que tem impedimento de longo prazo de natureza física, mental, intelectual ou sensorial, o qual, em interação com uma ou mais barreiras, pode obstruir sua participação plena e efetiva na sociedade em igualdade de condições com as demais pessoas" (Lei 13.146/2015, art. 2º).

O CNJ, no tocante às pessoas com doença grave, editou a Resolução 123, de 9 de novembro de 2010, que alterou o art. 13 da Resolução 115, de 29 de junho de 2010, segundo o qual: "Serão considerados portadores de doenças graves os credores acometidos das seguintes moléstias, indicadas no inciso XIV do artigo 6º da Lei nº 7.713, de 22 de dezembro de 1998, com a redação dada pela Lei nº 11.052/2004". As Resoluções 115/2010 e 123/2010 foram revogadas pela Resolução nº 303/2019, que, porém, manteve a previsão em seu art. 11, II, que considera "portador de doença grave, o beneficiário acometido de moléstia indicada no inciso XIV do artigo 6º da Lei nº 7.713, de 22 de dezembro de 1998, com a redação dada pela Lei nº 11.052,

---

§ 3º A prioridade se estende aos processos e procedimentos na Administração Pública, empresas prestadoras de serviços públicos e instituições financeiras, ao atendimento preferencial junto à Defensoria Pública da União, dos Estados e do Distrito Federal em relação aos Serviços de Assistência Judiciária.

§ 4º Para o atendimento prioritário, será garantido à pessoa idosa o fácil acesso aos assentos e caixas, identificados com a destinação a pessoas idosas em local visível e caracteres legíveis.

§ 5º Dentre os processos de pessoas idosas, dar-se-á prioridade especial aos das maiores de 80 (oitenta) anos".

de 29 de dezembro de 2004, ou portador de doença considerada grave a partir de conclusão da medicina especializada, mesmo que a doença tenha sido contraída após o início do processo".

Como se vê, na interpretação sugerida pelo Conselho Nacional de Justiça, a doença grave, que pode ser comprovada a qualquer momento, é uma daquelas previstas na legislação do Imposto de Renda ou alguma que seja apontada por conclusão da medicina especializada.

Estabeleceu-se, enfim, uma prioridade que se põe acima dos próprios créditos alimentares. A maior prioridade é a de créditos alimentares de pessoas idosas, de pessoas com doença grave ou com deficiência. Em outras palavras, passou a haver 3 (três) ordens cronológicas: a dos créditos alimentares de pessoas idosas, pessoas com doença grave ou pessoas com deficiência; a dos créditos alimentares; a dos créditos não alimentares.

Para que o crédito ostente a maior das prioridades, é preciso que haja a presença de 2 (dois) requisitos: (a) ter natureza alimentícia; e (b) ser seu titular uma pessoa idosa, pessoa com doença grave ou pessoa com deficiência.[119]

Tal prioridade limita-se, todavia, a um valor.

Não basta o crédito ser alimentar e seu titular ser uma pessoa idosa, uma pessoa com doença grave ou um deficiente. A prioridade somente existe até o valor equivalente ao triplo do limite fixado em lei para a dispensa do precatório.

Cumpre, a propósito, lembrar que, no âmbito da Fazenda Federal, tal limite corresponde a 60 (sessenta) salários mínimos. Aos Estados, ao Distrito Federal e aos Municípios, cabe a cada um deles estabelecer, por lei própria, o seu limite. Enquanto não é estabelecido tal limite, prevalece, transitoriamente, para os Estados e para o Distrito Federal, o correspondente a 40 (quarenta) salários mínimos e, para os Municípios, 30 (trinta) salários mínimos. Logo, tal prioridade, no âmbito federal, equivale ao triplo de 60 (sessenta) salários mínimos. No âmbito estadual, distrital e municipal, a prioridade corresponde ao triplo de cada limite fixado. Enquanto não fixado o limite, será o triplo de 40 (quarenta) salários mínimos para os Estados e para o Distrito Federal e de 30 (trinta) salários mínimos para os Municípios.

A prioridade, no âmbito da Fazenda Pública Federal, alcança os créditos alimentares de pessoas idosas ou pessoas com doença grave que correspondam a 180 (cento e oitenta) salários mínimos. No âmbito estadual ou distrital, a 120 (cento e vinte) salários mínimos e, no âmbito municipal, a 90 (noventa) salários mínimos, ressalvadas as hipóteses em que já há lei própria.

O montante que ultrapassar tal limite será pago na ordem cronológica de apresentação dos precatórios alimentares.

Assim, caso haja, por exemplo, um crédito alimentar contra a União, cujo titular seja uma pessoa idosa, uma pessoa com doença grave ou um deficiente, no valor equivalente a 100 (cem) salários mínimos, ele será pago com absoluta prioridade, antes de qualquer outro que tenha sido anteriormente inscrito, ainda que também ostente a natureza alimentar. Se, entretanto, tal crédito corresponder a 300 (trezentos) salários mínimos, a pessoa idosa ou pessoa com doença grave irá receber, com absoluta prioridade, o equivalente a 180 (cento e oitenta) salários mínimos (que é o triplo do limite para dispensa do precatório no âmbito da União), devendo receber o restante, correspondente a 120 (cento e vinte) salários mínimos,

---

[119] Mesmo com a prioridade instituída pelo Estatuto da Pessoa Idosa para todo e qualquer processo em que seja parte pessoa maior de 60 (sessenta) anos, não é possível afastar a exigência constitucional de que o crédito seja alimentar. Há de ser crédito titularizado por idoso e revestido de caráter alimentar, não sendo possível expandir a incidência do comando constitucional para outros casos (STJ, 2ª Turma, RMS 65.747-SP, Rel. Min. Assusete Magalhães, *DJe* 8.4.2021).

sem essa absoluta prioridade, ou seja, de acordo com a ordem cronológica de apresentação dos precatórios, ainda que se trate de pequeno valor.

Tudo isso é extraído do disposto no § 2º do art. 100 da Constituição Federal, que está assim redigido:

> § 2º Os débitos de natureza alimentícia cujos titulares, originários ou por sucessão hereditária, tenham 60 (sessenta) anos de idade, ou sejam portadores de doença grave, ou pessoas com deficiência, assim definidos na forma da lei, serão pagos com preferência sobre todos os demais débitos, até o valor equivalente ao triplo fixado em lei para os fins do disposto no § 3º deste artigo, admitido o fracionamento para essa finalidade, sendo que o restante será pago na ordem cronológica de apresentação do precatório.

É possível que seja expedido um precatório "superpreferencial" em razão da idade do credor: sendo ele pessoa idosa, titular de crédito alimentar, no valor de até três vezes o limite para dispensa do precatório, haverá uma "superpreferência". Havendo valor excedente, deverá ser pago na ordem cronológica normal dos precatórios alimentares, sem a "superpreferência". Se, depois de expedido o precatório com "superpreferência", sobrevier uma doença grave, não poderá haver, para o mesmo crédito, relativamente ao mesmo exercício, outra expedição do valor excedente para que ele também seja "superpreferencial". Nos termos do § 6º do art. 9º da Resolução 303/2019 do CNJ, "é defeso novo pagamento da parcela superpreferencial, ainda que por fundamento diverso, mesmo que surgido posteriormente.

A limitação de valor para o direito de preferência previsto no art. 100, § 2º, da Constituição Federal aplica-se para cada precatório de natureza alimentar, e não para a totalidade dos precatórios alimentares de titularidade de um mesmo credor preferencial, ainda que apresentados no mesmo exercício financeiro e perante o mesmo devedor.[120]

O Supremo Tribunal Federal, quando do julgamento das Ações Diretas de Inconstitucionalidade 4.357 e 4.425, proclamou a inconstitucionalidade da expressão "na data de expedição do precatório", constante da redação anterior que havia sido conferida ao referido § 2º pela EC 62/2009, pois, segundo ali se entendeu, excluir da preferência o sexagenário que complete a idade ao longo do processo ofende a isonomia, bem como a dignidade da pessoa humana e, bem ainda, a proteção constitucionalmente assegurada às pessoas idosas. Significa, então, que a preferência deve ser conferida à pessoa idosa, mesmo que ele não tivesse essa condição quando da expedição do precatório. Se ele se torna pessoa idosa ao longo do procedimento do precatório, passará a gozar de preferência, o que parece complicado, pois irá alterar, ao longo do período de pagamento, a ordem cronológica de inscrição, dificultando o pagamento e o seu controle. Seguindo a orientação firmada pelo STF, a Resolução 303/2019 do CNJ considera pessoa idosa "o exequente ou beneficiário que conte com sessenta anos de idade ou mais, antes ou após a expedição do ofício precatório" (art. 11, I).

O Superior Tribunal de Justiça, ao julgar o RMS 44.836/MG,[121] entendeu que o direito de preferência das pessoas idosas em razão da idade no pagamento de precatórios, previsto no art. 100, § 2º, da Constituição Federal, não pode ser estendido aos sucessores do titular originário do precatório, ainda que também sejam pessoas idosas. Segundo entendeu aquela Corte Superior, os dispositivos constitucionais introduzidos pela EC 62/2009 mencionam que o direito de preferência será outorgado aos titulares que tenham 60 (sessenta) ou mais anos de idade *na data da expedição do precatório* (CF/1988, art. 100, § 2º) e aos titulares

---

[120] STJ, 1ª Turma, RMS 46.155/RO, Rel. Min. Napoleão Nunes Maia Filho, *DJe* 29.9.2015.
[121] STJ, 2ª Turma, RMS 44.836/MG, Rel. Min. Humberto Martins, *DJe* 27.2.2014.

originários de precatórios que tenham completado 60 (sessenta) anos de idade até a data da referida emenda (ADCT, art. 97, § 18).

Esse é um exemplo de decisão *per incuriam*, que desconsidera precedentes sobre o tema e não dialoga com eles, não exercendo o dever de autorreferência.

Realmente, o Superior Tribunal de Justiça desconsiderou que o Supremo Tribunal Federal, quando do julgamento das Ações Diretas de Inconstitucionalidade 4.357 e 4.425, proclamou a inconstitucionalidade da expressão "na data de expedição do precatório", pois, segundo ali se entendeu, excluir da preferência o sexagenário que complete a idade ao longo do processo ofende a isonomia, bem como a dignidade da pessoa humana e, bem ainda, a proteção constitucionalmente assegurada às pessoas idosas. Significa, então, que a preferência deve ser conferida à pessoa idosa, mesmo que ele não tivesse essa condição quando da expedição do precatório. Se ele se torna pessoa idosa ao longo do procedimento do precatório, passará a gozar de preferência, o que parece complicado, pois irá alterar, ao longo do período de pagamento, a ordem cronológica de inscrição, dificultando o pagamento e o seu controle. Embora pareça complicado, foi o entendimento firmado pelo STF no âmbito do controle abstrato de constitucionalidade.

A preferência conferida a pessoas idosas é, efetivamente, personalíssima. Isso quer dizer que não se transfere a outrem, nem a seus sucessores, o favor conferido a quem tem 60 (sessenta) ou mais anos de idade. Ocorre, porém, que, no caso enfrentado pelo STJ, os sucessores *também* desfrutavam da condição de pessoas idosas. Eles não pretendiam obter, suceder, adquirir uma vantagem que era do falecido, mas fazer valer uma vantagem *própria*, que é a preferência decorrente de sua idade, e não da idade do titular originário do crédito inscrito em precatório.

A decisão do STJ não dialogou com o precedente do STF. Seria fundamental que houvesse esse diálogo para que se realizasse, então, um *distinguishing*, demonstrando-se por que motivo aquele entendimento do STF, firmado em precedente de eficácia vinculante e *erga omnes*, não se aplicaria ao caso em julgamento. A decisão do STF foi simplesmente ignorada, descumprindo-se o dever de autorreferência, que é necessário, num regime de aplicação de precedentes, quando presentes decisões em sentido contrário.

12.1.14 Cumprimento provisório de sentença contra a Fazenda Pública

O cumprimento da sentença é uma execução fundada em título judicial. O título judicial pode ser provisório ou definitivo. Quando a decisão exequenda ainda pode ser revista, por estar sendo impugnada por recurso sem efeito suspensivo, o título é provisório. Se, por outro lado, já tiver havido trânsito em julgado, o título é definitivo.

É possível o cumprimento provisório de sentença contra a Fazenda Pública. O art. 100 da Constituição Federal exige, para expedição de precatório (§ 5º) ou de RPV (§ 3º), o prévio trânsito em julgado. Isso, porém, não impede o cumprimento provisório da sentença contra a Fazenda Pública. O que não se permite é a expedição do precatório ou da RPV antes do trânsito em julgado, mas nada impede que já se ajuíze o cumprimento da sentença e se adiante o procedimento, aguardando-se, para a expedição do precatório ou da RPV, o trânsito em julgado.

O cumprimento da sentença que reconhece o dever de pagar quantia faz-se por requerimento do exequente. Tanto no cumprimento provisório como no definitivo, é necessário o requerimento do exequente (CPC, art. 513, § 1º). Não se exige o requerimento do exequente para o cumprimento das obrigações de fazer, não fazer (CPC, art. 536) e entregar coisa (CPC, art. 538).

Quanto ao cumprimento provisório de obrigação de fazer, o Tema 45 da Repercussão Geral foi assim definido pelo STF: "A execução provisória de obrigação de fazer em face da Fazenda Pública não atrai o regime constitucional dos precatórios".

12.1.15 Abatimento, a título de compensação, no valor do precatório de débitos para com a correspondente Fazenda Pública

Os §§ 9º e 10 do art. 100 da Constituição Federal, na redação dada pela EC 62/2009, previam que, antes de expedir o precatório ao Presidente do respectivo tribunal, o juiz da execução deve solicitar à Fazenda Pública devedora informações sobre débitos líquidos e certos, inscritos ou não em dívida ativa e constituídos contra o exequente. Informada a existência desses débitos, seu valor correspondente deveria ser abatido, a título de compensação, do montante do precatório, de forma que este fosse inscrito pela diferença, já se satisfazendo, assim, o crédito que a Fazenda Pública devedora mantém em face do exequente.

Os §§ 9º e 10 do art. 100 da Constituição Federal tiveram sua inconstitucionalidade proclamada pelo Supremo Tribunal Federal, quando do julgamento das Ações Diretas de Inconstitucionalidade 4.357 e 4.425, de sorte que não é mais possível proceder a essa compensação. Nesse mesmo sentido, a tese do Tema 558 da Repercussão Geral: "A compensação dos débitos da Fazenda Pública inscritos em precatórios, prevista nos §§ 9º e 10 do art. 100 da Constituição Federal, incluídos pela EC nº 62/09, viola frontalmente o texto constitucional, pois obsta a efetividade da jurisdição (CRFB/88, art. 5º, XXXV), desrespeita a coisa julgada material (CRFB/88, art. 5º, XXXVI), vulnera a Separação dos Poderes (CRFB/88, art. 2º) e ofende a isonomia entre o Poder Público e o particular (CRFB/88, art. 5º, *caput*)".

Em virtude do disposto no art. 6º da Emenda Constitucional 62/2009, ficam convalidadas todas as compensações de precatórios com tributos vencidos até 31 de outubro de 2009 da entidade devedora, efetuadas na forma do disposto no § 2º do art. 78 do ADCT, realizadas antes da promulgação da própria EC 62/2009.

Diante da proclamação de inconstitucionalidade pelo STF, a EC 113/2021 conferiu nova redação ao § 9º do art. 100 da Constituição, para estabelecer que, "sem que haja interrupção no pagamento do precatório e mediante comunicação da Fazenda Pública ao Tribunal, o valor correspondente aos eventuais débitos inscritos em dívida ativa contra o credor do requisitório e seus substituídos deverá ser depositado à conta do juízo responsável pela ação de cobrança, que decidirá pelo seu destino definitivo".

O STF voltou a proclamar a inconstitucionalidade da regra. Ao julgar as ADIs 7.047 e 7.064, o Supremo Tribunal Federal considerou que a compensação não se mostra compatível com a Constituição. Por isso, decretou a inconstitucionalidade do § 9º do art. 100 da Constituição, na redação dada pela EC 113/2021, ressalvando as compensações que já tenham sido até então efetivadas.

Embora não seja mais possível a compensação, o precatório pode ser penhorado em execução fiscal proposta pelo próprio ente público. É certo que a Fazenda Pública pode recusar a substituição do bem penhorado por precatório (Tema 120/STJ), mas isso não impede que ela aceite ou requeira a penhora do precatório contra si mesma expedido.

12.1.16 Utilização de crédito de precatório

Quem disponha de um crédito inscrito em precatório pode utilizá-lo para pagar débitos parcelados ou débitos inscritos em dívida ativa do ente federado devedor, inclusive em transação resolutiva de litígio, e, subsidiariamente, débitos com a administração autárquica e fundacional do mesmo ente. Também pode utilizá-lo para compra de imóveis públicos da Fazenda Pública devedora ou para pagamento de outorga de delegações de serviços públicos e demais espécies de concessão negocial promovidas pelo mesmo ente ou, ainda, para aquisição, inclusive minoritária, de participação societária, disponibilizada para venda, do respectivo ente federativo. O crédito do precatório pode, de igual modo, ser utilizado para compra de direitos, disponibilizados para cessão, do respectivo ente federativo, inclusive, no caso da União, da antecipação de valores a serem recebidos a título do excedente em óleo em contratos de partilha de petróleo.

Em vez de requerer a expedição do precatório, poderá o credor utilizar-se do seu crédito para qualquer um desses pagamentos ou aquisições. Para tanto, é necessária a edição de lei específica pelo ente federativo. No caso da União, a possibilidade era imediata, sendo desnecessária a edição de qualquer lei específica, mas o STF, ao julgar as ADIs 7.047 e 7.064, conferiu interpretação conforme à Constituição para excluir do § 11 do art. 100 da Constituição a expressão "com autoaplicabilidade para a União".

Essa é mais uma forma prevista pelo texto constitucional para a satisfação de crédito inscrito em precatório ou decorrente de condenação judicial imposta contra a Fazenda Pública. Havendo, nos termos de lei específica, imóvel público a ser vendido, participação societária a ser oferecida, delegação de serviço público a ser realizada, direitos a serem vendidos, débitos a serem cobrados ou em execução, o credor de precatório pode valer-se do seu crédito para adquiri-lo.

Já se viu, no subitem 12.1.10 *supra*, que a falta de alocação orçamentária do valor necessário à satisfação do seu débito permite ao credor requerer ao Presidente do Tribunal o sequestro da correspondente verba pública. Em vez de requerer tal sequestro, poderá o credor, se houver lei específica a esse respeito, utilizar seu crédito para a compra, a aquisição, o pagamento ou o adimplemento de um imóvel, de uma dívida etc.

É exatamente isso que prevê o § 11 do art. 100 da Constituição Federal, na redação que lhe foi dada pela EC 113/2021. O crédito do precatório poderia ser utilizado para a compra de imóveis do ente público devedor. A EC 113/2021 ampliou as possibilidades, sendo permitido que o credor do precatório use seu crédito para pagar uma dívida fiscal sua ao mesmo ente público, para comprar um imóvel público, para adquirir uma participação societária do ente público, para pagar por uma delegação de serviço público, para adquirir direitos, enfim, o precatório pode ser utilizado como moeda para pagamentos e aquisições especificadas no referido § 11 do art. 100 da Constituição.

O procedimento de oferta de créditos líquidos e certos, próprios do interessado ou por ele adquiridos de terceiros, reconhecidos pela União, suas autarquias ou fundações públicas, decorrentes de decisões transitadas em julgado, nos termos do § 11 do art. 100 da Constituição, está disposto no Decreto 11.249, de 9 de novembro de 2022. A oferta de créditos é faculdade do credor (Decreto 11.249/2022, art. 2º) e pode servir para pagamento de débitos parcelados ou inscritos em dívida ativa da União ou de débitos com autarquias e fundações federais, mas não autoriza o levantamento, total ou parcial, de depósito vinculado aos ativos destinado a garantir tais débitos (Decreto 11.249/2022, art. 2º, § 1º).

A utilização de créditos também pode, como visto, destinar-se a compra de imóveis públicos e a outros fins previstos no § 11 do art. 100 da Constituição, devendo obedecer, em igualdades de condições, ao procedimento que for estabelecido para tanto (Decreto 11.249/2022, art. 2º, § 2º).

A oferta de créditos será requerida pelo credor com a documentação comprobatória ao órgão ou à entidade detentora do ativo a ser liquidado (Decreto 11.249/2022, art. 4º).

12.1.17 Parcelamento e financiamento de precatórios

O art. 33 do ADCT da Constituição Federal prevê um parcelamento de precatórios. A propósito, é conveniente transcrever o teor do referido dispositivo:

> Art. 33. Ressalvados os créditos de natureza alimentar, o valor dos precatórios judiciais pendentes de pagamento na data da promulgação da Constituição, incluído o remanescente de juros e correção monetária, poderá ser pago em moeda corrente, com atualização, em prestações anuais, iguais e sucessivas, no prazo máximo de oito anos, a partir de 1º de julho de 1989, por decisão editada pelo Poder Executivo até cento e oitenta dias da promulgação da Constituição.
>
> Parágrafo único. Poderão as entidades devedoras, para o cumprimento do disposto neste artigo, emitir, em cada ano, no exato montante do dispêndio, títulos de dívida pública, não computáveis para efeito do limite global de endividamento.

Pela previsão contida no art. 100 da Constituição Federal, não há qualquer restrição à fonte de recursos utilizados para pagamento de precatórios. De fato, levando-se em conta apenas o conteúdo da referida disposição constitucional, não haveria qualquer limitação à emissão de títulos públicos para financiar o pagamento de precatórios.

Ocorre que a Emenda Constitucional 3/1993, em seu art. 5º, proíbe a emissão de títulos públicos estaduais e municipais até 31 de dezembro de 1999, de tal sorte que se afigura impossível, até aquela data, a emissão de título para o financiamento de precatórios. A tal proibição a mesma Emenda Constitucional 3/1993 inclui uma exceção, relativa aos precatórios pendentes de pagamento até o dia 5 de outubro de 1988, tudo de conformidade com a regra encartada no art. 33 do ADCT.

Tais regras podem ser assim resumidas:

a) a Constituição Federal permitiu que os precatórios pendentes de pagamento, até 5 de outubro de 1988, bem como os seus juros e correção monetária, fossem parcelados em 8 (oito) prestações anuais, a partir de 1º de julho de 1989 (ADCT, art. 33);

b) tal parcelamento somente seria possível de ser feito pelo ente político, se acaso restasse editada medida normativa em tal sentido, no prazo máximo de 180 (cento e oitenta) dias após a promulgação da Constituição Federal, prazo esse escoado em 3 de abril de 1989;

c) os precatórios parcelados poderiam ser pagos de forma financiada pela emissão de títulos públicos;

d) não poderiam, como não podem, ser financiados pela emissão de títulos públicos: (1) os precatórios pendentes após 5 de outubro de 1988; (2) os precatórios pendentes até 5 de outubro de 1988 que não foram parcelados, por não ter sido editada medida normativa nesse sentido; (3) os precatórios pendentes até 5 de outubro de 1988 que não tenham sido efetivamente parcelados, embora tenha sido editada medida normativa determinando o parcelamento; (4) os precatórios de créditos alimentares.

A Emenda Constitucional 30, de 13 de setembro de 2000, acrescentou, no ADCT da Constituição, o art. 78, prevendo mais uma hipótese de parcelamento.[122] Os créditos de pequeno valor, os de natureza alimentícia, os referidos no art. 33 do ADCT e suas complementações, bem como os que já tiverem os seus respectivos recursos liberados ou depositados em juízo não podem ser objeto de parcelamento.

Embora o art. 78 do ADCT esteja com sua vigência suspensa em razão da concessão de medida cautelar nas Ações Diretas de Inconstitucionalidade 2.356 e 2.362, é relevante descrever o conteúdo normativo de tal dispositivo, a fim de compreender a regra daí resultante.

O parcelamento previsto no art. 78 do ADCT alcança apenas os precatórios pendentes na data da promulgação da Emenda Constitucional 30/2000 e os que decorram de ações iniciais ajuizadas até 31 de dezembro de 1999. Os precatórios expedidos e que, em 13 de setembro de 2000 (data da promulgação da EC 30/2000), ainda não tinham sido pagos, puderam ser parcelados em até 10 (dez) anos. De igual modo, os precatórios que resultassem de ações de conhecimento propostas até 31 de dezembro de 1999 podiam ser liquidados pelo seu valor real, em moeda corrente, em prestações anuais, iguais e sucessivas, no prazo máximo de 10 (dez) anos. Logo, proposta uma demanda a partir de 1º de janeiro de 2000, o precatório que daí resultar não poderá mais ser objeto de parcelamento.

Tais prestações são acrescidas de juros legais e correção monetária, sendo permitida a decomposição das parcelas, a critério do credor.

Esse prazo máximo de até 10 (dez) anos fica reduzido para 2 (dois) anos nos casos de precatórios judiciais originários de desapropriação de imóvel residencial do credor, desde que comprovadamente único à época da imissão na posse.

O referido art. 78 do ADCT permite a cessão dos créditos, valendo dizer que o credor pode negociar seu precatório, transferindo-o a outrem, que assumirá a condição de credor, habilitando-se ao recebimento das parcelas. Nesse caso, é preciso adotar as regras da cessão de crédito, devendo-se comunicar ao juízo da execução e a entidade devedora, a fim de que o pagamento passe a ser feito ao cessionário.

O Presidente do tribunal competente deverá, vencido o prazo ou em caso de omissão no orçamento, ou preterição ao direito de precedência, a requerimento do credor, requisitar ou determinar o sequestro de recursos financeiros da entidade executada, suficientes à satisfação da prestação.

As prestações anuais previstas no art. 78 do ADCT têm, se não liquidadas até o final do exercício a que se referem, poder liberatório do pagamento de tributos da entidade devedora. Assim, não efetuado o pagamento da parcela, pode, como visto, haver o sequestro de recursos financeiros da entidade executada, suficientes à satisfação da prestação. Em vez de requerer o sequestro, o credor pode utilizar aquela prestação não paga como "moeda" para o "pagamento" de tributos de que seja devedor. É que cada prestação vencida tem poder liberatório do pagamento de tributos da entidade devedora. Essa, aliás, é uma interessante forma de pagamento de precatórios, fazendo-se com que o crédito ali inscrito sirva para saldar tributos devidos pelo exequente.

---

[122] O Plenário do STF, ao apreciar conjuntamente as Ações Diretas de Inconstitucionalidade 2.356 e 2.362, em sessão do dia 25 de novembro de 2010, concedeu medida cautelar para suspender a vigência do art. 78 do ADCT da CF.

Cumpre advertir que a parcela vencida somente tem poder liberatório de tributo devido à entidade executada. Assim, expedido, por exemplo, precatório em face da União e realizado o parcelamento, caso não seja paga determinada prestação, esta somente servirá para "liberar" ou satisfazer o pagamento de tributos federais, não servindo para o pagamento de tributos estaduais ou municipais.

A Emenda Constitucional 94/2016 inseriu um § 19 ao art. 100 da Constituição Federal para prever uma nova hipótese de financiamento de precatórios. Se, somados, os valores dos créditos inscritos em precatórios e obrigações de pequeno valor no período de 12 (doze) meses e seu resultado ultrapassar a média do comprometimento percentual da receita líquida dos 5 (cinco) anos imediatamente anteriores (cuja definição está no § 18 do mesmo art. 100), a parcela excedente dessa média poderá ser financiada, sem se sujeitar, inclusive, a quaisquer limites de endividamento, podendo, até mesmo, haver vinculação de receita, não se aplicando a vedação prevista no inciso IV do art. 167 da Constituição.

Na verdade, o ente federado deve aferir, mensalmente, em base anual, o comprometimento de suas respectivas receitas correntes líquidas com o pagamento de precatórios e requisições de pequeno valor (CF, art. 100, § 17). Em outras palavras, deve apurar quanto tais dívidas representam, percentualmente, nas receitas correntes líquidas, ou melhor, qual seu impacto. As receitas correntes líquidas, para esse efeito, devem ser consideradas nos termos do § 18 do art. 100 da Constituição. Haverá, a partir disso, a aferição de uma média nos 5 (cinco) anos seguintes. Passado esse período de 5 (cinco) anos, se a soma dos créditos inscritos em precatório e em requisição de pequeno valor ultrapassar aquela média quinquenal, o montante que a exceder poderá ser financiado, mediante vinculação de receita e sem restrição de limites de endividamento.

12.1.18 Cessão de crédito inscrito em precatório

O art. 78 do ADCT prevê um parcelamento de precatórios, permitindo a cessão de créditos, de sorte que o credor pode negociá-lo, transferindo-o a outrem, que assumirá a condição de credor, habilitando-se ao recebimento das parcelas. Tal dispositivo teve sua inconstitucionalidade proclamada pelo STF no julgamento das ADIs 2.356 e 2.362. Pende, porém, análise pelo próprio STF de proposta de modulação de efeitos feita pela Ministro Gilmar Mendes.

Os §§ 13 e 14 do art. 100 da Constituição também preveem a possibilidade de cessão, valendo dizer que é possível, em qualquer caso, haver a cessão, total ou parcial, a terceiros, do crédito constante de precatório.

Se houver cessão de crédito alimentício de que seja titular pessoa idosa, pessoa com doença grave ou com deficiência, tais atributos subjetivos não se mantêm com a cessão, valendo dizer que a preferência de que goza o cedente não se transfere ao cessionário. O crédito mantém-se alimentar, mas não se transferem as preferências subjetivas da idade e da doença. De igual modo, caso haja cessão parcial, de forma que o valor cedido equivalha a montante que dispensa a expedição de precatório, o cessionário não irá beneficiar-se de tal regra. Ainda que, em caso de cessão total, o crédito seja de pequeno valor, a dispensa do precatório não beneficia o cessionário, que deverá, para seu recebimento, ter de requerer a expedição do precatório.

Em outras palavras, o disposto nos §§ 2º e 3º do art. 100 da Constituição não se aplica ao cessionário. A cessão de crédito é feita sem as qualidades subjetivas de preferência ou de pequeno valor.

A propósito, o STF, sob a sistemática da repercussão geral, concluiu que a cessão de créditos alimentares não implica a perda do seu caráter alimentar[123] – mas resulta na perda da preferência instituída em favor das pessoas idosas, pessoas com doenças graves ou com deficiência, por força do art. 100, §§ 2º, 3º e 13, da Constituição.

A cessão de precatórios somente poderá produzir efeitos após comunicação, por meio de petição protocolizada, ao juízo da execução e à entidade devedora. Enquanto não formalizados tais comunicados, não se terá como realizada a cessão do precatório. Significa que essa somente produz efeitos, para o juízo da execução e para a entidade devedora, a partir de tais comunicações. A cessão não deve observar as possíveis compensações, pois o STF, ao julgar as ADIs 7.047 e 7.064, proclamou a inconstitucionalidade do § 9º do art. 100 da Constituição, na redação que lhe foi dada pela EC 113/2021.

Em razão do disposto no art. 5º da Emenda Constitucional 62/2009, ficam convalidadas todas as cessões de precatórios efetuadas antes da sua promulgação, independentemente da concordância da entidade devedora.

12.1.19 Negociação e cessão de precatório mediante serviços notariais

Já se viu que é possível haver cessão de crédito constante de precatório. A cessão pode ser feita por escritura pública. Antes da lavratura da escritura, o credor do precatório e o possível cessionário podem estar em fase de negociação e essa negociação pode frustrar-se diante de outra cessão, feita entre o credor do precatório e outro interessado.

Para que o possível cessionário que esteja em fase de negociação tenha garantia de que não haverá, durante sua negociação, a cessão do crédito para outrem, a negociação pode ser comunicada por notário ao juízo da execução ou ao presidente do tribunal no qual se processa o precatório.

Feito o comunicado pelo notário ao juízo da execução ou ao presidente do tribunal em que se processa o precatório, será ineficaz qualquer cessão realizada para pessoas não identificadas na comunicação notarial se, em 15 (quinze) dias, contados do recebimento desta pelo juízo ou tribunal, for lavrada a escritura pública de cessão de crédito.

Tudo isso está no art. 6º-A da Lei 8.935, de 1994, nela inserido pela Lei 14.711, de 2023, com o seguinte teor: *"A pedido dos interessados, os tabeliães de notas comunicarão ao juiz da vara ou ao tribunal, conforme o caso, a existência de negociação em curso entre o credor atual de precatório ou de crédito reconhecido em sentença transitada em julgado e terceiro, o que constará das informações ou consultas que o juízo emitir, consideradas ineficazes as cessões realizadas para pessoas não identificadas na comunicação notarial se, dentro do prazo de 15 (quinze) dias corridos, contado do recebimento desta pelo juízo, for lavrada a respectiva escritura pública de cessão de crédito".*

Com o auxílio do tabelião de notas, as partes interessadas conferem maior garantia às tratativas, ficando o possível cessionário seguro de que não haverá cessão a outrem dentro dos 15 (quinze) dias seguintes, até que se lavre a escritura pública de cessão definitiva do crédito.

Passado o prazo de 15 (quinze) dias sem a celebração da escritura pública, o credor estará liberado para realizar outra cessão, sem que seja considerada ineficaz. Se, porém, for feita outra cessão dentro dos referidos 15 (quinze) dias, mas a escritura pública não for lavrada, não

---

[123] STF, Pleno, RE 631.537, Rel. Min. Marco Aurélio, *DJe* 2.6.2020. Note-se que há dispositivo tratando expressamente da cessão de crédito alimentar titularizado por idosos, pessoas com deficiência ou com doenças graves (os chamados créditos superpreferenciais). É o art. 100, § 13, da CF.

haverá a ineficácia daquela outra cessão. A ineficácia só ocorre se tiver sido lavrada a escritura pública da cessão cuja negociação fora comunicada dentro dos 15 (quinze) dias contados da comunicação feita ao juízo ou tribunal.

Lavrada a escritura pública, o notário deverá comunicar ao juízo ou tribunal a realização da cessão, em até 3 (três) dias úteis, contados da data da sua assinatura (Lei 8.935/1994, art. 6º-A, § 1º).

Para regular as cessões dos precatórios que emitirem, os tribunais darão aos notários e a seus substitutos acesso, por meio de central notarial de âmbito nacional, aos dados do credor e do crédito a ser cedido, sendo-lhes feitas comunicações das cessões de precatórios (Lei 8.935/1994, art. 6º-A, § 2º).

12.1.20 Utilização de depósitos judiciais para pagamento de precatórios em atraso

A EC 94/2016 permitiu que estados e municípios empreguem depósitos judiciais para o pagamento de débitos de precatórios em atraso. A EC 99/2017 reforçou essa possibilidade.

O STF, ao julgar a ADI 5.679, afirmou a constitucionalidade dessa possibilidade, fixando a seguinte tese: *"Observadas rigorosamente as exigências normativas, não ofende a Constituição a possibilidade de uso de depósitos judiciais para o pagamento de precatórios em atraso, tal como previsto pela EC nº 94/2016"*[124].

A possibilidade do uso de depósitos judiciais para pagamento de precatórios está igualmente prevista na Lei Complementar 151, de 2015, tendo o STF, ao julgar as ADIs 5.361 e 5.463, reputado constitucionais as disposições da Lei Complementar 151/2015 a esse respeito[125].

Assim, os estados e os municípios podem utilizar depósitos judiciais para pagar precatórios em atraso.

12.1.21 Execução de obrigação de fazer, não fazer e entregar coisa contra a Fazenda Pública

Sendo o título judicial, as obrigações de fazer e não fazer serão cumpridas na forma do art. 536 do CPC. Assim, proferida a sentença, e não cumprida a obrigação ali determinada, o juiz, valendo-se das medidas de apoio do § 1º do art. 536 do CPC, deverá determinar o cumprimento da obrigação. Já a obrigação de entregar coisa estabelecida em título judicial segue a disciplina prevista no art. 538 do CPC.

Tratando-se de ação contra a Fazenda Pública, não há regra diferente, já que as obrigações de fazer e não fazer não se submetem à sistemática dos precatórios. Então, o regime é o mesmo, caso o devedor seja a Fazenda Pública. Aliás, segundo anotado em precedente do Superior Tribunal de Justiça, "Esta Corte Superior já sedimentou a orientação segundo a qual é desnecessária a citação da Administração Pública por ocasião da exigibilidade de sentença que impõe obrigação de fazer".[126]

Significa que a execução de obrigação de fazer ou não fazer contra a Fazenda Pública rege-se pelas regras contidas no art. 536 do CPC. Para forçar o cumprimento da obrigação, o

---

[124] STF, Pleno, ADI 5.679, Rel. Min. Luís Roberto Barroso, *DJe* 18.10.2023.
[125] STF, Pleno, ADI 5361, Rel. Min. Nunes Marques, *DJe* 24.1.2024; STF, Pleno, ADI 5.463, Rel. Min. Nunes Marques, *DJe* 24.1.2014.
[126] STJ, 6ª Turma, AgRg no Ag 999.849/RS, Rel. Min. Jane Silva (Des. conv. TJ/MG), *DJe* 26.5.2008.

juiz pode impor medidas de apoio previstas no § 1º do art. 536 do CPC.[127] Em demandas de saúde, admitem-se a imposição de multa diária ao ente público[128] e, até mesmo, o bloqueio de recursos públicos.[129] A propósito, há quem afirme que o bloqueio de contas públicas para custear tratamento médico ou para fornecimento de medicamentos é preferível a imposição de multa.[130]

Na fixação da multa, é preciso considerar as dificuldades para cumprimento da decisão, observando-se a proporcionalidade.[131]

Quanto à fixação e exigência da multa, cumpre observar o quanto foi dito no item 6.5 *supra*. Como ali se demonstrou, o *agente público* responsável pelo cumprimento da ordem judicial deve responder tanto pelas *astreintes* (CPC, art. 536, § 1º) como por aquela prevista no § 2º do art. 77 do CPC.

Havendo o descumprimento, pelo agente público, da ordem judicial, desponta a possibilidade, segundo a opinião de alguns juízes e doutrinadores, da configuração do crime de desobediência (CP, art. 330), como forma de sanção cabível na espécie.[132]

Na realidade, o descumprimento de ordem judicial pelo agente público não se enquadra no tipo penal do crime de desobediência, pois este se refere à conduta praticada por *particular* contra a administração da Justiça, não englobando a atividade exercida por agentes públicos.

---

[127] "(...) 2. As *astreintes* têm como objetivo coagir a parte ao cumprimento de obrigação imposta pelo juízo, tratando-se de técnica executiva prevista no artigo 536, § 1º, do Código de Processo Civil. 3. A multa cominatória, diversamente da indenização que objetiva recompor o dano causado à esfera jurídica da vítima, tem como finalidade a defesa da autoridade do próprio Estado-Juiz. 4. O fato gerador da obrigação principal não se confunde com o da multa coercitiva. 5. Na hipótese, a obrigação principal tem como fato gerador o adimplemento defeituoso do contrato firmado entre as partes, o qual deu origem aos vícios construtivos e ao direito de obter reparação. A multa cominatória, a seu turno, tem como fato gerador o descumprimento da decisão judicial que determinou certa conduta. 6. Esta Corte firmou posicionamento no sentido de que, com a entrada em vigor do CPC/2015, não houve alteração do entendimento consolidado na vigência do CPC/1973, no sentido de que a multa cominatória somente pode ser objeto de execução provisória quando confirmada por sentença e o recurso interposto não tenha sido recebido no efeito suspensivo, ficando condicionado o levantamento de valores ao trânsito em julgado da sentença que a fixou" (STJ, 3ª Turma, REsp 2.169.203/MG, Rel. Min. Ricardo Villas Bôas Cueva, *DJEN* 7.2.2025).

[128] Nesse sentido, a tese do Tema 98 dos Repetitivos/STJ: "Possibilidade de imposição de multa diária (astreintes) a ente público, para compeli-lo a fornecer medicamento à pessoa desprovida de recursos financeiros".

[129] Nesse sentido, a tese do Tema 84 dos Repetitivos/STJ: "Tratando-se de fornecimento de medicamentos, cabe ao Juiz adotar medidas eficazes à efetivação de suas decisões, podendo, se necessário, determinar até mesmo o sequestro de valores do devedor (bloqueio), segundo o seu prudente arbítrio, e sempre com adequada fundamentação".

[130] Nesse sentido, o Enunciado 74 da Jornada de Direito da Saúde do CNJ: "Não havendo cumprimento da ordem judicial, o Juiz efetuará, preferencialmente, bloqueio em conta bancária do ente demandado, figurando a multa (*astreintes*) apenas como *ultima ratio*".

[131] Nesse sentido, o Enunciado 86 da Jornada de Direito da Saúde do CNJ: "As multas fixadas por descumprimento de determinações judiciais (astreintes) devem levar em consideração as dificuldades inerentes à aquisição dos medicamentos ou produtos pelo Poder Público ou por Agentes de Saúde Suplementar, bem como guardar proporcionalidade com o valor da prestação pretendida".

[132] Hely Lopes Meirelles entende que há o crime de desobediência, sujeitando-se a autoridade impetrada até mesmo ao flagrante delito (*Mandado de segurança, ação popular, ação civil pública, mandado de injunção, "habeas data", ação direta de inconstitucionalidade, ação declaratória de constitucionalidade e arguição de descumprimento de preceito fundamental*. 23. ed. atual. por Arnoldo Wald e Gilmar Ferreira Mendes. São Paulo: Malheiros, 2001. p. 95).

Quem ostenta a condição de agente público não comete o crime de desobediência, "pois tal delito pressupõe a atuação criminosa do particular contra a Administração".[133]

Além disso, o crime de desobediência é subsidiário e somente se caracteriza nos casos em que o descumprimento da ordem emitida pela autoridade não seja objeto de sanção administrativa, civil ou processual. Se houver previsão de sanção de outra espécie, considera-se atípica a conduta, em virtude da premissa de que a segregação deve ser a última punição a ser adotada.[134]

À evidência, não se configura o crime de desobediência na hipótese de o agente público não cumprir determinações judiciais.

Alternativamente, poder-se-ia ponderar quanto à configuração de crime de prevaricação, tipificado no art. 319 do Código Penal. No entanto, para caracterizar tal delito criminal, é preciso comprovar a existência de dolo específico, relativo ao "interesse ou sentimento pessoal" do agente público. Diante da dificuldade, senão impossibilidade, de demonstrar – e comprovar – tal dolo específico, resta, de logo, mitigada a configuração de tal delito.

A recusa quanto ao cumprimento de decisão judicial poderá configurar ato de improbidade administrativa, devendo, como tal, ser punido. Na opinião de Joel Dias Figueira Júnior, poderá haver a configuração de crime de *desobediência* (CP, art. 330) e, quiçá, de *resistência* (CP, art. 329) e/ou *desacato* (CP, art. 331), *improbidade administrativa* (CF, art. 37, § 4º c/c as Leis 8.112/1990, arts. 121 a 126-A; 8.249, de 2 de junho de 1992; 8.666, de 21 de junho de 1993) e *prevaricação* (CP, art. 319).[135] Poderá, ainda, haver a caracterização de crime de responsabilidade na hipótese de o descumprimento ter sido praticado por Prefeito (Decreto-lei 201, de 27 de fevereiro de 1967, art. 1º, XIV), por Presidente da República (CF, art. 85, VII, e Lei 1.079, de 10 de abril de 1950, arts. 4º, VIII, e 12) ou por Ministro de Estado (Lei 1.079, de 10 de abril de 1950, art. 13, 2).

Em termos de efetividade do comando judicial, a caracterização de prisão não constitui medida imediata e apta a obter o pronto cumprimento da ordem judiciária. Serve, a bem da verdade, como medida de pressão psicológica a incutir na mente da autoridade que, tomada de receio ou temor de eventual ou futura incriminação, se açoda em atender à determinação judicial. E isso porque a punição reveste-se do timbre de sanção penal, sujeitando-se à ação própria de iniciativa do Ministério Público e de competência de um juiz criminal. Ao juiz civil descabe *decretar* a prisão processual; caber-lhe-ia, como a qualquer um do povo, dar voz de prisão, promovendo a prisão em flagrante e colocar o destinatário da ordem judicial à disposição da autoridade policial.[136]

---

[133] STJ, 6ª Turma, RHC 9.189/SP, Rel. Min. Vicente Leal, *DJ* 3.4.2000, p. 168; *RSTJ* 135:619; *Revista dos Tribunais* 781:530; STJ, 6ª Turma, HC 8.593/SE, Rel. Min. Vicente Leal, *DJ* 13.12.1999, p. 179; *Revista dos Tribunais* 776:528.

[134] STJ, 5ª Turma, AgRg no HC 345.781/SC, Rel. Min. Reynaldo Soares da Fonseca, *DJe* 31.5.2016; STJ, 6ª Turma, RHC 67.452/RJ, Rel. Min. Rogerio Schietti Cruz, *DJe* 12.9.2016; STJ, 5ª Turma, AgRg no REsp 1.519.850/DF, Rel. Min. Leopoldo de Arruda Raposo (Des. Conv. TJPE), *DJe* 8.6.2015.

[135] FIGUEIRA JÚNIOR, Joel Dias. *Comentários à novíssima reforma do CPC*: Lei 10.444, de 07 de maio de 2002. Rio de Janeiro: Forense, 2002. p. 81. Com exceção dos crimes de responsabilidade, de improbidade administrativa e de prevaricação, os demais são, todos, praticados por particulares contra a Administração da Justiça, restando inviabilizada sua caracterização por agente público.

[136] ZAVASCKI, Teori Albino. *Antecipação da tutela*. São Paulo: Saraiva, 1997. p. 91. Ao discorrer sobre a prisão por desobediência, assim esclarece Vicente Greco Filho: "O juiz não pode decretar, em processo civil algum, a prisão por desobediência". E assim continua: "ocorrendo um crime, de duas uma: ou a situação é de *flagrância*, nas hipóteses do art. 302 do Código de Processo Penal (o agente

Não obstante a natureza penal da prisão, há quem defenda a possibilidade de prisão civil como medida de apoio, destinada a forçar o cumprimento da decisão judicial.[137] Sucede, todavia, que a Constituição Federal, em seu art. 5º, LXVII, veda a prisão por dívidas, ressalvando, apenas, o devedor de alimentos.[138] Nesse sentido, há quem defenda que a prisão somente poderá ser determinada caso a autoridade esteja se recusando a cumprir determinação que contenha obrigação de natureza alimentar, tal como a que diga respeito a pensão previdenciária, a remuneração de servidor público ou a qualquer outra verba dessa espécie.[139] De outro lado, há quem sustente que a prisão civil afigura-se perfeitamente possível, não incidindo o óbice do art. 5º, LXVII, da Constituição Federal, pois a privação de liberdade não decorreria de dívidas, mas sim do descumprimento de determinação judicial, contendo fundamento nos arts. 139, IV, 536, § 1º, do CPC, como mais uma medida de apoio de que se pode valer o magistrado para forçar o cumprimento de sua decisão.[140]

---

está cometendo a infração penal, acaba de cometê-la etc.) e qualquer do povo pode e a autoridade policial deve fazer a prisão, ou não existe mais o estado de flagrância e a prisão somente poderá ser decretada no processo penal que a apurar, hipótese, aliás, remota, porque a desobediência é crime afiançável e punido com pena de detenção. Em outras palavras: se a desobediência já ocorreu, o juiz desobedecido não pode decretar a prisão do agente, cabendo-lhe, apenas, remeter cópia das peças ao Ministério Público para eventual inquérito policial e ação penal; se a desobediência ainda não ocorreu, não pode haver decreto antecipado de prisão, porque a eventual situação de flagrância não admite decreto de prisão. Flagrante se efetiva, não se decreta" (Prisão por desobediência. *Revista do Instituto dos Advogados do Paraná* 20:195-196, Curitiba, 1992). Nesse sentido, STJ, 6ª Turma, REsp 541.174/RS, Rel. Min. Paulo Medina, *DJ* 27.3.2006, p. 358; STJ, 6ª Turma, HC 123.256/RJ, Rel. Min. Maria Thereza de Assis Moura, *DJe* 10.10.2011.

[137] FIGUEIRA JÚNIOR, Joel Dias. *Comentários à novíssima reforma do CPC*: Lei 10.444, de 07 de maio de 2002. Rio de Janeiro: Forense, 2002. p. 78-90. Nesse mesmo sentido, Sérgio Cruz Arenhart entende que a prisão deriva do *imperium* estatal e tem por finalidade resguardar a dignidade da Justiça, encontrando escoro jurídico no art. 5º, XXXV, da Constituição Federal, por servir como meio de garantir a *efetividade* dos provimentos judiciais (*A tutela inibitória da vida privada*. São Paulo: RT, 2000. p. 212).

[138] Literalmente, o art. 5º, LXVII, da Constituição Federal ressalva não somente a prisão civil do devedor de alimentos, mas também a do *depositário infiel*. Ao julgar o Recurso Extraordinário 466.343/SP, o STF, reconhecendo o *status* normativo supralegal dos tratados e convenções internacionais que proíbem a prisão por dívidas, entendeu *não* haver mais base jurídica para a prisão civil do *depositário infiel*. Na esteira desse entendimento, o STJ, ao julgar o RHC 19.406/MG, afirmou que a prisão civil do depositário judicial infiel não encontra guarida no ordenamento jurídico, em quaisquer de suas modalidades, seja a legal, seja a contratual. Decretar a prisão civil em tais casos equivale a constrangimento ilegal, a ser inibido por *habeas corpus*. Não há, portanto, mais base legal para a prisão civil do depositário infiel, considerando-se conflitante com a vedação de prisão civil o disposto no art. 1.287 do Código Civil de 1916, bem como o Decreto-lei 911/1969 e, bem assim, o art. 652 do Código Civil de 2002. Vale dizer que o ordenamento jurídico brasileiro proíbe a prisão civil por dívidas, ressalvada, apenas, a do devedor de alimentos.

Segundo essa linha de entendimento, tem-se, hoje, a *Súmula Vinculante 25*, aprovada por unanimidade, não havendo discussão sobre o tema, nos seguintes termos: "É ilícita a prisão civil de depositário infiel, qualquer que seja a modalidade do depósito. Tudo isso consagra o disposto no art. 7º do Pacto de San José da Costa Rica, do qual o Brasil é signatário.

[139] FRANCO, Fernão Borba. A execução de sentença "mandamental" e de obrigação de fazer: possibilidade de prisão como meio coercitivo. In: BUENO, Cassio Scarpinella; ALVIM, Eduardo Arruda; WAMBIER, Teresa Arruda Alvim (coords.). *Aspectos polêmicos e atuais do mandado de segurança*. São Paulo: RT, 2002. p. 362-364.

[140] GUERRA, Marcelo Lima. *Execução indireta*. São Paulo: RT, 1998. p. 245-246.

Finalmente, cogita-se da *intervenção judicial* como meio apto e eficaz de obter a efetivação da medida judicial, determinando-se a nomeação de interventor que, substituindo a autoridade, cumpra a ordem judicial.[141]

Estando a obrigação de fazer ou não fazer prevista em título executivo extrajudicial, é possível a execução contra a Fazenda Pública, nos termos da Súmula 279 do STJ. Nesse caso, não há qualquer diferença entre o procedimento adotado para as execuções contra particulares e aquelas manejadas contra a Fazenda Pública, aplicando-se os dispositivos inscritos nos arts. 814 a 823 do CPC.

No que concerne às obrigações de entregar coisa, sua execução contra a Fazenda Pública segue, de igual modo, as mesmas regras da execução contra particulares, aplicando-se os arts. 806 a 813 do CPC. Apenas, nesses casos, se a obrigação for convertida em obrigação de pagar, deverá, a partir daí, ser adotado o procedimento dos arts. 534 e 535 do CPC, passando a seguir a sistemática do precatório.

12.1.22 Petição apresentada pela Fazenda Pública para a revisão do valor do precatório: art. 1º-E da Lei 9.494/1997

No cumprimento de sentença, a Fazenda Pública é intimada para apresentar impugnação. Na execução, é citada para opor embargos. Apresentada impugnação, suspende-se o cumprimento da sentença. De igual modo, opostos os embargos, estará suspensa a execução.

Como se percebe, tanto a impugnação ao cumprimento da sentença como os embargos à execução opostos pela Fazenda Pública suspendem o curso da execução. A exceção de pré-executividade, por sua vez, não causa essa suspensão no processo de execução, sendo, pois, menos útil para a Fazenda Pública. E, não havendo utilidade, não há interesse processual.

Há, no entanto, uma possibilidade de a Fazenda Pública apresentar a exceção de pré-executividade: quando perdido o prazo para impugnação ou para embargos, houver uma questão cognoscível de ofício não sujeita à preclusão que cause a nulidade da execução ou que enseje sua extinção. Nessa hipótese, poderá a Fazenda Pública ajuizar a exceção de pré-executividade, defendendo-se por meio de uma mera petição.

Aliás, o valor dos precatórios poderá sempre ser revisto, de ofício ou a requerimento, a fim de evitar desembolsos indevidos de recursos públicos. No particular, o art. 1º-E da Lei 9.494/1997 assim dispõe:

> Art. 1º-E. São passíveis de revisão, pelo Presidente do Tribunal, de ofício ou a requerimento das partes, as contas elaboradas para aferir o valor dos precatórios antes de seu pagamento ao credor.

Assim, por meio de mera petição ou, se assim se preferir denominar, por meio de uma exceção de pré-executividade, a Fazenda Pública poderá, ainda que não disponha de mais prazo para impugnação ao cumprimento da sentença ou para oposição de embargos à execução, requerer a revisão do valor do crédito, com vistas a assegurar o interesse público, evitando pagamentos indevidos ou em quantias superiores ao realmente devido.

---

[141] GUERRA, Marcelo Lima. Execução contra o Poder Público. *Revista de Processo*, São Paulo: RT, v. 100, out.-dez. 2000, p. 74-76. Conferir também: TALAMINI, Eduardo. *Tutela relativa aos deveres de fazer e de não fazer*. São Paulo: RT, 2001. p. 270-279.

Tal revisão pode, inclusive, ser feita de ofício, devendo os autos ser encaminhados ao juiz de primeira instância para proceder a tal revisão. O Presidente do tribunal exerce atividade administrativa. Logo, interpretando a regra conforme a Constituição, deve ser atribuída ao juiz a tarefa de rever o valor. Ao Presidente do tribunal cabe encaminhar os autos ao juiz de primeira instância para que ali se proceda à conferência e aferição do valor devido.

Tal regra somente se aplica para correção de erros de cálculo ou erros de matérias, que, segundo entendimento firmado na jurisprudência, não são alcançados pela coisa julgada, permitindo a correção a qualquer momento. Se, entretanto, a Fazenda Pública pretende questionar o valor em si ou os critérios de cálculo, sem que haja erro material ou erro de cálculo, já não será possível alterar o valor inscrito no precatório, pois se terá aí ofensa à coisa julgada.

12.2 EXECUÇÃO PROPOSTA PELA FAZENDA PÚBLICA

12.2.1 Execução fiscal

A execução fiscal é um procedimento especial de execução fundada em título extrajudicial para a satisfação de quantia certa. Ela caracteriza-se pela presença de 2 (dois) elementos: o sujeito ativo e o objeto. Somente se considera execução fiscal se o exequente for a Fazenda Pública e o valor cobrado compuser sua dívida ativa.

Em outras palavras, a execução fiscal serve para cobrança de valor integrante da dívida ativa de uma pessoa jurídica de direito público. Não importa quem seja o sujeito passivo; a execução fiscal identifica-se pela conjunção daqueles já referidos elementos: sujeito ativo (Fazenda Pública) e objeto (valor integrante de sua dívida ativa).[142]

A execução fiscal está regulada pela Lei 6.830, de 22 de setembro de 1980, e pelas disposições do Código de Processo Civil, sendo pertinente destacar as regras contidas nos tópicos seguintes. Na verdade, aplicam-se à execução fiscal as normas do Código de Processo Civil, com as alterações e particularidades previstas na referida Lei 6.830/1980.[143]

O procedimento da execução fiscal está disciplinado por lei, mas é possível que as partes, por meio de negócios jurídicos processuais (CPC, art. 190), alterem-no, a fim de ajustá-lo às peculiaridades do caso concreto.[144] A Fazenda Pública com o executado e o juiz da execução fiscal podem estabelecer, com base no art. 191 do CPC, um calendário para a prática dos atos processuais.[145] Aliás, a Procuradoria-Geral da Fazenda Nacional editou algumas resoluções regulamentando a celebração de negócios processuais no âmbito de sua atuação. O art. 19 da Lei 10.522, de 2002, foi amplamente alterado pela Lei 13.874, de 2019. Entre as diversas mudanças, houve a inclusão dos §§ 12 e 13, cujos teores reforçam a celebração de negócios jurídicos processuais pela Fazenda Nacional.

Nos termos do § 12 do referido art. 19, os órgãos do Poder Judiciário e as unidades da Procuradoria-Geral da Fazenda Nacional podem, de comum acordo, celebrar negócios processuais, com fundamento no art. 190 do CPC. Na verdade, tal § 12 prevê a possibilidade de celebração de protocolos institucionais entre o Poder Judiciário e a Procuradoria da

---

[142] CONRADO, Paulo Cesar. *Execução fiscal*. 3. ed. São Paulo: Noeses, 2017. p. 24-30.
[143] Nos termos do enunciado 116 da II Jornada de Direito Processual Civil, do Conselho da Justiça Federal: "Aplica-se o art. 219 do CPC na contagem dos prazos processuais previstos na Lei 6.830/1980".
[144] Nesse sentido, o enunciado 9 do Fórum Nacional do Poder Público: "A cláusula geral de negócio processual é aplicável à execução fiscal".
[145] A propósito, o enunciado 10 do Fórum Nacional do Poder Público: "É possível a calendarização dos atos processuais em sede de execução fiscal e embargos".

Fazenda Nacional, com a possibilidade de estabelecerem regras sobre intimações, prazos, forma e divulgação de atos processuais etc. Essa possibilidade já existia; o dispositivo apenas a reforça, servindo de estímulo à celebração de protocolos institucionais.

Por sua vez, o § 13 do referido art. 19 confirma a adoção de uma prática já constante no âmbito da Procuradoria-Geral da Fazenda Nacional: a regulamentação, por resoluções, de regras e diretrizes para a celebração de negócios jurídicos processuais em seu âmbito de atuação, inclusive na cobrança administrativa ou judicial da dívida ativa da União.

A Lei 13.988, de 2020, que cuida da chamada "transação tributária", expressamente prevê a possibilidade de negócios sobre penhorabilidade (art. 11, III).

12.2.1.1 A dívida ativa da Fazenda Pública e a certidão de dívida ativa

Toda execução deve fundar-se em título executivo que represente uma obrigação líquida, certa e exigível. Os títulos executivos podem ser judiciais ou extrajudiciais. Os judiciais estão previstos no art. 515 do CPC, ao passo que boa parte dos extrajudiciais está relacionada no art. 784 do CPC. Entre esses últimos, destaca-se a certidão de dívida ativa da Fazenda Pública, correspondente aos créditos inscritos na forma da lei.

A dívida ativa da Fazenda Pública é constituída por qualquer valor definido como de natureza tributária ou não tributária pela Lei 4.320, de 17 de março de 1964. A dívida ativa, tributária ou não tributária, compreende, além do principal, a atualização monetária, os juros, a multa de mora e os demais encargos previstos em lei ou contrato. Entre os encargos previstos em lei, estão os honorários dos advogados públicos, devidos em razão da propositura da execução fiscal, tal como demonstrado no item 6.2.9 *supra*.

O valor devido à Fazenda Pública, de natureza tributária ou não tributária, deve ser inscrito na dívida ativa. Tal inscrição é feita por meio de um procedimento administrativo destinado a apurar a liquidez e certeza do crédito. Assim, instaurado o procedimento administrativo, o devedor será notificado para pagar o valor devido ou apresentar suas razões de defesa. Não efetuado o pagamento, não apresentada defesa ou vindo esta a ser rejeitada, sobrevirá o ato administrativo de inscrição do valor na dívida ativa.[146]

Após a inscrição na dívida ativa, será emitida uma certidão que atesta a certeza e a liquidez do débito. Essa certidão, denominada certidão de dívida ativa, constitui o título executivo apto a legitimar a propositura da execução fiscal.

Somente cabe a execução fiscal se o valor for inscrito em dívida ativa como dívida tributária ou não tributária, nos termos da Lei 4.320/1964. Não cabe a execução fiscal para obter ressarcimento de valores pagos indevidamente ou creditados em virtude de fraude comprovada.[147]

---

[146] A multa prevista no § 2º do art. 77 do CPC deve, se não for paga espontaneamente, ser inscrita na dívida ativa da União ou do Estado após o trânsito em julgado da decisão que a fixou, e sua execução observará o procedimento da execução fiscal (art. 77, § 3º, CPC). Perceba que a multa, estabelecida por decisão judicial, já poderia permitir um cumprimento de sentença, tendo a decisão que a assentou como título executivo. Ocorre, porém, que o § 3º do art. 77 do CPC determina que a multa seja inscrita em dívida ativa, daí sendo emitida uma certidão de dívida ativa, a fundamentar a execução fiscal. O título executivo que lastreia a execução fiscal é a certidão de dívida ativa e, então, para ser emitida, é preciso que haja um procedimento administrativo no qual se analisa a regularidade da inscrição.

[147] STJ, 1ª Turma, AgRg no AREsp 188.047/AM, Rel. Min. Benedito Gonçalves, *DJe* 10.10.2012; STJ, 1ª Seção, REsp 1.350.804/PR, Rel. Min. Mauro Campbell Marques, *DJe* 28.6.2013 (Tema 598 dos repetitivos).

A Lei 13.846, de 2019, alterou a redação dos §§ 3º e 4º do art. 115 da Lei 8.213, de 1991, para estabelecer o seguinte:

> § 3º Serão inscritos em dívida ativa pela Procuradoria-Geral Federal os créditos constituídos pelo INSS em decorrência de benefício previdenciário ou assistencial pago indevidamente ou além do devido, inclusive na hipótese de cessação do benefício pela revogação de decisão judicial, nos termos da Lei nº 6.830, de 22 de setembro de 1980, para a execução judicial.
>
> § 4º Será objeto de inscrição em dívida ativa, para os fins do disposto no § 3º deste artigo, em conjunto ou separadamente, o terceiro beneficiado que sabia ou deveria saber da origem do benefício pago indevidamente em razão de fraude, de dolo ou de coação, desde que devidamente identificado em procedimento administrativo de responsabilização.

Essa alteração legislativa passou, então, a autorizar a inscrição em dívida ativa de créditos constituídos pelo INSS em decorrência de benefício previdenciário ou assistencial pago indevidamente ou além do devido, a fim de que se obtenha "o ressarcimento de valores pagos indevidamente ou em virtude de fraude comprovada".

O entendimento segundo o qual não seria possível inscrição em dívida ativa para obtenção de ressarcimento de valores pagos indevidamente foi, como visto, manifestado no julgamento do Recurso Especial 1.350.804/PR, julgado sob o rito dos repetitivos (Tema 598).

Em 2021, a 1ª Seção do STJ julgou, também sob o rito dos repetitivos, o Recurso Especial 1.852.691/PB (Tema 1064), no qual complementou o repetitivo anterior e reconheceu a possibilidade de tais débitos serem inscritos em dívida ativa, estabelecendo, tão somente, parâmetros temporais para a vigência de tal possibilidade,[148] fixando as seguintes teses:

---

[148] Vale a pena transcrever trecho significativo da ementa, que bem explica toda a questão: "O presente repetitivo Tema/Repetitivo n. 1064 é um desdobramento do Tema/Repetitivo n. 598, onde foi submetida a julgamento no âmbito do REsp. n. 1.350.804-PR (Primeira Seção, Rel. Min. Mauro Campbell Marques, julgado em 12.06.2013) a 'Questão referente à possibilidade de inscrição em dívida ativa de benefício previdenciário indevidamente recebido, qualificado como enriquecimento ilícito'. Naquela ocasião foi definido que a inscrição em dívida ativa de valor decorrente de ilícito extracontratual deve ser fundamentada em dispositivo legal específico que a autorize expressamente, o que impossibilitava a inscrição em dívida ativa de valor indevidamente recebido, a título de benefício previdenciário do INSS, pois não havia lei específica que assim o dispusesse. Essa lacuna de lei tornava ilegal o art. 154, §4º, II, do Decreto n. 3.048/99 que determinava a inscrição em dívida ativa de benefício previdenciário pago indevidamente, já que não dispunha de amparo legal. 2. Pode-se colher da ratio decidendi do repetitivo REsp. n. 1.350.804-PR três requisitos prévios à inscrição em dívida ativa: 1º) a presença de lei autorizativa para a apuração administrativa (constituição); 2º) a oportunização de contraditório prévio nessa apuração; e 3º) a presença de lei autorizativa para a inscrição do débito em dívida ativa. 3. Após o advento da Medida Provisória n. 780/2017 (convertida na Lei n. 13.494/2017) a que se sucedeu a Medida Provisória n. 871/2019 (convertida na Lei n. 13.846/2019), que alteraram e adicionaram os §§ 3º, 4º e 5º ao art. 115, da Lei n. 8.213/91, foi determinada a inscrição em dívida ativa pela Procuradoria-Geral Federal – PGF dos créditos constituídos pelo Instituto Nacional do Seguro Social – INSS em decorrência de benefício previdenciário ou assistencial pago indevidamente ou além do devido, inclusive para terceiro beneficiado que sabia ou deveria saber da origem do benefício pago indevidamente em razão de fraude, dolo ou coação. 4. Considerando-se as razões de decidir do repetitivo REsp. n. 1.350.804-PR, as alterações legais não podem retroagir para alcançar créditos constituídos (lançados) antes

As inscrições em dívida ativa dos créditos referentes a benefícios previdenciários ou assistenciais pagos indevidamente ou além do devido constituídos por processos administrativos que tenham sido iniciados antes da vigência da Medida Provisória nº 780, de 2017, convertida na Lei n. 13.494/2017 (antes de 22.05.2017) são nulas, devendo a constituição desses créditos ser reiniciada através de notificações/intimações administrativas a fim de permitir-se o contraditório administrativo e a ampla defesa aos devedores e, ao final, a inscrição em dívida ativa, obedecendo-se os prazos prescricionais aplicáveis;

As inscrições em dívida ativa dos créditos referentes a benefícios previdenciários ou assistenciais pagos indevidamente ou além do devido contra os terceiros beneficiados que sabiam ou deveriam saber da origem dos benefícios pagos indevidamente em razão de fraude, dolo ou coação, constituídos por processos administrativos que tenham sido iniciados antes da vigência da Medida Provisória nº 871, de 2019, convertida na Lei nº 13.846/2019 (antes de 18.01.2019) são nulas, devendo a constituição desses créditos ser reiniciada através de notificações/intimações administrativas a fim de permitir-se o contraditório administrativo e a ampla defesa aos devedores e, ao final, a inscrição em dívida ativa, obedecendo-se os prazos prescricionais aplicáveis.

O crédito relativo a ressarcimento de valores pagos indevidamente ou creditados em virtude de fraude comprovada não poderia ser inscrito em dívida ativa. Atualmente, com as alterações legislativas promovidas na Lei 8.213, de 1991, é possível a inscrição em dívida ativa com o consequente ajuizamento de execução fiscal.

O STF, ao julgar recurso extraordinário sobre a questão, concluiu estar ela no plano infraconstitucional, fixando a seguinte tese (Tema 1.222/STF): "É infraconstitucional, a ela se aplicando os efeitos da ausência de repercussão geral, a controvérsia relativa à validade da constituição e inscrição em dívida ativa de créditos referentes a benefícios previdenciários ou assistenciais pagos indevidamente ou além do devido, constituídos por processos administrativos iniciados antes da vigência da Medida Provisória 780/2017, convertida na Lei 13.494/2017, e da Medida Provisória 871/2019, convertida na Lei 13.846/2019, bem como a discussão sobre a necessidade de seu refazimento."

Assim, firmou-se mesmo o entendimento do STJ quanto à possibilidade da execução fiscal para ressarcimento de valores pagos indevidamente pelo INSS, desde que instaurado procedimento administrativo e feita a inscrição em dívida, após a vigência da lei que passou a prever tal possibilidade (Tema 1.064/STJ).

Havendo, enfim, previsão legal que permita a inscrição em dívida, com expedição de correspondente certidão de dívida ativa, é possível a execução fiscal.

Por outro lado, não havendo certidão de dívida ativa, não será possível o ajuizamento da execução fiscal. Se a Fazenda Pública dispõe de outro título que não seja a certidão de dívida ativa, não caberá execução fiscal. Assim, havendo, por exemplo, condenação, por sentença judicial, de honorários de advogado em favor da Fazenda Pública, esta deverá valer-se do cumprimento da sentença, e não da execução fiscal. Não lhe cabe, nesse caso,

---

de sua vigência, indiferente, portanto, que a inscrição em dívida ativa tenha sido feita depois da vigência das respectivas alterações legislativas. O processo administrativo que enseja a constituição do crédito (lançamento) há que ter início (notificação para defesa) e término (lançamento) dentro da vigência das leis novas para que a inscrição em dívida ativa seja válida." (STJ, 1ª Seção, REsp 1.852.691/PB, Rel. Min. Mauro Campbell Marques, *DJe* 28.6.2021).

inscrever em dívida e lavrar uma certidão de dívida ativa para, então, propor a execução fiscal. Deverá, isto sim, executar a própria sentença, mediante o procedimento do cumprimento da sentença previsto a partir do art. 523 do CPC. Ao enfrentar o Recurso Especial 1.126.631/PR, Rel. Min. Herman Benjamin, o Superior Tribunal de Justiça entendeu que, efetivamente, não é possível valer-se da execução fiscal para cobrança de honorários de advogado. Naquele caso, o Superior Tribunal de Justiça considerou não ser possível converter um título judicial em extrajudicial, a fim de inscrever em dívida os honorários sucumbenciais e cobrá-los por meio da execução fiscal. Os honorários de sucumbência dependem de condenação judicial, não podendo ser objeto de inscrição em dívida ativa.[149]

O título executivo que autoriza a propositura da execução fiscal é, enfim, a certidão de dívida ativa. E, como todo e qualquer título executivo, a obrigação nele certificada deve ter os atributos da certeza, liquidez e exigibilidade.

A certidão de dívida ativa é um título formal, devendo ter seus elementos bem caracterizados para que se assegure a ampla defesa do executado. Entre as exigências legais é necessário que ela contenha a descrição do fato gerador ou do fato constitutivo da infração. A menção genérica à origem do débito, sem que haja a descrição do fato constitutivo da obrigação, não atende à exigência legal, sendo nula a certidão de dívida ativa, por arrostar a garantia de ampla defesa.[150] Se, contudo, houver na certidão de dívida ativa, pequenas falhas que não comprometam a defesa do executado, não se deve reconhecer a sua nulidade, permitindo-se seja processada a execução.[151] Estando a certidão de dívida ativa com algum vício ou elemento que afaste sua liquidez ou certeza, poderá, até a decisão de primeira instância, ser substituída ou emendada, assegurando-se ao executado a devolução do prazo para embargos (Lei 6.830/1980, art. 2º, § 8º).

12.2.1.1.1 Procedimento para inscrição na dívida ativa e suspensão da prescrição

Nos termos do § 3º do art. 2º da Lei 6.830/1980, "a inscrição, que se constitui no ato de controle administrativo da legalidade, será feita pelo órgão competente para apurar a liquidez e certeza do crédito e suspenderá a prescrição, para todos os efeitos de direito, por 180 dias, ou até a distribuição da execução fiscal, se esta ocorrer antes de findo aquele prazo". Tal dispositivo aplica-se apenas às execuções fiscais *não tributárias*, não se aplicando às tributárias, pois nestas a prescrição regula-se por lei complementar.[152] A prescrição, no tocante às dívidas tributárias, está disciplinada no art. 174 do CTN, sendo certo que a interrupção[153] da prescrição opera-se com o despacho que ordena a citação, retroagindo para a data da sua propositura, como demonstrado no subitem 12.2.1.4.2.1 *infra*.

---

[149] STJ, 2ª Turma, REsp 1.126.631/PR, Rel. Min. Herman Benjamin, *DJe* 13.11.2009; STJ, 2ª Turma, REsp 1.646.601/SP, Rel. Min. Herman Benjamin, *DJe* 18.4.2017.

[150] STJ, 2ª Turma, REsp 965.223/SP, Rel. Min. Eliana Calmon, *DJe* 21.10.2008; STJ, 1ª Turma, AgRg no AREsp 94.081/SP, Rel. Min. Napoleão Nunes Maia Filho, *DJe* 22.4.2019.

[151] STJ, 1ª Turma, AgRg no Ag 485.548/RJ, Rel. Min. Luiz Fux, *DJ* 19.5.2003, p. 145; STJ, 2ª Turma, REsp 1.725.310/SP, Rel. Min. Herman Benjamin, *DJe* 25.5.2018.

[152] STJ, 2ª Turma, REsp 1.165.216/SE, Rel. Min. Eliana Calmon, *DJe* 10.3.2010; STJ, 2ª Turma, REsp 1.1923.68/MG, Rel. Min. Mauro Campbell Marques, *DJe* 15.4.2011; STJ, 2ª Turma, REsp 1.326.094/PE, Rel. Min. Mauro Campbell Marques, *DJe* 22.8.2012.

[153] "O pedido de parcelamento fiscal, ainda que indeferido, interrompe o prazo prescricional, pois caracteriza confissão extrajudicial do débito" (Súmula STJ, 653).

12.2.1.1.2 Dispensa da execução fiscal em casos de pequenos valores e em que há súmula (judicial ou administrativa), precedente obrigatório ou entendimento vinculante

As Fazendas Públicas não promovem execuções fiscais quando a dívida for de pequeno valor, de acordo com limites fixados em cada esfera federativa.[154] Se, não obstante a fixação de limite para dispensa de sua propositura, a Fazenda Pública intentar execução fiscal para cobrança de valor de pouca expressão, não será possível ao juiz verificar tal circunstância para extinguir o processo. Cabe apenas ao ente público avaliar se deve ou não intentar (ou nela prosseguir) a execução fiscal. A propósito, assim sintetiza o enunciado 452 da Súmula do STJ: "A extinção das ações de pequeno valor é faculdade da Administração Federal, vedada a atuação judicial de ofício".

A redação do enunciado sumular é confusa. Na verdade, é faculdade da Administração *ajuizar* a execução fiscal, não sendo técnico afirmar que a *extinção* da execução seja uma faculdade da Fazenda Pública. Ao julgar o Recurso Extraordinário 591.033/SP, Rel. Min. Ellen Gracie, o Plenário do STF entendeu que somente o ente público pode, por lei própria, dispensar a inscrição em dívida e o *ajuizamento* de seus créditos de pequeno valor, não cabendo ao Judiciário extinguir a execução fiscal de pouca expressão monetária ao argumento de suposta falta de interesse de agir, pois isso infringiria o disposto no art. 5º, XXXV, da Constituição Federal.

O STF definiu melhor a questão, ao fixar a tese do Tema 1.184 da Repercussão Geral, nos seguintes termos: "É legítima a extinção de execução fiscal de baixo valor pela ausência de interesse de agir tendo em vista o princípio constitucional da eficiência administrativa, respeitada a competência constitucional de cada ente federado. 2. O ajuizamento da execução fiscal dependerá da prévia adoção das seguintes providências: *a)* tentativa de conciliação ou adoção de solução administrativa; e *b)* protesto do título, salvo por motivo de eficiência administrativa, comprovando-se a inadequação da medida. 3. O trâmite de ações de execução fiscal não impede os entes federados de pedirem a suspensão do processo para a adoção das medidas previstas no item 2, devendo, nesse caso, o juiz ser comunicado do prazo para as providências cabíveis".

Não apenas o valor pequeno, mas o tema envolvido pode acarretar a dispensa da constituição do valor em dívida ativa ou, até mesmo, do ajuizamento da execução fiscal.

---

[154] No âmbito federal, não são inscritos em dívida ativa os débitos de até R$ 1.000,00 (mil reais), sendo inscritos, mas não executados, os de até R$ 20.000,00 (vinte mil reais). *Conferir*, a propósito, Portaria 75, de 22 de março de 2012, do Ministro de Estado de Fazenda, alterada pela Portaria MF 130, de 19 de abril de 2012. Assim dispõe o art. 20 da Lei 10.522, de 19 de julho de 2002, com a redação que lhe foi dada pela Lei 13.874, de 2019: "Art. 20. Serão arquivados, sem baixa na distribuição, por meio de requerimento do Procurador da Fazenda Nacional, os autos das execuções fiscais de débitos inscritos em dívida ativa da União pela Procuradoria-Geral da Fazenda Nacional ou por ela cobrados, de valor consolidado igual ou inferior àquele estabelecido em ato do Procurador-Geral da Fazenda Nacional. § 1º Os autos de execução a que se refere este artigo serão reativados quando os valores dos débitos ultrapassarem os limites indicados. § 2º Serão extintas, mediante requerimento do Procurador da Fazenda Nacional, as execuções que versem exclusivamente sobre honorários devidos à Fazenda Nacional de valor igual ou inferior a R$ 1.000,00 (mil reais)". Tal dispositivo não se aplica às execuções fiscais propostas pelos Conselhos Profissionais. Nesse sentido, o Enunciado 583 da Súmula do STJ: "O arquivamento provisório previsto no art. 20 da Lei nº 10.522/2002, dirigido aos débitos inscritos como dívida ativa da União pela Procuradoria-Geral da Fazenda Nacional ou por ela cobrados, não se aplica às execuções fiscais movidas por conselhos de fiscalização profissional ou pelas autarquias federais".

A propósito, convém observar a Resolução 547/2024 do Conselho Nacional de Justiça, mais bem examinada adiante.

Nos termos do art. 19 da Lei 10.522/2002, com a redação que lhe foi dada pela Lei 13.874/2019: "Fica a Procuradoria-Geral da Fazenda Nacional dispensada de contestar, de oferecer contrarrazões e de interpor recursos, e fica autorizada a desistir de recursos já interpostos, desde que inexista outro fundamento relevante", nas hipóteses ali mencionadas.

Em vários casos, os advogados públicos federais não devem interpor recursos. Em todos esses casos, também se permite a dispensa da constituição do crédito (tributário ou não tributário) e da propositura da execução fiscal (Lei 10.522/2002, art. 19-B).

Assim, se houver parecer, vigente e aprovado, pelo Procurador-Geral da Fazenda Nacional que conclua pela inexistência, invalidade ou inexigibilidade do crédito fiscal, ou se o tema objeto da constituição ou execução estiver fundado em dispositivo que tenha tido sua inconstitucionalidade proclamada pelo STF em sede de controle difuso ou tenha sua vigência suspensa por resolução do Senado Federal, ou sobre ele exista enunciado de súmula vinculante ou tenha sido definido pelo STF em controle concentrado de constitucionalidade de modo contrário ao Poder Público, pode ser dispensada a constituição do crédito e a propositura da execução fiscal.

Essas hipóteses podem ser estendidas a temas não abrangidos pelo julgado paradigma ou pelo precedente obrigatório, quando a ele forem aplicáveis os fundamentos determinantes dali extraídos, desde que inexista outro fundamento relevante que justifique a impugnação em juízo (art. 19, § 9º, Lei 10.522/2002).

Também se dispensa a constituição do crédito e a propositura da execução fiscal quando o tema decidido pelo STF em matéria constitucional ou pelo STJ, pelo TST, pelo TSE ou pela TNU, nos temas de suas competências, for definido em sede de repercussão geral ou de recurso repetitivo, ou, então, não houver viabilidade de reversão da tese firmada em sentido desfavorável à Fazenda Nacional, conforme critérios definidos em ato do Procurador-Geral da Fazenda Nacional.

De acordo com o art. 18-A da Lei 10.522/2002: "Comitê formado de integrantes do Conselho Administrativo de Recursos Fiscais, da Secretaria Especial da Receita Federal do Brasil do Ministério da Economia e da Procuradoria-Geral da Fazenda Nacional editará enunciados de súmula da administração tributária federal, conforme o disposto em ato do Ministro de Estado da Economia, que deverão ser observados nos atos administrativos, normativos e decisórios praticados pelos referidos órgãos". Tais enunciados, segundo dispõe o inciso VII do art. 19 da Lei 10.522/2002, autorizam a dispensa de recurso contra decisão judicial, permitindo, por força do seu art. 19-B, a dispensa da inscrição do crédito em dívida ativa e a propositura de execução fiscal.

12.2.1.1.3 Dispensa ou arquivamento de execuções fiscais de valores pequenos propostas por Conselhos Profissionais. Tema 1.193/STJ

O art. 6º da Lei 12.514/2011 estabelece o valor das anuidades a serem pagas pelos profissionais a seus respectivos conselhos. De acordo com seu art. 8º, os conselhos não executarão judicialmente dívidas, de qualquer origem, com valor total inferior a cinco vezes o do inciso I do *caput* do seu art. 6º. Como o valor ali previsto é de R$ 500,00 (quinhentos reais), cinco vezes esse valor equivale a R$ 2.500,00 (dois mil e quinhentos reais).

Nos termos do § 1º do seu art. 8º, a dispensa da execução fiscal não impede a realização de medidas administrativas de cobrança, tais como a notificação extrajudicial, a inclusão em cadastros de inadimplentes e o protesto de certidões de dívida ativa. As execuções fiscais de valores inferiores a R$ 2.500,00 serão – assim o diz o § 2º do seu art. 8º – arquivadas sem baixa na distribuição, aguardando-se a satisfação espontânea do crédito ou eventual prescrição intercorrente.

Tal arquivamento, previsto no § 2º do art. 8º da Lei 12.514/2011 por força de alteração promovida pela Lei 14.195/2021, alcança os processos em curso, a não ser que já tenha havido penhora. Feita penhora, o processo, mesmo que de pequeno valor, não deve ser arquivado. Foi assim como concluiu o STJ, ao fixar a tese do tema 1.193 dos recursos repetitivos, por considerá-la uma norma processual. Eis a tese fixada pelo STJ: "O arquivamento das execuções fiscais cujo valor seja inferior ao novo piso fixado no caput do art. 8º da Lei n. 12.514/2011, previsto no § 2º do artigo referido (acrescentado pela Lei n. 14.195/2021), o qual constitui norma de natureza processual, que deve ser aplicada de imediato, alcança os executivos fiscais em curso, ressalvados os casos em que concretizada a penhora".

12.2.1.1.4 Substituição ou emenda da certidão de dívida ativa

A certidão de dívida ativa pode ser, até a prolação da sentença de embargos à execução, substituída, em caso de erro material ou formal. O que não se admite é a modificação do sujeito passivo da execução. A certidão de dívida ativa pode ser substituída, desde que não se altere o executado. Esta, a propósito, é a orientação do enunciado 392 da Súmula do STJ: "A Fazenda Pública pode substituir a certidão de dívida ativa (CDA) até a prolação da sentença de embargos, quando se tratar de correção de erro material ou formal, vedada a modificação do sujeito passivo da execução".[155]

Convém registrar que "é assente o entendimento segundo o qual é possível ao juiz reconhecer a nulidade da CDA de ofício, ou facultar à Fazenda Pública, tratando-se de erro formal, a substituição ou emenda do título executivo".[156]

Constatado um excesso no valor cobrado, é possível, sem precisar extinguir a execução fiscal, reduzir o valor constante da CDA para exclusão da quantia cobrada a maior, quando isso puder ser feito por meros cálculos aritméticos, sem necessidade de qualquer procedimento complexo para chegar ao *quantum* efetivamente devido.[157]

Nesse caso, não há sucumbência contra a Fazenda Pública, substituindo-se ou emendando-se a certidão, com a renovação do prazo para embargos à execução.[158] Cumpre observar que não há, em tal situação, extinção da execução; ela prossegue, com a substituição ou a emenda da certidão de dívida ativa. Como não há extinção da execução, não há sucumbência contra a Fazenda Pública.

Tal hipótese difere daquela em que a Fazenda Pública, diante dos embargos à execução, cancela o débito, vindo a execução a ser extinta. Sendo extinta a execução, haverá, em virtude da causalidade, condenação da Fazenda Pública nos honorários de advogado.

Realmente, segundo anotado em precedente do Superior Tribunal de Justiça, "(...). 3. É jurisprudência pacífica no STJ aquela que, em casos de extinção de execução fiscal em virtude de

---

[155] Assim, quando da inscrição da dívida, se o devedor já estava falecido, não é possível alterar a CDA para substituí-lo por seu espólio. Nesse sentido: STJ, 1ª Turma, REsp 1.073.494/RJ, Rel. Min. Luiz Fux, *DJe* 29.9.2010.
[156] STJ, 2ª Turma, AgRg no AREsp 198.231/CE, Rel. Min. Mauro Campbell Marques, *DJe* 14.9.2012.
[157] STJ, 1ª Turma, AgRg no REsp 941.809/PE, Rel. Min. Napoleão Nunes Maia Filho, *DJe* 15.10.2012.
[158] STJ, 2ª Turma, REsp 408.777/SC, Rel. Min. Franciulli Netto, *DJ* 25.4.2005, p. 263.

cancelamento de débito pela exequente, define a necessidade de se perquirir quem deu causa à demanda a fim de imputar-lhe o ônus pelo pagamento dos honorários advocatícios. Precedentes: AgRg no REsp nº 969.358/SP, Segunda Turma, Rel. Min. Mauro Campbell Marques, julgado em 6.11.2008; EDcl no AgRg no AG nº 1.112.581/SP, Segunda Turma, Rel. Min. Mauro Campbell Marques, julgado em 23.7.2009; REsp nº 991.458/SP, Segunda Turma, Rel. Min. Mauro Campbell Marques, julgado em 2.4.2009; REsp nº 626.084/SC, Primeira Turma, Rel. Min. Denise Arruda, julgado em 7.8.2007; AgRg no REsp 818.522/MG, 1ª Turma, Rel. Min. José Delgado, *DJ* de 21.8.2006; AgRg no REsp 635.971/RS, 1ª Turma, Rel. Min. Luiz Fux, *DJ* de 16.11.2004. (...)".[159]

12.2.1.1.5 Protesto de certidão de dívida ativa

Por meio da Portaria 321, de 6 de abril de 2006, o Procurador-Geral da Fazenda Nacional resolveu estabelecer que as certidões de dívida ativa da União, especialmente aquelas cujo valor não renda ensejo à execução fiscal, poderão ser levadas a protesto, antes do ajuizamento da execução fiscal.

Em um primeiro momento, o Superior Tribunal de Justiça entendeu inadequado o protesto por falta de previsão legal, por ser desnecessário para marcar a impontualidade e por não haver interesse da Fazenda Pública de requerer a falência de empresário ou de sociedade empresária.[160]

Entretanto, a Lei 12.767, de 2012, acrescentou um parágrafo único ao art. 1º da Lei 9.492, de 1997, com o seguinte teor:

> Incluem-se entre os títulos sujeitos a protesto as certidões de dívida ativa da União, dos Estados, do Distrito Federal, dos Municípios e das respectivas autarquias e fundações públicas.[161]

Ao apreciar o REsp 1.126.515, a 2ª Turma do STJ passou a entender, com base na referida mudança legislativa, que seria possível o protesto da Certidão de Dívida Ativa.[162] Além disso, e revendo seu posicionamento originário, a 1ª Seção do STJ decidiu que, mesmo antes da Lei 12.767, de 2012, seria possível o protesto de CDA realizado pela Fazenda Pública, e a

---

[159] STJ, 1ª Seção, REsp 1.111.002/SP, Rel. Min. Mauro Campbell Marques, *DJe* 1º.10.2009. STJ, 2ª Turma, AgInt no REsp 1.825.337/PR, Rel. Min. Og Fernandes, *DJe* 2.12.2020; STJ, 1ª Turma, AgInt no REsp 1.985.150/SP, Rel. Min. Benedito Gonçalves, *DJe* 10.8.2022. Em outra ocasião, o STJ decidiu que a extinção de execução fiscal por prescrição intercorrente não acarreta condenação da Fazenda Pública nos ônus sucumbenciais: STJ, 1ª Turma, AgInt no REsp 1.845.936/RS, Rel. Min. Benedito Gonçalves, *DJe* 2.6.2021. O STJ também já decidiu ser possível a condenação da Fazenda Pública nos ônus sucumbenciais nos casos em que há redução do valor indicado na CDA: STJ, 1ª Turma, AgInt no AREsp 1.249.589/SP, Rel. Min. Napoleão Nunes Maia Filho, *DJe* 18.12.2020.

[160] Nesse sentido: 1ª Turma, REsp 287.824/MG, Rel. Min. Francisco Falcão, *DJ* 20.2.2006, p. 205; 1ª Turma, AgRg no Ag 936.606/PR, Rel. Min. José Delgado, *DJe* 4.6.2008; STJ, 2ª Turma, REsp 1.093.601/RJ, Rel. Min. Eliana Calmon, *DJe* 15.12.2008; STJ, 2ª Turma, AgRg no Ag 1.172.684/PR, Rel. Min. Mauro Campbell Marques, *DJe* 3.9.2010; STJ, 1ª Turma, AgRg no Ag 1.316.190/PR, Rel. Min. Arnaldo Esteves Lima, *DJe* 25.5.2011.

[161] A constitucionalidade de tal dispositivo foi questionada no STF pela Confederação Nacional da Indústria, por meio da Ação Direta de Inconstitucionalidade 5.135. Ao apreciá-la, a Suprema Corte resolveu julgá-la improcedente, fixando tese nos seguintes termos: "O protesto das Certidões de Dívida Ativa constitui mecanismo constitucional e legítimo, por não restringir de forma desproporcional quaisquer direitos fundamentais garantidos aos contribuintes e, assim, não constituir sanção política".

[162] *DJe* 16.12.2013.

disposição introduzida pela referida lei veio apenas para reforçar sua legitimidade, revestindo-se de conteúdo interpretativo.[163]

O STJ também entendeu que a regra do art. 1º, parágrafo único, da Lei 9.492/1997, por decorrer de norma federal de caráter nacional, aplica-se às Fazendas Municipal e Estadual.[164]

Assim, atualmente, entende-se que é possível o protesto da certidão de dívida ativa. Aí está um bom exemplo de superação da jurisprudência em razão de superveniente alteração legislativa. Não houve uma virada ou mudança abrupta sem motivo relevante. A alteração legislativa foi a razão para a superação do entendimento. É possível, diante da mudança legislativa, haver protesto de certidão de dívida ativa.

12.2.1.1.6 Notificação para pagamento administrativo, restrição de crédito, averbação da CDA nos órgãos de registro de bens e direitos e sua "indisponibilidade"

A Lei 13.606, de 2018, acrescentou o art. 20-B à Lei 10.522, de 2002, para estabelecer que, inscrito o crédito em dívida ativa da União, o devedor será notificado para, em até 5 (cinco) dias, efetuar o pagamento do valor atualizado monetariamente, acrescido de juros, multa e demais encargos nela indicados. A notificação será expedida por via eletrônica ou postal para o endereço do devedor e será considerada entregue depois de decorridos 15 (quinze) dias da respectiva expedição. Presume-se válida a notificação expedida para o endereço informado pelo contribuinte ou responsável à Fazenda Pública.

Não pago o débito no prazo de 5 (cinco) dias, a Fazenda Pública poderá comunicar a inscrição em dívida ativa aos órgãos que operam bancos de dados e cadastros relativos a consumidores e aos serviços de proteção ao crédito e congêneres, bem como averbar, por meio eletrônico inclusive, a CDA nos órgãos de registro de bens e direitos sujeitos a arresto ou penhora.

O inciso II do § 3º do art. 20-B da Lei 10.522, de 2002, dispõe que a Fazenda Pública pode fazer a averbação da CDA nos órgãos de registro de bens e direitos sujeitos a arresto ou penhora, "tornando-os indisponíveis".

A expressão "tornando-os indisponíveis" há de ser interpretada sistemicamente, em sintonia com as outras regras que autorizam averbações no registro de bens (CPC, art. 828; Lei 13.097, de 2015, art. 54, IV e V). A averbação da CDA no registro de bens e direitos não deve impedir a alienação do bem, devendo, na realidade, para configuração de fraude, caracterizar presunção absoluta de ciência do terceiro adquirente. Em outras palavras, feita a averbação, a posterior alienação do bem será ineficaz em face da execução fiscal da CDA que fora averbada.

A averbação da CDA em registro de bens e direitos não impede que o devedor venda ou ofereça bens à penhora. Ele pode, até mesmo, precisar vender bens para pagar a dívida fiscal objeto da CDA averbada. É preciso interpretar a expressão de forma a afastar exageros, excessos ou desproporções.

Essa regra serve para dar efetividade ao comando do art. 185 do CTN, que estabelece um regime jurídico distinto para a caracterização da fraude nos casos de crédito tributário, que se verifica após a constituição do crédito tributário e mesmo antes do ajuizamento da execução fiscal: "Art. 185. Presume-se fraudulenta a alienação ou oneração de bens ou rendas, ou seu começo, por sujeito passivo em débito para com a Fazenda Pública, por crédito tributário regularmente inscrito como dívida ativa". Em outras palavras: como a fraude, aqui, dispensa a

---

[163] STJ, 1ª Seção, EREsp 1.109.579/PR, rel. Min. Mauro Campbell Marques, *DJe* 4.11.2021.
[164] STJ, 1ª Turma, REsp 1.895.557/SP, Rel. Min. Gurgel de Faria, *DJe* 10.8.2021.

existência de processo jurisdicional, podendo acontecer ainda na fase pré-judicial, o legislador houve por bem criar essa técnica (averbação da CDA no registro) também para esse momento pré-judicial. Os dois dispositivos devem ser interpretados conjuntamente.

Até mesmo o decreto expropriatório de bens – antecedente da ação de desapropriação – não torna indisponível o bem a ser expropriado, não impedindo sua alienação. Da mesma forma, uma simples averbação de bens nos correspondentes registros não pode impedir a alienação ou constrição desses mesmos bens. O termo "tornando-os indisponíveis" deve ser interpretado como ineficácia da alienação do bem em relação à CDA averbada, pois a averbação acarreta presunção absoluta de ciência do terceiro adquirente.

Ao apreciar a ADI 5.881, o Supremo Tribunal Federal, nos termos do voto médio do Ministro Roberto Barroso, julgou procedente o pedido para considerar inconstitucional a parte final do inciso II do § 3º do art. 20-B da Lei 10.522, de 2002, na redação dada pela Lei 13.606, de 2018. A Corte Suprema considerou inconstitucional a expressão "tornando-os indisponíveis", na mesma linha das razões aqui expostas.[165]

A inscrição do nome do devedor em cadastros de inadimplentes e a averbação nos registros de bens e direitos são mecanismos de autotutela, controláveis judicialmente, servindo como meio de coerção e de garantia da futura execução, como já existe em outras leis. Os credores, em geral, podem inscrever o nome do devedor em cadastros de inadimplentes. A averbação nos registros de bens e direitos tem sido, de igual modo, utilizada como garantia. São mecanismos de autotutela, controláveis judicialmente.

A Fazenda Pública pode averbar a CDA em registros de bens e direitos, caracterizando-se, para configuração de fraude, presunção absoluta de ciência do terceiro adquirente; a posterior alienação do bem será ineficaz em face da execução fiscal da CDA que tenha sido averbada.

Feita a averbação, a Fazenda Pública deve propor, logo em seguida, a execução fiscal. Averbar a CDA no registro de bens ou direitos e não propor a execução fiscal caracteriza abuso de direito, devendo ser desfeita a averbação por provocação do devedor. É preciso que, concretamente, a averbação não se torne indefinida, nem perene. A situação há de ser provisória, devendo haver execução fiscal fundada na mesma CDA que fora averbada. A lei não estabelece um prazo para o ajuizamento da execução fiscal. Há, então, de se aplicar, por analogia, o prazo de 30 (trinta) dias previsto para formulação do pedido de tutela satisfativa, no caso de efetivação de tutela cautelar antecedente (CPC, art. 308).

Promovida a execução fiscal e feita a penhora suficiente para a garantia do juízo, que deverá recair preferencialmente no(s) bem(ns) em cujo registro tenha sido averbada a CDA, a averbação deve ser cancelada, evitando-se, assim, excesso de garantia e, com isso, abuso pelo exequente. Cabe, na verdade, a aplicação, por analogia, dos parágrafos do art. 828 do CPC, que cuidam de averbação semelhante.

12.2.1.1.7 Possibilidade de condicionamento do ajuizamento da execução à verificação de indícios de bens, direitos ou atividade econômica dos devedores ou corresponsáveis

O art. 20-C da Lei 10.522, de 2002, acrescido pela Lei 13.606, de 2018, prevê que a Procuradoria-Geral da Fazenda Nacional poderá condicionar o ajuizamento de execuções fiscais à verificação de indícios de bens, direitos ou atividade econômica dos devedores ou corresponsáveis, desde que úteis à satisfação integral ou parcial dos débitos a serem executados.

---

[165] STF, Pleno, ADI 5.881/DF, Rel. Min. Marco Aurélio, Rel. p/ acórdão Min. Roberto Barroso, j. 9.12.2020.

Conjugando o art. 20-B com o art. 20-C da referida Lei 10.522, de 2002, percebe-se que, notificado o devedor para pagamento em 5 (cinco) dias, e não havendo o pagamento, será promovida inscrição em cadastros de restrição de crédito, bem como averbação da CDA em registro de bens e direitos. Em seguida, deve ser proposta a execução fiscal.

Se, porém, não forem encontrados bens cujo registro possa ser averbado, a Fazenda Nacional pode deixar de promover a execução fiscal, mas isso depende de regulamentação por ato normativo do seu Procurador-Geral, observados os critérios de racionalidade, economicidade e eficiência.

12.2.1.1.8 Interesse de agir na execução fiscal, o Tema 1.184/STF e a Resolução 547/2024 do CNJ[166]

Ao apreciar o Tema 1.184 da Repercussão Geral, o STF fixou as seguintes teses: "1. É legítima a extinção de execução fiscal de baixo valor pela ausência de interesse de agir tendo em vista o princípio constitucional da eficiência administrativa, respeitada a competência constitucional de cada ente federado. 2. O ajuizamento da execução fiscal dependerá da prévia adoção das seguintes providências: a) tentativa de conciliação ou adoção de solução administrativa; e b) protesto do título, salvo por motivo de eficiência administrativa, comprovando-se a inadequação da medida. 3. O trâmite de ações de execução fiscal não impede os entes federados de pedirem a suspensão do processo para a adoção das medidas previstas no item 2, devendo, nesse caso, o juiz ser comunicado do prazo para as providências cabíveis".

De acordo com essas teses fixadas, o ajuizamento da execução fiscal dependerá da prévia adoção das seguintes providências: *a)* tentativa de conciliação ou adoção de solução administrativa, e *b)* protesto do título,[167] salvo por motivo de eficiência administrativa, comprovando-se a inadequação da medida.

A existência de execução fiscal em curso não impede o Poder Público de requerer a suspensão do processo para a adoção de tais providências, em prazo fixado pelo juiz a pedido da Administração.

Com base nessas teses estabelecidas pelo STF, o CNJ editou a Resolução 547/2024, que institui medidas de tratamento racional e eficiente na tramitação das execuções fiscais pendentes no Poder Judiciário.

A Resolução determina a extinção das execuções fiscais de valor inferior a R$ 10.000,00 (dez mil reais) quando do ajuizamento, em que não haja movimentação útil há mais de um ano sem citação do executado ou, ainda que citado, não tenham sido localizados bens penhoráveis, sem prejuízo da possibilidade de nova propositura da

---

[166] Sobre o tema, vale consultar: DIDIER JR., Fredie; FERNANDEZ, Leandro. *Introdução à justiça multiportas*. 2. ed. São Paulo: Editora Juspodivm, 2025.

[167] O art. 375, § 2º, do Código Nacional de Normas da Corregedoria Nacional de Justiça do Conselho Nacional de Justiça – Foro Extrajudicial prevê que se aplicam "à União, aos Estados, ao Distrito Federal e aos Municípios, bem como às suas respectivas autarquias e fundações; as medidas de incentivo à solução negocial prévia de dívidas já vencidas e ainda não protestadas; bem como de renegociação de dívidas protestadas e ainda não canceladas".

execução fiscal se forem encontrados bens do executado, desde que não consumada a prescrição (art. 1º, § 1º).[168]

Apesar da intenção virtuosa de contribuir para a eficiência das execuções fiscais, o art. 1º, § 1º, da Resolução 547/2024 ultrapassou o âmbito da competência normativa do CNJ, por dispor, de maneira impositiva, sobre matéria tipicamente jurisdicional, além de invadir espaço de autonomia dos entes federados.

O dispositivo cria um dever de extinção das execuções fiscais de valor inferior ao referencial fixado pelo próprio CNJ. Não se trata aqui apenas de formulação de uma medida de administração judiciária, que legitima a edição de regulamentos autônomos (CF, art. 103-B, § 4º), mas de avanços sobre o conteúdo da atividade jurisdicional.

Quanto às execuções fiscais em curso, a resolução não trata da possibilidade de haver, antes da decretação da sua extinção, a suspensão do processo para a tentativa de conciliação ou adoção de solução administrativa e para a realização do protesto do título.[169]

O art. 2º desta resolução, em consonância com as teses do Tema 1.184 do STF, prevê que a propositura de execução fiscal depende de prévia tentativa de autocomposição (que estará satisfeita com a existência de lei que estabeleça a possibilidade de parcelamento ou a oportunidade de celebração de transação, por exemplo) ou adoção de solução administrativa (como a notificação do executado para pagamento antes do ajuizamento da execução fiscal).

Também em conformidade com o Tema 1.184, o art. 3º da Resolução 547/2024 dispõe que a propositura da execução fiscal dependerá, ainda, de prévio protesto do título, salvo por motivo de ineficiência administrativa, comprovando-se a inadequação da medida, conforme análise do juiz no caso concreto, a exemplo das situações de comunicação da inscrição em dívida ativa aos órgãos que operam bancos de dados e cadastros relativos a consumidores e aos serviços de proteção ao crédito e congêneres (art. 20-B, § 3º, I, Lei 10.522/2002), de existência da averbação, inclusive por meio eletrônico, da certidão de dívida ativa nos órgãos de registro de bens e direitos sujeitos a arresto ou penhora (art. 20-B, § 3º, II, Lei 10.522/2002) ou de indicação, no ato de ajuizamento da execução fiscal, de bens ou direitos penhoráveis de titularidade do executado.

---

[168] "Art. 1º É legítima a extinção de execução fiscal de baixo valor pela ausência de interesse de agir, tendo em vista o princípio constitucional da eficiência administrativa, respeitada a competência constitucional de cada ente federado. § 1º Deverão ser extintas as execuções fiscais de valor inferior a R$ 10.000,00 (dez mil reais) quando do ajuizamento, em que não haja movimentação útil há mais de um ano sem citação do executado ou, ainda que citado, não tenham sido localizados bens penhoráveis. § 2º Para aferição do valor previsto no § 1º, em cada caso concreto, deverão ser somados os valores de execuções que estejam apensadas e propostas em face do mesmo executado. § 3º O disposto no § 1º não impede nova propositura da execução fiscal se forem encontrados bens do executado, desde que não consumada a prescrição. § 4º Na hipótese do § 3º, o prazo prescricional para nova propositura terá como termo inicial um ano após a data da ciência da Fazenda Pública a respeito da não localização do devedor ou da inexistência de bens penhoráveis no primeiro ajuizamento. § 5º A Fazenda Pública poderá requerer nos autos a não aplicação, por até 90 (noventa) dias, do § 1º deste artigo, caso demonstre que, dentro desse prazo, poderá localizar bens do devedor".

[169] O art. 1º, § 5º, da Resolução 547/2024 prevê somente a possibilidade de a Fazenda Pública requerer que não seja extinta imediatamente a execução fiscal, a fim de que possa demonstrar que, no prazo de noventa dias, poderá localizar bens do devedor.

12.2.1.2 As legitimidades ativa e passiva na execução fiscal

12.2.1.2.1 Legitimidade ativa

A execução fiscal pode ser ajuizada pela Fazenda Pública, ou seja, pela União, pelos Estados, pelos Municípios, pelo Distrito Federal e por suas respectivas autarquias e fundações públicas. A execução fiscal é privativa da Fazenda Pública, não podendo ser utilizada pelas empresas públicas e sociedades de economia mista, as quais, como se viu, não estão abrangidas no conceito de Fazenda Pública, a não ser que prestem serviço público essencial sem regime de concorrência, como se viu no Capítulo I, item 1.1, hipótese em que integram o conceito de Fazenda Pública.

É possível, contudo, haver a celebração de convênio entre um ente público e uma empresa pública ou sociedade de economia mista para que essa possa promover execução fiscal. Tome-se como exemplo a legitimidade da Caixa Econômica Federal, que é uma empresa pública, para intentar execução fiscal, como substituto processual[170] do Fundo, com vistas a cobrar valores não recolhidos ao FGTS.[171] A Fazenda Pública pode cobrar, via execução fiscal, créditos cedidos por instituições privadas. Se o crédito foi transferido para o Poder Público, este pode valer-se da execução fiscal, não importando a natureza pública ou privada dos créditos.[172]

A essa altura, surge a necessidade de investigar se os conselhos profissionais podem ajuizar execução fiscal. O art. 58 e seus parágrafos da Lei 9.649, de 27 de maio de 1998, atribuíam natureza de pessoa jurídica de direito privado aos conselhos profissionais. Tal regra afastava a possibilidade de tais conselhos figurarem no polo ativo de uma execução fiscal. É que, como dito, as pessoas jurídicas de direito privado não podem intentar execução fiscal.

O Supremo Tribunal Federal, ao apreciar a Ação Direta de Inconstitucionalidade 1.717/DF, resolveu reconhecer a inconstitucionalidade do referido art. 58 da Lei 9.649/1998, afastando a natureza de pessoa jurídica de direito privado que havia sido atribuída aos conselhos profissionais. Segundo o entendimento firmado pela Suprema Corte, a interpretação conjugada dos arts. 5º, XIII, 22, XVI, 21, XXIV, 70, parágrafo único, 149 e 175, todos da Constituição Federal de 1988, leva à conclusão de ser indelegável a uma entidade privada a atividade típica do Estado, que abrange o poder de polícia, o de tributar e o de punir, relativamente ao exercício de atividades profissionais regulamentadas.[173]

Manteve-se, então, o entendimento segundo o qual os conselhos profissionais ostentam a natureza de autarquias especiais, enquadrando-se, portanto, no conceito de Fazenda Pública. Desse modo, podem os conselhos profissionais intentar execução fiscal. Com efeito, "os Conselhos

---

[170] Entendendo que o caso é de *representação processual*, e não de *substituição processual*, VIANA, Salomão. Comentários ao art. 46. In: WAMBIER, Teresa Arruda Alvim; DIDIER JR., Fredie; TALAMINI, Eduardo; DANTAS, Bruno (coords.). *Breves comentários ao Código de Processo Civil*. 3. ed. São Paulo: RT, 2016. p. 216. Salomão Viana entende que o crédito é da União e que a Caixa Econômica Federal a representa em juízo – por causa disso, para Salomão Viana a execução fiscal, nesse sentido, deve observar as regras de competência territorial previstas para os casos em que a União for a exequente. Não se adota essa linha: o credor é o FGTS, e não a União; o titular do crédito é o Fundo, que é o sujeito de direito.

[171] STJ, 1ª Seção, EREsp 537.559/RJ, Rel. Min. José Delgado, *DJ* 5.12.2005, p. 209; STJ, 1ª Turma, AgRg no AREsp 326.843/RJ, Rel. Min. Benedito Gonçalves, *DJe* 12.11.2014.

[172] STJ, 2ª Turma, REsp 1.126.491/RS, Rel. Min. Eliana Calmon, *DJe* 19.10.2009.

[173] STF, Pleno, ADI 1.717/DF, Rel. Min. Sydney Sanches, *DJ* 28.3.2003, p. 61.

de Fiscalização Profissional são autarquias especiais e suas anuidades têm natureza de taxa. A cobrança das contribuições em atraso deve ser realizada através de execução fiscal e não por intermédio da coação ilícita que representa o cancelamento do registro do profissional de saúde".[174]

Tal entendimento haverá de ser modificado.

No que diz respeito especificamente à OAB, o Superior Tribunal de Justiça veio a modificar o entendimento, concluindo não ser possível cobrar anuidades de advogados por meio da execução fiscal; cabe-lhe, isto sim, valer-se da execução por quantia certa contra devedor solvente, adotando-se o procedimento estabelecido no Código de Processo Civil.

Com efeito, já se firmou o entendimento no STJ quanto à impossibilidade de a OAB valer-se do executivo fiscal.[175]

A razão de tal entendimento repousa na circunstância de que, embora a OAB ostente a natureza de autarquia especial, não integra a Administração Pública indireta, não estando submetida à Lei 4.320/1964, que estatui normas de Direito Financeiro dos orçamentos e balanços das entidades estatais. Ora, segundo dispõe o art. 2º da Lei 6.830/1980, somente constitui dívida ativa aquela definida como tributária ou não tributária pela Lei 4.320/1964. Sendo certo que a receita da OAB não é composta de verbas orçamentárias, nem atende às exigências do referido diploma legal, não lhe é possível fazer uso da execução fiscal.

Demais disso, a OAB não se submete a controle nem a fiscalização contábil, financeira, orçamentária, operacional e patrimonial do Tribunal de Contas da União, não se subordinando à disciplina da controladoria pública situações compatíveis com quem tem suas receitas inseridas em orçamento público, reguladas pela Lei 4.320/1964 e inscreve seus créditos em dívida ativa. Como a OAB não se submete a essas regras e não tem dívida ativa, não pode expedir certidão de dívida ativa, não podendo propor execução fiscal.

Não é demais acentuar que as contribuições que os advogados vertem para a OAB não desfrutam de natureza tributária nem ostentam índole fiscal, tanto que não se subordinam ao princípio da legalidade estrita nem têm base de cálculo ou alíquota prevista em lei, cabendo a cada seccional fixar o valor da anuidade a ser paga pelos advogados a ela vinculados.

Tudo isso está a demonstrar, portanto, que o título executivo extrajudicial de que trata o art. 46, parágrafo único, da Lei 8.906/1994 deve ensejar a propositura de execução disciplinada pelo Código de Processo Civil, não se submetendo ao rito da execução fiscal.

A jurisprudência do Superior Tribunal de Justiça afasta, como se percebe, a possibilidade de a OAB valer-se da execução fiscal, mas dá a entender que os demais conselhos profissionais poderiam continuar a fazer uso dela, pois não ostentariam essas qualidades da OAB nem estariam destinadas à função por esta exercida.

Segundo entendimento firmado no âmbito da jurisprudência do STJ, apenas a OAB não pode valer-se da execução fiscal, devendo intentar uma execução civil. Os demais conselhos profissionais desfrutam da prerrogativa de ajuizarem execuções fiscais, devendo, até mesmo, haver intimação pessoal ao seu representante judicial.[176]

---

[174] STJ, 1ª Turma, REsp 552.894/SE, Rel. Min. Francisco Falcão, *DJ* 22.3.2004, p. 240.
[175] STJ, 1ª Seção, EREsp 503.252/SC, Rel. Min. Castro Meira, *DJ* 18.10.2004, p. 181; STJ, 1ª Seção, EREsp 449.036/SC, Rel. Min. João Otávio de Noronha, *DJ* 13.12.2004, p. 201.
[176] STJ, 1ª Seção, REsp 1.330.473/SP, Rel. Min. Arnaldo Esteves Lima, *DJe* 2.8.2013; STJ, 1ª Turma, AgInt no AREsp 1.861.537/RJ, Rel. Min. Sérgio Kukina, *DJe* 7.4.2022.

Como já se disse, tal entendimento há de ser modificado.

O Supremo Tribunal Federal, ao apreciar o Recurso Extraordinário 938.837, reconheceu a repercussão geral, destacando-a como tema 877 ("possui repercussão geral a questão referente à submissão, ou não, dos conselhos de fiscalização profissional ao regime de precatórios para pagamentos de suas dívidas decorrentes de decisão judicial"). Posteriormente, o STF, apreciando o aludido tema 877, deu provimento ao referido Recurso Extraordinário e fixou a seguinte tese: "Os pagamentos devidos, em razão de pronunciamento judicial, pelos Conselhos de Fiscalização não se submetem ao regime de precatórios".

Enfim, segundo decidiu o STF, as execuções propostas em face de conselhos profissionais devem seguir as regras gerais, não se submetendo ao regime dos precatórios. Os conselhos profissionais devem ser executados mediante o procedimento do cumprimento de sentença.

Na fundamentação que prevaleceu, o STF entendeu que os conselhos são autarquias especiais e, por esse motivo, são pessoas jurídicas de direito público, submetidas às normas constitucionais que impõem a fiscalização de suas contas pelo TCU e que exige que a contratação de pessoal se faça mediante concurso público. Tais conselhos não têm, porém, orçamento público, nem lhes são feitos aportes de recursos pela União, de sorte que não estão submetidos às normas constitucionais relativas às finanças públicas, o que inviabiliza sua submissão ao regime de precatórios. A inexistência de orçamento impede a incidência de uma série de regras concernentes aos precatórios, como a existência de dotações orçamentárias específicas para este fim ou a consignação direta de créditos ao Poder Judiciário.

A fundamentação de um julgamento constitui a norma geral a orientar todos os demais casos similares, formando, portanto, um precedente. O precedente emitido pelo Plenário do STF contém norma segundo a qual os conselhos profissionais não têm orçamento público e, por causa disso, as condenações que lhe são impostas não se submetem a precatório, nem à observância de ordem cronológica.

Os tribunais, nos termos do art. 926 do CPC, devem manter sua jurisprudência íntegra e coerente. É preciso, em outras palavras, que os entendimentos manifestados sejam coerentes.

Ora, se os conselhos profissionais não têm orçamento público, não se submetem às normas da Lei 4.320, de 17 de março de 1964. Logo, os conselhos não têm dívida ativa, não podendo expedir certidão de dívida ativa. Não havendo certidão de dívida ativa, não será possível o ajuizamento da execução fiscal. O título executivo que autoriza a propositura da execução fiscal é a certidão de dívida ativa. E, como todo e qualquer título executivo, a certidão de dívida ativa contém os atributos da certeza, liquidez e exigibilidade.

Se os conselhos profissionais não têm orçamento público, não estão submetidos à Lei 4.320/1964, que estatui normas de direito financeiro dos orçamentos e balanços das entidades estatais. Ora, segundo dispõe o art. 2º da Lei 6.830/1980, somente constitui dívida ativa aquela definida como tributária ou não tributária pela Lei 4.320/1964. Sendo certo que a receita dos conselhos profissionais não é composta de verbas orçamentárias, nem atende às exigências do referido diploma legal, não lhes é possível fazer uso da execução fiscal.

A jurisprudência deve ser, como se viu, coerente. O entendimento dos tribunais deve manter coerência e unidade sistêmicas. Daí por que, se os conselhos profissionais não têm orçamento e, por isso mesmo, as condenações judiciais que lhes forem impostas não estão sujeitas a precatórios, falta-lhes legitimidade ativa para intentarem execução fiscal; a cobrança de seus créditos deve ser promovida por meio da execução por quantia certa contra devedor solvente, com a adoção do procedimento capitulado no Código de Processo Civil.

Isso, contudo, não afasta a competência da Justiça Federal para processar e julgar tal execução. Mantém-se o enunciado 66 da Súmula do STJ, segundo o qual "compete à justiça federal processar e julgar execução fiscal promovida por conselho de fiscalização profissional". A competência, no caso, é da Justiça Federal, mercê da natureza federal que ostentam os conselhos profissionais. Tudo o quanto se disse afasta, apenas, a possibilidade da execução fiscal, não afetando a competência. Deve, então, ser adaptada a redação da referida súmula para que se suprima a referência, ali feita, à execução fiscal.

12.2.1.2.2 Legitimidade passiva

O polo passivo da execução fiscal, por sua vez, deve ser preenchido pelo devedor constante da certidão de dívida ativa ou pelos seus sucessores a qualquer título. Pode, ainda, a execução fiscal ser promovida contra o garantidor da dívida ou contra a pessoa obrigada a satisfazer a obrigação, tais como o fiador, o espólio, a massa falida ou o responsável, nos termos da lei, por dívidas tributárias ou não tributárias.

É possível execução fiscal de um ente público contra outro, valendo dizer que cabe execução fiscal contra a Fazenda Pública, observando-se o procedimento do art. 910 do CPC, e não o da lei de execuções fiscais. Como a certidão de dívida ativa é um título executivo extrajudicial, incide aqui o enunciado 279 da Súmula do STJ, que confirma caber execução fundada em título extrajudicial contra a Fazenda Pública. Aliás, foram execuções fiscais propostas pelo INSS contra Municípios, para a cobrança de contribuições previdenciárias, que deram origem ao enunciado 279 da Súmula do STJ, segundo o qual cabe execução fundada em título extrajudicial contra a Fazenda Pública.

O devedor deve ser designado no termo de inscrição. Quanto aos demais responsáveis, hão de ser igualmente designados no Termo de Inscrição de Dívida Ativa, tal como estabelece o art. 2º, § 5º, I, da Lei 6.830/1980.

Embora o art. 2º, § 5º, I, da Lei 6.830/1980 mencione a necessidade de os responsáveis serem designados no Termo de Inscrição de Dívida Ativa, é bem de ver que o art. 4º da mesma Lei 6.830/1980 dispõe poder a execução fiscal ser promovida contra o responsável (inciso V). Se realmente fosse necessária a designação do responsável no Termo de Inscrição de Dívida Ativa, ele se transformaria em devedor, não havendo razão para o art. 4º, V, da Lei 6.830/1980 fazer referência ao responsável; bastaria a menção apenas ao devedor, pois ostenta essa condição aquele que consta do Termo de Inscrição de Dívida Ativa.[177]

Significa, então, que "a execução fiscal pode incidir contra o devedor ou contra o responsável tributário, não sendo necessário que conste o nome deste na certidão de dívida ativa".[178]

Na verdade, estando o nome do responsável no Termo de Inscrição de Dívida Ativa, ele figura como parte legítima a integrar o polo passivo da execução fiscal, exsurgindo a presunção de liquidez e certeza de ser ele responsável, podendo, simplesmente, ser intentada execução fiscal em face dele. Deverá, nesse caso, o responsável valer-se dos embargos do devedor (ou de exceção de pré-executividade, se houver prova pré-constituída do alegado, consoante restará demonstrado oportunamente) para elidir a presunção de legitimidade da Certidão de Dívida Ativa. Caso, todavia, não esteja consignado na Certidão de Dívida Ativa

---

[177] ASSIS, Araken de. *Manual da execução*. 9. ed. São Paulo: RT, 2005. n. 449.2, p. 968-970.
[178] *RTJ* 103:1.274; STJ, 1ª Turma, REsp 271.584/PR, Rel. Min. José Delgado, *DJ* 5.2.2001, p. 80; *RSTJ* 146:136.

o nome do responsável, nada impede seja a execução contra ele redirecionada, *desde que* haja a comprovação de sua responsabilidade pela dívida.[179]

Estando o nome do responsável referido na Certidão de Dívida Ativa, a execução pode ser contra ele redirecionada automaticamente. Não estando, porém, seu nome na CDA, será possível o redirecionamento da execução contra ele, se o exequente comprovar, desde logo, sua responsabilidade.

Decretada a falência da empresa, deve-se prosseguir a execução fiscal contra a massa falida.[180] Havendo o encerramento da falência, a execução deveria, em princípio, ser extinta, por ausência de sujeito passivo. Antes, porém, deve-se oportunizar ao exequente a eventual postulação do redirecionamento da execução contra os sócios, comprovando-se sua atividade dolosa ou fraudulenta.[181]

Os herdeiros são responsáveis pelos tributos devidos até a abertura da sucessão, ou seja, até a morte do devedor, desde que não pagos até a data da partilha, observado o limite do quinhão.[182] Proposta a execução fiscal após a realização da partilha, com o encerramento do processo de inventário, a dívida deve ser cobrada da viúva meeira, que responde com sua meação; os herdeiros respondem no limite da herança, ou seja, pelo valor de cada respectivo quinhão.[183] O inventariante, por sua vez, somente responde pelos tributos devidos pelo espólio, e não quanto aos devidos pelo falecido.[184]

12.2.1.2.3 Responsabilidade do sócio-gerente ou diretor

É comum, em execução fiscal, investigar a responsabilidade do sócio-gerente ou diretor pelo pagamento de dívida tributária da empresa. Tal responsabilidade está prevista no art. 135 do CTN, de sorte que "a validade do redirecionamento do executivo fiscal, forte no art. 135 do CTN, fica à mercê da prova inequívoca de que o não recolhimento do tributo resultou de atuação dolosa ou culposa do sócio-gerente ou diretor. À míngua de qualquer elemento probatório, não merece guarida pretenso redirecionamento do executivo fiscal. É, pois, ontologicamente subjetiva a responsabilidade pessoal do sócio-gerente ou diretor por débito fiscal societário".[185] Com efeito, "a execução fiscal só pode ser redirecionada contra as pessoas físicas, em que se comprove a ação dolosa (fraude) implicadora de sonegação tributária, como no caso de dissolução irregular da sociedade".[186]

De fato, o Superior Tribunal de Justiça assentou o entendimento segundo o qual "a responsabilidade pessoal do sócio-gerente está condicionada à comprovação de que ele agiu dolosamente, com fraude ou excesso de poderes, infringindo a lei ou contra o estatuto".[187] Em

---

[179] STJ, 1ª Turma, REsp 272.236/SC, Rel. Min. Humberto Gomes de Barros, *DJ* 25.6.2001, p. 120.

[180] "O encargo de 20% previsto no DL n. 1.025/1969 é exigível na execução fiscal proposta contra a massa falida" (Súmula 400 do STJ).

[181] STJ, 2ª Turma, REsp 608.198/RS, Rel. Min. Castro Meira, *DJ* 25.10.2004, p. 307.

[182] STJ, 2ª Turma, AgRg no Ag 553.612/MG, Rel. Min. Castro Meira, *DJ* 16.8.2004, p. 204.

[183] STJ, 2ª Turma, REsp 212.554/RN, Rel. Min. Franciulli Netto, *DJ* 4.2.2001, p. 321; *RSTJ* 165:234.

[184] STJ, 1ª Turma, REsp 371.460/RS, Rel. Min. José Delgado, *DJ* 18.3.2002, p. 188.

[185] TAVARES, Alexandre Macedo. O fenômeno da desconsideração da personalidade jurídica no direito tributário brasileiro: pressupostos, alcance e limites do art. 135 do Código Tributário Nacional. In: ROCHA, Valdir de Oliveira (coord.). *Problemas de processo judicial tributário*. São Paulo: Dialética, 2002. v. 5, p. 27.

[186] MELO, José Eduardo Soares de. Execução fiscal contra sócio-gerente não responsável. Exceção de pré-executividade e embargos. In: ROCHA, Valdir de Oliveira (coord.). *Problemas de processo judicial tributário*. São Paulo: Dialética, 2002. v. 5, p. 191.

[187] STJ, 2ª Turma, REsp 530.958/RS, Rel. Min. Francisco Peçanha Martins, *DJ* 13.9.2004, p. 208.

outras palavras, "o não recolhimento do tributo, por si só, não pode constituir infração legal. É preciso que tenha agido o representante da sociedade com excesso de poderes ou infração de contrato social ou estatuto, na forma do art. 135 do CTN".[188] Nesse sentido, o enunciado 430 da Súmula do STJ: "o inadimplemento da obrigação tributária pela sociedade não gera, por si só, a responsabilidade solidária do sócio-gerente".

A responsabilidade do administrador, diretor ou sócio-gerente é, enfim, subjetiva, devendo ser comprovada a atitude dolosa, fraudulenta, culposa, irregular. Cumpre, ao menos, ser imputada ao sócio-gerente uma conduta que denote sua responsabilidade subjetiva.

A responsabilidade do sócio-gerente ou do administrador é pessoal, por ato que constitua infração à lei ou configure excesso de poderes na administração, nos termos do art. 135, III, do CTN. Para a tipificação das condutas ilegais ou excessivas, é necessária a capacidade do agente para sua prática e que tenha contribuído para a dissolução irregular da sociedade.[189] O mero inadimplemento da obrigação tributária não constitui infração à lei, sendo necessário, para a sua configuração, o ato intencional do administrador de burlar a lei tributária. É preciso, enfim, que haja alguma conduta culposa (*lato sensu*) que conduza à dissolução irregular da sociedade.[190]

Se, na época da dissolução irregular, o sujeito era sócio-gerente ou diretor da sociedade, seu patrimônio responde pela dívida. Assim, se, na execução fiscal, o oficial de justiça certifica-se de que a sociedade executada não mais funciona no endereço constante dos assentamentos da junta comercial, presume-se haver indício de dissolução irregular, apto a

---

[188] STJ, 2ª Turma, REsp 506.164/RS, Rel. Min. Franciulli Netto, *DJ* 18.10.2004, p. 222.

[189] A propósito, o STJ, no julgamento dos Recursos Especiais 1.787.156/RS, 1.776.138/RJ e 1.377.019/SP, julgados sob o rito dos repetitivos (Tema 962), fixou a seguinte tese: "O redirecionamento da execução fiscal, quando fundado na dissolução irregular da pessoa jurídica executada ou na presunção de sua ocorrência, não pode ser autorizado contra o sócio ou o terceiro não sócio que, embora exercesse poderes de gerência ao tempo do fato gerador, sem incorrer em prática de atos com excesso de poderes ou infração à lei, ao contrato social ou aos estatutos, dela regularmente se retirou e não deu causa à sua posterior dissolução irregular, conforme art. 135, III, do CTN."

[190] Nesse sentido: "(...) 'o redirecionamento da execução fiscal, na hipótese de dissolução irregular da sociedade ou de sua presunção, deve recair sobre o sócio-gerente que se encontrava no comando da entidade quando da dissolução irregular ou da ocorrência de ato que presume a sua materialização, nos termos da Súmula 435/STJ, sendo irrelevantes a data do surgimento da obrigação tributária (fato gerador) bem como o vencimento do respectivo débito fiscal'. 3. Impende acrescentar que o redirecionamento decorrente da dissolução irregular da pessoa jurídica não se funda na inadimplência, mas no próprio encerramento das atividades da pessoa jurídica sem os procedimentos previstos em lei, sobretudo no que se refere à liquidação da sociedade. (...) Por outro lado, a inadimplência, por si só, não implica responsabilidade do sócio, conforme entendimento hoje sumulado no âmbito deste Tribunal – Súmula 430/STJ: O inadimplemento da obrigação tributária pela sociedade não gera, por si só, a responsabilidade solidária do sócio-gerente. Em se tratando de hipótese na qual o passivo (tributário, inclusive) pode desencadear a própria extinção da sociedade, cabe ao administrador diligente promover a sua dissolução regular. Conforme jurisprudência do STJ, a falência constitui modo regular de dissolução da sociedade e sua ocorrência, por si só, não gera responsabilidade ao sócio. Ressalte-se que o próprio devedor pode requerer a sua falência (art. 97, I, da Lei 11.101/2005), quando não autorizado a requerer a recuperação judicial (art. 105). Contudo, se o sócio-gerente opta por encerrar irregularmente as atividades da pessoa jurídica, assume o risco de se obrigar por esse passivo (inclusive o tributário). 6. Por fim, cumpre esclarecer que o redirecionamento da execução em face do sócio-gerente apenas faz presumir a imputação de responsabilidade. Assim, o momento oportuno para se verificar a efetiva ocorrência de atos praticados com excesso de poderes ou infração de lei, contrato social ou estatuto, é em sede de defesa apresentada pelo sócio incluído no polo passivo da execução fiscal." (STJ, 1ª Seção, EREsp 1.530.483/SP, Rel. Min. Mauro Campbell Marques, *DJe* 30.6.2022).

ensejar o redirecionamento da execução para o sócio-gerente, a este competindo comprovar não ter agido com dolo, culpa, fraude ou excesso de poder, ou, ainda, não ter havido a dissolução irregular da empresa.[191]

Com efeito, "O simples exercício da gerência, naturalmente, não implica responsabilidade para aquele dela encarregado. A sua responsabilidade somente é irradiada em caso de prática do ato ilícito. No caso da dissolução irregular, este é o ato infracional, que é desvinculado da obrigação tributária. O que desencadeia a responsabilidade tributária é a infração de lei evidenciada na existência ou presunção de ocorrência da dissolução irregular nos termos da Súmula 435/STJ. É justamente essa desvinculação que torna irrelevante perquirir quem exerce a gerência da empresa na data de ocorrência do fato gerador".[192]

Daí por que, "Se o motivo da responsabilidade tributária é a infração à lei consubstanciada pela dissolução irregular da empresa (art. 135, III, do CTN), é irrelevante para efeito de redirecionamento da Execução Fiscal ao sócio-gerente ou ao administrador o fato de ele não integrar a sociedade quando do fato gerador do crédito tributário".[193]

No caso de dívida não tributária, a situação é a mesma. O que difere é, apenas, a fundamentação legal: em vez de a responsabilidade ter escoro no art. 135 do CTN,[194] incide o art. 50 do Código Civil, permitindo-se seja a execução proposta contra o sócio ou que se promova a desconsideração da pessoa jurídica para que se atinjam os bens do sócio, administrador ou diretor.

12.2.1.2.4 Incidente de desconsideração da personalidade jurídica. Cabimento na execução fiscal

Estando o nome do sócio-gerente ou do diretor da empresa na Certidão de Dívida Ativa, a execução fiscal pode ser, desde logo, contra ele proposta, cabendo-lhe questionar a dívida, sua responsabilidade, a validade do procedimento administrativo, sua inclusão na certidão e tantos outros pontos em embargos à execução ou em simples petição (CPC, art. 518). Não estando, porém, seu nome na CDA, a execução somente pode ser "redirecionada" para ele, se for, previamente, instaurado um incidente.

Entre as intervenções de terceiro disciplinadas no CPC, destaca-se o incidente de desconsideração da personalidade jurídica. Seus requisitos encontram-se na legislação própria, mas não havia um procedimento específico para ela. No CPC (arts. 133 a 137), há esse procedimento, a depender de requerimento da parte, não podendo ser instaurado de ofício pelo juiz, que se qualifica como uma intervenção de terceiro, justamente porque se concretiza aí o ingresso de um terceiro no processo, que passará, caso proclamada a desconsideração, a ostentar a qualidade de parte.

Tal intervenção tem por finalidade assegurar o contraditório para o terceiro que possa vir a ser responsabilizado e a figurar como parte no processo.

O referido incidente, que se aplica também aos casos de desconsideração inversa (CPC, art. 133, § 2º), "é cabível em todas as fases do processo de conhecimento, no cumprimento de

---

[191] STJ, 1ª Turma, REsp 1.104.064/RS, Rel. Min. Luiz Fux, *DJe* 14.12.2010.
[192] STJ, 2ª Turma, AgRg no REsp 1.545.342/GO, Rel. Min. Mauro Campbell Marques, *DJe* 28.9.2015.
[193] STJ, 2ª Turma, MC 24.906/SC, Rel. Min. Herman Benjamin, *DJe* 5.2.2016.
[194] STJ, 1ª Turma, AgRg no REsp 1.198.952/RJ, Rel. Min. Luiz Fux, *DJe* 16.11.2010; STJ 2ª Turma, AgRg no AREsp 242.114/PB, Rel. Min. Castro Meira, *DJe* 4.2.2013.

sentença e na execução fundada em título executivo extrajudicial" (CPC, art. 134). Daí ser cabível na execução fiscal, que é, evidentemente, uma execução fundada em título executivo extrajudicial.[195]

Até mesmo no âmbito dos Juizados Especiais é cabível o incidente de desconsideração da personalidade jurídica (CPC, art. 1.062), não havendo razão plausível que o afaste da execução fiscal. Não é razoável sustentar que, na execução fiscal, o terceiro possivelmente responsável não tem direito ao contraditório. A finalidade do incidente é exatamente esta: assegurar o contraditório ao terceiro que possa vir a ser responsabilizado e passar a sofrer constrição judicial futura.

Aliás, nos termos do § 4º do art. 795 do CPC, "para a desconsideração da personalidade jurídica é obrigatória a observância do incidente previsto neste Código".

O incidente de desconsideração da personalidade jurídica suspende o processo (CPC, art. 134, § 3º), salvo quando a desconsideração for requerida na própria petição inicial, caso em que o sócio (ou a sociedade, no caso da desconsideração inversa) será citado em litisconsórcio eventual com o devedor, dispensando-se o incidente (CPC, art. 134, § 2º).

Instaurado o incidente, o sócio ou diretor será citado para manifestar-se e requerer as provas cabíveis no prazo de 15 (quinze) dias (CPC, art. 135). Acolhido o pedido de desconsideração, a alienação ou oneração de bens, havida em fraude à execução, será ineficaz em relação ao requerente (CPC, art. 137).

Não é ocioso repetir que o referido incidente não cria critérios, requisitos, pressupostos, condições que caracterizem ou justifiquem a desconsideração da personalidade jurídica. Trata apenas do procedimento a ser adotado, a fim de se resguardar o contraditório na inserção de um terceiro no processo. Acolhido o incidente, o terceiro, que teve a oportunidade de se defender, passa a ostentar a condição de parte, assumindo a posição de réu ou de executado.

É bem verdade que há várias hipóteses legais que, rigorosamente, não tratam de desconsideração da personalidade jurídica, mas de responsabilidade do sócio, de imputação direta ao sócio, de responsabilidade por sucessão etc.[196] Na sociedade não personificada, os sócios mantêm responsabilidade primária, respondendo solidária e ilimitadamente (CC, art. 990). Nas sociedades personificadas, a responsabilidade dos sócios varia a depender do tipo societário: nas sociedades em nome coletivo, eles respondem ilimitadamente perante terceiros; nas sociedades cooperativas, a responsabilidade pode ser limitada ou ilimitada, a depender

---

[195] ANDRADE, José Maria Arruda de; BRITO JR., Jorge Luiz de. O processo tributário e o Código de Processo Civil/2015. *O processo tributário e o Código de Processo Civil 2015*. Hugo de Brito Machado (org.). São Paulo: Malheiros, 2017. p. 36-38; MACHADO, Hugo de Brito. O processo tributário e o Código de Processo Civil/2015. *O processo tributário e o Código de Processo Civil 2015*. Hugo de Brito Machado (org.). São Paulo: Malheiros, 2017, n. 4.2, p. 256-259; MACHADO, Schubert de Farias. O Código de Processo Civil/2015 e o processo tributário. *O processo tributário e o Código de Processo Civil 2015*. Hugo de Brito Machado (org.). São Paulo: Malheiros, 2017, n. 3.2, p. 299-301; MACHADO SEGUNDO, Hugo de Brito; MACHADO, Raquel Cavalcanti Ramos. O processo tributário e o Código de Processo Civil/2015. *O processo tributário e o Código de Processo Civil 2015*. Hugo de Brito Machado (org.). São Paulo: Malheiros, 2017, n. 3.2, p. 322-323. *Em sentido contrário*, o enunciado 66 do Fórum Nacional do Poder Público: "O incidente de desconsideração da personalidade jurídica previsto no CPC é incompatível com o rito da execução fiscal".

[196] Sobre a diferença entre responsabilidade do sócio e desconsideração da personalidade jurídica, ver, por todos, GONÇALVES NETO, Alfredo de Assis. *Direito de empresa*: comentários aos artigos 966 a 1.195 do Código Civil. São Paulo: RT, 2007. n. 69-70, p. 126-131. Sobre os aspectos processuais dessa distinção, ver, DIDIER JR., Fredie; CUNHA, Leonardo Carneiro da; BRAGA, Paula Sarno; OLIVEIRA, Rafael Alexandria de. *Curso de direito processual civil*. 12. ed. Salvador: JusPodivm, 2022. p. 370-380.

do disciplinamento constante de seus estatutos. Na sociedade anônima e na sociedade por quotas, que são os tipos societários mais comuns, a regra é a da autonomia da sociedade, não havendo responsabilidade dos sócios perante dívidas por ela contraídas.

A responsabilidade decorrente do tipo social não se funda em ilícito, em fraude ou abuso, mas tem origem na proposição dos objetivos sociais e na vontade original dos sócios, ao constituírem a sociedade. De igual modo, há situações em que disposições legais específicas atribuem responsabilidade patrimonial direta aos sócios ou apenas ao sócio-gerente e ao administrador.

A execução fiscal pode ser tributária ou não tributária. Sendo tributária, aplicam-se as normas contidas no Código Tributário Nacional e na legislação tributária. Quando não for tributária, aplica-se a legislação própria ou o Código Civil.

A sujeição passiva tributária – ou, em outras palavras, a responsabilidade tributária – é um conceito jurídico-positivo, valendo dizer que deve ser verificado à luz do ordenamento jurídico vigente e com base nas disposições normativas que disciplinam a matéria. O Código Tributário Nacional divide a sujeição passiva em *direta* e *indireta*. Seu art. 121 estabelece que o sujeito passivo da obrigação principal é a pessoa obrigada ao pagamento do tributo ou penalidade pecuniária, podendo ser o *contribuinte* (quando tenha relação pessoal e direta com a situação que constitua o respectivo fato gerador) ou o *responsável* (quando, sem revestir a condição de contribuinte, sua obrigação decorra de disposição expressa de lei).

O *contribuinte*, em outras palavras, é o sujeito passivo que possui *relação direta* com o fato gerador. Quanto ao responsável, sua sujeição é indireta. No caso de sujeição indireta, há 2 (dois) modelos distintos: (a) a responsabilidade por transferência; e, (b) a substituição tributária. Na responsabilidade por transferência, há 2 (duas) relações jurídicas autônomas: a que decorre da incidência da regra matriz e que vincula o sujeito passivo direto (contribuinte) à obrigação tributária e a que cria o vínculo jurídico específico da sujeição passiva indireta.

A responsabilidade por transferência subdivide-se em 3 (três) espécies: (a) responsabilidade por sucessão; (b) responsabilidade de terceiros; (c) responsabilidade por infração.

Na responsabilidade por sucessão (CTN, arts. 129 a 133), um determinado evento sucessório descrito na hipótese normativa (morte, fusão, incorporação) cria um liame entre o terceiro (sucessor) e a relação jurídica tributária originariamente constituída, transferindo-lhe a obrigação fiscal.

Por sua vez, a responsabilidade de terceiros (CTN, arts. 134 e 135) decorre do descumprimento do dever legal de zelar pela administração da sociedade, de cumprir as disposições estatutárias ou de zelar pelo cumprimento de obrigação tributária de um sujeito determinado. A responsabilidade de terceiros decorre de um conjunto de regras que obrigam o responsável a, subsidiária ou solidariamente, arcar com o cumprimento da obrigação tributária em virtude da prática de atos omissivos ou comissivos.

Os arts. 134, VII, e 135, III, do CTN, atribuem aos sócios, diretores, gerentes ou representantes responsabilidade patrimonial por dívidas tributárias. Para que o sócio seja responsabilizado, é preciso que haja comprovação de que ele tenha agido com excesso de poderes, infração à lei ou ao estatuto ou, então, que tenha havido dissolução irregular da sociedade. Nos termos do tema repetitivo 97 do STJ, "A simples falta de pagamento do tributo não configura, por si só, nem em tese, circunstância que acarreta a responsabilidade subsidiária do sócio, prevista no art. 135 do CTN. É indispensável, para tanto, que tenha agido com excesso de poderes ou infração à lei, ao contrato social ou ao estatuto da empresa". Segundo a Súmula 435 do STJ, "presume-se dissolvida irregularmente a empresa que deixar de funcionar no seu domicílio fiscal, sem comunicação aos órgãos competentes, legitimando o redirecionamento da execução fiscal para o sócio-gerente".

Os arts. 134 e 135 do CTN tratam da responsabilidade dos sócios, administradores e gestões de pessoas jurídicas pelo tributo por estas devido.

Já a responsabilidade por infração decorre do cometimento de uma infração tipificada na legislação (CTN, arts. 136 e 137).

Além dessas hipóteses de responsabilidade por transferência, há a responsabilidade por substituição ou por substituição tributária (CTN, art. 128). A substituição tributária é modalidade de sujeição passiva indireta, na qual, por questões de técnica de arrecadação, o legislador atribui o dever jurídico de pagar o tributo a pessoa diversa daquela que praticou o ato (contribuinte). No art. 128 do CTN, ao contrário das demais hipóteses de responsabilidade tributária, o CTN delegou ao legislador ordinário a especificação de casos de responsabilidade por substituição especificamente para determinados tributos. Nessa situação, a delegação mostra-se adequada, haja vista a natureza da substituição tributária como técnica destinada a promover a efetividade da arrecadação de tributos.

Os casos de responsabilidade por transferência devem estar previstos em lei complementar, não podendo ser disciplinados por lei ordinária ou por outros atos normativos diversos da lei complementar. As normas relativas à responsabilidade tributária enquadram-se no rol das *normas gerais de direito tributário*. Logo, sua criação ou ampliação somente pode ser realizada por lei complementar (CF, art. 146, III).[197]

A desconsideração da personalidade jurídica, no direito tributário, depende da prática do abuso de personalidade, caracterizado pelo desvio de finalidade ou confusão patrimonial, a ser comprovado no incidente previsto nos arts. 133 a 137 do CPC. O STJ, porém, entende que é possível haver redirecionamento da execução fiscal à pessoa jurídica que integra o mesmo grupo econômico da sociedade empresária originariamente executada, que foi identificada no ato de lançamento (nome na CDA) ou que se enquadra nas hipóteses dos arts. 134 e 135 do CTN. Se a pessoa jurídica não consta da CDA ou caso não haja incidência dos arts. 134 e 135 do CTN, o redirecionamento da execução fiscal "*depende da comprovação do abuso de personalidade, caracterizado pelo desvio de finalidade ou confusão patrimonial, tal como consta do art. 50 do Código Civil, daí por que, nesse caso, é necessária a instauração do incidente de desconsideração da personalidade da pessoa jurídica devedora*".[198]

A desconsideração da personalidade jurídica é a sanção pela prática de um ato tipificado como irregular, a acarretar a sujeição do terceiro ao pagamento da obrigação, instaurando um vínculo patrimonial excepcional, temporário e definido. Vale dizer que a desconsideração não pode ser perene ou ilimitada.

Pela perspectiva do direito tributário, o art. 50 do Código Civil não pode atribuir responsabilidade a terceiros. A sujeição passiva direta de um tributo depende de uma norma tributária, contida em lei complementar. Uma norma de responsabilidade tributária deve ser veiculada em lei complementar.

As hipóteses de responsabilidade tributária por sucessão, de terceiro ou por infração devem ser examinadas no incidente de desconsideração da personalidade jurídica, regulado no Código de Processo Civil. O art. 50 do Código Civil não cria responsabilidade tributária,

---

[197] Nesse sentido: STF, Pleno, RE 562.276/PR, Rel. Min. Ellen Gracie, *DJe* 10.2.2011.
[198] STJ, 1ª Turma, AgInt no REsp 1.706.614/RS, Rel. Min. Gurgel de Faria, *DJe* 6.10.2020.

não podendo ser aplicado para considerar a existência de solidariedade entre empresas do mesmo grupo econômico.[199]

As hipóteses do art. 50 do Código Civil somente se aplicam para as execuções fiscais não tributárias, não podendo incidir nas execuções fiscais tributárias.

As hipóteses de responsabilidade tributária por sucessão, de terceiro ou por infração diferem da *desconsideração da personalidade jurídica*, que acarreta responsabilidade patrimonial dos administradores e dos sócios quando sua conduta for ilícita, mais especificamente quando a personalidade jurídica da sociedade serviu de instrumento à fraude e ao abuso, podendo ser afastada ou tornada ineficaz para aquela situação, a fim de alcançar o patrimônio do sócio para responder pela dívida.

Há quem entenda que o incidente de desconsideração da personalidade jurídica não se aplica a esses casos de responsabilidade tributária, restringindo-se apenas às hipóteses específicas de desconsideração da personalidade jurídica. Os casos de responsabilidade tributária implicariam, para quem assim entende, o simples redirecionamento da execução fiscal.[200]

Mesmo nesses casos de responsabilidade tributária, de que são exemplos as hipóteses previstas nos referidos arts. 134, VII, e 135, III, do CTN, deve-se adotar o incidente de desconsideração da personalidade jurídica.[201] Não é adequado afastar a aplicação do incidente por sua nomenclatura: se o caso não fosse de *desconsideração da personalidade jurídica*, não poderia ser adotado o incidente a ele relativo.

Na verdade, o aludido incidente é uma forma de intervenção de terceiro, que, como todas elas, tem por finalidade fazer com que um terceiro passe a atuar no processo,

---

[199] QUEIROZ, Mary Elbe; SOUZA JÚNIOR, Antonio Carlos F. de. Alcance da solidariedade prevista no art. 124, II, do CTN. In: Silva, Thiago Moreira da (coord.). *Créditos tributários e grupos econômicos de fato*: abordagens multidimensionais. Rio de Janeiro: Lumen Juris, 2020. p. 292-293.

[200] CONRADO, Paulo Cesar. *Execução fiscal*. 3. ed. São Paulo: Noeses, 2017, n. 4.8, p. 62-68; LOPES FILHO, Juraci Mourão. Os reflexos do Código de Processo Civil/2015 no processo tributário. *O processo tributário e o Código de Processo Civil 2015*. Hugo de Brito Machado (org.). São Paulo: Malheiros, 2017, n. 3.2, p. 203-213; PAULA, Daniel Giotti de. O incidente de desconsideração da personalidade jurídica: a questão sobre sua aplicação às execuções fiscais e uma análise de direito intertemporal. *O processo tributário e o Código de Processo Civil 2015*. Hugo de Brito Machado (org.). São Paulo: Malheiros, 2017. p. 558-564.

[201] QUEIROZ, Mary Elbe; SOUZA JÚNIOR, Antonio Carlos F. de. O incidente de desconsideração da personalidade jurídica no CPC-2015 e a responsabilidade tributária: primeiras impressões. In: SOUZA JÚNIOR, Antonio Carlos F. de; CUNHA, Leonardo Carneiro da (coords.). *Novo CPC e o processo tributário*. São Paulo: FocoFiscal, 2015. p. 269. No mesmo sentido: BELCHIOR, Deborah Sales; SILVEIRA, Larissa de Castro; AMARAL, Felipe Silveira Gurgel do. O processo tributário e o Código de Processo Civil/2015. *O processo tributário e o Código de Processo Civil 2015*. Hugo de Brito Machado (org.). São Paulo: Malheiros, 2017. p. 67-69. Igualmente: MACHADO, Hugo de Brito. O processo tributário e o Código de Processo Civil/2015. *O processo tributário e o Código de Processo Civil 2015*. Hugo de Brito Machado (org.). São Paulo: Malheiros, 2017, n. 4.2, p. 256-259. Ainda no mesmo sentido: OLIVEIRA, Ricardo Mariz de; SOUZA, Henrique Coutinho de; BARBOSA, Marcos Engel Vieira. O processo tributário e o Código de Processo Civil/2015. *O processo tributário e o Código de Processo Civil 2015*. Hugo de Brito Machado (org.). São Paulo: Malheiros, 2017. p. 374-381. *Também entendendo que o incidente serve para apuração de qualquer responsabilidade do sócio*, Araken de Assis assim se manifesta: "Em quaisquer das modalidades, autônoma ou incidente, o órgão judicial apurará os elementos de incidência dos casos de responsabilidade secundária direta (*v.g.*, a condição de gerente ou de administrador; a dissolução irregular da sociedade, perante a dívida tributária) e da responsabilidade secundária indireta (*v.g.*, a ocorrência de desvio de finalidade ou de confusão patrimonial). Essa apuração suscitará típicas questões de fato, mas passíveis, sendo o caso do art. 133, *caput*, de resolução incidental" (ASSIS, Araken de. *Processo civil brasileiro – parte geral*: institutos fundamentais. São Paulo: RT, 2015. v. 2, t. 1, § 116º, n. 533, p. 145).

adquirindo a condição de parte. Para que passe a ter responsabilidade e sofra as consequências disso, é preciso que se assegure o contraditório ao terceiro para, somente então, passar a inseri-lo como parte, sobretudo quando se está diante de um processo de execução.[202]

Na execução, a parte demandada é aquela que está no título ou cuja responsabilidade é reconhecida legal ou judicialmente. Se o sujeito não está no título e sua responsabilidade depende da aferição e comprovação de elementos subjetivos ou que não constem do título executivo, é preciso que se instaure um incidente cognitivo para que se avalie a presença desses elementos, em contraditório e com oportunidade de defesa.[203]

Não é possível simplesmente "redirecionar" uma execução sem que sejam apurados os elementos subjetivos da responsabilidade, assegurados o contraditório e a ampla defesa.

Exatamente por isso é que se exige que, na execução fiscal, a desconsideração da personalidade jurídica e o "redirecionamento" da execução sejam feitos pelo incidente previsto nos arts. 133 a 137 do CPC.

Por aí já se percebe que o *incidente de desconsideração da personalidade jurídica* deve ser instaurado não apenas nos casos de desconsideração propriamente dita, mas também nas hipóteses em que haja possibilidade de o sócio responder pelas dívidas da sociedade, seja em razão do regime jurídico a que ela se sujeita, seja por causa do exercício da administração feita em desacordo com normas legais, estatutárias ou contratuais.

Instaurado o incidente e assegurado o contraditório, haverá a decisão final. Se o incidente for rejeitado, o terceiro não poderá sofrer qualquer constrição patrimonial, não estando sujeito àquela execução.

Se o incidente for acolhido, o terceiro se torna parte no processo e seu patrimônio pode ser atingido para a satisfação do crédito exequendo (CPC, art. 790, VII). Quer isso dizer que, acolhido o incidente de desconsideração da personalidade jurídica, a execução fiscal prossegue contra o sócio, diretor ou administrador cuja responsabilidade foi reconhecida.

O incidente, não custa repetir, serve tanto para os casos de responsabilidade do sócio como para os de desconsideração da personalidade jurídica. No incidente, discute-se apenas a presença dos requisitos legais para a desconsideração e a eventual responsabilidade do sócio ou do terceiro (ou da sociedade, na desconsideração inversa).

Logo, no incidente de desconsideração da personalidade jurídica, o sócio (ou a sociedade, no caso da desconsideração inversa) deve defender-se só em relação à própria desconsideração. Esse é o objeto do incidente, não havendo preclusão nem coisa julgada quanto à dívida e à certidão de dívida ativa. Não se pode dizer que há coisa julgada ou preclusão quanto a questões que não integraram o objeto litigioso. No incidente, o objeto litigioso diz respeito apenas à desconsideração, não alcançando outras questões.

---

[202] Em sentido contrário, o enunciado 67 do Fórum Nacional do Poder Público reproduz entendimento segundo o qual, nesses casos, não cabe o incidente de desconsideração da personalidade jurídica, devendo o corresponsável defender-se por embargos à execução, depois de ter sido inserido no processo como executado: "Em execução fiscal, os embargos do devedor são a via adequada à defesa do executado incluído em litisconsórcio passivo ulterior, em razão de corresponsabilização".

[203] Nesse sentido, RODRIGUES FILHO, Otávio Joaquim. *Desconsideração da personalidade jurídica e processo:* de acordo com o Código de Processo Civil de 2015. São Paulo: Malheiros, 2016, n. 8.2.3, p. 191-195. No mesmo sentido: BELCHIOR, Deborah Sales; SILVEIRA, Larissa de Castro; AMARAL, Felipe Silveira Gurgel do. O processo tributário e o Código de Processo Civil/2015. *O processo tributário e o Código de Processo Civil 2015*. Hugo de Brito Machado (org.). São Paulo: Malheiros, 2017. p. 67-69.

Antes do atual CPC e da previsão do referido incidente, a rotina do foro denotava uma praxe marcada pela desobediência ao contraditório: desconsiderava-se a personalidade jurídica, diferindo o contraditório. O sócio (ou a sociedade, no caso de desconsideração inversa) tinha seu patrimônio atingido e defendia-se por exceção de pré-executividade ou por embargos à execução, questionando a desconsideração, a dívida, o título, enfim, apresentando toda sua defesa e concentrando nela todos os argumentos de que dispunha. O CPC passou, entretanto, a prever um incidente de consideração da personalidade jurídica, *antecipando* a oportunidade de contraditório, como, aliás, deve ser. Ao antecipar essa oportunidade, antecipou relativamente ao objeto do incidente: ao contestar o incidente, o terceiro deve apresentar sua defesa apenas em relação à própria desconsideração. O juiz decidirá sobre o que foi alegado e, caso resolva acolher o incidente, fará com que o terceiro torne-se parte no processo e tenha seu patrimônio atingido para a satisfação do crédito exequendo (CPC, art. 790, VII).

A defesa do terceiro, no incidente, diz respeito apenas à desconsideração em si, não alcançando outros pontos relativos à dívida, à sua origem, à validade do título etc., pois nada disso foi objeto do incidente cognitivo de desconsideração da personalidade jurídica.

Não é difícil imaginar que possa haver resistência na adoção de tal incidente no âmbito da execução fiscal, ao argumento de que sua instauração poderia frustrar a efetividade da execução, permitindo que o terceiro, ao ser citado, esvazie suas contas bancárias ou desvie seus bens para escapar de eventual ou futura constrição. Tal argumento não deve ser utilizado para afastar a adoção do referido incidente. Primeiro, porque qualquer alienação feita pelo terceiro será ineficaz se sua responsabilidade vier a ser reconhecida (CPC, arts. 137, 790, 792, § 3º). Ademais, é possível, no incidente de desconsideração da personalidade jurídica, haver a concessão de tutela provisória, seja de urgência,[204] seja de evidência.[205]

É possível que o juiz, no incidente de desconsideração da personalidade jurídica, conceda tutela provisória, seja de urgência, seja de evidência, desde que presentes seus pressupostos, para já determinar, por exemplo, o bloqueio de ativos do terceiro ou para tornar indisponível algum bem dele, a fim de garantir futura penhora, na eventualidade de vir a ser acolhido o incidente e reconhecida sua responsabilidade.

---

[204] QUEIROZ, Mary Elbe; SOUZA JÚNIOR, Antonio Carlos F. de. O incidente de desconsideração da personalidade jurídica no CPC-2015 e a responsabilidade tributária: primeiras impressões. In: SOUZA JÚNIOR, Antonio Carlos F. de; CUNHA, Leonardo Carneiro da (coords.). *Novo CPC e o processo tributário*. São Paulo: FocoFiscal, 2015. p. 270. No mesmo sentido: "Aplica-se ao incidente de desconsideração da personalidade jurídica o regime da tutela provisória da urgência. Pode-se, então, pedir a antecipação dos efeitos da desconsideração, uma vez preenchidos os pressupostos gerais da tutela de urgência (arts. 300 e segs., CPC)" (DIDIER JR., Fredie. *Curso de direito processual civil*. 17. ed. Salvador: JusPodivm, 2015. v. 1, p. 521). Também nesse sentido o enunciado 42 da I Jornada de Direito Processual Civil, do Conselho da Justiça Federal: "É cabível a concessão de tutela provisória de urgência em incidente de desconsideração da personalidade jurídica".

[205] FERREIRA, Maria Gabriela Silva Campos. *A tutela antecipada no incidente de desconsideração da personalidade jurídica*. Recife: trabalho de conclusão de curso apresentado na Faculdade de Direito do Recife (UFPE), 2015, *passim*; CAMARGO, Luiz Henrique Volpe. Comentários ao art. 135. In: CABRAL, Antonio do Passo; CRAMER, Ronaldo (coords.). *Comentários ao novo Código de Processo Civil*. Rio de Janeiro: Forense, 2015. n. 4-5, p. 240-241.

A tutela de urgência, no incidente de desconsideração da personalidade jurídica, não deve ser deferida de ofício, sendo necessário haver requerimento da parte interessada.[206] De igual modo, a tutela de evidência, para ser deferida, depende de requerimento da parte, não devendo ser apreciada de ofício.

A tutela provisória poderá, até mesmo, ser concedida liminarmente, antes da citação do terceiro, desde que se justifique essa medida imediata, em decisão devidamente fundamentada.[207]

Na execução fiscal, não há intervenção do Ministério Público.[208] Não deve haver, pelas mesmas razões, intervenção do Ministério Público no incidente de desconsideração instaurado em execução fiscal.[209]

Assim, estando o nome do sócio, administrador ou diretor na CDA, a execução fiscal pode ser, sem maiores exigências, contra ele proposta. Na hipótese de não estar seu nome na CDA, poderá haver o redirecionamento, desde que instaurado o incidente de desconsideração da personalidade jurídica, no qual hão de ser comprovados os elementos da sua responsabilidade direta, ou os da desconsideração propriamente dita, a depender do caso posto a julgamento.

Acolhido ou rejeitado o incidente, cabe agravo de instrumento (CPC, art. 1.015, parágrafo único). Se o processo tramita em tribunal, o incidente deve ser processado e julgado pelo relator (CPC, art. 932, VI), cabendo de sua decisão final agravo interno (CPC, art. 1.021).

Transitada em julgado, a decisão que julga o incidente de desconsideração da personalidade jurídica produz coisa julgada, tornando-se imutável e indiscutível, naquela e em outras execuções fiscais propostas pelo mesmo ente público contra a mesma sociedade, que revelem a mesma causa de pedir que ensejou a desconsideração ou responsabilização do sócio. Aliás, o Superior Tribunal de Justiça, ao julgar o Recurso Especial 1.193.789/SP, reconheceu a coisa julgada no incidente de desconsideração da personalidade jurídica.[210]

O incidente é procedimento que tem seu próprio mérito, examinado em cognição exauriente, acarretando a coisa julgada.[211] Produzida coisa julgada, só poderá ser revista em ação rescisória, desde que esteja presente uma de suas hipóteses.

12.2.1.3 Competência

12.2.1.3.1 Competência da primeira instância

A execução fiscal é uma execução fundada em título extrajudicial, devendo, geralmente, ser intentada perante um juízo de primeira instância. Na grande maioria dos casos, a execução fiscal deve ser proposta na Justiça Estadual ou na Justiça Federal.

---

[206] YARSHELL, Flávio Luiz. Comentários ao art. 134. In: CABRAL, Antonio do Passo; CRAMER, Ronaldo (coords.). *Comentários ao novo Código de Processo Civil*. Rio de Janeiro: Forense, 2015. n. 4, p. 239.

[207] FERREIRA, Maria Gabriela Silva Campos. *A tutela antecipada no incidente de desconsideração da personalidade jurídica*. Recife: trabalho de conclusão de curso apresentado na Faculdade de Direito do Recife (UFPE), 2015, *passim*.

[208] Súmula 189 do STJ: "É desnecessária a intervenção do Ministério Público nas execuções fiscais".

[209] Nesse sentido, o enunciado 123 do Fórum Permanente de Processualistas Civis: "É desnecessária a intervenção do Ministério Público, como fiscal da ordem jurídica, no incidente de desconsideração da personalidade jurídica, salvo nos casos em que deva intervir obrigatoriamente, previstos no art. 178".

[210] STJ, 4ª Turma, REsp 1.193.789/SP, Rel. Min. Raul Araújo, *DJe* 29.8.2013.

[211] ASSIS, Araken de. *Processo civil brasileiro – parte geral: institutos fundamentais*. São Paulo: RT, 2015. v. 2, t. 1, § 116º, n. 533.5, p. 148.

12.2.1.3.2 Competência do STF

A execução fiscal deve ser, em regra, intentada perante um juízo de primeira instância. Há, contudo, casos em que ela deve ser proposta, originariamente, perante o STF.

Abstraída a questão da imunidade de jurisdição ou de sua renúncia, a execução fiscal proposta pela União contra Estado estrangeiro ou organismo internacional deve ser intentada perante o STF, devendo ali ser processada, exatamente por ser da sua competência apreciar as causas entre a União e Estado estrangeiro ou organismo internacional (CF, art. 102, I, *e*).

É discutível se cabe ou não uma execução fiscal contra Estado estrangeiro ou organismo internacional, mercê da imunidade de jurisdição. Independentemente de ser cabível ou não, se a União ou um Estado-membro intentar execução fiscal contra Estado estrangeiro ou organismo internacional, deverá fazê-lo perante o STF; é da Suprema Corte a competência para processar tal execução.

12.2.1.3.3 Competência da Justiça Estadual

A execução fiscal pode ser proposta na Justiça Federal ou na Justiça Estadual, ou, ainda, na Justiça do Trabalho ou na Justiça Eleitoral.

A competência da Justiça Estadual é residual: quando não for competência de qualquer outra, deverá a execução ser intentada perante um dos órgãos da Justiça Estadual.

12.2.1.3.4 Competência da Justiça Federal

A competência será da Justiça Federal nos casos previstos no art. 109 da Constituição Federal, devendo ali ser processada a execução fiscal quando esta tiver como exequente ou executada a União, ou alguma autarquia ou empresa pública federal.

Os conselhos profissionais não devem, como se viu, poder mais propor execução fiscal. Se, incoerentemente, se mantiver o entendimento de que eles podem propor execução fiscal, é da competência da Justiça Federal processá-la, por serem eles considerados autarquias especiais federais. Se, porém, se adotar o entendimento de que os conselhos profissionais não podem mais propor execução fiscal, a execução que eles propuserem deve, de igual modo, tramitar na Justiça Federal.

À OAB não se franqueia mais, como se viu, o manejo da execução fiscal; cabe-lhe uma execução civil. Isso, contudo, não afasta a competência da Justiça Federal para processar e julgar tal execução. Mantém-se aplicável o enunciado 66 da Súmula do STJ, segundo o qual "Compete à justiça federal processar e julgar execução fiscal promovida por conselho de fiscalização profissional". A competência, no caso, é da Justiça Federal, mercê da natureza federal que ostenta a Ordem dos Advogados do Brasil. Deve, então, ser adaptada a redação do referido enunciado para que se suprima a referência, ali feita, à execução fiscal. Quanto aos demais conselhos profissionais, os tribunais entendem que a eles ainda se franqueia o uso da execução fiscal. A ressalva alcança apenas a OAB. Logo, não há qualquer adaptação do enunciado 66 da Súmula do STJ para os demais conselhos profissionais: eles propõem execução fiscal perante a Justiça Federal.

Também é da Justiça Federal a competência para processar e julgar as execuções fiscais de dívidas do FGTS, a cargo da União ou da Caixa Econômica Federal mediante convênio.[212] Em tais execuções, não se tem subjacente qualquer relação de trabalho, exatamente porque não envolvem, diretamente, empregado e empregador. A obrigação desse último de recolher as contribuições para o FGTS decorre da lei, e não da relação de trabalho. Nem a União, nem a Caixa Econômica Federal fazem parte da relação material de trabalho, sendo certo, portanto, que compete à Justiça Federal, e não à Justiça do Trabalho, processar as execuções fiscais para a cobrança do FGTS.

Esse é, aliás, o teor do enunciado 349 da Súmula do STJ: "Compete à Justiça Federal ou aos juízes com competência delegada o julgamento das execuções fiscais de contribuições devidas pelo empregador ao FGTS".

12.2.1.3.5 Competência federal delegada

Os juízos federais são competentes para processar e julgar as causas em que União, autarquias federais e empresas públicas federais figurem como autoras, rés, opoentes ou assistentes. Essa competência, nos termos dos §§ 3º e 4º do art. 109 da CF, é delegada, em alguns casos, a juízos estaduais.

A Emenda Constitucional 103, de 2019, alterou a redação do § 3º do artigo 109 da Constituição, de modo que, agora, só se permite que a lei preveja delegação de competência federal à Justiça Estadual em causas em que figurem, como parte, instituição de previdência social e segurado. A delegação restringe-se, a partir da Emenda Constitucional 103, de 2019, a ações em que figurem, como parte, instituição de previdência social e segurado. Qualquer outra demanda não poderá ser processada e julgada por juízo estadual, pois não se autoriza mais a delegação da competência federal em qualquer outra demanda que não tenha como partes, de um lado, instituição de previdência social e, de outro, segurado.

Antes, porém, da referida emenda constitucional, a lei poderia atribuir competência federal delegada a juízos estaduais.

Assim, em alguns casos, aos juízos estaduais da comarca, onde não houvesse vara federal, era atribuída competência federal. Nessas situações, a competência era da Justiça Federal, mas, por razões de amplo acesso à justiça, restava delegada a juízos estaduais. Trata-se, portanto, de competência delegada. Um desses casos estava previsto no art. 15, I, da Lei 5.010/1966, segundo o qual "Nas Comarcas do interior onde não funcionar Vara da Justiça Federal (artigo 12), os Juízes Estaduais são competentes para processar e julgar: I – os executivos fiscais da União e de suas autarquias, ajuizados contra devedores domiciliados nas respectivas Comarcas".

Assim, as execuções fiscais, nos lugares onde não havia vara federal, eram propostas na Justiça Estadual. Tal dispositivo foi revogado expressamente pelo inciso IX do art. 114 da Lei 13.043/2014. Significa que *não* há mais competência federal delegada nas execuções fiscais.

Todas as execuções fiscais propostas por entes federais devem ser ajuizadas na Justiça Federal, não podendo mais tramitar na Justiça Estadual.

A competência delegada consiste, em verdade, numa transferência de *exercício* da competência: o órgão delegado (juiz estadual) exerce uma competência que não é sua, mas do delegante (juiz federal). Não é a competência que se transfere, mas o seu exercício. Bem por isso, a delegação pode ser revogada, passando ao delegante o exercício

---

[212] STJ, 2ª Turma, REsp 858.363/RJ, Rel. Min. Humberto Martins, *DJ* 4.5.2007, p. 428.

da competência. E foi exatamente o que aconteceu: a competência federal delegada foi revogada nos casos de execução fiscal. O juízo estadual, em tais hipóteses, *exercia* competência federal, estando seus atos sujeitos ao controle do TRF respectivo. Em outras palavras, ele era considerado, no caso concreto, um juízo federal.

A delegação do *exercício* da competência federal deixou de existir com a superveniente revogação do inciso I do art. 15 da Lei 5.010/1966. A revogação de tal dispositivo não acarreta, entretanto, a consequência imediata de fazer remeter para a Justiça Federal as execuções fiscais que tramitam na Justiça Estadual. Nos termos do art. 75 da referida Lei 13.043/2014, "A revogação do inciso I do art. 15 da Lei nº 5.010, de 30 de maio de 1966, constante do inciso IX do art. 114 desta Lei, não alcança as execuções fiscais da União e de suas autarquias e fundações públicas ajuizadas na Justiça Estadual antes da vigência desta Lei".

A cessação da competência delegada federal nas execuções fiscais não atinge os processos em andamento.[213] Somente as execuções fiscais propostas depois do início de vigência da Lei 13.043/2014 é que devem tramitar na Justiça Federal. Como a mudança tem vigência imediata, e considerando que a referida lei foi publicada no *Diário Oficial da União* de 14 de novembro de 2014, é apenas a partir daí que não há mais competência federal delegada nas execuções fiscais. Aquelas que tramitam na Justiça Estadual até tal data lá devem manter-se.

12.2.1.3.6 Competência da Justiça Eleitoral

É da Justiça Eleitoral a competência para processar execução fiscal que objetiva a cobrança de multa eleitoral[214], em virtude do art. 367, IV, do Código Eleitoral.[215] Nos termos do art. 109, I, da Constituição Federal, excluem-se da competência da Justiça Federal as causas sujeitas à competência da Justiça Eleitoral, em que a União figurar como interessada na condição de autora, ré, assistente ou opoente.

À Justiça Eleitoral compete processar e julgar não somente a execução fiscal, mas também a ação anulatória de lançamento decorrente de multa eleitoral.[216]

12.2.1.3.7 Competência da Justiça do Trabalho

A Justiça do Trabalho é competente para processar e julgar as "ações oriundas das relações de trabalho" (CF, art. 114, I), bem como "as ações relativas às penalidades administrativas impostas aos empregadores pelos órgãos de fiscalização das relações de trabalho" (CF, art. 114, VII) e, bem ainda, "outras controvérsias decorrentes da relação de trabalho, na forma da lei" (CF, art. 114, IX).

Cabe à Justiça do Trabalho, portanto, processar execução fiscal destinada à cobrança de multa aplicada por órgão fiscalizador das relações de trabalho. Assim, imposta multa, por

---

[213] STJ, 2ª Turma, AgInt no REsp 1.467.413/SC, Rel. Min. Og Fernandes, *DJe* 12.12.2018.

[214] STJ, 1ª Seção, CC 23.132/TO, Rel. Min. Garcia Vieira, *DJ* 7.6.1999, p. 38; STJ, 1ª Seção, CC 22.539/TO, Rel. Min. Eliana Calmon, *DJ* 8.11.1999, p. 69.

[215] "Art. 367. A imposição e a cobrança de qualquer multa, salvo no caso das condenações criminais, obedecerão às seguintes normas: (...) IV – A cobrança judicial da dívida será feita por ação executiva na forma prevista para a cobrança da dívida ativa da Fazenda Pública, correndo a ação perante os juízos eleitorais."

[216] STJ, 1ª Seção, CC 32.609/SP, Rel. Min. Eliana Calmon, *DJ* 4.3.2002, p. 170; STJ, 1ª Seção, CC 46.901/PR, Rel. Min. Denise Arruda, *DJ* 27.3.2006, p. 138.

exemplo, por uma Delegacia Regional do Trabalho e, não vindo a ser paga, sua cobrança judicial é feita por execução fiscal proposta na Justiça do Trabalho.

Os citados incisos I, VII e IX do art. 114 da Constituição Federal poderiam conduzir à conclusão de que execuções propostas por conselhos profissionais deveriam tramitar na Justiça do Trabalho.

Não é esse, contudo, o entendimento que deve prevalecer.

O conselho de fiscalização profissional concede autorização para o desempenho de profissão, exercendo poder de polícia quanto à correta atuação profissional, não havendo aí qualquer relação de trabalho que possa justificar a competência da Justiça do Trabalho. Significa que a competência para a execução proposta por conselho profissional é mesmo da Justiça Federal.[217]

12.2.1.3.8 Competência territorial

A competência para processar e julgar a execução fiscal será do juízo do foro do domicílio do devedor, do de sua residência ou do lugar onde for encontrado (CPC, art. 46, § 5º).[218] Em 2023, o Plenário do STF, julgando a ADI 5.492, atribuiu interpretação conforme à Constituição para restringir a aplicação desse dispositivo aos limites do território de cada ente subnacional ou ao local de ocorrência do fato gerador.[219] Assim, por exemplo, a execução fiscal deve ser proposta pela Fazenda Pública estadual no foro do domicílio do devedor, *desde que* o seu domicílio esteja no território do próprio Estado credor. Ao julgar o Tema 1.204 da Repercussão Geral, o STF fixou a seguinte tese sobre o § 5º do art. 46 do CPC, reafirmando esse entendimento: "A aplicação do art. 46, § 5º, do CPC deve ficar restrita aos limites do território de cada ente subnacional ou ao local de ocorrência do fato gerador".

Logo, não é possível aos Estados ajuizar execuções fiscais no domicílio do executado, se for situado em outra unidade da Federação, mesmo que o fato gerador tenha ocorrido nos limites do território do Estado exequente.

A exigência de contraditório efetivo e a auto-organização federativa impõem uma interpretação conforme ao § 5º do art. 46 do CPC. Com a proclamação da República em 1889, o Brasil, que era um país unitário, passou a ser uma federação. Convertidas as antigas províncias em Estados-membros, surgiu a necessidade de definir o modelo da Justiça.

Nos termos do art. 125 da Constituição Federal, os Estados organizarão sua Justiça. Tal dispositivo, aliado ao disposto no art. 25 da mesma Constituição, configuram o poder de auto-organização dos Estados, que deve ser respeitado. Cada unidade federada tem seu

---

[217] STJ, 1ª Seção, CC 55.401/SP, Rel. Min. Eliana Calmon, *DJ* 6.3.2006, p. 137; STJ, 1ª Seção, CC 55.415/SP, Rel. Min. José Delgado, *DJ* 13.3.2006, p. 172; STJ, 1ª Seção, CC 55.409/SP, Rel. Min. Teori Albino Zavascki, *DJ* 27.3.2006, p. 141; STJ, 1ª Seção, AgRg no CC 80.665/MG, Rel. Min. Denise Arruda, *DJe* 22.9.2008.

[218] Para Salomão Viana, como o § 1º do art. 109 da CF impõe que as demandas em que a União for autora devem ser propostas no foro do domicílio do réu, esse deve ser considerado como foro preferencial, nos casos de execução fiscal proposta pela União; somente nos casos de executado com domicílio incerto, desconhecido ou fora do território brasileiro, é que a execução fiscal proposta pela União poderá ser processada no foro da residência do executado ou no foro do local onde for encontrado (VIANA, Salomão. Comentários ao art. 46. In: WAMBIER, Teresa Arruda Alvim; DIDIER JR., Fredie; TALAMINI, Eduardo; DANTAS, Bruno (coords.). *Breves comentários ao Código de Processo Civil*. 3. ed. São Paulo: RT, 2016. p. 212-213).

[219] STF, Pleno, ADI 5.492, Rel. Min. Dias Toffoli, *DJe* 9.8.2023.

aparelho judicial próprio. Isso, porém, não significa que o Poder Judiciário esteja fragmentado em tantas unidades quantos são os Estados.

O Poder Judiciário é substancialmente uno e todos os órgãos que o integram gozam de jurisdição. O que se divide e distribui é a competência para o processamento e julgamento das causas, ou para a prática de determinados atos. A Justiça dos Estados integra a Justiça nacional. Os juízes estaduais não têm menos ou mais poder que outros juízes. Todos têm a mesma jurisdição. Há, apenas, divisão de atribuições; cada um tem sua competência.

A divisão de poderes no ambiente federativo identifica-se pela presença, na esfera federal, da Justiça Federal, do Congresso Nacional e da Presidência da República. Essa mesma estrutura existe, simetricamente, no âmbito dos Estados; neles, há os Tribunais de Justiça, as Assembleias Legislativas e a figura do Governador do Estado.

A União tem a prerrogativa de ser, via de regra, julgada pelos juízes e tribunais federais. Simetricamente, cada Estado-membro tem a prerrogativa de ser processado e julgado por seu respectivo Judiciário local. Cada Estado-membro deve submeter-se ao controle judicial de seus juízes e tribunais. Havendo condenação judicial, o pagamento deve ser feito por meio de precatórios e requisições de pequeno valor, submetidos ao presidente do respectivo tribunal de justiça. Os precedentes dos tribunais de justiça devem vincular seus membros e juízes, notadamente nos temas que dizem respeito ao respectivo Estado.

É por isso que uma demanda proposta contra um Estado-membro há de ser julgada por um juiz daquele mesmo Estado, sendo suas decisões revistas pelo respectivo tribunal.

Não está de acordo com esse sistema propor uma demanda contra o Estado-membro perante um juiz de outro Estado. Eventual precatório não pode ser encaminhado ao presidente daquele outro Estado. O juiz não estará sujeito aos precedentes, firmados em julgamento de casos repetitivos ou proferidos por plenário ou órgão especial do tribunal de outro Estado.

Assim, proferido um precedente obrigatório pelo tribunal de justiça de um Estado, os juízes a ele vinculados deverão conceder tutelas de evidência (CPC, art. 311, II), sentenças de improcedência liminar (CPC, art. 332), podendo, se decidirem em sentido divergente, expor-se a uma reclamação (CPC, art. 988). Se, porém, o autor propuser a demanda em outro Estado, nada disso poderá ser feito, por falta de vinculação do juiz ao tribunal de outro Estado, causando uma situação anti-isonômica e abrindo uma fenda ao sistema federativo.

O conjunto de inúmeras normas contidas no ordenamento jurídico brasileiro conforma-se à ideia federativa. Permitir que uma demanda seja proposta contra um Estado-membro no âmbito da Justiça de outro Estado-membro esgarça o pacto federativo, não sendo constitucionalmente adequado. O amplo e irrestrito acesso à justiça arrosta o pacto federativo.

O § 5º do art. 46 do Código de Processo Civil deve ser interpretado conforme a Constituição, para que se defina que os Estados devem ajuizar execuções fiscais no foro do domicílio do executado, desde que este esteja situado dentro do território do Estado.

Tal interpretação compatibiliza-se com a *ratio decidendi* do julgamento proferido pelo STF no Recurso Extraordinário 627.709/DF, Rel. Min. Ricardo Lewandowski. Com efeito, ali se entendeu que o art. 109, § 2º, da CF/1988 aplica-se às autarquias federais, porque estas possuem representação judicial em todo o território nacional. A *ratio decidendi* de tal julgado contém a regra segundo a qual o foro do domicílio do autor pode ser critério para fixação de competência, quando não haja violação ao efetivo contraditório para o réu. Assim, é possível compatibilizar o acesso à justiça com o contraditório.

Os Estados-membros não dispõem, porém, de representação judicial em todo o território nacional. Por isso, e seguindo-se a regra construída a partir da *ratio decidendi* do referido julgado, não é possível que um Estado-membro demande em outra Justiça estadual, onde não há representação judicial sua.

Assim, o § 5º do art. 46 do CPC merece uma interpretação conforme, para que se entenda que a execução fiscal deve ser proposta no foro do domicílio do executado, desde que este se situe no território do Estado exequente.

Caso a execução fiscal seja proposta perante juízo do foro onde o devedor não mantenha domicílio, haverá incompetência. Tal incompetência, contudo, é relativa, não devendo ser reconhecida de ofício pelo juiz.[220] Somente poderá haver reconhecimento da incompetência se houver alegação pelo executado. Não havendo alegação de incompetência, estará prorrogada a competência: o juiz, que era incompetente, torna-se competente.

Se, no momento da propositura[221] da execução fiscal, o devedor mantinha domicílio naquele foro, mas, antes de ser citado, transfere domicílio para outro local, em outro foro, tal circunstância não altera a competência, em virtude da regra da *perpetuatio jurisdictionis* insculpida no art. 43 do CPC.[222]

Nos termos do art. 28 da Lei 6.830/1980, "o juiz, a requerimento das partes, poderá, por conveniência da unidade da garantia da execução, ordenar a reunião de processos contra o mesmo devedor". Nesse caso, os processos serão redistribuídos ao juízo da primeira distribuição.

Essa regra busca racionalizar o procedimento de várias execuções propostas em face do mesmo devedor, reunindo todas elas a um único juízo, inspirando-se, ademais, no princípio da eficiência e assemelhando-se, *mutatis mutandis,* ao contido no art. 113, III, do CPC, que permite a formação de litisconsórcio quando houver mera afinidade de questões por um ponto comum de fato ou de direito. A exemplo do que sucede com o litisconsórcio facultativo, em que o juiz pode, com base no § 1º do art. 113 do CPC, limitar a presença das partes, quando dificultar a defesa ou comprometer a rápida solução do litígio, a reunião de execuções, com base no art. 28 da Lei 6.830/1980, pode ser rejeitada pelo juiz.[223]

12.2.1.3.9 Competência para execução fiscal e superveniência de falência ou de recuperação judicial

As execuções de natureza fiscal não são suspensas pelo deferimento da recuperação judicial (Lei 11.101/2005, art. 6º, § 7º-B).[224]

O deferimento da recuperação judicial não suspende a execução fiscal, mas cabe ao juízo da recuperação judicial determinar a substituição dos atos de constrição que recaiam sobre

---

[220] Em sentido diverso, considerando que, no caso de execução fiscal proposta pela União, a regra seria de competência absoluta, por concretizar o comando do § 1º do art. 109 da CF/1988: VIANA, Salomão. Comentários ao art. 46. In: WAMBIER, Teresa Arruda Alvim; DIDIER JR., Fredie; TALAMINI, Eduardo; DANTAS, Bruno (coords.). *Breves comentários ao Código de Processo Civil.* 3. ed. São Paulo: RT, 2016. p. 214.

[221] A ação é considerada proposta no momento em que protocolizada a petição inicial (CPC, art. 312).

[222] Assim, o enunciado 58 da Súmula do STJ: "Proposta a execução fiscal, a posterior mudança de domicílio do executado não desloca a competência já fixada".

[223] STJ, 1ª Turma, REsp 1.125.387/SP, Rel. Min. Luiz Fux, *DJe* 8.10.2009; STJ, 1ª Seção, REsp 1.158.766/RJ, Rel. Min. Luiz Fux, *DJe* 22.9.2010.

[224] Nesse sentido, o enunciado 73 do Fórum Nacional do Poder Público: "O deferimento do processamento da recuperação judicial ou sua concessão não impede o regular prosseguimento das execuções fiscais, tampouco obsta a realização dos atos expropriatórios necessários à plena satisfação do crédito público."

bens de capital essenciais à manutenção da atividade empresarial até o encerramento da recuperação judicial.[225] A substituição da constrição deve ser implementada mediante cooperação jurisdicional, na forma do art. 69 do CPC. O juiz da recuperação, em ato concertado com o juiz da execução fiscal, determinará a substituição do bem penhorado, observada a forma menos gravosa para a empresa recuperanda (Lei 11.101/2005, art. 6º, § 7º-B).

Em outras palavras, os atos de constrição incidentes sobre o patrimônio da empresa em recuperação judicial devem ser submetidos ao juízo da recuperação, ainda que se trate de execução fiscal, em prol da preservação da empresa.[226] Significa que, "embora a execução fiscal, em si, não se suspenda, devem ser obstados os atos judiciais que reduzam o patrimônio da empresa em recuperação judicial, enquanto mantida essa condição".[227]

A previsão da cooperação judiciária merece destaque, sendo um importante reforço normativo ao disposto no art. 69 do CPC e uma salutar lembrança de sua aplicação no âmbito da falência e da recuperação judicial, bem como no de quaisquer outros processos judiciais.

Estando em curso uma execução fiscal, e sobrevindo a decretação da falência do devedor, a Fazenda Pública credora deve apresentar ao juízo da falência ou ao administrador judicial, a depender do momento processual, a relação completa de seus créditos inscritos em dívida ativa, acompanhada dos cálculos, da classificação e das informações sobre a situação atual. Na verdade, o juiz da falência deve instaurar, de ofício, para cada Fazenda Pública credora,

---

[225] "Conflito de competência. Recuperação judicial. Execução fiscal. Artigo 6º, § 7-b, da lei nº 11.101/2005. Valores em dinheiro. Bens de capital. Não configuração. Substituição. Ausência. 1. Os autos buscam definir se está configurado o conflito positivo de competência na espécie e, sendo esse o caso, qual o juízo competente para, em execução fiscal, determinar a constrição de valores pertencentes a empresa em recuperação judicial. 2. A caracterização do conflito de competência pressupõe que a parte suscitante demonstre a existência de divergência concreta e atual entre diferentes juízos que se entendem competentes ou incompetentes para analisar determinada causa. 3. Na hipótese, o Juízo da recuperação judicial, ao determinar o desbloqueio de valores efetivado na execução fiscal, invadiu a competência do Juízo da execução. 4. O artigo 6º, § 7º-B, da Lei nº 11.101/2005, introduzido pela Lei nº 14.112/2020, dispõe que se a constrição efetivada pelo Juízo da execução fiscal recair sobre bens de capital essenciais à manutenção da atividade empresarial, caberá ao Juízo da recuperação determinar a substituição por outros bens, providência que será realizada mediante pedido de cooperação jurisdicional. 5. O Superior Tribunal de Justiça, interpretando a abrangência da expressão 'bens de capital' constante do artigo 49, § 3º, da LREF, firmou entendimento no sentido de que se trata de bens corpóreos, móveis ou imóveis, não perecíveis ou consumíveis, empregados no processo produtivo da empresa. 6. A Lei nº 14.112/2020, ao incluir o artigo 6º, § 7º-B, na Lei nº 11.101/2005, utilizou-se da expressão 'bens de capital' – já empregada no artigo 49, § 3º, ao qual, por estar inserido na mesma norma e pela necessidade de manter-se a coerência do sistema, deve-se dar a mesma interpretação. 7. Valores em dinheiro não constituem bens de capital a inaugurar a competência do Juízo da recuperação prevista no artigo 6º, § 7º-B, da LREF para determinar a substituição dos atos de constrição. 8. Conflito conhecido para declarar a competência do Juízo da execução fiscal" (STJ, 2ª Seção, CC 196.553/PE, Rel. Min. Ricardo Villas Bôas Cueva, DJe 25.4.2024).

[226] STJ, 2ª Seção, AgRg no CC 129.290/PE, Rel. Min. Antonio Carlos Ferreira, DJe 15.12.2015; STJ, 2ª Seção, AgRg no CC 141.807/AM, Rel. Min. Moura Ribeiro, DJe 16.12.2015; STJ, 2ª Seção, AgInt no CC 150.650/SP, Rel. Min. Moura Ribeiro, DJe 24.11.2017; STJ, 2ª Seção, AgInt no CC 152.614/SP, Rel. Min. Paulo de Tarso Sanseverino, DJe 30.11.2017. Em sentido contrário, o enunciado 74 do Fórum Nacional do Poder Público: "As regras do procedimento da recuperação judicial, por serem oriundas da ponderação de princípios feita pelo legislador, não podem ser afastadas pela mera aplicação do princípio da preservação da empresa".

[227] STJ, 2ª Seção, EDcl no AgRg no CC 127.861/GO, Rel. Min. Marco Buzzi, DJe 5.11.2015. Em sentido contrário, o enunciado 75 do Fórum Nacional do Poder Público: "O trespasse de estabelecimento e a venda parcial de bens da empresa não podem ser autorizados pelo juízo da recuperação judicial se já estiverem constritos em garantia do débito fiscal, sob pena de ineficácia".

incidente de classificação de crédito público e determinará a sua intimação eletrônica para que, no prazo de 30 dias, apresente a referida relação completa de seus créditos inscritos em dívida ativa. A depender da fase processual em que se encontre a falência, a Fazenda Pública apresentará a relação ao juiz ou ao administrador judicial (Lei 11.101/2005, art. 7º-A).

Os créditos não definitivamente constituídos, não inscritos em dívida ativa ou com exigibilidade suspensa poderão ser informados em momento posterior (Lei 11.101/2005, art. 7º-A, § 2º).

O incidente de habilitação de crédito pelos entes públicos passou a ser previsto na Lei 11.101/2005 a partir das alterações levadas a efeito pela Lei 14.112/2020. Não havendo pedido de constrição no juízo executivo, já era possível à Fazenda Pública habilitar seu crédito na falência. Nesse sentido, o STJ, ao decidir o Tema 1092 dos Recursos Repetitivos, fixou a seguinte tese: "É possível a Fazenda Pública habilitar em processo de falência crédito objeto de execução fiscal em curso, mesmo antes da vigência da Lei n. 14.112/2020, e desde que não haja pedido de constrição no juízo executivo".

Instaurado o referido incidente e apresentada a relação de créditos pela Fazenda Pública, a execução fiscal permanecerá suspensa até o encerramento da falência, sem prejuízo da possibilidade de prosseguimento contra os corresponsáveis (Lei 11.101/2005, art. 7º-A, § 4º, V). A falência não estende seus efeitos aos sócios de responsabilidade limitada, aos controladores e aos administradores da sociedade falida, mas se admite a desconsideração da personalidade jurídica, mediante o incidente previsto nos arts. 133 a 137 do CPC (Lei 11.101/2005, art. 82-A).

Em tal incidente, não haverá condenação em honorários de sucumbência (Lei 11.101/2005, art. 7º-A, § 8º).

A execução fiscal continua a ser processada no juízo próprio da execução fiscal (Lei 11.101/2005, art. 76). Ao juízo falimentar cabe decidir sobre os cálculos e a classificação dos créditos, bem como sobre a arrecadação de bens, realização do ativo e pagamento dos credores. Por sua vez, o juízo da execução fiscal deve decidir sobre a existência, a exigibilidade e o valor do crédito, prosseguindo a cobrança contra os corresponsáveis (Lei 11.101/2005, art. 7º-A, § 4º, I e II).

É possível que haja conflito de competência entre o juízo falimentar e o da execução fiscal. Ao decidir sobre cálculos e classificação de créditos, eventualmente o juízo falimentar pode interferir na definição do valor do crédito, que é atribuição do juízo da execução fiscal. Para evitar ou solucionar o conflito, os juízos podem praticar atos de cooperação judiciária ou convencionar a prática de atos concertados, com fundamento no art. 69, § 2º, do CPC.[228]

Não apresentada a relação de créditos pela Fazenda Pública, o incidente será arquivado e ela, Fazenda Pública, poderá requerer o desarquivamento e apresentar pedido de habilitação ou de reserva de crédito (Lei 11.101/2005, art. 7º-A, § 5º).

Se não houver a instauração do referido incidente, a execução fiscal prossegue. Nesse caso, mantém-se a eventual penhora realizada anteriormente à quebra, efetuando-se o leilão. O produto da alienação deve, contudo, ser repassado ao juízo da falência para apuração das preferências.[229] Com a decretação da falência, a execução fiscal não sofre solução de continui-

---

[228] Nesse sentido: CUNHA, Leonardo Carneiro da. O conflito de competência no âmbito da cooperação judiciária nacional. In: DIDIER JR., Fredie; CABRAL, Antonio do Passo (coords.). *Cooperação judiciária nacional*. Salvador: JusPodivm, 2021. p. 607-624.

[229] STJ, 1ª Turma do STJ, AgRg na MC 11.937/SP, Rel. Min. Francisco Falcão, Rel. p/ acórdão Min. Luiz Fux, *DJ* 30.10.2006, p. 247.

dade, prosseguindo com a realização de leilão. Se, no momento em que decretada a quebra, já havia penhora na execução fiscal, o bem constrito será levado a leilão na própria execução fiscal, devendo o seu produto ser repassado ao juízo da falência para apuração das preferências.[230] Não se permite à Fazenda Pública, entretanto, adjudicar o bem penhorado, pois aí não será possível a apuração das preferências. É possível, mesmo com a falência decretada, haver arrematação, destinando-se o produto da venda ao juízo falimentar. Não é possível, todavia, a adjudicação do bem penhorado.[231]

Enfim, a execução fiscal não se suspende pelo advento da falência nem pelo advento da recuperação judicial. Deferida a recuperação judicial, a execução fiscal prossegue normalmente, mas os atos de constrição devem ser submetidos ao juiz da recuperação judicial. Na falência, o juiz deve instaurar, de ofício, incidente para que Fazenda Pública apresente declaração de seu crédito, ficando, até o encerramento da falência, suspensa a execução fiscal, que poderá prosseguir contra os corresponsáveis.

12.2.1.4 Procedimento

12.2.1.4.1 Fase inicial

A execução fiscal é iniciada por meio de uma petição inicial simplificada, indicando, apenas, o juiz a quem é dirigida, o pedido e o requerimento para a citação do executado. O valor da causa é o da dívida constante da certidão, com os acréscimos legais.

Deve instruir a petição inicial a certidão de dívida ativa, que é, como se viu, o título que lastreia a execução fiscal. A certidão de dívida ativa pode, inclusive, constar do próprio texto da petição inicial, tudo num único documento, preparado, inclusive, por processo eletrônico. A petição inicial deve fazer-se acompanhar da certidão de dívida ativa, não sendo necessário que se apresente também o termo de inscrição na dívida ativa; basta a certidão.[232]

Incumbe ao exequente "proceder à averbação em registro público do ato de propositura da execução e dos atos de constrição realizados, para conhecimento de terceiros" (CPC, art. 799, IX). Ao exequente, em outras palavras, permite-se averbar o ato de distribuição da execução fiscal.

O exequente poderá, no ato da distribuição da execução, obter certidão comprobatória do seu ajuizamento, com identificação das partes e valor da causa, para fins de averbação no registro de imóveis, registro de veículos ou registro de outros bens sujeitos à penhora ou arresto (CPC, art. 828). No prazo de 10 (dez) dias de sua concretização, o exequente deverá comunicar ao juízo as averbações efetivadas (CPC, art. 828, § 1º). Formalizada penhora sobre bens suficientes para cobrir o valor da dívida, será determinado o cancelamento das averbações relativas aos bens que não tenham sido penhorados (CPC, art. 828, § 2º). O juiz determinará o cancelamento das averbações, de ofício ou a requerimento, caso o exequente não o faça no prazo (CPC, art. 828, § 3º).

Tais averbações não são obrigatórias. Faculta-se ao exequente promovê-las, com a finalidade de resguardar-se, exatamente porque se presume em fraude à execução a alienação ou oneração de bens efetuada após a averbação (CPC, art. 828, § 4º).

---

[230] STJ, 1ª Turma, REsp 594.776/RS, Rel. Min. Teori Albino Zavascki, *DJ* 14.12.2006, p. 251. No mesmo sentido: STJ, 1ª Seção, EREsp 268.643/SP, Rel. Min. Humberto Martins, *DJ* 14.5.2007, p. 239.
[231] STJ, 2ª Turma, REsp 695.167/MS, Rel. Min. Mauro Campbell Marques, *DJe* 5.11.2008.
[232] STJ, 1ª Turma, AgRg no AREsp 198.239/MG, Rel. Min. Napoleão Nunes Maia Filho, *DJe* 23.11.2012.

Essa regra é plenamente compatível com a execução fiscal, podendo a Fazenda Pública dela se valer para efeito de promover as averbações nos registros competentes, a fim de caracterizar como fraude à execução as alienações ou onerações que forem realizadas. É possível, até mesmo, que se celebre convênio entre as Procuradorias das Fazendas e os Tribunais para que os distribuidores já encaminhem aos registros competentes a relação de execuções fiscais intentadas, tudo com o objetivo de concretizar as mencionadas averbações.

Tratando-se de execução fiscal *tributária,* aplica-se o art. 185 do Código Tributário Nacional, que assim dispõe: "Presume-se fraudulenta a alienação ou oneração de bens ou rendas, ou seu começo, por sujeito passivo em débito para com a Fazenda Pública, por crédito tributário regularmente inscrito como dívida ativa".

Em princípio, poderia ser tida como desnecessária a aplicação do art. 828 do CPC na execução fiscal *tributária,* já que, inscrito o crédito em dívida ativa, qualquer alienação, promovida antes mesmo da propositura da execução, é presumida como fraudulenta. Acontece, porém, que é *relativa* essa presunção prevista no art. 185 do Código Tributário Nacional, admitindo prova em contrário, de sorte a não ser tida como fraudulenta a alienação ou oneração, se acaso for comprovada a boa-fé do terceiro adquirente ou em cujo favor se efetivou a oneração. Já a presunção decorrente do art. 828, § 4º, do CPC é absoluta: alienado o bem, após a averbação ali prevista, presume-se, sem possibilidade de prova em contrário, a fraude à execução, não se podendo alegar que o terceiro estava de boa-fé.

Enfim, não obstante a regra contida no art. 185 do Código Tributário Nacional, é possível a aplicação do art. 828 do CPC na execução fiscal *tributária.* Quanto à execução fiscal *não tributária,* sua incidência é inquestionável, podendo a Fazenda Pública promover as averbações ali previstas.

É possível, ainda, a aplicação do art. 782, § 3º, do CPC à execução fiscal. A Fazenda Pública pode requerer – e o juiz determinar – a inclusão do nome do executado em cadastros de inadimplentes, inclusive por meio do SERASAJUD (que permite a realização eletrônica de tal anotação). Esta, inclusive, é a conclusão a que chegou a 1ª Seção do Superior Tribunal de Justiça ao fixar a tese do Tema 1.026 dos recursos repetitivos: "O art. 782, § 3º do CPC é aplicável às execuções fiscais, devendo o magistrado deferir o requerimento de inclusão do nome do executado em cadastros de inadimplentes, preferencialmente pelo sistema SERASAJUD, independentemente do esgotamento prévio de outras medidas executivas, salvo se vislumbrar alguma dúvida razoável à existência do direito ao crédito previsto na Certidão de Dívida Ativa – CDA".[233]

12.2.1.4.2 Citação do executado

12.2.1.4.2.1 Meios e efeitos

Estando em ordem a petição inicial, o juiz irá determinar a citação do executado. O despacho que ordena a citação interrompe a prescrição do crédito fiscal, seja em razão do art. 174, I, do CTN (quando a dívida for tributária), seja em virtude do disposto no art. 202, I, do Código Civil (quando se tratar de dívida não tributária). Ordenada a citação, se o exequente a promover (ou seja, requerer e apresentar os elementos necessários à sua realização, como endereço, recolhimento de custas e emolumentos, apresentação de cópia da petição inicial,

---

[233] STJ, 1ª Seção, REsp 1.807.180/PR, Rel. Min. Og Fernandes, *DJe* 11.3.2021. Nesse mesmo sentido, o enunciado 19 do Fórum Nacional do Poder Público: "A possibilidade de inclusão do nome do executado em cadastro de inadimplentes por determinação judicial é aplicável à execução fiscal".

conhecida como contrafé, para instruir a carta de citação) no prazo de 10 (dez) dias previsto no § 2º do art. 240 do CPC, a interrupção da prescrição retroage para a data da propositura da execução fiscal. Aplica-se, enfim, à execução fiscal o disposto no § 1º do art. 240 do CPC.

Ordenada a citação do executado, deverá ser realizada, preferencialmente, pelos correios com aviso de recebimento, podendo, contudo, a Fazenda Pública requerer que seja realizada por outra forma. A citação pelo correio considera-se feita na data da entrega da carta no endereço do executado. Se, todavia, a data for omitida no aviso de recebimento, será considerada feita a citação 10 (dez) dias após a entrega da carta à agência postal (Lei 6.830/1980, art. 8º, II). Na eventualidade de o aviso de recebimento não retornar para o cartório judicial, no prazo de 15 (quinze) dias da entrega da carta à agência postal, a citação deverá ser feita por oficial de Justiça ou por edital.

12.2.1.4.2.2 Citação por edital na execução fiscal

Frustradas as tentativas para citação do executado, deve-se determinar a realização da citação por edital.[234] Na execução fiscal, cabe citação por edital. De acordo com o art. 8º, I e III, da Lei 6.830/1980 e com o art. 256, II, do CPC, a citação por edital será realizada, na execução fiscal, somente após o esgotamento de *todos* os meios possíveis para localização do executado. Nos termos do enunciado 210 da Súmula do TFR, ainda aplicável, embora editado ao tempo do CPC/1973, "Na execução fiscal, não sendo encontrado o devedor, nem bens arrestáveis, é cabível a citação editalícia".

Apenas é possível realizar a citação por edital na execução fiscal depois do exaurimento de todas as tentativas para encontrar o executado, devendo, antes, haver as diligências a cargo do oficial de justiça.[235] Será nula a citação por edital, segundo entendimento firmado no âmbito do STJ, "quando não se utiliza, primeiramente, da determinação legal para que o Oficial de Justiça proceda às diligências necessárias à localização do réu".[236] A propósito, esse entendimento consolidou-se no enunciado 414 da Súmula do STJ, ainda aplicável, se bem que editado ao tempo do CPC/1973: "A citação por edital na execução fiscal é cabível quando frustradas as demais modalidades". No mesmo sentido, a tese firmada no tema 102 dos recursos repetitivos: "A citação por edital na execução fiscal é cabível quando frustradas as demais modalidades".

Exaurir todas as tentativas não equivale a determinar que o oficial de justiça vá ao endereço fiscal do executado várias vezes. Basta uma única tentativa, sendo suficiente a certidão que ateste não ter sido o executado localizado no seu domicílio fiscal.[237] Se, feita a citação por via postal e, depois, por oficial de justiça, mas não localizado o executado no seu domicílio, já se viabiliza a citação por edital.

---

[234] A citação por edital em protesto judicial não interrompe a prescrição na execução fiscal. É certo que, pelo disposto no inciso II do art. 174 do CTN, o protesto judicial interrompe a prescrição, mas a interrupção não ocorre se a citação realizada no protesto judicial for por edital. Nesse sentido: STJ, 2ª Turma, REsp 1.315.184/RS, Rel. Min. Castro Meira, *DJe* 2.8.2012. No mesmo sentido: STJ, 1ª Turma, AgRg no AREsp 154.225/MG, Rel. Min. Napoleão Nunes Maia Filho, *DJe* 13.9.2012.

[235] STJ, 2ª Turma, REsp 653.480/MG, Rel. Min. Francisco Peçanha Martins, *DJ* 17.10.2005, p. 258; STJ, 2ª Turma, REsp 948.191/PE, Rel. Min. Castro Meira, *DJ* 11.9.2007, p. 220; STJ, 1ª Turma, AgRg no REsp 597.981/PR, Rel. Min. Luiz Fux, *DJ* 28.6.2004, p. 203; STJ, 1ª Turma, AgInt no REsp 1.860.631/RS, Rel. Min. Regina Helena Costa, *DJe* 18.6.2020.

[236] STJ, 1ª Turma, REsp 451.030/SP, Rel. Min. José Delgado, *DJ* 11.11.2002, p. 164. No mesmo sentido: STJ, 1ª Turma, AgRg no REsp 930.239/PE, Rel. Min. José Delgado, *DJ* 13.8.2007, p. 354.

[237] STJ, 1ª Turma, AgRg no AREsp 206.770/RS, Rel. Min. Benedito Gonçalves, *DJe* 22.11.2012.

Cumpre, ainda, observar o disposto no § 3º do art. 256 do CPC, inteiramente aplicável à execução fiscal: "§ 3º O réu será considerado em local ignorado ou incerto se infrutíferas as tentativas de sua localização, inclusive mediante requisição pelo juízo de informações sobre seu endereço nos cadastros de órgãos públicos ou de concessionárias de serviços públicos". Há, aqui, uma presunção absoluta de ignorância ou incerteza, que autoriza a citação por edital.

Nos termos do art. 830 do CPC, a citação por edital funciona como condição para que o arresto de bens do executado permaneça naquele caso, mas não é preciso haver o arresto para, somente depois, ser efetivada a citação por edital do executado. Na execução fiscal, a citação por edital não depende desse prévio arresto,[238] bastando que haja apenas o esgotamento dos meios citatórios pessoais.[239] Isso não impede, contudo, que se realize, antes da citação por edital, o arresto de bens; apenas tal arresto não é indispensável, podendo ser realizada a citação por edital independentemente dele. Na execução fiscal, o arresto previsto no art. 830 do CPC pode recair sobre ativos financeiros do executado.[240]

12.2.1.4.2.3 Nomeação de curador especial

Se o executado, citado por edital, não comparece, nem paga, nem se manifesta, deve o juiz nomear-lhe curador especial, mercê do disposto no art. 72, II, do CPC, que se aplica ao processo de execução; ao tempo do CPC/1973, o STJ editou o enunciado 196 de sua Súmula, inteiramente aplicável ao CPC atual: "Ao executado que, citado por edital ou por hora certa, permanecer revel, será nomeado curador especial, com legitimidade para apresentação de embargos". Tal regra aplica-se à execução fiscal, cumprindo ao juiz, sob pena de invalidade dos atos processuais, nomear curador especial para o executado que, citado por edital, não comparece nem se manifesta nos autos.[241]

12.2.1.4.3 Nomeação de bens à penhora

O executado será citado para, no prazo de 5 (cinco) dias, pagar a dívida com os juros e multa de mora, além de encargos, ou garantir a execução, mediante depósito em dinheiro. Em vez de efetuar o depósito em dinheiro, poderá o executado oferecer fiança bancária, nomear bens à penhora (observada a ordem do art. 11 da Lei 6.830/1980) ou indicar à penhora bens oferecidos por terceiros e aceitos pela Fazenda Pública. Observa-se, no particular, uma diferença entre a execução por quantia certa contra devedor solvente, prevista no CPC, e a execução fiscal: enquanto naquela o executado é citado para, em 3 (três) dias, pagar a dívida, nessa última tal prazo é de 5 (cinco) dias, convocando o executado para pagar ou nomear bens à penhora.

A desarmonia legislativa é evidente. Em 1980, ano em que foi sancionada a Lei 6.830, a execução contra devedor solvente no CPC/1973 era estruturada de modo semelhante, com a possibilidade de nomeação de bens à penhora pelo executado. Assim, à época, havia pouca diferença procedimental entre a execução fiscal e a execução comum prevista no CPC.

---

[238] Nesse sentido, o enunciado 210 da Súmula do TFR: "Na execução fiscal, não sendo encontrado o devedor, nem bens arrestáveis, é cabível a citação editalícia".
[239] STJ, 2ª Turma, REsp 931.690/RS, Rel. Min. Castro Meira, *DJ* 1º.8.2007, p. 447.
[240] Nesse sentido, o enunciado 70 do Fórum Nacional do Poder Público: "Em execução fiscal é cabível o arresto executivo do artigo 830 do CPC mediante indisponibilidade de valores e ativos financeiros."
[241] STJ, 2ª Turma, AgRg no Ag 631.754/MG, Rel. Min. João Otávio de Noronha, *DJ* 20.6.2005, p. 213; STJ, 2ª Turma, REsp 785.090/MG, Rel. Min. Eliana Calmon, *DJ* 25.4.2007, p. 306; STJ, 1ª Turma, REsp 685.251/RS, Rel. Min. Denise Arruda, *DJ* 2.8.2007, p. 342.

Atualmente, há, como já destacado, maiores diferenças procedimentais entre a execução fiscal e a execução civil.

O executado, na execução fundada em título extrajudicial, é citado para, no prazo de três dias, efetuar o pagamento da dívida (CPC, art. 829). Juntado aos autos o mandado de citação devidamente cumprido, inicia-se o prazo de 15 (quinze) dias para oferecimento dos embargos à execução, que serão opostos independentemente de penhora, depósito ou caução (CPC, arts. 914 e 915).

Na execução fiscal, o executado será citado para, no prazo de cinco dias, pagar a dívida com os juros e multa de mora e encargos indicados na Certidão de Dívida Ativa, ou garantir a execução com depósito em dinheiro, com fiança bancária ou com a nomeação de bens à penhora, observada a ordem prevista no art. 11 da própria Lei 6.830/1980.

Tratando-se de execução fiscal proposta pela *União, suas autarquias e fundações públicas*, é facultado ao exequente indicar bens à penhora, a qual será efetivada concomitantemente com a citação inicial do devedor. Penhorados os bens indicados pelo exequente, ficam desde logo indisponíveis. Efetuado o pagamento integral da dívida executada no prazo de 2 (dois) dias úteis contados da citação, independentemente da juntada aos autos do respectivo mandado, poderá ser liberada a penhora, desde que não haja outra execução pendente.[242] Tudo isso consta do art. 53 da Lei 8.212, de 24 de julho de 1991, aplicando-se à execução fiscal proposta pela *União, suas autarquias e fundações*.[243]

Enfim, na execução fiscal proposta pela *União, suas autarquias e fundações*, permite-se ao exequente a indicação, na petição inicial, de bens a serem penhorados, não estando afastado o direito de o executado nomear bens à penhora.

Quando o exequente for uma Fazenda Pública estadual ou municipal, não há previsão legal para essa indicação de bens na própria petição inicial, de forma que o executado é citado para, em 5 (cinco) dias, pagar ou nomear bens à penhora.

Aliás, segundo o STJ, essas regras contidas no art. 53 da Lei 8.212/1911 não se aplicam a execuções fiscais propostas pelas Fazendas Públicas estaduais e municipais. Com efeito: "O legislador previu a subsistência da penhora após a sentença extintiva em face do pagamento para garantir outra ação executiva pendente somente às execuções fiscais da dívida ativa da União, suas autarquias e fundações públicas (art. 53, § 2º, da Lei 8.212/1991), sendo inaplicável para o feito que trata da cobrança de crédito da Fazenda Pública estadual".[244]

12.2.1.4.4 Penhora

12.2.1.4.4.1 Generalidades

A penhora, que é o ato de apreensão e depósito de bens para empregá-los, direta ou indiretamente, na satisfação do crédito executado, pode recair sobre bens do patrimônio do devedor (CPC, art. 789) e do patrimônio de terceiros responsáveis (CPC, art. 790). Somente podem ser penhorados os bens que tenham expressão econômica e que não se enquadrem em qualquer das hipóteses de impenhorabilidade.

---

[242] STJ, 2ª Turma, REsp 1.319.171/SC, Rel. Min. Herman Benjamin, *DJe* 11.9.2012.
[243] STJ, 2ª Turma, REsp 1.287.915/BA, Rel. Min. Herman Benjamin, *DJe* 11.9.2012.
[244] STJ, 1ª Turma, REsp 2.128.507/TO, Rel. Min. Gurgel de Faria, *DJe* 18.6.2024.

A ordem de nomeação de bens à penhora, na execução fiscal, é diferente da ordem de nomeação da execução civil. Na execução fiscal, a penhora deve obedecer à ordem prevista no art. 11 da Lei 6.830/1980.

A avaliação dos bens penhorados pode ser feita pelo oficial de justiça. Se, entretanto, houver impugnação, faz-se necessária a nomeação de um avaliador, nos termos do art. 13, § 1º, da Lei 6.830/1980.[245] A impugnação pode ser inconsistente, a ponto de não esbater a avaliação feita pelo oficial de justiça. Assim, desde que haja fundamentação adequada, pode o juiz indeferir a realização de nova avaliação e manter aquela feita pelo oficial de justiça.[246]

12.2.1.4.4.2 Bloqueio de ativos financeiros e penhora de dinheiro na execução fiscal

12.2.1.4.4.2.1 Generalidades

É possível, na execução fiscal, a penhora em dinheiro, mediante o bloqueio de conta corrente, conhecido como penhora *on-line*. Aliás, a penhora em dinheiro é preferencial relativamente a outros bens penhoráveis. É, em verdade, do executado o ônus de comprovar a indispensabilidade dos valores bloqueados a título de penhora *on-line*. A execução se processa no interesse do exequente, que tem a prerrogativa de indicar bens à penhora. Na ordem preferencial, prevalece o dinheiro disponível, depositado ou mantido em aplicações financeiras.[247] Cabe ao executado comprovar que as quantias depositadas em conta corrente são impenhoráveis.

Ao receber a petição inicial da execução fiscal, o juiz, como já analisado nos itens anteriores, deve determinar a citação do executado para que este, no prazo de 5 (cinco) dias, pague ou nomeie bens à penhora. Não é possível haver penhora (seja a tradicional, seja a *on-line*) antes mesmo de ser citado o executado, pois este tem o direito de pagar ou nomear bens no prazo de 5 (cinco) dias. Somente depois, não havendo pagamento ou sendo ineficaz ou insuficiente a nomeação de bens, é que poderá haver a penhora *on-line*. Na verdade, se o executado não paga nem nomeia bens, cabe ao juiz determinar a penhora de bens (Lei 6.830/1980, art. 10).

12.2.1.4.4.2.2 Bloqueio de ativos. Procedimento (CPC, art. 854)

Para que determine a penhora *on-line*, é preciso que haja requerimento do exequente, nos termos do art. 854 do CPC.[248] Noutros termos, a penhora *on-line* não pode ser determinada de ofício, devendo ser requerida pelo exequente.

Na verdade, antes mesmo de ocorrer a penhora de dinheiro em depósito ou em aplicação financeira, o juiz, a requerimento do exequente, sem dar ciência prévia do ato ao executado, determinará o bloqueio dos valores a serem penhorados, tornando-os indisponíveis.

Frustrado o bloqueio, o exequente pode reiterar o pedido a qualquer momento[249].

---

[245] STJ, 2ª Turma, REsp 1.352.055/SC, Rel. Min. Mauro Campbell Marques, *DJe* 12.12.2012.
[246] STJ, 2ª Turma, REsp 1.808.023/RS, Rel. Min. Herman Benjamin, *DJe* 2.8.2019.
[247] O sistema de busca de ativos do Poder Judiciário (SISBAJUD) permite o bloqueio *on-line* de qualquer ativo financeiro, como depósitos bancários, ações e investimentos em renda fixa e em renda variável.
[248] Enunciado 540 do Fórum Permanente de Processualistas Civis: "A disciplina procedimental para penhora de dinheiro prevista no art. 854 é aplicável ao procedimento de execução fiscal".
[249] Nesse sentido, o Enunciado 215 da III Jornada de Processo Civil do Conselho da Justiça Federal: "O requerimento de nova tentativa de penhora on-line de dinheiro do executado, via sistema SISBAJUD

Se o bloqueio for efetivado, mas o executado já havia aderido a parcelamento fiscal, deve ser cancelado o bloqueio. Caso, porém, o parcelamento seja posterior ao bloqueio, este se mantém, podendo, entretanto, ser substituída a penhora de dinheiro por fiança bancária ou seguro garantia[250].

Havendo indisponibilidade excessiva, o juiz, de ofício, determinará, no prazo de 24 (vinte e quatro) horas a contar da resposta da instituição financeira, seu cancelamento.

12.2.1.4.4.2.3 Impugnação do executado ao bloqueio de ativos (CPC, art. 854, § 3º)

Tornados indisponíveis os ativos financeiros do executado – e ainda antes de haver propriamente a penhora – este será intimado, na pessoa de seu advogado, ou, caso não o tenha, pessoalmente, para, no prazo de 5 (cinco) dias, comprovar que (a) as quantias tornadas indisponíveis são impenhoráveis; ou (b) ainda permanece indisponibilidade excessiva de ativos financeiros.

Apresentada impugnação pelo executado, o exequente deve, em respeito ao contraditório, ser intimado para sobre ela se manifestar[251].

Acolhida qualquer uma dessas arguições, o juiz determinará o cancelamento da indisponibilidade irregular ou excessiva, a ser cumprido pela instituição financeira em 24 (vinte e quatro) horas.

Se, porém, for rejeitada a manifestação do executado ou se ele não se manifestar naquele prazo de 5 (cinco) dias, a indisponibilidade será convertida em penhora, sem necessidade de lavratura de termo, devendo o juiz determinar à instituição financeira depositária que, no prazo de 24 (vinte e quatro) horas, transfira o montante indisponível para conta vinculada ao juízo da execução.

Da decisão que rejeitar a manifestação do executado cabe agravo de instrumento (CPC, art. 1.015, parágrafo único). Mantida a rejeição, não é mais possível ao executado insurgir-se contra a penhora de dinheiro realizada, tendo a decisão se estabilizado. De igual modo, não havendo manifestação do executado, não lhe será mais possível questionar a penhora em dinheiro: terá havido preclusão temporal. Não questionada, no prazo de 5 (cinco) dias (CPC, art. 854, § 3º), a indisponibilidade dos valores mantidos em depósito ou aplicação financeira, haverá sua conversão em penhora, operando-se a preclusão para se questionar o excesso da penhora ou a impenhorabilidade dos valores constritos.

(Sistema de Busca de Ativos do Poder Judiciário), pode ser reiterado e independe de decurso mínimo de tempo da última tentativa".

[250] Nesse sentido, a tese do Tema 1.012 dos Repetitivos/STJ: "O bloqueio de ativos financeiros do executado via sistema Bacenjud, em caso de concessão de parcelamento fiscal, seguirá a seguinte orientação: (i) será levantado o bloqueio se a concessão é anterior à constrição; e (ii) fica mantido o bloqueio se a concessão ocorre em momento posterior à constrição, ressalvada, nessa hipótese, a possibilidade excepcional de substituição da penhora online por fiança bancária ou seguro garantia, diante das peculiaridades do caso concreto, mediante comprovação irrefutável, a cargo do executado, da necessidade de aplicação do princípio da menor onerosidade".

[251] Nesse sentido, o Enunciado 211 da III Jornada de Processo Civil do Conselho da Justiça Federal: "Antes de apreciar a defesa do executado lastreada no § 3º do art. 854 do CPC, salvo hipótese de rejeição liminar, o juiz deve intimar o exequente para se manifestar, em cinco dias, sob pena de ofensa ao contraditório".

12.2.1.4.4.3 Prioridade da penhora de dinheiro na execução fiscal

Não é necessário o prévio exaurimento de tentativas de penhora em outros bens para que se determine a penhora *on-line*. Com efeito, "[é] prioritária a penhora em dinheiro", podendo o juiz, nas demais hipóteses, alterar a ordem de bens penhoráveis de acordo com as circunstâncias do caso concreto (CPC, art. 835, § 1º).

12.2.1.4.4.4 Penhora de fiança, de seguro garantia e de debêntures

Na execução fiscal, podem ser objeto de penhora a fiança bancária e qualquer outro bem relacionado no art. 11 da Lei 6.830/1980. É possível, de igual modo, a penhora de seguro garantia. Também podem ser penhoradas debêntures da Eletrobrás, não sendo possível a penhora de títulos ao portador por esta emitidos.[252]

Quando a execução fiscal for tributária, a fiança bancária não suspende a exigibilidade do crédito. Nesse sentido, a tese fixada pelo STJ no Tema 378 dos recursos repetitivos: "A fiança bancária não é equiparável ao depósito integral do débito exequendo para fins de suspensão da exigibilidade do crédito tributário, ante a taxatividade do art. 151 do CTN e o teor do Enunciado Sumular n. 112 desta Corte".

Ainda quando se tratar de execução fiscal tributária, o seguro garantia também não suspende a exigibilidade do crédito.[253] Tratando-se, porém, de execução fiscal não tributária, o seguro garantia e a fiança bancária, desde que suficientes para saldar o débito, são instrumentos aptos a suspender a exigibilidade do crédito, por produzirem os mesmos efeitos do dinheiro (CPC, arts. 835, § 2º, e 848, parágrafo único).

A fiança e o seguro garantia não se confundem com o pagamento, sendo garantias destinadas a assegurar a futura solvência do débito.[254]

A simples fixação de prazo de validade determinado na apólice e a inserção de cláusula condicionando os efeitos da cobertura ao trânsito em julgado da decisão não implicam, por si só, inidoneidade da garantia oferecida.[255]

12.2.1.4.4.5 Penhora de direitos e ações. A penhora de precatórios

Os direitos do devedor contra terceiros são penhoráveis, desde que tenham caráter patrimonial e possam ser transferidos ou cedidos independentemente do consentimento do terceiro. Nos termos do inciso VIII do art. 11 da Lei 6.830/1980, são penhoráveis "direitos e ações".

O precatório insere-se nessa hipótese, pois se trata de uma ordem de pagamento, expedida pelo juiz da execução ao Presidente do respectivo Tribunal para que o inscreva e o encaminhe com a finalidade de o crédito ali inscrito ser incluído no orçamento público do exercício seguinte, a ser pago de acordo com a ordem cronológica das inscrições.

É evidente que o precatório constitui um crédito. Quando se penhora um precatório, o que se está a fazer é penhorar um crédito.

---

[252] STJ, 1ª Seção, EREsp 933.048/RS, Rel. Min. Castro Meira, *DJ* 24.11.2008.
[253] STJ, 1ª Turma, AgInt no REsp 1.944.488/SP, Rel. Min. Regina Helena Costa, *DJe* 19.11.2021.
[254] STJ, 3ª Turma, AgInt no REsp 1.889.144/SP, Rel. Min. Paulo de Tarso Sanseverino, *DJe* 26.10.2022.
[255] STJ, 3ª Turma, REsp 2.025.363/GO, Rel. Min. Ricardo Villas Bôas Cueva, *DJe* 10.10.2022.

Os créditos, como visto, podem ser objeto de penhora. "Contudo," – como afirma Liebman – "a lei os colocou em último lugar na gradação dos bens para a penhora. Isso porque a lei não pode deixar de considerar que, no momento atual, eles representam apenas a expectativa de um bem que se espera receber em tempo futuro".[256]

É possível, enfim, haver penhora sobre o crédito representado por precatório judicial da própria exequente. Pode, ainda, ser objeto de penhora, na execução fiscal, o crédito decorrente de precatório expedido contra pessoa jurídica distinta da exequente.[257]

12.2.1.4.4.6 Reforço de penhora na execução fiscal

A Fazenda Pública poderá requerer um reforço de penhora, mas tal reforço não pode ser determinado de ofício pelo juiz, pois o art. 15, II, da Lei 6.830/1980 alude a *deferimento* pelo juiz, numa inequívoca indicação de que é necessário requerimento. Sendo assim, e em razão do princípio dispositivo, resta vedado ao juiz agir, nesse caso, de ofício, dependendo o reforço de penhora de requerimento expresso da Fazenda Pública.[258] Aliás, essa é a tese fixada no tema 260 dos recursos especiais repetitivos: "O reforço da penhora não pode ser deferido *ex officio*, a teor dos artigos 15, II, da LEF e 685 do CPC".

12.2.1.4.4.7 Substituição do bem penhorado na execução fiscal

O art. 848 do CPC prevê a substituição do bem penhorado, indicando as hipóteses em que se pode operar tal substituição. Seu parágrafo único estabelece que a penhora pode ser substituída por fiança bancária ou seguro garantia judicial, em valor não inferior ao do débito constante da petição inicial, mais 30% (trinta por cento).

O regime de substituição de penhora, na execução fiscal, está previsto no art. 15 da Lei 6.830/1980. Segundo ali se estabelece, a substituição pode ser deferida ao executado ou à Fazenda Pública.

As partes, exequente e executado, podem celebrar negócio jurídico processual para substituir a penhora. A Lei 13.988, de 2020, que trata da "transação tributária", prevê essa possibilidade em seu art. 11, III.

Não havendo consenso ou celebração de negócio processual a esse respeito, a substituição da penhora será, em qualquer fase do processo de execução fiscal, deferida pelo juiz ao *executado* por depósito em dinheiro, fiança bancária ou seguro garantia, sendo deferida pelo juiz à Fazenda Pública a substituição dos bens penhorados por outros, independentemente da ordem enumerada no seu art. 11, bem como o reforço da penhora insuficiente.

Na execução fiscal, pode o executado ter deferida em seu favor a substituição do bem penhorado por depósito em dinheiro ou fiança bancária. Pode, ainda, haver substituição do bem por *seguro garantia judicial*, assim entendido "o contrato pelo qual a companhia seguradora presta a garantia de proteção aos interesses do credor (segurado) relacionados com o adimplemento de uma obrigação (legal ou contratual) do devedor, nos limites da

---

[256] LIEBMAN, Enrico Tullio. *Processo de execução*. Araras: Bestbook, 2001. p. 167-168.
[257] STJ, 2ª Turma, REsp 943.259/RS, Rel. Min. Castro Meira, *DJe* 11.9.2008; STJ, 1ª Turma, REsp 1.020.735/RS, Rel. Min. José Delgado, *DJe* 23.6.2008; STJ, 1ª Turma, AgRg no Ag 948.742/SP, Rel. Min. Denise Arruda, *DJe* 7.5.2008; STJ, 1ª Seção, EREsp 834.956/RS, Rel. Min. Humberto Martins, *DJ* 7.5.2007, p. 271; STJ, 1ª Turma, REsp 962.321/RS, Rel. Min. Teori Albino Zavascki, *DJ* 4.10.2007, p. 214.
[258] STJ, 1ª Turma, REsp 475.693/RS, Rel. Min. Luiz Fux, *DJ* 24.3.2003, p. 160; STJ, 1ª Turma, REsp 1.519.685/RS, Rel. Min. Gurgel de Faria, *DJe* 28.4.2016.

apólice"[259]. O Superior Tribunal de Justiça manteve, por longo tempo, o entendimento de que a fiança bancária – e, por extensão, o seguro garantia judicial – teria o mesmo *status* que o dinheiro para fins de substituição de penhora.[260] Sua 1ª Seção, no entanto, eliminando a divergência existente entre as 1ª e 2ª Turmas, estabeleceu que, "regra geral, quando o juízo estiver garantido por meio de depósito em dinheiro, ou ocorrer penhora sobre ele, inexiste direito subjetivo de obter, sem anuência da Fazenda Pública, a sua substituição por fiança bancária". De acordo com esse entendimento do STJ, "[g]arantida a execução fiscal por meio de depósito em dinheiro, a substituição por seguro garantia judicial só é possível com a anuência da Fazenda Pública".[261] Admitiu, porém, "em caráter excepcional, a substituição de um (dinheiro) por outro (fiança bancária), mas somente quando estiver comprovada de forma irrefutável, perante a autoridade judicial, a necessidade de aplicação do princípio da menor onerosidade (art. 620 do CPC[262]), situação inexistente nos autos".[263]

Esse entendimento, manifestado sob a vigência do CPC/1973, deve ser revisto em razão do disposto no § 2º do art. 835 do CPC/2015, segundo o qual, "Para fins de substituição da penhora, equiparam-se a dinheiro a fiança bancária e o seguro garantia judicial, desde que em valor não inferior ao do débito constante da inicial, acrescido de trinta por cento".

Há, como se percebe, uma equiparação legal, não havendo razão para rejeitar a substituição da penhora. Por ser equiparado a dinheiro, o seguro pode ser oferecido desde logo, não sendo necessário aguardar a penhora em dinheiro para que haja, depois, a substituição.[264]

O seguro pode ser oferecido desde logo ou servir para substituir dinheiro penhorado. Assim, penhorado dinheiro, é possível substituir tal penhora pela de fiança bancária ou de seguro garantia judicial, desde que em valor não inferior ao do débito. Nos termos do Código de Processo Civil, a única condição imposta é a fiança bancária ou o seguro garantia ter valor equivalente ao do débito, acrescido de 30% (trinta por cento). Atendida essa exigência, é possível a substituição, pois a lei, nesse caso, equiparou a fiança bancária e o seguro garantia judicial a dinheiro.[265]

O art. 15, I, da Lei 6.830/1980 sempre previu a possibilidade de substituição da penhora por fiança bancária. Por força da Lei 13.043/2014, inseriu-se a previsão também no mesmo inciso I do art. 15 da Lei 6.830/1980 da possibilidade de substituição da penhora por seguro

---

[259] MELO, Gustavo de Medeiros. Seguro garantia judicial – aspectos processuais e materiais de uma figura ainda desconhecida. *Revista de Processo*, São Paulo: RT, v. 201, 2011, p. 103.

[260] STJ, 1ª Turma, REsp 534.710/SC, Rel. Min. Francisco Falcão, *DJ* 22.3.2004, p. 229. No mesmo sentido: STJ, 3ª Turma, REsp 1.116.647/ES, Rel. Min. Nancy Andrighi, *DJe* 25.3.2011. Para José Carlos Baptista Puoli, tais bens (dinheiro, fiança bancária e seguro garantia judicial) são garantias praticamente irrecusáveis, que "representam quase que absoluta certeza de deferimento do pedido de substituição", em razão da sua grande liquidez (PUOLI, José Carlos Baptista. A substituição do bem penhorado na "nova" execução civil (Lei nº 11.382/2006). In: COSTA, Susana Henriques (coord.). *Execução extrajudicial*: modificações da Lei n. 11.382/2006. São Paulo: Quartier Latin, 2007. p. 243-245).

[261] STJ, 2ª Turma, AgRg no AREsp 213.678/SE, Rel. Min. Mauro Campbell Marques, *DJe* 24.10.2012.

[262] Dispositivo do CPC-1973.

[263] STJ, 1ª Seção, EREsp 1.077.039/RJ, Rel. Min. Mauro Campbell Marques, Rel. p/ acórdão Min. Herman Benjamin, *DJe* 12.4.2011.

[264] STJ, 3ª Turma, REsp 1.838.837/SP, Rel. Min. Nancy Andrighi, Rel. p/ acórdão Min. Ricardo Villas Bôas Cueva, *DJe* 21.5.2020.

[265] NOGUEIRA, Pedro Henrique Pedrosa. Notas sobre alguns reflexos do novo CPC no processo de execução fiscal. In: CIANCI, Mirna; DELFINO, Lúcio; DANTAS, Bruno; DIDIER JR., Fredie; CUNHA, Leonardo Carneiro da; CAMARGO, Luiz Henrique Volpe; REDONDO, Bruno Garcia (coords.). *Novo Código de Processo Civil*: impactos na legislação extravagante e interdisciplinar. São Paulo: Saraiva, 2016. v. 2, p. 328.

garantia. O CPC prevê essa substituição desde que haja acréscimo de 30% (trinta por cento) do valor na fiança ou na apólice do seguro. A exigência de 30% (trinta por cento) não deve ser feita na execução fiscal. O inciso I do art. 15 da Lei nº 6.830/1980 não prevê os 30% (trinta por cento), não havendo essa exigência no âmbito da execução fiscal. Aliás, a Portaria 164, de 27 de fevereiro de 2014, da Procuradoria-Geral da Fazenda Nacional dispõe, no § 2º de seu art. 3º, que "Não se aplica o acréscimo de 30% ao valor garantido, constante no § 2º do art. 656 da Lei nº 5.869, de 11 de janeiro de 1973". O dispositivo refere-se ao CPC de 1973, cujo art. 656, § 2º, continha conteúdo equivalente ao do § 2º do art. 835 do CPC/2015.

A Lei 6.830/1980 prevê a possibilidade de substituição da penhora por dinheiro, fiança bancária ou seguro garantia, sem o acréscimo dos 30% (trinta por cento), não devendo, portanto, ser tal acréscimo exigido no âmbito da execução fiscal.

Por outro lado, a substituição da penhora pode ser deferida a pedido da Fazenda Pública. A regra contida na Lei 6.830/1980 dá a entender que a substituição de bens penhorados por outros seria automática, exigindo, tão somente, o pedido da Fazenda Pública, independentemente da ordem enumerada em seu art. 11. Cumpre, todavia, estabelecer parâmetros objetivos para a substituição em favor da Fazenda Pública de bens penhorados por outros. Diante do silêncio da Lei 6.830/1980, impõe-se, no particular, aplicar o disposto no art. 848 do CPC. Só não se aplica o quanto contido no inciso I do art. 848 do CPC. Ali se estabelece poder a parte requerer a substituição da penhora, se não houver obediência à ordem legal. Nos termos do art. 15 da Lei 6.830/1980, a substituição de bens penhorados por outros independe da ordem de nomeação.

Na verdade, a substituição de bens penhorados, na execução fiscal, depende de requerimento justificado da Fazenda Pública, no caso de comprovada ineficácia ou inefetividade.[266]

Logo, à exceção da hipótese prevista no seu inciso I, o art. 848 do CPC aplica-se à execução fiscal: a Fazenda Pública pode, na execução fiscal, requerer a substituição da penhora nas hipóteses previstas nos incisos II a VII de tal art. 848, ou seja, se a penhora não incidir sobre os bens designados em lei, contrato ou ato judicial para pagamento, se, havendo bens no foro da execução, outros houverem sido penhorados, se, havendo bens livres, a penhora houver recaído sobre bens já penhorados ou objeto de gravame, se incidir sobre bens de baixa liquidez, se fracassar a tentativa de alienação judicial do bem ou se executado não indicar o valor dos bens ou omitir qualquer das indicações a que se referem os incisos I a V do § 1º do art. 847 do CPC.

Conforme já registrado, é possível haver penhora de crédito inscrito em precatório. Se tiver já havido penhora de algum outro bem que se revele apto a garantir a execução, a Fazenda Pública pode recusar sua substituição por precatório, tal como esclarece o enunciado 406 da súmula do STJ, que está assim redigido: "A Fazenda Pública pode recusar a substituição do bem penhorado por precatório". Esse é, igualmente, o teor da tese firmada no tema 120 dos recursos repetitivos do STJ.

Em outras palavras, a Fazenda Pública pode recusar a substituição do bem penhorado por precatório, exatamente por se tratar de penhora de crédito, e não de dinheiro. E isso porque a substituição da penhora, sem aquiescência da Fazenda Pública, somente pode implementar-se por depósito em dinheiro ou fiança bancária (Lei 6.830/1980, art. 15, I);[267] considerando que aí

---

[266] THEODORO JÚNIOR, Humberto. O anteprojeto de nova lei de execução fiscal. *Revista de Processo*, São Paulo: RT, v. 126, ago. 2005, p. 30.
[267] STJ, 1ª Turma, AgRg no AREsp 12.394/RS, Rel. Min. Arnaldo Esteves Lima, *DJe* 15.10.2012.

não se enquadra o precatório (direito de crédito que é), a substituição da penhora por precatório depende da concordância do exequente, que, no caso, é a Fazenda Pública.[268]

12.2.1.4.4.8 Penhora de imóvel na execução fiscal

Na execução fiscal, a penhora de imóvel, quando apresentada certidão da respectiva matrícula, será realizada por termo nos autos (CPC, art. 845, § 1º). Se, porém, o executado não tiver bens no foro do processo, não sendo possível a realização da penhora por termo nos autos, a execução será feita por carta, penhorando-se, avaliando-se e alienando-se o imóvel no foro da situação (CPC, art. 845, § 2º).

A averbação de penhora de imóvel, nos termos do art. 837 do CPC, pode ser feita por meio eletrônico.

Se a penhora recair sobre imóvel, será feita a intimação do cônjuge do executado, salvo se forem casados em regime de separação absoluta de bens (CPC, art. 842). Nesse caso, o prazo para embargar é contado a partir da intimação do cônjuge.[269]

Assim como em qualquer execução, incide, na execução fiscal, a Lei 8.009/1990. Não é possível, então, haver, na execução fiscal, a penhora do imóvel residencial do casal ou da entidade familiar por qualquer dívida, com as exceções dos casos previstos nos seus arts. 3º e 4º. Assim, pode, por exemplo, ser penhorado o bem de família em execução fiscal destinada a cobrança de impostos, predial ou territorial, taxas e contribuições devidas em função do próprio imóvel familiar (Lei 8.009/1990, art. 3º, IV).

A Constituição Federal, em seu art. 226, § 4º, ampliou o conceito de entidade familiar para abranger tanto a família monoparental como a união estável. Esse entendimento deve ser também aplicado às uniões homoafetivas, as quais têm sido aceitas pelos tribunais superiores,[270] e mesmo aos irmãos que vivem juntos. Há, inclusive, precedentes que protegem o solteiro,[271] demonstrando que a lei deixa de focar na proteção da família para tutelar a própria dignidade da pessoa humana, em especial o seu desdobramento relacionado à proteção da moradia. Esse entendimento restou consolidado no STJ por meio da edição do enunciado 364 de sua Súmula: "O conceito de impenhorabilidade de bem de família abrange também o imóvel pertencente a pessoas solteiras, separadas e viúvas".

A proteção destinada pelo diploma normativo engloba o imóvel residencial próprio do casal ou da entidade familiar, abrangendo também os bens móveis, desde que não tenham caráter suntuoso (Lei 8.009/1990, arts. 1º e 2º, parágrafo único). O STJ ampliou esse entendimento para abranger igualmente os casos em que o único imóvel residencial do devedor esteja locado a terceiro, e a renda obtida com a locação seja revertida para a subsistência ou a moradia da sua família, consoante o enunciado 486 da sua súmula de jurisprudência. Inclusive, o STJ entende como possível até a proteção do bem de família de certas pessoas jurídicas, em

---

[268] STJ, 2ª Turma, AgRg no AREsp 48.580/RS, Rel. Min. Humberto Martins, *DJe* 25.11.2011.

[269] "A jurisprudência sólida do STJ é de que, recaindo a penhora sobre bem imóvel, o prazo para embargar, em se tratando de devedor casado, é contado a partir da intimação do cônjuge, o que não houve, segundo fixado no acórdão de origem" (STJ, 2ª Turma, REsp 1.804.365/SP, Rel. Min. Herman Benjamin, *DJe* 18.6.2019).

[270] STF, Pleno, ADI 4.277, Rel. Min. Ayres Britto, *DJe* 14.10.2011; STF, 1ª Turma, RE 68.7432 AgR, Rel. Min. Luiz Fux, *DJe* 2.10.2012; STJ, 4ª Turma, AgRg no REsp 805.582/MG, Rel. Min. Maria Isabel Gallotti, *DJe* 8.8.2011; STJ, 2ª Seção, REsp 1.085.646/RS, Rel. Min. Nancy Andrighi, *DJe* 26.9.2011.

[271] STJ, 4ª Turma, REsp 471.903/RS, Rel. Min. Luis Felipe Salomão, *DJe* 24.5.2010; STJ, 3ª Turma, REsp 518.711/RO, Rel. Min. Ari Pargendler, Rel. p/ acórdão Min. Nancy Andrighi, *DJe* 5.9.2008.

especial na hipótese de empresas familiares em aplicação derivada do Estatuto Jurídico do Patrimônio Mínimo, quando o bem imóvel seja utilizado tanto pela empresa como para a moradia familiar.[272] Vale frisar que não há limites de valor para a impenhorabilidade desse bem.[273]

Nos termos do enunciado 449 de sua súmula, o STJ rejeitou a ampliação do conceito de bem de família para abranger a vaga de garagem que possua matrícula própria no registro de imóveis. Também não se admite a alegação de bem de família quando o imóvel esteja desocupado e não seja utilizado para garantir a subsistência da família.[274]

Em prol da efetividade da execução, e por não acarretar prejuízo injustificável ao executado, não violando sua dignidade nem seu direito de moradia, o STJ entendeu ser possível o desmembramento do bem de família em unidades autônomas, desde que não prejudique a área residencial nem a sua caracterização.[275]

Caso a família possua diversos imóveis para a sua moradia, a impenhorabilidade restringe-se ao imóvel de menor valor, de acordo com o parágrafo único do art. 5º da Lei 8.009/1990. É possível, porém, que a impenhorabilidade recaia sobre o bem de maior valor, se tiver sido averbado, para esse fim, no Registro de Imóveis, nos termos do art. 1.711 do Código Civil. É importante a ressalva de que a Lei 8.009/1990 faz referência ao art. 70 do Código Civil de 1916, revogado pelo atual Código Civil. É possível, então, entender a referência ao art. 1.711 do atual Código Civil, sendo importante a ressalva de que é possível a determinação de impenhorabilidade do imóvel que não seja o de menor valor, mas tal bem não poderá ultrapassar um terço do patrimônio líquido existente ao tempo da sua instituição.

12.2.1.4.4.9 Penhora de percentual sobre faturamento da empresa

É possível que a penhora seja feita sobre o faturamento diário da empresa executada, desde que se trate de hipótese excepcional, caso não haja outro meio de se garantir o juízo, nem bens suficientes para cobrir o valor cobrado, devendo-se nomear administrador, com apresentação da forma de administração e esquema de pagamento, tudo de acordo com o disposto no art. 866 do CPC. O art. 835 do CPC prevê, expressamente, em seu inciso X, a penhora de percentual do faturamento da sociedade empresária devedora. A inserção da penhora de percentual de faturamento na décima posição da gradação legal confirma o entendimento de que tal penhora implica prejuízo ao funcionamento da empresa, somente podendo ser realizada quando não localizados outros bens penhoráveis, e em percentual que não inviabilize, estorve ou dificulte a atividade empresarial.[276]

Determinada a penhora de percentual de faturamento da empresa executada, será, nos termos do § 2º do art. 866 do CPC, nomeado administrador-depositário, com a atribuição de submeter à aprovação judicial a forma de efetivação da constrição, bem como de prestar contas mensalmente, entregando ao exequente as quantias recebidas, a fim de serem imputadas no pagamento da dívida.

---

[272] STJ, 1ª Turma, REsp 621.399/RS, Rel. Min. Luiz Fux, *DJ* 20.2.2006, p. 207.
[273] STJ, 3ª Turma, AgRg no REsp 1.294.441/SP, Rel. Min. Sidnei Beneti, *DJe* 28.6.2012; STJ, 2ª Turma, REsp 1.320.370/RJ, Rel. Min. Castro Meira, *DJe* 14.6.2012.
[274] STJ, 3ª Turma, AgRg no REsp 1.232.070/SC, Rel. Min. Nancy Andrighi, *DJe* 15.10.2012.
[275] STJ, 3ª Turma, REsp 1.178.469/SP, Rel. Min. Massami Uyeda, *DJe* 10.12.2010; STJ, 2ª Turma, AgRg nos EDcl no REsp 1.173.906/SC, Rel. Min. Herman Benjamin, *DJe* 21.6.2010; STJ, 4ª Turma, AgRg no Ag 1.130.780/RS, Rel. Min. Fernando Gonçalves, *DJe* 12.4.2010.
[276] STJ, 1ª Turma, REsp 803.435/RJ, Rel. Min. Teori Albino Zavascki, *DJ* 18.12.2006, p. 331; STJ, 1ª Turma, AgRg no REsp 579.893/SP, Rel. Min. Denise Arruda, *DJ* 7.11.2006, p. 232.

Feita a penhora de percentual de faturamento da empresa executada, deve ser reduzida a termo, intimando-se o executado para oferecer embargos. Vale dizer que o prazo de 30 (trinta) dias para a oposição dos embargos à execução fiscal inicia-se, no entendimento do STJ, da intimação da penhora. Aplica-se, no particular, o disposto no inciso III do art. 16 da Lei 6.830/1980. Aliás, segundo anotado em precedente do Superior Tribunal de Justiça, "A penhora de faturamento, como o próprio nome sugere, não se equipara ao depósito em dinheiro, razão pela qual enquadra-se, para efeito de contagem do prazo para embargos, no disposto no art. 16, III, da Lei 6.830/80".[277]

12.2.1.4.4.4.10 Intimação da penhora na execução fiscal

A intimação da penhora ao executado, na execução fiscal, faz-se mediante publicação no *Diário Oficial*. Nas comarcas do interior onde não circule o *Diário Oficial* a intimação será feita pela remessa de cópia do termo ou do auto de penhora, pelo correio, da mesma forma que se estabelece para a citação. Feita a intimação pelo correio, caso não conste do aviso de recebimento a assinatura do executado, deverá ser renovada sua realização, desta feita pessoalmente, por oficial de Justiça. Não se exige que do mandado conste a indicação do prazo para oferecimento dos embargos; a falta de indicação do prazo não acarreta nulidade da intimação.[278]

Se o executado for casado e a penhora recair sobre imóvel, o prazo para embargar é contado a partir da intimação do cônjuge.[279]

De resto, aplicam-se todas as regras do CPC, principalmente as que decorrem do seu art. 799.

12.2.1.4.4.11 Concurso de penhoras

É possível o mesmo bem ser penhorado em várias execuções fiscais. O concurso de penhoras sujeita-se ao regime de preferência cronológica do art. 797 do CPC. O art. 187 do CTN confere prioridade à União, daí seguindo-se a preferência dos Estados, do Distrito Federal e de seus entes, vindo, por último, a dos Municípios e a de seus entes municipais.[280]

---

[277] STJ, 1ª Turma, REsp 753.540/RJ, Rel. Min. Teori Albino Zavascki, *DJ* 24.10.2005, p. 213. No mesmo sentido: STJ, 1ª Turma, AgRg no REsp 415.339/SC, Rel. Min. Denise Arruda, *DJ* 6.6.2005, p. 178, cuja ementa ostenta a seguinte redação: "Processual civil. Execução fiscal. Agravo regimental em recurso especial. Penhora sobre faturamento. Garantia do juízo para a oposição de embargos à execução. 1. O depósito em dinheiro, nos termos do art. 16, I, da Lei 6.830/80, não equivale a penhora sobre os rendimentos, o que possibilita a abertura da via de defesa dos embargos à execução, a partir de sua intimação. 2. É infundada a alegação de que apenas após a garantia total da dívida, com o depósito integral do débito, estaria o executado habilitado a se defender. 3. Tratando-se de penhora sobre percentual de faturamento, constrição possível em casos excepcionais, e quando da impossibilidade de ser oferecido dinheiro ou outros bens, admite-se que o valor seja integralizado gradativamente, competindo ao administrador o ônus pelo depósito mensal. 4. Incide, na espécie, a Súmula 182/STJ, na medida em que o agravante limitou-se às alegações aduzidas no recurso especial. 5. Agravo regimental desprovido".

[278] STJ, 2ª Turma, REsp 447.296/RJ, Rel. Min. Eliana Calmon, *DJ* 17.5.2004, p. 175.

[279] "A jurisprudência sólida do STJ é de que, recaindo a penhora sobre bem imóvel, o prazo para embargar, em se tratando de devedor casado, é contado a partir da intimação do cônjuge, o que não houve, segundo fixado no acórdão de origem" (STJ, 2ª Turma, REsp 1.804.365/SP, Rel. Min. Herman Benjamin, *DJe* 18.6.2019).

[280] Nesse sentido, o enunciado 497 da Súmula do STJ: "Os créditos das autarquias federais preferem aos créditos da Fazenda estadual desde que coexistam penhoras sobre o mesmo bem".

Tal preferência prevista no art. 187 do CTN ofende o pacto federativo. Por isso, o art. 187 do CTN não foi recepcionado pela Constituição atual, prevalecendo a preferência cronológica do art. 797 do CPC.[281]

12.2.1.4.5 Suspensão do processo pela falta de bens penhoráveis e reconhecimento da prescrição pelo juiz. Tema 1.229 do Superior Tribunal de Justiça

A falta de bens penhoráveis é motivo para a suspensão de qualquer execução. O art. 40 da Lei 6.830, de 22 de setembro de 1980 (Lei da Execução Fiscal), estabelece que o juiz suspenderá o curso da execução, enquanto não for localizado o devedor ou não forem encontrados bens sobre os quais possa recair a penhora[282]. Não localizado o executado, suspende-se apenas a execução fiscal, não sendo essa uma causa de suspensão de outros tipos de execução.

A execução fiscal somente será suspensa se, além de não encontrado o executado, também não forem localizados bens penhoráveis.[283] É que, localizados bens penhoráveis, se procede à citação por hora certa ou por edital do executado, depois de realizada a chamada fase de pré-penhora, com o arresto de bens previsto no art. 830 do CPC.

Não localizado o executado, não encontrados bens seus ou sendo impenhoráveis os bens de que for titular, o juiz suspenderá o curso da execução fiscal durante o máximo de 1 (um) ano, não correndo, nesse período, o prazo de prescrição. Ultrapassado esse período de 1 (um) ano, e não sendo encontrados o executado ou bens seus, o juiz ordenará o arquivamento dos autos, começando, a partir daí, a correr o prazo de prescrição intercorrente. Nesse sentido, o enunciado 314 da Súmula do STJ, ainda aplicável: "Em execução fiscal, não localizados bens penhoráveis, suspende-se o processo por um ano, findo o qual se inicia o prazo da prescrição quinquenal intercorrente".

Segundo o STJ, o prazo de prescrição intercorrente é interrompido quando "os resultados das diligências da Fazenda Pública sejam positivos, independente da modalidade de constrição

---

[281] "Arguição de descumprimento de preceito fundamental. Constitucional. Tributário. Parágrafo único do art. 187 do Código Tributário Nacional. Parágrafo único do art. 29 da Lei n. 6.830/1980. Concurso de preferência entre os entes federados na cobrança judicial dos créditos tributários e não tributários. Incompatibilidade das normas impugnadas com a Constituição da República de 1988. Afronta ao inc. III do art. 19 da Constituição. Arguição julgada procedente. 1. A arguição de descumprimento de preceito fundamental viabiliza a análise de constitucionalidade de normas legais pré-constitucionais insuscetíveis de conhecimento em ação direta de inconstitucionalidade. Precedentes. 2. A autonomia dos entes federados e a isonomia que deve prevalecer entre eles, respeitadas as competências estabelecidas pela Constituição, é fundamento da Federação. O federalismo de cooperação e de equilíbrio posto na Constituição da República de 1988 não legitima distinções entre os entes federados por norma infraconstitucional. 3. A definição de hierarquia na cobrança judicial dos créditos da dívida pública da União aos Estados e Distrito Federal e esses aos Municípios descumpre o princípio federativo e contraria o inc. III do art. 19 da Constituição da República de 1988. 4. Cancelamento da Súmula n. 563 deste Supremo Tribunal editada com base na Emenda Constitucional n. 1/69 à Carta de 1967. 5. Arguição de descumprimento de preceito fundamental julgada procedente para declarar não recepcionadas pela Constituição da República de 1988 as normas previstas no parágrafo único do art. 187 da Lei n. 5.172/1966 (Código Tributário Nacional) e no parágrafo único do art. 29 da Lei n. 6.830/1980 (Lei de Execuções Fiscais)" (STF, Pleno, ADPF 357, Rel. Min. Cármen Lúcia, DJe 7.10.2021).

[282] Essa previsão é constitucional, como assim entendeu o STF no Tema 390 da Repercussão Geral: "É constitucional o art. 40 da Lei nº 6.830/1980 (Lei de Execuções Fiscais LEF), tendo natureza processual o prazo de 1 (um) ano de suspensão da execução fiscal. Após o decurso desse prazo, inicia-se automaticamente a contagem do prazo prescricional tributário de 5 (cinco) anos".

[283] ASSIS, Araken de. Manual da execução. 9. ed. São Paulo: RT, 2005. n. 143, p. 426.

judicial de bens, como por exemplo: arresto, penhora, bloqueio de ativos via SISBAJUD". A razão dessa interpretação "é garantir a efetividade das execuções fiscais, sem se limitar à formalidade de uma penhora ou arresto definitivos. O bloqueio por meio do Sistema de Busca de Ativos do Poder Judiciário (SISBAJUD) ou a indisponibilidade por meio da Central Nacional de Indisponibilidade de Bens (CNIB), quando preenchidos os requisitos, por exemplo, asseguram ao exequente o direito de resguardar o crédito, permitindo, ao mesmo tempo, que o devedor apresente defesa, como frequentemente é alegada a impenhorabilidade dos bens".[284]

Decorrido o prazo prescricional, o juiz, depois de ouvida a Fazenda Pública, poderá, de ofício, reconhecer a prescrição intercorrente e extinguir a execução (Lei 6.830/1980, art. 40, § 4º), dispensada a condenação em honorários de sucumbência. Ainda que a prescrição intercorrente seja reconhecida em acolhimento à exceção de pré-executividade apresentada pelo executado, não haverá condenação em honorários de sucumbência, como, aliás, concluiu o STJ, ao fixar a tese do Tema 1.229 dos recursos repetitivos: "À luz do princípio da causalidade, não cabe fixação de honorários advocatícios quando a exceção de pré-executividade é acolhida para extinguir a execução fiscal em razão do reconhecimento da prescrição intercorrente, prevista no art. 40 da Lei n. 6.830/1980".

Encontrados, posteriormente e a qualquer tempo, o executado ou bens seus, serão desarquivados os autos para prosseguimento da execução.[285]

---

[284] STJ, 2ª Turma, REsp 2.174.870/MG, Rel. Min. Francisco Falcão, *DJEN* 10.2.2025.

[285] Ao julgar o Recurso Especial 1.340.553/RS, Rel. Min. Mauro Campbell Marques, submetido ao rito dos repetitivos, a 1ª Seção do STJ definiu a forma de contagem do prazo de prescrição intercorrente na execução fiscal. Sua ementa, que é didática e bem esclarecedora, merece ser transcrita: "Recurso Especial Repetitivo. Arts. 1.036 e seguintes do CPC/2015 (art. 543-C, do CPC/1973). Processual civil. Tributário. Sistemática para a contagem da prescrição intercorrente (prescrição após a propositura da ação) prevista no art. 40 e parágrafos da Lei de Execução Fiscal (Lei 6.830/80). 1. O espírito do art. 40, da Lei 6.830/80 é o de que nenhuma execução fiscal já ajuizada poderá permanecer eternamente nos escaninhos do Poder Judiciário ou da Procuradoria Fazendária encarregada da execução das respectivas dívidas fiscais. 2. Não havendo a citação de qualquer devedor por qualquer meio válido e/ou não sendo encontrados bens sobre os quais possa recair a penhora (o que permitiria o fim da inércia processual), inicia-se automaticamente o procedimento previsto no art. 40 da Lei 6.830/80, e respectivo prazo, ao fim do qual restará prescrito o crédito fiscal. Esse teor da Súmula 314/STJ: 'Em execução fiscal, não localizados bens penhoráveis, suspende-se o processo por um ano, findo o qual se inicia o prazo da prescrição quinquenal intercorrente'. 3. Nem o Juiz nem a Procuradoria da Fazenda Pública são os senhores do termo inicial do prazo de 1 (um) ano de suspensão previsto no *caput* do art. 40, da LEF, somente a lei o é (ordena o art. 40: '[...] o juiz suspenderá [...]'). Não cabe ao Juiz ou à Procuradoria a escolha do melhor momento para o seu início. No primeiro momento em que constatada a não localização do devedor e/ou ausência de bens pelo oficial de justiça e intimada a Fazenda Pública, inicia-se automaticamente o prazo de suspensão, na forma do art. 40, *caput*, da LEF. Indiferente aqui, portanto, o fato de existir petição da Fazenda Pública requerendo a suspensão do feito por 30, 60, 90 ou 120 dias a fim de realizar diligências, sem pedir a suspensão do feito pelo art. 40, da LEF. Esses pedidos não encontram amparo fora do art. 40 da LEF que limita a suspensão a 1 (um) ano. Também indiferente o fato de que o Juiz, ao intimar a Fazenda Pública, não tenha expressamente feito menção à suspensão do art. 40, da LEF. O que importa para a aplicação da lei é que a Fazenda Pública tenha tomado ciência da inexistência de bens penhoráveis no endereço fornecido e/ou da não localização do devedor. Isso é o suficiente para inaugurar o prazo, *ex lege*. 4. Teses julgadas para efeito dos arts. 1.036 e seguintes do CPC/2015 (art. 543-C, do CPC/1973): 4.1.) O prazo de 1 (um) ano de suspensão do processo e do respectivo prazo prescricional previsto no art. 40, §§ 1º e 2º da Lei 6.830/80 – LEF tem início automaticamente na data da ciência da Fazenda Pública a respeito da não localização do devedor ou da inexistência de bens penhoráveis no endereço fornecido, havendo, sem prejuízo dessa contagem automática, o dever de o magistrado declarar ter ocorrido a suspensão da execução; 4.1.1.) Sem prejuízo do disposto no item 4.1., nos casos de execução fiscal para cobrança de dívida ativa de natureza tributária (cujo despacho ordenador da citação

Nos termos do § 4º do art. 40 da Lei 6.830/1980, é possível ao juiz, na execução fiscal, reconhecer de ofício a prescrição intercorrente, desde que ouvida previamente a Fazenda Pública. O contraditório deve, nesse caso, ser instalado para oportunizar à Fazenda Pública demonstrar a eventual existência de alguma causa suspensiva ou interruptiva da prescrição e, enfim, para que possa contribuir com o convencimento do magistrado, instaurando um diálogo entre parte e juiz, no que se asseguram a cooperação (CPC, art. 6º) e o contraditório (CPC, art. 10).

Se o juiz reconhecer a prescrição intercorrente, sem a prévia audiência da Fazenda Pública, será nula a decisão, em razão de um *error in procedendo*. Não havendo prévia audiência da Fazenda Pública, exsurgirá manifesto *error in procedendo*, ou seja, um vício no procedimento ou um equívoco na aplicação de regras procedimentais pelo juízo de primeira instância, cabendo apelação para que se anule a sentença que extinguir a execução fiscal.

Desde que ouvida previamente a Fazenda Pública, poderá o juiz, na execução fiscal, decretar de ofício a prescrição intercorrente.

O § 5º do art. 40 da Lei 6.830/1980 *dispensa, porém*, a prévia manifestação da Fazenda Pública, no caso de cobranças judiciais cujo valor seja inferior ao mínimo fixado por ato do Ministro de Estado da Fazenda.

O legislador resolveu afastar, nessa hipótese, a aplicação do contraditório. A regra fez prevalecer, na espécie, a boa-fé objetiva ou a proibição de conduta contraditória. Se a própria União, por meio do Ministro da Fazenda, edita ato determinando que não deve haver execução fiscal até tal valor, não deve, então, ser intimada para manifestar-se sobre a prescrição. A razão

---

tenha sido proferido antes da vigência da Lei Complementar 118/2005), depois da citação válida, ainda que editalícia, logo após a primeira tentativa infrutífera de localização de bens penhoráveis, o Juiz declarará suspensa a execução. 4.1.2.) Sem prejuízo do disposto no item 4.1., em se tratando de execução fiscal para cobrança de dívida ativa de natureza tributária (cujo despacho ordenador da citação tenha sido proferido na vigência da Lei Complementar 118/2005) e de qualquer dívida ativa de natureza não tributária, logo após a primeira tentativa frustrada de citação do devedor ou de localização de bens penhoráveis, o Juiz declarará suspensa a execução. 4.2.) Havendo ou não petição da Fazenda Pública e havendo ou não pronunciamento judicial nesse sentido, findo o prazo de 1 (um) ano de suspensão inicia-se automaticamente o prazo prescricional aplicável (de acordo com a natureza do crédito exequendo) durante o qual o processo deveria estar arquivado sem baixa na distribuição, na forma do art. 40, §§ 2º, 3º e 4º da Lei 6.830/80 – LEF, findo o qual o Juiz, depois de ouvida a Fazenda Pública, poderá, de ofício, reconhecer a prescrição intercorrente e decretá-la de imediato; 4.3.) A efetiva constrição patrimonial e a efetiva citação (ainda que por edital) são aptas a interromper o curso da prescrição intercorrente, não bastando para tal o mero peticionamento em juízo, requerendo, *v.g.*, a feitura da penhora sobre ativos financeiros ou sobre outros bens. Os requerimentos feitos pelo exequente, dentro da soma do prazo máximo de 1 (um) ano de suspensão mais o prazo de prescrição aplicável (de acordo com a natureza do crédito exequendo) deverão ser processados, ainda que para além da soma desses dois prazos, pois, citados (ainda que por edital) os devedores e penhorados os bens, a qualquer tempo – mesmo depois de escoados os referidos prazos –, considera-se interrompida a prescrição intercorrente, retroativamente, na data do protocolo da petição que requereu a providência frutífera. 4.4.) A Fazenda Pública, em sua primeira oportunidade de falar nos autos (art. 245 do CPC/73, correspondente ao art. 278 do CPC/2015), ao alegar nulidade pela falta de qualquer intimação dentro do procedimento do art. 40 da LEF, deverá demonstrar o prejuízo que sofreu (exceto a falta da intimação que constitui o termo inicial – 4.1., onde o prejuízo é presumido), por exemplo, deverá demonstrar a ocorrência de qualquer causa interruptiva ou suspensiva da prescrição. 4.5.) O magistrado, ao reconhecer a prescrição intercorrente, deverá fundamentar o ato judicial por meio da delimitação dos marcos legais que foram aplicados na contagem do respectivo prazo, inclusive quanto ao período em que a execução ficou suspensa. 5. Recurso especial não provido. Acórdão submetido ao regime dos arts. 1.036 e seguintes do CPC/2015 (art. 543-C, do CPC/1973)" (STJ, 1ª Seção, REsp 1.340.553/RS, Rel. Min. Mauro Campbell Marques, *DJe* 16.10.2018).

da intimação e a obediência ao contraditório conduzem à possibilidade de haver manifestação contrária da União a respeito da decretação da prescrição. Noutros termos, o contraditório, aí, serve para que a União tenha chance de pedir o prosseguimento da execução, demonstrando não haver prescrição. Ora, se ela mesma não pretende executar, de acordo com anterior ato do Ministro da Fazenda, não poderá, então, pedir para prosseguir a execução ou se insurgir contra a possível prescrição. Na verdade, a lei, nessa situação, está fazendo prevalecer uma conduta anterior da própria União em detrimento de seu direito ao contraditório. Não há razão para instaurar o contraditório se a própria União, em ato de seu Ministro da Fazenda, já manifestou não ser necessária execução fiscal até determinado valor. Trata-se da aplicação da proibição do *venire contra factum proprium*. Daí por que não há sentido em ouvir a Fazenda Nacional a respeito da prescrição nos casos de valor tido por ela mesma como insignificante para a cobrança judicial.

A propósito, cumpre observar que a regra refere-se apenas às execuções fiscais intentadas pela União. Embora haja alusão somente a ato do Ministro da Fazenda, fazendo com que a regra mencione, apenas, à União, é certo que a disposição deve também ser aplicada em relação às execuções fiscais propostas pelos Estados, pelo Distrito Federal e pelos Municípios. Desse modo, havendo ato administrativo do Estado, do Distrito Federal ou do Município, que estabeleça limite de dispensa do ajuizamento de execução fiscal, aplica-se a regra, podendo o juiz decretar, desde logo, a prescrição intercorrente, sem precisar instaurar o contraditório prévio.

Abstraída essa hipótese de pequeno valor, deve o juiz aplicar o § 4º do art. 40 da Lei 6.830/1980: para reconhecer a prescrição intercorrente, haverá de determinar a intimação prévia da Fazenda Pública para que esta possa, antes, ter a oportunidade de manifestar-se. A regra contida no § 4º do art. 40 da Lei 6.830/1980 não se confunde com o disposto no § 1º do art. 332 do CPC.

Se, ao examinar a petição inicial, o juiz verificar já se ter consumado a prescrição, deverá indeferi-la de plano, em aplicação ao disposto no art. 332, § 1º, do CPC.[286] Nesse caso, não se aplica o § 4º do art. 40 da Lei 6.830/1980, que se restringe à prescrição intercorrente. A hipótese é, em verdade, de prescrição originária, e não intercorrente, incidindo o disposto no § 1º do art. 332 do CPC, expressamente ressalvado no parágrafo único do art. 487 do CPC, a dispensar o contraditório prévio com o exequente para a improcedência liminar decorrente da prescrição originária da pretensão.

12.2.1.4.6 A indisponibilidade de bens prevista no art. 185-A do CTN

Citado o devedor *tributário*, se este não pagar nem nomear bens à penhora no prazo legal e não forem encontrados bens penhoráveis, o juiz, de acordo com o art. 185-A do CTN, determinará a indisponibilidade de seus bens e direitos, comunicando a decisão, preferencialmente por meio eletrônico, aos órgãos e às entidades que promoverem registros de transferência de bens, especialmente ao registro público de imóveis e às autoridades supervisoras do mercado bancário e do mercado de capitais, a fim de que, no âmbito de suas atribuições, façam cumprir a ordem judicial. Tal indisponibilidade limitar-se-á ao valor total exigível, devendo o juiz determinar o imediato levantamento da indisponibilidade dos bens ou valores que excederem esse limite. Os órgãos e as entidades aos quais se fizer a aludida comunicação devem enviar imediatamente ao juízo a relação discriminada dos bens e direitos cuja indisponibilidade tiverem promovido.

---

[286] Nesse sentido, é a Súmula n. 409, do STJ, a dizer: "Em execução fiscal, a prescrição ocorrida antes da propositura da ação pode ser decretada de ofício".

O dispositivo prevê uma tutela provisória na execução fiscal tributária. Essa tutela provisória aplica-se a qualquer outro tipo de execução. Os arts. 301 e 799, VIII, do CPC permitem isso.[287] O art. 185-A do CTN não estabelece nada que seja específico ou peculiar a uma execução fiscal, embora a ela se refira. O CPC já admite tudo isso. Talvez a previsão do CTN seja apenas para resguardar a questão de estar alguns temas, em matéria tributária, contidos em lei complementar.

Não feita a nomeação e não encontrados bens, será determinada a indisponibilidade do patrimônio do executado.[288] A indisponibilidade não impede que o devedor possa usar e fruir do bem, podendo, até mesmo, oferecê-lo em garantia de outras dívidas.[289] O que ele não pode é alienar o bem, pois, estando indisponível, não terá eficácia, para a execução fiscal, sua alienação.

A indisponibilidade não constitui medida satisfativa da execução, servindo como meio de garantir a penhora de bens, ostentando natureza cautelar.[290]

Consistindo tal indisponibilidade em medida de extrema violência, cumpre ao juiz valer-se, no caso, da proporcionalidade, somente determinando a indisponibilidade se realmente não houver outro meio de garantir a execução. Ora, sabe-se que a expropriação se realiza, segundo o art. 797 do CPC, em proveito do exequente. Por outro lado, a execução deve processar-se pela forma menos gravosa para o executado, a teor do art. 805 do CPC.

De um lado, a execução deve satisfazer os interesses do exequente, sendo a mais efetiva possível, desde que, por outro lado, seja adotado o meio menos gravoso para o executado, não se admitindo que o exequente abuse do direito de executar.[291]

Desse modo, a decretação da indisponibilidade prevista no art. 185-A do CTN somente deve ser determinada pelo juiz quando, citado o devedor tributário, este não comparece, não nomeia bens à penhora e, ainda assim, não se consegue localizar qualquer bem em seu nome. Não havendo mais outro meio para obter a garantia da execução, deverá, então, ser decretada a indisponibilidade de seus bens.[292]

Em julgamento de recurso especial representativo de controvérsia, seguindo o procedimento dos repetitivos, a 1ª Seção do STJ registrou que a penhora *on-line* (e a prioridade da penhora em dinheiro) convive com o disposto no art. 185-A do CTN.[293] Em outras palavras, a penhora de dinheiro é prioritária, mas, não pago o valor executado, nem nomeado bem à

---

[287] Nesse sentido, o enunciado 71 do Fórum Nacional do Poder Público: "Demonstrados os requisitos à concessão da tutela de urgência, admite-se o arresto cautelar de valores e ativos financeiros em sede de execução fiscal".
[288] YOSHIKAWA, Eduardo Henrique de Oliveira. Indisponibilidade de bens na execução do crédito fiscal (artigo 185-A do Código Tributário Nacional). *Revista Dialética de Direito Processual*, São Paulo: Dialética, v. 28, jul. 2005, p. 52-53
[289] YOSHIKAWA, Eduardo Henrique de Oliveira. Indisponibilidade de bens na execução do crédito fiscal (artigo 185-A do Código Tributário Nacional). *Revista Dialética de Direito Processual*, São Paulo: Dialética, v. 28, jul. 2005, p. 46-47.
[290] YOSHIKAWA, Eduardo Henrique de Oliveira. Indisponibilidade de bens na execução do crédito fiscal (artigo 185-A do Código Tributário Nacional). *Revista Dialética de Direito Processual*, São Paulo: Dialética, v. 28, jul. 2005, p. 48.
[291] GUERRA, Marcelo Lima. *Direitos fundamentais e a proteção do credor na execução civil*. São Paulo: RT, 2003. p. 82-110.
[292] STJ, 1ª Turma, AgRg no REsp 1.329.012/SC, Rel. Min. Benedito Gonçalves, *DJe* 22.11.2012.
[293] STJ, 1ª Seção, REsp 1.184.765/PA, Rel. Min. Luiz Fux, *DJe* 3.12.2010; STJ, 2ª Turma, REsp 1.269.156/MG, Rel. Min. Mauro Campbell Marques, *DJe* 9.12.2011.

penhora, e não encontrados bens penhoráveis, o juiz deve, aplicando o art. 185-A do CTN, tornar indisponíveis os bens do executado, até o limite do valor executado.

12.2.1.4.7 Pedido de parcelamento (CPC, art. 916)

Nos termos do art. 916 do CPC, o executado, no prazo para embargos, pode reconhecer o crédito do exequente e, comprovando o depósito de 30% (trinta por cento) do valor em execução, acrescido de custas e honorários de advogado, requerer seja admitido a pagar o restante em até seis parcelas mensais, acrescidas de correção monetária e juros de 1% (um por cento) ao mês.

Durante o prazo para opor embargos, o executado, em vez de embargar, poderá requerer o aludido parcelamento; também pode, enfim, escolher entre os embargos e o pedido de parcelamento. Não é possível praticar os dois atos; ou apresenta embargos ou pede o parcelamento. Se se obtém o parcelamento, extingue-se a possibilidade de embargos à execução.

O pedido de parcelamento impede, portanto, que o executado possa opor embargos. É que houve a prática de uma conduta incompatível com o desejo de discutir a dívida, caracterizando uma rematada preclusão lógica. Ao requerer o parcelamento, o executado reconhece a dívida, não lhe sendo mais possível opor embargos à execução.[294]

Essa regra aplica-se à execução fiscal, sendo com ela perfeitamente compatível. Assim, no prazo para oposição de embargos, pode o executado depositar o equivalente a 30% (trinta por cento) da dívida, requerendo seja o saldo pago em até seis parcelas, vedada a oposição de embargos. O parcelamento é adequado e compatível com a execução fiscal, permitindo, inclusive, que o devedor obtenha certidão positiva com efeitos de negativa.[295]

Tratando-se de dívida não tributária, o parcelamento, na execução fiscal, pode ser feito sem qualquer ressalva.

Sendo, porém, *tributária* a dívida cobrada na execução fiscal, cumpre ao juiz, ao deferir o parcelamento requerido pelo executado, impor garantia do pagamento, bem como a aplicação da multa e da correção monetária e juros previstos na legislação de regência, a fim de não prejudicar o Erário, com diminuição no valor do crédito tributário pago com atraso. O art. 155-A do Código Tributário Nacional exige que o parcelamento seja concedido na forma e na condição estabelecidas em lei específica. A exigência de lei específica refere-se ao parcelamento administrativo, não se relacionando com medidas expropriatórias ou com meios de pagamento em execução forçada, matéria pertencente ao direito processual. O parcelamento previsto no art. 916 do CPC é aplicável à execução fiscal tributária, desde que obedecida a correção monetária da legislação de regência e imposta garantia real ou pessoal.

12.2.1.4.8 Intimações e desnecessidade de intervenção do Ministério Público

Nas execuções fiscais, as intimações dos representantes judiciais da Fazenda Pública são feitas pessoalmente, mediante vista dos autos, com imediata remessa ao representante judicial

---

[294] THEODORO JÚNIOR, Humberto. *A reforma da execução do título extrajudicial:* Lei nº 11.382, de 06 de dezembro de 2006. Rio de Janeiro: Forense, 2007. n. 117, p. 216-217.

[295] No sentido de não haver a suspensão da exigibilidade do crédito, quando se tratar de execução fiscal tributária, o enunciado 45 do Fórum Nacional do Poder Público: "O pagamento parcelado é aplicável nas execuções fiscais de crédito tributário, mas não tem o condão de suspender a exigibilidade do crédito tributário".

da Fazenda Pública, pelo cartório ou secretaria. Segundo firme entendimento do Superior Tribunal de Justiça, nas comarcas do interior dos Estados, onde não há sede das procuradorias, a intimação pode ser feita por via postal.[296]

No processo de execução fiscal, não deve haver, pelo simples fato de ser uma execução fiscal, intervenção do Ministério Público (CPC, art. 178, parágrafo único).[297]

As publicações relativas a atos processuais, na execução fiscal, poderão ser feitas resumidamente ou reunir num só texto os diferentes processos. Tais publicações farão sempre referência ao número do processo no respectivo juízo e ao número da correspondente inscrição de dívida ativa, bem como ao nome das partes e de seus advogados, suficientes para a sua identificação.

12.2.1.5 A defesa do executado

12.2.1.5.1 Embargos à execução

12.2.1.5.1.1 Prazo e sua contagem

O executado, já se viu, pode defender-se por meio de embargos, que serão apresentados no prazo de 30 (trinta) dias, contados do depósito em dinheiro, da juntada aos autos da prova da fiança bancária ou da intimação da penhora.

Na contagem do prazo de 30 (trinta) dias para a oposição de embargos à execução fiscal computam-se apenas os dias úteis (CPC, art. 219).[298] Conforme já demonstrado no item 3.4.1 *supra*, tal regra aplica-se apenas aos prazos processuais, que são aqueles contados *no* processo ou *dentro* dele. Embora os embargos à execução tenham natureza de ação, seu prazo de ajuizamento é processual, pois sua contagem é feita *dentro* do processo.

Feito o depósito em dinheiro, procedida a juntada da prova da fiança bancária ou havendo a intimação da penhora, a partir de qualquer um desses momentos inicia-se o prazo de 30 (trinta) dias para o executado apresentar seus embargos. Realizado outro tipo de garantia, o juiz deve estabelecer o marco temporal para que se tenha início o prazo para oferecimento dos embargos.[299]

O art. 16, I, da Lei 6.830/1980 dispõe ser de 30 (trinta) dias o prazo para o ajuizamento dos embargos, contados do depósito. Embora o dispositivo expresse que o prazo de 30 (trinta) dias tem início a partir do depósito, não é esse o entendimento do Superior Tribunal de Justiça, segundo o qual, "Feito depósito em garantia pelo devedor, deve ser ele formalizado,

---

[296] STJ, 2ª Turma, REsp 743.867/MG, Rel. Min. Eliana Calmon, *DJ* 20.3.2006, p. 254; STJ, 2ª Turma, REsp 975.919/SP, Rel. Min. Mauro Campbell Marques, *DJe* 16.12.2008; STJ, 1ª Seção, EREsp 743.867/MG, Rel. Min. Teori Albino Zavascki, *DJ* 26.3.2007, p. 187.

[297] Súmula 189 do STJ: "É desnecessária a intervenção do Ministério Público nas execuções fiscais".

[298] Nesse sentido, o enunciado 20 da I Jornada de Direito Processual Civil, do Conselho da Justiça Federal: "Aplica-se o art. 219 do CPC na contagem do prazo para oposição de embargos à execução fiscal previsto no art. 16 da Lei n. 6.830/1980". Também nesse sentido, o enunciado 49 do Fórum Nacional do Poder Público: "Os prazos nos processos de execução fiscal serão contados em dias úteis".

[299] Nesse sentido, o enunciado 127 do Fórum Nacional do Poder Público: "O magistrado deverá fixar o termo inicial para oposição de embargos à execução fiscal nas hipóteses de garantias aceitas pelo Poder Público e não previstas na Lei de execuções fiscais".

reduzindo-se a termo. O prazo para oposição de embargos inicia-se, pois, a partir da intimação do depósito".[300]

Em outras palavras, realizado o depósito em dinheiro, como garantia à execução fiscal, haverá de ser formalizado para, somente depois, haver a intimação do executado e, então, ter início o prazo para oposição dos embargos.[301]

Nesse mesmo sentido, juntada aos autos a carta de fiança bancária, é necessário que se formalize a penhora para, somente então, ser intimado o executado e, a partir daí, iniciar-se o prazo para oposição dos embargos.

Quando se tratar de penhora sobre o faturamento, "o prazo de trinta dias para o oferecimento dos embargos é contado da intimação da penhora (art. 16, III, da Lei 6.830)".[302] Feita a penhora de percentual de faturamento da empresa executada, deve ser reduzida a termo, intimando-se o executado para oferecer embargos.

Se o executado for casado e a penhora recair sobre imóvel, o prazo para embargar é contado a partir da intimação do cônjuge.[303]

Nos termos do § 1º do art. 16 da Lei 6.830/1980, enquanto não garantida a execução, não poderão ser opostos os embargos. Consoante demonstrado no subitem *12.2.1.5.1.3 infra*, esse dispositivo não deve mais prevalecer, devendo-se aplicar a mesma regra da execução por quantia certa contra devedor solvente prevista no CPC: independentemente de penhora, depósito ou caução, o executado poderá opor-se à execução por meio de embargos (CPC, art. 914). Significa, então, que os embargos, na execução fiscal, não dependem mais da garantia do juízo, mas seu ajuizamento pode ocorrer *até* 30 (trinta) dias da intimação da penhora.

Em outras palavras, não é necessário que o juízo esteja garantido para que se possa ajuizar os embargos. Segundo dispõe o art. 16 da Lei 6.830/1980, o prazo final para apresentação dos embargos é de 30 (trinta) dias, a contar do depósito, da juntada da prova da fiança bancária ou da intimação da penhora. O que a regra passou a estabelecer, a partir das mudanças operadas no CPC, foi *um limite temporal* para o oferecimento dos embargos, valendo dizer que eles devem ser apresentados *até* o final do prazo de 30 (trinta) dias após o depósito, a juntada da carta de fiança ou a intimação da penhora.

A penhora não constitui requisito necessário e suficiente ao ajuizamento dos embargos; estes podem, então, ser oferecidos antes mesmo da penhora.[304]

Ao tempo em que, na execução civil, os embargos serão oferecidos no prazo de 15 (quinze) dias, contados da data da juntada aos autos do mandado de citação (CPC, art. 915), na execução fiscal, tal prazo é de 30 (trinta) dias, sendo contado a partir da

---

[300] STJ, 2ª Turma, REsp 664.925/SC, Rel. Min. Eliana Calmon, *DJ* 5.5.2006, p. 285; STJ, 2ª Turma, REsp 830.026/RJ, Rel. Min. Castro Meira, *DJ* 29.5.2006, p. 225; STJ, 2ª Turma, REsp 767.505/RJ, Rel. Min. Castro Meira, *DJ* 18.5.2007, p. 318; STJ, 1ª Seção, EREsp 767.505/RJ, Rel. Min. Denise Arruda, *DJe* 29.9.2008; STJ, 2ª Turma, REsp 1.254.554/SC, Rel. Min. Mauro Campbell Marques, *DJe* 25.8.2011.

[301] STJ, 2ª Turma, REsp 1.254.554/SC, Rel. Min. Mauro Campbell Marques, *DJe* 25.8.2011; STJ, 2ª Turma, AgInt no REsp 1.690.497/AM, Rel. Min. Mauro Campbell Marques, *DJe* 26.2.2019.

[302] STJ, 2ª Turma, AgRg no AREsp 161.371/RJ, Rel. Min. Mauro Campbell Marques, *DJe* 27.6.2012.

[303] "A jurisprudência sólida do STJ é de que, recaindo a penhora sobre bem imóvel, o prazo para embargar, em se tratando de devedor casado, é contado a partir da intimação do cônjuge, o que não houve, segundo fixado no acórdão de origem" (STJ, 2ª Turma, REsp 1.804.365/SP, Rel. Min. Herman Benjamin, *DJe* 18.6.2019).

[304] Não é esse, porém, o entendimento do STJ. Segundo a jurisprudência daquela Corte Superior, é necessária a garantia do juízo para o oferecimento dos embargos à execução fiscal. *Nesse sentido:* STJ, 2ª Turma, AgRg no REsp 1.395.331/PE, Rel. Min. Humberto Martins, *DJe* 13.11.2013.

intimação da penhora, do depósito em dinheiro ou da juntada aos autos da prova da fiança bancária.[305] Por sua vez, na execução prevista no CPC, citado o executado, e juntado o respectivo mandado aos autos, já se inicia o prazo de 15 (quinze) dias para a oposição dos embargos, mesmo que ainda não se tenha feito a penhora de bens.

O Superior Tribunal de Justiça entende ser necessária a garantia do juízo para o oferecimento de embargos à execução. Se, porém, o juiz dispensar a garantia em prol do acesso à justiça, o prazo para a oposição de embargos à execução fiscal "deve ter início na data da intimação da decisão que dispensou a apresentação da garantia, já que é esse o ato que caracteriza a informação aos atores processuais da desnecessidade da garantia e a aptidão para embargar, não havendo a necessidade de, na intimação da dispensa de garantia, se informar expressamente o prazo para embargar".[306]

Esse trecho final do entendimento manifestado pelo STJ há de ser revisto diante da adoção do modelo cooperativo de processo (CPC, art. 6º). O juiz deve prevenir as partes, esclarecendo-as dos prazos e das consequências de seu descumprimento.

12.2.1.5.1.2 Ausência de efeito suspensivo automático. Sua concessão pelo juiz. Hipótese de efeito suspensivo automático

Opostos os embargos, não há suspensão automática da execução. Nos termos do § 1º do art. 919 do CPC, "O juiz poderá, a requerimento do embargante, atribuir efeito suspensivo aos embargos quando verificados os requisitos para a concessão da tutela provisória e desde que a execução já esteja garantida por penhora, depósito ou caução suficientes".

Como se observa, os embargos do executado, ofertados na execução fundada em título extrajudicial, são desprovidos de efeito suspensivo, podendo o juiz, todavia, concedê-lo, se o executado assim requerer e desde que preenchidos os requisitos para a tutela provisória.

A tutela provisória, como se sabe, pode ser de urgência ou de evidência.

Seja por haver urgência, seja em virtude da evidência, é possível que o juiz receba os embargos à execução com efeito suspensivo. Se, por exemplo, os embargos tiverem fundamento em súmula vinculante ou em precedente obrigatório, o juiz deve recebê-los com efeito suspensivo.

Ademais, é preciso, para que se conceda o efeito suspensivo aos embargos, que o juízo esteja garantido pela penhora, pelo depósito ou por uma caução. Noutros termos, os embargos não têm efeito suspensivo automático. Sua oposição não acarreta a suspensão da execução, cabendo ao juiz, preenchidos os correlatos requisitos, suspender a execução. Do contrário, não se suspende a execução.

A Lei 6.830/1980 *não* trata dos *efeitos* decorrentes da propositura dos embargos do executado. Incidem, diante disso, as regras contidas no Código de Processo Civil. Significa, então, que, ajuizados os embargos, a execução fiscal não estará, automaticamente, suspensa. Os embargos *não* suspendem automaticamente a execução fiscal, cabendo ao juiz, diante de requerimento do executado e convencendo-se da presença dos requisitos para a concessão da tutela provisória, atribuir aos embargos o efeito suspensivo. Em outras palavras, a execução

---

[305] O STJ exige a prévia garantia do juízo para o oferecimento dos embargos à execução fiscal. Se forem opostos os embargos antes da garantia do juízo, não devem ser extintos desde logo. Deve o embargante ser intimado para efetuar ou reforçar a garantia do juízo para, então, poderem ser admitidos e apreciados os embargos. Nesse sentido: STJ, 1ª Turma, AgRg no REsp 1.109.989/SP, Rel. Min. Sérgio Kukina, *DJe* 3.12.2013.
[306] STJ, 2ª Turma, REsp 1.440.639/PE, Rel. Min. Mauro Campbell Marques, *DJe* 10.6.2015.

fiscal deve ser suspensa, não com a propositura dos embargos, mas sim com a determinação judicial de que os embargos merecem, no caso concreto, ser recebidos com efeito suspensivo.[307]

Se, contudo, a penhora for em dinheiro, deve haver efeito suspensivo automático, em razão do art. 32, § 2º, da Lei 6.830/1980, que assim dispõe: "após o trânsito em julgado da decisão, o depósito, monetariamente atualizado, será devolvido ao depositante ou entregue à Fazenda Pública, mediante ordem do juízo competente".

Conjugando o art. 19 com o art. 32, § 2º, ambos da Lei 6.830/1980, conclui-se que, sendo a penhora em dinheiro, os embargos devem ter efeito suspensivo, pois a quantia somente deve ser liberada após o trânsito em julgado. De igual modo, penhorado um bem e arrematado em leilão, o dinheiro somente pode ser convertido em renda para a Fazenda Pública após o trânsito em julgado, tal como se extrai do art. 24 da Lei 6.830/1980.

Significa que, na execução fiscal, os embargos, em princípio, não têm efeito suspensivo, a não ser que o juiz o conceda à vista do preenchimento dos requisitos previstos no § 1º do art. 919 do CPC. Há, contudo, uma hipótese em que o efeito suspensivo será automático: quando se chega à fase satisfativa da execução. Nesse momento, os embargos à execução fiscal têm efeito suspensivo automático, pois a adjudicação depende do trânsito em julgado da sentença dos embargos. De igual modo, o levantamento da quantia depositada em dinheiro depende do trânsito em julgado da sentença dos embargos.[308]

Na verdade, há uma peculiaridade na relação entre o particular e a Fazenda Pública que impõe tal regime: convertido o dinheiro em renda para a Fazenda Pública, o particular somente poderia reavê-lo por demanda própria, submetida à sistemática do precatório. Tal situação revela-se bastante prejudicial ao particular. Então, até para protegê-lo, instituiu-se esse regime de a conversão em renda somente ser feita após o trânsito em julgado.

Em suma, os embargos à execução fiscal não dependem de prévia penhora e não têm efeito suspensivo, mas não pode haver adjudicação nem levantamento do depósito (ou conversão em renda) pela Fazenda Pública, diante das peculiaridades de regras contidas na Lei 6.830/1980, que decorrem de um sistema particular: a eventual reversão em favor do contribuinte é bastante custosa, mercê da sistemática do precatório e das garantias do Poder Público. Em outras palavras, a falta de efeito suspensivo aos embargos serve apenas para *adiantar* o rito da execução fiscal, permitindo já a penhora e a venda de bens, mas o levantamento do depósito ou a adjudicação do bem pela Fazenda Pública depende do julgamento final dos embargos.

12.2.1.5.1.3 Garantia do juízo para admissão dos embargos. Entendimento do STJ

Tradicionalmente, na execução fiscal, não seriam admissíveis embargos antes de garantida a execução. De acordo com o disposto no § 1º do art. 16 da Lei 6.830/1980, seria *necessária a*

---

[307] STJ, 2ª Turma, REsp 1.195.977/RS, Rel. Min. Mauro Campbell Marques, *DJe* 20.9.2010; STJ, 2ª Turma, AgRg no REsp 1.317.256/PR, Rel. Min. Humberto Martins, *DJe* 22.6.2012.

[308] O STJ entendeu, com base nos referidos dispositivos do CPC/1973, que os embargos à execução fiscal teriam *sempre* efeito suspensivo. Na verdade, como afirmado, somente deve haver efeito suspensivo se houver depósito judicial do valor executado ou se a penhora for em dinheiro. O STJ entendeu, diversamente, que em *qualquer caso* os embargos devem ser recebidos no efeito suspensivo, não se aplicando o CPC no particular (STJ, 1ª Turma, REsp 1.291.923/PR, Rel. Min. Benedito Gonçalves, *DJe* 7.12.2011). Tal entendimento veio a ser superado posteriormente. Desse modo, o STJ entende que os embargos à execução fiscal não têm efeito suspensivo automático, devendo o juiz concedê-lo à vista da presença dos requisitos legais para a concessão da tutela provisória (STJ, 1ª Seção, REsp 1.272.827/PE, Rel. Min. Mauro Campbell Marques, *DJe* 31.5.2013).

garantia do juízo para que se admitissem os embargos à execução, que deveriam ser ajuizados no prazo de 30 (trinta) dias, contados do depósito, da juntada aos autos da prova da fiança bancária ou da intimação da penhora.

O art. 914 do CPC dispensa a prévia garantia do juízo para o ajuizamento de embargos à execução. Questiona-se se tal regra é aplicável à execução fiscal. Tem sido comum, no particular, a afirmativa de que a lei geral não atinge a lei especial, de sorte que, na execução fiscal, continuaria a ser necessária a garantia do juízo, exatamente porque o § 1º do art. 16 da Lei 6.830/1980 não foi modificado, alterado nem revogado.

Antes de responder à indagação, impõe-se fazer breve digressão para lembrar que, contrariamente ao CPC/1939, o CPC/1973, em sua estrutura originária, unificou as execuções. Independentemente de estar fundada em título judicial ou em título extrajudicial, a execução submetia-se ao mesmo procedimento: o executado era citado para, em 24 horas, pagar ou nomear bens à penhora, daí se seguindo as medidas executivas destinadas à expropriação, com prioridade para a arrematação em hasta pública. A esse procedimento também se submetia a execução fiscal. Em todas as execuções – aí incluída a fiscal – a defesa do executado era feita por embargos, que dependiam da garantia do juízo.

Tal unidade restou desfeita com o advento da Lei 6.830/1980, que passou a dispor sobre a execução fiscal. O legislador entendeu ser necessário haver uma disciplina própria para a cobrança da dívida ativa do Poder Público, conferindo-lhe algumas garantias ou benefícios não presentes na execução civil, regulada no CPC.

Há, na Lei 6.830/1980, regras próprias para execução fiscal, instituindo-se, assim, um regime específico, que decorre da peculiar relação entre o particular e a Fazenda Pública. A exigência de prévia garantia do juízo para oposição dos embargos à execução – feita no § 1º do art. 16 da Lei 6.830/1980 – *não* decorre, contudo, de detalhes, vicissitudes ou particularidades na relação entre o contribuinte e a Fazenda Pública. Quando da edição da Lei 6.830/1980, essa era uma regra *geral,* aplicável a qualquer execução. Em qualquer execução – ressalvada, obviamente, a execução contra a Fazenda Pública, em que não há penhora nem expropriação de bens –, a apresentação de embargos dependia, sempre, da prévia garantia do juízo. A Lei 6.830/1980 cuidou, nesse ponto, de copiar, reproduzir, seguir a regra geral; a segurança prévia do juízo como exigência para o ajuizamento dos embargos era uma regra geral, e não uma regra que decorresse da peculiar relação havida entre o particular e a Fazenda Pública.

À evidência, não se trata de regra especial criada pela legislação em atenção às peculiaridades da relação de direito material, mas de mera repetição, na lei especial, de regra *geral* antes prevista no CPC. Não incide, portanto, o princípio de que a regra geral posterior não derroga a especial anterior.[309]

Atualmente, revogada essa exigência *geral,* não há mais garantia do juízo para a oposição dos embargos, devendo deixar de ser feita tal exigência também na execução fiscal. Aqui, não se trata de norma geral atingindo norma especial, mas de norma geral atingindo norma geral. A norma não é especial por estar inserida num diploma legislativo extravagante ou específico, mas por retratar uma situação peculiar ou por estar inserida num regime jurídico próprio. Na lição de Norberto Bobbio,

> lei especial é aquela que anula uma lei mais geral, ou que subtrai de uma norma uma parte da sua matéria para submetê-la a uma regulamentação diferente (contrária ou

---

[309] Nesse sentido: MEDINA, José Miguel Garcia. *Execução.* 2. ed. São Paulo: RT, 2011. n. 3.7.4.4, p. 129-130.

contraditória). (...) A passagem da regra geral à regra especial corresponde a um processo natural de diferenciação das categorias, e a uma descoberta gradual, por parte do legislador, dessa diferenciação. Verificada ou descoberta a diferenciação, a persistência na regra geral importaria no tratamento igual de pessoas que pertencem a categorias diferentes, e, portanto, numa injustiça.[310]

Não se deve, portanto, exigir mais a garantia do juízo para a apresentação dos embargos à execução fiscal.[311] Segundo dispõe o art. 16 da Lei 6.830/1980, o prazo para apresentação dos embargos é de 30 (trinta) dias, a contar do depósito, da juntada da prova da fiança bancária ou da intimação da penhora. O que se deve entender é que a regra estabeleceu *um limite temporal* para o oferecimento dos embargos, valendo dizer que devem ser apresentados *até* o final do prazo de 30 (trinta) dias após a intimação da penhora, ou depósito, ou juntada da prova da fiança. Esse é um prazo *máximo*, nada impedindo que os embargos sejam intentados *antes mesmo* da penhora.

A penhora não constitui requisito necessário e suficiente ao ajuizamento dos embargos; estes podem, então, ser oferecidos *antes mesmo* da penhora.

12.2.1.5.1.4 Objeto dos embargos

Ao executado cumpre alegar, nos embargos, toda matéria útil à defesa, juntando aos autos os documentos e rol de testemunhas, até 3 (três) ou, a critério do juiz, até 6 (seis); não se admite reconvenção.

O § 3º do art. 16 da Lei 6.830/1980 prevê que a incompetência relativa, o impedimento e a suspeição sejam alegados por meio de exceções instrumentais. Ocorre, porém, que não há mais exceção instrumental de incompetência relativa. A incompetência, seja a absoluta, seja a relativa, deve ser alegada em contestação (CPC, art. 337, II). Nos embargos à execução, o executado deve, igualmente, alegar não só a incompetência absoluta, mas também a relativa (CPC, art. 917, V).

Por aí já se percebe que o § 3º do art. 16 da Lei 6.830/1980 foi parcialmente revogado de modo implícito. Como não existe mais a exceção instrumental de incompetência, não se mantém a possibilidade de ser utilizada na execução fiscal. Do contrário, ou seja, caso se entendesse que ainda haveria utilização da exceção de incompetência na execução fiscal, não haveria qualquer procedimento previsto em lei para ser seguido ou estar-se-ia a aplicar o regramento de um Código revogado.

A incompetência relativa passou, então, a ser matéria que deve constar dos embargos à execução.

---

[310] BOBBIO, Norberto. *Teoria do ordenamento jurídico*. 10. ed. Trad. Maria Celeste Cordeiro Leite dos Santos. Brasília: Editora UnB, 1999. p. 96.

[311] O entendimento pacífico formado na jurisprudência do STJ é o de que o art. 16 da Lei 6.830/1980 mantém-se em vigor, não tendo sido alcançado pela mudança legislativa levada a efeito desde o CPC/1973 e reproduzida no art. 914 do CPC/2015. Invoca-se a regra da especialidade. O STJ entende que, para oposição de embargos à execução fiscal, é necessária a garantia do juízo, não havendo, entretanto, efeito suspensivo automático nos embargos. Ajuizados os embargos – somente depois de garantido o juízo – a execução não estará suspensa. É preciso que o juiz, à vista do § 1º do art. 919 do CPC, conceda o efeito suspensivo. Nesse sentido, cumpre conferir o seguinte julgado, que faz referência a tantos outros e que foi proferido em observância ao rito dos recursos repetitivos, firmando precedente obrigatório sobre o tema: STJ, 1ª Seção, REsp 1.272.827/PE, Rel. Min. Mauro Campbell Marques, *DJe* 31.5.2013.

O impedimento e a suspeição continuam, porém, a ser alegados em petição específica (CPC, art. 146), sem fazer parte do conteúdo dos embargos à execução.

Todas as demais matérias devem ser veiculadas nos embargos à execução fiscal.

Não é possível, porém, constar dos embargos a alegação de excesso de penhora ou de impenhorabilidade, se a penhora for em dinheiro e tiver sido antecedida do bloqueio prévio disciplinado no art. 854 do CPC.

Conforme demonstrado nos subitens 12.2.1.4.4.2.2 e 12.2.1.4.4.2.3 *supra*, tornados indisponíveis os ativos financeiros do executado (e ainda antes de haver propriamente a penhora), este será intimado para, no prazo de 5 (cinco) dias, comprovar que (a) as quantias tornadas indisponíveis são impenhoráveis; ou (b) ainda permanece indisponibilidade excessiva de ativos financeiros.

Acolhida qualquer uma dessas arguições, não haverá penhora do dinheiro previamente bloqueado na primeira hipótese, sendo afastado o excesso na segunda hipótese. Rejeitada a arguição, a indisponibilidade será convertida em penhora, não sendo mais possível ao executado insurgir-se contra a penhora de dinheiro realizada, tendo a decisão se estabilizado. A defesa do executado já foi realizada na impugnação prevista no art. 854, § 3º, do CPC. Logo, esta não é matéria de embargos, sendo matéria daquela impugnação específica prevista no § 3º do art. 854 do CPC.

Nos termos do § 3º do art. 16 da Lei 6.830/1980, não se admite a alegação de compensação nos embargos do executado. Tal vedação não mais prevalece. O Superior Tribunal de Justiça já assentou o entendimento segundo o qual, com o advento da Lei nº 8.383/1991, a compensação passou a ser regulamentada na esfera tributária, restando possível sua alegação em sede de embargos do executado. Quer isso dizer que está superado o óbice do § 3º do art. 16 da Lei 6.830/1980, sendo possível ao executado alegar, em seus embargos, a compensação,[312] desde que haja direito líquido e certo ao crédito. Vale dizer que somente é possível ao executado alegar compensação em seus embargos quando se tratar de direito líquido e certo, não sendo necessária dilação probatória, a exemplo do que sucede nos casos de declaração de inconstitucionalidade do tributo. Ademais, a simples existência de ações executivas não garante a liquidez e a certeza dos débitos nelas constantes.[313]

Nos termos do enunciado 394 da Súmula do STJ, "É admissível, em embargos à execução fiscal, compensar os valores de imposto de renda retidos indevidamente na fonte com os valores restituídos apurados na declaração anual".[314]

Na verdade, é permitida, em embargos à execução fiscal, a alegação de compensação realizada de forma pretérita, judicial ou administrativamente. Tal como acontece com qualquer outro meio de adimplemento da obrigação, é possível ao embargante alegar que a obrigação já está adimplida. Não se permite a compensação futura, isto é, aquela ainda não reconhecida administrativa ou judicialmente. O que § 3º do art. 16 da Lei 6.830/1980 veda é a alegação de compensação futura.[315] Em outras palavras, a compensação efetuada pelo contribuinte, antes da propositura da execução fiscal, pode constar como fundamento

---

[312] STJ, 1ª Turma, REsp 970.342/RS, Rel. Min. Luiz Fux, *DJe* 1º.12.2008; STJ, 1ª Turma, AgRg nos EDcl no REsp 573.212/RS, Rel. Min. Francisco Falcão, *DJ* 25.4.2005, p. 228; STJ, 2ª Turma, REsp 785.081/RS, Rel. Min. Castro Meira, *DJ* 21.11.2005, p. 221.

[313] STJ, 1ª Turma, REsp 611.463/RS, Rel. Min. Denise Arruda, *DJ* 25.5.2006, p. 156.

[314] STJ, 2ª Turma, REsp 87.315/CE, Rel. Min. Ari Pargendler, *DJ* 6.4.1998, p. 75.

[315] STJ, 2ª Turma, EDcl no REsp 1.305.881/PR, Rel. Min. Mauro Campbell Marques, *DJe* 26.9.2012; STJ, 2ª Turma, AgRg no REsp 1.372.502/RJ, Rel. Min. Mauro Campbell Marques, *DJe* 1º.7.2013; STJ, 2ª

de defesa dos embargos; somente é possível a alegação, em embargos à execução fiscal, de compensação tributária, caso esta já tenha sido reconhecida administrativa ou judicialmente, antes da propositura da execução fiscal. A compensação indeferida administrativamente não pode ser alegada em embargos à execução fiscal.[316]

Enfim, o executado pode alegar toda e qualquer matéria em seus embargos, inclusive a compensação já realizada administrativa ou judicialmente. O art. 16, § 3º, da Lei 6.830/1980 dispõe que o executado não pode ajuizar reconvenção, mas tal previsão não faz sentido, pois a compensação não se alega por reconvenção nem mesmo no processo de conhecimento. Essa é uma disposição antiga, provavelmente inserida na lei para evitar qualquer discussão sobre a necessidade ou não de reconvenção para alegação de compensação, discussão que não persiste mais.

Se o executado alegar excesso de execução, deverá indicar, na petição inicial de seus embargos, o valor que entende correto, apresentando memória de cálculo que o demonstre. Trata-se de ônus atribuído ao embargante pelo § 3º do art. 917 do CPC, que, no particular, deve aplicar-se aos embargos à execução fiscal. A falta de indicação do valor correto ou a ausência de memória de cálculo que o demonstre implicará a rejeição liminar dos embargos ou o não conhecimento desse fundamento (CPC, art. 917, § 4º).

12.2.1.5.1.5 Improcedência liminar dos embargos à execução fiscal

Já se viu, no item 5.7 e em seus subitens, que o art. 332 do CPC prevê os casos de improcedência liminar do pedido. Em tais hipóteses, o juiz, antes mesmo de mandar citar o demandado, julga improcedente o pedido.

Também ali se viu que a improcedência liminar do pedido pode ocorrer em qualquer caso.

Nos embargos à execução fiscal, é possível ao juiz proferir sentença de improcedência liminar do pedido, se presente uma das hipóteses previstas no art. 332 do CPC.

Assim, é possível, por exemplo, que o executado, em seus embargos, invoque argumentação jurídica já rechaçada em precedente obrigatório firmado no julgamento de recurso repetitivo ou defenda tese contrária a entendimento consolidado na súmula vinculante do STF. Em casos assim, o juiz já pode julgar liminarmente improcedente o pedido formulado nos embargos à execução fiscal, sem nem mesmo precisar determinar a intimação da Fazenda Pública para responder aos embargos.

Após editado enunciado de súmula ou firmada a tese jurídica pelo tribunal no julgamento de casos repetitivos ou no julgamento do incidente de assunção de competência, se forem opostos embargos à execução fiscal cujo fundamento contrarie o referido enunciado ou a mencionada tese, o juiz julgará liminarmente improcedente o pedido independentemente da oitiva prévia da Fazenda Pública, desde que não haja necessidade de produção de provas a respeito dos fatos alegados pelo embargante.

Enfim, aplica-se o disposto no art. 332 do CPC aos embargos à execução fiscal, podendo o juiz já julgar liminarmente improcedente o pedido formulado pelo embargante, cabendo de sua sentença apelação nos termos do próprio artigo mencionado.

Turma, EDcl no AgRg no AgRg no REsp 1.487.447/RS, Rel. Min. Mauro Campbell Marques, *DJe* 23.4.2015.

[316] STJ, 2ª Turma, AgInt no REsp 1.694.942/RJ, Rel. Min. Mauro Campbell Marques, *DJe* 2.3.2018; STJ, 1ª Turma, AgInt no AREsp 1.054.229/RJ, Rel. Min. Napoleão Nunes Maia Filho, *DJe* 3.9.2020; STJ, 2ª Turma, AgInt no REsp 1.795.347/RJ, Rel. Min. Og Fernandes, *DJe* 9.6.2020.

12.2.1.5.1.6 Procedimento dos embargos

Recebidos os embargos, o juiz mandará intimar a Fazenda Pública para impugná-los no prazo de 30 (trinta) dias, designando, em seguida, audiência de instrução e julgamento, ou já proferindo julgamento imediato se os embargos versarem sobre matéria de direito ou, sendo de direito e de fato, a prova for exclusivamente documental, caso em que o juiz proferirá sentença no prazo de 30 (trinta) dias.

Os embargos são distribuídos por dependência, autuados em apartado e instruídos com cópias das peças processuais relevantes, sendo certo que tais cópias podem ser declaradas autênticas pelo próprio advogado.

Se forem intempestivos, manifestamente protelatórios ou ajuizados mediante petição inicial inepta, devem os embargos ser rejeitados liminarmente pelo juiz. Sendo manifestamente protelatórios os embargos, o juiz, além de rejeitá-los liminarmente, deve impor, em favor do exequente, multa ao embargante no valor de até 20% (vinte por cento) do valor executado.

12.2.1.5.1.7 Embargos na execução fiscal por carta

Na execução fiscal por carta, os embargos do executado serão oferecidos no juízo deprecado, que os remeterá ao juízo deprecante, para instrução e julgamento (Lei 6.830/1980, art. 20). Sobre a competência para julgamento dos embargos, é do juízo deprecante, salvo quando estes versarem sobre vícios ou irregularidades de atos do próprio juízo deprecado. Nesse caso, será desse último a competência para o julgamento. Na execução fiscal, os embargos serão apresentados ao juízo deprecado, que deverá encaminhar ao deprecante, a não ser que a matéria diga respeito a ato por aquele praticado, situação em que a competência será sua.

12.2.1.5.1.8 Resumo final sobre os embargos à execução fiscal

Do que se viu até aqui se pode, em resumo, afirmar que os embargos à execução fiscal não dependem mais da garantia do juízo nem ostentam efeito suspensivo, se bem que o juiz pode, diante da relevância do argumento e do risco de dano, conceder tal efeito suspensivo aos embargos. Sendo a penhora em dinheiro, os embargos terão efeito suspensivo automático, mercê do disposto no art. 32, § 2º, da Lei 6.830/1980. Se versarem sobre excesso de execução, aplica-se o disposto no § 3º do art. 917 do CPC, cabendo ao embargante demonstrar o valor que entende correto.

Convém lembrar que o Superior Tribunal de Justiça exige, para a admissibilidade dos embargos à execução fiscal, a prévia garantia do juízo.

12.2.1.5.2 Exceção de pré-executividade

Segundo o enunciado 393 da Súmula do STJ: "A exceção de pré-executividade é admissível na execução fiscal relativamente às matérias conhecíveis de ofício que não demandem dilação probatória".

Esse entendimento foi construído sob a vigência do CPC de 1973, precisando ser revisto. Os embargos à execução não precisam de garantia do juízo e qualquer questão superveniente ao prazo para seu ajuizamento pode ser suscitada em simples petição, nos termos do art. 518 do CPC.

Se não oferecidos os embargos no prazo legal, pode o executado alegar, mediante simples petição, alguma matéria não alcançada pela preclusão, que possa ser conhecida de ofício pelo magistrado. Acolhida a alegação para extinguir a execução fiscal, impõe-se a condenação do exequente em honorários de sucumbência.[317] Rejeitada a alegação, não há condenação em honorários de sucumbência.[318]

Se o exequente concordar com a exceção de pré-executividade e, de imediato, pedir a extinção da execução, os honorários a serem suportados pelo exequente devem ter um valor reduzido. Nesse sentido, o enunciado 166 da III Jornada de Processo Civil do Conselho da Justiça Federal explica: "Aplica-se o benefício do §4º do art. 90 do CPC quando a exequente concordar com a exceção de pré-executividade apresentada e, de imediato, pedir a extinção do feito executivo".

O STJ entende ser necessária, na execução fiscal, a garantia do juízo para o oferecimento de embargos à execução. Sendo assim, persiste a possibilidade da exceção de pré-executividade na execução fiscal, para suscitar matérias que devem ser conhecidas de ofício pelo juízo (nulidade da execução, ilegitimidade de parte, falta de título, incompetência absoluta etc.).

A objeção ou exceção de pré-executividade pode, igualmente, ser ajuizada na execução fiscal para demonstrar alguma causa extintiva da obrigação, a exemplo do pagamento, da prescrição ou da decadência,[319] desde que a alegação não dependa de dilação probatória.[320]

O ajuizamento da exceção de pré-executividade impõe a instauração do contraditório. Se o juiz acolher a exceção sem que haja prévio contraditório, ainda que se refira a matéria que possa ser conhecida de ofício, haverá nulidade. É obrigatório, enfim, o contraditório na exceção de pré-executividade.[321]

A exceção de pré-executividade é utilizada pelo executado para evitar a constrição em seu patrimônio, já trazendo ao conhecimento do juiz questões cognoscíveis de ofício ou alegação de matéria já pré-constituída, antes mesmo da penhora.

Já se viu, contudo, que, antes mesmo de haver a penhora, pode o executado já apresentar seus embargos, esvaziando-se a utilidade da exceção de pré-executividade. De todo modo, nada impede que, por simples petição, o executado já demonstre a inexistência de um pressuposto processual ou, enfim, de uma matéria que possa ser conhecida de ofício pelo juiz. Tal petição deve ser recebida como embargos, devendo o juiz determinar ao executado que a emende para fazer constar os requisitos formais de uma petição inicial, tendo-se por já antecipada a defesa do executado, que somente poderá alegar, posteriormente, alguma matéria não alcançada pela preclusão.

Considerando que os embargos à execução fiscal não precisam mais da garantia do juízo, deixa de existir a exceção de pré-executividade antes da penhora, deixando igualmente de ser pertinente a discussão a respeito da possibilidade de tal exceção suspender ou não a execução. Cabíveis os embargos, estes não têm, em princípio, efeito suspensivo, podendo o juiz, presentes os requisitos do § 1º do art. 919 do CPC, concedê-lo.

---

[317] STJ, 1ª Turma, AgRg no AREsp 154.225/MG, Rel. Min. Napoleão Nunes Maia Filho, *DJe* 13.9.2012; STJ, 2ª Turma, REsp 1.825.340/RS, Rel. Min. Herman Benjamin, *DJe* 13.9.2019; STJ, AgInt no REsp 1.833.968/SC, Rel. Min. Napoleão Maia Nunes Filho, *DJe* 26.3.2020.

[318] STJ, 2ª Turma, REsp 1.256.724/RS, Rel. Min. Mauro Campbell Marques, *DJe* 14.2.2012; STJ, 2ª Turma, REsp 1.721.193/SP, Rel. Min. Herman Benjamin, *DJe* 2.8.2018; STJ, 1ª Turma, AgInt no REsp 1.644.743/SP, Rel. Min. Napoleão Nunes Maia Filho, *DJe* 3.4.2019.

[319] GRECO, Leonardo. Exceção de pré-executividade na execução fiscal. In: ROCHA, Valdir de Oliveira (coord.). *Problemas de processo judicial tributário*. São Paulo: Dialética, 2000. v. 4, p. 198-199.

[320] ALVIM, Eduardo Arruda. Objeção de pré-executividade – aplicação em matéria fiscal. In: ROCHA, Valdir de Oliveira (coord.). *Problemas de processo judicial tributário*. São Paulo: Dialética, 2000. v. 4. p. 48-50.

[321] STJ, 2ª Turma, REsp 1.279.659/MG, Rel. Min. Mauro Campbell Marques, *DJe* 27.10.2011.

12.2.1.5.3 Ações autônomas (defesas heterotópicas)

Além dos embargos e da petição prevista no art. 518 do CPC, o executado pode, ainda, valer-se de ações autônomas, não incidentais à execução fiscal. O art. 38 da Lei 6.830/1980 dispõe que:

> a discussão judicial da dívida ativa da Fazenda Pública só é admissível em execução, na forma desta lei, salvo as hipóteses de mandado de segurança, ação de repetição de indébito, ou ação anulatória do ato declarativo de dívida, esta precedida do depósito preparatório do valor do débito, monetariamente corrigido e acrescido dos juros e multa e demais encargos.

Assim, afora os embargos e a petição do art. 518 do CPC, o executado pode defender-se por meio de mandado de segurança, de ação declaratória, de ação anulatória, de ação de repetição de indébito, de ação de consignação em pagamento, enfim, de qualquer ação autônoma que desconstitua o lançamento tributário ou declare a inexistência de relação jurídica entre ele e a Fazenda Pública.

Nos termos do parágrafo único do art. 38 da Lei 6.830/1980, a propositura de qualquer uma dessas demandas implica renúncia ao poder de recorrer na esfera administrativa e desistência do recurso eventualmente interposto.[322]

Tais ações não terão força para suspender o curso da execução fiscal (CPC, art. 784, § 1º), salvo se houver o depósito integral e em dinheiro do valor correspondente ao crédito fiscal.[323] A execução somente será suspensa se houver embargos do executado, depois de seguro o juízo com a penhora e desde que preenchidos os requisitos previstos no § 1º do art. 919 do CPC. As referidas ações autônomas não evitam a realização da penhora, não produzindo efeitos relativamente aos embargos do executado.

A diferença entre uma ação autônoma e os embargos do devedor está em que estes podem suspender a execução, enquanto aquela não produz esse efeito suspensivo. Ora, como já se acentuou, o executado defende-se por meio dos embargos do devedor ou pela petição prevista no art. 518 do CPC. Além desses tipos de defesa, pode o executado intentar ações autônomas, que não são incidentais à execução, embora lhe sejam prejudiciais. Daí serem chamadas de defesas heterotópicas.[324] Assim, por exemplo, pode ser intentada uma ação declaratória de inexistência de relação jurídica entre credor e devedor ou, ainda, uma ação anulatória do título executivo, ou, até mesmo, uma ação para discutir o *quantum debeatur*. Em todos esses casos, essas ações (defesas heterotópicas) são prejudiciais à execução.[325]

Além de não suspender a execução, a existência de uma ação declaratória ou anulatória autônoma não impede o ajuizamento da execução (CPC, art. 784, § 1º).

À evidência, "a circunstância de ter o devedor ajuizado antes ação de revisão não tem o condão de impedir o credor de ingressar em Juízo para a satisfação do seu crédito".[326]

---

[322] STF, Pleno, RE 233.582, Rel. Min. Marco Aurélio, Rel. p/ acórdão Min. Joaquim Barbosa, *DJe* 16.5.2008.
[323] Súmula 112 do STJ: "O depósito somente suspende a exigibilidade do crédito tributário se for integral e em dinheiro".
[324] MARTINS, Sandro Gilbert. *A defesa do executado por meio de ações autônomas:* defesa heterotópica. São Paulo: RT, 2002, *passim*.
[325] PEREIRA, Rosalina P. C. Rodrigues. *Ações prejudiciais à execução*. São Paulo: Saraiva, 2001, *passim*.
[326] STJ, 3ª Turma, REsp 537.278/RJ, Rel. Min. Carlos Alberto Menezes Direito, *DJ* 5.4.2004, p. 258.

Caso a ação autônoma seja ajuizada antes da execução e, citado o executado, este não ingresse com os embargos, aquela ação autônoma não poderá fazer as vezes dos embargos, não suspendendo a execução. Na verdade, a ação autônoma somente influencia a execução se, julgada procedente, tiver sido encerrada antes do término da execução.[327] A existência da ação autônoma, mesmo que a execução não tenha sido embargada, não impede a penhora nem acarreta a suspensão do processo executivo, fenômeno gerado, apenas, com os embargos do executado. A ausência de embargos não impede o ajuizamento de ação autônoma para discutir a dívida.

É possível, então, que, antes da execução ou da penhora, tenha a ação autônoma sido ajuizada. Poderá, não raramente, ocorrer de o objeto dos embargos coincidir com o da ação autônoma. Positivada a hipótese, haverá *litispendência*, não podendo ser opostos os embargos, ficando prejudicado o executado com a impossibilidade de suspensão da execução.[328] Realmente, não é insólita a situação em que, antes mesmo da execução ou da penhora, o devedor proponha ação autônoma (defesa heterotópica) discutindo o valor ou a existência da própria dívida. Proposta a execução, fica-lhe vedado o manejo dos embargos, pois o que tem para alegar é o mesmo que já se discute na ação autônoma. Nesse caso, diante da *litispendência*, são incabíveis os embargos.

Em casos como esse, deve-se receber a ação autônoma como embargos, suspendendo a execução,[329] *desde que* realizada a penhora e presentes os demais requisitos previstos no § 1º do art. 919 do CPC. Se a ação autônoma estiver em outro juízo, os correspondentes autos devem ser encaminhados ao juízo da execução, a fim de que seja recebida como embargos.

É possível, como se vê, que a ação autônoma seja recebida como embargos do devedor. Para que isso seja possível, é preciso, todavia, que a ação autônoma tenha sido ajuizada até *antes* do escoamento do prazo para os embargos. Se, escoado o prazo para embargos, ainda não tiver sido intentada a ação autônoma, *não* poderá mais, caso ajuizada posteriormente, ser recebida como embargos.[330]

Para que a ação autônoma suspenda a execução, deverá ser recebida como embargos e o juiz deferir o efeito suspensivo. E, para que seja recebida como embargos, deve ter sido intentada até antes do escoamento do prazo para embargos. Fora dessa hipótese, *não* se permite que a ação autônoma suspenda a execução.[331]

Há conexão entre a execução e uma ação autônoma. Aliás, a regra sobre conexão aplica-se à execução fundada em título extrajudicial e à ação de conhecimento relativa ao mesmo ato jurídico (CPC, art. 55, § 2º). Tal conexão resulta da prejudicialidade dessa última em relação àquela.[332] A conexão diz respeito tanto a processos de conhecimento como a processos de execução, de sorte que pode haver conexão entre ação de conhecimento e execução.

---

[327] PEREIRA, Rosalina Pinto da Costa Rodrigues. Ações prejudiciais à execução. *Genesis – Revista de Direito Processual Civil*, Curitiba: Genesis, v. 22, p. 792.
[328] STJ, 4ª Turma, REsp 181.052/RS, Rel. Min. Sálvio de Figueiredo Teixeira, *DJ* 3.11.1998, p. 173.
[329] STJ, 4ª Turma, REsp 486.069/SP, Rel. Min. Aldir Passarinho Junior, *DJ* 8.3.2004, p. 259; STJ, 4ª Turma, REsp 435.443/SE, Rel. Min. Barros Monteiro, *DJ* 28.10.2002, p. 327; STJ, 1ª Turma, REsp 677.741/RS, Rel. Min. Teori Albino Zavascki, *DJ* 7.3.2005, p. 167.
[330] STJ, 3ª Turma, AGA 519.181/RS, Rel. Min. Carlos Alberto Menezes Direito, *DJ* 16.2.2004, p. 248; STJ, 4ª Turma, REsp 258.739/MT, Rel. Min. Barros Monteiro, *DJ* 27.8.2001, p. 343.
[331] STJ, 4ª Turma, REsp 373.742/TO, Rel. Min. Sálvio de Figueiredo Teixeira, *DJ* 12.8.2002, p. 218.
[332] OLIVEIRA NETO, Olavo. *Conexão por prejudicialidade*. São Paulo: RT, 1994. n. 4.4.3, p. 93-95.

A prejudicialidade constitui uma figura particular de um fenômeno mais amplo e geral, que tem a sua expressão compreensiva na conexão de causas. Havendo 2 (duas) demandas em curso, em que, numa, o objeto é prejudicial de outra, há, entre elas, verdadeira *conexão* pela causa de pedir ou, como queira, *conexão* por prejudicialidade. Toda vez que há prejudicialidade, existe conexão.[333] As demandas devem, nesse caso, ser reunidas pela conexão, salvo se já houver sentença proferida numa delas (CPC, art. 55, § 1º).

A propósito, não custa lembrar que a conexão modifica apenas a competência relativa, não tendo o condão de alterar a competência absoluta.[334] Então, se o juízo detiver competência privativa para a execução fiscal, não deverão os correspondentes autos ou os dos correlatos embargos ser remetidos para outro juízo que não detenha essa competência privativa. Ao juízo com competência privativa para execuções fiscais deverão ser remetidos os autos da ação autônoma que eventualmente seja conexa com os embargos do devedor ou, caso não seja possível essa reunião, haverá prejudicialidade externa, a ensejar a suspensão da ação autônoma, até o julgamento dos embargos do executado (CPC, art. 313, V, *a*), a fim de se evitar a ocorrência de decisões conflitantes.[335]

Como se percebe, a ação autônoma somente acarreta a suspensão da execução se intentada antes de escoado o prazo dos embargos e desde que presentes os requisitos previstos no § 1º do art. 919 do CPC. Fora daí, poderia ser suspensa a execução? Seria possível que, numa ação autônoma, fosse concedida uma tutela provisória para sobrestar o andamento da execução?

Em princípio, poder-se-ia responder afirmativamente a essas indagações. E não faltam vozes e letras que assim entendem. Realmente, há quem afirme que, "naturalmente, sempre será possível ao devedor a propositura de ação autônoma de impugnação – declaratória negativa da obrigação reconhecida no título judicial –, que poderá, por provimento de urgência (cautelar ou antecipatório), vir a suspender o curso da execução, sustando a prática de atos executivos".[336]

A suspensão da execução por tutelas provisórias concedidas em ações autônomas não parece possível, *a não ser* que haja a garantia do juízo na execução,[337] revelando-se, ademais, muito provável o êxito a ser obtido na demanda cognitiva. A não ser assim, restará afetado o princípio da isonomia, pois, para suspender a execução por embargos, o executado deve

---

[333] SHIMURA, Sérgio Seiji. *Título executivo*. 2. ed. São Paulo: Método, 2005. n. 4.4, p. 577.

[334] "Execução fiscal e ação anulatória. Continência reunião dos processos. Impossibilidade. 1. A reunião de ações, em razão de reconhecimento de conexão, não se mostra possível quando implicar alteração de competência absoluta. 2. Agravo Interno não provido" (STJ, 2ª Turma, AgInt no AREsp 928.045/SP, Rel. Min. Herman Benjamin, *DJe* 25.10.2016). *No mesmo sentido:* "(...) 2. A reunião de ações, em razão de reconhecimento de conexão, não se mostra possível quando implicar alteração de competência absoluta (...)" (STJ, 2ª Turma, AgInt no AREsp 869.916/SP, Rel. Min. Diva Malerbi – Des. Conv. TRF 3ª R., *DJe* 22.6.2016).

[335] "(...) 5. O STJ entende pela impossibilidade de serem reunidas execução fiscal e ação anulatória de débito precedentemente ajuizada, quando o juízo em que tramita esta última não é Vara Especializada em Execução Fiscal, nos termos consignados nas normas de organização judiciária. Precedentes: CC 105.358/SP, Rel. Ministro Mauro Campbell Marques, Primeira Seção, *DJe* 22/10/2010; CC 106.041/SP, Rel. Ministro Castro Meira, Primeira Seção, *DJe* 9/11/2009 e AgRg no REsp 1463148/SE, Rel. Ministro Mauro Campbell Marques, Segunda Turma, *DJe* 8/9/2014" (STJ, 2ª Turma, REsp 1.587.337/SP, Rel. Min. Herman Benjamin, *DJe* 1º.6.2016).

[336] YARSHELL, Flávio Luiz. Efetividade do processo de execução e remédios com efeito suspensivo. In: SHIMURA, Sérgio; WAMBIER, Teresa Arruda Alvim (coords.). *Processo de execução*. São Paulo: RT, 2001. p. 388.

[337] "(...) 3. O ajuizamento prévio de ação declaratória visando revisar o título executivo só resulta na suspensão da execução quando devidamente garantido o juízo (...)" (STJ, 2ª Turma, AgInt no AREsp 869.916/SP, Rel. Min. Diva Malerbi – Des. Conv. TRF 3ª R., *DJe* 22.6.2016).

garantir o juízo e obter uma tutela provisória, enquanto, na ação autônoma, bastaria a apenas obtenção de uma tutela provisória, sem garantia do juízo. Se os embargos podem suspender a execução por haver penhora, não deve ser diferente numa ação autônoma, sob pena de se permitir a concomitância de 2 (dois) caminhos diversos a serem trilhados pelo executado: um repleto de restrições e dificuldades, e outro bastante cômodo, chegando, por ambos, ao mesmo resultado. Permitir o uso alternativo de ambas as medidas equivaleria, como se disse, a esgarçar o princípio da isonomia, na medida em que o uso dos embargos causaria restrição e dificuldades, enquanto aquele que se valesse da ação autônoma não precisaria segurar o juízo pela penhora. Haveria, enfim, um esvaziamento dos embargos à execução, passando a ser utilizada a via das ações autônomas, com pedido de tutela provisória, sem garantia do juízo, para sustar o prosseguimento da execução.[338]

Então, somente pode haver suspensão da execução pela ação autônoma se esta for anterior à execução e desde que tenha havido penhora.[339] Aliás, não é demais lembrar que, havendo prejudicialidade, o processo que contém a causa prejudicada pode ser suspenso, até que se julgue a causa prejudicial (CPC, art. 313, V, a), hipótese aplicável à execução por força do art. 921, I, do CPC.

12.2.1.5.4 Meios destinados a postular a invalidação da arrematação na execução fiscal

Assinado o respectivo auto pelo juiz, pelo arrematante e pelo leiloeiro, a arrematação será considerada perfeita, acabada e irretratável (CPC, art. 903). O aperfeiçoamento da arrematação deixa-a imune a ataques, impugnações ou questionamentos.

A arrematação pode, porém, ser invalidada, quando realizada por preço vil[340] ou quando tiver algum outro vício intrínseco (CPC, art. 903, § 1º, I), a exemplo de quando for realizada por pessoa impedida de participar do leilão (CPC, art. 890). Os vícios no procedimento, ou vícios extrínsecos, ou erros no edital não invalidam a arrematação.

O vício intrínseco da arrematação pode ser alegado em até 10 (dez) dias após o aperfeiçoamento da arrematação por simples petição nos próprios autos da execução (CPC, art. 903, § 2º). Recebida a petição, o juiz, em atenção ao contraditório (CPC, arts. 9º e 10), deverá determinar a intimação dos interessados, sobretudo do arrematante, para que se manifestem a respeito. Não há previsão legal quanto ao prazo para essa manifestação. O juiz deve, então, fixar o prazo (CPC, art. 218, § 1º); caso não o faça, será de 5 (cinco) dias (CPC, art. 218, § 3º).[341]

Se, porém, a carta de arrematação ou ordem de entrega já tiver sido expedida, a validade da arrematação somente poderá ser questionada por ação autônoma, em cujo processo o arrematante figurará como litisconsorte passivo necessário (CPC, art. 903, § 4º).

---

[338] WAMBIER, Teresa Arruda Alvim. Reflexos das ações procedimentais autônomas (em que se discute, direta ou indiretamente, a viabilidade da execução) na própria execução. In: SHIMURA, Sérgio; WAMBIER, Teresa Arruda Alvim (coords.). *Processo de execução*. São Paulo: RT, 2001. p. 732-735.
[339] STJ, 1ª Turma, REsp 745.811/RS, Rel. Min. José Delgado, *DJ* 27.06.2005, p. 300.
[340] "Consoante jurisprudência consolidada nesta Corte, não se caracteriza o denominado preço vil quando a arrematação de imóvel levado à hasta pública ocorre por montante superior ao da metade do valor da avaliação" (STJ, 1ª Turma, AgInt no REsp 1.694.767/SC, Rel. Min. Napoleão Nunes Maia Filho, *DJe* 19.12.2019).
[341] Luís Guilherme Aidar Bondioli, invocando o princípio da isonomia, defende que o prazo para manifestação deve ser de 10 (dez) dias (Comentários ao art. 903. In: CABRAL, Antonio do Passo; CRAMER, Ronaldo (coords.). *Comentários ao novo Código de Processo Civil*. Rio de Janeiro: Forense, 2015. n. 3, p. 1.275). Na verdade, só será de 10 (dez) dias se o juiz assim fixar. Se ele nada disser, aplica-se o § 3º do art. 218 do CPC, sendo o prazo de 5 (cinco) dias.

De todo modo, questionada a arrematação, garante-se ao arrematante o direito de dela desistir, mesmo após seu aperfeiçoamento (CPC, art. 903, § 5º, II e III).

Tudo isso está a demonstrar, portanto, que não existem mais os *embargos à arrematação* ou *embargos de segunda fase* que estavam previstos no art. 746 do CPC/1973. Quem pretende impugnar a arrematação deve fazê-lo por simples petição a ser apresentada no prazo de 10 (dez) dias a contar do aperfeiçoamento da arrematação ou, se já tiver sido expedida a carta de arrematação ou da ordem de entrega, deve propor ação autônoma, promovendo a citação do arrematante na qualidade de litisconsorte passivo necessário.

Como não há sentença no procedimento da arrematação, esta é anulada por ação comum, assim como os atos jurídicos em geral, e não pela via da ação rescisória (CPC, art. 966, § 4º).

A impenhorabilidade do bem não pode ser alegada na petição a que se refere o § 2º do art. 903 do CPC, nem na ação anulatória mencionada no seu § 4º; só vícios intrínsecos à arrematação é que podem acarretar sua invalidade.

O art. 903 do CPC aplica-se integralmente à execução fiscal. A arrematação pode ter sua validade questionada por simples petição a ser apresentada no prazo de 10 (dez) dias contado do aperfeiçoamento da arrematação ou, se já tiver sido expedida a carta de arrematação ou da ordem de entrega, por ação autônoma, em cujo processo o arrematante deve figurar como litisconsorte passivo necessário.

12.2.1.6 Prosseguimento da execução fiscal quando interposta apelação contra sentença que rejeitar os embargos do executado

Muito já se discutiu tanto na doutrina como na jurisprudência acerca da possibilidade de se conferir trâmite regular à execução fundada em título executivo extrajudicial, quando interposto recurso de apelação contra a sentença que rejeitou os embargos do executado. Isso porque há o risco de, uma vez provida a apelação, já se terem ultimados os atos concretos de satisfação do crédito. Há, então, quem defenda a aplicação das regras da execução provisória, de tal sorte que somente se poderiam estratificar atos de alienação de domínio ou levantamento de depósito com a prestação de caução idônea pelo credor. Desse modo, provida que fosse a apelação, restaria resguardado o devedor do ressarcimento do valor pago ao credor.

Por ser indiscutível a natureza *definitiva* da execução fundada em título executivo extrajudicial, avultam letras e vozes defendendo ser impossível converter a execução *definitiva* em *provisória*, de tal modo que, interposta apelação sem efeito suspensivo, deve a execução prosseguir normalmente, com a satisfação do crédito, independentemente do julgamento do recurso interposto contra a sentença que rejeitara os embargos do devedor.

O Superior Tribunal de Justiça, num primeiro momento, entendeu que, nessas situações, a execução seria provisória, ainda que fundada em título extrajudicial. Desse modo, para levantar dinheiro ou transferir domínio, deveria o exequente prestar caução. Em se tratando de execução fiscal, haveria um complicador: como os bens públicos são inalienáveis e impenhoráveis, não se poderia exigir da Fazenda Pública a prestação de caução. Consequentemente, a interposição de apelação contra a rejeição de embargos à execução fiscal simplesmente impedia o prosseguimento da execução, não podendo haver a transferência do domínio nem o levantamento de dinheiro, enquanto não transitada em julgado a sentença que rejeitara os embargos.[342]

---

[342] STJ, 1ª Turma, AgRg na MC 2.876/RS, Rel. Min. Humberto Gomes de Barros, *DJ* 30.10.2000, p. 124; STJ, 1ª Turma, REsp 371.649/RS, Rel. Min. José Delgado, *DJ* 18.3.2002, p. 188.

Esse entendimento que se firmou no STJ não se consolidou, vindo a prevalecer orientação contrária, resumida no enunciado 317 da sua Súmula: "É definitiva a execução de título extrajudicial, ainda que pendente apelação contra sentença que julgue improcedentes os embargos".

Ainda que seja interposta apelação contra a sentença que rejeite os embargos, a qual é desprovida de efeito suspensivo, a execução fiscal prossegue normalmente, mas só permite a adjudicação, o levantamento de dinheiro ou a conversão do depósito em renda após o trânsito em julgado da sentença dos embargos (Lei 6.830/1980, arts. 19, 24 e 32, § 2º).[343] Vale dizer que, na execução fiscal, os atos definitivos dependem do trânsito em julgado da sentença dos embargos, tenham estes sido ou não recebidos com efeito suspensivo.

12.2.1.7 Da expropriação na execução fiscal

12.2.1.7.1 Generalidades

A execução por quantia certa – e a execução fiscal é uma delas – realiza-se pela expropriação de bens do executado. Assim, penhorado o bem, deverá ser expropriado para, então, ser satisfeito o crédito executado.

A expropriação consiste em (a) adjudicação; (b) alienação; e (c) apropriação de frutos e rendimentos de empresa ou de estabelecimentos e de outros bens (CPC, art. 825).

Todas essas modalidades de expropriação podem realizar-se na execução fiscal.

12.2.1.7.2 Adjudicação

Passada a fase de penhora, não havendo embargos, ou vindo a ser rejeitados ao final, possibilita-se à Fazenda Pública adjudicar o bem penhorado, pelo valor da avaliação.[344] Sendo o valor da avaliação superior ao da execução, a Fazenda Pública, para adjudicar o bem, deverá depositar a diferença.

---

[343] "É pacífico no Superior Tribunal de Justiça o entendimento de que, ao contrário do que ocorre no CPC, no regime da Execução Fiscal persiste a norma segundo a qual, nos termos do art. 32, § 2º, da Lei 6.830/1980, somente após o trânsito em julgado será possível a conversão do depósito em renda ou o levantamento da garantia" (STJ, 2ª Turma, REsp 1.663.155/AM, Rel. Min. Herman Benjamin, DJe 11.10.2019). No mesmo sentido: "A jurisprudência desta Corte firmou-se no sentido de que, nos termos do art. 32, § 2º, da Lei n. 6.830/80, o levantamento de depósito judicial ou a sua conversão em renda da Fazenda Pública sujeita-se ao trânsito em julgado da ação principal, que reconhece ou afasta a legitimidade da exação" (STJ, 1ª Turma, AgInt no REsp 1.696.413/SP, Rel. Min. Regina Helena Costa, DJe 2.5.2019).

[344] A adjudicação não se confunde com a dação em pagamento. São institutos diversos, com regimes jurídicos igualmente diferentes. A adjudicação tem por objetivo a expropriação do bem penhorado, com a transmissão da propriedade para outra pessoa. Esta terá todos os direitos de domínio e posse (CPC, arts. 876 a 878). Por sua vez, a dação em pagamento constitui modalidade de extinção de uma obrigação em que o credor pode consentir em receber coisa que não seja dinheiro, em substituição da prestação que lhe era devida. Determinado o preço da coisa dada em pagamento, as relações entre as partes regulam-se pelas normas do contrato de compra e venda. Se for título de crédito a coisa dada em pagamento, a transferência importará em cessão. Sendo o credor evicto da coisa recebida em pagamento, a obrigação primitiva se restabelece, ficando sem efeito a quitação dada (Código Civil, arts. 356 a 359). Não se deve equiparar a adjudicação à dação em pagamento. Na execução fiscal, sempre cabe a adjudicação (que está prevista em lei), mas não se permite a dação em pagamento (por falta de previsão legal; desatendimento ao princípio da legalidade), consoante entendimento firmado no âmbito do STJ, ora representado pelo seguinte precedente: STJ, 1ª Turma, AgRg no REsp 738.797/RS, Rel. Min. Francisco Falcão, DJ 3.10.2005, p. 150).

A Fazenda Pública pode, na execução fiscal, adjudicar os bens penhorados em 2 (dois) momentos: (a) antes do leilão ou (b) depois do leilão (Lei 6.830/1980, art. 24). O CPC seguiu essa linha (arts. 876 e 878).

A adjudicação poderá ser feita antes do leilão, pelo preço da avaliação, se a execução não for embargada ou se vierem a ser rejeitados os embargos. Opostos embargos à execução, ainda que não lhes tenha sido concedido efeito suspensivo, a Fazenda Pública não pode adjudicar o bem penhorado. A adjudicação é ato definitivo, que não pode ser feito na execução fiscal sem que haja o trânsito em julgado da decisão que rejeitar os embargos.

A Fazenda Pública pode, ainda, adjudicar o bem penhorado findo o leilão, pelo preço da avaliação, se não houver licitante. Havendo licitantes, ela poderá adjudicar, com preferência, em igualdade de condições com a melhor oferta.

Também podem adjudicar o bem penhorado os sujeitos indicados no art. 889, II a VIII, do CPC e os credores concorrentes que hajam penhorado o mesmo bem. De igual modo, podem também adjudicar o bem penhorado o cônjuge, o companheiro, os ascendentes e os descendentes do executado (CPC, art. 876, § 5º). A adjudicação pelo cônjuge ou parentes do executado deve, contudo, ser realizada antes da transferência do bem penhorado para um terceiro arrematante ou para o exequente ou outrem que o adjudique. Enfim, o cônjuge, o companheiro ou o parente do executado pode adjudicar o bem, antes da arrematação. Tais regras aplicam-se à execução fiscal, seja o executado pessoa natural, seja o executado pessoa jurídica. No caso de pessoa jurídica, a adjudicação pode ser feita por cônjuge, companheiro, ascendente ou descendente do sócio gerente da sociedade por pessoas.

Havendo mais de um pretendente à adjudicação do bem, o juiz deve determinar a realização de uma licitação ou concorrência entre eles. Quem oferecer mais pelo bem terá o direito de adjudicá-lo. Se, porém, todos fizerem idêntica oferta, o cônjuge, o companheiro, o descendente ou o ascendente tem, nesta ordem, preferência pela adjudicação.

No caso de penhora de quota social ou de ação de sociedade anônima fechada feita em favor de exequente alheio aos quadros societários, a sociedade será intimada, ficando responsável por informar aos sócios a ocorrência da penhora, a fim de lhes assegurar a preferência na sua adjudicação (CPC, art. 876, § 7º).

Todas essas regras aplicam-se à execução fiscal, desde que sejam respeitados os limites impostos pelo art. 24 da Lei 6.830/1980, ou seja, a adjudicação somente poderá ser feita antes do leilão, se não houver embargos ou se os que tiverem sido opostos já tenham sido rejeitados. Depois do leilão, qualquer um dos mencionados legitimados pode adjudicar o bem penhorado, se não tiver havido licitante. Tendo havido licitante, só a Fazenda Pública pode adjudicar o bem, com preferência, mas em igualdade de condições com a melhor oferta.

12.2.1.7.3 Alienação

Na execução civil, penhorado um bem do executado, já é possível ao exequente adjudicá-lo. Não havendo adjudicação, poderá, então, ser feita a alienação, por iniciativa particular ou em leilão judicial ou eletrônico (CPC, art. 879).

Na execução fiscal, já se viu que somente pode haver adjudicação, antes do leilão, se não houver embargos ou se, tendo havido, vierem a ser rejeitados (Lei 6.830/1980, art. 24, I). Após o leilão, pode também, na execução fiscal, haver adjudicação, nos termos previstos no inciso II do art. 24 da Lei 6.830/1980.

A Lei 6.830/1980, em seu art. 23, estabelece que a alienação de quaisquer bens penhorados será feita em leilão público, no lugar designado pelo juiz. A pedido da Fazenda Pública e do executado, os bens podem ser leiloados englobadamente ou em lotes indicados.

Como se vê, a venda de bens penhorados é, na execução fiscal, feita por leilão público. Diante da especificidade da regra contida no art. 23 da Lei 6.830/1980, não é possível haver outra forma de alienação, a não ser por leilão público.

Isso está a demonstrar, portanto, que não se aplica à execução fiscal a alienação por iniciativa particular.[345]

Na execução civil, feita a penhora de um bem, é possível ao exequente já adjudicá-lo. Não realizada a adjudicação dos bens penhorados, o exequente poderá requerer sejam tais bens alienados por sua própria iniciativa ou por intermédio de corretor credenciado perante a autoridade judiciária (CPC, art. 880).

Tais regras – que permitem a alienação por iniciativa particular – *não* incidem na execução fiscal, exatamente porque o art. 23 da Lei 6.830/1980 estabelece que os bens penhorados devem ser alienados em leilão público, não se permitindo, portanto, a alienação por iniciativa particular. Ora, as regras do Código de Processo Civil somente se aplicam, *subsidiariamente*, à execução fiscal, ou seja, somente se aplicam caso não haja regra própria ou diante do silêncio da Lei 6.830/1980. Sendo certo que o art. 23 desta Lei impõe a alienação por leilão público, não se permite, então, seja efetivada, na execução fiscal, a alienação por iniciativa particular.

Enfim, não é possível, no âmbito da execução fiscal, a alienação por iniciativa particular. Então, pode a Fazenda Pública já adjudicar o bem penhorado ou requerer seja alienado em leilão público.

Já se viu que, de acordo com o art. 24 da Lei 6.830/1980, a Fazenda Pública pode adjudicar os bens penhorados antes do leilão, pelo preço da avaliação, se a execução não for embargada ou se rejeitados os embargos. A adjudicação também pode ser feita pela Fazenda Pública findo o leilão, pelo preço da avaliação, se não houver licitante, ou, havendo licitantes, com preferência, em igualdade de condições com a melhor oferta, no prazo de 30 (trinta) dias.

Em virtude da especificidade da regra contida no art. 24 da Lei 6.830/1980, é ela que deve ser aplicada, de sorte que a adjudicação se faz, na execução fiscal, somente naquelas hipóteses. As demais regras atinentes à adjudicação e à arrematação, contidas no Código de Processo Civil aplicam-se à execução fiscal. Assim, o procedimento para a alienação em leilão público deve ser feito eletronicamente; não sendo possível o leilão eletrônico, será, então, presencial (CPC, art. 882).

Na execução fiscal, o leilão público deve, igualmente, ser feito preferencialmente por meio eletrônico, só se realizando de modo presencial se não for possível sua realização eletrônica.

Os bens penhorados na execução fiscal somente são alienados em leilão público. A venda pela rede mundial de computadores não elimina a feição de leilão público. A alienação judicial por meio eletrônico, que será realizada em observância às garantias processuais das partes, de acordo com regulamentação específica do Conselho Nacional de Justiça, deverá atender aos requisitos de ampla publicidade, autenticidade e segurança, nos termos das regras estabelecidas na legislação sobre certificação digital.

---

[345] Em sentido contrário, o enunciado 46 do Fórum Nacional do Poder Público: "Na execução fiscal, a alienação por iniciativa particular poderá ser utilizada em detrimento do leilão público se for de interesse do exequente".

O interessado em adquirir o bem penhorado em prestações pode apresentar proposta nos termos do art. 895 do CPC.[346]

Conforme dispõe o art. 903 do CPC, assinado o auto de arrematação pelo juiz, pelo arrematante e pelo leiloeiro, a arrematação considerar-se-á perfeita, acabada e irretratável, ainda que venham a ser julgados procedentes os embargos do executado ou eventual ação autônoma destinada a invalidar a arrematação realizada. Essa regra aplica-se à execução fiscal. Recebidos os embargos sem efeito suspensivo, a execução fiscal deve avançar, com designação do leilão público. Arrematado o bem e assinado o respectivo auto, o superveniente acolhimento dos embargos não desfaz a venda judicial do bem, ocasionando, após o trânsito em julgado, a entrega do valor ao executado, e não ao exequente. É que, em virtude do § 2º do art. 32 da Lei 6.830/1980, o valor pago pelo arrematante deve ficar depositado, somente sendo liberado após o trânsito em julgado da sentença dos embargos à execução. Em outras palavras, não sendo concedido efeito suspensivo aos embargos, haverá designação de leilão público, podendo ser realizada a arrematação do bem. É possível ocorrer a arrematação, mas o valor pago pelo arrematante fica depositado em juízo, aguardando o trânsito em julgado. A arrematação não será desfeita com o acolhimento superveniente dos embargos à execução, mas o valor pago pelo bem deve ficar depositado em juízo, somente sendo liberado após o trânsito em julgado.[347]

Na execução fiscal, o leilão público deve ser divulgado em edital único, publicado na imprensa oficial com antecedência de 10 (dez) a 30 (trinta) dias (Lei 6.830/1980, art. 22, § 1º). Além do mais, "na execução fiscal o devedor deverá ser intimado, pessoalmente, do dia e hora da realização do leilão",[348] sendo certo, ainda, que "o fato de não serem adjudicados bens que, levados a leilão, deixaram de ser arrematados, não acarreta a extinção do processo de execução".[349] É desnecessária a intimação pessoal do executado para a hasta pública, quando demonstrada sua inequívoca ciência, por meio de seu advogado.[350]

12.2.1.7.4 Apropriação de frutos e rendimentos de empresa ou de estabelecimentos e de outros bens

Além da adjudicação e da alienação, a expropriação pode ser feita por "apropriação de frutos e rendimentos de empresa ou de estabelecimentos e de outros bens" (CPC, art. 825, III).

No CPC/1973, havia a previsão do usufruto de móvel ou imóvel, igualmente conhecido como usufruto judicial.[351] Em seu lugar, o CPC/2015 trata da "apropriação de frutos e rendimentos de empresa ou de estabelecimentos e de outros bens". Na verdade, não há disciplina normativa sobre tal apropriação; ela apenas é mencionada no inciso III do art. 825 do CPC como um meio de expropriação.

O que há é a previsão e a regulação, nos arts. 867 a 869 do CPC, da "penhora de frutos e rendimentos de coisa móvel ou imóvel". A doutrina, ao tratar da apropriação de frutos e

---

[346] Nesse sentido, o enunciado 48 do Fórum Nacional do Poder Público: "É aplicável aos processos de execução fiscal a forma de aquisição de bem penhorado contida no § 1º do art. 895 do CPC/15".
[347] STJ, 1ª Seção, EREsp 734.831/MG, Rel. Min. Mauro Campbell Marques, *DJe* 18.11.2010.
[348] Súmula 121 do STJ.
[349] Súmula 224 do TFR.
[350] STJ, 1ª Turma, AgRg no AREsp 79.092/SP, Rel. Min. Napoleão Nunes Maia Filho, *DJe* 27.11.2019.
[351] CUNHA, Leonardo Carneiro da. Dialogando com José de Moura Rocha sobre o usufruto de móvel ou imóvel na execução civil. In: DIDIER JR., Fredie; CUNHA, Leonardo Carneiro da; BASTOS, Antonio Adonias (coords.). *Execução e cautelar:* estudos em homenagem a José de Moura Rocha. Salvador: JusPodivm, 2012. p. 315-325.

rendimentos, menciona os arts. 867 a 869 do CPC como os dispositivos que regulam esse meio expropriatório.[352]

A apropriação de frutos e rendimentos não se relaciona apenas com a penhora de frutos e rendimentos de coisa móvel ou imóvel. Há também relação com diversos outros tipos de penhora. Rigorosamente, há várias penhoras que formam um microssistema e que deságuam na "apropriação de frutos e rendimentos de empresa ou de estabelecimentos e de outros bens". Assim, por exemplo, há a penhora de quotas, penhora de empresa, penhora de percentual de faturamento, penhora de frutos, que formam um bloco normativo.

Tais penhoras acarretam, ao final, a apropriação dos rendimentos e frutos. São dois momentos diversos: primeiro, há a penhora, que pode ser de quotas, de rendimentos, de frutos, de faturamento etc. Depois, há a apropriação dos rendimentos e frutos que foram penhorados, com a entrega dos valores ao credor. O meio expropriatório é exatamente a apropriação.

O disposto nos arts. 867 a 869 do CPC regula a penhora de frutos e rendimentos de coisa móvel ou imóvel, bem como a penhora de percentual de faturamento de empresa (CPC, art. 866, § 3º). Além de regular a penhora, serve, igualmente, a disciplinar a apropriação dos rendimentos e frutos que foram penhorados.

É uma disciplina conjunta: regula-se a penhora e, de igual modo, o meio expropriatório, que é a apropriação dos rendimentos e frutos.

É preciso observar que esse meio de expropriação é o sucedâneo do usufruto judicial para que se possa aplicar a doutrina e a jurisprudência já formadas em torno do tema.

Assim como ocorria no antigo usufruto judicial, para que o juiz adote a apropriação de frutos e rendimentos, é preciso que a medida seja, a um só tempo, efetiva para o recebimento do crédito e menos gravosa para o executado. Aí estão, pois, os dois principais requisitos para o seu deferimento: a) a efetividade da medida e b) sua menor onerosidade (CPC, art. 867).

Na execução por quantia certa, o exequente pretende receber, em dinheiro, o valor que lhe é devido. Realizada a penhora, poderá o exequente adjudicar o bem penhorado. Não se operando a adjudicação, impõe-se realizar a expropriação do bem, a fim de que o produto da venda seja destinado ao exequente. E tal expropriação pode realizar-se pela alienação.

Sendo *patrimonial* a responsabilidade do devedor, seus bens são atingidos com a execução, respondendo pela dívida que contraiu. Significa que a satisfação da dívida pela execução forçada ocorre com a expropriação de bens do executado. O patrimônio do executado se vê desfalcado de modo permanente: determinado bem é retirado, definitivamente, do acervo do executado, com vistas a satisfazer o crédito do exequente. Há, enfim, uma perda de bens do executado.

Se é certo que a execução corre no interesse do credor, devendo ser efetiva (CPC, art. 797), não é menos evidente que deve processar-se pela forma menos gravosa para o devedor (CPC, art. 805). Se o executado dispõe de bens que produzem rendimentos, é preferível – por ser menos oneroso – que se atenda aos interesses do exequente sem que o executado precise ser despojado da sua propriedade. Em vez de ser expropriado bem do executado, basta que

---

[352] THEODORO JÚNIOR, Humberto. *Curso de direito processual civil*. 47. ed. Rio de Janeiro: Forense, 2016. v. 3, § 47, n. 464, p. 602; VENTURI, Elton. Comentários ao art. 825. In: WAMBIER, Teresa Arruda Alvim; DIDIER JR., Fredie; TALAMINI, Eduardo; DANTAS, Bruno (coords.). *Breves comentários ao novo Código de Processo Civil*. São Paulo: RT, 2015. n. 4, p. 1.908; MAZZEI, Rodrigo; MERÇON-VARGAS, Sarah. Comentários ao art. 867. In: CABRAL, Antonio do Passo; CRAMER, Ronaldo (coords.). *Comentários ao novo Código de Processo Civil*. Rio de Janeiro: Forense, 2015. n. 1, p. 1.234.

se atribuam ao exequente, em caráter temporário, os rendimentos produzidos pelo bem. O executado conservará, com essa restrição, o domínio do bem, que será restabelecido, em sua plenitude, quando da total satisfação do crédito. Assim, sem prejuízo para o exequente, que irá receber o valor que lhe é devido, adota-se solução vantajosa para o executado, impondo-lhe um menor sacrifício.

Essa é a razão que inspira a apropriação de frutos e rendimentos, que constitui uma das formas de expropriação (CPC, art. 825, III).

Privado do bem por certo prazo, mas conservando seu domínio, o executado satisfaz o crédito do exequente, a quem são atribuídos os rendimentos do bem penhorado, até o termo final, quando estará integralmente satisfeito o crédito.

A medida pode ser determinada pelo juiz de ofício ou a requerimento do exequente, ou do executado, ou de ambos.[353] Antes de determiná-la de ofício ou a requerimento de uma das partes, o juiz deve instaurar o contraditório (CPC, art. 10), a não ser que a medida seja requerida conjuntamente por exequente e executado.

Tal medida há de ser determinada até antes de realizada a alienação em leilão público. Realizada a alienação do bem, não é mais possível que haja a apropriação de frutos ou rendimentos. Assim, penhorado um bem e determinada a realização de leilão, se restar infrutífero o evento, não havendo arrematação, é possível, ainda, que se defira a apropriação de frutos ou rendimentos. Em outras palavras, não havendo arrematação, permite-se o deferimento da referida apropriação.

Ao determinar a penhora de empresa, estabelecimento ou outro bem do qual advenham frutos ou rendimentos, o juiz deve nomear administrador-depositário, que será investido de todos os poderes que concernem à administração do bem e à fruição de seus frutos e utilidades, perdendo o executado o direito de gozo do bem, até que o exequente seja pago do principal, dos juros, das custas e dos honorários advocatícios.

É possível o exequente ser o administrador, se assim concordar o executado, e vice-versa, ou seja, é possível que o executado seja o administrador, caso o exequente assim concorde. Não havendo acordo, será nomeado profissional qualificado para o desempenho da função.

Se o imóvel estiver arrendado, o arrendatário ou locatário haverá de pagar o aluguel diretamente ao exequente, salvo se houver administrador, a quem deverá ser destinado o pagamento dos aluguéis. Se o administrador for o exequente, este poderá celebrar locação do móvel ou imóvel, ouvido o executado. Havendo divergência ou discordância, caberá ao juiz decidir a melhor forma de exercício da administração. O administrador age com legitimação negocial e processual, podendo atuar, dentro dos limites de seus poderes, para celebrar contratos relativos ao bem e para defender o recebimento dos frutos e rendimentos.

Essas formas de penhora e a consequente apropriação de rendimentos ou frutos são cabíveis na execução fiscal, consistindo num meio expropriatório plenamente adequado à satisfação do crédito inscrito em dívida ativa da Fazenda Pública.[354]

---

[353] THEODORO JÚNIOR, Humberto. *Curso de direito processual civil*. 47. ed. Rio de Janeiro: Forense, 2016. v. 3, § 47, n. 465, p. 603.

[354] NOGUEIRA, Pedro Henrique Pedrosa. Notas sobre alguns reflexos do novo CPC no processo de execução fiscal. In: CIANCI, Mirna; DELFINO, Lúcio; DANTAS, Bruno; DIDIER JR., Fredie; CUNHA, Leonardo Carneiro da; CAMARGO, Luiz Henrique Volpe; REDONDO, Bruno Garcia (coords.). *Novo Código de Processo Civil*: impactos na legislação extravagante e interdisciplinar. São Paulo: Saraiva, 2016. v. 2, p. 330.

12.2.1.8 Da sentença e da coisa julgada na execução fiscal

Na execução, o órgão jurisdicional, a exemplo do que faz em qualquer procedimento, realiza dois tipos de juízo: um sobre a admissibilidade e outro sobre o mérito. O juízo de admissibilidade é o juízo sobre a aptidão do procedimento para a produção do ato final a que se destina. O juízo de mérito é aquele sobre o objeto do procedimento, sobre o acolhimento ou não da pretensão veiculada por ele.

Cabe ao órgão jurisdicional, na execução, exercer o juízo de admissibilidade, verificando o preenchimento dos pressupostos processuais, como, por exemplo, a existência de título executivo, a competência, o pagamento de custas etc.[355]

O mérito da execução é a efetivação, realização, satisfação de um direito a uma prestação certificado em um título executivo.

É preciso anotar, ainda, que o *mérito* do procedimento executivo normalmente é delimitado a partir de um ato postulatório do exequente. É inegável que há, na execução, um *pedido* a ser atendido. Logo, há *mérito*. E, se há *mérito*, existem *questões de mérito*, que são questões que dizem respeito ao acolhimento do pedido. Para que o pedido seja examinado, há, sempre, questões que lhe precedem logicamente. No caso da execução, o *pedido* (ou o *mérito*) é a satisfação do credor. Para isso ser alcançado, uma série de questões sobre o mérito tem de ser examinada. O *mérito* identifica-se com o *pedido* formulado pelo demandante. Se é certo que há *pedido* na execução, não restam dúvidas acerca da existência de *mérito* no processo executivo.

Na execução, a parte demandante *pede* que seja satisfeito seu crédito; o acolhimento do pedido consiste na expropriação de bens do executado, com a consequente entrega do dinheiro ao exequente, satisfazendo-se assim seu crédito e sua própria pretensão. O que o exequente pretende é ter seu crédito satisfeito. É isso que ele pede. Satisfeito o crédito do exequente, restou acolhido o seu pedido. Enfim, o *mérito*, na execução, é *atendido* com a satisfação do crédito.

Por aí já se percebe que, na execução, o mérito não é atendido pela sentença. Ele é *acolhido antes* da sentença. Tal acolhimento é realizado, na execução por quantia certa, pela adjudicação, pela entrega do dinheiro ao credor ou pela apropriação de frutos e rendimentos.[356]

Existe, sim, *mérito* na execução. O detalhe é que ele é atendido *antes* da sentença. Satisfeito o crédito do exequente, o juiz irá extinguir a execução por sentença. E tal sentença irá, apenas, *declarar* que o mérito já foi atendido e que o crédito já foi satisfeito, estando extinta a obrigação.

Tudo se passa, na execução, da mesma forma como ocorre na *ação de consignação em pagamento*. Nesta última, o que extingue a obrigação é o *depósito*; a sentença só declara a extinção.[357] Daí a ação de consignação em pagamento ter conteúdo meramente declaratório, servindo, apenas, para declarar que a obrigação já foi extinta com o depósito feito pelo autor no curso no procedimento.[358] É exatamente isso que ocorre na execução: o que extingue a obrigação é o pagamento; a sentença só declara a extinção.

---

[355] DANTAS, Marcelo Navarro Ribeiro. Admissibilidade e mérito na execução. *Revista de Processo*, São Paulo: RT, v. 47, jul.-set. 1987, p. 30-33; DINAMARCO, Cândido Rangel. *Execução civil*. 5. ed. São Paulo: Malheiros, 1997. n. 245, p. 380; GUERRA, Marcelo Lima. *Execução forçada:* controle de admissibilidade. São Paulo: RT, 1995. n. 4.3, p. 116-117.

[356] DANTAS, Marcelo Navarro Ribeiro. Admissibilidade e mérito na execução. *Revista de Processo*, São Paulo: RT, v. 47, jul.-set. 1987, p. 34-35.

[357] MARCATO, Antonio Carlos. *Ação de consignação em pagamento*. São Paulo: RT, 1985. n. 3.2.5.2, p. 65.

[358] LOPES, João Batista. *Ação declaratória*. 4. ed. São Paulo: RT, 1995. n. 3.8.9.1, p. 82.

O *pedido* na execução pode *não ser acolhido*: o juiz pode reconhecer a extinção da pretensão executiva pela prescrição, acolher a alegação de compensação etc.

Se há cognição e juízo de mérito no procedimento executivo, pode haver também coisa julgada. Trata-se de um corolário inevitável.

A possibilidade de surgimento da coisa julgada após uma decisão em um procedimento executivo revela-se, com alguma clareza, pela análise de um exemplo, que pode servir de paradigma: a decisão lastreada no art. 924, II, do CPC.

Efetuado o pagamento na execução fiscal, ocorre a satisfação do crédito, culminando na extinção do processo por sentença do juiz da causa (CPC, arts. 924, II, e 925). Em outras palavras, a execução extingue-se quando acolhido o pedido do exequente. O que pretende o exequente é a satisfação do seu crédito, que, quando ocorre, autoriza a extinção da respectiva execução (CPC, art. 924, II).

O juiz, ao proferir sentença, declara extinta a obrigação, quando ocorre uma das hipóteses previstas nos incisos II a V do art. 924 do CPC, ou extingue o processo de execução *sem* extinção da dívida, quando se concretiza um dos casos relacionados no art. 485 do CPC. Vale dizer que há, na execução, extinção *normal*, quando se alcança a satisfação do crédito, e a extinção *anormal* (crise do procedimento), sempre que tal resultado não for alcançado.

A extinção *normal* da execução ocorre na hipótese de satisfação do crédito (CPC, art. 924, II). Nessa hipótese do inciso II do art. 924 do CPC, estão abrangidos tanto os casos em que o devedor cumpre espontaneamente a obrigação como aqueles em que a satisfação é obtida por expropriação de bens, sem a colaboração do executado.

Os incisos III, IV e V do art. 924 do CPC correspondem aos incisos II e III do art. 487 do mesmo Código, sendo inegável que há, em todos esses casos, exame do mérito do procedimento.[359] A obrigação é extinta, vindo a ser igualmente extinto o processo.

Nada obstante a satisfação reconhecida na execução fiscal, caso a Fazenda Pública verifique, posteriormente, ser insuficiente o valor pago, não poderá proceder a outra inscrição em dívida, expedindo-se nova certidão de dívida ativa para cobrar a diferença. Com efeito, tome-se como exemplo uma execução fiscal, em que se cobra o valor de R$ 500.000,00 (quinhentos mil reais). Ultimados os pertinentes atos processuais a tempo e modo, caso o executado efetue o pagamento e sobrevenha sentença extinguindo a execução, não poderá a Fazenda Pública, verificando, posteriormente, que o valor correto seria de R$ 700.000,00 (setecentos mil reais), pretender cobrar a diferença de R$ 200.000,00 (duzentos mil reais).

É que, nesse caso, haverá formação da coisa julgada, não sendo possível defender a existência de manifesto erro material, a obstar a formação da coisa julgada.

Realmente, ressalvada a hipótese de seu inciso I, nos casos do art. 924 do CPC, a sentença de extinção do processo de execução contém comando de extinção da própria relação de direito material havida entre as partes, fazendo, bem por isso, coisa julgada, sujeita, portanto, à ação rescisória (CPC, art. 966).[360]

---

[359] MOURÃO, Luiz Eduardo Ribeiro. *Coisa julgada*. Belo Horizonte: Fórum, 2008. p. 312-315.
[360] Nesse sentido, assim leciona José Carlos Barbosa Moreira: "Cabe ressaltar que, em *todos* os incisos do art. 794 [dispositivo do CPC-1973; equivale ao art. 924 do CPC-2015], há um denominador comum: trata-se, em qualquer deles, de atos suscetíveis de extinguir a relação jurídica material entre as partes. A extinção da execução, aí, é sempre fenômeno consequencial: o processo executivo não

Desse modo, sendo realizado, nos autos da correspondente execução fiscal, o pagamento do débito, haverá extinção da execução, por sentença proferida pelo juiz da causa. Opera-se, a partir daí, a *coisa julgada*.

Caso a Fazenda Pública realmente entenda ser incompleto o pagamento, deverá, então, propor ação rescisória com vistas a rescindir a sentença. Enquanto não obtém tal rescisão, a Fazenda Pública deverá aceitar a satisfação do débito. Do contrário, ou seja, caso a Fazenda Pública persista em não reconhecer a satisfação do débito, deverá intentar ação rescisória, sob pena de ofensa à *coisa julgada*, erigida à garantia constitucional.

12.2.1.9 Dos recursos na execução fiscal

No processo de execução fiscal, admitem-se todos os recursos previstos no Código de Processo Civil. Das decisões interlocutórias cabe agravo de instrumento, aplicando-se o disposto no parágrafo único do art. 1.015 do CPC.

Da sentença que rejeitar os embargos do executado cabe apelação *sem* efeito suspensivo.

A apelação submete-se à regra geral do *duplo* efeito (CPC, art. 1.012). Há casos, contudo, em que a apelação não contém o efeito suspensivo, dentre os quais quando interposta contra sentença que rejeita os embargos à execução (CPC, art. 1.012, § 1º, III).

Significa, então, que a apelação interposta contra a sentença que rejeita os embargos do devedor na execução fiscal deve ser recebida apenas no efeito devolutivo. Nesse caso, se o executado pretender obter o efeito suspensivo à apelação, deverá, com fundamento no § 3º do art. 1.012 do CPC, formular requerimento dirigido ao tribunal, no período compreendido entre a interposição da apelação e sua distribuição, ficando o relator designado para seu exame prevento para julgá-la. Se a apelação já tiver sido distribuída, o requerimento será dirigido ao seu próprio relator.

---

há de subsistir porque já não subsiste a dívida, quer com a satisfação do credor (inciso I), quer sem ela (incisos II e III)" (Notas sobre a extinção da execução. *Temas de direito processual* – 5ª Série. São Paulo: Saraiva, 1994. p. 175).

Sobre o assunto, impõe-se ceder a palavra a Thereza Alvim, segundo quem a sentença que extingue o processo de execução, sobretudo pela satisfação do crédito, é abrangida pelos efeitos da coisa julgada, somente podendo ser rescindida ou modificada por meio de ação rescisória, sujeita ao prazo decadencial de 2 (dois) anos. Eis o teor de sua lição: "Muito se discute sobre a sentença que põe termo à execução, tida como essencial pelo art. 795 do Código de Processo Civil [dispositivo do CPC-1973; equivale ao art. 925 do CPC-2015]. Esta *pode ter como conteúdo quer as hipóteses enumeradas no artigo anterior, quer outras*. Todavia, tratando-se de sentença que extingue a execução, porque *o devedor satisfez a obrigação*, pelo devedor obter, mediante *transação* ou qualquer outro meio, a *remissão* total da dívida ou por o credor ter *renunciado* ao crédito, inegavelmente, *ficará ela abrangida pela imutabilidade própria da coisa julgada material*. Esse o motivo pelo que nos parece só poderá ser desconstituída através de *ação rescisória*. (...) Assim, discordamos da afirmação de que, se a execução não foi embargada, *necessariamente* inexiste sentença, *só cabendo ação anulatória*" (Notas sobre alguns aspectos controvertidos da ação rescisória. *Revista de Processo*, São Paulo: RT, v. 39, jul.-set. 1985, p. 15).

Esse é, inclusive, o entendimento manifestado pelo Superior Tribunal de Justiça: "O processo de execução, depois de declarado extinto, por sentença com trânsito em julgado, não pode ser anulado mediante ação ordinária. A desconstituição do processo executório – incluída a da sentença que o extinguiu –, ainda que nulidade tenha existido no seu curso, só se torna juridicamente possível, pela via da ação rescisória" (STJ, 1ª Turma, REsp 15.622-0/SP, Rel. Min. Demócrito Reinaldo, *DJ* 13.03.1995, *Adcoas* de 30.07.1995, n. 147.945). No mesmo sentido: STJ, 6ª Turma, REsp 147.735/SP, Rel. Min. Vicente Leal, *DJ* 12.6.2000, p. 139; STJ, 6ª Turma, REsp 238.059/RN, Rel. Min. Vicente Leal, *DJ* 10.4.2000, p. 144.

Das sentenças de primeira instância proferidas em execuções fiscais de valor igual ou inferior a 50 (cinquenta) ORTN[361] só se admitirão embargos infringentes e de declaração. Os embargos infringentes, instruídos ou não com documentos novos, serão interpostos, no prazo de 10 (dez) dias, perante o mesmo juízo, em petição fundamentada. Ouvido o embargado no prazo de 10 (dez) dias, o juiz decidirá em seguida os embargos infringentes de alçada.

Na verdade, tais sentenças não podem ser desafiadas pelo recurso de apelação.[362] Cabe, apenas, para o próprio juiz, embargos declaratórios ou um recurso denominado embargos infringentes. Trata-se de recurso intentado para o próprio juiz para que ele reveja sua sentença.[363] Além desses 2 (dois) recursos, é possível, se houver prequestionamento de matéria constitucional, a interposição de recurso extraordinário para o Supremo Tribunal Federal contra a decisão do juiz que julgar esses embargos infringentes (Súmula do STF 640).

Não é cabível recurso especial da sentença proferida pelo juiz, pois ele somente é cabível, nos termos do art. 105, III, da Constituição Federal, contra acórdão proferido por tribunal de justiça ou por tribunal regional federal; não cabe recurso especial contra sentença de juiz de primeira instância, ainda que proferida em grau único de jurisdição. Aliás, é exatamente por esse motivo que não cabe recurso especial contra acórdão proferido por turma de Juizado Especial, segundo explicitado no enunciado 203 da Súmula do STJ, pois não se trata de acórdão de tribunal, mas de órgão composto por juízes de primeira instância, não atendendo à previsão constitucional.

12.2.2 Execução de multas e condenações impostas pelo Tribunal de Contas

Dentre as atribuições que são conferidas ao Tribunal de Contas, sobressai a condenação de administradores e demais responsáveis por dinheiros, bens e valores públicos da Administração direta e indireta, ao ressarcimento de valores perdidos, extraviados, desviados ou em

---

[361] O Superior Tribunal de Justiça fixou que as 50 ORTNs equivalem a 311,59 Ufir's (Embargos infringentes de alçada. *Genesis – Revista de Direito Processual Civil*, Curitiba: Genesis, v. 28, p. 222). Em recurso submetido ao regime dos repetitivos, o STJ determinou o valor que representa 50 (cinquenta) obrigações reajustáveis do Tesouro Nacional (ORTN). Confira-se, a propósito, o seguinte precedente: STJ, 1ª Seção, REsp 1.168.625/MG, Rel. Min. Luiz Fux, *DJe* 1º.7.2010. Eis a tese firmada no tema 395 dos recursos repetitivos: "Adota-se como valor de alçada para o cabimento de apelação em sede de execução fiscal o valor de R$ 328,27 (trezentos e vinte e oito reais e vinte e sete centavos), corrigido pelo IPCA-E a partir de janeiro de 2001, valor esse que deve ser observado à data da propositura da execução".

[362] "Recurso. Agravo convertido em extraordinário. Apelação em execução fiscal. Cabimento. Valor inferior a 50 ORTN. Constitucionalidade. Repercussão geral reconhecida. Precedentes. Reafirmação da jurisprudência. Recurso improvido. É compatível com a Constituição norma que afirma incabível apelação em casos de execução fiscal cujo valor seja inferior a 50 ORTN" (Acórdão do Pleno do STF, ARE 637.975 RG, Rel. Min. Presidente, *DJe* 1º.9.2011).

[363] Em precedente específico, o STJ entendeu que, rejeitados os infringentes na execução fiscal de pequeno valor, cabe mandado de segurança contra a sentença que tiver cometido alguma ilegalidade ou abusividade, ofendendo direito líquido e certo da parte (STJ, 2ª Turma, RMS 3.1681/SP, Rel. Min. Castro Meira, *DJe* 26.10.2012). É preciso, porém, que tenha havido, antes, os embargos infringentes, pois o mandado de segurança não pode ser utilizado como sucedâneo recursal, a não ser que haja manifesta ilegalidade ou abuso de poder (STJ, 1ª Turma, RMS 49.410/RS, Rel. Min. Gurgel de Faria, *DJe* 28.4.2016). Posteriormente, ao julgar o IAC 3, o STJ entendeu não ser cabível o mandado de segurança, nos termos da tese fixada: "não é cabível mandado de segurança contra decisão proferida em execução fiscal no contexto do art. 34 da Lei 6.830/1980".

relação aos quais recaia alguma irregularidade de que resulte prejuízo ao Erário, aplicando-lhes, ainda, multa proporcional ao dano causado aos cofres públicos, além de outras cominações.

A condenação imposta pelo Tribunal de Contas a administradores públicos é feita por meio de decisão que reveste o matiz de título executivo.

A Constituição Federal, em seu art. 71, § 3º, confere eficácia de título executivo às decisões do Tribunal de Contas, sendo prescindível sua inscrição em dívida ativa, pois já contêm certeza e liquidez, enquadrando-se na moldura delineada no art. 784, XII, do Código de Processo Civil.

É bem verdade que os créditos da Fazenda Pública devem ser escriturados e inscritos em dívida ativa, possibilitando, assim, o ajuizamento da execução fiscal. Ocorre que tal inscrição em dívida ativa tem por escopo constituir o título executivo que haverá de aparelhar o executivo fiscal. Se a Fazenda Pública já dispuser do título executivo, é desnecessário inscrever o crédito em dívida ativa para obter o que já dispõe.

De fato, se a Fazenda Pública já dispõe de título executivo, não haveria, como não há, razão para inscrevê-lo em dívida ativa para conferir-lhe força executiva. É que o título já contém tal força executiva, não carecendo ser dotado do que já é.

Ora, sendo a decisão do Tribunal de Contas dotada de força de título executivo, não há razão para ser inscrita em dívida ativa. Realmente, segundo dispõe o art. 784, IX, do CPC, é título executivo "a certidão de dívida ativa da Fazenda Pública da União, dos Estados, do Distrito Federal e dos Municípios, *correspondente aos créditos inscritos na forma da lei*".

Os créditos havidos pela Fazenda Pública somente poderão ser executados caso sejam devidamente inscritos em dívida ativa, servindo a respectiva certidão de título executivo extrajudicial. Contudo, já dispondo o ente público de título executivo, não haverá razão para inscrevê-lo em dívida ativa.

Sendo certa a força executiva da decisão do Tribunal de Contas (CF, art. 71, § 3º), não há razão para sua inscrição em dívida ativa.[364]

A decisão proferida pelo Tribunal de Contas, sobre revestir a condição de título executivo, não precisa ser inscrita em dívida ativa. Serve, ela mesma, de lastro à execução. Caso, todavia, haja inscrição em dívida ativa, a execução não será aparelhada pela decisão, mas sim pela certidão de dívida ativa.

Não sendo necessária a inscrição em dívida ativa, a execução deve seguir o procedimento previsto no Código de Processo Civil.[365] Isso porque a Lei 6.830/1980 somente se aplica à execução da *certidão de dívida ativa*. Não havendo certidão, incabível aplicar-se o procedimento definido na lei de executivos fiscais.

Não é demais registrar que a execução deverá ser proposta pelo ente beneficiado com a condenação imposta pelo Tribunal de Contas. Se a decisão favorece um Município, é deste a legitimidade para propor a execução. Caso o favorecido com a decisão seja o Estado, a este caberá intentar a demanda executiva. Sendo a União a beneficiada com a decisão, é dela a legitimidade ativa para a execução.

---

[364] TARS, 1ª Câmara, Ap. 196.153.217, Rel. Juiz Arno Werlang, j. 12.11.1996; *Revista dos Tribunais* 739:423.

[365] "Processo civil. Execução. Título executivo consistente em decisão de tribunal de contas imputando débito. Adoção do rito comum para execução de títulos extrajudiciais, previsto no Código de Processo Civil. Recurso improvido" (STJ, 1ª Turma, REsp 1.112.617/PB, Rel. Min. Teori Albino Zavascki, *DJe* 3.6.2009).

O Ministério Público não dispõe de legitimidade ativa para propor a execução de decisão do Tribunal de Contas, com a finalidade de ressarcimento ao Erário e de preservação do patrimônio público.[366]

Na verdade, cabe distinguir os casos de imputação de débito ou de ressarcimento ao Erário (quando se busca a recomposição do dano sofrido pelo patrimônio público) daqueles em que há apenas a imposição de uma multa. Na primeira hipótese, o valor deve ser executado pelo ente público cujo patrimônio deve ser recomposto, como já afirmado acima. Se, entretanto, a execução refere-se à multa imposta pelo Tribunal de Contas, a legitimidade será do Estado (se se tratar de decisão do Tribunal de Contas Estadual) ou da União (sendo decisão do Tribunal de Contas da União).[367]

Significa, então, que a Fazenda Pública, diante de uma condenação imposta pelo Tribunal de Contas, dispõe de duas opções: (a) executar a própria decisão do tribunal, valendo-se, para tanto, das regras da execução por quantia certa contra devedor solvente, contidas no Código de Processo Civil; ou (b) inscrever o débito em dívida ativa e, com lastro na certidão de dívida ativa, intentar a execução fiscal, que irá processar-se pelas regras insertas na Lei 6.830/1980.

12.2.3 Execução de multa penal

O art. 51 do Código Penal, na redação que lhe deu a Lei 9.268/1996, estabelecia que:

> Transitada em julgado a sentença condenatória, a multa será considerada dívida de valor, aplicando-se-lhe as normas da legislação relativa à dívida ativa da Fazenda Pública, inclusive no que concerne às causas interruptivas e suspensivas da prescrição.

Tal dispositivo suscitava algumas discussões, a saber: (a) A multa tem natureza repressivo-penal? (b) Qual o juízo competente para a cobrança da multa? O juízo criminal, o das execuções penais ou o da Fazenda Pública? (c) Quem dispõe de legitimidade para cobrar a multa penal: o Ministério Público ou a Fazenda Pública? (d) É necessária a inscrição do valor da multa em dívida ativa?

A primeira corrente, defendida por Sérgio Shimura,[368] entendia que:

a) multa *tem* natureza repressivo-penal;

b) o juízo competente para a cobrança da multa é o juízo criminal ou o das execuções penais, a depender da organização judiciária da respectiva comarca, não detendo tal competência o juízo da Fazenda Pública;

c) quem dispõe de legitimidade para cobrar a multa penal é o Ministério Público;

d) é desnecessária a inscrição do valor da multa em dívida ativa.

---

[366] STF, Pleno, ARE 823.347 RG, Rel. Min. Gilmar Mendes, *DJe* 28.10.2014; STF, 2ª Turma, ARE 791.577 AgR, Rel. Min. Ricardo Lewandowski, *DJe* 21.8.2014; STF, 1ª Turma, RE 791575 AgR, Rel. Min. Marco Aurélio, *DJe* 27.6.2014; STJ, 1ª Turma, REsp 1.194.670/MA, Rel. Min. Napoleão Nunes Maia Filho, *DJe* 2.8.2013; STJ, 2ª Turma, AgRg no REsp 1.518.430/MA, Rel. Min. Humberto Martins, *DJe* 2.6.2015; STJ, 2ª Turma, AgRg no REsp 1.541.385/MA, Rel. Min. Herman Benjamin, *DJe* 3.2.2016.

[367] STJ, 1ª Seção, EAg 1.138.822/RS, Rel. Min. Herman Benjamin, *DJe* 1º.3.2011; STJ, 1ª Turma, AgRg no REsp 1.415.296/RJ, Rel. Min. Sérgio Kukina, *DJe* 4.2.2014; STJ, 2ª Turma, AREsp 163.157/RJ, Rel. Min. Eliana Calmon, *DJe* 7.2.2014.

[368] SHIMURA, Sérgio. Execução da multa penal. *Revista de Processo*, São Paulo: RT, v. 101, jan.-mar. 2001, p. 71-80.

Por outro lado, a segunda corrente sustentava, simplesmente, que a multa penal foi convertida em *dívida de valor*, daí resultando a modificação da legitimidade ativa para sua cobrança, que passou a ser da Fazenda Pública; passava a competência a ser do juízo cível ou do juízo da Fazenda Pública, a depender da organização judiciária da respectiva comarca; seria necessária a inscrição em dívida ativa para, obtendo-se a certidão de dívida ativa, poder ser utilizado o procedimento da execução fiscal.

O Superior Tribunal de Justiça perfilhou a orientação ministrada pela segunda corrente, firmando o entendimento de que se tratava de dívida de valor a ser cobrada, no juízo fazendário, pela Fazenda Pública.[369] Aliás, tal entendimento consolidou-se no enunciado 521 da Súmula do STJ: "A legitimidade para a execução fiscal de multa pendente de pagamento imposta em sentença condenatória é exclusiva da Procuradoria da Fazenda Pública".

Ao apreciar a Ação Direta de Inconstitucionalidade 3.150, o Supremo Tribunal Federal entendeu que "[a] Lei nº 9.268/1996, ao considerar a multa penal como dívida de valor, não retirou dela o caráter de sanção criminal, que lhe é inerente por força do art. 5º, XLVI, *c*, da Constituição Federal".[370] A partir dessa premissa, o STF concluiu que:

(i) o Ministério Público é o órgão legitimado para promover a execução da pena de multa, perante a Vara de Execução Criminal, observado o procedimento descrito pelos artigos 164 e seguintes da Lei de Execução Penal;

(ii) caso o titular da ação penal, devidamente intimado, não proponha a execução da multa no prazo de 90 (noventa) dias, o Juiz da execução criminal dará ciência do feito ao órgão competente da Fazenda Pública (Federal ou Estadual, conforme o caso) para a respectiva cobrança na própria Vara de Execução Fiscal, com a observância do rito da Lei 6.830/1980.

Depois desse julgamento do STF, o art. 51 do Código Penal foi alterado pela Lei 13.964/2019, passando a ostentar a seguinte redação:

> Art. 51. Transitada em julgado a sentença condenatória, a multa será executada perante o juiz da execução penal e será considerada dívida de valor, aplicáveis as normas relativas à dívida ativa da Fazenda Pública, inclusive no que concerne às causas interruptivas e suspensivas da prescrição.

Por aí se vê que a multa deve ser cobrada no juízo da execução penal pelo Ministério Público, mediante o procedimento da execução fiscal. Somente será executada pela Fazenda Pública, se o Ministério Público não o fizer, mas sempre no juízo da execução penal. A partir da mudança legislativa, o STJ passou a decidir que, "conforme a atual redação do artigo 51 do Código Penal, recentemente alterada pela Lei n. 13.964/2019, cabe ao juízo das execuções penais, sem ressalvas, a competência para execução da pena de multa".[371]

---

[369] STJ, 3ª Seção, CAt. 92/SP, Rel. Min. Gilson Dipp, *DJe* 7.5.2008; STJ, 6ª Turma, AgRg no REsp 1.027.204/MG, Rel. Min. Hamilton Carvalhido, *DJe* 18.8.2008; STJ, 5ª Turma, REsp 1.113.063/MG, Rel. Min. Felix Fischer, *DJe* 13.10.2009; STJ, 5ª Turma, AgRg no REsp 1.332.225/MG, Rel. Min. Marilza Maynard (Des. conv. TJSE), *DJe* 6.2.2013.

[370] STF, Pleno, ADI 3150, Rel. Min. Marco Aurélio, Rel. p/ acórdão Min. Roberto Barroso, *DJe* 6.8.2019.

[371] STJ, 5ª Turma, AgRg no REsp 1.869.371/PR, Rel. Min. Felix Fischer, *DJe* 24.11.2020.

12.2.4 Execução de multas e condenações impostas pelo CADE

A Lei 12.529, de 30 de novembro de 2011, que estrutura o Sistema Brasileiro de Defesa da Concorrência, estabelece que o CADE – Conselho Administrativo de Defesa Econômica, nos procedimentos administrativos para apuração de infrações à ordem econômica, poderá tomar do representado compromisso de cessação da prática sob investigação, prevendo, no § 8º de seu art. 85, que "o termo de compromisso de cessação de prática constitui título executivo extrajudicial".

Segundo o disposto no art. 93 da referida Lei 12.529/2011, "a decisão do Plenário do Tribunal, cominando multa ou impondo obrigação de fazer ou não fazer, constitui título executivo extrajudicial", sendo certo, nos termos do art. 94, que a execução que tenha por objeto exclusivamente a cobrança de multa pecuniária será feita de acordo com o procedimento da execução fiscal.

Como se percebe, se houver pretensão para cobrar a multa pecuniária, o procedimento a ser aplicado há de ser o da execução fiscal. Só será aplicável a Lei 6.830/1980 se a execução disser respeito, apenas e exclusivamente, à multa pecuniária imposta pelo CADE. Trata-se de execução fiscal não tributária, cujo procedimento deve observar as regras e as peculiaridades demonstradas nos itens anteriores.

Capítulo XIII
A FAZENDA PÚBLICA E A AÇÃO MONITÓRIA

13.1 MICROSSISTEMA DE TUTELA DE DIREITOS PELA TÉCNICA MONITÓRIA NO CPC

O Código de Processo Civil instituiu um *microssistema* de tutela de direitos pela técnica monitória, composto pela estabilização da tutela provisória (art. 304) e pela ação monitória (arts. 700 a 702).

A estabilização ocorre na *tutela provisória de urgência satisfativa*. Tanto na estabilização como na ação monitória há obtenção adiantada de mandamento ou execução *secundum eventum defensionis*: não havendo manifestação da parte demandada, obtém-se satisfação definitiva adiantada.

Em outras palavras, a estabilização da tutela provisória de urgência (CPC, art. 304) e a ação monitória (CPC, arts. 700 a 702) formam um regime jurídico único ou um microssistema.

Na estabilização, o juiz concede uma tutela provisória satisfativa de urgência antecedente. Não havendo recurso do réu, a decisão estabiliza-se, com extinção do processo. Na ação monitória, o juiz, à vista da prova escrita apresentada pelo autor, expede mandado de pagamento ou de cumprimento da obrigação. Não sendo opostos os embargos pelo réu, aquela ordem de pagamento ou cumprimento da obrigação estabiliza-se.

Nas 2 (duas) hipóteses, embora a cognição seja sumária ou incompleta, a parte obtém, em caráter definitivo, decisão mandamental ou executiva *secundum eventum defensionis*. Não havendo impugnação do réu, a decisão se estabiliza. Em ambos os casos, a decisão, fruto de cognição sumária ou incompleta, é proferida, invertendo-se o ônus da iniciativa do contraditório, em manifesta concretização da *técnica monitória*.

Por isso, pode-se dizer que o CPC instituiu um *microssistema* de tutela de direitos pela técnica monitória, formando um conjunto de regras que se intercomunicam na interpretação dos textos normativos relativos ao tema.

13.2 AÇÃO MONITÓRIA: NOÇÕES GERAIS

A ação monitória está prevista nos arts. 700, 701 e 702 do Código de Processo Civil e tem por finalidade permitir a rápida formação de título executivo judicial, descerrando o imediato acesso à execução forçada mediante o procedimento do cumprimento de sentença.

A ação monitória é um *remédio jurídico processual*, ou, de forma mais simples, um direito a um procedimento específico, disciplinado nos mencionados dispositivos legais. Sendo certo que a ação de procedimento especial monitório é processada por rito especial, não restam dúvidas de que se lhe aplicam, subsidiariamente, as regras relativas ao procedimento comum.

A propósito, eis o que dispõe o parágrafo único do art. 318 do CPC: "O procedimento comum aplica-se subsidiariamente aos demais procedimentos especiais e ao processo de execução".

Para que se admita a ação monitória, é preciso que haja prova escrita da obrigação. O procedimento da ação monitória é construído a partir desse requisito específico. Seu procedimento é, então, sumário, abreviado, expedito, destinado à obtenção de uma ordem que imponha o cumprimento da obrigação a que se refira a prova escrita.

A ação monitória é remédio jurídico processual, mas a relação material afirmada em sua petição inicial não guarda qualquer especialidade além das necessárias para a adoção do seu procedimento especial. Tanto isso é verdade que a ação material nele afirmada pode ser igualmente alegada em procedimento comum.

A diferença entre a ação monitória e o procedimento comum é procedimental. Quem tem direito à ação monitória tem, na verdade, direito a um procedimento especial, diferenciado, abreviado, sumário.

Nos termos do art. 700 do CPC, cabe a ação monitória se houver "prova escrita sem eficácia de título executivo". Tal dispositivo há de ser interpretado em conjunto com o art. 785 do CPC, segundo o qual "a existência de título executivo extrajudicial não impede a parte de optar pelo processo de conhecimento, a fim de obter título executivo *judicial*". Mesmo dispondo de um título executivo extrajudicial, o credor pode optar pelo procedimento comum. De igual modo, pode optar pelo procedimento monitório.

A ação de execução acarreta uma inversão do contraditório: é o executado que precisa propor uma demanda (embargos à execução) para defender-se. A opção do credor pelo processo de conhecimento não constitui desprezo à ação executiva. Ele apenas estará invertendo a ordem do que ocorreria caso optasse pela via executiva. A cognição exauriente que viria (ou poderia vir) mais tarde foi desde logo estabelecida.[1] A execução fundada em título executivo extrajudicial nada mais é que um procedimento especial e, como tal, deve ser de uso facultativo pela parte, a quem não se pode afastar a possibilidade de escolha do procedimento comum.[2]

Como visto, o art. 700 do CPC franqueia a ação monitória a quem dispuser de prova escrita sem eficácia de título executivo. Ou seja, quem tiver um título executivo não pode propor ação monitória. Na verdade, à expressão contida no art. 700 do CPC "eficácia de título executivo" deve ser acrescida a qualificação "judicial", de modo que se compreenda que cabe a ação monitória quando houver prova escrita sem eficácia de título executivo *judicial*. O interesse do autor na utilização do procedimento especial monitório é o de obter um título executivo *judicial*. Eis a finalidade da ação monitória.

Significa que cabe a ação monitória mesmo que o autor disponha de título executivo extrajudicial.[3]

---

[1] THEODORO JÚNIOR, Humberto. Tutela diferenciada: opção do credor entre a ação executiva e a ação ordinária de cobrança. *Revista Dialética de Direito Processual*, São Paulo: Dialética, v. 4, jul. 2003, p. 91.

[2] ARAÚJO, Gabriela Expósito Miranda de; GOUVEIA FILHO, Roberto P. Campos; ALBUQUERQUE JR., Roberto Paulino de. Da noção de direito ao remédio jurídico processual à especialidade dos procedimentos das execuções fundadas em título extrajudicial: ensaio a partir do pensamento de Pontes de Miranda. In: DIDIER JR., Fredie; CUNHA, Leonardo Carneiro da; BASTOS, Antonio Adonias (coords.). *Execução e cautelar*: estudos em homenagem a José de Moura Rocha. Salvador: JusPodivm, 2012. p. 519-521.

[3] Nesse sentido, o enunciado 446 do Fórum Permanente de Processualistas Civis: "Cabe ação monitória mesmo quando o autor for portador de título executivo extrajudicial". No mesmo sentido, o enunciado 101 da I Jornada de Direito Processual Civil, do Conselho da Justiça Federal: "É admissível ação monitória, ainda que o autor detenha título executivo extrajudicial".

Se o autor dispuser de prova escrita sem eficácia de título executivo, também poderá propor a ação monitória. Tome-se como exemplo a situação do portador de um cheque prescrito: ele não pode promover ação de execução, mas lhe é facultada a via do procedimento monitório. Nesse sentido, assim estabelece o enunciado 299 da Súmula do STJ: "É admissível a ação monitória fundada em cheque prescrito".[4] Nos termos do enunciado 233 da Súmula do

---

[4] Em recurso especial repetitivo, o STJ decidiu que "Em ação monitória fundada em cheque prescrito, ajuizada em face do emitente, é dispensável menção ao negócio jurídico subjacente à emissão da cártula" (STJ, 2ª Seção, REsp 1.094.571/SP, Rel. Min. Luís Felipe Salomão, j. 04.02.2013, DJe 14.02.2013). Seguindo essa orientação, o próprio STJ reafirmou que "Na cobrança de cheque prescrito por ação monitória, o credor não precisa provar a origem da dívida" (STJ, 3ª Turma, AgRg no REsp 1.424.896/SP, Rel. Min. Ricardo Villas Bôas Cueva, j. 11.03.2014, DJe 19.03.2014).

O STJ consolidou o entendimento, como se percebe, de ser dispensável a demonstração, na petição inicial da ação monitória fundada em cheque prescrito, da *causa debendi* ou do negócio jurídico subjacente à emissão da cártula. Basta alegar que foi emitido cheque pelo réu e que ele não desfruta mais de força executiva.

De acordo com o art. 59 da Lei 7.357, de 1985 (Lei do Cheque), a ação executiva amparada no cheque deve ser proposta no prazo de 6 (seis) meses, contado do escoamento do prazo de sua apresentação. Durante esse período, o cheque funciona como título executivo, não cabendo a ação monitória. Passado esse prazo, não é mais possível ser proposta a ação de execução. O cheque, contudo, não perde todos os seus atributos cambiais, destacando-se aí a abstração da *causa debendi*.

É possível, nos termos do art. 61 da Lei do Cheque, ser proposta, no prazo de 2 (dois) anos a partir da prescrição da ação executiva, "ação de enriquecimento contra o emitente ou outros obrigados, que se locupletaram injustamente com o não pagamento do cheque". Em tal ação, a causa de pedir é o próprio cheque, sendo dispensável demonstrar a relação jurídica subjacente à sua emissão. Significa que, durante o prazo de 2 (dois) anos depois da prescrição da ação de execução, o cheque mantém o atributo da abstração. Caberá ao réu, se quiser, inaugurar o contraditório quanto à discussão acerca da *causa debendi*.

Transcorrido o referido prazo de 2 (dois) anos para ajuizamento da ação de enriquecimento prevista no art. 61 da Lei do Cheque, é possível, ainda, ser proposta ação de cobrança com base na relação causal (Lei do Cheque, art. 62), desde que não esteja prescrita a pretensão da obrigação subjacente. Quer isso dizer que, diante de um cheque, o seu portador pode: (a) propor uma ação de execução durante o prazo de 6 (seis) meses da apresentação; (b) propor uma ação de locupletamento no prazo de 2 (dois) anos a partir do término do anterior prazo de 6 (seis) meses; ou, (c) propor uma ação de cobrança após encerrado o prazo de 2 (dois) anos para a ação de locupletamento.

Na ação de execução, a causa de pedir é o título executivo. Na ação de locupletamento, a causa de pedir é o cheque, e não a relação jurídica subjacente. E, na ação de cobrança, é necessário demonstrar a *causa debendi*, não sendo suficiente apenas a exibição do cheque: é preciso que o autor demonstre a relação jurídica subjacente.

No prazo para o ajuizamento de qualquer uma dessas demandas, poderá ser proposta, em seu lugar, a ação monitória. Se a ação monitória for proposta no lugar da ação de execução ou da ação de locupletamento, não será necessário demonstrar, na petição inicial, a relação jurídica subjacente, sendo suficiente apenas a exibição do próprio cheque. Sendo a ação monitória proposta no lugar da ação de cobrança, aí será necessário demonstrar a *causa debendi*.

O STJ não enfrentou essas distinções, julgando genericamente para afirmar ser desnecessário, na petição inicial da ação monitória fundada em cheque prescrito, demonstrar a relação jurídica subjacente. Segundo destaca Eduardo Talamini: "O acórdão do STJ no Resp 1.094.571 acabou por enfrentar somente a hipótese em que apenas a força executiva está prescrita. Nesse caso, afirmou a desnecessidade de descrição na causa de pedir e de comprovação escrita da relação material subjacente ao cheque. Mas não enfrentou a distinção subsequente, relativa ao momento em que o cheque perde inclusive sua abstração. O acórdão destacou a relevância desse conjunto de considerações, mas reputou 'inviável sua apreciação, tendo em vista que não foi debatida pelas instâncias ordinárias, tampouco suscitada pelo recorrente'. Assim, a questão permanece em aberto para ser resolvida em outra oportunidade em sede de incidente de recursos repetitivos. Isso significa que a

STJ, o contrato de abertura de crédito, ainda que acompanhado de extrato da conta-corrente, não é título executivo. Significa que não cabe execução fundada em tal contrato, mas cabe ação monitória. Realmente, é do enunciado 247 da Súmula do STJ a seguinte redação: "O contrato de abertura de crédito em conta-corrente, acompanhado do demonstrativo de débito, constitui documento hábil para o ajuizamento da ação monitória". E, nos termos do enunciado 384 da Súmula do STJ, "cabe ação monitória para haver saldo remanescente oriundo de venda extrajudicial de bem alienado fiduciariamente em garantia".

Não sendo cabível a execução, por não haver título executivo, é possível convertê-la em ação monitória.[5]

No Direito brasileiro, somente se admite o procedimento monitório *documental*, não sendo possível o procedimento monitório puro, aquele instaurado sem a existência de prova escrita. É preciso, então, que haja prova escrita, sem eficácia de título executivo *judicial*, que impute ao demandado a obrigação do pagamento de quantia em dinheiro, a entrega de bem ou, ainda, o adimplemento de obrigação de fazer ou de não fazer.

Não há qualquer limitação: cabe a ação monitória para a satisfação de qualquer tipo de obrigação.

O procedimento instaura-se com o ajuizamento de petição inicial instruída com a *prova escrita*, sem eficácia de título executivo judicial, que impute ao demandado a obrigação ali contida.

De acordo com o § 1º do art. 700 do CPC, "A prova escrita pode consistir em prova oral documentada, produzida antecipadamente nos termos do art. 381". É possível, então, que a prova escrita seja não só documental como documentada. Admite-se a ação monitória fundada em prova oral documentada. Para isso, o autor poderá propor uma demanda prévia e obter a documentação da prova oral ali produzida, propondo, em seguida, a ação monitória, com base na prova oral documentada. Também pode o autor já propor sua ação monitória e, em sua petição inicial, requerer a concessão de tutela provisória de urgência cautelar em caráter antecedente (CPC, arts. 305 e ss.) para que o depoimento testemunhal seja colhido. Produzida a prova oral e vindo a ser documentada, o autor poderá apresentar o pedido principal na forma do art. 308 do CPC. A petição inicial, em qualquer dessas hipóteses, estará fundada em prova oral documentada (CPC, art. 700, § 1º).

---

conclusão atingida no julgamento do Resp 1.094.571 não é ainda a resposta total e definitiva para todas as questões relativas à causa de pedir e à prova escrita na ação monitória amparada em cheque prescrito" (Ação monitória e cheque prescrito: relação subjacente, prova escrita e causa de pedir. *Revista de Processo*, São Paulo: RT, v. 228, fev. 2014, p. 161).

Considerando a *ratio decidendi* do precedente firmado pelo STJ, a causa de pedir na ação monitória dispensa a demonstração da relação subjacente, não tendo sido feitas as distinções acima apontadas, por não terem integrado o efeito devolutivo do recurso especial submetido a julgamento. Desse modo, se a ação monitória vier a ser proposta durante o prazo para a ação de cobrança, há de ser feito um *distinguishing* para afastar a aplicação do precedente, porquanto, em tal situação, será, aí sim, necessário demonstrar, como elemento integrante da causa de pedir, a relação jurídica subjacente ou a *causa debendi*, já que, nessa hipótese, terá o cheque perdido sua abstração.

[5] Segundo entendeu o Superior Tribunal de Justiça, em julgamento por amostragem de recurso especial repetitivo, "é inadmissível a conversão, de ofício ou a requerimento das partes, da execução em ação monitória após ter ocorrido a citação, em razão da estabilização da relação processual a partir do referido ato" (STJ, 2ª Seção, REsp 1.129.938/PE, Rel. Min. Massami Uyeda, j. 28.09.2011, *DJe* 28.03.2012).

Estando em termos a petição inicial, o juízo irá exercer uma cognição sumária, a fim de verificar a idoneidade do documento e a plausibilidade da existência da dívida. Se houver dúvida quanto à idoneidade da prova apresentada pelo autor, "o juiz intimá-lo-á para, querendo, emendar a petição inicial, adaptando-a ao procedimento comum". A emenda da inicial pode suprir falta de idoneidade da prova escrita, passando-se a ser admissível a ação monitória. Nesse sentido, o enunciado 188 do Fórum Permanente de Processualistas Civis: "Com a emenda da inicial, o juiz pode entender idônea a prova e admitir o seguimento da ação monitória".

A *prova escrita* não precisa ser um documento que necessariamente ostente certeza e liquidez, não sendo necessário que tenha sido emitido pelo devedor ou que dele conste sua assinatura. É suficiente que tenha a forma escrita e apresente aptidão para convencer o juiz da existência de uma dívida contraída pelo devedor. Num juízo de verossimilhança, fundado em cognição sumária, o magistrado irá verificar se há idoneidade ou se não resta dúvida ou equivocidade quanto à existência da dívida.[6]

Concluindo que há idoneidade do documento e plausibilidade da existência da dívida, o juiz irá determinar a expedição de mandado de pagamento, de entrega da coisa ou de imposição da obrigação de fazer ou não fazer. Então, o demandado será citado pelo meio de citação admissível no caso, pois, na ação monitória, "admite-se citação por qualquer dos meios permitidos para o procedimento comum" (CPC, art. 700, § 7º), sendo certo, nos termos do enunciado 282 da Súmula do STJ, que: "Cabe a citação por edital em ação monitória". Ao demandado cabe, no prazo de 15 (quinze) dias, efetuar o pagamento, cumprir a obrigação ou entregar a coisa juntamente com o pagamento dos honorários do advogado do autor no percentual de 5% (cinco por cento) do valor atribuído à causa (CPC, art. 701).

Nesse mesmo prazo de 15 (quinze) dias, poderá o demandado adotar uma das seguintes providências:

a) atender ao mandado e efetuar, espontaneamente, o pagamento do dinheiro, cumprir a obrigação de fazer ou não fazer ou proceder à entrega da coisa, hipótese em que ficará isento do pagamento de custas (CPC, art. 701, § 1º);

b) quedar-se inerte, deixando escoar o prazo *in albis*, sem atender ao mandado ou manifestar-se;

c) apresentar embargos, que suspenderão, independentemente de depósito ou penhora, a eficácia do mandado inicial, vindo a ser processados nos mesmos autos, pelo procedimento comum (CPC, art. 702).

Na hipótese da letra *b supra*, ou seja, caso o demandado mantenha-se inerte, não apresentando embargos nem atendendo ao mandado, o mandado de cumprimento, de pagamento ou de entrega da coisa convola-se, automaticamente e sem necessidade de qualquer decisão ou sentença, em título executivo judicial, prosseguindo-se pelo rito próprio do cumprimento de sentença (CPC, art. 701, § 2º).

Uma vez ofertados os embargos, será adotado o procedimento comum, vindo, ao final, a ser confirmado ou não o mandado de cumprimento, de pagamento ou de entrega da coisa, caso os embargos sejam, respectivamente, rejeitados ou acolhidos.

---

[6] STJ, 4ª Turma, REsp 925.584/SE, Rel. Min. Luís Felipe Salomão, j. 09.10.2012, *DJe* 07.11.2012.

13.3 AÇÃO MONITÓRIA CONTRA A FAZENDA PÚBLICA

Muito se discutiu sobre o cabimento da ação monitória contra a Fazenda Pública.[7]

A questão pacificou-se, vindo a ser editado o enunciado 339 da Súmula do STJ, em cujos termos se afirma que "é cabível ação monitória contra a Fazenda Pública"[8].

Por sua vez, o § 6º do art. 700 do CPC é imperativo, ao afirmar que "é admissível ação monitória em face da Fazenda Pública".

A ação monitória intentada contra o Poder Público sujeita-se ao prazo prescricional de 5 (cinco) anos, aplicando-se aqui o Decreto 20.910/1932.[9] Aliás, toda e qualquer ação ou pretensão proposta em face da Fazenda Pública sujeita ao prazo prescricional de 5 (cinco) anos, tal como demonstrado no Capítulo IV.[10]

O Superior Tribunal de Justiça já decidiu que "o simples ajuizamento de ação monitória em face da Fazenda Pública não se caracteriza como interesse público apto a determinar a intervenção obrigatória do Ministério Público".[11] O entendimento é compatível com o art. 178 do CPC. Isso porque "a participação da Fazenda Pública não configura, por si só, hipótese de intervenção do Ministério Público" (CPC, art. 178, parágrafo único).

A doutrina controverteu-se acerca da natureza jurídica dos embargos monitórios, havendo, de um lado, quem se posicionasse por identificá-los como uma ação autônoma,[12] ajuizada de forma incidental ao procedimento monitório. De outro lado, havia quem os identificasse

---

[7] Sobre essa discussão e os argumentos de cada corrente, conferir, CUNHA, Leonardo Carneiro da. *A Fazenda Pública em juízo*. 12. ed. São Paulo: Dialética, 2014. n. 13.2, p. 523-530.

[8] Ao enfrentar o Recurso Especial 1.698.564/RJ, a 2ª Turma do STJ deu-lhe provimento. O tribunal de origem havia inadmitido a ação monitória, porque (a) não teria havido procedimento administrativo que acarretasse a previsão orçamentária; (b) seria necessário assegurar o contraditório prévio, o duplo grau de jurisdição, entre outras prerrogativas inerentes à Fazenda Pública; (c) o montante da dívida reconhecida no documento apresentado seria distinto do perseguido pelo demandante. O STJ entendeu que a ausência de procedimento administrativo não é fundamental, sendo necessária apenas a presença de prova escrita de dívida reconhecida pela Administração Pública, sendo certo que, em caso de condenação, a execução deve observar a exigência constitucional dos precatórios, possibilitando a alocação orçamentária do valor da dívida. O contraditório e as demais garantias processuais da Fazenda Pública são respeitados no processo da ação monitória. A discrepância entre o valor cobrado pelo autor e o constante do documento por ele apresentado pode acarretar inadmissão parcial da demanda, mas não extinção total do processo (STJ, 2ª Turma, REsp 1.698.564/RJ, Rel. Min. Og Fernandes, *DJe* 17.11.2020).

[9] Também são de 5 (cinco) anos o prazo para ajuizamento da ação monitória fundada em cheque prescrito e o da ação monitória fundada em nota promissória sem força executiva. Nesse sentido, assim estão redigidos, respectivamente, os enunciados 503 e 504 da Súmula do STJ: "O prazo para ajuizamento de ação monitória em face do emitente de cheque sem força executiva é quinquenal, a contar do dia seguinte à data de emissão estampada na cártula" e "o prazo para ajuizamento de ação monitória em face do emitente de nota promissória sem força executiva é quinquenal, a contar do dia seguinte ao vencimento do título".

[10] STJ, 2ª Turma, AgRg no REsp 1.352.121/MG, Rel. Min. Humberto Martins, j. 07.03.2013, *DJe* 18.03.2013.

[11] STJ, 2ª Turma, REsp 1.196.773/PA, Rel. Min. Mauro Campbell Marques, j. 19.09.2013, *DJe* 29.10.2013.

[12] COSTA, José Rubens. *Ação monitória*. São Paulo: Saraiva, 1995. p. 30-31; MARCATO, Antônio Carlos. *Procedimentos especiais*. 9. ed. São Paulo: Malheiros, 2001. p. 238-240; VIANA, Juvêncio Vasconcelos. Ação monitória. *Revista Dialética de Direito Processual*, São Paulo: Dialética, v. 6, set. 2003, p. 34-35; TALAMINI, Eduardo. *Tutela monitória*. 2. ed. São Paulo: RT, 2001. p. 153-154; THEODORO JÚNIOR, Humberto. *Curso de direito processual civil*. 26. ed. Rio de Janeiro: Forense, 2001. v. 3, n. 1.483, p. 341-342.

como uma simples defesa ou contestação apresentada no próprio procedimento.[13] E, finalmente, despontava uma terceira corrente que identificava os embargos como recurso apresentado contra o despacho inicial que deferira a expedição do mandado injuntivo.

O enunciado 292 da Súmula do STJ assim estabelece: "a reconvenção é cabível na ação monitória, após a conversão do procedimento em ordinário". Ao editar tal enunciado sumular, o Superior Tribunal de Justiça eliminou, no âmbito jurisprudencial, a controvérsia quanto à natureza jurídica dos embargos monitórios. Ora, se é cabível a reconvenção na ação monitória, é porque os embargos ostentam natureza de contestação, devendo o demandado reconvir nos próprios embargos (CPC, art. 343).

O entendimento do STJ tem a confirmá-lo o disposto no § 6º do art. 702 do CPC, segundo o qual "na ação monitória admite-se a reconvenção, sendo vedado o oferecimento de reconvenção à reconvenção".

Ao admitir a reconvenção no procedimento monitório, o legislador restou por definir que a natureza dos embargos é de defesa ou contestação.

A Fazenda Pública dispõe de prazo em dobro para apresentar embargos à ação monitória, aplicando-se o disposto no art. 183 do CPC e devendo, na contagem do prazo, ser computados apenas os dias úteis (CPC, art. 219).

Proposta ação monitória contra a Fazenda Pública e expedido o mandado de cumprimento, de pagamento ou de entrega da coisa, mas escoado o prazo sem manifestação sua, o juiz deverá determinar a remessa necessária ao tribunal para que reexamine sua ordem (CPC, art. 701, § 4º), sendo certo que as hipóteses previstas nos §§ 3º e 4º do art. 496 do CPC, que dispensam a remessa necessária, são plenamente aplicáveis. Assim, se o valor postulado for inferior às faixas previstas no § 3º do art. 496 do CPC, ou se houver súmula ou precedente, tal como previsto em seu § 4º, não haverá remessa necessária.

Julgada a remessa ou o recurso voluntário interposto e operado o trânsito em julgado, ter-se-á formado definitivamente um título executivo judicial contra a Fazenda Público, podendo ser instaurado o cumprimento de sentença previsto nos arts. 534 e 535 do CPC. Tratando-se de obrigação de fazer, de não fazer ou de entregar coisa, aplicam-se as normas contidas nos arts. 536 a 538 do CPC.

Opostos os embargos pela Fazenda Pública, o procedimento a ser adotado passa a ser o comum, aplicando-se todas as regras a ele concernentes. Julgados os embargos, da sentença caberá apelação ou, não interposta apelação, haverá, se a sentença for contrária à Fazenda Pública, a remessa necessária, ressalvadas as hipóteses previstas nos §§ 3º e 4º do art. 496 do CPC.

13.4 AÇÃO MONITÓRIA AJUIZADA PELA FAZENDA PÚBLICA

Em princípio, não haveria vedação para que a Fazenda Pública pudesse manejar o procedimento monitório em face de algum devedor seu, pretendendo obter pagamento em dinheiro, cumprimento de obrigação de fazer ou não fazer, ou entrega de coisa.

O problema é que à Fazenda Pública se confere o poder de constituir, unilateralmente, um título executivo em seu próprio favor. Por meio de um procedimento administrativo, a

---

[13] CÂMARA, Alexandre Freitas. *Lições de direito processual civil*. 5. ed. Rio de Janeiro: Lumen Juris, 2003. v. 3, p. 548-552; ALVIM, José Eduardo Carreira. *Procedimento monitório*. 2. ed. Curitiba: Juruá, 1996. p. 133-135; NERY JÚNIOR, Nelson; NERY, Rosa Maria de Andrade. *Código de Processo Civil comentado e legislação extravagante*. 7. ed. São Paulo: RT, 2003. nota 3 ao art. 1.102c, p. 1.212.

Fazenda Pública poderá inscrever determinado valor em dívida ativa, expedindo-se a correlata certidão de dívida ativa, que serve para lastrear uma execução fiscal.

Essa possibilidade de inscrever em dívida ativa seus créditos pecuniários não impediria, por falta de interesse (utilidade), o ajuizamento da ação monitória pela Fazenda Pública?

Na verdade, não é qualquer crédito que pode ser inscrito em dívida ativa pela Fazenda Pública. Apenas as obrigações *pecuniárias* estão sujeitas à inscrição em dívida ativa. Dentre estas, apenas os créditos fiscais (tributários ou não tributários) é que podem ser objeto de inscrição em dívida ativa. Vale dizer: apenas os créditos decorrentes da atividade essencialmente pública é que se submetem ao regime de inscrição em dívida ativa para posterior cobrança por meio de execução fiscal. Nas relações regidas pelo direito privado, sem que haja atividade tipicamente pública, os créditos da Fazenda Pública não se sujeitam à inscrição em dívida ativa.

Diante disso, resulta evidente que, para as obrigações de entrega, a Fazenda Pública pode fazer uso do procedimento monitório. De igual modo, para forçar o cumprimento de obrigação de fazer ou não fazer, a Fazenda Pública pode valer-se da ação de procedimento especial monitório. Relativamente aos créditos pecuniários "não fiscais" (decorrentes da atividade privada exercida pela Fazenda Pública), por não estarem sujeitos à inscrição em dívida ativa, podem ser postulados em procedimento monitório, desde que, por óbvio, estejam identificados em prova escrita sem eficácia de título executivo judicial.

Para os créditos fiscais (tributários ou não tributários), ou seja, para aqueles créditos decorrentes de atividade essencialmente pública, a Fazenda Pública pode valer-se da execução fiscal. É que tais créditos devem ser inscritos em dívida ativa, viabilizando a propositura de execução fiscal. Ainda assim, nada impede que a Fazenda Pública, em vez de inscrever o crédito em dívida ativa, proponha ação monitória, desde que disponha de prova escrita do crédito, a fim de obter um título judicial e promover, em seguida, um cumprimento de sentença.[14] Isso porque, como já se viu no item 13.3 *supra*, quem dispõe de título executivo extrajudicial pode, mesmo assim, propor ação monitória.

---

[14] Nesse sentido: STJ, 2ª Turma, REsp 1.748.849/SP, Rel. Min. Herman Benjamin, *DJe* 17.12.2018.

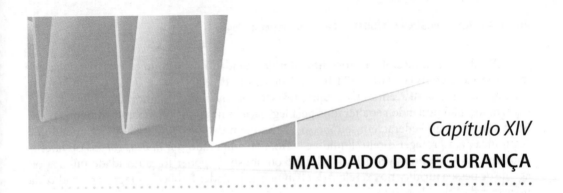

Capítulo XIV
MANDADO DE SEGURANÇA

14.1 TRATAMENTO CONSTITUCIONAL DO MANDADO DE SEGURANÇA

14.1.1 Breve histórico legislativo

Conquanto desponte relevante opinião doutrinária no sentido de que o mandado de segurança já surgira na primeira Constituição da República,[1] a maioria da doutrina defende estar sua origem na Constituição Federal de 1934, sendo, antes disso, utilizado em seu lugar o *habeas corpus* ou os interditos proibitórios.[2]

Na Constituição Federal de 1934, o mandado de segurança estava previsto como instrumento para a defesa de direito *certo e incontestável*. Um ano e meio depois, o mandado de segurança foi regulamentado: a Lei 191, de 16 de janeiro de 1936, disciplinou seu procedimento, mantendo sua característica de sumariedade, mandamentalidade e de produção de tutela específica.

Desde então, o mandado de segurança tem assento constitucional, estando previsto em todas as Constituições Federais, salvo na de 1937, muito embora sua disciplina procedimental veio a constar do Código de Processo Civil de 1939, promulgado sob os auspícios daquela Carta Política.[3]

O procedimento do mandado de segurança foi regido, por mais de 50 (cinquenta) anos, pela Lei 1.533, de 31 de dezembro de 1951.

---

[1] SIDOU, J. M. Othon. *"Habeas corpus", mandado de segurança, mandado de injunção, "habeas data", ação popular*: as garantias ativas dos direitos coletivos. 5. ed. Rio de Janeiro: Forense, 1998. n. 67, p. 131.

[2] Sobre as origens históricas do mandado de segurança, *conferir*, por todos: TALAMINI, Eduardo. As origens do mandado de segurança na tradição processual luso-brasileira. In: BUENO, Cassio Scarpinella; ALVIM, Eduardo Arruda; WAMBIER, Teresa Arruda Alvim (coords.). *Aspectos polêmicos e atuais do mandado de segurança*: 51 anos depois. São Paulo: RT, 2002.

[3] "... O mandado de segurança não foi assegurado pela Constituição de 1937, embora, durante o Estado Novo, tenha ganhado nova disciplina legal no Código de Processo Civil de 1939 (arts. 319 e 331)" (BUENO, Cassio Scarpinella. *Mandado de segurança*: comentários às Leis ns. 1.533/51, 4.348/64 e 5.021/66. 2. ed. São Paulo: Saraiva, 2004. p. 6).

"A Carta ditatorial de 1937 excluiu o mandado de segurança do rol de garantias constitucionais. Porém, mesmo durante o Estado Novo o mandado de segurança continuou a vigorar, ainda que como remédio infraconstitucional e com restrições quanto ao seu alcance (Dec.-lei 6, de 16.11.1937, e, depois, arts. 319 a 331 do CPC de 1939). Voltou a ser previsto na Constituição de 1946, sendo regulamentado pela Lei 1.533, de 31.12.1951. Desde então, está presente em todos os nossos textos constitucionais" (TALAMINI, Eduardo. As origens do mandado de segurança na tradição processual luso-brasileira. In: BUENO, Cassio Scarpinella; ALVIM, Eduardo Arruda; WAMBIER, Teresa Arruda Alvim (coords.). *Aspectos polêmicos e atuais do mandado de segurança*: 51 anos depois. São Paulo: RT, 2002. p. 311).

Atualmente, a disciplina procedimental do mandado de segurança está regulada pelas disposições contidas na Lei 12.016, de 7 de agosto de 2009. Na verdade, o mandado de segurança, como já se acentuou, contém previsão constitucional, estando seus requisitos ali encartados, não podendo ser alterados pela legislação infraconstitucional. Realmente, o art. 5º da Constituição Federal, em seu inciso LXIX, assim dispõe: "conceder-se-á mandado de segurança para proteger direito líquido e certo, não amparado por *habeas corpus* ou *habeas data*, quando o responsável pela ilegalidade ou abuso de poder for autoridade pública ou agente de pessoa jurídica no exercício de atribuições do Poder Público". A regra é reproduzida no art. 1º da Lei 12.016/2009.[4]

De tal dispositivo extraem-se as condições necessárias e suficientes para a concessão do mandado de segurança: *(a)* a existência de um direito líquido e certo; *(b)* ameaçado ou violado por um ato ilegal ou abusivo de autoridade pública ou agente de pessoa jurídica no exercício de atribuições públicas.

14.1.2 Direito líquido e certo

14.1.2.1 Generalidades

Conforme já assinalado, o mandado de segurança, na Constituição Federal de 1934, estava previsto como instrumento para a defesa de direito *certo e incontestável*. Isso fez com que se sustentasse, em doutrina, que o mandado de segurança somente se afigurava cabível,

---

[4] A Lei 13.300, de 2016, regulamenta o procedimento do mandado de injunção. Seu art. 14 dispõe que se aplicam subsidiariamente ao mandado de injunção as normas do mandado de segurança, disciplinado pela Lei 12.016, de 7 de agosto de 2009, e do Código de Processo Civil, instituído pela Lei 5.869, de 11 de janeiro de 1973, e pela Lei 13.105, de 16 de março de 2015, observado o disposto em seus arts. 1.045 e 1.046. Embora o procedimento do mandado de injunção seja muito semelhante ao do mandado de segurança, as omissões contidas na Lei 13.300, de 2016, podem ser colmadas pela aplicação de regras construídas a partir de enunciados normativos contidos na Lei 12.016, de 2009. Também se aplicam subsidiariamente as normas contidas no CPC/1973 e as do CPC/2015. Não faz sentido, porém, aplicar o CPC/1973. Tal diploma já está revogado. Quando a Lei 13.300, de 2016, entrou em vigor, o CPC/1973 já estava revogado pelo CPC/2015. É ineficaz, portanto, mencionar o Código de Processo Civil de 1973. A simples referência a ele não tem, evidentemente, o condão de repristiná-lo. A lei revogadora do CPC/1973 não foi revogada. Aliás, o próprio art. 14 da Lei 13.300, de 2016, faz expressa menção ao CPC/2015. A repristinação, nos termos do § 3º do art. 2º da Lei de Introdução às Normas do Direito Brasileiro, há de ser expressa. Não há, no tocante ao CPC revogado, qualquer previsão expressa de repristinação. Só continuam em vigor as normas do CPC/1973 que tratam da execução contra devedor insolvente (CPC/2015, art. 1.052) e os dispositivos relativos a procedimentos especiais que não mais existem (CPC/2015, art. 1.046, § 1º), o que é irrelevante em relação ao mandado de injunção, cujo procedimento está previsto e equivale ao procedimento do mandado de segurança, que já lhe era aplicável. A referência ao CPC/1973 é, enfim, equivocada. De todo modo, cumpre tentar compreender a previsão contida no art. 14 da Lei 13.300, de 2016. Nos termos do art. 14 da Lei 13.300, de 2016, ao mandado de injunção aplicam-se as normas do CPC/1973 e do CPC/2015, observado o disposto nos arts. 1.045 e 1.046 deste último. O art. 1.045 do CPC/2015 contém a previsão de *vacatio legis* de um ano. Tal disposição já foi atendida. O prazo de *vacatio* do CPC/2015 já foi cumprido. A Lei 13.300, de 2016, entrou em vigor com a vigência do CPC/2015 já iniciada. É exatamente por isso que não faz sentido a referência, no art. 14 da Lei 13.300, de 2016, ao CPC/1973. A lei que regula o mandado de injunção entrou em vigor quando o CPC/1973 já estava revogado, pois já iniciada a vigência do CPC/2015. O CPC/2015, ao entrar em vigor, teve suas disposições aplicadas imediatamente aos processos pendentes. Os mandados de injunção em curso sofrem o influxo das normas contidas no novo Código de Processo Civil, respeitados os atos jurídicos processuais já praticados e os direitos adquiridos processuais. As remissões feitas ao CPC/1973 na lei do mandado de segurança passam a referir-se às que lhes forem correspondentes no CPC/2015, segundo dispõe o § 4º do art. 1.046 deste último.

se não houvesse controvérsia quanto à matéria de direito, ou, nas palavras de Bento de Faria, se houvesse "motivos ponderáveis", ou, ainda, segundo Carlos Maximiliano, se o direito invocado fosse "translúcido", ou, finalmente, de acordo com Castro Nunes, se não se revelasse um alto grau de dificuldade na análise do direito.[5] Nesse sentido, sendo a matéria de direito controvertida ou complexa, restaria incabível o *writ*.

Posteriormente, assentou-se que o mandado de segurança destina-se à defesa de direito *líquido* e *certo*. Por algum tempo, manteve-se o entendimento segundo o qual somente seria cabível se o direito fosse incontroverso, "translúcido" e sem qualquer complexidade.

Direito líquido e certo, como a etimologia do termo indica, é o que se apresenta manifesto na sua existência e apto a ser exercitado. Ora, sendo assim, *todo* direito é líquido e certo, exatamente porque o direito, qualquer que seja, deve ser manifesto, isto é, deve decorrer da ocorrência de um fato que acarrete a aplicação de uma norma, podendo já ser exercido, uma vez que já adquirido e incorporado ao patrimônio do sujeito.

Na verdade, o que se deve ter como líquido e certo é o *fato*, ou melhor, a *afirmação de fato* feita pela parte autora. Quando se diz que o mandado de segurança exige a comprovação de *direito líquido e certo*, está-se a reclamar que os *fatos* alegados pelo impetrante estejam, desde já, *comprovados*, devendo a petição inicial vir acompanhada dos documentos indispensáveis a essa comprovação. Daí a exigência de a prova, no mandado de segurança, ser *pré-constituída*.

À evidência, o que se exige, no mandado de segurança, é que a *afirmação* da existência do direito seja provada de logo e, além disso, de maneira irrefutável, inquestionável, sem jaça, evidente, de modo a não remanescer qualquer dúvida a seu respeito.

Não é demais observar que o mandado de segurança investe contra um ato público. E, como se sabe, os atos públicos gozam da presunção de legitimidade. Ao fixar o direito líquido e certo como requisito para o mandado de segurança, a Constituição Federal está a exigir do impetrante que já elida, com sua petição inicial, aquela presunção de legitimidade dos atos públicos. Não afastada tal presunção com provas pré-constituídas, mantém-se válido e legítimo o ato atacado, devendo ser denegada a ordem pretendida.

Haverá, enfim, direito líquido e certo, quando, nas palavras de Cassio Scarpinella Bueno, "a ilegalidade ou abusividade forem passíveis de demonstração documental, independentemente de sua complexidade ou densidade".[6]

Ao impetrante atribui-se um momento único (que é o da petição inicial) para comprovar suas alegações de fato. Não se desincumbindo desse ônus da prova, descabe o mandado de segurança, mantendo-se a presunção de legitimidade do ato atacado.

Tudo deve vir comprovado com a petição inicial, razão pela qual se diz não caber o mandado de segurança, se for necessária a dilação probatória.[7] Em outras palavras, não há

---

[5] ROCHA, José de Moura. *Mandado de segurança*: a defesa dos direitos individuais. Rio de Janeiro: Aide, 1987. p. 109.
[6] BUENO, Cassio Scarpinella. *Mandado de segurança*: comentários às Leis ns. 1.533/51, 4.348/64 e 5.021/66. 2. ed. São Paulo: Saraiva, 2004. p. 14.
[7] Sempre que for necessária a instauração de fase instrutória ou a produção de provas diversas da documental pré-constituída, não será cabível o mandado de segurança. É por isso que o enunciado 118 do Fórum Nacional do Poder Público assim adverte: "O mandado de segurança não se afigura como via adequada para discutir responsabilidade tributária quando a questão demandar dilação probatória".

instrução probatória no *writ*. A sentença será proferida, considerando apenas o direito e os fatos comprovados com a inicial e as informações.[8]

14.1.2.2 Admissão dos fatos como meio de verificação do direito líquido e certo

Como se viu, há direito líquido e certo quando as alegações de fato estiverem todas comprovadas por prova documental pré-constituída.

Pode suceder de o impetrante não comprovar, com a petição inicial, os fatos alegados, e, ainda assim, configurar-se o direito líquido e certo, revelando-se cabível o mandado de segurança: se a autoridade, ao prestar informações, admitir verdadeiros aqueles fatos, cingindo-se a discutir as consequências jurídicas a ele atribuídas. Nesse caso, não havendo controvérsia quanto aos fatos, cabível será o mandado de segurança. A autoridade estará *admitindo*, e não confessando, os fatos. Sabe-se que a admissão difere da confissão. Enquanto nesta se reconhece expressamente como verdadeiro um fato que lhe é contrário, na admissão há uma omissão, deixando-se de impugnar o fato alegado pela parte contrária, que passa a ser incontroverso nos autos. Enfim, a confissão é conduta *positiva* da parte, que reconhece *expressamente* um fato que lhe é contrário, tenha ele sido alegado por ela mesma ou pela parte contrária. Já a admissão consiste numa *omissão*; a parte simplesmente *deixa de impugnar* fato alegado pela parte contrária, tornando-o incontroverso.[9]

Admitido, nas informações da autoridade, o fato não provado pelo impetrante, surge a incontrovérsia, revelando-se presente a liquidez e certeza, apta a permitir o manejo do *writ*.[10]

---

[8] MEIRELLES, Hely Lopes. *Mandado de segurança, ação popular, ação civil pública, mandado de injunção, "habeas data", ação direta de inconstitucionalidade, ação declaratória de constitucionalidade e arguição de descumprimento de preceito fundamental.* 23. ed. atual. por Arnoldo Wald e Gilmar Ferreira Mendes. São Paulo: Malheiros, 2001. p. 36.

[9] Essa é a distinção do Direito brasileiro, que coincide com a distinção que se faz no Direito português. Nesse sentido, assim esclarece José Lebre de Freitas, ao tratar do Direito português: "No nosso direito, a admissão distingue-se da confissão do ponto de vista dos elementos objetivos da estrutura do acto, consistindo a primeira numa pura omissão e a segunda numa declaração expressa" (*A confissão no direito probatório*. Coimbra: Coimbra Ed., 1991. n. 22.2, p. 473).
Há, na doutrina de vários países, diversos critérios para tentar distinguir a confissão da admissão. Eis alguns critérios propostos por alguns doutrinadores, tal como explicado por José Lebre de Freitas: "a confissão implica uma concordância de afirmações sobre um facto, enquanto a admissão é a simples declaração de desinteresse pela contestação dum facto, ainda que dele não se tenha conhecimento; a confissão e a admissão consistem ambas na afirmação dum facto que fundamenta um pedido da parte contrária, mas a segunda tem a diferenciá-la a circunstância de ser posta também como fundamento dum pedido próprio; a confissão pressupõe o conhecimento do facto cuja realidade se afirma, enquanto a admissão é feita sem se dizer ou se fazer entender que se conhece o facto; a confissão é uma admissão especialmente qualificada por determinados requisitos legalmente tipificados que permitem atribuir-lhe o valor de prova legal plena, opondo-se à simples admissão, que, na falta de algum desses requisitos, tem o valor de meio de prova livre; a confissão é uma declaração de ciência de sentido positivo (de reconhecimento da realidade de um facto), enquanto a admissão consiste num acto de vontade de sentido neutro no plano da realidade. Na doutrina germânica, a distinção é feita, de acordo com a lei, segundo o critério estrutural; mas não deixa de se defender que a declaração expressa de se conceder ou de não se querer impugnar um facto constitui admissão" (*A confissão no direito probatório*. Coimbra: Coimbra Ed., 1991. p. 472-473).

[10] MACHADO, Hugo de Brito. Confissão e admissão, na teoria da prova. *Revista Dialética de Direito Processual*, São Paulo: Dialética, v. 3, jun. 2003, *passim*.

14.1.2.3 Direito líquido e certo e complexidade da matéria de direito invocada

Cabe mandado de segurança quando o direito for líquido e certo, ou seja, quando as alegações de fato estiverem comprovadas por prova documental pré-constituída, ou quando os fatos forem incontroversos.

Sendo certo e incontroverso o fato, ainda que o direito seja altamente controvertido, tal não exclui o cabimento do mandado de segurança.[11] Vale dizer que está superada a discussão quanto ao cabimento do mandado de segurança apenas em casos de menor complexidade. Do contrário, o *writ* seria assegurado apenas para as causas menos polêmicas e de pouca complexidade.[12] Não é sem razão, aliás, que o enunciado 625 da Súmula do STF assim expressa: "controvérsia sobre matéria de direito não impede concessão de mandado de segurança".

14.1.2.4 Exigência da prova documental e inviabilidade da prova documentada

Ao ter como pressuposto o *direito líquido e certo*, o mandado de segurança somente admite a produção de prova documental, que deve acompanhar a petição inicial para que se comprovem as afirmações ali feitas. Consequentemente, se as alegações feitas no mandado de segurança dependerem de outra prova que não seja a documental, não será possível ao juiz examinar o mérito da questão posta a seu julgamento.

E, como se sabe, a cognição empreendida no mandado de segurança é plena e exauriente *secundum eventum probationis*, ou seja, depende, apenas, dos elementos que acompanham a petição inicial.[13] Caso tais elementos venham a ser rechaçados nas informações, não haverá alternativa ao magistrado senão denegar a segurança,[14] restando à parte impetrante o socorro ao procedimento comum. E nem poderia ser diferente, sob pena de se suprimir o caráter especialíssimo da via mandamental.

Significa que o mandado de segurança não admite outro tipo de prova, a não ser a documental. No particular, cumpre advertir que prova *documental* não se confunde com prova *documentada*. O mandado de segurança somente é viável se houver prova *documental*, e não *documentada*. Assim, *documentada* que seja uma prova testemunhal ou pericial, não poderá ser utilizada como comprovação de direito líquido e certo. Nesse sentido, um documento que contenha a declaração testemunhal antecipada comprova, apenas, a declaração, e não o fato declarado, não servindo como meio de demonstrar o direito líquido e certo.[15] Daí por que não cabe mandado de segurança fundado em justificação prévia de prova testemunhal. É que a prova produzida na justificação prévia é *testemunhal*, inviável como meio para provar

---

[11] ROCHA, José de Moura. *Mandado de segurança:* a defesa dos direitos individuais. Rio de Janeiro: Aide, 1987. p. 109.

[12] ARAÚJO, José Henrique Mouta. Aspectos envolvendo o direito líquido e certo, a decadência e a coisa julgada no mandado de segurança. *Revista Dialética de Direito Processual*, São Paulo: Dialética, v. 16, jul. 2004, p. 83.

[13] WATANABE, Kazuo. *Da cognição no processo civil*. 2. ed. Campinas: Bookseller, 2000. p. 119.

[14] O termo "denegar a segurança" abrange não apenas a sentença de improcedência, mas igualmente a sentença terminativa, que se restringe a extinguir o processo sem resolução do mérito. A propósito, assim dispõe o § 5º do art. 6º da Lei 12.016/2009: "Denega-se o mandado de segurança nos casos previstos pelo art. 267 da Lei nº 5.869, de 11 de janeiro de 1973 – Código de Processo Civil".

[15] MARINONI, Luiz Guilherme. *Efetividade do processo e tutela de urgência*. Porto Alegre: Sergio Antonio Fabris Editor, 1994. p. 22-24.

o direito líquido e certo.[16] Também não cabe mandado de segurança fundado em laudo médico particular, por estar ausente a prova do direito líquido e certo.[17]

14.1.2.5 Ausência de direito líquido e certo: consequência

A presença do direito líquido e certo constitui um pressuposto processual do mandado de segurança ou integra o seu mérito?

Há quem entenda que a liquidez e certeza do direito consistem numa condição da ação.[18] Há, por sua vez, quem defenda que a liquidez e certeza do direito consistem numa condição específica da ação de mandado de segurança, não se confundindo com as tradicionais condições da ação.[19] Na verdade, somente se revela adequado o mandado de segurança se o direito se apresentar líquido e certo. Não havendo direito líquido e certo, não será cabível o *writ*. Haverá, noutros termos, inadequação da via eleita. Logo, o direito líquido e certo consiste num requisito processual para a validade da instauração do procedimento.

Ausente direito líquido e certo, haverá de ser extinto o mandado de segurança sem resolução do mérito, facultando-se à parte o uso do procedimento comum.

O direito líquido e certo, como se viu, somente está presente se houver prova pré-constituída. Havendo necessidade de dilação probatória, não há direito líquido e certo, sendo incabível o mandado de segurança. É comum, todavia, na linguagem forense, dizer que não há direito líquido e certo quando restar evidente que o ato impugnado é legal e legítimo, não havendo qualquer abusividade ou ilegalidade, quando, enfim, o impetrante não é titular do direito que alega, não fazendo jus ao pleito que formula. Nesse caso, o juiz julga improcedente

---

[16] CUNHA, Leonardo Carneiro da. Recurso especial. Mandado de segurança. Inviabilidade de justificação de prova testemunhal como meio para demonstração de direito líquido e certo. *Revista de Processo*, São Paulo: RT, v. 126, ago. 2005, p. 205-218.

[17] STJ, 2ª Turma, RMS 30.746/MG, Rel. Min. Castro Meira, j. 27.11.2012, DJe 06.12.2012.

[18] BUENO, Cassio Scarpinella. *Mandado de segurança*: comentários às Leis ns. 1.533/51, 4.348/64 e 5.021/66. 2. ed. São Paulo: Saraiva, 2004. p. 15. Entendendo que o direito líquido e certo é, a um só tempo, interesse de agir e pressuposto processual específico do mandado de segurança: NEVES, Frederico Ricardo de Almeida. Mandado de segurança. Liquidez e certeza do direito. Interesse e pressuposto processuais. *Revista da Esmape – Escola Superior da Magistratura de Pernambuco*, Recife, n. 19, v. 9, p. 117-128.

Há, no processo, o juízo de admissibilidade e o juízo de mérito. Desse modo, há os pressupostos processuais (que dizem respeito ao juízo de admissibilidade) e há o mérito. As condições da ação seriam uma terceira categoria que integraria o juízo de admissibilidade. Com o CPC de 2015, deixou de haver motivo para valer-se da categoria "condições da ação". Nesse sentido: DIDIER JR., Fredie. Será o fim da categoria "condição da ação"? Um elogio ao projeto do novo Código de Processo Civil. *Revista de Processo*, São Paulo: RT, v. 197, 2011, p. 255-260. No mesmo sentido: CUNHA, Leonardo Carneiro da. Será o fim da categoria condições da ação? Uma intromissão no debate travado entre Fredie Didier Jr. E Alexandre Freitas Câmara. *Revista de Processo*, São Paulo: RT, v. 198, ago. 2011, p. 227-235. Em sentido diverso, pela preservação da categoria, CÂMARA, Alexandre Freitas. Será o fim da categoria "condição da ação"? Uma resposta a Fredie Didier Junior. *Revista de Processo*, São Paulo: RT, v. 197, jul. 2011, p. 261-269; ALVES, Gabriela Pellegrini; AZEVEDO, Júlio de Camargo. Condições da ação e novo Código de Processo Civil. *Revista Eletrônica de Direito Processual*, Rio de Janeiro, n. 14, 2014, p. 188. Disponível em: <www.redp.com.br>; GALIO, Morgana Henicka. Condições da ação, direitos fundamentais e o CPC projetado. *Revista Eletrônica de Direito Processual*, Rio de Janeiro, n. 14, 2014, p. 464-465. Disponível em: <www.redp.com.br>.

[19] WAMBIER, Teresa Arruda Alvim. *Nulidades do processo e da sentença*. 4. ed. São Paulo: RT, 1997. n. 1.2.2.4, p. 50-51.

o pedido do impetrante, denegando a segurança. A questão, aí, envolve o mérito, não se restringindo à análise da admissibilidade do mandado de segurança.[20]

Em sentido técnico, direito líquido e certo significa, como se viu, comprovação documental e pré-constituída dos fatos alegados, demonstrando-se, logo com a petição inicial, a ilegalidade ou abusividade do ato praticado pela autoridade coatora. Não havendo tal comprovação de plano e sendo necessária a dilação probatória, descabe o mandado de segurança, por falta de um pressuposto processual específico.

14.1.3 Ato ilegal ou abusivo de autoridade pública ou agente de pessoa jurídica no exercício de atribuições públicas

14.1.3.1 Definição legal de autoridade

O mandado de segurança deve ser impetrado em razão de um ato a ser praticado ou já praticado por autoridade pública ou agente de pessoa jurídica no exercício de atividade pública. Autoridade pública consiste naquele sujeito, que integra os quadros da Administração Pública, com poder de decisão, sendo competente para praticar o ato questionado ou para desfazê-lo.

Nos termos do § 3º do art. 6º da Lei 12.016/2009, "Considera-se autoridade coatora aquela que tenha praticado o ato impugnado ou da qual emane a ordem para a sua prática". Em outras palavras, autoridade é quem detém *competência* para praticar ou ordenar a prática do ato a que se atribui a pecha de ilegalidade ou abusividade. Assim não se considera o mero agente executor, que não dispõe de competência para decidir sobre a situação, restringindo-se a dar cumprimento a uma ordem dada pela autoridade, nem aquele que ostenta o poder de deliberar em abstrato, sem impor, concretamente, qualquer ordem. A autoridade é, enfim, aquela que exerce poder de decisão, com competência para determinar a prática do ato ou o seu desfazimento.

14.1.3.2 Inviabilidade de mandado de segurança contra lei em tese

O mandado de segurança pressupõe um ato de uma autoridade, não devendo ser impetrado contra lei em tese (Súmula 266 do STF: "Não cabe mandado de segurança contra lei em tese"). É que o mandado de segurança não consiste num meio de controle abstrato de normas, servindo para combater atos públicos. Então, é preciso que haja um ato praticado ou que está para ser praticado.

14.1.3.3 Mandado de segurança contra omissão da autoridade pública

Também cabe o mandado de segurança contra omissões. Estas se equiparam aos atos para efeito de seu cabimento. Enfim, é possível o manejo do *writ* não apenas contra atos, mas também contra omissões. Neste caso, pede-se que o juiz imponha a prática do ato, coibindo a inércia da Administração Pública.

14.1.3.4 Mandado de segurança contra ato legislativo

O mandado de segurança cabe não apenas contra atos administrativos, mas também contra atos legislativos. Com efeito, "os atos praticados por parlamentares na elaboração da

---

[20] CAVALCANTE, Mantovanni Colares. *Mandado de segurança*. São Paulo: Dialética, 2002. n. 1.4.3, p. 43-44. *No mesmo sentido:* ARAÚJO, José Henrique Mouta. Aspectos envolvendo o direito líquido e certo, a decadência e a coisa julgada no mandado de segurança. *Revista Dialética de Direito Processual*, São Paulo: Dialética, v. 16, jul. 2004, p. 86-90.

lei, na votação de proposições ou na administração do Legislativo entram na categoria de atos de autoridade e expõem-se a mandado de segurança, desde que infrinjam a Constituição ou as normas regimentais da Corporação e ofendam direitos ou prerrogativas do impetrante".[21] E, nesse caso, o impetrante somente pode ser o parlamentar,[22] que é quem dispõe do direito líquido e certo ao devido processo legislativo.

14.1.3.5 Mandado de segurança contra ato judicial

O mandado de segurança pode ser impetrado contra ato judicial. Seu cabimento é restrito, porém. O cabimento do mandado de segurança contra ato judicial é examinado no subitem 14.8.3.2 *infra*.

14.1.3.6 Mandado de segurança contra ato de partido político, de entidade autárquica, de pessoa natural e de entidade particular que exerça atividade pública por delegação

O mandado de segurança é cabível para controlar atos praticados por representantes ou órgãos de partidos políticos e por atos praticados por administradores de entidades autárquicas. Também se afigura cabível o mandado de segurança contra pessoa natural ou agente integrante de entidade particular que exerça atividade pública por delegação. Nesse caso, para que se possa utilizar do *writ*, é preciso que se combata ato praticado no âmbito da delegação.[23] Nesse caso, para que se possa utilizar do *writ*, é preciso que se combata ato praticado no âmbito da delegação. A propósito, assim dispõe o § 1º do art. 1º da Lei 12.016/2009: "Equiparam-se às autoridades, para os efeitos desta Lei, os representantes ou órgãos de partidos políticos e os administradores de entidades autárquicas, bem como os dirigentes de pessoas jurídicas ou as pessoas naturais no exercício de atribuições do poder público, somente no que disser respeito a essas atribuições".

Um ato de gestão, mercantil ou que diga respeito às atividades rotineiras da pessoa jurídica de direito privado, não pode ser questionado pela via do mandado de segurança. Nesse sentido, assim estabelece o § 2º do art. 1º da Lei 12.016/2009: "Não cabe mandado de

---

[21] MEIRELLES, Hely Lopes. *Mandado de segurança, ação popular, ação civil pública, mandado de injunção, "habeas data", ação direta de inconstitucionalidade, ação declaratória de constitucionalidade e arguição de descumprimento de preceito fundamental*. 23. ed. atual. por Arnoldo Wald e Gilmar Ferreira Mendes. São Paulo: Malheiros, 2001. p. 33.

[22] "Constitucional. Processo Legislativo: Controle Judicial. Mandado de segurança. I – O parlamentar tem legitimidade ativa para impetrar mandado de segurança com a finalidade de coibir atos praticados no processo de aprovação de leis e emendas constitucionais que não se compatibilizam com o processo legislativo constitucional. Legitimidade ativa do parlamentar, apenas. II – Precedentes do STF: MS 20.257/DF, Ministro Moreira Alves (*leading case*), *RTJ* 99/1.031; MS 21.642/DF, Ministro Celso de Mello, *RDA* 191/200; MS 21.303-AgR/DF, Ministro Octavio Gallotti, *RTJ* 139/783; MS 24.356/DF, Ministro Carlos Velloso, *DJ* de 12.09.2003. III – Inocorrência, no caso, de ofensa ao processo legislativo, C.F., art. 60, § 2º, por isso que, no texto aprovado em 1º turno, houve, simplesmente, pela Comissão Especial, correção da redação aprovada, com a supressão da expressão 'se inferior', expressão dispensável, dada a impossibilidade de a remuneração dos Prefeitos ser superior à dos Ministros do Supremo Tribunal Federal. IV – Mandado de Segurança indeferido" (STF, Pleno, MS 24.642/DF, Rel. Min. Carlos Velloso, *DJ* 18.6.2004, p. 45).

[23] "Praticado o ato por autoridade, no exercício de competência delegada, contra ela cabe o mandado de segurança ou a medida judicial." (Súmula STF, 510)

segurança contra os atos de gestão comercial praticados pelos administradores de empresas públicas, de sociedades de economia mista e de concessionárias de serviço público".[24]

14.1.3.7 Mandado de segurança contra ato colegiado, contra ato complexo e contra ato praticado em procedimento administrativo (licitação ou comissão de inquérito)

Os atos colegiados também podem ser atacados por mandado de segurança, com a ressalva de que a autoridade apontada como coatora deve ser o presidente do órgão.

Nos atos complexos, identificados como aqueles que dependem da conjugação de várias manifestações de vontade, o mandado de segurança deve ser impetrado em face da autoridade que praticou o último ato. É o caso, por exemplo, da nomeação de um membro do Tribunal Regional Federal pela vaga destinada ao quinto constitucional: o ato é complexo, dependendo da participação da OAB ou do Ministério Público, a quem se confere a atribuição de elaborar a lista sêxtupla, bem como do próprio TRF, que se responsabiliza pela confecção da lista tríplice e, finalmente, do Presidente da República, a quem compete indicar e nomear o membro do tribunal. Impugnado algum vício numa das listas, o mandado de segurança deve ser impetrado contra o Presidente da República. Aliás, é exatamente isso que afirma o enunciado 627 da Súmula do STF: "No mandado de segurança contra a nomeação de magistrado da competência do Presidente da República, este é considerado autoridade coatora, ainda que o fundamento da impetração seja nulidade ocorrida em fase anterior do procedimento".

Em procedimentos administrativos, conduzidos, por exemplo, por uma comissão de licitação ou por uma comissão de inquérito, o *writ* deve ser impetrado contra a autoridade ou o agente que preside a comissão que conduz o procedimento.

14.1.3.8 Mandado de segurança contra ato de empresa pública ou sociedade de economia mista

As sociedades de economia mista e as empresas públicas ostentam a condição de pessoas jurídicas de direito privado, não integrando, como já se viu, o conceito de Fazenda Pública. Daí se sujeitarem ao regime jurídico próprio das empresas privadas, inclusive quanto aos direitos e obrigações civis, comerciais, trabalhistas e tributários (CF, art. 173, § 1º, II). Logo, *em princípio*, seus dirigentes e funcionários não se encartam na definição de autoridade, não devendo seus atos ser questionados pela via estreita do mandado de segurança. Acontece, *porém*, que tais pessoas jurídicas, não obstante se revestirem do matiz de pessoas jurídicas de direito privado, sujeitam-se à exigência de licitações e concurso público (CF, arts. 37, II, XXI, e 173, § 1º, III). Os atos praticados em licitações e concurso público são de natureza *pública*, praticados por autoridade, passíveis de controle pelo mandado de segurança. Assim, *cabe* mandado de segurança contra ato de agente ou funcionário de empresa pública ou sociedade de economia mista, praticado num procedimento de *licitação* para contratação de obras,

---

[24] O STF, ao julgar a ADI 4296/DF, entendeu ser constitucional a vedação do mandado de segurança contra atos de gestão comercial, afirmando que "[o] mandado de segurança é cabível apenas contra atos praticados no desempenho de atribuições do Poder Público, consoante expressamente estabelece o art. 5º, inciso LXIX, da Constituição Federal. Atos de gestão puramente comercial desempenhados por entes públicos na exploração de atividade econômica se destinam à satisfação de seus interesses privados, submetendo-os a regime jurídico próprio das empresas privadas" (STF, Pleno, ADI 4296, Rel. Min. Marco Aurélio, Rel. p/ acórdão Min. Alexandre de Moraes, *DJe* 11.10.2021).

serviços, compras e alienações, ou na condução de um *concurso público* para preenchimento de vagas de empregos públicos.[25] Não é sem razão, aliás, que o enunciado 333 da Súmula do STJ assim esclarece: "Cabe mandado de segurança contra ato praticado em licitação promovida por sociedade de economia mista ou empresa pública".

Cabe ao impetrante demonstrar a ilegalidade ou abusividade do ato, que lhe está a causar uma lesão ou ameaça.

14.2 NATUREZA JURÍDICA DO MANDADO DE SEGURANÇA

14.2.1 Mandado de segurança como um remédio jurídico processual

O mandado de segurança é um *remédio jurídico processual*, ou, de forma mais simples, um direito a um procedimento específico, disciplinado na Lei 12.016/2009. Sendo certo que o mandado de segurança é processado por rito especial, não restam dúvidas de que se lhe aplicam, subsidiariamente, as regras relativas ao procedimento comum que estão contidas no Código de Processo Civil. Nesse sentido, assim dispõe o parágrafo único do art. 318 do CPC: "O procedimento comum aplica-se subsidiariamente aos demais procedimentos especiais e ao processo de execução".

Para que se conceda o mandado de segurança, é preciso, como se viu, que o direito seja líquido e certo. O requisito da liquidez e certeza do direito está relacionado com a comprovação das alegações contidas na petição inicial. Vale dizer que o direito somente será líquido e certo se as alegações da parte autora estiverem comprovadas por documentos, de maneira pré-constituída.

O procedimento do mandado de segurança é construído a partir desse requisito específico. Seu procedimento é, então, sumário, abreviado, expedito, destinado à obtenção de uma sentença em pouco tempo, já que tudo já está provado, não havendo necessidade de instrução probatória.

O mandado de segurança é remédio jurídico processual, mas a relação material afirmada em sua petição inicial não guarda qualquer especialidade além das necessárias para a adoção do seu procedimento especial. Tanto isso é verdade que a ação material nele afirmada pode ser igualmente alegada em procedimento comum.

A diferença entre o mandado de segurança e o procedimento comum é procedimental. Quem tem direito ao mandado de segurança tem, na verdade, direito a um procedimento especial, diferenciado, abreviado, sumário.

14.2.2 Desistência do mandado de segurança

O mandado de segurança é, como se viu, um *remédio jurídico processual*, consistindo, na verdade, num direito a um procedimento específico. A diferença entre o mandado de segurança e o procedimento comum é apenas procedimental.

---

[25] STJ, 5ª Turma, REsp 588.017/DF, Rel. Min. Felix Fischer, *DJ* 7.6.2004, p. 272. *Nesse sentido:* STJ, 2ª Turma, REsp 533.613/RS, Rel. Min. Franciulli Netto, *DJ* 3.11.2003, p. 312; *RSTJ* 179:241; STJ, 5ª Turma, REsp 413.818/DF, Rel. Min. Jorge Scartezzini, *DJ* 23.6.2003, p. 409; STJ, 1ª Turma, REsp 299.834/RJ, Rel. Min. Humberto Gomes de Barros, *DJ* 25.2.2002, p. 222; *RSTJ* 156:83; STJ, 1ª Turma, REsp 84.082/RS, Rel. Min. Demócrito Reinaldo, *DJ* 1º.7.1996, p. 24.002; *Revista de Direito Administrativo* 207:301; *RSTJ* 89:94.

Embora a diferença seja apenas essa, consagrou-se o entendimento segundo o qual é desnecessária a concordância da autoridade impetrada em relação à desistência da ação pelo impetrante, não se aplicando a regra contida no § 4º do art. 485 do CPC.[26]

Conforme o entendimento que se consolidou, o autor do mandado de segurança pode desistir da ação de forma incondicionada, unilateralmente, sem precisar contar com a concordância da autoridade coatora.[27] O Plenário do STF, no julgamento do RE 669.367/RJ, sob o regime da repercussão geral, adotou o entendimento segundo o qual a desistência em mandado de segurança é prerrogativa de quem o impetra, podendo se dar a qualquer momento antes do trânsito em julgado, sem anuência da parte demandada e independentemente de já ter havido decisão de mérito e de lhe ser desfavorável ou favorável.[28]

Muito embora o STF tenha entendido diferentemente, o impetrante não pode desistir do mandado de segurança depois de já proferida sentença.[29]

Sabe-se que a parte autora, ao propor uma demanda, apresenta duas pretensões: (a) uma formulada contra o juiz, que almeja o julgamento do mérito e (b) outra voltada contra o réu, objetivando o bem da vida perseguido. Se o juiz concluir pela ausência de direito ao julgamento do mérito da causa, rejeitando a primeira das pretensões, não irá avançar na análise da segunda pretensão, encerrando aí seu ofício jurisdicional. Acolhida que seja a primeira pretensão, será examinado o mérito, acolhendo-se ou rejeitando-se a segunda pretensão.

Por aí já se vê que, uma vez proferido julgamento de mérito, restou acolhida a primeira pretensão, viabilizando-se a análise da segunda.

Não é possível ao autor, como forma de desfazer a decisão de mérito, desistir da ação depois de ultimada a providência jurisdicional, com a apreciação da segunda pretensão.

Quando já proferida a sentença de mérito, não se deve permitir mais ao autor desistir da ação. O autor poderá desistir do recurso já interposto, mas a ação *não* poderá mais ser objeto de desistência, porquanto já apreciado o *mérito*. A se permitir a desistência depois de proferida a sentença de mérito, estar-se-ia a autorizar o *desfazimento* de sentença definitiva pela parte autora.

Além disso, não se permite mais a desistência da ação depois de julgado o mérito, pelos seguintes motivos: (a) proferida a decisão final, não poderá mais o juiz inovar no processo

---

[26] STJ, 5ª Turma, REsp 440.019/RS, Rel. Min. Felix Fischer, *DJ* 24.2.2003, p. 278; STJ, 2ª Turma, AgRg no REsp 510.655/MG, Rel. Min. Humberto Martins, *DJe* 23.10.2009; STJ, 1ª Turma, REsp 930.952/RJ, Rel. Min. José Delgado, Rel. p/ acórdão Min. Luiz Fux, *DJe* 17.6.2009; STF, Pleno, MS 26.890 AgR, Rel. Min. Celso de Mello, *DJe* 23.10.2009.
No âmbito doutrinário, ver, por todos, MEIRELLES, Hely Lopes. *Mandado de segurança, ação popular, ação civil pública, mandado de injunção, "habeas data", ação direta de inconstitucionalidade, ação declaratória de constitucionalidade e arguição de descumprimento de preceito fundamental*. 23. ed. atual. por Arnoldo Wald e Gilmar Ferreira Mendes. São Paulo: Malheiros, 2001. p. 110-111.

[27] STJ, 1ª Turma, AgRg no REsp 1.334.812/MA, Rel. Min. Napoleão Nunes Maia Filho, *DJe* 31.8.2015.

[28] STF, Pleno, RE 669.367, Rel. Min. Luiz Fux, Rel. p/ acórdão Min. Rosa Weber, *DJe* 30.10.2014. Tal recurso foi afetado como Tema 530 da Repercussão Geral, cuja tese foi assim fixada: "É lícito ao impetrante desistir da ação de mandado de segurança, independentemente de aquiescência da autoridade apontada como coatora ou da entidade estatal interessada ou, ainda, quando for o caso, dos litisconsortes passivos necessários, a qualquer momento antes do término do julgamento, mesmo após eventual sentença concessiva do 'writ' constitucional, não se aplicando, em tal hipótese, a norma inscrita no art. 267, § 4º, do CPC/1973".

[29] *Em sentido contrário, entendendo que é possível a desistência a qualquer momento, mesmo depois do julgamento de mérito e independentemente de concordância da parte impetrada*: STF, Pleno, RE 669.367/RJ, Rel. orig. Min. Luiz Fux, Red. p/ acórdão Min. Rosa Weber, j. 2.5.2013.

(CPC, art. 494), restando impossível *modificar* a sentença de mérito para, homologada a desistência da ação, *transformá-la em sentença sem resolução do mérito;* (b) permitir a desistência da ação depois de já julgado o mérito equivale a conferir ao autor um poder que ele não tem: o de *desfazer* uma sentença de mérito para que seja *transformada* em sentença sem resolução do mérito; (c) desistir da ação é revogar a ação. Não se pode mais revogar a ação, se já houve julgamento de mérito; (d) tendo já sido julgado o mérito, não há mais ação. Esta já foi exercida, tendo já provocado o exercício da jurisdição. Exercida a jurisdição com prolação de uma sentença de mérito, não há mais como *desistir* da ação; pode-se *desistir* do recurso, mas não da ação.

Não é possível, como se vê, aceitar a desistência da ação depois de proferida a sentença de mérito, se bem que o entendimento do STF e do STJ seja no sentido contrário.

14.3 ESPÉCIES DE MANDADO DE SEGURANÇA

14.3.1 Mandado de segurança preventivo e mandado de segurança repressivo

Já se viu que cabe mandado de segurança para proteger direito líquido e certo que estiver sendo *ameaçado* ou *violado* por um ato ilegal ou abusivo de autoridade pública ou agente de pessoa jurídica no exercício de atribuições públicas. Daí se infere que o mandado de segurança pode ser *preventivo* ou *repressivo*. Quando destinado a *prevenir* uma lesão ou evitar uma *ameaça*, o *writ* será preventivo. Caso o impetrante se rebele contra uma *lesão* efetiva ou *violação* a direito, o mandado de segurança será repressivo.

14.3.2 Mandado de segurança individual e mandado de segurança coletivo

O mandado de segurança pode, ainda, ser *individual* ou *coletivo*. Será individual quando o direito pertence a quem o invoca. Por sua vez, será coletivo quando tiver por finalidade a proteção a um direito transindividual, sendo postulado por partido político, ou por organização sindical, por entidade de classe ou associação legalmente constituída e em funcionamento há pelo menos 1 (um) ano (CF, art. 5º, LXX, *a* e *b*), em defesa de direitos líquidos e certos da totalidade, ou de parte, da classe ou do grupo, na forma dos seus estatutos e desde que pertinentes às suas finalidades, dispensada, para tanto, autorização especial (Lei 12.016/2009, art. 21).[30]

O mandado de segurança coletivo pode ser impetrado em defesa de pretensão que interesse a toda uma categoria ou classe de pessoas, ou apenas a uma parte dessa categoria ou classe. Esse, a propósito, é o entendimento do STF, consolidado no enunciado 630 de sua Súmula de jurisprudência, que está assim redigida: "A entidade de classe tem legitimação para o mandado de segurança ainda quando a pretensão veiculada interesse apenas a uma parte da respectiva categoria".

Não é necessária a autorização dos associados para que a entidade de classe impetre mandado de segurança coletivo. Aliás, o enunciado 629 da Súmula do STF assim estabelece:

---

[30] Segundo decidiu o Superior Tribunal de Justiça, "A legitimação conferida a entidades associativas em geral para tutelar, em juízo, em nome próprio, direitos de seus associados (CF, art. 5º, XXI), inclusive por mandado de segurança coletivo (CF, art. 5º, LXX, *b*, e Lei 10.016/09, art. 21), não se aplica quando os substituídos processuais são pessoas jurídicas de direito público. A tutela em juízo dos direitos e interesses das pessoas de direito público tem regime próprio, revestido de garantias e privilégios de direito material e de direito processual, insuscetível de renúncia ou de delegação a pessoa de direito privado, sob forma de substituição processual" (STJ, 1ª Turma, RMS 34.270/MG, Rel. Teori Albino Zavascki, *DJe* 28.10.2011).

"A impetração de mandado de segurança coletivo por entidade de classe em favor dos associados independe da autorização destes". O STF, no julgamento do Tema 82 da Repercussão Geral, confirmou a desnecessidade de autorização especial para a impetração de mandado de segurança coletivo. E, ao julgar o Tema 499 da Repercussão Geral (RE 612.043), o STF decidiu que se exige a autorização de filiados e a apresentação de lista contendo seus nomes *apenas* para as ações coletivas comuns ajuizadas por associação civil, não se devendo fazer essas exigências no mandado de segurança coletivo.[31]

O mandado de segurança coletivo destina-se a tutelar os direitos difusos, coletivos e individuais homogêneos.[32] O parágrafo único do art. 21 da Lei 12.016/2009 restringe, contudo, o uso do mandado de segurança coletivo, estabelecendo que os direitos por ele protegidos são, apenas, os coletivos e os individuais homogêneos, não se referindo aos difusos. Tal restrição é tida como correta por Hely Lopes Meirelles, Arnoldo Wald e Gilmar Ferreira Mendes, que entendem não caber o mandado de segurança coletivo para defesa de direitos difusos, devendo estes ser tutelados pela ação civil pública.[33]

Contrariamente ao que sugere o texto legal e não obstante a opinião de tais importantes doutrinadores, não deve haver limitações ou restrições ao uso de ações coletivas. Havendo um direito transindividual que mereça ser protegido, tutelado, prevenido, reparado, será cabível a ação coletiva, aí incluído o mandado de segurança.[34]

---

[31] Nesse mesmo sentido: "(...) 1. No julgamento do ARE 1.293.130/RG-SP, realizado sob a sistemática da repercussão geral, o Supremo Tribunal Federal reafirmou a sua jurisprudência dominante, estabelecendo a tese de que 'é desnecessária a autorização expressa dos associados, a relação nominal destes, bem como a comprovação de filiação prévia, para a cobrança de valores pretéritos de título judicial decorrente de mandado de segurança coletivo impetrado por entidade associativa de caráter civil'. 2. Também sob a sistemática da repercussão geral, no julgamento do RE 573.232/RG-SC, o STF – não obstante tenha analisado especificamente a possibilidade de execução de título judicial decorrente de ação coletiva sob o procedimento ordinário ajuizada por entidade associativa – registrou que, para a impetração de mandado de segurança coletivo em defesa dos interesses de seus membros ou associados, as associações prescindem de autorização expressa, que somente é necessária para ajuizamento de ação ordinária, nos termos do art. 5º, XXI, da CF. (...)" (STJ, 1ª Seção, REsp 1.865.563/RJ, Rel. Min. Sérgio Kukina, Rel. p/ acórdão Min. Gurgel de Faria, DJe 17.12.2021).
Também não se devem fazer tais exigências para a execução de valores pretéritos decorrentes de título judicial formado em mandado de segurança coletivo. Nesse sentido, a tese firmada no Tema 1.119 da Repercussão Geral do STF: "É desnecessária a autorização expressa dos associados, a relação nominal destes, bem como a comprovação de filiação prévia, para a cobrança de valores pretéritos de título judicial decorrente de mandado de segurança coletivo impetrado por entidade associativa de caráter civil."
[32] Coube ao Código de Proteção e Defesa do Consumidor a incumbência de definir os direitos tuteláveis pelas ações coletivas. Realmente, o parágrafo único do art. 81 da Lei 8.078/1990 (Código de Proteção e Defesa do Consumidor) estabelece a definição dos interesses ou direitos difusos, bem como dos coletivos e, bem ainda, dos individuais homogêneos.
[33] MEIRELLES, Hely Lopes; WALD, Arnoldo; MENDES, Gilmar Ferreira. *Mandado de segurança e ações constitucionais*. 32. ed. com a colaboração de Rodrigo Garcia da Fonseca. São Paulo: Malheiros, 2009. p. 123-124. *No mesmo sentido:* THEODORO JÚNIOR, Humberto. *O mandado de segurança segundo a Lei n. 12.016, de 07 de agosto de 2009*. Rio de Janeiro: Forense, 2009. p. 47-48. *Também nesse sentido:* MEDINA, José Miguel Garcia; ARAÚJO, Fábio Caldas de. *Mandado de segurança individual e coletivo*. São Paulo: RT, 2009. n. 21.3, p. 208.
[34] Segundo Aluisio Gonçalves de Castro Mendes, "... O legislador ordinário limitou o objeto de proteção pelo mandado de segurança coletivo apenas aos direitos coletivos em sentido estrito e individuais homogêneos, sem que esta restrição encontre previsão expressa no texto constitucional" (*Ações coletivas no direito comparado e nacional*. 2. ed. São Paulo: RT, 2009. p. 203).

Como manifestação dessa garantia de acesso à justiça, é forçoso admitir *todas* as espécies de demandas e provimentos capazes de propiciar a adequada e efetiva tutela dos direitos transindividuais. E é decorrência do acesso à justiça a efetividade da tutela preventiva e repressiva de quaisquer danos provocados a direitos transindividuais, mediante o uso de *todos* os meios adequados. Em razão do acesso à justiça, *não* deve haver limitações ou restrições ao uso de ações coletivas. Sempre que um direito transindividual for ameaçado ou lesado será cabível a ação coletiva. A garantia de acesso à justiça marca o processo coletivo, valendo dizer que o mandado de segurança coletivo é cabível para a defesa de *qualquer* direito coletivo, seja ele difuso, coletivo ou individual homogêneo.

Impõe-se, enfim, conferir ao parágrafo único do art. 21 da Lei 12.016/2009 uma interpretação conforme a Constituição para entender que o mandado de segurança coletivo *também* se destina à proteção de direitos difusos.[35]

O art. 5º, LXX, da Constituição Federal não faz qualquer limitação, devendo extrair-se da norma sua máxima efetividade, de sorte a admitir que o mandado de segurança coletivo sirva não somente à proteção dos direitos coletivos e individuais homogêneos, mas igualmente aos difusos.

Já se viu que, para impetrar mandado de segurança, é preciso que o direito seja líquido e certo, ou seja, a prova há de ser documental pré-constituída. Isso não impede a tutela, pela via do mandado de segurança, de direito difuso. Havendo prova documental pré-constituída da ilegalidade ou abusividade de algum ato público que cause dano a um direito difuso, não há razão para impedir o controle judicial, provocado pelo mandado de segurança coletivo. Nesse sentido, impõe-se colher a advertência de Hermes Zaneti Jr., que assim se expressa:

> Afirma-se, portanto que pode o mandado de segurança coletivo tutelar o direito difuso (compreendido na categoria de direitos coletivos *lato sensu*), não sendo cabível qualquer distinção decorrente da natureza do direito material afirmado, por complexo que seja, visto ser a expressão "direito líquido e certo" de cunho eminentemente processual, referente à prova pré-constituída e não à qualidade do direito objetivo deduzido em juízo. O direito, quando existe, é sempre líquido e certo, *v.g.*, o direito ao meio ambiente equilibrado. Havendo prova (suficiente) da ilegalidade ou abuso de poder (que se afirma) é possível a apreciação pelo juiz para a concessão ou denegação da segurança (julgamento de mérito).[36]

---

[35] ALVIM, Eduardo Arruda; ALVIM, Angélica Arruda. Coisa julgada no mandado de segurança coletivo e a Lei n. 12.016/2009. In: MOREIRA, Alberto Camiña; ALVAREZ, Anselmo Prieto; BRUSCHI, Gilberto Gomes (coords.). *Panorama atual das tutelas individual e coletiva:* estudos em homenagem ao professor Sérgio Shimura. São Paulo: Saraiva, 2011. p. 303; BUENO, Cassio Scarpinella. *A nova lei do mandado de segurança*. São Paulo: Saraiva, 2009. n. 57, p. 127-132; FERRARESI, Eurico. *Do mandado de segurança*. Rio de Janeiro: Forense, 2009. p. 112-115; GOMES JÚNIOR, Luiz Manoel; FAVRETO, Rogério. *Comentários à nova lei do mandado de segurança*. Em coautoria com Luana Pedrosa de Figueiredo Cruz, Luís Otávio Sequeira de Cerqueira e Sidney Palharini Júnior. São Paulo: RT, 2009. p. 191-193; REDONDO, Bruno Garcia; OLIVEIRA, Guilherme Peres de; CRAMER, Ronaldo. *Mandado de segurança: comentários à Lei 12.016/2009*. São Paulo: Método, 2009. p. 152. Lamentando a limitação legal, mas se conformando com a possibilidade de o direito difuso ser tutelado em outras demandas, a exemplo da ação civil pública e da ação popular, BARROSO, Darlan; ROSSATO, Luciano Alves. *Mandado de segurança*. São Paulo: RT, 2009. n. 4.1, p. 86-90. Entendendo que o texto legal é compatível com a Constituição Federal, de forma que o mandado de segurança coletivo não serve para a proteção de direitos difusos, a não ser quando impetrado por partido político: ZAVASCKI, Teori Albino. *Processo coletivo:* tutela de direitos coletivos e tutela coletiva de direitos. 4. ed. São Paulo: RT, 2009. p. 194-195.

[36] ZANETI JR., Hermes. *Mandado de segurança coletivo:* aspectos processuais controversos. Porto Alegre: Sergio Antonio Fabris Editor, 2001. n. 1.5.6, p. 81.

Enfim, é cabível o mandado de segurança coletivo para a defesa de direito difuso que esteja sendo ameaçado ou lesado por ato ilegal ou abusivo de autoridade pública ou de particular no exercício de função pública.[37]

Sendo certo ser admissível o mandado de segurança para a defesa de direito difuso, deve-se reconhecer que não somente os partidos políticos e as associações podem impetrá-lo.[38] Também é possível que o *writ* coletivo seja impetrado pelo Ministério Público. A disposição contida no art. 5º, LXX, da Constituição Federal, secundada pelo art. 21 da Lei 12.016/2009, não exclui a legitimidade do Ministério Público para impetração do mandado de segurança coletivo.

A referida norma constitucional contém uma garantia *mínima* atribuída aos partidos políticos e às entidades de classe. Não exclui, evidentemente, a possibilidade de o Ministério Público impetrar o *writ* coletivo.

O Ministério Público detém atribuições próprias, previstas em dispositivos constitucionais expressos, entre as quais se destaca a defesa dos interesses sociais e individuais indisponíveis (CF, art. 127), cumprindo-lhe, ademais, a defesa dos direitos difusos e coletivos (CF, art. 129, III). Quer isso dizer que ao Ministério Público se confere a possibilidade de impetrar mandado de segurança coletivo.[39]

A legitimidade *ad causam* é, como se sabe, examinada concretamente, devendo ser confrontada com a situação concreta submetida ao crivo do Judiciário. A depender do objeto litigioso do processo, pode-se saber se a parte é efetivamente legítima para a causa. Ora, se o litígio versa sobre direito difuso ou coletivo, não restam dúvidas de que o Ministério Público ostenta legitimidade ativa. E, havendo prova documental pré-constituída que objetive comprovar a ilegalidade ou abusividade de um ato público, não há razão para impedir a impetração do *writ* coletivo pelo Ministério Público.

Na verdade, o art. 5º, LXX, da Constituição não trata de legitimidade ativa *ad causam*, mas da capacidade processual conferida aos partidos políticos e às entidades de classe para valer-se do procedimento do mandado de segurança. A norma constitucional assemelha-se ao § 1º do art. 8º da Lei 9.099/1995, que atribui apenas às pessoas naturais capazes, bem como a microempresas, a Organizações da Sociedade Civil de Interesse Público e a sociedades de

---

[37] Nas palavras de Marcelo Navarro Ribeiro Dantas, "... O direito material ao mandado de segurança está no inciso LXIX do art. 5º da Constituição: a proteção abrange qualquer direito (expressão aí sem qualificativo, e portanto capaz de abarcar tanto aqueles individuais como os coletivos e os difusos) líquido e certo (ou seja, comprovável de plano) ferido por ato de autoridade pública (qualquer que seja ela) ou particular no exercício de função pública delegada, praticado com ilegalidade ou abuso de poder" (*Mandado de segurança coletivo:* legitimação ativa. São Paulo: Saraiva, 2000. p. 104).

[38] O STJ entende não ter a Defensoria Pública legitimidade ativa para impetrar o mandado de segurança coletivo, pois seria taxativa a enumeração do art. 21 da Lei 12.016/2009. *Nesse sentido:* STJ, 6ª Turma, RMS 49.257/DF, Rel. Min. Maria Thereza de Assis Moura, *DJe* 19.11.2015; STJ, 1ª Turma, RMS 51.949/ES, Rel. Min. Benedito Gonçalves, *DJe* 26.11.2021.

A legitimidade deve ser examinada concretamente, não se podendo, de modo abstrato, afirmar que a Defensoria Pública não teria legitimidade ativa para impetrar mandado de segurança coletivo. Também não está de acordo com o princípio do acesso à justiça e com o da efetividade, afirmar que seria taxativa uma enumeração legal de legitimidade.

[39] DANTAS, Marcelo Navarro Ribeiro. *Mandado de segurança coletivo:* legitimação ativa. São Paulo: Saraiva, 2000. p. 105. *No mesmo sentido:* BUENO, Cassio Scarpinella. *A nova lei do mandado de segurança.* São Paulo: Saraiva, 2009. n. 56, p. 127. *Ainda no mesmo sentido:* DECOMAIN, Pedro Roberto. *Mandado de segurança (o tradicional, o novo e o polêmico na Lei 12.016/09).* São Paulo: Dialética, 2009. n. 5.7, p. 113-114.

crédito ao microempreendedor a possibilidade de demandar nos Juizados Especiais Cíveis Estaduais, excluindo a capacidade processual para demandar e ser demandado do incapaz, do preso, da massa falida e do insolvente civil.[40]

A capacidade processual consiste numa *aptidão genérica*, sendo abstrata, enquanto a legitimidade constitui uma *aptidão específica*, supondo certa relação entre o sujeito e o conteúdo concreto do ato.[41] Nas palavras de Fredie Didier Jr. e Hermes Zaneti Jr., "Não se pode examinar a legitimidade *a priori*, independentemente da situação concreta que foi submetida ao Judiciário. Não existe parte *em tese* legítima; a parte só é ou não legítima após o confronto com a situação concreta submetida ao Judiciário".[42]

Tratando *genérica* e *abstratamente* de quem poderia impetrar o *writ* coletivo, o texto constitucional versa sobre capacidade processual, e não sobre a legitimidade ativa para a causa. Esta última há de ser aferida a partir da situação litigiosa afirmada no mandado de segurança coletivo. Concretamente, e cotejando a condição da parte com o objeto do processo, deve-se verificar se há legitimidade *para a causa*.

Diante disso, o que se conclui é que não apenas os partidos políticos, as associações e sindicatos e o Ministério Público podem impetrar mandado de segurança coletivo. Também podem impetrá-lo os demais legitimados à tutela coletiva.[43] Em outras palavras, além daqueles previstos no art. 21 da Lei 12.016/2009, podem impetrar mandado de segurança coletivo a Defensoria Pública e os demais entes públicos; enfim, o mandado de segurança coletivo pode ser impetrado por qualquer dos legitimados para as ações coletivas.[44]

Nesse sentido, impõe-se colher insumo da opinião de Fredie Didier Jr. e Hermes Zaneti Jr., que assim se expressam:

> É absolutamente irrazoável defender que as demais associações civis e o Ministério Público (outros legitimados à tutela coletiva não previstos no texto constitucional) não têm capacidade processual para valer-se do procedimento do mandado de segurança. Podem valer-se de qualquer procedimento previsto em lei (art. 83 do CDC), mas logo em relação ao mandado de segurança, que é direito fundamental, lhes faltaria capacidade processual. Perceba: podem levar a juízo a afirmação de um direito coletivo por meio de

---

[40] Nesse sentido: DIDIER JR., Fredie; ZANETI JR., Hermes. O mandado de segurança coletivo e a Lei n. 12.016/2009. In: ALVIM, Eduardo Arruda; RAMOS, Glauco Gumerato; MELO, Gustavo de Medeiros; ARAÚJO, José Henrique Mouta (org.). *O novo mandado de segurança*. Belo Horizonte: Fórum, 2010. p. 227-238.

[41] CUNHA, Leonardo Carneiro da. *Jurisdição e competência*. São Paulo: RT, 2008. n. 1.2, p. 29-36.

[42] DIDIER JR., Fredie; ZANETI JR., Hermes. O mandado de segurança coletivo e a Lei n. 12.016/2009. In: ALVIM, Eduardo Arruda; RAMOS, Glauco Gumerato; MELO, Gustavo de Medeiros; ARAÚJO, José Henrique Mouta (org.). *O novo mandado de segurança*. Belo Horizonte: Fórum, 2010.

[43] Entendendo que o Ministério Público e a Defensoria Pública podem impetrar mandado de segurança coletivo, BUENO, Cassio Scarpinella. *A nova lei do mandado de segurança*. 2. ed. São Paulo: Saraiva, 2010. n. 56, p. 166-167; BUENO, Cassio Scarpinella. O mandado de segurança coletivo na Lei n. 12.016/2009. In: MOREIRA, Alberto Camiña; ALVAREZ, Anselmo Prieto; BRUSCHI, Gilberto Gomes (coords.). *Panorama atual das tutelas individual e coletiva: estudos em homenagem ao Professor Sérgio Shimura*. São Paulo: Saraiva, 2011. p. 232.

[44] Não é essa a opinião de Hélio do Valle Pereira, para quem só é possível o mandado de segurança coletivo ser impetrado por partido político, organização sindical, entidade de classe e associação legalmente constituída há pelo menos um ano, pois o rol previsto na Lei 12.016/2009 seria, na sua opinião, exaustivo (*O novo mandado de segurança*. Florianópolis: Conceito Editorial, 2010. n. 21.10, p. 188-189).

um procedimento comum, mas não podem fazê-lo por meio do procedimento especial do mandado de segurança. Partindo da premissa de que um direito fundamental pode sofrer restrições por lei infraconstitucional, desde essa restrição encontre fundamento constitucional, pergunta-se: qual a justificativa constitucional para a restrição do direito fundamental de acesso à justiça por meio do mandado de segurança ao Ministério Público, associações civis e outros legitimados não mencionados no inciso LXX do art. 5º da CF/88? Nenhuma.[45]

É evidente, portanto, que o mandado de segurança coletivo pode ser impetrado por qualquer dos legitimados para as ações coletivas.

No mandado de segurança coletivo, a coisa julgada segue a mesma disciplina das demais ações coletivas, tal como demonstrado no item 14.15.4 *infra*.

Finalmente, impõe-se anotar que o § 2º do art. 22 da Lei 12.016/2009 determina que, no mandado de segurança coletivo, a liminar só poderá ser concedida após a audiência do representante judicial da pessoa jurídica de direito público, que deverá se pronunciar no prazo de 72 (setenta e duas) horas. O STF, ao julgar a ADI 4296/DF, entendeu ser inconstitucional tal previsão normativa.[46] Na verdade, o STF entendeu não ser possível, abstrata e genericamente, impor vedação ou restrição à concessão de liminar no mandado de segurança, seja ele individual, seja ele coletivo. Conforme entendimento do STF, não é possível que o juiz, sem observar os detalhes do caso concreto e sem atentar para eventual urgência extrema, determine sempre a oitiva do representante legal do ente público. Isso não impede, evidentemente, que, no caso concreto, o juiz ordene esse contraditório prévio. Em muitos casos de mandado de segurança coletivo, tal contraditório prévio será necessário, recomendável e salutar. O que não se deve admitir, segundo entendeu o STF, é determinar sempre tal contraditório prévio, desconsiderando-se as particularidades do caso concreto e eventual situação de extrema urgência.

14.4 PARTES NO MANDADO DE SEGURANÇA

O autor do mandado de segurança, comumente denominado de impetrante, é aquele que ajuíza a ação mandamental. O réu, por sua vez, é aquele em face de quem a ação foi proposta.

Acontece, como se viu, que o mandado de segurança se destina a proteger um direito líquido e certo que está sendo ameaçado ou violado por um ato ilegal ou abusivo de uma autoridade pública ou de agente de pessoa jurídica que exerce atividade pública. Dos requisitos para sua concessão se extrai a legitimidade das partes no mandado de segurança.

14.4.1 Legitimidade ativa

14.4.1.1 Legitimidade ordinária

Terá legitimidade ativa para impetrar mandado de segurança o alegado titular do direito líquido e certo. E este poderá ser tanto uma pessoa natural como uma pessoa jurídica, que têm, normalmente, capacidade de ser parte, mercê de sua personalidade jurídica e capacidade de adquirir direitos e contrair obrigações.

---

[45] DIDIER JR., Fredie; ZANETI JR., Hermes. O mandado de segurança coletivo e a Lei n. 12.016/2009. In: ALVIM, Eduardo Arruda; RAMOS, Glauco Gumerato; MELO, Gustavo de Medeiros; ARAÚJO, José Henrique Mouta (org.). *O novo mandado de segurança*. Belo Horizonte: Fórum, 2010.

[46] STF, Pleno, ADI 4296, Rel. Min. Marco Aurélio, Rel. p/ acórdão Min. Alexandre de Moraes, *DJe* 11.10.2021.

Existem entes como o espólio, a massa falida, a herança jacente, o condomínio, a sociedade de fato, que, embora não tenham personalidade jurídica, dispõem de capacidade jurídica (que alguns chamam de "personalidade judiciária"), podendo ser partes em processos judiciais. Estes também podem impetrar mandado de segurança.

Há entes que não detêm legitimidade para postular por meio do procedimento comum, mas podem impetrar mandado de segurança. É o caso de órgãos despersonalizados, tais como uma Câmara de Vereadores, uma Secretaria de Estado ou de Município, um Tribunal de Contas, um Tribunal de Justiça. Enfim, tais órgãos integram a Administração Pública direta de alguma pessoa jurídica de Direito Público. Então, não desfrutam, geralmente, de legitimidade para agir em processo judicial, mas podem impetrar mandado de segurança,[47] desde que objetivem garantir ou resguardar uma prerrogativa institucional, ostentando, no *writ*, legitimidade ativa *ad causam*.

Embora haja posicionamento em sentido contrário,[48] é possível que o mandado de segurança seja impetrado por pessoa jurídica de direito público, quando se intenta garantir uma prerrogativa institucional, defendendo-os contra abusos ou ilegalidades cometidas pelo próprio Poder Público. É possível, por exemplo, um mandado de segurança do tribunal de justiça contra o governador ou da câmara municipal contra o prefeito do respectivo Município, a fim de resguardar um direito, uma prerrogativa ou uma garantia institucional.

O art. 1º da Lei 12.016/2009 dispõe que se concederá mandado de segurança para proteger direito líquido e certo de que seja titular qualquer pessoa natural ou jurídica. Embora o dispositivo refira-se a qualquer *pessoa*, deve-se entender que o mandado de segurança pode ser impetrado por qualquer *sujeito de direito*, ainda que desprovido de personalidade jurídica. Realmente, o mandado de segurança, como se viu, pode ser impetrado por pessoa natural, pessoa jurídica, de direito público ou privado, órgãos e entes despersonalizados.

Do *texto* contido no art. 1º da Lei 12.016/2009 há de se extrair a *norma* que contenha a maior amplitude possível, franqueando o cabimento do *writ* a qualquer pessoa, órgão ou ente despersonalizado. E nem poderia ser diferente, não somente porque o mandado de segurança é um direito fundamental – de cuja previsão deve-se extrair a máxima efetividade –, mas também por ser vedado o retrocesso. Com efeito, é sabido que os direitos fundamentais não devem ser suprimidos ou restringidos, dada a vedação de retrocesso; não se permite a reversibilidade dos direitos fundamentais.

À evidência, detém legitimidade ativa para o mandado de segurança o alegado titular do direito líquido e certo, podendo esse titular ser uma pessoa natural ou jurídica, de direito privado ou público, além de entes despersonalizados, que poderiam ou não, pelo procedimento comum, ser parte em processo judicial.[49]

---

[47] PEREIRA, Milton Luiz. Mandado de segurança – Câmara de Vereadores – personalidade judiciária – legitimação ativa. *Revista de Processo*, São Paulo: RT, v. 104, out.-dez. 2001, p. 36-38.

[48] MACHADO, Hugo de Brito. Impetração de mandado de segurança pelo Estado. *Revista de Processo*, São Paulo: RT, v. 78, abr.-jun. 1995, p. 19-26.

[49] MEIRELLES, Hely Lopes. *Mandado de segurança, ação popular, ação civil pública, mandado de injunção, "habeas data", ação direta de inconstitucionalidade, ação declaratória de constitucionalidade e arguição de descumprimento de preceito fundamental*. 23. ed. atual. por Arnoldo Wald e Gilmar Ferreira Mendes. São Paulo: Malheiros, 2001. p. 53-54.

14.4.1.2 Legitimidade concorrente

O § 3º do art. 1º da Lei 12.016/2009 assim dispõe: "quando o direito ameaçado ou violado couber a várias pessoas, qualquer delas poderá requerer o mandado de segurança".

O dispositivo prevê uma legitimidade concorrente, quando houver cotitularidade do direito ou sua indivisibilidade. Nesse caso, todos podem, conjuntamente, impetrar o mandado de segurança, em litisconsórcio ativo. O litisconsórcio é, na hipótese, facultativo e unitário. Como o direito lhes pertence, a decisão será uniforme para todos.

O litisconsórcio, como dito, é facultativo. Aliás, não existe litisconsórcio ativo necessário, porque não se pode condicionar o direito de ação à participação dos demais colegitimados. Por sua vez, estes não podem ser obrigados a demandar contra a própria vontade. Exigir o litisconsórcio ativo necessário ofenderia o direito fundamental de acesso à justiça (CF, art. 5º, XXXV)[50].

Embora não seja necessário o litisconsórcio, podendo apenas um dos titulares do direito impetrar o mandado de segurança, é possível que todos proponham a demanda, em litisconsórcio ativo facultativo.

Enfim, qualquer um deles pode impetrar o mandado de segurança. Ao fazê-lo, atua em nome próprio na defesa do próprio direito e, igualmente, na defesa de direito alheio, ou seja, dos demais cotitulares do direito. Ao agir em nome próprio na defesa do direito dos cotitulares, o impetrante figura como substituto processual deles. Em tal hipótese, há, a um só tempo, exercício conjunto de legitimidade ordinária e de legitimidade extraordinária.

O Enunciado 628 da Súmula do STF trata de uma hipótese como essa: "Integrante de lista de candidatos a determinada vaga da composição de tribunal é parte legítima para impugnar a validade da nomeação de concorrente".

Além deste, há outros exemplos: impetração de mandado de segurança por qualquer dos licitantes contra uma cláusula reputada ilegal do edital da licitação, ou por um servidor público contra ato de autoridade incompetente que determinou instauração de procedimento disciplinar contra ele e uma pluralidade de servidores.[51]

A hipótese, como se percebe, é de legitimidade extraordinária concorrente e disjuntiva, pois todos que são atingidos pela ameaça ou pelo ato coator podem valer-se do mandado de segurança para proteger seu direito líquido e certo.

Se apenas um impetrar o mandado de segurança, o resultado, qualquer que seja, alcança os demais cotitulares do direito. Em outras palavras, a coisa julgada alcança, seja na procedência, seja na improcedência, não apenas o impetrante, mas também os demais cotitulares do direito, substituídos processuais do impetrante. Para evitar violação ao contraditório e ao devido processo legal, os substituídos devem ser convocados a participar do processo.

Com efeito: "Em demanda proposta por apenas um autor, que poderia ter sido proposta em litisconsórcio unitário com outros legitimados, cabe ao juiz determinar a intimação destes

---

50 CUNHA, Leonardo Carneiro da. *Código de Processo Civil comentado*: artigo por artigo. Rio de Janeiro: Forense, 2023, n. 14 ao art. 114, p. 236.
51 Exemplos dados por LIMA, Tiago Asfor Rocha. *Comentários à nova lei do mandado de segurança*. Napoleão Nunes Mais Filho; Caio Cesar Vieira Rocha; Tiago Asfor Rocha Lima (orgs.). São Paulo: RT, 2010, p. 47.

últimos para que tomem ciência do processo e, se desejarem, integrem a relação processual. É o que se chama de intervenção *iussu iudicis*".[52]

14.4.1.3 Legitimidade extraordinária subsidiária

Nos termos do art. 3º da Lei 12.016, de 2009, "O titular de direito líquido e certo decorrente de direito, em condições idênticas, de terceiro poderá impetrar mandado de segurança a favor do direito originário, se o seu titular não o fizer, no prazo de 30 (trinta) dias, quando notificado judicialmente". E, de acordo com seu parágrafo único, "O exercício do direito previsto no *caput* deste artigo submete-se ao prazo fixado no art. 23 desta Lei, contado da notificação".

Tal dispositivo prevê uma legitimidade extraordinária subsidiária, protegendo o direito condicionado do impetrante.

Se o terceiro, titular do direito originário, não impetrar o mandado de segurança, o titular do direito condicionado ou derivado terá legitimidade para fazê-lo em nome próprio, mas na defesa de direito alheio, como seu substituto processual (CPC, art. 18).

O exame das leis que regulamentaram, ao longo do tempo, o mandado de segurança permite compreender melhor o alcance desse dispositivo.

O art. 6º da Lei 191, de 1936, previa que só o titular do "direito certo e incontestável" poderia impetrar mandado de segurança. E seu § 2º assim dispunha: "Quem tiver o seu direito certo e incontestável, ameaçado ou violado, em consequência de ameaça ou violação feita a direito igualmente certo e incontestável de terceiro, poderá notificar, oportunamente, esse mesmo terceiro para que impetre mandado de segurança, afim de salvaguardar o seu direito, sob pena de responder pela plena indenização das perdas e danos decorrentes da omissão".

O dispositivo, como se nota, não conferia legitimidade ao titular do direito condicionado ou derivado, não lhe permitindo a impetração do mandado de segurança. Apenas permite a notificação do titular do direito, para interpelá-lo, a fim de que ele impetrasse o mandado de segurança.

A Lei 1.533, de 1951, em seu art. 3º, conferiu legitimidade extraordinária ao titular de direito líquido e certo decorrente de direito de outrem que se mantivesse inerte, apesar de notificado.

O art. 3º da Lei 12.016, de 2009, mantém a regra, mas fixa um prazo de 30 (trinta) dias para o exercício do direito ao mandado de segurança pelo titular do direito originário. Não exercido o direito, o titular do direito derivado adquire legitimidade extraordinária para, em nome próprio, postular o direito daquele.

A legitimidade extraordinária surge somente depois de o titular do direito originário ser notificado, mas manter-se inerte no prazo de 30 (trinta) dias.

Assim, é preciso que *(a)* o direito do substituto decorra do direito do substituído; *(b)* o titular do direito originário, notificado judicialmente para impetrar o mandado de segurança, não o faça no prazo de 30 (trinta) dias. Em outras palavras, é preciso que haja *(a)* omissão do titular do direito originário; *(b)* notificação judicial; *(c)* persistência da omissão por 30 (trinta) dias.

Tome-se como exemplo o caso em que a lei determina que, para determinada categoria, as promoções se façam, todas, por antiguidade. Aberta uma vaga, promove-se um servidor em

---

[52] CUNHA, Leonardo Carneiro da. *Código de Processo Civil comentado*: artigo por artigo. Rio de Janeiro: Forense, 2023, n. 16 ao art. 114, p. 236.

preterição aos mais antigos. O mais antigo de todos não vai a juízo para arguir a ilegalidade. O segundo mais antigo também ficará prejudicado com a inércia do primeiro, podendo, então, notificá-lo para que ele impetre o mandado de segurança. Passado o prazo de 30 (trinta) dias sem que o primeiro aja, o segundo passa a ter legitimidade para, em nome próprio, postular o direito do primeiro.

Imagine-se, ainda, que, num contrato de locação, ficou estabelecido que cabe ao locatário arcar com o pagamento do IPTU incidente sobre o imóvel locado. Diante de um aumento ilegal ou inconstitucional, o locador, que é quem detém a posição de contribuinte perante o fisco[53], fica inerte. O locatário pode, então, notificá-lo para impetrar o mandado de segurança. Passado o prazo de 30 (trinta) dias sem que o locador aja, o locatário poderá, então, em nome próprio, questionar o aumento que considera abusivo do imposto.

Tome-se, finalmente, o seguinte exemplo: cinco pessoas são aprovadas em concurso público para determinado cargo na seguinte ordem: A, B, C, D e E. No início, só havia uma vaga, que foi preenchida por A. Posteriormente, abre-se outra vaga, que seria naturalmente preenchida por B. Só que se nomeia E. Quem tem direito líquido e certo de ser nomeado é B. Se este se mantiver inerte, C ou D pode notificá-lo para agir em 30 (trinta) dias. Não o fazendo, qualquer um deles poderá, em nome próprio, questionar o ato ilegal.

Nessas hipóteses, conforme já decidiu o Superior Tribunal de Justiça, "A prerrogativa conferida pelo art. 3.º da Lei 12.016/2009 exige para o seu exercício a prévia notificação judicial do titular de direito líquido e certo originário e o transcurso do prazo de trinta dias sem que se tenha adotado alguma providência no sentido de coibir o arbítrio estatal"[54].

A notificação há de ser judicial, observando-se o disposto nos arts. 726 a 729 do CPC. Há quem entenda ser possível a extrajudicial[55]. A disposição legal exige a notificação judicial. A eficácia jurídica é atribuída, no caso, à notificação judicial, não se podendo estendê-la a outro tipo de comunicado. A suspensão e a interrupção de prazos, bem como seu marco inicial dependem de previsão legal, ainda mais quando se trata de prazo decadencial, como é o da impetração do mandado de segurança. É por isso que o STJ entende que "a notificação extrajudicial não é hábil para interromper o prazo prescricional"[56].

A notificação deve ser promovida antes do término do prazo de 120 (cento e vinte) dias para que o titular do direito originário impetre seu mandado de segurança. A legitimidade extraordinária do titular do direito derivado decorre da inércia do legitimado ordinário dentro desse prazo. O legitimado extraordinário também se sujeita ao prazo de 120 (cento e vinte) dias para a impetração de seu mandado de segurança, conforme está no parágrafo único do art. 3º da Lei 12.016, de 2009.

Ocorre, porém, que o titular do direito derivado só adquire legitimidade extraordinária depois de passado o prazo de 30 (trinta) dias da notificação sem que o legitimado ordinário tenha agido.

---

[53] "O locatário não possui legitimidade ativa para discutir a relação jurídico-tributária de IPTU e de taxas referentes ao imóvel alugado nem para repetir indébito desses tributos" (Súmula 614 do STJ).
[54] STJ, 2ª Turma, RMS 57.196/MT, rel. Min. Mauro Campbell Marques, *DJe* 26.2.2019.
[55] BUENO, Cassio Scarpinella. *A nova lei do mandado de segurança*. 2. ed. São Paulo: Saraiva, 2010, p. 31; TUCCI, José Rogério Cruz e. *Comentários à nova lei do mandado de segurança*. Napoleão Nunes Mais Filho; Caio Cesar Vieira Rocha; Tiago Asfor Rocha Lima (orgs.). São Paulo: RT, 2010, p. 72; BONOMO JÚNIOR, Aylton; ZANETI JÚNIOR, Hermes. *Mandado de segurança individual e coletivo*. Salvador: JusPodivm, 2019, n. 2.5.1.2, p. 124.
[56] STJ, 4ª Turma, AgInt no AREsp 1.656.629/MT, rel. Min. Antonio Carlos Ferreira, *DJe* 26.11.2021.

Significa, então, que o legitimado extraordinário tem o prazo de 90 (noventa) dias para impetrar seu mandado de segurança, contado do escoamento do prazo de 30 (trinta) dias da notificação feita ao legitimado ordinário[57]. Em outras palavras, o legitimado extraordinário tem 120 (cento e vinte) dias da notificação para impetrar seu mandado de segurança, só começando, porém, a correr seu prazo depois dos 30 (trinta) dias destinados ao legitimado ordinário.

É possível que o substituto processual se antecipe e impetre o mandado de segurança antes do término do prazo de 30 (trinta) dias após a notificação do substituído. Nesse caso, cabe observar as diferentes hipóteses e suas consequências.

Se o prazo de 30 (trinta) dias se esgotar sem que o titular do direito originário proponha sua demanda, o vício convalida-se[58]; não se justifica mais extinguir o mandado de segurança impetrado pelo substituto processual para que ele, logo em seguida, impetre-o novamente. A eficiência e a economia processual impedem que se extinga o mandado de segurança. O fato superveniente da inércia do titular do direito originário deve ser levado em consideração para evitar a extinção do processo, aplicando-se, no caso, o art. 493 do CPC.

Caso, porém, o titular do direito originário impetre seu mandado de segurança dentro dos 30 (trinta) dias, o processo do substituto processual deverá ser extinto, por ilegitimidade ativa para a causa[59]. A legitimidade extraordinária só é adquirida, como se viu, com o decurso do prazo de 30 (trinta) dias sem que o titular do direito originário proponha sua demanda. Logo, o processo instaurado pelo titular do direito derivado deve ser extinto, mas nada impede que ele adira à demanda do titular do direito originário como assistente simples. A propósito, a jurisprudência do STF e do STJ não admite assistência no mandado de segurança, mas tal entendimento é injustificável, como demonstrado no item 14.6.

Outra hipótese a ser considerada é a de o titular do direito derivado impetrar seu mandado de segurança, sem que tenha notificado o titular do direito originário. Nesse caso, o processo deveria ser extinto por ilegitimidade ativa. O mais adequado, porém, em respeito ao princípio da primazia do julgamento do mérito e ao princípio da eficiência, é suspender o processo e notificar o titular do direito originário. A notificação será judicial, pois feita pelo próprio juízo onde tramita o processo. Se, passado o prazo de 30 (trinta) dias sem que haja impetração de mandado de segurança pelo titular do direito originário, o vício estará sanado, podendo-se prosseguir com o processo do substituto processual.

Em tal hipótese, o titular do direito originário será substituído pelo titular do direito derivado, podendo atuar, no processo, como assistente litisconsorcial. Com efeito, o substituído processual, nos termos do art. 18 do CPC, pode participar do processo como assistente litisconsorcial do substituto. O STF e o STJ não admitem, no mandado de segurança, qualquer tipo de assistência, nem mesmo a litisconsorcial.[60] Não há razão, como será demonstrado no item 14.6, para deixar de admitir a assistência litisconsorcial no mandado de segurança[61].

---

[57] KLIPPEL, Rodrigo; NEFFA JÚNIOR, José Antônio. *Comentários à Lei de Mandado Segurança*. Rio de Janeiro: Lumen Juris, 2010, p. 67.

[58] KLIPPEL, Rodrigo; NEFFA JÚNIOR, José Antônio. *Comentários à Lei de Mandado Segurança*. Rio de Janeiro: Lumen Juris, 2010, p. 62.

[59] KLIPPEL, Rodrigo; NEFFA JÚNIOR, José Antônio. *Comentários à Lei de Mandado Segurança*. Rio de Janeiro: Lumen Juris, 2010, p. 62.

[60] STF, 1ª Turma, MS 32.074/DF, Rel. Min. Luiz Fux, *DJe* 5.11.2014; STJ, 1ª Turma, AgInt nos EDcl no RMS 52.066/BA, Rel. Min. Gurgel de Faria, *DJe* 7.6.2018.

[61] Nesse sentido: BUENO, Cassio Scarpinella. Os impactos do novo Código de Processo Civil no mandado de segurança. *Revista de Processo*. São Paulo: RT, n. 297, nov. 2019, p. 238-239.

Caso, porém, seja, dentro do prazo de 30 (trinta) dias contado da notificação judicial, impetrado o mandado de segurança pelo titular do direito originário, então o processo instaurado pelo titular do direito derivado deverá ser extinto sem resolução do mérito, por ilegitimidade ativa.

Extinto o processo do titular do direito derivado, ele pode, como visto, atuar no processo do titular do direito originário como seu assistente simples, como restará demonstrado no item 14.6, apesar do entendimento contrário do STF e do STJ.

Abstraídas essas hipóteses, havendo *(a)* omissão do titular do direito originário; *(b)* notificação judicial; *(c)* persistência da omissão por 30 (trinta) dias, o titular do direito derivado adquire legitimidade extraordinária para o mandado de segurança; passa a ser substituto processual, podendo, em nome próprio, postular o direito do titular originário.

A propósito, vale lembrar o entendimento de que o substituído, qualquer que seja o resultado do processo, sujeita-se à coisa julgada, por ser o principal destinatário da decisão final[62]. A coisa julgada produz efeitos tanto para o legitimado ordinário como para o extraordinário. Nos casos de substituição processual, o substituído sujeita-se à coisa julgada formada no processo de que não participou[63].

O problema, encarado à luz do contraditório e do devido processual legal, é admitir que alguém se submeta à coisa julgada sem ter participado do processo ou sem ter tido a oportunidade para apresentar defesa. Para evitar isso, o substituído pode intervir como assistente litisconsorcial do substituto (CPC, art. 18, parágrafo único).

Se o substituído não intervir como assistente litisconsorcial do substituto, o juiz deve convocá-lo para, querendo, intervir no processo. "Essa convocação, conhecida como intervenção *iussu iudicis*, insere-se no ambiente democrático, ampliando a participação e o diálogo no processo judicial. A intervenção *iussu iudicis* caracteriza-se por ser determinada de ofício pelo magistrado. Diante do contexto e das peculiaridades do caso, poderá o juiz determinar a intimação de um terceiro que tenha interesse jurídico na causa, para que dela, se quiser, participe como assistente"[64].

14.4.2 Falecimento do impetrante: sucessão *mortis causa* ou extinção do processo?

Em qualquer demanda, quando o autor é uma pessoa natural e vem a falecer no curso do procedimento, poderá ser trilhado um dos seguintes caminhos:

a) sendo transmissível o direito discutido, deverá ser determinada a suspensão do processo (CPC, art. 313, I),[65] para que se realize a sucessão por seu espólio ou pelos

---

[62] ALLORIO, Enrico. *La cosa giudicata rispetto ai terzi.* Milano: Giuffrè, 1992, p. 261; ATTARDI, Aldo. *Diritto processuale civile.* Padova: Cedam, 1994, v. 1, p. 505; LIEBMAN, Enrico Tullio. *Efficacia ed autorità della sentenza.* Milano: Giuffrè, 1962, p. 74; RICCI, Gian Franco. *Principi di diritto processuale generale.* Torino: Giappichelli, 1995, p. 242.

[63] ARMELIN, Donaldo. *Legitimidade para agir no direito processual civil brasileiro.* São Paulo: RT, 1979, p. 134.

[64] CUNHA, Leonardo Carneiro da. *Código de Processo Civil comentado:* artigo por artigo. Rio de Janeiro: Forense, 2023, n. 7 ao art. 120, p. 242.

[65] "A suspensão do processo por morte da parte não é automática; é dependente de ato judicial. Mas o Juiz tem o dever de suspender o processo, desde que se lhe denuncie a ocorrência da causa da suspensão" (STJ, 5ª Turma, REsp 32.073-6/CE, Rel. Min. Edson Vidigal; *Adcoas* 144.943, de 30.9.1994). Ao suspender o processo pela morte da parte, o juiz deverá fazê-lo retroativamente, visto que "o

seus sucessores (CPC, art. 110) mediante o procedimento de habilitação (CPC, art. 689), ou, não instaurada a habilitação, o juiz deverá proceder nos termos do § 2º do art. 313 do CPC;

b) em se tratando de direito personalíssimo e, portanto, intransmissível, haverá a extinção do processo sem resolução do mérito (CPC, art. 485, IX).

No caso do mandado de segurança, é pacífico, tanto no Supremo Tribunal Federal como no Superior Tribunal de Justiça, o entendimento de que o falecimento do impetrante tem o condão de extinguir o mandado de segurança.[66]

Conquanto não pareça correto o entendimento – visto que a extinção deveria decorrer da natureza personalíssima do direito material discutido, e não da circunstância genérica de se tratar de mandado de segurança –, é conveniente destacar que a conclusão a que chegaram os tribunais superiores resulta da fixação de uma premissa: o sujeito dispõe de um direito personalíssimo (e, portanto, intransmissível) ao mandado de segurança. Vindo o impetrante a falecer, esse seu direito ao mandado de segurança não se transmite aos seus sucessores, devendo estes valer-se do procedimento comum para postular as consequências financeiras da pretensão formulada pelo impetrante.

O entendimento dos tribunais superiores denota, como se vê, que, vindo a falecer o impetrante, somente resta a extinção do mandado de segurança, justamente por ser incabível a sucessão processual, com a habilitação do seu espólio ou sucessores.

Tudo indica, todavia, que a morte do impetrante somente causa a extinção sem resolução do mérito do mandado de segurança se seu falecimento se operar durante a fase de conhecimento. Caso já tenha havido sentença com trânsito em julgado, e havendo condenação ao pagamento de valores pecuniários (na hipótese, por exemplo, de o impetrante ostentar a condição de servidor público), é possível haver a sucessão *mortis causa* por seu espólio ou sucessores se o falecimento do impetrante ocorrer já durante a execução. Nesse caso, não haverá habilitação no mandado de segurança, mas sim num cumprimento de sentença.

Diante disso, resta evidente que o falecimento do impetrante causa a extinção do processo de mandado de segurança, salvo se sua morte ocorrer após o trânsito em julgado, quando já iniciado o cumprimento de sentença de algum valor reconhecido na decisão a ser cumprida.

14.4.3 Legitimidade passiva

Há uma discussão acerca da legitimidade passiva no mandado de segurança, havendo quem identifique a própria autoridade como parte passiva e despontando, de outro lado,

---

ato declarativo da suspensão do processo por causa da morte da parte tem efeito *ex tunc*" (STJ, 4ª Turma, REsp 32.667-2/PR, Rel. Min. Fontes Alencar, *DJ* 23.9.1996; *ADV* 77.049, de 2.2.1997).

[66] "Julga-se extinto o *mandamus* com o falecimento do impetrante, por incabível na via mandamental a sucessão de partes. Precedentes do STJ e do STF" (STJ, 3ª Seção, MS 6.594/DF, Rel. Min. Hamilton Carvalhido, *DJ* 18.9.2000). *No mesmo sentido:* STJ, 5ª Turma, REsp 32.712/PR, Rel. Min. Edson Vidigal, *DJ* 19.10.1998, p. 119. *Igualmente no mesmo sentido:* STJ, 5ª Turma, RMS 27.818/PB, Rel. Min. Laurita Vaz, *DJe* 29.2.2012. *Ainda no mesmo sentido:* STF, Pleno, Questão de Ordem no MS 22.130/SP, Rel. Min. Moreira Alves, *DJ* 30.5.1997. *Também no mesmo sentido:* "Agravo regimental em recurso ordinário em mandado de segurança. Anistia. Falecimento do impetrante. Extinção do processo sem julgamento de mérito. Precedentes. Agravo regimental ao qual se nega provimento. 1. Jurisprudência do Supremo Tribunal no sentido de não caber habilitação de herdeiros em mandado de segurança. Precedentes. 2. Possibilidade de acesso às vias ordinárias. 3. Agravo regimental ao qual se nega provimento" (STF, 1ª Turma, RMS 25.775 AgR, Rel. Min. Cármen Lúcia, *DJ* 4.5.2007, p. 37).

o entendimento segundo o qual o polo passivo seria preenchido pela pessoa jurídica de direito público.[67]

A corrente doutrinária que defende ser a própria autoridade a parte que deva ocupar o polo passivo do mandado de segurança funda-se na circunstância de que a legislação a ela se refere como a pessoa em face de quem se impetra o *writ*, cabendo-lhe prestar e subscrever pessoalmente as informações no prazo de 10 (dez) dias, bem como atender às requisições do juízo e cumprir o determinado com caráter mandamental na liminar ou na sentença.[68]

Por outro lado, a outra corrente doutrinária entende que a legitimidade passiva para o mandado de segurança é da pessoa jurídica a cujos quadros pertence a autoridade de quem emanou o ato impugnado, justamente por ser quem irá suportar as consequências financeiras da demanda. Além do mais, a coisa julgada que se formará no mandado de segurança alcançará a pessoa jurídica, e não a autoridade.[69] Logo, e considerando que a coisa julgada opera efeitos apenas entre as partes da demanda (CPC, art. 506), resulta evidente que o polo passivo é ocupado pela pessoa jurídica de cuja estrutura faz parte a autoridade apontada como coatora.[70]

Sem embargo da controvérsia instalada doutrinariamente, a legitimidade passiva para o mandado de segurança é da pessoa jurídica a cujos quadros pertence a autoridade de quem emanou ato impugnado.[71]

Com efeito, é a pessoa jurídica quem responde pelas consequências financeiras da demanda, sujeitando-se aos efeitos da coisa julgada que vier a se produzir. Tanto isso é verdade que, havendo a renovação da demanda pelo procedimento comum, haverá coisa julgada, estando configurada a tríplice identidade prevista no § 2º do art. 337 do CPC, é dizer, haverá a identidade de demandas por coincidirem as causas de pedir, os pedidos e, ressalte-se, *as partes*.

A identificação da autoridade coatora serve para definir a competência do juízo, além de precisar quem deve, especificamente, sofrer o comando judicial e cumpri-lo. Deve ser indicada como autoridade, no mandado de segurança, aquele agente público com competência para desfazer o ato atacado ou para cumprir a determinação.

A autoridade pública, presente em juízo sem estar representada por procurador ou por advogado, cinge-se a prestar informações e, no caso de ser concedida liminar ou a segurança, a cumprir a determinação judicial. Enfim, a autoridade apresenta-se no processo para prestar informações, não adotando mais qualquer outra medida processual. Em outras palavras, a autoridade presta informações e sai de cena, vindo a atuar, a partir daí, a própria pessoa jurídica a cujos quadros pertence a autoridade.

O art. 6º da Lei 12.016/2009 dispõe que a petição inicial do mandado de segurança deverá indicar, além da autoridade coatora, a pessoa jurídica que a integra, cabendo ao juiz, ao despachá-la, ordenar que se notifique aquela, a fim de que, no prazo de 10 (dez) dias,

---

[67] ROCHA, José de Moura. *Mandado de segurança:* a defesa dos direitos individuais. Rio de Janeiro: Aide, 1987. p. 182-184.

[68] MEIRELLES, Hely Lopes. *Mandado de segurança, ação popular, ação civil pública, mandado de injunção, "habeas data", ação direta de inconstitucionalidade, ação declaratória de constitucionalidade e arguição de descumprimento de preceito fundamental.* 23. ed. atual. por Arnoldo Wald e Gilmar Ferreira Mendes. São Paulo: Malheiros, 2001. p. 54-56.

[69] LOPES, João Batista. Sujeito passivo no mandado de segurança. *Aspectos polêmicos e atuais do mandado de segurança.* São Paulo: RT, 2002. p. 419-420.

[70] STJ, 1ª Turma, REsp 443.614/AL, Rel. Min. Luiz Fux, cuja ementa está publicada na *Revista Dialética de Direito Processual,* São Paulo: Dialética, v. 4, jul. 2003, p. 227.

[71] PEREIRA, Hélio do Valle. *O novo mandado de segurança.* Florianópolis: Conceito Editorial, 2010. p. 40-41.

preste as informações (Lei 12.016/2009, art. 7º, I) e, bem ainda, que se dê ciência ao órgão de representação judicial da pessoa jurídica interessada, enviando-lhe cópia da inicial sem documentos, para que, querendo, ingresse no feito (Lei 12.016/2009, art. 7º, II).

Para que haja racionalização no procedimento, e em prol da garantia de que o processo deve ter duração razoável, quando a autoridade coatora for o representante judicial da pessoa jurídica, não se deve ordenar a ciência desta, pois a notificação da autoridade já funciona como forma de cientificar a própria pessoa jurídica.

Tais regras, contidas nos arts. 6º e 7º da Lei 12.016/2009, que impõem a indicação da pessoa jurídica com sua posterior intimação, não modificam o entendimento de que a legitimidade passiva para o mandado de segurança é da pessoa jurídica, cabendo à autoridade apenas prestar informações e, em caso de concessão da segurança, cumprir a ordem imposta pelo órgão judicial. A autoridade *presenta* a pessoa jurídica, prestando informações. Além disso, cumpre dar ciência à pessoa jurídica dos termos da demanda mandamental, a fim de que possa oferecer alguma manifestação tida como relevante.

Essas regras confirmam o entendimento de que a autoridade coatora é notificada, no mandado de segurança, para prestar informações, servindo estas como verdadeiro meio de prova a ser examinado pelo órgão judicial. Tais informações equivalem a uma espécie de depoimento prestado em juízo.[72] Além de ordenar a notificação da autoridade para prestar suas informações, o juízo irá determinar que se dê ciência da impetração à pessoa jurídica de cujos quadros faz parte a autoridade, conferindo-lhe, assim, oportunidade de manifestar-se a respeito do caso e avaliar a conduta da autoridade, a cujo ato foi atribuída pelo impetrante a pecha de ilegalidade ou abusividade.

Na verdade, a autoridade, no mandado de segurança, é a pessoa jurídica presente em juízo, ou seja, ela, na linguagem de Pontes de Miranda, *presenta* a pessoa jurídica. Significa que a pessoa jurídica está no processo, desde o início, na pessoa da autoridade, cuja função é, apenas, prestar informações.[73]

Caso a legitimidade passiva fosse da autoridade coatora, e não da pessoa jurídica, seria coerente concluir que a modificação da pessoa que exerce o cargo poderia acarretar a extinção do processo sem resolução do mérito. Assim, impetrado, por exemplo, um mandado de segurança contra o Governador do Estado e, terminado o mandato deste, com a assunção do cargo por novo sujeito que se sagrou vitorioso nas eleições, deveria o processo ser extinto sem resolução do mérito, por inadmissibilidade superveniente da demanda, dada a posterior ilegitimidade passiva *ad causam*. É que, sendo a autoridade a parte legítima, modificada esta, exsurgiria sua ilegitimidade. Isso, contudo, não ocorre exatamente porque a legitimidade passiva é da pessoa jurídica a cujos quadros pertence a autoridade. Desse modo, havendo modificação ou substituição da pessoa que preenche aquele cargo, não sobrevém qualquer ilegitimidade, pois a pessoa jurídica é a mesma, ou seja, a parte legitimada para o polo passivo não se alterou.

---

[72] DIDIER JR., Fredie. Natureza jurídica das informações da autoridade coatora no mandado de segurança. In: BUENO, Cassio Scarpinella; ALVIM, Eduardo Arruda; WAMBIER, Teresa Arruda Alvim (coords.). *Aspectos polêmicos e atuais do mandado de segurança*. São Paulo: RT, 2002. p. 369-370.

[73] BOCHENEK, Antônio César. A autoridade coatora e o ato coator no mandado de segurança individual. In: BUENO, Cassio Scarpinella; ALVIM, Eduardo Arruda; WAMBIER, Teresa Arruda Alvim (coords.). *Aspectos polêmicos e atuais do mandado de segurança*. São Paulo: RT, 2002. p. 63.

Daí parecer mais correto entender que a legitimidade passiva, no mandado de segurança, é da pessoa jurídica da qual faz parte a autoridade indicada como coatora. Não é sem razão que esse, ao que tudo indica, desponta como o entendimento dominante.[74]

14.4.4 Litisconsórcio no mandado de segurança. Enfoque especial à problemática da falta de citação do litisconsorte passivo necessário

O litisconsórcio, que pode ser facultativo ou necessário, somente se viabiliza desde que se verifique uma das hipóteses previstas nos arts. 113 e 114 do CPC. Havendo a configuração de um dos casos ali previstos, poderá mais de um sujeito figurar no polo ativo da demanda (litisconsórcio ativo) ou poderá a demanda ser proposta em face de mais de um réu (litisconsórcio passivo), não deixando de ser possível que mais de um autor proponha a demanda em face de mais de um réu (litisconsórcio misto).

É ponto pacífico na doutrina e na jurisprudência a admissibilidade do litisconsórcio no mandado de segurança não somente pela compatibilidade do instituto com o procedimento da ação constitucional, mas também, sobretudo, em razão de previsão expressa constante do art. 24 da Lei 12.016/2009.

Desde que presente uma das hipóteses do art. 113 do CPC, será possível o litisconsórcio facultativo no mandado de segurança. Quanto ao litisconsórcio necessário, também será possível quando alguma lei assim o determinar ou quando da decisão final puder advir alteração na posição jurídica do beneficiário.[75] Realmente, quando a eventual concessão da ordem afetar diretamente a esfera jurídica de determinado sujeito, este deverá integrar o processo na condição de litisconsorte passivo necessário.[76] Daí por que, sendo caso de litisconsórcio necessário, a eficácia da sentença depende da citação de todos os litisconsortes no processo (CPC, art. 114; Lei 12.016/2009, art. 24).

Assim, constatando ser caso de litisconsórcio necessário, deverá o juiz determinar seja intimado o impetrante para, dentro do prazo que assinar, promover a citação do(s) litisconsorte(s) necessário(s), sob pena de extinção do processo (CPC, art. 115, parágrafo único). Embora haja posicionamento em sentido contrário,[77] não é possível ao juiz ordenar a citação do litisconsorte passivo necessário de ofício, devendo, isto sim, determinar a intimação do impetrante para que este promova a citação. É que a citação não deve ser determinada de ofício, sem que haja requerimento do autor. E nem poderia ser diferente, pois ninguém é obrigado a litigar contra quem não queira. Imagine-se, por exemplo, que deva ser citado, como litisconsorte necessário, alguém contra quem o impetrante não tenha intenção de litigar, por não lhe ser conveniente ou oportuno, pessoal, profissional ou comercialmente; pode ser, até mesmo, que o impetrante prefira desistir da causa ou ver extinto o processo a ter que postular contra aquela pessoa. Daí

---

[74] STJ, 1ª Turma, REsp 547.235/RJ, Rel. Min. José Delgado, *DJ* 22.3.2004, p. 237.

[75] Há, portanto, 2 (dois) tipos diferentes de litisconsórcio necessário: o que decorre de previsão legal e o que resulta da necessidade de se decidir uniformemente uma relação jurídica controvertida envolvendo uma pluralidade de sujeitos. Tais diferentes tipos de litisconsórcio necessário são chamados pela doutrina alemã de litisconsórcio necessário por motivos materiais e litisconsórcio necessário por motivos processuais. A respeito, conferir a lição de GUERRA FILHO, Willis Santiago. Eficácia ultrassubjetiva da sentença, litisconsórcio necessário e princípio do contraditório. *Revista de Processo*, São Paulo: RT, v. 84, out.-dez. 1996, p. 266.

[76] STJ, 1ª Turma, RMS 15.467/GO, Rel. Min. José Delgado, cuja ementa está publicada na *Revista Dialética de Direito Processual*, São Paulo: Dialética, v. 9, dez. 2003, p. 222-223.

[77] BUENO, Cassio Scarpinella. Litisconsórcio necessário e ausência de citação de litisconsorte necessário em mandado de segurança. *Revista de Processo*, São Paulo: RT, v. 79, jul.-set. 1995, p. 263.

ser indispensável aguardar o requerimento do impetrante para que possa ser determinada a citação do litisconsorte necessário, não devendo o juiz fazê-lo de ofício. Nesse sentido, aliás, o enunciado 631 da Súmula do STF: "Extingue-se o processo de mandado de segurança se o impetrante não promove, no prazo assinado, a citação do litisconsorte passivo necessário".

O art. 114 do CPC estabelece que, sendo caso de litisconsórcio necessário, a eficácia da sentença depende da citação de todos os litisconsortes no processo.

A ausência ou nulidade de citação não torna inexistente ou nulo o processo. O que ocorre é que os efeitos decorrentes da citação (CPC, art. 240) não se produzem em relação ao réu, deixando este de integrar a relação processual contida naquele processo já existente. Tais efeitos são, entretanto, produzidos, normalmente, em relação ao autor (CPC, art. 312).

Significa que a falta de citação acarreta, apenas, *ineficácia* da sentença em relação àquele que não participou do processo, nem foi citado para integrá-lo na condição de litisconsorte passivo necessário. Ademais, haverá nulidade da sentença, pois proferida contra quem não pôde exercer o contraditório. Se a sentença julgar improcedente o pedido do autor, não houve prejuízo ao réu não citado, não devendo ser anulados os atos processuais, pois só se anula se presente o prejuízo. Em caso de improcedência, não deverá ser anulada a sentença, que irá produzir coisa julgada.

Na realidade, é imperioso distinguir os tipos de litisconsórcio. Sabe-se que o litisconsórcio necessário pode ser unitário ou simples. Será unitário quando a sentença tiver que, forçosamente, tratar os litisconsortes de maneira uniforme (CPC, art. 116), sendo simples quando puder, em princípio, conferir-lhes tratamento diferente. Se o litisconsórcio for necessário unitário, a ausência de qualquer litisconsorte acarretará a nulidade da sentença, não sendo aproveitada nem mesmo em relação ao litisconsorte que fora citado (imagine-se, por exemplo, uma sentença que anulou um ato administrativo; não há como ser anulado o ato para a Administração Pública, e não ser para o particular que dele se beneficiou e que não fora citado para o feito). Caso o litisconsórcio seja necessário simples, embora devam todos participar da relação processual, cada litisconsorte considera-se parte autônoma, devendo cada um ser encarado de maneira independente em suas relações uns com os outros e com a parte contrária, não se beneficiando nem se prejudicando nenhum deles com os atos ou omissões dos outros (CPC, art. 117). Nesta última hipótese, a eficácia da sentença atinge apenas aqueles litisconsortes que participaram do processo, sendo ineficaz no tocante àqueles que não foram citados para integrar o processo.[78]

Em qualquer hipótese, caso a sentença seja de improcedência, já se viu que não há que se proclamar qualquer nulidade, dada a ausência de prejuízo.

Efetivamente, caso não se tenha ultimado a citação do litisconsorte necessário, impende aplicar, no ponto, as regras da teoria geral de nulidades. Incide, na espécie, o princípio do aproveitamento dos atos processuais e aquele segundo o qual não se deve proclamar a nulidade na ausência de prejuízo (CPC, arts. 277, 282, §§ 1º e 2º, 283, parágrafo único).

Em suma, deixando de ser citado o litisconsorte passivo necessário:

a) se o litisconsórcio for unitário, haverá nulidade da sentença (CPC, art. 115, I);
b) se o litisconsórcio for simples, a eficácia da sentença atinge apenas aqueles litisconsortes que participaram do processo, não atingindo aqueles que não foram citados para integrar o processo (CPC, art. 115, II);

---

[78] GUERRA FILHO, Willis Santiago. Eficácia ultrassubjetiva da sentença, litisconsórcio necessário e princípio do contraditório. *Revista de Processo*, São Paulo: RT, v. 84, out.-dez. 1996, p. 267.

c) as hipóteses referidas nas letras *a* e *b* ocorrem, apenas, quando a sentença tiver julgado procedente o pedido do autor. Tratando-se de sentença de improcedência, não se deve reconhecer, por falta de prejuízo, a nulidade decorrente da falta de citação do litisconsorte passivo necessário. O processo existe e deve ser aproveitado, produzindo coisa julgada contra o autor, o qual fica impedido de renovar a demanda.

14.4.5 Litisconsórcio entre a autoridade impetrada e a pessoa jurídica da qual ela faz parte

Conforme restou demonstrado, o entendimento dominante denota que, no mandado de segurança, a parte que integra o polo passivo da relação processual é a pessoa jurídica de direito público, *presentada* por uma autoridade. Daí, inclusive, ser *desnecessária* a formação de litisconsórcio entre a autoridade e a pessoa jurídica de direito público.

Com efeito, a jurisprudência do Superior Tribunal de Justiça está pejada de decisões no sentido de não ser cabível, no mandado de segurança, o litisconsórcio entre a autoridade impetrada e a pessoa jurídica de direito público da qual a autoridade faz parte.[79] Isso porque, no mandado de segurança, a parte que integra o polo passivo da relação processual é uma autoridade pública que, de resto, é a própria pessoa jurídica, pois a autoridade, no *mandamus*, é a pessoa jurídica em juízo. Logo, é *desnecessária* a formação do referido litisconsórcio.[80]

A partir das regras contidas nos arts. 6º e 7º, I e II, da Lei 12.016/2009, o impetrante deve, em sua petição inicial, indicar, não somente a autoridade coatora, mas também a pessoa jurídica da qual ela faz parte, devendo o juiz ordenar, não somente a notificação da autoridade, mas também que se dê ciência da impetração à pessoa jurídica. Tais regras reforçam a ideia de que a legitimidade passiva para o mandado de segurança é da pessoa jurídica de que faz parte a autoridade, não havendo litisconsórcio passivo necessário entre elas.[81]

Não há litisconsórcio passivo necessário entre a autoridade e a pessoa jurídica. Esta última é apenas intimada para, querendo, intervir na causa, o que pode ocorrer a qualquer momento ou fase do processo, respeitadas as etapas já alcançadas pela preclusão.[82]

---

[79] STJ, 6ª Turma, AgRg no REsp 1.105.314/MS, Rel. Min. Paulo Gallotti, *DJe* 10.8.2009; STJ, 1ª Turma, AgRg no REsp 1.191.674/MG, Rel. Min. Napoleão Nunes Maia Filho, *DJe* 22.9.2015.
[80] BARBI, Celso Agrícola. *Do mandado de segurança*. 8. ed. Rio de Janeiro: Forense, 1998. p. 152.
[81] *Nesse sentido:* CRUZ, Luana Pedrosa de Figueiredo. *Comentários à nova lei do mandado de segurança*. Em coautoria com Luiz Manoel Gomes Junior, Luís Otávio Sequeira de Cerqueira, Rogério Favreto e Sidney Palharini Júnior. São Paulo: RT, 2009. p. 69-70; REDONDO, Bruno Garcia; OLIVEIRA, Guilherme Peres de; CRAMER, Ronaldo. *Mandado de segurança:* comentários à Lei 12.016/2009. São Paulo: Método, 2009. p. 96; KLIPPEL, Rodrigo; NEFFA JUNIOR, José Antônio. *Comentários à lei do mandado de segurança*. Rio de Janeiro: Lumen Juris, 2009. p. 135; OLIVEIRA, Diego Henrique Nobre de. O sujeito passivo no mandado de segurança e a posição da autoridade coatora. In: KOEHLER, Frederico Augusto Leopoldino (org.). *Comentários à nova lei do mandado de segurança:* em homenagem ao Prof. Dr. Ivo Dantas. Porto Alegre: Núria Fabris, 2012. p. 31-33. *Em sentido contrário, entendendo que a Lei 12.016/2009 teria estabelecido o litisconsórcio passivo necessário entre a autoridade e a pessoa jurídica a que ela se vincula,* BUENO, Cassio Scarpinella. *A nova lei do mandado de segurança*. 2. ed. São Paulo: Saraiva, 2010. p. 26; MEIRELLES, Hely Lopes; WALD, Arnoldo; MENDES, Gilmar Ferreira. *Mandado de segurança e ações constitucionais*. 32. ed. com a colaboração de Rodrigo Garcia da Fonseca. São Paulo: Malheiros, 2009. p. 82.
[82] THEODORO JÚNIOR, Humberto. *O mandado de segurança segundo a Lei n. 12.016, de 07 de agosto de 2009*. Rio de Janeiro: Forense, 2009. p. 21.

14.4.6 Indicação errônea da autoridade impetrada: correção do vício. Aplicação dos arts. 338 e 339 do CPC ao mandado de segurança

O art. 4º do CPC estabelece que as partes têm direito de obter em prazo razoável "a solução integral do mérito". Além do princípio da duração razoável, pode-se construir do texto normativo também o princípio da primazia do julgamento do mérito, valendo dizer que as regras processuais que regem o processo civil brasileiro devem balizar-se pela preferência, pela precedência, pela prioridade, pelo primado da análise ou do julgamento do mérito.

O juiz deve, sempre que possível, superar os vícios, estimulando, viabilizando e permitindo sua correção ou sanação, a fim de que possa efetivamente examinar o mérito e resolver o conflito posto pelas partes. O princípio da primazia do exame do mérito abrange a instrumentalidade das formas, estimulando a correção ou sanação de vícios, bem como o aproveitamento dos atos processuais, com a colaboração mútua das partes e do juiz para que se viabilize a apreciação do mérito.

A decisão de mérito a ser proferida no processo deve ser fruto de uma comunidade de trabalho entre o juiz e as partes, justamente porque, nos termos do art. 6º do CPC, "todos os sujeitos do processo devem cooperar entre si para que se obtenha, em tempo razoável, decisão de mérito justa e efetiva". O processo deve ser cooperativo. Várias regras processuais são condições de aplicação do princípio da cooperação, dentre as quais as que exigem o atendimento de deveres pelas partes e, igualmente, pelo juiz. Um dos deveres que se atribui ao juiz é o de *prevenção*, consistente no convite ao aperfeiçoamento pelas partes de suas petições ou alegações. O juiz deve prevenir as partes de eventuais vícios, defeitos, incorreções para que sejam sanados, a fim de possibilitar o exame do mérito e a solução da disputa posta ao seu crivo.

Há várias disposições espalhadas pelo CPC que consistem em condições de aplicação do princípio da precedência do julgamento do mérito. O juiz deve aplicá-las, a fim de viabilizar, tanto quanto possível, o exame do mérito, concretizando o dever de prevenção, decorrente do princípio da cooperação.

Entre tantas regras contidas no CPC (de que são exemplo as dos seus arts. 139, IX, 282, § 2º, 317, 319, § 2º, 321, 352, 485, §§ 1º e 7º, 488, 932, parágrafo único, 938, § 1º, 968, § 5º, II, 1.007, §§ 2º e 4º, 1.013, § 3º, II e IV, 1.029, § 3º, 1.032 e 1.033), destaca-se o disposto no seu art. 338, segundo o qual "Alegando o réu, na contestação, ser parte ilegítima ou não ser o responsável pelo prejuízo invocado, o juiz facultará ao autor, em 15 (quinze) dias, a alteração da petição inicial para substituição do réu".

De igual modo, cumpre destacar o disposto no art. 339 do CPC, que assim dispõe: "Quando alegar sua ilegitimidade, incumbe ao réu indicar o sujeito passivo da relação jurídica discutida sempre que tiver conhecimento, sob pena de arcar com as despesas processuais e de indenizar o autor pelos prejuízos decorrentes da falta de indicação". E, nos termos de seu § 1º, "O autor, ao aceitar a indicação, procederá, no prazo de 15 (quinze) dias, à alteração da petição inicial para a substituição do réu...". Ainda de acordo seu § 2º, "No prazo de 15 (quinze) dias, o autor pode optar por alterar a petição inicial para incluir, como litisconsorte passivo, o sujeito indicado pelo réu".

Tais dispositivos – ressalvadas as partes relativas a honorários de sucumbência (não transcritas acima), que não se aplicam ao mandado de segurança, conforme destacado no item 14.12.2 *infra* – incidem no processo de mandado de segurança, os quais consagram, como visto, o princípio da primazia do julgamento do mérito.

Conforme observado no item 14.6, não se tem admitido intervenção de terceiro no mandado de segurança. Isso, porém, não impede a aplicação dos arts. 338 e 339 do CPC no processo de mandado de segurança, pois tais regras destinam-se ao saneamento do processo para que se viabilize o exame do mérito, concretizando o mencionado princípio da primazia do julgamento do mérito. Nesse sentido, aliás, é o teor do enunciado 42 do Fórum Permanente de Processualistas Civis, segundo o qual o art. 339 "aplica-se mesmo a procedimentos especiais que não admitem intervenção de terceiros, bem como aos juizados cíveis, pois se trata de mecanismo saneador, que excepciona a estabilização do processo".

Os arts. 338 e 339 do CPC aplicam-se ao processo de mandado de segurança, permitindo que se corrija a autoridade coatora ou, até mesmo, a pessoa jurídica da qual ela faz parte.[83] Assim, se a parte impetrou mandado de segurança, por exemplo, contra o Governador do Estado, mas a autoridade impetrada seria o Secretário de Estado, é possível corrigir. De igual modo, se impetrou contra o Governador do Estado, mas deveria ter indicado, como autoridade, o diretor de determinada autarquia, poderá haver a correção tanto da autoridade como da pessoa jurídica de cujos quadros faça parte.

Se o juiz já perceber o equívoco na indicação da autoridade impetrada ao examinar a petição inicial, deverá determinar a intimação do impetrante para emenda da petição inicial, como, aliás, reconhece o enunciado 296 do Fórum Permanente de Processualistas Civis.[84]

É possível que a mudança da autoridade implique alteração da competência do juízo. Se a autoridade inicialmente indicada é demandada, na via do mandado de segurança, em primeira instância, mas a autoridade que passou a figurar em seu lugar, após a correção feita, detém prerrogativa de ser demandada originariamente no tribunal, a alteração acarretará a mudança de competência,[85] tal como esclarecido no item 14.7 *infra*.

A aplicação dos arts. 338 e 339 do CPC, no mandado de segurança, pode ocorrer, ainda pela encampação do ato por autoridade hierarquicamente superior àquela indicada como impetrada pelo impetrante. Para isso, além da hierarquia da autoridade que assuma o ato, é preciso que ela preste as informações e trate do mérito da questão versada no mandado de segurança e não haja modificação de competência do juízo perante o qual tramita a ação mandamental. Nesse sentido, o enunciado 628 da Súmula do STJ: "A teoria da encampação é aplicada no mandado de segurança quando presentes, cumulativamente, os seguintes requisitos: a) existência de vínculo hierárquico entre a autoridade que prestou informações e a que ordenou a prática do ato impugnado; b) manifestação a respeito do mérito nas informações prestadas; e c) ausência de modificação de competência estabelecida na Constituição Federal".

A encampação referida pelo STJ é, em verdade, a aplicação dos arts. 338 e 339 do CPC de forma mais efetiva: a autoridade legítima à prática do ato já comparece e presta as informações. Não será preciso o impetrante requerer a alteração da autoridade nem será necessário expedir-se nova notificação, não havendo, ademais, modificação de competência do juízo.

---

[83] Nesse sentido, o enunciado 511 do Fórum Permanente de Processualistas Civis: "A técnica processual prevista nos arts. 338 e 339 pode ser usada, no que couber, para possibilitar a correção da autoridade coatora, bem como da pessoa jurídica, no processo de mandado de segurança". No mesmo sentido, o enunciado 123 das II Jornadas de Direito Processual Civil, do Conselho da Justiça Federal: "Aplica-se o art. 339 do CPC à autoridade coatora indicada na inicial do mandado de segurança e à pessoa jurídica que compõe o polo passivo".

[84] "Quando conhecer liminarmente e de ofício a ilegitimidade passiva, o juiz facultará ao autor a alteração da petição inicial, para substituição do réu, nos termos dos arts. 339 e 340, sem ônus sucumbenciais".

[85] Assim, o enunciado 488 do Fórum Permanente de Processualistas Civis: "No mandado de segurança, havendo equivocada indicação da autoridade coatora, o impetrante deve ser intimado para emendar a petição inicial e, caso haja alteração de competência, o juiz remeterá os autos ao juízo competente".

Não é necessário construir uma teoria para isso, quando já há os referidos dispositivos que regulam a situação, perfeitamente aplicável ao mandado de segurança. De todo modo, o enunciado 628 da Súmula do STJ divulga o entendimento existente acerca da referida "teoria da encampação".

14.5 O MINISTÉRIO PÚBLICO NO MANDADO DE SEGURANÇA

O Ministério Público, no processo civil, pode atuar como parte ou como fiscal da ordem jurídica. Quando atua como parte, exerce o direito de ação nos casos previstos em lei, cabendo-lhe, no processo, os mesmos poderes e ônus que às partes. Sua intervenção, como fiscal da ordem jurídica, ocorre nas hipóteses do art. 178 do CPC.

Com o CPC de 2015, a legislação processual adequou-se à Constituição Federal de 1988. Esse ajuste constitucional era necessário em diversos pontos. Um deles diz respeito aos casos em que é obrigatória a intimação do Ministério Público, para atuar como fiscal da ordem jurídica. O perfil constitucional do Ministério Público, reconstruído em 1988, impunha a revisão de sua participação no processo civil.

O CPC/2015 contém um conjunto de regras relativas à participação do Ministério Público no processo civil, como fiscal da ordem jurídica. Todas foram construídas a partir da ideia de que somente se justifica essa intervenção nos casos em que há interesse público, social ou individual indisponível em discussão (CF, art. 127).

Com efeito, não se impõe mais a intervenção do Ministério Público em ações de estado, tal como fazia o CPC/1973 (CPC/1973, art. 82, II). Em ações de família, a intervenção do Ministério Público apenas se impõe se houver interesse de incapaz (CPC, art. 698). Ademais, a participação da Fazenda Pública em juízo não torna, por isso, imperiosa a intimação do Ministério Público para atuar como fiscal da ordem jurídica (CPC, art. 178, parágrafo único). Nesse mesmo sentido, na ação rescisória, a intimação obrigatória do Ministério Público apenas se justifica se a causa subsumir-se a uma das hipóteses gerais de intervenção (CPC, art. 967, parágrafo único). Ao tempo do CPC/1973, prevalecia o entendimento de que a intervenção ministerial era obrigatória *em qualquer ação rescisória*, a despeito do silêncio normativo.[86] No conflito de competência, a intimação obrigatória do Ministério Público também apenas se justifica se a causa subsumir-se a uma das hipóteses gerais de intervenção (CPC, art. 951, parágrafo único). No CPC/1973, havia dispositivo que expressamente impunha a participação do Ministério Público em *todos* os conflitos de competência (CPC/1973, art. 116, parágrafo único). Na jurisdição voluntária, a redação do art. 1.105 do CPC/1973 levava ao entendimento de que a sua participação era obrigatória em *qualquer* procedimento de jurisdição voluntária. Havia quem pensasse de outra maneira: a intimação do Ministério Público era indispensável apenas nos casos de jurisdição voluntária que se encaixassem em uma das hipóteses gerais do art. 82 do CPC/1973. O problema agora foi resolvido expressamente nesse último sentido (CPC/2015, art. 721).

O Ministério Público deve intervir obrigatoriamente nos casos de conflito coletivo sobre propriedade urbana (CPC, art. 178, III). No CPC/1973, a intervenção era obrigatória apenas

---

[86] BARBOSA MOREIRA, José Carlos. *Comentários ao Código de Processo Civil*. 12. ed. Rio de Janeiro: Forense, 2005. v. 5, p. 199-200; MACHADO, Antônio Cláudio da Costa. *A intervenção do Ministério Público no processo civil brasileiro*. 2. ed. São Paulo: Saraiva, 1998. p. 373-374; DIDIER JR., Fredie; CUNHA, Leonardo Carneiro da. *Curso de direito processual civil*. 12. ed. Salvador: JusPodivm, 2014. v. 3, p. 429. Em sentido diverso, com entendimento agora encampado pelo CPC/2015, ZENKNER, Marcelo. *Ministério Público e efetividade no processo civil*. São Paulo: RT, 2006.

nos conflitos coletivos sobre propriedade *rural*. Também se passou a prever sua intervenção para conflitos coletivos de propriedade urbana.

Com o advento do CPC/2015, criou-se o incidente de resolução de demandas repetitivas (arts. 976 e ss.), que serve, a um só tempo, como técnica de gestão e julgamento de casos repetitivos e como procedimento de formação concentrada de precedentes obrigatórios. A participação do Ministério Público nesse incidente é *corretamente* obrigatória (CPC, art. 982, III): de um lado, amplia-se a cognição, qualificando o debate para a formação do precedente, de outro, garante a fiscalização na criação de uma norma jurídica de origem jurisdicional, que será de observância obrigatória pelo próprio tribunal e por todos os juízes a ele vinculados.

Convém destacar que, em qualquer caso de intervenção obrigatória do Ministério Público, é suficiente sua intimação, não sendo necessária sua manifestação. Com efeito, o STF, ao julgar a ADIn 1.936-0, reafirmou seu entendimento segundo o qual a falta de manifestação do Ministério Público, nos casos em que deve intervir, não acarreta a nulidade do processo, desde que tenha havido sua regular intimação. De acordo com o STF, para se atender à exigência normativa de sua intervenção, basta a intimação do Ministério Público, sendo prescindível seu pronunciamento expresso.

O panorama do novo perfil da intervenção do Ministério Público no processo civil brasileiro permite que se chegue a uma conclusão: para manter a coerência do sistema, é preciso interpretar dispositivos que imponham a participação do Ministério Público nesse mesmo sentido e, ainda, se for o caso, preencher eventuais lacunas legislativas.

Daí a indagação a ser respondida: é obrigatória a intimação do Ministério Público em qualquer mandado de segurança, como dá a entender o art. 12 da Lei 12.016/2009 do CPC?

Nos termos do art. 12 da Lei 12.016/2009, a intervenção do Ministério Público seria obrigatória no mandado de segurança.

Não há razão, porém, para o Ministério Público intervir em *qualquer* mandado de segurança, assim como não há razão para intervir em qualquer *ação rescisória, reclamação, conflito de competência ou procedimento de jurisdição voluntária.*

O art. 12 da Lei 12.016/2009 deve ser interpretado em *harmonia* com o sistema processual civil: caso o mandado de segurança se subsuma a uma das hipóteses *gerais* de intervenção previstas no art. 178 do CPC, a intervenção ministerial impõe-se; apenas nesses casos; se o *writ* não se subsome, o Ministério Público não será intimado a intervir. Assim, por exemplo, um mandado de segurança relativo a uma questão tributária, de pouca expressão financeira, sem repercussão social e sem que se enquadre como uma questão repetitiva, não exige a intervenção do Ministério Público.

A interpretação literal do art. 12 da Lei 12.016/2009 retira-o do *contexto* do novo sistema processual civil e ecoa uma norma jurídica construída em outro tempo. É preciso atribuir-lhe um sentido coerente com a nova ordem processual e em conformidade com o perfil constitucional do Ministério Público.

Intervindo como fiscal da ordem jurídica, o Ministério Público tem vista dos autos depois das partes, sendo intimado de todos os atos do processo, podendo juntar documentos e certidões, produzir provas, requerer as medidas processuais pertinentes e recorrer (CPC, art. 179).

Ocorre, porém, que o mandado de segurança destina-se à proteção de direito líquido e certo, significando dizer que não se permite, na ação constitucional, a dilação probatória. Desse modo, não há como o Ministério Público, no mandado de segurança, juntar documentos e certidões, ou produzir provas. No mandado de segurança, o Ministério Público terá vista dos autos depois das partes, manifestando-se sobre o pedido do impetrante e sendo intimado de todos os atos do processo. Aliás, o próprio art. 12 da Lei 12.016/2009 põe a descoberto a necessidade de se ouvir o membro do Ministério Público, entremostrando que sua atividade, no *writ*, concentra-se na emissão de parecer acerca da postulação submetida à análise judicial.

À evidência, o Ministério Público funciona, no mandado de segurança, como fiscal da ordem jurídica, devendo ser intimado, quando necessário, para emitir seu parecer sobre o caso.

A essa altura, cumpre observar que o art. 12 da Lei 12.016/2009 fixa o prazo *improrrogável* de 10 (dez) dias para a manifestação do Ministério Público no mandado de segurança.

Diante da previsão legal, não há de prevalecer mais o entendimento segundo o qual seria necessária a *efetiva* manifestação do Ministério Público. A manifestação de seu parecer deve dar-se no lapso temporal *improrrogável* de 10 (dez) dias, sendo certo, então, que esse é um prazo *próprio*.

Tal regra concretiza a garantia constitucional de que o processo deve ter duração razoável, evitando um prolongamento indesejável no trâmite do mandado de segurança. Daí por que se estabeleceu que o prazo de 10 (dez) dias previsto no referido dispositivo ostenta o cariz de *prazo próprio*, sendo suficiente a simples intimação do Ministério Público; não se deve, pois, exigir sua efetiva manifestação.[87]

14.6 INTERVENÇÃO DE TERCEIROS NO MANDADO DE SEGURANÇA

A doutrina e a jurisprudência controvertem-se sobre a possibilidade de intervenção de terceiros no processo de mandado de segurança. Não é possível, no mandado de segurança, a denunciação da lide, por ser incompatível com a pretensão veiculada na ação constitucional e não ser igualmente pertinente com o seu procedimento.[88]

Havendo indicação errônea da autoridade impetrada, já se viu, no item 14.4.6 *supra*, que se aplicam os arts. 338 e 339 do CPC, conferindo-se ao impetrante a oportunidade de corrigir a indicação equivocada da autoridade e, com isso, deixando-se de extinguir o processo sem resolução do mérito, em razão do princípio da primazia do julgamento do mérito.

É preciso que se adotem as regras que viabilizem o exame do mérito, concretizando o disposto no art. 4º do CPC, que prevê o princípio da primazia do julgamento do mérito. Daí se aplicarem, no processo de mandado de segurança, os arts. 338 e 339 do CPC. Aliás, esse é o teor do enunciado 42 do Fórum Permanente de Processualistas Civis, segundo o qual o art. 339 "aplica-se mesmo a procedimentos especiais que não admitem intervenção de terceiros, bem como aos juizados cíveis, pois se trata de mecanismo saneador, que excepciona a estabilização do processo".

Assim, indicada a autoridade errada, o impetrante deve ser intimado para corrigir o equívoco e indicar a autoridade correta, vindo o mandado de segurança a ser processado com vistas ao julgamento do mérito.

Quanto à assistência, há acirrada controvérsia sobre seu cabimento no mandado de segurança, despontando, de um lado, o entendimento que não a aceita, por considerar incompatível com o seu procedimento.[89] De outro lado, avulta a orientação que a admite, por

---

[87] *Nesse sentido*: BUENO, Cassio Scarpinella. *Mandado de segurança*. São Paulo: Saraiva, 2002. p. 94-95; MACHADO, Hugo de Brito. *Mandado de segurança em matéria tributária*. 2. ed. São Paulo: RT, 1995. p. 39-40. No mesmo sentido, com ampla referência a doutrina e jurisprudência: CAVALCANTE, Mantovanni Colares. *Mandado de segurança*. São Paulo: Dialética, 2002. p. 195-201.

[88] CAVALCANTE, Mantovanni Colares. *Mandado de segurança*. São Paulo: Dialética, 2002. p. 191-193.

[89] CAVALCANTE, Mantovanni Colares. *Mandado de segurança*. São Paulo: Dialética, 2002. p. 192-193.

entender que as disposições do Código de Processo Civil aplicam-se, subsidiariamente, ao processo do mandado de segurança, não havendo vedação em se admitir a assistência na tramitação da ação constitucional.[90] O Superior Tribunal de Justiça não admite a assistência porque o art. 19 da Lei 1.533/1951 (cujo teor foi reproduzido no art. 24 da Lei 12.016/2009) faz menção, apenas, ao litisconsórcio[91] e, ainda, por não lhe parecer compatível a assistência com o procedimento do mandado de segurança.[92] De tal entendimento não diverge a orientação ministrada pelo Supremo Tribunal Federal.[93]

Tanto o STF como o STJ não admitem qualquer tipo de assistência, nem mesmo a litisconsorcial.[94] Não há razão para deixar de admitir a assistência litisconsorcial no mandado de segurança. Há, neste, hipóteses de substituição processual previstas no § 3º do art. 1º, bem como no art. 3º, ambos da Lei 12.016, de 2009. O substituído processual, nos termos do art. 18 do CPC, pode participar do processo como assistente litisconsorcial do substituto. Essa regra é perfeitamente aplicável ao mandado de segurança, podendo até mesmo o juiz determinar, de ofício, a intimação do substituído para, querendo, intervir no processo.[95] Aliás, a assistência litisconsorcial é um litisconsórcio ulterior. Sendo admissível o litisconsórcio no mandado de segurança (Lei 12.016/2009, art. 24), é possível também a assistência litisconsorcial.[96]

O entendimento jurisprudencial parte de premissa anacrônica, não mais aplicável atualmente; parte-se do paradigma da lei e da sua autossuficiência. Segundo entendem o STF e o STJ, a lei do mandado de segurança seria autossuficiente, somente atraindo a aplicação do CPC de modo subsidiário, em casos de omissão. O paradigma atual é, porém, o do ordenamento jurídico, e não o da lei. As leis se completam e se complementam. O Código não tem mais completude, mas tem centralidade. Suas normas orientam as situações previstas em outras leis. Não se pode considerar que haja leis autossuficientes. Há um diálogo de fontes, devendo as disposições normativas complementar-se. A falta de previsão, na lei do mandado de segurança, da assistência não é motivo suficiente para afastar de seu âmbito tal intervenção de terceiro.

Uma vez admitido, o assistente torna-se um verdadeiro substituto processual; será alguém que atuará no processo, em nome próprio, na defesa de direito do assistido. Há aí uma legitimação extraordinária subordinada.[97]

---

[90] BUENO, Cassio Scarpinella. *Mandado de segurança: comentários às Leis ns. 1.533/51, 4.348/64 e 5.021/66*. 2. ed. São Paulo: Saraiva, 2004. p. 150-151; MEIRELLES, Hely Lopes. *Mandado de segurança, ação popular, ação civil pública, mandado de injunção, "habeas data", ação direta de inconstitucionalidade, ação declaratória de constitucionalidade e arguição de descumprimento de preceito fundamental*. 23. ed. atual. por Arnoldo Wald e Gilmar Ferreira Mendes. São Paulo: Malheiros, 2001. p. 62-64.

[91] STJ, 1ª Seção, AgRMS 5.690/DF, Rel. Min. José Delgado, *DJ* 24.9.2001, p. 232.

[92] STJ, 1ª Seção, AgRg no MS 15.298/DF, Rel. Min. Og Fernandes, *DJe* 14.10.2014.

[93] STF, Pleno, MS 24.414-3, Rel. Min. Cezar Peluso, cuja ementa está publicada na *Revista Dialética de Direito Processual*, São Paulo: Dialética, v. 11, fev. 2004, p. 224-225.

[94] STF, 1ª Turma, MS 32.074/DF, Rel. Min. Luiz Fux, *DJe* 5.11.2014; STJ, 1ª Turma, AgInt nos EDcl no RMS 52.066/BA, Rel. Min. Gurgel de Faria, *DJe* 7.6.2018.

[95] BUENO, Cassio Scarpinella. Os impactos do novo Código de Processo Civil no mandado de segurança. *Revista de Processo*. São Paulo: RT, n. 297, nov. 2019, p. 238-239.

[96] BONOMO JÚNIOR, Aylton; ZANETI JÚNIOR, Hermes. *Mandado de segurança individual e coletivo*. Salvador: JusPodivm, 2019, n. 2.5.4, p. 134-135.

[97] Nesse sentido, identificando o assistente simples como um legitimado extraordinário mesmo antes do advento do atual CPC: MOREIRA, José Carlos Barbosa. Apontamentos para um estudo sistemático da legitimidade extraordinária. *Revista do Ministério Público* (Edição comemorativa). Rio de Janeiro, 2015. p. 1.138; CRUZ, José Raimundo Gomes da. *Pluralidade de partes e intervenção de terceiros*. São Paulo: RT, 1991. p. 171; dentre outros.

Nos termos do parágrafo único do art. 121 do CPC, sendo omissa a parte, "o assistente será considerado seu substituto processual".[98] O Código não contém um regramento específico sobre a substituição processual. Diante dessa omissão, é adequado estender à substituição processual o regramento previsto para a assistência simples. É que o assistente simples ostenta, como se viu, a condição de substituto processual do assistido.[99]

Há, normativamente, no atual CPC, uma relação de identidade entre a assistência simples e a substituição processual. Se o assistente é substituto processual do assistido, pela coerência sistêmica, o substituto processual também é um assistente simples, mesmo, às vezes, o assistido (substituído) encontrando-se ausente do processo.

Para que se adquira a condição de assistente, é preciso ser terceiro e ter interesse jurídico na solução do processo. Em razão disso, e diante da identidade entre assistente simples e substituto processual, o terceiro que tenha interesse jurídico pode propor uma demanda, na condição de substituto processual, para a defesa do direito do substituído, a fim de preservar a integridade de suas situações jurídicas. Diante da omissão do titular do direito, o terceiro juridicamente interessado pode agir na sua condição de substituto processual.[100]

Imagine-se que alguém tem seu direito líquido e certo ameaçado ou violado por um ato ilegal ou abusivo de uma autoridade pública. Só que se mantém inerte na impetração do mandado de segurança. Poderia, então, o terceiro juridicamente interessado impetrar o *writ* em seu próprio nome, na defesa do direito daquele que se mantém inerte?

De acordo com o parágrafo único do art. 121 do CPC, "Sendo revel ou, de qualquer outro modo, omisso o assistido, o assistente será considerado seu substituto processual". Pela redação do dispositivo, *qualquer espécie de omissão* do assistido (substituído) pode justificar a atuação do assistente como substituto processual.[101]

A disposição estabelece que pode o substituto processual intervir e atuar no processo em face de *qualquer omissão* do substituído.

A omissão do titular do direito como pressuposto para o surgimento da legitimidade para intervir poderá ser *incidental*, materializada no curso do procedimento, mas também agora, a partir do atual CPC, *pré-processual*, isto é, antes da propositura da demanda em que a eventual intervenção do assistente simples se justificaria. A expressão "de qualquer outro modo" omisso o "assistido" (leia-se também o "substituído") é suficientemente ampla para abranger omissões pré-processuais, de modo especial a inércia ou omissão em demandar.[102]

Se o titular de um direito deixa de propor a ação destinada a certificá-lo ou realizá-lo e, com essa omissão, atinge ou pode atingir direitos subjetivos de outrem, o terceiro juridicamente

---

[98] No parágrafo único do art. 52 do CPC/1973, estava previsto que sendo "revel" o assistido, o assistente seria "considerado seu gestor de negócios". Na verdade, "houve um aprimoramento técnico, sendo mais adequada a expressão, pois o assistente simples efetivamente atua em nome próprio, na defesa de interesses do assistido" (CUNHA, Leonardo Carneiro da. A assistência no novo Código de Processo Civil brasileiro. In: MACEDO, Lucas Buril; PEIXOTO, Ravi; FREIRE, Alexandre (coord.). *Parte Geral*. 2. ed. Salvador: JusPodivm, 2016. p. 1.086). O assistente é, pois, um substituto processual do assistido.

[99] NOGUEIRA, Pedro Henrique. O regime jurídico da legitimidade extraordinária, texto gentilmente cedido pelo autor.

[100] NOGUEIRA, Pedro Henrique. O regime jurídico da legitimidade extraordinária, texto gentilmente cedido pelo autor.

[101] NOGUEIRA, Pedro Henrique. O regime jurídico da legitimidade extraordinária, texto gentilmente cedido pelo autor.

[102] NOGUEIRA, Pedro Henrique. O regime jurídico da legitimidade extraordinária, texto gentilmente cedido pelo autor.

interessado (alcançado do ponto de vista jurídico com essa conduta omissiva) poderá demandar, na condição de substituto processual do titular do direito.[103]

Conforme dispõe o art. 3º da Lei 12.016/2009, "O titular de direito líquido e certo decorrente de direito, em condições idênticas, de terceiro poderá impetrar mandado de segurança a favor do direito originário, se o seu titular não o fizer, no prazo de 30 (trinta) dias, quando notificado judicialmente". E, de acordo com seu parágrafo único, "O exercício do direito previsto no *caput* deste artigo submete-se ao prazo fixado no art. 23 desta Lei, contado da notificação".

Tal dispositivo prevê uma legitimidade extraordinária subsidiária.

É exatamente essa a hipótese da assistência simples: o parágrafo único do art. 121 do CPC estabelece uma legitimidade extraordinária subsidiária em caráter amplo e geral, possibilitando que todo terceiro juridicamente interessado aja, como substituto processual, em face da omissão do titular de um direito.

Por razões de unidade, integridade e coerência sistêmicas, se o terceiro pode impetrar mandado de segurança na omissão de seu titular (Lei 12.016/2009, art. 3º), também pode ingressar como assistente simples no mandado de segurança.

O Código atual viabiliza, enfim, a assistência no mandado de segurança, devendo ser revisto o entendimento jurisprudencial que a inadmite.

No que respeita à intervenção anômala, já se viu que o entendimento jurisprudencial também indica não ter cabimento no mandado de segurança, embora se deva rever esse entendimento a partir do atual CPC (*vide* subitem 7.2.9 *supra*).

O *amicus curiae*, previsto no art. 138 do CPC, deve ser admitido no mandado de segurança.[104] Aliás, o STF, no MS 32.033, admitiu a participação de alguns *amici curiae*, por ser relevante a discussão lá travada. O *amicus curiae* contribui para qualificar o debate e permitir a prolação de melhores decisões, com formação de precedentes adequados e consistentes. As decisões proferidas em mandado de segurança também são aptas a formar precedentes, devendo ser fruto de debate amplo e adequado. A participação de *amicus curiae* qualifica o debate, devendo ser permitida, quando apropriada e conveniente. Não há qualquer vedação normativa à participação de *amicus curiae* no processo de mandado de segurança.

14.7 COMPETÊNCIA PARA PROCESSAR E JULGAR O MANDADO DE SEGURANÇA

14.7.1 Critérios definidores da competência no mandado de segurança

O mandado de segurança, como se viu, destina-se a proteger o direito líquido e certo, quando o responsável pela ilegalidade ou abuso de poder for autoridade pública ou agente de pessoa jurídica no exercício de atribuições do Poder Público.

Afora as autoridades públicas, consideram-se igualmente como autoridades, para efeito do mandado de segurança, os representantes ou administradores das entidades autárquicas e das pessoas naturais ou jurídicas com funções delegadas do Poder Público. Ainda para efeito do mandado de segurança, a autoridade pode ser considerada federal, estadual ou municipal, devendo também ser levada em conta a função por ela exercida.

---

[103] NOGUEIRA, Pedro Henrique. O regime jurídico da legitimidade extraordinária, texto gentilmente cedido pelo autor.
[104] Nesse sentido, o enunciado 249 do Fórum Permanente de Processualistas Civis: "A intervenção do *amicus curiae* é cabível no mandado de segurança".

Por aí já se percebe que a competência para processar e julgar o mandado de segurança funda-se em 2 (duas) circunstâncias:[105]

a) a qualificação da autoridade como federal ou local;
b) a graduação hierárquica da autoridade.

Para a fixação da competência no mandado de segurança, é fundamental a verificação da hierarquia da autoridade e sua qualificação. Assim, deverá, por exemplo, o mandado de segurança ser impetrado no Supremo Tribunal Federal, quando se dirige contra o Presidente da República. Se a autoridade coatora for, todavia, um Ministro de Estado,[106] o mandado de segurança deve ser intentado perante o Superior Tribunal de Justiça. Impetrado que seja o *writ* contra um Governador do Estado, as Constituições Estaduais atribuem ao correspondente Tribunal de Justiça competência para processá-lo e julgá-lo.

Residualmente, ou seja, não havendo previsão de competência originária de algum tribunal, o mandado de segurança há de ser impetrado na primeira instância. Tratando-se de autoridade federal[107], deve ser impetrado perante a primeira instância da Justiça Federal. Caso, porém, o mandado de segurança invista contra uma autoridade estadual ou municipal, a competência será da Justiça Estadual.

Enfim, a competência judicial para o mandado de segurança é definida pela qualificação da autoridade e, igualmente, por sua hierarquia. Em outras palavras, a competência para o processamento e julgamento do mandado de segurança não se define pela matéria envolvida, nem pela natureza da questão a ser apreciada na demanda, sendo, em verdade, estabelecida pela qualidade e graduação da autoridade.[108]

Já se viu, no subitem 14.1.2 *supra,* que os atos praticados em licitações e concursos públicos são de natureza pública, passíveis de controle pelo mandado de segurança, ainda que praticados por agente ou funcionário de empresa pública ou de sociedade de economia mista. É, aliás, o que consta do enunciado 333 da Súmula do STJ. Assim, impetrado um mandado de segurança contra ato de um agente ou funcionário de uma empresa pública federal, a competência será da Justiça Federal. Se, entretanto, o ato for praticado por um agente de uma sociedade de economia mista federal, a competência será da Justiça Federal ou da Justiça Estadual?

Não cabe aos juízes federais processar e julgar demandas em que as sociedades de economia mista federais sejam autoras, rés, assistentes ou oponentes (CF, art. 109, I).

---

[105] NUNES, Castro. *Do mandado de segurança.* São Paulo: Saraiva, 1937. p. 227-228.

[106] O mandado de segurança há de ser impetrado no STJ, se o ato atacado for da lavra de Ministro de Estado. É possível, contudo, que o Ministro de Estado cumule outra função ou presida algum órgão colegiado. Como visto no subitem 14.1.2 *supra,* quando o ato atacado for emitido por órgão colegiado, o mandado de segurança deve ser impetrado contra seu Presidente. Nesse caso, o mandado de segurança não será impetrado contra o Ministro, mas contra o Presidente do órgão, que, coincidentemente, exerce a função de Ministro. O *writ*, em tal hipótese, não deve ser impetrado no STJ, pois não está a impugnar ato de Ministro, mas ato do Presidente do órgão. A propósito, confira-se o teor do enunciado 177 da Súmula do STJ: "O Superior Tribunal de Justiça é incompetente para processar e julgar, originariamente, mandado de segurança contra ato de órgão colegiado presidido por Ministro de Estado".

[107] Tema/Repercussão Geral 722 STF: "Compete à justiça federal comum processar e julgar mandado de segurança quando a autoridade apontada como coatora for autoridade federal, considerando-se como tal também os dirigentes de pessoa jurídica de direito privado investidos de delegação concedida pela União".

[108] BARBI, Celso Agrícola. *Do mandado de segurança.* 8. ed. Rio de Janeiro: Forense, 1998. n. 131, p. 133.

O ato combatido, porém, é considerado federal, pois o agente que o praticou é federal. Por isso, o STJ decidiu ser da Justiça Federal a competência "... para julgar mandado de segurança no qual se impugna ato de dirigente de sociedade de economia mista federal, no caso, a Petrobras".[109] Segundo entende o STJ, "... A competência para julgamento de mandado de segurança é estabelecida em razão da função ou da categoria funcional da autoridade apontada como coatora. Desse modo, compete à Justiça Federal julgar mandado de segurança no qual se impugna ato de dirigente de sociedade de economia mista federal praticado no âmbito de processos seletivos destinados à seleção de pessoal".[110]

Sendo estadual a empresa pública ou a sociedade de economia mista, o mandado de segurança contra ato de seu agente ou funcionário deve ser impetrado na Justiça Estadual.

Como se vê, a competência para processamento e julgamento do mandado de segurança é fixada em razão da *função* exercida pela autoridade coatora.[111] E nem poderia ser diferente, visto que o mandado de segurança leva em conta, antes de tudo, a *autoridade*, sendo sua *função* que determina qual será o juízo competente.[112]

Trata-se de competência funcional, qualificando-se como absoluta.

14.7.2 Competência da Justiça Eleitoral para processar e julgar o mandado de segurança

Embora a competência seja fixada em razão da *função* exercida pela autoridade coatora, há, no tocante aos juízes eleitorais, outro critério de competência para processar e julgar o mandado de segurança. Realmente, assim estabelece o art. 35, III, da Lei 4.737, de 15 de julho de 1965 (*institui o Código Eleitoral*):

> Art. 35. Compete aos juízes:
>
> (...)
>
> III – decidir *habeas corpus* e mandado de segurança, em matéria eleitoral, desde que essa competência não seja atribuída privativamente a instância superior.

Desse modo, e ressalvada a competência de instâncias superiores, compete aos juízes eleitorais processar e julgar mandado de segurança em matéria eleitoral. Nesse caso, surge um critério diferente para definir a competência para o processamento e julgamento de mandado de segurança: a matéria envolvida, e não a categoria ou a função da autoridade coatora.

Deve, então, o mandado de segurança ser impetrado na Justiça Eleitoral quando o ato da autoridade coatora disser respeito à inscrição de eleitores, a registro de candidatos, a eleições, a apuração e diplomação; enfim, quando a questão for eleitoral. Após a diplomação, a questão deixa de ser eleitoral, passando a ser administrativa. Em tal situação, não há mais

---

[109] STJ, 2ª Turma, AgRg no AREsp 102.351/SE, Rel. Min. Eliana Calmon, *DJe* 22.10.2012.

[110] STJ, 2ª Turma, AgRg no REsp 1.344.382/SE, Rel. Min. Mauro Campbell Marques, *DJe* 5.12.2012. No mesmo sentido: "É pacífico no Superior Tribunal de Justiça o entendimento de que compete à Justiça Federal julgar Mandado de Segurança no qual se impugna ato de dirigente de sociedade de economia mista federal" (STJ, 1ª Seção, AgRg no CC 131.715/RJ, Rel. Min. Herman Benjamin, *DJe* 10.12.2014).

[111] BUENO, Cassio Scarpinella. *Mandado de segurança:* comentários às Leis ns. 1.533/51, 4.348/64 e 5.021/66. 2. ed. São Paulo: Saraiva, 2004. p. 40.

[112] ROCHA, José de Moura. *Mandado de segurança:* a defesa dos direitos individuais. Rio de Janeiro: Aide, 1987. p. 167.

competência da Justiça Eleitoral. Assim, impetrado, por exemplo, mandado de segurança contra a posse de suplente de vereador falecido, a questão não é mais eleitoral, pois se passa em momento posterior à diplomação, afastando-se do elenco de competência estabelecido no art. 35 do Código Eleitoral.[113]

No âmbito da Justiça Eleitoral, cabe igualmente o mandado de segurança contra ato de membro de Tribunal Regional Eleitoral ou do Tribunal Superior Eleitoral, ainda que a matéria não seja eleitoral. O *writ* investido contra ato administrativo de membro do tribunal deve ser impetrado perante o próprio tribunal. Isso porque, como será destacado no item 14.7.4, nos termos do art. 21, VI, da Lei Complementar 35, de 14 de março de 1979 (*Lei Orgânica da Magistratura Nacional – LOMAN*), compete aos tribunais, privativamente, julgar, originariamente, os mandados de segurança contra seus atos, os dos respectivos Presidentes e os de suas Câmaras, Turmas ou Seções.

Para que o *writ* seja impetrado perante o Tribunal Eleitoral, é preciso que se dirija contra ato de *membro* do próprio Tribunal. Tratando-se de ato de algum agente administrativo, e não sendo a matéria eleitoral, não haverá competência da Justiça Eleitoral para o *mandamus*. Assim, por exemplo, atacado, via mandado de segurança, um ato do Presidente da Comissão de Licitação de um Tribunal Regional Eleitoral, a competência para processá-lo e julgá-lo será da Justiça Federal, por se tratar de autoridade federal, e não de membro do Tribunal Eleitoral, nem se cuidando, no caso, de matéria eleitoral.[114]

14.7.3 Competência da Justiça do Trabalho para processar e julgar o mandado de segurança

Assim dispõe o art. 114, IV, da Constituição Federal:

> Art. 114. Compete à Justiça do Trabalho processar e julgar:
> (...)
> IV – os mandados de segurança, *habeas corpus* e *habeas data,* quando o ato questionado envolver matéria sujeita à sua jurisdição.

Tal dispositivo contempla as hipóteses de competência da Justiça do Trabalho de primeira instância. Cabe aos juízes do trabalho apreciar mandados de segurança que se rebelem contra atos que tratem de matérias relacionadas a questões trabalhistas.

A Justiça do Trabalho já convive, de há muito, com o *writ*. Só que, tradicionalmente, os mandados de segurança, no âmbito trabalhista, voltam-se contra atos judiciais. A Justiça do Trabalho sempre apreciou mandado de segurança impetrado contra ato judicial, justamente por não se aceitar, nos procedimentos ali mantidos, a recorribilidade das interlocutórias. Tais decisões são ali impugnadas por mandado de segurança.

Na Justiça do Trabalho, sempre coube mandado de segurança contra ato de membro de Tribunal Regional do Trabalho ou do Tribunal Superior do Trabalho, ainda que a matéria não seja trabalhista. Como restará demonstrado no item 14.7.4, qualquer que seja o tribunal ou sua especialidade, o *writ* impetrado contra ato administrativo de membro do tribunal deve ser impetrado perante o próprio tribunal. É que cabe aos tribunais, privativamente, julgar,

---

[113] STJ, 1ª Seção, CC 3.610/SP, Rel. Min. Demócrito Reinaldo, *DJ* 1º.2.1993, p. 425.
[114] STJ, 1ª Seção, CC 23.976/MG, Rel. Min. Ari Pargendler, *DJ* 11.10.1999, p. 34.

originariamente, os mandados de segurança contra seus atos, os dos respectivos Presidentes e os de suas Câmaras, Turmas ou Seções (LOMAN, art. 21, VI).

Enfim, o mandado de segurança, na seara trabalhista, sempre coube perante os Tribunais Regionais ou perante seu Tribunal Superior. No primeiro caso, sua impetração volta-se contra ato de juiz de primeira instância ou contra ato de membro do próprio TRT. No segundo caso, seu cabimento dirige-se contra ato de membro do TST.

Aos juízes de primeira instância confere-se competência para processar e julgar mandados de segurança contra atos administrativos de agentes públicos. Segundo a regra inscrita no inciso IV do art. 114 da Constituição Federal, cabe à Justiça do Trabalho processar e julgar mandado de segurança, "quando o ato questionado envolver matéria sujeita à sua jurisdição".

A competência para processar e julgar o mandado de segurança define-se pela categoria da autoridade coatora e pelas funções por ela exercidas. Excepcionalmente, fixa-se a competência para o mandado de segurança pela matéria, a exemplo do que ocorre no âmbito da Justiça Eleitoral e, igualmente, no âmbito da Justiça do Trabalho.

À Justiça do Trabalho compete processar e julgar mandado de segurança, quando a matéria for trabalhista. A definição da matéria, para delimitação de competência, resulta do conjunto da causa de pedir e do pedido. Assim, se o pedido e a *causa petendi* forem de cunho trabalhista, o *mandamus* deve ser impetrado, processado e julgado na Justiça do Trabalho.

Assim, é, por exemplo, da Justiça do Trabalho a competência para processar e julgar mandado de segurança impetrado por empregado submetido ao regime da CLT em face de presidente de sociedade de economia mista federal empregadora, destinado a combater o ato de sua demissão, decorrente de procedimento administrativo disciplinar. Compete, enfim, à Justiça do Trabalho "decidir mandados de segurança impetrados contra dirigentes de sociedades de economia mista, no exercício de atribuições de autoridade administrativa, como é o caso de dirigente de entidade da administração pública indireta (CF, art. 37), no exercício de poder disciplinar em relação a empregado celetista".[115]

O sistema constitucional convive com 2 (dois) critérios diferentes para fixação da competência no mandado de segurança. De um lado, existe o critério da categoria da autoridade e das funções por ela exercidas, enquanto, de outro lado, há o critério da matéria, de maneira que, se a matéria for trabalhista, a competência será da Justiça do Trabalho.

Tal situação pode gerar alguns conflitos ou dúvidas sobre a prevalência do critério que irá definir a competência. Impetrado mandado de segurança contra o Presidente da República, com pedido e causa de pedir trabalhistas, seu processamento e julgamento caberão ao STF ou à Justiça do Trabalho? De um lado, cabe ao STF processar e julgar o *writ* impetrado contra o Presidente da República. De outro lado, à Justiça do Trabalho compete processar e julgar mandado de segurança que verse sobre matéria trabalhista.

Nesse caso, a competência é do Supremo Tribunal Federal. É que, tratando-se de Presidente da República, cabe apenas ao STF processar e julgar o *writ*, não se devendo cogitar da matéria ali versada. Além do mais, a competência do STF é bastante ampla, cabendo-lhe, nos casos de competência originária, apreciar todo e qualquer tipo de matéria. De igual modo, um mandado de segurança impetrado contra Ministro de Estado deverá, ainda que a matéria seja trabalhista, ser processado e julgado pelo Superior Tribunal de Justiça.[116]

---

[115] STJ, 2ª Seção, CC 129.193/MT, Rel. Min. Raul Araújo, *DJe* 27.11.2015.
[116] MEIRELES, Edilton. Mandado de segurança na relação de emprego. In: BUENO, Cassio Scarpinella; ALVIM, Eduardo Arruda; WAMBIER, Teresa Arruda Alvim (coords.). *Aspectos polêmicos e atuais do mandado de segurança:* 51 anos depois. São Paulo: RT, 2002. p. 242-243.

Ora, nessas hipóteses, a competência do STF e a do STJ estão estabelecidas, respectivamente, nos arts. 102, I, *d*, e 105, I, *b*, ambos da Constituição Federal. Por sua vez, a competência da Justiça do Trabalho, como se viu, também está prevista no texto constitucional. Como aquelas são mais específicas, devem prevalecer sobre esta última.

As normas tratam, portanto, de critérios diferentes para fixação de competência no mandado de segurança, podendo perfeitamente conviver entre si.

Na verdade, percebe-se que o critério da categoria da autoridade prevalece sobre o critério da matéria. Assim, independentemente da matéria envolvida, cabe ao STF processar e julgar mandado de segurança impetrado contra o Presidente da República, competindo ao STJ processar e julgar o *writ* intentado contra Ministro de Estado.[117]

Quanto ao mandado de segurança impetrado contra Governador do Estado, a competência, ainda que a matéria seja trabalhista, será do correspondente Tribunal de Justiça.[118]

Esse entendimento não é compartilhado por Edilton Meireles, para quem a legislação estadual, ainda que de índole constitucional, deve ceder frente às regras encartadas na Constituição Federal. Assim, entende que, investindo o *mandamus* contra ato trabalhista de Governador de Estado, a competência para processá-lo e julgá-lo será da Justiça do Trabalho. Adverte, contudo, que deve o *writ* ser impetrado perante o correspondente Tribunal Regional do Trabalho, a fim de manter, analogicamente, a competência originária, decorrente da prerrogativa de função do Chefe do Poder Executivo Estadual.[119]

Com o devido respeito, não deve prevalecer esse entendimento sustentado por Edilton Meireles. Ora, consoante ele mesmo reconhece, a competência do STF e do STJ para processar e julgar, respectivamente, mandado de segurança contra o Presidente da República e contra Ministro de Estado deve prevalecer frente à competência da Justiça do Trabalho, mesmo sendo trabalhista a matéria envolvida na demanda. É que tais competências estão previstas na Constituição Federal, atendendo a uma prerrogativa de função de autoridades de alto escalão.

A competência para processar e julgar mandado de segurança impetrado contra Governador do Estado é do correspondente Tribunal de Justiça, por ser essa uma regra de reprodução obrigatória, valendo dizer que as Constituições Estaduais devem reproduzir, para o Governador, a regra de competência do mandado de segurança existente para o Presidente da República. Com efeito, em virtude do *princípio da simetria*, se o mandado de segurança contra o Chefe do Poder Executivo Federal é impetrado perante o correspondente Tribunal de Cúpula, o *writ* contra o Chefe do Poder Executivo Estadual deve igualmente ser intentado perante o Tribunal de Cúpula do Estado, que é justamente o Tribunal de Justiça. Além do mais, ofenderia o *pacto federativo* afastar do Poder Judiciário local a atribuição de analisar atos supostamente ilegais ou abusivos do Chefe do Poder Executivo local, cometendo tal atribuição a um TRT, que é, em verdade, um Tribunal Federal. Logo, ainda que não constasse das Constituições Estaduais tal regra de competência, constituiria uma regra implícita, pois sua reprodução se faz obrigatória, mercê do princípio da simetria. Trata-se, enfim, de uma regra implícita na Constituição Federal, devendo ser, obrigatoriamente, reproduzida nas Constituições Estaduais.

---

[117] STJ, 1ª Seção, MS 10.295/DF, Rel. Min. Denise Arruda, *DJ* 12.12.2005, p. 251.
[118] STJ, 5ª Turma, ROMS 1.902/PR, Rel. Min. Edson Vidigal, *DJ* 24.5.1999, p. 180; STJ, 1ª Turma, ROMS 1.715/PR, Rel. Min. Garcia Vieira, *DJ* 6.12.1993, p. 26.643.
[119] MEIRELES, Edilton. Mandado de segurança na relação de emprego. In: BUENO, Cassio Scarpinella; ALVIM, Eduardo Arruda; WAMBIER, Teresa Arruda Alvim (coords.). *Aspectos polêmicos e atuais do mandado de segurança*: 51 anos depois. São Paulo: RT, 2002. p. 243-244.

Não bastasse tudo isso, as regras de competência não admitem interpretação analógica. Não há competência sem texto normativo, seja ele constitucional ou legal. A fonte da competência é, portanto, normativa, não se podendo fazer uso da analogia nem de brocardos do tipo "quem pode o mais também pode o menos".[120] Em matéria de competência, identificam-se dois importantes princípios, a saber: (a) o princípio da indisponibilidade de competências; e (b) o princípio da tipicidade de competências.[121] Em razão do princípio da tipicidade, as competências dos órgãos constitucionais são apenas as expressamente previstas na Constituição.[122] De acordo com o princípio da indisponibilidade, as competências constitucionalmente fixadas não podem ser transferidas para órgãos diferentes daqueles a quem a Constituição as atribuiu.[123]

As competências fixadas por lei devem, em virtude disso, ter fundamento constitucional expresso. Tudo indica, então, que a interpretação conferida à norma que atribui competência deve ser estrita, não se admitindo o uso da analogia nem da interpretação extensiva.

Assim, e por não se admitir a interpretação analógica no trato da competência, não se deve permitir seja atribuída ao Tribunal Regional do Trabalho uma competência não prevista expressamente no sistema, qual seja, a de processar e julgar mandado de segurança contra Governador do Estado.

Em suma, se a competência para processar e julgar o mandado de segurança for de algum Tribunal, seja superior, seja local, em razão da categoria e da função da autoridade coatora, é essa competência que deve prevalecer, ainda que a matéria envolvida seja de índole trabalhista. Caso, todavia, a competência não seja de qualquer Tribunal, restando para algum juízo de primeira instância, deve-se, então, analisar a matéria envolvida: se for trabalhista, o *writ* será processado e julgado na Justiça do Trabalho. Em outras palavras, a matéria, como critério para fixação de competência no mandado de segurança, somente se aplica quando se tratar de situação residual, ou seja, quando o caso *não* for de competência privativa de algum tribunal, restando para a primeira instância.

---

[120] PINHO, José Cândido de. *Breve ensaio sobre a competência hierárquica*. Coimbra: Almedina, 2000. n. 4.1.4, p. 27.

[121] CANOTILHO, J. J. Gomes. *Direito constitucional e teoria da Constituição*. 3. ed. Coimbra: Almedina, 1999. p. 506.
O Superior Tribunal de Justiça já decidiu apoiado em tais princípios, consoante se verifica da ementa do seguinte acórdão:
"Constitucional e Processual Civil. Princípios da Indisponibilidade de Competências e da Tipicidade de Competências. Alçada (Lei n. 6.825/80). Recurso Especial não Conhecido.
I – A recorrente sucumbiu em primeira instância. Como sua causa não dava alçada, interpôs embargos infringentes (Lei n. 6.825/80), os quais foram improvidos. Interpôs, então, Recurso Especial.
II – Pelo 'princípio da indisponibilidade de competências', que se acha associado ao 'princípio da tipicidade de competências', consagrados pela nossa Constituição, a competência dos órgãos constitucionais, entre eles os dos tribunais, não pode ser ampliada ou transferida. Qualquer tentativa de estabelecer-se tratamento analógico com o art. 102, III, da Constituição, onde não se veda a apreciação pelo STF de recurso extraordinário interposto de causas de alçada, redundaria em violação de tais princípios.
III – Recurso especial não conhecido" (STJ, 6ª Turma, REsp 28.848/SP, Rel. Min. Luiz Vicente Cernicchiaro, Rel. p/ acórdão Min. Adhemar Maciel, *DJ* 2.8.1993, p. 14.287; *RSTJ* 51/182).

[122] CANOTILHO, J. J. Gomes. *Direito constitucional e teoria da Constituição*. 3. ed. Coimbra: Almedina, 1999. p. 506.

[123] CANOTILHO, J. J. Gomes. *Direito constitucional e teoria da Constituição*. 3. ed. Coimbra: Almedina, 1999. p. 506.

Ainda que a autoridade seja federal, a competência será da Justiça do Trabalho se a matéria for trabalhista.

Já se viu que o mandado de segurança será impetrado na Justiça do Trabalho, quando a matéria posta em discussão estiver sujeita à sua competência. No caso de penalidades administrativas impostas aos empregadores por órgãos de fiscalização das relações de trabalho, a competência é da Justiça do Trabalho, consoante se infere dos termos do art. 114, VII, da Constituição Federal, cujo teor assim soa:

> Art. 114. Compete à Justiça do Trabalho processar e julgar:
> (...)
> VII – as ações relativas às penalidades administrativas impostas aos empregadores pelos órgãos de fiscalização das relações de trabalho.

É da Justiça do Trabalho, então, a competência para processar e julgar mandado de segurança contra atos de Delegados Regionais do Trabalho, que, numa fiscalização, apliquem sanções administrativas.

Logo, se a competência para processar e julgar o mandado de segurança for de algum Tribunal, em razão da categoria e da função da autoridade coatora, é essa competência que deve prevalecer, ainda que a matéria envolvida seja trabalhista. Se, por outro lado, a competência não for de algum Tribunal, restando para algum juízo de primeira instância, deve-se, então, analisar a matéria envolvida: se for trabalhista, o *writ* será processado e julgado na Justiça do Trabalho.

14.7.4 Competência para processar e julgar o mandado de segurança contra ato de tribunal

Compete ao STF processar e julgar os mandados de segurança contra atos do próprio Supremo (CF, art. 102, I, *d*). Ao STJ, compete processar e julgar os mandados de segurança impetrados contra atos do próprio tribunal (CF, art. 105, I, *b*). De igual modo, compete aos Tribunais Regionais Federais processar e julgar, originariamente, os mandados de segurança contra atos do próprio tribunal (CF, art. 108, I, *c*).

Em suma, compete aos tribunais, privativamente, processar e julgar, originariamente, os mandados de segurança contra seus atos (LOMAN, art. 21, VI).

Qualquer ato praticado no âmbito de um tribunal, seja uma portaria de seu presidente, uma resolução de efeito concreto emitida pelo corregedor-geral da justiça, um ato praticado numa comissão de concurso público presidida por membro do tribunal, enfim, qualquer ato praticado num tribunal pode, em tese, ser impugnado por mandado de segurança, se o direito for líquido e certo. Nesse caso, a competência para processar e julgar o mandado de segurança será do próprio tribunal.

Ao STJ não cabe, por exemplo, processar e julgar mandado de segurança contra ato de outros tribunais, mas somente de ato praticado no próprio STJ. Daí o Enunciado 41 de sua súmula, segundo o qual: "O Superior Tribunal de Justiça não tem competência para processar e julgar, originariamente, mandado de segurança contra ato de outros Tribunais ou dos respectivos órgãos".

De igual modo, o STF não tem competência para processar e julgar o mandado de segurança impetrado contra ato de outros tribunais. Nesse sentido, o Enunciado 624 de sua

Súmula: "Não compete ao Supremo Tribunal Federal conhecer originariamente de mandado de segurança contra atos de outros tribunais". Da mesma forma, o Enunciado 330 da Súmula do STF: "O Supremo Tribunal Federal não é competente para conhecer de mandado de segurança contra atos dos Tribunais de Justiça dos Estados".

O mandado de segurança impetrado contra ato de tribunal é processado e julgado pelo próprio tribunal.

14.7.5 Nota conclusiva sobre a competência para processar e julgar o mandado de segurança

Se a autoridade coatora desempenha função estadual ou municipal, e a matéria envolvida não for trabalhista, nem eleitoral, a competência será da Justiça Estadual. Caso a autoridade exerça função federal, e, de igual modo, não haja matéria trabalhista ou eleitoral envolvida, a competência será da Justiça Federal.[124]

A competência para processar e julgar o mandado de segurança é funcional, valendo dizer que se define pela categoria da autoridade coatora. Em qualquer situação, a competência é absoluta, não devendo ser modificada nem prorrogada. No caso da Justiça Eleitoral e da Justiça do Trabalho, a competência é fixada pela matéria, e não pela categoria da autoridade.

Ao lado desse critério da *função* da autoridade, a competência para processar e julgar o mandado de segurança também se define pelo *território*. Deve o mandado de segurança ser impetrado no foro onde se situa a sede da autoridade coatora.[125] Incide, no particular, o art.

---

[124] "Administrativo e processual civil. Ausência de violação do art. 535 do CPC. Mandado de segurança contra Presidente de Subseção da OAB. Competência. Justiça Federal.

1. Em regra, a competência para o processamento do mandado de segurança é identificada perquirindo-se a natureza da autoridade impetrada. Se for autoridade federal, a competência será da Justiça Federal; se estadual, do Poder Judiciário estadual.

2. Há situações em que a autoridade apontada como coatora exerce funções em entidades que, ou são de direito privado, ou não integram os quadros da administração pública direta ou indireta. No caso da OAB, o STF entende que se trata de um serviço público independente, categoria única no elenco das personalidades jurídicas existentes no direito brasileiro.

3. Nesse contexto, a natureza da pessoa jurídica não será o elemento chave para a identificação da competência para o processamento do mandado de segurança. O que deverá ser observado, nessas situações, é a origem da função que foi delegada à autoridade.

4. As funções atribuídas à OAB pelo art. 44, I e II, da Lei n. 8.906/94 possuem natureza federal. Não há como conceber que a defesa do Estado Democrático de Direito, dos Direitos Fundamentais, a regulação da atividade profissional dos advogados, dentre outras, constituam atribuições delegadas pelos Estados Membros.

5. Portanto, o presidente da seccional da OAB exerce função delegada federal, motivo pelo qual a competência para o julgamento do mandado de segurança contra ele impetrado é da Justiça Federal. Precedente: (EREsp 235.723/SP, Rel. Min. Fontes de Alencar, Corte Especial, julgado em 23.10.2003, DJ 16.8.2004, p. 118.)

Agravo regimental improvido"(STJ, 2ª Turma, AgRg no REsp 1.255.052/AP, Rel. Min. Humberto Martins, DJe 14.11.2012).

[125] MEIRELLES, Hely Lopes. *Mandado de segurança, ação popular, ação civil pública, mandado de injunção, "habeas data", ação direta de inconstitucionalidade, ação declaratória de constitucionalidade e arguição de descumprimento de preceito fundamental.* 23. ed. atual. por Arnoldo Wald e Gilmar Ferreira Mendes. São Paulo: Malheiros, 2001. p. 66.

53, III, *a* e *b*, do CPC. Não obstante seja *territorial*, tal competência é *absoluta*, devendo o juiz ou tribunal remeter o processo ao juízo competente.[126]

Impetrado mandado de segurança contra autoridade federal, a competência será concorrente entre o foro da sede da autoridade e o do domicílio do impetrante, aplicando-se o § 2º do art. 109 da Constituição. Ao impetrante cabe escolher entre o foro de seu domicílio ou o do local onde a autoridade exerce suas funções.[127]

Em suma, a competência para processar e julgar o mandado de segurança é funcional e territorial, sendo material no caso da Justiça Eleitoral e da Trabalhista. Em qualquer situação, a competência é absoluta, não devendo ser modificada nem prorrogada. O desrespeito às regras de competência no mandado de segurança acarreta falta de pressuposto processual de validade, permitindo, até mesmo, o manejo da ação rescisória (CPC, art. 966, II).

Além disso, reitere-se, o mandado de segurança impetrado contra ato de tribunal é processado e julgado pelo próprio tribunal.

14.8 CASOS EM QUE NÃO SE ADMITE O MANDADO DE SEGURANÇA

14.8.1 Generalidades

O mandado de segurança foi regulamentado, originariamente, pela Lei 191, de 16 de janeiro de 1936, que disciplinou seu procedimento, estabelecendo sua característica de sumariedade, mandamentalidade e de produção de tutela específica. O art. 4º da Lei 191/1936 vedava o uso do mandado de segurança quando se tratasse de liberdade de locomoção, hipótese em que seria cabível o *habeas corpus,* de ato de que coubesse recurso administrativo com efeito suspensivo independentemente de caução, fiança ou depósito, de questão meramente política e de ato disciplinar.[128]

Embora não tenha sido previsto na Constituição Federal de 1937, o mandado de segurança veio a ser disciplinado pelo Código de Processo Civil de 1939, promulgado sob os auspícios daquela Carta Política. Em seu art. 320, o CPC de 1939 manteve as vedações anteriores, deixando de fazer referência a "questões meramente políticas" e passando a acrescentar a proibição concernente a "impostos ou taxas, salvo se a lei, para assegurar a cobrança, estabelecesse providências restritivas da atividade profissional do contribuinte". Posteriormente, o procedimento do mandado de segurança passou a ser regido, por mais de cinquenta anos, pela Lei 1.533, de 31 de dezembro de 1951, que, em seu art. 5º, relacionava os casos em que não se deveria admiti-lo. Assim dispunha:

---

[126] MEIRELLES, Hely Lopes. *Mandado de segurança, ação popular, ação civil pública, mandado de injunção, "habeas data", ação direta de inconstitucionalidade, ação declaratória de constitucionalidade e arguição de descumprimento de preceito fundamental*. 23. ed. atual. por Arnoldo Wald e Gilmar Ferreira Mendes. São Paulo: Malheiros, 2001. p. 66.

[127] STF, 2ª Turma, RE 509.442 AgR, Rel. Min. Ellen Gracie, *DJe* 20.8.2010; STF, Pleno, RE 627.709, Rel. Min. Ricardo Lewandowski, *DJe* 30.10.2014; STJ, 1ª Seção, AgRg no CC 167.534/DF, Rel. Min. Regina Helena Costa, *DJe* 6.12.2019; STJ, 1ª Seção, AgInt no CC 150.371/DF, Rel. Min. Napoleão Nunes Maia Filho, *DJe* 9.6.2020; STJ, 1ª Seção, AgInt no CC 170.533/DF, Rel. Min. Mauro Campbell Marques, *DJe* 5.6.2020; STJ, 1ª Seção, CC 169.239/DF, Rel. Min. Herman Benjamin, *DJe* 5.8.2020; STJ, 1ª Seção, AgInt no CC 167.425/DF, Rel. Min. Napoleão Nunes Maia Filho, *DJe* 18.12.2020; STJ, 1ª Seção, AgInt no CC 175.134/DF, Rel. Min. Regina Helena Costa, *DJe* 3.9.2021.

[128] CAVALCANTI, Francisco. *O novo regime jurídico do mandado de segurança*. São Paulo: MP, 2009. n. 4.2, p. 61.

Art. 5º Não se dará mandado de segurança quando se tratar:

I – de ato de que caiba recurso administrativo com efeito suspensivo, independentemente de caução;

II – de despacho ou decisão judicial, quando haja recurso previsto nas leis processuais ou possa ser modificado por via de correição;

III – de ato disciplinar, salvo quando praticado por autoridade incompetente ou com inobservância de formalidade essencial.

Atualmente, o art. 5º da Lei 12.016/2009 trata, de igual modo, dos casos em que não se admite o mandado de segurança, com algumas variações que serão destacadas a seguir.

14.8.2 A revogação do inciso III do art. 5º da Lei 1.533/1951

Antes de se analisar o conteúdo do art. 5º da Lei 12.016/2009, é relevante observar que não se reproduz a regra contida no inciso III do art. 5º da Lei 1.533/1951. Quer isso dizer que tal dispositivo está revogado, não mais sendo inadmissível o mandado de segurança contra ato disciplinar.

Segundo estabelecia o inciso III do art. 5º da Lei 1.533/1951, não cabia mandado de segurança de ato disciplinar, salvo quando praticado por autoridade incompetente ou com inobservância de formalidade essencial. Por essa regra, somente seria cabível o mandado de segurança se a punição do servidor fosse imposta por autoridade incompetente ou se não fosse observada formalidade essencial, como o devido processo legal ou o contraditório no procedimento administrativo. E isso porque tanto a competência como a forma constituem elementos vinculados do ato administrativo. Fora daí, não seria viável o controle judicial do ato disciplinar, já que seria decorrente do poder discricionário, não cabendo ao Judiciário rever o mérito de tal ato, nem aferir sua conveniência e oportunidade. A análise judicial do ato disciplinar atentaria, segundo a razão daquela regra, contra o princípio da separação dos Poderes.

Na verdade, aquela vedação desbordava do tratamento próprio do mandado de segurança, espraiando-se por toda a atividade judicial. Por muito tempo, já se entendeu que não cabia o controle judicial do poder discricionário, aí incluída a atividade disciplinar.

Ocorre, entretanto, que o controle judicial da atividade administrativa vem sendo cada vez mais ampliado, mediante o uso da teoria dos motivos determinantes, aplicação dos princípios da proporcionalidade e da razoabilidade, subsunção de normas que contêm conceitos jurídicos indeterminados, confinando o conceito de discricionariedade a um número restrito de hipóteses.

Tal dispositivo – que vedava o uso do mandado de segurança – não deveria mais prevalecer, constituindo um alento a iniciativa de eliminar tal vedação. Significa que, com a revogação do inciso III do art. 5º da Lei 1.533/1951, não restam mais dúvidas de que se permite o controle judicial de atos disciplinares. Logo, é possível, no mandado de segurança, questionar-se a proporcionalidade da pena, ou demonstrar-se a falsidade do motivo ou o desvio de finalidade, ou, ainda, que a punição decorreu da interpretação equivocada de um conceito vago ou juridicamente indeterminado. O problema é que, muitas vezes, tal análise impõe dilação probatória, sendo incabível o mandado de segurança. Na verdade, o mandado de segurança, em tais hipóteses, será inviável, não porque combate ato disciplinar, mas por não haver direito líquido e certo, é dizer, por ser necessária a dilação probatória.[129]

---

[129] STF, Pleno, MS 21.297/DF, Rel. Min. Marco Aurélio, *DJ* 28.2.1992, p. 2.170.

14.8.3 Casos em que não se admite o mandado de segurança

Na mesma linha da Lei 1.533/1951, a Lei 12.016/2009 estabelece, em seu art. 5º, casos em que não se admite o mandado de segurança, os quais serão a seguir analisados.

14.8.3.1 Contra ato de que caiba recurso administrativo com efeito suspensivo independentemente de caução

Não cabe mandado de segurança de ato de que caiba recurso administrativo com efeito suspensivo, independentemente de caução. Essa vedação manteve-se inalterada. O dispositivo sob comentário reproduz, literalmente, o disposto no inciso I do art. 5º da Lei 1.533/1951.

Proferido o ato administrativo, poderá, desde logo, ser impetrado mandado de segurança. Se, todavia, contra tal ato for interposto recurso administrativo com efeito suspensivo independentemente de caução, não há qualquer ameaça ou lesão que justifique a impetração do *writ*. Realmente, em tal situação, o ato *não* está apto a produzir efeitos, *nem* a causar qualquer lesão ao sujeito, afigurando-se *desnecessário* o manejo do mandado de segurança. Vale dizer que falta interesse de agir para sua impetração, exatamente por ser desnecessária sua utilização, na exata medida em que o ato questionado não está produzindo efeitos, nem gera qualquer ameaça ou lesão.

Não é necessário que o sujeito, para impetrar mandado de segurança, tenha de esgotar, previamente, as instâncias administrativas. Emitido o ato administrativo, já pode ser impetrado o *writ*. Se, contudo, o sujeito, em vez de impetrar, desde logo, o mandado de segurança, resolver interpor recurso administrativo e esse recurso for provido de efeito suspensivo, independentemente de caução, revela-se desnecessário o uso do *writ*, despontando a falta de interesse de agir no seu manuseio.

Se houver desistência do recurso administrativo ou se este não for dotado de efeito suspensivo, está descerrado o caminho para a impetração do mandado de segurança.

14.8.3.2 Contra ato judicial passível de recurso com efeito suspensivo

O art. 5º, II, da Lei 1.533/1951 vedava o manejo do mandado de segurança contra ato judicial recorrível, vedação essa reforçada pelo enunciado 267 da Súmula do STF, segundo o qual "não cabe mandado de segurança contra ato judicial passível de recurso ou correição".

Ao inciso II do art. 5º da Lei 12.016/2009 conferiu-se uma redação um pouco diversa. Realmente, enquanto o inciso II do dispositivo da lei revogada estabelecia ser vedado o mandado de segurança contra despacho ou decisão judicial passível de recurso ou correição, o inciso II do dispositivo ora vigente dispõe ser inadmissível a ação mandamental quando se tratar de decisão judicial da qual caiba recurso com efeito suspensivo.

A contrario sensu, poder-se-ia entender ser cabível o mandado de segurança contra ato judicial, quando este fosse impugnado por recurso desprovido de efeito suspensivo. Sendo assim, caberia mandado de segurança contra toda e qualquer decisão interlocutória agravável, exatamente porque o agravo de instrumento não ostenta efeito suspensivo.

Não se deve, contudo, entender assim.

É que, embora o agravo de instrumento não seja dotado de efeito suspensivo, é possível que o relator conceda tal efeito, à vista de requerimento do recorrente e desde que presentes os requisitos da relevância do argumento e do risco de dano. Em outras palavras, é possível, no agravo de instrumento, ser obtido um efeito suspensivo. O recurso contém aptidão para combater, *com eficiência*, a decisão recorrida, porquanto há a *possibilidade* de se obter o efeito suspensivo.

À evidência, sendo recorrível o ato judicial, não se admite o mandado de segurança. Caso, todavia, o recurso cabível *não seja suficiente* para solucionar o problema ou *não contenha aptidão* para combater, *com eficiência*, o prejuízo suportado pela parte, admite-se, então, o mandado de segurança contra ato judicial.

É relevante destacar que da sentença cabe apelação (CPC, art. 1.009).

Nos termos do art. 1.015 do CPC, só são agraváveis as decisões ali mencionadas e outras previstas na legislação extravagante. São igualmente agraváveis todas as decisões interlocutórias proferidas na fase de liquidação de sentença ou de cumprimento de sentença, no processo de execução e no processo de inventário (CPC, art. 1.015, parágrafo único). As decisões interlocutórias, proferidas na fase de conhecimento, que não estão relacionadas no art. 1.015 do CPC, nem na legislação extravagante, não são agraváveis; não cabe agravo de instrumento de tais decisões.[130] Sua impugnação faz-se na apelação ou nas contrarrazões de apelação (CPC, art. 1.009, § 1º).

Todas as decisões são recorríveis. As interlocutórias não agraváveis são impugnadas por apelação, e não por agravo de instrumento.

A apelação tem, em regra, efeito suspensivo automático (CPC, art. 1.012). Uma decisão interlocutória não agravável somente é atacada por apelação, que tem, em regra, efeito suspensivo. Não seria, nesse caso, cabível mandado de segurança contra a interlocutória não agravável. É possível, porém, que o recurso não seja suficiente para resolver o problema.

Como se vê, não é suficiente, para que se admita o mandado de segurança contra ato judicial, que o recurso não tenha efeito suspensivo.

O disposto no art. 5º, II, da Lei 12.016/2009 deve ser lido da seguinte forma: não cabe mandado de segurança contra ato judicial passível de recurso que possa conferir, adequadamente e com eficiência, solução à pretensão recursal. Se, *concretamente*, o recurso é insuficiente para atender ao pedido do recorrente, abre-se a via do mandado de segurança.

Se, porém, o ato judicial for irrecorrível, é possível valer-se do mandado de segurança, se houver ilegalidade ou abusividade[131].

É possível, de igual modo, que o *terceiro prejudicado*, que não disponha de mais prazo para interpor recurso,[132] possa valer-se do mandado de segurança. Nesse caso, o mandado de segurança serve como sucedâneo recursal, sendo impetrado contra o próprio ato judicial, destinando-se a obter sua reforma ou anulação. Não se faz necessário, para que o terceiro impetre o mandado de segurança, que interponha, previamente, o recurso cabível. É que "a impetração de segurança por terceiro, contra ato judicial, não se condiciona à interposição

---

[130] Se houver urgência ou necessidade, a decisão poderá ser atacada por agravo de instrumento, mesmo não estando prevista no rol do art. 1.015 do CPC. O STJ assim entendeu, ao fixar a tese do Tema 988 dos Recursos Repetitivos: "O rol do art. 1.015 do CPC é de taxatividade mitigada, por isso admite a interposição de agravo de instrumento quando verificada a urgência decorrente da inutilidade do julgamento da questão no recurso de apelação".

[131] No âmbito dos Juizados Especiais, o STF entende não ser cabível o mandado de segurança contra ato judicial. Nesse sentido, a tese do Tema 77 da Repercussão Geral: "Não cabe mandado de segurança das decisões interlocutórias exaradas em processos submetidos ao rito da Lei 9.099/1995".

[132] O prazo para o recurso de terceiro deve ter o *mesmo* termo inicial do prazo para o recurso das partes. Em outras palavras, "o prazo para o terceiro é, em princípio, o mesmo das partes e se inicia no mesmo momento" (DIDIER JR., Fredie. *Recurso de terceiro:* juízo de admissibilidade. São Paulo: RT, 2002. p. 169).

de recurso" (Súmula 202 do STJ). É preciso observar, contudo, que o Superior Tribunal de Justiça exige que, impetrado o mandado de segurança pelo terceiro prejudicado, impõe-se a este esclarecer, por meio de argumentos plausíveis, por que razão deixara de recorrer, na ocasião própria, da decisão tida como contrária aos seus interesses.[133]

Não se pode perder de vista a importância sobranceira do mandado de segurança, *sempre* posto à disposição do sujeito para a proteção de seus direitos subjetivos. Assim, sendo inútil o recurso cabível contra determinado ato judicial, sobeja a via do mandado de segurança como adequada para corrigir eventual ilegalidade ou abusividade cometida judicialmente.

Tudo está a demonstrar, em suma, que o mandado de segurança contra ato judicial será cabível apenas quando o sistema recursal revelar-se insuficiente para evitar a consumação de lesão ou ameaça na esfera jurídica do recorrente.[134]

14.8.3.3 *Contra ato judicial transitado em julgado*

O mandado de segurança não é cabível contra decisão judicial transitada em julgado, sob pena de se caracterizar como um inadmissível sucedâneo de ação rescisória. Esse já é um entendimento antigo, manifestado no enunciado 268 da Súmula do STF: "Não cabe mandado de segurança contra decisão judicial com trânsito em julgado".

Significa que não cabe mandado de segurança como meio de desfazer, reformar, cassar, modificar decisão transitada em julgado, pois, nesse caso, estaria fazendo as vezes de uma ação rescisória.

Esse entendimento foi incorporado pelo art. 5º da Lei 12.016/2009, que estabelece, textualmente, a inadmissibilidade do *writ* de decisão judicial transitada em julgado. A coisa julgada somente pode ser desfeita mediante decisão proferida em ação rescisória. Em outras palavras, o devido processo legal para desfazer a coisa julgada é desenvolvido na ação rescisória.

Não obstante haver quem defenda a possibilidade de a coisa julgada ser desconsiderada em situações excepcionais, mesmo sem o ajuizamento de ação rescisória ou da *querela nullitatis*, quando haja manifesta injustiça, evidente abuso, indisfarçável exagero ou inquestionável inconstitucionalidade,[135] é inegável que há um meio processual próprio para desconstituir a decisão judicial transitada em julgado.

---

[133] Conferir, a propósito, STJ, 6ª Turma, AgRg no RMS 23.752/RN, Rel. Min. Og Fernandes, *DJe* 26.10.2009.

[134] É o que ocorre, por exemplo, com a falta de meio de controle da competência dos Juizados Especiais Cíveis. Não havendo como controlar a competência dos órgãos dos Juizados, permite-se o uso do mandado de segurança com tal finalidade. Normalmente, entende-se que o mandado de segurança é impetrado na turma recursal, e não no tribunal respectivo. Com efeito, nos termos do enunciado 376 da Súmula do STJ: "Compete à turma recursal processar e julgar o mandado de segurança contra ato de juizado especial". Nesse sentido, a tese do Tema 159 da Repercussão Geral do STF: "Compete às Turmas Recursais o julgamento de mandado de segurança utilizado como substitutivo recursal contra decisão de juiz federal no exercício de jurisdição do Juizado Especial Federal". Vale dizer que o mandado de segurança destinado a discutir o *conteúdo* de ato judicial deve ser impetrado na turma recursal, devendo ali ser processado e julgado. Se, contudo, o objetivo é discutir a competência do Juizado, o *writ* há de ser impetrado, não na turma recursal, mas no respectivo tribunal (STJ, 2ª Turma, RMS 26.665/DF, Rel. Min. Herman Benjamin, *DJe* 21.8.2009).

[135] Há autores que defendem a desconsideração da coisa julgada, independentemente de ação rescisória ou da chamada *querela nullitatis*, convencionando-se denominar essa possibilidade de "relativização da coisa julgada". Conferir, entre outros, os seguintes trabalhos: DINAMARCO, Cândido Rangel. Relativizar a coisa julgada material. *Nova era do processo civil*. São Paulo: Malheiros, 2003; THEODORO JÚNIOR, Humberto; FARIA, Juliana Cordeiro de. O tormentoso problema da inconstitucionalidade da sentença passada em julgado. *Revista de Processo*, São Paulo: RT, v. 127, set. 2005, p. 9-53. Conferir,

Não é o mandado de segurança o meio adequado para a obtenção de tal finalidade, sendo certo que a desconstituição da coisa julgada não se consegue por meio do *writ*, mas sim mediante ação rescisória, regularmente proposta.

Na verdade, consoante acentua Francisco Cavalcanti, "o único *writ* constitucional pacificamente reconhecido como cabível, mesmo contra decisão judicial transitada em julgado, é o *habeas corpus*, cujo objeto é a proteção a um dos direitos mais relevantes na sociedade moderna, a liberdade, e, por isso, tem tratamento diferenciado, podendo ser utilizado até como substituto de revisão criminal".[136]

Como se vê, o mandado de segurança e os demais *writs* constitucionais – com exceção do *habeas corpus* – não servem para atacar decisão judicial transitada em julgado.

14.8.3.4 Litisconsórcio necessário no mandado de segurança contra ato judicial

O art. 5º da Lei 12.016/2009 trata, em seu inciso II, do mandado de segurança contra ato judicial. Como se viu no subitem 14.8.3.2 *supra*, será cabível o *writ* contra ato judicial de que não caiba recurso ou quando o recurso cabível não for suficiente para combatê-lo.

No mandado de segurança contra ato judicial, cabe ao impetrante, em sua petição inicial, requerer a notificação da autoridade judiciária e, igualmente, a citação do beneficiário do ato impugnado. Na verdade, há, no mandado de segurança contra ato judicial, *litisconsórcio passivo necessário* entre o juiz e a parte que se beneficiou do ato impugnado. E nem poderia ser diferente, já que é necessário o litisconsórcio, quando o provimento postulado puder implicar modificação da posição de quem foi juridicamente beneficiado pelo ato impugnado.[137]

Tratando-se de mandado de segurança contra ato judicial, incumbe ao impetrante promover a citação do litisconsorte necessário, que é o beneficiário do ato judicial impugnado. Em razão da instrumentalidade das formas, é razoável admitir que a citação do litisconsorte passivo necessário, no mandado de segurança contra ato judicial, possa efetivar-se na pessoa de seu advogado, já constituído nos autos originários.[138]

Cabe, enfim, ao impetrante, no mandado de segurança contra ato judicial, promover a citação do litisconsorte passivo necessário. E, se não o fizer, deverá ser intimado para tanto. Se, em vez de promover tal citação, o impetrante deixar transcorrer o prazo sem qualquer manifestação, haverá de ser extinto o processo, nos termos do enunciado 631 da Súmula do STF: "Extingue-se o processo de mandado de segurança se o impetrante não promove, no prazo assinado, a citação do litisconsorte passivo necessário".

14.8.3.5 Desnecessidade de notificação da pessoa jurídica no mandado de segurança contra ato judicial

Nos termos do art. 6º da Lei 12.016/2009, a petição inicial do mandado de segurança deverá indicar, além da autoridade coatora, a pessoa jurídica que esta integra. Quer isso dizer

---

ainda, os diversos trabalhos reunidos na coletânea coordenada por NASCIMENTO, Carlos Valder do. *Coisa julgada inconstitucional*. 5. ed. Rio de Janeiro: América Jurídica, 2005.

[136] CAVALCANTI, Francisco. *O novo regime jurídico do mandado de segurança*. São Paulo: MP, 2009. n. 4.13, p. 74.

[137] STJ, 4ª Turma, EDcl nos EDcl no RMS 6.487/PB, Rel. Min. Sálvio de Figueiredo Teixeira, *DJ* 19.12.1997, p. 67.505.

[138] STJ, 6ª Turma, RMS 4.127/SC, Rel. Min. Paulo Medina, *DJ* 26.4.2004, p. 218.

que deverá o impetrante, em sua petição inicial, indicar não somente a autoridade que praticou o ato, mas também a pessoa jurídica da qual ela faz parte.

Ao despachar a petição inicial, o juiz deverá determinar a notificação da autoridade coatora, ordenando, ainda, que se dê ciência do feito ao órgão de representação da pessoa jurídica interessada.

Cumpre investigar, a propósito, se, no mandado de segurança contra ato judicial, deve o impetrante indicar o juiz prolator do ato impugnado e a pessoa jurídica da qual ele faz parte: o Estado ou a União, a depender da hipótese.

Como se sabe, o mandado de segurança contra ato judicial constitui uma ação autônoma de impugnação, servindo, a bem da verdade, como um sucedâneo recursal. Daí se impõe investigar: será que, no *writ* contra ato judicial, deve mesmo haver a indicação da pessoa jurídica? Há realmente interesse da pessoa jurídica de participar do processo? Sabe-se que, para postular em juízo, é preciso ter interesse (CPC, art. 17), ou seja, não só para ajuizar, mas também para contestar a ação, impugnar um ato, interpor recurso, enfim, postular em juízo, é preciso ter interesse processual. Não há interesse da pessoa jurídica de intervir num mandado de segurança contra ato judicial que, no caso concreto, está sendo utilizado como meio de impugnação de uma decisão num processo que não lhe diz respeito, nem atinge sua esfera jurídica.

Além de não haver interesse jurídico do Estado ou da União de participar do *writ* contra ato judicial, provocar sua intervenção acarretaria uma *dilação indevida*, gerando um ato desnecessário, o que conspiraria contra a duração razoável do processo. Tal entendimento ajusta-se ao sistema brasileiro, sobretudo porque a Constituição Federal assegura, em seu art. 5º, LXXVIII, o direito a um processo com duração razoável.

Realmente, a obediência ao princípio da "duração razoável", como fundamental componente do "justo processo", impõe seja analisada a legitimidade das disposições normativas, que, em abstrato, preveem no processo formalidades irracionais ou inúteis.[139] No mandado de segurança contra ato judicial, é inútil determinar a notificação, intimação ou cientificação da pessoa jurídica que o juiz integra, justamente por não haver interesse jurídico no resultado do processo. Isso porque o mandado de segurança contra ato judicial é impetrado num processo entre partes litigantes, não despontando qualquer interesse do Estado ou da União (a depender de o juiz ser estadual ou federal) no resultado da causa mandamental.

É possível, ainda, imaginar que, num processo que envolva, por exemplo, a União, esta impetre mandado de segurança contra ato de juiz federal. A União deveria requerer ao juiz sua própria notificação? E num mandado de segurança impetrado pelo Estado contra ato de juiz estadual? Não há razão, nessas hipóteses, para se exigir que a petição inicial indique, além do juiz e do beneficiário do ato impugnado, a pessoa jurídica que o magistrado integra, pois ela se confunde com a figura do próprio impetrante.

Enfim, no mandado de segurança contra ato judicial, há litisconsórcio passivo necessário entre o juiz e o beneficiário do ato impugnado, não devendo a petição inicial indicar a pessoa jurídica que o juiz integra, haja vista sua manifesta ausência de interesse processual de atuar no *writ*.

14.9 PRAZO PARA IMPETRAÇÃO

O direito de requerer mandado de segurança extingue-se decorridos 120 (cento e vinte) dias contados da ciência, pelo interessado, do ato impugnado (Lei 12.016/2009, art. 23).

---

[139] COMOGLIO, Luigi Paolo. *Etica e tecnica del "giusto processo"*. Torino: Giappichelli, 2004. p. 87.

Entende-se que tal prazo não é de prescrição, mas de decadência,[140] não se submetendo a motivos de suspensão ou interrupção.[141]

Como já destacado no item 3.4.1 *supra*, o art. 219 do CPC dispõe que, na contagem do prazo em dias, computam-se apenas os dias úteis. Tal regra aplica-se apenas aos prazos processuais, ou seja, àqueles prazos para prática de atos *dentro* do processo, sendo *nele* contados. Desse modo, o prazo para impetração do mandado de segurança não é processual, não sendo computado apenas nos dias úteis. Os 120 (cento e vinte) dias para sua impetração devem ser corridos.[142] Cabe, entretanto, ressalvar o mandado de segurança contra ato judicial, cujo prazo de impetração é, aí sim, processual, pois sua contagem é feita *dentro* do processo.

Na verdade, tal prazo não é nem de prescrição nem atinge o direito de impugnar o ato praticado pela autoridade coatora.

O prazo de 120 (cento e vinte) dias para impetração de mandado de segurança independe do direito material envolvido ou do pedido formulado. Logo, é um prazo extintivo específico do remédio jurídico utilizado.[143] O prazo é extintivo próprio.[144] Nas palavras de Pontes de Miranda, "[a] impetração do mandado de segurança está sujeita a prazo preclusivo e não a prazo prescricional".[145] Em outras palavras, o prazo para a impetração do mandado

---

[140] MEIRELLES, Hely Lopes. *Mandado de segurança, ação popular, ação civil pública, mandado de injunção, "habeas data", ação direta de inconstitucionalidade, ação declaratória de constitucionalidade e arguição de descumprimento de preceito fundamental.* 23. ed. atual. por Arnoldo Wald e Gilmar Ferreira Mendes. São Paulo: Malheiros, 2001. p. 50.

[141] BARBI, Celso Agrícola. *Do mandado de segurança*. 8. ed. Rio de Janeiro: Forense, 1998. n. 173, p. 167.

[142] Nesse mesmo sentido, WALD, Arnoldo. Lei do mandado de segurança (Lei n. 12.016, de 7-8-2009 e o novo CPC. In: CIANCI, Mirna; DELFINO, Lúcio; DANTAS, Bruno; DIDIER JR., Fredie; CUNHA, Leonardo Carneiro da; CAMARGO, Luiz Henrique Volpe; REDONDO, Bruno Garcia (coords.). *Novo Código de Processo Civil:* impactos na legislação extravagante e interdisciplinar. São Paulo: Saraiva, 2016. v. 1, p. 129.

[143] "Diferenciar o direito ao remédio processual, e a pretensão a ele vinculada, e as diversas ações materiais existentes é fundamental, porquanto, dentre outras coisas, é possível que haja preclusão ou, conforme o caso, prescrição de um sem que o outro seja atingido. Exemplos nos são dados pelo direito positivo, seguem alguns: primeiramente, ocorrido o transcurso no prazo do art. 23, Lei n. 12.016/09, extingue-se o direito (e, consequentemente, a pretensão) ao remédio processual mandado de segurança, sem que, com isso, se perca a ação material mandamental processualizável, algo que terá de ser feito por outra via; do mesmo modo, ultrapassado o prazo do art. 562, *caput*, CPC/15 (art. 924, CPC/73), perde-se o direito ao remédio processual específico dado às ações possessórias de reintegração e manutenção, não se perde – a própria literalidade do dispositivo denota isso – a ação, que, no plano material, permanece possessória e, por isso, sumária; por fim, ocorrida a prescrição prevista no art. 59, Lei n. 7.357/85 (Lei do Cheque), resta prescrita a ação executiva que exsurge do cheque (o título cambiariforme perde a executividade) e precluso o direito ao remédio processual executivo, surgindo, com isso, nos moldes do art. 61 da mesma lei, a ação material de locupletamento sem causa, de igual sumariedade da ação executiva prescrita, uma vez que, uma vez transmitido, a causa do título não poderá ser discutida. Ação esta que poderá ser processualizável tanto pela via do remédio processual específico monitório (enunciado n. 299 da Súmula do STJ) como pela via do remédio processual comum, ordinário ou sumário a depender do caso, tendo-se, portanto, no plano pré-processual direito a tais remédios" (GOUVEIA FILHO, Roberto Campos; MIRANDA, Gabriela Expósito. O fenômeno processual de acordo com os planos material, pré-processual e processual do direito: breves considerações do tema a partir (e além) do pensamento de Pontes de Miranda. *Revista Brasileira de Direito Processual*, Belo Horizonte: Fórum, v. 89, jan.-mar. 2015, p. 80-81).

[144] BUZAID, Alfredo. *Do mandado de segurança*. São Paulo: Saraiva, 1989. p. 152-153.

[145] PONTES DE MIRANDA, Francisco Cavalcanti. *Tratado das ações*. Atual. por Vilson Rodrigues Alves. Campinas: Bookseller, 1999. t. 6, § 9, n. 2, p. 93.

de segurança tem natureza própria, específica, tendo seu regime jurídico sido construído pela jurisprudência, aplicando-se-lhe as regras da decadência e da preclusão.[146] Assim, não se suspende nem se interrompe o prazo de 120 (cento e vinte) dias para impetrar mandado de segurança, podendo uma eventual intempestividade da impetração ser conhecida de ofício pelo juiz ou tribunal. Se, entretanto, o prazo tem seu termo final num feriado ou num dia em que não haja expediente forense, prorroga-se para o dia útil seguinte.[147]

Extinto o mandado de segurança pelo decurso do prazo de 120 (cento e vinte) dias, não estará convalidada a suposta ilegalidade ou abusividade do ato atacado, podendo ser questionado pelo procedimento comum.[148]

Há quem defenda ser inconstitucional o prazo de 120 (cento e vinte) dias para a impetração do mandado de segurança. Isso porque o legislador ordinário não teria poderes de criar, sem apoio constitucional, prazos extintivos de uma garantia instituída pela Constituição sem submissão a termos temporais.[149] Da mesma forma que não há prazo para o *habeas corpus* e para o *habeas data*, também não deveria haver prazo para se impetrar mandado de segurança. A fixação de um tal prazo seria, então, inconstitucional.

Prevalece, contudo, o entendimento segundo o qual é constitucional a fixação de prazo para a impetração do mandado de segurança.[150] A propósito, assim enuncia a Súmula 632 do STF: "É constitucional a lei que fixa o prazo de decadência para a impetração de mandado de segurança". Entende-se que o art. 18 da Lei 1.533/1951 (reproduzido no art. 23 da Lei 12.016/2009) foi recepcionado pela Constituição Federal de 1988, não havendo qualquer inconstitucionalidade naquela regra.[151-152]

A contagem do prazo de 120 (cento e vinte) dias para a impetração do mandado de segurança tem início a partir de quando se torna operante ou exequível o ato impugnado, ou seja, a partir de quando seja capaz de gerar lesão ao direito do impetrante. Enquanto o ato for insuscetível de causar lesão, não tem início o referido prazo extintivo da ação constitucional. O prazo flui a partir da publicação do ato no *Diário Oficial* ou da intimação pessoal feita ao impetrante. Havendo publicação do ato na imprensa oficial, a posterior intimação pessoal da parte não lhe reabre o prazo para a impetração, a não ser que ela deva ser intimada pessoalmente.

O referido prazo de 120 (cento e vinte) dias "não se inicia antes da ofensa à esfera jurídica da pessoa".[153] Conta-se o prazo a partir do ato impugnado. Bem por isso, a jurisprudência do

---

[146] MACHADO, Hugo de Brito. *Mandado de segurança em matéria tributária*. 2. ed. São Paulo: RT, 1995. n. 3.1, p. 47-50.

[147] STJ, 2ª Turma, RMS 22.573/MS, Rel. Min. Castro Meira, *DJe* 24.2.2010.

[148] ARAÚJO, José Henrique Mouta. Aspectos envolvendo o direito líquido e certo, a decadência e a coisa julgada no mandado de segurança. *Revista Dialética de Direito Processual*, São Paulo: Dialética, v. 16, jul. 2004, p. 92-94.

[149] BUENO, Cassio Scarpinella. *Mandado de segurança*: comentários às Leis ns. 1.533/51, 4.348/64 e 5.021/66. 2. ed. São Paulo: Saraiva, 2004. p. 162.

[150] MACHADO, Hugo de Brito. *Mandado de segurança em matéria tributária*. 2. ed. São Paulo: RT, 1995. n. 3.2, p. 50-53.

[151] FADEL, Sérgio Sahione. O mandado de segurança e a Súmula nº 632 do STF. *Revista Dialética de Direito Processual*, São Paulo: Dialética, v. 19, out. 2004, p. 105.

[152] O STF, ao julgar a ADI 4296/DF, reafirmou a constitucionalidade do prazo para impetração do mandado de segurança (STF, Pleno, ADI 4296, Rel. Min. Marco Aurélio, Rel. p/ acórdão Min. Alexandre de Moraes, *DJe* 11.10.2021).

[153] PONTES DE MIRANDA, Francisco Cavalcanti. *Tratado das Ações*. Atual. por Vilson Rodrigues Alves. Campinas: Bookseller, 1999. t. 6, § 9, n. 2, p. 89.

Superior Tribunal de Justiça é no sentido de que o termo inicial do prazo "...para a impetração do mandado de segurança que se insurge contra resultado obtido em exame psicotécnico é a publicação do ato administrativo que determina a eliminação do candidato e, não, a publicação do edital do certame".[154]

Interposto recurso administrativo com efeito suspensivo independentemente de caução, o ato não está apto a produzir consequências nem a causar qualquer lesão ao interessado. Desse modo, não se tem início o prazo para a impetração do *writ*.[155] Se, em vez de interpor recurso administrativo, o sujeito apresenta, no âmbito administrativo, um pedido de reconsideração, o prazo já começa a fluir. É que simples pedido de reconsideração não impede a produção de efeitos do ato administrativo, nem inibe o início da contagem do prazo para a impetração do mandado de segurança. No particular, merece registro o enunciado 430 da Súmula do STF: "Pedido de reconsideração na via administrativa não interrompe o prazo para o mandado de segurança".

Julgado o recurso administrativo, o prazo tem início a partir da ciência da respectiva decisão. Se, entretanto, o recurso não for conhecido, o prazo para impetração do mandado de segurança tem início após o término do prazo previsto para a impugnação recursal seguinte, ou seja, dentro dos 120 (cento e vinte) dias posteriores ao escoamento do prazo para a impugnação da decisão que não conheceu do recurso administrativo.[156]

Impetrado mandado de segurança contra omissão, não há que se falar em prazo de impetração. É que somente se inicia a contagem do prazo quando o *writ* investe contra atividade comissiva. Tratando-se de omissão, não se tem início a contagem do prazo, podendo o mandado de segurança ser intentado a qualquer momento, enquanto persistir a omissão.[157]

Nos atos de trato sucessivo, a exemplo do que sucede com a hipótese de pagamento de vencimentos, o prazo renova-se a cada ato, a não ser que a Administração Pública tenha, expressamente, negado o pleito do servidor.

Convém registrar que "A jurisprudência do STJ é assente em afirmar que, quando houver redução, e não supressão do valor de vantagem, configura-se a prestação de trato sucessivo, que se renova mês a mês, pois não equivale à negação do próprio fundo de direito. *Mutatis mutandis*, a exclusão do pagamento da verba é ato comissivo que atinge o fundo de direito e, portanto, está sujeito ao prazo decadencial do art. 23 da Lei 12.016/2009".[158]

Se o mandado de segurança for impetrado tempestivamente perante um juízo incompetente, será válida a impetração, ainda que não haja mais o prazo de 120 (cento e vinte) dias, quando da remessa dos autos ao juízo competente. O que importa é que o direito ao mandado de segurança tenha sido exercido dentro do prazo, independentemente da competência do juízo. Se, porém, o juízo, ao reconhecer sua incompetência, em vez de determinar a remessa dos autos ao órgão competente, resolver extinguir o processo, não haverá mais prazo para a

---

[154] STJ, 2ª Turma, AgRg no AREsp 202.442/RO, Rel. Min. Mauro Campbell Marques, *DJe* 16.10.2012. *No mesmo sentido:* STJ, 2ª Turma, AgRg no RMS 36.798/MS, Rel. Min. Herman Benjamin, *DJe* 31.10.2012.
[155] "Uma vez interposto recurso administrativo, com efeito suspensivo, não cabe a impetração de ação mandamental, e por isso não se inicia o curso do prazo decadencial. Inteligência dos arts. 5.º, inciso I, e 23 da Lei 12.016/2009" (STJ, 2ª Turma, RMS 67.145/MG, Rel. Min. Mauro Campbell Marques, *DJe* 12.11.2021).
[156] STJ, 1ª Turma, RMS 34.677/DF, Rel. Min. Sérgio Kukina, *DJe* 12.4.2013.
[157] STJ, 2ª Turma, AgRg no AREsp 243.070/CE, Rel. Min. Humberto Martins, *DJe* 19.2.2013.
[158] STJ, 2ª Turma, RMS 34.363/MT, Rel. Min. Herman Benjamin, *DJe* 19.12.2012.

impetração do mandado de segurança, eis que não terá havido sua interrupção, nem suspensão.[159] É por isso que o STF alterou sua jurisprudência anterior para, quando do reconhecimento de sua incompetência absoluta, determinar a remessa dos autos ao órgão competente, e não extinguir o processo sem resolução do mérito,[160] evitando, assim, prejuízo ao impetrante.

Na verdade, em razão do princípio da primazia do julgamento do mérito (CPC, art. 4º), não deve o juiz extinguir o processo em razão de sua incompetência, cabendo-lhe, isto sim, determinar a remessa dos autos ao juízo competente. Aproveita-se, assim, a impetração feita dentro do prazo.

14.10 PROCEDIMENTO

14.10.1 Petição inicial e seus requisitos

O mandado de segurança é impetrado por meio de uma petição inicial, que deve atender aos requisitos previstos nos arts. 319 e 320 do CPC, devendo ser indicada, além da autoridade coatora, a pessoa jurídica que esta integra. Em casos de urgência, admite-se a impetração do mandado de segurança por telegrama, radiograma, fax ou outro meio eletrônico de autenticidade comprovada (Lei 12.016/2009, art. 4º), devendo o texto original da petição ser apresentado nos 5 (cinco) dias úteis seguintes (Lei 12.016/2009, art. 4º, § 2º).

Não estando em termos a petição inicial, deverá o juiz determinar a intimação do autor para que a emende no prazo de 15 (quinze) dias (CPC, art. 321).

A regra que determina a emenda ou o complemento da petição inicial aplica-se a todo tipo de processo ou procedimento. Ainda que não houvesse o disposto no art. 321 do CPC, deveria o juiz determinar a intimação do autor para emendar ou complementar a petição inicial, em razão dos princípios da primazia do julgamento do mérito (CPC, art. 4º), da cooperação (CPC, art. 6º), do contraditório (CPC, art. 10) e da eficiência (CPC, art. 8º).

14.10.2 Indeferimento da petição inicial

Não havendo emenda ou configurando-se uma das hipóteses previstas no art. 330 do CPC, deve o juiz indeferir a petição inicial.

Estando a petição inicial defeituosa ou havendo algum vício sanável, o juiz não deve indeferir imediatamente a petição inicial. Cumpre-lhe, antes, conferir oportunidade ao autor para que possa emendá-la ou complementá-la. É preciso concentrar esforços para viabilizar o julgamento do mérito.

Além do mais, os princípios da cooperação (CPC, art. 6º) e do contraditório (CPC, art. 10) conferem às partes oportunidade de participar da formação da decisão do juiz. Em razão do princípio da cooperação, o juiz deixa de ser o autor único e solitário de suas decisões. A sentença e, de resto, as decisões judiciais passam a ser fruto de uma atividade conjunta. A aplicação do princípio da cooperação acarreta um redimensionamento da máxima *iura*

---

[159] STJ, 3ª Seção, MS 8.082/DF, Rel. Min. Hamilton Carvalhido, *DJ* 16.12.2002, p. 241; STJ, 3ª Seção, AgRg no MS 9.532/DF, Rel. Min. Arnaldo Esteves Lima, *DJ* 26.6.2006, p. 114; STJ, 3ª Seção, AgRg no MS 11.449/DF, Rel. Min. Hamilton Carvalhido, *DJ* 5.2.2007, p. 195.

[160] "Mandado de segurança: *incompetência* do Supremo Tribunal para processar e julgar originariamente mandado de segurança contra ato do seu Secretário de Recursos Humanos (CF, art. 102, I, *d*). *Remessa* dos autos à Justiça Federal do Distrito Federal (CF, art. 109, VIII): precedente (MS 25.087-ED, Pleno, Carlos Britto, Inf. STF 441)" (STF, Pleno, MS-AgR 26.244/DF, Rel. Min. Sepúlveda Pertence, *DJ* 23.2.2007, p. 17).

novit curia, porquanto ao juiz cabe pronunciar-se sobre a norma jurídica a ser aplicada ao caso depois de realizar o necessário diálogo com as partes.[161] Ao juiz cabe aplicar o direito ao caso concreto, mas se lhe impõe, antes de promover tal aplicação, *consultar* previamente as partes, colhendo suas manifestações a respeito do assunto, evitando decisão-surpresa e a interposição de recursos desnecessários. É o que consta, aliás, do enunciado 292 do Fórum Permanente de Processualistas Civis: "Antes de indeferir a petição inicial, o juiz deve aplicar o disposto no art. 321".

A petição inicial do mandado de segurança há de ser indeferida quando ocorrer uma das hipóteses previstas no art. 330 do CPC.

Segundo pacífico entendimento do STJ, razões de mérito não devem ocasionar o indeferimento da petição inicial do mandado de segurança.[162] A petição inicial do *writ* pode ser indeferida, de plano, por não ser caso de mandado de segurança ou por outra questão processual, mas não por razões de mérito. É nula a decisão que indefere a petição inicial do mandado de segurança, por razões de mérito.[163]

O indeferimento da petição inicial opera-se mediante sentença, rendendo ensejo à interposição de uma apelação. Só que tal apelação tem suporte no art. 331 do CPC, permitindo o exercício do juízo de retratação pelo magistrado.[164]

14.10.3 Improcedência liminar do pedido

O Superior Tribunal de Justiça não admite, como visto no subitem anterior, que a petição inicial do mandado de segurança seja indeferida por razões de mérito.

Tal entendimento não se aplica aos casos de improcedência liminar do pedido, previstos no art. 332 do CPC. Configurada uma das hipóteses descritas em tal dispositivo, poderá ser proferida sentença imediata de improcedência. A regra não é incompatível com o mandado de segurança. Aliás, os requisitos ali previstos não se restringem a qualquer tipo de procedimento.

Como visto no item 5.7 e em seus subitens, a improcedência liminar do pedido aplica-se às demandas propostas em face da Fazenda Pública, não havendo qualquer incompatibilidade com o mandado de segurança.[165]

O art. 332 do CPC prevê os casos de improcedência liminar do pedido. Nesses casos, o juiz, antes mesmo da citação do demandado, já julga improcedente o pedido formulado pelo demandante na sua petição inicial. Trata-se de decisão de mérito, que produz coisa julgada, podendo ser desconstituída por ação rescisória.

Tal dispositivo, não custa insistir, aplica-se ao mandado de segurança. Para que se julgue liminarmente improcedente o pedido, é preciso que a causa dispense a fase instrutória. Os fatos devem estar todos comprovados por documentos, não sendo necessária a produção de qualquer outro meio de prova. O mandado de segurança é cabível quando a prova é documental pré-constituída. Logo, atende-se plenamente à hipótese de incidência do art. 332 do CPC.

---

[161] TROCKER, Nicolò. *Processo civile e costituzione:* problemi di diritto tedesco e italiano. Milano: Giuffrè, 1974. p. 683-684.
[162] STJ, 1ª Turma, RMS 12.532/DF, Rel. Min. Milton Luiz Pereira, *DJ* 23.9.2002, p. 224; *RSTJ* 168:81.
[163] STJ, 5ª Turma, RMS 14.946/RS, Rel. Min. Gilson Dipp, *DJ* 23.9.2002, p. 371.
[164] "Aplicam-se ao procedimento do mandado de segurança os arts. 331 e parágrafos e 332, § 3º, do CPC" (Enunciado 291 do Fórum Permanente de Processualistas Civis).
[165] Nesse sentido, o enunciado 15 do Fórum Nacional do Poder Público: "Aplica-se ao mandado de segurança o julgamento de improcedência liminar do pedido".

As hipóteses previstas nos incisos do art. 332 do CPC relacionam-se com o sistema de precedentes regulado no Código de Processo Civil. Estabelecido o entendimento do tribunal, o precedente firmado haverá de ser aplicado, rendendo ensejo às consequências dessa sua aplicação e atraindo a adoção de algumas regras, entre as quais se destaca a improcedência liminar do pedido.

Nos termos do art. 332 do CPC, o juiz pode julgar liminarmente improcedente o pedido, quando este contrariar enunciado de súmula do STF ou do STJ (inciso I), ou quando contrariar acórdão proferido pelo STF ou pelo STJ em julgamento de recursos repetitivos (inciso II), ou quando contrariar entendimento firmado em incidente de resolução de demandas repetitivas ou de assunção de competência (inciso III), ou quando contrariar enunciado de súmula de tribunal de justiça sobre direito local (inciso IV).

A propósito do tema, consultem-se o item 5.7 e seus subitens *supra*.

14.10.4 Notificação da autoridade e intimação da Advocacia Pública

Estando em ordem a petição inicial e sendo caso de mandado de segurança, o juiz deverá determinar a notificação da autoridade, a fim de que preste informações no prazo de 10 (dez) dias, computando-se apenas os dias úteis (CPC, art. 219).[166] Tal prazo tem início do recebimento da notificação pela autoridade, e não de sua juntada aos autos. Aplica-se, a propósito, o disposto no § 3º do art. 231 do CPC: "Quando o ato tiver de ser praticado diretamente pela parte ou por quem, de qualquer forma, participe do processo, sem a intermediação de representante judicial, o dia do começo do prazo para cumprimento da determinação judicial corresponderá à data em que se der a comunicação".

Com efeito, a autoridade presta informações diretamente, sem a intermediação de representante judicial. Logo, incide o disposto no § 3º do art. 231 do CPC, valendo dizer que o prazo para a prestação de informações corresponde à data em que se der sua comunicação, ou seja, desde quando receber a correspondente notificação.

Se esse prazo – como, de resto, qualquer outro – revelar-se insuficiente no caso concreto, o juiz pode, com apoio no art. 139, VI, do CPC, dilatá-lo. Nesse sentido, o enunciado 5 do I Fórum Nacional do Poder Público – Brasília/DF: "A dilação de prazos processuais prevista no art. 139, VI do CPC é compatível com o mandado de segurança".

A notificação deve ser recebida, pessoalmente, pela autoridade. O juiz deverá ordenar, ainda, que se dê ciência do processo ao órgão de representação judicial da pessoa jurídica interessada, enviando-lhe cópia da inicial sem documentos, para que, querendo, ingresse no processo.

Concedida a tutela provisória, a autoridade, no prazo de 48 (quarenta e oito) horas da notificação da medida, remeterá ao órgão que se acha subordinada e à Advocacia Pública que presenta judicialmente a pessoa jurídica de que faça parte, cópia da notificação, assim como indicações e elementos necessários às providências a serem tomadas para a eventual suspensão da medida e defesa do ato apontado como ilegal ou abusivo de poder. O prazo para que a pessoa jurídica possa recorrer conta-se da ciência que lhe for dada, nos termos do inciso II do art. 7º da Lei 12.016/2009.

---

[166] Nesse sentido, o enunciado 11 do Fórum Nacional do Poder Público: "Os prazos processuais no mandado de segurança são contados em dias úteis, inclusive para as informações da autoridade coatora".

14.10.5 Ingresso posterior de litisconsorte ativo

O § 2º do art. 10 da Lei 12.016/2009 não admite o ingresso de litisconsorte ativo após o despacho da petição inicial. *A contrario sensu,* enquanto não despachada a petição inicial, pode haver o ingresso de litisconsorte ativo. Quer isso dizer que a legislação de regência do mandado de segurança passou a permitir o chamado litisconsórcio ativo ulterior, mas antes de haver despacho do juiz.[167] A jurisprudência não aceita a formação de litisconsórcio ativo ulterior depois de despachada a petição inicial, sobretudo quando já concedida tutela provisória, pois haveria, aí, uma ofensa à garantia do juiz natural e à regra da livre distribuição.[168]

Impõe-se, desde logo, observar que a regra refere-se ao litisconsórcio ativo ulterior *simples,* não dizendo respeito ao *unitário.* Isso porque o litisconsórcio ativo ulterior *unitário* é *sempre* possível, em qualquer fase do processo, podendo o litisconsorte ulterior ingressar como *assistente litisconsorcial.*

O assistente litisconsorcial é, nos termos do art. 124 do CPC, litisconsorte do assistido, exatamente porque o direito postulado em juízo lhe pertence, tanto que, mesmo que não ingresse no processo, será, de todo modo, alcançado pela coisa julgada material que vier a se formar no caso. O § 2º do art. 10 da Lei 12.016/2009 não alcança, enfim, o litisconsórcio ulterior *unitário,* pois este é, e sempre foi, admitido, em qualquer fase do processo, mediante o ingresso do terceiro pela assistência litisconsorcial. O dispositivo está a referir-se, como dito, ao litisconsórcio ativo ulterior *simples.*

O referido dispositivo admite o ingresso do litisconsorte ulterior *simples* enquanto não despachada a petição inicial.

Tal regra vem de encontro à garantia do juiz natural. Sob uma perspectiva subjetiva, a garantia do juiz natural assegura que não se deve permitir à parte a escolha do juiz que deva presidir, processar e julgar sua causa.[169] O § 2º do art. 10 da Lei 12.016/2009 permite, em última análise, a escolha do juiz pelo litisconsorte ulterior. É que, impetrado um mandado de segurança para determinado juízo, outros sujeitos que se encontrem em situação similar à do impetrante vão, antes de despachada a petição inicial, ingressar ali no processo, por lhes ser conveniente aquele juiz, que ostenta postura ou mantém entendimento mais adequado ou conveniente à defesa daquela tese.

Em princípio, seria inconstitucional o § 2º do art. 10 da Lei 12.016/2009 por não estar de acordo com a garantia constitucional do *juiz natural.*

Caso, todavia, a hipótese deduzida no mandado de segurança seja apta a acarretar uma multiplicidade de demandas, isto é, se a matéria versada na causa for daquelas que se repete aos montes, a caracterizar o caso como uma *demanda repetitiva,* cumpre admitir o litisconsórcio ativo facultativo ulterior, em prol da *isonomia,* da *racionalidade de julgamentos,* da *duração razoável do processo* e da *efetividade do processo.* O processo deve *adequar-se* às situações repetitivas. Há problemas que atingem, em massa, uma grande quantidade de pessoas, as quais ingressam em juízo na busca do reconhecimento de seu direito, acarretando um significativo número paralelo de causas que versam sobre o mesmo tema.

---

[167] Entendendo ser correta a regra, PEREIRA, Hélio do Valle. *O novo mandado de segurança.* Florianópolis: Conceito Editorial, 2010. p. 117.
[168] Conferir, a propósito, CUNHA, Leonardo Carneiro da. *Jurisdição e competência.* 2. ed. São Paulo: RT, 2013. n. 2.10, p. 88-89.
[169] CUNHA, Leonardo Carneiro da. *Jurisdição e competência.* 2. ed. São Paulo: RT, 2013. n. 2.9, p. 84-88.

A litigância de massa é uma realidade dos tempos atuais. É preciso adaptar as regras processuais a essa realidade, com a criação de mecanismos específicos que permitam um tratamento conjunto dos processos, bem como conceber instrumentos que possibilitem um tratamento diferencial de demandas repetitivas, de acordo com suas características.[170] Um desses mecanismos consiste na técnica de agregação ou reunião de causas, para que haja a prática comum de atos processuais, sendo aproveitados para todos os processos reunidos. No âmbito das causas repetitivas, convém considerar que há, entre as demandas, uma espécie de conexão por afinidade, a atrair a reunião delas, em prol da economia processual, da racionalidade no seu julgamento e da isonomia.

O § 2º do art. 10 da Lei 12.016/2009 insere-se nesse contexto, devendo ser aplicado em mandado de segurança que verse sobre questão repetitiva. Em tal hipótese, é recomendável racionalizar o procedimento, permitindo que a situação de várias pessoas se concentre na mesma causa, garantindo-se, assim, a efetividade do processo, a duração razoável e a isonomia, com a consequência de *otimizar* e *racionalizar* a prestação jurisdicional.

Tais princípios haverão de prevalecer, no caso concreto, em detrimento da garantia do juiz natural.

É preciso, enfim, que haja, concretamente, um controle da regra, a fim de mantê-la ou afastá-la. Sendo uma causa repetitiva, aplica-se o § 2º do art. 10 da Lei 12.016/2009, admitindo-se o ingresso de litisconsorte ulterior enquanto não despachada a petição inicial. Não sendo a causa repetitiva, não se aplica tal dispositivo, devendo ser rejeitado o ingresso do litisconsorte ulterior, em prevalência ao juiz natural.

É possível que muitos sujeitos que se enquadrem na mesma situação peçam seu ingresso como litisconsortes no processo. Se a quantidade de litisconsortes for grande a ponto de dificultar a defesa ou o rápido andamento do processo, deverá o juiz, no caso, aplicar o disposto no § 1º do art. 113 do CPC, limitando a presença dos litisconsortes.[171] Seja como for, se o litisconsorte ulterior requerer seu ingresso depois de despachada a petição inicial, deve ser indeferido o pedido. Vale dizer que o momento final ou limite temporal para o requerimento é o despacho do juiz admitindo a petição inicial.

14.10.6 Momento para apresentação das informações. Consequências de sua ausência. Demais atos processuais

Despachada a petição inicial, deverá o juiz ordenar a notificação da autoridade coatora para que esta preste suas informações, bem como que se dê ciência do processo ao presentante judicial da pessoa jurídica interessada.

Não apresentadas as informações, não se presumem verdadeiros os fatos alegados pelo impetrante. É que, como se viu, ao impetrante cabe eliminar a presunção de legitimidade do ato questionado. Essa presunção não será desfeita com a simples ausência de informações no mandado de segurança. Estabelecer que o mandado de segurança serve para proteger direito líquido e certo equivale a impor ao impetrante, sempre, o ônus de elidir a presunção

---

[170] GOUVEIA, Mariana França. A acção especial de litigância de massas. *Novas exigências do processo civil:* organização, celeridade e eficácia. Coimbra: Coimbra Ed., 2007. p. 139.
[171] SILVA, Michel Ferro e. *Litisconsórcio multitudinário.* Curitiba: Juruá, 2009. p. 100.

de legitimidade do ato atacado no *writ*, não devendo tal presunção ser desfeita em razão da falta de informações.[172]

É possível ocorrer, contudo, de o impetrante não produzir nenhuma prova, mas a autoridade, ao prestar informações, admitir verdadeiros aqueles fatos, cingindo-se a discutir as consequências jurídicas a ele atribuídas. Nesse caso, não havendo controvérsia quanto aos fatos, cabível será o mandado de segurança. A autoridade estará *admitindo*, e não confessando, os fatos. Sabe-se que a admissão difere da confissão. Enquanto nesta se reconhece como verdadeiro um fato que lhe é contrário, na admissão reconhece-se como verdadeiro um fato que serve de pressuposto para a própria defesa, passando a ser incontroverso nos autos. Admitido, nas informações da autoridade, o fato não provado pelo impetrante, surge a incontrovérsia, revelando-se presente a liquidez e certeza, apta a permitir o manejo do *writ*.[173]

Prestadas as informações ou escoado *in albis* o prazo para sua apresentação, os autos seguem ao Ministério Público para emissão de parecer em 10 (dez) dias. A propósito desse prazo e da atuação do *parquet* no mandado de segurança, cumpre atentar para os detalhes contidos no item 14.5 *supra*.

Em seguida, os autos voltam conclusos ao juiz para prolação de sentença.

14.10.7 Prioridade de tramitação e preferência no julgamento

O processo de mandado de segurança goza de prioridade de tramitação sobre todos os demais processos, salvo os de *habeas corpus* (Lei 12.016/2009, art. 20).

Deferida a liminar, o mandado de segurança terá prioridade no julgamento (Lei 12.016/2009, art. 7º, § 4º). Daí se pode concluir que, entre os mandados de segurança, os que têm liminar deferida gozam de prioridade relativamente aos que não têm.

O art. 12 do CPC prevê uma ordem cronológica de julgamento. Tal regra concretiza o princípio republicano da igualdade, adotando critério objetivo para o julgamento dos processos judiciais. O princípio da impessoalidade, previsto no art. 37 da CF, aplica-se à Administração Pública de todos os Poderes. A previsão de uma ordem cronológica de julgamento concretiza o princípio da impessoalidade na rotina administrativa dos órgãos jurisdicionais. A previsão de ordem cronológica dos julgamentos concretiza, de igual modo, o princípio da duração razoável do processo, evitando prolongamento indefinido para julgamento de processos conclusos há muito tempo.[174]

Na verdade, o art. 12 do CPC estabelece um modo de gestão pelo juiz. Ao juiz cabe observar, preferencialmente, a ordem cronológica de conclusão. Nada impede, porém, que o juiz valha-se de outros meios de gestão, expressa e previamente estabelecidos e anunciados.

---

[172] Sobre o assunto e suas variações, *consultar:* GUEDES, Damian. Efeitos das informações no mandado de segurança e de sua não apresentação em juízo. *Revista Dialética de Direito Processual*, São Paulo: Dialética, v. 11, fev. 2004, p. 54-66.

[173] MACHADO, Hugo de Brito. Confissão e admissão, na teoria da prova. *Revista Dialética de Direito Processual*, São Paulo: Dialética, v. 3, jun. 2003, *passim*.

[174] CABRAL, Antonio do Passo. A duração razoável do processo e a gestão do tempo no projeto de novo Código de Processo Civil. In: FREIRE, Alexandre; DANTAS, Bruno; NUNES, Dierle; DIDIER JR., Fredie; MEDINA, José Miguel Garcia; FUX, Luiz; CAMARGO, Luiz Henrique Volpe; OLIVEIRA, Pedro Miranda de (org.). *Novas tendências do processo civil* – estudos sobre o projeto do Novo Código de Processo Civil. Salvador: JusPodivm, 2013. p. 90-91.

Não estabelecido, nem anunciado, expressa e previamente, outro meio de gestão, cabe-lhe, preferencialmente, decidir atendendo à ordem cronológica de conclusão.

Os juízes devem observar a ordem cronológica de conclusão apenas para proferir sentenças. A regra não se aplica a decisões interlocutórias. Desse modo, não é necessário haver ordem cronológica para apreciação de pedidos de tutela provisória, de urgência ou de evidência (CPC, art. 294), nem para a prolação de decisão parcial de mérito (CPC, art. 356), que é, na definição do art. 203, §§ 1º e 2º, uma decisão interlocutória. O dispositivo estabelece que os tribunais devem obedecer à ordem cronológica para proferir acórdão. Da mesma forma que a ordem cronológica somente se aplica para a prolação de sentença, deve ser observada nos tribunais apenas para acórdãos que encerrem o procedimento no tribunal.

O critério adotado para a ordem cronológica é a conclusão do processo para julgamento final.

A regra da ordem cronológica é excepcionada no § 2º do dispositivo. Tais exceções concretizam o próprio princípio da isonomia, tendo ainda por fundamento o princípio da eficiência e, numa perspectiva inversa, o da duração razoável do processo. Há situações que merecem tratamento prioritário, devendo ser excluídas da ordem cronológica.

Como se viu, o mandado de segurança tem tratamento prioritário, gozando de prioridade de tramitação. Logo, está fora da ordem cronológica de julgamento prevista no art. 12 do CPC.

O mandado de segurança deve, na realidade, seguir uma ordem cronológica própria, estabelecida entre as prioridades legais (CPC, art. 12, § 3º).

14.11 TUTELA PROVISÓRIA

14.11.1 Previsão na Lei 12.016/2009

No mandado de segurança, é possível ao juiz conceder liminar em favor do impetrante, desde que seja relevante o fundamento e do ato impugnado puder resultar a ineficácia da medida, caso seja deferida (Lei 12.016/2009, art. 7º, III).

Embora haja considerável corrente doutrinária entendendo que a liminar, no mandado de segurança, não depende de pedido, podendo ser concedida de ofício pelo juiz,[175] é mais adequado entender que a liminar, no mandado de segurança, depende de requerimento da parte, não devendo ser concedida de ofício.[176] Isso porque, concedida a liminar, deverá o impetrante, ao final, ser responsabilizado objetivamente pelos danos suportados pelo demandado, se a segurança vier a ser denegada (CPC, art. 302, I).[177] É por isso que o impetrante precisa deixar claro que, realmente, pretende a liminar, assumindo o risco da sua responsabilidade pelos danos, em caso de eventual derrota ao final.

---

[175] CAVALCANTE, Mantovanni Colares. *Mandado de segurança*. São Paulo: Dialética, 2002. n. 4.1.5, p. 153; MACHADO, Hugo de Brito. *Mandado de segurança em matéria tributária*. 2. ed. São Paulo: RT, 1995. n. 8.4.1, p. 141-142; SIDOU, J. M. Othon. *"Habeas corpus", mandado de segurança, mandado de injunção, "habeas data", ação popular*: as garantias ativas dos direitos coletivos. 5. ed. Rio de Janeiro: Forense, 1998. n. 110, p. 183.

[176] ROCHA, José de Moura. *Mandado de segurança*: a defesa dos direitos individuais. Rio de Janeiro: Aide, 1987. p. 207. BONOMO JÚNIOR, Aylton; ZANETI JÚNIOR, Hermes. *Mandado de segurança individual e coletivo*. Salvador: JusPodivm, 2019, n. 2.9.4, p. 207-209.

[177] BUENO, Cassio Scarpinella. *Mandado de segurança*: comentários às Leis ns. 1.533/51, 4.348/64 e 5.021/66. 2. ed. São Paulo: Saraiva, 2004. p. 74.

A liminar, em mandado de segurança, tanto pode ter natureza cautelar como natureza satisfativa, a depender do pedido formulado pelo impetrante.

Concedida liminar, o juiz deve determinar, além da notificação da autoridade, a *intimação pessoal* do representante judicial da pessoa jurídica de direito público interessada, para que possa ter início o prazo do *recurso* cabível e, igualmente, para que possa ser ajuizada a *suspensão* de liminar.

Ao deferir a liminar, poderá o juiz exigir do impetrante caução, fiança ou depósito, com o objetivo de assegurar o ressarcimento à pessoa jurídica (Lei 12.016/2009, art. 7º, III).[178] A caução, fiança ou depósito funciona aí como uma medida de *contracautela*, não consistindo num requisito a mais para a concessão da liminar. Não deve, em qualquer caso, o juiz *condicionar* a concessão da liminar à prestação da caução. Apenas em hipóteses excepcionais, que revelem o risco de grave dano aos cofres públicos em virtude de eventual cassação ou revogação da liminar, deve o juiz impor a prestação da caução. A regra assemelha-se àquela prevista no § 1º do art. 300 do CPC.

Ainda que a situação seja excepcional, a justificar a exigência de caução, o juiz deve dispensá-la quando o impetrante for comprovadamente hipossuficiente. Assim, e para que não haja ofensa ao princípio da efetividade ou da inafastabilidade do controle jurisdicional, o juiz deixará de exigir a caução.

Cumprida a tutela provisória, o processo deve prosseguir até final julgamento. Segundo o STJ, "a Jurisprudência desta Corte está consolidada no sentido de que o cumprimento da medida liminar concedida em mandado de segurança, ainda que tenha natureza satisfativa, não acarreta a perda do objeto do *writ*, permanecendo o interesse do impetrante no julgamento do mérito"[179].

14.11.2 Estabilização da tutela de urgência

A tutela de urgência, tal como explicado no item 11.5.4.1.2 *supra*, pode estabilizar-se quando presentes os requisitos previstos no art. 304 do CPC.

Nas hipóteses em que a urgência for contemporânea à propositura da demanda, a parte autora pode requerer a tutela antecipada em caráter antecedente, limitando sua petição inicial ao requerimento da providência provisória (CPC, art. 303). Deferida, a medida torna-se estável se a parte demandada não interpuser, no prazo legal, o respectivo recurso (CPC, art. 304).

É possível, como se viu no item 11.5.4.1.2.5 *supra*, haver estabilização da tutela de urgência contra a Fazenda Pública.

A estabilização da tutela de urgência ocorre, porém, apenas no procedimento comum, não sendo adequada aos procedimentos especiais.

Exatamente por isso, não há estabilização da tutela de urgência no mandado de segurança, cujo procedimento é específico, a ele não se aplicando o disposto nos arts. 303 e 304 do CPC. Com efeito, o procedimento do mandado de segurança não comporta a aplicação

---

[178] O STF, ao julgar a ADI 4296/DF, entendeu ser constitucional a possibilidade de o juiz fazer essa exigência, afirmando que "[n]o exercício do poder geral de cautela, tem o juiz a faculdade de exigir contracautela para o deferimento de medida liminar, quando verificada a real necessidade da garantia em juízo, de acordo com as circunstâncias do caso concreto. Razoabilidade da medida que não obsta o juízo de cognição sumária do magistrado" (STF, Pleno, ADI 4296, Rel. Min. Marco Aurélio, Rel. p/ acórdão Min. Alexandre de Moraes, *DJe* 11.10.2021).

[179] STJ, 2ª Turma, AgInt no AREsp 1.903.949/MG, rel. Min. Mauro Campbell Marques, *DJe* 17.2.2022.

de tais dispositivos do CPC, não sendo possível haver, no âmbito do mandado de segurança, a estabilização da tutela de urgência.[180]

14.11.3 Tutela de evidência no mandado de segurança

Tudo quanto foi dito no item 14.11.1 *supra* diz respeito à tutela provisória de urgência. Não há dúvida de que cabe, no mandado de segurança, a tutela provisória de urgência para sustar os efeitos do ato combatido ou para impor a prática de algum ato à autoridade coatora. É preciso investigar se cabe a tutela provisória de evidência no mandado de segurança.

A tutela provisória pode fundar-se na urgência ou na evidência (CPC, art. 294). A tutela de evidência é concedida independentemente da demonstração de perigo de dano ou de risco de resultado útil do processo. As hipóteses de tutela de evidência estão previstas no art. 311 do CPC.

São aplicáveis ao mandado de segurança as hipóteses do art. 311. É possível haver a presença de tais requisitos, independentemente da urgência, no mandado de segurança, permitindo-se assim a concessão de tutela provisória de evidência para sobrestar os efeitos do ato impugnado ou para impor a prática de algum ato à autoridade pública.[181]

No caso do inciso I do art. 311, a conduta da autoridade ou o abuso de direito de defesa da pessoa jurídica da qual faça parte são elementos que demonstram a presença dos requisitos para a concessão da tutela provisória de evidência. Logo, é possível que caracterize evidência apta a justificar a concessão de tutela provisória no mandado de segurança. Aliás, de acordo com o enunciado 34 do Fórum Permanente de Processualistas Civis, "Considera-se abusiva a defesa da Administração Pública, sempre que contrariar entendimento coincidente com orientação vinculante firmada no âmbito administrativo do próprio ente público, consolidada em manifestação, parecer ou súmula administrativa, salvo se demonstrar a existência de distinção ou da necessidade de superação do entendimento".

As observações concernentes ao inciso I aplicam-se igualmente ao inciso IV. A falta de dúvida razoável apresentada pela autoridade é justificativa apta a caracterizar evidência para que se possa conceder a tutela provisória de evidência.

Já o inciso III prevê a tutela de evidência quando "se tratar de pedido reipersecutório fundado em prova documental adequada do contrato de depósito, caso em que será decretada a ordem de entrega do objeto custodiado, sob cominação de multa". Essa é uma hipótese restrita à ação de depósito, não podendo ensejar a tutela provisória de evidência no mandado de segurança.

Não há qualquer óbice à aplicação do inciso II do art. 311 ao mandado de segurança. Com efeito, se o ato praticado pela autoridade coatora, apontado na petição inicial do mandado de segurança como ilegal ou abusivo, desatende precedente obrigatório, é possível a concessão de tutela provisória de evidência para sobrestar o seu cumprimento ou suspender seus efeitos. Nesse caso, caberá o mandado de segurança, sendo muito provável seu acolhimento, não sendo razoável dizer que só cabe tutela provisória de urgência, a exigir a demonstração de risco de dano ou de inutilidade do resultado.

A tutela de evidência é, enfim, possível no mandado de segurança.[182]

---

[180] Nesse sentido, BUENO, Cassio Scarpinella. Os impactos do novo Código de Processo Civil no mandado de segurança. *Revista de Processo*. São Paulo: RT, n. 297, nov. 2019, p. 248-249.

[181] Nesse sentido, o enunciado 49 da I Jornada de Direito Processual Civil, do Conselho da Justiça Federal: "A tutela de evidência pode ser concedida em mandado de segurança".

[182] Nesse sentido, o enunciado 13 do Fórum Nacional do Poder Público: "Aplica-se a sistemática da tutela de evidência ao processo de mandado de segurança, observadas as limitações do art. 1.059

14.12 SENTENÇA, SUA EXECUÇÃO E CUMPRIMENTO

14.12.1 Generalidades

A sentença proferida no mandado de segurança contém cariz injuntivo ou mandamental, encerrando uma ordem expedida contra uma autoridade ou agente público. Dada sua feição mandamental, tal sentença deve ser executada imediatamente, ainda que desafiada por recurso próprio.

Em outras palavras, a sentença, no mandado de segurança, é tipicamente mandamental, impondo uma ordem a ser cumprida pela autoridade coatora. Somente a autoridade coatora pode cumprir a ordem. Daí ser mandamental a sentença, cabendo ao juiz impor medidas coercitivas para forçar o cumprimento da decisão (CPC, art. 139, IV). A execução da sentença, nesse caso, faz-se pela adoção de medidas coercitivas, e não sub-rogatórias, pois tal execução depende da vontade da autoridade.

Cabe ao juiz fundamentar a imposição da medida, devendo nessa fundamentação "ficar justificadas as valorações do juiz quanto ao *cabimento*, bem como quanto à *adequação* da medida (coercitiva) decretada".[183]

Deve, em suma, o juiz analisar as peculiaridades do caso concreto para verificar a adequação, a necessidade e a proporcionalidade da medida a ser imposta ao executado para viabilizar o cumprimento da obrigação específica.

No mandado de segurança, a sentença pode, ainda, ser constitutiva negativa ou anulatória, na hipótese de determinar a anulação do ato impugnado pelo impetrante. Realmente, pode a impetração voltar-se contra ato supostamente ilegal ou abusivo, requerendo sua anulação. Acolhido que seja tal pedido, a sentença será constitutiva, ostentando feição autossuficiente, já satisfazendo o direito do autor.

A sentença, no mandado de segurança, também pode ser condenatória, quando acolhe pedido de servidor público, visando a obtenção de vantagem ou de diferença de vencimentos. Acontece, entretanto, que "o mandado de segurança não é substitutivo de ação de cobrança" (Súmula 269 do STF). Demais disso, o pagamento de vantagens pecuniárias asseguradas em *writ* somente será efetuado relativamente às prestações que se vencerem a contar da data do ajuizamento da inicial (Lei 12.016/2009, art. 14, § 4º). Nesse sentido, "consoante jurisprudência do STJ, o pagamento de verbas atrasadas em sede de mandado de segurança restringe-se às parcelas existentes entre a data da impetração e a concessão da ordem".[184]

Concedida a segurança para impor o pagamento de diferenças estipendiárias, a inclusão da vantagem em folha de pagamento consiste em verdadeira obrigação de fazer, caracterizando uma tutela mandamental.[185] Quanto ao período que antecede o ajuizamento do *writ*,

---

do CPC". Como já visto no item 11.4.5.3, as vedações legais à tutela de urgência não se aplicam à tutela de evidência, com a ressalva da hipótese do inciso IV do art. 311 do CPC. É oportuno lembrar que o enunciado 35 do Fórum Permanente de Processualistas Civis assim estabelece: "As vedações à concessão da tutela provisória contra a Fazenda Pública limitam-se às tutelas de urgência".

[183] GUERRA, Marcelo Lima. *Execução indireta*. São Paulo: RT, 1998. n. 4.2.1, p. 167.

[184] STJ, 3ª Seção, Rcl 2.017/RS, Rel. Min. Jane Silva (Des. conv. do TJ/MG), *DJe* 15.10.2008.

[185] "Direito constitucional. Agravo interno em recurso extraordinário. Mandado de segurança. Descumprimento de decisão judicial de obrigação de fazer pela Fazenda Pública. Regime de precatório afastado. Precedentes. 1. O caso envolve descumprimento, pela Administração Pública, de obrigação de fazer determinada por decisão judicial transitada em julgada, o que afasta a exigência do regime de precatórios. Nesse sentido: RE 573.872-RG. 2. Inaplicável o art. 85, § 11, do CPC/2015, uma vez que não é cabível condenação em honorários advocatícios (art. 25 da Lei nº 12.016/2009 e Súmula

não estará compreendido pela sentença, devendo o impetrante cobrá-lo pelo procedimento comum. Realmente, nos termos do enunciado 271 da Súmula do STF, "concessão de mandado de segurança não produz efeitos patrimoniais, em relação a período pretérito, os quais devem ser reclamados administrativamente ou pela via judicial própria".

Não havendo liminar ou determinação de pagamento antes do trânsito em julgado, os valores devidos entre a impetração e o próprio trânsito em julgado devem ser cobrados no próprio mandado de segurança, mediante execução contra a Fazenda Pública, seguindo-se a sistemática do precatório, com o procedimento descrito nos arts. 534 e 535 do CPC. Se os valores forem de pequena monta, dispensa-se o precatório, expedindo-se a Requisição de Pequeno Valor (RPV).

No âmbito tributário, o mandado de segurança pode ter, de igual modo, sentença mandamental, anulatória, declaratória ou condenatória. É possível, com efeito, impor ordem, à autoridade fiscal, de anular um auto de infração ou um lançamento tributário, declarar a inexistência de relação jurídico-tributária, autorizar a compensação tributária ou determinar a restituição de tributo indevido.

Concedida a segurança para reconhecer o direito à compensação tributária, a sentença, segundo entende o STJ, só produz efeitos prospectivos, "os quais somente serão sentidos posteriormente ao trânsito em julgado, quando da realização do efetivo encontro de contas, o qual está sujeito à fiscalização pela Administração Tributária".[186]

O reconhecimento judicial da inexistência de relação jurídico-tributária ou do pagamento indevido de tributo enseja a possibilidade de repetição de indébito. Em vez de pedir a repetição de indébito, o contribuinte pode promover a compensação junto à entidade fazendária.

Segundo entendimento firmado no âmbito da jurisprudência do Superior Tribunal de Justiça, "A sentença declaratória que, para fins de compensação tributária, certifica o direito de crédito do contribuinte que recolheu indevidamente o tributo, contém juízo de certeza e de definição exaustiva a respeito de todos os elementos da relação jurídica questionada e, como tal, é título executivo para a ação visando à satisfação, em dinheiro, do valor devido"[187].

Cabe ao contribuinte optar entre a compensação e o recebimento do crédito por precatório ou requisição de pequeno valor, pois todas as modalidades de execução do julgado são postas à disposição da parte quando procedente o pedido de declaração do indébito. Aliás, o STJ, ao enfrentar o Tema 228 dos recursos repetitivos, fixou a seguinte tese: "O contribuinte pode optar por receber, por meio de precatório ou por compensação, o indébito tributário certificado por sentença declaratória transitada em julgado".

No mandado de segurança, caso o contribuinte opte pela expedição de precatório, somente poderá receber os "valores devidos entre a data da impetração e a implementação da ordem concessiva"[188]. Aliás, no Tema 831 da Repercussão Geral, o STF fixou a seguinte tese:

512/STF). 3. Agravo interno a que se nega provimento, com aplicação da multa prevista no art. 1.021, § 4º, do CPC/2015, em caso de unanimidade da decisão" (STF, 1ª Turma, RE 636.158 AgR, Rel. Min. Roberto Barroso, *DJe* 7.8.2017).

A propósito, o STF, apreciando o tema 45 da repercussão geral, por unanimidade, fixou tese nos seguintes termos: "A execução provisória de obrigação de fazer em face da Fazenda Pública não atrai o regime constitucional dos precatórios".

[186] STJ, 1ª Seção, EREsp 1.770.495/RS, Rel. Min. Gurgel de Faria, *DJe* 17.12.2021.
[187] STJ, 1ª Turma, REsp 588.202/PR, rel. Min. Teori Albino Zavascki, DJ 25.2.2004, p. 123.
[188] STF, Pleno, RE 889.173 RG, rel. Min. Luiz Fux, *DJe* 17.8.2015. No mesmo sentido: STF, Pleno, Rcl 14.505 AgR, rel. Min. Teori Zavascki, *DJe* 1º.7.2013.

"o pagamento dos valores devidos pela Fazenda Pública entre a data da impetração do mandado de segurança e a efetiva implementação da ordem concessiva deve observar o regime de precatórios previsto no artigo 100 da Constituição Federal".

Segundo entende o STF, no âmbito do Direito Tributário, os "débitos da Fazenda Pública oriundos de decisão concessiva de mandado de segurança devem ser pagos pelo regime de precatório"[189].

O STJ mantinha firme entendimento no sentido de que "o mandado de segurança é a via adequada para declarar o direito à compensação ou restituição de tributos e, em ambos os casos, os pedidos devem ser requeridos na esfera administrativa, sendo inviável a via do precatório, sob pena de conferir indevidos efeitos retroativos ao mandamus"[190]. O precatório, enfim, era dispensado pelo STJ em caso de reconhecimento do direito na via do mandado de segurança. Aquela corte entendia que, nesse caso, a restituição haveria de ser feita administrativamente.

Realmente: "A jurisprudência assente do STJ é no sentido de que, concedida a ordem, o contribuinte pode requerer na via administrativa a compensação ou a restituição do indébito, sendo inviável a utilização do *mandamus* para buscar a expedição de precatório/RPV, porquanto vedado o uso da via mandamental como ação de cobrança, a teor da Súmula 269 do STF"[191].

O STF, reafirmando sua jurisprudência, entendeu ser equivocado esse entendimento do STJ e, ao enfrentar o Tema 1.262 da Repercussão Geral, fixou a seguinte tese: "Não se mostra admissível a restituição administrativa do indébito reconhecido na via judicial, sendo indispensável a observância do regime constitucional de precatórios, nos termos do art. 100 da Constituição Federal".

Segundo o STF, não cabe restituição administrativa de indébito tributário por meio de mandado de segurança, pois esse ressarcimento deve obedecer à ordem cronológica de apresentação dos precatórios, conforme exigido pelo art. 100 da Constituição.

A exemplo de qualquer sentença de improcedência, aquela que denega a segurança ostenta natureza declaratória, reconhecendo não ser o impetrante titular do direito que alega. Denegada a segurança, fica sem efeito a liminar eventualmente concedida, retroagindo os efeitos da decisão contrária (Súmula 405 do STF).

14.12.2 Honorários e honorários recursais

No mandado de segurança, segundo entendimento pacificado, constante do enunciado 512 da Súmula do STF e do enunciado 105 da Súmula do STJ, não cabe condenação em honorários de sucumbência.[192]

Tal entendimento restou incorporado no art. 25 da Lei 12.016/2009, que ressalva a aplicação de sanções no caso de litigância de má-fé, significando dizer que não cabe, no mandado de segurança, a condenação ao pagamento de honorários de advogado, mas é possível a aplicação de sanções – aí incluída a multa – em caso de prática de atos de litigância de má-fé.[193]

---

[189] STF, 2ª Turma, ARE 1.350.473 ED-AgR, rel. Min. Gilmar Mendes, *DJe* 20.5.2022.
[190] STJ, 1ª Turma, AgInt no REsp 2.054.866/RS, rel. Min. Gurgel de Faria, *DJe* 1º.9.2023.
[191] STJ, 2ª Turma, AgInt no REsp 2.028.861/MG, rel. Min. Mauro Campbell Marques, *DJe* 10.3.2023.
[192] O STF, ao julgar a ADI 4296/DF, reafirmou a constitucionalidade da vedação à condenação em honorários de sucumbência no mandado de segurança (STF, Pleno, ADI 4296, Rel. Min. Marco Aurélio, Rel. p/ acórdão Min. Alexandre de Moraes, *DJe* 11.10.2021).
[193] Embora não caibam honorários de advogado no mandado de segurança, o Superior Tribunal de Justiça entende que, promovida a execução do julgado proferido no *writ* e apresentados embargos

Ao examinar o Tema 1.232 dos recursos repetitivos, o STJ fixou a seguinte tese: "Nos termos do art. 25 da Lei n. 12.016/2009, não se revela cabível a fixação de honorários de sucumbência em cumprimento de sentença proferida em mandado de segurança individual, ainda que dela resultem efeitos patrimoniais a serem saldados dentro dos mesmos autos". Para o STJ, então, não há, no mandado de segurança, honorários de sucumbência, nem na fase de conhecimento nem na fase de cumprimento de sentença. A tese fixada seguiu a linha dos precedentes mais recentes, segundo os quais, "na fase de cumprimento de sentença em Mandado de Segurança individual, não cabem honorários advocatícios de sucumbência, na esteira do disposto no art. 25 da Lei 12.016/2009 e na Súmula 105/STJ".[194]

O entendimento do STJ não é o mais adequado. A Lei 12.016/2009 regula o procedimento do mandado de segurança apenas na fase de conhecimento. A depender da natureza da sentença, não haverá, como se viu, cumprimento de sentença, efetivando-se ali a tutela jurisdicional sem qualquer condenação em honorários de advogado (art. 25 da Lei 12.016/2009). A simples expedição de um ofício para cumprimento da ordem não acarreta, de igual modo, condenação em honorários (art. 25 da Lei 12.016/2009). Se, entretanto, a concessão ou denegação da segurança com revogação de liminar ensejar reflexo pecuniário, provocará a fase de cumprimento deste capítulo do julgado com a aplicação do procedimento previsto no CPC, e não da Lei 12.016/2009. Haverá, então, um cumprimento de sentença de quantia como outro qualquer, incidindo suas regras, inclusive as que dizem respeito aos honorários de sucumbência.

O art. 25 da Lei 12.016/2009 é uma regra de exceção, sendo especial em relação ao art. 85 do CPC. Tal regra, porém, aplica-se apenas à fase de conhecimento. Na fase de cumprimento de sentença, as normas são gerais, aplicáveis a qualquer execução fundada em título judicial. Qualquer que seja o título, as regras são as mesmas, inclusive no que respeita aos honorários de advogado.

Por isso, deveria haver honorários de sucumbência no cumprimento de sentença do mandado de segurança individual. Não foi esse, porém, o entendimento firmado pelo STJ, no Tema 1.232. Para o STJ, não há honorários, no mandado de segurança, nem na fase de conhecimento nem da de cumprimento da sentença individual.

Quanto ao mandado de segurança coletivo, não há condenação em honorários de sucumbência, mas há honorários na execução individual da sentença coletiva. Com efeito, segundo anotado em precedente do STJ: "A jurisprudência desta Corte reconhece que é devida

---

à execução, há honorários nestes últimos. Com efeito, segundo registrado em precedente do STJ, "cabe a fixação de honorários advocatícios, caso a execução da decisão mandamental seja embargada. Afinal, os embargos à execução, constituindo demanda à parte, com feições próprias e específicas, exige novo embate judicial, inclusive com abertura de novo contraditório regular, em face da resistência da parte adversa em dar cumprimento espontâneo ao julgado transitado em julgado. Precedentes: AgRg no REsp 1.132.690/SC, Rel. Ministro Humberto Martins, Segunda Turma, julgado em 2.3.2010, *DJe* 10.3.2010; REsp 697.717/PR, Rel. Ministro Arnaldo Esteves Lima, Quinta Turma, julgado em 12.9.2006, *DJ* 9.10.2006, p. 346" (STJ, 1ª Seção, AR 4.365/DF, Rel. Min. Humberto Martins, *DJe* 14.6.2012). No mesmo sentido: STJ, 1ª Turma, AgRg no REsp 1.272.268/PR, Rel. Min. Sérgio Kukina, *DJe* 9.3.2015.

[194] STJ, 2ª Turma, AgInt no AgInt no AREsp 2.127.997/MG, rel. Min. Assusete Magalhães, *DJe* 26.5.2023. No mesmo sentido: STJ, 1ª Turma, AgInt no REsp 2.010.538/MG, rel. Min. Benedito Gonçalves, *DJe* 30.11.2022; STJ, 2ª Turma, AgInt no REsp 1.931.193/MG, rel. Min. Francisco Falcão, *DJe* 24.3.2022; STJ, 1ª Turma, AgInt no REsp 1.960.102/AL, rel. Min. Manoel Erhardt – Des. Conv. TRF5, *DJe* 9.6.2022.

a verba honorária em execução individual de sentença proferida em ação coletiva, ainda que proveniente de ação mandamental".[195]

O § 11 do art. 85 do CPC prevê a majoração dos honorários no âmbito recursal; cria-se aí a chamada *sucumbência recursal*. Se o sujeito der causa a uma demanda originária, deverá arcar com os honorários de sucumbência. Se, de igual modo, der causa a uma demanda recursal, deverá arcar com a majoração dos honorários.

O valor dos honorários recursais soma-se aos honorários anteriormente fixados.[196]

Não é em qualquer recurso que há honorários recursais, mas só naqueles em que for admissível condenação em honorários de sucumbência na primeira instância.[197] Isso porque a sucumbência recursal consiste, como já visto, em majoração de honorários já fixados.

Exatamente por isso, não se aplica o § 11 do art. 85 do CPC nos recursos interpostos no mandado de segurança. É que, no processo de mandado de segurança, não cabe condenação em honorários de sucumbência (Lei 12.016/2009, art. 25).[198] Se não há condenação em honorários, não pode haver sua majoração em sede recursal.[199] Daí a inaplicabilidade do dispositivo no mandado de segurança.[200]

14.12.3 Intimação da sentença

Concedida a segurança, cabe ao juiz ordenar, além da notificação da autoridade, a *intimação pessoal*, por oficial de justiça ou pelo correio, mediante correspondência com aviso de recebimento, do representante judicial da pessoa jurídica de direito público interessada, a fim de que possa ter início o prazo do *recurso* cabível e, igualmente, para ajuizar a *suspensão* de segurança (Lei 12.016/2009, art. 13). Em caso de urgência, poderá o juiz aplicar o disposto no art. 4º da Lei 12.016/2009, determinando que a comunicação à autoridade e à pessoa jurídica seja feita mediante telegrama, radiograma, fax ou por qualquer outro meio eletrônico.

---

[195] STJ, 1ª Turma, AgInt no REsp 1.921.658/SE, Rel. Min. Benedito Gonçalves, *DJe* 18.11.2021. No mesmo sentido: STJ, 1ª Turma, AgInt no REsp 1.917.527/SE, rel. Min. Gurgel de Faria, *DJe* 10.5.2022; STJ, 2ª Turma, AgInt no REsp 1.948.937/SE, rel. Min. Mauro Campbell Marques, *DJe* 2.3.2022.

[196] Assim, enunciado 241 do Fórum Permanente de Processualistas Civis: "Os honorários de sucumbência recursal serão somados aos honorários pela sucumbência em primeiro grau, observados os limites legais".

[197] CAMARGO, Luiz Henrique Volpe. Os honorários advocatícios pela sucumbência recursal no CPC/2015. *Doutrina selecionada* – parte geral. Salvador: JusPodivm, 2015. p. 748.

[198] "O art. 25 da Lei 12.016/2009 estabelece regra de descabimento de condenação em honorários advocatícios 'no processo mandamental', expressão que reúne a ideia de ação e do procedimento subjacente, com a petição inicial, as informações da autoridade coatora, a intervenção do Ministério Público, a prolação de provimento judicial e, ainda, os recursos consequentes, de maneira a afastar a incidência do regime do art. 85, § 11, do CPC/2015" (STJ, 2ª Turma, RMS 52.024/RJ, Rel. Min. Mauro Campbell Marques, *DJe* 14.10.2016).

[199] Descabe a fixação de honorários recursais, preconizados no art. 85, § 11, do CPC/2015 na hipótese de recurso extraordinário formalizado no curso de processo cujo rito os exclua (STF, 1ª Turma, ARE 948.578 AgR/RS, Rel. Min. Marco Aurélio, j. 21.6.2016; STF, 1ª Turma, ARE 951.589 AgR/PR, Rel. Min. Marco Aurélio, 21.6.2016; STF, 1ª Turma, ARE 952.384 AgR/MS, Rel. Min. Marco Aurélio, 21.6.2016, info. 829).

[200] DELLORE, Luiz. Comentários ao art. 85 do CPC. *Teoria geral do processo*: comentários ao CPC de 2015 – parte geral. São Paulo: Método, 2015. p. 299.

14.13 REMESSA NECESSÁRIA

A sentença que conceder a segurança está sujeita à remessa necessária, somente transitando em julgado depois de reexaminada pelo tribunal, tudo de conformidade com o que já se expôs no capítulo IX do presente livro.

Como já demonstrado naquele capítulo, haverá remessa necessária se a sentença for proferida contra a União, o Estado, o Distrito Federal, o Município, e suas respectivas autarquias e fundações. O § 1º do art. 14 da Lei 12.016/2009 estabelece que, concedida a segurança, haverá reexame necessário. Nos termos do inciso IV do enunciado 303 da Súmula do TST, em mandado de segurança, "somente cabe reexame necessário se, na relação processual, figurar pessoa jurídica de direito público como parte prejudicada pela concessão da ordem. Tal situação não ocorre na hipótese de figurar no feito como impetrante e terceiro interessado pessoa de direito privado, ressalvada a hipótese de matéria administrativa".

Tal entendimento, consolidado na jurisprudência do TST, está equivocado, por contrariar o disposto no § 1º do art. 14 da Lei 12.016/2009.

No mandado de segurança, a remessa necessária independe da condição da parte presente no processo, decorrendo do resultado da demanda, ou seja, da prolação de sentença de procedência. Aqui, *não* importa a condição da parte que ocupa o polo passivo da demanda; haverá remessa necessária se houver a concessão da segurança. Se se aceitou o *writ*, entendeu-se que havia uma autoridade pública, cujo ato poderia ser controlado pelo uso da ação constitucional.

Já se viu, no subitem 14.1.2 *supra*, que cabe mandado de segurança contra agente integrante de entidade particular que exerça atividade pública por delegação. Também ali se viu que cabe, em algumas situações, mandado de segurança contra ato de agente ou funcionário de empresa pública ou sociedade de economia mista. Em tais situações, tal agente ou funcionário enquadra-se no conceito de autoridade pública, cabendo a ação constitucional.

No mandado de segurança, haverá remessa necessária, não porque a sentença foi proferida contra a União, o Estado, o Município, o Distrito Federal ou qualquer outro ente público, mas porque se trata de sentença concessiva da segurança. Concedida a segurança, ainda que se trate de sentença contra empresa pública ou sociedade de economia mista, haverá a remessa necessária. Numa ação de procedimento comum, não há remessa necessária em relação à sentença proferida contra um ente privado ou uma empresa pública ou sociedade de economia mista, mas, no mandado de segurança, proferida sentença de procedência, *independentemente* da condição da parte demandada, haverá remessa necessária.[201]

Conforme se acentuou no capítulo IX do presente livro, há, nos §§ 3º e 4º do art. 496 do CPC, hipóteses em que se dispensa a remessa necessária, quando o valor da condenação ou do proveito econômico obtido na causa, sendo líquida a sentença, for inferior aos limites ali indicados, ou quando a sentença estiver fundada em súmula de tribunal superior, em precedente obrigatório ou em orientação vinculante no âmbito administrativo.

O que importa investigar é se tais hipóteses de dispensa da remessa necessária também se aplicam ao mandado de segurança.

Já restou firmada jurisprudência, no âmbito do STJ, ainda na época de vigência do CPC de 1973, segundo a qual aquelas hipóteses de dispensa de remessa necessária *não* se aplicariam ao processo de mandado de segurança. É que, no entender da Corte Superior de

---
[201] STJ, 5ª Turma, REsp 278.047/PR, Rel. Min. Felix Fischer, *DJ* 8.4.2002, p. 263; STJ, 5ª Turma, REsp 254.063/PR, Rel. Min. José Arnaldo da Fonseca, *DJ* 29.4.2002, p. 274.

Justiça, o mandado de segurança regulava-se pela Lei 1.533/1951, aplicando-se as regras do CPC apenas subsidiariamente, ou seja, quando houvesse omissão na lei de regência.[202] Como o art. 12 da Lei 1.533/1951 estabelecia o reexame necessário, sem restrições, exceções ou sem qualquer hipótese de dispensa, não se aplicaria o CPC no particular, prevalecendo a norma especial frente a geral.[203]

Então, segundo o entendimento firmado no STJ, as hipóteses de dispensa de remessa necessária não se aplicam ao mandado de segurança.[204]

Se, no procedimento comum, não há, naquelas hipóteses, a remessa necessária, por que haveria num mandado de segurança? Ora, sabe-se que a única diferença entre uma demanda de rito comum e o mandado de segurança está na restrição probatória deste último, que se revela cabível apenas quando os fatos estiverem provados por documentos, de forma pré-constituída. Para que se mantenha unidade no sistema, é preciso, então, que se entenda que aquelas hipóteses de dispensa da remessa necessária alcancem também a sentença proferida no mandado de segurança. Não atende ao princípio da razoabilidade deixar de estender as hipóteses de dispensa da remessa necessária ao mandado de segurança.[205]

Demais disso, a previsão constitucional do mandado de segurança, ao fixar como requisito de sua admissibilidade o direito líquido e certo, pressupõe e exige um procedimento célere e expedito para o controle dos atos públicos. Daí por que se afina com a envergadura constitucional do mandado de segurança entender que os §§ 3º e 4º do art. 496 do CPC a ele se aplicam, de sorte que, naqueles casos, não há remessa necessária.[206]

À evidência, as hipóteses de dispensa da remessa necessária alcançam também o mandado de segurança.[207] Quanto à hipótese do § 4º do art. 496 do CPC, não há dúvida de que se

---

[202] Na doutrina, *assim entende:* GOMES JUNIOR, Luiz Manoel. A remessa obrigatória prevista na legislação especial e os reflexos originários da Lei 10.352/2001. In: NERY JR., Nelson; WAMBIER, Teresa Arruda Alvim (coords.). *Aspectos polêmicos e atuais dos recursos cíveis e de outros meios de impugnação às decisões judiciais* – 8ª série. São Paulo: RT, 2005. p. 358-359. *No mesmo sentido:* GAIA, Marcio André Monteiro. O reexame necessário no mandado de segurança e as alterações do Código de Processo Civil (Lei nº 10.352/01): Comentários ao REsp 604.050-SP. *Revista Dialética de Direito Processual*, São Paulo: Dialética, v. 38, maio 2006, p. 88-93.

[203] STJ, 5ª Turma, EDcl no REsp 575.649/SP, Rel. Min. Felix Fischer, *DJ* 1º.7.2005, p. 597. *No mesmo sentido:* STJ, 5ª Turma, REsp 684.356/RS, Rel. Min. José Arnaldo da Fonseca, *DJ* 23.5.2005, p. 336; STJ, 2ª Turma, REsp 655.958/SP, Rel. Min. Castro Meira, *DJ* 14.2.2005, p. 185; STJ, 5ª Turma, AgRg no REsp 619.074/SP, Rel. Min. Gilson Dipp, *DJ* 8.11.2004, p. 281; STJ, 2ª Turma, REsp 1.274.066/PR, Rel. Min. Mauro Campbell Marques, *DJe* 9.12.2011; STJ, Corte Especial, EREsp 654.837/SP, Rel. Min. Hamilton Carvalhido, *DJe* 13.11.2008.

[204] STJ, 1ª Turma, REsp 739.684/PR, Rel. Min. Francisco Falcão, *DJ* 1º.2.2007, p. 404; STJ, 2ª Turma, REsp 1.240.710/PR, Rel. Min. Castro Meira, *DJe* 12.5.2011; STJ, 2ª Turma, AgRg nos EDcl no AREsp 302.656/SP, Rel. Min. Herman Benjamin, *DJe* 16.9.2013.

[205] OLIVEIRA, Douglas Gonçalves de. Duplo grau de jurisdição: o limite previsto no § 2º do artigo 475 do CPC e sua aplicação no mandado de segurança. *Revista Dialética de Direito Processual*, São Paulo: Dialética, v. 15, jun. 2004, p. 21-25 [o artigo refere-se ao CPC de 1973, mas as opiniões do seu autor aplicam-se igualmente ao regime da remessa necessária regulado no CPC de 2015].

[206] BUENO, Cassio Scarpinella. *Mandado de segurança:* comentários às Leis ns. 1.533/51, 4.348/64 e 5.021/66. 2. ed. São Paulo: Saraiva, 2004. p. 132.

[207] No mesmo sentido: PEREIRA, Hélio do Valle. *O novo mandado de segurança*. Florianópolis: Conceito Editorial, 2010. n. 14.9.2, p. 143-144; PEIXOTO, Ravi de Medeiros. O reexame necessário e a nova lei do mandado de segurança. In: KOEHLER, Frederico Augusto Leopoldino (org.). *Comentários à nova lei do mandado de segurança:* em homenagem ao Prof. Dr. Ivo Dantas. Porto Alegre: Núria Fabris, 2012. p. 174-180.

aplica ao mandado de segurança, de maneira que, estando a sentença fundada em súmula de Tribunal Superior ou em precedente obrigatório, não há a remessa necessária.[208]

O problema está na aplicação ao mandado de segurança do § 3º do art. 496 do CPC, que dispensa a remessa necessária quando a condenação ou o direito controvertido for de valor certo de até os limites ali fixados. É que, muitas vezes, não há como se aferir o valor da condenação ou do direito discutido no *writ*, faltando parâmetros econômicos para que se aplique aquela norma. A sentença do mandado de segurança, quando impõe a condenação da parte demandada, costuma, não raramente, ser ilíquida, sendo necessária uma posterior liquidação de sentença para, somente depois, haver a execução do julgado. Noutras situações, o valor é inestimável, não havendo como se aferir a repercussão econômica da causa. Ora, não é o valor da causa que dispensa a remessa necessária, mas sim o valor da condenação ou do direito controvertido. Então, não havendo como aferir tal valor, não tem como ser aplicada a disposição contida no referido § 3º do art. 496 do CPC,[209] devendo proceder-se à remessa necessária.

O § 1º do art. 14 da Lei 12.016/2009 reproduziu a regra contida no art. 12 da Lei 1.533/1951, não fazendo qualquer ressalva. Deveria o legislador ter reproduzido, no art. 14 da Lei 12.016/2009, as hipóteses de dispensa previstas no Código de Processo Civil. Não houve tal reprodução, afigurando-se provável que o STJ mantenha seu entendimento de que se deve proceder, sempre, à remessa necessária da sentença que concede a segurança.

Muito embora prevaleça no STJ o entendimento contrário, é mais adequado entender que as hipóteses de dispensa da remessa necessária também se aplicam ao mandado de segurança, com a ressalva da situação prevista no § 3º do art. 496 do CPC para os casos em que não há sentença líquida ou não se tem como aferir o valor do direito discutido.

14.14 RECURSOS

14.14.1 Generalidades

No processo de mandado de segurança, cabem agravo de instrumento, embargos de declaração, apelação, recurso especial e recurso extraordinário.

Contra a sentença que indefere a petição inicial cabe apelação, nos termos do art. 331 do CPC, tal como já demonstrado no item 14.10.2 *supra*.

Muito se discutia sobre o cabimento de agravo de instrumento em mandado de segurança. Não eram poucos os doutrinadores e tribunais que afastavam a admissibilidade de tal recurso no seu âmbito, sob vários fundamentos.[210] Tal entendimento era estendido para a decisão do relator que, em mandado de segurança originário, concedia ou negava a liminar.

---

[208] Assim, o enunciado 312 do Fórum Permanente de Processualistas Civis: "O inciso IV do § 4º do art. 496 do CPC aplica-se ao procedimento do mandado de segurança".

[209] GOMES JUNIOR, Luiz Manoel. A remessa obrigatória prevista na legislação especial e os reflexos originários da Lei 10.352/2001. In: NERY JR., Nelson; WAMBIER, Teresa Arruda Alvim (coords.). *Aspectos polêmicos e atuais dos recursos cíveis e de outros meios de impugnação às decisões judiciais* – 8ª série. São Paulo: RT, 2005. p. 358-359.

[210] A respeito das discussões travadas sobre o assunto: BUENO, Cassio Scarpinella. *Liminar em mandado de segurança*: um tema com variações. 2. ed. São Paulo: RT, 1999. p. 131-173.

O entendimento que veio a prevalecer concluía pelo cabimento do agravo de instrumento contra liminar em mandado de segurança.[211]

Seguindo o entendimento restritivo, o Supremo Tribunal Federal editou o enunciado 622 de sua Súmula: "Não cabe agravo regimental contra decisão do relator que concede ou indefere liminar em mandado de segurança".

A Lei 12.016/2009 pôs fim a essa discussão, passando a admitir expressamente o agravo de instrumento, com aplicação das regras contidas no CPC. Realmente, o § 1º de seu art. 7º dispõe que "Da decisão do juiz de primeiro grau que conceder ou denegar a liminar caberá agravo de instrumento, observado o disposto na Lei nº 5.869, de 11 de janeiro de 1973 – Código de Processo Civil".

Nos termos do art. 937 do CPC, a sustentação oral é admitida no agravo de instrumento interposto contra decisões interlocutórias que versem sobre tutela provisória de urgência ou de evidência. Por isso, é admissível sustentação oral no agravo de instrumento interposto contra a decisão que concedeu ou negou a liminar em mandado de segurança.

No caso de mandado de segurança impetrado originariamente em tribunal, também se revela cabível o agravo interno da decisão do relator que conceder ou negar a tutela provisória. Assim dispõe o parágrafo único do art. 16 da Lei 12.016/2009: "Da decisão do relator que conceder ou denegar a medida liminar caberá agravo ao órgão competente do tribunal que integre". Tal regra passou a ser seguida pelos tribunais, que, de acordo com o art. 27 da referida Lei 12.016/2009, tiveram de adaptar os respectivos regimentos internos aos seus dispositivos.

O art. 16 da Lei 12.016/2009, alterado pela Lei 13.676/2018, prevê que, nos casos de mandado de segurança impetrado originariamente em tribunal, é assegurada defesa oral na sessão do julgamento do mérito ou do pedido liminar. A sustentação oral é, então, possível quando do julgamento final pelo colegiado, mas também quando o relator resolve encaminhar a apreciação do pedido de liminar ao colegiado. Nesse caso, o advogado pode sustentar oralmente o pedido. De igual modo, no agravo interno contra a decisão do relator que concede ou nega o pedido de liminar, é possível a sustentação oral. Se é possível no julgamento da liminar, não há dúvida de que cabe também no do agravo interno que versa sobre a liminar. Há, na realidade, uma coerência sistêmica: é possível sustentação oral em qualquer agravo (de instrumento ou interno) que verse sobre tutela provisória. A coerência é reforçada pela simetria existente entre as regras decorrentes do art. 937 do CPC e do art. 16 da Lei 12.016/2009.

Logo depois de iniciada a vigência da Lei 12.016/2009, o STF já deixou de aplicar o enunciado 622 de sua súmula de jurisprudência. Com efeito, no MS 28.177, Rel. Min. Marco Aurélio, a Corte Suprema apreciou o agravo interno interposto pela parte interessada, deixando de aplicar aquele enunciado sumular, fazendo incidir o disposto no parágrafo único do art. 16 da Lei 12.016/2009. Enfim, não restam mais dúvidas. Cabível agravo de instrumento contra decisão de juiz de primeira instância que concede ou nega liminar em mandado de segurança. De igual modo, é cabível o agravo interno da decisão do relator que, no mandado de segurança originário de tribunal, conceder ou negar a liminar.

---

[211] Vale *conferir* o seguinte texto, que contém o resumo de toda discussão: CAMBI, Accácio; CAMBI, Eduardo. Cabimento do agravo de instrumento contra as decisões interlocutórias em mandado de segurança. In: NERY JR., Nelson; WAMBIER, Teresa Arruda Alvim (coords.). *Aspectos polêmicos e atuais dos recursos cíveis e de outras formas de impugnação às decisões judiciais*. São Paulo: RT, 2001. v. 4.

Tudo isso é confirmado pelo CPC de 2015. Cabe agravo de instrumento contra decisão interlocutória que verse sobre tutela provisória (CPC, art. 1.015, I).[212] Das decisões proferidas por relator cabe agravo interno (CPC, art. 1.021). E, como cabe ao relator apreciar pedido de tutela provisória (CPC, art. 932, II), dessa sua decisão cabe agravo interno (CPC, 1.021), a ser interposto no prazo de 15 (quinze) dias (CPC, art. 1.070).

Extinto o processo sem resolução do mérito, cabe apelação (CPC, art. 1.009), caso em que o juiz pode retratar-se (CPC, art. 485, § 7º).[213]

Concedida a segurança, a apelação deve ser recebida apenas no efeito devolutivo. Denegada a segurança, a apelação deve, segundo entendimento do STJ, ser recebida apenas no efeito devolutivo, porquanto "é remansosa a jurisprudência do Superior Tribunal de Justiça no sentido de que o recurso de apelação em mandado de segurança, contra sentença denegatória, possui apenas efeito devolutivo, não tendo eficácia suspensiva, tendo em vista a autoexecutoriedade da decisão proferida no *writ*".[214]

Não obstante o entendimento em sentido contrário firmado pelo STJ, o certo é que, denegada a segurança, a apelação deve ser recebida nos efeitos devolutivo e suspensivo. É que, nesse caso, não há previsão legal quanto aos efeitos em que recebida apelação, adotando-se, então, a regra geral do art. 1.012 do CPC: apelação dispõe do duplo efeito. Realmente, o § 3º do art. 14 da Lei 12.016/2009 estabelece que, *concedida* a segurança, a sentença poderá ser executada provisoriamente, significando dizer que a apelação terá apenas efeito devolutivo, nada dispondo quanto à hipótese de *denegação* da segurança. Neste último caso, deve-se aplicar, não custa repetir, a regra do art. 1.012 do CPC, de forma que a apelação dispõe do duplo efeito, em caso de denegação da segurança, haja vista a falta de previsão legal em sentido contrário.[215]

Se, porém, o juiz tiver concedido liminar ou tutela provisória, mas vier a denegar a segurança e revogando a liminar ou tutela provisória concedida, a apelação terá apenas efeito devolutivo, aplicando-se, no caso, o disposto no inciso V do § 1º do art. 1.012 do CPC.

Como a apelação tem efeito suspensivo automático, a denegação da segurança é ineficaz, ou seja, os efeitos da denegação não se produzem. Em princípio, não há exemplo usual que torne útil essa afirmação. A denegação da segurança não implica qualquer ônus para o impetrante, não havendo, nem mesmo, condenação nos ônus da sucumbência. De todo modo, a regra geral do efeito suspensivo automático aplica-se aqui, como já demonstrado. Poder-se-ia dizer que, em razão disso, se houvesse uma liminar anteriormente concedida e a segurança fosse denegada, o efeito suspensivo impediria a revogação da liminar, mas o inciso V do § 1º

---

[212] "O regime da recorribilidade das interlocutórias do CPC aplica-se ao procedimento do mandado de segurança" (Enunciado 351 do Fórum Permanente de Processualistas Civis).

[213] "Importante novidade trazida pelo CPC de 2015 é a *generalização* da possibilidade de o magistrado exercer juízo de retratação nesses casos após a apresentação do recurso de apelação. É irrecusável que essa nova regra merece ter incidência *também* para o mandado de segurança e, consoante o caso, viabilizando o prosseguimento do processo em direção ao proferimento de decisão de mérito. Trata-se, bem entendida a regra, de uma das diversas aplicações do que a doutrina vem chamando de 'princípio da primazia do julgamento de mérito'" (BUENO, Cassio Scarpinella. Os impactos do novo Código de Processo Civil no mandado de segurança. *Revista de Processo*. São Paulo: RT, n. 297, nov. 2019, p. 244).

[214] STJ, 1ª Turma, EDcl no Ag 622.012/RJ, Rel. Min. José Delgado, *DJ* 21.3.2005, p. 248. No mesmo sentido: STJ, 2ª Turma, AgRg no AREsp 368.657/SP, Rel. Min. Herman Benjamin, *DJe* 18.6.2014.

[215] BUENO, Cassio Scarpinella. *Mandado de segurança*: comentários às Leis ns. 1.533/51, 4.348/64 e 5.021/66. 2. ed. São Paulo: Saraiva, 2004. p. 123.

do art. 1.012 do CPC, como visto, já excepciona o efeito suspensivo em caso de revogação de liminar. Então, a liminar fica mesmo revogada.

Impetrado o mandado de segurança, originariamente, em Tribunal Superior e vindo a ser denegada a ordem, cabe recurso ordinário para o Supremo Tribunal Federal. Se o *writ* for impetrado, originariamente, em Tribunal de Justiça ou em Tribunal Regional Federal, denegada a ordem, caberá recurso ordinário para o Superior Tribunal de Justiça. O recurso ordinário é cabível contra acórdão, não sendo possível sua interposição contra decisão monocrática de relator. Realmente: "Descabe a interposição de recurso ordinário fundado no art. 105, inciso II, alínea 'b', da Constituição da República, contra decisão monocrática denegatória da ordem, por falta de esgotamento de instância".[216]

O recurso ordinário, interposto na forma dos §§ 2º e 3º art. 1.028 do CPC para o STF ou STJ, quando denegatória a decisão proferida em mandado de segurança, contém os mesmos requisitos da apelação, aplicando-se-lhe a disciplina própria desta última. Assim, não se exige, para a interposição do recurso ordinário, prequestionamento nem qualquer outro requisito próprio dos recursos extraordinário e especial. Não importa, ademais, se a matéria é constitucional ou infraconstitucional. Denegada a segurança, em *writ* originário de Tribunal de Justiça ou de Tribunal Regional Federal, o recurso ordinário dirige-se ao STJ, independentemente de a matéria ser constitucional ou infraconstitucional, de direito local ou federal. No caso de ser denegada a segurança originariamente em Tribunal Superior, o recurso ordinário segue para o STF, ainda que a matéria não seja constitucional.

Ao recurso ordinário em mandado de segurança aplica-se o disposto no § 3º do art. 1.013 do CPC (CPC, art. 1.027, § 2º). Logo, quando o STF ou STJ, ao julgar o recurso ordinário, afastar a extinção do mandado de segurança sem resolução do mérito, pode prosseguir no julgamento para examinar o mérito, haja vista não haver matéria de prova a ser destrinchada no juízo de origem.

14.14.2 Ampliação do colegiado em caso de divergência

Nos termos do art. 25 da Lei 12.016/2009, não são admissíveis embargos infringentes no processo de mandado de segurança.[217]

O art. 942 do CPC assim dispõe: "Quando o resultado da apelação for não unânime, o julgamento terá prosseguimento em sessão a ser designada com a presença de outros julgadores, que serão convocados nos termos previamente definidos no regimento interno, em número suficiente para garantir a possibilidade de inversão do resultado inicial, assegurado às partes e a eventuais terceiros o direito de sustentar oralmente suas razões perante os novos julgadores".

A regra foi estabelecida como sucedâneo ao recurso dos embargos infringentes.

Os embargos infringentes, previstos no art. 530 do CPC/1973, consistiam num recurso cabível contra acórdão não unânime, proferido em apelação ou em ação rescisória. No CPC/2015, não há mais os embargos infringentes. Em seu lugar, o art. 942 do CPC prevê a ampliação do colegiado em caso de divergência. Tal expediente não ostenta natureza recursal.[218] Não se trata de recurso, pois a regra incide antes de haver encerramento do julgamento.

---

[216] STJ, 2ª Turma, RMS 67.243/BA, Rel. Min. Mauro Campbell Marques, *DJe* 11.11.2021.
[217] Súmula 169 do STJ: "São inadmissíveis embargos infringentes no processo de mandado de segurança"; Súmula 597 do STF: "Não cabem embargos infringentes de acórdão que, em mandado de segurança, decidiu por maioria de votos, a apelação".
[218] Também entendendo que não se trata de recurso: LAMY, Eduardo de Avelar. A transformação dos embargos infringentes em técnica de julgamento: ampliação das hipóteses. In: FREIRE, Alexandre;

Para Eduardo José da Fonseca Costa, a ampliação do colegiado em caso de divergência tem natureza recursal, consistindo, na verdade, num recurso de ofício.[219] Como já se viu no capítulo de *remessa necessária*, a voluntariedade não é característica inerente aos recursos. É possível haver recurso de ofício. Para que haja recurso, é preciso, porém, que exista antes uma decisão, contra a qual se tenha ato de provocação para sua revisão. No caso previsto no art. 942 do CPC, não há decisão que gere recurso.

A regra aplica-se ao julgamento da apelação. Colhidos os votos e não havendo *resultado* unânime, não se encerra o julgamento. Este haverá de prosseguir em sessão a ser designada com a presença de outros julgadores, em número suficiente para garantir a possibilidade de inversão do resultado inicial. Com a colheita dos votos, e verificando-se não haver unanimidade, o julgamento não se encerra: há de prosseguir com novos membros. Tanto que não há lavratura de acórdão. Haverá, nos termos do próprio art. 942 do CPC, apenas prosseguimento da sessão, com a presença de novos julgadores, para que haja o encerramento do julgamento.

O art. 25 da Lei 12.016/2009 perdeu sua eficácia normativa, pois não há mais embargos infringentes no sistema processual civil brasileiro. O instituto previsto no art. 942 do CPC não tem natureza recursal, sendo uma etapa necessária do julgamento da apelação, quando verificada maioria de votos entre os membros do colegiado. A regra aplica-se ao julgamento da apelação em mandado de segurança, não havendo qualquer dispositivo que a afaste ou impeça sua incidência.[220]

A decisão na apelação deve ser tomada, no órgão colegiado, pelo voto de três membros (CPC, art. 941, § 2º). Um julgamento não unânime, nesse caso, é uma decisão com dois votos vencedores e um voto vencido. Logo, hão de ser convocados mais dois julgadores para que se possa, eventualmente, ser invertida a conclusão, agregando-se os dois novos votos ao vencido, tendo-se um resultado 2 x 3. Mas também é possível que os novos votos se somem aos votos até então vencedores, tendo-se um resultado de 4 x 1, ou ainda é possível que um dos novos votos se some aos votos até então vencedores e o outro, ao vencido, mantendo-se o resultado até então obtido, só que com uma votação de 3 x 2.

Os outros dois julgadores devem ser convocados de acordo com definição prévia constante de regra do regimento interno. Em outras palavras, o regimento interno deve estabelecer critérios prévios e objetivos para a convocação dos julgadores que irão complementar o julgamento iniciado, mas ainda não concluído totalmente. Essa definição prévia é fundamental e atende às exigências do princípio do juiz natural.

DANTAS, Bruno; NUNES, Dierle; DIDIER JR., Fredie; MEDINA, José Miguel Garcia; FUX, Luiz; CAMARGO, Luiz Henrique Volpe; OLIVEIRA, Pedro Miranda de (org.). *Novas tendências do processo civil*. Salvador: JusPodivm, 2014. v. 2, p. 373-379.

[219] COSTA, Eduardo José da Fonseca. Pequena história dos embargos infringentes no Brasil: uma viagem redonda. In: FREIRE, Alexandre; DANTAS, Bruno; NUNES, Dierle; DIDIER JR., Fredie; MEDINA, José Miguel Garcia; FUX, Luiz; CAMARGO, Luiz Henrique Volpe; OLIVEIRA, Pedro Miranda de (org.). *Novas tendências do processo civil*. Salvador: JusPodivm, 2014. v. 2, p. 399.

[220] Nesse sentido, o enunciado 24 do Fórum Nacional do Poder Público: "Aplica-se ao mandado de segurança a técnica de julgamentos não unânimes dos recursos prevista no art. 942 do CPC". No mesmo sentido, o enunciado 62 da I Jornada de Direito Processual Civil, do Conselho da Justiça Federal: "Aplica-se a técnica prevista no art. 942 do CPC no julgamento de recurso de apelação interposto em mandado de segurança". Também nesse sentido: STJ, 1ª Turma, REsp 1.817.633/RS, Rel. Min. Gurgel de Faria, *DJe* 11.10.2019; STJ, 2ª Turma, REsp 1.868.072/RS, Rel. Min. Francisco Falcão, *DJe* 10.5.2021.

Percebe-se, então, que a existência da divergência é fato que leva à mudança de composição do órgão julgador. Assim, caso não seja observada a técnica do art. 942 do CPC, o acordão será nulo, por vício de competência funcional.

Não havendo julgamento unânime, já se viu que haverá a convocação de novos julgadores para que, com eles, tenha prosseguimento o julgamento. O julgamento ainda não se encerrou; deverá prosseguir com os julgadores convocados na forma prevista no regimento interno do tribunal. Será designada nova sessão para prosseguimento do julgamento, na qual as partes – e eventuais terceiros – poderão sustentar oralmente suas razões perante os novos julgadores. A regra concretiza o princípio da cooperação (CPC, art. 6º) e reforça o contraditório, assegurando às partes o direito de influência para que possam ter a chance de participar do convencimento dos julgadores que ainda não conhecem o caso.

Se for possível prosseguir o julgamento na mesma sessão, não será necessária a designação de nova sessão de julgamento, já se colhendo, ali mesmo, os votos dos outros julgadores (CPC, art. 942, § 1º). Nesse caso, dispensa-se nova sustentação oral, pois os outros julgadores já terão assistido à que fora apresentada. É o que ocorre em tribunais que mantêm câmaras julgadoras de cinco membros: a apelação é julgada por três deles, formando-se a turma específica. Os outros dois, integrantes de outra formação, ficam no aguardo. Se, nesse caso, o julgamento não for unânime, já se aproveita a presença dos outros dois e se colhem seus votos, encerrando-se o julgamento.

Quando se constata que o resultado até o terceiro voto não foi unânime, o julgamento terá, como visto, prosseguimento em outra sessão, desta vez com a presença de mais outros julgadores. O julgamento, como também já se viu, não se terá encerrado. Logo, não se anuncia o resultado final. Apenas se anuncia o resultado parcial com a suspensão do julgamento e designação de nova sessão para prosseguimento. Como o julgamento não se encerrou, o julgador que já tiver proferido seu voto pode revê-lo por ocasião da sessão de prosseguimento (CPC, art. 942, § 2º). Enfim, enquanto não encerrado o julgamento, poderá haver modificação de voto proferido. Se o julgador que já proferiu o voto afastar-se ou for substituído, não poderá ter seu voto alterado (CPC, art. 941, § 1º).

Como se vê, o art. 942 do CPC prevê uma técnica de ampliação do colegiado para julgamento, estabelecendo a suspensão da sessão de julgamento quando o resultado não for unânime e determinando que se prossiga, com outros membros, em nova designação. Não se trata de recurso. O recurso é cabível contra uma decisão proferida. Na hipótese do art. 942 do CPC, não há encerramento do julgamento. Colhidos os votos e não sendo unânime o resultado, incide a regra: convocam-se novos julgadores e designa-se nova sessão para *prosseguimento* do julgamento, e não para revisão ou reconsideração do que foi julgado. Não houve encerramento do julgamento, mas suspensão para prosseguimento com a composição do órgão julgador ampliada.

O disposto no art. 942 do CPC aplica-se ao julgamento não unânime proferido em apelação no mandado de segurança.

Não se aplica o disposto no art. 942 do CPC, por disposição expressa de seu § 4º, ao julgamento do incidente de assunção de competência e ao de resolução de demandas repetitivas, nem ao da remessa necessária, nem ao julgamento não unânime proferido, nos tribunais, pelo plenário ou pela corte especial.

Também não se aplica o disposto no art. 942 do CPC ao julgamento do recurso ordinário em mandado de segurança. Isso porque o art. 942 do CPC compõe o procedimento da apelação, estabelecendo que deve haver a convocação de outros julgadores para complementar o julgamento, quando o resultado da apelação tiver sido concluído por maioria de votos. É preciso, porém, observar que, nos termos do § 2º do art. 941 do CPC, a decisão, no julgamento da apelação, será tomada, no órgão colegiado, pelo voto de 3 (três) julgadores. Não sendo unânime o resultado, convocam-se mais 2 (dois) para, numa sessão seguinte, ter prosseguimento o julgamento, a fim de se garantir a possibilidade de inversão do resultado. O recurso ordinário, por sua vez, é julgado, no STJ, por uma turma de 5 (cinco) ministros. O julgamento por 5 (cinco) membros já antecipa a própria técnica prevista no art. 942 do CPC, que amplia, na apelação, o julgamento de 3 (três) para 5 (cinco) membros, quando não houver unanimidade.

O art. 942 do CPC incide apenas para a apelação, cujo julgamento é feito por um colegiado de apenas 3 (três) membros. Havendo maioria, convocam-se mais outros para que se prossiga no julgamento. No caso do recurso ordinário julgado pelo STF ou pelo STJ, o colegiado que o decide já é composto por 5 (cinco) membros, não se encaixando na hipótese prevista no referido art. 942 do CPC.

A regra do art. 942 do CPC somente se aplica quando o *resultado* não for unânime. Se o resultado for unânime, não se aplica a regra, mesmo que haja divergência na fundamentação. A aplicação da regra depende de divergência no *resultado*, e não na fundamentação.

14.14.3 Legitimidade para recorrer no processo de mandado de segurança e o recurso da autoridade coatora

Em regra, o recurso, no mandado de segurança, é interposto pela pessoa jurídica, e não pela autoridade coatora. É possível, contudo, que a autoridade interponha recurso, quando pretenda prevenir sua responsabilidade decorrente do ato coator. O recurso interposto pela autoridade não se destina à defesa da legitimidade do ato por ela praticado. Essa é a finalidade do recurso interposto pela pessoa jurídica de cujos quadros faz parte a autoridade.[221]

A propósito, o § 2º do art. 14 da Lei 12.016/2009 estende à autoridade coatora o direito de recorrer. Tal dispositivo não confere capacidade postulatória à autoridade coatora, outorgando-lhe apenas legitimidade recursal. Assim, se a autoridade pretende recorrer, deverá estar representada por advogado por ela devidamente constituído, cabendo ao advogado subscrever o recurso.[222]

O referido § 2º do art. 14 da Lei 12.016/2009 confere à autoridade, enfim, *legitimidade* para recorrer, devendo ser verificada, em cada caso, a presença do interesse recursal.

Para que um recurso seja conhecido, é preciso que, além de outros requisitos, haja interesse de recorrer. A noção de interesse, no processo, está relacionada com a presença do binômio *necessidade + utilidade*. O interesse de recorrer decorre, desse modo, da conjugação desses dois fatores: de um lado, o recurso tem de ter aptidão para modificar a decisão recorrida, gerando uma situação *mais favorável* ao recorrente, sendo, de outro lado, *necessário* para alcançar tal vantagem.[223]

---

[221] O Superior Tribunal de Justiça, por sua Corte Especial, já firmou tal entendimento: STJ, Corte Especial, EREsp 180.613/SE, Rel. Min. Eliana Calmon, *DJ* 17.12.2004, p. 388; *Revista Forense* 380:298. *No mesmo sentido:* STJ, 6ª Turma, REsp 264.632/SP, Rel. Min. Maria Thereza de Assis Moura, *DJ* 19.11.2007, p. 298.

[222] "O art. 14, § 2º, da Lei n. 12.016/2009 conferiu legitimidade recursal, não capacidade postulatória, à autoridade coatora, não havendo, pois, ofensa ao art. 133 da CRFB" (STF, Pleno, ADI 4.403, Rel. Edson Fachin, *DJe* 9.9.2019).

[223] BARBOSA MOREIRA, José Carlos. *Comentários ao Código de Processo Civil*. 15. ed. Rio de Janeiro: Forense, 2009. v. 5, n. 166, p. 298.

Costuma-se dizer que, para caracterização do interesse recursal, é preciso haver *sucumbência, derrota, gravame, prejuízo*. Em outras palavras, costuma-se relacionar o interesse recursal à existência de sucumbência ou gravame. Parece mais adequado relacioná-lo à *utilidade* ou ao *proveito* que à parte seja lícito esperar do novo julgamento por ela provocado.[224]

É deficiente o critério baseado na noção de *prejuízo*, limitando-se a uma visão *retrospectiva*, de sorte que apenas se compara a situação da parte em face da decisão impugnada com aquela em que se achava *antes*. Nas palavras de José Carlos Barbosa Moreira, "Despreza-se, assim, a circunstância de que algumas vêzes surge a possibilidade, para a parte, de obter, ao fim do processo, situação não sòmente *igual* à que tinha, mas *superior* a ela".[225] Ademais, a noção da sucumbência ou prejuízo não explica, por exemplo, a possibilidade de haver recurso de terceiro, nem a do autor, vitorioso no pedido subsidiário (CPC, art. 326), poder recorrer para obter o pedido principal.

A noção de interesse de recorrer deve ser, não *retrospectiva*, mas *prospectiva*. Assim, "para que se reconheça à parte interêsse em recorrer, é bastante, deste ponto-de-vista, que a eventual interposição do recurso lhe abra o ensejo de alçar-se a situação *mais favorável* do que a que lhe adveio da decisão impugnanda, quer êsse nível ideal coincida, quer não, com aquêle em que anteriormente se encontrava".[226]

A autoridade, para que possa recorrer, deve apresentar interesse. Quer dizer que a autoridade somente deve recorrer, se a decisão lhe impuser alguma responsabilidade ou repercutir na sua condição funcional, reconhecendo, por exemplo, que o ato impugnado enquadra-se como um ato de improbidade administrativa ou como um ato criminoso. Se, diversamente, a concessão da segurança não implica qualquer responsabilidade para a autoridade, nem repercute em sua condição funcional, faltar-lhe-á interesse de recorrer. Analisado o interesse sob o prisma *prospectivo*, se o recurso não traz qualquer vantagem pessoal ou funcional para a autoridade, repercutindo apenas para o âmbito da pessoa jurídica de que ela faz parte, não há interesse de recorrer, não devendo ser admitido o recurso da autoridade coatora.[227]

Do contrário, ou seja, caso haja interesse, será admissível o recurso da autoridade. A mencionada disposição legal prevê, apenas, legitimidade da autoridade para recorrer. É preciso que haja, também, interesse, o que deve ser avaliado em cada caso. Havendo interesse, admissível será o recurso da autoridade.

Nesse caso de recurso interposto pela autoridade coatora, esta não dispõe de prazo em dobro, devendo recorrer no prazo simples, tal como já demonstrado no item 3.7 *supra*.

14.15 COISA JULGADA

14.15.1 Generalidades

Extinto o processo de mandado de segurança sem resolução do mérito, a sentença não fará coisa julgada, a exemplo do que sucede em qualquer outra demanda.

---

[224] BARBOSA MOREIRA, José Carlos. *O juízo de admissibilidade no sistema dos recursos cíveis*. Rio de Janeiro: s/e, 1968. n. 58, p. 74.
[225] BARBOSA MOREIRA, José Carlos. *O juízo de admissibilidade no sistema dos recursos cíveis*. Rio de Janeiro: s/e, 1968. p. 75.
[226] BARBOSA MOREIRA, José Carlos. *O juízo de admissibilidade no sistema dos recursos cíveis*. Rio de Janeiro: s/e, 1968. p. 75.
[227] Ao julgar o MS 33.729 AgR-MC, Rel. Min. Roberto Barroso, o Pleno STF entendeu que a autoridade impetrada não tem interesse de recorrer da decisão que indeferiu a liminar em mandado de segurança (*DJe* 4.2.2016, Info 797).

Concedida a segurança, haverá coisa julgada. No mandado de segurança, a cognição é exauriente, embora seja realizada *secundum eventum probationis,* ou seja, a depender do tipo de prova apresentado.

Denegada a segurança por falta de direito líquido e certo, ou seja, por ser necessária a dilação probatória, já se viu (subitem 14.1.1 *supra*) que, nesse caso, extingue-se o processo sem resolução do mérito. Não obstante o uso do termo *denegação* da segurança, nesse caso não se está a julgar o mérito, nem se está a afirmar que o impetrante não tem razão; apenas se constatou a necessidade de dilação probatória, sendo inadequada a via do mandado de segurança. Não há, então, coisa julgada. Esse é o sentido do § 6º do art. 6º da Lei 12.016/2009, bem como do enunciado 304 da Súmula do STF.

O que se deve ter como líquido e certo é o *fato*, ou melhor, a *afirmação de fato* feita pela parte autora. Quando se diz que o mandado de segurança exige a comprovação de *direito líquido e certo,* está-se a reclamar que os fatos alegados pelo impetrante estejam, desde já, comprovados, devendo a petição inicial vir acompanhada dos documentos indispensáveis a essa comprovação. Daí a exigência de a prova, no mandado de segurança, ser *pré-constituída.*

Assim, sendo necessária a produção de *outra* prova que não seja a documental, isto é, caso se faça indispensável, por exemplo, *a prova testemunhal ou a pericial,* não haverá liquidez e certeza do direito, devendo ser denegada a segurança. Nesses casos, a sentença proferida no mandado de segurança *não* fará coisa julgada, podendo o impetrante renovar sua pretensão pelo procedimento comum, que permite a dilação probatória, comportando quaisquer tipos de prova, de que são exemplos a testemunhal e a pericial.

Restringindo-se o caso ao *exame de provas documentais,* obviamente que o mandado de segurança será admitido, sendo certo que a sentença nele proferida irá produzir *coisa julgada,* impedindo a renovação da demanda pelo procedimento comum. O problema é que, na praxe forense, muitas vezes o juiz, quando entende que o impetrante não tem direito ou que o ato impugnado não é ilegal nem abusivo, denega a segurança, afirmando ausência de direito líquido e certo. O termo, nessa hipótese, não está sendo utilizado no sentido técnico, podendo causar equívocos.

Cumpre, então, verificar se de fato o juiz está negando o pedido do impetrante, embora afirme ausência de direito líquido e certo. Se realmente a conclusão a que chegou o juiz foi pela falta de direito ao que se pede ou pela legalidade do ato impugnado, então a denegação da segurança consiste em sentença de mérito, com produção de coisa julgada.[228]

Daí a razão do § 6º do art. 6º da Lei 12.016/2009, bem como da Súmula 304 do STF, que estão a referir-se ao caso em que *denegada a segurança por ser necessária a produção de outra prova além da documental.* Em tal hipótese, a denegação da segurança não faz coisa julgada. Caso, todavia, haja denegação de segurança pelo mérito, a sentença fará coisa julgada.

Somente não fará coisa julgada a sentença que denegar a segurança por ser necessária *outra* prova que não seja a documental.

---

[228] "Quando o direito afirmado no mandado de segurança exige outra prova além da documental, fica ao juiz impossível o exame do mérito. No caso oposto, ou seja, quando apresentadas as provas suficientes, o juiz julgará o mérito e a sentença, obviamente, produzirá coisa julgada material. Como está claro, o mandado de segurança é um processo que tem o exame do mérito condicionado à existência de prova capaz de fazer surgir cognição exauriente" (MARINONI, Luiz Guilherme. *Efetividade do processo e tutela de urgência*. Porto Alegre: Sergio Antonio Fabris Editor, 1994. p. 21).

Se, entretanto, o impetrante não produz a prova documental que era necessária, vindo a segurança a ser denegada, haverá coisa julgada. Ora, em qualquer demanda, não provado o fato alegado, a hipótese será de improcedência, com produção de coisa julgada. No mandado de segurança não é diferente.

Imagine-se, por exemplo, que o impetrante, em vez de impetrar mandado de segurança, ajuíze demanda submetida ao procedimento comum, em cujos autos não logre comprovar, documentalmente, os fatos alegados. Julgado improcedente o pedido, não poderá renovar a demanda, dada a formação de coisa julgada. A situação é a mesma, quando se tratar de mandado de segurança, cujo mérito reste efetivamente apreciado.

Com efeito, proferida a sentença de improcedência e operada a coisa julgada, "considerar-se-ão deduzidas e repelidas todas as alegações e as defesas que a parte poderia opor tanto ao acolhimento quanto à rejeição do pedido" (CPC, art. 508).

Assim, se o impetrante, quando ajuizar o *writ,* não juntar todos os documentos necessários a comprovar as alegações formuladas, vindo a ser denegada a segurança por não ser provado o fato alegado (e não por ser necessário *outro tipo* de prova), haverá coisa julgada. A coisa julgada ali produzida atinge qualquer documento relacionado com o processo, de forma a impedir a repetição da demanda, baseada em documentos *já* existentes àquela época. Estes, bem se vê, também são atingidos pelo efeito preclusivo da coisa julgada (CPC, art. 508).

14.15.2 Interesse recursal para combater o fundamento da decisão (coisa julgada *secundum eventum probationis*)

Como se viu no item 14.15.1 *supra,* se a sentença entender que o caso exige outros tipos de prova e denegar a segurança por falta de direito líquido e certo, não há produção de coisa julgada. Diversamente, se for denegada a segurança, por não haver ilegalidade ou abusividade ou porque o impetrante não dispõe do direito alegado, aí haverá coisa julgada.

A coisa julgada, no mandado de segurança, é, enfim, *secundum eventum probationis*.

Nesse caso, a parte demandada (a pessoa jurídica a cujos quadros pertence a autoridade impetrada) tem interesse recursal de impugnar o fundamento da sentença, mesmo concordando com a conclusão da improcedência: ela pode desejar que a improcedência seja por inexistência do direito, e não por falta de prova, porque isso lhe traz o benefício da coisa julgada.

Há, enfim, interesse recursal de mudar o fundamento da improcedência.

14.15.3 Coisa julgada sobre questão prejudicial decidida incidentemente

A coisa julgada recai sobre a questão principal expressamente decidida (CPC, art. 503).

No CPC de 1973, a coisa julgada não recaía sobre a questão prejudicial decidida incidentemente no processo (CPC/1973, art. 469, III). O CPC de 2015, por sua vez, no § 1º de seu art. 503, estende a coisa julgada à solução da questão prejudicial incidental. Há, portanto, a possibilidade de a coisa julgada abranger questão resolvida na *fundamentação* da decisão.

Como se sabe, considera-se prejudicial a questão de cuja solução depende o teor do pronunciamento de outra questão. A segunda questão depende da primeira no seu *modo de ser*.[229] A prejudicial pode ser interna ou externa. É interna quando verificável no mesmo

---

[229] BARBOSA MOREIRA, José Carlos. Questões prejudiciais e questões preliminares. *Direito processual civil* – ensaios e pareceres. Rio de Janeiro: Borsoi, 1971. p. 83.

processo, sendo externa quando o objeto de um processo condiciona o de outro. A distinção é relevante para fins de suspensão do processo: só a prejudicial externa é que acarreta a suspensão do processo que dela depende (CPC, art. 313, V, *a*).

A questão prejudicial pode ser principal ou incidental. A questão prejudicial é principal quando compõe o próprio pedido da parte. Assim, por exemplo, se a parte pede reconhecimento da paternidade e alimentos, o reconhecimento da paternidade é questão prejudicial principal, sendo alcançada pela coisa julgada do *caput* do art. 503 do CPC. Se, porém, a paternidade, para manter o mesmo exemplo, funciona como fundamento para o pedido de alimentos, tem-se aí uma questão prejudicial incidental.

A coisa julgada pode estender-se, como já assinalado, à solução da questão prejudicial incidental que tenha sido *expressamente* decidida na fundamentação da sentença. Para isso, é preciso que se preencham os requisitos previstos nos §§ 1º e 2º do art. 503 do CPC; são cumulativos os requisitos.[230]

Não é necessário haver pedido da parte para que se produza a coisa julgada sobre a questão prejudicial decidida incidentemente no processo.[231]

Não se produz a coisa julgada sobre a questão prejudicial decidida incidentemente se, no processo, houver limitação cognitiva ou restrição probatória que impeçam o aprofundamento da análise da questão prejudicial (CPC, art. 503, § 2º).

Já se viu que, no mandado de segurança, somente se admite prova documental pré-constituída, não sendo permitida a produção de qualquer outra prova. Há, enfim, uma restrição probatória no mandado de segurança.

Isso, porém, não quer dizer que não se produza, no mandado de segurança, a coisa julgada sobre a questão prejudicial decidida incidentemente no processo. Se, no caso concreto, a prova documental for suficiente e permitir o aprofundamento da análise da questão prejudicial, não terá havido restrição probatória, produzindo-se a coisa julgada sobre aquela questão prejudicial expressamente decidida de forma incidental. Caso, entretanto, a questão não tenha sido enfrentada por ser necessária a produção de outra prova, aí não haverá coisa julgada sobre a questão prejudicial.

Quando o mandado de segurança é julgado e a prova documental foi suficiente para a análise da questão prejudicial, o caso equivale ao de um procedimento comum em que tenha havido julgamento antecipado do mérito por serem incontroversos os fatos ou por estarem provados por documentos.

Portanto, julgado procedente o pedido no mandado de segurança e tendo sido suficiente a prova documental para examinar a questão prejudicial expressamente decidida de maneira incidental, incide o § 1º do art. 503 do CPC e a coisa julgada se estende para a referida questão prejudicial.

Como a sentença concessiva da segurança sujeita-se à remessa necessária, para que se produza a coisa julgada sobre a questão prejudicial, é preciso que se preencham os requisitos

---

[230] Nesse sentido, o enunciado 313 do Fórum Permanente de Processualistas Civis: "São cumulativos os pressupostos previstos nos § 1º e seus incisos, observado o § 2º do art. 503".
[231] Nesse sentido, o enunciado 165 do Fórum Permanente de Processualistas Civis: "A análise de questão prejudicial incidental, desde que preencha os pressupostos dos parágrafos do art. 503, está sujeita à coisa julgada, independentemente de provocação específica para o seu reconhecimento".

do § 1º do art. 503 do CPC e, igualmente, que haja reexame necessário pelo tribunal sobre a referida questão prejudicial.[232]

14.15.4 Coisa julgada no mandado de segurança coletivo

No mandado de segurança coletivo – dispõe o art. 22 da Lei 12.016/2009 – a sentença fará coisa julgada limitadamente aos membros do grupo ou categoria substituídos pelo impetrante.

Diante da redação conferida a tal dispositivo, há quem defenda que, no mandado de segurança coletivo, a coisa julgada material opera-se *pro et contra*, ou seja, produz-se tanto na procedência como na improcedência do pedido, não se aplicando o regime de coisa julgada *secundum eventum litis* previsto no art. 103 do Código de Defesa do Consumidor.[233]

Impõe-se, antes de tratar especificamente do referido art. 22 da Lei 12.016/2009, fazer breve digressão sobre a coisa julgada nas ações coletivas.

É comum a afirmação, de parte significativa da doutrina brasileira, de que a coisa julgada nas ações coletivas seria formada *secundum eventum litis*. Rigorosamente, no sistema brasileiro, a coisa julgada nas ações coletivas *não é secundum eventum litis*. A coisa julgada coletiva, no regime brasileiro, forma-se *pro et contra*, ou seja, haverá coisa julgada coletiva independentemente do resultado da causa. Julgado procedente ou improcedente o pedido, haverá coisa julgada.

O que é *secundum eventum litis* não é a *formação* da coisa julgada, mas sua *extensão* à esfera individual dos integrantes do grupo. É a extensão *erga omnes* ou *ultra partes* da coisa julgada que depende do resultado da causa, consistindo no que se chama de extensão *in utilibus* da coisa julgada.[234]

A sentença coletiva faz coisa julgada *pro et contra*, atingindo os legitimados coletivos, que não poderão propor a mesma demanda coletiva. Segundo dispõem os §§ 1º e 2º do art. 103 do CDC, a extensão da coisa julgada poderá beneficiar, jamais prejudicar os direitos *individuais*. Eis aí a extensão *secundum eventum litis* da coisa julgada coletiva. Julgado procedente o pedido, ou improcedente após instrução suficiente, haverá coisa julgada para os legitimados coletivos, podendo ser propostas as demandas individuais em defesa dos respectivos direitos individuais. Em caso de improcedência por falta de prova, não haverá coisa julgada, podendo qualquer legitimado coletivo repropor a demanda coletiva, sendo igualmente permitido a qualquer sujeito propor sua demanda individual.[235]

Quer dizer que a coisa julgada é *pro et contra* e *secundum eventum probationis*, de sorte que há coisa julgada tanto na procedência como na improcedência, somente não se

---

[232] A propósito, assim esclarece o enunciado 439 do Fórum Permanente de Processualistas Civis: "Nas causas contra a Fazenda Pública, além o preenchimento dos pressupostos previstos no art. 503, §§ 1º e 2º, a coisa julgada sobre a questão prejudicial incidental depende de remessa necessária, quando for o caso".

[233] MENDES, Aluísio Gonçalves de Castro. *Ações coletivas no direito comparado e nacional*. 2. ed. São Paulo: RT, 2009. n. 19.5, p. 283; REDONDO, Bruno Garcia; OLIVEIRA, Guilherme Peres; CRAMER, Ronaldo. *Mandado de segurança*: comentários à Lei 12.016/2009. São Paulo: Método, 2009. p. 153-156.

[234] GIDI, Antonio. *Coisa julgada e litispendência em ações coletivas*. São Paulo: Saraiva, 1995, *passim*.

[235] GIDI, Antonio. *Rumo a um Código de Processo Civil coletivo*. Rio de Janeiro: Forense, 2008. p. 289-290.

produzindo quando a improcedência for por falta de provas. Já a extensão subjetiva da coisa julgada pode ser *erga omnes* ou *ultra partes,* alcançando todos os indivíduos titulares de direitos difusos ou coletivos, *secundum eventum litis,* é dizer, somente quando julgado procedente o pedido coletivo.

Esse é o regime da coisa julgada nas ações coletivas, tal como previsto no art. 103 do CDC. Aplica-se esse regime ao mandado de segurança coletivo.[236]

Denegada a segurança, mesmo sendo suficientes as provas, a coisa julgada atingirá apenas os legitimados coletivos, não podendo haver repropositura do mandado de segurança coletivo. Não haverá, contudo, extensão subjetiva da decisão aos titulares de direitos individuais. Em outras palavras, a extensão subjetiva da coisa julgada é *secundum eventum litis,* só alcançando os indivíduos que integrem o grupo, em caso de procedência. Havendo improcedência, os titulares de direitos individuais poderão intentar suas demandas.

O modo de produção da coisa julgada no *writ* coletivo não deve diferir do que está previsto para a generalidade das ações coletivas. Realmente, a ação popular, a ação de improbidade administrativa, o mandado de segurança coletivo e as ações civis públicas (ou ações coletivas) compõem o *sistema* ou *regime jurídico* dos processos coletivos. E, sendo um *sistema* (ou, como se convencionou chamar em doutrina, um *microssistema*), deve manter unidade e coerência. Não há unidade, nem coerência, em se manter um tratamento diferente para o *writ* coletivo, e outro para as demais ações coletivas.

Ademais, o mandado de segurança coletivo constitui uma garantia fundamental, não devendo manter um regramento de pior qualidade ou mais restritivo de direitos para os jurisdicionados.

À evidência, a coisa julgada coletiva produz-se *pro et contra* e *secundum eventum probationis,* enquanto sua extensão subjetiva opera-se *erga omnes* ou *ultra partes, secundum eventum litis.*

Não há litispendência entre mandado de segurança individual e mandado de segurança coletivo. Nos termos do § 1º do art. 22 da Lei 12.016/2009, "O mandado de segurança coletivo não induz litispendência para as ações individuais, mas os efeitos da coisa julgada não beneficiarão o impetrante a título individual se não requerer a desistência de seu mandado de segurança no prazo de 30 (trinta) dias a contar da ciência comprovada da impetração da segurança coletiva". A regra assemelha-se ao disposto no art. 104 do Código de Defesa do Consumidor, conferindo ao impetrante individual o direito de abdicar expressamente da jurisdição coletiva.

Há, todavia, uma diferença entre o art. 104 do Código de Defesa do Consumidor e o § 1º do art. 22 da Lei 12.016/2009. O primeiro dispõe que os efeitos da coisa julgada coletiva não

---

[236] ALVIM, Eduardo Arruda; ALVIM, Angélica Arruda. Coisa julgada no mandado de segurança coletivo e a Lei n. 12.016/2009. In: MOREIRA, Alberto Camiña; ALVAREZ, Anselmo Prieto; BRUSCHI, Gilberto Gomes (coords.). *Panorama atual das tutelas individual e coletiva:* estudos em homenagem ao professor Sérgio Shimura. São Paulo: Saraiva, 2011. p. 303; MEIRELLES, Hely Lopes; WALD, Arnoldo; MENDES, Gilmar Ferreira. *Mandado de segurança e ações constitucionais.* 32. ed. com a colaboração de Rodrigo Garcia da Fonseca. São Paulo: Malheiros, 2009. p. 123-124; MEDINA, José Miguel Garcia; ARAÚJO, Fábio Caldas de. *Mandado de segurança individual e coletivo.* São Paulo: RT, 2009. n. 22.1, p. 218; ALMEIDA JUNIOR, Reginaldo Barros de. Regime da coisa julgada em mandado de segurança coletivo: repercussão da Lei nº 12.016/2009. In: KOEHLER, Frederico Augusto Leopoldino (org.). *Comentários à nova lei do mandado de segurança:* em homenagem ao Prof. Dr. Ivo Dantas. Porto Alegre: Núria Fabris, 2012. p. 204-207.

beneficiarão o sujeito que tiver proposto sua demanda individual, se não for requerida sua *suspensão* no prazo de 30 (trinta) dias, contados a partir da ciência, nos autos da causa individual, da pendência da ação coletiva. Significa que o indivíduo só pode beneficiar-se da coisa julgada coletiva, caso tenha, dentro do referido prazo, requerido a *suspensão* de seu processo.

Por sua vez, o § 1º do art. 22 da Lei 12.016/2009 estabelece que cabe ao indivíduo, para beneficiar-se da coisa julgada coletiva, *desistir* de seu mandado de segurança. Em vez de pedir a *suspensão* do processo individual, o sujeito terá de *desistir* de seu *writ*. Embora o *texto* do dispositivo da lei do mandado de segurança refira-se à *desistência*, cumpre conferir interpretação sistêmica para se entender que cabe ao demandante individual pedir a *suspensão* de seu processo, a fim de que possa beneficiar-se da coisa julgada coletiva.[237]

---

[237] Nesse sentido: BUENO, Cassio Scarpinella. *A nova lei do mandado de segurança*. 2. ed. São Paulo: Saraiva, 2010. n. 59, p. 179-180. Segundo Antonio Herman Benjamin e Gregório Assagra de Almeida, deve-se entender que o § 1º do art. 22 da Lei 12.016/2009 convive harmonicamente com o art. 104 do CDC, de sorte que, diante de um mandado de segurança coletivo, pode o indivíduo, ou desistir de sua ação individual, ou pedir a suspensão do processo (*Comentários à nova lei do mandado de segurança*. Napoleão Nunes Maia Filho; Caio Cesar Vieira Rocha; Tiago Asfor Rocha Lima (orgs.). São Paulo: RT, 2010. p. 321).

Capítulo XV
PEDIDO DE SUSPENSÃO DE SEGURANÇA

15.1 PREVISÃO LEGAL

O pedido de suspensão de liminar ou de segurança é conferido às pessoas jurídicas de direito público por *leis extravagantes* sempre que houver lesão a um dos interesses públicos relevantes. Assim, e para evitar grave lesão à ordem, à saúde, à segurança e à economia públicas, permite-se o ajuizamento de requerimento dirigido ao presidente do respectivo tribunal, a fim de que seja suspensa a execução ou o cumprimento da liminar.

Objetiva-se, com o pedido de suspensão, sobrestar o cumprimento da liminar ou da ordem concedida, subtraindo seus efeitos, com o que se desobriga a Fazenda Pública do cumprimento da medida. Sendo a liminar ou a sentença de procedência concedida em *mandado de segurança*, o pedido de suspensão tem fundamento no art. 15 da Lei 12.016/2009, que assim dispõe:

> Art. 15. Quando, a requerimento de pessoa jurídica de direito público interessada ou do Ministério Público e para evitar grave lesão à ordem, à saúde, à segurança e à economia públicas, o presidente do tribunal ao qual couber o conhecimento do respectivo recurso suspender, em decisão fundamentada, a execução da liminar e da sentença, dessa decisão caberá agravo, sem efeito suspensivo, no prazo de 5 (cinco) dias, que será levado a julgamento na sessão seguinte à sua interposição.
>
> § 1º Indeferido o pedido de suspensão ou provido o agravo a que se refere o *caput* deste artigo, caberá novo pedido de suspensão ao presidente do tribunal competente para conhecer de eventual recurso especial ou extraordinário.
>
> § 2º É cabível também o pedido de suspensão a que se refere o § 1º deste artigo, quando negado provimento a agravo de instrumento interposto contra a liminar a que se refere este artigo.
>
> § 3º A interposição de agravo de instrumento contra liminar concedida nas ações movidas contra o poder público e seus agentes não prejudica nem condiciona o julgamento do pedido de suspensão a que se refere este artigo.
>
> § 4º O presidente do tribunal poderá conferir ao pedido efeito suspensivo liminar se constatar, em juízo prévio, a plausibilidade do direito invocado e a urgência na concessão da medida.
>
> § 5º As liminares cujo objeto seja idêntico poderão ser suspensas em uma única decisão, podendo o presidente do tribunal estender os efeitos da suspensão a liminares supervenientes, mediante simples aditamento do pedido original.

O pedido de suspensão foi introduzido no ordenamento jurídico brasileiro pela Lei 191/1936, que regulou o mandado de segurança previsto na Constituição de 1934. Sua finalidade consistia em conferir efeito suspensivo ao recurso interposto contra decisão favorável ao impetrante. A regra foi mantida no CPC/1939, que, ao regular o mandado de segurança, introduziu, no pedido de suspensão, suas causas justificadoras, quais sejam as de evitar lesão à ordem, à saúde ou à segurança pública. Posteriormente, a Lei 1.533/1951, ao prever o instituto, não se referiu aos motivos do requerimento de suspensão, deixando ao alvedrio do presidente do tribunal a justificativa para o deferimento ou não da suspensão de segurança. O art. 13 da Lei 1.533/1951 só se referia à suspensão da execução da sentença. Suprindo essa omissão, a Lei 4.348/1964 previu expressamente o pedido de suspensão de liminar e de sentença, definindo seus motivos: a existência de grave lesão à ordem, à saúde, à segurança e à economia públicas.[1]

Reproduzindo a regra, o art. 15 da Lei 12.016/2009 prevê o pedido de suspensão em mandado de segurança, permitindo que a pessoa jurídica de direito público ou o Ministério Público dirija tal pedido ao presidente do respectivo tribunal.

Na verdade, passou-se a adotar, por convenção ou por tradição, a terminologia *suspensão de segurança*,[2] porquanto o pedido de suspensão foi, originariamente, criado para o processo de mandado de segurança, com vistas a suspender os efeitos da liminar ou da segurança concedida.[3]

Atualmente, contudo, o pedido de suspensão cabe em todas as hipóteses em que se concede tutela provisória contra a Fazenda Pública ou quando a sentença produz efeitos imediatos, por ser impugnada por recurso desprovido de efeito suspensivo automático. Daí se poder dizer que, hoje em dia, há a *suspensão de liminar*, a *suspensão de segurança*, a *suspensão de sentença*, a *suspensão de acórdão*, a *suspensão de cautelar*, a *suspensão de tutela antecipada* e assim por diante.

---

[1] BRANDÃO, Flávia Monteiro de Castro. A suspensão das medidas de urgência nas ações contra o Poder Público à luz do devido processo legal. *Revista Dialética de Direito Processual*, São Paulo: Dialética, v. 4, jul. 2003, p. 29-30; CAVALCANTI, Francisco. *O novo regime jurídico do mandado de segurança*. São Paulo: MP, 2009. n. 7.9, p. 145.

[2] CAVALCANTE, Mantovanni Colares. *Mandado de segurança*. São Paulo: Dialética, 2002. p. 167.

[3] "A suspensão da execução das medidas de urgência nas ações contra o poder público teve, como sua primeira expressão, o instituto da suspensão da segurança, que foi introduzido no ordenamento jurídico com a Lei nº 191, de 16 de janeiro de 1936, que regulou o mandado de segurança previsto na Constituição de 1934. A sua intenção era dar efeito suspensivo ao recurso interposto contra a decisão favorável ao impetrante, sempre tendo em vista o princípio, então dominante, da supremacia do interesse público sobre o privado. A regra foi mantida no Código de Processo Civil de 39, que introduziu as causas justificadoras do pedido de suspensão (evitar lesão à ordem, à saúde ou à segurança pública). Posteriormente surge a Lei nº 1.533/51 que, ao prever o instituto, omitiu-se quanto aos motivos ensejadores do requerimento da suspensão, ficando, deste modo, ao alvedrio do presidente do tribunal competente a justificativa para o deferimento ou não da suspensão da segurança. Observe-se, ainda, que o art. 13 da Lei nº 1.533/51 só se referia à suspensão da execução da sentença, dando ensejo à discussão doutrinária quanto a sua aplicação em relação às medidas liminares em mandado de segurança, havendo corrente encampada por Celso Agrícola Barbi, Hamilton de Moraes e Barros, e Seabra Fagundes que estendiam o instituto também às medidas liminares. A Lei nº 4.348, de 26 de junho de 1964, suprindo omissão da Lei nº 1.533/51, estendeu expressamente o instituto à suspensão de liminar e de sentença, definindo como pressupostos da sua concessão a grave lesão à ordem, à saúde, à segurança e à economia pública" (BRANDÃO, Flávia Monteiro de Castro. A suspensão das medidas de urgência nas ações contra o Poder Público à luz do devido processo legal. *Revista Dialética de Direito Processual*, São Paulo: Dialética, v. 4, jul. 2003, p. 29-30).

O pedido de suspensão tem ampla admissibilidade no âmbito não penal. Não se admite, em princípio, o pedido de suspensão em causas de natureza penal.[4] O Superior Tribunal de Justiça admitiu a suspensão de segurança em demandas de natureza penal, apenas em caso em que configurada "excepcionalidade em razão da gravidade manifesta dos fatos, que ocasiona violação do direito coletivo à segurança, conforme entendimento jurisprudencial do Supremo Tribunal Federal".[5]

O pedido de suspensão destina-se a sobrestar a eficácia de decisões provisórias ou não definitivas. Não deve ser utilizado para suspender execuções definitivas.[6]

De acordo com o STF, se o provimento tiver sido proferido em ação de controle abstrato de constitucionalidade, não cabe o pedido de suspensão, revelando-se como via inadequada para tanto.[7] O fundamento adotado pela Suprema Corte é o seguinte:

> a ação direta de inconstitucionalidade tem como propósito a defesa da ordem constitucional vigente, seja ela federal ou estadual. É instrumento, portanto, que já se encontra, nessa ótica, no mesmo plano finalístico do instituto da suspensão, qual seja, a defesa da ordem pública, exatamente na sua acepção jurídico-constitucional. Ao revigorar, em sede de pedido de suspensão, a eficácia de uma norma estadual ou municipal, a Presidência do Supremo Tribunal Federal nada mais estaria fazendo do que reavaliar, numa espécie de instância revisional cautelar, o próprio juízo preliminar de existência de lesão à ordem constitucional local levada a efeito no Tribunal de Justiça estadual.[8]

Tal entendimento vem sendo mitigado pelo próprio STF. Ao julgar o agravo regimental no pedido de Suspensão Liminar 423/RS, o seu Plenário confirmou a suspensão dos efeitos da decisão proferida pelo TJRS em ação direta de inconstitucionalidade estadual, que tinha afastado o teto constitucional previsto no inciso XI do art. 37 da Constituição aos proventos de servidores inativos.

---

[4] "1. A Corte Especial do Superior Tribunal de Justiça firmou entendimento de que o cabimento de pedido de suspensão de segurança limita-se aos feitos de natureza cível, pois não há previsão legal para sua aplicação com a finalidade de sobrestar a execução de decisões proferidas no transcurso de procedimentos judiciais de índole penal. 2. É certo que, no âmbito do Supremo Tribunal Federal, já se decidiu que a medida de contracautela pode ser empregada para impugnar decisões em feitos criminais. Todavia, ainda segundo o Pretório Excelso, essa possibilidade limita-se a situações extraordinárias, fundadas no risco de grave lesão à segurança coletiva. 3. No caso, o Agravante busca retornar ao exercício de suas funções públicas – ou seja, visa precipuamente a tutelar seus interesses pessoais, e não à proteção dos habitantes da localidade. Dessa forma, não pode prosperar a pretensão de que seja afastado o posicionamento do STJ na matéria" (STJ, Corte Especial, AgRg na SLS 2.360/RJ, Rel. Min. Laurita Vaz, *DJe* 12.6.2018). No mesmo sentido: "O cabimento de pedido de suspensão de segurança limita-se aos feitos de natureza cível. Não há previsão legal para o manejo da contracautela com a finalidade de suspender a execução de decisões proferidas no transcurso de procedimentos de índole penal. Precedentes da Corte Especial do Superior Tribunal de Justiça" (STJ, Corte Especial, AgRg na SS 2.944/AM, Rel. Min. Laurita Vaz, *DJe* 23.5.2018).

[5] STF, Corte Especial, AgRg na SS 3.361/DF, Rel. Min. Humberto Martins, *DJe* 31.3.2023.

[6] RODRIGUES, Marcelo Abelha. *Suspensão de segurança*: sustação da eficácia de decisão judicial proferida contra o Poder Público. 3. ed. São Paulo: RT, 2010. p. 153. No mesmo sentido: STJ, Corte Especial, AgInt na SLS 2.181/BA, Rel. Min. Laurita Vaz, *DJe* 6.12.2016. Também no mesmo sentido: STJ, Corte Especial, AgInt na SLS 2.355/RJ, Rel. Min. João Otávio de Noronha, *DJe* 1º.3.2019.

[7] STF, Pleno, SL 10 AgR/SP, Rel. Min. Maurício Corrêa, *DJ* 16.4.2004, p. 53.

[8] STF, SL 73-AgRg, Rel. Min. Ellen Gracie.

Não há razão, com efeito, para impedir, vedar ou restringir o pedido de suspensão contra acórdão proferido por tribunal de justiça em ação direta de inconstitucionalidade estadual. É possível a repercussão da decisão estadual no âmbito federal, tanto que se admite a interposição de recurso extraordinário contra o acórdão que, ao julgar a ação direta, interpreta disposição da Constituição Estadual que reproduz dispositivo da Constituição Federal.[9]

É possível, portanto, o pedido de suspensão em ação direta de inconstitucionalidade julgada por tribunal de justiça.

Na ação civil pública, o art. 12 da Lei 7.347, de 24 de julho de 1985, permite ao juiz conceder mandado liminar, com ou sem justificação prévia, em decisão sujeita a agravo. A par de tal agravo, é possível, sendo a liminar concedida contra a Fazenda Pública, ou havendo interesse dessa última que tenha sido atingido pelo provimento de urgência, haver o pedido de suspensão dirigido ao presidente do respectivo tribunal. Esse pedido de suspensão contém previsão no § 1º do referido art. 12 da Lei 7.347/1985, cujo teor está assim redigido:

> § 1º A requerimento de pessoa jurídica de direito público interessada, e para evitar grave lesão à ordem, à saúde, à segurança e à economia pública, poderá o Presidente do Tribunal a que competir o conhecimento do respectivo recurso suspender a execução da liminar, em decisão fundamentada, da qual caberá agravo para uma das turmas julgadoras, no prazo de 5 (cinco) dias a partir da publicação do ato.

O pedido de suspensão também tem previsão no art. 4º da Lei 8.437/1992. O dispositivo autoriza que a execução de liminar nas ações movidas contra a Fazenda Pública venha a ser suspensa, caso haja igualmente grave lesão a um dos aludidos interesses públicos relevantes, ou, ainda, sendo flagrantemente ilegítimo o provimento de urgência deferido. As tutelas provisórias e demais liminares contra a Fazenda Pública estão, em outras palavras, sujeitas igualmente a um pedido de suspensão a ser intentado perante o presidente do respectivo tribunal. É certo que o disposto no art. 4º da Lei 8.437/1992 aplica-se à sentença proferida em processo de *ação cautelar inominada*, no processo de *ação popular* e na *ação civil pública*, enquanto não transitada em julgado. É o que estabelece o seu § 1º. Cumpre, a propósito, transcrever o teor do citado art. 4º da Lei 8.437/1992:

> Art. 4º Compete ao presidente do tribunal, ao qual couber o conhecimento do respectivo recurso, suspender, em despacho fundamentado, a execução da liminar nas ações movidas contra o Poder Público ou seus agentes, a requerimento do Ministério Público ou da pessoa jurídica de direito público interessada, em caso de manifesto interesse público ou de flagrante ilegitimidade, e para evitar lesão à ordem, à saúde, à segurança e à economia públicas.

Tal regramento aplica-se à *tutela provisória* concedida contra a Fazenda Pública, por força do art. 1º da Lei 9.494/1997, bem como do disposto no art. 1.059 do CPC.

---

[9] Desponta firme o entendimento do STF no sentido de admitir o cabimento de recurso extraordinário contra acórdão proferido por Tribunal local que, em processo de controle concentrado, reconhece a inconstitucionalidade de lei estadual em face de norma da Constituição do Estado, desde que tal norma constitucional constitua mera *repetição* de dispositivo da Constituição Federal (STF, Pleno, AGRRCL n. 596/MA, Rel. Min. Néri da Silveira, *DJ* 14.11.1996, p. 44487; STF, 1ª Turma, RE 599.633 AgR-AgR, Rel. Min. Luiz Fux, *DJe* 25.4.2013; STF, Pleno, RE 570.392, Rel. Min. Cármen Lúcia, *DJe* 19.2.2015).

O direito de acesso a informações e a disciplina do rito processual do *habeas data* estão regulamentados na Lei 9.507, de 12 de novembro de 1997. Ali se estabelecem os requisitos e todo o procedimento para o remédio constitucional do *habeas data*, fixando-se que da sentença que concedê-lo ou negá-lo cabe apelação (art. 15), sendo certo que, quando a sentença for concessiva, tal recurso terá efeito meramente devolutivo (art. 15, parágrafo único). Quanto ao pedido de suspensão, vem previsto no art. 16 da mencionada Lei 9.507/1997, nos seguintes termos:

> Art. 16. Quando o "habeas data" for concedido e o Presidente do Tribunal ao qual competir o conhecimento do recurso ordenar ao juiz a suspensão da execução da sentença, desse seu ato caberá agravo para o Tribunal a que presida.[10]

Aí está, pois, a disciplina legal do pedido de suspensão, cabível nos casos previstos nos citados dispositivos.

15.2 NATUREZA JURÍDICA DO PEDIDO DE SUSPENSÃO

O pedido de suspensão de segurança é um ato postulatório, e, como todo ato postulatório, contém pedido e causa de pedir. O pedido é o da sustação da eficácia da decisão impugnada, sem que se peça sua anulação ou reforma. A causa de pedir é a violação a um dos interesses juridicamente protegidos previstos nas hipóteses de cabimento já examinadas (segurança, saúde, economia e ordem públicas). Esse é o mérito do pedido de suspensão de segurança, o que o distingue de um recurso. Rigorosamente, o pedido de suspensão destina-se a tutelar interesse difuso, ostentando, portanto, natureza de uma postulação coletiva.[11]

O pedido de suspensão não tem natureza recursal, por não estar previsto em lei como recurso e, igualmente, por *não* gerar a reforma, a anulação nem a desconstituição da decisão. Desse modo, o requerimento de suspensão *não* contém o efeito substitutivo a que alude o art. 1.008 do CPC.[12] Na verdade, conquanto alguns autores de nomeada lhe atribuam a natureza de sucedâneo recursal[13] e outros, a de um incidente processual,[14] o pedido de suspensão consiste

---

[10] A redação, como se vê, não é das melhores, pois não fixa os requisitos para o pedido de suspensão, nem a legitimidade, deixando de esclarecer quem pode ajuizá-lo e qual seria o prazo do agravo ali referido. A questão foi enfrentada por Cassio Scarpinella Bueno, que deu a entender ser aplicável, na espécie, o regime geral da Lei 8.437/1992, de forma que os requisitos para o pedido de suspensão estariam capitulados no art. 4º desse último diploma legal (*Habeas data* – efeitos da apelação, liminar e suspensão de sentença. In: WAMBIER, Teresa Arruda Alvim (coord.). *Habeas data*. São Paulo: RT, 1998. p. 53-71). Parece, realmente, que a disciplina aplicável ao *habeas data* é a da Lei 8.437/1992, que constitui, como se verá adiante, o *regime geral* do pedido de suspensão de liminar ou de sentença.

[11] STJ, Corte Especial, AgInt na SLS 2.228/RJ, Rel. Min. Laurita Vaz, *DJe* 24.8.2018. No mesmo sentido: STJ, Corte Especial, AgInt na SS 2.839/DF, Rel. Min. Laurita Vaz, *DJe* 7.3.2019.

[12] "Art. 1.008. O julgamento proferido pelo tribunal substituirá a decisão impugnada no que tiver sido objeto de recurso."

[13] ASSIS, Araken de. Introdução aos sucedâneos recursais. *Aspectos polêmicos e atuais dos recursos e de outros meios de impugnação às decisões judiciais* – 6ª Série. São Paulo: RT, 2002. p. 17-18 (13-60).

[14] RODRIGUES, Marcelo Abelha. *Suspensão de segurança: sustação da eficácia de decisão judicial proferida contra o Poder Público*. São Paulo: RT, 2000. p. 92-98; LUCENA, Tamyres Tavares de. Pedido de suspensão de liminar na nova Lei do Mandado de Segurança (Lei nº 12.016/2009). In: KOEHLER, Frederico Augusto Leopoldino (org.). *Comentários à nova Lei do mandado de segurança*: em homenagem ao Prof. Dr. Ivo Dantas. Porto Alegre: Núria Fabris, 2012. p. 211.

numa ação cautelar específica[15] destinada, apenas, a retirar da decisão sua executoriedade; serve, simplesmente, para suspender a decisão, mantendo-a, em sua existência, incólume. No pedido de suspensão, há uma pretensão específica à cautela pela Fazenda Pública.

Daí por que não se lhe deve conferir natureza recursal, por não haver a reforma, a desconstituição nem a anulação da decisão; esta se mantém íntegra, subtraindo-se tão somente os seus efeitos, sobrestando seu cumprimento. Desse modo, o requerimento de suspensão não contém o efeito substitutivo a que alude o art. 1.008 do CPC.[16]

Segundo esclarece Ellen Gracie Northfleet, no pedido de suspensão

> a natureza do ato presidencial não se reveste de caráter revisional, nem se substitui ao reexame jurisdicional na via recursal própria. (...) Em suma, o que ao Presidente é dado aquilatar não é a correção ou equívoco da medida cuja suspensão se requer, mas a sua potencialidade de lesão a outros interesses superiormente protegidos.[17]

Ao apreciar o pedido de suspensão de liminar, o presidente do tribunal examina se houve grave lesão à ordem, à saúde, à economia ou à segurança públicas. Tradicionalmente, a jurisprudência entende que o presidente do tribunal, ao analisar o pedido de suspensão, não adentra o âmbito da controvérsia instalada na demanda, não incursionando o mérito da causa principal.[18]

Por essa razão, a orientação jurisprudencial aponta o não cabimento de recurso extraordinário nem de recurso especial contra acórdão que, em agravo interno ou regimental, confirme ou reforme a decisão tomada pelo presidente, na apreciação do pedido de suspensão de liminar.

O Superior Tribunal de Justiça entende que o juízo exercido no julgamento do pedido de suspensão ostenta feição política, daí resultando não ser cabível o recurso especial. Isso porque tal apelo extremo visa combater argumentos que digam respeito a exame de legalidade, e não a análise de juízo político.[19]

Na realidade, o pedido de suspensão, ao contrário do que possa parecer, não provoca atividade administrativa do presidente do tribunal, que, no seu exame, não exerce juízo político. Nem poderia ser diferente, já que não seria correto admitir que uma decisão *administrativa* ou

---

[15] Segundo Elton Venturi, o pedido de suspensão consiste em rematada ação cautelar especial de tutela material do interesse público primário, comportando processamento e julgamento, com a participação do Ministério Público e a intimação do autor da ação principal, no que lhe resta assegurado o contraditório (*Suspensão de liminares e sentenças contrárias ao Poder Público*. São Paulo: RT, 2005. p. 46-72).

[16] "Art. 1.008. O julgamento proferido pelo tribunal substituirá a decisão impugnada no que tiver sido objeto de recurso."

[17] NORTHFLEET, Ellen Gracie. Suspensão de sentença e de liminar. *Revista de Processo*, 97:183-193, São Paulo: RT, p. 183-184.

[18] STJ, Corte Especial, Rcl 541/GO, Rel. Min. Antônio de Pádua Ribeiro, *DJ* 12.4.1999; *JSTJ* 5:68; STJ, Corte Especial, AgInt na SS 3.135/BA, Rel. Min. João Otávio de Noronha, *DJe* 16.4.2020; STJ, Corte Especial, AgInt na SS 3.039/PI, Rel. Min. João Otávio de Noronha, *DJe* 10.8.2020; STJ, Corte Especial, AgInt na SLS 2.487/SC, Rel. Min. João Otávio de Noronha, *DJe* 27.8.2020.

[19] Nesse sentido, e referindo-se a vários outros precedentes: acórdão da 1ª Turma do STJ, AgRg no AREsp 126.036/RS, Rel. Min. Benedito Gonçalves, *DJe* 7.12.2012. No mesmo sentido: STJ, 1ª Turma, AgRg no AREsp 175.697/SP, Rel. Min. Benedito Gonçalves, *DJe* 25.11.2014. Também no mesmo sentido: STJ, 1ª Turma, AgInt nos EDcl no REsp 1.625.577/SP, Rel. Min. Benedito Gonçalves, *DJe* 10.10.2018. Ainda no mesmo sentido: STJ, 1ª Turma, AgInt no REsp 1.575.176/PR, Rel. Min. Sérgio Kukina, *DJe* 18.11.2019.

política atingisse uma decisão *judicial*.[20] Além do mais, se a atividade, nesse caso, fosse administrativa, poderia o presidente do tribunal agir de ofício, não necessitando de requerimento da Fazenda Pública para suspender provimentos de urgência.[21] É que, enquanto a atividade administrativa é exercida de ofício, a judicial decorre do princípio dispositivo, exigindo provocação da parte, que, no caso, é a Fazenda Pública. Nas palavras de Elton Venturi, "quando os tribunais, através de seus juízes presidentes ou de suas composições plenárias, são chamados a decidir sobre os pedidos de suspensão, exercem inquestionável atividade jurisdicional, caracterizada, sobretudo, pela imparcialidade, pela substitutividade da vontade das partes em litígio e pela vinculação do julgamento à observância das normas constitucionais e legais".[22]

Muito embora os tribunais superiores atribuam ao pedido de suspensão a natureza de atividade político-administrativa, o certo é que ele contém nítida feição judicial, em cujo âmbito se analisa a violação a interesses públicos, como segurança, ordem, saúde e economia. A depender dos elementos concretos da causa é que se poderá avaliar a lesão perpetrada a um desses interesses públicos relevantes. A impossibilidade de interpor, no caso, recursos especial e extraordinário não decorre de sua suposta natureza administrativa ou política; resulta, isto sim, da vedação, no espectro de tais recursos, à análise de matéria de fato ou de prova (Súmula 279 do STF e Súmula 7 do STJ), pois a lesão a tais interesses depende, muitas vezes, do contexto fático contido na demanda. É possível, entretanto, que não haja, concretamente, a necessidade de rever algum fato, sendo a discussão apenas de direito. Nessa situação, deve-se admitir o recurso especial ou extraordinário em pedido de suspensão.[23]

Independentemente de se lhe atribuir natureza administrativa, política ou judicial, não restam dúvidas de que o pedido de suspensão constitui, ele mesmo, uma espécie de tutela provisória, voltada a subtrair da decisão sua eficácia antes do trânsito em julgado. No seu âmbito não se examina o mérito da controvérsia principal, aquilatando-se, apenas, a ocorrência de lesão a interesses públicos relevantes.[24]

---

[20] RODRIGUES, Marcelo Abelha. *Suspensão de segurança:* sustação da eficácia de decisão judicial proferida contra o Poder Público. São Paulo: RT, 2000. p. 96. Concordando com essa afirmação: SILVA NETO, Francisco Antônio de Barros e. *A improbidade processual da Administração Pública e sua responsabilidade objetiva pelo dano processual*. Rio de Janeiro: Lumen Juris, 2010. n. 5.6, p. 213.

[21] BRANDÃO, Flávia Monteiro de Castro. A suspensão das medidas de urgência nas ações contra o Poder Público à luz do devido processo legal. *Revista Dialética de Direito Processual*, São Paulo: Dialética, v. 4, jul. 2003, p. 31. No mesmo sentido: SILVA NETO, Francisco Antônio de Barros e. *A improbidade processual da Administração Pública e sua responsabilidade objetiva pelo dano processual*. Rio de Janeiro: Lumen Juris, 2010. n. 5.6, p. 213.

[22] VENTURI, Elton. *Suspensão de liminares e sentenças contrárias ao Poder Público*. São Paulo: RT, 2005. n. 4.2, p. 52.

[23] *Nesse sentido:* SCARTEZZINI, Jorge Tadeo Goffi Flaquer. *Suspensão de segurança*. São Paulo: RT, 2010. n. 5.5, p. 157. *Também nesse sentido:* CARVALHO, Cesar Arthur Cavalcanti de. *O instituto da suspensão da decisão judicial contrária ao Poder Público:* um instrumento de proteção do interesse público. Recife: Fundação Antônio dos Santos Abranches, 2008. n. 9.2, p. 183-186. *Ainda no mesmo sentido:* BEZERRA, Isabel Cecília de Oliveira. *Suspensão de tutelas jurisdicionais contra o Poder Público*. Belo Horizonte: Fórum, 2009. n. 7.4.4.4, p. 282-286.

[24] O STJ já decidiu que, em matéria tributária, é necessário que se examine o mérito da demanda no pedido de suspensão (STJ, Corte Especial, AgRg na SS 2.482/MA, Rel. Min. Ari Pargendler, *DJe* 14.10.2011). Segundo ali entendeu o STJ, há, nesses casos, análise do mérito, porque se faz necessário, para que se verifique a viabilidade da suspensão, examinar a legitimidade da exação. Se o tributo for devido, deve ser deferido o pedido de suspensão. Sendo controvertida a admissibilidade da cobrança do tributo, o pedido não deve ser deferido.

Sem embargo de o presidente do tribunal, no exame do pedido, não apreciar o mérito da demanda originária, é preciso, para que se conceda a suspensão, consoante firme entendimento do Supremo Tribunal Federal,[25] que haja um mínimo de plausibilidade na tese da Fazenda Pública, exatamente porque o pedido de suspensão funciona como uma tutela provisória de *contracautela*.[26] O pedido de suspensão funciona, por assim dizer, como uma espécie de "cautelar ao contrário", devendo, bem por isso, haver a demonstração de um *periculum in mora inverso*, caracterizado pela ofensa a um dos citados interesses públicos relevantes, e, ainda, um mínimo de plausibilidade na tese da Fazenda Pública, acarretando um juízo de cognição sumária pelo presidente do tribunal. Deve, enfim, haver a coexistência de um *fumus boni juris* e de um *periculum in mora*, a exemplo do que ocorre com qualquer medida acautelatória.[27]

15.3 LEGITIMIDADE PARA O AJUIZAMENTO DO PEDIDO DE SUSPENSÃO

O pedido de suspensão pode ser intentado por pessoa jurídica de direito público, ou seja, pela União, pelos Estados, pelo Distrito Federal, pelos Municípios, pelas autarquias e fundações públicas. Como as agências reguladoras são consideradas autarquias especiais, podem igualmente ajuizar pedido de suspensão ao presidente do tribunal. Enfim, todos aqueles que integram o conceito de Fazenda Pública podem valer-se dessa medida de contracautela, desde que figurem no polo passivo da ação originária.

Por isso, não é possível o ajuizamento de pedido de suspensão por partido político, que não ostenta a natureza de pessoa jurídica de direito público.[28]

Os conselhos profissionais, que são considerados autarquias especiais, também podem valer-se do pedido de suspensão de liminar ou de segurança, desde que seja em ação contra eles proposta e para evitar grave lesão à ordem, à saúde, à segurança ou à economia públicas. Nesse sentido, o Superior Tribunal de Justiça já admitiu a suspensão de liminar proposta pela OAB.[29]

O STJ tem várias decisões afirmando que, apenas quando for réu, o Poder Público pode valer-se do pedido de suspensão; não se admitiria o pedido nos processos em que a Fazenda Pública integre o polo ativo:[30] "[a] medida de contracautela visa a suspender a eficácia de decisão cautelar que promove alteração na situação jurídica em que se encontrava a Administração anteriormente ao ajuizamento de processo judicial. Por isso, pressupõe-se que a Fazenda Pública figure no polo passivo da causa originária principal e que naquele feito tenha sido proferida decisão judicial a ela desfavorável, ou contra quem a represente".[31]

---

[25] STF, Pleno, SS 1.272 AgR/RJ, Rel. Min. Carlos Velloso, *DJ* 18.5.2001, p. 435.
[26] STJ, Corte Especial, AgInt na SLS 2.714/SE, Rel. Min. João Otávio de Noronha, *DJe* 13.8.2020; STJ, Corte Especial, AgInt na SLS 2.629/CE, Rel. Min. João Otávio de Noronha, *DJe* 13.8.2020; STJ, Corte Especial, AgInt na SS 3.246/PB, Rel. Min. Humberto Martins, *DJe* 26.11.2020.
[27] BRANDÃO, Flávia Monteiro de Castro. A suspensão das medidas de urgência nas ações contra o Poder Público à luz do devido processo legal. *Revista Dialética de Direito Processual*, São Paulo: Dialética, v. 4, jul. 2003, p. 31-32.
[28] STF, Pleno, SL 1424 AgR, Rel. Min. Luiz Fux (Presidente), *DJe* 1º.10.2021.
[29] STJ, Corte Especial, AgInt na SLS 2.803/DF, Rel. Min. Humberto Martins, *DJe* 13.8.2021; STJ, Corte Especial, AgInt na SS 3.349/GO, Rel. Min. Humberto Martins, *DJe* 19.4.2022.
[30] STJ, Corte Especial, AgRg na SS 2.944/AM, Rel. Min. Laurita Vaz, *DJe* 23.5.2018.
[31] STJ, Corte Especial, AgInt na SS 3.046/MG, Rel. Min. João Otávio de Noronha, *DJe* 14.6.2019.

A ideia serve para que não se peça uma suspensão "ativa": o Poder Público pede uma tutela provisória, que é negada; daí ele, valendo-se do pedido de suspensão, busca a concessão daquilo que foi negado. Isso não é permitido.

O entendimento do STJ precisa, porém, de um temperamento: em ações dúplices, as figuras de autor e réu perdem a importância, porque a duplicidade do direito litigioso pode fazer com que a improcedência do pedido seja o reconhecimento de um direito do réu. Nesses casos, pode haver tutela provisória concedida em favor do réu e, portanto, contra o autor; se o autor, nesses casos, for o Poder Público, terá contra si uma tutela provisória que, preenchidos os pressupostos legais, pode ter seus efeitos sustados pelo uso do pedido de suspensão.

A Fazenda Pública pode propor o pedido de suspensão em qualquer caso, apenas para suspender o que foi deferido, e não para conceder o que foi negado. Não há legitimidade para um pedido "ativo"; pede-se sempre que se suspenda uma decisão deferida contra o Poder Público, esteja ele no polo ativo ou no polo passivo da demanda.

Conforme já se acentuou no subitem 14.4.1 *supra*, há entes despersonalizados, tais como uma Câmara de Vereadores, uma Secretaria de Estado ou de Município, um Tribunal de Contas, um Tribunal de Justiça, que podem impetrar mandado de segurança. Da mesma forma que podem impetrar mandado de segurança, podem igualmente ajuizar pedido de suspensão ao presidente do tribunal.[32] A legitimidade desses órgãos decorre da circunstância de a decisão que se pretende suspender interferir diretamente na sua atividade ou afetar diretamente alguma de suas prerrogativas institucionais, ou, ainda, em casos de conflito interno entre órgãos da pessoa jurídica de direito público.[33]

O Ministério Público também ostenta legitimidade para ajuizar o pedido de suspensão ao presidente do tribunal. A legitimidade do Ministério Público está prevista no *caput* do art. 4º da Lei 8.437/1992, mas pode ser estendida, por analogia, a todas as hipóteses de pedido de suspensão de segurança.

Na STP 1.007 MC-Ref, o Supremo Tribunal Federal reconheceu a legitimidade da Defensoria Pública para ajuizar suspensão de liminar, a despeito da ausência de menção a ela no art. 4º da Lei 8.437/1992, tendo explicitado serem duas as hipóteses nas quais se lhe admite o uso da medida: na defesa de interesse institucional próprio e na tutela dos necessitados, na qualidade de *custos vulnerabilis*.[34]

As concessionárias de serviço público, que se revistam da condição de empresas públicas ou sociedades de economia mista, são pessoas jurídicas de direito privado, não se encartando, portanto, no conceito de Fazenda Pública. Por essa razão, não estariam legitimadas, em princípio, a intentar o pedido de suspensão junto ao presidente do tribunal competente.

---

[32] SCARTEZZINI, Jorge Tadeo Goffi Flaquer. *Suspensão de segurança*. São Paulo: RT, 2010. n. 4.1.1, p. 109-110.

[33] Para Isabel Cecília de Oliveira Bezerra, o pedido de suspensão deve ser ajuizado pela pessoa jurídica de direito público da qual faz parte o órgão nas, por ela chamada, "condições de normalidade". O órgão despersonalizado somente poderia ajuizar o pedido de suspensão caso houvesse alguma "condição de anormalidade", "caracterizada pela verificação de conflitos internos entre diferentes órgãos públicos de uma mesma pessoa jurídica de direito público, e ainda para a defesa dos seus interesses institucionais, poderes ou prerrogativas" (*Suspensão de tutelas jurisdicionais contra o Poder Público*. Belo Horizonte: Fórum, 2009. n. 7.1.1.2.4, p. 158).

[34] STF, STP 1.007 MC-Ref, Rel. Min. Roberto Barroso, *DJe* 19.8.2024. Sobre o tema: MAIA, Maurílio Casas. A invisibilidade do "litígio real" e do "Processo Civil de interesse público" protetivo dos vulneráveis no STJ: análise crítica da SLS 3156/AM (STJ). *Revista dos Tribunais*, São Paulo: RT, v. 1.051, 2023.

Embora não se encaixem no conceito de Fazenda Pública nem desfrutem da condição de pessoas jurídicas de direito público, as concessionárias de serviço público integram a Administração Pública indireta, exercendo atividade pública. Se, no exercício dessa atividade, houver algum provimento de urgência ou de cumprimento imediato que cause lesão à ordem, à economia, à saúde ou à ordem pública, cabe o pedido de suspensão pela concessionária de serviço público.[35]

As concessionárias de serviço público somente podem valer-se do pedido de suspensão se houver interesse público, ou seja, se a decisão que se pretende suspender ofender o interesse público.[36] Se, diversamente, o que houver for mero interesse particular da concessionária, descabe o pedido de suspensão.[37]

De igual modo, o prefeito municipal, alijado do exercício do mandato, por efeito de medida liminar, tem legitimidade para requerer a suspensão desta.[38] É que a questão envolve nítido interesse público, a permitir o uso dessa medida.

Para ajuizar o pedido de suspensão ao presidente do tribunal, "pouco importa se a pessoa jurídica tenha sido parte no processo. Nada impede que tal incidente seja o primeiro momento de intervenção deste terceiro que até então não participara do feito. Claro que a partir do momento em que é admitido o seu ingresso, deixa a condição de terceiro prejudicado e passa a ser mais um sujeito no processo".[39]

O pedido de suspensão estratifica verdadeira pretensão à tutela de direitos coletivos, que transcendem à pessoa jurídica interessada, exatamente porque se destina à proteção de interesse público relacionado com a ordem, a segurança, a economia e a saúde.[40] Daí ser plenamente justificável admitir que, além daqueles já apontados, possam ajuizar o pedido de suspensão todos os legitimados para a propositura de ação civil pública ou de alguma outra ação coletiva.[41] O pedido de suspensão pode, enfim, ser proposto por quem detém legitimidade para a propositura de ação coletiva e, ainda, por quem sofra lesão, em extensão coletiva ou transcendente, que repercuta na atividade de saúde ou segurança ou que abale a ordem ou a economia públicas.

---

[35] CÂMARA, Alexandre Freitas. As sociedades de economia mista em juízo. *Revista Dialética de Direito Processual*, São Paulo: Dialética, v. 11, fev. 2004, p. 18-19.

[36] STJ, Corte Especial, AgRg na PET nos EDcl no AgRg na SS 2.727/DF, Rel. Min. Laurita Vaz, *DJe* 4.11.2019; STJ, Corte Especial, AgInt na SLS 2.487/SC, Rel. Min. João Otávio de Noronha, *DJe* 27.8.2020; STJ, Corte Especial, AgInt na SLS 2.725/PR, Rel. Min. Humberto Martins, *DJe* 20.10.2020.

[37] STJ, Corte Especial, AgRg na SS 1.277/DF, Rel. Min. Edson Vidigal, *DJ* 6.12.2004, p. 174. No mesmo sentido: STJ, Corte Especial, AgRg na SLS 1.320/BA, Rel. Min. Ari Pargendler, *DJe* 23.9.2011. Ainda no mesmo sentido: STJ, Corte Especial, AgInt na SS 3.140/TO, rel. Min. João Otávio de Noronha, *DJe* 22.2.2021.

[38] STF, Pleno, SS 444 AgR/MT, Rel. Min. Sydney Sanches, *DJ* 4.9.1992, p. 14.088.

[39] RODRIGUES, Marcelo Abelha. *Suspensão de segurança*: sustação da eficácia de decisão judicial proferida contra o Poder Público. São Paulo: RT, 2000. p. 120. Nesse sentido: "Na legislação que trata do pedido suspensivo, não há exigência de que o requerente seja parte na ação originária" (STJ, Corte Especial, AgInt na SLS 2.487/SC, Rel. Min. João Otávio de Noronha, *DJe* 27.8.2020).

[40] STJ, Corte Especial, AgInt na SLS 2.228/RJ, Rel. Min. Laurita Vaz, *DJe* 24.8.2018. No mesmo sentido: STJ, Corte Especial, AgInt na SS 2.839/DF, Rel. Min. Laurita Vaz, *DJe* 7.3.2019.

[41] *Nesse sentido*: VENTURI, Elton. *Suspensão de liminares e sentenças contrárias ao Poder Público*. São Paulo: RT, 2005. n. 5.1.5, p. 83-86. *No mesmo sentido*: CARVALHO, Cesar Arthur Cavalcanti de. *O instituto da suspensão da decisão judicial contrária ao Poder Público*: um instrumento de proteção do interesse público. Recife: Fundação Antônio dos Santos Abranches, 2008. n. 7.4, p. 150-152.

15.4 COMPETÊNCIA PARA O PEDIDO DE SUSPENSÃO

O provimento provisório deferido por um juízo de primeira instância poderá ter sua eficácia sustada por decisão tomada no âmbito do pedido de suspensão pelo presidente do tribunal ao qual esteja vinculado. Desse modo, deferido um provimento liminar por um juízo de primeira instância, é possível o ajuizamento do pedido de suspensão para o presidente do tribunal ao qual aquele juiz esteja vinculado.

Em outras palavras, a competência para apreciar o pedido de suspensão é do presidente do tribunal que teria competência para julgar o recurso contra a decisão concessiva do provimento liminar, antecipatório ou final de mérito.

Assim, concedida, por exemplo, uma liminar por um juiz federal, o pedido de suspensão será intentado perante o presidente do respectivo TRF. Sendo, por sua vez, concedido provimento de urgência por um juiz estadual, o pedido de suspensão deve ser ajuizado perante o presidente do respectivo tribunal de justiça. Nem poderia ser diferente, pois, diante da hierarquia própria do Poder Judiciário, os juízes devem respeito e obediência aos tribunais aos quais estão vinculados, não estando obrigados ao cumprimento de decisões exaradas por tribunais que não exerçam ascendência hierárquica sobre eles.

Desse modo, nas hipóteses em que o juiz estadual esteja exercendo competência federal (CF, art. 109, § 3º), o pedido de suspensão será intentado perante o presidente do Tribunal Regional Federal que abranja aquela área geográfica. Isso porque, nesse caso, o juiz estadual está dotado de competência federal, estando submetido, hierarquicamente, ao respectivo TRF.

Existem, porém, hipóteses frequentes em que um juiz estadual profere um provimento de urgência que atinja interesse da União ou de outro ente federal. Nesses casos, o pedido de suspensão é encaminhado ao presidente do tribunal de justiça ou ao presidente do TRF?

A competência para examinar o pedido de suspensão é do presidente do tribunal competente para apreciar o recurso a ser interposto. Ora, interpondo a União ou outro ente federal um recurso contra decisão ou sentença proferida por juiz estadual, tal apelo deve ser julgado pelo respectivo tribunal de justiça. Daí por que o pedido de suspensão ajuizado pela União ou por outro ente federal em face de liminar ou sentença proferida por juiz estadual deve ser apreciado pelo presidente do respectivo tribunal de justiça.

Caso, todavia, o provimento seja concedido, originariamente, por membro de tribunal, o pedido de suspensão deverá ser intentado junto ao Presidente do Supremo Tribunal Federal ou ao Presidente do Superior Tribunal de Justiça, quando a causa tiver por fundamento, respectivamente, matéria constitucional ou infraconstitucional.[42] A propósito, não cabe pedido de suspensão ao STF ou ao STJ, quando a discussão envolve a aplicação de direito local.[43]

Também não cabe pedido de suspensão ao STF contra decisão proferida por membro da própria Corte Suprema.[44]

---

[42] Lei 8.038/1990, art. 25.
[43] Nesse sentido: "1. A jurisprudência do STJ afirma inexistir competência para analisar suspensão de segurança que tenha por fundamento lei local. Precedentes. 2. A decisão agravada expressamente destacou que 'a matéria em debate no feito originário trata da aplicação da Lei Orgânica do Município e do Regimento Interno da Câmara Municipal' (fl. 5.144), o que inviabiliza a análise de matéria que não se insere no rol de competências do STJ" (STJ, Corte Especial, RCD na SS 3.256/MA, Rel. Min. Humberto Martins, *DJe* 26.11.2020).
[44] STF, Pleno, SL 1424 AgR, Rel. Min. Luiz Fux (Presidente), *DJe* 1º.10.2021.

Quando o art. 4º da Lei 8.437/1992 menciona o "tribunal ao qual couber o conhecimento do respectivo recurso", está, por óbvio, a referir-se aos futuros recursos especial e extraordinário, cabendo, respectivamente, ao Presidente do STJ e do STF a apreciação do pedido de suspensão. Os tribunais estão vinculados, hierarquicamente, a esses tribunais de superposição, competindo a eles – e não ao presidente do próprio tribunal – apreciar o pedido de suspensão. Significa, então, que, concedida liminar por relator, cabe o pedido de suspensão ao Presidente do STF ou do STJ, e não ao presidente do próprio tribunal.[45]

Para efeito de definir a competência do STF ou do STJ, deve-se aferir se a matéria é constitucional ou infraconstitucional. Qual elemento identifica de que matéria se trata? É o fundamento da decisão proferida pelo tribunal? São os motivos invocados na petição do pedido de suspensão? São os argumentos que integram a causa de pedir da demanda proposta?

Na verdade, o pedido de suspensão deve ser ajuizado perante o tribunal competente para julgar o recurso a ser interposto. É preciso, então, verificar qual a causa de pedir da demanda ou qual matéria restou *prequestionada* na decisão de que se irá recorrer. Se o prequestionamento foi de matéria constitucional, então o pedido de suspensão deverá ser dirigido ao Presidente do STF. Se, diversamente, a matéria prequestionada for de índole infraconstitucional, deverá o pedido de suspensão ser ajuizado perante o Presidente do STJ.

A regra é a mesma para provimentos proferidos tanto por Tribunal de Justiça como por Tribunal Regional Federal. É que ambos estão sujeitos, hierarquicamente, ao STF e ao STJ. A propósito, no caso de uma liminar, concedida originariamente por tribunal de justiça, contrariar interesse da União ou de outro ente federal, o pedido de suspensão será intentado perante o Presidente do STF ou do STJ, a depender de a matéria ser constitucional ou infraconstitucional. Num caso como esse, não há modificação de competência, pois tanto os Tribunais de Justiça como os Tribunais Regionais Federais devem obediência às decisões proferidas pelo STF e pelo STJ.[46]

E se houver fundamentos constitucional e infraconstitucional, o pedido de suspensão deve ser dirigido ao Presidente do STF ou ao Presidente do STJ? A competência para o pedido de suspensão é do Presidente do STF, tal como se infere do teor do art. 25 da Lei 8.038/1990, ainda que venha cumulada ou imbricada com outra matéria de índole infraconstitucional. A matéria constitucional absorve a matéria infraconstitucional, atribuindo-se a competência para o pedido de suspensão ao Presidente do STF.[47] Essa, aliás, tem sido a orientação ministrada pela jurisprudência do Superior Tribunal de Justiça, que não admite pedido de suspensão quando há matéria constitucional envolvida.[48]

---

[45] STJ, Corte Especial, EDcl no AgRg no AgRg na SL 26/DF, Rel. Min. Presidente do STJ, Rel. p/ acórdão Min. Nilson Naves, *DJ* 2.4.2007, p. 206. Nesse sentido: STJ, Corte Especial, Rcl 43.116/AL, rel. Min. Maria Thereza de Assis Moura, *DJe* 27.10.2022.

[46] RODRIGUES, Marcelo Abelha. *Suspensão de segurança:* sustação da eficácia de decisão judicial proferida contra o Poder Público. São Paulo: RT, 2000. p. 115-116.

[47] STJ, Corte Especial, AgRg na SLS 1.372/RJ, Rel. Min. Ari Pargendler, *DJe* 23.9.2011; STJ, Corte Especial, AgInt na SS 2.942/SP, Rel. Min. Laurita Vaz, *DJe* 7.8.2018; STJ, Corte Especial, AgInt na SS 3.085/PI, Rel. Min. João Otávio de Noronha, *DJe* 27.9.2019.

[48] STJ, Corte Especial, AgSS 205/PE, Rel. Min. Bueno de Souza, Rel. p/ acórdão Min. Costa Leite, *DJ* 3.3.1997, p. 4.550. No mesmo sentido: acórdão da Corte Especial do STJ, AGP 1.310/AL, Rel. Min. Paulo Costa Leite, *DJ* 5.2.2001, p. 67; *RSTJ* 145:17. Ainda no mesmo sentido: acórdão da Corte Especial do STJ, AgRg na SS 1.730/MA, Rel. Min. Barros Monteiro, *DJ* 6.8.2007, p. 384.

Enfim, se houver duplo fundamento, sendo um de natureza constitucional e o outro, infraconstitucional, o Presidente do STF absorve e atrai a competência, devendo o pedido de suspensão ser para ali intentado.[49]

É possível que o provimento provisório ou a decisão de cumprimento imediato seja da lavra de um tribunal superior. Nesse caso, tendo a causa fundamento constitucional, é possível o ajuizamento de pedido de suspensão perante a presidência do STF. Se, todavia, não houver fundamento constitucional, não se revela viável o pedido de suspensão.[50]

O provimento provisório pode, ainda, ser concedido pelo tribunal de justiça ou pelo Tribunal Regional Federal não em ação originária, mas no âmbito de um recurso. Assim, caso o particular, numa ação proposta em face da Fazenda Pública, não consiga obter a liminar perante o juiz de primeira instância, poderá obtê-la no julgamento final do agravo de instrumento ou, até mesmo, em decisão isolada do relator que defira a antecipação de tutela recursal, com fundamento no art. 1.019, I, do CPC. Nesse caso, o pedido de suspensão será ajuizado perante o Presidente do STF ou do STJ, se o fundamento for, respectivamente, constitucional ou infraconstitucional.[51]

Por outro lado, a decisão proferida por um juiz de primeira instância que conceda um provimento de urgência pode ser desafiada por um agravo de instrumento. Assim, é possível a Fazenda Pública interpor o agravo de instrumento, obtendo, prontamente, o efeito suspensivo. Em tal hipótese, pode suceder de, não obstante a concessão do efeito suspensivo, o agravo de instrumento vir, ao final, a não ser provido, restaurando-se os efeitos da medida anteriormente concedida.

A decisão do tribunal que conhece do agravo de instrumento para negar-lhe provimento irá *substituir* a decisão recorrida (CPC, art. 1.008). Uma vez conhecido o recurso, sendo provido ou não, o acórdão proferido pelo tribunal irá *substituir* a decisão emitida pelo juiz de primeira instância. O provimento provisório concedido pelo juiz será *substituído* pelo acórdão que, conhecendo do agravo de instrumento, vier a mantê-lo ou a reformá-lo. Na eventualidade de o agravo não ser conhecido, não haverá o efeito substitutivo, mantendo-se incólume a decisão de primeiro grau. Caso, porém, o recurso seja conhecido, mas o acórdão, reconhecendo um *error in procedendo*, determine a *anulação* da decisão agravada, não haverá o chamado efeito substitutivo, havendo, isto sim, o chamado *efeito rescindente*.[52]

Assim, conhecido o agravo de instrumento, seja para manter ou para restaurar a tutela provisória concedida pelo juiz, o pedido de suspensão que vier a ser ajuizado já não poderá mais ser atribuído à competência do presidente do tribunal local ou regional.[53] E isso porque o presidente não pode suspender decisão de seu próprio tribunal,[54] cabendo o pedido de suspensão para o STF ou STJ, conforme a causa verse sobre matéria constitucional ou infraconstitucional (Lei 8.038/1990, art. 25). Este, aliás, é o teor do § 5º do art. 4º da Lei 8.437/1992:

---

[49] STJ, Corte Especial, AgInt na SLS 2.711/GO, Rel. Min. Humberto Martins, *DJe* 20.10.2020.
[50] STF, Pleno, Rcl 543/RJ, Rel. Min. Sepúlveda Pertence, *DJ* 29.9.1995, p. 31.901.
[51] STF, Presidência, SL 1.241, Rel. Min. Presidente, *DJe* 19.12.2019; STJ, 1ª Seção, AgRg na Rcl 1.542/TO, Rel. Min. Luiz Fux, *DJ* 29.11.2004, p. 217.
[52] Sobre a diferença entre o *efeito substitutivo* e o *efeito rescindente*, consultar: OLIVEIRA, Robson Carlos de. O efeito rescindente e substitutivo dos recursos: uma tentativa de sistematização. In: WAMBIER, Teresa Arruda Alvim; NERY JR., Nelson (coords.). *Aspectos polêmicos e atuais dos recursos cíveis de acordo com a Lei 9.756/98*. São Paulo: RT, 1999. p. 496-517.
[53] STJ, Corte Especial, AgRg na Rcl 6.953/BA, Rel. Min. Raul Araújo, *DJe* 11.12.2014.
[54] STJ, Corte Especial, AgInt na Rcl 28.518/RJ, Rel. Min. João Otávio de Noronha, Rel. p/ acórdão Min. Laurita Vaz, *DJe* 12.6.2019.

§ 5º É cabível também o pedido de suspensão a que se refere o § 4º, quando negado provimento a agravo de instrumento interposto contra a liminar a que se refere este artigo.

Assim também dispõe o § 2º do art. 15 da Lei 12.016/2009, cujo teor, aliás, é idêntico ao do § 5º do art. 4º da Lei 8.437/1992.

Na hipótese de ser negado provimento ao agravo de instrumento e, ainda assim, ser ajuizado o pedido de suspensão para o presidente do próprio tribunal, vindo este a deferi-lo, haverá usurpação de competência do Tribunal Superior competente para a apreciação do pedido de suspensão, cabendo uma reclamação para preservação daquela competência.[55]

Na verdade, o pedido de suspensão deve ser ajuizado perante o presidente do tribunal local ou regional, caso o agravo de instrumento eventualmente interposto ainda não tenha sido julgado (*rectius*, conhecido). Uma vez conhecido o agravo de instrumento, caso este venha a ser provido, não há falar em pedido de suspensão, pois o provimento tem o condão de reformar a decisão liminar ou antecipatória. Não vindo, porém, o agravo a ser provido, o pedido de suspensão que *ainda não* tenha sido intentado deverá ser encaminhado ao Presidente do STF ou do STJ, a depender da matéria discutida na causa.

De todo modo, ainda não apreciado o agravo de instrumento, é possível que se ajuíze o pedido de suspensão para o mesmo tribunal; não há, nesse caso, empeço para o ajuizamento conjunto do agravo de instrumento e do pedido de suspensão, consoante se verá a seguir.

15.5 CONCOMITÂNCIA DO PEDIDO DE SUSPENSÃO COM O AGRAVO DE INSTRUMENTO E EVENTUAL CONFLITO ENTRE AS DECISÕES NELES PROFERIDAS

O Código de Processo Civil de 2015 eliminou a figura do agravo retido e estabeleceu um rol de decisões sujeitas a agravo de instrumento. Somente são agraváveis as decisões nos casos previstos em lei. As decisões não agraváveis devem ser atacadas na apelação ou em suas contrarrazões.

As hipóteses de agravo estão previstas no art. 1.015 do CPC; nele, há um rol de decisões agraváveis. Não são todas as decisões que podem, na fase de conhecimento, ser atacadas por agravo de instrumento.

As decisões que versarem sobre tutelas provisórias estão sujeitas a agravo de instrumento (CPC, art. 1.015, I), que é um recurso que contém efeito devolutivo amplo, transferindo-se a matéria impugnada para o tribunal. E, uma vez conhecido o agravo, diante do preenchimento de todos os requisitos de admissibilidade, haverá a produção do chamado efeito substitutivo, independentemente do resultado do julgado.

Enquanto o agravo de instrumento constitui um recurso, o pedido de suspensão não detém natureza recursal. Logo, não há vedação ao ajuizamento simultâneo ou concomitante de ambas as medidas, visto que, não sendo uma delas um recurso, não se aplica a regra da singularidade ou unirrecorribilidade, segundo a qual para cada ato judicial recorrível há um

---

[55] STJ, Corte Especial, Rcl 496/SP, Rel. Min. Vicente Leal, Rel. p/ acórdão Min. Costa Leite, *DJ* 7.12.1998, p. 31; *JSTJ* 1:86; *LexSTJ* 118:136; STJ, Corte Especial, AgRg na Rcl 6.953/BA, Rel. Min. Raul Araújo, *DJe* 11.12.2014; STJ, Corte Especial, Rcl 31.991/MA, Rel. Min. Francisco Falcão, *DJe* 30.8.2016.

único recurso previsto pelo ordenamento, sendo vedada a interposição simultânea ou cumulativa de mais outro visando à impugnação do mesmo ato judicial.[56]

Demais disso, o agravo de instrumento serve para obter a reforma ou anulação da decisão interlocutória, em razão de um *error in judicando* ou de um *error in procedendo*. Já o pedido de suspensão destina-se a obter a sustação dos efeitos da decisão, sem reformá-la ou anulá-la, diante de grave lesão à ordem, à saúde, à economia ou à segurança públicas.

O agravo de instrumento tem sua interposição subordinada à obediência de um prazo legal. Já o pedido de suspensão não se sujeita a qualquer prazo, podendo ser intentado enquanto não houver o trânsito em julgado. Não há fixação de prazo legal para o ajuizamento do pedido de suspensão. Assim, "entende-se que a qualquer momento pode ser formulado o pedido, desde que seja feito antes da efetiva execução do ato".[57] Trata-se, ao que se vê, de medida preventiva. A propósito, cumpre registrar que a "prevenção pode estar em se evitar que a continuidade da execução continue a causar graves danos ao interesse público".[58]

Enfim, as referidas medidas contêm pressupostos diferentes, desnudando finalidades igualmente diversas. Daí serem autônomas e diferentes entre si.[59]

Além de o agravo de instrumento e o pedido de suspensão serem autônomos e independentes entre si, é bem de ver que não há qualquer condicionamento ou vinculação de um em face do outro. A propósito, assim dispõe o § 6º, art. 4º, da Lei 8.437/1992:

> § 6º A interposição do agravo de instrumento contra liminar concedida nas ações movidas contra o Poder Público e seus agentes não prejudica nem condiciona o julgamento do pedido de suspensão a que se refere este artigo.

---

[56] BARBOSA MOREIRA, José Carlos. *Comentários ao Código de Processo Civil*. 6. ed. Rio de Janeiro: Forense, 1994. v. 5, p. 221-223; NERY JUNIOR, Nelson. *Princípios fundamentais* – teoria geral dos recursos. 3. ed. São Paulo: RT, 1996. p. 86-106.

A *regra da singularidade* comporta, atualmente, uma única exceção, albergada no enunciado 126 da Súmula do STJ ("É inadmissível recurso especial, quando o acórdão recorrido assenta em fundamentos constitucional e infraconstitucional, qualquer deles suficiente, por si só, para mantê-lo, e a parte vencida não manifesta recurso extraordinário"), que impõe a necessária interposição *conjunta* de recurso extraordinário e recurso especial. Em acórdão que verse sobre matérias constitucionais e, ao mesmo tempo, sobre temas legais (ou infraconstitucionais), é imperioso que haja a interposição de ambos os apelos extremos. Isso porque, havendo, por exemplo, apenas a interposição do recurso extraordinário, a matéria legal, suficiente para dar sustentação ao aresto, irá transitar em julgado. Assim, mesmo que o recurso extraordinário venha a ser provido, de nada adiantará para reformar e substituir (CPC, art. 1.008) o acórdão recorrido, de vez que prevalecerão e restarão intactos os temas infraconstitucionais, que conferem sustentáculo ao julgado. Aplica-se à hipótese, de igual modo, o enunciado 283 da Súmula do STF: "É inadmissível o recurso extraordinário, quando a decisão recorrida assenta em mais de um fundamento suficiente e o recurso não abrange todos eles".

[57] BARCELOS, Pedro dos Santos. Medidas liminares em mandado de segurança. Suspensão de execução de medida liminar. Suspensão de execução de sentença. Medidas cautelares. *Revista dos Tribunais*, São Paulo: RT, v. 663, 1981, p. 43.

[58] RODRIGUES, Marcelo Abelha. *Suspensão de segurança*: sustação da eficácia de decisão judicial proferida contra o Poder Público. São Paulo: RT, 2000. p. 133.

[59] Para Francisco Antônio de Barros e Silva Neto, a diferença entre o agravo de instrumento e o pedido de suspensão não é tão nítida, parecendo-lhe exagerado conferir ao ente público dois mecanismos para, a um só tempo, combater a mesma decisão judicial (*A improbidade processual da Administração Pública e sua responsabilidade objetiva pelo dano processual*. Rio de Janeiro: Lumen Juris, 2010. n. 5.6, p. 216-220).

O § 3º do art. 15 da Lei 12.016/2009 reproduz o disposto no § 6º do art. 4º da Lei 8.437/1992. Quer isso dizer que, no mandado de segurança, cabe contra liminar concedida pelo juiz de primeira instância agravo de instrumento e pedido de suspensão, sendo certo que um não impede o outro, nem o condiciona ou vincula. Enfim, é possível, no mandado de segurança, a interposição de agravo de instrumento e, também, o ajuizamento do pedido de suspensão dirigido ao presidente do respectivo tribunal, podendo as medidas ser intentadas simultaneamente.

À evidência, *não* há qualquer condicionamento *nem* vinculação do pedido de suspensão com o agravo de instrumento igualmente interposto.[60]

Deferido o pedido de suspensão pelo presidente do tribunal, o agravo de instrumento não fica prejudicado. O que se prejudica com o deferimento do pedido de suspensão pelo presidente do tribunal é o pedido de efeito suspensivo formulado no agravo de instrumento. É que, nesse caso, o pretendido efeito suspensivo passa a ser *desnecessário*, afastando o interesse processual em sua obtenção. Significa, então, que, concedido o pedido de suspensão pelo presidente do tribunal, fica prejudicada a análise do pretendido efeito suspensivo para o agravo de instrumento,[61] mas isso não obsta a interposição do agravo de instrumento em si, que não terá seu seguimento negado. Bem ao revés, irá prosseguir para julgamento, a fim de ser julgado. E isso porque o pedido de suspensão apenas retira da decisão sua eficácia, mantendo-a existente; sua revogação ou anulação somente será obtida no agravo de instrumento. Além do mais, a manutenção do processamento do agravo garante à Fazenda Pública ainda uma alternativa, na eventualidade de a decisão que deferira o pedido de suspensão pelo presidente do tribunal vir a ser revogada em agravo interno interposto pelo particular ou autor da ação originária.

O acolhimento de *qualquer um* deles irá atender à finalidade pública, suspendendo a decisão ou, no caso do julgamento final do agravo, reformando-a. Ajuizado, inicialmente, o pedido de suspensão e vindo a ser acolhido, não o atinge nem lhe retira a eficácia a decisão que vier a ser tomada no agravo de instrumento, ainda que seja para negar-lhe provimento. Por sua vez, o provimento do agravo de instrumento não pode ser afetado pela eventual decisão do presidente do tribunal que indeferir o pedido de suspensão de liminar.

15.6 PROCEDIMENTO DO PEDIDO DE SUSPENSÃO

O pedido de suspensão é formulado por meio de uma petição dirigida ao presidente do tribunal. Por aí já se percebe não ser possível que haja deferimento de suspensão de ofício; é preciso existir provocação da Fazenda Pública interessada.

Não há requisitos formais previstos em lei para o pedido de suspensão; exige-se, apenas, que haja *requerimento* da pessoa jurídica de direito público interessada. Embora não haja a fixação de requisitos formais, a Fazenda Pública, no pedido de suspensão, deve narrar os fatos e fundamentos da demanda em que proferida a decisão que se pretende suspender. Deve, demais disso, demonstrar o teor da decisão hostilizada e o dano a um ou mais dos interesses

---

[60] *Concordando com essa opinião*: CARVALHO, Cesar Arthur Cavalcanti de. *O instituto da suspensão da decisão judicial contrária ao Poder Público:* um instrumento de proteção do interesse público. Recife: Fundação Antônio dos Santos Abranches, 2008. n. 6.5, p. 131-136.

[61] RODRIGUES, Marcelo Abelha. *Suspensão de segurança:* sustação da eficácia de decisão judicial proferida contra o Poder Público. São Paulo: RT, 2000. p. 225.

públicos (saúde, economia, segurança e/ou ordem pública).[62] E, finalmente, cumpre formular o requerimento final, postulando a suspensão da decisão.

É essencial, para a compreensão da controvérsia submetida ao crivo do presidente do tribunal, que acompanhe a petição do pedido de suspensão uma cópia da decisão que se pretende suspender, a fim de viabilizar o acesso ao seu teor. Desponta, ainda, como conveniente juntar uma cópia da petição inicial da demanda em que concedida a liminar ou provimento que se pretende suspender, com vistas a aquilatar a legitimidade da postulação e a competência do presidente do tribunal para apreciar o referido pedido de suspensão.

Apresentada a petição do pedido de suspensão, o presidente do tribunal poderá adotar uma das seguintes medidas:

a) determinar a "emenda" ou complementação da petição, com o esclarecimento de algum detalhe ou a juntada de algum documento essencial que não tenha sido trazido, a exemplo da cópia da decisão que se pretende suspender;

b) rejeitar o pedido de suspensão, por não vislumbrar a lesão à ordem, à economia, à saúde nem à segurança pública;

c) determinar a intimação do autor e do Ministério Público para que se pronunciem em 72 (setenta e duas) horas;[63]

d) conceder, liminarmente, o pedido, sobrestando o cumprimento da decisão.

Cumpre analisar, uma a uma, as possibilidades de caminhos a serem trilhados no processamento do pedido de suspensão.

A determinação de emenda ou complementação do pedido diz respeito, apenas, a um esclarecimento ou à juntada de cópia da petição inicial da ação originária, da decisão que se pretende suspender ou de outra peça dos autos que se revele como essencial à compreensão da controvérsia. É documental a prova a respeito de fatos alegados pela Fazenda Pública em sua petição de suspensão de liminar. Com efeito, "o requerimento de suspensão também, por óbvio, não comporta dilação probatória, devendo o postulante trazer com o pedido todos os documentos que sustentem as afirmativas de potencial agressão aos interesses públicos tutelados".[64]

Antes, porém, de apreciar o requerimento da Fazenda Pública, cabe ao presidente do tribunal instaurar o contraditório no processamento do pedido de suspensão, colhendo a manifestação do autor da ação originária e o opinativo do Ministério Público, no prazo de 72 (setenta e duas) horas. Essa, aliás, é a previsão contida no § 2º do art. 4º da Lei 8.437/1992, que assim estabelece: "§ 2º O presidente do Tribunal poderá ouvir o autor e o Ministério Público, em setenta e duas horas", dispositivo esse que se aplica igualmente ao pedido de suspensão em mandado de segurança. É que a Lei 8.437/1992 constitui o diploma *geral* sobre o pedido de

---

[62] STJ, Corte Especial, AgInt na SLS 2.433/RJ, Rel. Min. João Otávio de Noronha, *DJe* 20.8.2020; STJ, Corte Especial, AgInt na SLS 2.535/DF, Rel. Min. João Otávio de Noronha, *DJe* 2.9.2020.

[63] O prazo de 72 horas está previsto no § 2º do art. 4º da Lei 8.437, de 1992. Quando o pedido de suspensão dirige-se ao presidente do STF ou do STJ, o prazo é de cinco dias, tal como previsto no § 1º do art. 25 da Lei 8.038, de 1990.

[64] NORTHFLEET, Ellen Gracie. Suspensão de sentença e de liminar. *Revista de Processo*, São Paulo: RT, v. 97, p. 188.

suspensão, aplicando-se subsidiariamente a *qualquer* pedido de suspensão, inclusive àquele intentado contra uma decisão proferida em mandado de segurança.[65]

Note-se que o mencionado dispositivo legal prescreve que o Presidente do Tribunal "poderá ouvir" o autor e o Ministério Público. É preciso compreender corretamente essa disposição, pois uma leitura apressada poderia levar ao entendimento equivocado de que o contraditório pode ou não ocorrer. Se o Presidente do Tribunal denegar o pedido liminarmente, realmente não há necessidade de estabelecer o contraditório. Se, porém, o Presidente admitir ou conceder liminarmente a suspensão da decisão, o contraditório se impõe, devendo ser intimados o autor e o Ministério Público, para se manifestarem sobre essa demanda.

Além do disposto no referido § 2º do art. 4º da Lei 8.437/1992, a necessidade de colher, antes, a manifestação do impetrante ou do autor da ação originária decorre do *princípio constitucional do contraditório*, devendo o presidente do tribunal permitir que o demandante participe da formação de seu convencimento.

Ocorre, não raras vezes, que o caso submetido ao exame do presidente do tribunal põe a descoberto uma situação de extrema gravidade e urgência, não havendo tempo para instaurar o prévio contraditório, sob pena de suprimir da pretendida suspensão a efetividade que dela possa resultar. Nesse caso, e para garantir a efetividade do comando judicial postulado, poderá o presidente do tribunal, imediatamente, deferir o pedido de suspensão, dispensando o prévio contraditório, desde que se verifique a relevância do fundamento e a urgência da medida pretendida. A possibilidade de deferimento imediato do pedido de suspensão encontra calço no § 7º do art. 4º da Lei 8.437/1992, que assim dispõe:

> § 7º O presidente do tribunal poderá conferir ao pedido efeito suspensivo liminar, se constatar, em juízo prévio, a plausibilidade do direito invocado e a urgência na concessão da medida.

Tal dispositivo encontra-se literalmente reproduzido no § 4º do art. 15 da Lei 12.016/2009, que trata do pedido de suspensão em mandado de segurança.

Assim, o pedido de suspensão depende, via de regra, do prévio contraditório, colhendo-se a manifestação do autor da ação originária e o opinativo do Ministério Público. O afastamento da exigência do contraditório prévio, com a apreciação imediata do pedido de suspensão, deve ocorrer em hipóteses de urgência na concessão da medida. Em casos assim, a medida presta-se à finalidade contida na lei, que é garantir, com eficiência, a necessidade de evitar grave lesão à saúde, à economia, à ordem ou à segurança públicas, não sendo exigível que haja um prejuízo fatal em favor da obediência a regras relacionadas com o contraditório, resultando, finalmente, em uma conformidade justificável entre a medida e o escopo legal de preservação do interesse público.

Nesses casos em que se dispensa o prévio contraditório, o autor da ação originária não fica impossibilitado de manifestar-se. Na verdade, o contraditório fica diferido para o momento posterior à concessão do pedido de suspensão, não se restringindo à possibilidade de interposição do recurso de agravo interno.[66] Independentemente de haver o agravo, deve-se

---

[65] Quando o pedido de suspensão dirige-se ao presidente do STF ou do STJ, o prazo é de cinco dias, tal como previsto no § 1º do art. 25 da Lei 8.038, de 1990.
[66] SCARTEZZINI, Jorge Tadeo Goffi Flaquer. *Suspensão de segurança*. São Paulo: RT, 2010. n. 5.2, p. 144. *Em sentido diverso,* entendendo que a interposição do agravo supre a necessidade de obediência ao contraditório: CARVALHO, Cesar Arthur Cavalcanti de. *O instituto da suspensão da decisão judicial*

dar oportunidade ao autor da ação originária para manifestar-se e, exercendo o contraditório, poder contribuir com a formação do convencimento do tribunal.

15.7 DURAÇÃO DA SUSPENSÃO CONCEDIDA

Não há limite temporal para o ajuizamento do pedido de suspensão; poderá ser intentado enquanto durar o risco de grave lesão a um dos interesses públicos relevantes. O marco final para que se possa ajuizar o pedido de suspensão é o trânsito em julgado. Enfim, o pedido de suspensão pode ser intentado a qualquer momento, enquanto persistir a grave lesão à ordem, à saúde, à economia e à segurança públicas e, igualmente, enquanto não sobrevier o trânsito em julgado; e "é mesmo possível que a potencialidade de risco surja em momento posterior ao da prolação da liminar ou sentença atacadas".[67]

Uma vez acolhido o pedido de suspensão, a sustação da eficácia da decisão liminar ou antecipatória "vigorará até o trânsito em julgado da decisão de mérito na ação principal".[68]

O que se verifica é que a legislação atual optou por conferir *ultratividade* ao provimento do presidente do tribunal que suspende os efeitos de provimento de urgência. Realmente, deferido o pedido de suspensão, sua vigência estende-se até o trânsito em julgado da decisão de mérito a ser proferida na ação principal, não sendo atingido pela superveniência de sentença ou de outra decisão que confirme a liminar ou o provimento de urgência anteriormente concedido.[69]

A regra da *ultratividade* da suspensão deferida pelo presidente do tribunal aplica-se ao processo de mandado de segurança, por ser compatível com ele. A propósito, assim está redigido o enunciado 626 da Súmula do STF:

> A suspensão da liminar em mandado de segurança, salvo determinação em contrário da decisão que a deferir, vigorará até o trânsito em julgado da decisão definitiva de concessão da segurança ou, havendo recurso, até a sua manutenção pelo Supremo Tribunal Federal, desde que o objeto da liminar deferida coincida, total ou parcialmente, com o da impetração.

Tal enunciado da Súmula do STF decorre de alguns precedentes que entendem ser aplicável ao pedido de suspensão, em mandado de segurança, o disposto no § 3º do art. 297 do Regimento Interno do STF, que assim dispõe:

> § 3º A suspensão de segurança vigorará enquanto pender o recurso, ficando sem efeito, se a decisão concessiva for mantida pelo Supremo Tribunal Federal ou transitar em julgado.

---

contrária ao Poder Público: um instrumento de proteção do interesse público. Recife: Fundação Antônio dos Santos Abranches, 2008. p. 113-119. *Também,* ao que parece, admitindo que a interposição do agravo ou o ajuizamento de um pedido de reconsideração supriria a necessidade de obediência ao contraditório: BEZERRA, Isabel Cecília de Oliveira. *Suspensão de tutelas jurisdicionais contra o Poder Público.* Belo Horizonte: Fórum, 2009. n. 7.4.2.2, p. 209.

[67] NORTHFLEET, Ellen Gracie. Suspensão de sentença e de liminar. *Revista de Processo,* São Paulo: RT, v. 97, p. 188.
[68] Cf. § 9º do art. 4º da Lei 8.437/1992, na redação conferida pela Medida Provisória 2.180-35/2001.
[69] Cassio Scarpinella Bueno é contrário à *ultra-atividade* da suspensão, manifestando candente opinião contra a regra contida no § 9º do art. 4º da Lei 8.437/1992 (*O Poder Público em juízo.* 3. ed. São Paulo: Saraiva, 2005. p. 75-80).

Uma vez deferida a suspensão de liminar, seus efeitos prolongam-se até o trânsito em julgado da decisão final. Daí por que, determinado o cumprimento de acórdão superveniente, cabível reclamação para o STF por desrespeito à decisão de seu Presidente que suspendera a liminar e, consequentemente, o superveniente acórdão.[70]

Acolhido o pedido de suspensão, a sustação da eficácia da decisão provisória, de acordo com o § 9º do art. 4º da Lei 8.437/1992, "vigorará até o trânsito em julgado da decisão de mérito na ação principal".

Tal dispositivo reproduz regra que já constava do § 3º, art. 25, da Lei 8.038, de 28 de maio de 1990 (*institui normas procedimentais para os processos que especifica, perante o Superior Tribunal de Justiça e o Supremo Tribunal Federal*), que assim dispõe:

> § 3º A suspensão de segurança vigorará enquanto pender recurso, ficando sem efeito, se a decisão concessiva for mantida pelo Superior Tribunal de Justiça ou transitar em julgado.

Significa que a legislação optou por conferir *ultratividade* ao provimento do Presidente do STF que suspende os efeitos de liminar, tutela antecipada ou cautelar. Deferido o pedido de suspensão, sua vigência estende-se *até o trânsito em julgado* da decisão de mérito a ser proferida na ação principal, não sendo atingido pela superveniência de outra decisão que confirme a liminar anteriormente concedida.

Para que a suspensão da liminar tenha, no mandado de segurança, *ultratividade*, ou seja, para que ela perdure até o trânsito em julgado da decisão final, é preciso, no entendimento firmado pelo STF, que o fundamento da sentença coincida com o da liminar. Vale dizer que, proferida a sentença, e mantida a *mesma* situação que deu ensejo à suspensão da liminar, deve a sentença também manter-se suspensa. Se, ao contrário, esta vier a ser proferida sob novas condições de fato ou de direito, que afastem o motivo que gerou a suspensão da liminar, estará, então, afastada a *ultratividade* da suspensão que fora deferida.

O art. 15 da Lei 12.016/2009 nada dispõe sobre o assunto. Diante do seu silêncio, aplica-se o disposto no § 9º do art. 4º da Lei 8.437/1992, de sorte que, deferido o pedido de suspensão, a ordem concedida pelo juiz estará sobrestada até o trânsito em julgado da decisão final.

Demais disso, o enunciado 626 da Súmula do STF parece estar preservando a hierarquia entre os órgãos jurisdicionais. Imagine-se a hipótese de o presidente do tribunal conceder o pedido de suspensão, vindo sua decisão a ser confirmada pelo Plenário ou pela Corte Especial. Mesmo tendo havido a concessão da medida de urgência, com sua confirmação pelo órgão máximo do tribunal, é comum haver situações em que o juízo de primeira instância açoda-se em proferir sentença de procedência na demanda originária, com o que pretende que se considerem revogadas tanto a decisão do presidente como a que a confirmou, da lavra do órgão máximo do tribunal. Para que se evite tal situação, a suspensão da liminar, determinada pelo presidente do tribunal, vigora até o trânsito em julgado da sentença de mérito.[71]

Significa que a legislação optou por conferir *ultratividade* ao provimento do Presidente do Tribunal *Superior* (e não de tribunal de segunda instância) que suspende os efeitos de liminar, tutela antecipada ou provimento cautelar.

---

[70] STF, Pleno, Rcl 429/SC, Rel. Min. Octavio Gallotti, j. 14.10.1993, *DJ* 18.05.2001, p. 65.
[71] STF, Pleno, Rcl 718/PA, Rel. Min. Celso de Mello, j. 30.04.1998, *DJ* 03.10.2003, p. 10. *No mesmo sentido*: STF, Pleno, Rcl 429/SC, Rel. Min. Octavio Gallotti, j. 14.10.1993, *DJ* 18.05.2001, p. 65.

O enunciado 626 da Súmula do STF somente tem aplicação quando a suspensão de segurança for, *originariamente*, deferida pelo próprio Tribunal Superior, não se aplicando na hipótese de a suspensão ter sido concedida por *tribunal de segunda instância*. Tanto isso é verdade que todos os precedentes que renderam ensejo à edição da Súmula 626 do STF decorrem de suspensões de segurança deferidas, *originariamente*, pelo Ministro Presidente da Suprema Corte. Enfim, tal enunciado somente se aplica se a suspensão de segurança tiver sido, originariamente, deferida pelo próprio Tribunal Superior. Isso porque, deferida a suspensão pelo Tribunal Superior, qualquer decisão que vier a ser proferida, antes do trânsito em julgado, fica sujeita à sua jurisdição e competência, mantendo-se, bem por isso, suspensa a ordem e qualquer outra que lhe ratificar.

Proferida uma sentença de mérito, e não havendo recurso de apelação, é a própria sentença que transita em julgado. Caso haja apelação, mas esta não seja conhecida, não é o acórdão do tribunal que transita em julgado. É que, não conhecido o recurso, não se opera o efeito substitutivo previsto no art. 1.008 do CPC, restando incólume a sentença de mérito proferida pelo juízo de primeira instância. Nesse caso, é a própria sentença prolatada pelo juízo de primeira instância que transita em julgado.

Se, diversamente, a apelação for conhecida, haverá os seguintes resultados possíveis:

a) não provida;

b) provida, para reformar a sentença;

c) provida, para anular a sentença.

Nas hipóteses *a* e *b* opera-se o efeito substitutivo. Conhecida a apelação, e não sendo provida, o acórdão do tribunal substitui a sentença do juízo de primeira instância. De igual modo, se a apelação foi conhecida para, diante de um *error in judicando*, reformar a sentença, será produzido o efeito substitutivo, ou seja, o acórdão do tribunal passa a substituir a sentença prolatada pelo juízo de primeira instância. Diante do efeito substitutivo, se não houver outros recursos ou se os que forem intentados não vierem a ser conhecidos, é o acórdão proferido pelo tribunal que transita em julgado.

Já na hipótese posta sob *c*, não se produz o efeito substitutivo. É que, naquele caso, a decisão recorrida foi anulada, mercê da existência de um *error in procedendo*. Não há efeito substitutivo, mas sim efeito rescindente, devendo os autos retornar ao juízo de primeira instância para que ali seja proferida outra sentença.

Ainda nas hipóteses *a* e *b*, se contra o acórdão proferido pelo tribunal for interposto recurso especial, e este vier a ser conhecido (e não provido ou provido para reformar o acórdão recorrido), é a decisão do Superior Tribunal de Justiça que irá transitar em julgado. Da mesma forma, se contra o acórdão do tribunal local for interposto recurso extraordinário, e este vier a ser conhecido (e não provido ou provido para reformar o acórdão recorrido), opera-se o efeito substitutivo.

Uma vez conhecido o recurso de apelação, deixa de existir a sentença de primeira instância, passando a ser substituída pelo acórdão. A partir daí, o que deve ser eventualmente suspenso é tal acórdão, e não mais a sentença, pois esta deixou de existir juridicamente.

Ora, é sabido que o presidente do tribunal de segunda instância não dispõe de competência para, em suspensão de segurança, obstar a produção de efeitos de acórdão proferido pelo próprio tribunal. Nesse caso, a competência é do Presidente do STF ou do STJ, a depender de a matéria ser, respectivamente, constitucional ou infraconstitucional. Aliás, assim dispõe o art. 25 da Lei 8.038/1990.

Deferida a suspensão de segurança pelo Presidente do Tribunal Superior, aí sim irá vigorar até o trânsito em julgado, consoante determina o § 3º desse mesmo art. 25 da Lei 8.038/1990.

À evidência, o enunciado 626 da Súmula do STF somente se aplica quando a suspensão de segurança for deferida pelo Presidente de Tribunal Superior, e não por presidente de tribunal de *segunda instância*, cuja competência cessa com a prolação do acórdão que julga a apelação.

Determinada a suspensão de liminar pelo presidente do tribunal de *segunda instância*, ela vigora mesmo com a superveniência da sentença. Sobrevindo, contudo, acórdão que a substitua, aí já não se mantém mais a suspensão deferida pelo presidente do tribunal de *segunda instância*, devendo a questão ser erigida ao crivo do Presidente do STF ou do STJ. Concedida a suspensão por um destes, irá, então, vigorar até o trânsito em julgado.

Deferido o pedido de suspensão, a decisão do presidente do tribunal terá apenas efeitos *ex nunc*, não retroagindo para alcançar situação já consolidada, sob pena de violar o princípio da segurança jurídica.[72] Dessa forma, os atos praticados sob a égide do provimento liminar anteriormente concedido não devem ser desconstituídos pelo simples deferimento do pedido de suspensão.[73]

15.8 DO AGRAVO INTERNO CONTRA A DECISÃO DO PEDIDO DE SUSPENSÃO

Da decisão do presidente do tribunal que defere ou indefere o pedido de suspensão cabe – nos termos do § 3º do art. 4º da Lei 8.437/1992 – agravo interno para o Plenário ou Corte Especial. Se o tribunal tiver menos de 25 (vinte e cinco) membros, as decisões de seu presidente são revistas pelo Plenário. Tendo o tribunal mais de 25 (vinte e cinco) membros, poderá constituir órgão especial,[74] entre cujas atribuições está a de revisar as decisões do presidente do tribunal.

Referido agravo interno deve ser interposto no prazo de 15 (quinze) dias, com inclusão em pauta (CPC, art. 1.021, § 2º). É bem verdade que o § 3º do art. 4º da Lei 8.437/1992 prevê o prazo de 5 (cinco) dias, mas tal prazo foi alterado pelo disposto no art. 1.070 do CPC, segundo o qual "[é] de 15 (quinze) dias o prazo para a interposição de qualquer agravo, previsto em lei ou em regimento interno de tribunal, contra decisão de relator ou outra decisão, unipessoal proferida em tribunal".[75]

Quando o pedido de suspensão era intentado em razão de uma decisão proferida no processo de mandado de segurança, o agravo interno estava previsto no art. 4º da Lei 4.348/1964. Tal dispositivo somente previa o agravo da decisão que *deferisse* o pedido de suspensão, fixando-lhe o prazo de 10 (dez) dias. Tratando-se de decisão *denegatória*,

---

[72] STJ, Corte Especial, AgRg na SS 1.485/ES, Rel. Min. Francisco Peçanha Martins, j. 21.03.2007, *DJ* 05.11.2007, p. 214.

[73] LUCENA, Tamyres Tavares de. Pedido de suspensão de liminar na nova Lei do Mandado de Segurança (Lei nº 12.016/2009). In: KOEHLER, Frederico Augusto Leopoldino (org.). *Comentários à nova Lei do Mandado de Segurança:* em homenagem ao Prof. Dr. Ivo Dantas. Porto Alegre: Núria Fabris, 2012. p. 228-229.

[74] Assim dispõe o inciso XI do art. 93 da Constituição Federal: "nos tribunais com número superior a vinte e cinco julgadores poderá ser constituído órgão especial, com o mínimo de onze e o máximo de vinte e cinco membros, para o exercício das atribuições administrativas e jurisdicionais delegadas da competência do tribunal pleno, provendo-se metade das vagas por antiguidade e a outra metade por eleição pelo tribunal pleno".

[75] Nesse sentido, o enunciado 58 da I Jornada de Direito Processual Civil, do Conselho da Justiça Federal: "O prazo para interposição do agravo previsto na Lei n. 8.437/92 é de quinze dias, conforme o disposto no art. 1.070 do CPC".

não havia possibilidade de interpor o recurso, por falta de previsão legal. Essa, aliás, foi, durante muito tempo, a orientação ministrada pelo Supremo Tribunal Federal e, igualmente, pelo Superior Tribunal de Justiça. O enunciado 506 da Súmula do STF estabelecia que: "O agravo a que se refere o art. 4º da Lei nº 4.348, de 26.6.64, cabe, somente, do despacho do Presidente do Supremo Tribunal Federal que defere a suspensão da liminar, em mandado de segurança; não do que a denega". Na esteira desse entendimento, assim dispunha o enunciado 217 da Súmula do STJ: "Não cabe agravo de decisão que indefere o pedido de suspensão da execução da liminar, ou da sentença em mandado de segurança".

O Supremo Tribunal Federal, ao julgar a Questão de Ordem na Suspensão de Segurança 1.945/AL, resolveu *cancelar* o enunciado 506 da sua Súmula de jurisprudência, por entender que haveria uma lacuna no sistema: a Lei 4.348/1964 não previa o agravo da *denegação* do pedido de suspensão. Como, entretanto, a Lei 8.437/1992 prevê o agravo tanto da *concessão* como da *denegação* do pedido de suspensão, não haveria razão para conferir tratamento diferente para o mandado de segurança, cuja disciplina apresentava-se lacunosa. A lacuna existente haveria de ser preenchida com a aplicação da Lei 8.437/1992 também para o mandado de segurança. Com efeito, a Lei 8.437/1992 é *norma geral* para *todos* os pedidos de suspensão, aplicando-se não apenas a toda e qualquer medida cautelar concedida contra a Fazenda Pública, mas também em relação ao processo de mandado de segurança. Então, diante desse precedente, o STF, ao *cancelar* o enunciado 506 de sua Súmula, deixou assente que o agravo interno é cabível, no mandado de segurança, tanto para a decisão do presidente do tribunal que *defere* como para a que *indefere* o pedido de suspensão.[76] Na trilha da orientação firmada pelo STF, a Corte Especial do Superior Tribunal de Justiça, em julgamento do dia 16 de junho de 2003, ao apreciar o Agravo Regimental na SS 1.166/SP, admitiu, por maioria de votos, o agravo interno contra a decisão do presidente que *indeferiu* o pedido de suspensão em mandado de segurança.[77]

Então, a partir desse novo entendimento, da decisão do presidente que *defere* ou *indefere* o pedido de suspensão cabe o agravo interno, ainda que se trate de processo de mandado de segurança.

O art. 15 da Lei 12.016/2009, reproduzindo a redação do art. 4º da Lei 4.348/1964, prevê o agravo interno somente da decisão que *defere* o pedido de suspensão. Pelas razões já expostas, não se deve restringir o cabimento do agravo interno, sendo certo que este se afigura cabível, no prazo de 15 (quinze) dias, tanto do *deferimento* como do *indeferimento* do pedido de suspensão. Não é demais lembrar que o prazo passou a ser de 15 (quinze) dias, em virtude do disposto no art. 1.070 do CPC.

Assim, *indeferido* o pedido de suspensão em mandado de segurança, o prazo do agravo interno será de 15 (quinze) dias. Segundo o STF, não se aplica, nesse caso, a prerrogativa do

---

[76] Conferir, a respeito do tema, o seguinte trabalho, no qual há transcrição da íntegra do voto condutor do julgamento, da lavra do Ministro Gilmar Mendes: BUENO, Cassio Scarpinella. O agravo interno e o indeferimento da suspensão de segurança – o cancelamento da Súmula 506 do STF: notas para uma primeira reflexão. *Revista Dialética de Direito Processual*, São Paulo: Dialética, v. 3, jun. 2003, p. 9-24.
Antes mesmo de a Súmula 506 do STF ter sido cancelada, Marcelo Abelha Rodrigues já manifestava entendimento no sentido de ser cabível o agravo interno tanto da decisão que defere como da que indefere o pedido de suspensão: *Suspensão de segurança:* sustação da eficácia de decisão judicial proferida contra o Poder Público. São Paulo: RT, 2000. p. 192-193.

[77] *Informativo do STJ* 177, de 16 a 20 de junho de 2003.

prazo em dobro.[78] Para esse Tribunal, até mesmo o prazo para a Defensoria Pública, não se aplica em dobro para a interposição de agravo interno em suspensão de segurança.[79] A Presidência e, igualmente, a Corte Especial do STJ discordam do STF, entendendo ser em dobro o prazo para a Fazenda Pública interpor agravo interno na suspensão de segurança.[80] Por sua vez, a 1ª Seção do STJ, que reúne suas 1ª e 2ª Turmas, adota o mesmo entendimento do STF, afastando o prazo em dobro para a interposição de agravo interno em suspensão de segurança.[81] Posteriormente, a Corte Especial do STJ entendeu ser em dobro o prazo para a Fazenda Pública interpor agravo interno na suspensão de segurança.[82]

O tema merece análise um pouco mais detida. Muitos dos precedentes firmados pelo STF e pelo STJ decorrem de julgamentos que aplicaram disposições contidas no CPC de 1973. O atual CPC unificou o regime dos agravos internos, prevendo, em seu art. 1.070, que todos eles, previstos em lei ou em regimento interno de tribunal, submetem-se ao prazo de 15 (quinze) dias. Quer isso dizer que o prazo para agravo interno previsto na Lei 8.437, de 1992, e o previsto na Lei 12.016, de 2009, passaram a ser de quinze dias.

Não prevalece mais o argumento contido nos precedentes do STF, segundo o qual o prazo para agravo interno em suspensão de segurança estaria previsto em lei específica; sendo uma lei especial, não atingida pela lei geral. O CPC regula, generalizadamente, o prazo para todos os agravos internos.

Nesse sentido, o art. 183 do CPC estabelece que a Fazenda Pública goza de prazo em dobro para *todas* as suas manifestações, ressalvadas as hipóteses em que há prazo específico para determinado ato processual, a exemplo do prazo para impugnação ao cumprimento de sentença, que é específico de 30 (trinta) dias (CPC, art. 535). O prazo para agravo interno interposto contra a decisão do presidente do tribunal na suspensão de segurança não é específico, pois se trata de recurso que pode ser interposto independentemente do resultado, não precisando ser interposto apenas pela Fazenda Pública.

É possível que a suspensão de segurança seja ajuizada pelo Ministério Público contra uma decisão que favoreça um ente público, ou é possível uma suspensão de segurança em processo instaurado por um ente público contra outro ente público. Qualquer um poderia recorrer, não havendo prazo específico para o ente público, nem para o Ministério Público. Também é possível que o pedido de suspensão seja ajuizado por uma pessoa jurídica de direito privado, que exerça, por delegação, atividade pública ou que atue em colaboração com o Poder Público. Nesse caso, cabe o agravo interno, que não é específico apenas para a Fazenda Pública. Como, nesse exemplo, a pessoa jurídica de direito privado não goza da prerrogativa de prazo diferenciado, não haverá contagem em dobro do prazo para recorrer. O prazo em dobro é uma prerrogativa da Fazenda Pública, aplicável em qualquer caso. Não decorre da circunstância de ser ou não uma suspensão de segurança, mas de o recorrente

---

[78] STF, Pleno, SS 2.198 AgR-AgR, Rel. Min. Maurício Corrêa, *DJ* 2.4.2004, p. 26; STF, Pleno, STA 71 AgR-AgR, Rel. Min. Cezar Peluso (Presidente), *DJe* 30.4.2012; STF, Pleno, SS 4.390 AgR-quinto, Rel. Min. Cármen Lúcia (Presidente), *DJe* 27.2.2018.

[79] STF, Pleno, STA 115 AgR-AgR, Rel. Min. Cármen Lúcia (Presidente), *DJe* 2.3.2018.

[80] STJ, Corte Especial, AgRg na SLS 1.445/PI, Rel. Min. Ari Pargendler, Rel. p/ acórdão Min. Presidente STJ, *DJe* 9.3.2012; STJ, Corte Especial, AgRg no AgRg na SLS 1.955/DF, Rel. Min. Francisco Falcão, *DJe* 29.4.2015; STJ, Corte Especial, AgInt na SS 2.902/RS, Rel. Min. Laurita Vaz, *DJe* 20.2.2018.

[81] STJ, 2ª Turma, REsp 1.331.730/RS, Rel. Min. Herman Benjamin, *DJe* 23.5.2013; STJ, 1ª Turma, AgInt no AREsp 280.749/RN, Rel. Min. Gurgel de Faria, *DJe* 6.2.2017; STJ, 1ª Turma, AgInt no REsp 1.754.306/CE, Rel. Min. Benedito Gonçalves, *DJe* 2.8.2019.

[82] STJ, Corte Especial, SLS 2.572/DF, Rel. Min. Og Fernandes, j. 15.12.2021.

ser uma pessoa jurídica de direito público. O Ministério Público, ao recorrer, também goza do prazo em dobro.

Se o particular estiver representado pela Defensoria Pública, esta também poderá interpor o agravo interno, em suspensão de segurança, no prazo em dobro.

É preciso que esse entendimento que afasta o prazo em dobro na suspensão de segurança seja revisto. O CPC uniformizou o regime jurídico do agravo interno. O prazo é de 15 (quinze) dias, inclusive no âmbito da suspensão de segurança, sendo contado em dobro quando o recorrente for a Fazenda Pública, o Ministério Público ou a Defensoria Pública.[83]

Tudo está a demonstrar, em suma, que tanto da decisão que *defere* como da que *indefere* o pedido de suspensão cabe o agravo interno, a ser interposto no prazo de 15 (quinze) dias, devendo ser contado em dobro quando o recorrente for a Fazenda Pública, o Ministério Público ou a Defensoria Pública.

15.9 DA RENOVAÇÃO DO PEDIDO DE SUSPENSÃO PARA O TRIBUNAL SUPERIOR

Já se viu que, tratando-se de decisão proferida por um juiz de primeira instância, o pedido de suspensão será dirigido ao presidente do tribunal ao qual aquele magistrado esteja vinculado. Caso a decisão venha a ser concedida, originariamente, pelo tribunal, o pedido de suspensão será intentado perante o Presidente do STF ou perante o Presidente do STJ, a depender de a matéria contida na *causa petendi* da petição inicial ser constitucional ou infraconstitucional.

Cumpre concentrar-se na hipótese de a liminar ou o provimento ter sido concedido por um juiz de primeira instância. Nesse caso, não custa repetir que o pedido de suspensão é endereçado ao presidente do respectivo tribunal, o qual poderá *deferir* ou *indeferir* o pleito de suspensão.

Deferido o pedido de suspensão, restará atendido o interesse manifestado pela Fazenda Pública, franqueando-se ao autor da ação originária interpor um agravo interno que será apreciado pelo Pleno ou pela Corte Especial, a depender da composição do tribunal. Não vindo a ser provido o agravo do autor, não lhe restará mais nada a fazer, porque, conforme já se acentuou, não cabem, segundo orientação já firmada pelo STF e pelo STJ, recurso extraordinário nem recurso especial de decisões proferidas no âmbito do pedido de suspensão.

Uma vez rejeitado o pedido de suspensão, a Fazenda Pública poderá interpor, de igual modo, um agravo interno para o Pleno ou para a Corte Especial do respectivo tribunal. Vindo a ser provido o agravo, quedará atendido o interesse manifestado pela Fazenda Pública,

---

[83] Nesse sentido, o enunciado 124 do Fórum Nacional do Poder Público: "Aplica-se o prazo em dobro para os recursos utilizados pela Fazenda Pública nas suspensões de liminares coletivas". No mesmo sentido: "... a questão do prazo em dobro para recorrer, inclusive no âmbito da suspensão de liminar e sentença ou segurança, encontra respaldo na jurisprudência da própria Corte Especial, bem como nos demais órgãos julgadores do Superior Tribunal de Justiça. Ademais, a controvérsia foi dirimida com a redação do novo Código de Processo Civil, em seu art. 183, quando diz que 'A União, os Estados, o Distrito Federal, os Municípios e suas respectivas autarquias e fundações de direito público gozarão de prazo em dobro para todas as suas manifestações processuais, cuja contagem terá início a partir da intimação pessoal'. A exceção à regra do *caput* também foi prevista no § 2º do referido artigo, que exige para a não aplicação do benefício de contagem em dobro a menção expressa feita pela lei de regência, o que não se verifica no caso da suspensão de segurança" (STJ, Corte Especial, AgInt na SS 2.902/RS, Rel. Min. Laurita Vaz, *DJe* 20.2.2018).

mantendo-se suspensa a liminar ou o provimento de urgência. Positivada a hipótese, não caberão recurso extraordinário nem recurso especial, consoante já dito e repetido.

Na hipótese de, deferida a suspensão, o agravo interno do autor vir a ser provido, serão restaurados os efeitos da decisão. Não poderá a Fazenda Pública, em casos como esse, interpor recurso extraordinário nem recurso especial, pois, não custa repetir mais uma vez, tais apelos não são cabíveis no âmbito do pedido de suspensão. A mesma situação ocorre quando, rejeitado o pedido de suspensão, vier a ser mantida a decisão denegatória, com o desprovimento do agravo interno interposto pela Fazenda Pública.

Ocorrendo uma dessas hipóteses, permite-se que a Fazenda Pública *renove* o pedido de suspensão, desta feita para o Presidente do STF ou para o Presidente do STJ, caso o fundamento seja, respectivamente, constitucional ou infraconstitucional. É o que se extrai da regra contida no § 4º do art. 4º da Lei 8.437/1992:

> § 4º Se do julgamento do agravo de que trata o § 3º resultar a manutenção ou o restabelecimento da decisão que se pretende suspender, caberá novo pedido de suspensão ao presidente do tribunal competente para conhecer de eventual recurso especial ou extraordinário.

Admite-se, como se observa, a *renovação* do pedido de suspensão para o respectivo Tribunal Superior, o qual irá, no caso, suspender ou não uma decisão de um juízo de primeira instância, num verdadeiro pedido de suspensão "por salto de instância".

A renovação somente é permitida *após* o julgamento proferido no agravo interno. Ainda que rejeitado o pedido de suspensão, a Fazenda Pública *não* poderá, desde logo, renová-lo ao Tribunal Superior.[84] Deverá, antes disso, interpor o agravo interno e aguardar seu julgamento. Confirmada, no julgamento do agravo interno, a rejeição do pedido de suspensão, caberá, somente a partir daí, sua renovação para o Presidente do respectivo Tribunal Superior.

Tratando-se de processo de mandado de segurança, já se viu que o enunciado 506 da Súmula do STF e o enunciado 217 da Súmula do STJ, diante do que previa o art. 4º da Lei 4.348/1964, não admitiam o agravo interno da decisão que *rejeitasse* o pedido de suspensão. Atento a essa particularidade, o Presidente da República, ao editar a Medida Provisória 2.180/2001, estabeleceu que, *indeferido* o pedido de suspensão, já seria cabível, desde logo, *renová-lo* para o Tribunal Superior, não havendo razão para condicionar essa renovação a partir do julgamento do agravo interno, exatamente porque incabível tal agravo quando, no mandado de segurança, houvesse sido rejeitado o pedido de suspensão. Confira-se, a propósito, o teor do § 1º do art. 4º da Lei 4.348/1964:

> § 1º Indeferido o pedido de suspensão ou provido o agravo a que se refere o "caput", caberá novo pedido de suspensão ao Presidente do Tribunal competente para conhecer de eventual recurso especial ou extraordinário.

Tal dispositivo foi, literalmente, reproduzido pelo § 1º do art. 15 da Lei 12.016/2009. Logo, quando o pedido de suspensão diz respeito a uma decisão proferida em mandado

---

[84] *Em sentido contrário:* STJ, Corte Especial, AgRg na SLS 370/PE, Rel. Min. Barros Monteiro, *DJ* 13.8.2007, p. 280.

de segurança, sua *renovação* para o respectivo Tribunal Superior é permitida, desde logo, assim que proferida a decisão que o rejeite. Sendo acolhido o pedido de suspensão, e vindo a ser interposto, pelo impetrante, um agravo interno, sua *renovação* dependerá do *provimento* de tal agravo, pela óbvia razão de que, não provido o agravo, restará mantida a suspensão.

Acontece, entretanto, que o STF *cancelou*, como se viu, o enunciado 506 de sua Súmula de jurisprudência, entendimento já acompanhado pelo STJ. Significa, então, que o entendimento manifestado pelos Tribunais Superiores aponta para o cabimento do agravo interno contra a decisão que rejeitar o pedido de suspensão no processo de mandado de segurança. Surge, diante disso, um conflito de normas: cabível, de um lado, o agravo interno contra a decisão que *indefere* o pedido de suspensão, sendo possível, de outro lado, sua *renovação* imediata para o respectivo Tribunal Superior, a partir da decisão denegatória.

A *renovação* do pedido de suspensão para o respectivo Tribunal Superior depende do prévio julgamento do agravo interno pelo tribunal local. Essa sistemática não se aplicava ao processo de mandado de segurança, justamente porque era vedado o agravo interno quando indeferido o pedido de suspensão, cabendo, desde já, a renovação do pedido para o respectivo Tribunal Superior.

Com a alteração do entendimento, deve-se modificar, igualmente, a sistemática da renovação do pedido de suspensão, de sorte que, indeferido o pedido de suspensão no mandado de segurança, sua renovação para o Tribunal Superior dependerá do prévio julgamento do agravo interno a ser intentado pela Fazenda Pública.

A renovação do pedido de suspensão para o Tribunal Superior somente é possível se *indeferido* o pedido de suspensão pelo Presidente do Tribunal local, vindo tal indeferimento a ser *confirmado* no julgamento do agravo interno interposto pela Fazenda Pública. Também cabe tal renovação quando, embora *deferida* a suspensão, for *provido* o agravo interno da parte contrária, restando restaurada a liminar originariamente concedida.

Deferida a suspensão, deve o particular interpor um agravo interno, não lhe sendo possível ajuizar um pedido de suspensão ao Tribunal Superior para "suspender a suspensão". Quer isso dizer que *não* cabe a "suspensão da suspensão". A renovação de que ora se trata pressupõe decisão contrária ao Poder Público. Se a suspensão foi deferida pela Presidência do Tribunal de origem, não cabe qualquer pedido de suspensão ao Tribunal Superior.[85]

15.10 DA SUSPENSÃO PARA VÁRIAS DECISÕES SIMILARES E DO PEDIDO DE ADITAMENTO

De acordo com o § 8º do art. 4º da Lei 8.437/1992, "as liminares cujo objeto seja idêntico poderão ser suspensas em uma única decisão, podendo o presidente do tribunal estender os efeitos da suspensão a liminares supervenientes, mediante simples aditamento do pedido original".

Tal dispositivo aplica-se, igualmente, aos pedidos de suspensão de liminares ou sentenças proferidas no processo de mandado de segurança, mercê do disposto no § 5º do art. 15 da Lei 12.016/2009.

---

[85] STJ, Corte Especial, AgRg na SLS 848/BA, Rel. Min. Humberto Gomes de Barros, Rel. p/ acórdão Min. Fernando Gonçalves, *DJe* 22.9.2008.

A regra atende à *economia processual*, permitindo que, numa única decisão, o presidente do tribunal suspenda, a um só tempo, várias liminares que tenham idêntico objeto, podendo-se, ainda, estender a suspensão já deferida a novas liminares que venham a ser concedidas posteriormente. É regra, na verdade, que se relaciona com as *demandas repetitivas*.

Cumprindo com a finalidade do regime processual das causas repetitivas, a regra concorre para afastar a *divergência jurisprudencial:* ocorrem, com frequência, situações em que um sujeito obtém determinado provimento de urgência, enquanto várias outras pessoas, nas mesmas condições, não logram o mesmo êxito, causando uma ofensa ao princípio da *isonomia* e privilegiando aquele que, por sorte ou por um detalhe específico de sua demanda, conseguiu manter vigente o provimento.[86]

Não são raros os casos em que um sujeito obtém um provimento liminar, mantendo-o vigente durante toda a tramitação da demanda. Em casos similares, outros sujeitos não obtêm essa liminar ou, mesmo a tendo obtido, ela vem a ser suspensa ou revogada pelo tribunal. Em hipóteses assim, há verdadeira afronta ao princípio da isonomia, havendo tratamento díspar para pessoas que se encontram na mesma situação.

Demais disso, a possibilidade de o presidente do tribunal, numa única decisão, suspender, a um só tempo, várias liminares ou provimentos de urgência conspira, também, em favor do interesse público. É que, se em uma demanda que contenha, como parte autora, apenas uma pessoa, com insignificante expressão econômica, vier a ser concedida uma liminar, afigura-se sobremaneira difícil demonstrar a ocorrência de grave lesão a um dos interesses públicos relevantes.

É corriqueiro, entretanto, haver casos que caracterizam as chamadas *demandas de massas:* várias pessoas que litigam contra a Fazenda Pública encontram-se na mesma situação, em lides diversas, com o mesmo objeto. Desse modo, em face de uma liminar ou de um precedente específico, seguirão na mesma trilha várias e várias pessoas, dando azo ao ajuizamento de incontáveis pedidos de suspensão para o presidente do tribunal, cujo volume de trabalho irá elevar-se consideravelmente.

Nesse caso, em virtude da norma sob comento, além de se poder deferir uma suspensão que atinja, a um só tempo, várias liminares, pode-se igualmente estender os efeitos de suspensão anteriormente concedida a vários outros provimentos de urgência, sobrestando seus respectivos cumprimentos. Assim, concedida uma liminar, pode ser ajuizado um pedido de suspensão que lhe subtraia os efeitos. A superveniência de outras liminares poderá render ensejo a um simples pedido de aditamento, formulado naquele anterior pedido de suspensão, para que a decisão já deferida seja estendida a esses novos casos supervenientes, com o que

---

[86] A isonomia como critério para eliminação da divergência jurisprudencial é analisada por Rodolfo de Camargo Mancuso (*Divergência jurisprudencial e súmula vinculante*. 2. ed. São Paulo: RT, 2001. p. 114-137). A propósito, é digno de nota o seguinte trecho: "É nesse contexto do tratamento judicial isonômico aos casos assemelhados que se coloca a questão da jurisprudência uniformizada (predominante/sumulada) e de sua aptidão para servir como parâmetro, *in abstracto,* para os casos pendentes e futuros nela subsumidos, objetivo para o qual se apresentam várias propostas e alternativas, com destaque atual para o fomento do caráter vinculante das súmulas. Hoje é indisputável que os jurisdicionados não mais podem continuar recebendo respostas judiciárias absolutamente díspares, em casos substancialmente iguais, mormente em assuntos que empolgam milhares, senão milhões, de cidadãos, como ocorre nas chamadas *demandas múltiplas,* ajuizadas em razão de certos interesses de massa, como os defluentes de programas governamentais, ou na cobrança de determinado tributo, ou em matéria previdenciária, ou ainda em pleitos envolvendo grupos de consumidores" (*Divergência jurisprudencial e súmula vinculante*. 2. ed. São Paulo: RT, 2001. p. 133).

se estará suspendendo, de igual modo, essas novas liminares. Evita-se, assim, uma sobrecarga de trabalho para os órgãos internos do próprio tribunal, com dispensa de novas autuações, registros e distribuições: um simples requerimento será entranhado aos autos já existentes e encaminhado ao presidente do tribunal para que, verificada a similitude dos casos, possa determinar a extensão da medida para as novas liminares concedidas.

15.11 DO PEDIDO DE SUSPENSÃO EM JUIZADOS ESPECIAIS FEDERAIS E EM JUIZADOS ESPECIAIS DA FAZENDA PÚBLICA

As leis que regulam os Juizados Especiais Federais (Lei 10.259/2001) e os Juizados Especiais da Fazenda Pública (Lei 12.153/2009) não preveem o cabimento do pedido de suspensão contra decisão que conceda provimento de urgência.[87]

Embora não haja tal previsão, não há qualquer incompatibilidade entre os procedimentos dos Juizados Especiais e as hipóteses de suspensão de segurança.[88]

O art. 4º da Lei 8.437/1992 prevê o cabimento do pedido de suspensão a ser dirigido ao Presidente do Tribunal, ao qual couber o conhecimento do respectivo recurso. Da decisão que concede provimento de urgência nos Juizados Especiais cabe recurso para a Turma Recursal respectiva. De igual modo, da sentença que imponha cumprimento imediato cabe recurso para a Turma Recursal respectiva.

Se cabe recurso para a Turma Recursal, é possível o pedido de suspensão dirigido ao seu Presidente. Em outras palavras, ao Presidente da Turma Recursal cabe apreciar o pedido de suspensão intentado pelo Poder Público ou pelo Ministério Público contra decisão proferida no âmbito dos Juizados Especiais Federais ou dos Juizados Especiais da Fazenda Pública.

No âmbito dos Juizados, não é possível o pedido de suspensão para o Presidente do STJ, justamente porque não cabe, como assinalado nos subitens 19.3.5.8 e 19.4.5 *infra*, recurso especial de acórdão proferido por Turma Recursal. Aliás, é o que se observa do teor do enunciado 203 da Súmula do STJ: "Não cabe recurso especial contra decisão proferida por órgão de segundo grau dos Juizados Especiais". Ora, se não cabe recurso especial, também não cabe o pedido de suspensão dirigido ao Presidente do STJ. Isso porque o pedido de suspensão deve ser endereçado ao Presidente do Tribunal, ao qual couber o conhecimento do respectivo recurso. Não sendo cabível o recurso especial, não é igualmente cabível o pedido de suspensão dirigido ao Presidente do STJ.[89]

Embora não caiba recurso especial no âmbito dos Juizados, é plenamente cabível o recurso extraordinário. Como está demonstrado nos subitens 19.3.5.9 e 19.4.5 *infra*, é cabível o recurso extraordinário de acórdão proferido por Turma Recursal de Juizado Especial. Este, inclusive, é o teor do enunciado 640 da Súmula do STF: "É cabível recurso extraordinário contra decisão proferida por juiz de primeiro grau nas causas de alçada, ou por turma recursal de juizado especial cível e criminal".

---

[87] Para mais detalhes sobre tais Juizados e sua disciplina normativa, consultar o Capítulo XIX deste livro.

[88] Nesse sentido: GOMES JÚNIOR, Luiz Manoel. *Comentários à Nova Lei dos Juizados Especiais da Fazenda Pública*. Em coautoria com Fernando da Fonseca Gajardoni, Luana Pedrosa de Figueiredo Cruz e Luís Otávio Sequeira de Cerqueira. São Paulo: RT, 2010. p. 74.

[89] Foi exatamente essa a conclusão a que chegou o Ministro Barros Monteiro quando, ao exercer a Presidência do STJ, deparou-se com a SLS 267/MS, negando o pedido ali formulado em decisão monocrática publicada no *DJ* de 6.3.2007.

Sendo cabível recurso extraordinário, é possível, então, o pedido de suspensão dirigido ao Presidente do STF contra decisão proferida em Juizado Especial Federal ou em Juizado Especial da Fazenda Pública.

Tudo está a demonstrar, portanto, que cabe pedido de suspensão contra decisões proferidas no âmbito dos Juizados Especiais Federais e dos Juizados Especiais da Fazenda Pública. O pedido de suspensão, a depender da decisão proferida, pode ser dirigido ao Presidente da Turma Recursal ou ao Presidente do STF.

Capítulo XVI
O SISTEMA MULTIPORTAS DE JUSTIÇA, OS NEGÓCIOS JURÍDICOS PROCESSUAIS E A FAZENDA PÚBLICA

16.1 APRESENTAÇÃO

Costumam-se chamar de "meios alternativos de resolução de conflitos" a mediação, a conciliação e a arbitragem (*Alternative Dispute Resolution – ADR*). Estudos mais recentes demonstram que tais meios não seriam "alternativos", mas sim *adequados*, formando um modelo de sistema de justiça *multiportas*. Para cada tipo de controvérsia, seria adequada uma forma de solução, de modo que há casos em que a melhor solução há de ser obtida pela mediação, enquanto outros, pela conciliação, outros, pela arbitragem e os que se resolveriam pela decisão do juiz estatal. Há, ainda, outros meios, a exemplo da negociação direta[1] e do *dispute board*.

Os meios de solução de disputas são, portanto, *adequados*, mas também são *integrados*. É possível que o meio mais adequado seja a mediação, mas, não obtida a autocomposição, a opção passa a ser a arbitragem ou a jurisdição estatal. Para cada situação, há um meio adequado, mas ele é integrado com outro(s), que também revela(m) adequação para o caso.

Há casos, então, em que o meio *alternativo* é que seria o da justiça estatal. A expressão *multiportas* decorre de uma metáfora: seria como se houvesse, no átrio do fórum, várias portas; a depender do problema apresentado, as partes seriam encaminhadas para a porta da mediação, ou da conciliação, ou da arbitragem, ou da própria justiça estatal.

O meio de solução há de ser o mais *adequado*. A *adequação* é o fundamento para que se adote o procedimento mais eficiente para a resolução de disputas. Não se deve adotar apenas a mediação, a conciliação, a arbitragem ou a justiça estatal. Há muitos outros modos de solução, que podem ser imaginados, construídos ou combinados entre si. É preciso que o profissional do direito seja um *designer* e construa concretamente a melhor forma, a mais adequada, a mais eficiente para solucionar a controvérsia instalada entre as partes.[2] É exatamente por isso que os procedimentos judiciais devem ser flexíveis, a fim de se ajustarem às peculiaridades do caso, com mais eficiência e efetividade.[3]

---

[1] Sobre a negociação direta como meio de solução de disputas, consultar: CUNHA, Leonardo Carneiro da; CABRAL, Antonio do Passo. Negociação direta ou resolução colaborativa de disputas (*collaborative law*): "mediação sem mediador". *Revista de Processo*, São Paulo: RT, v. 259, p. 471-489, set. 2016.

[2] FALECK, Diego. *Manual de design de sistema de disputas*: criação de estratégias e processos eficazes para tratar conflitos. Rio de Janeiro: Lumen Juris, 2018.

[3] DIDIER JR., Fredie; CABRAL, Antonio do Passo; CUNHA, Leonardo Carneiro da. *Por uma nova teoria dos procedimentos especiais*: dos procedimentos às técnicas. Salvador: JusPodivm, 2018.

O direito brasileiro, a partir da Resolução 125/2010 do Conselho Nacional de Justiça e com o Código de Processo Civil de 2015, construiu um sistema de justiça multiportas, com cada caso sendo indicado para o *método* ou *técnica* mais adequada para a solução do conflito. O Judiciário deixa de ser um lugar de *julgamento* apenas para ser um local de *resolução* de disputas. Trata-se de uma importante mudança paradigmática. Não basta que o caso seja julgado; é preciso que seja conferida uma *solução* adequada que faça com que as partes saiam *satisfeitas* com o resultado.[4]

O sistema multiportas de solução de disputas é, enfim, compatível com o ambiente público, podendo abranger as controvérsias que envolvam a Fazenda Pública. Aliás, a Lei 14.133/2021, que trata de licitações e contratos administrativos, estabelece, em seu art. 151, que, "[n]as contratações regidas por esta Lei, poderão ser utilizados meios alternativos de prevenção e resolução de controvérsias, notadamente a conciliação, a mediação, o comitê de resolução de disputas e a arbitragem". E, nos termos de seu parágrafo único, tais meios podem ser utilizados quanto "às controvérsias relacionadas a direitos patrimoniais disponíveis, como as questões relacionadas ao restabelecimento do equilíbrio econômico-financeiro do contrato, ao inadimplemento de obrigações contratuais por quaisquer das partes e ao cálculo de indenizações".

Os contratos celebrados pela Administração Pública podem ser aditados "para permitir a adoção dos meios alternativos de resolução de controvérsias" (Lei 14.133/2021, art. 153).

O presente Capítulo divide-se em 4 (quatro) partes. A primeira versa sobre a arbitragem, com enfoque para a arbitragem que envolva o Poder Público. Já a segunda parte foca na mediação e na conciliação, com o registro da legislação existente a seu respeito, das políticas públicas adotadas para sua implementação e de sua adoção no Código de Processo Civil de 2015, sobretudo no tocante à Fazenda Pública.

Por sua vez, a terceira parte examina os negócios jurídicos processuais e sua celebração pelo Poder Público. E, finalmente, a quarta parte trata do *dispute board* ou comitê de disputas.

Antes, contudo, de ser examinada cada uma dessas 3 (três) partes, convém destacar a cláusula geral de consensualidade na Administração Pública.

16.2 CLÁUSULA GERAL ESTIMULADORA DA ADOÇÃO DE MEIOS CONSENSUAIS PELO PODER PÚBLICO (LINDB, ART. 26)

A partir da exigência de uma Administração Pública eficiente (CF, art. 37), que desenvolva um adequado modelo de gestão e incorpore técnicas da administração gerencial, e diante do incremento das ideias democráticas, a atividade administrativa passou a exigir maior participação social institucionalizada; o particular passa a poder participar da construção das decisões administrativas, sendo compartícipe da gestão pública.[5] Há, enfim, uma

---

[4] Sobre essa mudança e os diversos desafios para sua implementação, consultar, LESSA NETO, João Luiz. O novo CPC adotou o modelo multiportas!!! E agora?!. *Revista de Processo*. São Paulo: RT, v. 244, jun. 2015, p. 427-441.

[5] "Fenômeno relativamente recente nas relações entre o Estado e os indivíduos na realização de fins de interesse público tem sido a busca de decisões administrativas por meios consensuais" (SILVA, Almiro do Couto e. Os indivíduos e o Estado na realização de tarefas públicas. *Conceitos fundamentais do direito no Estado Constitucional*. São Paulo: Malheiros, 2015. p. 261).

atuação administrativa consensual.[6] A consensualidade consiste num relevante mecanismo de atingimento da eficiência administrativa.[7]

A consensualidade, presente no processo decisório, na fase executiva e no momento de solução de conflitos, caracteriza a *Administração Pública dialógica*, que é a Administração Pública inserida no regime democrático, num estágio ainda mais avançado que o da *Administração Pública gerencial*.[8]

É possível perceber uma ampliação gradativa, ao longo dos anos, de manifestações de consensualidade administrativa no Direito brasileiro. De igual modo, o ambiente da consensualidade tem sido incrementado no Direito Penal, no Direito Processual e, em geral, no Direito Público. Com efeito, existem a desapropriação amigável, a colaboração premiada, a transação penal e a suspensão condicional do processo, a autocomposição nos processos que tramitam nos Juizados Especiais Federais e nos Juizados Especiais da Fazenda Pública, os acordos de leniência, além do próprio incremento das Parcerias Público-Privadas.[9] A legislação que trata das agências reguladoras outorga-lhes poder para dirimir, no âmbito administrativo, as divergências entre concessionárias, permissionárias, autorizatárias etc.[10]

É nesse ambiente de maior consensualidade que a arbitragem se tem expandido para solução de disputas envolvendo entes da Administração Pública,[11] aumentando os casos em que se viabiliza a autocomposição, por meio da mediação e da conciliação, de que participe o Poder Público.

Com efeito, o ambiente de consensualidade da Administração Pública dialógica contribui para a celebração de transações administrativas, conciliações e mediações e, até mesmo, para a realização de arbitragens envolvendo o Poder Público.[12]

A arbitragem não é meio consensual de solução de disputas; é um mecanismo heterocompositivo, e não autocompositivo. Sua instauração, porém, exige consenso: as partes envolvidas precisam aceitar que o caso não vá ao Judiciário, podendo ser submetido a um tribunal arbitral.

Nos termos do art. 26 da Lei de Introdução às Normas do Direito Brasileiro, a autoridade administrativa, para eliminar irregularidades, incerteza jurídica ou situações contenciosas na aplicação do direito público, inclusive no caso de expedição de licença, pode celebrar compromisso com os interessados. O compromisso buscará solução jurídica proporcional, equânime, eficiente e compatível com os interesses gerais, não poderá conferir desoneração permanente de dever ou condicionamento de direito reconhecido por orientação geral e

---

[6] BARREIROS, Lorena Miranda Santos. *Convenções processuais e Poder Público*. Salvador: JusPodivm, 2016. n. 1.3, p. 45-49. FACCI, Lucio Picanço. *Meios adequados de resolução de conflitos administrativos*: a experiência da Câmara de Conciliação e Arbitragem da Administração Federal. Rio de Janeiro: Lumen Juris, 2019. n. 2.3.1, p. 128-132.

[7] NEIVA, Geisa Rosignoli. *Conciliação e mediação pela Administração Pública*: parâmetros para sua efetivação. Rio de Janeiro: Lumen Juris, 2019. p. 91.

[8] Para mais detalhes, consultar LIMA, Raimundo Márcio Ribeiro. *Administração Pública dialógica*. Curitiba: Juruá, 2013.

[9] BARREIROS, Lorena Miranda Santos. *Convenções processuais e Poder Público*. Salvador: JusPodivm, 2016. n. 1.4, p. 49-92.

[10] FACCI, Lucio Picanço. *Meios adequados de resolução de conflitos administrativos: a experiência da Câmara de Conciliação e Arbitragem da Administração Federal*. Rio de Janeiro: Lumen Juris, 2019. n. 2.3.2, p. 133.

[11] TONIN, Maurício Morais. *Arbitragem, mediação e outros métodos de solução de conflitos envolvendo o Poder Público*. São Paulo: Almedina, 2019. n. 2.6.1, p. 113-121.

[12] LIMA, Raimundo Márcio Ribeiro. *Administração Pública dialógica*. Curitiba: Juruá, 2013. n. 4.5, p. 233.

deverá prever, com clareza, as obrigações das partes, o prazo para seu cumprimento e as sanções aplicáveis em caso de descumprimento.

Tal dispositivo, como bem destaca Edilson Pereira Nobre Júnior, contém disposição de caráter geral que se destina a conferir dosagem democrática ao Direito Administrativo brasileiro, ao permitir que a Administração – de qualquer de suas esferas políticas – incorpore o consenso na tomada de suas decisões. A disposição satisfaz, a um só tempo, exigências de legalidade e de eficiência, autorizando o agente público a agir pela pauta consensual, fazendo que o acordado seja suscetível de mais fácil cumprimento, com o que se evita o recurso, penoso e demorado, à via judicial. Há, enfim, a incorporação da tendência à implantação da administração concertada, ou administração consensual, ou ainda *soft administration*, que expressam novas formas de democracia participativa.[13]

No âmbito federal, tal previsão foi regulamentada pelo Decreto 9.830, de 2019, contendo, em seus arts. 10 e 11, detalhamento sobre a celebração de compromisso, bem como de termo de ajustamento de gestão.

A disposição contida no art. 26 da Lei de Introdução contém, a bem da verdade, uma *cláusula geral estimuladora da adoção de meios consensuais pelo Poder Público*.[14] Aliás, por força do art. 30 da mesma LINDB, o Poder Público deve desenvolver procedimentos internos hábeis a identificar casos para sugerir a aplicação dos meios consensuais de conflito.[15]

Esses dispositivos – aliados aos arts. 3º e 174 do CPC – estabelecem o dever de a Administração Pública adotar meios consensuais de solução de disputas.

16.3 A ARBITRAGEM NO BRASIL

16.3.1 A legislação brasileira

A Lei 9.307, de 1996, dispõe sobre a arbitragem e estabelece, logo no seu art. 1º, que "as pessoas capazes de contratar poderão valer-se da arbitragem para dirimir litígios relativos a direitos patrimoniais disponíveis". É preciso, então, que haja a presença de requisitos subjetivos (capacidade jurídica) e objetivos (direito patrimonial disponível).

As partes interessadas podem submeter a solução de seus litígios ao juízo arbitral mediante convenção de arbitragem, assim entendida a cláusula compromissória e o compromisso arbitral. Em outras palavras, a convenção de arbitragem é o gênero, do qual há duas espécies: a cláusula compromissória e o compromisso arbitral.

A cláusula compromissória é, nos termos do art. 4º da Lei 9.307, de 1996, "a convenção através da qual as partes em um contrato comprometem-se a submeter à arbitragem os litígios que possam vir a surgir, relativamente a tal contrato". A cláusula compromissória deve ser estipulada por escrito, podendo inserir-se no próprio contrato ou em documento apartado

---

[13] NOBRE JÚNIOR, Edilson Pereira. *As normas de direito público na Lei de Introdução ao Direito Brasileiro*: paradigmas para interpretação e aplicação do Direito Administrativo. São Paulo: Contracorrente, 2019. p. 144-145.

[14] Nesse sentido, o enunciado 130 do Fórum Nacional do Poder Público: "O art. 26 da LINDB prevê cláusula geral estimuladora da adoção de meios consensuais pelo Poder Público e, para sua aplicação efetiva e objetiva, recomenda-se a produção de repositório público de jurisprudência administrativa".

[15] Nesse sentido, o enunciado 131 do Fórum Nacional do Poder Público: "Deve o Poder Público desenvolver procedimentos internos hábeis a identificar casos para sugerir a aplicação dos meios consensuais de conflito".

que a ele se refira. Já o compromisso arbitral, segundo disposto no art. 9º da mesma lei, "é a convenção através da qual as partes submetem um litígio à arbitragem de uma ou mais pessoas, podendo ser judicial ou extrajudicial". Enquanto o compromisso extrajudicial deve ser celebrado por instrumento público ou por escrito particular, assinado por duas testemunhas, o judicial há de ser celebrado por termo nos autos, perante o juízo ou tribunal, onde tenha curso a demanda. Tanto a cláusula compromissória quanto o compromisso arbitral produzem o chamado efeito vinculante, submetendo efetivamente as partes à arbitragem.

A autoridade legislativa, em tais dispositivos, fornece "interpretação" ao texto normativo. Há aí, então, uma *norma interpretativa*. Não é incomum que a autoridade normativa assuma a tarefa de fixar o significado do texto normativo, fazendo-o de duas maneiras: ou editando "leis interpretativas", ou editando "definições legislativas". Aqui o legislador editou uma definição legislativa, já antecipando o significado que se deve atribuir à cláusula compromissória e ao compromisso arbitral. Busca-se, com isso, eliminar discussões a respeito da identificação de cada uma dessas convenções de arbitragem.

Pela cláusula compromissória, as partes *comprometem-se* a submeter a controvérsia a um juízo arbitral. Por sua vez, o compromisso arbitral é a convenção pela qual as partes *já submetem* a controvérsia a um juízo arbitral.

O *Código Civil*, ao tratar das várias espécies de contrato, disciplina o *compromisso* em seus arts. 851, 852 e 853. Nos termos do Código Civil, é admitido o compromisso, judicial ou extrajudicial, para resolver litígios entre pessoas que podem contratar, sendo certa, ademais, a admissibilidade de inclusão nos contratos da cláusula compromissória, a fim de resolver divergências mediante juízo arbitral, na forma estabelecida em lei especial. O art. 852 veda expressamente o compromisso arbitral para solução de questões de estado, de direito pessoal de família e de outras que não tenham caráter estritamente patrimonial.

É possível haver cláusula compromissória em contrato de adesão. Não há vedação nesse sentido. A Lei 9.307, de 1996, apenas contém algumas exigências, a fim de resguardar a situação do aderente. Para que a cláusula compromissória seja eficaz nos contratos de adesão, é preciso que o aderente tome a iniciativa de instituir a arbitragem ou concordar, expressamente, com a sua instituição, desde que o faça por escrito em documento anexo ou em negrito, com a assinatura ou visto especialmente para essa cláusula. Não importa se o negócio é de consumo. Sendo o contrato de adesão, há de ser respeitar tais exigências, sob pena de completa ineficácia da cláusula compromissória, a ser considerada como não escrita.

A arbitragem pode ser de direito ou de equidade, a critério das partes, que poderão, ainda, escolher as regras de direito que serão aplicadas, ou convencionar que o julgamento se realize com base nos princípios gerais do direito, nos usos e costumes e nas regras internacionais de comércio.

As partes podem, na cláusula compromissória, já estabelecer as regras necessárias e suficientes para a instituição da arbitragem, ou simplesmente reportar-se às regras de algum órgão arbitral institucional ou entidade especializada, de maneira que, sobrevindo a controvérsia, é possível a instituição imediata da arbitragem. É o que se chama de cláusula compromissória *cheia*.

No caso de a cláusula compromissória ser *vazia*, isto é, caso não haja acordo prévio sobre a forma de instituir a arbitragem, a parte interessada manifestará à outra parte sua intenção de dar início à arbitragem, por via postal ou por outro meio idôneo de comunicação, convocando-a para firmar o compromisso arbitral. Não comparecendo a parte convocada ou, comparecendo, recusar-se a firmar o compromisso arbitral, faculta-se à outra parte a propositura de demanda judicial perante o Poder Judiciário para que o juiz estatal determine a sua celebração. Ao juiz cabe estimular uma celebração consensual. Não sendo possível e não havendo consenso, o juiz decidirá sobre o conteúdo do compromisso arbitral. O árbitro deve ser escolhido nos termos do compromisso arbitral. Se este nada dispuser a respeito, caberá ao juiz nomear árbitro único para a solução do litígio. A sentença do juiz valerá como compromisso arbitral, podendo ser impugnada por recurso de apelação sem efeito suspensivo, de modo que é possível já instituir a arbitragem, mesmo pendente apelação contra a sentença que determina sua instituição.

Há aí uma ação materialmente sumária, com procedimento especial. A sentença arbitral substitui a declaração de vontade da parte e vale como compromisso arbitral.

O árbitro não precisa ser bacharel em Direito, nem ter qualquer especialidade imposta pela lei. Pode ser árbitro qualquer pessoa capaz e que tenha a confiança das partes. É preciso que seja alguém imparcial; não deve ser impedido, nem suspeito. Os casos de impedimento e suspeição, previstos para os juízes, aplicam-se igualmente aos árbitros.

As partes nomearão um ou mais árbitros, sempre em número ímpar, podendo também nomear os respectivos suplentes. Quando as partes nomearem árbitros em número par, estes estão autorizados a, desde logo, nomear mais um. Não havendo acordo, as partes devem requerer ao Poder Judiciário a nomeação do árbitro. Sendo nomeados vários árbitros, estes, por maioria, elegerão o presidente do tribunal arbitral. Não havendo consenso, o mais idoso será designado presidente. Todas essas regras têm caráter supletivo. É sempre possível que as partes ou o regulamento da instituição que administre o processo estabeleçam regras distintas.

Ao árbitro cabe decidir, de ofício ou a requerimento das partes, as questões relativas à existência, à validade e à eficácia da convenção de arbitragem e do contrato que contenha a cláusula compromissória. O árbitro ou o tribunal arbitral poderá tomar o depoimento das partes, ouvir testemunhas e determinar a realização de perícias ou outras provas que sejam necessárias, mediante requerimento das partes ou de ofício. Em caso de recusa da testemunha para comparecer à audiência, o árbitro ou o presidente do tribunal arbitral poderá requerer ao Poder Judiciário que determine sua condução. Havendo necessidade de medidas coercitivas ou cautelares, os árbitros poderão solicitá-las ao órgão do Poder Judiciário que seria, originariamente, competente para julgar a causa.

A sentença arbitral deve conter relatório, fundamentação (mencionando-se, expressamente, se os árbitros julgaram por equidade), o dispositivo, a data e o lugar em que foi proferida.

A sentença arbitral não precisa ser homologada. Nada tendo sido convencionado, o prazo para prolação da sentença é de 6 (seis) meses, contado da instituição da arbitragem ou da substituição do árbitro. Tal prazo pode ser prorrogado de comum acordo entre as partes e o árbitro. Os árbitros podem proferir sentenças parciais, acolhendo uma parte do pedido e deixando a outra para depois, por ser necessária uma instrução mais demorada.

A sentença é irrecorrível e produz coisa julgada, constituindo título executivo judicial. O árbitro não tem poderes para processar o cumprimento da sentença, que deve ser promovido pela parte vitoriosa perante o Poder Judiciário.

Embora seja irrecorrível a sentença arbitral, a parte interessada, mediante comunicação à outra parte, pode solicitar ao árbitro ou ao tribunal arbitral que corrija erro material da sentença arbitral ou que esclareça alguma obscuridade, elimine contradição da sentença arbitral, ou se pronuncie sobre ponto omitido a respeito do qual devia manifestar-se a decisão.

O Poder Judiciário não pode rever o mérito da sentença arbitral. É possível, entretanto, que a parte interessada postule ao órgão do Poder Judiciário, mediante demanda específica, a decretação da nulidade da sentença arbitral, nas hipóteses previstas na própria lei de arbitragem. Tal demanda anulatória da sentença arbitral submete-se ao procedimento comum, previsto no CPC, devendo ser proposta no prazo de até 90 (noventa) dias após o recebimento da notificação da sentença arbitral ou de seu aditamento.

A lei da arbitragem estabelece, ainda, que a sentença arbitral estrangeira será reconhecida ou executada no Brasil de conformidade com os tratados internacionais com eficácia no ordenamento interno e, na sua ausência, estritamente de acordo com os termos da legislação nacional. Considera-se sentença arbitral estrangeira a que tenha sido proferida fora do território nacional. O Brasil adota um critério territorialista e equipara o local da prolação da sentença arbitral à sede jurídica da arbitragem. É estrangeira a sentença arbitral proferida por juízo arbitral com sede em outro país.

O Brasil aderiu tardiamente à *Convenção de Nova Iorque sobre o Reconhecimento e Execução de Sentenças Arbitrais Estrangeiras de 1958*, principal instrumento regulador da arbitragem no âmbito internacional e ratificado por mais de 145 países. Todas as regras constantes da convenção são aplicáveis no Brasil. Junto com a *Lei de Arbitragem*, a *Convenção de Nova Iorque* representa o principal instrumento legislativo para a arbitragem no Brasil.

Além disso, o Brasil é signatário da *Convenção Interamericana sobre Arbitragem Comercial Internacional (Convenção do Panamá de 1975)*, que estabelece regras sobre o funcionamento do processo arbitral, capacidade para ser árbitro e reconhecimento e execução de sentenças arbitrais estrangeiras.

Seguindo a previsão constitucional, a lei da arbitragem prevê que a sentença arbitral estrangeira, para ser reconhecida ou executada no Brasil, deve ser homologada pelo Superior Tribunal de Justiça. A sentença arbitral estrangeira, homologada pelo Superior Tribunal de Justiça, é título executivo judicial e deve ser executada perante um juízo federal de primeira instância (CF, art. 109, X). A sentença arbitral estrangeira só passa a ser tida como título executivo, se for homologada pelo Superior Tribunal de Justiça (CF, art. 105, I, *i*). Enquanto não homologada, não produz efeitos no território brasileiro, não podendo ser considerada título executivo, nem servir como base para a instauração de uma execução.

É oportuno lembrar uma modificação introduzida pelo Protocolo de Cooperação e Assistência Jurisdicional em Matéria Civil, Comercial, Trabalhista e Administrativa, que o Brasil subscreveu, no âmbito do MERCOSUL, em 27 de junho de 1992. Tal convenção internacional, denominada *Protocolo de Las Leñas*, foi incorporada formalmente ao sistema brasileiro, pois foi aprovada pelo Congresso Nacional por meio do Decreto Legislativo 55/1995, sendo posteriormente promulgada pelo Presidente da República mediante o Decreto 2.067/1996. Em razão do *Protocolo de Las Leñas* – aplicável apenas às relações entre os Estados integrantes do MERCOSUL –, tornou-se possível, mediante simples *carta rogatória*, realizar-se a homologação e a execução, no Brasil, de sentenças estrangeiras proferidas por países integrantes do MERCOSUL.

O *Protocolo de Las Leñas* não autorizou a eficácia extraterritorial das sentenças estrangeiras proferidas no âmbito do MERCOSUL. Em outras palavras, não dispensou a homologação da sentença estrangeira. Apenas *facilitou* e *simplificou* o procedimento para a homologação da sentença estrangeira proveniente do MERCOSUL.[16] As sentenças estrangeiras proferidas por países integrantes do MERCOSUL são homologadas

---

[16] STF, Pleno, CR-AgR 7.613/AT, Rel. Min. Sepúlveda Pertence, j. 3.4.1997.

pelo STJ mediante simples carta rogatória. Ao STJ cabe examinar os requisitos formais da rogatória para, então, conceder o *exequatur* e determinar sua remessa à Justiça Federal competente para execução da sentença.

As sentenças estrangeiras, inclusive as arbitrais, devem, portanto, ser homologadas pelo STJ para que sejam títulos executivos judiciais. Não estão dispensadas da homologação as sentenças estrangeiras dos países integrantes do MERCOSUL. Sua homologação apenas está submetida a procedimento mais simples, efetivando-se por mera carta rogatória.

16.3.2 Arbitrabilidade objetiva e subjetiva

Já se viu que a Lei 9.307, de 1996, estabelece ser possível a arbitragem para (a) as pessoas capazes de contratar, relativamente a (b) direitos patrimoniais disponíveis. São, então, dois os requisitos para que se admita uma arbitragem: a capacidade de fato ou de exercício e a disponibilidade de um direito patrimonial.

A doutrina brasileira passou a entender que a arbitragem, na verdade, depende da presença da chamada *arbitrabilidade*, que pode ser *objetiva* e *subjetiva*. Essas definições são mais adequadas a identificar quem pode submeter-se à arbitragem e qual a controvérsia possível a ser submetida a uma arbitragem.

A *arbitrabilidade subjetiva* refere-se a quem pode ser parte numa arbitragem. A legislação vale-se da expressão "pessoas capazes". Rigorosamente, tal expressão não abrange os entes despersonalizados, a exemplo do condomínio, do espólio e das sociedades de fato. Tais entes, embora não tenham personalidade jurídica, desfrutam de capacidade. Não são poucos os doutrinadores que consideram a *capacidade* como a nota definidora do conceito jurídico de pessoa. Com efeito, para muitos, o direito, ao se referir a "pessoa", não utiliza o sentido ético da palavra, identificando-a com a capacidade jurídica. Por isso, a quem se confere personalidade, outorga-se igualmente capacidade. Em outras palavras, quem tem personalidade tem, somente por isso, capacidade jurídica. Daí por que o Código Civil brasileiro, em seu art. 1.º, dispõe que toda *pessoa* é capaz de direitos e deveres na ordem civil.

A personalidade não se confunde, todavia, com a capacidade. Conquanto se afirme que a capacidade seja um elemento da personalidade, nem sempre que haja capacidade deve existir, necessariamente, personalidade. Em algumas hipóteses, o legislador entende desnecessário atribuir personalidade a alguns entes, mas lhes assegura capacidade jurídica e processual. Assim, por exemplo, o condomínio, a massa falida, o espólio e outros tantos, embora não desfrutem de personalidade jurídica, têm capacidade para adquirir direitos e contrair obrigações, podendo, até mesmo, ser parte em juízo, ativa ou passivamente. Tais entes não são pessoas, mas são sujeitos de direito, podendo ser titulares de poderes, deveres, direitos, ônus e faculdades, de índole material ou processual.

Daí se infere que há sujeitos de direito que não são pessoas. Tais sujeitos não são pessoas, mas se lhes atribui capacidade jurídica, porque: (a) sua existência se caracteriza pela transitoriedade e pela fugacidade, não se recomendando seja-lhes deferida personalidade jurídica, que exige duração temporal com certa estabilidade; e, ainda, pela (b) necessidade de se conferir segurança às relações jurídicas, garantindo o exercício de pretensões de terceiros contra tais sujeitos desprovidos de personalidade jurídica.[17]

---

[17] MELLO, Marcos Bernardes de. *Teoria do fato jurídico:* plano da eficácia – 1ª parte. São Paulo: Saraiva, 2003, p. 127. Essa situação de transitoriedade que desaconselha a atribuição de personalidade jurídica a alguns sujeitos de direito não guarda pertinência com o condomínio edilício, que desfruta

Se tais entes têm capacidade jurídica, podem adquirir direitos e contrair obrigações e, ainda, podem ser parte em processo judicial, não há razão para vetar-lhes o acesso à arbitragem. Há, então, arbitrabilidade subjetiva, não transparecendo qualquer impediente à celebração da arbitragem.

Além da capacidade da parte, é preciso, para que haja arbitragem, que ela possa dispor ou transigir sobre o direito patrimonial. É preciso, enfim, que haja *arbitrabilidade objetiva*. Exige-se, em outras palavras, que as partes tenham capacidade de administração de bens, e não de disposição. Se não há capacidade de administração de bens, não há poderes para celebração de uma convenção de arbitragem. É o caso do inventariante, do administrador judicial na falência e do síndico de um condomínio. Para celebração de uma convenção de arbitragem, essas partes necessitam das respectivas autorizações exigidas por lei para dispor de direitos (autorização judicial, no caso do inventariante e do administrador judicial, e da assembleia de condôminos, no caso do condomínio).

16.3.3 Poder do árbitro para conceder medidas cautelares e de urgência

É possível que surja uma urgência antes mesmo da instituição da arbitragem. Nesse caso, admite-se a chamada cautelar *pré-arbitral*: o pedido de providência de urgência deve ser formulado ao Poder Judiciário (Lei 9.307/1996, art. 22-A).

A cautelar, nesse caso, é antecedente. Intentada a cautelar antecedente e uma vez deferida, pelo juízo estatal, a providência postulada, deve ser instaurada a arbitragem dentro de 30 (trinta) dias, a contar da efetivação da medida (Lei 9.307/1996, art. 22-A, parágrafo único). Se a arbitragem não for instaurada nesse prazo, a cautelar perde sua eficácia. A medida cautelar conserva sua eficácia nesse prazo de 30 (trinta) dias e, instituída a arbitragem, pode ser mantida, revogada ou modificada pelo árbitro (Lei 9.307/1996, art. 22-B).

Instaurada a arbitragem, os autos da cautelar *pré-arbitral* devem ser encaminhados pelo juiz estatal ao árbitro ou ao tribunal arbitral, que passa a conduzir o caso, processando a demanda e julgando ao final os pedidos formulados.

Cabe ao juízo arbitral conceder as medidas de urgência. A análise tanto do mérito como das medidas de urgência cabe ao juízo arbitral.[18]

Como destaca Cândido Rangel Dinamarco, "Instaurado o processo arbitral, com a competência para processar e julgar a causa recebem os árbitros também o encargo de prover sobre eventuais pedidos incidentais de medidas urgentes".[19]

---

de duração temporal com certa estabilidade. Deveria, então, ser conferida personalidade jurídica ao condomínio edilício. O condomínio não tem, contudo, personalidade, mas é sujeito de direito, dotado de capacidade jurídica (MELLO, Marcos Bernardes de. *Teoria do fato jurídico:* plano da eficácia – 1ª parte. São Paulo: Saraiva, 2003, idem, nota de rodapé n. 235, p. 128).

[18] CARMONA, Carlos Alberto. *Arbitragem e processo:* um comentário à Lei nº 9.307/96. 2. ed. São Paulo: Atlas, 2004, p. 265-271; CAHALI, Francisco José. *Curso de arbitragem*. São Paulo: RT, 2011, n. 10.2.2, p. 232-234; GUERRERO, Luís Fernando. Tutela de urgência e arbitragem. *Revista Brasileira de Arbitragem*, Porto Alegre: Síntese, v. 6, n. 24, Curitiba: Comitê Brasileira de Arbitragem, 2009, p. 22-44; FIGUEIRA JÚNIOR, Joel Dias. *Arbitragem, jurisdição e execução:* análise crítica da Lei 9.307/96, de 23.09.1996. São Paulo: RT, 1999, p. 222; AZEVEDO NETO, João Luiz Lessa de. Medidas cautelares, arbitragem e a cooperação com o poder judiciário. *Execução e cautelar:* estudos em homenagem a José de Moura Rocha. In: ADONIAS, Antonio; DIDIER JR., Fredie; CUNHA, Leonardo Carneiro da (coords.). *Execução e cautelar:* estudos em homenagem a José de Moura Rocha. Salvador: JusPodivm, 2012, p. 263-281.

[19] DINAMARCO, Cândido Rangel. *A arbitragem na teoria geral do processo*. São Paulo: Malheiros, 2013, n. 88, p. 225.

Diante do autorregramento das partes quanto à arbitragem, há quem defenda ser possível haver limitações ou restrições, estabelecidas na convenção de arbitragem, ao poder do juízo arbitral para a apreciação e a concessão de medidas de urgência, de natureza cautelar ou antecipatória. A restrição pode ser total ou parcial, mas precisa ser expressa.[20] Não havendo restrição, o poder cautelar do juízo arbitral é inequívoco. Há, por outro lado, quem entenda não ser possível qualquer restrição, por violar o direito ao livre acesso à jurisdição.[21]

Destaca-se a cooperação entre o juízo arbitral e o juízo estatal. Concedida a medida cautelar pelo juízo arbitral, este deve, mediante carta arbitral (Lei 9.307/1996, art. 22-C; CPC, art. 237, IV), solicitar o apoio do juízo estatal para impor sua efetivação ou cumprimento forçado pela parte.

16.3.4 A arbitragem e a Administração Pública

Tradicionalmente, sempre houve resistência para a arbitragem com o Poder Público. Ao longo da história do Brasil, formaram-se três correntes doutrinárias: (a) a que não admite arbitragem que envolva o Poder Público; (b) a que admite sempre, mesmo que não haja lei específica, sendo suficiente a própria lei da arbitragem; (c) a que admite, desde que haja lei específica para determinada atividade pública.

A primeira corrente funda-se na ideia de indisponibilidade do interesse público, enquanto a segunda defende que o interesse da Administração Pública não equivale ao interesse público. Já a terceira apoia-se na necessidade de respeito ao princípio da legalidade.

As opiniões mais atuais dividem-se entre a segunda e a terceira correntes, havendo uma tendência de prevalecer a segunda. De todo modo, já há disposição expressa prevendo a arbitragem com o Poder Público. A Lei 9.307, de 1996, foi alterada pela Lei 13.129, de 2015, passando a contar, em seu art. 1º, com o § 1º que assim dispõe: "A administração pública direta e indireta poderá utilizar-se da arbitragem para dirimir conflitos relativos a direitos patrimoniais disponíveis".

E, nos termos do § 2º do art. 1º da Lei 9.307, de 1996, igualmente acrescentado pela Lei 13.129, de 2015, "A autoridade ou o órgão competente da administração pública direta para a celebração de convenção de arbitragem é a mesma para a realização de acordos ou transações".

Já se viu, no item 16.2.2 *supra*, que há a arbitrabilidade subjetiva e a arbitrabilidade objetiva. A arbitrabilidade, que significa a possibilidade de um litígio ou de uma disputa submeter-se à arbitragem, pode referir-se à matéria (*ratione materiae* – arbitrabilidade objetiva) ou à pessoa (*ratione personae* – arbitrabilidade subjetiva).[22] O § 1º do art. 1º da Lei 9.307, de 1996, prevê expressamente a possibilidade de a Administração Pública valer-se da arbitragem para a solução de suas disputas. Há, portanto, arbitrabilidade subjetiva.

---

[20] CAHALI, Francisco José. *Curso de arbitragem*. São Paulo: RT, 2011. n. 10.2.3, p. 235-236; DINAMARCO, Cândido Rangel. *A arbitragem na teoria geral do processo*. São Paulo: Malheiros, 2013, n. 88, p. 226-229.

[21] FIGUEIRA JÚNIOR, Joel Dias. *Arbitragem, jurisdição e execução: análise crítica da Lei 9.307/96, de 23.09.1996*. São Paulo: RT, 1999. p. 224-225; COSTA, Nilton César Antunes da. Poderes do árbitro. São Paulo: RT, 2002, p. 111; ROSA, José Carlos. *Medidas cautelares e arbitragem*. São Paulo: Opera Nostra, 2006, p. 104.

[22] A eventual inarbitrabilidade da disputa determina a invalidade da convenção de arbitragem, sendo igualmente causa de anulação da sentença arbitral, nos termos do art. 32, I, da Lei 9.307, de 1996.

Quanto à arbitrabilidade objetiva, é preciso investigar quais os litígios cuja natureza é compatível com a arbitragem. Nesse sentido, cumpre observar se o litígio insere-se numa relação de Direito Privado ou numa relação de Direito Público. Como explica Ana Perestrelo de Oliveira, "A dicotomia é clássica e plena de consequências ao nível da arbitrabilidade da controvérsia. No primeiro caso, o ente público age desprovido de poderes de autoridade (*acta jure gestionis*), ao contrário do que sucede no segundo, em que atua com poderes de império (*acta jure imperii*)".[23]

O § 1º do art. 1º da Lei 9.307, de 1996, como já se viu, assim dispõe: "A administração pública direta e indireta poderá utilizar-se da arbitragem para dirimir conflitos relativos a direitos patrimoniais disponíveis". O dispositivo menciona a *disponibilidade* e, igualmente, a *patrimonialidade* do direito. Há uma arbitrabilidade ampla relativamente ao Poder Público quando este atua *jure gestionis*, ou seja, quando ele estiver inserido numa relação de Direito Privado. Quando, porém, a relação for pública, na qual houver manifesto exercício do poder de império, será preciso examinar o grau (in)disponibilidade do direito. Para que seja possível a arbitragem, deve haver *disponibilidade* e o direito deve ser *patrimonial*.

Antes mesmo do advento da Lei 13.129, de 2015, já havia vários diplomas normativos prevendo a arbitragem com entidades integrantes da Administração Pública, a exemplo de sociedades de economia mista e empresas públicas. Todos eles tratam de questões contratuais, não relacionadas com o exercício de atos de império, mas sim com direitos *patrimoniais disponíveis*.

A Lei 8.987, de 1995, que regula o regime de concessões e permissões de serviços públicos previstos no art. 175 da Constituição Federal, estabelece como *cláusula essencial*, portanto, obrigatória, necessária, a que diz respeito ao foro e ao *modo amigável de solução das divergências contratuais* (art. 23, XV), aplicando-se a esses contratos administrativos também a Lei 14.133, de 2021.

A Lei 9.472, de 16 de julho de 1997, dispõe sobre a organização dos serviços de telecomunicações, cria a Agência Nacional de Telecomunicações – ANATEL, sob regime autárquico, no art. 93, e trata do contrato de concessão, do foro e do modo amigável para a solução extrajudicial dos conflitos contratuais.

A Lei 9.478, de 6 de agosto de 1997, dispõe sobre a política energética e cria a Agência Nacional do Petróleo, sob regime autárquico especial, e, ao tratar do contrato de concessão, especifica que, dentre as cláusulas essenciais, deve constar a que verse sobre a solução de controvérsias, relacionada com o contrato e sua execução, inclusive a conciliação e a arbitragem internacionais.

A Lei 10.233, de 5 de junho de 2001, que dispõe sobre os transportes aquaviário e terrestre, cria a Agência Nacional de Transportes Terrestres, a Agência Nacional de Transportes Aquaviários e o Departamento Nacional de Infraestrutura de Transportes, prevendo, como cláusula essencial do contrato de concessão, a solução de controvérsias relacionadas com o contrato e sua execução, inclusive a conciliação e a arbitragem.

A Lei 10.848, de 15 de março de 2004, dispõe sobre a comercialização de energia elétrica, prevendo a arbitragem para a solução de controvérsias.

---

[23] OLIVEIRA, Ana Perestrelo. *Arbitragem de litígios com entes públicos*. 2. ed. Coimbra: Almedina, 2015. p. 15.

A Lei 11.079, de 30 de dezembro de 2004, que institui normas gerais para licitação e contratação de parceria público-privada no âmbito da Administração Pública, dispõe, em seu art. 11, III, que o instrumento convocatório conterá minuta do contrato, indicará expressamente a submissão da licitação às normas ali previstas, podendo ainda prever o emprego dos mecanismos privados de resolução de disputas, inclusive a arbitragem, a ser realizada no Brasil e em língua portuguesa, nos termos da lei de arbitragem, para dirimir conflitos decorrentes ou relacionados ao contrato.

Nesse mesmo sentido, o § 1º do art. 62 da Lei 12.815, de 2013, dispõe que, para resolver litígios decorrentes do inadimplemento, pelas concessionárias, arrendatárias, autorizatárias e operadoras portuárias quanto ao recolhimento de tarifas portuárias ou outras obrigações financeiras perante a administração do porto e a ANTAQ, poderá ser utilizada a arbitragem, nos termos da Lei 9.307, de 1996.

A Lei 13.800, de 2019, que autoriza a Administração Pública a firmar instrumentos de parceria e termos de execução de programas, projetos e demais finalidades de interesse público com organizações gestoras de fundos patrimoniais, estabelece, no § 6º de seu art. 26, que, havendo previsão, no instrumento de parceria, de compromisso arbitral, a resolução de controvérsias entre a instituição pública federal apoiada, a organização gestora de fundo patrimonial e a organização executora poderá ser conduzida pela Câmara de Conciliação e Arbitragem da Administração Federal da Advocacia-Geral da União.

A Lei 13.867, de 2019, acrescentou os arts. 10-A e 10-B ao Decreto-lei 3.365, de 1941, passando a prever a possibilidade de arbitragem em casos de desapropriação. Feita a opção pela via arbitral, o particular indicará um dos órgãos ou instituições especializados em arbitragem previamente cadastrados pelo órgão responsável pela desapropriação. A arbitragem, nesse caso, seguirá as normas da Lei 9.307, de 1996 (Lei de Arbitragem) e, subsidiariamente, os regulamentos do órgão ou instituição responsável.

Há, como se percebe, várias leis autorizando a arbitragem com entidades integrantes da Administração Pública. Ao lado dessas leis, a própria lei da arbitragem contém a previsão específica que permite sua instauração envolvendo o Poder Público. Basta que haja arbitrabilidade objetiva e arbitrabilidade subjetiva.

Destaca-se um julgamento paradigmático do Supremo Tribunal Federal que enfrentou essa questão e admitiu a possibilidade de arbitragem que envolva o Poder Público. Com efeito, ao julgar o Agravo de Instrumento 52.181, a Suprema Corte entendeu pela "legalidade do juízo arbitral, que o nosso direito sempre admitiu e consagrou, até mesmo nas causas contra a Fazenda", concluindo haver "legitimidade da cláusula de irrecorribilidade de sentença arbitral, que não ofende a norma constitucional".[24]

A doutrina admite a arbitragem que envolva o Poder Público. Ao julgar o Recurso Especial 904.813/PR, o Superior Tribunal de Justiça anotou que "Tanto a doutrina como a jurisprudência já sinalizaram no sentido de que não existe óbice na estipulação da arbitragem pelo poder público, notadamente pelas sociedades de economia mista, admitindo como válidas as cláusulas compromissórias previstas em editais convocatórios de licitação e contratos". E, ainda segundo se registrou em tal julgado, "o fato de não haver previsão da arbitragem no edital de licitação ou no contrato celebrado entre as partes não invalida o compromisso arbitral firmado posteriormente".[25]

---

[24] STF, Pleno, AI 52.181, Rel. Min. Bilac Pinto, *DJ* 15.02.1974, p. 720.
[25] STJ, 3ª Turma, REsp 904.813/PR, Rel. Min. Nancy Andrighi, *DJe* 28.02.2012.

Enfim, é possível a arbitragem que envolva entes integrantes da Administração Pública. Para que o ente público celebre convenção arbitral, não é preciso, porém, que haja previsão no edital de licitação.[26]

A Administração Pública pode submeter suas disputas a uma arbitragem, podendo esta ser *ad hoc* ou institucional.[27]

Há, entretanto, algumas adaptações que devem ser feitas. A Administração Pública, de qualquer dos poderes, está submetida aos princípios previstos no art. 37 da Constituição Federal, a saber: legalidade, moralidade, publicidade, impessoalidade e eficiência.

Diante disso, a arbitragem que envolva o Poder Público não pode ser sigilosa, nem confidencial, em razão da necessidade de observância ao princípio da publicidade. Além disso, em virtude do princípio da legalidade, a doutrina entende que não é possível arbitragem por equidade, quando o Poder Público figurar como uma das partes envolvidas; só é possível a arbitragem por legalidade.

Exatamente por isso, o § 3º do art. 2º da Lei 9.307, de 1996, assim dispõe: "A arbitragem que envolva a administração pública será sempre de direito e respeitará o princípio da publicidade". De igual modo, com relação às licitações e aos contratos administrativos, o art. 152 da Lei 14.133/2021 assim estabelece: "A arbitragem será sempre de direito e observará o princípio da publicidade". Significa que não pode haver arbitragem por equidade com o Poder Público, nem ela pode ser confidencial ou regida pelo sigilo. Só é possível haver com a Fazenda Pública arbitragem por legalidade, respeitando-se o princípio da publicidade.

A Lei 12.527, de 2011, regula o acesso à informação, garantindo a qualquer interessado a apresentação de pedido de acesso a informações a órgãos e entidades da Administração direta e indireta da União, dos Estados, dos Municípios e do Distrito Federal. A obtenção de informações que digam respeito a alguma arbitragem que envolva o Poder Público deve ser requerida diretamente à própria Administração, e não ao tribunal arbitral ou ao órgão ou entidade em que tramite o procedimento arbitral.[28] O dever de cumprir com a publicidade é da Administração Pública, e não do tribunal arbitral ou do órgão ou entidade onde tramite a arbitragem. Cabe à Administração receber, processar e responder aos pedidos de acesso à informação, devendo fornecê-la ou negar seu fornecimento com base no sigilo ou limitação pública de acesso.

Por ser necessário respeitar o princípio da publicidade, já há quem defenda que as sentenças arbitrais, em arbitragens que envolvam o Poder Público, devem ser publicadas e divulgadas, sendo igualmente necessário que haja um sistema, amplamente divulgado, de precedentes das câmaras arbitrais.[29]

---

[26] Nesse sentido, o enunciado 571 do Fórum Permanente de Processualistas Civis: "A previsão no edital de licitação não é pressuposto para que a Administração Pública e o contratado celebrem convenção arbitral".

[27] Nesse sentido, o enunciado 572 do Fórum Permanente de Processualistas Civis: "A Administração Pública direta ou indireta pode submeter-se a uma arbitragem *ad hoc* ou institucional".

[28] Nesse sentido, o enunciado 128 do Fórum Nacional do Poder Público: "O juízo arbitral não se subordina aos pedidos de informação realizados com base na Lei 12.527/2011, quando a Administração Pública for parte no processo arbitral, fundado em razões que justifiquem a limitação de acesso à informação".

[29] SARAIVA, Leonardo. *Arbitragem na Administração Pública*. Rio de Janeiro: Lumen Juris, 2019, n. 3.4.1, p. 100-108.

É preciso, porém, compatibilizar o princípio da publicidade com as hipóteses de sigilo previstas em lei, que resguardam a segurança nacional (como, por exemplo, nas hipóteses previstas na Lei 12.527, de 2011). Bem por isso, nos termos do enunciado 104 do Fórum Nacional do Poder Público: "Na arbitragem com a Administração Pública, a publicidade dos atos e documentos do processo está sujeita à mitigação em função dos casos de sigilo previstos em lei". Também por isso, consoante anotado no enunciado 105 do Fórum Nacional do Poder Público: "Caracteriza-se boa prática da Administração Pública dar conhecimento ao tribunal arbitral e à parte adversa do recebimento de pedido de acesso à informação com fundamento na Lei 12.527/2011, relacionado a procedimento arbitral do qual seja parte".

O respeito à legalidade e à publicidade relaciona-se com a necessidade de viabilizar o controle dos atos públicos. É por isso que, para que se elimine qualquer resistência à adoção de arbitragem pelo Poder Público, há quem defenda a necessidade de envolver os Tribunais de, permitindo que haja maior aproximação entre os tribunais arbitrais e a jurisprudência firmada pelos Tribunais de Contas.[30]

A Administração Pública, por causa dos princípios da impessoalidade e da moralidade, deve contratar bens e serviços mediante licitação. A escolha do juízo ou tribunal arbitral deve ser submetida ao procedimento licitatório? Não tem prevalecido o entendimento de que seria necessária a realização de licitação. Há, de um lado, quem defenda que se trata de caso de inexigibilidade de licitação,[31] cujas hipóteses legais são exemplificativas, e não exaustivas. Há, por outro lado, quem afirme que não se aplicam as normas sobre licitação à escolha da câmara arbitral.[32]

A Lei 13.144/2021 prevê a adoção de arbitragem para a solução de controvérsias decorrentes de licitações e contratos administrativos, estabelecendo, em seu art. 154, que o processo de escolha dos árbitros e dos colegiados arbitrais observem "critérios isonômicos, técnicos e transparentes".

A União pode intervir, se houver interesse econômico, ainda que reflexo ou indireto, em arbitragens que envolvam a Administração Pública Federal ou concessionários, subconcessionários, permissionários, arrendatários ou autorizatários do serviço público. Enfim, é possível a intervenção anômala da União – que é aquela prevista no art. 5º da Lei 9.469, de 1997 – nas arbitragens (Decreto 10.025/2019, art. 13, § 2º).

A sentença arbitral proferida contra Fazenda Pública não está sujeita à remessa necessária.[33] O art. 496 do CPC, que disciplina a remessa necessária, aplica-se apenas ao ambiente do processo judicial, não tendo incidência relativamente ao processo arbitral. As demais prerrogativas da Fazenda Pública em juízo não se apresentam, em regra, na arbitragem. Não há intimação pessoal, nem prazos em dobro, a não ser que as partes assim prevejam no

---

[30] SARAIVA, Leonardo. *Arbitragem na Administração Pública*. Rio de Janeiro: Lumen Juris, 2019, n. 3.4.1, p. 108.

[31] AMARAL, Paulo Osternack. *Arbitragem e Administração Pública*. Belo Horizonte: Fórum, 2012. p. 75.

[32] BONÍCIO, Marcelo José Magalhães. Breve análise sobre a arbitragem em conflitos que envolvem o Estado. *Revista da Procuradoria-Geral do Estado de São Paulo*. São Paulo, v. 75, p. 13-20, 2012. Nesse sentido, o enunciado 103 do Fórum Nacional do Poder Público: "A escolha da câmara arbitral e a indicação de árbitro pela Administração Pública não se sujeitam ao regime jurídico em matéria de licitações e contratos administrativos".

[33] Nesse sentido, o enunciado 164 do Fórum Permanente de Processualistas Civis: "A sentença arbitral contra a Fazenda Pública não está sujeita à remessa necessária". No mesmo sentido, o enunciado 117 do Fórum Nacional do Poder Público: "A sentença arbitral não enseja a remessa necessária".

compromisso ou no termo de arbitragem. Se nada disserem, a regra é o ente público não gozar de suas prerrogativas processuais.

Ao lado disso tudo, uma sentença arbitral que imponha uma condenação pecuniária ao Poder Público deve acarretar a expedição de precatório, em razão do que dispõe o art. 100 da Constituição, regra que não pode ser afastada, ainda que se trate de arbitragem.[34] Se a condenação for de pequeno valor, não se expede precatório, mas Requisição de Pequeno Valor – RPV, a ser paga em sessenta dias, nos termos da legislação de regência. Só não haverá necessidade de precatório ou de RPV, se o ente que integra a Administração Pública for uma sociedade de economia mista ou uma empresa pública, cujo regime jurídico é de direito privado, não estando sujeitas ao precatório.

Com essas ressalvas e adaptações, admite-se a arbitragem que envolve entes da Administração Pública.

Tal como destacado no item 7.2.10, a União pode atuar, em processos arbitrais, como interveniente anômalo, nos termos do art. 5º, parágrafo único, da Lei 9.469/1997, para esclarecer questões de fato e de direito e apresentar documentos e memoriais, contribuindo, assim, para a discussão e a decisão a ser proferida pelo tribunal arbitral.

16.4 A MEDIAÇÃO E A CONCILIAÇÃO NO BRASIL

16.4.1 Observação introdutória

A legislação processual civil atribuía ao juiz o dever de tentar obter a autocomposição pelas partes, conciliando-as. A experiência demonstrou que tal opção não é adequada, por vários motivos.

Primeiro, o juiz foi formado para julgar, não tendo preparação satisfatória para adoção das técnicas de convencimento ou de ajuda à obtenção da autocomposição.

Segundo, o juiz tem suas preocupações voltadas para os julgamentos e as prolações das decisões a seu cargo, não reunindo condições de tempo para as tentativas de autocomposição.

Terceiro, o ambiente da sala de audiência, que ostenta símbolos formais que intimidam, não se revela adequado nem satisfatório para convencer as partes a uma autocomposição.

Quarto, não é igualmente adequado aglutinar a função de conciliador e de julgador, pois muitas das informações prestadas na sessão de conciliação influenciam o convencimento, eliminando o sigilo e a confidencialidade que são relevantes para que se tente obter a autocomposição.

Quinto, não há distinção satisfatória entre conciliação e mediação, não sendo utilizadas as técnicas corretas para cada caso específico.

16.4.2 A Resolução 125/2010 do Conselho Nacional da Justiça (CNJ) e a política pública de mediação e conciliação

O Conselho Nacional de Justiça, por meio da Resolução 125/2010, dispõe sobre a *política judiciária nacional de tratamento adequado dos conflitos de interesses no âmbito do Poder Judiciário*.

---

[34] Nesse sentido, o enunciado 101 do Fórum Nacional do Poder Público: "O cumprimento da sentença arbitral de obrigação de pagar quantia certa pela Fazenda Pública deve seguir a ordem cronológica de apresentação dos precatórios".

Nos termos da citada resolução, cabe aos órgãos judiciários oferecer mecanismos de solução de controvérsias, em especial os chamados meios consensuais, como a mediação e a conciliação, além de prestar atendimento e orientação ao cidadão.

Na implementação dessa política judiciária nacional, serão observadas a centralização das estruturas judiciárias, a adequada formação e treinamento de servidores, conciliadores e mediadores, bem como o acompanhamento estatístico específico. O CNJ auxiliará os tribunais na organização dos serviços de mediação e conciliação, podendo ser firmadas parcerias com entidades públicas e privadas.

A política nacional instituída pela mencionada resolução procura conferir tratamento adequado aos conflitos de interesses no âmbito do Poder Judiciário, preocupando-se com a qualidade dos serviços a serem oferecidos. Daí por que há regras explícitas sobre a capacitação dos mediadores e conciliadores.

A disciplina contida na Resolução 125/2010 do CNJ denota que a conciliação e a mediação devem ser organizadas com a finalidade não de solucionar a crise de morosidade da Justiça, mas como um método para se dar tratamento mais adequado aos conflitos de interesses que ocorrem na sociedade.[35]

Tais meios são *adequados* para solução de controvérsias. O problema é que, tradicionalmente, estabeleceu-se, no Brasil, um *excesso de litigância* ou uma *judicialização dos conflitos*, acarretando uma quantidade avassaladora de processos instaurados perante o Poder Judiciário. Só que, muitas vezes, a solução adjudicada pelo juiz estatal não é a mais adequada, com resultados insatisfatórios. É preciso estimular e orientar as pessoas a resolverem, por si próprias, seus conflitos, devendo o Judiciário, em algumas hipóteses, ser o meio *alternativo*.[36]

O CPC incorporou as normas contidas na Resolução 125/2010 do CNJ, trazendo diversos dispositivos relacionados com os chamados "meios alternativos de resolução de disputas" (ADR – *Alternative Dispute Resolution Methods*).

16.4.3 Os ADRs no CPC

Ao mesmo tempo que incentiva, o CPC institucionaliza os ADRs, disciplinando-os, na realidade, não como meios "alternativos" de resolução de disputas, mas como meios "integrados". Com efeito, ao tratar da mediação e da conciliação, o projeto prevê sua realização no processo judicial, sem, todavia, eliminar sua independência e flexibilidade, criando, ademais, instrumentos de comunicação e de troca cooperativa com a arbitragem, como a carta arbitral.

Há, no Código, uma valorização do consenso e uma preocupação em criar no âmbito do Judiciário um espaço não apenas de *julgamento*, mas de *resolução de conflitos*. Isso propicia um redimensionamento e democratização do próprio papel do Poder Judiciário e do modelo de prestação jurisdicional pretendido. O distanciamento do julgador e o formalismo típico das audiências judiciais, nas quais as partes apenas assistem ao desenrolar dos acontecimentos, falando apenas quando diretamente questionadas em um interrogatório com o objetivo de

---

[35] WATANABE, Kazuo. Política judiciária nacional de tratamento adequado dos conflitos de interesses: utilização dos meios alternativos de resolução de controvérsias. *O processo em perspectiva:* jornadas brasileiras de direito processual. São Paulo: RT, 2013, p. 243.

[36] CÂMARA, Alexandre Freitas. Mediação e conciliação na Res. 125 do CNJ e no projeto de Código de Processo Civil. *O processo em perspectiva:* jornadas brasileiras de direito processual. São Paulo: RT, 2013, p. 40.

obter sua confissão, são substituídos pelo debate franco e aberto, com uma figura que pretende facilitar o diálogo: o mediador ou o conciliador.

Além de propiciar um redimensionamento e democratização do próprio papel do Poder Judiciário e do modelo de prestação jurisdicional pretendido, o projeto contribui para ampliar o acesso democrático à justiça, pois, como esclarecem Dierle Nunes e Ludmila Teixeira, "o acesso à justiça democrático exige que as autonomias dos cidadãos sejam respeitadas não somente no momento da gênese do direito, mas sobretudo no momento aplicativo".[37]

O CPC cria um sistema integrado de *resolução de disputas*. Há uma importante mudança de conceito e orientação: o foco deixa de estar (apenas) no *julgamento* e passa para a efetiva *solução* do conflito.

Logo no início, quando disciplina as normas fundamentais do processo civil, o CPC contém disposições informadoras de um modelo processual *cooperativo*, estabelecendo que os sujeitos processuais devem cooperar para o julgamento do processo, cabendo ao juiz velar pelo contraditório e pela paridade das partes.

O art. 3º do CPC trata exatamente do princípio da inafastabilidade (reproduzindo o quanto previsto no art. 5º, XXXV, da Constituição Federal), contemplando, em seus parágrafos, a admissibilidade da arbitragem e estabelecendo a promoção dos meios consensuais de resolução de disputas como um dos pilares do processo civil brasileiro.

Efetivamente, caberá aos magistrados, advogados e membros do Ministério Público, inclusive no curso do processo judicial, estimular o uso da conciliação, da mediação e dos demais mecanismos consensuais de resolução de conflitos, sendo dever do Estado promover a solução consensual dos conflitos.

A norma é promocional. O Estado deverá *promover* o uso dos ADR's, e os profissionais da área jurídica deverão *estimular* o seu uso. Isso inclui um esforço de capacitação de pessoal, criação de estrutura física, esclarecimento da população e treinamento dos servidores e dos profissionais do meio jurídico em geral. Não apenas estimula o uso da ADR em âmbito judicial, mas o projeto também estabelece que a União, os Estados, o Distrito Federal e os Municípios deverão criar câmaras de mediação e conciliação, com atribuições relacionadas à solução consensual de conflitos no âmbito administrativo. Assim, há a construção de um verdadeiro sistema de resolução de disputas, composto pelo Poder Judiciário e por instituições públicas e privadas dedicadas ao desenvolvimento de mediação, conciliação e arbitragem.

Por outro lado, abrem-se novas possibilidades de atuação para as profissões jurídicas: os advogados e defensores públicos terão de oferecer aos seus clientes *opções* e *caminhos* possíveis para a solução do seu conflito, dentro do dever profissional de esclarecimento.

Da leitura do CPC observa-se que os meios *alternativos* de resolução de disputa *deixam* de ser apenas *alternativos*, passando a compor um quadro geral dos *meios* de resolução de disputas; passam a ser meios *integrados* de resolução de disputas. A dicotomia (resolução judicial x meios alternativos) fica atenuada. Não se fala mais no *meio* de resolução de disputas e suas alternativas, mas se oferece uma *série de meios*, entrelaçados entre si e funcionando num esquema de cooperação, voltados à resolução de disputas e pacificação social.

O objetivo do processo não é simplesmente *julgar*, mas *resolver disputas*. Isso, muitas vezes, significa uma sentença bem fundamentada, com uma fase de execução ágil e efetiva, mas, em outras, é alcançar o meio-termo e o acordo entre as partes. Trata-se de uma importante mudança de paradigma. Tradicionalmente, desde Chiovenda e Carnelutti, sempre

---

[37] NUNES, Dierle; TEIXEIRA, Ludmila. *Acesso à justiça democrático*. Brasília: Gazeta Jurídica, 2013, p. 67.

se falou que o processo serve para aplicar a lei, sendo um espaço de *decisão* e raciocínio subsuntivo. O processo civil brasileiro entrará na fase do processo como local de diálogo e de busca pelo *melhor* caminho para a resolução de cada disputa.

Cappelletti e Garth colocam a promoção dos meios alternativos de resolução de disputas na terceira onda de acesso à justiça,[38] justamente por eles permitirem um menor formalismo e maior proximidade das partes; esse parece ser o caminho a ser trilhado pelo Brasil.

16.4.4 A mediação e a conciliação

A mediação e a conciliação não devem ser encaradas como medidas destinadas a desafogar o Poder Judiciário, mas como o melhor e mais adequado meio de resolução de disputas. Há disputas que são melhor e mais adequadamente resolvidas pela mediação, enquanto há outras que se resolvem mais apropriadamente pela conciliação, sendo certo que há outras ainda que só se resolvem mais adequadamente pelo julgamento realizado por um juiz.

A mediação e a conciliação não devem ser encaradas como alternativas a quem não foi bafejado com as melhores condições de aguardar um desfecho demorado de um processo judicial. Constituem, na realidade, medidas aptas e adequadas a resolver conflitos em determinados casos. Há, efetivamente, casos que são mais bem resolvidos por esses meios.

A conciliação e a mediação constituem técnicas que se destinam a viabilizar a autocomposição de disputas ou litígios. Nelas, um terceiro intervém, contribuindo para que as partes componham por si mesmas a disputa que há entre elas.

A conciliação e a mediação não se confundem com a arbitragem. Esta é um meio de heterocomposição. O árbitro, assim como o juiz, decide a causa que lhe é submetida. Na conciliação e na mediação, o terceiro é convocado, não para decidir, mas para contribuir com as partes, a fim de que estas, por si, cheguem a uma solução, mediante autocomposição.

A Lei 13.140, de 2015, disciplina a mediação entre particulares e a autocomposição de conflitos no âmbito da Administração Pública. A mediação consiste num meio destinado à obtenção de autocomposição. O mediador intermedeia as partes, auxiliando-as para que cheguem a uma solução consensual do conflito. O mediador nada decide; apenas conduz as partes, mediante técnicas adequadas, para que elas tenham melhores condições de dar uma solução à disputa.

Não há, na mediação, qualquer caráter jurisdicional, não sendo conferido ao mediador poder de decidir ou de impor qualquer medida às partes. De igual modo, as partes não estão sujeitas a qualquer supremacia ou poder exercido pelo mediador.

O parágrafo único do art. 1º da Lei 13.140, de 2015, definiu a mediação como "a atividade técnica exercida por terceiro imparcial sem poder decisório, que, escolhido ou aceito pelas partes, as auxilia e estimula a identificar ou desenvolver soluções consensuais para a controvérsia". O texto normativo faz constar da definição elementos como "terceiro imparcial", "sem poder decisório", que "auxilia e estimula" as partes "a identificar ou desenvolver soluções consensuais para a controvérsia".

---

[38] CAPPELLETTI, Mauro; GARTH, Bryant. *Acesso à justiça*. Porto Alegre: Sérgio Antonio Fabris, 1988, p. 68-71.

O mediador, como se percebe, é um facilitador do diálogo:[39] as partes envolvidas são por ele auxiliadas em sua comunicação para que possam encontrar respostas adequadas ao impasse que encontram na solução de sua disputa.

Além de elementos comuns a várias definições apresentadas pela doutrina, merece destaque a indicação, contida no referido dispositivo legal, segundo a qual a mediação é uma *atividade técnica*. Quer isso dizer que a mediação há de ser realizada por pessoa habilitada a tanto, independentemente de sua formação anterior. O mediador não precisa, necessariamente, ter formação jurídica, mas deve ter habilidade para exercer a atividade e deve, ainda, gozar da confiança mútua das partes.

A mediação é atividade que pode ser exercida por profissionais das mais diferentes áreas, sendo, a depender do caso, até mesmo recomendável a participação de dois ou mais mediadores, de diferentes áreas ou formações acadêmicas, que possam contribuir para a busca do consenso entre as partes.[40] É preciso, porém, que sejam todas capacitadas a exercer a atividade de mediação.[41]

Nas mediações extrajudiciais, os mediadores devem ser capacitados e gozar da confiança mútua das partes, não sendo necessário seu registro em cadastro de mediadores do Tribunal ou de Câmara de Mediação aceita pelos Tribunais.[42] Já os mediadores judiciais precisam, conforme exigência do art. 167 do CPC, estar inscritos em cadastro nacional e em cadastro do tribunal, preenchendo requisito de capacitação mínima, por meio de curso realizado por entidade credenciada nos termos definidos pelo CNJ. E, segundo exigência contida no art. 11 da Lei 13.140, de 2015, o mediador judicial deve, ainda, ser graduado há pelo menos dois anos em curso de ensino superior.

De todo modo, as partes têm a garantia de, mesmo na mediação judicial, poder escolher um mediador de sua confiança, ainda que não esteja cadastrado no tribunal. Não havendo consenso sobre quem deva ser o mediador, aí haverá, então, distribuição do caso entre os que estão cadastrados junto ao tribunal (CPC, art. 168).

A Lei 13.140, de 2015, trata da mediação e da atividade do mediador, disciplinando tanto a mediação judicial como a extrajudicial. Já o Código de Processo Civil menciona tanto a conciliação como a mediação, traçando diferenças entre elas.

Não há distinção precisa entre a mediação e a conciliação. O Código de Processo Civil estabeleceu distinção legal entre elas.

Assim, pelo critério legal, a mediação é medida mais adequada aos casos em que tiver havido vínculo anterior entre as partes, a exemplo do que ocorre em matéria societária e de direito de família. O mediador tem a função de auxiliar os interessados a compreender as questões e os interesses em conflito, de modo que eles possam, pelo restabelecimento da comunicação, identificar, por si próprios, soluções consensuais que gerem benefícios mútuos. Para tanto, o mediador vale-se de técnicas próprias, com diálogo, paciência, simplicidade e constante esclarecimento.

---

[39] TARTUCE, Fernanda. *Mediação nos conflitos civis*. 2. ed. São Paulo: Método, 2015, n. 1.3.2.3.2.2, p. 52.
[40] COELHO, Renata Moritz Serpa. Atualidades sobre a mediação de conflitos no Brasil a partir de 2015. *Revista de Processo*, São Paulo: RT, v. 272, out. 2017, p. 458.
[41] COELHO, Renata Moritz Serpa. Atualidades sobre a mediação de conflitos no Brasil a partir de 2015. *Revista de Processo*, São Paulo: RT, v. 272, out. 2017. p. 458.
[42] VASCONCELOS, Carlos Eduardo de. *Mediação de conflitos e práticas restaurativas*. 4. ed. São Paulo: Método, 2015. p. 115.

Por sua vez, ainda pelo critério legal, o conciliador deve atuar preferencialmente nos casos em que não tenha havido vínculo anterior entre as partes, como, por exemplo, em acidentes de veículo ou em casos de danos extrapatrimoniais em geral. O conciliador pode sugerir soluções para o litígio, sendo vedada a utilização de qualquer tipo de constrangimento ou intimidação para que as partes conciliem.

Cotejando-se o § 1º com o § 2º, ambos do art. 165 do CPC, tem-se a impressão de que o mediador não sugere qualquer solução para o conflito; só quem poderia fazer sugestões seria o conciliador. Ocorre, porém, que o inciso III do § 1º do art. 30 da Lei 13.140, de 2015, menciona a "manifestação de aceitação de proposta de acordo apresentada pelo mediador", numa clara indicação de que o mediador pode também fazer sugestões ou apresentar proposta de acordo para as partes se autocomporem.

A legislação brasileira é a única a fazer essa diferença entre mediador e conciliador. Na verdade, a diferença estaria nas técnicas utilizadas. Só que a intermediação de uma autocomposição usa técnicas variadas, a depender da postura das partes envolvidas, do grau de mágoas recíprocas entre elas, do nível de conhecimento que têm, do perfil psicológico, a revelar a existência de maior ou menor ansiedade na solução do problema etc. Em casos em que haja vínculo anterior, é natural haver mágoas ou maiores sentimentos envolvidos, mas as técnicas destinadas a eliminar essas mágoas e angústias ou a diminuir sentimentos recíprocos que repulsa e animosidade podem ser utilizadas também em casos em que não se verifique vínculo anterior entre as partes, mas estas têm perfil psicológico que exige a adoção daquelas técnicas.

Tudo está, portanto, a depender do tipo de problema e, sobretudo, do perfil dos envolvidos na disputa. De todo modo, não há como recusar a existência de textos normativos que impõem a diferença entre a mediação e a conciliação, estabelecendo diversas técnicas contributivas para a obtenção da autocomposição.

A Lei 13.140, de 2015, trata apenas da mediação, não mencionando a conciliação. Suas regras devem aplicar-se igualmente à conciliação, pois as diferenças entre mediação e conciliação não são tão acentuadas, variando a adoção de algumas técnicas, a depender das pessoas envolvidas e do objeto da disputa havida entre elas.

O CPC prevê, em seu art. 166, que "a conciliação e a mediação são informadas pelos princípios da independência, da imparcialidade, da autonomia da vontade, da confidencialidade, da oralidade, da informalidade e da decisão informada".

Conjugando-se o disposto no art. 166 do CPC com a disposição contida no art. 2º da Lei 13.140, de 2015, observa-se que a atuação do mediador há de ser conduzida pelos princípios da independência, da imparcialidade, da isonomia entre as partes, da oralidade, da informalidade, da autonomia da vontade das partes, da busca do consenso, da confidencialidade, da boa-fé e da decisão informada.

Merece destaque a confidencialidade. As partes precisam estar à vontade para expor todos seus dramas, objetivos, expectativas, confiando no conciliador ou no mediador a condução segura, discreta e serena dos trabalhos destinados à obtenção de uma autocomposição. A confidencialidade, nos termos do § 1º do art. 166 do CPC, "estende-se a todas as informações produzidas no curso do procedimento, cujo teor não poderá ser utilizado para fim diverso daquele previsto por expressa deliberação das partes".

O que for narrado, conversado, discutido mantém-se em sigilo, não podendo ser divulgado pelo conciliador ou mediador, nem utilizado por qualquer das partes como argumento ou defesa em eventual disputa judicial posterior, caso frustradas as tentativas de autocomposição pelas partes. O conciliador e o mediador têm dever de sigilo, não podendo, inclusive, divulgar ou depor em juízo, seja como parte, seja como testemunha, sobre o que lhes foi confidenciado nas sessões realizadas com as partes. O dever de sigilo estende-se aos membros das equipes do conciliador ou mediador.

O conciliador ou mediador deve ser imparcial diante dos envolvidos, não podendo ter interesse no resultado em favor de qualquer deles. A aplicação de técnicas negociais pelo conciliador ou mediador, com o objetivo de proporcionar ambiente favorável à autocomposição, não ofende o dever de imparcialidade.

O mediador ou conciliador deve atuar com independência, para bem desempenhar suas funções, respeitando a autonomia da vontade das partes, inclusive no que respeita à definição das regras procedimentais.

A autonomia da vontade deve ser respeitada, reservando-se um espaço destinado para que os interessados possam decidir assuntos de seu interesse e construir a solução do seu conflito, sob a coordenação do conciliador ou mediador, cuja intervenção deve facilitar o restabelecimento da comunicação entre eles.

Pelo princípio da *decisão informada*, os interessados devem receber informações quantitativas e qualitativas sobre a composição que podem realizar, sendo advertidos das possíveis implicações e dos riscos a serem assumidos. É necessário, enfim, que os interessados sejam bem informados para que não sejam surpreendidos por qualquer consequência inesperada da solução pela qual venham a optar.

Tudo deve realizar-se em ambiente informal, leve, com linguagem simples e de fácil compreensão, sem roupas solenes ou símbolos que inibam os interessados, transmitindo-lhes conforto e confiança, com respeito à oralidade e ao diálogo entre todos. É nesse ambiente que cabe ao conciliador ou mediador tranquilizar os envolvidos, demonstrando que é normal haver um conflito, devendo ser igualmente normal resolvê-lo da melhor forma possível.

O art. 165 do CPC estabelece que os tribunais criarão centros voltados à solução consensual de conflitos. Esses centros terão uma função dúplice. Eles serão responsáveis pela realização de sessões e audiências de conciliação e mediação, e deverão desenvolver programas destinados a auxiliar, orientar e estimular a autocomposição. Logo se nota uma preocupação na *difusão* dos mecanismos alternativos de resolução de disputas.

Os centros judiciais e as entidades privadas que se dediquem a essa atividade serão o local próprio para as atividades de mediação e conciliação que apenas de modo excepcional, poderão ser desenvolvidas em juízo, mas conduzidas por um mediador ou conciliador habilitado. Isso reforça a ideia de um "fórum multiportas" de resolução de litígio, contando tanto com varas tradicionais quanto com espaços adequados à mediação e à conciliação. O objetivo é criar um ambiente menos formal e mais adequando para a resolução consensual das desavenças.

A mediação e a conciliação não serão, como regra, conduzidas pelo magistrado, evidentemente que as partes podem transigir durante a fase de instrução do processo, e o magistrado, em uma atuação cooperativa, deve estimular o diálogo e facilitar a conciliação, mas haverá um profissional específico e devidamente qualificado para atuar no desenvolvimento da resolução consensual da disputa.

Isso é salutar, pois, na presença do magistrado, que julgará impositivamente o conflito, as partes não podem falar abertamente, sob pena de, em alguma medida, minar a sua estratégia jurídica para a fase do contencioso.[43]

---

[43] SANDER, Frank. Varieties of dispute processing. In: LEVIN, A. Leo; WHEELER, Russell R. *The pound conference*: perspectives on justice in the future. Saint Paul: West Publishing Co., 1979, p. 75.

O juiz *deve* sempre estimular a conciliação (inclusive na audiência de instrução – CPC, art. 359), embora essa atividade deva ser, por excelência, desenvolvida por um conciliador ou mediador habilitado. A preocupação do CPC é assegurar a imparcialidade do juiz e permitir um diálogo mais franco e flexível das partes nos esforços de autocomposição, já que o juiz que conduzir ativamente uma mediação ou conciliação pode, em alguma medida, acabar influenciado em seu julgamento pelas tratativas frustradas e pelo que for dito pelas partes no esforço de resolução amigável.[44]

Os §§ 3º e 4º do artigo 166 do CPC definem o papel do mediador e do conciliador. Tal definição seria desnecessária, já que a diferença entre as técnicas é bem trabalhada pela doutrina, mas mostra uma preocupação com a afirmação das técnicas no projeto, dada sua importância no contexto ali considerado.

O mediador e o conciliador judicial são tratados no CPC como auxiliares da justiça. Os tribunais poderão, se desejarem, promover concurso público para o provimento de cargos próprios de conciliador e mediador, mas manterão sempre uma lista das câmaras privadas de mediação e conciliação e uma relação de mediadores que atuarão nos centros de mediação e conciliação judiciais. A iniciativa é boa e visa a preparar pessoal devidamente habilitado e qualificado para essas atividades.

Os mediadores e conciliadores que atuem nos centros de mediação e conciliação judiciais e que sejam advogados de formação estarão impedidos de advogar junto ao tribunal a que esteja vinculado o centro em que atuem. Tal restrição, evidentemente, não se aplica aos advogados que desejarem desenvolver atividades de mediação e conciliação em seus escritórios ou em instituições privadas dedicadas a essas atividades, mesmo que essas instituições sejam cadastradas junto a qualquer tribunal.

Sempre será possível, também, que as partes escolham qualquer terceiro (advogado, inclusive) para atuar como mediador ou conciliador em seu caso, independentemente de qualquer cadastro ou formalidade junto ao tribunal. Aqui vige plenamente a autonomia da vontade das partes e a flexibilidade, que são inerentes aos mecanismos consensuais de resolução de disputas.

Deve haver uma preferência pela flexibilidade e informalidade, para a construção do diálogo. A conciliação ou mediação não precisa sequer ocorrer no ambiente judiciário, podendo, se as partes preferirem ou caso se sentirem mais à vontade, ser realizada no escritório de um dos advogados ou em outro ambiente. Deve sempre ser permitida a realização da audiência (encontro) fora do ambiente judiciário. Como o foco está na superação do dissenso, há o "empoderamento" das partes sobre os conflitos, de meros expectadores do litígio conduzido pelos advogados e pelo magistrado, as partes passam a atores importantes de sua solução.

Todo o processo de mediação e conciliação será sigiloso, como já ocorre nas mediações e conciliações privadas. Nenhuma das alegações das partes, o teor das conversas e dos documentos eventualmente produzidos no esforço para a composição poderão ser disponibilizados a terceiros ou utilizados para fins de instrução em processo judicial. O objetivo é criar um ambiente de franqueza nas negociações e discussões; não pode haver debate franco e acertamento de interesse caso o julgamento puder basear-se no que for dito. De outro modo, a discussão seria falseada pela estratégia jurídica traçada para a vitória na fase litigiosa, impedindo a negociação, não se estabelecendo um mínimo de franqueza entre as partes.

O objetivo de uma solução consensual não é *aplicar a lei* ao caso, mas compor interesses, acomodando as intenções das partes. Daí a importância da confidencialidade nesse momento.

---

[44] GOUVEIA, Mariana França. *Curso de resolução alternativa de litígios*. Coimbra: Almedina, 2011, p. 83-87.

Uma boa medida do CPC é o fato de o réu apenas apresentar contestação *após* a audiência de conciliação ou do pedido de dispensa dessa. O réu não deve, conforme o Código, apresentar sua defesa antes da audiência de conciliação, o que facilita o diálogo entre as partes e aumenta a possibilidade de uma composição consensual do litígio. Na contestação, o réu deduz toda a sua matéria de defesa, apresentando sua percepção dos fatos e argumentos jurídicos. A apresentação da defesa *antes* da audiência certamente pode recrudescer o dissenso.

16.4.5 A mediação e a Fazenda Pública. O Código de Processo Civil e a Lei 13.140/2015

Em 2007, foi criada, no âmbito federal, a Câmara de Conciliação e Arbitragem da Administração Federal – CCAF, com a finalidade de prevenir e solucionar conflitos que envolvam a União ou entidade integrante da Administração Pública Federal, vindo, posteriormente, a abranger as controvérsias entre entes federais e entidades componentes da Administração Pública dos Estados, do Distrito Federal e de Municípios.[45]

Nos termos do art. 174 do CPC, a União, os Estados, o Distrito Federal e os Municípios devem criar câmaras de mediação e conciliação, com atribuições relacionadas à solução consensual de conflitos no âmbito administrativo. De acordo com o enunciado 94 do Fórum Nacional do Poder Público: "Nas câmaras administrativas, é dever do conciliador/mediador conduzir o procedimento de modo que as partes tenham acesso a informação sobre quaisquer questões que possam interferir na resolução do conflito, bem como registrar as providências adotadas a esse respeito".

Tais câmaras devem contribuir para solucionar conflitos envolvendo órgãos e entidades da Administração Pública, aí incluídos conflitos internos dentro da própria Administração. De igual modo, as câmaras de conciliação e mediação podem avaliar a admissibilidade dos pedidos de resolução de conflitos, por meio de conciliação, no âmbito da própria Administração Pública.

Também é possível que as referidas câmaras promovam a celebração de termo de ajustamento de conduta. Os termos de ajustamento de conduta, que têm sido celebrados no âmbito dos direitos difusos e coletivos, podem ser um bom instrumento de negociação em qualquer situação conflituosa, conduzida pelas câmaras de conciliação e mediação da Administração Pública.

A criação dessas câmaras, com tais finalidades, está igualmente prevista no art. 32 da Lei 13.140, de 2015, que trata da mediação entre particulares e entre particulares e, igualmente, sobre a autocomposição no âmbito do Poder Público. O princípio da eficiência exige que se criem câmaras de mediação, pois garantem maior economia, menos dispêndio e adequação na solução de disputas.[46]

Criada a câmara pelo ente público, seu regulamento deve indicar quais casos podem ser submetidos à mediação. A submissão do conflito à câmara é facultativa e somente será cabível

---

[45] Sobre a estrutura, composição e funcionamento da CCAF, consultar, com proveito, FACCI, Lucio Picanço. *Meios adequados de resolução de conflitos administrativos*: a experiência da Câmara de Conciliação e Arbitragem da Administração Federal. Rio de Janeiro: Lumen Juris, 2019. p. 161-200.

[46] Nesse sentido, o enunciado 123 do Fórum Nacional do Poder Público: "A efetividade dos ideais de eficiência e economicidade na solução consensual de conflitos na Administração Pública exige a criação das câmaras previstas no art. 32 da Lei n. 13.140/15".

nos casos previstos no seu regulamento. O ente público, todavia, deve justificar os motivos pelos quais recusa o convite para participar do procedimento de mediação ou de conciliação.[47]

A Fazenda Pública pode utilizar o procedimento previsto para a mediação com particulares, até que seja criada sua câmara de mediação (Lei 13.140/2015, art. 33). É possível, ainda, a instauração, de ofício ou por provocação, de procedimento de mediação coletiva de conflitos concernentes à prestação de serviços públicos (Lei 13.140/2015, art. 33, parágrafo único).

Enquanto não criadas as câmaras de prevenção e resolução administrativa de conflitos, as disputas podem ser resolvidas mediante procedimento de mediação, com marcação de reunião inicial, quando, então, será considerada instaurada a mediação. Na verdade, o art. 33 da Lei 13.140, de 2015, prevê a adoção do *procedimento* da mediação. Não há, rigorosamente, no que diz respeito às pessoas jurídicas de direito público, uma regulação a respeito da mediação.

Há a previsão de um procedimento para prevenção ou solução administrativa de conflitos, a ser conduzido pelos órgãos da Advocacia Pública, que se destina a dar solução extrajudicial à disputa. A Administração Pública vai examinar a pretensão do particular para, então, verificar se há procedência, então, acolher ou propor uma solução (Lei 13.140, de 2015, art. 32, II). No caso de litígios entre órgãos da Administração Pública, o órgão da Advocacia Pública vai examiná-los e resolvê-los; haverá, nessa hipótese, um julgamento administrativo (Lei 13.140, de 2015, art. 32, I).

A instauração de procedimento administrativo para resolução consensual do conflito no âmbito da Administração Pública – assim considerada quando o órgão ou entidade pública emitir juízo de admissibilidade – suspende a prescrição (Lei 13.140/2015, art. 34), independentemente de seu juízo positivo de admissibilidade.[48] O que importa é o juízo de admissibilidade. Seja ele negativo, seja positivo, uma vez emitido, haverá suspensão da prescrição da pretensão a ser exercida contra a Fazenda Pública. A suspensão da prescrição retroage à data da formalização do pedido de resolução consensual do conflito (Lei 13.140/2015, art. 34, § 1º). O advogado público pode atuar como mediador ou conciliador na câmara criada pelo ente público.[49] Nos termos do art. 6º da Lei 13.140, de 2015, "o mediador fica impedido, pelo prazo de um ano, contado do término da última audiência em que atuou, de assessorar, representar ou patrocinar qualquer das partes". Sobre a aplicação de tal dispositivo ao advogado público que atue como mediador ou conciliador, o enunciado 1 do Fórum Nacional do Poder Público assim está redigido: "Após atuar como mediador ou conciliador no âmbito da Administração Pública, o advogado público não fica impedido de assessorar, representar ou patrocinar o respectivo ente público, senão em relação ao outro participante da mediação e ao seu objeto, cumulativamente".

A autocomposição com o Poder Público pode ser feita por adesão, nos termos dos arts. 35 a 40 da referida Lei 13.140, de 2015. Aliás, a Lei 13.988, de 2020, ao tratar da chamada "transação tributária", prevê, em seu art. 2º, diferentes modalidades de transação, por proposta individual ou por adesão.

---

[47] Nesse sentido, o enunciado 95 do Fórum Nacional do Poder Público: "Em atenção ao princípio da eficiência administrativa, ao recusar o convite para participar de processo conciliatório, o ente público deverá declinar os motivos pelos quais o faz".

[48] Nesse sentido, o enunciado 37 do Fórum Nacional do Poder Público: "A suspensão da prescrição prevista no art. 34 da Lei 13.140/2015 ocorre independentemente do juízo positivo de admissibilidade".

[49] Também pode o advogado público atuar como mediador em mediação privada. Nesse sentido, o enunciado 38 do Fórum Nacional do Poder Público: "É compatível a atuação do advogado público como mediador na mediação privada".

A formalização de resolução administrativa destinada à transação por adesão não implica interrupção ou suspensão da prescrição. De igual modo, não implica renúncia tácita à prescrição. Tudo isso está disposto no § 6º do art. 35 da Lei 13.140, de 2015.

O acordo celebrado entre o Poder Público e o particular constitui título executivo extrajudicial, podendo fundamentar a propositura de uma ação de execução (Lei 13.140/2015, art. 32, § 3º).

O processo de mediação, mesmo quando envolva a Fazenda Pública, deve ser confidencial. A confidencialidade, como já demonstrado, é norma inerente à mediação e à conciliação. Segundo registrado no enunciado 36 do Fórum Nacional do Poder Público: "Durante o processo de mediação do particular com a Administração Pública, deve ser observado o princípio da confidencialidade previsto no artigo 30 da Lei 13.140/2015, ressalvando-se somente a divulgação da motivação da Administração Pública e do resultado alcançado". Tal enunciado teve sua redação posteriormente alterada, passando a ser assim redigido: "O conteúdo da sessão de mediação e de conciliação no âmbito da Administração Pública deve observar o princípio da confidencialidade, previsto nos artigos 30 da Lei 13.140/2015 e 166 do Código de Processo Civil, sem prejuízo da publicidade do resultado alcançado e sua respectiva motivação".

Há uma preocupação em compatibilizar a exigência de confidencialidade com o princípio da publicidade, inerente à atividade administrativa (CF, art. 37) e aplicável ao processo judicial. Por isso mesmo, não falta quem defenda a aplicação do § 3º do art. 1º da Lei 9.307, de 1996, à mediação ou conciliação com o Poder Público, afirmando que não deve haver confidencialidade, a não ser nos casos em que a Lei 12.527, de 2011 (Lei do Acesso à Informação), estabeleça o dever de sigilo.[50] Daí o teor do enunciado 6 do Fórum Nacional do Poder Público: "A confidencialidade na mediação com a Administração Pública observará os limites da lei de acesso à informação".

É um exagero essa afirmação.

Aliás, o referido enunciado 6 conflita com o também mencionado enunciado 36, ambos do Fórum Nacional do Poder Público. Exatamente por isso, o referido enunciado 6 do Fórum Nacional do Poder Público veio a ser expressamente cancelado.

O que é confidencial não é o processo no qual se realiza(m) a(s) sessão(ões) de mediação ou de conciliação. É preciso que se divulguem sua existência e os atos nele praticados. O conteúdo das sessões de mediação ou de conciliação que é sigiloso. E deve ser mesmo; para que viabilize a autocomposição, as partes precisam ter a garantia de que tudo o que disserem não poderá servir para a defesa da parte contrária. O princípio da publicidade não tem a amplitude que fundamenta a destacada preocupação. Fosse assim, todas as reuniões realizadas por autoridades públicas deveriam ser públicas, devendo toda conversa, negociação, diálogo ser divulgado e publicizado. O conteúdo das sessões de mediação e conciliação é sigiloso, mas o resultado e a motivação da Administração Pública são públicos e devem ser divulgados.

O processo judicial é público. Todos os atos são públicos. Mas as conversas, os debates, a negociação travada na sessão de mediação são confidenciais. Não obtida a autocomposição, segue o procedimento, todo público, mas as conversas não podem ser divulgadas, sob pena de inviabilizar qualquer negociação. Obtida a autocomposição, aí serão divulgados o resultado e a motivação do Poder Público. O que importa é o resultado: houve ou não autocomposição.

---

50 PEIXOTO, Ravi. Os "princípios" da mediação e da conciliação: uma análise da Res. 125/2010 do CNJ, do CPC/2015 e da Lei 13.140/2015. In: ZANETI JR., Hermes; CABRAL, Trícia Navarro Xavier (coords.). *Justiça multiportas*: mediação, conciliação, arbitragem e outros meios de solução adequada de conflitos. Salvador: JusPodivm, 2016. n. 2.4.4, p. 100-101.

Se não houve, é irrelevante saber o que se conversou. Se houve, devem ser divulgados o resultado e a motivação, como, aliás, está no enunciado 36 do Fórum Nacional do Poder Público.

A sessão de mediação ou de conciliação é confidencial, tal como estabelece o art. 30 da Lei 13.140, de 2015. Se as conversas ou informações forem registradas de algum modo e apresentadas em processo judicial ou arbitral, não devem ser admitidas (Lei 13.140/2015, art. 30, § 2º). É ilícita a prova que atente contra a confidencialidade. Não estão abrigadas pela confidencialidade as informações relativas à ocorrência de crime de ação pública; a confidencialidade não afasta o dever de prestação de informações às autoridades fazendárias.

Enfim, a confidencialidade é medida que se impõe durante as sessões de mediação e conciliação de que participa a Fazenda Pública.

16.5 OS NEGÓCIOS JURÍDICOS PROCESSUAIS

16.5.1 Generalidades

O CPC adota um modelo cooperativo de processo, com valorização da vontade das partes e equilíbrio nas funções dos sujeitos processuais. Nos termos do seu art. 6º, todos os sujeitos do processo devem cooperar entre si, cabendo ao juiz zelar pelo efetivo contraditório (CPC, art. 7º), de modo a não proferir decisão contra uma parte sem que esta seja previamente ouvida (CPC, art. 9º). Enfim, o juiz não pode valer-se de fundamento a respeito do qual não se tenha oportunizado manifestação das partes (CPC, art. 10).

Há, no Código, uma valorização do consenso e uma preocupação em criar no âmbito do Judiciário um espaço não apenas de *julgamento*, mas de *resolução de conflitos*. Isso propicia um redimensionamento e democratização do próprio papel do Poder Judiciário e do modelo de prestação jurisdicional pretendido. O distanciamento do julgador e o formalismo típico das audiências judiciais, nas quais as partes apenas assistem ao desenrolar dos acontecimentos, falando apenas quando diretamente questionadas em um interrogatório com o objetivo de obter sua confissão, são substituídos pelo debate franco e aberto, com uma figura que pretende facilitar o diálogo: o mediador ou o conciliador.

Põe-se a descoberto, no CPC, o prestígio da autonomia da vontade das partes, cujo fundamento é a liberdade, um dos principais direitos fundamentais previstos no art. 5º da Constituição Federal. O direito à liberdade contém o direito ao autorregramento, justificando o chamado *princípio do respeito ao autorregramento da vontade no processo*.[51]

Com efeito, o CPC contém diversas normas que prestigiam a autonomia da vontade das partes, permitindo que elas negociem sobre o processo, de modo mais evidente do que no CPC/1973. O autorregramento da vontade no processo é permitido, assegurado e respeitado. O Código de 2015 é estruturado de maneira a estimular a solução do conflito pela via que parecer mais adequada a cada caso, não erigindo a jurisdição como necessariamente a melhor opção para eliminar a disputa de interesses. O Código trata, por exemplo, da autocomposição, regulando a mediação e a conciliação (arts. 165 a 175), inserindo a tentativa de autocomposição como ato anterior à defesa do réu (arts. 334 e 695), permitindo, no acordo judicial, a inclusão de matéria estranha ao objeto litigioso do processo (art. 515, § 2º) e admitindo acordos sobre o processo (art. 190). Há, enfim, um estímulo à autocomposição, destacando-se os §§ 2º e 3º do

---

[51] DIDIER JR., Fredie. Princípio do respeito ao autorregramento da vontade no processo civil. In: CABRAL, Antonio do Passo; NOGUEIRA, Pedro Henrique Pedrosa (org.). *Negócios processuais*. Salvador: JusPodivm, 2015, p. 19-26.

seu art. 3º. A consagração do princípio da cooperação (art. 6º) relaciona-se com o fenômeno da valorização da autonomia da vontade no processo. O art. 190 prevê uma cláusula geral de negociação processual, permitindo a celebração de negócios processuais atípicos.

O prestígio da autonomia da vontade, no CPC, tem a confirmá-lo a previsão contida no seu art. 18, segundo o qual "Ninguém poderá pleitear direito alheio em nome próprio, salvo quando autorizado pelo ordenamento jurídico". O dispositivo equivale ao disposto no art. 6º do CPC/1973, que assim dispunha: "Ninguém poderá pleitear, em nome próprio, direito alheio, salvo quando autorizado por lei". É bem de ver que o termo "lei" foi substituído por "ordenamento jurídico". Tal alteração, aliada à valorização da autonomia da vontade, permite concluir que é possível haver legitimação extraordinária negociada, ou seja, por um negócio jurídico, que constitui fonte integrante do ordenamento jurídico, é possível atribuir a alguém a legitimação para defender interesses de outrem em juízo.[52]

16.5.2 Negócios processuais típicos e atípicos

O CPC mantém vários dos negócios jurídicos típicos previstos no CPC/1973. Realmente, há, no CPC, da mesma forma que existiam no CPC/1973, negócios processuais *típicos*. As partes podem eleger o foro competente (CPC, art. 63), convencionar a suspensão do processo (CPC, art. 313, II), negociar o adiamento da audiência (CPC, art. 362, I), acordar sobre a distribuição diversa do ônus da prova (CPC, art. 373, §§ 3º e 4º), convencionar que a liquidação da sentença seja por arbitramento (CPC, art. 509, I). Essas – e outras aqui não mencionadas – são hipóteses de negócios processuais *típicos*.

Além deles, o CPC prevê outros novos negócios típicos, a saber: (a) redução de prazos peremptórios (CPC, art. 222, § 1º); (b) calendário processual (CPC, art. 191); (c) escolha consensual do perito (CPC, art. 471); (d) audiência de saneamento e organização em cooperação com as partes (CPC, art. 357, § 3º); (e) acordo de saneamento ou saneamento consensual (CPC, art. 364, § 2º).

Reproduzindo o disposto no art. 158 do CPC/-1973, o art. 200 do CPC dispõe que "os atos das partes consistente em declarações unilaterais ou bilaterais de vontade produzem imediatamente a constituição, modificação ou extinção de direitos processuais".

Daí já se poderia construir o princípio da atipicidade dos negócios processuais, concluindo que é possível qualquer tipo de negócio entre as partes ou entre estas e o juiz.

Não bastasse essa previsão, o CPC prevê, em seu art. 190, uma cláusula geral de acordo de procedimento.[53] O processo deve, como se sabe, ser *adequado* à realidade do direito material, valendo dizer que o procedimento previsto em lei para determinado processo deve atender às finalidades e à natureza do direito tutelado. É preciso, enfim, haver uma *adequação* do processo às particularidades do caso concreto. Por essa razão, existem vários procedimentos especiais, estruturados em virtude das peculiaridades do direito material. Significa que a

---

[52] Nesse sentido: DIDIER JR., Fredie. Fonte normativa da legitimação extraordinária no novo Código de Processo Civil: a legitimação extraordinária de origem negocial. *Revista de Processo*. São Paulo: RT, v. 232, jun. /2014, v. 232, p. 69-76.

[53] NOGUEIRA, Pedro Henrique Pedrosa. A cláusula geral do acordo de procedimento no projeto do novo CPC (PL 8.046/2010). In: FREIRE, Alexandre; DANTAS, Bruno; NUNES, Dierle; DIDIER JR., Fredie; MEDINA, José Miguel Garcia; FUX, Luiz; CAMARGO, Luiz Henrique Volpe; OLIVEIRA, Pedro Miranda de (org.). *Novas tendências do processo civil:* estudos sobre o projeto do novo Código de Processo Civil. Salvador: JusPodivm, 2013, p. 15-26.

tutela jurisdicional pleiteada pela parte autora há de ser proferida em *procedimento adequado* à satisfação do interesse material ou do direito subjetivo a que se visa proteger.[54]

Assim, caso o direito material de que a parte alegue ser titular contenha alguma nota particular ou revista, o timbre de direito *especial*, a lei, via de regra, confere-lhe um procedimento igualmente *especial*. O procedimento sofre, assim, *influência* das peculiaridades do direito material.[55]

Além de o legislador promover a adequação procedimental, poderá o juiz também o fazer. A novidade inscrita no art. 190 do novo CPC é conferir às partes igualmente o poder de regular ou modificar o procedimento, ajustando-o às particularidades do seu caso. Por meio de um negócio bilateral, as partes podem modificar detalhes do procedimento. É possível que o negócio seja plurilateral, celebrado entre as partes e o juiz, mas não é necessário, a não ser para se estabelecer o calendário processual previsto no art. 191 do novo CPC, que é, como já se viu, um negócio processual típico.

O juiz deve controlar a validade do negócio processual, não lhe cabendo examinar a conveniência de sua celebração ou de seu conteúdo.[56]

Nos termos do enunciado 21 do Fórum Permanente de Processualistas Civis: "São admissíveis os seguintes negócios plurilaterais, dentre outros: acordo para realização de sustentação oral, acordo para ampliação do tempo de sustentação oral, julgamento antecipado do mérito convencional, convenção sobre prova, redução de prazos processuais".

As partes podem, à evidência, negociar regras processuais. Além de poderem ajustar o procedimento para as peculiaridades de sua causa, as partes podem negociar sobre ônus, poderes, faculdades e deveres processuais, antes ou durante o processo. As partes podem, por exemplo, definir outros deveres e sanções, para além daqueles já previstos na legislação. Nesse sentido, assim registra o enunciado 17 do Fórum Permanente de Processualistas Civis: "As partes podem, no negócio processual bilateral, estabelecer outros deveres e sanções para o caso do descumprimento da convenção".

Admite-se, como se percebe, que, num negócio ou contrato celebrado antes mesmo de existir o processo, as partes já estabeleçam determinadas regras processuais a serem observadas, caso sobrevenha algum litígio e seja proposta demanda judicial a esse respeito. O negócio processual pode, por outro lado, ser celebrado no próprio processo, em qualquer etapa, seja no início, ou na audiência de saneamento ou, até mesmo, no âmbito recursal.

Conforme anotado no enunciado 19 do Fórum Permanente de Processualistas Civis: "São admissíveis os seguintes negócios processuais bilaterais, dentre outros: pacto de impenhorabilidade, acordo bilateral de ampliação de prazos das partes, acordo de rateio de despesas processuais, dispensa consensual de assistente técnico, acordo para retirar o efeito suspensivo da apelação, acordo para não promover execução provisória".

---

[54] Galeno Lacerda denomina essa situação *instrumental* de princípio da adequação (*Comentários ao Código de Processo Civil*. 5. ed. Rio de Janeiro: Forense, 1993, v. 8, t. 1, p. 18-20). Conferir, igualmente, SILVA, Clóvis do Couto e. *Comentários ao Código de Processo Civil*. São Paulo: RT, 1977, v. 9, t. 1, p. 1-16.

[55] FABRÍCIO, Adroaldo Furtado. *Comentários ao Código de Processo Civil*. 7. ed. Rio de Janeiro: Forense, 1995, v. 8, t. 3, p. 10.

[56] "O negócio jurídico processual não se sujeita a um juízo de conveniência pelo juiz, que fará apenas a verificação de sua legalidade, pronunciando-se nos casos de nulidade ou de inserção abusiva em contrato de adesão ou ainda quando alguma parte se encontrar em manifesta situação de vulnerabilidade" (STJ, 4ª Turma, REsp 1.810.444/SP, Rel. Min. Luis Felipe Salomão, *DJe* 28.4.2021).

É possível, enfim, haver negócios processuais *atípicos*. Em razão da cláusula geral prevista no art. 190 do CPC, as partes podem negociar regras processuais, convencionando sobre ônus, poderes, faculdades e deveres processuais, além de poderem, juntamente com o juiz, fixar o calendário processual. O CPC, fundado na concepção da democracia participativa, estrutura-se de modo a permitir maior valorização da vontade dos sujeitos processuais, a quem se confere a possibilidade de promover o autorregramento de suas situações processuais. As convenções ou os negócios processuais despontam como mais uma medida de flexibilização e de adaptação procedimental, adequando o processo à realidade do caso submetido à análise judicial. As negociações processuais constituem meios de se obter maior eficiência processual, reforçando o devido processo legal, na medida em que permitem que haja maior adequação do processo à realidade do caso.

16.5.3 Negócios processuais e Fazenda Pública

A Fazenda Pública é parte em processo judicial, podendo praticar atos negociais no processo. Com efeito, a Fazenda Pública pode celebrar convenção processual para suspender o processo (CPC, art. 313, II), para adiar uma audiência (CPC, art. 362, I), para definir a forma de liquidação da sentença (CPC, art. 509, I), entre tantos outros exemplos.

Não há vedação legal à celebração de negócios processuais pela Fazenda Pública. Nesse sentido, o enunciado 256 do Fórum Permanente de Processualistas Civis: "A Fazenda Pública pode celebrar negócio jurídico processual". No mesmo sentido, o enunciado 17 da I Jornada de Direito Processual Civil, do Conselho da Justiça Federal: "A Fazenda Pública pode celebrar convenção processual, nos termos do art. 190 do CPC".

O art. 19 da Lei 10.522, de 2002, foi amplamente alterado pela Lei 13.874, de 2019. Entre as diversas mudanças, houve a inclusão dos §§ 12 e 13, cujos teores reforçam a celebração de negócios jurídicos processuais pela Fazenda Nacional. Nos termos do § 12 do referido art. 19, os órgãos do Poder Judiciário e as unidades da Procuradoria-Geral da Fazenda Nacional podem, de comum acordo, celebrar negócios processuais, com fundamento no art. 190 do CPC.

Na verdade, tal § 12 prevê a possibilidade de celebração de protocolos institucionais entre o Poder Judiciário e a Procuradoria da Fazenda Nacional, com a possibilidade de estabelecerem regras sobre intimações, prazos, forma e divulgação de atos processuais etc. Essa possibilidade já existia; o dispositivo apenas reforça a possibilidade, servindo de estímulo à celebração de protocolos institucionais.

Por sua vez, o § 13 do referido art. 19 confirma a adoção de uma prática já constante no âmbito da Procuradoria-Geral da Fazenda Nacional: a regulamentação, por resoluções, de regras e diretrizes para a celebração de negócios jurídicos processuais em seu âmbito de atuação, inclusive na cobrança administrativa ou judicial da dívida ativa da União.

Nos negócios jurídicos processuais celebrados com a Fazenda Pública, não é necessário, em regra, submetê-los à homologação judicial.[57] Aliás, os negócios processuais atípicos seguem a regra geral do art. 200 do CPC: não dependem de homologação judicial; produzem efeitos imediatos.[58] Há negócios que dependem de homologação prévia do juiz, como a desistência da

---

[57] Nesse sentido, o enunciado 99 do Fórum Nacional do Poder Público: "A eficácia de negócio jurídico processual celebrado pela Advocacia Pública não está sujeita à prévia homologação pelo Poder Judiciário, salvo disposição legal expressa em sentido contrário".

[58] "Salvo nos casos expressamente previstos em lei, os negócios processuais do *caput* do art. 190 não dependem de homologação judicial" (Enunciado 133 do Fórum Permanente de Processualistas Civis).

demanda (CPC, art. 200, parágrafo único) e a organização consensual do processo (CPC, art. 357, § 2º). Em tais hipóteses, o negócio só produz efeitos depois de homologado. A homologação, nesses casos, é uma condição legal de eficácia do negócio. Essas são, porém, hipóteses excepcionais. Em geral, para que os negócios processuais produzam efeitos, a homologação ou o deferimento pelo magistrado não são necessários. Uma vez celebrados, produzem efeitos imediatos.[59] É possível, entretanto, que as partes estabeleçam uma condição ou um termo, afastando a eficácia imediata do negócio.[60] As partes podem, por exemplo, dispensar a prova testemunhal, caso a perícia já deferida esclareça determinado fato.[61]

Há quem diga que a Fazenda Pública não pode celebrar negócio processual quando haja ofensa ao interesse público, estando livre para sua celebração quando se destinar a obter um melhor desenvolvimento do processo.[62]

A indisponibilidade do interesse público não deve ser invocada como impedimento à celebração de negócio processual pela Fazenda Pública. É possível, até mesmo, haver negócios processuais para fortalecer situações jurídicas processuais do ente público.[63] A indisponibilidade do direito material não implica necessária indisponibilidade do direito processual. Mesmo quando os interesses em disputa sejam indisponíveis, há margem para a celebração de convenções ou acordos processuais, por exemplo, a eleição de foro, a suspensão do processo, a dilação de prazos e a redistribuição do ônus da prova.[64]

A indisponibilidade do direito material não acarreta, por si só, a indisponibilidade sobre o processo, nem a impossibilidade da celebração de negócio jurídico processual.[65] Não basta afirmar a presença de um "interesse público" para rejeitar a possibilidade de negócio processual.[66]

Também é possível a celebração de negócio processual pela Fazenda Pública em processos coletivos.[67]

Cada advogado público, que tem poder para praticar atos processuais, pode celebrar negócios jurídicos processuais.[68] Se o advogado público pode convencionar a suspensão do processo, escolher o procedimento a ser adotado, o meio de impugnação a ser utilizado, é

---

[59] CABRAL, Antonio do Passo. *Convenções processuais*. Salvador: JusPodivm, 2016, n. 4.3.4.1, p. 229-232.
[60] DIDIER JR., Fredie; NOGUEIRA, Pedro Henrique. *Teoria dos fatos jurídicos processuais*. Salvador: JusPodivm, 2011. p. 148-150; CABRAL, Antonio do Passo. *Convenções processuais*. Salvador: JusPodivm, 2016, n. 4.3.4.3, p. 235-237.
[61] GRECO, Leonardo. Os atos de disposição processual – primeiras reflexões. In: MEDINA, José Miguel Garcia; CRUZ, Luana Pedrosa de Figueiredo; CERQUEIRA, Luís Otávio Sequeira de; GOMES JUNIOR, Luiz Manoel (coords.). *Os poderes do juiz e o controle das decisões judiciais*: estudos em homenagem à professora Teresa Arruda Alvim Wambier. São Paulo: RT, 2008. p. 293-294.
[62] TEIXEIRA, José Roberto Fernandes. In: ARAÚJO, José Henrique Mouta; CUNHA, Leonardo Carneiro da (coords.). *Advocacia pública*: Salvador: JusPodivm, 2015. p. 180.
[63] NOGUEIRA, Pedro Henrique. *Negócios jurídicos processuais*. Salvador: JusPodivm, 2016. n. 7.1, p. 233.
[64] CABRAL, Antonio do Passo. *Convenções processuais*. Salvador: JusPodivm, 2016, n. 5.10.2.2, p. 298.
[65] Nesse sentido, o enunciado 135 do Fórum Permanente de Processualistas Civis: "A indisponibilidade do direito material não impede, por si só, a celebração de negócio jurídico processual".
[66] CABRAL, Antonio do Passo. *Convenções processuais*. Salvador: JusPodivm, 2016, n. 5.10.2.3, p. 301.
[67] Nesse sentido, o enunciado 125 do Fórum Nacional do Poder Público: "É possível a realização de transações e negócios jurídicos processuais em ações coletivas, inclusive nas hipóteses em que exista irregularidade, incerteza jurídica ou situação contenciosa na aplicação do direito público".
[68] RODRIGUES, Marco Antonio. *A Fazenda Pública no processo civil*. São Paulo: Atlas, 2016, n. 15.3, p. 376.

porque pode celebrar negócio processual.[69] A competência do advogado público para celebrar negócio processual é afastada em, pelo menos, 3 (três) hipóteses: a) quando o negócio processual implicar disposição do objeto litigioso do processo, sem que haja autorização para dispor sobre tal objeto; b) se houver regramento legal ou administrativo vedando sua celebração; c) se não for observado o princípio da isonomia.[70]

Como já se viu, a indisponibilidade do interesse ou do direito público não é óbice à celebração de negócios processuais. A Fazenda Pública pode – e frequentemente o faz – incluir, em contratos administrativos, cláusula de eleição de foro. É possível ao ente público celebrar convenção processual para suspender o processo ou alterar um prazo processual. Também é possível haver um negócio processual celebrado pela Fazenda Pública para modificar a forma de intimação pessoal, como, aliás, já se mencionou no item 3.9.2 *supra*. Nesse sentido, o enunciado 30 do Fórum Nacional do Poder Público: "É cabível a celebração de negócio jurídico processual pela Fazenda Pública que disponha sobre formas de intimação pessoal".

A Fazenda Pública pode celebrar, com a parte contrária e o juiz, o calendário processual, tal como previsto no art. 191 do CPC. Aliás, segundo consta do enunciado 52 do Fórum Nacional do Poder Público, "O órgão de direção da advocacia pública pode estabelecer parâmetros para a fixação de calendário processual".

O calendário normalmente relaciona-se com a prática de atos instrutórios.[71] Fixado o calendário para os atos instrutórios, tudo torna-se mais previsível; todos os atos ficam agendados. Já se sabe quando serão praticados, concretizando-se a duração razoável do processo. Além dos atos instrutórios, é também possível estabelecer o calendário processual para a prática de atos postulatórios, a exemplo das razões finais, bem como para a prática de atos decisórios e executivos.[72] Aliás, a execução consiste num campo propício e fértil para os negócios processuais, em especial para o calendário.

Não são raros os casos em que se verifica dificuldade no cumprimento de uma decisão judicial que impõe a implementação de uma política pública. Daí ser conveniente, oportuno e adequado convencionar sobre a forma de cumprimento ou implementação da política pública imposta judicialmente.[73] Por isso, de acordo com o enunciado 100 do Fórum Nacional do Poder Público: "É possível a celebração de negócio jurídico processual versando sobre os meios de efetivação de políticas públicas em juízo".

Nos termos do art. 219 do CPC, computam-se, na contagem dos prazos, somente os dias úteis. Nada impede, porém, que as partes estabeleçam, por negócio processual, que o prazo

---

[69] "O advogado público, por gozar de independência funcional na condução do processo; por lhe competir concretizar os princípios constitucionais, inclusive o da eficiência, possui, ínsita à sua atuação (e, pois, independentemente de delegação específica), a competência para celebração de negócios jurídicos processuais" (BARREIROS, Lorena Miranda Santos. *Convenções processuais e Poder Público*. Salvador: JusPodivm, 2016. n. 4.3.1.2, p. 313).

[70] BARREIROS, Lorena Miranda Santos. *Convenções processuais e Poder Público*. Salvador: JusPodivm, 2016. n. 4.3.1.2, p. 313.

[71] RICCI, Gian Franco. *La reforma del processo civile*: legge 18 giugno 2009, n. 69. Torino: G. Giappichelli Editore, 2009. p. 37.

[72] Sobre a calendarização da execução: COSTA, Eduardo José da Fonseca. A execução negociada de políticas públicas em juízo. *Revista de Processo*, São Paulo: RT, v. 212, 2012.

[73] Nesse sentido, COSTA, Eduardo José da Fonseca. A execução negociada de políticas públicas em juízo. *Revista de Processo*, São Paulo: RT, v. 212, 2012.

seja contado em dias corridos, afastando a regra do art. 219 do CPC.[74] A Fazenda Pública pode celebrar um negócio processual com tal finalidade, a fim de ter mais agilidade; é possível que haja interesse de obter um resultado mais rápido, num processo em que a discussão seja só jurídica, não havendo complexidade quanto às questões de fato.[75]

É possível que as partes, por meio de negócios jurídicos processuais, alterem o procedimento da execução fiscal, a fim de ajustá-lo às peculiaridades do caso concreto. Nesse sentido, o enunciado 9 do Fórum Nacional do Poder Público: "A cláusula geral de negócio processual é aplicável à execução fiscal". A Fazenda Pública com o executado e o juiz da execução fiscal podem estabelecer, com base no art. 191 do CPC, um calendário para a prática dos atos processuais. A propósito, o enunciado 10 do Fórum Nacional do Poder Público: "É possível a calendarização dos atos processuais em sede de execução fiscal e embargos".

A Lei 13.988, de 2020, que cuida da chamada "transação tributária", expressamente prevê a possibilidade de negócios sobre penhorabilidade (art. 11, III). Na execução fiscal, as partes, exequente e executado, podem celebrar negócio jurídico processual para substituir a penhora. Não é demais repetir que a Lei 13.988, de 2020, que trata da "transação tributária", prevê essa possibilidade em seu art. 11, III.

Não parece, todavia, possível negócio processual que imponha remessa necessária. Esta depende de previsão em lei, pois se trata de matéria sujeita à reserva legal, estando afastada do âmbito de disponibilidade das partes. De igual modo, não parece possível negócio processual que dispense reexame necessário, nas hipóteses em que não há dispensa legal.[76] Significa que as hipóteses de dispensa da remessa necessária são apenas aquelas previstas em lei, não podendo as partes, por negócio processual, criar outras hipóteses de remessa, muito menos afastá-la naquelas em que a lei expressamente a impõe.

Não é possível a celebração de negócio jurídico processual para afastar a exigência de precatório ou a sua submissão à observância da ordem cronológica de pagamentos prevista no art. 100 da Constituição Federal. De igual modo, não é possível a celebração de negócio processual para afastar o pagamento por requisição de pequeno valor. Nesse sentido, o enunciado 102 do Fórum Nacional do Poder Público: "É inválido negócio processual para afastar o pagamento das dívidas judiciais por precatório ou requisição de pequeno valor". A invalidade resulta, no caso, da ilicitude do objeto do negócio. Não é lícito afastar a exigência constitucional do pagamento por meio de precatório ou de requisição de pequeno valor.

O que se permite é o credor renunciar (e a renúncia é um negócio unilateral do próprio credor) o valor excedente para, em vez de receber por precatório, ter seu crédito satisfeito por requisição de pequeno valor. Não é possível, porém, afastar a exigência do precatório, sem que haja renúncia do valor, para que se pague por requisição de pequeno valor um crédito de valor elevado, que supere o limite de sua expedição.

---

[74] Nesse sentido, o enunciado 579 do Fórum Permanente de Processualistas Civis: "Admite-se o negócio processual que estabeleça a contagem dos prazos processuais dos negociantes em dias corridos".

[75] Nesse sentido, o enunciado 97 do Fórum Nacional do Poder Público: "É cabível a celebração de negócio jurídico processual pela Advocacia Pública que disponha sobre a contagem de prazos processuais".

[76] Com bons argumentos, Janaína Soares Noleto Castelo Branco defende a possibilidade de a remessa necessária ser dispensada por negócio jurídico processual. Ela entende não ser possível criar novos casos de remessa necessária por negócio processual, mas é possível, segundo defende, dispensá-la consensualmente (CASTELO BRANCO, Janaína Soares Noleto. *Advocacia Pública e solução consensual dos conflitos*. Salvador: JusPodivm, 2018, n. 5.2.1.7, p. 178-182).

16.6 *DISPUTE BOARD* OU COMITÊ DE RESOLUÇÃO DE DISPUTAS

16.6.1 Histórico

O *Dispute Board* foi, originariamente, concebido para contratos de construção. Tradicionalmente, as disputas envolvendo a indústria da construção eram resolvidas por arbitragem, por mediação ou, até mesmo, por demandas judiciais. Na década de 1950, a concorrência por contratos de construção pública nos Estados Unidos tornou-se intensa e os empreiteiros viram-se obrigados a reduzir suas margens de lucro. Além disso, os projetos de construção tornaram-se maiores e mais complexos, com diversos aspectos, detalhes ou segmentos da obra sendo realizados por diferentes pessoas ou empresas.[77]

O processo de construção também foi sobrecarregado com demandas não técnicas, como regulamentações ambientais, exigências governamentais e pressões de grupos diversos. Os procedimentos internos e impedimentos estatutários ou regulamentares limitavam a capacidade dos proprietários e empregadores públicos de resolver disputas. Por causa disso tudo, as demandas aumentaram, com impacto nos custos e no cronograma das obras, fazendo com que se buscassem soluções mais práticas e econômicas.

O primeiro registro de uma medida mais prática e econômica foi mais precisamente na construção da *Boundary Dam*, uma grande barragem construída na década de 1960 no Estado de Washington. Na ocasião, um grupo de profissionais, reunido em comitê denominado "Joint Consulting Board", foi convidado para dar suporte aos contratantes na solução de desinteligências técnicas da obra.[78]

Diante da experiência exitosa daquele novo mecanismo utilizado na construção do *Boundary Dam*, adotou-se o *Dispute Board* no contrato celebrado para a construção do túnel *Eisenhower*, no Colorado, em 1975.[79] Durante a execução do contrato, entre 1968 e 1974, a obra foi afetada por graves problemas financeiros, fazendo com que o *Colorado Department of Highways* acionasse o *Dispute Board* para que apresentasse recomendações sobre as disputas que surgiam. Embora o contrato previsse que o *Dispute Board* só fosse constituído a partir de uma divergência, as partes acordaram em instalá-lo desde o início da obra.[80]

A partir de então, vários contratos de construção e infraestrutura passaram a contar com a previsão do *Dispute Board* como meio de solução de disputas. A Fédération Internationale des Ingénieurs (FIDIC – conseils) e o Banco Mundial passaram a recomendar a utilização do *Dispute Board*, apresentando modelos padronizados de cláusulas que o regulamentam.

Além dos modelos disponibilizados pelo Banco Mundial e pela FIDIC, há os oferecidos por diversas câmaras arbitrais em todo o mundo.

Em 2004, a Câmara de Comércio Internacional (CCI) foi o primeiro órgão internacional a publicar uma compilação de regras sobre o *Dispute Board*. Em 2015, tais regras foram revistas e atualizadas. Elas têm servido de parâmetro para as cláusulas de *Dispute Board* inseridas em contratos em diversos países.

---

[77] RUSSO, Ann; EASTON, Graham. *Dispute board manual:* a guide to best practices and procedures. DRBF, 2019. p. 13-14.
[78] BUENO, Júlio; FIGUEIREDO, Augusto. Os *Dispute Boards* em contratos de construção e grandes projetos de infraestrutura. *Cadernos FGV Projetos:* solução de conflitos, n. 30, p. 90, abr.-maio 2017.
[79] CHERN, Cyril. *Cher on Dispute Boards:* practice and procedure. 3. ed. New York: Informa Law from Routledge, 2015. p. 11.
[80] CHERN, Cyril. *Cher on Dispute Boards:* practice and procedure. 3. ed. New York: Informa Law from Routledge, 2015. p. 11.

Em vários países, a exemplo do Brasil, os contratos de engenharia e de infraestrutura são celebrados com o Poder Público, ostentando a natureza de contratos administrativos. Por isso, o *Dispute Board* é também um meio de solução de disputas que envolve a Administração Pública.

16.6.2 Previsão na lei de licitações e contratos administrativos

A Lei 14.133/2021, em seu art. 151, autoriza a utilização de meios de prevenção e resolução de controvérsias no âmbito das licitações e dos contratos administrativos, mencionando expressamente o "comitê de resolução de disputas", nome por ela dado ao *Dispute Board*.

O comitê de resolução de disputas pode ser empregado com relação a controvérsias de direitos patrimoniais disponíveis, como as questões que digam respeito ao equilíbrio econômico-financeiro do contrato, ao inadimplemento de obrigações contratuais por quaisquer das partes e ao cálculo de indenizações (Lei 14.133/2021, art. 151, parágrafo único).

A formação do comitê, suas funções, sua atuação e os demais detalhes devem ser disciplinados no contrato administrativo celebrado entre o Poder Público e o particular. A cláusula deve conter todas as particularidades, podendo ser escalonada, ou seja, é possível prever que, não resolvida a controvérsia pelo comitê, as partes devem instaurar mediação ou arbitragem. Não havendo a previsão de meios adequados de forma escalonada, a falta de solução pelo comitê pode ensejar a judicialização da controvérsia.

Não seria necessária a previsão em lei para que a Administração Pública adotasse, em contrato administrativo, o comitê de resolução de disputas. O comitê é criado por contrato, decorrendo da liberdade de contratar. Por não exercer atividade jurisdicional, o comitê não precisa estar previsto em lei para que a Administração Pública possa dele fazer uso, bastando discipliná-lo no contrato administrativo.[81]

Os contratos em curso podem, até mesmo, ser aditados para permitir a adoção do comitê de resolução de disputas (Lei 14.133/2021, art. 153).

O processo de escolha dos comitês de resolução de disputas deve observar critérios isonômicos, técnicos e transparentes (Lei 14.133/2021, art. 154).

O comitê deve atuar na prevenção e solução de disputas decorrentes da execução de contratos administrativos, podendo, inclusive, recomendar a extinção do contrato, desde que haja interesse da Administração (Lei 14.133/2021, art. 138, II).

16.6.3 Conceito e características

O *Dispute Board* ou comitê de resolução de disputas é composto por um ou mais profissionais independentes, geralmente em número ímpar, que acompanham de forma periódica a execução do contrato. O comitê realiza uma espécie de gerenciamento. Seus membros acompanham as atividades decorrentes da execução do contrato, identificando eventuais inconsistências, desvios, problemas, equívocos, a fim de evitar conflito, controvérsia ou disputa.

O comitê é adequado para contratos de longa duração ou de execução complexa, com múltiplas áreas, com diferentes atividades realizadas ao mesmo tempo, muitas vezes com diversas relações jurídicas interligadas, decorrentes de contratos conexos ou derivados.

---

[81] SILVA NETO, Augusto Barros de Figueiredo; SALLA, Ricardo Medina. Conceituação dos *dispute boards*. In: FIGUEIREDO, Augusto Barros de; SALLA, Ricardo Medina (coords.). *Manual de* dispute boards: teoria, prática e provocações. São Paulo: Quartier Latin, 2021. p. 44.

Pode-se, enfim, identificar o comitê de resolução de disputas como um meio de solução consensual de conflitos em contratos de execução não imediata. O comitê é formado por um grupo de profissionais independentes, escolhido conjuntamente pelos contratantes, que passa a acompanhar de forma permanente a execução do contrato, prevenindo e solucionando, de forma rápida e técnica, as disputas que sobrevenham durante a execução do contrato, o que contribui para o cumprimento do cronograma estabelecido no instrumento negocial.

Daí decorrem as características do comitê de resolução de disputas: *(a)* consensualidade; *(b)* especialidade; *(c)* contemporaneidade; *(d)* natureza preventiva; *(e)* celeridade; *(f)* informalidade; *(g)* imparcialidade; e *(h)* preservação do contrato.[82]

O comitê é consensual, devendo estar disciplinado no contrato; suas regras são todas estabelecidas pelas partes no instrumento negocial, não ostentando natureza jurisdicional. É altamente especializado, destinando-se a contratos de longa duração, de execução continuada, de grande complexidade e de elevado custo. O comitê é contemporâneo ao contrato, devendo ser constituído durante a sua execução; as recomendações do comitê são feitas a partir da observação imediata e constante do que ocorre na execução do contrato, e não de relatos feitos pelos contratantes sobre fatos ocorridos no passado.

A atuação do comitê, por ser contemporânea aos fatos, é igualmente preventiva, evitando disputas e acirramento de ânimos entre os envolvidos, o que contribui para estimular o diálogo entre as partes. As reuniões devem ser realizadas com brevidade, em pouco espaço de tempo, sendo sua atuação célere, o que reforça o caráter preventivo de evitar o conflito e o acirramento dos ânimos. A atuação do comitê é célere e ágil, por ser também informal e simples.

Os membros do comitê devem ser imparciais, a fim de ter as melhores soluções. A atuação do comitê de resolução de disputas evita interrupções na execução do contrato e paralisações da obra, permitindo a preservação do contrato.

O *Dispute Board* pode ser instituído específica e pontualmente para uma controvérsia na execução de um contrato de construção ou de infraestrutura, o que não é o mais comum, podendo – o que é mais comum – ser constituído desde o princípio da contratação, antes mesmo de surgir qualquer impasse, controvérsia ou disputa entre as partes contratantes, mantendo-se até mesmo após a conclusão da obra. Quer isso dizer que o *Dispute Board* é o único meio de solução de disputas que pode auxiliar as partes a resolverem seus impasses em tempo real, permitindo que os integrantes do comitê conheçam os envolvidos no projeto e acompanhem sua execução diretamente, o que contribui para uma melhor compreensão dos problemas que eventualmente surjam durante o cumprimento do contrato.

16.6.4 Espécies

16.6.4.1 Generalidades

O *Dispute Board* atua preventivamente, podendo apenas recomendar a solução ou proferir decisão vinculativa ou exercer uma atividade mista, ora recomendando, ora decidindo. Por isso, costuma-se dizer que há 3 (três) tipos de *Dispute Board*: (a) o *Dispute Review Board*; (b) o *Dispute Adjudication Board*; e (c) o *Combined Dispute Board*.

---

[82] Sobre tais características, MANSO, Adriano Marques; SILVA, Sarita de Oliveira Moura da. Desafios para a adoção do *dispute board* por empresas públicas e sociedades de economia mista. In: FIGUEIREDO, Augusto Barros de; SALLA, Ricardo Medina (coords.). *Manual de* dispute boards: teoria, prática e provocações. São Paulo: Quartier Latin, 2021, p. 159-162.

16.6.4.2 Dispute Review Board

O *Dispute Review Board* (DRB) caracteriza-se por produzir apenas recomendações. O comitê somente recomenda determinada prática ou solução, não proferindo decisões vinculantes às partes. Suas recomendações podem ou não ser seguidas pelos contratantes. Os contratantes podem acatar a recomendações ou até negociar a partir dela.

Emitida a recomendação, as partes podem acatá-la, tornando-se, então, vinculante e aderindo-se aos termos do contrato em execução. Por sua vez, pode haver consenso negativo, ou seja, nenhuma das partes aceita a recomendação, a qual será, diante disso, descartada. As partes podem, porém, negociar a partir da recomendação feita e adotar outra solução para o impasse. Finalmente, uma parte pode aceitar a recomendação e a outra contestá-la ou impugná-la. Nesse caso, a recomendação também fica sem efeito, podendo a questão ser submetida à arbitragem ou à disputa judicial.

Em outras palavras, a recomendação pode ser aceita, estando, então, resolvida a pendência. Não havendo consenso e não sendo adotada a recomendação do comitê, é possível optar por outro meio de solução de disputa, tal como uma mediação, ou uma arbitragem ou, até mesmo, a disputa judicial.

A opção pelo *Dispute Board* pressupõe um compromisso de maior liberdade e flexibilidade, com espírito de acatamento das recomendações do comitê. É possível, porém, haver a divergência, o que leva a questão a ser dirimida por outro meio de solução de disputa.

No *Dispute Review Board*, surgindo um impasse, uma pendência, uma controvérsia, enfim, uma disputa, as partes apresentarão suas razões ao comitê, que vai reunir-se para examinar os argumentos e provas de cada uma das partes, vindo a emitir uma recomendação de solução para a disputa. Tal recomendação não é, porém, vinculante para as partes, que podem submeter a questão a um tribunal arbitral ou ao Judiciário.

Emitida a recomendação, se ambas as partes acatarem-na, a solução estará consolidada, não havendo mais controvérsia. É comum que se estabeleça, no contrato, um prazo para manifestação dos contratantes sobre a recomendação do comitê. As partes podem, expressamente, declarar concordância, podendo, de igual modo, deixar escoar o prazo para manifestação, sem qualquer impugnação, contestação ou insatisfação com a recomendação apresentada. Nesse caso, está sendo também acatada a recomendação, tornando-se vinculante e incorporando-se ao contrato. Para que a recomendação não se torne vinculante e definitiva, é preciso que as partes, ou uma delas, manifeste-se contrariamente no prazo previsto no contrato ou na cláusula que regula o *Dispute Review Board*.[83]

Essa modalidade de *Dispute Board* estimula o espírito colaborativo das partes contratantes, viabilizando a constante construção compartilhada do consenso e compatibilizando-se com o ambiente de consensualidade que deve predominar no setor público.

16.6.4.3 Dispute Adjudiction Board

No *Dispute Adjudication Board* ("DAB"), o comitê, diante de um impasse, pendência, controvérsia ou disputa, profere uma decisão, que será obrigatória e vinculativa para as partes, desde a sua emissão. Mesmo havendo objeções das partes ou de uma delas, a decisão do

---
[83] RANZOLIN, Ricardo, A eficácia dos dispute boards no direito brasileiro. *Revista de Arbitragem e Mediação*, São Paulo: RT, v. 52, p. 197-219, mar. 2017.

comitê deve ser cumprida de imediato e só poderá ser sustada ou desconsiderada mediante decisão judicial ou arbitral.

A decisão do comitê é vinculante e produz efeitos imediatos, mas pode ser impugnada pela via arbitral ou judicial.

Proferida a decisão pelo comitê, as partes devem cumpri-la, a não ser que alguma delas obtenha decisão arbitral ou judicial que a afaste, elimine, anule ou desfaça. O desatendimento da decisão do comitê consiste num inadimplemento contratual. Não seguir a decisão equivale a descumprir o contrato.

Para Cristopher Kock, a escolha por essa espécie de comitê é indicada quando a rapidez na tomada de decisão em um projeto for mais importante que a satisfação de ambas as partes. Em geral, a parte que assume o maior risco financeiro do projeto tem interesse em adotar esse tipo de comitê.[84] Se, por um lado, o *Dispute Adjudication Board* tende a ser mais ágil, contém, por outro lado, o risco de diminuir a colaboração entre as partes e criar um ambiente de maior dissenso ou disputa, pois elas tendem a ter receio de compartilhar documentos e informações, já que temem por uma decisão contrária a seus respectivos interesses.

O *Dispute Adjudication Board* ostenta semelhanças com os meios de solução heterocompositiva de disputas, podendo contribuir para posturas mais beligerantes dos contratantes e menos consensuais ou colaborativas. Ganha-se em rapidez, pois não se precisa aguardar prazo para concordância das partes, mas se amplia o ambiente de contenda, de discórdia ou de disputa, causando o risco de se afastar da consensualidade desejada.

16.6.4.4 Combined Dispute Board

Há, finalmente, o *Combined Dispute Board* (*CDB*), que combina ou agrega elementos do *Dispute Review Board* com do *Dispute Adjudication Board*. Em tal modalidade, o comitê tem a função inicial de formular recomendações (*Dispute Review Board*), mas pode, durante o procedimento para solução da disputa, ter, a requerimento das partes, essa sua função alterada, a fim de passar a prolatar decisão vinculante (*Dispute Adjudication Board*).

Cyril Chern chega a sugerir que "um CDB às vezes é um cenário mais palatável do que um DAB ou DRB, particularmente em situações em que as partes são novas no conceito de disputa".[85]

16.6.5 Distinção entre o *Dispute Board* e a mediação

O *Dispute Board* não se confunde com a mediação. São meios diversos de solução de disputas. Na mediação, um terceiro facilita o diálogo entre as partes, reaproximando-as e restaurando o diálogo entre elas para que possam autocompor-se. O comitê de resolução de disputas emite recomendações às partes contratantes, que são, muitas vezes, aceitas por elas.

---

[84] KOCH, Cristopher. Novo regulamento da CCI relativo aos dispute boards. *Revista de Arbitragem e Mediação*, São Paulo: RT, n. 6, p. 147-151, 2005.

[85] CHERN, Cyril. *Cher on Dispute Boards*: practice and procedure. Oxford: Blackwell Publishing, 2008. p. 22. Do original: "A combined dispute board is sometimes a more palatable scenario instead of a straight dispute review board or a dispute adjudication board, particularly in situations where the parties are new to the dispute board concept".

As recomendações do comitê também têm a função de estimular a negociação direta entre os contratantes. O reconhecimento dessa função preventiva do comitê pode causar a impressão de que a ele caberia também mediar disputas.[86]

A atuação do mediador está regulada na Lei 13.140/2015, no CPC e na Resolução 125/2010 do CNJ. O mediador não acompanha a execução do contrato, não participa da gestão de seu cumprimento, nem apresenta recomendações aos contratantes. Tais funções, que são exercidas pelos membros do comitê, não são atribuídas ao mediador.

No desempenho de sua função, o mediador pode reunir-se com as partes, em conjunto ou separadamente (Lei 13.140/2015, art. 19). Vale dizer que o mediador pode, durante o procedimento da mediação, realizar reuniões privadas com cada uma das partes, a fim de identificar eventuais fraquezas e particularidades de suas posições, tentando superá-las, o que seria inviável em reuniões conjuntas.

Tais reuniões privadas não são compatíveis com o *Dispute Board*, pois poderiam comprometer a neutralidade dos membros do comitê para emissão de uma decisão ou recomendação.

O comitê de solução de disputas não se confunde, como se vê, com a mediação. São meios diversos de solução de disputas, com técnicas diferentes e caraterísticas próprias, que não se confundem.

16.6.6 Distinção entre o *Dispute Board* e a arbitragem

O comitê de solução de disputas também não se confunde com a arbitragem. O árbitro é juiz de fato e de direito, e a sentença que proferir não fica sujeita a recurso ou a homologação pelo Poder Judiciário (Lei 9.307/1996, art. 18). A atividade do tribunal arbitral é, portanto, jurisdicional. A sentença arbitral produz coisa julgada, não podendo ser revista, no mérito, pelo Judiciário, além de constituir título executivo judicial, apto a desencadear um cumprimento de sentença (Lei 9.307/1996, art. 31; CPC, art. 515, VII).

Os integrantes do comitê, por sua vez, não exercem jurisdição, sendo escolhidos desde a celebração do contrato e antes mesmo de qualquer impasse, pendência, controvérsia ou disputa. Isso porque os membros do comitê acompanham a execução do contrato, fazendo recomendações ou tomando decisões imediatas. Os árbitros, diversamente, somente são escolhidos depois de surgir uma disputa entre as partes, sendo a arbitragem instaurada após controvérsia entre os contratantes.

Embora o árbitro não precise ser advogado, é comum os tribunais arbitrais serem compostos apenas por advogados, realidade que não se verifica nos comitês de resolução de disputas, cuja composição tem sido mais híbrida, com a presença de engenheiros, advogados, técnicos etc.[87]

---

[86] SILVA NETO, Augusto Barros de Figueiredo; SALLA, Ricardo Medina. Conceituação dos *dispute boards*. In: FIGUEIREDO, Augusto Barros de; SALLA, Ricardo Medina (coords.). *Manual de* dispute boards: teoria, prática e provocações. São Paulo: Quartier Latin, 2021. p. 55.

[87] MENEZES, Caio Campello. *Dispute Board* e seus efeitos na arbitragem: lições da experiência internacional. In: FIGUEIREDO, Augusto Barros de; SALLA, Ricardo Medina (coords.). *Manual de* dispute boards: teoria, prática e provocações. São Paulo: Quartier Latin, 2021. p. 325.

Enquanto os árbitros lidam com o passado, os membros do comitê de resolução de disputas lidam com o presente, pois acompanham a execução do contrato, o que lhes confere uma melhor perspectiva sobre o contexto e uma atuação mais dinâmica.[88]

Há certa semelhança entre o *Dispute Adjudication Board* e a arbitragem. O comitê, no *DAB*, profere decisão imediata e vinculante, a ser cumprida pelas partes, mas não há carga jurisdicional. Qualquer uma das partes pode acionar o tribunal arbitral ou o Judiciário para questionar a decisão do comitê. Na arbitragem, por sua vez, a decisão tomada é irrecorrível e produz coisa julgada, não podendo ser revista, em seu mérito, pelo Judiciário.

O comitê de resolução de disputas não se confunde, portanto, com a arbitragem.

---

[88] MENEZES, Caio Campello. *Dispute Board* e seus efeitos na arbitragem: lições da experiência internacional. In: FIGUEIREDO, Augusto Barros de; SALLA, Ricardo Medina (coords.). *Manual de* dispute boards: teoria, prática e provocações. São Paulo: Quartier Latin, 2021. p. 324.

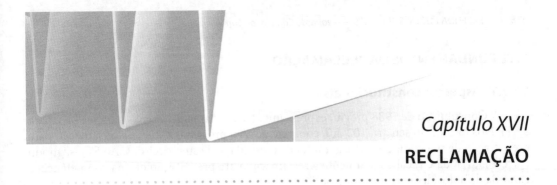

Capítulo XVII
RECLAMAÇÃO

17.1 BREVE HISTÓRICO DA RECLAMAÇÃO E SUA EVOLUÇÃO NO BRASIL

A reclamação constitucional nasceu na jurisprudência do STF com fundamento na teoria dos poderes implícitos. Os poderes implícitos dos tribunais são necessários ao exercício de seus poderes explícitos. Tendo os tribunais o poder explícito de julgar, têm o poder implícito de dar efetividade às próprias decisões e o de defender a própria competência. Para exercer esses poderes implícitos, concebeu-se a reclamação constitucional. Em virtude de tais poderes implícitos, inerentes a qualquer tribunal, deve-se admitir a reclamação constitucional perante os tribunais.

A reclamação está prevista no Regimento Interno do STF nos arts. 156 a 162.

Com a promulgação da Constituição de 1988, consagrou-se de vez e expressamente a reclamação constitucional, estando prevista, inicialmente, para o STF (art. 102, I, *l*) e para o STJ (art. 105, I, *f*) e, depois, para o TST (art. 111-A, § 3º).

Com a inserção no texto constitucional da Ação Declaratória de Constitucionalidade pela EC 3/1993 e, posteriormente, com a Reforma do Judiciário pela EC 45/2004, a reclamação constitucional ganhou ainda mais importância, sendo cabível para impor o cumprimento de decisões proferidas no controle concentrado de constitucionalidade e garantir a aplicação de enunciados da súmula vinculante do STF.

A reclamação era regulada pela Lei 8.038/1990. O CPC de 2015 passou a dispor sobre ela. Assim, não havia mais sentido que houvesse disciplina sobre o tema em lei extravagante, que, nesse ponto, foi revogada (CPC, art. 1.072, IV). O art. 988 do CPC reafirma seu cabimento para (a) preservar a competência do tribunal; (b) garantir a autoridade das decisões do tribunal; (c) garantir a observância de decisão do Supremo Tribunal Federal em controle concentrado de constitucionalidade; (d) garantir a observância de enunciado de súmula vinculante; e (e) garantir a observância de acórdão proferido em julgamento de casos repetitivos e de incidente de assunção de competência.

Além de reafirmar o seu cabimento em tais hipóteses, o referido art. 988 do CPC, em seu inciso IV, prevê a reclamação para garantir a observância de precedente proferido em incidente de resolução de demandas repetitivas ou em incidente de assunção de competência. E, nos termos de seu § 5º, II, é cabível a reclamação para garantir a observância de acórdão de recurso extraordinário com repercussão geral reconhecida ou de acórdão proferido em julgamento de recursos especial ou extraordinário repetitivos, mas só depois de esgotadas as instâncias ordinárias.

17.2 FUNDAMENTOS DA RECLAMAÇÃO

17.2.1 Aspectos constitucionais

A Constituição de 1988 previu, expressamente, a reclamação apenas para o STF e para o STJ. Nos termos do seu art. 102, I, *l*, compete ao STF processar e julgar a reclamação para preservação de sua competência e garantia da autoridade de suas decisões. Ao STJ, segundo o art. 105, I, *f*, da CF, cabe igualmente a reclamação para preservação de sua competência e garantia da autoridade de suas decisões.

Por sua vez, o art. 103-A, § 3º, da Constituição Federal confere ao STF competência originária para processar e julgar reclamação contra decisão judicial ou ato administrativo que contrarie enunciado da súmula vinculante aplicável ao caso, ou que o aplique indevidamente.

Apoiados em uma interpretação literal e considerando a dificuldade de acesso direto ao STF e ao STJ a partir da primeira instância, alguns autores defendem somente ser cabível a reclamação dirigida a esses dois tribunais. Excepcionalmente, em razão do princípio da simetria, admitem reclamação para garantir a observância de decisão de tribunal de justiça em controle concentrado de constitucionalidade de leis locais em face da Constituição Estadual.[1]

Quem assim entende deverá, provavelmente, passar a sustentar, diante do disposto no art. 988 do CPC, que: seus incisos I e II são válidos, desde que o termo "tribunal" compreenda somente o STF, o STJ e os tribunais de justiça no exercício do controle concentrado de inconstitucionalidade local; a previsão do § 5º do art. 988 também seria válida; o inciso III é indiscutivelmente válido, sendo inconstitucional a previsão do inciso IV, sendo cabível a reclamação, nessa última hipótese, apenas para o STF e o STJ, a fim de garantir a observância de precedente firmado em incidente de assunção de competência.[2]

Esse entendimento restritivo não é correto, pois limita indevidamente a possibilidade de o legislador criar reclamação, cujo fundamento repousa na teoria dos poderes implícitos. Ademais, o entendimento restritivo deixa sem solução o problema da inadmissão da apelação pelo juiz de primeiro grau. A este não é mais possível exercer a admissibilidade da apelação (CPC, art. 1.010, § 3º), não sendo cabível agravo de instrumento da decisão que inadmite apelação, justamente porque não é possível haver decisão que inadmita apelação.

Na verdade, nesse caso, "cabe reclamação, por usurpação de competência do tribunal de justiça ou do tribunal regional federal, contra a decisão de juiz de 1º grau que inadmitir recurso de apelação".[3]

Também não há mais juízo provisório de admissibilidade em recurso ordinário constitucional. Portanto, "cabe reclamação, por usurpação da competência do Superior Tribunal de Justiça, contra decisão de juiz de 1º grau que inadmitir recurso ordinário, no caso do art. 1.027, II, 'b'".[4] Por esse mesmo motivo, "cabe reclamação, por usurpação da competência do

---

[1] Nesse sentido, NOBRE JR., Edilson Pereira. Reclamação e tribunais de justiça. In: COSTA, Eduardo José da Fonseca; NOGUEIRA, Pedro Henrique Pedrosa (org.). *Reclamação constitucional*. Salvador: JusPodivm, 2013. p. 109-129.

[2] Também constatando que aqueles que assim entendem devem adotar entendimento restritivo, COSTA, Eduardo José da Fonseca. Da reclamação. In: WAMBIER, Teresa Arruda Alvim; DIDIER JR., Fredie; TALAMINI, Eduardo; DANTAS, Bruno (coords.). *Breves comentários ao novo Código de Processo Civil*. São Paulo: RT, 2015. p. 2.200.

[3] Enunciado 207 do Fórum Permanente de Processualistas Civis.

[4] Enunciado 208 do Fórum Permanente de Processualistas Civis.

Superior Tribunal de Justiça, contra a decisão de presidente ou vice-presidente do tribunal de 2º grau que inadmitir recurso ordinário interposto com fundamento no art. 1.027, II, 'a'".[5] Também por isso, "cabe reclamação, por usurpação da competência do Supremo Tribunal Federal, contra a decisão de presidente ou vice-presidente de tribunal superior que inadmitir recurso ordinário interposto com fundamento no art. 1.027, I".[6]

A reclamação passou a desempenhar relevante função no sistema instituído pelo Código de Processo Civil de 2015. Seu eventual descabimento perante tribunais de justiça e regionais federais poderia provocar uma "lacuna jurídica ameaçadora".[7]

17.2.2 A teoria dos poderes implícitos e a teoria da reserva legal

Já se viu que a reclamação constitucional decorre da teoria dos poderes implícitos. Sendo assim, todos os tribunais teriam a reclamação à disposição para o resguardo de suas competências e a preservação da autoridade de suas decisões.

Os tribunais têm poderes implícitos, necessários ao exercício de seus poderes explícitos. Significa, então, que a reclamação não precisa necessariamente de previsão em texto normativo, sendo manifestação dos poderes implícitos dos tribunais, que servem para dar efetividade às próprias decisões e para a defesa de suas competências.

Há, entretanto, quem defenda que a reclamação constitui instituto de direito processual civil e, como tal, somente poderia ser criada por lei federal, nos termos do art. 22, I, da CF/1988. Foi por isso, aliás, que o STF, ao julgar o RE 405.031, Rel. Min. Marco Aurélio, reputou inconstitucional a reclamação prevista no regimento interno do TST. Segundo entendeu o STF, seria inconstitucional criar ou prever a reclamação constitucional em regimento interno. Não havendo previsão constitucional, nem existindo lei (no sentido formal e material) prevendo a reclamação para o TST, é, segundo entendeu o STF em tal precedente, inconstitucional a reclamação para o TST, já que prevista apenas em seu regimento interno.

Tal precedente, como restará evidente ao longo do presente capítulo, contraria a jurisprudência do próprio STF. O STF, em sede de controle concentrado de constitucionalidade, entendeu – e já reafirmou – que a reclamação constitucional não seria uma ação, mas mera manifestação do direito de petição. Sendo a reclamação mera manifestação do direito de petição, não haveria necessidade de previsão legal, pois o direito de petição é autoexecutável, exercido diretamente, sem necessidade de regulamentação. Embora o STF entenda que se trata de mera manifestação do direito de petição, entende, contraditoriamente, ser necessária a previsão legal para que seja adotada a reclamação em outros tribunais que não sejam o próprio STF e o STJ. Ora, se entende que é direito de petição, deveria, consequentemente, entender desnecessária a regulamentação ou a previsão legal.

Tal discussão perdeu o sentido com o CPC de 2015, que prevê a reclamação para todo e qualquer tribunal.

É bem de ver que existem duas teorias que fundamentam a reclamação constitucional: (a) a dos poderes implícitos; e (b) a da reserva legal.

---

5 Enunciado 209 do Fórum Permanente de Processualistas Civis.
6 Enunciado 210 do Fórum Permanente de Processualistas Civis.
7 COSTA, Eduardo José da Fonseca. Da reclamação. In: WAMBIER, Teresa Arruda Alvim; DIDIER JR., Fredie; TALAMINI, Eduardo; DANTAS, Bruno (coords.). *Breves comentários ao novo Código de Processo Civil*. São Paulo: RT, 2015. p. 2.201.

17.2.3 A previsão da reclamação em outras leis

A reclamação está, como visto, prevista na Constituição Federal para o STF (art. 102, I, *l*) e para o STJ (art. 105, I, *f*) e para o TST (art. 111-A, § 3º). Além dessa previsão constitucional, algumas leis tratam da reclamação.

A Lei 11.417/2006, que regulamenta a súmula vinculante do STF, cuida da reclamação em seu art. 7º. Tal dispositivo mantém-se em vigor, sendo compatível com a disciplina da reclamação. Na verdade, regula a reclamação contra ato judicial ou administrativo que contrarie enunciado da súmula vinculante aplicável ao caso, ou que o aplique indevidamente, estabelecendo condições e exigências que serão examinadas no item próprio, relativo à reclamação contra ato que desrespeita enunciado de súmula vinculante.

O Código de Processo Penal Militar (aprovado pelo Decreto-lei 1.002/1969) prevê, em seus arts. 584 a 587, a reclamação para o Superior Tribunal Militar, qualificando-a como um recurso. Aquelas disposições foram absorvidas pelo CPC, devendo-se ressalvar, apenas, os prazos. Em outras palavras, o conteúdo dos arts. 584 a 587 do CPPM coincide com o dos arts. 988 a 993 do CPC, salvo quanto aos prazos para prestação de informações pela autoridade reclamada (que, no âmbito militar, é de quarenta e oito horas, enquanto, no CPC, é de dez dias) e para manifestação do Ministério Público (que, no âmbito militar, é de três dias, enquanto, no CPC, é de cinco dias). O CPC não altera os prazos do CPPM, pois estes foram fixados pelo legislador, levando em conta as peculiaridades do processo penal militar e das matérias submetidas ao exame dos tribunais militares. Assim, com a ressalva dos prazos, a disciplina da reclamação coincide, sendo idênticas as regras aplicáveis no processo civil e no processo penal militar.

17.2.4 O papel dos regimentos internos dos tribunais

Os regimentos internos dos tribunais tratam da reclamação, disciplinando seu procedimento e estabelecendo as competências de seus órgãos. Os arts. 988 a 993 do CPC passaram a tratar do tema, revogando as disposições contidas nos regimentos internos dos tribunais com eles incompatíveis.

As regras de competência, previstas nos regimentos internos, devem manter-se. Isso porque é dos tribunais a atribuição de fixar a competência de seus órgãos internos (CF, art. 96, I, *a*). Cabe, portanto, aos tribunais estabelecer se a reclamação será julgada por uma turma, por uma câmara, por uma seção, por um grupo de câmaras, pelo plenário ou pelo órgão especial, se houver.

O § 2º do art. 988 do CPC fixa uma regra de prevenção: a reclamação será distribuída ao relator da causa principal, sempre que possível. Assim, se a reclamação for, por exemplo, ajuizada para garantir a autoridade de uma decisão do tribunal, o relator da causa originária em que se proferiu a decisão descumprida deverá ser o relator da reclamação. Tome-se, ainda, o exemplo da reclamação proposta para garantir a observância de decisão do STF em controle concentrado de constitucionalidade: o relator da reclamação haverá de ser o mesmo da ADI, ADC ou ADPF, cuja decisão não está sendo observada pela autoridade reclamada.

A função do regimento interno é muito importante no âmbito da reclamação.

O CPC prevê essa hipótese de prevenção, mas há outras que precisam estar disciplinadas nos regimentos internos. A previsão do § 2º do art. 988 do CPC não abrange, em muitos casos, a hipótese de reclamação para preservação da competência do tribunal. É o que ocorre, por exemplo, no caso em que o juiz inadmite a apelação. Não lhe sendo mais possível exercer o juízo de admissibilidade da apelação (CPC, art. 1.010, § 3º), se o fizer haverá usurpação de competência do tribunal. Em tal hipótese, cabe a reclamação (CPC, art. 988, I). Ajuizada a reclamação, haverá um relator. É bem razoável que ele fique prevento para a apelação, mas é preciso que o regimento assim estabeleça.

Também é possível que, pelo regimento interno, o julgamento da reclamação seja atribuído a órgão diverso do julgamento da causa principal, o que pode, até mesmo, inviabilizar a prevenção. Daí o § 2º do art. 988 do CPC dispor que o relator ficará prevento, "sempre que possível". Pela composição do tribunal e diante de regras regimentais, pode, em algum caso, não ser possível a prevenção. É preciso que o regimento estabeleça as regras adequadas, a fim de definir a competência do órgão, a atribuição da relatoria e as regras de prevenção.

17.3 NATUREZA JURÍDICA

17.3.1 Generalidades

A reclamação não se confunde com a *correição parcial*.[8]

A correição parcial constitui medida administrativa tendente a apurar uma atividade tumultuária do juiz, não passível de recurso. Há, na correição, nítida feição disciplinar. Ao longo do tempo, restou esvaziada a correição parcial. Isso porque um mecanismo administrativo e disciplinar, em razão do princípio da separação dos poderes, não deve conter aptidão para atacar um ato judicial. Trata-se, enfim, de "medida administrativa de caráter disciplinar, à qual não se pode permitir o condão de produzir, cassar ou alterar decisões jurisdicionais no seio do processo".[9] Já a reclamação ostenta natureza jurisdicional.

A reclamação provoca a cassação da decisão reclamada, com avocação dos autos, a depender de sua hipótese de cabimento. Tal atividade não é administrativa. Ora, "cassar uma decisão é típica atividade jurisdicional, sendo absurdo pensar em medidas puramente administrativas capazes de banir a eficácia de atos de exercício da jurisdição".[10]

A reclamação é uma ação de competência originária de tribunal, prevista na Constituição Federal, nas Constituições Estaduais e no CPC, que tem o objetivo de preservar a competência e garantir a autoridade das decisões dos tribunais, bem como garantir a observância de decisão do STF em controle concentrado de constitucionalidade, a observância de enunciado de súmula vinculante e de precedente proferido em julgamento de casos repetitivos ou em incidente de assunção de competência.

A reclamação tem, enfim, natureza jurídica de ação.[11] É exemplo de ação autônoma, de natureza constitucional, de impugnação de ato judicial[12] ou administrativo.

---

[8] Sobre a correição parcial e seu caráter administrativo-disciplinar, vide: SANTOS, Aloysio. *A correição parcial*: reclamação ou recurso acessório? 2. ed. São Paulo: LTr, 2002. p. 41.

[9] DANTAS, Marcelo Navarro Ribeiro. Correição parcial não é recurso (portanto, não deve ser usada como tal). In: NERY JR., Nelson; WAMBIER, Teresa Arruda Alvim (coords.). *Aspectos polêmicos e atuais dos recursos cíveis e de outras formas de impugnação às decisões judiciais*. São Paulo: RT, 2001. p. 836.

[10] DINAMARCO, Cândido Rangel. A reclamação no processo civil brasileiro. *Nova era do processo civil*. São Paulo: Malheiros, 2003. n. 100, p. 199.

[11] Gilmar Ferreira Mendes diz que a reclamação constitucional é "ação especial" (MENDES, Gilmar Ferreira. A reclamação constitucional no Supremo Tribunal Federal. *FADM*, Belo Horizonte: Fórum, n. 100, 2011, p. 96).

[12] Entre outros, PONTES DE MIRANDA, Francisco Cavalcanti. *Comentários ao Código de Processo Civil*. 3. ed. Rio de Janeiro: Forense, 1997. t. 5, p. 287; GÓES, Gisele. Reclamação constitucional. Aspectos polêmicos e atuais dos recursos cíveis e de outros meios de impugnação às decisões judiciais. In:

Em primeiro lugar, porque depende de provocação de uma das partes ou do Ministério Público, seguindo a regra geral prevista no art. 2º do CPC.

Demais disso, o acolhimento da reclamação não ocorre no mesmo processo em que praticado o ato reclamado.

Por essas razões, já se observa que a reclamação não detém a natureza de recurso:[13] não ocorre no mesmo processo em que praticado o ato reclamado, além de não receber o tratamento legislativo de recurso, nem estar disciplinado em lei como tal.

A reclamação não está prevista em qualquer dispositivo de lei federal como recurso. Aliás, ela está prevista no inciso I do art. 102 e do art. 105, bem como no § 3º do art. 111-A, da Constituição, estando, portanto, confinada nas hipóteses de competência *originária* do STF, do STJ e do TST, o que reforça a ideia de que *não* detém natureza recursal.[14] Ademais, o recurso, para ser interposto, depende da existência de sucumbência, gravame ou prejuízo imposto ao recorrente. Já a reclamação não depende necessariamente da derrota; o interesse pode ser exatamente o de que a decisão que lhe fora favorável seja efetivamente cumprida ou, independentemente de derrota ou vitória, seja preservada a competência do tribunal.[15] Enquanto o recurso tem prazo, a reclamação não se sujeita a qualquer prazo preclusivo.[16]

A reclamação é uma ação que provoca o exercício da jurisdição contenciosa.

Independentemente da acirrada discussão doutrinária quanto à presença, na jurisdição voluntária, de características como a substitutividade e submissão à coisa julgada, e de tratar-se de atividade judicial ou administrativa, o certo é que a jurisdição voluntária assim se caracteriza por compreender atos autorizativos, homologatórios ou constitutivos de direitos. Em outras palavras, existem atos jurídicos que somente podem ser praticados por particulares, sob a supervisão, fiscalização, chancela ou autorização do Poder Judiciário. Daí ser necessária uma autorização, uma homologação ou uma atividade constitutiva. Essa é, em suma, a característica

---

NERY JUNIOR, Nelson; WAMBIER, Teresa Arruda Alvim (coords.). *Aspectos polêmicos dos recursos cíveis*. São Paulo: RT, 2005. p. 508; MORATO, Leonardo L. *Reclamação e sua aplicação para o respeito da súmula vinculante*. São Paulo: RT, 2007. p. 109; SANTOS, Alexandre Moreira Tavares dos. Da reclamação. *Revista dos Tribunais*, São Paulo: RT, v. 808, fev. 2003, p. 151; PACHECO, José da Silva. A "reclamação" no STF e no STJ de acordo com a nova Constituição. *Revista dos Tribunais*, São Paulo: RT, v. 646, ago. 1989, p. 30; TALAMINI, Eduardo. *Novos aspectos da jurisdição constitucional brasileira*: repercussão geral, força vinculante, modulação dos efeitos do controle de constitucionalidade e alargamento do objeto do controle direto. São Paulo: Tese de livre-docência apresentada na USP, 2008, p. 173; LEONEL, Ricardo de Barros. *Reclamação constitucional*. São Paulo: RT, 2011. p. 171; MINGATI, Vinícius Secafen. *Reclamação (neo)constitucional:* precedentes, segurança jurídica e os juizados especiais. Brasília: Gazeta Jurídica, 2012. p. 79; TAKOI, Sérgio Massaru. *Reclamação constitucional*. São Paulo: Saraiva, 2013. p. 44; STRATZ, Murilo. *Reclamação na jurisdição constitucional*. Santa Cruz do Sul: Essere nel Mondo, 2015. p. 16; OLIVEIRA, Pedro Miranda. Da reclamação. In: CABRAL, Antonio do Passo; CRAMER, Ronaldo (coords.). *Comentários ao novo Código de Processo Civil*. Rio de Janeiro: Forense, 2015. n. 1 ao art. 988, p. 1.455.

[13] Defendendo ser a reclamação um recurso: LIMA, Alcides de Mendonça. *O Poder Judiciário e nova Constituição*. Rio de Janeiro: AIDE, 1989. p. 80; LEMOS, Vinicius Silva. *Recursos e processos nos tribunais no novo CPC*. São Paulo: Lexia, 2015. p. 495.

[14] MORATO, Leonardo Lins. A reclamação prevista na Constituição Federal. In: ARRUDA ALVIM, Eduardo Pellegrini de; NERY JR., Nelson; WAMBIER, Teresa Arruda Alvim (coords.). *Aspectos polêmicos e atuais dos recursos*. São Paulo: RT, 2000. p. 447.

[15] DANTAS, Marcelo Navarro Ribeiro. *Reclamação constitucional no direito brasileiro*. Porto Alegre: Sergio Antonio Fabris Editor, 2000. p. 452-453.

[16] DANTAS, Marcelo Navarro Ribeiro. *Reclamação constitucional no direito brasileiro*. Porto Alegre: Sergio Antonio Fabris Editor, 2000. p. 454.

da jurisdição voluntária, que se destina à "administração de interesses particulares", como se diz largamente no âmbito doutrinário.[17]

Não é isso que ocorre com a reclamação, pois ela não se destina à "administração de interesses particulares", não constituindo meio necessário para a realização de atos jurídicos, nem servindo para sua autorização, homologação ou constituição. A reclamação provoca o exercício de uma jurisdição contenciosa, não se enquadrando como atividade de jurisdição voluntária.

A reclamação também não se identifica como um incidente processual.[18] Muito embora não haja uma noção precisa e bem delimitada do que seja incidente processual,[19] é possível estabelecer os seus pressupostos, quais sejam: a) uma situação nova; b) que cai sobre algo que preexiste.[20] O incidente somente existe se houver, antes, um processo judicial em curso. Surgindo um incidente processual, altera-se o curso do procedimento, podendo haver seu encerramento prematuro, com a extinção do processo, ou um retardamento, com um desvio de rota: o procedimento se suspende ou se altera em razão do incidente. A reclamação não preenche tais pressupostos, não se enquadrando, portanto, como um incidente processual. Para que haja o incidente, é preciso, como visto, que preexista um processo judicial. Pode haver reclamação sem que sequer haja processo anterior, mas simples inquérito policial, e ainda assim a competência do tribunal superior pode estar sendo usurpada, "por se tratar de inquérito que poderia redundar em denúncia contra pessoa que possuía foro privilegiado naquela corte, de modo que a própria atividade inquisitorial havia de ser ali conduzida".[21]

A decisão do tribunal superior pode ser descumprida por autoridade administrativa, daí sendo cabível uma reclamação, sem que haja, portanto, um *prévio* processo judicial – p. ex.: ato administrativo que desrespeita a "súmula vinculante", § 3º do art. 103-A da Constituição Federal. É que, nesse caso, o descumprimento não ocorre num processo judicial, mas no exercício de uma atividade administrativa. Não há que se falar, portanto, em incidente processual, já que não há processo judicial em curso. Não bastasse isso, o ajuizamento da reclamação não altera o curso do procedimento, não constituindo um incidente processual.

A reclamação consiste, a bem da verdade, numa *ação*, ajuizada originariamente em tribunal, com vistas a obter a preservação de sua competência ou a garantir a autoridade de seus julgados ou de seus precedentes obrigatórios.[22] A reclamação contém, inclusive, os elementos da ação, a saber: partes, causa de pedir e pedido. Realmente, há o reclamante e o reclamado, contendo a formulação de um pedido e a demonstração de uma causa de pedir, consistente na invasão de competência, na desobediência à decisão da corte, a um enunciado de súmula vinculante ou a um precedente obrigatório.

---

[17] Sobre a jurisdição voluntária, GRECO, Leonardo. *Jurisdição voluntária moderna.* São Paulo: Dialética, 2003. p. 23-25.

[18] Defendendo ser a reclamação um incidente processual, ARAGÃO, Egas Dirceu Moniz de. *A correição parcial.* São Paulo: Bushatsky, 1969. p. 109.

[19] Sobre a delimitação do conceito de incidente processual e da fixação dos seus pressupostos, RODRIGUES, Marcelo Abelha. *Suspensão de segurança:* sustação da eficácia de decisão judicial proferida contra o Poder Público. São Paulo: RT, 2000. p. 17-70.

[20] RODRIGUES, Marcelo Abelha. *Suspensão de segurança:* sustação da eficácia de decisão judicial proferida contra o Poder Público. São Paulo: RT, 2000. p. 27.

[21] DANTAS, Marcelo Navarro Ribeiro. *Reclamação constitucional no direito brasileiro.* Porto Alegre: Sergio Antonio Fabris Editor, 2000. p. 459.

[22] DANTAS, Marcelo Navarro Ribeiro. *Reclamação constitucional no direito brasileiro.* Porto Alegre: Sergio Antonio Fabris Editor, 2000. p. 459-461; LEONEL, Ricardo de Barros. *Reclamação constitucional.* São Paulo: RT, 2011. p. 171-179.

17.3.2 Entendimento do STF a respeito da natureza jurídica da reclamação

O Supremo Tribunal Federal foi instado a manifestar-se sobre o tema, chegando, quando da apreciação da Ação Direta de Inconstitucionalidade 2.212-1/CE, a definir qual a natureza jurídica da reclamação.

Segundo entendeu o STF, a reclamação não é recurso, nem ação, nem incidente processual. O STF, valendo-se de lições de Ada Pellegrini Grinover,[23] considerou a reclamação como manifestação do direito constitucional de petição previsto no art. 5º, XXXIV, *a*, da Constituição Federal, em razão do qual o cidadão se dirige ao Poder Público, com vistas a obter a defesa de direito ou objetivando combater ilegalidade ou abuso de poder. A reclamação seria veículo para exercício do direito de petição.

Contrariamente ao que entende o STF, a reclamação não deve ser enquadrada como manifestação do direito de petição. Na reclamação, há exercício de pretensão à tutela jurídica do Estado, que se faz por meio de uma ação ou demanda judicial, cujos elementos estão presentes: há, na reclamação, partes, causa de pedir e pedido. Há, na reclamação, procedimento predefinido com observância do contraditório, não podendo o tribunal proceder de ofício. A reclamação depende de provocação da parte ou do Ministério Público, formando processo novo. É possível, na reclamação, haver concessão de tutela provisória, cabendo recurso da decisão que a defere ou indefere. O acórdão que julga a reclamação produz coisa julgada. A reclamação deve ser proposta por advogado constituído pela parte, podendo ser proposta pelo Ministério Público que detém capacidade postulatória.

Tudo isso faz ver que a reclamação não constitui mero exercício do direito de petição; é uma ação.

17.3.3 Consequências da definição da natureza jurídica da reclamação

17.3.3.1 Requisitos da petição inicial e capacidade postulatória

A reclamação é uma ação. Sua propositura exige, portanto, *capacidade postulatória*. Não há qualquer norma jurídica que confira tal capacidade às pessoas em geral para a propositura da reclamação. É preciso, portanto, que a parte esteja representada por advogado devidamente constituído. Evidentemente, reclamações podem ser subscritas por membros do Ministério Público ou defensores públicos, que também possuem capacidade postulatória.

Exatamente porque é uma ação, a reclamação deve ser proposta por petição inicial que preencha os requisitos do art. 319 do CPC, com exceção daquele previsto em seu inciso VII, haja vista não haver, em seu procedimento, audiência de conciliação ou de mediação. O procedimento da reclamação é especial, afastando-se do procedimento comum previsto no CPC, que está estruturado de modo a ter, em sua fase postulatória, uma audiência de mediação ou de conciliação.

A prova produzida na reclamação é a documental pré-constituída, não sendo possível haver dilação probatória. Por esse motivo, basta ao reclamante indicar os documentos que acompanham sua petição inicial.

---

[23] GRINOVER, Ada Pellegrini. A reclamação para garantia da autoridade das decisões dos tribunais. *O processo*: estudos & pareceres. São Paulo: DPJ, 2005. p. 74.

17.3.3.2 Decisão apta a formar coisa julgada

A decisão proferida na reclamação produz coisa julgada.

Assim, julgada uma reclamação, não poderá haver a reproposituta de idêntica reclamação, devido ao óbice da coisa julgada. A decisão proferida na reclamação é alcançada pela coisa julgada, somente podendo ser desfeita mediante o ajuizamento de ação rescisória.[24]

17.3.3.3 Custas e honorários advocatícios na reclamação

Por ser a reclamação uma ação, deve o reclamante efetuar o pagamento de custas para seu ajuizamento. Ao final, o vencido há de ser condenado nos honorários de advogado da parte vencedora.

O STF, contudo, entendeu, consoante já demonstrado, que a reclamação não tem natureza de ação, consistindo num mero exercício do direito de petição. Coerentemente com esse entendimento, não se deveria exigir custas na reclamação. Em outras palavras, a prevalecer o entendimento do STF, segundo o qual a reclamação não tem natureza de ação, mas de mero exercício do direito de petição, não se deve exigir custas para seu ajuizamento.

Sendo igualmente coerente com esse entendimento do STF, não deveria, na reclamação constitucional, haver condenação do vencido em honorários de advogado. O STJ, partindo da mesma premissa do STF, entende que não há, na reclamação, condenação em honorários advocatícios. Segundo anotado em precedente do STJ, "é vedada a condenação em verba de patrocínio na reclamação".[25] Em precedente mais antigo, o próprio STJ, entendendo que a reclamação teria a natureza de mero incidente processual, já havia manifestado essa orientação, asseverando que "É vedada a condenação em verba de patrocínio na reclamação. A reclamação é apenas um incidente processual. Não dá ensejo à formação de uma nova relação jurídico-processual, tendo em vista a inexistência de citação do reclamado para se defender. Trata-se de mero incidente, através do qual se busca preservar a autoridade da decisão proferida no processo, bem como a competência da corte superior a quem cabe julgar determinado recurso interposto no processo".[26]

A reclamação é, porém, uma ação. Desse modo, o vencido deve, ao final, ser condenado nos honorários de advogado da parte vencedora.[27]

O STF sempre entendeu não haver, na reclamação, condenação em honorários de advogado. Após o início de vigência do atual CPC, o STF, ao julgar a Reclamação n. 24.417,

---

[24] "Direito constitucional e processual civil. Reclamação: garantia à autoridade de decisão do STF (art. 102, I, 'l', da Constituição Federal, e art. 156 do RISTF). Coisa julgada. 1. Havendo sido julgada improcedente a Reclamação anterior, sem que os Reclamantes, no prazo legal, propusessem a Ação Rescisória, em tese cabível (art. 485, incisos VI e IX, do Código de Processo Civil) e na qual, ademais, nem se prescindiria de produção das provas neles exigidas e aqui não apresentadas, não podem pretender, com alegações dessa ordem, pleitear novo julgamento da mesma Reclamação, em face do obstáculo da coisa julgada. 2. Agravo Regimental improvido pelo Plenário do STF. Decisão unânime" (STF, Pleno, Rcl 532 AgR/RJ, Rel. Min. Sydney Sanches, DJ 20.9.1996, p. 34.541).

[25] STJ, 3ª Seção, Rcl 2.017/RS, Rel. Min. Jane Silva, Des. Conv. do TJ/MG, DJe 15.10.2008.

[26] STJ, 1ª Seção, Rcl 502/GO, Rel. Min. Adhemar Maciel, DJ 22.3.1999, p. 35.

[27] Acolhendo esse entendimento, enunciado 661 do Fórum Permanente de Processualistas Civis: "É cabível a fixação de honorários advocatícios na reclamação, atendidos os critérios legais". Para mais detalhes sobre o tema, consultar, AZEVEDO, Gustavo. "Reclamação e honorários advocatícios". Aspectos polêmicos dos recursos cíveis e assuntos afins. São Paulo: RT, 2017, v. 13, p. 221-249. STF, 1ª Turma, Rcl 24.417, Rel. Min. Roberto Barroso, DJe 16.3.2017.

entendeu serem devidos honorários de sucumbência em tal tipo de ação constitucional.[28] Segundo ali se afirmou, o atual CPC atribui expressamente a natureza de ação à reclamação, garantindo-lhe contraditório. Embora concordemos com a conclusão, a fundamentação não nos parece adequada. É que a reclamação sempre foi uma ação e o contraditório, por imposição constitucional, sempre precisou ser respeitado. O STF simplesmente passou, em tal precedente, a entender que cabem honorários de sucumbência na reclamação, sem dialogar com os precedentes anteriores que manifestavam orientação diametralmente oposta.[29]

Há decisões da 2ª Turma do STF que entendem não ser cabível a condenação em honorários em ações constitucionais.[30] A 2ª Turma do STF considera que "não é cabível a condenação em honorários em ações de natureza constitucional, que visam a tutelar relevantes interesses sociais. Com mais razão esse entendimento se aplica à reclamação, que é ação de natureza constitucional destinada a preservar a competência do próprio Supremo Tribunal Federal e para garantia da autoridade de suas decisões, salvo em comprovada má-fé".[31]

O entendimento manifestado pela 2ª Turma do STF em tais casos é interessante, mas não há qualquer regra de exceção que afaste expressamente a condenação em honorários de sucumbência. Por isso mesmo, o julgamento da reclamação comporta condenação do vencido nos honorários de sucumbência.

É preciso, porém, observar a causalidade; só deve haver condenação em honorários, se houver causalidade. Não havendo causalidade, não haverá condenação em honorários de sucumbência. Aliás, cumpre lembrar que a parte demandada na reclamação é o beneficiário do ato impugnado, e não o juiz ou a autoridade que proferiu a decisão reclamada. A hipótese assemelha-se ao caso de embargos de terceiro, por meio dos quais um terceiro combate uma decisão judicial, mas o embargado é a parte que se beneficiou da decisão, e não o próprio juiz. Por isso, a condenação em honorários de sucumbência na reclamação assemelha-se à hipótese de condenação de honorários de sucumbência nos embargos de terceiro, impondo-se observar o enunciado 303 da Súmula do STJ, segundo o qual: "Em embargos de terceiro, quem deu causa à constrição indevida deve arcar com os honorários advocatícios".

Imagine-se, por exemplo, que, numa execução, o exequente indicou à penhora um bem de um terceiro não responsável pela obrigação. Ajuizados e acolhidos, os embargos de terceiro acarretarão, nesse caso, condenação em honorários de sucumbência: o exequente, embargado, deverá ser condenado a tanto, pois deu causa aos embargos de terceiro. Se, porém, a penhora foi feita sem requerimento do exequente ou este ainda alertou que o bem não deveria ser penhora, pois era de um terceiro não responsável, e, ainda assim, a penhora foi feita, o acolhimento dos embargos de terceiro não devem impor condenação ao pagamento de honorários de sucumbência ao exequente, embargado. De igual modo, na reclamação proposta, por exemplo, contra uma decisão que deixou de seguir um precedente obrigatório, sem que a parte contrária tenha contribuído para isso, poderá não haver

---

[28] STF, 1ª Turma, Rcl 24.417, Rel. Min. Roberto Barroso, *DJe* 16.3.2017. No mesmo sentido: STF, 1ª Turma, Rcl 31.296 ED, Rel. Min. Alexandre de Moraes, *DJe* 25.9.2019. Também no mesmo sentido: STF, 1ª Turma, Rcl 28.403 ED-ED-AgR, Rel. Min. Rosa Weber, *DJe* 18.6.2020. Ainda no mesmo sentido: STF, 2ª Turma, Rcl 38.187 AgR-ED, Rel. Min. Celso de Mello, *DJe* 16.10.2020.

[29] Nesse sentido, AZEVEDO, Gustavo. *Reclamação constitucional no direito processual civil*. Rio de Janeiro: Forense, 2018, n. 6.5.1.4, p. 305-306.

[30] STF, 2ª Turma, Rcl 29.198 ED-AgR, Rel. Min. Edson Fachin, *DJe* 17.3.2020. No mesmo sentido: STF, 2ª Turma, Rcl 29879 ED-AgR, Rel. Min. Cármen Lúcia, *DJe* 14.8.2019.

[31] STF, 2ª Turma, Rcl 26.405 AgR-ED, Rel. Min. Edson Fachin, *DJe* 4.3.2020.

causalidade, deixando de haver condenação em honorários de sucumbência. Se, todavia, houver causalidade, com contribuição da parte à conclusão do juiz, deve haver condenação dela ao pagamento dos honorários.

Enfim, há, na reclamação, condenação em honorários de sucumbência, desde que haja causalidade da parte vencida.

17.3.4 Cabimento da reclamação em todos os tribunais

De acordo com o § 1º do art. 988 do CPC, a reclamação pode ser proposta perante qualquer tribunal. Já era cabível normalmente para o STF e para o STJ. O Código de Processo Penal Militar prevê a reclamação para o STM. Também, segundo entendimento do STF, já era cabível para os tribunais de justiça, caso houvesse previsão na Constituição Estadual.

A teoria dos poderes implícitos justificava a aceitação da reclamação para todo e qualquer tribunal. A previsão da reclamação no CPC e a existência de expresso dispositivo que afirma ser cabível perante qualquer tribunal confirmam isso.

A previsão da reclamação para todo e qualquer tribunal reforça o cumprimento pelos juízos e tribunais dos deveres de coerência e integridade previstos no art. 926 do CPC, justamente porque serve de instrumento para efetivá-los.

Cabe, enfim, reclamação perante todo e qualquer tribunal.

17.3.5 Cabimento da reclamação contra decisão do próprio tribunal

Mais adiante, serão examinadas as hipóteses de cabimento da reclamação, entre as quais a destinada a garantir a autoridade da decisão do tribunal. Ali se verá ter prevalecido, durante a vigência do CPC/1973, o entendimento segundo o qual não cabe reclamação contra decisão do próprio tribunal.

Tal entendimento há de ser revisto a partir do CPC/2015.

Isso porque os tribunais passaram a ter o dever de uniformizar a própria jurisprudência, cabendo-lhes igualmente mantê-la estável, íntegra e coerente. Tais deveres, que decorrem do disposto no art. 926 do CPC, acarretam um outro dever: o de autorreferência. Realmente, cabe aos tribunais dialogar com os próprios precedentes, seguindo-os ou deixando, fundamentadamente, de segui-los. Devem, de todo modo, referir aos próprios precedentes, enfrentando-os.

Se os tribunais deixam de seguir seus próprios precedentes, sobretudo aqueles firmados em julgamento de casos repetitivos (CPC, art. 927, III) e aqueles oriundos do seu plenário ou de seu órgão especial (CPC, art. 927, V), estão, além de descumprir os deveres impostos pelo art. 926 do CPC, desatendendo ao disposto no *caput* do próprio art. 927 do CPC, que estabelece que os juízes e tribunais *observarão* os precedentes firmados em casos repetitivos e os emitidos por seu próprio plenário ou órgão especial. Nesses casos, havendo o descumprimento, cabe a reclamação.[32]

---

[32] Nesse sentido, BRANDÃO, Cláudio. *Reclamação constitucional no processo do trabalho*. São Paulo: LTr, 2017. p. 224-225. Em sentido contrário, entendendo não ser cabível reclamação contra decisão do próprio tribunal, AZEVEDO, Gustavo. *Reclamação constitucional no direito processual civil*. Rio de Janeiro: Forense, 2018, n. 5.5.2, p. 269-271.

17.4 RECLAMAÇÃO E DECISÃO TRANSITADA EM JULGADO

É inadmissível, segundo o § 5º, I, do art. 988 do CPC, a reclamação proposta após o trânsito em julgado da decisão.[33] O dispositivo confirma um entendimento já consagrado: a reclamação não é sucedânea de ação rescisória, e não deve ser utilizada como tal. Aliás, esse é o teor do enunciado 734 da Súmula do STF: "Não cabe reclamação quando já houver transitado em julgado o ato judicial que se alega tenha desrespeitado decisão do Supremo Tribunal Federal".

Na verdade, não cabe a reclamação como meio de desfazer, reformar, cassar, modificar decisão transitada em julgado, pois, nesse caso, estaria fazendo as vezes de uma ação rescisória. É óbvio, contudo, que, se a decisão que estiver sendo desrespeitada transitara em julgado, cabe a reclamação. Assim, conhecido e provido, por exemplo, um recurso extraordinário, por acórdão transitado em julgado, cabe a reclamação contra a decisão do juiz de primeira instância que determinar a execução de forma diversa do que restou julgado pelo STF. A decisão do STF transitou em julgado, mas isso não é, obviamente, óbice à reclamação.[34]

Ajuizada a tempo a reclamação, o superveniente trânsito em julgado não a torna incabível, pois, nessa hipótese, não se está a utilizá-la como sucedâneo de ação rescisória. Vale dizer que o enunciado 734 da Súmula do STF não incide, se a reclamação for intentada antes do trânsito em julgado; sobrevindo o trânsito em julgado, a reclamação não se torna incabível.[35]

Se a decisão reclamada tiver sido impugnada por recurso, a inadmissibilidade ou o julgamento dele não a prejudica. Nesse sentido, o § 6º do art. 988 do CPC: "A inadmissibilidade ou o julgamento do recurso interposto contra a decisão proferida pelo órgão reclamado não prejudica a reclamação".

A reclamação tem, como se vê, efeito obstativo, impedindo o trânsito em julgado. Não há como entender de modo diverso. Interpretação diferente geraria uma contradição: caso o trânsito em julgado sobreviesse, a reclamação perderia o objeto.

---

[33] Admitindo a reclamação após o trânsito em julgado, com aptidão até de desfazer a coisa julgada material, SANTOS, Alexandre Moreira Tavares dos. Da reclamação. *Revista dos Tribunais*, São Paulo: RT, v. 808, fev. 2003, 136.

[34] CAVALCANTE, Mantovanni Colares. Análise da Súmula 734 do STF à luz da natureza jurídica da reclamação constitucional. In: NERY JR., Nelson; WAMBIER, Teresa Arruda Alvim (coords.). *Aspectos polêmicos e atuais dos recursos cíveis e de outros meios de impugnação às decisões judiciais*. São Paulo: RT, 2005. p. 410.

[35] Ao julgar a Reclamação 2.280/RJ, a 2ª Turma do STF entendeu ser cabível a reclamação intentada antes do trânsito em julgado. A propósito, é oportuno transcrever trecho do voto do relator, Ministro Joaquim Barbosa, que assim se expressou: "Preliminarmente, considero que o trânsito em julgado do acórdão reclamado, noticiado com a Petição avulsa 23.179/2008, não prejudica o conhecimento desta reclamação. A alegada violação de precedente desta Corte foi apresentada em momento oportuno, enquanto ainda tramitava o processo no âmbito do Superior Tribunal de Justiça. Assim, esta reclamação não é sucedânea ou substitutiva de eventual ação rescisória. Ademais, compete à Corte zelar pela máxima efetividade de suas decisões, especialmente nas hipóteses em que o risco à autoridade do Supremo Tribunal Federal foi devidamente evocado pelo reclamante a tempo".

17.5 HIPÓTESES DE CABIMENTO DA RECLAMAÇÃO (DEMANDA TÍPICA, DE FUNDAMENTAÇÃO VINCULADA)

17.5.1 Generalidades

A reclamação é uma demanda típica, somente podendo ser utilizada em hipóteses previamente determinadas pelo legislador.[36]

Em razão do disposto nos arts. 102, I, *l*, e 105, I, *f*, da Constituição Federal, cabe reclamação para (a) preservação da competência e para (b) garantir a autoridade da decisão do tribunal. Nessa última hipótese, insere-se a reclamação contra ato que desrespeitou enunciado da súmula vinculante do STF, prevista no art. 103-A, § 3º, da Constituição Federal, com procedimento regulamentado na Lei 11.417/2006.

A hipótese de cabimento da reclamação para *garantir a autoridade da decisão do tribunal* abrange (a) a observância de decisão proferida pelo STF em controle concentrado de constitucionalidade e (b) a observância de precedente obrigatório. Tais hipóteses já poderiam ser deduzidas da previsão de admissibilidade da reclamação para garantir a autoridade da decisão do tribunal.

O CPC explicita essa interpretação, dispondo, em seu art. 988, ser cabível a reclamação para garantir a observância de decisão do Supremo Tribunal Federal em controle concentrado de constitucionalidade (inciso III) e, ainda, para garantir a observância de precedente proferido em julgamento de incidente de resolução de demandas repetitivas ou em incidente de assunção de competência (inciso IV). Também é cabível para garantir a observância de acórdão proferido em recurso extraordinário com repercussão geral reconhecida ou em recurso repetitivo, mas somente depois de esgotadas as instâncias ordinárias (§ 5º, II).

A reclamação somente cabe, enfim, se houver sido afirmada uma das hipóteses típicas previstas em lei. Os casos de reclamação não são exemplificativos; o rol do art. 988 do CPC é exaustivo. É possível exigir-se esgotamento prévio de instâncias, mas isso não afasta o cabimento da reclamação. É o que ocorre, por exemplo, no caso de reclamação contra decisão administrativa que não observa o enunciado de súmula vinculante. Nesse caso, é preciso que haja, antes, o esgotamento das instâncias administrativas (Lei 11.417/2006, art. 7º, § 1º). De igual modo, é o que ocorre com a reclamação destinada a impor observância de acórdão proferido em recurso extraordinário com repercussão geral reconhecida ou em recurso repetitivo. Nessa hipótese, é preciso que haja o esgotamento prévio das instâncias ordinárias. Em tais situações, a reclamação é cabível, mas exige, para sua admissibilidade, o esgotamento prévio de instâncias.

Cada uma das hipóteses previstas no art. 988 do CPC corresponde a uma causa de pedir suficiente para fundamentar a reclamação. A cada fundamento típico corresponde uma possível causa de pedir. Cada causa de pedir, na reclamação, não corresponde a cada inciso do art. 988 do CPC, mas, sim, a cada fundamento. Veja, por exemplo, que o inciso III prevê dois fundamentos diversos: a) a inobservância de enunciado de súmula vinculante; e b) a inobservância de decisão do STF em controle concentrado de constitucionalidade.

Cada fundamento é uma causa de pedir. E cada causa de pedir é uma questão de fato. Sendo assim, o tribunal não pode cassar a decisão reclamada ou avocar os autos por fundamento não invocado, em razão da regra da congruência (CPC, arts. 141 e 492).

---

[36] Nesse mesmo sentido, LEONEL, Ricardo de Barros. *Reclamação constitucional*. São Paulo: RT, 2011. p. 249.

A indicação errônea de um por outro dos incisos do art. 988 do CPC não deve, porém, prejudicar o autor, nem vincula o órgão julgador. Este pode examinar o pedido – e eventualmente acolhê-lo –, desde que se baseie na narração do fato constante da petição inicial e caso cumpra o dever de consulta previsto no art. 10 do CPC.

17.5.2 Reclamação para preservação de competência do tribunal

A reclamação tem por uma de suas finalidades, como se vem demonstrando, a preservação da competência do tribunal.

Nesse caso, não serve a reclamação como meio de eliminar conflito de competência de juízos inferiores, nem de resguardar a competência de um juízo de primeira instância, estabelecida pela prevenção, ou burlada por indevida distribuição por dependência. A reclamação cabe, não custa insistir, para preservar a competência *do tribunal*, e não de um órgão que lhe seja hierarquicamente inferior.

Costuma-se exigir, no tocante à reclamação para preservação da competência, que haja um ato judicial que lhe tenha usurpado.

É possível, todavia, ajuizar a reclamação em virtude de uma omissão, quando, por exemplo, o órgão inferior demora excessiva ou injustificadamente na remessa do recurso para o tribunal destinatário. A demora no envio equivale a uma usurpação de competência, sendo cabível, portanto, a reclamação.

A apelação, interposta por petição dirigida ao juízo de primeiro grau, deve ser processada e encaminhada ao tribunal, independentemente do exame de sua admissibilidade (CPC, art. 1.010, § 3º). Nesse caso, o exame de admissibilidade de tal recurso é privativo do tribunal, não devendo o juízo de primeira instância deixar de encaminhar os autos para o tribunal, ainda que manifestamente inadmissível o recurso. A propósito, assim esclarece o enunciado 207 do Fórum Permanente de Processualistas Civis: "cabe reclamação, por usurpação de competência do tribunal de justiça ou do tribunal regional federal, contra a decisão de juiz de 1º grau que inadmitir recurso de apelação".

Caso o juiz deixe de encaminhar ao tribunal a apelação interposta da sentença proferida, caberá reclamação, com vistas à preservação da competência do tribunal.

Inadmitido recurso especial ou extraordinário, cabe o agravo previsto no art. 1.042 do CPC. O presidente ou vice-presidente do tribunal de origem pode exercer a retratação e admitir o recurso especial ou extraordinário que fora inadmitido. Não exercida a retratação, deverá determinar a remessa dos autos ao tribunal superior respectivo. Ainda que o agravo seja manifestamente inadmissível, não poderá inadmiti-lo. Essa é uma competência privativa do tribunal superior. Se, porém, o presidente ou vice-presidente do tribunal de origem inadmitir o agravo em recurso especial ou em recurso extraordinário, estará a usurpar competência do respectivo tribunal superior, cabendo reclamação. Nesse sentido, o enunciado 685 do Fórum Permanente de Processualistas Civis: "Cabe reclamação, por usurpação de competência do Tribunal Superior, contra decisão do tribunal local que não admite agravo em recurso especial ou em recurso extraordinário".

A competência para o exame do agravo previsto no art. 1.042 do CPC é privativa do tribunal superior. Aliás, o enunciado 727 da Súmula do STF assim esclarece: "Não pode o magistrado deixar de encaminhar ao Supremo Tribunal Federal o agravo de instrumento interposto da decisão que não admite recurso extraordinário, ainda que referente a causa instaurada no âmbito dos Juizados Especiais". O próprio STF vem, contudo, flexibilizando a aplicação desse seu enunciado sumular, em casos de flagrante ou manifesta inadmissibilidade do agravo previsto no art. 1.042 do CPC,[37] flexibilização essa já observada pelo STJ.[38]

Devendo a demanda ser instaurada no tribunal superior, seu simples processamento em outro juízo implica usurpação de competência, a ensejar o cabimento da reclamação constitucional. Impetrado, por exemplo, mandado de segurança contra o Presidente da República perante um juízo federal de primeira instância, haverá usurpação de competência do STF, pois ali deveria ser impetrado o *writ* (CF, art. 102, I, *d*). Cabível, nesse caso, a reclamação para o STF, a fim de que seja preservada sua competência.

Nesse sentido, é cabível a reclamação contra ato de juiz de primeira instância, que suspende o processamento da execução, em razão da pendência de ação rescisória. Em tal hipótese, somente o tribunal ao qual competir processar e julgar a rescisória poderia determinar a suspensão do procedimento executivo, com suporte no art. 969 do CPC.

Nos termos do art. 102, I, *n*, da Constituição, compete ao STF processar e julgar, originariamente, a causa em que todos os membros da magistratura sejam direta ou indiretamente interessados, e aquela em que mais da metade dos membros do tribunal de origem estejam impedidos ou sejam direta ou indiretamente interessados.

Há, na regra, duas hipóteses diferentes de competência originária do STF.

Na primeira, o Supremo Tribunal Federal é competente, quando houver interesse direto ou indireto da magistratura. Se a causa proposta pelos magistrados ou em favor destes disser respeito a um benefício que se aplica aos magistrados e, igualmente, a várias categorias de servidores públicos, a competência para processar e julgar a causa não é do STF. Somente cabe ao STF processar e julgar a causa, se esta versar sobre vantagem peculiar ou específica da totalidade da magistratura.[39] Proposta, então, demanda que verse sobre interesse peculiar de toda a magistratura em outro juízo que não seja o STF, a competência deste será usurpada, cabendo reclamação para preservá-la.

Na segunda hipótese, somente será competente o STF, depois que o tribunal de origem reconhecer, expressamente, o impedimento ou a suspeição de mais da metade de seus membros. A simples alegação de suspeição ou impedimento dos componentes do tribunal local não desloca a competência da causa para o STF. É preciso, não custa repetir, que tenha havido o reconhecimento, expresso e formal, do impedimento ou da suspeição pela Corte de origem. Esse, aliás, é o sentido do comando encartado no enunciado 623 da Súmula do

---

[37] "1. Inexiste usurpação de competência desta Suprema Corte na decisão que não conhece agravo em recurso extraordinário (artigo 1.042 do CPC/2015) interposto contra decisão que aplicou a sistemática da repercussão geral, passível de impugnação apenas por agravo interno (artigo 1.030, § 2º, do CPC/2015). 2. Hipótese de manifesto descabimento do agravo em recurso extraordinário interposto pelo reclamante, a afastar a incidência da Súmula 727 do STF" (STF, 1ª Turma, Rcl 24.885 AgR, Rel. Min. Luiz Fux, *DJe* 9.8.2017).

[38] "O Supremo Tribunal Federal tem decidido pela flexibilização do enunciado da Súmula 727/STF nos casos de recursos manifestamente incabíveis, permitindo aos tribunais que não encaminhem à Corte Maior recursos inegavelmente errôneos, sem que isso importe em usurpação de sua competência" (STJ, Corte Especial, AgRg no RO no RHC 115.240/PR, Rel. Min. João Otávio de Noronha, *DJe* 9.3.2020).

[39] STF, Pleno, AO-AgR 1.122/SC, Rel. Min. Carlos Velloso, *DJ* 16.12.2005, p. 58; STF Pleno, AO 587/DF, Rel. Min. Ellen Gracie, *DJ* 30.6.2006, p. 6; STF, Pleno, AO 1.151/SC, Rel. Min. Marco Aurélio, *DJ* 18.11.2005, p. 2; STF, Pleno, AO-AgR 1.292/MG, Rel. Min. Carlos Velloso, *DJ* 16.12.2005, p. 58.

STF.[40-41] Diante do reconhecimento do impedimento ou da suspeição de mais da metade de seus membros, o tribunal local perde sua competência, que se desloca para o STF. Reconhecido o impedimento ou a suspeição de membros do tribunal local, não se devem convocar juízes de primeira instância para completar o *quorum*, sob pena de usurpação da competência do STF. Não remetidos os autos à Suprema Corte ou convocados juízes para completar o *quorum*, caracterizada estará a usurpação de competência, cabendo reclamação.[42]

Também cabe reclamação contra ato de autoridade *administrativa* que usurpa a competência do Tribunal. Por exemplo, o STF é competente para presidir o inquérito (art. 102, I, *b*) contra membro do Congresso Nacional, em caso de infração penal comum. Caso alguma outra autoridade abra inquérito contra deputado federal, será cabível reclamação dirigida ao STF para preservar sua competência. Nesse sentido, a Reclamação 4.830:[43] "compete ao Supremo Tribunal Federal supervisionar inquérito policial em que deputado federal é suspeito da prática de crime eleitoral".

Esses são alguns exemplos de usurpação de competência que rendem ensejo ao ajuizamento da reclamação constitucional. Além de tais hipóteses, será cabível a reclamação sempre que houver usurpação de competência, exatamente porque sua finalidade, em tais situações, é preservar a competência do tribunal.

17.5.3 Reclamação para garantir a autoridade da decisão do tribunal

17.5.3.1 Generalidades

A reclamação destinada a impor a autoridade do julgado pressupõe um processo prévio em que fora proferida a decisão que se busca garantir. Desobedecida alguma decisão do tribunal, cabe a reclamação para obter seu cumprimento.

A desobediência pode partir de autoridade de qualquer Poder, e não apenas do Judiciário. Tradicionalmente, entendia-se não ser cabível a reclamação contra decisão do próprio tribunal. De acordo com tal entendimento, o tribunal não poderia ser tido como desobediente dele mesmo. Segundo anotado em precedente do Supremo Tribunal Federal, "a reclamação não pode constituir via adequada a cassar decisão do próprio Tribunal. De outra parte, não é a reclamação instrumento que possa corresponder a pedido de reconsideração de *decisum* da Corte".[44]

É por esse motivo que o STF sempre entendeu que "não cabe reclamação contra atos decisórios dos ministros ou das Turmas que integram esta Corte Suprema, dado que tais decisões são juridicamente imputadas à autoria do próprio Tribunal em sua inteireza".[45]

Nesse mesmo sentido, o Superior Tribunal de Justiça entendia não ser cabível a reclamação contra ato do próprio tribunal,[46] não a admitindo igualmente como sucedâneo de recurso, a

---

[40] Súmula 623 do STF: "Não gera por si só a competência originária do Supremo Tribunal Federal para conhecer do mandado de segurança com base no art. 102, I, 'n', da CF/88, dirigir-se o pedido contra deliberação administrativa do tribunal de origem, da qual haja participado a maioria ou a totalidade de seus membros".

[41] STF, Pleno, AO-AgR 967/PE, Rel. Min. Eros Grau, *DJ* 22.9.2006, p. 28.

[42] STF, Pleno, Rcl 1.933/AM, Rel. Min. Celso de Mello, *DJ* 28.2.2003, p. 10.

[43] STF, Pleno, Rcl 4.830/MG, Rel. Min. Cezar Peluso, *DJ* 14.6.2007.

[44] STF, Pleno, Rcl 647, Rel. Min. Néri da Silveira, *DJ* 10.8.2001, p. 4.

[45] STF, Pleno, Rcl 3.916 AgR, Rel. Min. Carlos Britto, *DJ* 25.8.2006, p. 16.

[46] STJ, Corte Especial, Rcl 509/SP, Rel. Min. Fontes de Alencar, *DJ* 29.6.1998, p. 1.

fim de combater atos judiciais de que caiba recurso próprio previsto em lei.[47] Segundo anotado em precedente do próprio STJ, "não cabe reclamação ao STJ, quando a decisão impugnada está sujeita a recurso específico"[48] – acrescente-se para recurso específico para o próprio tribunal que julgaria a reclamação.

Tal entendimento há, porém, de ser revisto.[49]

É que a reclamação, a partir do atual CPC, passou a ser uma ação amplamente cabível em qualquer tribunal, não somente para assegurar a autoridade de suas decisões, mas também para fazer valer a força dos seus precedentes. Desse modo, passou a ser instrumento de proteção ao direito das partes de verem aplicáveis os precedentes do próprio tribunal a seus casos. É exatamente por isso que a reclamação passou a ser instrumento a ser utilizado pela parte ao lado do recurso cabível, tanto que "a inadmissibilidade ou o julgamento do recurso interposto contra a decisão proferida pelo órgão reclamado não prejudica a reclamação" (CPC, art. 988, § 6º).

Além disso, os tribunais têm o dever de uniformizar sua própria jurisprudência, mantendo-a estável, íntegra e coerente (CPC, art. 926). Não é possível que o tribunal varie de entendimento a todo instante, desprezando o que já decidiu em casos semelhantes ou desconsiderando a razão de decidir em julgamentos anteriores. De tais deveres resulta outro, que é o dever de autorreferência, segundo o qual aos tribunais cabe dialogar com os próprios precedentes. Ao se deparar com qualquer caso, deve o tribunal investigar se há algum precedente a respeito do tema e invocá-lo, seja para segui-lo, seja para afastá-lo, sempre fundamentadamente. Aliás, é isso que determinam os incisos V e VI do § 1º do art. 489 do CPC. Vale dizer que os tribunais devem mencionar seus próprios precedentes e, fundamentalmente, segui-los ou afastá-los, com eles dialogando.

Se os tribunais deixarem de seguir seus próprios precedentes, cabe a reclamação. Merece destaque a hipótese prevista no inciso V do art. 927 do CPC. Os tribunais observarão os precedentes provenientes do seu plenário ou órgão especial (CPC, art. 927, V). Se não os observarem, estarão expostos a uma reclamação. A parte prejudicada pode ajuizar reclamação perante o próprio tribunal para que se imponha o cumprimento do precedente do seu plenário ou órgão especial.

Cabe, enfim, a reclamação constitucional quando houver desobediência a alguma decisão do tribunal por parte de algum órgão jurisdicional ou administrativo. Não se exige que a desobediência esteja estratificada em ato comissivo, podendo concretizar-se em virtude de uma omissão.[50] Nos termos do enunciado 58 do Fórum Nacional do Poder Público, "A decisão que descumpre a determinação de suspensão do processo de que tratam os arts. 982, I, e 1.037, II, do CPC configura hipótese de cabimento de reclamação para garantir a autoridade da decisão do Tribunal".

Quando se diz que cabe reclamação para "garantir a autoridade da decisão do tribunal", a hipótese abrange não apenas o conteúdo final da decisão, o comando, a imposição, a norma concreta construída no caso, mas também o precedente. Nesta última hipótese, há uma vinculação horizontal: como os tribunais têm o dever de uniformidade, estabilidade, integridade e

---

[47] STJ, 2ª Seção, AgRg na Rcl 2.975/RS, Rel. Min. Massami Uyeda, *DJe* 4.6.2009.
[48] STJ, 2ª Seção, AgRg na Rcl 2.950/SP, Rel. Min. Luis Felipe Salomão, *DJe* 16.12.2009.
[49] BRANDÃO, Cláudio. *Reclamação constitucional no processo do trabalho*. São Paulo: LTr, 2017. p. 224-225.
[50] DANTAS, Marcelo Navarro Ribeiro. *Reclamação constitucional no direito brasileiro*. Porto Alegre: Sergio Antonio Fabris Editor, 2000. p. 483.

coerência (CPC, art. 926), devem seguir os precedentes de seu plenário ou órgão especial (CPC, art. 927, V), sob pena de ser proposta reclamação exigindo sua observância (CPC, art. 988, II).

Tradicionalmente, a reclamação tem sido usada na primeira hipótese: para fazer impor o cumprimento do comando, da ordem, da parte dispositiva, da norma concreta contida na decisão.

A essa altura, cabe ilustrar a explicação com um exemplo.

Proferida, por exemplo, decisão em recurso especial ou em recurso extraordinário, caberá reclamação, respectivamente, para o STJ ou para o STF, se o juiz ou qualquer outra autoridade jurisdicional descumpri-la.[51] A reclamação será inadmissível contra ato de autoridade administrativa que desrespeitar tal decisão.[52] Imagine-se, por exemplo, que alguém impetra mandado de segurança contra determinada autoridade federal perante um juiz federal de primeira instância. Denegada a segurança e confirmada tal denegação pelo respectivo TRF, suponha-se que o STF conheça e dê provimento ao recurso extraordinário para conceder a segurança. Caso a autoridade federal recuse cumprimento à ordem, desrespeitando a decisão proferida pelo STF, não cabe reclamação. Caberá o ajuizamento de simples petição ao próprio juízo de primeira instância para impor o cumprimento da ordem. A este cabe executar a ordem ou impor seu cumprimento, exatamente por ser o juiz natural da execução.[53] Se, todavia, nesse mesmo exemplo, for o juiz de primeira instância que recusar cumprimento ao acórdão do STF, deixando de impor a ordem à autoridade administrativa, aí sim caberá a reclamação ao STF por afronta à autoridade de seu julgado. Nas palavras de Alexandre Moreira Tavares dos Santos, "no STF e no STJ não é função do órgão colegiado, mediante processo de reclamação,

---

[51] Para ilustrar essa hipótese de cabimento da reclamação, convém referir ao caso julgado pelo STJ: no julgamento de agravo em recurso especial, o Ministro relator deu-lhe provimento para entender que não havia caso fortuito ou de força maior, devendo a concessionária do serviço público responsabilizar-se pelo dano causado ao particular, haja vista estar dentro de sua esfera de risco. Assim, foi determinado o retorno dos autos ao tribunal de origem, para que novo julgamento fosse realizado com base em tais premissas. Transitada em julgado a decisão, os autos retornaram ao tribunal local, que insistiu na tese anterior, deixou de seguir a premissa estabelecida pelo STJ e manteve a conclusão do acórdão que havia sido reformada pela decisão do Ministro daquela Corte Superior. Daí ter sido ajuizada reclamação, antes mesmo da publicação do acórdão proferido pelo tribunal local, e o STJ houve por bem acolhê-la, entendendo-a cabível, independentemente do esgotamento das instâncias ordinárias. A reclamação, admitida por desrespeito à autoridade da decisão do STJ, foi acolhida para cassar o acórdão do tribunal local e determinar, novamente, o rejulgamento do recurso com base nas premissas estabelecidas naquela decisão proferida no mencionado agravo em recurso especial (STJ, 1ª Seção, Rcl 41.894/SP, Rel. Min. Herman Benjamin, *DJe* 16.12.2021). O Judiciário tem sua organização edificada em estruturas hierárquicas, devendo os órgãos inferiores obediência aos superiores. Ainda que discorde do entendimento manifestado pelo órgão superior, o inferior deve-lhe obediência. Não respeitada a autoridade da decisão do órgão superior pelo inferior, caberá reclamação para corrigir o desvio, a insubordinação, a desobediência.

[52] SANTOS, Alexandre Moreira Tavares dos. Da reclamação. *Revista dos Tribunais*, São Paulo: RT, v. 808, 2003, p. 131-134.

[53] "Ação declaratória. Compensação de indébito tributário. Descumprimento do *decisum* pela administração. Reclamação. Inadequação da via eleita. 1. Descabe reclamação perante o STJ para garantir o cumprimento pela administração de *decisum* exarado em sede de ação declaratória. Inadequação da via eleita. O sistema processual pátrio prevê a utilização pela parte interessada do processo de execução para a efetivação do direito que lhe foi reconhecido no processo de conhecimento. 2. Reclamação improcedente" (STJ, 1ª Seção, Rcl 2.207/SP, Rel. Min. Teori Albino Zavascki, Rel. p/ acórdão Min. João Otávio de Noronha, j. 24.10.2007, *DJ* 07.02.2008, p. 237).

executar e fazer executar as decisões do tribunal que forem desrespeitadas por qualquer parte do processo, seja ela um particular ou uma autoridade administrativa".[54]

De igual modo, se a decisão do STF ou do STJ, proferida em ação originária, não for cumprida por autoridade administrativa, não caberá reclamação, mas simples execução do julgado, mediante petição, nos próprios autos, em que se deve pedir seja determinado o cumprimento do acórdão. Nesse caso, revela-se desnecessário instaurar-se outra demanda (a reclamação, no caso), quando a solução deve dar-se nos mesmos autos, em execução do julgado. Significa que, em hipótese assim, não há interesse de agir na reclamação constitucional, à míngua de necessidade da tutela jurisdicional perseguida, exatamente por ser suficiente a simples execução.[55]

17.5.3.2 Reclamação contra ato que desrespeitou enunciado de súmula vinculante do STF[56]

O art. 103-A da Constituição Federal permite que o Supremo Tribunal Federal, de ofício ou por provocação, mediante decisão de dois terços dos seus membros, após reiteradas decisões sobre matéria constitucional, aprove súmula que terá efeito vinculante em relação aos órgãos do Poder Judiciário e à Administração Pública direta e indireta, nas esferas federal, estadual e municipal.

A súmula deve ter por objetivo a validade, a interpretação e a eficácia de normas determinadas, acerca das quais haja controvérsia atual entre órgãos judiciários ou entre esses e a Administração Pública que acarrete grave insegurança jurídica e relevante multiplicação de processos sobre questão idêntica.

O referido art. 103-A da Constituição Federal foi regulamentado pela Lei 11.417, de 19 de dezembro de 2006, que disciplinou o procedimento para edição, revisão ou cancelamento de súmula vinculante.

Do ato administrativo ou decisão judicial que contrariar súmula vinculante ou que a aplique indevidamente, cabe reclamação ao Supremo Tribunal Federal.[57] Julgada procedente a reclamação, o STF anulará o ato administrativo ou cassará a decisão judicial objeto da reclamação, determinando que outra seja proferida com ou sem a aplicação da súmula, conforme o caso.

A reclamação é cabível, se a súmula vinculante não for atendida por órgão jurisdicional ou administrativo. Se algum órgão legislativo, desconsiderando o conteúdo de determinada súmula vinculante, elabora lei ou norma com conteúdo que afronta a interpretação dada pelo STF, retratada no enunciado da súmula, contra tal lei não cabe intentar uma reclamação ao STF, mas sim uma ação direta de inconstitucionalidade.

O legislador pode, no exercício de sua atividade legiferante, editar ato normativo que contrarie o entendimento do STF. O efeito vinculante das decisões proferidas no

---

[54] SANTOS, Alexandre Moreira Tavares dos. Da reclamação. *Revista dos Tribunais*, São Paulo: RT, v. 808, fev. 2003, p. 133.
[55] SANTOS, Alexandre Moreira Tavares dos. Da reclamação. *Revista dos Tribunais*, São Paulo: RT, v. 808, fev. 2003, p. 133.
[56] Sobre o tema, MORATO, Leonardo L. *Reclamação e sua aplicação para o respeito da súmula vinculante.* São Paulo: RT, 2007.
[57] Marcelo Alves Dias de Souza afirma que a reclamação é o efeito prático mais palpável da súmula vinculante (SOUZA, Marcelo Alves Dias de. *Do precedente judicial à súmula vinculante*. Curitiba: Juruá, 2013. p. 275).

controle concentrado de constitucionalidade (CF, art. 102, § 2º) não alcança os órgãos do Poder Legislativo.[58-59] De igual modo, a súmula vinculante dirige-se aos Poderes Executivo e Judiciário, e não ao Poder Legislativo, não cabendo reclamação, se editada lei em sentido contrário ao da súmula; cabe contra tal lei uma Ação Direta de Inconstitucionalidade, mas não reclamação.

Nos termos do art. 7º da Lei 11.417/2006, a reclamação pode ser utilizada, sem prejuízo dos outros recursos ou meios admissíveis de impugnação. Há, assim, um *cúmulo* de meios de impugnação. Na verdade, considerando que não cabe reclamação contra decisão judicial transitada em julgado (Súmula 734 do STF), parece indispensável, em algumas hipóteses, que, para se ajuizar reclamação, seja interposto o recurso cabível, com o que se impedirá a formação da coisa julgada. A superveniente inadmissibilidade do recurso não prejudica a reclamação, a teor do que dispõe o § 6º do art. 988 do CPC.

Muito embora a regra se refira a medidas concorrentes contra decisão judicial ou ato administrativo, a lei regulamentadora destinou mais atenção à reclamação contra ato administrativo que contrariar o enunciado da súmula vinculante.

Como técnica para evitar o acúmulo de reclamações no STF, o § 1º do art. 7º da Lei 11.417/2006 impôs uma restrição, *em princípio, razoável*: exige-se o esgotamento das vias administrativas. O objetivo é evitar que o STF se transforme num órgão de primeiro grau de jurisdição para várias hipóteses que já poderiam ser resolvidas no âmbito administrativo ou em instâncias inferiores do Poder Judiciário.

Não é demais relembrar que a reclamação constitucional é, nesse caso, ajuizada, sem prejuízo das demais medidas de impugnação. Então, diante de um ato administrativo que contrarie súmula vinculante, continua sendo cabível o uso de mandado de segurança e das demais demandas judiciais. Não há, então, ofensa à garantia da inafastabilidade do controle pelo Poder Judiciário. O controle judicial está garantido, podendo a parte prejudicada valer-se de todos os tipos de demanda contra o ato administrativo que contrarie enunciado de súmula vinculante.

Ademais, a limitação do uso da reclamação contra ato administrativo somente após o esgotamento prévio das próprias vias administrativas, embora razoável *em tese* – e, portanto, constitucional –, pode, *em concreto*, mostrar-se exagerada, quando, então, poderá ser afastada, em controle difuso de constitucionalidade, após a aplicação do princípio da proporcionalidade, sobretudo em situações de urgência. O condicionamento do exercício do direito à jurisdição pode ser feito pelo legislador, mas não deve significar o aniquilamento de tal direito. Não há justificativa constitucional, considerada a garantia da inafastabilidade do controle jurisdicional (CF, art. 5º, XXXV), para o condicionamento do exercício do direito de agir a um prévio esgotamento de instâncias extrajudiciais, a pretexto de demonstração do interesse de agir, sem exame das peculiaridades do caso concreto. Não se deve, *a priori*, de forma generalizada, e sem considerar as nuances do caso concreto, definir se há ou não interesse de agir. Não há esse poder de abstração por parte do legislador. A necessidade e a utilidade da tutela jurisdicional não devem ser examinadas em tese, independentemente das circunstâncias do caso concreto.[60] Não é sem razão, aliás, que o interesse de agir deve ser *concreto* e *atual*, devendo

---

[58] STF, Pleno, Rcl-AgR 2.617/MG, Rel. Min. Cezar Peluso, j. 23.02.2005, *DJ* 20.05.2005, p. 7.
[59] SOUZA, Marcelo Alves Dias de. *Do precedente judicial à súmula vinculante*. Curitiba: Juruá, 2013. p. 273.
[60] Sobre o esgotamento das instâncias administrativas ou extrajudiciais e o interesse de agir, conferir, CUNHA, Leonardo Carneiro da. Parecer – Falta de interesse de agir – Cobrança sem o prévio requerimento. Seguro obrigatório DPVAT. *Revista de Processo*, São Paulo: RT, v. 236, 2014, p. 49-69.

"dizer respeito a uma relação jurídica específica e individualizada, concernindo, ainda, a uma providência judicial determinada, tudo em decorrência do que constar da causa de pedir e do pedido insertos na petição inicial".[61]

A atual Constituição Federal não reproduziu a regra contida no § 4º do art. 153 da Constituição de 1967, com a redação dada pela Emenda Constitucional 1, de 1969,[62] que admitia a chamada jurisdição condicionada ou instância administrativa de curso forçado. A Constituição atual contém, apenas, uma única imposição de esgotamento de vias extrajudiciais, prevista no § 1º do seu art. 217, que assim dispõe: "O Poder Judiciário só admitirá ações relativas à disciplina e às competições desportivas após esgotarem-se as instâncias da justiça desportiva, regulada em lei".

Isso não quer dizer que seja inconstitucional a restrição imposta pela Lei 11.417/2006, de apenas permitir a reclamação constitucional contra ato administrativo que contrarie súmula vinculante, após o esgotamento das instâncias extrajudiciais. Não se pode afirmar que sempre haverá interesse de agir na reclamação ajuizada sem o esgotamento da instância administrativa, sob pena de se incorrer no mesmo erro de definir *a priori* o interesse de agir, mercê do direito fundamental de acesso à justiça. O interesse de agir pode não estar presente em certas postulações, feitas sem prévia provocação extrajudicial da Administração Pública. Caberá ao reclamante expor o motivo pelo qual não foi possível esperar a decisão administrativa, demonstrando a utilidade e a necessidade da imediata intervenção do STF para corrigir o ato administrativo que contrariou o enunciado da súmula vinculante.

Interposto recurso administrativo contra o ato que contrariou o enunciado da súmula vinculante, "caberá à autoridade prolatora da decisão impugnada, se não a reconsiderar, explicitar, antes de encaminhar o recurso à autoridade superior, as razões da aplicabilidade ou inaplicabilidade da súmula, conforme o caso" (art. 56, § 3º, da Lei 9.784/1999, acrescentado pela Lei 11.417/2006). Ao órgão competente para o julgamento do recurso administrativo impõe-se a explicitação das razões da aplicabilidade ou inaplicabilidade da súmula, conforme o caso (art. 64-A da Lei 9.784/1999, acrescentado pela Lei 11.417/2006).

Nos termos do art. 64-B da Lei 9.784/1999, acolhida pelo Supremo Tribunal Federal a reclamação fundada em violação a enunciado da súmula vinculante, dar-se-á ciência à autoridade prolatora e ao órgão competente para o julgamento do recurso, que deverão adequar as futuras decisões administrativas em casos semelhantes, sob pena de responsabilização pessoal nas esferas civil, administrativa e penal.

A reclamação não costuma servir como meio para cancelamento ou revisão de enunciados da súmula vinculante;[63] para tal finalidade, há procedimento próprio a ser instaurado no STF, de ofício ou mediante provocação de um dos legitimados, tudo em conformidade com o quanto disciplinado pela Lei 11.417/2006. Sem embargo disso, a reclamação pode, como será visto adiante, servir como instrumento de interpretação e de superação de precedente.

---

[61] CUNHA, Leonardo Carneiro da. *Interesse de agir na ação declaratória*. Curitiba: Juruá, 2002. n. 3.2, p. 103.

[62] "A lei não poderá excluir da apreciação do Poder Judiciário qualquer lesão a direito individual. O ingresso em juízo poderá ser condicionado a que se exauram previamente as vias administrativas, desde que não exigida garantia de instância, nem ultrapassado o prazo de 180 dias para a decisão sobre o pedido."

[63] SOUZA, Marcelo Alves Dias de. *Do precedente judicial à súmula vinculante*. Curitiba: Juruá, 2006. n. 12.10.4.10, p. 277.

Em alguns casos, o STF tem admitido a ampliação do cabimento da reclamação contra atos administrativos para além da previsão constitucional e legal expressa (desrespeito a súmula vinculante), aceitando o seu uso também para a garantia da autoridade de decisões proferidas em controle concentrado de constitucionalidade, mesmo quando não haja súmula vinculante a respeito do tema. Na maioria desses casos, não há desenvolvimento mais detalhado na fundamentação sobre o cabimento da reclamação, sendo apenas justificado pelo argumento da excepcionalidade da situação concreta.[64]

A questão foi examinada de maneira analítica na Rcl 61.884,[65] em decisão monocrática do Ministro Cristiano Zanin, em que se propõe uma nova interpretação em relação ao cabimento da reclamação para impugnar atos administrativos. A decisão sugere uma inversão de perspectiva na análise do problema. De acordo a proposta, o art. 103-A, § 3º, da Constituição deve ser interpretado como a explicitação de uma das hipóteses de cabimento da reclamação ⊠ que poderia ser diretamente extraída do art. 102, I, l, da Constituição, sem necessidade de previsão específica ⊠, não como uma restrição ao cabimento da reclamação contra ato administrativo exclusivamente em relação aos casos de violação a enunciado de súmula vinculante. Isso porque o referido art. 102, § 2º, dispõe que as decisões definitivas de mérito, nas ações diretas de inconstitucionalidade e nas ações declaratórias de constitucionalidade, produzem eficácia contra todos e efeito vinculante também quanto à Administração Pública direta e indireta, nas esferas federal, estadual e municipal. O cabimento da reclamação contra ato administrativo que viola decisão proferida em controle concentrado pelo STF seria, então, compatível com a evolução do sistema brasileiro de precedentes vinculantes e estaria em consonância com a Constituição e com o art. 988, III, do CPC.[66]

17.5.3.3 Reclamação para garantir a observância de decisão do Supremo Tribunal Federal proferida em controle concentrado de constitucionalidade

17.5.3.3.1 Generalidades e a chamada "transcendência dos motivos determinantes"

Nos termos do art. 988, III, do CPC, cabe reclamação para garantir a observância de decisão do Supremo Tribunal Federal em controle concentrado de constitucionalidade. Tal hipótese é um desdobramento da previsão contida no inciso II.

Se cabe reclamação para garantir a autoridade das decisões do tribunal, não restam dúvidas de que a reclamação se revela cabível, no âmbito do STF, para que se observe a decisão proferida em controle concentrado de constitucionalidade.

---

[64] Ilustrativamente, STF, Pleno, Rcl 42.576 MC, Rel. p/ ac. Min. Alexandre de Moraes, *DJe* 25.3.2021; STF, 1ª Turma, Rcl 64.340 AgR, Rel. Min. Alexandre de Moraes, *DJe* 18.3.2024; STF, 2ª Turma, Rcl 44.776 AgR, Rel. p/ ac. Min. Gilmar Mendes, *DJe* 14.4.2023; STF, Decisão monocrática, Rcl 67.643, Rel. Min. Alexandre de Moraes, j. 2.5.2024.

[65] STF, Decisão monocrática, Rcl 61.884, Rel. Min. Cristiano Zanin, *DJe* 23.2.2024.

[66] Examinando o tema, no contexto do sistema de justiça multiportas, DIDIER JR., Fredie; FERNANDEZ, Leandro. *Introdução à justiça multiportas*. 2. ed. São Paulo: Juspodivm, 2025, cap. 8. Também: DIDIER JR., Fredie; FERNANDEZ, Leandro. Transformações da reclamação no Supremo Tribunal Federal. *Civil Procedure Review*, v. 15, n. 3, set./dez. 2024.

Julgada uma Ação Direta de Inconstitucionalidade ou uma Ação Declaratória de Constitucionalidade ou, ainda, uma Arguição de Descumprimento de Preceito Fundamental, sua decisão produz efeitos vinculantes contra todos.

A reclamação é cabível, se a decisão proferida num processo objetivo formado por uma dessas ações de controle concentrado/abstrato de constitucionalidade não for atendida por órgão jurisdicional ou administrativo. Se algum órgão legislativo, desconsiderando o conteúdo da decisão, elabora lei ou norma com conteúdo que afronta a interpretação dada pelo STF, contra tal lei não cabe intentar uma reclamação ao STF, mas sim uma Ação Direta de Inconstitucionalidade. O legislador pode, no exercício de sua atividade legiferante, editar norma que contrarie o entendimento do STF. O efeito vinculante das decisões proferidas no controle concentrado de constitucionalidade (CF, art. 102, § 2º) não alcança os órgãos do Poder Legislativo.[67]

É cabível a reclamação pela parte ou por qualquer pessoa juridicamente interessada contra *qualquer* ato *administrativo* ou *judicial* que contrarie decisão proferida em Ação Direta de Inconstitucionalidade ou em Ação Declaratória de Constitucionalidade ou, ainda, em Arguição de Descumprimento de Preceito Fundamental. A reclamação, nesses casos, serve para assegurar a autoridade da decisão.

A decisão de ADI, ADC ou ADPF, além de decidir a questão objetiva que lhe foi submetida, torna-se precedente, estabelecendo a norma geral para casos futuros semelhantes. Quando o STF afirma, por exemplo, que uma lei estadual é inconstitucional, ele não só cria a regra do caso, como também produz um precedente, para que, em casos futuros, que digam respeito a outras leis estaduais, este mesmo entendimento seja observado. Se um órgão jurisdicional considerar como constitucional uma lei estadual análoga àquela que o STF considerou inconstitucional, caberá reclamação, em razão do desrespeito ao precedente nascido de uma decisão em controle concentrado. A reclamação, nesse caso, serve para fazer valer a *ratio decidendi* do precedente (fundamentação) adotada pelo STF, em um processo de controle concentrado de constitucionalidade.

A previsão de reclamação, nesse caso, ajusta-se ao disposto no art. 927, I, do CPC, segundo o qual os juízes e tribunais devem observar as decisões do Supremo Tribunal Federal em controle concentrado de constitucionalidade.

A conjugação do art. 927, I, com o art. 988, ambos do CPC, reforça a eficácia formalmente vinculante dos precedentes do STF em casos de controle concentrado de constitucionalidade – e não apenas dos comandos dessas decisões.

Um acórdão de ADIn, ADC e ADPF contém duas partes diversas, assim como qualquer decisão judicial: *a)* a parte dispositiva, que soluciona a questão e que diz respeito ao

---

[67] "Inconstitucionalidade. Ação direta. Lei estadual. Tributo. Taxa de segurança pública. Uso potencial do serviço de extinção de incêndio. Atividade que só pode sustentada pelos impostos. Liminar concedida pelo STF. Edição de lei posterior, de outro Estado, com idêntico conteúdo normativo. Ofensa à autoridade da decisão do STF. Não caracterização. Função legislativa que não é alcançada pela eficácia *erga omnes*, nem pelo efeito vinculante da decisão cautelar na ação direta. Reclamação indeferida liminarmente. Agravo regimental improvido. Inteligência do art. 102, parágrafo 2º, da CF, e do art. 28, parágrafo único, da Lei federal nº 9.868/99. A eficácia geral e o efeito vinculante de decisão, proferida pelo Supremo Tribunal Federal, em ação direta de constitucionalidade ou de inconstitucionalidade de lei ou ato normativo federal, só atingem os demais órgãos do Poder Judiciário e todos os do Poder Executivo, não alcançando o legislador, que pode editar nova lei com idêntico conteúdo normativo, sem ofender a autoridade daquela decisão" (STF, Pleno, Rcl-AgR 2.617/MG, Rel. Min. Cezar Peluso, j. 23.02.2005, *DJ* 20.05.2005, p. 7).

ato normativo cuja (in)constitucionalidade foi proclamada; *b)* a fundamentação, que gera o precedente.

Quanto à parte dispositiva, há coisa julgada, insuscetível, no caso de ADIn, ADC e ADPF, de ação rescisória. O desrespeito a essa coisa julgada pode ser causa de pedir da reclamação.

Já em relação à fundamentação, há eficácia vinculativa do precedente. No exemplo citado, o STF não poderá rediscutir a constitucionalidade da lei estadual, em razão do efeito negativo da coisa julgada, mas o STF deverá seguir este precedente em casos futuros semelhantes; poderá, contudo, proceder ao *overruling*, superando o entendimento anterior. Se isso acontecer, não violará a coisa julgada, mas apenas alterará o seu entendimento jurisprudencial.

Ambas as eficácias, porém, submetem todos; o desrespeito a qualquer dessas partes da decisão autoriza a reclamação. Não se deve, enfim, confundir a coisa julgada da ADIn, ADC e ADPF com os precedentes por elas gerados.

O STF já admitiu reclamação para fazer valer o precedente oriundo de decisão proferida em controle concentrado de constitucionalidade.[68] O STF, nesse acórdão, disse que os "motivos determinantes" de um acórdão em ADI "transcendiam" para além do caso, servindo para resolver casos outros semelhantes. A terminologia é prolixa; bem mais simples seria dizer o seguinte, que foi o que de fato aconteceu: o precedente surgido de uma decisão em controle concentrado é vinculante. A reclamação, neste caso, exerce uma função que não costumava exercer: a de fazer valer a eficácia vinculativa de um precedente.

O STF, no entanto, modificou o entendimento, passando a entender pelo descabimento da reclamação quando houver violação ao *precedente* e não à coisa julgada, ao dispositivo da decisão, rejeitando a tese acolhida na Rcl 4.987.[69] Na Rcl 3.014 houve longa discussão tanto sobre a transcendência dos motivos determinantes, como de uma nova proposta do ministro Gilmar Mendes, que permitiria o controle de constitucionalidade incidental nesses casos por meio da reclamação, tendo sido essa proposta rejeitada por maioria, dentre outros motivos, pois levaria a uma grande concentração de processo no STF.[70] Volta-se à questão da jurisprudência defensiva no ponto.

Essa nova orientação do STF pode ser criticada por dois motivos: a) ignora a eficácia vinculante dos precedentes, concedida pelo próprio texto constitucional; e b) não realiza qualquer referência ao acórdão que adotou essa teoria, em clara violação de uma necessidade básica de um sistema que deseja adotar eficácia dos precedentes, que seria a autorreferência,

---

[68] STF, Rcl 4.987, Rel. Min. Gilmar Mendes, j. 7.3.2007, *Informativo 458*.

[69] Pleno, Rcl 2.475 AgR, Rel. Min. Carlos Velloso, Rel. p/ acórdão Min. Marco Aurélio (art. 38, IV, *b*, do RISTF), *DJe* 1º.2.2008; Pleno, Rcl 9.778 AgR, Rel. Min. Ricardo Lewandowski, *DJe* 11.11.2011; 1ª Turma, Rcl 11.478 AgR, Rel. Min. Marco Aurélio, *DJe* 21.6.2012; 1ª Turma, Rcl 11.477 AgR, Rel. Min. Marco Aurélio, *DJe* 30.8.2012; Pleno, Rcl 11.479 AgR, Rel. Min. Cármen Lúcia, *DJe* 25.2.2013. Vale frisar que, nesse último acórdão, há longas referências que visam comprovar a rejeição da tese pelo STF, quando se afirma que "a aplicação da teoria dos motivos determinantes foi rejeitada por este Supremo Tribunal, sendo exemplo disso: Rcl 5.703-AgR/SP, de minha relatoria, *DJe* 16.9.2009; Rcl 5.389-AgR/PA, de minha relatoria, *DJe* 19.12.2007; Rcl 9.778-AgR/RJ, Rel. Min. Ricardo Lewandowski, *DJe* 10.11.2011; Rcl 9.294-AgR/RN, Rel. Min. Dias Toffoli, Plenário, *DJe* 3.11.2011; Rcl 6.319-AgR/SC, Rel. Min. Eros Grau, *DJe* 6.8.2010; Rcl 3.014/SP, Rel. Min. Ayres Britto, *DJe* 21.5.2010; Rcl 2.475-AgR/MG, Redator para o acórdão o Ministro Marco Aurélio, *DJe* 31.1.2008; Rcl 4.448-AgR, Rel. Min. Ricardo Lewandowski, *DJe* 8.8.2008; Rcl 2.990-AgR/RN, Rel. Min. Sepúlveda Pertence, *DJ* 14.9.2007; Rcl 5.365-MC/SC, Rel. Min. Ayres Britto, decisão monocrática, *DJ* 15.8.2007; Rcl 5.087-MC/SE, Rel. Min. Ayres Britto, decisão monocrática, *DJ* 18.5.2007".

[70] Pleno, Rcl 3.014, Rel. Min. Ayres Brito, *DJe* 21.5.2010.

não demonstrando as razões para a realização do *overruling*. Ressalte-se, por fim, que o próprio Ministro Gilmar Mendes, em diversos precedentes em que restou vencido, se limita a digressões doutrinárias, não fazendo menção aos precedentes que haviam adotado a transcendência.

Além disso, a superveniência do CPC/2015 reforça a tese do cabimento da reclamação para garantir a autoridade de precedente do STF oriundo de processo de controle concentrado de constitucionalidade (sobretudo a combinação entre os arts. 927, I, e 988, III).

De todo modo, esse entendimento, no particular, não descaracterizaria a existência do precedente em controle concentrado; o STF, no máximo, apenas retirou-lhe a eficácia de permitir a reclamação, no caso de desrespeito a ele.

Mais recentemente, o STF, ao julgar a Reclamação nº 22.328-RJ, Rel. Min. Roberto Barroso, passou a admitir, em hipóteses excepcionais, o uso da reclamação para fazer valer "os motivos determinantes" (*rectius*: *ratio decidendi*) de uma decisão proferida em processo de controle concentrado de constitucionalidade, com o propósito de garantir a liberdade de expressão e a liberdade de imprensa, tendo como paradigma a decisão na ADPF 130 (ADF da Lei de Imprensa).

17.5.3.3.2 Reclamação 4.374/PE do STF. A possibilidade de reclamação para revisar decisão proferida em ação declaratória de constitucionalidade

A reclamação pode servir como instrumento de revisão da coisa julgada. Ajuizada a reclamação para garantir a observância de decisão proferida em controle concentrado de constitucionalidade, pode ser rejeitada, vindo o STF, no julgamento da própria reclamação, a superar ou revogar o precedente.

Foi o que o STF fez no julgamento da Reclamação 4.374/PE.[71]

Segundo ali se entendeu, a possibilidade de revisão da coisa julgada decorrente de uma decisão em ação declaratória de constitucionalidade na reclamação decorre do juízo hermenêutico inerente à interpretação constitucional e à leitura das normas infraconstitucionais à luz da Constituição. Para isso, entretanto, faz-se necessária a existência, nos termos do voto do Ministro Gilmar Mendes, "de significativa mudança das circunstâncias fáticas ou de relevante alteração das concepções jurídicas dominantes", o que fundamenta a modificação de sentido na decisão. A modificação poderia ser veiculada por meio de ação direta; todavia, diante da evidente falta de plausibilidade de nova propositura, o Ministro conclui pela reclamação como melhor meio para realizar tal evolução de entendimento, já que "a oportunidade de reapreciação das decisões tomadas em sede de controle abstrato de normas tende a surgir com mais naturalidade e de forma mais recorrente no âmbito das reclamações".

Finalmente, o relator destaca a existência da cláusula *rebus sic stantibus* em qualquer decisão que seja prolatada e, advinda modificação fática ou normativa, haveria "a possibilidade de alteração da coisa julgada provocada por mudança nas circunstâncias fáticas (cf., a propósito, RE 105.012, Rel. Min. Néri da Silveira, *DJ* de 1.7.1988)". No mérito, o posicionamento do Ministro Gilmar Mendes definiu a solução dada pelo Tribunal, com dissidência, no ponto, do Ministro Teori Zavascki, que entendeu que a proposição acabaria por ensejar a própria rescisão do acórdão na Ação Direta de Inconstitucionalidade anterior, o que seria expressamente proibido pelo sistema jurídico brasileiro. Além disso, consignou o Ministro

---

[71] Para maiores detalhes sobre tal julgamento, consultar DIDIER JR., Fredie; MACÊDO, Lucas Buril de. Controle concentrado de constitucionalidade e revisão de coisa julgada: análise da reclamação nº 4.374/PE. *Revista Jurídica da Presidência*, Brasília, v. 16, n. 110, out. 2014-jan. 2015, p. 567-590.

Zavascki que o juízo da reclamação seria limitado à averiguação de desrespeito à autoridade da decisão proferida anteriormente, e seus limites cognitivos impediriam a análise de eventual inconstitucionalidade, ainda que superveniente.

17.5.3.4 Reclamação para garantir a observância de precedente proferido em julgamento de casos repetitivos ou em incidente de assunção de competência

Os tribunais têm o dever de uniformizar sua jurisprudência e mantê-la estável, íntegra e coerente (CPC, art. 926). Por essas razões, juízes e tribunais devem observar "os acórdãos em incidente de assunção de competência ou de resolução de demandas repetitivas e em julgamento de recursos extraordinário e especial repetitivos" (CPC, art. 927, III).

O incidente de resolução de demandas repetitivas, o julgamento dos recursos repetitivos e o incidente de assunção de competência têm um objetivo comum: formar precedente obrigatório. Firmado o precedente obrigatório, os juízes e tribunais devem segui-lo, aplicando a tese adotada pelo precedente nos casos sucessivos.

Não observado o precedente obrigatório, cabe reclamação (CPC, art. 988, IV).[72] Ainda que não caiba recurso para o tribunal contra a decisão que não observou o precedente, é admissível a reclamação.[73] É possível que o precedente obrigatório tenha sido firmado e o próprio tribunal deixe de observá-lo. Nesse caso, cabe reclamação contra decisão do próprio tribunal.

A reclamação é cabível quando não observado o precedente obrigatório. Deve, então, já ter havido o julgamento do IRDR ou do IAC, existindo já o precedente obrigatório. Não cabe a reclamação contra a decisão que sobrestou indevidamente o recurso ou a ação pela parte ou pelo interessado, nem contra a decisão que deixou de sobrestar indevidamente o recurso ou a ação.[74]

---

[72] Lucas Buril de Macêdo critica a opção do CPC/2015 de eleger a reclamação como instrumento para controlar a aplicação de precedentes. Afirma o autor que é uma medida autoritária, além de diminuir o debate e a argumentação em torno da formação dos precedentes. Para o autor, o diálogo próprio do sistema recursal, que passa por várias instâncias julgadoras, é primordial para o funcionamento do *stare decisis* (MACÊDO, Lucas Buril de. *Precedentes judiciais e o direito processual civil*. Salvador: JusPodivm, 2015. p. 488-493).

[73] Nesse sentido, o enunciado 558 do Fórum Permanente de Processualistas Civis: "Caberá reclamação contra decisão que contrarie acórdão proferido no julgamento dos incidentes de resolução de demandas repetitivas ou de assunção de competência para o tribunal cujo precedente foi desrespeitado, ainda que este não possua competência para julgar o recurso contra a decisão impugnada".

[74] Nesse sentido, assim já decidiu o STJ, sendo conveniente transcrever a ementa do julgado, por ser bastante esclarecedora: "Reclamação proposta na vigência do CPC/2015. Processual civil. Tributário. Imposto de renda sobre juros de mora. Reclamação contra acórdão proferido pelo órgão especial da corte de origem em sede de agravo interno do art. 1.030, § 2º, CPC/2015, que determinou a negativa de seguimento a recurso especial em razão da existência de jurisprudência dominante (art. 1.030, V, CPC/2015) e não em razão da confirmação da aplicação de tese jurídica firmada em recurso especial repetitivo (art. 1.030, I, 'B', CPC/2015). Impossibilidade. Existência de recurso cabível (agravo em recurso especial, art. 1.030, § 1º, CPC/2015). Reclamação também movida para preservar a ordem de sobrestamento contida na decisão de afetação de repetitivo deste STJ. Reclamação incabível. Ausência de previsão legal expressa. Situações que não se enquadram no art. 988, IV, § 4º e § 5º, II, do CPC/2015. 1. Antes do advento do CPC/2015, a jurisprudência deste STJ, seguindo o posicionamento do Supremo Tribunal Federal – STF, era firme no sentido de que não cabia reclamação ao STJ contra decisão que, com fulcro no art. 543-C, § 7º, I, do CPC/1973, aplicava (corretamente ou não) entendimento firmado em recurso especial submetido ao procedimento dos recursos representativos de controvérsia. Essa jurisprudência, por certo, se estendia para os casos de suspensão/sobrestamento dos recursos, não sendo cabível a reclamação contra a decisão ou

Para que caiba a reclamação, é preciso, porém, que o órgão jurisdicional deixe, expressamente, de seguir o precedente. Caso o precedente tenha sido firmado em recurso especial ou extraordinário repetitivo ou em recurso extraordinário com repercussão geral reconhecida, somente cabe a reclamação depois de esgotadas as vias ordinárias (CPC, art. 988, § 5º, II).[75]

---

acórdão que aplicava (corretamente ou não) a suspensão determinada no momento da afetação do repetitivo, tendo em vista a regra de que 'quem pode o mais, pode o menos' (raciocínio 'a maiori, ad minus'). Precedentes: AgRg na Rcl 10.805-RS, 2ª Seção, Rel. Min. Luis Felipe Salomão, j. 04.02.2013; AI 760358 QO, STF, Tribunal Pleno, Rel. Min. Gilmar Mendes, j. 19.11.2009. 2. Após a vigência do art. 988, do CPC/2015, passou a ser admitida a reclamação para garantir a observância de acórdão proferido em julgamento de recurso especial repetitivo após o esgotamento das instâncias ordinárias com o julgamento pelo Órgão Especial da Corte de Origem do agravo interno previsto no art. 1.030, § 2º, do CPC/2015, interposto da decisão que inadmitiu o recurso especial por considerar o acórdão recorrido em conformidade com o entendimento do Superior Tribunal de Justiça exarado no regime de julgamento de recursos repetitivos. Precedentes do STF em casos análogos: Rcl. n. 24.385 AgR/MA, STF, 2ª Turma, Rel. Min. Celso de Mello, j. 08.08.2017; voto do Min. Luís Roberto Barroso na Rcl n. 25.090 AgR/RJ, STF, 1ª Turma, Rel. Min. Edson Fachin, j. 11.11.2016; Rcl n. 24.686 ED-AgR/RJ, STF, 2ª Turma, Rel. Min. Teori Zavascki, j. 25.10.2016. 3. Contudo, a presente reclamação é movida, não na hipótese legal permitida no art. 988, § 5º, II, do CPC/2015 (aplicação equivocada do precedente repetitivo REsp. n.º 1.227.133 – RS), mas exclusivamente para preservar a decisão de afetação como repetitivo dada no REsp. n.º 1.470.443-PR (recurso ainda pendente de julgamento) que determinou o sobrestamento dos demais feitos em andamento que versem sobre o mesmo tema. Desse modo, considerando que a reclamação é instrumento excepcional, não deve ser admitida, posto não haver previsão legal expressa para o cabimento de reclamação em casos que tais. Nesse sentido: voto do Min. Luís Roberto Barroso na Rcl n. 25.090 AgR/RJ, STF, 1ª Turma, Rel. Min. Edson Fachin, j. 11.11.2016. 4. Para o caso de repetitivos ainda não julgados e com ordem de sobrestamento dos demais feitos que versem sobre a mesma questão, o novo Código de Processo Civil prevê expressamente apenas requerimentos e recursos com o objetivo de caracterizar a distinção (*distinguishing*) para afastar o sobrestamento (ver art. 1.030, § 2º; art. 1.035, §§ 6º e 7º; art. 1.036, §§ 2º e 3º; art. 1.037, §§ 9º a 13º, do CPC/2015). Não há previsão específica para os casos em que a parte deseja justamente a equiparação ao repetitivo com o objetivo de aplicar o sobrestamento e paralisar o feito. 5. Para essa segunda situação (equiparação para sobrestamento), resta a regra geral de procedimento em que a parte que teve o seu recurso especial inadmitido pela Presidência (no caso, o Órgão especial), por força do art. 1.030, V, e § 1º, do CPC/2015, deverá ingressar com o agravo em recurso especial, nos termos do art. 1.042, do CPC/2015, veiculando na petição, além dos argumentos próprios do agravo em recurso especial e do recurso especial, o argumento de equiparação a repetitivo pendente que será analisado pelo Superior Tribunal de Justiça, podendo até ser requerido o efeito suspensivo ao recurso, acaso cumpridos os requisitos próprios. Dito de outra forma, se há recurso cabível em tese para se pedir a equiparação ao repetitivo (agravo em recurso especial do art. 1.042, do CPC/2015), não pode ser o caso de reclamação constitucional. 6. No caso concreto, muito embora a Presidência da Corte de Origem tenha inadmitido o recurso especial em razão do art. 543-C, § 7º, I, do CPC/1973, o Órgão Especial na Origem, em sede de agravo interno previsto no art. 1.030, § 2º, do CPC/2015, inadmitiu o recurso especial por outros fundamentos, notadamente, pela observância da jurisprudência dominante e não vinculante do STJ, representada pelo REsp. n. 1.089.720/RS (art. 1.030, V, e § 1º, do CPC/2015). Sendo assim, o recurso cabível era o agravo em recurso especial do art. 1.042, do CPC/2015 e não o ajuizamento de reclamação constitucional. 7. Reclamação não conhecida." (STJ, 1ª Seção, Rcl 32.391/SP, Rel. Min. Mauro Campbell Marques, j. 13.12.2017, *DJe* 18.12.2017).

[75] Nesse sentido, o enunciado 27 do I Fórum Nacional do Poder Público – Brasília/DF: "Cabe reclamação contra a decisão proferida no agravo interno interposto contra a decisão do presidente ou vice-presidente do tribunal recorrido que negar seguimento ao recurso especial ou extraordinário fundado na aplicação de entendimento firmado em repercussão geral ou recurso repetitivo para demonstração de distinção".
Ao apreciar a Reclamação 32.557/AL, que foi ajuizada no STJ nos termos do art. 988, IV, e seu § 5º, do CPC, o seu relator houve por bem admiti-la, verificando o preenchimento de todos os requisitos de cabimento previstos no art. 988 do CPC. Na hipótese, o relator afirmou expressamente que a reclamação foi ajuizada para garantir a observância de acórdão proferido em julgamento de

Se o órgão julgador simplesmente não segue o precedente na decisão, se ele simplesmente silencia, omite-se, nada diz sobre o precedente, não cabe a reclamação. Em outras palavras, não cabe reclamação por omissão.

Se o juiz simplesmente se omite, cabem embargos de declaração. Realmente, é considerada omissa a decisão que deixar de se manifestar sobre tese firmada em julgamento de casos repetitivos ou em incidente de assunção de competência (CPC, art. 1.022, parágrafo único, I).

Havendo omissão quanto à aplicação de um precedente, caberão embargos de declaração. Se, opostos os embargos, o juiz, ainda assim, se mantiver omisso, deixando de observar o precedente, cabe apelação, em cujo âmbito será possível pleitear uma tutela de evidência. Veja-se que o § 4º do art. 1.012 do CPC permite a atribuição de efeito suspensivo (ou, correspondentemente, a concessão de tutela antecipada recursal) quando houver "probabilidade de provimento" da apelação. Esse é um exemplo de tutela de evidência recursal: há "probabilidade de provimento", a permitir a concessão da tutela de evidência recursal, nos casos em que a sentença apelada não tenha observado precedente obrigatório,[76] sem apresentar qualquer fundamento de distinção ou superação (CPC, art. 489, § 1º, VI). Do mesmo modo, *não será possível conceder esse efeito suspensivo*, nos casos de apelação interposta contra sentença que segue precedente obrigatório, sem que o apelante demonstre fundadas razões para a distinção ou superação.

Caso o juiz se omita na aplicação do precedente, deixando de dialogar com este e de exercer o dever de autorreferência, o caso, como visto, é de embargos de declaração e, posteriormente, de apelação (ou de agravo de instrumento, se se tratar de decisão interlocutória agravável, ou de recurso especial ou extraordinário, caso se trate de um acórdão de tribunal de segunda instância, ou de embargos de divergência, na hipótese de se tratar de um acórdão do STF ou do STJ). Não é caso de reclamação. Não se está aqui a afirmar que haveria preclusão para a reclamação. Não se trata de preclusão, mas de falta de subsunção à hipótese de cabimento da reclamação: não houve inobservância do precedente, justamente por ser omissa a decisão.

17.5.3.5 Reclamação para garantir a observância de precedente proferido em julgamento de recurso especial ou extraordinário repetitivo (CPC, art. 988, § 5º, II)

A reclamação também é cabível para garantir a observância de acórdão proferido em recurso extraordinário com repercussão geral reconhecida ou em recurso repetitivo, mas somente depois de esgotadas as instâncias ordinárias (CPC, art. 988, § 5º, II). Há previsão expressa nesse sentido.

A peculiaridade é que a reclamação, nesses casos, somente é cabível depois de esgotadas as vias ordinárias (art. 988, § 5º, II, CPC).[77]

---

recurso especial repetitivo (REsp 1.235.513/AL), cuja *ratio decidendi* não foi aplicada pelo tribunal de origem (TRF da 5ª Região). O tribunal de origem, embora tenha reconhecido a existência do precedente obrigatório, deixou de aplicá-lo ao caso, abrindo o caminho para a reclamação (STJ, Rcl.32.557/AL, Rel. Min. Raul Araújo, *DJe* 19.9.2016).

[76] MELLO, Rogério Licastro Torres de. Da apelação. In: WAMBIER, Teresa; DIDIER JR., Fredie; TALAMINI, Eduardo; DANTAS, Bruno (coords.). *Breves comentários ao Código de Processo Civil*. São Paulo: RT, 2015. p. 2.243.

[77] STJ, 2ª Seção, AgInt na Rcl 36.130/DF, Rel. Min. Raul Araújo, *DJe* 16.10.2018.

De acordo com o art. 1.030 do CPC, o Presidente ou Vice-Presidente do tribunal local pode negar seguimento a recurso extraordinário ou a recurso especial interposto contra acórdão que esteja em conformidade com entendimento do Supremo Tribunal Federal ou do Superior Tribunal de Justiça, respectivamente, exarado no regime de julgamento de recursos repetitivos (CPC, art. 1.030, I, *b*). Nesse caso, o controle da decisão do Presidente ou Vice--presidente será feito no próprio tribunal local, normalmente pelo Pleno ou órgão especial, conforme o Regimento Interno do tribunal indicar, por meio de agravo interno. Esse agravo interno cumprirá o papel de servir como veículo do direito à distinção: o recorrente poderá demonstrar que seu caso é distinto, a justificar a não aplicação dos precedentes obrigatórios referidos no inciso I do art. 1.030 do CPC. Não provido o agravo interno, ao recorrente caberá reclamação para o STF ou STJ, nos termos do inciso II do § 5º do art. 988 do CPC: o agravo interno terá exaurido as instâncias ordinárias de impugnação da decisão e, com isso, terá sido preenchido o pressuposto da reclamação para o STF ou STJ previsto nesse inciso.[78]

É relevante destacar que: a) contra o acórdão que julgar esse agravo interno cabem embargos de declaração, e *não* novo recurso extraordinário ou especial nem o agravo do art. 1.042 do CPC; b) a reclamação deverá ser ajuizada no prazo de cinco dias ou enquanto pendentes embargos de declaração contra o acórdão que julgou o agravo interno, pois, do contrário, terá havido o trânsito em julgado a impedir a reclamação (CPC, art. 988, § 5º, I).[79]

O STJ, ao julgar o Agravo Interno na Reclamação n. 31.637-PE, entendeu não ser cabível a reclamação para fazer valer precedente firmado em recurso repetitivo, a não ser que se pretenda aplicar a tese firmada em recurso repetitivo no qual o reclamante tenha sido parte. Em outras palavras, somente caberia, segundo o STJ, a reclamação por alguém que tenha sido parte no recurso especial repetitivo.[80] O entendimento não é adequado, restringindo indevidamente o cabimento da reclamação. Quem edita o precedente obrigatório tem o poder implícito de fazer valê-lo ou de impor seu cumprimento, sendo a reclamação o instrumento adequado a tanto. Segundo o entendimento do STJ, só quem poderia propor reclamação para valer precedente obrigatório firmado em recurso repetitivo seriam as partes do recurso repetitivo julgado; ocorre que o recurso repetitivo é representativo da controvérsia, ou seja, ele funciona como um caso piloto, representando todos que ficaram sobrestados: é como se todos os recorrentes e recorridos estivessem ali presentes. Dizer que só as partes do recurso podem ajuizar a reclamação equivale a dizer que todos que tiveram seus recursos sobrestados

---

[78] No sentido de caber reclamação contra acórdão desse agravo interno, o enunciado 27 do Fórum Nacional do Poder Público: "Cabe reclamação contra a decisão proferida no agravo interno interposto contra a decisão do presidente ou vice-presidente do tribunal recorrido que negar seguimento ao recurso especial ou extraordinário fundado na aplicação de entendimento firmado em repercussão geral ou recurso repetitivo para demonstração de distinção". Ao apreciar a Reclamação nº 32.557/AL, que foi ajuizada no STJ nos termos do art. 988, IV, e seu § 5º, do CPC, o seu relator houve por bem admiti-la, verificando o preenchimento de todos os requisitos de cabimento previstos no art. 988 do CPC. Na hipótese, o relator afirmou expressamente que a reclamação foi ajuizada para garantir a observância de acórdão proferido em julgamento de recurso especial repetitivo (REsp n. 1.235.513/AL), cuja *ratio decidendi* não foi aplicada pelo tribunal de origem (TRF da 5ª Região). O tribunal de origem, embora tenha reconhecido a existência do precedente obrigatório, deixou de aplicá-lo ao caso, abrindo o caminho para a reclamação (STJ, Rcl.32.557/AL, Rel. Min. Raul Araújo, *DJe* 19.9.2016).
[79] Sobre ambas as observações, STF, 1ª Turma, Emb. Decl. no AgReg na Rcl n. 22.306, Rel. Min. Roberto Barroso, j. 15.03.2016.
[80] STJ, 1ª Seção, AgInt na Rcl n. 31.637-PE, Rel. Min. Benedito Gonçalves, *DJe* 17.12.2018. No mesmo sentido: STJ, 2ª Seção, AgInt na Rcl 31.565/DF, Rel. Min. Antonio Carlos Ferreira, *DJe* 16.3.2017; STJ, 2ª Seção, AgInt na Rcl 33.871/SC, Rel. Min. Ricardo Villas Bôas Cueva, *DJe* 20.6.2017.

poderiam propor a reclamação. O entendimento do STJ, indo em outra linha, contraria a lógica do sistema de recursos repetitivos.

Esse entendimento restritivo manifestado pelo STJ torna a reclamação inefetiva e esgarça a força do precedente obrigatório, suprimindo de qualquer pessoa que não tenha sido parte no específico recurso escolhido por amostragem para julgamento o uso do instrumento próprio para obrigar os tribunais a seguirem a orientação obrigatória firmada pelos tribunais superiores.

O microssistema de formação de precedente obrigatório é formado pelo IRDR, pelo IAC e pelos recursos repetitivos. Não faz sentido admitir a reclamação para fazer valer o precedente firmado em IRDR e em IAC, mas não a admitir para impor o cumprimento de precedente firmado em recurso repetitivo. A referência a IRDR e a IAC abrange, naturalmente, os recursos repetitivos. Com efeito, nas palavras de Gustavo Azevedo, "é cabível reclamação para assegurar a observância de tese jurídica contida em acórdãos proferidos em IAC, IRDR e recursos extraordinário e especial repetitivos. Todos esses acórdãos dispõem-se a formar precedentes obrigatórios, cuja aplicação é controlável mediante reclamação constitucional".[81]

O STJ, posteriormente, veio a ser ainda mais restritivo. Sua Corte Especial concluiu não ser admissível a reclamação para fazer valer precedente obrigatório firmado em recurso especial repetitivo. Para o STJ, a reclamação somente se destina a impor o cumprimento de precedente obrigatório firmado em IRDR e em IAC, não servindo para fazer valer precedente decorrente de julgamento de recurso repetitivo. Ainda segundo entendeu o STJ, não se deve admitir a reclamação em tais casos, sob pena de congestionar a Corte de superposição, atentando contra a finalidade da instituição do regime de recursos especiais repetitivos, que serviria a racionalizar a prestação jurisdicional por ele prestada.[82]

A partir desse julgamento da Corte Especial, os demais órgãos do STJ passaram a não mais admitir a reclamação para fazer impor precedente obrigatório firmado em julgamento de recurso especial repetitivo.[83]

O entendimento do STJ parte da premissa de que a admissão da reclamação nesses casos iria congestionar o tribunal. Na verdade, o STJ parte do pressuposto de que há sistemático e contínuo descumprimento de seus precedentes pelas instâncias ordinárias, o que acarretaria um excessivo número de reclamações. Se essa é a realidade, aí é que se deveria, mesmo, admitir as reclamações, a fim de ajustar os casos aos precedentes obrigatórios, servindo, inclusive, como medida pedagógica a incutir, nos juízos e tribunais, a necessidade de observância dos precedentes obrigatórios. Não admitir a reclamação por esse motivo é deixar que se mantenha a situação crônica de descumprimentos sistemáticos, massificados e repetidos de precedentes obrigatórios. Isso, além de tornar inefetiva a emissão dos precedentes obrigatórios, estimula o ajuizamento de ações rescisórias, com fundamento no inciso V e no § 5º do art. 966 do CPC, causando uma instabilidade muito maior.

O entendimento do STJ abala a unidade e a coerência do microssistema de formação de precedente obrigatório, que, como visto, é formado pelo IRDR, pelo IAC e pelos recursos repetitivos. Não é sistêmico nem coerente admitir a reclamação para fazer valer o precedente

---

[81] AZEVEDO, Gustavo. *Reclamação constitucional no direito processual civil*. Rio de Janeiro: Forense, 2018, n. 3.8.5.1, p. 181.
[82] STJ, Corte Especial, Rcl 36.476/SP, Rel. Min. Nancy Andrighi, *DJe* 6.3.2020.
[83] STJ, 2ª Seção, AgInt nos EDcl na Rcl 36.835/SP, Rel. Min. Antonio Carlos Ferreira, *DJe* 15.9.2020; STJ, 1ª Seção, AgInt na Rcl 40.476/SP, Rel. Min. Mauro Campbell Marques, *DJe* 18.11.2020; STJ, 1ª Seção, AgInt na Rcl 40.572/SP, Rel. Min. Gurgel de Faria, *DJe* 7.12.2020; STJ, 1ª Seção, AgInt na Rcl 39.689/MG, Rel. Min. Napoleão Nunes Maia Filho, *DJe* 1º.12.2020.

firmado em IRDR e em IAC, mas não a admitir para impor o cumprimento de precedente firmado em recurso repetitivo.

O STF tem admitido a reclamação destinada a garantir a observância de entendimento proferido sob a sistemática da repercussão geral, desde que observado o esgotamento prévio das instâncias ordinárias, o que ocorre com o julgamento de agravo interno interposto contra decisão do presidente ou vice-presidente do tribunal de origem que inadmite o recurso extraordinário.[84] Segundo corretamente entende o STF, "1. O art. 988, § 5º, inciso II, do Código de Processo Civil condiciona a admissibilidade da reclamação, nos casos em que se busca assegurar a observância de entendimento firmado em sede de repercussão geral, ao esgotamento das instâncias ordinárias. 2. O esgotamento da instância ordinária somente se concretiza após o julgamento de agravo interno manejado contra a decisão da Presidência ou Vice-Presidência da Corte que, no exame de admissibilidade do recurso extraordinário, aplica a sistemática da repercussão geral, nos termos do art. 1.030 e § 2º, do CPC/2015".[85]

Enfim, é cabível a reclamação para garantir a observância de acórdão proferido em recurso extraordinário com repercussão geral reconhecida ou em recurso repetitivo, mas somente depois de esgotadas as instâncias ordinárias (CPC, art. 988, § 5º, II).

17.5.3.6 Reclamação contra decisões em Juizados Especiais Cíveis. Revogação da Resolução 12/2009 do STJ

A partir do julgamento pelo STF dos Embargos de Declaração no Recurso Extraordinário 571.572-8/BA, passou-se a entender que cabe ao STJ processar e julgar a reclamação, ajuizada com fundamento no art. 105, I, f, da Constituição Federal, quando houver decisão de Juizado Especial Cível que contrarie sua jurisprudência.

Posteriormente, e seguindo a orientação traçada pelo STF, foi ajuizada a Reclamação 3.752/GO. Ao apreciá-la, a relatora, Ministra Nancy Andrighi, submeteu a questão à Corte Especial, a qual houve por bem editar a Resolução 12, de 14 de dezembro de 2009, que prevê, expressamente, a reclamação com tal objetivo, admitindo, até mesmo, a concessão de provimento liminar que ordene a suspensão de todos os casos similares em curso no âmbito dos Juizados Especiais Cíveis Estaduais.

Nos termos do art. 1º da Resolução 12/2009, a reclamação deve ser ajuizada no prazo de 15 (quinze) dias, contados a partir da ciência da decisão impugnada. Ultrapassado esse prazo, não se admite o ajuizamento da reclamação, pois terá havido o trânsito em julgado. A partir da aludida Resolução 12/2009, o STJ passou, enfim, a admitir a reclamação destinada a eliminar a divergência havida entre decisões proferidas por Juizados Estaduais e precedentes daquela Corte Superior que formam jurisprudência dominante sobre determinado assunto que envolve causas repetitivas.

Tal Resolução 12/2009 veio a ser revogada posteriormente por disposição expressa, contida no art. 4º da Emenda Regimental 22/2016 do STJ.

Embora revogada a Resolução 12/2009, continua a ser cabível a reclamação para o STJ contra decisão proferida em Juizado Especial Cível. A reclamação é cabível nos termos do próprio Código de Processo Civil. Com efeito, no âmbito dos Juizados Especiais Cíveis, caberá reclamação ao STJ para garantir a autoridade de suas decisões. O termo "autoridade de suas decisões" abrange enunciado de sua súmula de jurisprudência e casos de decisão judicial

---

[84] STF, 2ª Turma, Rcl 42027 ED-AgR, Rel. Min. Ricardo Lewandowski, *DJe* 30.11.2020.
[85] STF, 1ª Turma, Rcl 41823 AgR, Rel. Min. Rosa Weber, *DJe* 27.10.2020.

teratogênica. Ademais, segundo dispõe o art. 988, IV, do CPC, caberá reclamação ao STJ para garantir a observância de precedente proferido em incidente de assunção de competência. E, nos termos do § 5º, II, do mesmo art. 988, caberá reclamação após esgotadas as instâncias ordinárias, ou seja, depois de julgado o recurso pela turma recursal e, se for o caso, depois de julgado o incidente de uniformização de lei federal pela Turma Nacional de Uniformização, para garantir a observância de precedente firmado em recurso especial repetitivo. Assim, firmado precedente em recurso especial repetitivo, a tese jurídica será aplicada a todos os casos, inclusive naqueles em curso em Juizados Especiais Cíveis. De igual modo, firmado precedente em incidente de assunção de competência no STJ, todos os juízos devem seguir a orientação, inclusive os dos Juizados Especiais Cíveis. Não cumprida a orientação, caberá reclamação: no caso do precedente firmado em assunção de competência, cabe, desde logo, a reclamação[86]; no caso de precedente firmado em recurso especial repetitivo, a reclamação somente será cabível depois de esgotadas as instâncias ordinárias (CPC, art. 988, § 5º, II).

A reclamação será cabível independentemente de a questão ser de direito material ou de direito processual. Isso porque o "julgamento de casos repetitivos tem por objeto questão de direito material ou processual" (CPC, art. 928, parágrafo único).

Enfim, é cabível reclamação ao STJ contra decisão de Juizado Especial Cível que deixe de observar precedente proferido em julgamento de casos repetitivos ou em incidente de assunção de competência.

De todo modo, a reclamação, nesse caso, deve ser ajuizada em até quinze dias da intimação da decisão (ou da última decisão, no caso de inobservância de precedente em recurso especial repetitivo), pois, do contrário, haveria trânsito em julgado, situação que impede o ajuizamento da reclamação.

O STJ editou a Resolução 3/2016 para estabelecer que cabe "às Câmaras Reunidas ou à Seção Especializada dos Tribunais de Justiça a competência para processar e julgar as Reclamações destinadas a dirimir divergência entre acórdão prolatado por Turma Recursal Estadual e do Distrito Federal e a jurisprudência do Superior Tribunal de Justiça, consolidada em incidente de assunção de competência e de resolução de demandas repetitivas, em julgamento de recurso especial repetitivo e em enunciados das Súmulas do STJ, bem como para garantir a observância de precedentes", não se aplicando tal disposição às reclamações já distribuídas no STJ e que estejam pendentes de análise.

Tal resolução tem o deliberado intuito de diminuir o fluxo de reclamações para o STJ, desobstruindo o congestionamento que o grande número delas tem causado na rotina do tribunal. Há, nitidamente, uma delegação de competência para os tribunais de justiça.

A inconstitucionalidade dessa resolução é flagrante. É do STJ a competência para julgar reclamação constitucional destinada a garantir a autoridade de suas decisões. Nem lei, nem resolução, nem qualquer outro ato administrativo ou normativo pode alterar a competência fixada constitucionalmente para o STJ.

A edição da referida resolução atenta contra a garantia do juiz natural e contra o poder conferido ao tribunal de impor a autoridade de seus próprios julgados. Além disso, não pode um tribunal (no caso, o STJ) determinar qual órgão de outro tribunal (no caso, o TJ) irá julgar determinada causa.

---

[86] "(...) não se exige o esgotamento das instâncias ordinárias como pressuposto para o conhecimento da reclamação fundamentada em descumprimento de acórdão prolatado em Incidente de Assunção de Competência (IAC)" (STJ, 1ª Seção, Rcl 44.597/SC, rel. Min. Gurgel de Faria, *DJe* 19.4.2023).

Significa, então, que cabe ao STJ, e não a tribunais de justiça, processar e julgar reclamação contra decisão proferida por Juizado Especial Cível que deixe de observar precedente proferido em julgamento de casos repetitivos ou em incidente de assunção de competência.

17.5.4 A reclamação como instrumento para realização da distinção

Os juízes e tribunais observarão as decisões do Supremo Tribunal Federal em controle concentrado de constitucionalidade, bem como os enunciados de súmula vinculante e, bem ainda, os acórdãos em julgamento de casos repetitivos (CPC, art. 927). Se não forem observados, caberá reclamação (CPC, art. 988, III, IV, e § 5º, II).

A reclamação é cabível não apenas nos casos em que os precedentes e a súmula vinculante não sejam observados, mas também quando houver aplicação indevida da tese jurídica neles contida.[87] Se o caso corresponde à razão de decidir do precedente, este deve ser aplicado. Havendo uma distinção que afaste o precedente, este deverá deixar de ser aplicado.

Em outras palavras, os juízes e tribunais devem dialogar com os precedentes e exercer o dever de autorreferência, aplicando-os quando for o caso e afastando-os nas hipóteses em que houver uma distinção ou uma peculiaridade que imponha tratamento diferenciado.

A reclamação constitui instrumento para impor o exercício do dever de autorreferência, constituindo, nesse sentido, mecanismo para realização de distinção, afastando-se, assim, a aplicação do precedente. É o que consta do § 4º do art. 988 do CPC, segundo o qual *"As hipóteses dos incisos III e IV compreendem a aplicação indevida da tese jurídica e sua não aplicação aos casos que a ela correspondam".*

Não é demais lembrar que a *ratio decidendi* é a regra que fundamentou a decisão judicial. Estabelecida a similaridade dos fatos concretos que serão apreciados com aqueles que já constituíram o objeto do precedente, recorre-se, então, à *ratio decidendi* deste último, aplicando-o ao caso a ser julgado.[88] Há, nas palavras de Alberto Donati, uma eficácia ou extensão *ultra partes* da *ratio decidendi* do julgado:[89] seus fundamentos servem para outros casos que se apoiem em fatos similares e mereçam a mesma solução.

A aplicação da *ratio decidendi* aos casos concretos exige que haja identificação entre os fatos que acarretaram a formação do precedente e os fatos do caso em que se deve aplicar o precedente.

A norma jurídica estabelecida na *ratio decidendi* tende a ser constante e estável, podendo, entretanto, sujeitar-se a mudanças. Se o caso posterior for diverso daquele retratado no precedente, estará descerrado o caminho para que o órgão jurisdicional afirme não haver precedente, pois se trata de novo caso, ainda não examinado. Haveria, então, uma distinção, a afastar a aplicação do precedente.

Se, mesmo havendo a distinção, o juiz ou tribunal, em vez de aplicar o precedente, resolver aplicá-lo onde não cabe, será o caso de se ajuizar a reclamação para que o tribunal corrija o equívoco e realize a distinção que deixou de ser feito pela autoridade reclamada.

---

[87] Nesse sentido, o enunciado 138 das II Jornadas de Direito Processual Civil, do Conselho da Justiça Federal: "É cabível reclamação contra acórdão que aplicou indevidamente tese jurídica firmada em acórdão proferido em julgamento de recursos extraordinário ou especial repetitivos, após o esgotamento das instâncias ordinárias, por analogia ao quanto previsto no art. 988, § 4º, do CPC".
[88] DONATI, Alberto. *Rule of law common law:* lineamenti. Milano: Giuffrè Editore, 2010. p. 16.
[89] DONATI, Alberto. *Rule of law common law:* lineamenti. Milano: Giuffrè Editore, 2010. p. 16.

Nas palavras do Ministro Gilmar Mendes: "É no juízo hermenêutico típico da reclamação – no 'balançar de olhos' entre objeto e parâmetro da reclamação – que surgirá com maior nitidez a oportunidade para evolução interpretativa".[90] A reclamação é instrumento que permite, com mais facilidade, a comparação entre o acórdão paradigma e o acórdão atacado. Nessa comparação, ou balançar de olho, é que se realiza a distinção.

17.5.5 A reclamação como instrumento para interpretação da decisão do tribunal

O processo, como se sabe, é formado por um conjunto de atos jurídicos relacionados entre si, cujo objetivo é comum: a obtenção da prestação jurisdicional. Os atos processuais, como os atos jurídicos em geral, constituem manifestações de vontade ou atos de comunicação e, desse modo, estão sujeitos à interpretação.

Não restam dúvidas de que os atos processuais, como atos jurídicos ou atos de comunicação ou de manifestação de vontade, estão sujeitos à interpretação.

Dentre os atos processuais, destaca-se, por sua indiscutível importância, a decisão. O texto de uma decisão também é objeto de interpretação, devendo-se dele se extrair *"il senso precettivo".*[91]

A decisão contém, como é sabido, três elementos: o relatório, a fundamentação e o dispositivo. Tais elementos devem ser interpretados conjuntamente. O relatório é imprescindível para que se compreenda o caso decidido. Ademais, a compreensão do dispositivo depende do exame da fundamentação, que também será interpretada a partir do que consta do dispositivo.

O texto de uma sentença encerra um enunciado normativo. De tal enunciado extrai-se a norma jurídica, pois esta é, como se sabe, resultado da interpretação que se faz de um texto normativo.

De qualquer decisão se extrai a norma jurídica concreta, individualizada, que resolve o caso concreto, normalmente aferida da parte dispositiva da decisão. Também é possível extrair uma norma geral, construída a partir do caso concreto, que serve de modelo para a solução de casos semelhantes. Tal norma geral é extraída da fundamentação e constitui precedente a ser seguido em casos sucessivos.

A sentença – e cada decisão judicial – deve ser interpretada como um todo, aplicando-se a técnica da interpretação sistemática para a compreensão do quanto tenha sido decidido. Segundo anotado em precedente do Superior Tribunal de Justiça, "Havendo dúvidas na interpretação do dispositivo da sentença, deve-se preferir a que seja mais conforme à fundamentação e aos limites da lide, de acordo com o pedido formulado no processo".[92]

É relevante distinguir as atividades de *formação* de uma decisão e de sua *aplicação*. Encerrado o momento de formação da decisão judicial, ela não pode mais ser alterada, revolvida, modificada; todo o trabalho posterior consiste na sua interpretação e aplicação.

Todos podem interpretar uma sentença. O juízo que a proferiu, bem como as partes e, bem ainda, o juízo da liquidação ou da execução,[93] todos, enfim, podem interpretar a sentença.

---

[90] STF, Pleno, Rcl 4.374/PE, Rel. Min. Gilmar Ferreira Mendes, *DJe* 3.9.2013.
[91] SANTANGELI, Fabio. *L'interpretazione della sentenza civile*. Milano: Giuffrè Editore, 1996. p. 154.
[92] STJ, 3ª Turma, REsp 1.149.575/DF, Rel. Min. Nancy Andrighi, j. 28.08.2012, *DJe* 11.10.2012.
[93] KEMMERICH, Clóvis Juarez. *Sentença obscura e trânsito em julgado*. Porto Alegre: Livraria do Advogado, 2013. n. 2.1.1, p. 65-68.

Entretanto, o órgão que não prolatou a decisão, submete-se à reclamação ao interpretá-la, pois o órgão prolator é quem pode – em última análise – realizar a interpretação de sua própria decisão.

A reclamação pode consistir num instrumento de interpretação de decisões proferidas pelo tribunal. Ajuizada a reclamação, pode o tribunal, interpretando a decisão tida como desrespeitada, rejeitá-la. Ao fazê-lo, o tribunal interpreta sua própria decisão.

A propósito, o STF, ao julgar a Reclamação 9.428, interpretou a sua própria decisão proferida na ADPF 130/DF, concluindo que a ementa redigida não refletia com fidelidade a tese jurídica acolhida pela maioria do colegiado, pois, em diversos momentos, vários ministros destacaram a necessidade de ponderar a liberdade de expressão com outros direitos fundamentais.[94]

17.6 LEGITIMIDADE PARA A RECLAMAÇÃO

17.6.1 Legitimidade ativa

17.6.1.1 Generalidades

A reclamação pode ser ajuizada pelo Ministério Público ou por quem seja parte ou assistente num processo prévio.

Na reclamação para garantia da observância de decisão em controle concentrado de constitucionalidade, todos aqueles que se afirmem atingidos por decisão contrária à decisão em controle abstrato têm legitimidade ativa.

De igual modo, têm legitimidade ativa todos aqueles que se afirmem atingidos por ato contrário a enunciado de súmula vinculante.

É possível haver, na reclamação, litisconsórcio ativo facultativo, desde que presente alguma das hipóteses previstas no art. 113 do CPC.

17.6.2 Capacidade processual do Ministério Público Estadual para ajuizar reclamação perante tribunal superior[95]

No julgamento da Reclamação 7.358, o Supremo Tribunal Federal reconheceu a *capacidade processual* do Ministério Público Estadual para propor, como autor, reclamação perante o STF.

A tese vencida era a de que o MPE somente poderia ajuizar a reclamação no STF se o Procurador-Geral da República a ratificasse. O fundamento desse entendimento era o seguinte: somente o Procurador-Geral da República teria capacidade para atuar no STF, de acordo com a CF/1988.

Prevaleceram, porém, as ponderações dos ministros Ayres Brito e Gilmar Mendes. O primeiro afirmou que o Ministério Público é uma instituição gênero, compartimentada em duas espécies – o Ministério Público da União e o Ministério Público Estadual. Cada uma dessas espécies é dotada de autonomia administrativa e funcional. Segundo ele, seja qual for o agente que oficie neste ou naquele processo, o que se faz presente é o Ministério Público. O ministro Gilmar Mendes manifestou-se pela capacidade do MPE para ajuizar esse tipo de ação no STF. Para o ministro, não há monopólio da representação por parte do

---

[94] Sobre o julgamento da Reclamação 9.428, consultar SOKAL, Guilherme Jales. *O julgamento colegiado nos tribunais.* São Paulo: Método, 2012. p. 327-328.

[95] Item extraído de DIDIER JR., Fredie; GODINHO, Robson Renault. Questões atuais sobre as posições do Ministério Público no processo civil. *Revista de Processo*, São Paulo: RT, v. 234, 2014.

Procurador-Geral, nem hierarquia com relação ao MP estadual. Seria um tipo de tutela do MPE pelo órgão federal, o que representaria lesão ao modelo federativo, concluiu o ministro Gilmar Mendes.

O precedente é importantíssimo para que se redefinam as atribuições processuais do MP. Há várias questões ainda em aberto; essa decisão pode iluminar a discussão. Eis algumas:

a) O Procurador-Geral da República tem capacidade processual exclusiva para atuar no STF como *custos legis*. Essa decisão reforça essa tese. No caso, tratava-se de uma reclamação ajuizada pelo MPE contra decisão do TJ/SP, que contrariava enunciado de súmula vinculativa do STF.

b) É preciso perceber que o MP pode exercer no processo diferentes funções: pode ser parte e pode ser fiscal da lei. Pode-se cogitar um órgão do MP para o exercício de cada uma dessas funções. Nesta reclamação, o Procurador-Geral da República atuaria como *custos legis*, podendo, inclusive, manifestar-se contrariamente à pretensão do MPE. Do mesmo modo, parece que o órgão do MPE, que é parte, tem o direito de fazer sustentação oral das suas razões.

c) O precedente reforça a tese de que, no STJ, pode o órgão do MPE sustentar oralmente as suas razões, cabendo ao Subprocurador-Geral da República (MPF) atuar como *custos legis*.

d) O precedente também serve como argumento para quem defende a tese de que o MPE pode demandar perante a Justiça Federal e o MPF, perante a Justiça Estadual. Não haveria qualquer restrição constitucional neste sentido. O importante é verificar de quem a competência para julgar a causa e se o MP tem legitimidade para discuti-la em juízo; não haveria, porém, qualquer relação entre MPE/Justiça Estadual e MPF/Justiça Federal.

e) Discussão semelhante já havia surgido no STF (Rcl 2.138/DF, Rel. Min. Nelson Jobim, 20.11.2002). Foi ajuizada uma reclamação constitucional contra o ajuizamento de uma ação civil pública por uma Procuradora da República. Essa mesma Procuradora pediu a sua intervenção na qualidade de interessada na reclamação. Surgiu a controvérsia, pois, no STF, o Ministério Público é presentado pelo Procurador-Geral da República. Por seis votos a cinco, decidiu-se que não poderia a procuradora intervir, como o Ministério Público, embora participando do processo com funções distintas, deveria ser presentado por um único membro, o PGR.

f) Em decisão monocrática, em fevereiro de 2014, o Ministro Celso de Mello não acolheu a insistente postura do Procurador-Geral da República em negar legitimidade ao Ministério Público estadual para o ajuizamento de reclamação diretamente perante o Supremo Tribunal Federal: "Reconheço, preliminarmente, a legitimidade ativa 'ad causam' do Ministério Público do Estado de São Paulo para ajuizar, em caráter originário, perante o Supremo Tribunal Federal, reclamação destinada a fazer prevalecer a autoridade e a eficácia da súmula vinculante. Entendo, na linha de anteriores decisões por mim proferidas (Rcl 7.246/SP, Rcl 9.106-MC/SP, Rcl 10.463-MC/RS, *v.g.*), que o Ministério Público estadual, quando atua no desempenho de suas prerrogativas institucionais e no âmbito de processos cuja natureza justifique a sua formal participação (quer como órgão agente, quer como órgão interveniente), dispõe, ele próprio, de legitimidade para ajuizar reclamação, em sede originária, perante o Supremo Tribunal Federal (...). Não tem sentido, por implicar ofensa manifesta à autonomia institucional do Ministério Público dos Estados-membros, exigir-se que a sua atuação processual se faça por intermédio do Senhor Procurador-Geral da República, que não dispõe de poder de ingerência na esfera orgânica do 'Parquet' estadual, pois lhe incumbe, unicamente, por expressa definição constitucional (CF, art. 128, § 1º), a Chefia do Ministério Público da União. É importante assinalar, porque juridicamente relevante, que o postulado da unidade institucional (que também se estende ao Ministério Público dos Estados-membros) reveste-se de natureza constitucional (CF, art. 127, § 1º), a significar que o Ministério Público estadual não é representado – muito menos chefiado – pelo Senhor Procurador-Geral da República, eis que é plena a autonomia do 'Parquet' local em face do eminente Chefe do Ministério Público da União. Mostra-se fundamental insistir na asserção de que o Ministério Público dos Estados-membros não está vinculado nem subordinado, no plano processual, administrativo e/ou institucional, à Chefia do Ministério Público da União, o que lhe confere ampla possibilidade de postular, autonomamente, em sede de reclamação, perante o Supremo Tribunal Federal. Não tem sido por outra razão que esta Corte, tratando-se do Ministério Público do Trabalho – órgão que integra o Ministério Público da União –, vem-lhe negando qualidade para agir em sede reclamatória, pelo relevante motivo de a representação institucional do Ministério Público da União caber, com exclusividade, ao Procurador-Geral da República (Rcl 4.091-AgR/GO, Rel. Min. Cármen Lúcia – Rcl 4.453-MC-Agr-Agr/SE, Rel. Min. Ellen Gracie – Rcl 4.592-Agr/TO, Rel. Min. Cármen Lúcia – Rcl 5.255-Agr/GO, Rel. Min. Ellen Gracie – Rcl 5.381-ED/AM, Rel. Min. Ayres Britto – Rcl 5.543-Agr/GO, Rel. Min. Celso de Mello – Rcl 5.674-Agr/MG, Rel. Min. Eros Grau – Rcl 5.793-Agr/AM, Rel. Min. Ellen Gracie – Rcl 5.958-Agr/PI, Rel. Min. Eros Grau – Rcl 6.239-Agr/RO, Rel. Min. Eros Grau, *v.g.*). Inquestionável, desse modo, a plena legitimação ativa 'ad causam' do Ministério Público do Estado de São Paulo para ajuizar, perante esta Corte Suprema, a presente reclamação" (Rcl 15.028/SP, *DJe* 18.2.2014).

17.6.2.1 Legitimidade passiva e intervenção do interessado

A reclamação pode ter por causa ato, comissivo ou omissivo, praticado por qualquer pessoa, órgão ou ente que descumpra decisão do tribunal ou usurpe a sua competência. O descumprimento da decisão do tribunal ou a usurpação de sua competência pode ser imputado a um órgão do Poder Judiciário, Legislativo ou Executivo. A competência do tribunal pode, por exemplo, ser usurpada por uma autoridade judiciária, ou legislativa, ou executiva. Tal autoridade não será, porém, o sujeito passivo da reclamação.

O réu da reclamação é o beneficiário do ato reclamado, e não a autoridade que descumpre a decisão do tribunal ou usurpa sua competência.

A autoridade, o órgão, a entidade ou a pessoa que descumpra a decisão do tribunal ou usurpe sua competência prestará informações no processo da reclamação (CPC, art. 989, I), na qualidade de *fonte de prova*. Isso é claro: assim como quando se interpõe um recurso, o juiz não é o recorrido; quando se ajuíza uma ação rescisória, o órgão judicial que proferiu a decisão rescindenda não é o réu, na reclamação, a autoridade reclamada não é o réu. O réu da reclamação será o beneficiário do ato reclamado.

A reclamação por desrespeito a enunciado de súmula vinculante pode ser intentada contra autoridade judiciária ou administrativa, não cabendo contra o legislador na sua função legiferante. Isso porque a súmula vinculante obriga o Poder Judiciário e o Poder Executivo, não obrigando, como visto, os órgãos do Poder Legislativo na sua atividade típica de legislar. Cabível a reclamação, o réu, porém, será o beneficiário do ato impugnado, e não a autoridade judiciária ou administrativa que desrespeitou a súmula vinculante. A autoridade não se defende na reclamação; apenas presta informações.

O beneficiário do ato reclamado, réu na reclamação, há de ser citado para, querendo, apresentar sua defesa em favor da manutenção do ato reclamado.

Se a parte adversária ao reclamante for o beneficiário direto do ato impugnado, deve ser ela ré na ação de reclamação, sob pena de nulidade da decisão eventualmente proferida sem o respeito à garantia do contraditório.[96]

Com efeito, ao relator da reclamação cabe determinar a citação do beneficiário da decisão impugnada, que terá prazo de quinze dias para apresentar a sua contestação (CPC, art. 989, III).

É preciso assegurar o contraditório ao beneficiário do ato impugnado, justamente porque há o risco de decisão contrária a seu interesse; ele é, enfim, o réu da reclamação. E, como se sabe, "não se proferirá decisão contra uma das partes sem que ela seja previamente ouvida" (CPC, art. 9º).

Qualquer terceiro interessado poderá impugnar o pedido do reclamante (CPC, art. 990). Quer isso dizer que é possível haver, na reclamação, intervenção de terceiro. Qualquer um que tenha interesse jurídico na manutenção ou no desfazimento da decisão reclamada, pode intervir no processo da reclamação, na qualidade de assistente. "Interessado", aqui, não é o beneficiário do ato impugnado, que é réu; interessado aqui é quem, sendo terceiro no processo da reclamação, tem interesse jurídico na discussão.

17.7 PROCEDIMENTO DA RECLAMAÇÃO

17.7.1 Previsão legal

A reclamação, cabível nas hipóteses constitucionalmente fixadas, tinha seu procedimento estabelecido na Lei 8.038, de 28 de maio de 1990. Os dispositivos contidos na referida lei eram reproduzidos nos arts. 187 a 192 do Regimento Interno do STJ e, de igual modo, nos arts. 156 a 162 do Regimento Interno do STF.

Tais dispositivos da Lei 8.038/1990 foram revogados pelo art. 1.072, IV, do CPC. O procedimento da reclamação passou a ser disciplinado pelo CPC, mais precisamente nos seus arts. 988 a 993.

O ajuizamento da reclamação depende de provocação da parte ou do Ministério Público. Seu procedimento tem as peculiaridades a seguir destacadas.

17.7.2 Processo documental (prova pré-constituída)

Instruída com prova documental, a reclamação, dirigida ao Presidente do Tribunal, deve ser autuada e distribuída ao relator da causa principal, sempre que possível.

O procedimento assemelha-se ao do mandado de segurança. A petição inicial deve vir acompanhada da prova documental pré-constituída, não se admitindo a produção de provas casuais ao longo do procedimento.

A reclamação, tal qual o mandado de segurança, possui procedimento sumário ou abreviado.

---

[96] Nesse sentido, LEONEL, Ricardo de Barros. *Reclamação constitucional*. São Paulo: RT, 2011. p. 232-237.

Entre os documentos que devem instruir a reclamação está a cópia da decisão ou do ato proferido pela autoridade reclamada. Se a reclamação ataca uma omissão, não há decisão a instruir. Caso a reclamação tenha sido proposta para garantir a autoridade de decisão proferida pelo tribunal, também se faz necessária a juntada de cópia dela. Ajuizada para preservar a competência do tribunal, cabe ao reclamante juntar cópia de elementos dos autos do processo e de atividade que está a usurpar aquela competência. No caso de a reclamação ser ajuizada por inobservância de acórdão proferida em recurso extraordinário com repercussão geral reconhecida ou em recursos repetitivos, ou contra decisão administrativa que não observou enunciado de súmula vinculante, faz-se necessária a comprovação de que houve o esgotamento prévio das instâncias ordinárias (CPC, art. 988, § 5º, II; Lei 11.417/2006, art. 7º, § 1º).

Distribuída a reclamação, o relator determinará a "emenda" ou complementação da petição, com o esclarecimento de algum detalhe ou a juntada de algum documento essencial que não tenha sido trazido, a exemplo da cópia da decisão que se pretende cassar.

A determinação de emenda ou complementação do pedido diz respeito, apenas, a um esclarecimento ou à juntada de algum documento ou cópia se revele essencial à compreensão da controvérsia. É documental a prova a respeito de fatos alegados na reclamação. Se for necessária a produção de outro tipo de prova, não será admissível a reclamação, pois a prova há de ser documental e pré-constituída.

É possível, porém, que a prova documental não esteja à disposição do reclamante, encontrando-se em algum órgão público ou mantida com a própria autoridade reclamada, não tendo sido possível ao reclamante ter acesso a ela. Nesse caso, o relator, a pedido do reclamante, deve determinar ao referido órgão ou à própria autoridade reclamada a exibição ou entrega da prova documental. O que não pode é a ausência de algum documento impedir o acesso à via da reclamação.

17.7.3 Requisitos da petição inicial

A reclamação, a exemplo de qualquer outra demanda, é ajuizada mediante uma petição inicial, que, além de observar os requisitos exigidos no art. 319 do CPC, deve estar acompanhada dos documentos indispensáveis a sua propositura (CPC, art. 988, § 2º). Como no processo da reclamação não há previsão de audiência preliminar de mediação ou conciliação, não há necessidade de o reclamante informar, na petição inicial, a opção pela realização dessa audiência (CPC, art. 319, VII).

Se a reclamação for ajuizada incidentalmente a um processo judicial em curso, não será necessário citar pessoalmente o beneficiário do ato impugnado, sendo suficiente a intimação do advogado já constituído. Se, porém, a reclamação for intentada contra um ato administrativo ou qualquer outro ato que não seja praticado num processo judicial em curso, o beneficiário do ato impugnado será citado pessoalmente.

Além do preenchimento dos requisitos contidos no art. 319 do CPC, é preciso que o reclamante afirme uma das hipóteses de reclamação a que alude o art. 988 do CPC. A reclamação, como já se viu, é uma ação típica, devendo a petição inicial indicar uma das hipóteses previstas no art. 988 do CPC. A falta de indicação, na petição inicial, de uma das hipóteses ali referidas acarreta falta de causa de pedir, caracterizando, por isso mesmo, inépcia da petição inicial.

A causa de pedir remota da reclamação são os fundamentos (hipóteses) exaustivos previstos no art. 988 do CPC. Caso o autor ajuíze reclamação com base em dois ou mais fundamentos, haverá cumulação de demandas.[97] A causa de pedir remota na reclamação constitucional consiste nos fatos constitutivos alegados pelo autor que configurem uma situação material, em concreto, de um dos fundamentos do art. 988 do CPC.

Já a causa de pedir próxima é o direito à invalidação ou cassação da decisão e, quando for o caso, o direito de transferência da causa, em razão da incompetência do juízo reclamado.

Tais hipóteses constituem um rol exaustivo, que não podem, nem mesmo por analogia, ser ampliadas.[98]

17.7.4 Prevenção do relator

Nos termos do § 2º do art. 988 do CPC, a reclamação será distribuída ao relator da causa principal, sempre que possível. O CPC prevê essa hipótese de prevenção, mas há outras que precisam estar disciplinadas nos regimentos internos.

A previsão do § 2º do art. 988 do CPC não abrange, em alguns casos, a hipótese de reclamação para preservação da competência do tribunal. É o que ocorre, por exemplo, quando o juiz de primeira instância inadmite a apelação. Não lhe sendo possível exercer o juízo de admissibilidade da apelação (CPC, art. 1.010, § 3º), se o fizer haverá usurpação de competência do tribunal. Em tal hipótese, cabe a reclamação (CPC, art. 988, I), sem que haja prevenção de algum relator. É que não havia qualquer caso antes ou em curso que pudesse acarretar prevenção de algum julgador. Ajuizada a reclamação em caso como esse, haverá um relator, que ficará naturalmente prevento para a apelação, mas é preciso que o regimento assim estabeleça.

O relator da reclamação há de ser, sempre que possível, o mesmo da causa principal. A expressão "sempre que possível", utilizada no referido § 2º do art. 988 do CPC, relaciona-se a casos como o acima citado, de exercício do juízo de admissibilidade da apelação pelo juiz de primeira instância, pois, em tal hipótese, não é possível atribuir a reclamação a algum relator que tenha anteriormente atuado, justamente por não ter havido ainda qualquer recurso ou causa principal no tribunal.

É possível, ainda, que, pelo regimento interno, o julgamento da reclamação seja atribuído a órgão diverso do julgamento da causa principal, o que pode, até mesmo, inviabilizar a prevenção. Essa hipótese também justifica o uso da expressão "sempre que possível" no § 2º do art. 988 do CPC. Pela composição do tribunal e em virtude de regras regimentais, pode não ser possível a prevenção.

Com a ressalva de situações como essas, a reclamação há de ser proposta para o mesmo relator da causa principal. Se, por exemplo, a reclamação for ajuizada para garantir a autoridade de uma decisão do tribunal, o relator da causa originária em que se proferiu a decisão descumprida deverá ser o relator da reclamação. Tome-se, ainda, como exemplo alguma decisão proferida por órgão inferior que usurpe competência de algum relator de recurso ou causa originária que tramite no tribunal. Nesse caso, a reclamação deve ser proposta perante o próprio relator do recurso ou da causa originária, em razão de sua prevenção.

---

[97] ASSIS, Araken de. *Cumulação de ações*. 3. ed. São Paulo: RT, 1998. p. 207.

[98] Seguindo as lições de José Carlos Barbosa Moreira em relação à ação rescisória, mas servíveis perfeitamente à reclamação, o art. 988 do CPC cuida de uma relação taxativa que exaure as hipóteses de reclamação, "não é possível cogitar-se de outras quaisquer, nem mediante recurso à analogia" (BARBOSA MOREIRA, José Carlos. *Comentários ao Código de Processo Civil*. 16. ed. Rio de Janeiro: Forense, 2010. v. 5, p. 155).

17.7.5 Indeferimento da petição inicial ou julgamento de improcedência liminar do pedido pelo relator

Estando a petição inicial defeituosa ou havendo algum vício sanável, o relator não deve indeferir imediatamente a petição inicial. Cumpre-lhe, antes, conferir oportunidade ao reclamante para que possa emendá-la ou complementá-la. É preciso concentrar esforços para viabilizar a análise da reclamação.

Quer isso dizer que o art. 321 do CPC aplica-se à reclamação. O art. 989 do CPC traça o roteiro a ser seguido pelo relator, marcando o procedimento que deve ser adotado na reclamação. Ali não há qualquer previsão semelhante ao disposto no art. 321 do CPC. Embora não haja tal previsão, ao relator cabe aplicar o disposto no art. 321 como forma de concretizar o princípio da prevalência do julgamento do mérito, bem como o da cooperação e o do contraditório.

Se, intimado o reclamante, não corrigir o vício, deverá ser indeferida a petição inicial da reclamação pelo relator.

O relator também deve indeferir a petição inicial quando não for caso de reclamação, ou quando esta for utilizada como sucedâneo de ação rescisória, destinando-se a desfazer coisa julgada (CPC, art. 988, § 5º, I), ou, ainda, quando não comprovado o esgotamento prévio das instâncias no caso de decisão administrativa que não tenha observado enunciado de súmula vinculante (Lei 11.417/2006, art. 7º, § 1º) ou no caso de inobservância de recurso repetitivo ou de recurso extraordinário com repercussão geral reconhecida (CPC, art. 988, § 5º, II).

À reclamação aplica-se o disposto no art. 332 do CPC. Veja-se que tal dispositivo tem aplicação "nas causas que dispensem a fase instrutória". Este é exatamente o caso da reclamação, na qual não há fase instrutória, devendo a prova ser apenas documental pré-constituída. Assim, quando o pedido formulado na reclamação contrariar enunciado de súmula do STF ou do STJ, ou acórdão proferido em julgamento de casos repetitivos, ou enunciado de súmula de tribunal de justiça sobre direito local, o relator julgá-lo-á liminarmente improcedente, cabendo dessa sua decisão agravo interno, nos termos do art. 1.021 do CPC.

O agravo interno contra as decisões do relator que extingam a reclamação permite a sustentação oral (CPC, art. 937, § 3º).

17.7.6 Tutela provisória na reclamação

É possível, na reclamação, a concessão de tutela provisória. De acordo com o art. 989, II, do CPC, o relator, ao despachar a reclamação, ordenará, se necessário, a suspensão do processo ou do ato impugnado para evitar dano irreparável.

Ao dispor que a ordem de suspensão do processo ou do ato impugnado destina-se a "evitar dano irreparável", o dispositivo prevê, em verdade, a tutela provisória de urgência na reclamação. Assim, presentes os pressupostos para a concessão da tutela provisória de urgência, o relator deve concedê-la, determinando a suspensão do processo ou do ato impugnado. Também é possível ao relator deferir, na reclamação, tutela provisória com eficácia correspondente à da decisão desrespeitada. Nesse sentido, o enunciado 64 da I Jornada de Direito Processual Civil, do Conselho da Justiça Federal: "Ao despachar a reclamação, deferida a suspensão do ato impugnado, o relator pode conceder tutela provisória satisfativa correspondente à decisão originária cuja autoridade foi violada".

A tutela provisória pode ser, como se sabe, de urgência ou de evidência.

Não parece razoável, porém, restringir a tutela provisória na reclamação, permitindo somente a de urgência. Também é possível a tutela de evidência na reclamação, sobretudo nas hipóteses do inciso II do art. 311 do CPC, até porque, como visto, a reclamação precisa de prova pré-constituída, o que contribui para a concessão de tutela de evidência.

Com efeito, cabe a tutela de evidência quando "as alegações de fato puderem ser comprovadas apenas documentalmente e houver tese firmada em julgamento de casos repetitivos ou em súmula vinculante" (CPC, art. 311, II). Por sua vez, cabe a reclamação para "garantir a observância de enunciado de súmula vinculante e de decisão do Supremo Tribunal Federal em controle concentrado de constitucionalidade" (CPC, art. 988, III) e "de precedente proferido em incidente de resolução de casos repetitivos ou em incidente de assunção de competência" (CPC, art. 988, IV), bem como para garantir a observância de acórdão proferido em recurso repetitivo ou em recurso extraordinário com repercussão geral reconhecida, desde que esgotadas previamente as instâncias ordinárias (CPC, art. 988, § 5º, II).

Cabível, portanto, a tutela de evidência na reclamação, devendo o relator já antecipar efeitos do provimento final ou simplesmente suspender o processo ou o ato impugnado. Da decisão do relator que defira ou indefira a tutela provisória cabe agravo interno (CPC, art. 1.021).

17.7.7 Reclamação repetitiva

O Código de Processo Civil contém um microssistema de gestão de casos repetitivos, aplicável a qualquer recurso ou processo originário em tribunal, segundo se demonstra no capítulo sobre julgamento de casos repetitivos. É possível, então, aplicar à reclamação a técnica de processamento e julgamento de casos repetitivos. Significa que, havendo várias reclamações ou vários casos sobre o mesmo tema, deve ser adotado o procedimento próprio dos casos repetitivos, escolhendo-se uma ou duas reclamações para análise e julgamento, sobrestando-se os demais casos, aos quais se aplicará o resultado a que se chegar no julgamento daqueles escolhidos para julgamento por amostragem.[99]

Ao apreciar a Reclamação 12.062/GO, a 2ª Seção do STJ adotou o procedimento dos recursos repetitivos para a reclamação ali julgada.[100]

É possível, enfim, haver reclamação repetitiva, adotando-se, nesse caso, o procedimento do incidente de resolução de demandas repetitivas.[101]

17.7.8 Prazo para ajuizamento da reclamação

Costuma-se dizer que a reclamação não se sujeita a qualquer prazo.[102]

Na verdade, a reclamação não está submetida aos prazos dos recursos, mas há um limite temporal para o ajuizamento da reclamação.

---

[99] Nesse sentido: AZEVEDO, Gustavo. Reclamação e questões repetitivas. In: DIDIER JR., Fredie; CUNHA, Leonardo Carneiro da (coords.). *Julgamento de casos repetitivos*. Salvador: JusPodivm, 2016. p. 265-277.

[100] STJ, 2ª Seção, Rcl 12.062/GO, Rel. Min. Raul Araújo, *DJe* 20.11.2014.

[101] Nesse sentido: AZEVEDO, Gustavo. *Reclamação constitucional no direito processual civil*. Rio de Janeiro: Forense, 2018. p. 203-229.

[102] DANTAS, Marcelo Navarro Ribeiro. *Reclamação constitucional no direito brasileiro*. Porto Alegre: Sergio Antonio Fabris Editor, 2000. p. 454.

O Supremo Tribunal Federal mantém firme entendimento no sentido de não ser cabível a reclamação contra decisão judicial transitada em julgado, sob pena de se caracterizar como um inadmissível sucedâneo de ação rescisória. A propósito, assim está redigido o enunciado 734 da Súmula do STF: "Não cabe reclamação quando já houver transitado em julgado o ato judicial que se alega tenha desrespeitado decisão do Supremo Tribunal Federal".

Quando ajuizada contra ato administrativo, a reclamação se submete ao prazo de decadência para demandas destinadas a desfazer ou anular atos administrativos. É que, operada a decadência, não há mais direito para invalidar ou desfazer o ato, nem mesmo pela reclamação.

Enfim, a reclamação pode ser ajuizada até o trânsito em julgado da decisão final do processo judicial ou até o final do prazo decadencial para impugnação ou invalidação do ato administrativo.

Enquanto não tiver havido trânsito em julgado da decisão reclamada, pode ser ajuizada a reclamação. Ajuizada a tempo a reclamação, o superveniente trânsito em julgado não a torna incabível, pois, nessa hipótese, não se está a utilizá-la como sucedâneo de ação rescisória. Nesse caso, o trânsito em julgado fica sob condição legal resolutiva: a procedência da reclamação fará com que a decisão desapareça e, com ela, o trânsito em julgado.

Nesse mesmo sentido, "a inadmissibilidade ou o julgamento do recurso interposto contra a decisão proferida pelo órgão reclamado não prejudica a reclamação" (CPC, art. 988, § 6º).

17.7.9 Relação entre recurso e reclamação (CPC, art. 988, § 6º)

Nos termos do § 6º do art. 988 do CPC, "a inadmissibilidade ou o julgamento do recurso interposto contra a decisão proferida pelo órgão reclamado não prejudica a reclamação".

O dispositivo, como se vê, estabelece que a reclamação não fica prejudicada com o julgamento do recurso. É preciso, contudo, fazer uma advertência, pois a previsão legal não abrange todas as hipóteses. Se o recurso for inadmitido ou for conhecido, mas não provido, o julgamento, efetivamente, não prejudica a reclamação.

Se, entretanto, o recurso for conhecido e provido, seja para anular a decisão recorrida, seja para reformá-la, estará prejudicado o exame da reclamação. Se a decisão for reformada, terá sido substituída pela decisão do tribunal, subtraindo da reclamação o indispensável interesse de agir. De igual modo, se houver anulação da decisão, esta deixou de existir, prejudicando o exame de mérito da reclamação.

Assim, se o recurso for provido, a reclamação fica prejudicada, não se aplicando o § 6º do art. 988 do CPC.[103]

17.7.10 Intervenção do Ministério Público na reclamação[104]

O art. 991 do CPC estabelece que, na reclamação que não houver formulado, o Ministério Público terá vista dos autos por cinco dias, após o decurso do prazo para informações e para o oferecimento da contestação pelo beneficiário do ato impugnado. Tal dispositivo constitui

---

[103] Pedro Miranda de Oliveira percebeu a situação, registrando expressamente essa ressalva (Da reclamação. In: CABRAL, Antonio do Passo; CRAMER, Ronaldo (coords.). *Comentários ao novo Código de Processo Civil*. Rio de Janeiro: Forense, 2015. n. 7 ao art. 988, p. 1.463-1.464).

[104] O presente item tem por base o seguinte texto: DIDIER JR., Fredie; CUNHA, Leonardo Carneiro da. Intervenção do Ministério Público no incidente de assunção de competência e na reclamação: interpretando um silêncio e um exagero verborrágico do novo CPC. In: GODINHO, Robson; COSTA, Susana (coords.). *Repercussões do novo CPC – Ministério Público*. Salvador: JusPodivm, 2015. p. 249-256.

mera repetição do texto do art. 16 da Lei 8.038/1990, que, aliás, foi expressamente revogado pelo art. 1.072, IV, do CPC.

Não há razão para o Ministério Público intervir em *qualquer* reclamação, assim como não há razão para intervir em qualquer *ação rescisória, conflito de competência ou procedimento de jurisdição voluntária.*

O art. 991 do CPC deve ser interpretado em *harmonia* com o sistema do código: caso a reclamação se subsuma a uma das hipóteses *gerais* de intervenção previstas no art. 178, a intervenção ministerial impõe-se; apenas nesses casos; se a reclamação não se subsome, o Ministério Público não será intimado a intervir.

O dispositivo, lido isoladamente, é um fóssil legislativo. A interpretação literal do art. 991 retira-o do *contexto* do novo sistema processual civil e ecoa uma norma jurídica construída em outro tempo. É preciso atribuir-lhe um sentido coerente com a nova ordem processual e em conformidade com o perfil constitucional do Ministério Público.

A circunstância de a reclamação poder ser utilizada para garantir a autoridade de precedente obrigatório não transforma o seu objeto litigioso em um caso de interesse público, social ou individual indisponível. Precedente obrigatório é norma jurídica; reclamação para garantir a sua autoridade é ação para fazer valer uma determinada norma jurídica. Mas, rigorosamente, esse é o objeto de *qualquer ação*: concretizar o Direito. Se o Ministério Público fosse obrigado a intervir na reclamação, em razão desse fundamento, seria obrigado a intervir em qualquer ação, com muito mais razão se a ação tivesse por objetivo efetivar norma constitucional ou legal.

A reclamação constitui, nesse sentido, um meio de controle da *aplicação* do precedente. A intervenção do Ministério Público é obrigatória na *formação* do precedente. É muito importante fazer essa distinção. A dogmática dos precedentes exige que se os analise sob duas perspectivas: na sua *formação* e na sua *aplicação*. Para formar um precedente, é imperiosa a amplitude do debate, fazendo com que se imponha a intervenção do Ministério Público. A construção da norma exige amplitude de debate e de participação de todos os agentes públicos envolvidos, aí incluído o Ministério Público. É por isso que se impõe a intervenção do Ministério Público no incidente de resolução de demandas repetitivas (CPC, art. 976, § 2º) e, igualmente, no incidente de assunção de competência,[105] mecanismos destinados à formação de precedentes obrigatórios. Já a aplicação do precedente equivale à aplicação de uma norma, não atraindo a exigência de intervenção obrigatória do Ministério Público.

Uma das principais razões para a criação do novo Código de Processo Civil foi a necessidade de adequar a legislação processual à Constituição Federal de 1988.

Esse ajuste constitucional era necessário em diversos pontos. Um deles diz respeito aos casos em que é obrigatória a intimação do Ministério Público, para atuar como fiscal da ordem jurídica. O perfil constitucional do Ministério Público, reconstruído em 1988, impunha a revisão de sua participação no processo civil – como, aliás, já se defendia doutrinariamente há muitos anos.

---

[105] A intervenção do Ministério Público no incidente de assunção de competência decorre do microssistema de formação concentrada de precedentes obrigatórios. Nesse sentido, o enunciado 467 do Fórum Permanente de Processualistas Civis: "O Ministério Público deve ser obrigatoriamente intimado no incidente de assunção de competência".

O CPC/2015 fez uma claríssima opção pela equalização constitucional da intervenção do Ministério Público no processo civil, racionalizando-a. Há um conjunto de regras nesse sentido; todas podem ser reconduzidas a uma mesma norma superior: a participação do Ministério Público no processo civil, como fiscal da ordem jurídica, somente se justifica nos casos em que há interesse público, social ou individual indisponível em discussão (CF, art. 127).

O novo sistema é bem coerente. A coerência entre duas normas revela-se, também, quando ambas podem ser justificadas com base em um mesmo princípio ou em um mesmo conjunto de princípios que estejam hierarquicamente em nível superior. Ou seja: é preciso que essas duas normas "façam sentido", "em virtude de serem racionalmente relacionadas como um conjunto instrumental ou intrinsecamente voltado para a realização de alguns valores comuns".[106] Define-se a coerência, aqui, como uma relação de justificação (de argumentação) entre duas normas.[107]

Vejam-se alguns exemplos:

a) Não se impõe mais a intervenção do Ministério Público em ações de estado, tal como fazia o CPC/1973 (CPC/1973, art. 82, II). Em ações de família, a intervenção do Ministério Público apenas se impõe se houver interesse de incapaz (CPC, art. 698).

b) Esclarece-se que a participação da Fazenda Pública em juízo não torna, por isso, imperiosa a intimação do Ministério Público para atuar como fiscal da ordem jurídica (CPC, art. 178, parágrafo único).

c) Na ação rescisória, a intimação obrigatória do Ministério Público apenas se justifica se a causa subsumir-se a uma das hipóteses gerais de intervenção (CPC, art. 967, parágrafo único). Ao tempo do CPC/1973, prevalecia o entendimento de que a intervenção ministerial era obrigatória *em qualquer ação rescisória*, a despeito do silêncio normativo.[108]

d) No conflito de competência, a intimação obrigatória do Ministério Público também apenas se justifica se a causa subsumir-se a uma das hipóteses gerais de intervenção (CPC, art. 951, parágrafo único). No CPC/1973, havia dispositivo que expressamente impunha a participação do Ministério Público em *todos* os conflitos de competência (CPC/1973, art. 116, parágrafo único).

e) Discussão antiga também foi resolvida pelo CPC/2015: a intervenção do Ministério Público em jurisdição voluntária. A redação do art. 1.105 do CPC/1973 levava ao

---

[106] MACCORMICK, Neil. *Retórica e o Estado de Direito*. Trad. Conrado Hübner Mendes e Marcos Paulo Veríssimo. Rio de Janeiro: Elsevier, 2008. p. 252. Nesse sentido, MICHELON, Claudio. Princípios e coerência na argumentação jurídica. In: MACEDO JR., Ronaldo Porto; BARBIERI, Catarina Helena Cortada (org.). *Direito e interpretação – racionalidades e instituições*. São Paulo: Saraiva, 2011. p. 267; ÁVILA, Humberto. *Teoria dos princípios*. 12. ed. São Paulo: Malheiros, 2011. p. 136; MITIDIERO, Daniel. *Cortes superiores e cortes supremas – do controle à interpretação, da jurisprudência ao precedente*. São Paulo: RT, 2013. p. 86.

[107] MICHELON, Claudio. Princípios e coerência na argumentação jurídica. In: MACEDO JR., Ronaldo Porto; BARBIERI, Catarina Helena Cortada (org.). *Direito e interpretação – racionalidades e instituições*. São Paulo: Saraiva, 2011. p. 267.

[108] BARBOSA MOREIRA, José Carlos. *Comentários ao Código de Processo Civil*. 12. ed. Rio de Janeiro: Forense, 2005. v. 5, p. 199-200; MACHADO, Antônio Cláudio da Costa. *A intervenção do Ministério Público no processo civil brasileiro*. 2. ed. São Paulo: Saraiva, 1998. p. 373-374; DIDIER JR., Fredie; CUNHA, Leonardo Carneiro da. *Curso de direito processual civil*. 12. ed. Salvador: JusPodivm, 2014. v. 3, p. 429. Em sentido diverso, com entendimento agora encampado pelo CPC/2015, ZENKNER, Marcelo. *Ministério Público e efetividade no processo civil*. São Paulo: RT, 2006.

entendimento de que a sua participação era obrigatória em *qualquer* procedimento de jurisdição voluntária. Havia quem pensasse de outra maneira: a intimação do Ministério Público era indispensável apenas nos casos de jurisdição voluntária que se encaixassem em uma das hipóteses gerais do art. 82 do CPC/1973. O problema agora foi resolvido expressamente nesse último sentido (CPC, art. 721).

Convém destacar que, em qualquer caso de intervenção obrigatória do Ministério Público, é suficiente sua intimação, não sendo necessária sua manifestação. Com efeito, o STF, ao julgar a ADIn 1.936-0, reafirmou seu entendimento segundo o qual a falta de manifestação do Ministério Público, nos casos em que deve intervir, não acarreta a nulidade do processo, desde que tenha havido sua regular intimação. De acordo com o STF, para se atender à exigência normativa de sua intervenção, basta a intimação do Ministério Público, sendo prescindível seu pronunciamento expresso.

O panorama do novo perfil da intervenção do Ministério Público no processo civil brasileiro permite que se chegue a uma conclusão: para manter a coerência do sistema, é preciso interpretar dispositivos que imponham a participação do Ministério Público nesse mesmo sentido e, ainda, se for o caso, preencher eventuais lacunas legislativas.

É por isso que só se faz obrigatória a intimação do Ministério Público em reclamação, se estiver presente uma das hipóteses do art. 178 do CPC. Não é, portanto, em toda e qualquer reclamação que deve haver intervenção do Ministério Público como fiscal da ordem jurídica; só nos casos em que se impõe sua intervenção.

Nos casos em que deve intervir, o Ministério Público terá vista dos autos por cinco dias (art. 991 do CPC). Tal prazo é improrrogável, valendo dizer que, escoado o lapso temporal de cinco dias, com ou sem parecer, os autos serão conclusos ao relator.[109]

17.8 DECISÃO QUE JULGA A RECLAMAÇÃO

Assim como ocorre em qualquer ação, o processo formado pelo ajuizamento da reclamação provoca o exercício do juízo de admissibilidade e do juízo de mérito. A reclamação pode ser inadmitida, mediante uma decisão que a extinga sem resolução do mérito.

Diversamente, a reclamação pode ser admitida para, então, ser acolhida ou rejeitada. A rejeição da reclamação se dá por uma decisão de improcedência, de eficácia declaratória.

Por sua vez, ao acolher a reclamação, o tribunal cassa a decisão exorbitante de seu julgado ou determina medida adequada à solução da controvérsia (CPC, art. 992).

Na reclamação para preservação de competência, há reconhecimento da usurpação da competência, desfazendo-se ou cassando-se o eventual ato decisório que tenha sido praticado pelo órgão reclamado. É possível, a depender da hipótese, haver avocação dos autos pelo tribunal.

Tais eficácias também estão presentes na reclamação para garantir a autoridade da decisão do tribunal: há o reconhecimento da inobservância, com desfazimento ou cassação da decisão, podendo, a depender da hipótese, haver ordem para a prolação de outra decisão.

Julgada a reclamação por maioria de votos, não se aplica o disposto no art. 942 do CPC, devendo ser encerrado logo o julgamento, sem a convocação de outros julgadores para prosseguimento do julgamento.

---

[109] COSTA, Eduardo José da Fonseca. Da reclamação. In: WAMBIER, Teresa Arruda Alvim; DIDIER JR., Fredie; TALAMINI, Eduardo; DANTAS, Bruno (coords.). *Breves comentários ao novo Código de Processo Civil*. São Paulo: RT, 2015. p. 2.211.

17.9 RECURSOS NA RECLAMAÇÃO

A reclamação é uma ação originária de tribunal, não sendo ajuizada perante juízos de primeira instância. Logo, não cabem apelação nem agravo de instrumento, pois estes são recursos interpostos contra decisões proferidas por juízos de primeira instância.

Das decisões proferidas em reclamação cabem embargos de declaração. Das decisões proferidas pelo relator cabe agravo interno (CPC, art. 1.021). Quando julgada a reclamação por tribunal de segunda instância, cabe recurso especial, podendo de qualquer acórdão ser interposto recurso extraordinário.

17.10 EFICÁCIA IMEDIATA E POSTERIOR LAVRATURA DO ACÓRDÃO

Nos termos do art. 993 do CPC, "o presidente do tribunal determinará o imediato cumprimento da decisão, lavrando-se o acórdão posteriormente".

Quer isso dizer que, acolhida a reclamação, o seu resultado produz efeitos imediatos, devendo ser imediatamente cumprido, antes mesmo da lavratura do acórdão. Qualquer recurso a ser interposto não tem efeito suspensivo automático (até porque ou seria um recurso especial ou seria um recurso extraordinário), não obstando o cumprimento imediato da decisão do tribunal que acolhe a reclamação.

A eficácia imediata da decisão de procedência da reclamação não dispensa a lavratura de acórdão. O julgamento antecede o acórdão. O acórdão documenta o julgamento proferido. O acolhimento da reclamação produz efeitos imediatos, mas deve ser lavrado o acórdão contendo ementa, assinatura, os requisitos do art. 489 e todos os demais legalmente exigidos.

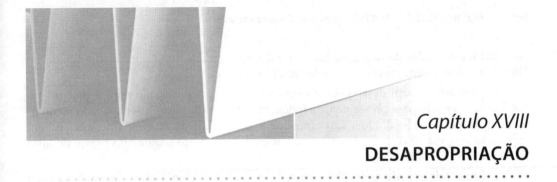

Capítulo XVIII
DESAPROPRIAÇÃO

18.1 TRATAMENTO CONSTITUCIONAL DA DESAPROPRIAÇÃO

Desde a Constituição Imperial de 1824, o direito de propriedade é garantido, com a ressalva da desapropriação.[1] Em todas as Constituições Republicanas,[2] resta estabelecido que a desapropriação deve atender ao procedimento previsto em lei, efetivando-se mediante justa e prévia indenização em dinheiro.

À evidência, em todas as Constituições brasileiras há a previsão da desapropriação, a ser realizada mediante indenização prévia. Vale dizer que o pagamento *prévio* da justa indenização

---

[1] Constituição Imperial de 1824, art. 179, XXII: "É garantido o Direito de Propriedade em toda a sua plenitude. Se o bem publico legalmente verificado exigir o uso, e emprego da Propriedade do Cidadão, será elle *préviamente* indemnisado do valor della. A Lei marcará os casos, em que terá logar esta unica excepção, e dará as regras para se determinar a indemnisação".

[2] CF/1891, art. 72, § 17: "O direito de propriedade mantém-se em toda a sua plenitude, salva a desapropriação por necessidade ou utilidade pública, mediante indenização *prévia*".
CF/1934, art. 113, nº 17: "É garantido o direito de propriedade, que não poderá ser exercido contra o interesse social ou coletivo, na forma que a lei determinar. A desapropriação por necessidade ou utilidade pública far-se-á nos termos da lei, mediante *prévia* e *justa* indenização. Em caso de perigo iminente, como guerra ou comoção intestina, poderão as autoridades competentes usar da propriedade particular até onde o bem público o exija, ressalvado o direito à indenização ulterior".
CF/1937, art. 122, nº 14: "O direito de propriedade, salvo a desapropriação por necessidade ou utilidade pública, mediante indenização *prévia*. O seu conteúdo e os seus limites serão os definidos nas leis que lhe regularem o exercício".
CF/1946, art. 141, § 16: "É garantido o direito de propriedade, salvo o caso de desapropriação por necessidade ou utilidade pública, ou por interesse social, mediante *prévia* e *justa* indenização *em dinheiro*. Em caso de perigo iminente, como guerra ou comoção intestina, as autoridades competentes poderão usar da propriedade particular, se assim o exigir o bem público, ficando, todavia, assegurado o direito a indenização ulterior".
CF/1967, art. 150, § 22: "É garantido o direito de propriedade, salvo o caso de desapropriação por necessidade ou utilidade pública ou por interesse social, mediante *prévia* e *justa* indenização *em dinheiro*, ressalvado o disposto no art. 157, § 1º. Em caso de perigo público iminente, as autoridades competentes poderão usar da propriedade particular, assegurada ao proprietário indenização ulterior".
EC 1/1969, art. 153, § 22: "É assegurado o direito de propriedade, salvo o caso de desapropriação por necessidade ou utilidade pública ou por interesse social, mediante *prévia* e *justa* indenização *em dinheiro*, ressalvado o disposto no artigo 161".
CF/1988, art. 5º, XXIV: "A lei estabelecerá o procedimento para desapropriação por necessidade ou utilidade pública, ou por interesse social, mediante *justa* e *prévia* indenização *em dinheiro*, ressalvados os casos previstos nesta Constituição".

constitui ideia ancilar da desapropriação, sendo, em verdade, uma norma consagrada no Direito brasileiro, com previsão em *todas* as Constituições.

Na verdade, o bem desapropriado somente pode ser transferido para o patrimônio público se tiver sido paga previamente a indenização, em valor justo, a ser apurado mediante o devido processo legal. Quer isto dizer que a titularidade do expropriante sobre o bem expropriado opera-se com sua transferência, a qual depende do pagamento prévio de justa indenização em dinheiro.[3]

A Constituição Federal de 1988, em seu art. 5º, XXIV, dispõe que a lei estabelecerá o procedimento para desapropriação por necessidade ou utilidade pública, ou por interesse social, mediante justa e prévia indenização em dinheiro, ressalvados os casos previstos no próprio texto constitucional. Significa que, *ordinariamente*, a desapropriação se realiza por procedimento em que se assegura a justa e prévia indenização em dinheiro. A desapropriação *ordinária* concretiza-se, então, por necessidade ou utilidade pública, ou por interesse social, mediante justa e prévia indenização em dinheiro.[4]

Há, porém, desapropriações *extraordinárias*, igualmente conhecidas como casos de *desapropriação-sanção*, que se consumam sem que haja justa e prévia indenização em dinheiro. São extraordinárias as desapropriações decorrentes do inadequado aproveitamento do solo urbano (CF, art. 182) e da improdutividade de imóvel rural (CF, art. 184).

De acordo com o art. 182 da Constituição Federal, a política de desenvolvimento urbano, executada pelo Poder Público municipal, conforme diretrizes gerais fixadas em lei, tem por objetivo ordenar o pleno desenvolvimento das funções sociais da cidade e garantir o bem-estar de seus habitantes. Compete ao Poder Público municipal, mediante lei específica para área incluída no plano diretor, exigir do proprietário do solo urbano não edificado, subutilizado ou não utilizado, que promova seu adequado aproveitamento, sob pena, sucessivamente, de (a) parcelamento ou edificação compulsórios, (b) imposto sobre a propriedade predial e territorial urbana progressivo no tempo e (c) desapropriação com pagamento mediante títulos da dívida pública de emissão previamente aprovada pelo Senado Federal, com prazo de resgate de até 10 (dez) anos, em parcelas anuais, iguais e sucessivas, assegurados o valor real da indenização e os juros legais.

Por sua vez, compete à União, nos termos do art. 184 da Constituição Federal, desapropriar por interesse social, para fins de reforma agrária, o imóvel rural que não esteja cumprindo sua função social, mediante prévia e justa indenização em título da dívida agrária, com cláusula de preservação do valor real, resgatáveis no prazo de até 20 (vinte) anos, a partir do segundo

---

[3] Segundo entendimento consolidado do STJ e do STF, o que exige indenização é a transferência da titularidade do bem; imissão provisória na posse não depende de justa e prévia indenização. Com efeito, "o instituto da imissão provisória na posse não depende de prévia e justa indenização, que se dará apenas ao final do processo de desapropriação, mas apenas, como dito, da declaração de urgência e do depósito prévio nos termos do Decreto-lei nº 3365/41" (STJ, Corte Especial, AgRg na SLS 1.681/SP, Rel. Min. Felix Fischer, *DJe* 1º.2.2013). *No mesmo sentido*: "Subsiste, no regime da Constituição Federal de 1988 (art. 5º, XXIV), a jurisprudência firmada pelo Supremo Tribunal sob a égide das Cartas anteriores, ao assentar que só a perda da propriedade, no final da ação de desapropriação – e não a imissão provisória na posse do imóvel – está compreendida na garantia da justa e previa indenização" (STF, 1ª Turma, RE 195.586, Rel. Min. Octavio Gallotti, *DJ* 26.4.1996). *Também no mesmo sentido*: STF, 2ª Turma, RE 184.069, Rel. Min. Néri da Silveira, *DJ* 8.3.2002.

[4] A desapropriação ordinária, chamada por Pontes de Miranda de desapropriação *stricto sensu*, é aquela em que se invoca a necessidade pública, a utilidade pública ou o interesse social, mediante a justa e prévia indenização (*Tratado das ações*. Atual. por Vilson Rodrigues Alves. Campinas: Bookseller, 1999. t. 4, § 234, p. 436).

ano de sua emissão. Conforme estabelece o art. 185 da Constituição Federal, são insuscetíveis de desapropriação para fins de reforma agrária (a) a pequena e média propriedade rural, assim definida em lei, desde que seu proprietário não possua outra e (b) a propriedade produtiva.[5]

As desapropriações *ordinária* e *extraordinária* podem consumar-se de forma amigável, mediante acordo entre as partes. Não havendo consenso, deverá, então, ser adotada a desapropriação judicial, por meio de procedimento cujas regras serão examinadas nos próximos itens.

Além dessas desapropriações *ordinária* e *extraordinária*, a Constituição Federal prevê, em seu art. 243, uma *expropriação* a cargo da União, sem qualquer indenização ao proprietário e sem prejuízo de outras sanções previstas em lei, de glebas de qualquer região do País onde forem localizadas culturas ilegais de plantas psicotrópicas. Feita a expropriação, as glebas devem ser destinadas ao assentamento de colonos, para o cultivo de produtos alimentícios e medicamentosos. Tal *expropriação* também se realiza mediante procedimento judicial, a ser examinado igualmente nos próximos itens.

Todas essas desapropriações, cujas regras serão adiante examinadas, são *diretas*. Há, além delas, a desapropriação indireta, tratada no item 18.22.

18.2 NORMAS QUE REGULAM O PROCEDIMENTO JUDICIAL DA DESAPROPRIAÇÃO

Como se viu, a desapropriação direta pode ser ordinária ou extraordinária.

A desapropriação *ordinária*, realizada por necessidade ou utilidade pública, submete-se ao procedimento estabelecido no Decreto-lei 3.365, de 21 de junho de 1941, que contém as regras gerais das desapropriações. A desapropriação *ordinária* por interesse social tem seus casos definidos na Lei 4.132, de 10 de setembro de 1962, cujo art. 5º assim dispõe: "No que esta lei for omissa aplicam-se as normas legais que regulam a desapropriação por utilidade pública, inclusive no tocante ao processo e à justa indenização devida ao proprietário".

Significa, então, que a desapropriação *ordinária*, seja por necessidade ou utilidade pública, seja por interesse social, sujeita-se ao procedimento judicial estabelecido no Decreto-lei 3.365/1941.

A desapropriação *extraordinária* decorrente do inadequado aproveitamento do solo urbano (CF, art. 182) também se submete ao procedimento previsto no Decreto-lei 3.365/1941. Ao regulamentar os arts. 182 e 183 da Constituição Federal e estabelecer diretrizes gerais da política urbana, a Lei 10.257, de 10 de julho de 2001 (conhecida como *Estatuto da Cidade*), determina a utilização de vários instrumentos da política urbana, dentre os quais a desapropriação (art. 4º, V, *a*). E, no § 1º de seu art. 4º, estabelece que os instrumentos ali mencionados – aí incluída a desapropriação – regem-se pela legislação que lhes é própria, com observância no disposto na própria Lei 10.257/2001. É evidente, então, que a essa desapropriação aplica-se o procedimento judicial do Decreto-lei 3.365/1941.

Se o proprietário do solo urbano não edificado não promove seu adequado aproveitamento, o Poder Público irá, como visto no item 18.1 *supra*, determinar o parcelamento ou edificação compulsórios. Não atendida a exigência, ser-lhe-á cobrado IPTU progressivo.

---

[5] A Lei 8.629, de 25 de fevereiro de 1993, regulamenta os dispositivos constitucionais relativos à reforma agrária, disciplinando o assunto no âmbito infraconstitucional.

Decorridos 5 (cinco) anos de cobrança do IPTU progressivo sem que o proprietário tenha cumprido a obrigação de parcelamento, edificação ou utilização, o Município poderá proceder à desapropriação do imóvel, com pagamento em títulos da dívida pública, que terão prévia aprovação pelo Senado Federal e serão resgatados no prazo de até 10 (dez) anos, em prestações anuais, iguais e sucessivas, assegurados o valor real da indenização e os juros legais de 6% (seis por cento) ao ano, tudo de conformidade com o art. 8º da Lei 10.257/2001.

A desapropriação, nesse caso, será regida, como já acentuado, pelas regras do Decreto-lei 3.365/1941.

Quanto à desapropriação *extraordinária* decorrente da improdutividade de imóvel rural (CF, art. 184), cabe à lei complementar estabelecer o correspondente procedimento judicial (CF, art. 184, § 3º). Daí por que a Lei Complementar 76, de 6 de julho de 1993, dispõe sobre o procedimento contraditório especial, estabelecendo o rito sumário previsto no CPC de 1973, para o processo de desapropriação de imóvel rural, por interesse social, para fins de reforma agrária. Só que o procedimento sumário, constante no CPC de 1973, deixou de existir, não estando mais previsto no CPC de 2015.

O procedimento da desapropriação de imóvel rural, por interesse social, para fins de reforma agrária deve ser o comum, previsto no Código de Processo Civil. Confira-se, a propósito, o disposto no parágrafo único do art. 1.049 do CPC: "Na hipótese de a lei remeter ao procedimento sumário, será observado o procedimento comum previsto neste Código, com as modificações na própria lei especial, se houver".[6]

Por sua vez, a Lei 8.257, de 26 de novembro de 1991, dispõe sobre a expropriação das glebas nas quais se localizem culturas ilegais de plantas psicotrópicas, disciplinando, inclusive, o respectivo procedimento judicial.

Já se percebe que as desapropriações *ordinárias* e a *extraordinária* decorrente do inadequado aproveitamento do solo urbano (CF, art. 182) estão sujeitas ao procedimento previsto no Decreto-lei 3.365/1941. A desapropriação *extraordinária* para fins de reforma agrária tem na Lei Complementar 76/1993 a disciplina normativa de seu procedimento judicial, enquanto a expropriação das glebas nas quais se localizem culturas ilegais de plantas psicotrópicas submete-se a procedimento regulado pela Lei 8.257/1991.

Diante disso, serão examinadas, neste Capítulo, as regras processuais contidas no Decreto-lei 3.365/1941 para, depois, em itens destacados, serem analisados os procedimentos previstos na Lei Complementar 76/1993 e na Lei 8.257/1991. Antes, porém, cabem alguns esclarecimentos prévios.

18.3 CADUCIDADE DA DECLARAÇÃO EXPROPRIATÓRIA

Como já se pôde perceber, os casos que rendem ensejo à desapropriação são de necessidade ou utilidade pública ou, ainda, de interesse social, aí incluído o que se destina à reforma agrária.

---

[6] Embora o procedimento seja o comum, é possível, conjugando o parágrafo único do art. 1.049 com o § 2º do art. 327, ambos do CPC, que a ele se incorporem técnicas do procedimento de desapropriação, desde que não haja incompatibilidade (DIDIER JR., Fredie; CABRAL, Antonio do Passo; CUNHA, Leonardo Carneiro da. *Por uma nova teoria dos procedimentos especiais*: dos procedimentos às técnicas. 2. ed. Salvador: JusPodivm, 2021. n. 7.8.6, p. 82-83).

Cada uma dessas razões que acarretam a desapropriação deve ser declarada.[7] A declaração expropriatória pode ser feita por *lei* ou *decreto*. A lei que declara a necessidade ou utilidade pública ou, ainda, o interesse social é uma *lei de efeitos concretos*, equiparando-se a um ato administrativo, motivo pelo qual pode ser controlada pelo Poder Judiciário.[8] Quer isto dizer que a declaração expropriatória insere-se em ato tipicamente administrativo.[9]

A declaração expropriatória não se confunde com a desapropriação em si, nem produz os efeitos desta. Enquanto não realizada a citação do expropriado no processo judicial de desapropriação, a declaração expropriatória não produz qualquer efeito sobre o seu direito de propriedade, não impedindo a normal utilização do bem ou sua disponibilidade.[10] A simples declaração expropriatória não produz efeitos sobre sua posse ou propriedade. É possível, porém, que haja imissão provisória da posse em favor do ente expropriante antes mesmo da citação. Aliás, o § 1º do art. 15 do Decreto-lei 3.365/1941 dispõe que "a imissão provisória poderá ser feita, independentemente da citação do réu, mediante o depósito...".[11]

A publicação do decreto expropriatório não afeta eventual demanda proposta anteriormente para questionar a validade do procedimento que a antecede. Assim, questionada, por exemplo, a vistoria ou a avaliação do bem em ação própria, a superveniente publicação do decreto expropriatório não subtrai o interesse de agir do autor daquela demanda. Isso porque, segundo o STJ, "se o decreto de desapropriação tivesse o condão de extinguir ações como a ora em exame, de nada valeria aos administrados, ao se depararem com vício no procedimento expropriatório, questioná-lo judicialmente, tornando inócua a única ferramenta posta à disposição dos particulares para impugnarem os excessos que podem ser eventualmente praticados durante o rito da desapropriação"[12].

De acordo com o art. 10 do Decreto-lei 3.365/1941, a desapropriação, no caso de necessidade ou utilidade pública, deverá intentar-se judicialmente dentro de 5 (cinco) anos, contados da data da expedição do respectivo decreto, sob pena de caducidade. Ultrapassado o prazo de 5 (cinco) anos sem que tenha sido proposta a desapropriação, haverá caducidade. Nesse caso, somente depois de 1 (um) ano, poderá ser o mesmo bem objeto de nova declaração de necessidade ou utilidade pública.

Na desapropriação por interesse social, dispõe o art. 3º da Lei 4.132/1962 que "o expropriante tem o prazo de 2 (dois) anos, a partir da decretação da desapropriação por interesse social, para efetivar a aludida desapropriação e iniciar as providências de aproveitamento do bem expropriado". Não efetivada a desapropriação, aplica-se, de igual modo, aquele prazo de

---

[7] Nesse sentido, o enunciado 4 da I Jornada de Direito Administrativo do CJF: "O ato declaratório da desapropriação, por utilidade ou necessidade pública, ou por interesse social, deve ser motivado de maneira explícita, clara e congruente, não sendo suficiente a mera referência à hipótese legal".

[8] "Não constitui ofensa ao artigo 9º do Decreto-lei n. 3.365/1941 o exame por parte do Poder Judiciário, no curso do processo de desapropriação, da regularidade do processo administrativo de desapropriação e da presença dos elementos de validade do ato de declaração de utilidade pública" (Enunciado 3 da I Jornada de Direito Administrativo do CJF).

[9] MEIRELLES, Hely Lopes. *Direito administrativo brasileiro*. 23. ed. atual. por Eurico de Andrade Azevedo, Délcio Balestero Aleixo e José Emmanuel Burle Filho. São Paulo: Malheiros, 1998. p. 496-497.

[10] MEIRELLES, Hely Lopes. *Direito administrativo brasileiro*. 23. ed. atual. por Eurico de Andrade Azevedo, Délcio Balestero Aleixo e José Emmanuel Burle Filho. São Paulo: Malheiros, 1998. p. 497-498.

[11] STJ, 2ª Turma, REsp 1.185.073/SP, Rel. Min. Mauro Campbell Marques, *DJe* 5.11.2010; STJ, 2ª Turma, AgRg no Ag 1.371.208/MG, Rel. Min. Humberto Martins, *DJe* 4.4.2011.

[12] STJ, 1ª Turma, REsp 1.960.167/SC, rel. Min. Gurgel de Faria, *DJe* 28.11.2023.

1 (um) ano para que haja nova declaração de interesse social, justamente porque o art. 5º da Lei 4.132/1962 determina que sejam obedecidas no caso de omissão, as normas do Decreto-lei 3.365/1941.

Tradicionalmente, entende-se que esse prazo de 2 (dois) anos também se aplica para a desapropriação para fins de reforma agrária, pois se trata igualmente de uma desapropriação por interesse social. É de interesse social qualquer desapropriação que tem por objetivo destinar o bem desapropriado à comunidade ou atender às necessidades da população.[13]

Significa que, na desapropriação para fins de reforma agrária, é de 2 (dois) anos o prazo para sua efetivação e adoção das providências de aproveitamento do bem expropriado.[14] Aliás, o art. 3º da Lei Complementar 76/1993 dispõe que "A ação de desapropriação deverá ser proposta dentro do prazo de dois anos, contado da publicação do decreto declaratório".

Na verdade, em qualquer caso, seja na desapropriação por necessidade ou utilidade pública, seja na desapropriação por interesse social, até mesmo para fins de reforma agrária, não basta a propositura da demanda para que se tenha como cumprido o prazo de 5 (cinco) ou de 2 (dois) anos. A simples propositura da demanda produz efeitos apenas para o autor (CPC, art. 312), só produzindo efeitos para o réu com sua citação válida (CPC, art. 240). Para que se cumpra o prazo de 5 (cinco) ou de 2 (dois) anos, é preciso que o réu seja validamente citado e, no caso da desapropriação por interesse social, que se iniciem as providências de aproveitamento do bem expropriado.[15]

Esses prazos de 5 (cinco) e de 2 (dois) anos são decadenciais. Logo, não se interrompem, nem se suspendem, nem se prorrogam,[16] salvo em casos de disposição legal em sentido contrário.[17] Findo o prazo, haverá caducidade, podendo ser examinada pelo juiz na desapropriação.[18]

Opera-se a decadência se, embora proposta a demanda dentro do prazo, a citação não tiver sido ordenada nem efetivada nesse período por culpa exclusiva do autor, sem que a demora na citação possa ser imputável ao serviço judiciário.[19] Diversamente, se o retardamento da citação não resulta de ação ou omissão imputável ao autor, mas de falha atribuída ao próprio aparelho judiciário, não se consuma a decadência, aplicando-se, no particular, o enunciado 78 da Súmula do extinto TFR e o enunciado 106 da Súmula do STJ, de cujos teores se extrai a seguinte dicção: "Proposta a ação no prazo fixado para o seu exercício, a demora na citação, por motivos inerentes ao mecanismo da Justiça, não justifica o acolhimento da arguição de prescrição ou decadência".

Por força do § 4º do art. 240 do CPC, à decadência se aplica o efeito retroativo previsto no § 1º daquele mesmo art. 240. Desse modo, confirma-se o entendimento já manifestado há tempos pelo Superior Tribunal de Justiça, "Se proposta a ação expropriatória, ainda que no prazo de dois anos, a citação não tiver sido promovida por culpa exclusiva do autor, verifica-se a decadência prevista no art. 3º da Lei 4.132/1962".[20]

---

[13] STF, 2ª Turma, RE 101.314/DF, Rel. Min. Carlos Madeira, *DJ* 6.6.1986, p. 9.933.
[14] STJ, 2ª Turma, REsp 81.362/MA, Rel. Min. Aldir Passarinho Júnior, *DJ* 28.8.2000, p. 65. No mesmo sentido: STJ, 1ª Turma, REsp 631.543/MG, Rel. Min. Francisco Falcão, *DJ* 6.3.2006, p. 172. Ainda no mesmo sentido: STJ, 2ª Turma, REsp 1.644.976/DF, Rel. Min. Herman Benjamin, *DJe* 9.10.2017.
[15] STJ, 2ª Turma, AgInt no REsp 1.711.459/PR, Rel. Min. Francisco Falcão, *DJe* 22.10.2020.
[16] HARADA, Kiyoshi. *Desapropriação*: doutrina e prática. 5. ed. São Paulo: Atlas, 2005. n. 3.4.4, p. 82.
[17] Código Civil, art. 207: "Art. 207. Salvo disposição legal em contrário, não se aplicam à decadência as normas que impedem, suspendem ou interrompem a prescrição".
[18] STF, 2ª Turma, 62.001/GB, Rel. Min. Eloy da Rocha, *DJ* 9.6.1972.
[19] STJ, 1ª Turma, REsp 72.660/SP, Rel. Min. Cesar Asfor Rocha, *DJ* 5.2.1996, p. 1.365.
[20] STJ, 2ª Turma, REsp 89.522/AP, Rel. Min. Peçanha Martins, *DJ* 25.2.1998, p. 37.

18.4 SUBMISSÃO DA DESAPROPRIAÇÃO À MEDIAÇÃO OU À ARBITRAGEM

Já se viu, ao longo do Capítulo XVI, que a Administração Pública do Estado Democrático de Direito é a Administração Dialógica, que atua em busca de decisões consensuais. Por isso, há um estímulo à solução consensual de disputas, aí se destacando a mediação.

Ao lado da mediação, a Administração Pública pode submeter suas controvérsias ou disputas à arbitragem.

Nesse contexto, a Lei 13.867, de 2019, acrescentou os arts. 10-A e 10-B ao Decreto-lei 3.365, de 1941, para prever que o Poder Público deverá notificar o proprietário e apresentar-lhe oferta de indenização, na qual deverá constar: a) cópia do ato de declaração de utilidade pública; b) planta ou descrição dos bens e suas confrontações; c) valor da oferta; e d) informação de que o prazo para aceitar ou rejeitar a oferta é de 15 (quinze) dias e de que o silêncio será considerado rejeição. Nessa oferta, o Poder Público pode sugerir ou convidar o particular a submetê-la a uma mediação ou a uma arbitragem. É uma faculdade conferida ao Poder Público, podendo ou não fazer constar essa sugestão ou esse convite da sua oferta.[21]

Mesmo que o decreto expropriatório tenha sido publicado antes da Lei 13.867, de 2019, é possível que o Poder Público adote a mediação ou a arbitragem como meio para solucionar a controvérsia havida em casos de desapropriação.[22]

Aceita a oferta do valor, será celebrado instrumento de autocomposição. Pode, porém, o particular não aceitar a oferta, mas concordar com a submissão da questão a uma mediação, a fim de tentar obter a autocomposição. Feita a opção pela mediação, o particular indicará um dos órgãos ou instituições especializadas em mediação previamente cadastrados pelo órgão responsável pela desapropriação. A mediação seguirá as normas da Lei 13.140, de 2015, e, subsidiariamente, o regulamento do órgão ou instituição responsável. Poderá ser eleita câmara de mediação criada pelo Poder Público, nos termos do art. 32 da Lei 13.140, de 2015.

A mediação pode contribuir para a solução da questão. Obtida a autocomposição, será celebrado o correspondente instrumento negocial que fixará o valor devido e os detalhes adicionais consensuados entre as partes.

Em vez de optar pela mediação, o particular pode aceitar a via arbitral. Escolhida a arbitragem como o meio para submissão da questão, o particular indicará um dos órgãos ou instituições especializados em arbitragem previamente cadastrados pelo órgão responsável pela desapropriação. A arbitragem seguirá as normas da Lei 9.307, de 1996, e subsidiariamente, o regulamento do órgão ou instituição responsável.

As partes podem, ainda, celebrar uma cláusula escalonada, prevendo, inicialmente, uma mediação e, caso não se obtenha a autocomposição, a instauração posterior de uma arbitragem. Pode, ainda, parte da disputa ser submetida a uma mediação e a outra parte, a uma arbitragem.

Feita a escolha pela arbitragem, o particular indicará um dos órgãos ou instituições especializados em arbitragem previamente cadastrados pelo órgão responsável pela desapropriação. Diferentemente do caso de mediação, em que o particular pode indicar uma câmara

---

[21] Nesse sentido, o enunciado 126 do Fórum Nacional do Poder Público: "Na desapropriação, constitui faculdade do ente expropriante oferecer ao particular as vias da mediação ou da arbitragem para discutir o valor indenizatório".

[22] Nesse sentido, o enunciado 129 do Fórum Nacional do Poder Público: "O artigo 2º da Lei 13.867/19 não impede que o Poder Público adote meios consensuais para dirimir conflitos nas desapropriações por utilidade pública cujo decreto expropriatório tenha sido publicado anteriormente à edição dessa lei".

criada pelo próprio Poder Público, a arbitragem há de se desenvolver num órgão ou instituição especializada previamente cadastrado.[23]

A arbitragem não pode ser confidencial, devendo a Administração Pública cumprir o princípio da publicidade.[24]

Instaurado procedimento arbitral, será ao final proferida sentença que irá definir o valor devido. Ao tribunal arbitral aplicam-se as restrições cognitivas explicadas no item 18.7 *infra*, ou seja, o tribunal arbitral, da mesma forma que o juízo estatal, somente poderá, na desapropriação, examinar questões processuais e avaliar o preço ofertado, estabelecendo o valor justo em atendimento à exigência constitucional.

A sentença arbitral que trate da desapropriação produz o efeito de permitir a imissão definitiva na posse do bem em favor do expropriante e será título executivo judicial apto para a transcrição da propriedade do bem no registro imobiliário competente.[25]

Como afirmado no item 16.3.4 *supra*, a condenação para pagamento de quantia contra o Poder Público, imposta por sentença arbitral, sujeita-se à exigência constitucional do precatório.[26] Assim, a eventual diferença encontrada pela sentença arbitral deve ser objeto de cumprimento de sentença contra a Fazenda Pública, com subsequente expedição de precatório ou de requisição de pequeno valor. A sentença arbitral é título executivo judicial (CPC, art. 515, VII), a ensejar cumprimento de sentença contra o Poder Público (CPC, arts. 534 e 535), com expedição, ao final, de precatório ou requisição de pequeno valor (CF, art. 100).

O tribunal arbitral, instituído para processar a desapropriação, pode, ainda, homologar eventual autocomposição celebrada entre as partes durante o procedimento arbitral, formando-se aí título executivo judicial.

A sentença arbitral é irrecorrível, não se submetendo à remessa necessária.[27]

Não feita a opção pela mediação ou pela arbitragem, o ente público irá, então, promover a desapropriação perante o juízo estatal, cujas regras são explicadas nos itens seguintes.

18.5 JURISDIÇÃO PARA O PROCESSAMENTO E JULGAMENTO DA DESAPROPRIAÇÃO

Constitui noção elementar a de que todo juiz é investido de jurisdição, detendo o poder de julgar. Diante da grande diversidade de demandas, o legislador as distribui entre vários órgãos, considerando critérios prefixados. Tal distribuição – que autoriza e limita o exercício

---

[23] MAIA, Alberto Jonathas. *Fazenda Pública e arbitragem*: do contrato ao processo. Salvador: JusPodivm, 2020, n. 2.2.1, p. 94.

[24] Nesse sentido, o enunciado 15 da I Jornada de Direito Administrativo do CJF: "A administração pública promoverá a publicidade das arbitragens da qual seja parte, nos termos da Lei de Acesso à Informação". É preciso ressalvar as hipóteses de sigilo impostas por lei. Nesse sentido, o enunciado 104 do Fórum Nacional do Poder Público: "Na arbitragem com a Administração Pública, a publicidade dos atos e documentos do processo está sujeita a mitigação em função dos casos de sigilo previstos em lei".

[25] MAIA, Alberto Jonathas. *Fazenda Pública e arbitragem: do contrato ao processo*. Salvador: JusPodivm, 2020, n. 2.2.1, p. 94.

[26] Nesse sentido, o enunciado 101 do Fórum Nacional do Poder Público: "O cumprimento da sentença arbitral de obrigação de pagar quantia certa pela Fazenda Pública deve seguir a ordem cronológica de apresentação dos precatórios."

[27] Nesse sentido, o enunciado 117 do Fórum Nacional do Poder Público: "A sentença arbitral não enseja a remessa necessária."

do poder no caso concreto – é a competência. Em outras palavras, a jurisdição consiste em todo o poder jurisdicional, considerado abstrata e genericamente, conferido a todos os magistrados, enquanto a competência é o poder jurisdicional pertencente, em concreto, a cada órgão judicial.

Em princípio, todo juiz detém jurisdição para processar e julgar uma ação de desapropriação, mas nem todo será o competente para tanto. Cumpre, então, investigar de que órgãos jurisdicionais é a competência para o processamento e julgamento de uma ação de desapropriação.

Antes mesmo de iniciar essa investigação, impõe-se, desde logo, referir-se ao disposto no art. 12 do Decreto-lei 3.365/1941, segundo o qual "somente os juízes que tiverem garantia de vitaliciedade, inamovibilidade e irredutibilidade de vencimentos poderão conhecer dos processos de desapropriação".

Tal regra estabelece uma restrição à atividade dos juízes ainda não declarados vitalícios, subtraindo deles uma parte do *poder jurisdicional* que exercem. Impedir a atividade de juízes ainda não vitalícios em processos de desapropriação equivale a não lhes conferir, totalmente, o poder jurisdicional, complementando essa outorga de poder somente depois de declarados vitalícios. É como se os juízes não vitalícios tivessem *menos* jurisdição que os vitalícios.

O conteúdo dessa regra não parece compatível com as normas encartadas na Constituição Federal. Não há respaldo constitucional para uma restrição dessa ordem. No particular, merece registro a observação de Wilson Alves de Souza:

> Tal dispositivo sugere que os juízes togados substitutos ainda não declarados vitalícios (Constituição Federal, art. 93, I) não teriam jurisdição nos processos de desapropriação. Na realidade, tal dispositivo não tem sentido em face da atual Constituição. É que os juízes em estágio probatório, até mesmo para que possam adquirir a vitaliciedade, têm de exercer plenamente a jurisdição. Não se pode perder de vista que os juízes em estágio probatório têm as garantias da inamovibilidade e da irredutibilidade de vencimentos; só adquirem a garantia da vitaliciedade após dois anos (Constituição Federal, art. 95, I). Na realidade, a vitaliciedade não é uma garantia absoluta, porque o juiz vitalício pode perdê-la, embora essa hipótese só possa ocorrer por sentença judicial passada em julgado. Na prática, o juiz sob estágio probatório tem garantia idêntica, porque, apesar de poder perder o cargo por decisão administrativa, esta só poderá ocorrer por maioria qualificada (dois terços dos membros do tribunal ao qual o juiz estiver vinculado) e mediante o devido processo legal, assegurados o contraditório, a ampla defesa, com os meios e recursos a ela inerentes (Constituição Federal, arts. 95, I, 93, X, combinados com o art. 5º, LIV e LV). Ademais, o juiz demitido pela via administrativa poderá questionar o ato perante o Estado-jurisdição.
>
> Por esses motivos, forçoso é convir que o juiz em estágio probatório tem jurisdição para processar e julgar desapropriações. Por tudo isto é que o art. 12 do Decreto-Lei n. 3.365/41 tornou-se, na prática, letra morta. Observe-se que a Lei Complementar n. 76, de 06-07-1993, que disciplina o procedimento de desapropriação de imóvel rural por interesse social para fins de reforma agrária, não contém dispositivo idêntico.[28]

---

[28] SOUZA, Wilson Alves de. Procedimentos expropriatórios. In: FARIAS, Cristiano Chaves de; DIDIER JR., Fredie (coords.). *Procedimentos especiais cíveis:* legislação extravagante. São Paulo: Saraiva, 2003. p. 750.

Costuma-se justificar essa regra do art. 12 do Decreto-lei 3.365/1941 pela necessidade de se conferir mais liberdade e independência ao juiz, que não ficaria exposto a pressões do Poder Executivo, garantindo ao próprio expropriado uma melhor atuação quanto à fixação do preço. Ora, com o devido respeito, essa justificativa não serve para garantir a constitucionalidade da regra. O juiz não vitalício já detém as garantias da inamovibilidade e irredutibilidade de vencimentos. Ademais, a garantia constitucional do juiz natural aplica-se a todos os casos, independentemente de o juiz ser vitalício ou não. Em razão de tal garantia constitucional, não se permite ao Poder Executivo avocar causas que estejam sendo processadas perante o Poder Judiciário nem modificar competências sem obediência a critérios previamente fixados. O sistema constitucional veda, enfim, interferências do Poder Executivo na atividade jurisdicional, até mesmo em razão do princípio da separação dos poderes. Em virtude da garantia constitucional do juiz natural, resta vedado o poder de evocação.[29]

Não há, como se vê, justificativa constitucional para a regra inscrita no art. 12 do Decreto-lei 3.365/1941. Significa, então, que essa regra não foi recepcionada pela Constituição Federal de 1988, devendo considerar-se revogada.

À evidência, todo juiz, vitalício ou não, detém jurisdição para processar e julgar uma ação de desapropriação.

---

[29] "Por sua vez, o poder de evocação equivale à possibilidade de modificações de competência por critérios discricionários ou por influência direta do Poder Executivo. Tal poder, em razão da garantia do juiz natural, é vedado. A competência, como se viu, deve ser predeterminada, não sendo fixada casuisticamente em cada processo. Nos termos do art. 5º, XXXV, da Constituição Federal brasileira, 'a lei não excluirá da apreciação do Poder Judiciário lesão ou ameaça a direito'. Quer isto dizer que os órgãos do Judiciário, definidos na Constituição Federal, dispõem de competência, não podendo ser suprimidas ao sabor de contingências pessoais ou de vicissitudes momentâneas. As autoridades judiciárias são aquelas previstas no texto constitucional, restando vedado à legislação infraconstitucional conferir poder jurisdicional a juízes e tribunais não previstos na Constituição Federal. Consequentemente, não se permite, por exemplo, que haja modificações arbitrárias ou discricionárias de competência, nem se admitindo igualmente que o Poder Executivo estabeleça ou manipule mecanismos de substituições de juízes. Pela proibição do poder de evocação, mantém-se a independência do Judiciário, proibindo-se que qualquer autoridade desprovida de jurisdição ou, ainda, de competência judicial avoque causas pendentes, determine seu sobrestamento ou faça reviver processos findos. O que se percebe é que, pela proibição do poder de evocação, somente a própria Constituição Federal pode impor o julgamento por órgão que não integre o Judiciário, tal como ocorre com a previsão contida em seu art. 52, I e II, mediante o qual se confere poder jurisdicional ao Senado Federal. Não é possível, nem mesmo por Emenda Constitucional, abrir novas exceções para atribuir poder jurisdicional a outros órgãos, sob pena de ofensa ao juiz natural, que constitui cláusula pétrea. Ainda como corolário da garantia do juiz natural, não se permite que a legislação infraconstitucional desrespeite os parâmetros de competência estabelecidos pela Constituição Federal, afastando-se a arbitrariedade ou discricionariedade da lei processual na definição de competências" (CUNHA, Leonardo Carneiro da. Anotações sobre a garantia constitucional do juiz natural. In: FUX, Luiz; NERY JR., Nelson; WAMBIER, Teresa Arruda Alvim (coords.). São Paulo: RT, 2006. p. 504-505). Também conferir: "o poder de evocação refere-se à possibilidade de retirar uma causa da competência de um juízo ordinariamente estabelecido pela lei para o julgamento do caso, transferindo ou avocando a competência (*litis translatio* ou *litis evocativo*) para outro órgão por influência política ou com base em critérios discricionários." (CABRAL, Antonio do Passo. *Juiz natural e eficiência processual:* flexibilização, delegação e coordenação de competências no processo civil. São Paulo: RT, 2021, p. 104).

18.6 COMPETÊNCIA PARA PROCESSAR E JULGAR A DESAPROPRIAÇÃO

Todo juiz, como visto, tem jurisdição para processar e julgar uma ação de desapropriação. Nem todo tem, porém, competência para tanto.

A desapropriação somente pode ser proposta, processada e julgada por um juízo estadual ou federal. Juízes do trabalho, juízes eleitorais, juízes militares não processam nem julgam demandas de desapropriação. Cabe aos juízes estaduais e federais processar e julgar esses tipos de demanda.

Se a desapropriação for proposta pela União ou por outro ente federal, ou caso haja interesse jurídico de um deles, a competência será da Justiça Federal de primeira instância (CF, art. 109, I). A desapropriação que não tenha a União ou outro ente federal como parte, nem haja interesse jurídico de qualquer um deles, será processada e julgada por um juízo estadual.

Proposta a desapropriação na Justiça Estadual, a superveniente intervenção da União ou de outro ente federal deve deslocar a competência para a Justiça Federal (CPC, art. 45), não prevalecendo, na espécie, a regra da *perpetuatio jurisdictionis* (CPC, art. 43).

A demanda de desapropriação deve ser proposta no foro da situação do bem a ser desapropriado. Por ser considerada ação real imobiliária, a desapropriação deve processar-se no foro da situação do bem, sendo ali mesmo julgada, em razão do que dispõe o art. 47 do CPC. Essa regra de competência – que fixa o *forum rei sitae* como o local para processamento e julgamento da desapropriação – está prevista não somente no art. 47 do CPC, mas também no art. 11 do Decreto-lei 3.365/1941. A competência é, nesse caso, absoluta, nos termos do § 1º do art. 47 do CPC.

Se o imóvel situar-se em mais de um foro, comarca ou Estado, a competência será definida pela prevenção (CPC, art. 59), estendendo-se sobre a totalidade do imóvel (CPC, art. 60).

Nos termos do art. 11 do Decreto-lei 3.365/1941, a ação de desapropriação proposta pela União deveria ocorrer no Distrito Federal ou no foro da capital do Estado onde for domiciliado o réu. A regra, editada em 1941, foi revogada pelo CPC de 1973, que previu ser absoluta a competência do foro da situação da coisa para as ações reais imobiliárias. Tal regra foi mantida no atual CPC, em seu art. 47. Ao julgar o *Conflito de Competência 111.116/RJ*, a 1ª Seção do STJ fez prevalecer a regra do CPC em detrimento do art. 11 do Decreto-lei 3.365/1941, mas o STJ levou em conta a interiorização da Justiça Federal e razões de conveniência.[30]

O CPC há de prevalecer, no caso, não por razões de conveniência, mas por ter revogado o art. 11 do Decreto-lei 3.365/1941, ao atribuir competência absoluta às ações reais imobiliárias. Nem se diga que o art. 11 do Decreto-lei 3.365/1941 seria regra especial, a prevalecer sobre a regra geral do CPC. Não há especialidade. Estar em outra lei, fora do CPC, não faz da regra, só por isso, especial. É preciso que descreva ou contemple uma situação especial. Não há especialidade da ação de desapropriação em relação às demais ações reais imobiliárias. Na desapropriação, assim como em qualquer ação real imobiliária, a proximidade do juiz com o bem é fundamental. Na desapropriação, com exceção da hipótese de haver acordo ou concordância do réu com o valor oferecido pelo autor, haverá sempre uma perícia no imóvel, justificando a regra, de competência absoluta, do foro da situação do bem.

Sendo a competência da Justiça Federal, cumpre observar se há vara federal no foro da situação do bem. Caso haja, não há dúvida: deve a demanda ser ajuizada na Justiça Federal, sendo ali processada a causa e julgado o pedido. Se, porém, não houver vara federal no foro

---

[30] STJ, 1ª Seção, CC 111.116/RJ, Rel. Min. Herman Benjamin, *DJe* 1º.2.2011.

da situação do bem, não se deve entender que há competência federal delegada ao juízo estadual. Em outras palavras, não se deve propor a demanda perante a Justiça Estadual; deve a desapropriação ser proposta perante o juízo federal da subseção judiciária que abranja territorialmente o local onde se encontra bem a ser desapropriado.

De um lado, o art. 47 do CPC e o art. 11 do Decreto-lei 3.365/1941 estabelecem que a desapropriação deve ser proposta no foro da situação da coisa e essa competência é absoluta. Havendo, por outro lado, interesse jurídico da União ou de outro ente federal, por figurar no processo como parte ou como interveniente, a competência, nos termos do art. 109 da Constituição, é da Justiça Federal. Em princípio, a solução do conflito entre tais normas é muito simples: pelo critério da hierarquia, prevalece a norma constitucional em detrimento das normas infraconstitucionais, de sorte que a competência é mesmo da Justiça Federal.

Os juízos federais são competentes para processar e julgar as causas em que a União, autarquias federais e empresas públicas federais figurem como autoras, rés, oponentes ou assistentes. Essa competência, nos termos dos §§ 3º e 4º do art. 109 da Constituição,[31] é delegada, em alguns casos, a juízos estaduais.

A finalidade dessa delegação reside na necessidade de se conferir amplo acesso à justiça das pessoas domiciliadas em comarcas que não sejam sede de vara federal,[32] evitando o deslocamento, muitas vezes impossível ou bastante custoso, para o Município ou local onde se mantenha a sede de algum juízo federal.

O § 3º do art. 109 da Constituição Federal, em sua redação originária, assim dispunha: "Serão processadas e julgadas na Justiça estadual, no foro do domicílio dos segurados ou beneficiários, as causas em que forem parte instituição de previdência social e segurado, sempre que a comarca não seja sede de vara do juízo federal, e, se verificada essa condição, a lei poderá permitir que outras causas sejam também processadas e julgadas pela Justiça estadual".

Nas ações previdenciárias, o próprio texto constitucional já delegava a competência federal aos juízos estaduais da comarca onde não houvesse vara federal. Outras hipóteses deveriam estar previstas em lei. Assim, em alguns casos, aos juízos estaduais da comarca, onde não houvesse vara federal, poderia ser atribuída competência federal por expressa previsão legal. Nesses casos, a competência é da Justiça Federal, mas, por razões de amplo acesso à justiça, poderia ser delegada a juízes estaduais. Trata-se, portanto, de competência delegada.

A Emenda Constitucional nº 103, de 2019, alterou a redação do § 3º do art. 109 da Constituição Federal, que passou a assim dispor: "§ 3º Lei poderá autorizar que as causas de competência da Justiça Federal em que forem parte instituição de previdência social e segurado possam ser processadas e julgadas na justiça estadual quando a comarca do domicílio do segurado não for sede de vara federal".

---

[31] "§ 3º Lei poderá autorizar que as causas de competência da Justiça Federal em que forem parte instituição de previdência social e segurado possam ser processadas e julgadas na justiça estadual quando a comarca do domicílio do segurado não for sede de vara federal" (redação dada pela Emenda Constitucional 103, de 2019)
§ 4º Na hipótese do parágrafo anterior, o recurso cabível será sempre para o Tribunal Regional Federal na área de jurisdição do juiz de primeiro grau."

[32] MENDES, Aluisio Gonçalves de Castro. *Competência cível da Justiça Federal*. 2. ed. São Paulo: RT, 2006. n. 7.3.1, p. 135; PERRINI, Raquel Fernandez. *Competências da Justiça Federal Comum*. São Paulo: Saraiva, 2001. p. 303.

A Constituição Federal só permite agora que a lei preveja delegação de competência federal à Justiça Estadual apenas em causas em que figurem, como parte, instituição de previdência social e segurado.

Não há mais delegação expressa no texto constitucional; é preciso que alguma lei federal a delegue expressamente. A delegação restringe-se, a partir da Emenda Constitucional 103, de 2019, a ações em que figurem, como parte, instituição de previdência social e segurado. Qualquer outra demanda não poderá ser processada e julgada por juízo estadual, pois não se autoriza mais a delegação da competência federal em qualquer outra demanda que não tenha como partes, de um lado, instituição de previdência social e, de outro, segurado.

Não há, portanto, delegação de competência federal a juízo estadual em casos de desapropriação.

Se houver, então, interesse de algum ente federal, a ação de desapropriação deve ser proposta na Justiça Federal. Se, no local, não houver vara federal, a ação será proposta perante o juízo federal da subseção judiciária que abranja territorialmente o local onde se encontra bem a ser desapropriado. Sobrevindo, porém, a criação de vara federal no local onde se situa o bem a ser desapropriado, a ação de desapropriação passa a ser processada ali.[33] Por ser, nesse caso, absoluta a competência territorial, não se aplica a regra da *perpetuatio jurisdicionis*, incidindo a exceção prevista no art. 43 do CPC.

A desapropriação, como visto, deve ser proposta no foro da situação do bem. Se, no local do bem, não houver vara federal, a causa *não* será apreciada e julgada por um juiz estadual, com competência delegada federal (CF, art. 109, § 3º); deve, isto sim, ser proposta a demanda no juízo federal cuja competência abranja o local do bem.

Sendo a competência da Justiça Estadual, haverá de ser proposta a desapropriação no foro da situação do bem, em juízo indicado pelas normas da organização judiciária estadual. Se, na comarca, houver vara privativa de Fazenda Pública, provavelmente ela é a competente. Pode haver, na legislação estadual, previsão de vara privativa para desapropriações ou, até mesmo, ser da competência de alguma vara agrária,[34] ou, na falta de previsão, será a competência de um juízo cível.

Consoante resta demonstrado no item 18.8, o art. 3º do Decreto-lei 3.365/1941, na redação dada pela Lei 14.620/2023, permite seja a desapropriação intentada por concessionária ou permissionárias de serviço público, bem como por entidades públicas, por entidades que exerçam funções delegadas pelo Poder Público e, bem ainda, por autorizatárias à exploração de serviços e atividades de titularidade estatal decorrentes do art. 21, XII, *c, d* e *f,* da Constituição.

Não raramente, a concessionária de serviço público é uma pessoa jurídica de direito privado. Dependendo da legislação estadual de organização judiciária, a desapropriação proposta por pessoa jurídica de direito privado não é da competência de uma vara de Fazenda Pública, pois a esta pode somente ser atribuída a possibilidade de processar e julgar causas que envolvam o Estado, o Município, autarquias e empresas públicas, não abrangendo demandas intentadas por pessoas jurídicas de direito privado. Nesse caso, a desapropriação será proposta em uma

---

[33] STJ, 1ª Turma, REsp 885.557/CE, Rel. Min. Luiz Fux, *DJe* 3.3.2008; STJ, 1ª Turma, REsp 1.033.980/CE, Rel. Min. José Delgado, *DJe* 25.6.2008; STJ, 2ª Turma, AgRg no REsp 1.027.530/CE, Rel. Min. Herman Benjamin, *DJe* 11.3.2009; STJ, 1ª Seção, EREsp 1.028.117/CE, Rel. Min. Herman Benjamin, *DJe* 22.10.2009; STJ, 2ª Turma, REsp 1.150.489/CE, Rel. Min. Mauro Campbell Marques, *DJe* 10.9.2010.

[34] É possível a criação de vara agrária criada para dirimir conflitos fundiários, de acordo com a orientação ditada pelo art. 126 da Constituição Federal, podendo-lhe ser estabelecida competência para processar e julgar desapropriações.

vara cível, a não ser que a legislação local estabeleça a competência material para alguma vara específica, como vara agrária ou, até mesmo, vara de Fazenda Pública, fixada – essa última – não pela qualidade da parte, mas pelo tipo de demanda (desapropriação).

Se a desapropriação for proposta por concessionária de serviço público federal, a competência não é da Justiça Federal, mas sim da Justiça Estadual. Não é a circunstância de o serviço delegado ser federal que atrai a competência da Justiça Federal, mas sim a condição da pessoa que figura na causa. A concessionária é, geralmente, uma pessoa jurídica de direito privado, não acarretando a competência da Justiça Federal, a não ser que a União ou outro ente federal intervenha, diante de inequívoco interesse jurídico a ser verificado, privativamente, pela Justiça Federal.[35] Não constatada, pelo Juízo Federal, a existência de interesse jurídico de qualquer ente federal, deve a desapropriação ser processada e julgada na Justiça Estadual.[36]

De acordo com o § 2º do art. 2º do Decreto-lei 3.365/1941, os bens do domínio dos Estados, Municípios, Distrito Federal e Territórios poderão ser desapropriados pela União, e os dos Municípios pelos Estados, mas, em qualquer caso, ao ato deverá preceder autorização legislativa.[37] Nessa hipótese, proposta desapropriação pela União contra um Estado, a competência para processá-la e julgá-la é, originariamente, do Supremo Tribunal Federal, a teor do que dispõe o art. 102, I, *f*, da Constituição.[38] A Suprema Corte, interpretando tal dispositivo, entende que sua competência originária somente se concretiza, caso configurada a possibilidade de conflito suscetível de afetar o equilíbrio da Federação.[39]

A desapropriação proposta por um Estado contra um Município deve ser proposta na primeira instância da Justiça Estadual, sendo competente o juízo estabelecido na legislação de organização judiciária: ou uma vara privativa de Fazenda Pública, ou uma vara agrária, ou, a depender da comarca, uma vara cível, quando não existente a vara privativa. No caso de desapropriação intentada pela União contra um Município, a competência para processá-la e julgá-la é da Justiça Federal de primeira instância (CPC, art. 109, I).

18.7 COGNIÇÃO JUDICIAL NA DESAPROPRIAÇÃO

A estruturação do procedimento destina-se a reforçar a feição instrumental do processo como meio de se aplicar ou de se fazer valer o direito material, mediante o uso da técnica de cognição diferenciada, a depender dos detalhes, variações e necessidades de cada direito material específico.

---

[35] "Compete à Justiça Federal decidir sobre a existência de interesse jurídico que justifique a presença, no processo, da União, suas autarquias ou empresas públicas" (Súmula STJ, 150). Nesse sentido: STJ, 1ª Seção, AgRg no CC 132.433/MG, Rel. Min. Benedito Gonçalves, *DJe* 16.12.2014.

[36] STJ, 1ª Seção, CC 29.244/SP, Rel. Min. Franciulli Netto, *DJ* 13.8.2001, p. 38; STJ, 1ª Turma, REsp 714.983/MG, Rel. Min. José Delgado, *DJ* 17.10.2005, p. 201. "Reconhecida pela justiça federal a ausência de interesse da União, não cabe à justiça estadual pronunciar-se em sentido contrário, devendo prosseguir com o julgamento da ação" (STJ, 1ª Seção, CC 110.237/RS, Rel. Min. Castro Meira, *DJe* 10.5.2010).

[37] É o que se chama, no âmbito doutrinário, de *desapropriação vertical*.

[38] "Art. 102. Compete ao Supremo Tribunal Federal, precipuamente, a guarda da Constituição, cabendo-lhe: I – processar e julgar, originariamente: (...) f) as causas e os conflitos entre a União e os Estados, a União e o Distrito Federal, ou entre uns e outros, inclusive as respectivas entidades da administração indireta".

[39] STF, 1ª Turma, Rcl 723/SP, Rel. Min. Ellen Gracie, *DJ* 6.9.2002, p. 84; STF, Pleno, AgRg na ACO 2.101, Rel. Min. Dias Toffoli, *DJe* 15.2.2016; STF, 1ª Turma, AgRg na ACO 2.550, Rel. Min. Luiz Fux, *DJe* 17.5.2018.

A construção de procedimentos diferenciados decorre da combinação das diversas *formas de cognição*, as quais, uma vez manipuladas pelo legislador, permitem a adoção de meios adaptados às especificações do direito material ou da correlata pretensão.[40]

Assim, a cognição pode ser considerada nos planos vertical e horizontal.

A cognição vertical, que está relacionada à profundidade da análise judicial, divide-se em *cognição sumária* e *cognição exauriente*. Enquanto a sumária constitui aquela cognição superficial, menos aprofundada no âmbito vertical, decorrente de mera probabilidade ou verossimilhança, a cognição exauriente decorre de juízo de certeza, em razão de uma incontrovérsia ou da produção de todas as provas possíveis no processo. Esse tipo de cognição é relevante para diferenciar as tutelas de urgência das tutelas finais, tal como já ressaltado no item 11.1 *supra*. A cognição exauriente, diferentemente da sumária, produz coisa julgada material.

No plano horizontal, a cognição diz respeito à matéria processual e ao mérito,[41] podendo ser limitada ou ampla. Será limitada, para alcançar-se maior celeridade no processo, quando a lei *restringir* a causa de pedir ou a amplitude da defesa,[42] limitando a cognição a ser exercida pelo juiz. Já a cognição ampla, no plano horizontal, permite que as partes aleguem qualquer matéria, não restringindo igualmente a análise judicial, tal como sucede, por exemplo, no procedimento comum.

Na ação de desapropriação, a cognição, no plano vertical, é *exauriente*, sendo apta a produzir coisa julgada, tal como se confirma no item 18.19. No plano horizontal, a cognição, na desapropriação, é *limitada*, pois a lei *restringe* as matérias que podem ser alegadas na defesa do réu, de sorte que esse último somente pode alegar vícios no processo judicial ou discutir o preço oferecido pelo ente expropriante (Decreto-lei 3.365/1941, art. 20). Nada mais pode ser alegado nem discutido. Qualquer outra questão, ponto, assunto, matéria que se pretenda discutir deve ser remetida às vias ordinárias, em procedimento que contenha cognição ampla no plano horizontal.

A Medida Provisória 1.104, de 2022, que alterou regras sobre a Cédula de Produto Rural e sobre o Fundo Garantidor Solidário, veio, durante sua tramitação no Congresso Nacional, a incluir um § 4º ao art. 34-A do Decreto-lei 3.365, de 1941, para, segundo a justificativa da emenda parlamentar apresentada pelo Deputado Nelson Barbudo, "incluir no Decreto-lei 3.365/41, dispositivo que regulamente o registro da sentença de desapropriação no curso do processo, sempre que o expropriado não oferecer qualquer oposição ao título de desapropriação, reservando-se a discutir aspectos relacionados ao valor da indenização".

Toda a justificativa do deputado proponente considerava a desapropriação para fins de reforma agrária, mas o seu procedimento há de ser regulado por lei complementar (CF, art. 184, § 3º). Por isso, a redação final foi genérica, não mencionando a desapropriação para fins de reforma agrária. De todo modo, a previsão normativa não alcança tal tipo de desapropriação, pois seu procedimento há de ser sumário e regulado por lei complementar (CF, art. 184, § 3º).

---

[40] WATANABE, Kazuo. *Da cognição no processo civil*. 2. ed. Campinas: Bookseller, 2000. p. 124; DIDIER JR., Fredie. Cognição, construção de procedimentos e coisa julgada: os regimes de formação da coisa julgada no direito processual civil brasileiro. *Genesis – Revista de Direito Processual Civil*, Curitiba, v. 22, out.-dez. 2001.

[41] WATANABE, Kazuo. *Da cognição no processo civil*. 2. ed. Campinas: Bookseller, 2000. p. 111-113; LUCON, Paulo Henrique dos Santos. *Eficácia das decisões e execução provisória*. São Paulo: RT, 2000. p. 198.

[42] LUCON, Paulo Henrique dos Santos. *Eficácia das decisões e execução provisória*. São Paulo: RT, 2000. p. 198.

O § 4º do art. 34-A do Decreto-lei 3.365, de 1941, assim dispõe: "Após a apresentação da contestação pelo expropriado, se não houver oposição expressa com relação à validade do decreto desapropriatório, deverá ser determinada a imediata transferência da propriedade do imóvel para o expropriante, independentemente de anuência expressa do expropriado, e prosseguirá o processo somente para resolução das questões litigiosas".

O dispositivo é, contudo, formalmente inconstitucional.

A referida Medida Provisória 1.104, de 2022, foi convertida na Lei 14.421, de 2022. O objeto da medida provisória era a alteração da legislação relativa à Cédula de Produto Rural e ao Fundo Garantidor Solidário, não guardando qualquer pertinência com o processo judicial da desapropriação. Durante o processo legislativo de conversão da medida provisória em lei, foi incluído um § 4º ao art. 34-A do Decreto-lei 3.365, de 1941.

Houve, enfim, a inserção de tema absolutamente estranho ao objeto da medida provisória. É o que se chama de *contrabando legislativo*. Ao julgar a Ação Direta de Inconstitucionalidade 5.127, o STF entendeu que "viola a Constituição da República, notadamente o princípio democrático e o devido processo legislativo (arts. 1º, *caput*, parágrafo único, 2º, *caput*, 5º, *caput*, e LIV, CRFB), a prática da inserção, mediante emenda parlamentar no processo legislativo de conversão de medida provisória em lei, de matérias de conteúdo temático estranho ao objeto originário da medida provisória".[43]

Tal entendimento foi reafirmando no julgamento da Ação Direta de Inconstitucionalidade 5.012.[44]

O STF, por razões de segurança jurídica, julgou improcedentes as referidas ações diretas, mas assentou o entendimento de ser inconstitucional a inserção, no processo legislativo de conversão da medida provisória em lei, de temas estranhos ao seu conteúdo. A medida provisória é um instrumento normativo excepcional, que depende de relevância e urgência. Apresentar uma emenda sem pertinência temática a uma medida provisória consiste em burla ao devido processo legislativo e, igualmente, ao princípio democrático, pois há supressão do debate público a respeito do tema novo.

O processo legislativo de uma medida provisória, que pressupõe urgência, é mais célere e simplificado do que o de uma lei ordinária. Por isso, há supressão dos possíveis debates sobre as alterações legislativas.[45] Esse mesmo problema houve na conversão da Medida Provisória 1.040, de 2021, na Lei 14.195, de 2021, cujo contrabando legislativo é objeto de impugnação na Ação Direta de Inconstitucionalidade 7.005.[46]

Esse é o caso do novo § 4º do art. 34-A do Decreto-lei 3.365, de 1941, cujo conteúdo não guarda qualquer relação com o tema da medida provisória original. Além disso, tal dispositivo trata de matéria processual, não podendo ser veiculada em medida provisória.[47] O art. 62,

---

[43] STF, Pleno, ADI 5127, rel. Min. Rosa Weber, Rel. p/ acórdão Min. Edson Fachin, *DJe* 11.5.2016.

[44] STF Tribunal Pleno, ADI 5012, Rel. Min. Rosa Weber, *DJe* 1º.2.2018.

[45] MARRAFON, Marco Aurélio. ROBL FILHO, Ilton Norberto. Controle de Constitucionalidade no Projeto de Lei de Conversão de Medida Provisória em face dos "contrabandos legislativos": salvaguarda do Estado Democrático de Direito. *Constitucionalismo e democracia*. Marcelo Novelino; André Fellet (coords). Salvador: JusPodivm, 2013, p. 242; PEIXOTO, Ravi. A inserção do § 4º no art. 34-A do Dec-lei n. 3.365/1941. *Revista de processo*. São Paulo: RT, n. 335, jan. 2023.

[46] LUCON, Paulo Henrique dos Santos; BUENO, Cassio Scarpinella; ARSUFFI, Arthur Ferrari. Parecer do IBDP acerca da inconstitucionalidade da Lei Federal 14.199/2021 apresentado na ADI 7.005. *Revista de processo*. São Paulo: RT, n. 327, mai. 2022.

[47] PEIXOTO, Ravi. A inserção do § 4º no art. 34-A do Dec-lei n. 3.365/1941. *Revista de processo*. São Paulo: RT, n. 335, jan. 2023.

§ 1º, I, *b*, da Constituição proíbe a edição de medida provisória sobre matéria processual, tema que tem tramitação própria, incompatível com a urgência.

O § 4º do art. 34-A do Decreto-lei 3.365, de 1941, é, portanto, formalmente inconstitucional, não devendo ser observado.

Ainda que assim não fosse, cumpre relembrar o conteúdo do dispositivo: "Após a apresentação da contestação pelo expropriado, se não houver oposição expressa com relação à validade do decreto desapropriatório, deverá ser determinada a imediata transferência da propriedade do imóvel para o expropriante, independentemente de anuência expressa do expropriado, e prosseguirá o processo somente para resolução das questões litigiosas".

Do enunciado do dispositivo poder-se-ia inferir que decorre a regra segundo a qual seria possível questionar, na contestação, a validade do decreto desapropriatório.

A essa altura, cabe investigar se o art. 20 do Decreto-lei 3.365, de 1941, teria sido revogado. Na desapropriação, só se discute o preço ou também é possível impugnar a validade do decreto expropriatório? Onde se pode impugnar o decreto expropriatório?

Há 2 (duas) possíveis interpretações: *(a)* na própria contestação da ação de desapropriação; ou, *(b)* em ação autônoma, destinada à anulação do decreto.

Caso se entenda que a alegação pode ser feita na própria contestação da ação de desapropriação, sua ausência não impede que o réu questione, em outra demanda, a validade do decreto. É que só há coisa julgada sobre questão expressamente decidida (CPC, art. 503). E o juiz somente pode decidir expressamente sobre o que compuser o objeto litigioso do processo.

A validade do decreto expropriatório pode ser objeto de pedido expresso, sendo uma questão principal, ou pode ser uma alegação de defesa, consistindo numa questão prejudicial incidental. Num caso ou no outro, só há coisa julgada se o juiz decidir expressamente sobre a questão (CPC, art. 503 e §§ 1º e 2º).

Não sendo a validade uma questão incidental ou principal expressamente suscitada ou requerida, não pode haver decisão sobre isso. Consequentemente, não há coisa julgada. A matéria pode ser suscitada, discutida e decidida em outro processo.

Tudo leva a crer que o § 4º do art. 34-A do Decreto-lei 3.365, de 1941, foi redigido sem atenção ao seu art. 20 e a diversos outros dispositivos seus, o que reforça o *contrabando legislativo* e a inconstitucionalidade formal já destacada.

O procedimento da desapropriação é todo estruturado em razão da limitação cognitiva do juiz, que só pode, como está disposto no art. 20 do Decreto-lei 3.365, de 1941, examinar o preço e a justeza de seu valor. Havendo concordância do réu com o valor do preço, o juiz o homologará por sentença (Decreto-lei 3.365/1941, art. 22). É por isso que, findo o prazo para a contestação e não havendo concordância expressa quanto ao preço, o juiz designará perícia, cabendo ao perito apresentar o laudo em até cinco dias, pelo menos, antes da audiência de instrução e julgamento (Decreto-lei 3.365/1941, art. 23).

Encerrada a instrução e os debates, o juiz proferirá sentença fixando o preço da indenização (Decreto-lei 3.365/1941, art. 24). Na sentença, o juiz deve especificar os elementos que compõem o preço e fixar o valor da indenização (Decreto-lei 3.365/1941, art. 27).

Todo o procedimento foi, enfim, estruturado a partir da limitação cognitiva: o juiz só pode examinar o preço, o que conduz à possível interpretação segundo a qual o § 4º do art. 34-A do Decreto-lei 3.365, de 1941, não revogou seu art. 20.

É possível, com efeito, compatibilizar o art. 20 com o § 4º do art. 34-A, ambos do Decreto 3.365, de 1941.

A imediata transferência da propriedade do imóvel para o expropriante depende da ausência de impugnação à validade do decreto. Se, apresentada a contestação na ação de desapropriação, não houver qualquer ação autônoma por meio da qual se impugne a validade do decreto, será possível transferir a propriedade, desde que pago o preço.

Para a transferência da propriedade do imóvel, a ausência de impugnação à validade do decreto não é verificável na própria ação de desapropriação. O que se deve observar é se há alguma ação anulatória proposta perante o mesmo ou outro juízo, até o momento da contestação apresentada na ação de desapropriação.

Isso tudo seria válido, se não houvesse a inconstitucionalidade formal já demonstrada. O § 4º do art. 34-A do Decreto-lei 3.365, de 1941, é, porém, inconstitucional, não devendo ser considerado.

Mantém-se, portanto, a limitação cognitiva na desapropriação.

Enfim, não se permite, na desapropriação, discutir o mérito do decreto expropriatório nem investigar se há realmente necessidade ou utilidade pública, ou interesse social.[48] Essa restrição cognitiva não é ofensiva da garantia constitucional de inafastabilidade do controle jurisdicional (CF, art. 5º, XXXV), porquanto é possível o controle judicial dos atos públicos relacionados com a desapropriação, mas tal controle deve ser exercido em outros tipos de demanda. Na desapropriação, há uma limitação cognitiva, somente sendo permitido discutir o valor do preço, além de vícios do próprio processo de desapropriação.

18.8 LEGITIMIDADE ATIVA E PASSIVA

Mediante declaração de utilidade pública, contida em decreto específico ou em lei de efeitos concretos,[49] todos os bens poderão ser desapropriados pela União, pelos Estados, pelos Municípios e pelo Distrito Federal.

Declarada a utilidade pública de um bem, a legitimidade ativa para a demanda judicial de desapropriação é, em princípio, do próprio ente expropriante. Pode, então, a desapropriação ser proposta pela União, pelo Estado, pelo Município ou pelo Distrito Federal, se o respectivo Chefe do Poder Executivo tiver editado decreto declarando a utilidade pública do bem.

Em outras palavras, a competência para desapropriar (expedir decreto) coincide, geralmente, com a competência para promover a desapropriação (demanda judicial). Significa que a legitimidade ativa para a desapropriação é do ente expropriante.

É possível, contudo, que se atribua legitimidade ativa a outrem. Quer isto dizer que se admite que não coincida a figura do ente expropriante com a do autor da demanda judicial de desapropriação. Declarada a utilidade pública de um bem pela União, pelo Estado, pelo Município ou pelo Distrito Federal, é possível, desde que haja autorização expressa em lei ou contrato, que uma concessionária, permissionária ou autorizatária de serviço público ou um estabelecimento que exerça funções delegadas do Poder Público promova a demanda judicial destinada a obter a desapropriação do bem (Decreto-lei 3.365/1941, art. 3º).

A desapropriação deve ser proposta contra o proprietário do bem a ser desapropriado. Vale dizer que a legitimidade passiva é do proprietário do bem. Aliás, o art. 16 do Decreto-lei 3.365/1941 determina que a citação se faça por mandado na pessoa do proprietário do bem,

---

[48] Nesse sentido é o art. 9º do Decreto-lei 3.365/1941: "Art. 9º. Ao Poder Judiciário é vedado, no processo de desapropriação, decidir se se verificam ou não os casos de utilidade pública".
[49] Por terem efeitos restritos a um caso específico, o decreto ou a lei que declara a utilidade pública constitui um ato administrativo impugnável por mandado de segurança.

numa confirmação óbvia de que ele é, realmente, o legitimado a integrar o polo passivo da demanda de desapropriação.

O aludido art. 16 do Decreto-lei 3.365/1941 estabelece que a citação do marido dispensa a da mulher. Noutros termos, sendo o proprietário alguém casado, sua citação seria suficiente, sendo desnecessária a de sua mulher. Essa regra não foi recepcionada pela atual Constituição Federal, por ofender a garantia do *devido processo legal*,[50] deixando de conferir à parte um processo justo, com resultado efetivo: se se propõe a demanda apenas em face do marido, a eventual sentença de procedência não seria efetiva, não havendo como ser cumprida, pois não poderia ser imposta contra a mulher, que também é titular do bem, não atingida pela coisa julgada, por não ter sido parte no processo. O direito ao devido processo legal é o direito a um processo justo, representado por um procedimento cooperativo e organizado em contraditório, com a oportunidade de participação dos interessados na solução do caso. Dispensar a citação da mulher ou de um dos coproprietários ofende esse direito, revelando-se manifestamente inconstitucional.[51] Daí não dever prevalecer essa regra que dispensa a citação da mulher do proprietário.[52]

É possível que haja dúvida sobre quem é o proprietário do bem. Nesse caso, devem ser citados, na condição de litisconsortes passivos, todos aqueles que aparentam ser proprietários. É possível, ainda, que somente um suposto proprietário seja citado, intervindo, para atuar no polo passivo, todos os demais que afirmem ser proprietários do bem. Em situações como essa, em que o juiz verifica que há dúvida fundada sobre o domínio, o preço ficará em depósito, ressalvada aos interessados a ação própria para disputar o domínio (Decreto-lei 3.365/1941, art. 34, parágrafo único). Como, na desapropriação, a cognição do juiz é *limitada*, não se discute, nem se disputa o domínio em seu âmbito. Essa disputa deve ser feita nas vias ordinárias.

---

50 SOUZA, Wilson Alves de. Procedimentos expropriatórios. In: FARIAS, Cristiano Chaves de; DIDIER JR., Fredie (coords.). *Procedimentos especiais cíveis*: legislação extravagante. São Paulo: Saraiva, 2003. p. 761.

51 Aplicando expressamente a regra contida no art. 16 do Decreto-lei 3.365/1941 sem ressalvas e sem questionar sua constitucionalidade, considerando, inclusive, prevalecer sobre a previsão contida no CPC, por ser norma especial: STJ, 2ª Turma, REsp 1.404.085/CE, Rel. Min. Herman Benjamin, DJe 18.8.2014. *No mesmo sentido*: STJ, 2ª Turma, REsp 1.409.439/CE, Rel. Min. Og Fernandes, DJe 27.8.2018.

52 No mesmo sentido, assim se manifesta Ravi de Medeiros Peixoto: "O art. 16 do Decreto-lei nº 3.365, que trata da desapropriação por utilidade pública dispensa a citação da esposa. Inicialmente, seria possível argumentar ser norma especial, prevalecendo sobre a previsão do art. 10 do Código de Processo Civil, norma a ela posterior. No entanto, não é esse o único problema da regra citada. É que essa regra não foi recepcionada pela Constituição de 1988, pois tendo em vista a titularidade conjunta da esposa acerca do imóvel, essa sentença não poderia ser executada, pois ela não seria atingida pela coisa julgada material. Sendo assim, por violar o devido processo legal, especialmente o contraditório e a ampla defesa, permitindo a imposição da sentença de procedência e consequentemente a extensão dos efeitos naturais da coisa julgada contra a mulher, mesmo sem lhe ser garantida a participação em contraditório no processo, ela não foi recepcionada. Seria, ainda, possível a arguição acerca da violação à igualdade dos cônjuges, pois a regra fala apenas na dispensa da citação da esposa quando demandado o marido e não o contrário. E não seria possível a realização de uma interpretação conforme, tendo em vista que ela apenas mitigaria a proteção do patrimônio familiar, ao dispensar a citação de quaisquer dos cônjuges, quando o outro seja demandado. Dessa forma, pela sua manifesta não recepção pela Constituição de 1988, o DL 3.365/41 torna-se omisso no ponto. E, conforme previsão do art. 42 da mesma legislação, impõe-se a aplicação do art. 10, § 1º, I do Código de Processo Civil, que exige a citação de ambos os cônjuges para as ações que versem sobre direitos reais imobiliários" (PEIXOTO, Ravi de Medeiros. Para além do art. 10 do CPC: uma análise das influências do casamento no processo civil. *Revista Dialética de Direito Processual*, São Paulo: Dialética, n. 123, jun. 2013).

Definido quem seja o proprietário, cabe a este comparecer nos autos da desapropriação e comprovar esse reconhecimento judicial, a fim de poder levantar o valor depositado.

Se o imóvel a ser desapropriado for objeto de locação comercial, pode o locatário figurar também no polo passivo da ação de desapropriação, pois se entende que ele deve ser indenizado pela perda do ponto ou do fundo do comércio,[53] independentemente de registro do contrato.[54] O preço a ser pago pelo ente expropriante alcança, enfim, o valor do fundo do comércio, devendo o locatário ser indenizado nesse particular.

18.9 RESPOSTA DO RÉU NA DESAPROPRIAÇÃO

Segundo dispõe o art. 19 do Decreto-lei 3.365/1941, "feita a citação, a causa seguirá com o rito ordinário". Significa que, citado o réu, será designada audiência de mediação ou conciliação (CPC, art. 334), a não ser que o autor, já na petição inicial manifeste desinteresse e o réu, em até 10 (dez) dias antes da audiência, também assim o faça (CPC, art. 334, § 5º). Em outras palavras, é preciso que ambas as partes não queiram a audiência (CPC, art. 334, § 4º). Do contrário, a audiência será realizada.

Não havendo interesse de ambas as partes ou frustrada, na audiência, a tentativa de autocomposição, terá início o prazo de 15 (quinze) dias para o réu apresentar sua resposta. Convém lembrar que, na contagem de tal prazo, somente são computados os dias úteis (CPC, art. 219).

Nesse prazo de 15 (quinze) dias, poderá, então, o réu oferecer exceções de impedimento e/ou de suspeição. Em sua contestação, cabe ao réu alegar toda a matéria de defesa (CPC, art. 336), inclusive incompetência relativa (CPC, art. 337, II) e incorreção do valor da causa (CPC, art. 337, III).

Embora o referido art. 19 disponha que a causa deva seguir o rito ordinário, descabe a reconvenção na desapropriação. Tal como já anotado no item 18.7 *supra*, a cognição, na desapropriação, é *limitada*, porquanto ao juiz somente se permite apreciar alegações relativas a vícios no processo judicial ou ao preço oferecido pelo ente expropriante (Decreto-lei 3.365/1941, art. 20). Qualquer outra matéria deve ser discutida em outra demanda, que contenha cognição ampla no plano horizontal. Ora, se não é possível ao juiz apreciar, na desapropriação, qualquer outra matéria, não é cabível a reconvenção, exatamente porque esta amplia a cognição do juiz, introduzindo outra demanda ao processo.

É incabível, enfim, a reconvenção na desapropriação.[55]

Além das formas de resposta já apontadas, é possível ao réu, na desapropriação, apresentar contestação, que deverá versar, apenas, sobre vícios no processo judicial e discutir o preço oferecido na petição inicial. Assim dispõe o art. 20 do Decreto-lei 3.365/1941: "A contestação só poderá versar sobre vício do processo judicial ou impugnação do preço; qualquer outra questão deverá ser decidida por ação direta".

Na contestação, é possível ao réu alegar o chamado *direito de extensão*. Na lição de Hely Lopes Meirelles, o direito de extensão "é o que assiste ao proprietário de exigir que na

---

[53] STJ, 2ª Turma, REsp 696.929/SP, Rel. Min. Castro Meira, *DJ* 3.10.2005, p. 208. No mesmo sentido: STJ, 1ª Turma, REsp 406.502/SP, Rel. Min. Garcia Vieira, j. 23.4.2002, *DJ* 27.5.2002, p. 139.

[54] "O Superior Tribunal de Justiça entende ser cabível a indenização por perdas e danos ao locatário do bem expropriado que experimentou prejuízos com a desapropriação, independentemente do registro do contrato de locação" (STJ, 2ª Turma, AgRg no REsp 1.176.369/RJ, Rel. Min. Herman Benjamin, *DJe* 2.2.2011).

[55] Nesse sentido: STJ, 2ª Turma, AgRg no AREsp 94.329/PR, Rel. Min. Eliana Calmon, *DJe* 18.10.2013.

desapropriação se inclua a parte restante do bem expropriado, que se tornou inútil ou de difícil utilização".[56] Tal direito está expressamente previsto no art. 4º da Lei Complementar 76/1993, bem como no § 1º do art. 19 da Lei 4.504, de 30 de novembro de 1964 (Estatuto da Terra), sendo certo que tal direito pode ser alegado *em qualquer tipo* de desapropriação.[57] Trata-se de assunto relativo à justa indenização, a compor o preço oferecido pelo autor da demanda de desapropriação, podendo, então, ser objeto da contestação, por não contrariar o disposto no art. 20 do Decreto-lei 3.365/1941.[58]

18.10 REVELIA NA DESAPROPRIAÇÃO

Conforme já restou acentuado no item 5.4 *supra*, a revelia – que é a ausência de contestação – produz 2 (dois) efeitos: um material (CPC, art. 344) e um processual (CPC, art. 346). Em outras palavras, não apresentada a contestação, presumem-se verdadeiros os fatos alegados pelo autor, passando os prazos a correr da data da publicação do ato decisório no órgão oficial, quando o revel não tenha advogado constituído nos autos.

Na desapropriação, havendo revelia, o efeito processual (CPC, art. 346) aplica-se normalmente. Se o réu for revel e não tiver advogado constituído nos autos, os prazos correrão das respectivas publicações no órgão oficial. Se, mesmo revel, o réu tiver advogado constituído nos autos, não se produz tal efeito, devendo o advogado ser intimado de todos os atos.

A revelia, na desapropriação, não acarreta, entretanto, o efeito material (CPC, art. 344). Vale dizer que, sendo revel o réu, não se presume correto, nem justo, nem adequado o valor oferecido na petição inicial.

O procedimento judicial da desapropriação contém a necessidade de uma perícia para se aferir a correção do valor, a fim de se concluir se o preço oferecido é justo, em atendimento à exigência constitucional. Somente não haverá perícia se o réu concordar, expressamente, com o preço (Decreto-lei 3.365/1941, art. 22). Nesse caso, o juiz o homologa por sentença, encerrando o processo.

Não havendo concordância expressa do réu quanto ao preço, deve, então, ser determinada a realização de uma perícia (Decreto-lei 3.365/1941, art. 23). Se o réu for revel, não haverá concordância *expressa*, de forma que não se deve entender que a revelia gere a presunção de que o preço oferecido seja justo, conforme exige o texto constitucional.

O que se percebe, em verdade, é que a revelia, na desapropriação, não produz seu efeito material (CPC, art. 344), não acarretando a presunção de que o preço oferecido é justo e deve ser aceito. A ocorrência de revelia não afasta a realização da perícia, necessária para aferição da correção do valor oferecido, a fim de se apurar a configuração da exigência de preço justo.

---

[56] MEIRELLES, Hely Lopes. *Direito administrativo brasileiro*. 23. ed. atual. por Eurico de Andrade Azevedo, Délcio Balestero Aleixo e José Emmanuel Burle Filho. São Paulo: Malheiros, 1998. p. 500-501.

[57] MEIRELLES, Hely Lopes. *Direito administrativo brasileiro*. 23. ed. atual. por Eurico de Andrade Azevedo, Délcio Balestero Aleixo e José Emmanuel Burle Filho. São Paulo: Malheiros, 1998. p. 501; SOUZA, Wilson Alves de. Procedimentos expropriatórios. In: FARIAS, Cristiano Chaves de; DIDIER JR., Fredie (coords.). *Procedimentos especiais cíveis*: legislação extravagante. São Paulo: Saraiva, 2003. p. 775.

[58] "O direito de extensão nada mais é do que a impugnação do preço ofertado pelo expropriante. O réu, quando impugna na contestação o valor ofertado, apresenta outra avaliação do bem, abrangendo a integralidade do imóvel, e não apenas a parte incluída no plano de desapropriação. Assim, o pedido de extensão formulado na contestação em nada ofende o art. 20 do Decreto-lei 3.365/41, segundo o qual a contestação somente pode versar sobre 'vício do processo judicial ou impugnação do preço'" (STJ, 2ª Turma, REsp 986.386/SP, Rel. Min. Castro Meira, *DJe* 17.3.2008).

Esse é o entendimento consolidado na Súmula do extinto TFR, no seu enunciado 118: "Na ação expropriatória, a revelia do expropriado não implica em aceitação do valor da oferta e, por isso, não autoriza a dispensa da avaliação". O Superior Tribunal de Justiça também adota esse entendimento.[59]

Como já se viu no Capítulo VI, item 6.1.4, quando o autor requer a perícia, cabe-lhe custeá-la (CPC, art. 95) e efetuar o depósito prévio dos honorários do perito, hipótese aplicável, inclusive, à Fazenda Pública, tal como estabelece o enunciado 232 da Súmula do STJ. Se o juiz determinar a perícia de ofício, os honorários do perito devem ser rateados por ambas as partes (CPC, art. 95), cabendo a cada uma efetuar o depósito da respectiva metade.

Na desapropriação, a perícia há de ser determinada, de ofício, pelo juiz. Aliás, o art. 14 do Decreto-lei 3.365, de 1941, assim dispõe: "ao despachar a inicial, o juiz designará um perito de sua livre escolha, sempre que possível, técnico, para proceder à avaliação dos bens". Quer isso dizer que a produção da prova pericial integra o procedimento da desapropriação, consistindo em ato de impulso oficial.[60]

Assim, e considerando o disposto no art. 95 do CPC, os honorários periciais deveriam ser rateados por ambas as partes, pois o juiz determina a perícia de ofício. Sendo, porém, necessária a perícia, consistindo num ato integrante do procedimento da desapropriação, não é adequado que o expropriado arque com metade dos honorários periciais (CPC, art. 95). Na verdade, a perícia é um pedido implícito feito pelo expropriante, cabendo-lhe arcar com o seu custo.

O expropriado irá perder sua propriedade, destinando-se o processo de desapropriação apenas a apurar o valor da indenização que lhe cabe. Não é adequado, portanto, que arque com metade do valor da prova pericial. Ao expropriante cabe arcar com tal custo, pois a apuração do valor é elemento integrante de seu pedido.

18.11 INADMISSIBILIDADE DE OPOSIÇÃO NA DESAPROPRIAÇÃO

Quem – na dicção do art. 682 do CPC – pretender, no todo ou em parte, a coisa ou o direito sobre que controvertem autor e réu, poderá, até ser proferida a sentença, oferecer *oposição* contra ambos. Apresentada oposição por um terceiro, estranho ao processo (opoente), as partes originárias (opostos) serão litisconsortes passivos necessários na oposição, devendo ser citados, na pessoa de seus respectivos advogados, para apresentar contestação no prazo comum de 15 (quinze) dias (CPC, art. 683, parágrafo único).

A oposição, como se percebe, é um procedimento especial formado a partir de uma demanda proposta por um terceiro (opoente) em face das partes originárias (opostos). Distribuída a oposição por dependência, surge uma cumulação superveniente de processos.

Na desapropriação, autor e réu não estão disputando a titularidade do bem. Logo, não cabe oposição. Já se viu que, de acordo com o art. 20 do Decreto-lei 3.365/1941, qualquer outra questão que não seja vício do processo judicial ou impugnação do preço deve ser decidida por ação direta, estando fora do objeto da desapropriação. Bem por isso, a oposição, em cujo âmbito se discute a propriedade do bem, não pode ser intentada na desapropriação, pois inaugura uma cognição incompatível com a atividade judicial em tal procedimento.

---

[59] STJ, 1ª Turma, REsp 35.520/SP, Rel. Min. Milton Luiz Pereira, *DJ* 17.4.1995, p. 9.559; STJ, 2ª Turma, REsp 686.901/BA, Rel. Min. Castro Meira, *DJ* 30.5.2006, p. 140; STJ, 2ª Turma, AgRg no REsp 993.680/SE, Rel. Min. Herman Benjamin, *DJe* 19.3.2009; STJ, 2ª Turma, REsp 1.466.747/PE, Rel. Min. Humberto Martins, *DJe* 3.3.2015; STJ, 1ª Turma, AgInt no AREsp 253.616/PB, Rel. Min. Napoleão Nunes Maia Filho, *DJe* 30.11.2017; STJ, 2ª Turma, REsp 1.437.557/CE, rel. Min. Assusete Magalhães, *DJ* 17.6.2020.

[60] STJ, 1ª Turma, REsp 992.115/MT, Rel. Min. Luiz Fux, *DJe* 15.10.2009.

18.12 IMISSÃO PROVISÓRIA NA POSSE

Muito embora a posse do bem desapropriado somente passe ao ente expropriante após sua transferência ao patrimônio público mediante pagamento prévio da justa indenização, a legislação que disciplina a desapropriação prevê a *imissão provisória na posse*. Significa, então, que o expropriante pode já ter a posse provisória do bem, antes mesmo do encerramento da demanda expropriatória.

Com efeito, assim dispõe o art. 15 do Decreto-lei 3.365, de 21 de junho de 1941:

> Art. 15. Se o expropriante alegar urgência e depositar quantia arbitrada de conformidade com o art. 685 do Código de Processo Civil, o juiz mandará imiti-lo provisoriamente na posse dos bens;
>
> Parágrafo único. [Revogado pela Lei 2.786, de 1956]
>
> § 1º A imissão provisória poderá ser feita, independente da citação do réu, mediante o depósito: [Incluído pela Lei 2.786, de 1956]
>
> a) do preço oferecido, se este for superior a 20 (vinte) vezes o valor locativo, caso o imóvel esteja sujeito ao imposto predial; [Incluída pela Lei 2.786, de 1956]
>
> b) da quantia correspondente a 20 (vinte) vezes o valor locativo, estando o imóvel sujeito ao imposto predial e sendo menor o preço oferecido; [Incluída pela Lei 2.786, de 1956]
>
> c) do valor cadastral do imóvel, para fins de lançamento do imposto territorial, urbano ou rural, caso o referido valor tenha sido atualizado no ano fiscal imediatamente anterior; [Incluída pela Lei 2.786, de 1956]
>
> d) não tendo havido a atualização a que se refere o inciso *c*, o juiz fixará independente de avaliação, a importância do depósito, tendo em vista a época em que houver sido fixado originariamente o valor cadastral e a valorização ou desvalorização posterior do imóvel. [Incluída pela Lei 2.786, de 1956]
>
> § 2º A alegação de urgência, que não poderá ser renovada, obrigará o expropriante a requerer a imissão provisória dentro do prazo improrrogável de 120 (cento e vinte) dias. [Incluído pela Lei 2.786, de 1956]
>
> § 3º Excedido o prazo fixado no parágrafo anterior não será concedida a imissão provisória. [Incluído pela Lei 2.786, de 1956]
>
> § 4º A imissão provisória na posse será registrada no registro de imóveis competente. [Incluído pela Lei nº 11.977, de 2009]

Em razão da contumaz inadimplência de alguns entes públicos, que deixaram de pagar os créditos inscritos em precatórios decorrentes de ações de desapropriação, foi avolumando-se o entendimento jurisprudencial no sentido de que seria necessária, para se deferir a imissão provisória, uma avaliação prévia, em que se deveria estabelecer qual seria o valor do bem. Houve, por assim dizer, uma reação do Judiciário à iterativa inadimplência de créditos decorrentes de desapropriações em imóveis urbanos.

Com esse entendimento, a imissão provisória dependeria do depósito prévio do valor fixado em avaliação prévia. Não se deveria adotar qualquer critério fixado na legislação de regência, cumprindo atender o que exige o texto constitucional: o pagamento haveria de ser prévio e justo. Sem tal pagamento, restaria inviável a imissão provisória.[61]

---

[61] STJ, 2ª Turma, REsp 181.407/SP, Rel. Min. João Otávio de Noronha, *DJ* 25.4.2005, p. 256.

No âmbito do Superior Tribunal de Justiça, já prevaleceu o entendimento segundo o qual "a imissão provisória em imóvel expropriado, somente é possível mediante prévio depósito de valor apurado em avaliação judicial provisória".[62] Com efeito, "conforme a jurisprudência desta Colenda Corte, a imissão provisória em imóvel expropriado, somente é possível mediante prévio depósito de valor apurado em avaliação judicial provisória".[63]

Esse entendimento do STJ restava por afastar a aplicação do art. 15 do Decreto-lei 3.365/1941, por aparentemente conflitar com a regra inscrita no art. 5º, XXIV, da Constituição Federal de 1988, que exige justa e prévia indenização em dinheiro para que se efetive a desapropriação.

Acontece, porém, que a exigência de justa e prévia indenização em dinheiro está relacionada com a imissão *definitiva* da posse, e não com a imissão provisória. É a imissão *definitiva* da posse que resulta da transferência do bem, que depende do pagamento prévio do justo preço fixado por sentença, proferida em regular procedimento, no qual se deve realizar perícia regular ou acordo entre as partes (Decreto-lei 3.365/1941, art. 29).

Os precedentes que afastavam o art. 15 do Decreto-lei 3.365/1941 partiam do pressuposto de que a regra ali prevista contrariava a necessidade de prévia e justa indenização, como se esse fosse um requisito trazido, originariamente, pela Constituição Federal de 1988. Ora, tal exigência vem sendo feita, como se viu no item 18.1 *supra*, desde a Constituição de 1824, não constituindo qualquer novidade no sistema positivo pátrio.

Aliás, o Supremo Tribunal Federal sempre proclamou – e vem reafirmando – a constitucionalidade da regra inserta no art. 15 do Decreto-lei 3.365/1941, exatamente porque a necessidade de prévia e justa indenização diz respeito à imissão *definitiva* na posse, que decorre da transferência do bem; tal exigência não se relaciona com a imissão *provisória* na posse. Realmente, é bem antigo o entendimento da Corte Suprema no sentido de que "a imissão provisória do expropriante na posse do bem declarado de utilidade pública não viola o direito de propriedade".[64] Significa que, para o STF, "não é inconstitucional a imissão provisória do expropriante na posse do bem (art. 15 do Decreto-lei 3.365, de 21-6-41)".[65]

O entendimento da Suprema Corte manteve-se ao longo do tempo, vindo a ser reafirmada a constitucionalidade do art. 15 do Decreto-lei 3.365/1941.[66] De fato, "subsiste, no regime da Constituição Federal de 1988 (art. 5º, XXIV), a jurisprudência firmada pelo Supremo Tribunal sob a égide das Cartas anteriores, ao assentar que só a perda da propriedade, no final da ação de desapropriação – e não a imissão provisória na posse do imóvel – está compreendida na garantia da justa e previa indenização".[67]

Aliás, esse entendimento do STF restou consolidado no enunciado 652 de sua Súmula de Jurisprudência, cujo teor assim soa: "Não contraria a Constituição o art. 15, parágrafo 1º, do Decreto-lei 3.365/1941 (Lei da Desapropriação por utilidade pública)".

---

[62] STJ, 1ª Turma, EDcl no REsp 330.179/PR, Rel. Min. Denise Arruda, *DJ* 15.3.2004, p. 153.
[63] STJ, 1ª Turma, REsp 97.057/MG, Rel. Min. José de Jesus Filho, *DJ* 18.11.1996, p. 44.850.
[64] STF, 2ª Turma, MS 2.313, Rel. Min. Hahnemann Guimarães, *DJ* 13.1.1955, p. 437.
[65] STF, Pleno, RMS 9.648/BA, Rel. Min. Victor Nunes, *DJ* 23.8.1962.
[66] STF, 1ª Turma, RE 91.611, Rel. Min. Cunha Peixoto, *DJ* 11.4.1980, p. 2.239. No mesmo sentido: STF, 2ª Turma, RE 216.964/SP, Rel. Min. Maurício Corrêa, *DJ* 16.2.2001, p. 140. Também no mesmo sentido: STF, 2ª Turma, RE 185.303/SP, Rel. Min. Marco Aurélio, Rel. p/ acórdão Min. Nelson Jobim, *DJ* 25.5.2001, p. 18. Ainda no mesmo sentido: STF, 2ª Turma, RE 184.069/SP, Rel. Min. Néri da Silveira, *DJ* 8.3.2002, p. 67.
[67] STF, 1ª Turma, RE 195.586/DF, Rel. Min. Octavio Gallotti, *DJ* 26.4.1996, p. 13.144.

Posteriormente, o STJ passou a dar sinais de que deveria modificar seu entendimento para não exigir mais a avaliação prévia, como requisito para a imissão provisória na posse do bem a ser desapropriado.[68] Atualmente, o STJ entende que "[a] imissão provisória na posse do imóvel objeto de desapropriação, caracterizada pela urgência, prescinde de citação do réu, tampouco de avaliação prévia ou de pagamento integral".[69]

Para que seja deferida a imissão provisória, é preciso que haja urgência e depósito prévio (Decreto-lei 3.365/1941, art. 15).

Nos termos dos §§ 2º e 3º do art. 15 do Decreto-lei 3.365/1941, a alegação de urgência, que não poderá ser renovada, obrigará o expropriante a requerer a imissão provisória dentro do prazo improrrogável de 120 (cento e vinte) dias. Excedido tal prazo, não será concedida a imissão provisória.

A jurisprudência do Supremo Tribunal Federal flexibiliza o rigor dessas regras, firmando o entendimento de que não é necessária previsão de urgência no decreto expropriatório. Ainda que a urgência não conste do texto do decreto expropriatório, poderá ser alegada no curso do procedimento judicial da desapropriação.[70] É praticamente inútil a fixação desse prazo de 120 (cento e vinte) dias. Conforme anotado em precedente do STF, tal prazo pode ser contado da alegação de urgência feita no processo judicial de desapropriação, em vez de iniciar-se da publicação do decreto expropriatório.[71]

Diante desse entendimento, praticamente se torna eliminada a exigência de obediência a esse prazo de 120 (cento e vinte) dias. Com efeito, conforme assevera Kiyoshi Harada, "a orientação pretoriana praticamente elimina o prazo fatal de 120 dias, pois se sua contagem iniciar-se a partir da alegação de urgência no processo expropriatório, nunca haverá fluência desse prazo, pela simples razão de que dita alegação só será feita por ocasião do pedido de prévia imissão".[72]

A imissão provisória, uma vez efetuada, deverá ser averbada no registro de imóveis competente, consoante previsão contida no § 4º do art. 15 do Decreto-lei 3.365/1941, inserido pela Lei 11.977, de 7 de julho de 2009. É medida que atua no plano da eficácia, qualificando a posse provisória do Poder Público perante terceiros e impedindo, de forma absoluta, eventuais alienações fraudulentas.

18.13 IMISSÃO PROVISÓRIA NA POSSE DE IMÓVEIS RESIDENCIAIS URBANOS

A desapropriação de imóvel residencial urbano submete-se a procedimento judicial que também admite imissão provisória na posse, disciplinada no Decreto-lei 1.075, de 22 de janeiro de 1970. Invocada urgência na petição inicial, deve o autor efetuar o depósito do preço ofertado. O réu é intimado para, em 5 (cinco) dias, manifestar-se. Se, em tal prazo, o

---

[68] STJ, 2ª Turma, REsp 692.519/ES, Rel. Min. Castro Meira, *DJ* 25.8.2006, p. 322. No mesmo sentido: STJ, 2ª Turma, REsp 1.234.606/MG, Rel. Min. Herman Benjamin, *DJe* 4.5.2011. Também no mesmo sentido: STJ, 2ª Turma, AgRg no Ag 1.371.208/MG, Rel. Min. Humberto Martins, *DJe* 4.4.2011. Ainda no mesmo sentido: STJ, 2ª Turma, AgRg na MC 18.876/MG, Rel. Min. Herman Benjamin, *DJe* 22.5.2012.

[69] STJ, 1ª Turma, AgInt no REsp 1.756.911/PA, Rel. Min. Regina Helena Costa, *DJe* 26.9.2019. No mesmo sentido: STJ, 2ª Turma, REsp 1.645.610/RJ, Rel. Min. Herman Benjamin, *DJe* 20.4.2017. STJ, 1ª Turma, AgRg no REsp 1.513.043/MG, Rel. Min. Sérgio Kukina, *DJe* 29.3.2016. STJ, 2ª Turma, REsp 1.185.073/SP, Rel. Min. Mauro Campbell Marques, *DJe* 5.11.2010.

[70] STF, 2ª Turma, RE 91.784/PB, Rel. Min. Moreira Alves, *DJ* 21.3.1980, p. 1.554.

[71] STF, 1ª Turma, RE 86.683/SP, Rel. Min. Soares Munoz, *DJ* 3.7.1979, p. 5.157.

[72] HARADA, Kiyoshi. *Desapropriação*: doutrina e prática. 5. ed. São Paulo: Atlas, 2005. n. 4.3.3, p. 120.

réu apresentar impugnação, deverá o juiz determinar a realização de uma avaliação prévia, a fim de fixar o valor provisório do imóvel para que possa, então, impor a imissão provisória na posse do bem.

O legislador preocupou-se mais com a perda da posse de imóvel residencial urbano, exigindo que a imissão provisória seja antecedida de prévio contraditório em que se determine uma avaliação prévia, com vistas a se obter a apuração de um valor mais próximo do que será apurado ao final. Com isso, já se possibilita que o réu possa, desde logo, adquirir outro imóvel, destinando-se à sua moradia.

Nessa hipótese, a imissão provisória depende do depósito integral do valor apurado nessa avaliação provisória.[73]

Ao apreciar o Recurso Especial 1.185.583/SP, submetido o rito das causas repetitivas (Tema 472), a 1ª Seção do STJ entendeu que, em ação de desapropriação por utilidade pública em caráter e regime de urgência, o depósito judicial do valor simplesmente apurado pelo corpo técnico do ente público, sendo inferior ao valor arbitrado por perito judicial e ao valor cadastral do imóvel, não viabiliza a imissão provisória na posse. O valor cadastral do imóvel somente pode ser adotado para satisfazer o requisito do depósito judicial se tiver sido atualizado no ano fiscal imediatamente anterior. Não estando atualizado o valor cadastral do imóvel, o juiz deve fixar o valor, em razão de avaliação a ser feita por perito judicial, cabendo ao ente expropriante, para viabilizar a imissão provisória na posse, efetuar o depósito do valor fixado na perícia judicial provisória.[74]

18.14 TRANSFERÊNCIA DA PROPRIEDADE DO BEM

O bem desapropriado somente pode ser transferido para o ente expropriante depois de pago o preço justo. Nos termos do art. 5º, XXIV, da Constituição, a desapropriação efetiva-se mediante "justa e prévia indenização".

A indenização deve ser prévia à transferência da propriedade imobiliária. Segundo esclarece Pontes de Miranda, a indenização é pela desapropriação, pela perda da propriedade, e o pagamento há de ser prévio. O pagamento prévio é pressuposto da desapropriação. E essa é uma exigência constitucional.[75]

O pagamento do preço será prévio e em dinheiro (Decreto-lei 3.365/1941, art. 32). O depósito do preço fixado por sentença, feito à disposição do juiz da causa, é considerado pagamento prévio da indenização (Decreto-lei 3.365/1941, art. 33). Se o valor determinado na sentença for superior ao depósito feito pelo ente público, a diferença há de ser paga por precatório, a não ser que o ente não esteja em dia com o pagamento dos precatórios. Nesse caso, o valor da diferença deve ser depositado em juízo. Nesse sentido, a tese do Tema 865 da Repercussão Geral do STF: "No caso de necessidade de complementação da indenização ao final do processo expropriatório, deverá o pagamento ser feito mediante depósito judicial direto se o Poder Público não estiver em dia com os precatórios".

---

[73] STJ, 1ª Seção, EREsp 28.230/SP, Rel. Min. Peçanha Martins, *DJ* 25.3.1996, p. 8.538. No mesmo sentido: STJ, 2ª Turma, REsp 67.716/MS, Rel. Min. Francisco Peçanha Martins, *DJ* 6.5.1996, p. 14.404.

[74] STJ, 1ª Seção, REsp 1.185.583/SP, Rel. Mini. Benedito Gonçalves, Rel. p/ acórdão Min. Cesar Asfor Rocha, *DJe* 23.8.2012. No mesmo sentido: "É cabível a avaliação pericial provisória como condição à imissão na posse, nas ações regidas pelo Decreto-Lei 3.365/1941, quando não observados os requisitos previstos no art. 15, § 1º, do referido diploma" (STJ, 2ª Turma, AREsp 1.674.697/RJ, rel. Min. Mauro Campbell Marques, *DJe* 9.12.2022).

[75] PONTES DE MIRANDA, Francisco Cavalcanti. *Comentários à Constituição de 1946*. 2. ed. São Paulo: Max Limonad, 1953. v. IV, p. 255.

O desapropriado, ainda que discorde do preço oferecido, do arbitrado ou do fixado pela sentença, poderá levantar até 80% (oitenta por cento) do depósito feito para fins de pagamento do preço ou para fins de imissão na posse do bem (Decreto-lei 3.365/1941, art. 33, § 2º).

O levantamento do preço será deferido mediante prova de propriedade, de quitação de dívidas fiscais que recaiam sobre o bem expropriado, e publicação de editais, com prazo de 10 (dez) dias, para conhecimento de terceiros (Decreto-lei 3.365/1941, art. 34, *caput*). Se o juiz verificar que há dúvida fundada sobre o domínio, o preço ficará em depósito, ressalvada aos interessados a ação própria para disputá-lo (Decreto-lei 3.365/1941, art. 34, parágrafo único).

Se houver concordância do expropriado, a decisão concessiva da imissão provisória na posse implicará a aquisição da propriedade do expropriante com o consequente registro imobiliário (Decreto-lei 3.365/1941, art. 34-A), caso em que o expropriado poderá levantar 100% (cem por cento) do depósito efetuado (Decreto-lei 3.365/1941, art. 34-A, § 2º). Essa concordância do expropriado não implica renúncia ao seu direito de questionar o preço ofertado em juízo (Decreto-lei 3.365/1941, art. 34-A, § 1º). Nesse caso, a vantagem para o expropriado está na possibilidade de levantar 100% (cem por cento) do depósito prévio realizado pelo ente público (Decreto-lei 3.365/1941, art. 34-A, § 2º). Nesse caso, há perda da propriedade sem a prévia e justa indenização, mas não há inconstitucionalidade, pois a perda da propriedade é *voluntária*, decorre da concordância do expropriado. O expropriado, como visto, renuncia à propriedade, mas não ao direito de questionar o preço oferecido, podendo a disputa judicial prosseguir para avaliação do valor que lhe cabe a título de indenização.

A situação é diferente na hipótese prevista no § 4º do art. 34-A do Decreto-lei 3.365/1941. Já se viu, no item 18.7 *supra*, que há inconstitucionalidade formal em tal dispositivo. Há, de igual modo, uma inconstitucionalidade material, a ser observada a esta altura.

Assim dispõe o referido § 4º: "Após a apresentação da contestação pelo expropriado, se não houver oposição expressa com relação à validade do decreto desapropriatório, deverá ser determinada a imediata transferência da propriedade do imóvel para o expropriante, independentemente de anuência expressa do expropriado, e prosseguirá o processo somente para resolução das questões litigiosas".

De acordo com a previsão normativa, não havendo impugnação à validade do decreto expropriatório, deve ser determinada a imediata transferência da propriedade do imóvel para o expropriante, independentemente de anuência expressa do expropriado.

Essa regra é inconstitucional, pois não se pode, sem a anuência do expropriado, transferir a propriedade, pois não terá havido o pagamento prévio da indenização, tal como exige a Constituição.[76]

Para que não se reconheça a inconstitucionalidade material, essa regra precisa ser interpretada conforme a Constituição. Como se viu, a desapropriação efetiva-se mediante "justa e *prévia* indenização", ou seja, a indenização há de ser prévia. Quer isso dizer que somente pode ser transferido o bem para o ente expropriante se já tiver havido o pagamento prévio. E também haverá de ser justo, tal como definido pelo juiz por sentença, a não ser que o expropriado concorde com o valor oferecido pelo ente expropriante. O depósito em juízo do valor considerado justo pelo juiz equivale ao pagamento do preço.

---

[76] Configura um inadmissível confisco a perda da propriedade sem a prévia indenização. Nesse sentido, NOBRE JÚNIOR, Edilson Pereira. Princípios da desapropriação. *Revista de Direito Administrativo*, v. 209, 1997, p. 132.

O § 4º do art. 34-A do Decreto-lei 3.365, de 1941, deve, então, ser interpretado da seguinte forma: não sendo questionada a validade do decreto, a propriedade do imóvel deve ser imediatamente transferida para o expropriante, independentemente de anuência expressa do expropriado, *desde que* tenha havido já o pagamento do valor prévio definido pelo juiz como o justo ou o seu depósito à disposição do juízo. Sem esse depósito ou pagamento prévio, não se pode transferir o bem, sob pena de manifesta inconstitucionalidade, por desrespeito ao art. 5º, XXIV, da Constituição.

De todo modo, e como já se viu no item 18.7 *supra*, há uma flagrante inconstitucionalidade formal no § 4º do art. 34-A do Decreto-lei 3.365, de 1941, não devendo ser aplicado.

18.15 DESISTÊNCIA DA DESAPROPRIAÇÃO

O autor pode desistir da ação de desapropriação, de forma unilateral, a qualquer momento, enquanto não se ultimar a incorporação do bem ao patrimônio do expropriante: no caso de bem móvel, até a tradição e, para o imóvel, até o trânsito em julgado da sentença ou o registro do título resultante do acordo.[77]

Embora o trânsito em julgado sobressaia como o marco para que o ente expropriante possa desistir da ação de desapropriação, a jurisprudência já assentou a possibilidade de aceitar a desistência depois do trânsito em julgado da sentença na ação de desapropriação, se ainda não tiver sido pago o preço.[78] Então, enquanto não ocorrer o pagamento do preço, poderá haver a desistência da ação de desapropriação,[79] mesmo que já tenha se operado o trânsito em julgado da sentença desapropriatória.[80]

A propósito, convém registrar que "[d]e acordo com a jurisprudência do Superior Tribunal de Justiça, na hipótese de desistência da ação expropriatória, os honorários devem ser fixados com base nos parâmetros do CPC e não do Decreto-Lei n. 3.365/1941. Com efeito, o regramento contido no art. 27, § 3º, desse último normativo pressupõe a fixação do valor de indenização superior ao preço oferecido, situação inexistente quando o expropriante desiste da demanda".[81]

A consumação da desapropriação opera-se com o pagamento da indenização, seja por acordo entre as partes, seja em razão do processo arbitral ou judicial. A transferência do bem depende do pagamento da indenização. Não basta o decreto expropriatório, sendo necessário, ademais, o pagamento do preço para que se possa concretizar a transferência do bem. Por isso, enquanto não paga a indenização, pode haver desistência da desapropriação.

Para que se consolide a desistência da desapropriação, deve haver a revogação do ato expropriatório (lei ou decreto) e devolução do bem expropriado, gerando a invalidação do acordo ou a extinção do processo. A desistência da desapropriação somente poderá concretizar-se, se for possível devolver o bem expropriado nas mesmas condições em que o expropriante o recebeu do proprietário.[82] Cabe ao expropriado comprovar a alteração no bem, a inviabilizar a desistência da desapropriação; é do expropriado o ônus da prova, pois se trata

---

[77] MEIRELLES, Hely Lopes. *Direito administrativo brasileiro*. 23. ed. atual. por Eurico de Andrade Azevedo, Délcio Balestero Aleixo e José Emmanuel Burle Filho. São Paulo: Malheiros, 1998. p. 507.
[78] STJ, 2ª Turma, REsp 402.482/RJ, Rel. Min. Eliana Calmon, *DJ* 12.8.2002, p. 202.
[79] STJ, 1ª Turma, REsp 280.392/SP, Rel. Min. Garcia Vieira, *DJ* 11.12.2000, p. 182; *RSTJ* 140:149.
[80] STJ, 2ª Turma, REsp 702.164/SP, Rel. Min. Castro Meira, *DJ* 29.8.2006.
[81] STJ, 2ª Turma, REsp 1.327.789/SP, Rel. Min. Og Fernandes, *DJe* 9.5.2018.
[82] STJ, 2ª Turma, REsp 1.397.844/SP, Rel. Min. Eliana Calmon, *DJe* 24.9.2013; STJ, 1ª Turma, AgRg no AREsp 88.259/SP, Rel. Min. Sérgio Kukina, *DJe* 28.3.2016.

de fato impeditivo do direito de desistência.[83] Havendo alteração no bem, não se admite a desistência da desapropriação.[84] De fato, "antes de efetuado o pagamento pela desapropriação e se encontrando o imóvel em condição de devolução, é admissível a desistência da ação".[85]

Na lição de Massami Uyeda, a desistência da desapropriação fica condicionada aos seguintes fatores: "que o preço da indenização não tenha sido pago e não se tenha transcrito no Registro Imobiliário a sentença final expropriatória e, também, que o bem expropriando, cuja desistência é pretendida não tenha perdido suas características essenciais".[86]

Uma vez operado o trânsito em julgado da sentença e efetuado o pagamento do preço correlato, já *não* se viabiliza mais a desistência da ação de desapropriação, sob pena de ofensa à coisa julgada.[87] A partir desse momento, não cabe mais a desistência da desapropriação, sendo possível a *retrocessão*, que é a obrigação de o expropriante oferecer o bem ao expropriado, quando não lhe for dado o destino declarado no ato expropriatório, mediante a devolução por parte desse último do valor da indenização (Código Civil/1916, art. 1.150; *correspondente* ao art. 519 do Código Civil/2002).[88]

A essa altura, cumpre lembrar que "ao imóvel desapropriado para implantação de parcelamento popular, destinado às classes de menor renda, não se dará outra utilização nem haverá retrocessão" (Decreto-lei 3.365/1941, art. 5º, § 3º).

---

[83] STJ, 2ª Turma, REsp 1.368.773/MS, Rel. Min. Og Fernandes, Rel. p/ acórdão Min. Herman Benjamin, DJe 2.2.2017.

[84] MEIRELLES, Hely Lopes. *Direito administrativo brasileiro*. 23. ed. atual. por Eurico de Andrade Azevedo, Délcio Balestero Aleixo e José Emmanuel Burle Filho. São Paulo: Malheiros, 1998. p. 507-508.

[85] STJ, 1ª Seção, REsp 93.416/MG, Rel. Min. Castro Filho, DJ 22.4.2002, p. 158.

[86] UYEDA, Massami. *Da desistência da desapropriação*. 2. ed. Curitiba: Juruá, 2001. n. 22, p. 83.

[87] STJ, 1ª Turma, REsp 187.825/SP, Rel. Min. Milton Luiz Pereira, DJ 28.5.2001, p. 177.

[88] "Processual civil. Embargos de declaração. Omissão. Inexistência. Efeitos infringentes. Impossibilidade. (Direito administrativo – Recurso especial – Retrocessão – Desvio de finalidade pública de bem desapropriado – Condenação do município à devolução do bem mediante o ressarcimento da indenização recebida pela expropriada. Abordagem do tema prescricional. Rejeição dos embargos). 1. Assentando o acórdão recorrido que: '2. A retrocessão é um instituto através do qual ao expropriado é lícito pleitear as consequências pelo fato de o imóvel não ter sido utilizado para os fins declarados na desapropriação. Nessas hipóteses, a lei permite que a parte, que foi despojada do seu direito de propriedade, possa reivindicá-lo e, diante da impossibilidade de fazê-lo (*ad impossibilia nemo tenetur*), subjaz-lhe a ação de perdas e danos. 3. A retrocessão é um direito real do ex-proprietário de reaver o bem expropriado, mas não preposto a finalidade pública (Celso Antônio Bandeira de Mello, *Curso de Direito Administrativo*, 17ª edição, pg. 784). 4. A jurisprudência desta Corte considera a retrocessão uma ação de natureza real (STJ: REsp nº 570.483/MG, Segunda Turma, Rel. Min. Franciulli Netto, *DJU* de 30/06/2004). 5. Outrossim, o Supremo Tribunal Federal também assentou a natureza real da retrocessão: 'Desapropriação – Retrocessão – Prescrição – Direito de natureza real – Aplicação do prazo previsto no art. 177 do CC e não do quinquenal do De. 20.910/32 – Termo inicial – Fluência a partir da data da transferência do imóvel ao domínio particular, e não da desistência pelo Poder expropriante' (STF, ERE 104.591/RS, Rel. Min. Djaci Falcão, *DJU* 10/04/87) (...) 10. É aplicável *in casu* o artigo 177 do CCB/16 que estabelece ser de 10 anos o prazo prescricional para as ações de natureza real. 11. A mesma exegese foi emprestada pelo e. Supremo Tribunal Federal: 'Retrocessão. Aplica-se-lhe o prazo de prescrição de dez anos, previsto no art. 177 do Código Civil e não o quinquenal, estabelecido pelo Decreto nº 20.910-32. (...)" (STF – RE nº 104.591/RS, Rel. Min. Octavio Gallotti, *DJU* de 16/05/86). 2. É cediço na Corte que inocorrentes as hipóteses de omissão, contradição, obscuridade ou erro material, não há como prosperar o inconformismo, cujo real objetivo é a pretensão de reformar o *decisum*, o que é inviável de ser revisado em sede de embargos de declaração, dentro dos estreitos limites previstos no artigo 535 do CPC. 3. Embargos de declaração rejeitados" (STJ, 1ª Turma, EDcl no REsp 623.511/RJ, Rel. Min. Luiz Fux, *DJ* 26.9.2005, p. 188).

Caso a desapropriação tenha sido decretada por determinado ente público, mas efetivada por outro ente, a quem se incumbiu o pagamento do preço da indenização, com a consequente incorporação do bem ao seu patrimônio, a ação de retrocessão deve ser proposta em face desse último, e não daquele primeiro que apenas editou o ato expropriatório. Em outras palavras, a ação de retrocessão deve ser proposta em face da entidade que incorporou o bem expropriado ao seu patrimônio, mediante pagamento do respectivo preço.[89]

Não havendo, por parte do expropriante, o cumprimento da retrocessão, o direito do expropriado resolve-se em perdas e danos, porquanto a incorporação do bem ao patrimônio público ocorre de forma *originária*,[90] e não derivada, não sendo objeto de reivindicação (Decreto-lei 3.365/1941, art. 35).

Se o bem que foi expropriado não for alocado conforme previsto no ato de desapropriação, ocorre a chamada *tredestinação*, que pode ser lícita ou ilícita. Será ilícita quando o bem desapropriado é transferido indevidamente a terceiro ou quando houver desvio de finalidade, conferindo ao particular o direito à retrocessão.[91] Já a tredestinação lícita ocorre quando o Poder Público confere ao bem expropriado destinação diversa, mas mantém o interesse público, não havendo desvio de finalidade na desapropriação, descaracterizando a possibilidade de retrocessão.[92] Nessa linha, a "... jurisprudência do Superior Tribunal de Justiça é firme no sentido de que não há falar em retrocessão se ao bem expropriado for dada destinação que atende ao interesse público, ainda que diversa da inicialmente prevista no decreto expropriatório".[93]

18.16 CORREÇÃO MONETÁRIA, JUROS MORATÓRIOS E JUROS COMPENSATÓRIOS NA DESAPROPRIAÇÃO

Nos termos do enunciado 561 da Súmula do STF, é devida, em desapropriação, a correção monetária até a data do efetivo pagamento da indenização, devendo proceder-se à atualização do cálculo, ainda que por mais de uma vez. Com efeito, cabe, na desapropriação, a atualização monetária, ainda que por mais de uma vez, independente do decurso de prazo superior a um ano entre o cálculo e o efetivo pagamento da indenização (Súmula 67 do STJ).

---

[89] "Administrativo. Retrocessão. *Legitimidade ad Causam*. 1. A legitimidade para a Ação de Retrocessão é da entidade que, mercê de não ter sido a expropriante originária, incorporou o bem expropriado ao seu patrimônio, incumbindo-se do pagamento da indenização. 2. É que raciocínio inverso imporia *legitimatio per saltum* desconhecendo a transferência originária do domínio, sem verificar a propriedade devida. 3. Recurso especial desprovido" (STJ, 1ª Turma, REsp 983.390/MG, Rel. Min. Francisco Falcão, Rel. p/ acórdão Min. Luiz Fux, *DJe* 4.9.2008).

[90] "(...) a desapropriação é forma de aquisição originária da propriedade, recebendo o ente expropriante o bem expropriado livre de quaisquer ônus anteriores." (STJ, 1ª Turma, AgInt no AREsp 2.050.893/SP, Rel. Min. Gurgel de Faria, *DJe* 20.10.2022).

[91] STJ, 2ª Turma, REsp 1.134.493/MS, Rel. Min. Herman Benjamin, *DJe* 30.3.2010.

[92] STJ, 2ª Turma, REsp 814.570/SP, Rel. Min. Mauro Campbell Marques, *DJe* 20.9.2010. Nesse mesmo sentido: "(...) não atendido o objetivo descrito no decreto expropriatório, constitui obrigação do Poder Público oferecer ao expropriado o direito de reaver o bem (retrocessão) ou, não sendo isso possível, de reparar os danos daí decorrentes. 6. Entretanto, pretensão desse jaez terá lugar somente quando o bem expropriado, comprovadamente, deixar de atender ao interesse público, em contexto que possa caracterizar a denominada tredestinação ilícita, esta sim geradora do direito à retrocessão ou, na sua impossibilidade, à correspondente indenização por perdas e danos em prol da parte expropriada" (STJ, 1ª Turma, REsp 1.421.618/RJ, Rel. Min. Benedito Gonçalves, Rel. p/ acórdão Min. Sérgio Kukina, *DJe* 20.11.2017).

[93] STJ, 1ª Seção, AgInt nos EDv nos EREsp 1.421.618/RJ, Rel. Min. Og Fernandes, *DJe* 2.12.2019.

Na desapropriação, incidem juros compensatórios e moratórios (Súmula 12 do STJ), sendo computados em momentos diversos, como será adiante demonstrado. A taxa dos juros compensatórios é de 12% (doze por cento) ao ano (Súmula 618 do STF), sendo devidos desde a antecipada imissão de posse, ordenada pelo juiz, por motivo de urgência (Súmula 164 do STF; Súmulas 69 e 113 do STJ).

A Medida Provisória 1.577/1997 (e suas sucessivas reedições até a Medida Provisória 2.183-56/2001) introduziu no Decreto-lei 3.365/1941 um art. 15-A, prevendo que os juros compensatórios fossem fixados em "até" 6% (seis por cento) ao ano. O Supremo Tribunal Federal, ao apreciar a Ação Direta de Inconstitucionalidade 2.332/DF, julgou parcialmente procedente o pedido formulado para reconhecer a constitucionalidade do percentual de juros compensatórios de 6% (seis por cento) ao ano para remuneração do proprietário pela imissão provisória do ente público na posse de seu bem, declarando a inconstitucionalidade do vocábulo "até", valendo dizer que os juros não devem ser de "até" 6% (seis por cento) ao ano, mas exatamente de 6% (seis por cento) ao ano.

No mesmo julgamento, o STF, interpretando o art. 15-A do Decreto-Lei 3.365, de 1941, conforme a Constituição, concluiu que devem incidir juros compensatórios sobre a diferença entre 80% (oitenta por cento) do preço ofertado em juízo pelo ente público e o valor do bem fixado na sentença. O STF também reconheceu a constitucionalidade dos §§ 1º a 3º do referido art. 15-A, de sorte que "os juros compensatórios destinam-se, apenas, a compensar a perda de renda comprovadamente sofrida pelo proprietário". Além disso, "não serão devidos juros compensatórios quando o imóvel possuir graus de utilização de terra e de eficiência na exploração iguais a zero".

Os juros de 6% (seis por cento) ao ano devem incidir também nas ações de indenização por apossamento administrativo ou nas ações de desapropriação indireta, bem como naquelas em que se pretende indenização por restrições decorrentes de atos do Poder Público, em especial nas destinadas à proteção ambiental, incluindo os juros sobre o valor fixado na sentença.

O STF, no mencionado julgamento, proclamou a inconstitucionalidade do § 4º do art. 15-A do Decreto-lei 3.365, de 1941, de modo que devem, sim, incidir juros compensatórios, nas ações de indenização por desapossamento administrativo ou desapropriação indireta relativamente a período anterior à aquisição da propriedade ou posse titulada pelo autor da ação.

Os juros compensatórios são, enfim, de 6% (seis por cento) ao ano.[94]

Diante de tal julgamento, o enunciado 408 da Súmula do STJ[95] deveria ser revogado e foi: o STJ, ao julgar a *Pet 12.344/DF*, examinou a proposta de revisão de teses repetitivas e, entre outras deliberações, revogou o referido enunciado 408 de sua Súmula, "por despicienda a convivência do enunciado com tese repetitiva dispondo sobre a mesma questão (Tese 126/STJ). Providência de simplificação da prestação jurisdicional".[96]

---

[94] O STJ, ao julgar a Pet 12.344/DF, revisou a tese fixada no tema repetitivo 126 (*"Nas ações de desapropriação, os juros compensatórios incidentes após a Medida Provisória n. 1.577, de 11/06/1997, devem ser fixados em 6% ao ano até 13/09/2001 e, a partir de então, em 12% ao ano, na forma da Súmula n. 618 do Supremo Tribunal Federal"*) para, então, conferir-lhe a seguinte redação: "O índice de juros compensatórios na desapropriação direta ou indireta é de 12% até 11.6.97, data anterior à publicação da MP 1577/97".

[95] Súmula STJ, 408: "Nas ações de desapropriação, os juros compensatórios incidentes após a Medida Provisória n. 1.577, de 11/06/1997, devem ser fixados em 6% ao ano até 13/09/2001 e, a partir de então, em 12% ao ano, na forma da Súmula n. 618 do Supremo Tribunal Federal".

[96] STJ, 1ª Seção, Pet 12.344/DF, Rel. Min. Og Fernandes, *DJe* 13.11.2020.

Na oportunidade, o STJ apreciou os temas repetitivos 1.071, 1.072 e 1.073 e definiu as seguintes teses de observância obrigatória:

> *Tema 1.071*: "A discussão acerca da eficácia e efeitos da medida cautelar ou do julgamento de mérito da ADI 2332 não comporta revisão em recurso especial".
>
> *Tema 1.072*: "Os juros compensatórios observam o percentual vigente no momento de sua incidência".
>
> *Tema 1.073*: "As Súmulas 12/STJ ('Em desapropriação, são cumuláveis juros compensatórios e moratórios'), 70/STJ ('Os juros moratórios, na desapropriação direta ou indireta, contam-se desde o trânsito em julgado da sentença') e 102/STJ ('A incidência dos juros moratórios sobre os compensatórios, nas ações expropriatórias, não constitui anatocismo vedado em lei') somente se aplicam às situações havidas até 12.01.2000, data anterior à vigência da MP 1.997-34".

Os juros compensatórios destinam-se a compensar o proprietário pela perda do bem, não sendo devidos em caso de improdutividade.[97] Essa hipótese de falta de juros compensatórios em caso de improdutividade estava prevista no § 2º do art. 15-A do Decreto-lei 3.365/1941, mas tal dispositivo teve sua redação alterada pela Lei 14.620/2023, que deixou de prever a falta de juros compensatórios em caso de improdutividade. Não há, portanto, mais essa restrição. Logo, mesmo sendo improdutivo o imóvel, pode haver incidência de juros compensatórios.

---

[97] O STJ, no julgamento da Pet 12.344/DF, adaptou a tese do tema repetitivo 280 (*"A eventual improdutividade do imóvel não afasta o direito aos juros compensatórios, pois esses restituem não só o que o expropriado deixou de ganhar com a perda antecipada, mas também a expectativa de renda, considerando a possibilidade do imóvel ser aproveitado a qualquer momento de forma racional e adequada, ou até ser vendido com o recebimento do seu valor à vista"*), conferindo-lhe a seguinte redação: "Até 26.9.99, data anterior à publicação da MP 1901-30/99, são devidos juros compensatórios nas desapropriações de imóveis improdutivos".
Também foi adaptada, no julgamento da Pet 12.344/DF, a tese do tema repetitivo 281. A tese 281 do STJ (*"São indevidos juros compensatórios quando a propriedade se mostrar impassível de qualquer espécie de exploração econômica seja atual ou futura, em decorrência de limitações legais ou da situação geográfica ou topográfica do local onde se situa a propriedade"*) passou a ostentar o seguinte teor: "Mesmo antes da MP 1901-30/99, são indevidos juros compensatórios quando a propriedade se mostrar impassível de qualquer espécie de exploração econômica atual ou futura, em decorrência de limitações legais ou fáticas".
Ainda no julgamento da Pet 12.344/DF, o STJ adequou a tese do tema repetitivo 282 (*"Para aferir a incidência dos juros compensatórios em imóvel improdutivo, deve ser observado o princípio do tempus regit actum, assim como acontece na fixação do percentual desses juros. As restrições contidas nos §§ 1º e 2º do art. 15-A, inseridas pelas MP's n. 1.901-30/99 e 2.027-38/00 e reedições, as quais vedam a incidência de juros compensatórios em propriedade improdutiva, serão aplicáveis, tão somente, às situações ocorridas após a sua vigência"*) para dar-lhe a seguinte redação: "i) A partir de 27.9.99, data de publicação da MP 1901-30/99, exige-se a prova pelo expropriado da efetiva perda de renda para incidência de juros compensatórios (art. 15-A, § 1º, do Decreto-lei 3365/41); e ii) Desde 5.5.2000, data de publicação da MP 2027-38/00, veda-se a incidência dos juros em imóveis com índice de produtividade zero (art. 15-A, § 2º, do Decreto-lei 3365/41)".
Também no julgamento da Pet 12.344/DF, o STJ cancelou a tese 283 (*"Para aferir a incidência dos juros compensatórios em imóvel improdutivo, deve ser observado o princípio do tempus regit actum, assim como acontece na fixação do percentual desses juros. Publicada a medida liminar concedida na ADI 2.332/DF (DJU de 13.09.2001), deve ser suspensa a aplicabilidade dos §§ 1º e 2º do artigo 15-A do Decreto-lei n. 3.365/41 até que haja o julgamento de mérito da demanda"*).
Não há mais, enfim, juros compensatórios sobre perda da posse de imóvel improdutivo.

Se a perícia, realizada na desapropriação, concluir que o depósito inicialmente feito equivale ou supera o valor a ser fixado como indenização pela perda do bem, não deverá haver condenação do ente expropriante ao pagamento de juros compensatórios, pois estará atendida a exigência constitucional do pagamento de preço justo e prévio.

Quanto aos juros moratórios, o verbete 70 da Súmula do STJ enunciava que deveriam ser contados desde o trânsito em julgado da sentença. O entendimento resumido nesse verbete sumular, como visto, não mais persiste, em razão da inserção do art. 15-B ao Decreto-lei 3.365/1941. Segundo tal dispositivo, nas ações de desapropriação, "os juros moratórios destinam-se a recompor a perda decorrente do atraso no efetivo pagamento da indenização fixada na decisão final de mérito, e somente serão devidos à razão de seis por cento ao ano, a partir de 1º de janeiro do exercício seguinte àquele em que o pagamento deveria ser feito, nos termos do art. 100 da Constituição".

A regra confirma o entendimento do STF já indicado no subitem 12.1.8 *supra*, segundo o qual os juros incidem em razão da *mora* do devedor; o atraso no pagamento acarreta a necessidade de se computarem juros no valor da dívida. No caso do precatório, já se viu que, uma vez inscrito até o dia 2 de abril, o crédito correspondente deve ser pago até o final do exercício seguinte. Então, a Fazenda Pública dispõe desse prazo para efetuar o pagamento. Realizado o pagamento nesse período constitucionalmente fixado, não ocorre mora, não havendo, portanto, que se falar em cômputo de juros. Noutros termos, os juros moratórios somente incidem a partir do *atraso* no pagamento, ou seja, decorrido o exercício financeiro, e não tendo sido pago, a partir de janeiro do ano seguinte é que deve iniciar o cômputo dos juros. Assim, tome-se como exemplo um precatório que tenha sido inscrito até o dia 2 de abril de 2022. Deverá, como se viu, ser efetuado o pagamento até o dia 31 de dezembro de 2023, respeitada a ordem cronológica de inscrição. Sendo o pagamento realizado até aquele dia 31 de dezembro, não haverá cômputo de juros moratórios, já que não houve inadimplemento. Passado, contudo, o dia 31 de dezembro de 2023, sem que tenha havido o pagamento, haverão de incidir juros moratórios a partir de 1º de janeiro de 2024 até a data em que ocorrer o efetivo pagamento.[98]

Na desapropriação, incidem, como visto, juros moratórios e juros compensatórios. Não são exatamente cumulativos, pois se referem a momentos diferentes. É por isso que o Superior Tribunal de Justiça, no julgamento do Recurso Especial 1.118.103/SP, Rel. Min. Teori Albino Zavascki, submetido ao regime de recursos repetitivos (*Temas 210*[99] e *211*[100]), firmou entendimento no sentido de que "não ocorre, no atual quadro normativo, hipótese de cumulação de juros moratórios e juros compensatórios, eis que se tratam (*sic*) de encargos que incidem em períodos diferentes: os juros compensatórios têm incidência até a data da expedição de precatório, enquanto os moratórios somente incidirão se o precatório expedido não for pago no prazo constitucional".

---

[98] Nesse sentido: STJ, 1ª Turma, REsp 731.737/RS, Rel. Min. Teori Albino Zavascki, *DJ* 2.5.2005, p. 251. No mesmo sentido: STJ, 1ª Seção, EREsp 615.018/RS, Rel. Min. Castro Meira, *DJ* 6.6.2005, p. 175. Ainda no mesmo sentido: STJ, 1ª Turma, REsp 744.622/RS, Rel. Min. Denise Arruda, *DJ* 21.9.2006, p. 222.

[99] Tema/Repetitivo 210 do STJ: "O termo inicial dos juros moratórios em desapropriações é o dia 1º de janeiro do exercício seguinte àquele em que o pagamento deveria ser feito".

[100] Tema/Repetitivo 211 do STJ: "Os juros compensatórios, em desapropriação, somente incidem até a data da expedição do precatório original (...), não havendo hipótese de cumulação de juros moratórios com juros compensatórios".

Assim, os juros compensatórios incidem desde a imissão provisória na posse até a expedição do precatório,[101] enquanto os moratórios só incidirão se não pago, no prazo constitucionalmente fixado, o crédito inscrito no precatório.

Pela demora no pagamento do preço da desapropriação, não cabe indenização complementar além dos juros (Súmula 416 do STF).

O art. 1º-F da Lei 9.494, de 1997, na redação que lhe foi atribuída pela Lei 11.960, de 2009, assim prevê: "Nas condenações impostas à Fazenda Pública, independentemente de sua natureza e para fins de atualização monetária, remuneração do capital e compensação da mora, haverá a incidência uma única vez, até o efetivo pagamento, dos índices oficiais de remuneração básica e juros aplicados à caderneta de poupança". Tal disposição reproduz o texto do § 12 do art. 100 da Constituição, cuja inconstitucionalidade foi proclamada pelo STF no julgamento das Ações Diretas de Inconstitucionalidade 4.357 e 4.425. A disposição do referido art. 1º-F deve ser igualmente considerada inconstitucional.

Ao julgar o Recurso Extraordinário 870.947 (*Tema 810*), o STF proclamou a inconstitucionalidade do mencionado art. 1º-F da Lei 9.494, de 1997, apenas no que diz respeito às relações jurídico-tributárias. Os juros, nas relações não tributárias, devem receber a incidência do art. 1º-F da Lei 9.404, de 1997, sendo, porém, inconstitucional a correção monetária ali prevista para qualquer tipo de relação jurídica. O STF, ao julgar as Ações Diretas de Inconstitucionalidade 4.357, 4.425 e 5.348, considerou também inconstitucional o art. 1º-F da Lei 9.494/1997.

De todo modo, o aludido art. 1º-F da Lei 9.494, de 1997, não se aplica às desapropriações, diretas ou indiretas. Ao julgar os Recursos Especiais 1.495.146/MG, 1.495.144/RS e 1.492.221/PR, Rel. Min. Mauro Campbell Marques, submetidos ao regime dos recursos repetitivos (*Tema 905*), a 1ª Seção do STJ firmou a tese segundo a qual "no âmbito das condenações judiciais referentes a desapropriações diretas e indiretas existem regras específicas, no que concerne aos juros moratórios e compensatórios, razão pela qual não se justifica a incidência do art. 1º-F da Lei 9.494/97 (com redação dada pela Lei 11.960/2009), nem para compensação da mora nem para remuneração do capital".

O Recurso Extraordinário 1.317.982 foi afetado como Tema 1.170 da Repercussão Geral, tendo sido julgado, com a fixação da seguinte tese: "É aplicável às condenações da Fazenda Pública envolvendo relações jurídicas não tributárias o índice de juros moratórios estabelecido no art. 1º-F da Lei 9.494/1997, na redação dada pela Lei 11.960/2009, a partir da vigência da referida legislação, mesmo havendo previsão diversa em título executivo judicial transitado em julgado".

Como está definido pelo STF, mesmo que haja coisa julgada em sentido divergente, os juros moratórios, nas relações não tributárias que envolvam o Poder Público, são os mesmos aplicáveis para remuneração da caderneta de poupança, aplicando-se o art. 1º-F da Lei 9.494/1997.

---

[101] Nesse sentido, assim dispõe o art. 25 da Resolução 303/2019 do CNJ: "Art. 25. Os juros compensatórios em ação de desapropriação não incidem após a expedição do precatório.
§ 1º. Os juros compensatórios incidirão até a data da promulgação da Emenda Constitucional nº 62, de 9 de dezembro de 2009, caso o precatório tenha sido antes desse momento expedido e sua incidência decorra de decisão transitada em julgado. § 2º. Em ações expropriatórias, a incidência de juros moratórios sobre os compensatórios não constitui anatocismo vedado em lei."

18.17 CUSTAS E HONORÁRIOS NA DESAPROPRIAÇÃO

As custas, na desapropriação, serão pagas pelo autor, se o réu aceitar o preço oferecido. Se, todavia, o réu não aceitar o preço, as custas serão pagas pelo vencido ou proporcionalmente, na forma da lei (Decreto-lei 3.365/1941, art. 30).

Consoante já acentuado no item 18.10 *supra*, caso haja perícia, esta deve ser custeada pelo ente expropriante (CPC, art. 95), cabendo-lhe efetuar o depósito prévio dos honorários do perito, nos termos do enunciado 232 da Súmula do STJ.

Já se viu que, na desapropriação, a contestação somente poderá versar sobre vícios no processo judicial e sobre o valor do preço ofertado pela Fazenda Pública na petição inicial (Decreto-lei 3.365/1941, art. 20). O réu, na desapropriação, pode impugnar o preço ofertado. Se for acolhida a impugnação, a Fazenda Pública será vencida nessa diferença. Assim, ofertado, por exemplo, o preço de R$ 100.000,00 (cem mil reais) e, na contestação, o réu a impugna, entendendo serem devidos R$ 150.000,00 (cento e cinquenta mil reais), caso venha a ser acolhida a impugnação, para fixar-se o preço nesse último valor, a Fazenda Pública será sucumbente em R$ 50.000,00 (cinquenta mil reais). Logo, e por razões óbvias, "os honorários de advogado em desapropriação direta são calculados sobre a diferença entre a indenização e a oferta, corrigidos monetariamente" (Súmula 141 do STJ). Nesse mesmo sentido, assim enuncia o verbete 617 da Súmula do STF: "A base de cálculo dos honorários de advogado em desapropriação é a diferença entre a oferta e a indenização, corrigidas ambas monetariamente". A correção monetária desses valores, na apuração da base de cálculo para os honorários, é fundamental, "sob pena de, por lógica econômica, o valor posteriormente firmado ser sempre superior ao inicial".[102]

No cálculo dos honorários do advogado do expropriado, que incidem sobre a diferença entre a oferta e a indenização, incluem-se as parcelas relativas aos juros compensatórios e moratórios, devidamente corrigidas (Súmula 131 do STJ). Significa que o valor relativo aos juros integra a base de cálculo para a incidência dos honorários de sucumbência.

De acordo com o § 1º do art. 27 do Decreto-lei 3.365/1941, na redação que lhe deu a Medida Provisória 2.183-56/2001, a sentença que fixar o valor da indenização quando este for superior ao preço oferecido condenará o desapropriante a pagar honorários do advogado, que serão fixados de 0,5% (meio por cento) a 5% (cinco por cento) sobre a diferença entre o preço oferecido e o valor da indenização, não podendo os honorários ultrapassar R$ 151.000,00 (cento e cinquenta e um mil reais). Ao julgar a Ação Direta de Inconstitucionalidade 2.332/DF, o Supremo Tribunal Federal reconheceu a constitucionalidade dos percentuais mínimo e máximo para fixação dos honorários do advogado, mas proclamou a inconstitucionalidade da expressão "não podendo os honorários ultrapassar R$ 151.000,00 (cento e cinquenta e um mil reais)".

Cumpre destacar que o dispositivo refere-se ao art. 20, § 4º, do CPC de 1973, devendo a referência ser ajustada para o § 2º do art. 85 do CPC de 2015.

A propósito, cumpre lembrar o disposto no § 4º do art. 1.046 do CPC de 2015, segundo o qual "As remissões a disposições do Código de Processo Civil revogado, existentes em outras leis, passam a referir-se às que lhes são correspondentes neste Código".

Assim, a referência ao § 4º do art. 20 do CPC de 1973 deve ser lida como ao § 2º do art. 85 do CPC de 2015.

---

[102] STJ, 2ª Turma, REsp 1.342.730/PE, Rel. Min. Og Fernandes, *DJe* 13.6.2018.

O § 4º do art. 20 do CPC de 1973 previa que os honorários impostos contra a Fazenda Pública deveriam ser fixados por equidade. Tal parâmetro não se repete no § 2º do art. 85 do CPC de 2015. O texto do § 1º do art. 27 do Decreto-lei 3.365/1941 estabelece um limite entre 0,5% (meio por cento) e 5% (cinco por cento), fazendo remissão ao § 4º do art. 20 do CPC de 1973 para que a fixação seja feita por equidade, ou seja, para que haja "equilíbrio" na fixação, o que é substituído pelos critérios previstos no § 2º do art. 85 do CPC de 2015, devendo o juiz, na fixação do valor, considerar o grau de zelo do profissional, o lugar de prestação do serviço, a natureza e a importância da causa e o trabalho realizado pelo advogado e o tempo exigido para o seu serviço.

Sendo a desapropriação uma causa que necessariamente envolve o Poder Público, o § 1º do art. 27 do Decreto-lei 3.365/1941 apresenta-se como mais um inciso do § 3º do art. 85 do CPC de 2015. Quer isso dizer que os honorários impostos contra a Fazenda Pública devem ser fixados nos termos do § 3º do art. 85 do CPC. Tratando-se de desapropriação, os limites são de 0,5% (meio por cento) a 5% (cinco por cento). A remissão ao § 4º do art. 20 do CPC de 1973 é feita para que se observe uma "equidade" ou "ponderação" na fixação dos honorários, cujo valor deve variar entre 0,5% (meio por cento) e 5% (cinco por cento) sobre a diferença entre a oferta e a aceitação.

Ao julgar o Recurso Especial 1.114.407/SP, submetido ao procedimento dos repetitivos (*Tema 184*), o STJ fixou a seguinte tese: "O valor dos honorários advocatícios em sede de desapropriação deve respeitar os limites impostos pelo artigo 27, § 1º, do Decreto-lei 3.365/41 – qual seja: entre 0,5% e 5% da diferença entre o valor proposto inicialmente pelo imóvel e a indenização imposta judicialmente". Tal tese foi mantida no julgamento da Pet 12.344/DF.

Esse limite deve também ser respeitado na fixação dos honorários recursais. Nos termos do § 11 do art. 85 do CPC, o tribunal, ao rejeitar o recurso, deve majorar os honorários fixados anteriormente em favor do advogado do vencedor, sendo-lhe vedado, no cômputo geral da fixação dos honorários, ultrapassar os limites estabelecidos nos §§ 2º e 3º do art. 85 do CPC. No caso da desapropriação, o limite é de 5% (cinco por cento). Logo, na fixação dos honorários recursais, tal limite há de ser respeitado.[103]

De igual modo, esse limite deve ser observado no cumprimento da sentença de desapropriação[104]. Assim, apresentada impugnação ao cumprimento de sentença, e sendo caso de precatório, haverá honorários (CPC, art. 85, § 7º), observados os percentuais do § 1º do art. 27 do Decreto-lei 3.365, de 1941.

Significa que os honorários de advogado, na desapropriação, devem ser fixados entre 0,5% (meio por cento) e 5% (cinco por cento) do valor da diferença, a não ser que se trate de desapropriação de imóvel rural, por interesse social, para fins de reforma agrária, hipótese em que os honorários são fixados em até 20% (vinte por cento) sobre a diferença entre o preço oferecido e o valor da indenização, tal como demonstrado no item 18.20 *infra*.

Como se viu, o art. 27, § 1º, do Decreto-lei 3.365, de 1941, dispõe que os honorários de sucumbência, na desapropriação, devem ser calculados sobre a diferença entre o valor da

---

[103] "(...) não é possível majorar os honorários advocatícios, na situação em apreço, em razão da necessidade de se observar o limite legal previsto para as ações de desapropriação, conforme regramento específico disposto no § 1º do art. 27 do Decreto-Lei n. 3.365/1941, mormente porque as instâncias ordinárias arbitraram a verba honorária em 5% (cinco por cento) do valor da diferença entre a oferta e a indenização fixada." (STJ, 2ª Turma, AgInt no AREsp 1.829.175/RJ, Rel. Min. Og Fernandes, *DJe* 9.6.2021).

[104] "As ações de desapropriação observam na fase de cumprimento de sentença, no que couber, o regime do art. 27, § 1.º, do Decreto-Lei 3.365/1941, o que inclui os seus limites percentuais" (STJ, 2ª Turma, REsp 2.075.692/SP, rel. Min. Mauro Campbell Marques, *DJe* 17.8.2023).

oferta e o valor da indenização. A previsão normativa parte do pressuposto de que há diferença entre o valor ofertado pelo ente expropriante e o fixado pelo juiz. É possível, porém, que não haja tal diferença. O juiz pode acolher a oferta do ente público, por ter a perícia indicado que tal valor é correto e justo.

Em tal hipótese, o sucumbente será o expropriado, que resistiu à pretensão do expropriante. O ente público terá oferecido o valor, mas o expropriado não o aceitou. Se o juiz considerar que tal valor é o correto e justo, terá sido o expropriado a ter dado causa à demanda, respondendo pela sucumbência. Nesse caso, os honorários devem incidir sobre qual valor? Qual, enfim, a base de cálculo para sua fixação?

Segundo entendimento firmado no âmbito da jurisprudência do STJ, havendo desistência da desapropriação, não há previsão normativa que indique a base de cálculo dos honorários. Por isso, o STJ, em caso de desistência da desapropriação, fixa os honorários de sucumbência com base nos parâmetros do CPC.[105] O STJ considera, em tal hipótese, que o Decreto-lei 3.365, de 1941, pressupõe a fixação de valor de indenização superior ao preço oferecido. Isso, todavia, não ocorre nos casos de desistência, devendo-se levar em conta o regramento do CPC.

É exatamente isso que ocorre nos casos de acolhimento da oferta do ente público. A hipótese prevista no § 1º do art. 27 do Decreto-lei 3.365, de 1941, não se concretiza, não preenchendo seu suporte fático. Nesse caso, os honorários devem ser fixados com base no valor da causa, e não na diferença do valor encontrado, pois não há tal diferença.[106]

De igual modo, é exatamente isso que ocorre nos casos de fixação de indenização em valor menor do que o oferecido pelo ente público. Nesse caso, aplica-se o CPC, devendo os honorários ser fixados sobre o valor da causa, a serem suportados pelo expropriado.

O STJ assim já decidiu: *"tendo a indenização sido fixada em valor inferior ao que foi ofertado inicialmente, é inegável que houve a sucumbência da parte expropriada, o que lhe confere a responsabilidade de arcar com os honorários periciais"*.[107] Embora o STJ tenha se manifestado quanto à responsabilidade pelo pagamento dos honorários periciais, a razão de decidir aplica-se, igualmente, à fixação de honorários de advogado.

Em todos esses casos, cumpre relembrar que os honorários de advogado devem ser fixados entre 0,5% (meio por cento) e 5% (cinco por cento) do valor da diferença ou, não havendo diferença, do valor da causa, a não ser que se trate de desapropriação de imóvel rural, por

---

[105] "Administrativo. Recurso Especial. Desapropriação. Desistência. Honorários. Inaplicabilidade do art. 27, § 3º, do Decreto-lei 3.365/1941. Utilização dos parâmetros contidos no CPC. 1. De acordo com a jurisprudência do Superior Tribunal de Justiça, na hipótese de desistência da ação expropriatória, os honorários devem ser fixados com base nos parâmetros do CPC e não do Decreto-Lei n. 3.365/1941. Com efeito, o regramento contido no art. 27, § 3º, desse último normativo pressupõe a fixação do valor de indenização superior ao preço oferecido, situação inexistente quando o expropriante desiste da demanda. 2. Recurso especial a que se dá provimento." (STJ, 2ª Turma, REsp 1.327.789/SP, Rel. Min. Og Fernandes, j. 3.5.2018, *DJe* 9.5.2018).

[106] "Na hipótese de desistência da ação de desapropriação por utilidade pública, e de inexistência de condenação e de proveito econômico, os honorários advocatícios sucumbenciais observam o valor atualizado da causa, assim como os limites da Lei das Desapropriações. Inteligência do art. 85, § 2.º, do CPC/2015, e do art. 27, § 1.º, do Decreto-Lei 3.365/1941. Precedente: REsp 1.834.024/MG, de minha relatoria (julgado em 07.06.2022)." (STJ, 2ª Turma, AREsp 1.537.357/SP, Rel. Min. Mauro Campbell Marques, *DJe* 15.9.2022). *No mesmo sentido:* STJ, 2ª Turma, REsp 1.834.024/MG, Rel. Min. Mauro Campbell Marques, *DJe* 17.6.2022.

[107] STJ, 2ª Turma, AgInt no REsp 1.525.649/BA, rel. Min. Og Fernandes, *DJe* 11.6.2021. *No mesmo sentido:* STJ, 2ª Turma, REsp 1.750.357/SP, rel. Min. Herman Benjamin, *DJe* 16.11.2018; STJ, 2ª Turma, AREsp 1.242.942/SP, rel. Min. Mauro Campbell Marques, *DJe* 7.3.2018.

interesse social, para fins de reforma agrária, caso em que os honorários são fixados em até 20% (vinte por cento), tal como demonstrado no item 18.20 *infra*.

18.18 REMESSA NECESSÁRIA E RECURSOS NA DESAPROPRIAÇÃO

A sentença que, na desapropriação, condenar a Fazenda Pública em quantia superior ao dobro da oferecida fica sujeita à remessa necessária (Decreto-lei 3.365/1941, art. 28, § 1º).

São cabíveis, na desapropriação, todos os tipos de recurso. Não há qualquer restrição legal quanto ao cabimento de algum recurso.

Da sentença que fixar o preço da indenização cabe apelação com efeito meramente devolutivo, quando interposta pelo expropriado, e com ambos os efeitos, quando o recorrente for o expropriante (Decreto-lei 3.365/1941, art. 28).

O expropriado pode tentar agregar à sua apelação um efeito suspensivo. Para tanto, poderá pedir a concessão de efeito suspensivo ao tribunal, no período compreendido entre a interposição da apelação e sua distribuição, ficando o relator designado para seu exame prevento para julgá-la (CPC, art. 1.012, § 3º, I). Se a apelação já tiver sido distribuída, o pedido de concessão de efeito suspensivo há de ser feito ao relator (CPC, art. 1.012, § 3º, II). Em qualquer caso, o efeito suspensivo pode ser deferido em razão apenas da evidência ou, havendo relevância na argumentação, em virtude da urgência (CPC, art. 1.012, § 4º).

18.19 COISA JULGADA NA DESAPROPRIAÇÃO

Já se viu, no item 18.7 *supra*, que a cognição vertical, na desapropriação, é exauriente, sendo apta, portanto, a produzir coisa julgada material. A fixação do preço é alcançada, então, pela imutabilidade da coisa julgada.

A exemplo do que ocorre em qualquer demanda, a coisa julgada, na desapropriação, restringe-se a quem foi parte no procedimento, não prejudicando terceiros (CPC, art. 506). Assim, um terceiro que teve reconhecida a propriedade do bem em outro juízo ou que entenda ser o proprietário do bem, não é prejudicado pela coisa julgada, podendo levantar o valor depositado perante o juízo da desapropriação (Decreto-lei 3.365/1941, art. 34). Como esse terceiro não é prejudicado pela coisa julgada, poderá propor uma demanda em face do autor da desapropriação para postular diferença que entenda devida, por lhe parecer que o valor fixado na sentença não corresponda ao justo preço.

Na desapropriação, o juiz não exerce cognição exauriente sobre o domínio, exatamente porque a defesa somente pode versar sobre vícios no processo judicial e discutir o preço. Não há, então, coisa julgada sobre o domínio do bem desapropriado. O objeto litigioso da desapropriação é a certificação do valor, e não o acertamento ou definição do domínio.

18.20 DESAPROPRIAÇÃO PARA FINS DE REFORMA AGRÁRIA

Consoante já anotado no item 18.2 *supra*, o procedimento judicial da desapropriação de imóvel rural, por interesse social, para fins de reforma agrária, obedecerá ao contraditório especial, de rito sumário, previsto na Lei Complementar 76, de 6 de julho de 1993.

Tal tipo de desapropriação é de competência privativa da União, devendo ser precedida de decreto que declare o imóvel de interesse social, para fins de reforma agrária. Cabe, então, à União, mediante decreto subscrito pelo Presidente da República, declarar o interesse social do bem para fins de reforma agrária. Sendo certo que o decreto é da lavra do Presidente da República, pode ser impugnado por mandado de segurança impetrado perante o Supremo Tribunal Federal (CF, art. 102, I, *d*).

O imóvel rural pode, contudo, ser desapropriado, não para fins de reforma agrária, mas por interesse social específico. Nesse caso, o Estado-membro terá legitimidade para propor a desapropriação.[108] Quando a desapropriação do imóvel rural tiver por finalidade a reforma agrária, aí a competência é privativa da União.

A desapropriação é de competência privativa da União, mas a legitimidade ativa para a demanda judicial é atribuída ao Instituto Nacional de Colonização e Reforma Agrária – Incra –, que é a autarquia federal executora da reforma agrária.

A desapropriação para fins de reforma agrária deve ser proposta pelo Incra perante a Justiça Federal do local do bem. Não havendo vara federal no foro da situação do bem, deve ser proposta a demanda na seção ou subseção da Justiça Federal que abranja aquela área onde se localiza o imóvel, não competindo ao juízo estadual processá-la e julgá-la, por não lhe ser delegada competência federal, tal como já demonstrado no item 18.6 *supra*.

A petição inicial ajuizada pelo Incra deve obedecer aos requisitos do art. 319 do CPC, contendo a oferta do preço e sendo instruída pelos documentos previstos no art. 5º da Lei Complementar 76/1993.

Ao despachar a petição inicial, o juiz mandará imitir o autor na posse do bem, requisitando, para sua efetivação, força policial.[109] Deverá, nesse momento, o juiz determinar também a citação do expropriado para contestar o pedido e indicar, se assim quiser, assistente técnico. Nessa mesma oportunidade, deve o juiz determinar a averbação do ajuizamento da demanda no registro do imóvel expropriando, para conhecimento de terceiros.

Se o Incra, antes da efetivação do pagamento, desistir da ação de desapropriação por interesse social para reforma agrária, deverá haver a devolução da posse do imóvel ao seu proprietário.[110]

De acordo com o art. 9º da Lei Complementar 76/1993, o réu poderá oferecer contestação no prazo de 15 (quinze) dias, que deve "versar matéria de interesse da defesa, excluída a apreciação quanto ao interesse social declarado". Significa, então, que o réu pode, na desapropriação para fins de reforma agrária, alegar qualquer matéria de defesa, salvo a que diga respeito à (des)caracterização do interesse social declarado. Na contestação, é possível ao réu alegar, ainda, o chamado *direito de extensão*, exigindo que na desapropriação seja incluída a parte restante do bem expropriado, que se tornou inútil ou de difícil utilização (Lei Complementar 76/1993, art. 4º).

---

[108] "Administrativo. Desapropriação para fins de reforma agrária, mediante prévia indenização em dinheiro. CF, art. 5º, XXIV, e Lei 4.132/62, art. 2º. Hipótese de expropriação por interesse social, passível de ser promovida por estado-membro. Recurso ordinário improvido" (STJ, 1ª Turma, RMS 16.627/RS, Rel. Min. Francisco Falcão, Rel. p/ acórdão Min. Teori Albino Zavascki, *DJ* 28.11.2005, p. 188).

[109] Segundo Pedro Roberto Decomain, na desapropriação para reforma agrária não se exige, para determinação da imissão provisória na posse, a alegação de urgência, de sorte que, proposta a demanda, "haverá sempre a determinação da imissão do expropriante na posse do imóvel, ainda que este não alegue qualquer urgência nisso" (A ação de desapropriação por interesse social, para reforma agrária: processo e procedimento. *Revista Dialética de Direito Processual*, São Paulo: Dialética, n. 119, fev. 2013, p. 78).

[110] STJ, 2ª Turma, REsp 1.397.844/SP, Rel. Min. Eliana Calmon, *DJe* 24.9.2013; STJ, 1ª Turma, AgRg no AREsp 88.259/SP, Rel. Min. Sérgio Kukina, *DJe* 28.3.2016; STJ, 1ª Seção, CC 177.866/MT, Rel. Min. Benedito Gonçalves, *DJe* 18.10.2022.

Na desapropriação para fins de reforma agrária, é necessária, diferentemente dos outros tipos de desapropriação, a intervenção do Ministério Público.[111] Sendo certo que a desapropriação para fins de reforma agrária é processada e julgada pela Justiça Federal, exige-se a intervenção do Ministério Público Federal. Com efeito, segundo anotado em precedente do STJ,

> a lei exige a participação do MP apenas na ação de desapropriação direta de imóvel rural para fins de reforma agrária, conforme se apreende do art. 18, par. 2º, da LC 76/1993. Já nas ações expropriatórias ajuizadas com fulcro no Del 3.365/1941, não é necessária a intervenção do "Parquet", pois o legislador assim não estabeleceu. Também nas ações de indenização por desapropriação indireta, nas ações de indenização por desistência da desapropriação direta e nas cautelares preparatórias ou incidentais às mencionadas ações, não há que se exigir a participação do Ministério Público, pois tais ações têm caráter exclusivamente patrimonial, bastando que os procuradores das pessoas jurídicas de direito público zelem pelos interesses econômicos delas. A intervenção do MP só é necessária quando o litígio ultrapassa a barreira do interesse patrimonial-econômico, e atinge o interesse público, que não se confunde com aquele. Precedentes do STF e do STJ: RE 86.328/PR, REsp 10.042/AC e REsp 33.247/RS.[112]

A sentença que condenar a Fazenda Pública em quantia superior a 50% (cinquenta por cento) sobre o valor oferecido na inicial fica sujeita à remessa necessária (Lei Complementar 76/1993, art. 13, § 1º).

Da sentença que fixar o preço da indenização cabe apelação com efeito meramente devolutivo, quando interposta pelo expropriado, e com ambos os efeitos, quando o recorrente for o expropriante (Lei Complementar 76/1993, art. 13).

As ações relativas à desapropriação de imóvel rural, por interesse social, para fins de reforma agrária, têm caráter preferencial e prejudicial em relação a outras ações referentes ao imóvel expropriando, e independem do pagamento de preparo ou de emolumentos. Qualquer ação que tenha por objeto o bem expropriando será distribuída, por dependência, à vara federal onde tiver curso a desapropriação, determinando-se a pronta intervenção da União.

Nos termos do enunciado da Súmula 354 do STJ, "A invasão do imóvel é causa de suspensão do processo expropriatório para fins de reforma agrária". Significa, então, que, enquanto houver invasão, mantém-se suspenso o processo expropriatório. Aliás, é relevante referir-se ao disposto no § 6º do art. 2º da Lei 8.629, de 25 de fevereiro de 1993, segundo o qual "O imóvel rural de domínio público ou particular objeto de esbulho possessório ou invasão motivada por conflito agrário ou fundiário de caráter coletivo não será vistoriado, avaliado ou desapropriado nos dois anos seguintes à sua desocupação, ou no dobro desse prazo, em caso de reincidência; e deverá ser apurada a responsabilidade civil e administrativa de quem concorra com qualquer ato omissivo ou comissivo que propicie o descumprimento dessas vedações".[113]

Na desapropriação para reforma agrária, segundo o Superior Tribunal de Justiça, "o valor da indenização deve ser contemporâneo à data da avaliação judicial, não sendo relevante a data em que ocorreu a imissão na posse, tampouco a data em que se deu a vistoria do expropriante, nos termos do artigo 26 do Decreto-Lei nº 3.365/41 e do artigo

---

[111] STJ, 2ª Turma, REsp 1.125.415/PR, Rel. Min. Mauro Campbell Marques, *DJe* 25.8.2011.
[112] STJ, 2ª Turma, REsp 130.420/PR, Rel. Min. Adhemar Maciel, *DJ* 9.2.1998, p. 15.
[113] Incluído pela Medida Provisória 2.183-56, de 2001.

12, § 2º, da Lei Complementar 76/93". Em outras palavras, o valor da indenização, na desapropriação para reforma agrária, corresponde àquele apurado na avaliação judicial, não devendo ser considerado qualquer outro momento ou marco temporal.[114]

Embora seja firme o entendimento do STJ no sentido de ser o valor da indenização contemporâneo ao da avaliação do perito judicial, excepcionalmente "a jurisprudência do STJ tem admitido a mitigação dessa diretriz avaliatória quando, em virtude do longo período de tempo havido entre a imissão na posse e a data da realização da perícia ou da exacerbada valorização do imóvel, o valor da indenização possa acarretar o enriquecimento sem causa do proprietário expropriado".[115]

As despesas judiciais, os honorários do perito e os honorários do advogado, que serão fixados em até 20% (vinte por cento) sobre a diferença entre o preço oferecido e o valor da indenização, constituem encargos do sucumbente, assim entendido o expropriado, se o valor da indenização for igual ou inferior ao preço oferecido, ou o expropriante, na hipótese de valor superior ao preço oferecido.

A essa altura, cumpre fazer uma advertência: consoante restou acentuado no item 18.17 *supra*, os honorários, a teor do § 1º do art. 27 do Decreto-lei 3.365/1941, devem ser fixados entre 0,5% (meio por cento) e 5% (cinco por cento) sobre o valor da diferença. No caso da desapropriação de imóvel rural, por interesse social, para fins de reforma agrária, aplica-se a Lei Complementar 76/1993, cujo art. 19, § 1º, prevê que "os honorários do advogado do expropriado serão fixados em até vinte por cento sobre a diferença entre o preço oferecido e o valor da indenização".

Como igualmente visto no item 18.17, se houver desistência da desapropriação, os honorários serão suportados pelo ente expropriante e serão fixados sobre o valor da causa, pois não haverá diferença entre o preço oferecido e o valor da indenização. Se não houver diferença, por ter a perícia concluído ser correto e justo o valor oferecido, a sucumbência será suportada pelo expropriado, devendo os honorários ser fixados sobre o valor da causa. Também será do expropriado a responsabilidade pela sucumbência quando a perícia apurar valor inferior ao oferecido pelo ente expropriante, devendo percentual dos honorários incidir sobre o valor da causa.

À evidência, na desapropriação para fins de reforma agrária, os honorários do advogado devem ser fixados em até 20% (vinte por cento), não se aplicando a modificação levada a efeito pela Medida Provisória 2.183-56/2001 no § 1º do art. 27 do Decreto-lei 3.365/1941.

A jurisprudência está pejada de decisões aplicando a limitação de honorários prevista no § 1º do art. 27 do Decreto-lei 3.365/1941 aos casos de desapropriação para fins de reforma agrária.[116] Não é, contudo, correto aplicar tal dispositivo para esse tipo de desapropriação, cujo regime jurídico está disciplinado em *outro* diploma normativo, que é, exatamente, a Lei Complementar 76/1993.

É bem verdade que a mudança operada no § 1º do art. 27 do Decreto-lei 3.365/1941 resultou de diploma normativo posterior à referida Lei Complementar 76/1993. Ocorre,

---

[114] STJ, 2ª Turma, REsp 1.274.005/MA, Rel. Min. Mauro Campbell Marques, Rel. p/ acórdão Min. Castro Meira, DJe 12.9.2012. *No mesmo sentido*: STJ, 2ª Turma, AgRg no REsp 1.452.039/CE, Rel. Min. Humberto Martins, DJe 16.9.2014. *Também no mesmo sentido*: STJ, 2ª Turma, AgRg no REsp 1.436.510/PE, Rel. Min. Humberto Martins, DJe 14.4.2014.

[115] STJ, 1ª Turma, AgInt no REsp 1.424.340/PR, Rel. Min. Sérgio Kukina, DJe 2.3.2021.

[116] A título exemplificativo, confira-se: STJ, 2ª Turma, REsp 1.215.458/AL, Rel. Min. Mauro Campbell Marques, DJe 5.5.2011.

entretanto, que não se pode aplicar, na espécie, a regra de que "norma posterior revoga norma anterior", exatamente porque prevalece, no caso, a regra de que "norma geral não revoga norma especial".

Há, como se vê, um aparente conflito de normas. Como, então, solucionar tal conflito? Os conflitos de normas se resolvem, bem se sabe, por 3 (três) critérios diferentes: (a) a norma superior prevalece diante da inferior; (b) a norma posterior revoga a anterior; (c) a norma especial prevalece em relação à geral.

Não há hierarquia entre decreto-lei e lei complementar. Segundo entendimento que prevalece na doutrina e na jurisprudência, o que existe é reserva de competência ou repartição de matérias, não havendo hierarquia entre tais diplomas. Uma lei ordinária, um decreto-lei ou, até mesmo, uma medida provisória pode revogar ou modificar uma lei complementar, em dispositivo que não trate de matéria específica ou própria de tal espécie normativa. O § 3º do art. 184 da Constituição Federal estabelece que o procedimento judicial da desapropriação para fins de reforma agrária deve ser previsto em lei complementar. Logo, qualquer mudança legislativa no procedimento deve ser feita por nova lei complementar. Não parece que o percentual de honorários constitua matéria relativa ao procedimento. Poderia, então, ser prevista em lei ordinária, em medida provisória ou em anterior decreto-lei.

Em outras palavras, o § 1º do art. 19 da Lei Complementar 76/1993 bem poderia ter sido alterado pela Medida Provisória 2.183-56/2001. Só que essa última não alterou o referido dispositivo da Lei Complementar 76/1993, o qual continua em vigor.

Não houve, enfim, revogação do § 1º do art. 19 da Lei Complementar 76/1993, o qual não restou atingido pela mudança de redação levada a cabo no § 1º do art. 27 do Decreto-lei 3.365/1941.

Na verdade, no caso da desapropriação para fins de reforma agrária, há de prevalecer a norma contida no art. 19, § 1º, da Lei Complementar 76/1993, já que especial. A norma contida no seu art. 27, § 1º, do Decreto-lei 3.365/1941 é *geral*, cedendo em face daquela norma *especial* contida na Lei Complementar 76/1993.

A desapropriação para fins de reforma agrária submete-se às normas especiais da Lei Complementar 76/1993, não se lhe aplicando as regras gerais do Decreto-lei 3.365/1941. No conflito entre regras contidas em tais diplomas, há de prevalecer aquelas da Lei Complementar 76/1993, por serem especiais. Nesse sentido, cumpre reportar-se às lições de Norberto Bobbio, que assim esclarece:

> O terceiro critério, dito justamente da *lex specialis*, é aquele pelo qual, de duas normas incompatíveis, uma geral e uma especial (ou excepcional), prevalece a segunda: *lex specialis derogat generali*. Também aqui a razão do critério não é obscura: lei especial é aquela que anula uma lei mais geral, ou que subtrai de uma norma uma parte da sua matéria para submetê-la a uma regulamentação diferente (contrária ou contraditória). (...) a persistência na norma geral importaria no tratamento igual de pessoas que pertencem a categorias diferentes, e, portanto, numa injustiça.[117]

---

[117] BOBBIO, Norberto. *Teoria do ordenamento jurídico*. 10. ed. Trad. Maria Celeste Cordeiro Leite dos Santos. Brasília: Editora da Universidade de Brasília, 1999. p. 95-96.

18.21 EXPROPRIAÇÃO DAS GLEBAS NAS QUAIS SE LOCALIZEM CULTURAS ILEGAIS DE PLANTAS PSICOTRÓPICAS

A Lei 8.257, de 26 de novembro de 1991, dispõe sobre a expropriação das glebas nas quais se localizem culturas ilegais de plantas psicotrópicas, disciplinando, inclusive, o respectivo procedimento judicial.

As glebas de qualquer região do País, onde forem localizadas culturas ilegais de plantas psicotrópicas, serão imediatamente expropriadas e especificamente destinadas ao assentamento de colonos, para o cultivo de produtos alimentícios e medicamentosos, sem qualquer indenização ao proprietário e sem prejuízo de outras sanções previstas em lei, conforme o art. 243 da Constituição Federal. Todo e qualquer bem de valor econômico apreendido em decorrência do tráfico ilícito de entorpecentes e drogas afins será confiscado e reverterá em benefício de instituições e pessoal especializado no tratamento e recuperação de viciados e no aparelhamento e custeio de atividades de fiscalização, controle, prevenção e repressão do crime de tráfico dessas substâncias.

Em tal hipótese, a expropriação deve ser proposta pela União perante a Justiça Federal do local do bem. Não havendo Justiça Federal no local, deve ser proposta na vara federal da seção ou subseção judiciária que abranja aquela localidade, não se podendo, onde não houver vara federal, intentar a demanda na Justiça Estadual.

Recebida a petição inicial da ação expropriatória, o juiz determinará a citação dos expropriados, nomeando perito, que terá 8 (oito) dias para entregar o laudo em cartório. O juiz poderá imitir, liminarmente, a União na posse do imóvel expropriando, garantindo-se o contraditório pela realização de audiência de justificação.

O prazo para contestação e indicação de assistentes técnicos será de 10 (dez) dias, a contar da data da juntada aos autos do mandado de citação devidamente cumprido.

Apresentada a contestação, o juiz designará audiência de instrução e julgamento, na qual cada parte poderá indicar até 5 (cinco) testemunhas. É vedado o adiamento da audiência, salvo motivo de força maior, devidamente justificado.

Encerrada a instrução, o juiz prolatará sentença, da qual cabe apelação, nos termos do Código de Processo Civil. Nessa expropriação, o sistema recursal é o do CPC, cabendo a interposição de todos os recursos, adotadas as regras ali previstas.

Transitada em julgado a sentença expropriatória, o imóvel será incorporado ao patrimônio da União. Se a gleba expropriada não puder ser, em 120 (cento e vinte) dias, destinada ao assentamento de colonos, para o cultivo de produtos alimentícios e medicamentosos, ficará incorporada ao patrimônio da União, reservada, até que sobrevenham as condições necessárias àquela utilização.

18.22 DESAPROPRIAÇÃO INDIRETA

Quando o Poder Público desapossa um bem particular sem o devido processo legal da desapropriação, ocorre um ato ilícito. O particular, diante desse ato ilícito, fica privado de seu bem, passando, então, a ter direito a uma indenização. Essa indenização é conhecida como desapropriação indireta.

Acontece de o Poder Público, em alguns casos, apossar-se de imóvel privado sem a realização da desapropriação. Tal expediente constitui um ato ilegal, caracterizando um esbulho possessório. Ao particular franqueia-se a ação possessória. Se, todavia, tiver em andamento ou já tiver sido concluída uma obra pública antes da ação possessória ou antes da concessão da liminar, não será mais possível acolher o pedido possessório. Sobrará ao particular a possibilidade de ser indenizado pela perda da posse do bem.

Havendo o apossamento do bem e realizada, nele, uma obra pública, passa a ostentar o cariz de bem de uso comum do povo. Torna-se, então, impossível a reivindicação da área ocupada. Daí por que surge a desapropriação indireta no lugar da ação reivindicatória. Por meio da desapropriação indireta, pede-se a condenação do Poder Público a pagar a mesma indenização que pagaria numa desapropriação direta ou regular. Trata-se, na verdade, de uma "desapropriação ao contrário". Em vez de a pessoa jurídica de direito público propor a ação e oferecer o preço, é o particular quem figura como autor e postula a indenização pelo preço que deveria receber caso houvesse um regular processo de desapropriação.

A ação de desapropriação indireta é uma demanda indenizatória, devendo ser proposta por petição inicial que atenda aos requisitos dos arts. 319 e 320 do CPC. Além disso, o autor deve demonstrar ser o titular do bem e que houve o apossamento indevido por parte do ente público.

Há quem defenda que deve também ser comprovado o pagamento de impostos incidentes sobre o imóvel,[118] o que não parece ser uma exigência que deve ser feita. O direito à indenização não deve ser condicionado ao pagamento de tributos incidentes sobre o imóvel. Pode o ente público, em sua contestação, até alegar compensação, mas não se deve exigir o adimplemento de tributos para a satisfação do direito à indenização.

É fundamental, na ação de desapropriação indireta, que o autor comprove o domínio, mediante certidão de propriedade, esclarecendo e precisando a descrição da área apossada com seus limites e confrontações. É que a desapropriação indireta substitui a ação reivindicatória.

Se o particular era apenas possuidor do bem e este foi desapossado ou esbulhado pelo Poder Público, poderá também propor ação de desapropriação indireta. Em outras palavras, a ação de desapropriação indireta pode ser proposta, não somente pelo titular do bem, mas também pelo possuidor. A esse último confere-se legitimidade ativa para postular indenização pela perda indevida da posse. Neste caso, será desnecessária a comprovação da propriedade, pois o dano decorreu da simples perda da posse. Consoante registrado em precedente do Superior Tribunal de Justiça, "[n]ão faz sentido exigir de quem pretende ressarcimento por desapropriação indireta da posse, a prova de propriedade".[119]

Ainda segundo entendimento do STJ, "[o] possuidor, mesmo sem a titularidade do domínio, concretizado o apossamento administrativo ilícito, legitima-se ativamente *ad causam* para agir judicialmente postulando a indenização reparadora da afetação do seu patrimônio. O processo amolda-se ao itinerário da desapropriação indireta, objetivando a reparação patrimonial".[120]

Ao promissário comprador, ainda que não tenha sido registrada a promessa de compra e venda no cartório de imóveis, confere-se igualmente legitimidade para o ajuizamento da

---

[118] MALUF, Carlos Alberto Dabus. *Teoria e prática da desapropriação*. São Paulo: Saraiva, 1995. p. 236.
[119] STJ, 1ª Turma, REsp 184.762/PR, Rel. Min. Humberto Gomes de Barros, *DJ* 28.2.2000, p. 46.
[120] STJ, 1ª Turma, REsp 182.369/PR, Rel. Min. Milton Luiz Pereira, *DJ* 29.5.2000, p. 119. *No mesmo sentido*: STJ, 2ª Turma, REsp 871.379/PR, Rel. Min. Eliana Calmon, *DJe* 21.10.2008. *Também no mesmo sentido*: STJ, 2ª Turma, REsp 1.267.385/RN, Rel. Min. Eliana Calmon, *DJe* 6.9.2013. *Ainda no mesmo sentido*: STJ, 2ª Turma, REsp 1.320.078/MG, Rel. Min. Og Fernandes, *DJe* 13.6.2018.

ação de desapropriação indireta, a fim de receber a indenização pelo esbulho praticado pelo Poder Público.[121]

Se o proprietário do imóvel aliena-o quando já presente o esbulho possessório por parte do Poder Público ou quando já evidente a restrição administrativa, subentende-se que tal ônus já está considerado no preço, não tendo o adquirente direito a indenização pelo Poder Público, ressalvadas hipóteses de desconhecimento por boa-fé, casos de negócio jurídico gratuito e de vulnerabilidade do adquirente. O STJ, aliás, fixou a seguinte tese no Tema 1.004 dos recursos repetitivos: "Reconhecida a incidência do princípio da boa-fé objetiva em ação de desapropriação indireta, se a aquisição do bem ou de direitos sobre ele ocorrer quando já existente restrição administrativa, fica subentendido que tal ônus foi considerado na fixação do preço. Nesses casos, o adquirente não faz jus a qualquer indenização do órgão expropriante por eventual apossamento anterior. Excetuam-se da tese hipóteses em que patente a boa-fé objetiva do sucessor, como em situações de negócio jurídico gratuito ou de vulnerabilidade econômica do adquirente".

O simples indeferimento de licença de edificação, sob o fundamento de que já houve edição de decreto expropriatório relativamente ao imóvel, não rende ensejo à ação de desapropriação indireta, pois não há aí desapossamento da área nem ato ilegal.[122] De igual modo, não caberá ação de desapropriação indireta se o indeferimento da licença de edificação tiver como fundamento a existência de um plano de melhoramento público.[123]

Não há desapropriação indireta sem que haja o efetivo desapossamento da propriedade pelo Poder Público. A limitação administrativa não se confunde com a desapropriação, pois nela somente há restrição ao uso da propriedade imposta genericamente a todos os proprietários sem qualquer indenização, diferentemente da desapropriação em que há transferência do domínio mediante pagamento de preço justo e prévio. Por essa razão, as restrições ao direito de propriedade impostas por normas ambientais, ainda que esvaziem o conteúdo econômico do bem, não constituem desapropriação indireta. Logo, "a edição de leis ambientais que restringem o uso da propriedade caracteriza uma limitação administrativa, cujos prejuízos causados devem ser indenizados por meio de uma ação de direito pessoal, e não de direito real, como é o caso da ação contra a desapropriação indireta. Hipótese em que está caracterizada a prescrição quinquenal, nos termos do art. 10, parágrafo único, do Decreto-Lei n. 3.365/41".[124]

---

[121] "Administrativo. Desapropriação indireta. Esbulho comprovado. Titularidade do imóvel. Promessa de compra e venda não registrada. Possibilidade de indenização.
1. Tratando-se de desapropriação indireta, a promessa de compra e venda, ainda que não registrada no cartório de imóveis, habilita os promissários compradores a receberem a indenização pelo esbulho praticado pelo ente público.
2. Possuem direito à indenização o titular do domínio, o titular do direito real limitado e o detentor da posse. Precedente desta Corte.
Recurso especial improvido" (STJ, 2ª Turma, REsp 1.204.923/RJ, Rel. Min. Humberto Martins, DJe 28.5.2012). No mesmo sentido: "o promitente comprador, ainda que sem contrato registrado, possui legitimidade ativa para as ações indenizatórias por desapropriação indireta" (STJ, 2ª Turma, REsp 1.395.774/MG, Rel. Min. Og Fernandes, DJe 11.6.2018).

[122] HARADA, Kiyoshi. Desapropriação: doutrina e prática. 5. ed. São Paulo: Atlas, 2005. n. 5.4, p. 189.

[123] HARADA, Kiyoshi. Desapropriação: doutrina e prática. 5. ed. São Paulo: Atlas, 2005. n. 5.4, p. 189.

[124] STJ, 2ª Turma, AgRg no REsp 1.359.433/MG, Rel. Min. Humberto Martins, DJe 21.3.2013. No mesmo sentido: STJ, 2ª Turma, AgRg nos EDcl no AREsp 382.944/MG, Rel. Min. Humberto Martins, DJe 24.3.2014.

Sempre que o Poder Público praticar algum ato ilegal que impeça o proprietário de usufruir da propriedade ou que restrinja ou impossibilite o exercício da posse, será cabível a desapropriação indireta.

Não há, na ação de desapropriação indireta, intervenção do Ministério Público. Segundo entendimento firmado na jurisprudência do Superior Tribunal de Justiça, a "ação de desapropriação indireta é ação de indenização, de cunho patrimonial, não havendo interesse público que justifique a intervenção do Ministério Público".[125]

A ação de desapropriação indireta tramita pelo procedimento comum, não contendo limitação cognitiva: na desapropriação indireta, a cognição é plena e exauriente. Costuma-se dizer que a pretensão, na desapropriação indireta, está sujeita ao prazo geral de prescrição, *não* se aplicando a prescrição quinquenal à pretensão veiculada na ação de desapropriação indireta. Nos termos do enunciado 119 da Súmula do STJ, "A ação de desapropriação indireta prescreve em vinte anos".

A ação de desapropriação indireta, segundo se afirma na jurisprudência, estaria incluída entre as ações reais, substituindo a ação reivindicatória. O bem indiretamente desapropriado, que foi aproveitado para fins de necessidade ou utilidade pública, ou de interesse social, não pode mais ser reavido, sendo impossível ser vindicado. Nos termos da orientação jurisprudencial, a ação de desapropriação indireta, cujo fundamento é o direito de propriedade, tem por finalidade a indenização do valor equivalente ao da coisa desapropriada, assegurada na própria Constituição Federal. Daí ser, segundo esse entendimento, inaplicável a prescrição quinquenal à ação de desapropriação indireta. Houve desapossamento do bem, mas o domínio continua a ser do particular, que não pode, entretanto, mais se valer da ação reivindicatória. Se há o domínio, mantém-se a possibilidade da ação reivindicatória, que, todavia, não pode ser acolhida. Enquanto o particular não perde o direito de propriedade, por efeito de usucapião do expropriante, aplica-se a norma constitucional que garante o direito de propriedade e o direito à indenização, tendo ele, então, a ação de desapropriação indireta.

Por essas razões, a jurisprudência entende que o prazo para a propositura da ação de desapropriação indireta é o da ação reivindicatória, não se aplicando o prazo quinquenal próprio das ações propostas em face da Fazenda Pública.

No regime do Código Civil de 1916, a ação reivindicatória não estava contemplada em norma específica, aplicando-se, então, a regra geral do seu art. 177: o prazo prescricional era de 20 (vinte) anos.

Aquele prazo geral de 20 (vinte) anos, previsto no art. 177 do Código Civil de 1916, veio a ser reduzido para 10 (dez) anos pelo art. 205 do Código Civil de 2002, sendo oportuno lembrar que há regra de transição prevista no art. 2.028 do atual Código Civil, segundo a qual "[s]erão os da lei anterior os prazos, quando reduzidos por este Código, e se, na data de sua entrada em vigor, já houver transcorrido mais da metade do tempo estabelecido na lei revogada".

Nos termos do art. 205 do Código Civil atualmente em vigor, a prescrição ocorre em 10 (dez) anos quando a lei não lhe haja fixado prazo menor. Tal dispositivo, como já acentuado, corresponde ao art. 177 do Código Civil de 1916.

A hipótese ora examinada estava, na época do Código Civil de 1916, sujeita ao prazo de 20 (vinte) anos. Pelo atual Código Civil, a prescrição deveria ocorrer em 10 (dez) anos. Daí

---

[125] STJ, 2ª Turma, REsp 827.322/PA, Rel. Min. Eliana Calmon, *DJe* 28.11.2008. *No mesmo sentido*: STJ, 2ª Turma, AgRg no AREsp 94.392/RS, Rel. Min. Humberto Martins, *DJe* 6.3.2014.

por que o enunciado 119 da Súmula do STJ menciona o prazo de 20 (vinte) anos. Impõe-se atualizar a referência ao prazo de 10 (dez) anos, que é o atualmente aplicável para a hipótese.[126]

Ao julgar os Recursos Especiais 1.757.352/SC e 1.757.385/SC, processados pelo rito dos repetitivos, apreciou o *Tema 1.019*, definindo que "O prazo prescricional aplicável à desapropriação indireta, na hipótese em que o Poder Público tenha realizado obras no local ou atribuído natureza de utilidade pública ou de interesse social ao imóvel, é de 10 anos, conforme parágrafo único do art. 1.238 do CC".[127]

A desapropriação indireta é uma ação indenizatória, fundada no direito de propriedade e na alegação de ato ilícito praticado pelo Poder Público, consistente em esbulho possessório. A sentença de procedência, na desapropriação indireta, acarreta a perda da propriedade do particular. Efetuado o pagamento, opera-se a perda da propriedade, servindo a sentença como título hábil à transcrição imobiliária, tal como se dá na desapropriação direta. Embora desapossado, o proprietário, mesmo não podendo reivindicar o bem, só perde a propriedade depois do pagamento do preço justo, em virtude das disposições constitucionais concernentes ao direito de propriedade e à desapropriação de bens.

A perda de propriedade constitui um *efeito anexo* da sentença. O autor, na ação de desapropriação indireta, não postula isso. O que pretende é o recebimento de uma indenização. A perda da propriedade, com a transferência ao patrimônio público, é um *efeito anexo* da sentença. Como se sabe, os *efeitos anexos* da sentença são aqueles que decorrem de previsão legal, não dependendo de pedido da parte, nem da manifestação do juiz, nem do conteúdo da própria decisão.[128] A Constituição Federal estabelece que só deve haver desapropriação mediante pagamento de preço justo e prévio.[129] Se houve o pagamento desse preço pela perda da posse do bem, há, consequentemente, a perda da propriedade. Logo, diante da previsão constitucional, pago o valor da indenização, em razão da sentença de procedência na ação de desapropriação indireta, opera-se, por *efeito anexo*, a perda da propriedade do particular, com a consequente transcrição no registro imobiliário.

É firme, como se viu, o entendimento jurisprudencial, consolidado no enunciado 119 da Súmula do STJ, de que o prazo de prescrição para a ação de desapropriação indireta é de 20 (vinte) anos, reduzido para 10 (dez) pelo atual Código Civil.

A ação de desapropriação indireta tramita, como já afirmado, pelo procedimento comum, aplicando-se o disposto no Decreto-lei 3.365/1941 quanto à fixação do valor da indenização, de maneira que se impõe a realização de perícia regular, tal como ocorre na ação de desapropriação. A sentença que julgar procedente o pedido estará sujeita à remessa necessária, aplicando-se o disposto no art. 496 do CPC.

---

[126] STJ, 2ª Turma, REsp 1.386.164/SC, Rel. Min. Eliana Calmon, *DJe* 14.10.2013; STJ, 2ª Turma, REsp 1.300.442/SC, Rel. Min. Herman Benjamin, *DJe* 26.6.2013.
[127] STJ, 1ª Seção, REsp 1.757.352/SC, Rel. Min. Herman Benjamin, *DJe* 7.5.2020.
[128] Conferir, a propósito, SILVA, Ovídio Baptista da. Conteúdo da sentença e coisa julgada. *Sentença e coisa julgada (ensaios e pareceres)*. 4. ed. Rio de Janeiro: Forense, 2006. p. 163 e ss.; DIDIER JR., Fredie; BRAGA, Paula Sarno; OLIVEIRA, Rafael. *Curso de direito processual civil*. 15. ed. Salvador: JusPodivm, 2020. v. 2, p. 543.
[129] Segundo Pontes de Miranda, "A indenização é pela desapropriação, pela perda que se vai dar. No direito brasileiro, tal prestação é prévia; é pressuposto da desapropriação, e não consequência: não se presta a indenização, porque se tirou a alguém o bem e, sim, porque se lhe vai tirar: tem-se de prestar, para que se componha o suporte fático, para que a regra jurídica da extinção da propriedade do desapropriando incida sobre ele e o registro da sentença, tratando-se de bem imóvel, produz a *perda*" (*Tratado das ações*. Atual. por Vilson Rodrigues Alves. Campinas: Bookseller, 1999. t. 4, p. 455).

A jurisprudência, como já se observou, parte do pressuposto de que a ação de desapropriação indireta tem natureza real. Por isso, costuma afirmar que a competência é do foro da situação do bem, sendo absoluta, por se aplicar o art. 47 do CPC, tal como demonstrado no item 18.6 *supra*.

Na desapropriação indireta, os juros compensatórios são devidos a partir da efetiva ocupação do imóvel (Súmula 69 do STJ) e calculados sobre o valor da indenização, corrigido monetariamente (Súmula 114 do STJ).

O pagamento deve ser exigido por execução de sentença, com expedição de precatório ou, a depender do caso, de requisição de pequeno valor. Efetuado o pagamento, opera-se a perda da propriedade, servindo a sentença como título hábil à transcrição imobiliária, tal como se dá na desapropriação direta. Embora desapossado, o proprietário, mesmo não podendo reivindicar o bem, só perde a propriedade depois do pagamento do preço justo, em virtude das disposições constitucionais concernentes ao direito de propriedade e à desapropriação de bens.

Consoante entendimento firmado pelo STJ, "os limites percentuais estabelecidos no art. 27, §§ 1º e 2º, do DL 3.365/1941, relativos aos honorários advocatícios, aplicam-se às desapropriações indiretas".[130]

---

[130] STJ, 2ª Turma, REsp 1.300.442/SC, Rel. Min. Herman Benjamin, *DJe* 26.6.2013. *No mesmo sentido*: STJ, 2ª Turma, REsp 1.416.135/SP, Rel. Min. Humberto Martins, *DJe* 21.2.2014.

Capítulo XIX
A FAZENDA PÚBLICA NOS JUIZADOS ESPECIAIS CÍVEIS

19.1 A PREVISÃO CONSTITUCIONAL DOS JUIZADOS ESPECIAIS CÍVEIS

A garantia de acesso à justiça acarretou a instituição de programas de assistência judiciária disponíveis para muitos dos que não podiam custear os serviços de advogados, tornando, cada vez mais, os que foram por muito tempo deixados ao desabrigo conscientes de seus direitos.[1] Aí está o derradeiro momento do *acesso à justiça*, que diz com a "representação legal e com a efetividade de direitos de indivíduos e grupos que, durante muito tempo, estiveram privados dos benefícios da justiça igualitária".[2]

A crescente preocupação em tornar efetivos direitos de menor complexidade, ou de menor dimensão, ou de pequena relevância, ou de insignificante expressão econômica, conduziu à criação de procedimentos especiais para as causas tidas como "pequenas", que passaram a ser tratadas diferentemente das "grandes" causas. Nesse contexto, ao tempo em que consagrou a garantia do acesso à justiça, manifestada na vedação de norma que exclua da apreciação do Poder Judiciário lesão ou ameaça (art. 5º, XXXV), a Constituição Federal de 1988 preocupou-se com as demandas de menor complexidade e pequena expressão econômica.

Para alcançar essas demandas e facilitar, ainda mais, o acesso à justiça, a Constituição Federal, em seu art. 98, I, impôs a criação de Juizados Especiais, providos por juízes togados, ou togados e leigos, competentes para a conciliação, o julgamento e a execução de causas cíveis de *menor complexidade*, mediante procedimento oral e sumariíssimo, permitidos a transação e o julgamento de recursos por Turmas de juízes de primeira instância.

Enquanto o art. 98, I, da Constituição Federal exige a criação de Juizados Especiais para causas cíveis de *menor complexidade*, seu art. 24, X, confere competência legislativa concorrente à União e aos Estados para a criação, funcionamento e processo do juizado de *pequenas causas*.

Há, portanto, previsão constitucional para criação de juizados de *menor complexidade* e de juizados de *pequenas causas*. Aqueles não se confundem com estes. Não se trata de nomes diferentes para o mesmo órgão jurisdicional. A Constituição Federal prevê a possibilidade

---
[1] CAPPELLETTI, Mauro; GARTH, Bryant. *Acesso à Justiça*. Trad. Ellen Gracie Northfleet. Porto Alegre: Sergio Antonio Fabris Editor, 1988. p. 67.
[2] GOMES NETO, José Mário Wanderley. *O acesso à Justiça em Mauro Cappelletti*: análise teórica desta concepção como "movimento" de transformação das estruturas do processo civil brasileiro. Porto Alegre: Sergio Antonio Fabris Editor, 2005. n. 3.4, p. 92.

de criação de juizados para causas de pouca complexidade, independentemente do valor envolvido, bem como de juizados destinados a causas de pequeno valor econômico.[3]

Os critérios de identificação do que seja causa de *menor complexidade* constituem matéria de Direito Processual, devendo, portanto, ser definidos em lei federal (CF, art. 22, I), não se outorgando tal poder ao legislador estadual, pois não se trata de questão meramente procedimental, escapando do âmbito do art. 24, X, da Constituição Federal.[4]

Em vez de criar o juizado de *menor complexidade* e o juizado de *pequenas causas,* o legislador preferiu instituir o Juizado Especial Cível, outorgando-lhe competência não somente para as questões de *menor complexidade,* mas igualmente para as de *pequeno valor econômico.* Aos Juizados Especiais Cíveis compete, a um só tempo, processar e julgar as causas de pouca complexidade e as causas de pequena expressão econômica.

19.2 JUIZADOS ESPECIAIS CÍVEIS ESTADUAIS E FEDERAIS

Em razão da determinação contida no inciso I do art. 98 da Constituição Federal, foi editada a Lei 9.099, de 26 de setembro de 1995, dispondo sobre os Juizados Especiais Cíveis e Criminais. Aos Juizados Estaduais se conferiu, como visto no item 19.1 *supra,* competência para as causas de menor complexidade e, igualmente, para as de pequeno valor.

De acordo com o § 2º do art. 3º da Lei 9.099/1995, excluem-se da competência do Juizado Especial as causas de natureza alimentar, falimentar, bem como as relativas a acidente de trabalho, a resíduos e ao estado e à capacidade das pessoas.

Ainda que ostentem pequeno valor, tais causas não podem ser processadas no âmbito dos Juizados Especiais Cíveis. Pode-se afirmar que essas são pequenas causas de grande complexidade.[5] Com efeito, ao afastar tais demandas da competência dos Juizados Especiais Cíveis, o legislador atribuiu-lhes a característica de causas de maior complexidade.

Ao ser editada, a Lei 9.099/1995 excluiu, expressamente, do âmbito dos Juizados Especiais Cíveis as causas fiscais e de interesse da Fazenda Pública. Significa que, num primeiro momento, as causas em que havia interesse jurídico da Fazenda Pública, ou em que esta figurasse como parte, não deveriam ser processadas nem julgadas nos Juizados Especiais Cíveis.

Acontece, porém, que a instituição de Juizados Especiais demonstrou ser possível ter resultados mais ágeis para questões mais simples ou de menor expressão econômica.

Inspirada no princípio da efetividade e da facilitação do acesso à justiça, a criação dos Juizados Especiais Cíveis vem causando uma gradativa eliminação da chamada *litigiosidade contida:* quem não se socorria da atividade jurisdicional passou a fazê-lo, o que acarretou uma maior conscientização de muitos pela busca do reconhecimento judicial de direitos.

Isso tudo, aliado à constatação de um crescente número de demandas na Justiça Federal, inspirou a criação dos Juizados Especiais Federais, destinados ao processamento, à conciliação e ao julgamento de pequenas causas propostas em face da União, de autarquias e empresas públicas federais.

---

[3] CÂMARA, Alexandre Freitas. *Juizados Especiais Cíveis Estaduais e Federais:* uma abordagem crítica. 2. ed. Rio de Janeiro: Lumen Juris, 2005. n. 4, p. 31. Em sentido diverso, ou seja, entendendo que não se trata de órgãos diferentes: MENDES, Aluisio Gonçalves de Castro. *Competência cível da Justiça Federal.* 2. ed. São Paulo: RT, 2006. n. 10.2, p. 171.

[4] STF, Pleno, ADI-MC 1.807/MT, Rel. Min. Sepúlveda Pertence, *DJ* 5.6.1998, p. 2.

[5] CÂMARA, Alexandre Freitas. *Juizados Especiais Cíveis Estaduais e Federais:* uma abordagem crítica. 2. ed. Rio de Janeiro: Lumen Juris, 2005. n. 4.1.1, p. 34.

Daí por que a Emenda Constitucional 22, de 18 de março de 1999, acrescentou um parágrafo único ao art. 98 da Constituição Federal – que passou a ser § 1º por força da Emenda Constitucional 45, de 8 de dezembro de 2004 – mercê do qual caberia à lei federal dispor sobre a criação de Juizados Especiais no âmbito da Justiça Federal. Permitiu-se, assim, a instituição de juizados para causas que envolvessem a Fazenda Pública Federal.

Cumprindo a exigência constitucional, a Lei 10.259, de 12 de julho de 2001, dispõe sobre a instituição dos Juizados Especiais Cíveis e Criminais no âmbito da Justiça Federal. Em razão de tal diploma legal, foram instituídos os Juizados Federais, aos quais se aplica, no que com ele não conflitar, o disposto na Lei 9.099/1995.

Diante da boa experiência e dos satisfatórios resultados obtidos com a instituição dos Juizados Especiais Federais, sobreveio a Lei 12.153, de 22 de dezembro de 2009, que dispõe sobre os Juizados Especiais da Fazenda Pública no âmbito dos Estados, do Distrito Federal, dos Territórios e dos Municípios.

Aos Estados cabe instituir os Juizados Especiais da Fazenda Pública, competindo à União instituí-los no âmbito do Distrito Federal e dos Territórios.

O sistema dos Juizados Especiais dos Estados e do Distrito Federal passou, então, a ser formado pelos Juizados Especiais Cíveis, pelos Juizados Especiais Criminais e Juizados Especiais da Fazenda Pública. A par disso, há, ainda, os Juizados Especiais Federais, que cuidam de demandas propostas em face de entes federais.

Os Juizados Especiais Federais são regidos pelo conjunto das regras contidas na Lei 9.099/1995 e na Lei 10.259/2001; aplica-se a Lei 10.259/2001 e, subsidiariamente, a Lei 9.099/1995 e o Código de Processo Civil. Por sua vez, os Juizados Especiais Estaduais da Fazenda Pública regem-se pela Lei 12.153/2009 e, subsidiariamente, pelo Código de Processo Civil, pela Lei 9.099/1995 e pela Lei 10.259/2001.[6]

19.2.1 Aplicação do Código de Processo Civil

A Lei 13.105, de 16 de março de 2015, aprovou o Código de Processo Civil.

O Código de Processo Civil não trata das demandas que tramitam nos Juizados Especiais. A disciplina processual dos Juizados Especiais mantém-se em legislação própria, sendo alcançada subsidiariamente pelo CPC, conforme demonstrado no item 19.2 *supra*.

Embora o CPC não trate dos procedimentos que tramitam nos Juizados Especiais, algumas normas nele contidas repercutem no âmbito dos Juizados, merecendo ser destacadas e examinadas.

19.2.1.1 O processo cooperativo nos Juizados Especiais

O CPC adota um modelo cooperativo de processo, com equilíbrio nas funções dos sujeitos processuais e necessidade de cumprimento de deveres pelas partes e pelo juiz. O juiz deve atender aos deveres de esclarecimento, prevenção, consulta e auxílio.

Em virtude desse novo modelo, a atividade jurisdicional deve pautar-se num esquema dialógico, de modo a exigir que o juiz exerça a jurisdição com o auxílio das partes, proferindo

---

[6] Nesse sentido, o enunciado 2 da I Jornada de Direito Processual Civil, do Conselho da Justiça Federal: "As disposições do CPC aplicam-se supletiva e subsidiariamente às Leis n. 9.099/1995, 10.259/2001 e 12.153/2009, desde que não sejam incompatíveis com as regras e princípios dessas Leis".

decisão legítima, aprimorada e justa. A decisão judicial não deve ser fruto de um trabalho exclusivo do juiz, mas resultado de uma atividade conjunta, em que há interações constantes entre diversos sujeitos que atuam no processo.

Em razão do princípio da cooperação, o juiz deixa de ser o autor único e solitário de suas decisões. A sentença e, de resto, as decisões judiciais passam a ser fruto de uma atividade conjunta. Ao juiz cabe – não restam dúvidas – aplicar o direito ao caso concreto, mas se lhe impõe, antes de promover tal aplicação, *consultar* previamente as partes, colhendo suas manifestações a respeito do assunto.

O *dever de consulta* impõe ao tribunal dar às partes a oportunidade de manifestação sobre qualquer questão de fato ou de direito. O juiz, antes de se pronunciar sobre qualquer questão, ainda que possa dela conhecer de ofício, deve dar oportunidade à prévia discussão pelas partes, evitando, desse modo, as chamadas "decisões-surpresa".

Esse modelo deve ser aplicado, sem restrições, aos Juizados Especiais, pois decorre de imposição constitucional: é corolário do Estado Democrático de Direito, da necessidade de um contraditório substancial e do próprio devido processo legal. Vale dizer que, no Juizado, o juiz, antes de proferir qualquer decisão que contenha fundamento não discutido previamente, deve consultar as partes, evitando decisões-surpresa. Também deve o juiz prevenir as partes de vícios, nulidades ou consequências prejudiciais ao processo que podem ser evitadas, além de esclarecer situações jurídicas processuais.

Como as partes devem ser consultadas para que se evite decisão-surpresa, ao juiz se impõe, consequentemente, o dever de fundamentação reforçada, exigido no § 1º do art. 489 do CPC. Tal dispositivo, que consagra o imperativo constitucional de fundamentação das decisões judiciais, é igualmente aplicável no âmbito dos Juizados Especiais.[7]

Se, no Juizado, o juiz entender que deve dinamizar ou inverter o ônus da prova, haverá de, seguindo a diretriz cooperativa, aplicar o disposto no § 1º do art. 373 do novo CPC, dando oportunidade à parte de se desincumbir do ônus que lhe foi atribuído. É preciso, na verdade, compatibilizar tal previsão com a dinâmica do procedimento dos Juizados: como, nos Juizados, o juiz e as partes participam, conjuntamente, de uma única audiência, na qual tudo ocorre (apresentação de defesa, instrução e julgamento), deverá a dinamização ou a inversão do ônus da prova ser decretada na própria audiência, cujo prosseguimento será, então, adiado, a fim de que a parte a quem se atribuiu o ônus possa providenciar suas provas, trazendo, na próxima sessão, testemunhas e as demais provas de que dispuser para desincumbir-se do seu ônus.[8]

Quer isso dizer que, nos Juizados Especiais, também devem ser evitadas "decisões-surpresa", ajustando-se o procedimento ao modelo cooperativo de processo, em observância ao ideal democrático, ao contraditório substancial e ao devido processo legal.

Como exigência da cooperação, incumbe ao réu, ao alegar sua ilegitimidade passiva *ad causam*, indicar quem é o sujeito passivo, a integrar o processo em seu lugar. Tal dever,

---

[7] Nesse sentido, o enunciado 309 do Fórum Permanente de Processualistas Civis: "O disposto no § 1º do art. 489 do CPC é aplicável no âmbito dos Juizados Especiais". No mesmo sentido, o enunciado 37 da I Jornada de Direito Processual Civil, do Conselho da Justiça Federal: "Aplica-se aos juizados especiais o disposto nos parágrafos do art. 489 do CPC".

[8] Nesse mesmo sentido: MACÊDO, Lucas Buril de; PEIXOTO, Ravi. *Ônus da prova e sua dinamização*. 2. ed. Salvador: JusPodivm, 2016. n. 4.13.2, p. 215.

imposto ao réu em decorrência da cooperação, está previsto no art. 339 do CPC, aplicável aos Juizados Especiais, segundo o enunciado 42 do Fórum Permanente de Processualistas Civis.[9]

19.2.1.2 Mediação e conciliação nos Juizados Especiais

O Código de Processo Civil traz diversos dispositivos relacionados com os chamados "meios alternativos de resolução de disputas" (ADR – *Alternative Dispute Resolution Methods*). Ao mesmo tempo em que incentiva, o Código institucionaliza os ADRs, disciplinando-os, na realidade, não como meios "alternativos" de resolução de disputas, mas como meios "integrados". Realmente, ao tratar da mediação e da conciliação, o CPC prevê sua realização no processo judicial, sem, todavia, eliminar sua independência e flexibilidade.

A Lei 9.099/1995, que trata dos Juizados Especiais Cíveis, estimula a autocomposição, estabelecendo, em seu art. 2º, que o processo deve buscar, sempre que possível, a conciliação ou a transação. Além disso, seu art. 3º dispõe que o Juizado Especial Cível tem competência para *conciliação*, processo e julgamento das causas cíveis de menor complexidade, mencionando, no seu art. 7º, a presença do conciliador como auxiliar do juiz. Seus arts. 21 e 22 tratam da conciliação.

Quando a Lei 9.099/1995 foi promulgada, era outra a noção que se tinha sobre a autocomposição. A partir de uma concepção mais democrática do acesso à justiça e da incorporação da necessidade de eficiência na atividade judicial, há, atualmente, importante mudança de conceito e orientação: o foco deixa de estar (apenas) no *julgamento* e passa para a efetiva *solução* do conflito.

Conforme já demonstrado no item 16.3.4 *supra*, o Código de Processo Civil estabelece distinções entre a mediação e a conciliação.

A mediação é medida mais adequada aos casos em que tiver havido vínculo anterior entre as partes, a exemplo do que ocorre em matéria societária, de direito de família, condomínio, vizinhança, locações. Já o conciliador deve atuar preferencialmente nos casos em que não tenha havido vínculo anterior entre as partes, como, por exemplo, em acidentes de veículos ou em casos de danos extrapatrimoniais em geral.

A Lei 13.140, de 2015, trata da mediação, tendo suas regras complementadas pelo Código de Processo Civil, que também menciona a conciliação.

Todas essas normas devem repercutir no âmbito dos Juizados Especiais Cíveis, que, a depender do caso, devem valer-se de um mediador ou de um conciliador, a fim de viabilizar a autocomposição das partes, com a adoção de todas as técnicas pertinentes e levando-se em conta os princípios previstos no art. 2º da Lei 13.140, de 2015, e no art. 166 do CPC. Quer isso dizer que os dispositivos da Lei 9.099/1995 que tratam da conciliação devem ser relidos para que se harmonizem com as normas do CPC relativas à conciliação e à mediação e, bem assim, com as normas da Lei 13.140, de 2015, concernentes à mediação. No âmbito dos Juizados, não deve haver apenas a adoção da conciliação, mas também da mediação, sendo cada uma adotada nos casos em que for respectivamente adequada, com a observância dos princípios já referidos.[10]

---

[9] "(art. 339) O dispositivo aplica-se mesmo a procedimentos especiais que não admitem intervenção de terceiros, bem como aos juizados especiais cíveis, pois se trata de mecanismo saneador, que excepciona a estabilização do processo."

[10] Nesse sentido, o enunciado 397 do Fórum Permanente de Processualistas Civis: "A estrutura para autocomposição, nos Juizados Especiais, deverá contar com a conciliação e a mediação".

No âmbito dos Juizados Especiais, a audiência de mediação ou conciliação pode, inclusive, ser realizada por "videoconferência, áudio, sistemas de troca de mensagens, conversa on-line, conversa escrita, eletrônica, telefônica e telemática ou outros mecanismos que estejam à disposição dos profissionais da autocomposição para estabelecer a comunicação entre as partes" (Enunciado 25 da I Jornada de Direito Processual Civil, do Conselho da Justiça Federal). Aliás, o § 2º do art. 22 da Lei 9.099, de 1995, assim dispõe: "§ 2º É cabível a conciliação não presencial conduzida pelo Juizado mediante o emprego dos recursos tecnológicos disponíveis de transmissão de sons e imagens em tempo real, devendo o resultado da tentativa de conciliação ser reduzido a escrito com os anexos pertinentes".

A aplicação das normas relativas à mediação e à conciliação aos Juizados Especiais não implica a alteração no procedimento, que continua sendo regulado pelo conjunto das Leis 9.099/1995, 10.259/2001 e 12.153/2009.[11]

19.2.1.3 Negócios jurídicos processuais nos Juizados Especiais

Já se viu que o CPC adota um modelo cooperativo de processo. Há, em razão disso, uma valorização da vontade das partes e equilíbrio nas funções dos sujeitos processuais.

Há, a partir daí, o prestígio da autonomia da vontade das partes, cujo fundamento é a liberdade, um dos direitos fundamentais previstos no art. 5º da CF. O direito à liberdade contém o direito ao autorregramento. Com efeito, o atual CPC contém, de modo mais evidente do que no Código revogado, diversas normas que prestigiam a autonomia da vontade das partes, permitindo que elas negociem sobre o processo, tal como demonstrado no Capítulo XVI.

Diante disso e com base na cláusula geral do art. 190, é possível defender a existência de negócios processuais também nos Juizados Especiais Cíveis.

A Lei 9.099/1995 introduziu o procedimento sumariíssimo dos Juizados Especiais Cíveis no âmbito estadual. Posteriormente, a Lei 10.259/2001 criou os Juizados Especiais Federais e, em seguida, a Lei 12.153/2009 possibilitou a utilização de procedimento mais simples para as causas que envolvem as Fazendas Públicas estadual e municipal.

O procedimento dos Juizados Especiais constitui uma forma de *flexibilização procedimental* para adequá-lo às peculiaridades da disputa, que é mais simples, menos complexa e de pequeno valor. A adaptação, nesse caso, é feita pelo legislador: a lei já elege algumas hipóteses mais simples, sobretudo em razão de o valor ser de pequena monta, simplificando e agilizando o procedimento, mediante a adoção de informalidade e de maior facilitação de acesso à justiça e aos instrumentos procedimentais.

A opção legislativa pela adoção de um procedimento mais simples para causas de menor complexidade e de pequeno valor não impede que as partes façam outros ajustes convenientes ao caso concreto. Aliás, o art. 13 da Lei 9.099/1995 dispõe que "os atos processuais serão válidos sempre que preencherem as finalidades para as quais forem realizados, atendidos os critérios indicados no art. 2º desta Lei".

Daí se percebe que é possível haver, no procedimento dos Juizados Especiais Cíveis, a celebração de negócios processuais, desde que não haja ofensa às normas orientadoras e norteadoras do seu regime jurídico. Sobre o tema, cumpre ceder a palavra a Diogo Assumpção Rezende de Almeida, que assim esclarece:

---

[11] É por isso que o enunciado 509 do Fórum Permanente de Processualistas Civis assim esclarece: "Sem prejuízo da adoção das técnicas de conciliação e mediação, não se aplicam no âmbito dos juizados especiais os prazos previstos no art. 334".

(...) As convenções processuais são toleradas ou até desejadas, a fim de contribuir para o tratamento apropriado do conflito, desde que o procedimento permaneça oral, simples, informal e célere. Caso as partes estabeleçam pactos que imponham maior complexidade ao rito – tais como aumento exacerbado do prazo para realização da sessão de conciliação, produção de prova pericial complexa, que extrapole o *modus operandi* previsto no art. 35 ou a obrigatoriedade de defesa escrita – o mais aconselhável é que optem pelo rito ordinário como procedimento base.[12]

É possível, enfim, haver negócios processuais no âmbito dos Juizados Especiais, desde que não haja alteração da estrutura procedimental, nem contrarie a necessidade da oralidade, simplicidade, informalidade, nem acarrete dilação indevida que conspire contra a duração razoável do processo.[13] Assim, é possível haver, nos Juizados, negócios processuais concernentes à redistribuição do ônus da prova, que permitam ser a audiência de conciliação ou de mediação feita em dia diverso do da audiência de instrução ou que optem por audiência única de conciliação, instrução e julgamento, que elejam o foro competente, que veiculem renúncia mútua ao direito de recorrer ou que simplifiquem a forma de intimação.[14]

Em outras palavras, é possível haver negócios jurídicos processuais no âmbito dos Juizados Especiais, desde que preservem as normas fundamentais do procedimento. O CPC reforça e estimula a celebração de tais negócios como forma de flexibilizar e adaptar o procedimento ao caso concreto.

19.2.1.4 O incidente de desconsideração da personalidade jurídica (CPC, arts. 133 a 137) e sua aplicação nos Juizados Especiais

O CPC/1973 previa as seguintes intervenções de terceiro: a oposição, a nomeação à autoria, a denunciação da lide e o chamamento ao processo. A assistência não constava do capítulo das intervenções de terceiro; estava regulada em outro capítulo, juntamente com o litisconsórcio. Embora integrasse outro capítulo, sempre foi considerada por maior parte da doutrina como uma intervenção de terceiro.

No atual CPC, a oposição deixou de ser formalmente uma intervenção de terceiro, passando a ser um procedimento especial regulado nos arts. 682 a 686, com as mesmas regras que a disciplinavam no CPC/1973. Havia, no CPC/1973, a previsão da nomeação à autoria, não mais prevista no atual CPC. A hipótese prevista no art. 62 do CPC/1973 – que se destinava a corrigir a ilegitimidade passiva *ad causam* – generalizou-se no atual CPC (art. 338): em qualquer caso, quando o réu alegar ilegitimidade passiva *ad causam*, poderá ser corrigido o defeito. Qualquer que seja o direito invocado, se o réu alegar, na contestação, ser parte ilegítima, o autor poderá alterar a petição inicial para modificar o réu (art. 338). A regra concretiza

---

[12] ALMEIDA, Diogo Assumpção Rezende de. *A contratualização do processo: das convenções processuais no processo civil*. São Paulo: LTr, 2015. n. 3.10, p. 194.

[13] "O negócio jurídico processual pode ser celebrado no sistema dos juizados especiais, desde que observado o conjunto dos princípios que o orienta, ficando sujeito a controle judicial na forma do parágrafo único do art. 190 do CPC" (Enunciado 413 do Fórum Permanente de Processualistas Civis). No mesmo sentido, o enunciado 16 da I Jornada de Direito Processual Civil, do Conselho da Justiça Federal: "As disposições previstas nos arts. 190 e 191 do CPC poderão aplicar-se aos procedimentos previstos nas leis que tratam dos juizados especiais, desde que não ofendam os princípios e regras previstos nas Leis n 9.099/1995, 10.259/2001 e 12.153/2009".

[14] ALMEIDA, Diogo Assumpção Rezende de. *A contratualização do processo: das convenções processuais no processo civil*. São Paulo: LTr, 2015. n. 3.10, p. 194.

o princípio da duração razoável do processo, o da primazia do julgamento do mérito e o da eficiência processual, aproveitando ao máximo os atos praticados.

Entre as intervenções de terceiro disciplinadas no CPC destacam-se a previsão do incidente de desconsideração da personalidade jurídica (CPC, arts. 133 a 137) e a do *amicus curiae* (CPC, art. 138).

A desconsideração da personalidade jurídica depende da presença dos pressupostos previstos na legislação de direito material. Assim, somente poderá haver desconsideração se reunidos os pressupostos previstos no art. 50 do Código Civil, no art. 135 do Código Tributário Nacional, no art. 28 do Código de Defesa do Consumidor ou em qualquer outro dispositivo que assim preveja. O CPC não prevê pressupostos para desconsideração; disciplina apenas o seu procedimento.

O incidente de desconsideração da personalidade jurídica pode ser instaurado nos processos dos Juizados Especiais. Tal incidente é uma intervenção de terceiros. Embora o art. 10 da Lei 9.099/1995 proíba a intervenção de terceiros nos Juizados, o incidente pode ser lá instaurado, processado e julgado, em razão do disposto no art. 1.062 do CPC, segundo o qual "o incidente de desconsideração da personalidade jurídica aplica-se ao processo de competência dos juizados especiais".

Significa que o art. 10 da Lei 9.099/1995 foi parcialmente revogado pelo art. 1.062 do CPC: não cabe intervenção de terceiro nos juizados, com exceção do incidente de desconsideração da personalidade jurídica.

Aplicam-se, portanto, ao procedimento dos Juizados Especiais as regras do CPC relativas ao incidente de desconsideração da personalidade jurídica. Desse modo, não deve a desconsideração ser determinada de ofício pelo juiz. É preciso que haja requerimento da parte ou do Ministério Público. No âmbito dos Juizados, não é comum haver intervenção do Ministério Público, mas, se houver, este poderá requerer a instauração do incidente de desconsideração da personalidade jurídica.

É fundamental a observância do contraditório na desconsideração da personalidade jurídica. A previsão do incidente tem por finalidade a observância do contraditório, permitindo que o terceiro, antes de passar a integrar o processo ou a responder pela dívida reconhecida na decisão executada, possa exercer seu direito de influência e defender-se perante o julgador. A propósito, convém lembrar que o incidente de desconsideração da personalidade jurídica é cabível em qualquer fase do processo, seja no processo de conhecimento, seja no de execução.

19.2.1.5 Normas sobre prazos e sua aplicação nos Juizados Especiais

Como já se viu no item 3.4.1 *supra*, na contagem do prazo em dias, computam-se apenas os dias úteis (CPC, art. 219). Tal regra, que se aplica apenas aos prazos processuais, incide no procedimento dos Juizados Especiais.[15] Com efeito, o art. 12-A da Lei 9.099, de 1995, acrescentado pela Lei 13.728, de 2018, assim dispõe: "Na contagem de prazo em dias,

---

[15] Nesse sentido, o enunciado 415 do Fórum Permanente de Processualistas Civis: "Os prazos processuais no sistema dos Juizados Especiais são contados em dias úteis". De igual modo, o enunciado 416 do Fórum Permanente de Processualistas Civis: "A contagem do prazo processual em dias úteis prevista no art. 219 aplica-se aos Juizados Especiais Cíveis, Federais e da Fazenda Pública". Também assim, o enunciado 31 do Fórum Nacional do Poder Público: "A contagem dos prazos processuais em dias úteis se aplica aos processos judiciais regulados em legislação extravagante, inclusive juizados especiais, salvo disposição legal em sentido contrário". Ainda no mesmo sentido, o enunciado 19 da I Jornada de Direito Processual Civil, do Conselho da Justiça Federal: "O prazo em dias úteis previsto no art. 219 do CPC aplica-se também aos procedimentos regidos pelas Leis 9.099/1995, 10.259/2001

estabelecido por lei ou pelo juiz, para a prática de qualquer ato processual, inclusive para a interposição de recursos, computar-se-ão somente os dias úteis".

Conforme explicado no item 3.4.3 *supra*, o art. 220 do CPC dispõe que se suspende o curso do prazo processual nos dias compreendidos entre 20 de dezembro e 20 de janeiro, inclusive. Segundo anotado no enunciado 269 do Fórum Permanente de Processualistas Civis, "a suspensão de prazos de 20 de dezembro a 20 de janeiro é aplicável aos Juizados Especiais".

Cumpre lembrar o que já se disse naquele mesmo item 3.4.3 *supra*: a suspensão prevista no art. 220 do CPC não alcança os prazos da Fazenda Pública, que correm normalmente no período ali mencionado,[16] ressalvados o recesso da Justiça Federal e os feriados existentes dentro do período.

19.2.1.6 Improcedência liminar do pedido nos Juizados Especiais

O art. 332 do CPC trata dos casos de improcedência liminar do pedido. Nesses casos, o juiz, antes mesmo da citação do demandado, já julga improcedente o pedido formulado pelo demandante na sua petição inicial.

Tal dispositivo é aplicável no âmbito dos Juizados Especiais.[17]

O art. 332 do CPC autoriza o julgamento de improcedência liminar, quando o pedido contrariar determinados precedentes, tenha ou não o entendimento sido consagrado em enunciado de súmula.

O art. 332 deve ser interpretado em conjunto com o art. 927, ambos do CPC. No âmbito dos Juizados, além do disposto no art. 927 do CPC, devem ser considerados também os precedentes da Turma Nacional de Uniformização – TNU. Nesse sentido, o enunciado 549 do Fórum Permanente de Processualistas Civis: "O rol do art. 927 e os precedentes da Turma Nacional de Uniformização dos Juizados Especiais Federais deverão ser observados no âmbito dos Juizados Especiais".

Se o juiz julgar liminarmente improcedente o pedido, o autor pode interpor recurso inominado e mostrar a necessidade de ser feita a distinção em seu caso, o que pode acarretar a retratação pelo próprio juiz ou a reforma da decisão pelo tribunal. A propósito, cumpre observar o teor do enunciado 508 do Fórum Permanente de Processualistas Civis: "Interposto recurso inominado contra sentença que julga liminarmente improcedente o pedido, o juiz pode retratar-se em cinco dias".

Como se vê, o art. 332 do CPC aplica-se nos Juizados Especiais, de modo que o juiz pode proferir julgamento de improcedência liminar. De sua sentença cabe recurso, que permite ao juiz retratar-se.

---

e 12.153/2009". Igualmente, o enunciado 45 da ENFAM: "A contagem dos prazos em dias úteis (art. 219 do CPC/2015) aplica-se ao sistema de juizados especiais".

[16] Em sentido contrário, o enunciado 32 do Fórum Nacional do Poder Público: "A suspensão dos prazos processuais do período de 20 de dezembro a 20 de janeiro aplica-se à advocacia pública, sem prejuízo das demais atribuições administrativas do órgão". Também em sentido contrário, o enunciado 21 da I Jornada de Direito Processual Civil, do Conselho da Justiça Federal: "A suspensão dos prazos processuais prevista no *caput* do art. 220 do CPC estende-se ao Ministério Público, à Defensoria Pública e à Advocacia Pública".

[17] Nesse sentido, o enunciado 507 do Fórum Permanente de Processualistas Civis: "O art. 332 aplica-se ao sistema de Juizados Especiais". No mesmo sentido, o enunciado 43 da ENFAM: "O art. 332 do CPC/2015 se aplica ao sistema de juizados especiais e o inciso IV também abrange os enunciados e as súmulas dos seus órgãos colegiados competentes".

19.3 JUIZADOS ESPECIAIS CÍVEIS FEDERAIS

19.3.1 Competência dos Juizados Especiais Cíveis Federais

O art. 3º da Lei 10.259/2001 dispõe que "compete ao Juizado Especial Federal Cível processar, conciliar e julgar causas de competência da Justiça Federal até o valor de 60 (sessenta) salários mínimos, bem como executar as suas sentenças".[18]

Os Juizados Especiais Federais foram criados, como se vê, para processar, conciliar e julgar causas de competência *da Justiça Federal*. Nos termos do art. 109, I, da Constituição Federal, aos juízes federais compete processar e julgar as causas em que a União, autarquia ou empresa pública federal forem interessadas, na condição de autoras, rés, assistentes ou opoentes, exceto as de falência, as de acidente de trabalho e as sujeitas às Justiças Eleitoral e do Trabalho.

É bem de ver que a Justiça Federal julga causas em que a União, autarquias e empresas públicas federais figurem como *autoras, rés, assistentes* ou *opoentes*. Por sua vez, compete aos Juizados Especiais Federais processar, conciliar e julgar as causas de competência da Justiça Federal até o valor de 60 (sessenta) salários mínimos.

Enquanto a Justiça Federal processa e julga causas em que os entes federais figurem como *autores, réus, assistentes* ou *opoentes*, aos Juizados Especiais Federais somente compete as causas em que tais entes federais ostentem a condição de *réus*.[19] Com efeito, nos termos do art. 6º da Lei 10.259/2001, somente podem ser partes no Juizado Especial Federal Cível, como autores, as pessoas naturais e as microempresas e empresas de pequeno porte, e, *como rés*, a União, autarquias, fundações[20] e empresas públicas federais.

Além do mais, o art. 10 da Lei 9.099/1995 *não* admite, no âmbito dos juizados, qualquer intervenção de terceiros, nem mesmo a assistência, ressalvado o incidente de desconsideração da personalidade jurídica, tal como demonstrado no item 19.2.1.4 *supra*.

Significa que uma demanda proposta por um ente federal *não* pode tramitar no juizado, ainda que o valor da causa não supere o limite de 60 (sessenta) salários mínimos. Segundo anotado em precedente do STJ, "a Lei 10.259/2001 não permite que a União figure como autora no Juizado Especial Federal, bem como limita o valor da causa a sessenta salários mínimos".[21]

Também não será competente o juizado, mesmo que a causa seja de pequeno valor, se o ente federal figurar na causa como terceiro interveniente. Se, por exemplo, há uma demanda de pequeno valor na Justiça Estadual e a União intervém na condição de assistente ou opoente, a causa passará para a competência da Justiça Federal, e não do Juizado Especial Federal. Mesmo que o valor seja inferior a 60 (sessenta) salários mínimos, o processo, nesse exemplo, não será da competência do Juizado Especial Federal, já que a União não figura como ré, mas como assistente ou opoente. E, no juizado, não se permite qualquer intervenção de terceiro,

---

[18] Nos termos do enunciado 86 do Fórum Nacional do Poder Público: "Compete aos Juizados Especiais Federais ou da Fazenda Pública executar os honorários advocatícios ou multas por conta de decisões por eles proferidas".

[19] "Lembre-se que a qualidade de parte não é o único critério fixador da competência da Justiça Federal. Por outro lado, o legislador estabeleceu, com clareza, o polo no qual os entes federais podem estar nos Juizados Especiais Cíveis Federais, ou seja, na qualidade de demandados e não como demandantes" (MENDES, Aluisio Gonçalves de Castro. *Competência cível da Justiça Federal*. 2. ed. São Paulo: RT, 2006. n. 10.2, p. 171).

[20] Conforme já demonstrado no Capítulo I deste livro (item 1.1), sempre que houver alusão a entidades autárquicas ou a autarquias estão as fundações públicas igualmente abrangidas.

[21] STJ, 1ª Seção, CC 48.125/SP, Rel. Min. Denise Arruda, *DJ* 15.5.2006, p. 145.

não podendo, então, haver, em seu âmbito, algum processo em que haja qualquer tipo de intervenção.

À evidência, os Juizados Especiais Cíveis Federais *somente* têm competência para processar, conciliar e julgar as causas em que a União, entidades autárquicas ou empresas públicas federais forem interessadas na condição de *rés*. Se figurarem como autoras, assistentes ou oponentes, *não* é possível a causa ser processada e julgada pelo Juizado Especial Cível Federal, ainda que o valor seja inferior a 60 (sessenta) salários mínimos.

A competência dos Juizados Especiais Cíveis Federais é estabelecida pelo valor da causa: somente lhes cabe julgar causas de até 60 (sessenta) salários mínimos; são, portanto, juizados de *pequenas causas*. A previsão de sua criação está, entretanto, no art. 98 da Constituição Federal, em cujo *caput* há a expressa referência à *menor complexidade*, tal como já demonstrado no item 19.1 *supra*.

Quer isso dizer que os Juizados Especiais Cíveis Federais somente julgam causas de *pequeno valor*, que sejam também de *menor complexidade*. As causas complexas de pequeno valor estão excluídas da competência de tais Juizados.[22] Não é por acaso, aliás, que o § 1º do art. 3º da Lei 10.259/2001 afasta do âmbito dos Juizados Federais várias causas. Ainda que ostentem pequeno valor, não se incluem na competência dos Juizados Especiais Cíveis Federais:

a) as causas entre Estado estrangeiro ou organismo internacional e Município ou pessoa domiciliada ou residente no Brasil (CF, art. 109, II);

b) as causas fundadas em tratado ou contrato da União com Estado estrangeiro ou organismo internacional (CF, art. 109, III);

c) a disputa sobre direitos indígenas (CF, art. 109, XI);

d) a ação de mandado de segurança;

e) a ação de desapropriação;

f) a ação de divisão e demarcação;

g) as ações populares;

h) as execuções fiscais;

i) as ações de improbidade administrativa;

j) as demandas sobre direitos ou interesses difusos, coletivos ou individuais homogêneos;[23]

---

[22] Em sentido contrário: "... os Juizados Especiais Federais mantêm sua competência independentemente da prova a ser produzida" (CARDOSO, Oscar Valente. A competência dos Juizados Especiais da Fazenda Pública em pedidos de anulação ou cancelamento de ato administrativo. *Revista Dialética de Direito Processual*, São Paulo: Dialética, v. 94, jan. 2011, p. 100).

[23] "O STJ entende que, em se tratando de direitos difusos, sua defesa pode se dar tanto por meio de ações coletivas como individuais, sendo competência do Juizado Especial da Fazenda Pública a defesa de direito individual" (STJ, 2ª Turma, REsp 1.653.288/MG, Rel. Min. Herman Benjamin, *DJe* 5.5.2017). "As ações que versem sobre direito individual homogêneo, cujo valor não ultrapasse 60 salários mínimos, ajuizadas em favor de pessoa individualizada, como a hipótese dos autos, serão julgadas pelo respectivo Juizado Especial Federal, ainda que se pretenda eficácia de natureza coletiva" (STJ, 1ª Turma, AgInt no REsp 1.353.165/SC, Rel. Min. Gurgel de Faria, *DJe* 4.3.2020). Nesse sentido, o enunciado 22 do FONAJEF: "A exclusão da competência dos Juizados Especiais Federais quanto às demandas sobre direitos ou interesses difusos, coletivos ou individuais homogêneos somente se aplica quanto a ações coletivas".

k) as causas sobre bens imóveis da União, autarquias e fundações públicas federais;[24]

l) as causas para a anulação ou cancelamento de ato administrativo federal,[25] salvo o de natureza previdenciária e o de lançamento fiscal;

m) as causas que tenham como objeto a impugnação da pena de demissão imposta a servidores públicos civis;

n) as causas que tenham como objeto a impugnação de sanções disciplinares aplicadas a militares.

A competência dos Juizados Especiais Cíveis Federais é, pois, limitada às *pequenas causas de menor complexidade*, que são aquelas em que a União, entidades autárquicas ou empresas públicas federais figurem como rés (CF, art. 109, I) e que tenham valor não excedente a 60 (sessenta) salários mínimos. Quando a pretensão versar sobre obrigações vincendas, o Juizado será competente se a soma de 12 (doze) parcelas não exceder 60 (sessenta) salários mínimos (Lei 10.259/2001, art. 3º, § 2º).

Mesmo que o valor seja inferior a 60 (sessenta) salários mínimos, a causa será excluída da competência do Juizado Especial Cível Federal quando houver complexidade, ou melhor, quando houver uma prova técnica mais complexa ou demorada.[26]

Se, enfim, a resolução do litígio depende de prova técnica de intensa investigação, a competência deve ser da Justiça Federal Comum, e não do Juizado Especial Federal, ainda que a causa ostente pequeno valor.[27] Nas palavras de Tarcísio Barros Borges,

> (...) a regra consignada no art. 3º da Lei n. 10.259/2001, que prevê a competência absoluta dos juizados especiais federais para causas de valor inferior a 60 salários mínimos, deve ser interpretada à luz do próprio dispositivo constitucional que instituiu a justiça de menor complexidade, ou seja, os juizados especiais tanto estaduais como federais, sem

---

[24] As ações que discutam bens *imóveis* de *empresa pública federal* podem ser processadas e julgadas normalmente nos Juizados Especiais.

[25] Consoante esclarece Oscar Valente Cardoso, os Juizados Federais não devem processar e julgar ações de anulação ou cancelamento de atos administrativos *em sentido estrito*, ou seja, aqueles que dizem respeito a atividades públicas, a exemplo dos atos praticados em licitações, concursos públicos, aplicação de multas de trânsito, ou, ainda, os atos de lotação, enquadramento ou promoção de servidores públicos. Não se incluem na hipótese, de sorte a ser possível o processamento e o julgamento pelos Juizados Federais, as lides concernentes a pagamentos devidos a servidores públicos. Enfim, quando o pedido abrange verba que foi negada administrativamente, por meio de ato administrativo individual e específico, não há competência do Juizado Federal para rever o ato. Se, entretanto, se tratar de questão genérica, a exemplo da hipótese de a Administração Pública não reconhecer o direito de todos (servidores ou administrados), não sendo, portanto, uma situação específica, será cabível a ação no Juizado Federal, pois aí não há propriamente uma ação para anular ou cancelar um específico ato administrativo, mas uma ação para reconhecimento de um direito que não vem sendo, genericamente, reconhecido (A competência dos Juizados Especiais da Fazenda Pública em pedidos de anulação ou cancelamento de ato administrativo. *Revista Dialética de Direito Processual*, São Paulo: Dialética, v. 94, jan. 2011, p. 102-103). Não cabe no Juizado ação para anular ato administrativo, quando o pedido for diretamente de anulação. Se a anulação for uma consequência, uma decorrência ou um efeito reflexo do pedido formulado, aí se admite a demanda no Juizado. Nesse sentido: STJ, 2ª Turma, AgInt no AREsp 1.149.348/SP, Rel. Min. Mauro Campbell Marques, *DJe* 2.3.2018.

[26] STF, Pleno, RE 537.427, Rel. Min. Marco Aurélio, *DJe* 17.8.2011.

[27] FREIRE, Rodrigo da Cunha Lima; GUEDES, Jefferson Carús. Juizados Especiais Federais. In: FARIAS, Cristiano Chaves de; DIDIER JR., Fredie (coords.). *Procedimentos especiais cíveis:* legislação extravagante. São Paulo: Saraiva, 2003. p. 592.

esquecer, ainda, a normatização geral dada pelo próprio sistema da Lei n. 9.099/1995. De fato, nessa Lei, a produção probatória é regulada de forma simplificada, não se permitindo sequer o exame pericial, tal como concebido pelo CPC, mas apenas uma inquirição de técnicos de confiança na própria audiência (art. 35, *caput*), ou mesmo por uma inspeção sumária a ser realizada pelo juiz ou pessoa de sua confiança, que "lhe relatará informalmente o verificado" (art. 35, parágrafo único).[28]

Essa, aliás, é a orientação ministrada pelo Superior Tribunal de Justiça. Realmente, é firme o "entendimento do STJ no sentido de que é incompatível com os princípios que regem os Juizados Especiais a atuação destes em causas cujas soluções sejam de maior complexidade".[29] Em outras palavras, "o célere rito dos Juizados Especiais Federais é incompatível com a necessidade de realização de provas de alta complexidade".[30]

Também não se revela cabível, no âmbito dos Juizados Especiais Cíveis Federais, a demanda que acarrete a possibilidade de citação por edital. Com efeito, não é compatível com o rito dos Juizados o procedimento que permita a citação por edital.[31]

19.3.1.1 Competência absoluta

O legislador, ao atribuir competência aos diversos órgãos jurisdicionais, leva em conta, em alguns casos, o interesse público, considerando, em outros, o interesse particular ou a comodidade das partes.[32]

Daí a diferença que se faz entre a competência *absoluta* e a *relativa*. Será absoluta a competência, quando não puder ser alterada ou prorrogada. A competência relativa, por sua vez, assim se qualifica, quando puder ser modificada ou prorrogada. A modificação ou prorrogação da competência opera-se por vontade das partes ou por critérios legais.

Correlatamente, a *incompetência* pode ser absoluta ou relativa. É *absoluta*, quando o órgão que profere o ato não dispõe de qualquer atribuição para emiti-lo. Por sua vez, é *relativa*, quando o órgão que expede o ato, embora tenha competência para aquele tipo de matéria, não é legitimado a emiti-lo.

São absolutas as competências fixadas em razão de critérios de natureza material e funcional. As competências fixadas em razão do território e do valor da causa são, por sua vez, relativas.[33]

---

[28] BORGES, Tarcísio Barros. Juizados Especiais Federais Cíveis: reexame das inovações da Lei n. 10.259/2001, após cinco anos de sua vigência. *Revista Dialética de Direito Processual*, São Paulo: Dialética, v. 56, nov. 2007, p. 123.
[29] STJ, 1ª Seção, CC 87.865/PR, Rel. Min. José Delgado, *DJ* 29.10.2007, p. 173.
[30] STJ, 3ª Seção, CC 89.195/RJ, Rel. Min. Jane Silva (Des. conv. TJMG), *DJ* 18.10.2007, p. 260.
[31] STJ, 2ª Seção, CC 93.523/RJ, Rel. Min. Aldir Passarinho Junior, *DJe* 27.8.2008.
[32] PIZZOL, Patrícia Miranda. *A competência no processo civil*. São Paulo: RT, 2003. n. 3.3, p. 140.
[33] ALVIM, Thereza. A organização judiciária e o Código de Processo Civil – competência em razão do valor. *Revista de Processo*, São Paulo: RT, v. 3, jul.-set. 1976, p. 35.
A competência fixada em razão do valor da causa somente é relativa "do mais para o menos", ou seja, se a competência é estabelecida no limite, por exemplo, de até sessenta salários mínimos para determinado juízo e, a partir desse parâmetro, para outro juízo, este último será relativamente competente para as causas de menor valor, enquanto aquele primeiro juízo não detém competência para as causas acima do referido parâmetro. Nesse último caso, a competência é absoluta (CARNEIRO, Athos Gusmão. *Jurisdição e competência*. 14. ed. São Paulo: Saraiva, 2005. n. 61, p. 105). Segundo Moacyr Amaral Santos, "Os limites objetivos da competência são sempre absolutos para o mais,

A competência fixada em razão do valor da causa é, geralmente, relativa, mas é possível que seja, excepcionalmente, tida como absoluta. É o que sucede no âmbito dos Juizados Especiais Cíveis Federais: sua competência é fixada até o valor de 60 (sessenta) salários mínimos, sendo, porém, absoluta (Lei 10.259/2001, art. 3º, § 3º).

Assim, uma causa cujo valor seja de até 60 (sessenta) salários mínimos deve ser proposta perante o Juizado Especial Cível Federal, a não ser que ostente complexidade ou que esteja inserida numa das hipóteses previstas no § 1º do art. 3º da Lei 10.259/2001. Por outro lado, uma causa de valor superior a 60 (sessenta) salários mínimos não deve ser proposta no Juizado Especial Cível Federal.

Sendo a competência absoluta, não pode ser modificada por meio de conexão ou continência. Isso porque a competência absoluta é improrrogável, não se alterando nem por vontade das partes nem por conexão ou continência. É somente a competência relativa que se altera pela conexão ou continência (CPC, art. 54). Assim, na hipótese de haver uma causa na Justiça Federal Comum e outra, no Juizado Especial Cível Federal, a conexão entre elas não provoca a reunião dos processos, já que não se permite a modificação da competência absoluta. Em tais hipóteses, cumpre ao juiz, havendo prejudicialidade de uma causa em face da outra, determinar a suspensão do processo, com suporte no art. 313, V, *a*, do CPC.

19.3.1.2 Juizados Especiais Federais para causas previdenciárias

É possível a criação de Juizados Especiais Federais para causas previdenciárias. Trata-se de juizado especializado, cuja competência se define pela matéria: além de a causa ser de até 60 (sessenta) salários mínimos, deverá a matéria nela versada ser previdenciária.

Essa é a dicção do parágrafo único do art. 19 da Lei 10.259/2001: "na capital dos Estados, no Distrito Federal e em outras cidades onde for necessário, nesse último caso, por decisão do Tribunal Regional Federal, serão instalados Juizados com competência exclusiva para ações previdenciárias".

Criado juizado previdenciário, sua competência é matéria exclusiva, devendo processar, conciliar e julgar apenas causas que tratem desse ramo.

Havendo juizado previdenciário e juizado "comum", a este não devem ser encaminhadas as demandas que versem sobre aquela matéria, pois elas serão de competência exclusiva do juizado previdenciário. A competência do juizado "comum" será residual: o que não for de natureza previdenciária deverá ser-lhe encaminhado.

19.3.1.3 Competência territorial dos Juizados Especiais Cíveis Federais

De acordo com o § 2º do art. 109 da Constituição Federal, as causas intentadas em face da União podem ser aforadas na seção judiciária em que for domiciliado o autor, naquela onde houver ocorrido o ato ou fato que deu origem à demanda ou onde esteja situada a coisa, ou, ainda, no Distrito Federal.

Significa, então, que, se a parte demandada for a União, há uma competência concorrente, podendo o demandante escolher entre uma daquelas seções judiciárias mencionadas no § 2º do art. 109 da Constituição Federal.

---

nem sempre para o menos: quer dizer que o juiz inferior nunca pode tornar-se competente para conhecer de ação da competência do superior, porém, o juiz superior pode tornar-se competente para conhecer de ação da competência do inferior" (*Primeiras linhas de direito processual civil*. 16. ed. São Paulo: Saraiva, 1993. v. 1, n. 207, p. 248).

Aos Juizados Especiais Cíveis Federais aplicam-se as regras de competência territorial previstas na Lei 9.099/1995, no que não estiver regulado pela Constituição Federal.

Pode-se afirmar, diante disso, que, no tocante à União, aplica-se o disposto no § 2º do art. 109 da Constituição Federal, incidindo o art. 4º da Lei 9.099/1995 quanto aos demais entes federais. Se a demanda for proposta em face de uma autarquia ou empresa pública federal, será competente o juizado do foro (a) do domicílio do réu ou, a critério do autor, do local onde aquele exerça atividades profissionais ou econômicas ou mantenha estabelecimento, filial, agência, sucursal ou escritório; (b) do lugar onde a obrigação deva ser satisfeita; (c) do domicílio do autor ou do local do ato ou fato, nas ações para reparação de dano de qualquer natureza.

Em qualquer hipótese de demanda proposta em face de autarquia ou empresa pública federal, será competente o juizado do foro do réu (Lei 9.099/1995, art. 4º, parágrafo único).

A competência territorial é relativa, atraindo a incidência da regra da *perpetuatio jurisdictionis* prevista no art. 43 do CPC. Quer isso dizer que qualquer mudança superveniente no estado de fato ou de direito que altere a competência territorial não atinge o processo em curso. Assim, a posterior alteração do domicílio do autor, por exemplo, não repercute na competência, já fixada, do juizado.[34]

19.3.1.4 Reconhecimento da incompetência do Juizado Federal

A falta de competência, no plano interno, não acarreta a extinção do processo, ensejando, apenas, a remessa dos autos ao órgão competente, a não ser que o juiz entenda incompetente a Justiça brasileira, no plano internacional, hipótese em que extinguirá o processo.[35] Enfim, a incompetência é, via de regra, reconhecida por uma decisão interlocutória, consistindo em questão *dilatória*, por não implicar a extinção do processo,[36] mas, sim, a remessa dos autos ao juízo competente.

Essa, contudo, é uma circunstância jurídico-positiva, variando em cada ordenamento, de acordo com a política legislativa ou com a opção do legislador. A incompetência pode ser reconhecida por decisão interlocutória, podendo, diversamente, ser reconhecida por sentença, a depender das vicissitudes e escolhas feitas pelo legislador, variando em cada ordenamento ou em determinado momento histórico. De igual modo, a depender das escolhas do legislador, a declaração de incompetência pode resultar na extinção do processo ou na simples remessa dos autos ao juízo competente. No Direito brasileiro, o reconhecimento da incompetência acarreta, geralmente e por tradição, a remessa dos autos ao juízo competente, nada impedindo, todavia, que haja solução legislativa diversa, impondo a extinção do processo sem resolução do mérito.

Nos Juizados Especiais Cíveis, diferentemente do que tradicionalmente ocorre no Direito brasileiro, o reconhecimento da incompetência territorial é feito por sentença, acarretando a extinção do processo sem exame do mérito (Lei 9.099/1995, art. 51, III).

Realmente, no processo civil brasileiro, o reconhecimento da incompetência não acarreta, em princípio, a extinção do processo, ensejando, isto sim, a remessa dos autos ao órgão competente (CPC, art. 64, § 3º). No âmbito dos Juizados Especiais Cíveis, a incompetência

---

34   STJ, 2ª Seção, CC 80.210/SP, Rel. Min. Humberto Gomes de Barros, *DJ* 24.9.2007, p. 242.
35   BARBOSA MOREIRA, José Carlos. Aspectos da "extinção do processo" conforme o art. 329 do CPC. *Revista de Processo*, São Paulo: RT, v. 57, jan.-mar. 1990, p. 203.
36   ALVIM, Arruda. Sentença no processo civil: as diversas formas de terminação do processo em primeiro grau. *Revista de Processo*, São Paulo: RT, v. 2, abr.-jun. 1976, p. 68.

é, contudo, motivo para extinção do processo sem resolução do mérito (Lei 9.099/1995, art. 51, II e III).

Reconhecida, então, a incompetência do Juizado, cabe ao juiz extinguir o processo sem resolução do mérito, e não determinar a remessa dos autos ao juízo competente. Extinto o processo e mantida a extinção pelo órgão recursal, deverá a parte renovar sua demanda, desta feita perante o órgão dotado de atribuição para processar e julgar a causa.[37]

19.3.1.5 Competência federal delegada a juízo estadual

A competência da Justiça Federal, nos termos dos §§ 3º e 4º do art. 109 da Constituição Federal, é delegada, em alguns casos, a juízos estaduais. O § 3º, em sua redação originária, assim dispunha: "Serão processadas e julgadas na Justiça estadual, no foro do domicílio dos segurados ou beneficiários, as causas em que forem parte instituição de previdência social e segurado, sempre que a comarca não seja sede de vara do juízo federal, e, se verificada essa condição, a lei poderá permitir que outras causas sejam também processadas e julgadas pela Justiça estadual".

Nas ações previdenciárias, o próprio texto constitucional já delegava a competência federal aos juízos estaduais da comarca onde não houvesse vara federal. Outras hipóteses deveriam estar previstas em lei. Assim, em alguns casos, aos juízos estaduais da comarca, onde não houvesse vara federal, poderia ser atribuída competência federal por expressa previsão legal. Nesses casos, a competência é da Justiça Federal, mas, por razões de amplo acesso à justiça, poderia ser delegada a juízes estaduais. Trata-se, portanto, de competência delegada.

A Emenda Constitucional 103, de 2019, alterou a redação do § 3º do artigo 109 da Constituição Federal, que passou a assim dispor: "*§ 3º Lei poderá autorizar que as causas de competência da Justiça Federal em que forem parte instituição de previdência social e segurado possam ser processadas e julgadas na justiça estadual quando a comarca do domicílio do segurado não for sede de vara federal*".

A Constituição Federal só permite agora que a lei preveja delegação de competência federal à Justiça Estadual em causas em que figurem, como parte, instituição de previdência social e segurado. Não há mais delegação expressa no texto constitucional; é preciso que alguma lei federal a delegue expressamente. A delegação restringe-se, a partir da Emenda Constitucional 103, de 2019, a ações em que figurem, como parte, instituição de previdência social e segurado. Qualquer outra demanda não poderá ser processada e julgada por juízo estadual, pois não se autoriza mais a delegação da competência federal em qualquer outra demanda que não tenha como partes, de um lado, instituição de previdência social e, de outro, segurado.

O desiderato dessa delegação reside na necessidade de se conferir amplo acesso à justiça das pessoas domiciliadas em comarcas que não sejam sede de vara federal,[38] evitando o

---

[37] Segundo Leonardo Greco, tal regra não deve mais persistir, diante da garantia constitucional da tutela jurisdicional efetiva e da que impõe duração razoável aos processos judiciais e administrativos. Em suas palavras, "... nos nossos juizados especiais, em que há dispositivo expresso de lei impedindo a continuidade do processo e determinando a sua extinção (Lei 9.099/1995, art. 51, II), será forçoso reconhecer a inconstitucionalidade desse preceito por violar a garantia da tutela jurisdicional efetiva inscrita no art. 5º, XXXV, da CF, ou, de modo menos traumático, a sua revogação pelo subsequente advento da garantia do inc. LXXVIII do mesmo artigo, introduzida pela EC 45/2004" (*Translatio Iudicii* e reassunção do processo. *Revista de Processo*, São Paulo: RT, v. 166, dez. 2008).

[38] MENDES, Aluisio Gonçalves de Castro. *Competência cível da Justiça Federal*. 2. ed. São Paulo: RT, 2006. n. 7.3.1, p. 135; PERRINI, Raquel Fernandez. *Competências da Justiça Federal Comum*. São Paulo: Saraiva, 2001. p. 303.

deslocamento, muitas vezes impossível ou bastante custoso, para o Município ou local onde se mantenha a sede de algum juízo federal.

Assim, em causas previdenciárias, aos juízos estaduais da comarca, onde não houver vara federal, pode ser atribuída competência federal. Nesses casos, a competência é da Justiça Federal, mas, por razões de amplo acesso à justiça, resta delegada a juízes estaduais.

As causas que ostentarem valor de até 60 (sessenta) salários mínimos devem ser aforadas nos Juizados Especiais Cíveis Federais. Se, no foro competente, não houver vara federal, a demanda poderá ser proposta no Juizado Especial Federal mais próximo (Lei 10.259/2001, art. 20) ou, a critério do demandante, perante o juízo estadual, se o caso for mesmo de competência federal delegada.

Nesse último caso, ou seja, na hipótese de a demanda ser intentada perante o juízo estadual, não se aplicam as regras da Lei 10.259/2001, devendo a causa processar-se pelo procedimento comum disciplinado no Código de Processo Civil. Das decisões proferidas pelo juízo estadual cabem recursos dirigidos ao respectivo Tribunal Regional Federal, e não a Turmas ou colégios recursais de Juizados.

À evidência, nos casos de competência federal delegada, não havendo vara federal no local do foro, ou a parte propõe sua demanda no Juizado Especial Federal mais próximo, ou a intenta perante o juízo estadual, não cabendo a este aplicar as regras da Lei 10.259/2001; cabe-lhe fazer incidir as regras procedimentais do Código de Processo Civil, devendo suas decisões ser controladas pelo Tribunal Regional Federal respectivo.

19.3.1.6 Criação superveniente de Juizado Especial Cível Federal

Já se viu que a competência dos Juizados Especiais Cíveis Federais é absoluta. Sendo absoluta, não deveria submeter-se à regra da *perpetuatio jurisdictionis* prevista no art. 43 do CPC. Assim, instalado, posteriormente, um Juizado Especial Cível Federal, deveriam os processos em curso, de até 60 (sessenta) salários mínimos que se encaixem em sua competência, a ele ser remetidos.

Isso porque, havendo, por lei superveniente, modificação em critério de competência absoluta, o art. 43 do CPC afasta a aplicação da *perpetuatio jurisdictionis*. Nesse caso, a alteração atinge o processo em curso, que deve passar a tramitar perante o juízo que passou a ostentar a competência absoluta para processar e julgar a causa.

Acontece, porém, que o procedimento adotado nos Juizados é bem diferente do procedimento comum regulado pelo CPC. Remeter um processo em curso na Justiça Federal Comum para um Juizado Especial Federal acarretaria problemas procedimentais, dificultando seu andamento e o bom desempenho do Juizado. Daí por que o art. 25 da Lei 10.259/2001 determinou que "não serão remetidas aos Juizados Especiais as demandas ajuizadas até a data de sua instalação".

Significa que os Juizados Federais somente recebem demandas intentadas após sua criação. Os casos já em curso perante a Justiça Comum não devem ser remetidos aos Juizados Federais. Aplica-se, na espécie, a regra da *perpetuatio jurisdictionis* prevista no art. 43 do CPC.

É possível, contudo, que, em razão do art. 20 da Lei 10.259/2001, a demanda tenha sido proposta perante o juízo estadual, dotado de competência federal delegada.

Tal como já demonstrado no subitem 19.3.1.5 *supra,* essa é uma competência delegada. A competência delegada consiste, em verdade, numa transferência de *exercício* da competência: o órgão delegado (juiz estadual) exerce uma competência que não é sua, mas do delegante (juiz federal). Não é a competência que se transfere, mas o seu exercício. Bem por isso, a delegação pode ser revogada, passando ao delegante o exercício da competência. O juízo estadual, em tais hipóteses, *exerce* competência federal, estando seus atos sujeitos ao controle do respectivo Tribunal Regional Federal. Ele é considerado, no caso concreto, um juízo federal. A delegação do *exercício* da competência federal deixa de existir quando, naquele foro, for instalada vara federal. Daí a afirmação de Vladimir Souza Carvalho, segundo a qual "A tendência da delegação é ir cessando à medida em que a Justiça Federal vai se interiorizando. Tanto que a instalação da vara federal faz cessar a competência delegada ao juiz de direito local".[39] Em tais hipóteses, proposta demanda no juízo estadual, este, no caso, *exerce* competência federal. A superveniente instalação de vara federal revoga a delegação da competência, fazendo com que os processos que ali tramitavam sejam, desde logo, encaminhados à vara federal instalada. Na verdade, em casos assim, não se está a modificar a competência. A competência é – e sempre foi – da Justiça Federal. O juízo estadual estava a *exercer* competência federal, sendo, naqueles casos, considerado um juízo federal, submetido ao respectivo Tribunal Regional Federal.[40] Não se trata de alterar a competência da Justiça Estadual para a Federal. A competência, impende repetir, é federal e continua sendo federal. O juízo estadual era, concretamente, um juízo federal. Cessada a delegação do *exercício* da competência, com a instalação de vara federal, a esta devem ser remetidos os autos dos processos que tramitavam no juízo estadual.[41]

Nessa hipótese, a causa passa para a Justiça Federal, e não para o Juizado Especial Federal, pois, como se viu, estes somente recebem demandas intentadas após sua instalação (Lei 10.259/2001, art. 25). A causa passa para a Justiça Federal, que continua a processá-la com aplicação das regras procedimentais contidas no CPC, e não na lei de regência dos Juizados.

Diversamente, se a causa está sendo processada por juízo estadual com competência federal delegada e, em sua comarca, instala-se, não vara federal, mas Juizado Especial Federal, o processo mantém-se com o juízo estadual, não devendo ser remetido para o Juizado, por força do já mencionado art. 25 da Lei 10.259/2001.[42]

19.3.1.7 Conflito de competência entre juiz federal de vara comum e juiz federal de juizado

Quando dois ou mais juízes se consideram competentes ou incompetentes, há conflito de competência. Se tais juízes forem vinculados ao mesmo tribunal, é este tribunal que resolve o conflito. Se, contudo, os juízes forem vinculados a tribunais diversos, é do Superior Tribunal de Justiça a competência para solucionar o conflito (CF, art. 105, I, *d*). Será, por sua vez, do Supremo Tribunal Federal a competência de resolver conflito entre o Superior Tribunal de Justiça e quaisquer tribunais, entre Tribunais Superiores, ou entre estes e qualquer outro tribunal (CF, art. 102, I, *o*).

---

[39] CARVALHO, Vladimir Souza. *Competência da Justiça Federal*. 4. ed. Curitiba: Juruá, 2003. p. 204.

[40] "O juiz estadual, no caso, atua como juiz federal, de modo que o recurso interposto de suas decisões e sentenças 'será sempre para o Tribunal Regional Federal na área de jurisdição do juiz de primeiro grau' (§ 4º do art. 109 da Constituição)" (ZAVASCKI, Teori Albino. *Processo de execução: parte geral*. 3. ed. São Paulo: RT, 2004. p. 147).

[41] STJ, 1ª Seção, CC 32.535/RJ, Rel. Min. Paulo Medina, *DJ* 16.12.2002, p. 232; STJ, 1ª Turma, REsp 760.361/RS, Rel. Min. Francisco Falcão, *DJ* 4.5.2006, p. 142.

[42] STJ, 3ª Seção, CC 62.373/MG, Rel. Min. Maria Thereza de Assis Moura, *DJ* 30.10.2006, p. 243; STJ, 3ª Seção, CC 57.799/SP, Rel. Min. Carlos Fernando Mathias (Juiz conv. TRF 1ª Região), j. 12.09.2007, *DJ* 1º.10.2007, p. 209.

O juiz federal que atua num Juizado mantém sua condição funcional, estando, da mesma forma que um juiz federal que atua numa vara comum, vinculado ao respectivo Tribunal Regional Federal. Tal circunstância poderia ser suficiente para definir a competência do correspondente TRF para resolver um conflito entre juiz federal de vara comum e juiz federal de Juizado.

Ocorre, porém, que um caso que tramite no Juizado Especial Cível Federal não chega, pelas vias recursais, ao Tribunal Regional Federal. Os recursos são apreciados e julgados por um órgão recursal composto por juízes de primeira instância.

Diante disso, o Superior Tribunal de Justiça entendia que, para fins de conflito de competência, o órgão recursal do Juizado haveria de ser considerado como "outro tribunal". O juiz federal que atua no Juizado estaria "vinculado" ao órgão recursal do próprio Juizado, enquanto o juiz federal de vara comum, ao respectivo TRF.

Daí se concluir que esse seria um conflito entre juízes "vinculados" a tribunais diversos, atraindo a competência do STJ para resolvê-lo.

Tal entendimento consolidou-se e passou a constar do enunciado 348 da Súmula do STJ, segundo o qual "Compete ao Superior Tribunal de Justiça decidir os conflitos de competência entre juizado especial federal e juízo federal, ainda que da mesma seção judiciária".

O Supremo Tribunal Federal não concordou, porém, com esse entendimento, manifestando-se pela competência do respectivo Tribunal Regional Federal, e não pela do STJ. Ao julgar o Recurso Extraordinário 590.409, a Suprema Corte reconheceu a incompetência do STJ para dirimir os conflitos de competência entre Juizado Especial Federal e Juízo Federal Comum da mesma região, cabendo tal atribuição ao respectivo TRF.[43]

Diante dessa manifestação contrária do STF, a 1ª Seção do STJ, ao apreciar o Conflito de Competência 107.635/PR, Rel. Min. Luiz Fux, houve por bem submeter o julgamento do feito à Corte Especial, com a finalidade de cancelar ou de alterar a redação do enunciado 348 de sua Súmula de jurisprudência, a fim de deixar consignado que o conflito de competência entre Juizado Especial Federal e Juízo Federal Comum há de ser resolvido pelo respectivo TRF, e não pelo próprio STJ.

Ao apreciar o referido Conflito de Competência, a Corte Especial do STJ houve por bem cancelar o referido enunciado 348 de sua súmula, aprovando, desde logo, o enunciado 428 de sua súmula, que está assim redigido: "Compete ao Tribunal Regional Federal decidir os conflitos de competência entre juizado especial federal e juízo federal da mesma seção judiciária".

---

[43] STF, Pleno, RE 590.409, Rel. Min. Ricardo Lewandowski, *DJe* 28.10.2009.
Seguindo a orientação ministrada pelo STF, a 1ª Seção do STJ proferiu o seguinte julgado: "Processual civil. Embargos de declaração. Agravo regimental. Competência do STJ para processar e julgar o conflito negativo de competência. Juizado Especial Federal e Juízo Comum Federal. RE 590.409. Aclaratórios acolhidos. Remessa dos autos ao TRF da 4ª Região. 1. Os embargos declaratórios somente são cabíveis para a modificação do julgado que se apresenta omisso, contraditório ou obscuro, bem como para sanar possível erro material existente na decisão. 2. O Supremo Tribunal Federal ao julgar recurso extraordinário 590.409, pendente de publicação, reconheceu que o STJ é incompetente para dirimir os conflitos de competência entre Juizado Especial Federal e Juízo Federal Comum da mesma sessão jurisdicional, uma vez que essa competência é do respectivo Tribunal Regional Federal. Embargos de declaração acolhidos, com efeitos infringentes, para reconhecer a incompetência deste Tribunal e determinar a remessa dos autos ao Tribunal Regional Federal da 4ª Região para o deslinde do conflito" (STJ, 1ª Seção, EDcl no AgRg no CC 103.085/SC, Rel. Min. Humberto Martins, *DJe* 18.9.2009).

Na verdade, compete ao respectivo TRF resolver os conflitos entre juizado federal e juízo federal da mesma região. Assim, um conflito entre um juizado especial federal de Porto Alegre e um juízo federal de Santa Catarina será resolvido pelo TRF da 4ª Região. Um conflito entre um juízo federal do Distrito Federal e um juizado especial federal de Salvador será resolvido pelo TRF da 1ª Região. Se, contudo, houver, por exemplo, um conflito de competência entre um juízo federal de São Paulo e o juizado especial federal de João Pessoa, deverá tal conflito ser resolvido pelo STJ, pois os órgãos não integram a mesma região, estando o juízo federal de São Paulo vinculado ao TRF da 3ª Região e o juizado especial federal de João Pessoa, ao da 5ª Região.

Enfim, segue-se, no tocante a conflito de competência entre juiz federal de vara comum e juiz federal de juizado especial, a mesma regra para qualquer outra hipótese: se os órgãos em conflito estiverem vinculados ou inseridos no âmbito de abrangência do mesmo tribunal, a este cabe resolver o conflito. Do contrário, ou seja, caso cada órgão integre uma região diferente, será do STJ a atribuição de julgar o conflito de competência.

19.3.1.8 Competência para cumprir carta precatória quando existente, na comarca, um Juizado Especial Cível Federal

Os atos processuais são cumpridos por ordem judicial, cabendo aos serventuários e ao oficial de justiça concretizar tal cumprimento. Quando devam ser realizados fora dos limites territoriais da comarca, os atos processuais hão de ser requisitados por carta precatória.

Um ato processual determinado por um juízo federal há de ser requisitado para ser cumprido por carta precatória a outro juízo federal. O juiz recusará cumprimento à carta precatória, quando carecer de competência absoluta (CPC, art. 267, II).

Muito embora o art. 267, II, do CPC, mencione a competência em razão da matéria ou da hierarquia, é estreme de dúvidas que se deve entender que a referência diz respeito à competência absoluta, de sorte que não somente a competência material e a funcional estão abrangidas pela regra, mas também qualquer outra hipótese de competência territorial ou fixada em razão do valor da causa, que seja absoluta. Na verdade, o que se extrai do disposto no art. 267, II, do CPC é que o juiz deve recusar cumprimento à carta precatória, quando não dispuser de competência absoluta.

Expedida uma carta precatória por um juízo federal, seu cumprimento deverá ser feito por um outro juízo federal.

O cumprimento da precatória apenas poderá ser realizado pelo Juizado Federal, se a causa inserir-se entre aquelas de sua competência. Nas demandas *propostas por* entes federais, *não* há competência dos Juizados Especiais Cíveis Federais para processar e julgar a causa. Em tais casos, a carta precatória não deve ser cumprida pelo Juizado Federal, mercê da falta de competência absoluta. De igual modo, se o valor da causa superar o limite de 60 (sessenta) salários mínimos, não haverá competência do Juizado Especial Federal.

Se a causa que tramita no juízo deprecante for de competência do Juizado Especial Cível Federal, a outro Juizado Federal será deprecado o cumprimento do ato processual.

19.3.2 Partes nos Juizados Especiais Cíveis Federais

O § 1º do art. 8º da Lei 9.099/1995 estabelece que somente as pessoas naturais capazes podem demandar perante o Juizado Especial,[44] excluídos os cessionários de direito de pessoas

---

[44] Em sentido contrário, o enunciado 10 do FONAJEF: "O incapaz pode ser parte autora nos Juizados Especiais Federais, dando-se-lhe curador especial, se ele não tiver representante constituído".

jurídicas. Também podem demandar perante o Juizado Especial (a) as pessoas enquadradas como microempreendedores individuais, microempresas e empresas de pequeno porte na forma da Lei Complementar 123, de 14 de dezembro de 2006; (b) as pessoas jurídicas qualificadas como Organização da Sociedade Civil de Interesse Público, nos termos da Lei 9.790, de 23 de março de 1999; e (c) as sociedades de crédito ao microempreendedor, nos termos do art. 1º da Lei 10.194, de 14 de fevereiro de 2001.

Assim também o art. 6º, I, da Lei 10.259/2001 permite que sejam autoras, nos Juizados Especiais Cíveis Federais, as pessoas naturais, bem como as microempresas e empresas de pequeno porte.

Impõe-se aplicar o § 1º do art. 8º da Lei 9.099/1995 para também admitir que sejam partes, na condição de autoras, nos Juizados Federais, as pessoas jurídicas qualificadas como Organização da Sociedade Civil de Interesse Público, nos termos da Lei 9.790/1999, e as sociedades de crédito ao microempreendedor, nos termos do art. 1º da Lei 10.194/2001.

Diante do silêncio da Lei 10.259/2001, há quem defenda que os incapazes, os presos, a massa falida e o insolvente civil estariam autorizados a demandar no Juizado Especial Federal.[45] Conquanto não haja norma a respeito na Lei 10.259/2001, impõe-se, no particular, aplicar o disposto no art. 8º da Lei 9.099/1995, de sorte que *não* estão autorizados a demandar no Juizado Federal o incapaz, o preso, a massa falida, o insolvente civil, nem as pessoas jurídicas de direito público ou empresas públicas.[46] Somente o maior de 18 (dezoito) anos pode ser autor nos Juizados Federais e, como visto, as microempresas e empresas de pequeno porte. Não estão admitidos a serem autores nos Juizados Federais os cessionários de pessoas jurídicas (Lei 9.099/1995, art. 8º, § 1º).

É plenamente aplicável aos Juizados Especiais Federais o disposto no art. 8º da Lei 9.099/1995, não somente em razão do que dispõe o art. 1º da Lei 10.259/2001, mas também porque essas duas leis, em conjunto, formam um sistema, um regime ou um estatuto dos Juizados Especiais.[47] Os Juizados Especiais Cíveis Federais são regulados pelo conjunto das regras contidas em tais diplomas legais.

Não é possível a União, entidades autárquicas ou empresas públicas federais figurarem como autoras em Juizado Especial Cível Federal. Também não é possível que haja demanda, no âmbito dos Juizados Federais, proposta pelo Ministério Público Federal.[48]

---

[45] FIGUEIRA JÚNIOR, Joel Dias; TOURINHO FILHO, Fernando da Costa. *Juizados Especiais Federais Cíveis e Criminais*. 2. ed. São Paulo: RT, 2007. p. 152-153.

[46] FREIRE, Rodrigo da Cunha Lima; GUEDES, Jefferson Carús. Juizados Especiais Federais. In: FARIAS, Cristiano Chaves de; DIDIER JR., Fredie (coords.). *Procedimentos especiais cíveis:* legislação extravagante. São Paulo: Saraiva, 2003. p. 593.

[47] CÂMARA, Alexandre Freitas. *Juizados Especiais Cíveis Estaduais e Federais:* uma abordagem crítica. 2. ed. Rio de Janeiro: Lumen Juris, 2005. n. 31, p. 220.

[48] Em sentido contrário: "Deve-se admitir também a legitimação do Ministério Público para demandar no juizado especial cível federal, na defesa de direitos individuais *indisponíveis*, segundo a CF, art. 127, *caput*" (FREIRE, Rodrigo da Cunha Lima; GUEDES, Jefferson Carús. Juizados Especiais Federais. In: FARIAS, Cristiano Chaves de; DIDIER JR., Fredie (coords.). *Procedimentos especiais cíveis:* legislação extravagante. São Paulo: Saraiva, 2003. p. 593). Nesse sentido: "*É pacífico o entendimento no Superior Tribunal de Justiça segundo o qual é possível submeter ao rito dos Juizados Especiais, as causas que envolvem fornecimento de medicamentos, cujo valor seja de até 60 salários mínimos, ajuizadas pelo Ministério Público em favor de pessoa determinada*" (STJ, 1ª Turma, AgRg no AREsp 374.299/MG, Rel. Min. Regina Helena Costa, *DJe* 21.11.2016).

Não há permissão legal para que o Ministério Público proponha demanda perante o Juizado Especial Cível Federal, não se devendo aceitar sua presença ali como autor.[49]

Conjugando-se o art. 8º da Lei 9.099/1995 com o art. 6º da Lei 10.259/2001, obtém-se um rol taxativo: só são admitidos como autores, no âmbito dos Juizados Especiais Cíveis Federais, aqueles ali previstos.

Na verdade, os Juizados Federais foram criados para atender aos chamados *litigantes eventuais*, e não aos *litigantes habituais*.

Considerando as diferenças existentes na dimensão e nos recursos financeiros e, ainda, no direito aplicável, há os que se socorrem, repetidas vezes, da Justiça, envolvendo-se, ao longo do tempo, em litígios similares, enquanto há os que recorrem aos órgãos jurisdicionais, ocasional ou esporadicamente. Aqueles são os chamados *litigantes habituais* ou *litigantes frequentes*, ao passo que estes últimos são os *litigantes eventuais* ou *litigantes esporádicos*.[50] Conforme demonstram Boaventura de Sousa Santos, Maria Manuel Leitão, João Pedroso e Pedro Lopes Ferreira, o que faz com que um litigante seja *frequente* ou *habitual* não é apenas o tipo de litígio que o envolve, mas também sua dimensão e os recursos disponíveis que tornam menos custosa e mais próxima sua relação com os órgãos judiciais. O *litigante habitual* é o que tem tido e prevê que vai ter litígios frequentes, que corre poucos riscos relativamente ao resultado de cada um dos casos e que tem recursos suficientes para prosseguir os seus interesses de longo prazo.[51]

Segundo esclarecem Mauro Cappelletti e Bryant Garth, os *litigantes habituais* têm inúmeras vantagens, tais como (a) maior experiência com o Direito, o que lhes possibilita melhor planejamento do litígio; (b) economia de escala, porque têm mais casos; (c) oportunidades de desenvolver relações informais com os membros da instância decisória; (d) possibilidade de diluir os riscos da demanda por maior número de casos; (e) possibilidade de testar estratégias com determinados casos, de modo a garantir expectativa mais favorável em relação a casos

---

[49] Sobre o tema, com demonstração de ambos os entendimentos, o que admite e o que não admite, e concluindo pela inadmissibilidade de o Ministério Público propor ação em Juizados Especiais, SILVA, Augusto Vinícius Fonseca e. Sobre dois temas polêmicos: I) pode mesmo o Ministério Público ser parte nos Juizados Especiais da Fazenda Pública?; II) Procuradores da Fazenda gozam da prerrogativa de intimação pessoal no rito sumaríssimo da Lei n. 12.153/2009? In: SILVA, Augusto Vinícius Fonseca e; KOEHLER, Frederico Augusto Leopoldino; PEIXOTO, Renata Cortez Vieira (coords.). *Juizados especiais da Fazenda Pública e juizados especiais federais.* Salvador: JusPodivm, 2019. p. 80-91.

[50] SANTOS, Boaventura de Sousa; MARQUES, Maria Manuel Leitão; PEDROSO, João; FERREIRA, Pedro Lopes. *Os tribunais nas sociedades contemporâneas:* o caso português. Porto: Edições Afrontamento, 1996. p. 71.

[51] SANTOS, Boaventura de Sousa; MARQUES, Maria Manuel Leitão; PEDROSO, João; FERREIRA, Pedro Lopes. *Os tribunais nas sociedades contemporâneas:* o caso português. Porto: Edições Afrontamento, 1996. p. 71.

Com efeito, o litigante habitual "... está permanentemente à barra dos pretórios e tem com eles a maior intimidade. Tem a seu favor a experiência acumulada dos litígios passados e a preparação sempre mais aprimorada para os futuros, o 'saber de experiências feito', os quadros próprios e eficientes de assessoria jurídica e procuratório judicial; está mais aparelhado à produção de provas do seu interesse; mais facilmente captará a simpatia do poder político, do econômico e da mídia – vantagens extraprocessuais estas últimas, sem dúvida, mas cuja importância seria ingênuo negligenciar" (FABRÍCIO, Adroaldo Furtado. As novas necessidades do processo civil e os poderes do juiz. *Ensaios de direito processual.* Rio de Janeiro: Forense, 2003. p. 405).

futuros.[52] Diante disso, os *litigantes habituais* ou "organizacionais" são mais eficientes do que os *litigantes eventuais*.

Já o *litigante eventual* é, nas palavras de Adroaldo Furtado Fabrício, aquele que "vai a Juízo, talvez, uma ou duas vezes ao longo de toda a sua vida, nada sabe das coisas da Justiça; seu nível de informação sobre a máquina judiciária, com o imponente complexo de juizados, cartórios, advogados, é praticamente nulo".[53] Em outras palavras, assim pode ser identificada a situação dos *litigantes eventuais* ou *esporádicos*: "Na maioria dos litígios não é comum que a mesma pessoa recorra ao tribunal duas vezes na vida pelo mesmo motivo e por isso não está dotada dos recursos necessários para o fazer, sendo mais cara a litigação, maior o risco e o empenho que coloca na resolução do problema".[54]

O sistema dos Juizados Especiais foi estruturado em favor dos chamados *litigantes eventuais*, servindo de meio de maior acesso a quem tem uma causa de pouca expressão econômica e pequena complexidade, não apresentando as vantagens auferidas normalmente pelos chamados *litigantes habituais*.

Eis a razão pela qual a Fazenda Pública não pode ser autora nos Juizados Especiais Federais. Trata-se de *litigante habitual*, não merecendo a proteção do sistema dos Juizados. Esse é o mesmo motivo por que não se deve admitir o Ministério Público como autor no Juizado. Além de não estar previsto, na legislação de regência, como um dos possíveis autores, não se enquadra na hipótese de *litigante eventual*, não merecendo a autorização para ser autor no procedimento dos Juizados Especiais.

Podem ser partes, no Juizado Especial Cível Federal, como rés, a União, autarquias, fundações e empresas públicas federais.

Não cabe, no âmbito do Juizado, intervenção de terceiros,[55] mas é admitido o litisconsórcio. Assim, no polo ativo, é possível que mais de uma pessoa intente demanda judicial em face da União, ou de autarquia federal, ou de empresa pública federal.

O réu, alegando sua ilegitimidade passiva *ad causam*, deve indicar quem é o legitimado a estar em seu lugar, aplicando-se, no âmbito dos Juizados, o disposto no art. 339 do CPC, tal como consagrado no enunciado 42 do Fórum Permanente de Processualistas Civis.

De igual modo, é permitido o litisconsórcio passivo. O litisconsórcio passivo pode ocorrer entre entes federais, ou entre um ente federal e uma pessoa jurídica de direito privado.[56] Segundo anotado em precedente do Superior Tribunal de Justiça, "O art. 6º, II, da Lei 10.259/01 deve ser interpretado de forma lógico-sistemática, a fim de que se compreenda que este artigo de lei cuidou tão somente de autorizar que a União e as demais pessoas jurídicas ali mencionadas figurem no polo passivo dos Juizados Federais, não se excluindo a viabilidade de que outras pessoas jurídicas possam, em litisconsórcio passivo com a União, ser demandadas no

---

[52] CAPPELLETTI, Mauro; GARTH, Bryant. *Acesso à Justiça*. Trad. Ellen Gracie Northfleet. Porto Alegre: Sergio Antonio Fabris Editor, 1988. p. 25.

[53] FABRÍCIO, Adroaldo Furtado. As novas necessidades do processo civil e os poderes do juiz. *Ensaios de direito processual*. Rio de Janeiro: Forense, 2003. p. 405.

[54] SANTOS, Boaventura de Sousa; MARQUES, Maria Manuel Leitão; PEDROSO, João; FERREIRA, Pedro Lopes. *Os tribunais nas sociedades contemporâneas:* o caso português. Porto: Edições Afrontamento, 1996. p. 71.

[55] Nesse sentido, o enunciado 14 do FONAJEF: "Nos Juizados Especiais Federais, não é cabível a intervenção de terceiros ou a assistência".

[56] Sobre o tema, o enunciado 21 do FONAJEF: "As pessoas físicas, jurídicas, de direito privado ou de direito público estadual ou municipal podem figurar no polo passivo, no caso de litisconsórcio necessário".

Juizado Federal".[57] No mesmo sentido, o STJ já afirmou que "Nos Juizados Especiais Federais Cíveis, pessoa jurídica de direito privado pode ser litisconsorte passivo dos entes referidos no art. 6º da Lei nº 10.259/2001".[58] De acordo com o art. 10 da Lei 10.259/2001, as partes poderão designar, por escrito, representantes para a causa, advogado ou não, sendo certo que os representantes judiciais da União, autarquias, fundações e empresas públicas federais, bem como os representantes dos autores, ficam autorizados a conciliar, transigir ou desistir, nos processos de competência dos Juizados Especiais Cíveis Federais.

As partes, nos Juizados Especiais Federais, serão intimadas com a utilização de sistema eletrônico.[59] As intimações eletrônicas, inclusive as da União e de suas autarquias, consideram-se pessoais para todos os efeitos legais e dispensam publicação em diário oficial convencional ou eletrônico.[60]

O processamento de intimação eletrônica fica condicionado ao prévio cadastramento, que será realizado no juizado, com a identificação presencial do usuário, cabendo a cada tribunal regulamentar tal cadastramento.

A intimação eletrônica ocorrerá com o acesso do usuário ao *site* próprio da Seção Judiciária, em local protegido por senha, onde estiver disponível o inteiro teor da decisão judicial. Considera-se realizada a intimação no dia em que o intimando efetivar a consulta eletrônica ao teor da intimação, certificando-se nos autos. Quando a consulta se der em feriado, domingo ou dia que não seja útil, a intimação será considerada como realizada no primeiro dia útil seguinte. Tal consulta há de ser feita em até 10 (dez) dias corridos, contados da data do envio da intimação, sob pena de considerar-se a intimação automaticamente realizada na data do término desse prazo.

Nos casos urgentes em que a intimação eletrônica puder causar prejuízo a qualquer uma das partes ou nos casos em que for evidenciada tentativa de burla ao sistema, o ato processual deverá ser realizado por outro meio que atinja sua finalidade, conforme determinação do juiz.

19.3.2.1 Dispensa de advogado

Podem ser propostas, nos Juizados Especiais Cíveis Estaduais, demandas cujo valor não ultrapasse o equivalente a 40 (quarenta) salários mínimos. Nas causas de até 20 (vinte) salários

---

[57] STJ, 1ª Seção, AgRg no CC 95.890/SC, Rel. Min. Eliana Calmon, *DJe* 29.9.2008.

[58] STJ, 2ª Seção, CC 73.000/RS, Rel. Min. Nancy Andrighi, *DJ* 3.9.2007, p. 115.

[59] Assim dispõe o art. 5º da Lei 11.419/2006: "Art. 5º. As intimações serão feitas por meio eletrônico em portal próprio aos que se cadastrarem na forma do art. 2º desta Lei, dispensando-se a publicação no órgão oficial, inclusive eletrônico. § 1º. Considerar-se-á realizada a intimação no dia em que o intimando efetivar a consulta eletrônica ao teor da intimação, certificando-se nos autos a sua realização. § 2º. Na hipótese do § 1º deste artigo, nos casos em que a consulta se dê em dia não útil, a intimação será considerada como realizada no primeiro dia útil seguinte. § 3º. A consulta referida nos §§ 1º e 2º deste artigo deverá ser feita em até 10 (dez) dias corridos contados da data do envio da intimação, sob pena de considerar-se a intimação automaticamente realizada na data do término desse prazo. § 4º. Em caráter informativo, poderá ser efetivada remessa de correspondência eletrônica, comunicando o envio da intimação e a abertura automática do prazo processual nos termos do § 3º deste artigo, aos que manifestarem interesse por esse serviço. § 5º. Nos casos urgentes em que a intimação feita na forma deste artigo possa causar prejuízo a quaisquer das partes ou nos casos em que for evidenciada qualquer tentativa de burla ao sistema, o ato processual deverá ser realizado por outro meio que atinja a sua finalidade, conforme determinado pelo juiz. § 6º. As intimações feitas na forma deste artigo, inclusive da Fazenda Pública, serão consideradas pessoais para todos os efeitos legais".

[60] Nesse sentido, o enunciado 29 do Fórum Nacional do Poder Público: "Aplica-se a intimação pessoal nos processos que tramitam sob o procedimento dos juizados especiais, conforme o art. 183, § 1º, do CPC".

mínimos, é dispensável a presença do advogado; a parte tem a *faculdade* de constituir um que lhe possa prestar sua contribuição profissional.[61] Se, contudo, a causa for de valor superior a 20 (vinte) salários mínimos, a presença do advogado é obrigatória. Tudo isso está disposto no art. 9º da Lei 9.099/1995.

Há quem defenda ter sido omissa a Lei 10.259/2001 sobre o assunto, sugerindo que se proceda a uma interpretação teleológica, para adotar o mesmo critério da Lei 9.099/1995. Como nos Juizados Estaduais, não há necessidade de advogado nas causas de até 20 (vinte) salários mínimos – que é a metade do valor de alçada – não deveria, igualmente, haver obrigatoriedade de advogado, nos Juizados Federais, nas causas de até 30 (trinta) salários mínimos, por ser a metade do limite máximo de sua competência;[62] seguindo esse entendimento, seria obrigatória a presença de advogado nas causas cujo valor oscilasse entre 30 (trinta) e 60 (sessenta) salários mínimos.

Ao contrário do que se defende, a Lei 10.259/2001 tratou do assunto, estabelecendo, em seu art. 10, que "as partes poderão designar, por escrito, representantes para a causa, *advogado ou não*". Em virtude desse dispositivo, observa-se que a presença do advogado é opcional, qualquer que seja o valor da causa.[63]

O art. 10 da Lei 10.259/2001 dispensa a presença de advogado nos Juizados Especiais Cíveis Federais, qualquer que seja o valor da causa. O Supremo Tribunal Federal afirmou, inclusive, a constitucionalidade da regra, entendendo ser dispensável a presença do advogado nas causas cíveis de até 60 (sessenta) salários mínimos, mas imprescindível nas causas criminais dos Juizados Federais.[64] A dispensa do advogado confina-se no âmbito do primeiro

---

[61] O STF entendeu constitucional a dispensa do advogado nesse caso. Conferir, a propósito: Pleno, ADI 1.539/DF, Rel. Min. Maurício Corrêa, *DJ* 5.12.2003, p. 17.

[62] FREIRE, Rodrigo da Cunha Lima; GUEDES, Jefferson Carús. Juizados Especiais Federais. In: FARIAS, Cristiano Chaves de; DIDIER JR., Fredie (coords.). *Procedimentos especiais cíveis:* legislação extravagante. São Paulo: Saraiva, 2003. p. 597.

[63] CÂMARA, Alexandre Freitas. *Juizados Especiais Cíveis Estaduais e Federais:* uma abordagem crítica. 2. ed. Rio de Janeiro: Lumen Juris, 2005. n. 33, p. 225. *Entendendo que o dispositivo trata de outro assunto, relativo à representação, que não se confunde com a capacidade postulatória:* FIGUEIRA JÚNIOR, Joel Dias; TOURINHO FILHO, Fernando da Costa. *Juizados Especiais Federais Cíveis e Criminais.* 2. ed. São Paulo: RT, 2007. p. 157.

[64] "Ação direta de inconstitucionalidade. Juizados Especiais Federais. Lei 10.259/2001, art. 10. Dispensabilidade de advogado nas causas cíveis. Imprescindibilidade da presença de advogado nas causas criminais. Aplicação subsidiária da Lei 9.099/1995. Interpretação conforme a Constituição. É constitucional o art. 10 da Lei 10.259/2001, que faculta às partes a designação de representantes para a causa, advogados ou não, no âmbito dos juizados especiais federais. No que se refere aos processos de natureza cível, o Supremo Tribunal Federal já firmou o entendimento de que a imprescindibilidade de advogado é relativa, podendo, portanto, ser afastada pela lei em relação aos juizados especiais. Precedentes. Perante os juizados especiais federais, em processos de natureza cível, as partes podem comparecer pessoalmente em juízo ou designar representante, advogado ou não, desde que a causa não ultrapasse o valor de sessenta salários mínimos (art. 3º da Lei 10.259/2001) e sem prejuízo da aplicação subsidiária integral dos parágrafos do art. 9º da Lei 9.099/1995. Já quanto aos processos de natureza criminal, em homenagem ao princípio da ampla defesa, é imperativo que o réu compareça ao processo devidamente acompanhado de profissional habilitado a oferecer-lhe defesa técnica de qualidade, ou seja, de advogado devidamente inscrito nos quadros da Ordem dos Advogados do Brasil ou defensor público. Aplicação subsidiária do art. 68, III, da Lei 9.099/1995. Interpretação conforme, para excluir do âmbito de incidência do art. 10 da Lei nº 10.259/2001 os feitos de competência dos juizados especiais criminais da Justiça Federal" (STF, Pleno, ADI 3.168/DF, Rel. Min. Joaquim Barbosa, *DJ* 3.8.2007, p. 29).

grau de jurisdição. No recurso, as partes serão obrigatoriamente representadas por advogado (Lei 9.099/1995, art. 41, § 2º).

Embora seja facultativa a presença de advogado, é bem de ver que a União, a autarquia ou a empresa pública federal que figurar como ré estará, certamente, representada por seu advogado público. Nesse caso, a parte, que não tem advogado, terá, se quiser, assistência jurídica prestada por órgão instituído junto ao Juizado.

Seja como for, cumpre ao juiz alertar o autor da conveniência do patrocínio por advogado, quando a causa o recomendar.

Caso a parte resolva constituir um advogado, deverá fazê-lo por escrito, conforme estabelece o art. 10 da Lei 10.259/2001; ali não se admite mandato verbal.

19.3.2.2 Inexistência de prazos diferenciados para a Fazenda Pública

Já se viu, ao longo do Capítulo III do presente livro, que a Fazenda Pública dispõe de prazos diferenciados. De acordo com o art. 183 do CPC, é-lhe conferido prazo em dobro para a prática de atos processuais.

Tal prerrogativa *não* existe no âmbito dos Juizados Especiais Cíveis Federais.

Com efeito, assim estabelece o art. 9º da Lei 10.259/2001: "não haverá prazo diferenciado para a prática de qualquer ato processual pelas pessoas jurídicas de direito público, inclusive a interposição de recursos, devendo a citação para audiência de conciliação ser efetuada com antecedência mínima de 30 (trinta) dias".

É bem de ver que a Fazenda Pública não dispõe, nos Juizados Federais, de prazos diferenciados, devendo valer-se dos prazos singelos.

A Fazenda Pública ostenta, entretanto, posição de desigualdade diante de um particular, merecendo, em razão disso, tratamento desigual, conforme já demonstrado no Capítulo II do presente livro. O disposto no art. 9º da Lei 10.259/2001 poderia, então, ser tido como inconstitucional, por violar o princípio da isonomia: pessoas desiguais estariam sendo tratadas igualmente.

Se o art. 183 do CPC viesse a ser expressamente revogado para todas as causas, aí sim haveria ofensa ao princípio da isonomia, pois se estaria, genérica, abstrata e aprioristicamente, tratando desiguais igualmente. No caso dos Juizados Federais, não parece, contudo, haver tal inconstitucionalidade.[65]

Ora, os Juizados Federais destinam-se ao julgamento de causas de *pequeno valor* e, igualmente, de *menor complexidade,* sendo razoável, então, que a Fazenda Pública não desfrute dos prazos diferenciados. Não sobressai, aparentemente, dificuldade para interposição de recursos, que podem ser manejados no prazo normal, dada a menor complexidade da causa.

O próprio art. 9º da Lei 10.259/2001 impõe um prazo mínimo de 30 (trinta) dias entre a citação e a audiência de conciliação, permitindo que a Fazenda Pública possa, em lapso razoável, obter elementos para sua defesa, que será apresentada na audiência de instrução e julgamento, numa demanda de menor complexidade.

Em suma, a Fazenda Pública não goza, nos Juizados Federais, da prerrogativa de prazos diferenciados, não havendo inconstitucionalidade na regra que assim dispõe.

---

[65] Nesse sentido: CÂMARA, Alexandre Freitas. *Juizados Especiais Cíveis Estaduais e Federais:* uma abordagem crítica. 2. ed. Rio de Janeiro: Lumen Juris, 2005. n. 32, p. 224.

19.3.3 Provas nos Juizados Especiais Federais

Nos Juizados Especiais Federais, é possível a produção de qualquer meio de prova, ainda que não especificados em lei, desde que moralmente legítimos (Lei 9.099/1995, art. 32). As provas devem ser produzidas em audiência.

Ao juiz se confere ampla liberdade probatória, podendo valer-se das regras de experiência comum ou técnica.

Os Juizados Especiais Federais podem resolver causas previdenciárias e assistenciais, em cujo âmbito é comum haver a necessidade de exames médicos ou laudos técnicos, destinados a avaliar a capacidade laborativa do interessado ou sua eventual deficiência física ou mental.

Daí por que o art. 12 da Lei 10.259/2001 prevê a possibilidade de exame técnico, a ser apresentado em até 5 (cinco) dias antes da audiência, independentemente de intimação das partes. Nas ações previdenciárias e naquelas relativas à assistência social, havendo designação de exame, as partes serão intimadas para, em 10 (dez) dias, apresentar quesitos e indicar assistentes técnicos.

Os honorários do perito serão antecipados pelo tribunal, o qual será ressarcido pelo ente público, caso este reste vencido na causa.

O art. 11 da Lei 10.259/2001 exige que a entidade pública ré forneça ao Juizado a documentação de que disponha para o esclarecimento da causa, apresentando-a até a audiência de conciliação.

19.3.4 Tutela provisória nos Juizados Especiais Federais

O art. 4º da Lei 10.259/2001 estabelece que "o juiz poderá, de ofício ou a requerimento das partes, deferir medidas cautelares no curso do processo, para evitar dano de difícil reparação".

Em sua *literalidade,* o dispositivo confere ao juiz poder para, de ofício ou a requerimento, conceder medida cautelar no curso do processo. Pela *letra* do dispositivo, percebe-se que ao juiz se permite deferir medida cautelar *incidental,* podendo fazê-lo até mesmo de ofício.

Conquanto o dispositivo aluda, apenas, a medidas cautelares, é inegável que ao juiz também se permite a concessão de tutela provisória satisfativa, de urgência ou de evidência.[66]

Não há razão para vetar a concessão de tutela provisória satisfativa no âmbito dos Juizados Especiais, sendo plenamente compatível com seu procedimento.

Embora o art. 4º da Lei 10.259/2001 preveja, *literalmente,* a concessão de *medidas cautelares,* ao juiz se permite, igualmente, a concessão de *tutela provisória satisfativa, de urgência ou de evidência,* no âmbito dos Juizados Especiais Cíveis Federais. De igual modo, embora o dispositivo refira-se, *literalmente,* a cautelares *incidentais,* não há razão para impedir a concessão de tutelas provisórias cautelares antecedentes, de sorte que também cabe, no âmbito dos Juizados Especiais Federais, a concessão de provimentos de urgência antecedentes.[67]

---

[66] Nesse sentido, o enunciado 418 do Fórum Permanente de Processualistas Civis: "As tutelas provisórias de urgência e de evidência são admissíveis no sistema dos Juizados Especiais".

[67] CÂMARA, Alexandre Freitas. Tutela jurisdicional de urgência nos Juizados Especiais Federais. *Revista Dialética de Direito Processual*, São Paulo: Dialética, v. 2, maio 2003, p. 10-12; FIGUEIRA JÚNIOR, Joel Dias; TOURINHO FILHO, Fernando da Costa. *Juizados Especiais Federais Cíveis e Criminais*. 2. ed. São Paulo: RT, 2007. p. 221-222.

O Juizado Especial Cível Federal tem competência para processar e julgar cautelares antecedentes. Não há, na Lei 10.259/2001, qualquer regra que vede o ajuizamento, processamento e julgamento de cautelares antecedentes no âmbito dos Juizados Federais.

A competência deve ser fixada pelo valor da causa da ação principal. Se o valor da causa, da ação principal, for superior a 60 (sessenta) salários mínimos, a cautelar há de ser proposta na Justiça Comum Federal. Sendo, diversamente, o valor da causa inferior a tal limite, deverá, então, a cautelar ser intentada perante o Juizado Especial Cível Federal.

A dificuldade surge quando não se sabe, ainda, qual o valor da causa na ação principal. Nesse caso, parece ser possível a cautelar ser intentada tanto na Justiça Comum Federal como no Juizado Especial Cível Federal. Quando proposta a ação principal e verificado qual o valor da causa, então será, efetivamente, fixada a competência.

A tutela provisória pode, ainda, ser deferida no âmbito recursal do Juizado Especial Federal. Observe-se ser permitido ao relator no STJ, quando da apreciação do pedido de uniformização da interpretação da lei federal, conceder, de ofício ou a requerimento, medida liminar, determinando a suspensão dos processos nos quais a controvérsia esteja estabelecida (Lei 10.259/2001, art. 14, § 5º).

É possível, ainda, que se conceda, no âmbito dos Juizados Federais, tutela provisória recursal, desde que haja requerimento da parte interessada.

Aplica-se ao procedimento dos Juizados Especiais o parágrafo único do art. 299 do CPC, que regula, expressamente, a tutela provisória nos recursos. Assim, cabe ao interessado requerer a tutela provisória ao relator (CPC, art. 932, II).[68] Contra a decisão do relator sobre o requerimento de tutela provisória cabe agravo interno (CPC, art. 1.021).[69]

No caso de tutela provisória antecedente – anterior à formulação do pedido de tutela final –, o requerimento de tutela provisória será distribuído livremente, ficando o relator designado prevento para julgar o futuro recurso.

Normalmente, em recurso, a tutela provisória ou serve para que se lhe atribua efeito suspensivo ou para que o relator conceda a providência que fora negada pela decisão recorrida – conhecida também como *concessão de efeito suspensivo ativo* ao recurso.

Não é demais aduzir que se aplicam aos provimentos de urgência nos Juizados Federais todas as limitações e restrições à concessão de liminares contra a Fazenda Pública. Assim, ressalvadas as empresas públicas federais – que, por não integrarem o conceito de Fazenda Pública, não se beneficiam de tais regras –, não se permite a concessão de tutela provisória de urgência contra a União ou autarquias federais nas hipóteses legalmente estabelecidas e expressamente indicadas no item 11.4.2.4.2 *supra*.

Enfim, é possível, nos Juizados Especiais Federais, a concessão de *qualquer* tutela provisória, seja cautelar, seja satisfativa, de forma incidental ou antecedente, ressalvadas as limitações e restrições legais. O provimento cautelar pode ser concedido de ofício ou a requerimento, enquanto o satisfativo depende de requerimento da parte, seja no procedimento de primeiro grau de jurisdição, seja no âmbito recursal.

---

[68] Nesse sentido, o enunciado 465 do Fórum Permanente de Processualistas Civis: "A concessão do efeito suspensivo ao recurso inominado cabe exclusivamente ao relator na turma recursal".
[69] Nesse sentido, o enunciado 464 do Fórum Permanente de Processualistas Civis: "A decisão unipessoal (monocrática) do relator em Turma Recursal é impugnável por agravo interno".

19.3.4.1 Estabilização da tutela de urgência nos Juizados Especiais Federais: inaplicabilidade

Conforme já demonstrado no item 11.4.4.2.2 *supra*, a tutela de urgência pode estabilizar-se quando presentes os requisitos previstos no art. 304 do CPC.

Nos casos em que a urgência for contemporânea à propositura da demanda, a parte autora pode requerer a tutela antecipada em caráter antecedente, limitando sua petição inicial ao requerimento da providência provisória (CPC, art. 303). Concedida, a medida torna-se estável se a parte demandada não interpuser, no prazo legal, o respectivo recurso (CPC, art. 304).

Já se viu, no item 11.4.4.2.2.6 *supra*, que é possível haver estabilização da tutela de urgência contra a Fazenda Pública.

A estabilização da tutela de urgência ocorre, porém, apenas no procedimento comum, não sendo adequada aos procedimentos especiais.

Por essa razão, não há estabilização da tutela de urgência nos Juizados Especiais, cujo procedimento é específico, não comportando a aplicação dos arts. 303 e 304 do CPC.

Ademais, é ínsito ao mecanismo da estabilização da tutela de urgência a possibilidade de qualquer uma das partes ajuizar, dentro de 2 (dois) anos após a estabilização, uma demanda para revê-la, reformá-la ou invalidá-la (CPC, art. 304, § 2º). Só que a Fazenda Pública não pode ser autora nos Juizados Especiais, o que constitui mais um motivo para afastar a aplicação da regra no seu âmbito.

Enfim, não é possível haver, no âmbito dos Juizados Especiais, a estabilização da tutela de urgência.

19.3.5 Sistema recursal dos Juizados Especiais Federais

19.3.5.1 Da indispensável presença do advogado

O art. 10 da Lei 10.259/2001 dispensa, como visto no subitem 19.3.2.1 *supra*, a presença de advogado nos Juizados Especiais Cíveis Federais, qualquer que seja o valor da causa. Para interposição de recursos, é indispensável, porém, a subscrição do advogado. Noutros termos, a dispensa do advogado restringe-se ao primeiro grau de jurisdição.

Em grau recursal, as partes serão obrigatoriamente representadas por advogado (Lei 9.099/1995, art. 41, § 2º).

19.3.5.2 Remessa necessária

As causas que tramitam nos Juizados Especiais Federais não devem exceder o valor de 60 (sessenta) salários mínimos. Segundo dispõe o art. 13 da Lei 10.259/2001, "nas causas de que trata esta Lei, não haverá reexame necessário".

Em razão dessa regra, as sentenças proferidas nos Juizados Federais não se sujeitam à remessa necessária.

19.3.5.3 Recurso contra a sentença

Da sentença cabe recurso, segundo estabelece o art. 41 da Lei 9.099/1995, aplicável aos Juizados Federais. Com exceção da homologatória de conciliação ou de laudo arbitral, que se revela irrecorrível, cabe recurso contra a sentença.

Tal recurso – sujeito ao prazo de 10 (dez) dias –[70] tem o mesmo regime da apelação prevista no Código de Processo Civil. Deve, então, ser interposta por petição escrita, não se admitindo apelação oral.

A apelação, nos termos do § 3º do art. 1.010 do CPC, deve ser remetida ao tribunal, independentemente do juízo provisório de admissibilidade pelo juízo que proferiu a sentença. Essa regra aplica-se ao recurso contra a sentença nos Juizados Especiais.[71]

O recurso contra a sentença está sujeito a preparo, que deve ser comprovado em 48 (quarenta e oito) horas a contar da sua interposição (Lei 9.099/1995, art. 42, § 1º). Sendo insuficiente o preparo, impõe-se determinar a intimação do recorrente para complementá-lo, em virtude dos princípios da informalidade, economia processual e celeridade, que orientam o processo no Juizado (Lei 9.099/1995, art. 2º). Aplica-se, no particular, o disposto no § 2º do art. 1.007 do CPC, o qual incorpora, na verdade, tais princípios que regem o Juizado.

A ausência de preparo também não acarreta a imediata deserção, devendo o recorrente ser intimado, na forma do § 4º do art. 1.007 do CPC, para efetuá-lo em dobro.

Significa que os §§ 2º e 4º do art. 1.007 do CPC aplicam-se no âmbito dos Juizados Especiais, tal como manifestado no enunciado 98 do Fórum Permanente de Processualistas Civis.[72]

O recurso será julgado por uma Turma formada por 3 (três) juízes de primeira instância. Para o julgamento do recurso, serão as partes intimadas, na pessoa de seus advogados (Lei 9.099/1995, art. 45). O julgamento constará apenas da ata da sessão, com fundamentação e parte dispositiva. Rejeitado o recurso para que seja confirmada a sentença, a súmula do julgamento servirá de acórdão (Lei 9.099/1995, art. 46).

Proferido o julgamento, não haverá expedição de comunicado escrito às partes ou a seus advogados, nem publicação em Diário Oficial. A intimação do julgamento é feita na própria sessão, independentemente da presença das partes ou de seus advogados. Realizada a intimação, anunciando a data do julgamento, não haverá posterior ou nova comunicação. Concluído o julgamento, a intimação, não custa repetir, é feita na própria sessão, ainda que não estejam presentes as partes ou seus advogados.[73]

Ao recurso contra a sentença aplicam-se as regras da apelação, inclusive a que permite o tribunal, ao rever sentença extintiva do processo sem resolução do mérito, já avançar para julgá-lo, se a matéria estiver em condições de imediato julgamento (CPC, art. 1.013, § 3º). A Turma Recursal, no julgamento do recurso contra a sentença, deve também aplicar os §§ 1º e 2º do art. 938 do CPC, sobrestando o julgamento para determinar a correção de vícios sanáveis.

Quando interposto recurso contra sentença que extinga o processo sem resolução do mérito, o juiz pode retratar-se.[74]

Rejeitado o recurso, o recorrente deve ser condenado ao pagamento de honorários de advogado (Lei 9.099/1995, art. 55; Lei 10.259/2001, art. 1º). Se o recurso não for admitido,

---

[70] Nesse sentido, o enunciado 46 da ENFAM: "O § 5º do art. 1.003 do CPC/2015 (prazo recursal de 15 dias) não se aplica ao sistema de juizados especiais".

[71] Nesse sentido, o enunciado 474 do Fórum Permanente de Processualistas Civis: "O recurso inominado interposto contra a sentença proferida nos juizados especiais será remetido à respectiva turma recursal independentemente de juízo de admissibilidade".

[72] "O disposto nos §§ 2º e 4º do art. 1.007 do CPC aplica-se aos Juizados Especiais."

[73] FIGUEIRA JÚNIOR, Joel Dias; TOURINHO FILHO, Fernando da Costa. *Juizados Especiais Federais Cíveis e Criminais*. 2. ed. São Paulo: RT, 2007. p. 284.

[74] Nesse sentido, o enunciado 520 do Fórum Permanente de Processualistas Civis: "Interposto recurso inominado contra sentença sem resolução de mérito, o juiz pode se retratar em cinco dias".

também deve haver condenação do recorrente a pagar os honorários do advogado da parte contrária.[75] A condenação em honorários é originária, não sendo caso de majoração. No âmbito dos juizados, não há condenação em honorários no primeiro grau de jurisdição; só há no julgamento do recurso. É por isso que, nos termos da Questão de Ordem 41, da TNU, "o § 11 do art. 85 do Código de Processo Civil, que determina a majoração de honorários no julgamento de recursos, não se aplica no sistema recursal dos Juizados Especiais Federais". Não se majora o que não existe antes. Os honorários não são fixados em sentença, mas no julgamento do recurso.

No âmbito dos Juizados Especiais Cíveis Federais, o recurso contra a sentença é dotado de duplo efeito. Vale dizer que tal recurso tem efeitos devolutivo e suspensivo.

Veja-se, consoante registrado no subitem 19.3.6 *infra,* que o cumprimento da obrigação de fazer, não fazer ou entregar coisa depende, nos termos do art. 16 da Lei 10.259/2001, do prévio trânsito em julgado. De igual modo, o cumprimento de obrigação de pagar pressupõe, de acordo com o art. 17 da Lei 10.259/2001, o trânsito em julgado. Aliás, é o § 3º do art. 100 da Constituição Federal que exige o prévio trânsito em julgado para a expedição da Requisição de Pequeno Valor – RPV. Sendo certo que se exige o prévio trânsito em julgado para que se determine o cumprimento de qualquer obrigação, é evidente que os recursos, no âmbito dos Juizados Federais, são dotados de efeito suspensivo. O art. 43 da Lei 9.099/1995 não se aplica aos Juizados Federais, mercê da incompatibilidade com as citadas regras que dizem respeito ao cumprimento da sentença.

19.3.5.4 *Embargos de declaração*

Os embargos de declaração nos Juizados Especiais, que estão previstos nos arts. 48 a 50 da Lei 9.099/1995, podem ser opostos oralmente.

Os recursos, em geral, devem ser interpostos por petição escrita. A Lei 9.099/1995, em seu art. 49, ao tratar dos embargos de declaração no procedimento dos Juizados Especiais, prevê seu ajuizamento por escrito ou oralmente.

Já o art. 48 da Lei 9.099/1995 dispunha que cabiam embargos de declaração quando, na sentença ou acórdão, houvesse obscuridade, contradição, omissão ou dúvida, constando de seu parágrafo único que os erros materiais podem ser corrigidos de ofício.

Originariamente, o CPC/1973 previa o cabimento dos embargos de declaração quando houvesse "dúvida" na decisão. Com o advento da Lei 8.950/1994, tal hipótese foi suprimida, mantendo-se a previsão para os embargos em casos de omissão, obscuridade ou contradição. Isso porque decisão não *tem* dúvida; decisão *gera* dúvida. A atecnia foi corrigida, embora, no âmbito dos Juizados Especiais, tenha permanecido a referência ao cabimento de embargos de declaração na hipótese de dúvida. Essa desarmonia legislativa deve-se ao fato (que não justifica, mas explica) de que o projeto, que se tornaria a Lei dos Juizados Especiais (Lei 9.099/1995), tramitava no Congresso Nacional desde antes da mudança do CPC/1973 em dezembro de 1994 – e repetia o texto da Lei 7.244/1984, que cuidava dos antigos Juizados de Pequenas Causas. Assim, tomava-se em consideração o CPC/1973 pré-reforma, que admitia o cabimento dos embargos de declaração quando houvesse dúvida.

---

[75] Nesse sentido, o enunciado 87 do Fórum Nacional do Poder Público: "Nos Juizados Especiais Federais ou da Fazenda Pública são devidos honorários advocatícios no caso de não conhecimento do recurso inominado".

O CPC elimina essa desarmonia legislativa. Seu art. 1.064 altera o art. 48 da Lei 9.099/1995, ao dispor: "Caberão embargos de declaração contra sentença ou acórdão, nos casos previstos no Código de Processo Civil". Significa que os embargos de declaração, nos Juizados Especiais, passam a ser regidos pelo disposto no art. 1.022 do CPC, de modo que são cabíveis para esclarecer obscuridade ou eliminar contradição, para suprir omissão de ponto ou questão sobre o qual devia se pronunciar o órgão jurisdicional de ofício ou a requerimento, bem como para corrigir erro material. Seu parágrafo único explicita hipóteses que devem ser consideradas como de decisão omissa.

Tudo isso passa a ser aplicável aos Juizados Especiais, cujas decisões devem ser devidamente fundamentadas, sendo nulas se configurada uma das hipóteses previstas no § 1º do art. 489 do CPC.[76]

De acordo com o art. 1.022 do CPC, cabem embargos de declaração contra *qualquer* decisão judicial. Sendo assim, "cabem embargos de declaração contra decisão interlocutória no âmbito dos juizados especiais".[77]

A oposição de embargos de declaração *interrompe* o prazo para a interposição de outros recursos cabíveis contra a mesma decisão. Assim já dispunha o art. 538 do CPC/1973, vindo tal disposição a ser reproduzida no art. 1.026 do CPC/2015.

No âmbito dos Juizados Especiais, os embargos de declaração opostos contra sentenças *suspendiam* o prazo para a interposição do outro recurso, conforme o art. 50 da Lei 9.099/1995. Se interpostos contra acórdão da turma recursal, os embargos de declaração tinham o mesmo efeito *interruptivo* previsto no CPC. A previsão do efeito *suspensivo* era apenas para os embargos opostos contra a *sentença*.

O CPC uniformizou o regime jurídico dos embargos de declaração, de maneira que, no âmbito dos Juizados Especiais, seu ajuizamento interrompe o prazo para interposição de outros recursos. O art. 1.065 do CPC altera o art. 50 da Lei 9.099/1995, que assim passa a dispor: "os embargos de declaração interrompem o prazo para interposição de recurso". Esse, aliás, é o conteúdo do enunciado 483 do Fórum Permanente de Processualistas Civis.

19.3.5.5 Recurso contra decisão que concede ou nega tutela provisória

O art. 4º da Lei 10.259/2001 prevê a possibilidade de ser concedida medida cautelar incidental no procedimento dos Juizados Especiais Federais. Já se viu, no subitem 19.3.4 *supra*, que se permite, na verdade, a concessão de qualquer provimento provisório, antecedente ou incidental, cautelar ou satisfativo.

Da decisão que defere a tutela provisória – dispõe o art. 5º da Lei 10.259/2001 – cabe recurso. São irrecorríveis as demais decisões interlocutórias.

Na verdade, cabe recurso da decisão que defere ou indefere a tutela provisória no Juizado Especial. A lei de regência não esclarece qual o recurso cabível. Deve-se, no particular, aplicar, subsidiariamente, o Código de Processo Civil, de sorte que o recurso cabível não pode ser outro senão o agravo de instrumento.

Segundo dispõe o art. 1.015, I, do CPC, cabe agravo de instrumento da decisão que versa sobre tutela provisória.

---

[76] Nesse sentido, o enunciado 309 do Fórum Permanente de Processualistas Civis: "O disposto no § 1º do art. 489 do CPC é aplicável no âmbito dos Juizados Especiais".
[77] Enunciado 475 do Fórum Permanente de Processualistas Civis.

Enfim, da decisão que concede ou nega uma tutela provisória no Juizado Especial cabe agravo de instrumento, interposto diretamente na Turma Recursal, aplicando-se as regras próprias do Código de Processo Civil relativas a tal recurso.

19.3.5.6 Pedido de uniformização da interpretação da lei federal

Proferido o julgamento pela Turma Recursal, é possível o ajuizamento de um pedido de uniformização de interpretação de lei federal, quando houver divergência com precedente de outra Turma Recursal, ou com súmula ou jurisprudência dominante[78] do Superior Tribunal de Justiça (Lei 10.259/2001, art. 14).

O pedido de uniformização somente é cabível quando se tratar de divergência de questão de direito material. Se divergência disser respeito à aplicação de regra processual, revela-se inadmissível o pedido de uniformização.[79] Não se admite o incidente de uniformização quando a divergência disser respeito a honorários de advogado.[80]

De acordo com o enunciado 86 da Súmula da TNU, "não cabe incidente de uniformização que tenha como objeto principal questão controvertida de natureza constitucional que ainda não tenha sido definida pelo Supremo Tribunal Federal em sua jurisprudência dominante".

Havendo divergência entre Turmas Recursais da mesma Região, o pedido de uniformização deve ser julgado pela reunião conjunta das Turmas em conflito, também denominada *Turma Regional de Uniformização*, sob a presidência do Juiz Coordenador. Se, por exemplo, a Turma Recursal de Pernambuco divergiu de precedente da Turma Recursal de Sergipe, ambas integrantes da 5ª Região, o pedido de uniformização deve ser julgado pela reunião das Turmas Recursais dessa mesma 5ª Região.

Por sua vez, se a divergência ocorrer entre Turmas de diferentes regiões, o pedido de uniformização será julgado pela Turma Nacional de Uniformização – TNU –, que é integrada por juízes de Turmas Recursais, sob a presidência do Coordenador da Justiça Federal.[81]

---

[78] Ao julgar o Pedido de Uniformização de Jurisprudência 825/RS, o STJ entendeu que a expressão jurisprudência dominante "deve abranger não apenas as hipóteses previstas no art. 927, III, do CPC, mas também os acórdãos do STJ proferidos em embargos de divergência e nos próprios pedidos de uniformização de lei federal por ele decididos, como proposto no alentado voto-vista da Ministra Regina Helena Costa, unanimemente acatado por este Colegiado" (STJ, 1ª Seção, PUIL 825/RS, rel. Min. Sérgio Kukina, DJe 5.6.2023).

[79] Nesse sentido, o enunciado 43 da Súmula da TNU: "Não cabe incidente de uniformização que verse sobre matéria processual". No mesmo sentido: "Em sede de incidente de uniformização de jurisprudência oriundo de juizados especiais, é inviável a discussão de matéria processual" (STJ, 2ª Seção, AgInt na Pet 9.763/RS, Rel. Min. Raul Araújo, DJe 7.4.2017).

[80] Nesse sentido, o enunciado 7 da Súmula da TNU: "Descabe incidente de uniformização versando sobre honorários advocatícios por se tratar de questão de direito processual".

[81] Assim dispõe o art. 1º da Resolução 586, de 2019, do STJ: "Art. 1º A Turma de Uniformização, com sede na Capital Federal e jurisdição em todo o território nacional, tem a designação de Turma Nacional de Uniformização dos Juizados Especiais Federais – TNU. § 1º. A Turma Nacional de Uniformização funciona em Plenário junto ao Conselho da Justiça Federal, onde ocorrerão as sessões de julgamento, que podem ser realizadas fora da sede, em caso de necessidade ou conveniência, a critério do Presidente. § 2º. A Turma Nacional de Uniformização, presidida pelo Ministro Corregedor-Geral da Justiça Federal, é composta por dez juízes federais como membros efetivos. § 3º. Cada tribunal regional federal indicará dois juízes federais como membros efetivos e dois como suplentes, os quais serão escolhidos entre os integrantes de turmas recursais, para mandatos de dois anos, permitida uma recondução. § 4º. A condição de membro efetivo de turma recursal é pressuposto para designação do juiz como membro, efetivo ou suplente, da Turma Nacional de Uniformização, e não para sua permanência em caso de modificação superveniente de lotação. § 5º. Os juízes federais terão

A reunião de juízes domiciliados em cidades diversas será feita por meio eletrônico. Só podem ser admitidos incidentes de uniformização interpostos perante a TNU, quando têm por fundamento divergência entre acórdãos que Turmas Recursais de diferentes Regiões,[82] se forem juntadas cópias dos respectivos acórdãos. Se não for juntada cópia do acórdão apontado como paradigma, não será admitido o pedido de uniformização.[83]

O pedido de uniformização para a TNU está sujeito a prazo de 15 (quinze) dias (Resolução nº 586/2019, art. 12).

Para que se admita o pedido de uniformização, é preciso que haja efetiva divergência, ainda que o acórdão paradigma seja fruto de uma decisão de inadmissibilidade: pode até o recurso não ter sido admitido no acórdão paradigma, mas, se o entendimento contrário foi ali manifestado, haverá divergência, permitindo o pedido de uniformização.[84]

Havendo divergência entre a decisão da Turma Recursal e súmula ou jurisprudência dominante do STJ, o pedido de uniformização será igualmente julgado pela Turma Nacional de Uniformização – TNU.[85] Por aí se percebe ser possível o ajuizamento simultâneo de pedidos de uniformização dirigidos à Turma Regional e à Turma Nacional. Nessa hipótese, deve, em primeiro lugar, ser julgado o pedido de uniformização dirigido à Turma Regional.[86]

Para que se admita o pedido de uniformização, os julgados paradigmas devem ostentar semelhança quanto aos fatos do acórdão da Turma Recursal. Não demonstrada a semelhança fática, não se admite o pedido de uniformização.[87]

O julgamento do pedido de uniformização pode modificar ou reformar a decisão impugnada. Por isso, a Questão de Ordem 01 da TNU considera que o pedido de uniformização tem natureza recursal.[88] De igual modo, o STF já decidiu que o "incidente de uniformização

---

assento segundo a ordem de antiguidade na Turma ou, subsidiariamente, na carreira da magistratura federal".

[82] Eis o teor do art. 6º da Resolução 586, de 2019, do STJ: "Art. 6º Compete à Turma Nacional de Uniformização processar e julgar: I – os pedidos de uniformização de interpretação de lei federal; II – os mandados de segurança contra atos de seus membros; III – as reclamações, na forma do Título V. Parágrafo único. Havendo interposição simultânea de pedidos de uniformização endereçados à Turma Regional e à Turma Nacional de Uniformização, primeiramente será julgado aquele".

[83] Nesse sentido, a Questão de Ordem 3, julgada pela TNU: "A cópia do acórdão paradigma somente é obrigatória quando se tratar de divergência entre turmas recursais de diferentes regiões, sendo exigida, no caso de julgado obtido por meio da internet, a indicação da fonte que permita a aferição de sua autenticidade".

[84] Nesse sentido, a Questão de Ordem 26, julgada pela TNU: "Serve para caracterizar a divergência jurisprudencial, que permite o conhecimento do incidente de uniformização, o acórdão apontado como paradigma que, conquanto não tenha conhecido do recurso, afirma tese jurídica contrária à adotada pelo acórdão recorrido".

[85] Nesse sentido, a Questão de Ordem 05, julgada pela TNU: "Um precedente do Superior Tribunal de Justiça é suficiente para o conhecimento do pedido de uniformização, desde que o relator nele reconheça a jurisprudência predominante naquela Corte".

[86] Nesse sentido, a Questão de Ordem 28, julgada pela TNU: "Havendo interposição simultânea de incidentes de uniformização dirigidos à Turma Regional de Uniformização e à Turma Nacional, será julgado, em primeiro lugar, o incidente dirigido à Turma Regional".

[87] Nesse sentido, o julgamento da Questão de Ordem 22 pela TNU: É possível o não conhecimento do pedido de uniformização por decisão monocrática quando o acórdão recorrido não guarda similitude fática e jurídica com o acórdão paradigma".

[88] "Os Juizados Especiais orientam-se pela simplicidade e celeridade processual nas vertentes da lógica e da política judiciária de abreviar os procedimentos e reduzir os custos. Diante da divergência entre decisões de Turma Recursais de regiões diferentes, o pedido de uniformização tem a natureza jurídica

de jurisprudência, no âmbito dos Juizados Especiais Federais, possui natureza recursal, já que propicia a reforma do acórdão impugnado".[89] Aliás, a TNU, ao julgar o pedido de uniformização, resolve o caso, aplicando o direito à solução da controvérsia.[90]

Além de ostentar natureza recursal, o pedido de uniformização deve preencher o requisito do prequestionamento, de acordo com o entendimento firmado na Questão de Ordem 10[91] e na Questão de Ordem 35,[92] ambas da TNU. É necessária, aliás, a oposição de embargos de declaração, para que se obtenha o prequestionamento, tal como anotado no julgamento da Questão de Ordem 36[93] da TNU. Ao julgar a Questão de Ordem 14,[94] a TNU entendeu que o voto vencido não satisfaz o requisito do prequestionamento.

No pedido de uniformização, é preciso que a parte impugne todos os fundamentos do acórdão contra o qual se insurge. Se não o fizer, será inadmissível o pedido de uniformização, conforme decidiu a TNU no julgamento da Questão de Ordem 18.[95]

O pedido de uniformização destina-se a examinar apenas questões de direito, não sendo admissível para que se reexaminem fatos.[96] Não se admite o pedido para reexame de matéria de fato; só para matéria de direito, mas é possível que, ao examiná-la, a TNU verifique que a conclusão do caso exigia produção de uma prova que fora indeferida ou a apreciação e valoração de uma prova produzida. Nesse caso, a solução será anular o julgamento, a fim de se produzir ou de se analisar a prova.[97]

Não são cobradas custas pelo processamento do incidente de uniformização.

---

de recurso, cujo julgado, portanto, modificando ou reformando, substitui a decisão ensejadora do pedido. A decisão constituída pela Turma de Uniformização servirá para fundamentar o juízo de retratação das ações com o processamento sobrestado ou para ser declarada a prejudicialidade dos recursos interpostos."

[89] STF, 2ª Turma, ARE 873.273 AgR, Rel. Min. Teori Zavascki, *DJe* 12.8.2015.

[90] Nesse sentido, a Questão de Ordem 38 da TNU: "Em decorrência de julgamento em pedido de uniformização, poderá a Turma Nacional aplicar o direito ao caso concreto decidindo o litígio de modo definitivo, desde que a matéria seja de direito apenas, ou, sendo de fato e de direito, não necessite reexaminar o quadro probatório definido pelas instâncias anteriores, podendo para tanto, restabelecer a sentença desconstituída por Turma Recursal ou Regional".

[91] "Não cabe o incidente de uniformização quando a parte que o deduz apresenta tese jurídica inovadora, não ventilada nas fases anteriores do processo e sobre a qual não se pronunciou expressamente a Turma Recursal no acórdão recorrido."

[92] "O conhecimento do pedido de uniformização pressupõe a efetiva apreciação do direito material controvertido por parte da Turma de que emanou o acórdão impugnado."

[93] "A interposição dos embargos de declaração para fins de prequestionamento faz-se necessária somente quando a matéria não tenha sido apreciada a despeito de previamente suscitada."

[94] "Os temas tratados no voto vencido, sem terem sido enfrentados pelo voto condutor, não satisfazem o requisito do prequestionamento."

[95] "É inadmissível o pedido de uniformização quando a decisão impugnada tem mais de um fundamento suficiente e as respectivas razões não abrangem todos eles."

[96] Nesse sentido, o enunciado 42 da Súmula da TNU: "Não se conhece de incidente de uniformização que implique reexame de matéria de fato".

[97] Nesse sentido, a Questão de Ordem 20, julgada pela TNU: "Se a Turma Nacional decidir que o incidente de uniformização deva ser conhecido e provido no que toca a matéria de direito e se tal conclusão importar na necessidade de exame de provas sobre matéria de fato, que foram requeridas e não produzidas, ou foram produzidas e não apreciadas pelas instâncias inferiores, a sentença ou acórdão da Turma Recursal deverá ser anulado para que tais provas sejam produzidas ou apreciadas, ficando o juiz de 1º grau e a respectiva Turma Recursal vinculados ao entendimento da Turma Nacional sobre a matéria de direito".

O pedido de uniformização deve ser distribuído a um relator, sendo, depois de processado, julgado pela Turma Nacional. Se o relator julgar monocraticamente o pedido de uniformização, sua decisão poderá ser submetida ao presidente da TNU no prazo de 10 (dez) dias.[98]

Não se admite pedido de uniformização quando fundado em divergência com acórdãos de algum TRF. O incidente de uniformização perante a Turma Nacional de Uniformização – TNU – somente é cabível quando a decisão da Turma Recursal de origem divergir de decisão de outra Turma Recursal, pertencente a outra Região da Justiça Federal, ou de jurisprudência dominante do STJ.

Também é cabível o incidente de uniformização perante a TNU em face de decisão da Turma Regional de Uniformização proferida em contrariedade à súmula ou jurisprudência dominante do STJ[99]. Quando a jurisprudência da TNU tenha se firmado no mesmo sentido do acórdão impugnado, o pedido de uniformização também não é admissível.[100] De igual modo, não se admite o pedido de uniformização quando o acórdão indicado como paradigma contenha entendimento já superado na própria turma que o proferiu.[101]

O julgamento do pedido de uniformização pela TNU, nos termos da sua Questão de Ordem 02, "gera dois efeitos: a reforma da decisão da Turma Recursal e a consequente estipulação de honorários advocatícios, se for o caso, bem assim a prejudicialidade do recurso extraordinário, se interposto".

Não cabe reclamação constitucional para a TNU caso o acórdão da Turma Regional esteja a divergir de enunciado de sua súmula. Nessa hipótese, não cabe reclamação, mas um pedido de uniformização da interpretação da lei federal, no qual se deve apontar como paradigma algum precedente da TNU que tenha dado origem ao enunciado de sua súmula.

Quando a orientação acolhida pela Turma Nacional de Uniformização – TNU – contrariar súmula ou jurisprudência dominante do STJ, a parte interessada poderá provocar a manifestação deste, que deverá dirimir a divergência. Requerida a manifestação do STJ, deverá o caso ser distribuído a um relator, que poderá, diante da plausibilidade do direito invocado e havendo fundado receio de dano de difícil reparação, conceder, de ofício ou a requerimento, medida liminar determinando a suspensão dos processos nos quais a controvérsia esteja estabelecida. O relator poderá, ainda, se necessário for, pedir informações ao Presidente da Turma Recursal ou Coordenador da Turma Nacional de Uniformização e ouvirá o Ministério Público em 5 (cinco) dias. Eventuais interessados, ainda que não sejam partes no processo, poderão se manifestar, no prazo de 30 (trinta) dias.

---

[98] Nesse sentido, a Questão de Ordem 9, julgada pela TNU: "Deferindo ou indeferindo, monocraticamente, o pedido de uniformização, a decisão do Relator poderá ser submetida, nos próprios autos, ao Presidente da Turma Nacional de Uniformização de Jurisprudência dos Juizados Especiais Federais, no prazo de dez dias".

[99] Ao julgar o Pedido de Uniformização de Jurisprudência 825/RS, o STJ entendeu que a expressão jurisprudência dominante "deve abranger não apenas as hipóteses previstas no art. 927, III, do CPC, mas também os acórdãos do STJ proferidos em embargos de divergência e nos próprios pedidos de uniformização de lei federal por ele decididos, como proposto no alentado voto-vista da Ministra Regina Helena Costa, unanimemente acatado por este Colegiado" (STJ, 1ª Seção, PUIL 825/RS, rel. Min. Sérgio Kukina, *DJe* 5.6.2023).

[100] Nesse sentido, a Questão de Ordem 13, decidida pela TNU: "Não se admite o Pedido de Uniformização quando a jurisprudência da Turma Nacional de Uniformização dos Juizados Especiais se firmou no mesmo sentido do acórdão recorrido".

[101] Nesse sentido, a Questão de Ordem 12 da TNU: "Quando o acórdão indicado como paradigma já foi vencido na Turma de origem, por súmula, não serve para demonstração da divergência".

Decorridos tais prazos, o relator incluirá o pedido em pauta de julgamento da Seção competente, com preferência sobre todos os demais feitos, ressalvados os processos com réus presos, os *habeas corpus* e os mandados de segurança.

Enquanto o STJ não se pronuncia sobre o caso, eventuais pedidos de uniformização idênticos, recebidos subsequentemente em quaisquer Turmas Recursais, ficarão retidos nos autos. Julgado o caso pelo STJ, os pedidos que ficaram retidos serão apreciados pelas Turmas Recursais, que poderão exercer juízo de retratação ou declará-los prejudicados, se veicularem tese não acolhida por aquela Corte Superior.

19.3.5.7 Ampliação do colegiado em caso de divergência

O art. 942 do CPC assim dispõe: "Quando o resultado da apelação for não unânime, o julgamento terá prosseguimento em sessão a ser designada com a presença de outros julgadores, que serão convocados nos termos previamente definidos no regimento interno, em número suficiente para garantir a possibilidade de inversão do resultado inicial, assegurado às partes e a eventuais terceiros o direito de sustentar oralmente suas razões perante os novos julgadores".

A regra foi estabelecida como sucedâneo ao recurso dos embargos infringentes. Não há mais previsão do recurso de embargos infringentes. Em seu lugar, há a previsão da ampliação do órgão julgador em caso de divergência.

Os embargos infringentes, previstos no art. 530 do CPC/1973, consistiam num recurso cabível contra acórdão não unânime, proferido em apelação ou em ação rescisória. No CPC/2015, não há mais os embargos infringentes. Em seu lugar, o art. 942 do CPC prevê a ampliação do colegiado em caso de divergência. Tal expediente não ostenta natureza recursal.[102] Não se trata de recurso, pois a regra incide antes de haver encerramento do julgamento.

Colhidos os votos e não havendo unanimidade, prossegue-se o julgamento, na mesma ou em outra sessão, com mais outros julgadores, para que se tenha, aí sim, o resultado final, com a lavratura do acórdão.

A decisão na apelação deve ser tomada, no órgão colegiado, pelo voto de três membros (CPC, art. 941, § 2º). Um julgamento não unânime, nesse caso, é uma decisão com dois votos vencedores e um voto vencido. Logo, hão de ser convocados mais dois julgadores para que se possa, eventualmente, ser invertida a conclusão, agregando-se os dois novos votos ao vencido, tendo-se um resultado 2 x 3. Mas também é possível que os novos votos se somem aos votos até então vencedores, tendo-se um resultado de 4 x 1, ou ainda é possível que um dos novos votos se some aos votos até então vencedores e o outro, ao vencido, mantendo-se o resultado até então obtido, só que com uma votação de 3 x 2.

---

[102] Também entendendo que não se trata de recurso: LAMY, Eduardo de Avelar. A transformação dos embargos infringentes em técnica de julgamento: ampliação das hipóteses. In: FREIRE, Alexandre; DANTAS, Bruno; NUNES, Dierle; DIDIER JR., Fredie; MEDINA, José Miguel Garcia; FUX, Luiz; CAMARGO, Luiz Henrique Volpe; OLIVEIRA, Pedro Miranda de (org.). *Novas tendências do processo civil.* Salvador: JusPodivm, 2014. v. 2, p. 373-379. Entendendo ter natureza recursal, consistindo, na verdade, num recurso de ofício, COSTA, Eduardo José da Fonseca. Pequena história dos embargos infringentes no Brasil: uma viagem redonda. In: FREIRE, Alexandre; DANTAS, Bruno; NUNES, Dierle; DIDIER JR., Fredie; MEDINA, José Miguel Garcia; FUX, Luiz; CAMARGO, Luiz Henrique Volpe; OLIVEIRA, Pedro Miranda de (org.). *Novas tendências do processo civil.* Salvador: JusPodivm, 2014. v. 2, p. 384 e 399. Sobre essa discussão, consultar CUNHA, Leonardo Carneiro da; DIDIER JR., Fredie. *Curso de direito processual civil.* 13. ed. Salvador: JusPodivm, 2016. v. 3.

Os outros dois julgadores devem ser convocados de acordo com definição prévia constante de regra do regimento interno. Em outras palavras, o regimento interno deve estabelecer critérios prévios e objetivos para a convocação dos julgadores que irão complementar o julgamento iniciado, mas ainda não concluído totalmente. Essa definição prévia é fundamental e atende às exigências do princípio do juiz natural.

Questiona-se se tal dispositivo tem aplicação no procedimento recursal dos Juizados Especiais Cíveis Federais.

Não há previsão de aplicação de tal dispositivo no âmbito dos Juizados. Restaria, aliás, ineficiente admitir o cabimento de tal técnica de julgamento no Juizado Especial, pois o julgamento de recurso é realizado por turma composta por 3 (três) juízes de primeira instância, não havendo como se aplicar o dispositivo.

Nesse sentido, o enunciado 552 do Fórum Permanente de Processualistas Civis: "Não se aplica a técnica de ampliação do colegiado em caso de julgamento não unânime no âmbito dos Juizados Especiais".

Se já não eram cabíveis, nos Juizados Especiais, os embargos infringentes, também não se admite essa técnica de julgamento criada para ocupar o seu lugar.

Não se aplica, enfim, a técnica de julgamento prevista no art. 942 do CPC no âmbito dos Juizados Especiais Cíveis Federais.

19.3.5.8 Recurso especial

Não cabe recurso especial de decisões proferidas no âmbito dos Juizados Especiais Cíveis Federais.

Com efeito, ao prever as hipóteses de cabimento do recurso especial, o art. 105, III, da Constituição Federal alude a decisão proferida, em única ou última instância, por Tribunal de Justiça, por Tribunal Regional Federal ou pelo Tribunal de Justiça do Distrito Federal e Territórios. Não é sem razão, aliás, que o enunciado 203 da Súmula do STJ estabelece que "Não cabe recurso especial contra decisão proferida por órgão de segundo grau dos Juizados Especiais". É que o órgão de segundo grau dos Juizados Especiais não se encaixa na previsão constitucional, não se identificando nem com Tribunal de Justiça, nem com Tribunal Regional Federal, nem com o Tribunal de Justiça do Distrito Federal e Territórios.

O dispositivo, como se vê, refere-se, expressamente, a *tribunais,* sendo certo, portanto, que não cabe recurso especial contra decisão proferida em Juizado Especial Federal.

19.3.5.9 Recurso extraordinário

É cabível, no âmbito dos Juizados Federais, a interposição de recurso extraordinário. Ao disciplinar o cabimento do recurso extraordinário, o art. 102, III, da Constituição da República, estabelece ser adequado tal apelo para impugnar decisão que julgar a causa em última ou única instância, não fazendo, diferentemente do que sucede com o recurso especial, alusão a qualquer órgão jurisdicional que tenha proferido dita decisão.

Sendo assim, se um juiz ou órgão singular julgar a causa em última ou única instância, será cabível o recurso extraordinário. É o que ocorre, por exemplo, nas execuções fiscais de valor igual ou inferior a 50 (cinquenta) ORTN, tal como anotado no subitem 12.2.1.9 *supra*. Essas execuções fiscais de pequeno valor – que não tramitam nos Juizados Federais, tal como registrado no subitem 19.3.1 *supra* – são conhecidas como causas de alçada.

De igual modo, decidida a causa, em única ou última instância, por órgão recursal de Juizado Especial, e havendo prequestionamento de matéria constitucional, cabe recurso extraordinário, desde que demonstrada a existência de repercussão geral.

A propósito, assim enuncia o verbete 640 da Súmula do STF: "É cabível recurso extraordinário contra decisão proferida por juiz de primeiro grau nas causas de alçada, ou por turma recursal de juizado especial cível e criminal".

Cabível, portanto, o recurso extraordinário de decisão proferida por órgão recursal de Juizado Especial Federal.

O recurso extraordinário deve ser interposto perante o Presidente da Turma Recursal, que irá processá-lo, determinando a intimação da parte contrária para apresentação de contrarrazões. Em seguida, deve exercer o juízo de admissibilidade. Não admitido o recurso, caberá o agravo de instrumento previsto no art. 1.042 do CPC, cujo seguimento não pode ser obstado, devendo ser encaminhado, necessariamente, ao STF para apreciação. Nesse sentido, é digno de registro o enunciado 727 da Súmula do STF: "Não pode o magistrado deixar de encaminhar ao Supremo Tribunal Federal o agravo de instrumento interposto da decisão que não admite recurso extraordinário, ainda que referente a causa instaurada no âmbito dos juizados especiais". Se o Presidente da Turma Recursal deixar de encaminhar o agravo de instrumento ao STF, estará usurpando competência deste último, a ensejar o ajuizamento de reclamação.

Admitido o recurso extraordinário, devem os autos ser encaminhados ao STF para que seja tal recurso processado e julgado. Quando a decisão recorrida contrariar súmula ou jurisprudência dominante da Suprema Corte, a parte interessada pode requerer a manifestação do Plenário, que irá dirimir a divergência. Enquanto não concluído o julgamento, pode ser concedida medida cautelar determinando a suspensão do processo.

Eventuais recursos extraordinários idênticos, recebidos subsequentemente em quaisquer Turmas Recursais, ficarão retidos nos autos, aguardando-se o pronunciamento do STF.

Naquele julgamento que será realizado pelo STF, permite-se a intervenção de interessados na discussão da tese.

Julgado o recurso extraordinário pelo STF, aqueles que versam sobre a mesma questão constitucional, que ficaram retidos, serão apreciados pelas Turmas Recursais, que poderão exercer juízo de retratação ou declará-los prejudicados, se veicularem tese não acolhida pelo STF.

O § 3º do art. 102 da Constituição Federal atribui ao recorrente o ônus de demonstrar "a repercussão geral das questões constitucionais discutidas no caso", a fim de que o "tribunal examine a admissão do recurso, somente podendo recusá-lo pela manifestação de dois terços dos seus membros". Embora seja da competência das Turmas do STF o julgamento do recurso extraordinário, a análise dessa questão preliminar deve ser feita pelo Pleno, a quem devem ser remetidos os autos.

Diante disso, o recorrente, além de ter de fundamentar o seu recurso em uma das hipóteses do art. 102, III, da Constituição Federal, terá, também, de demonstrar o preenchimento desse novo requisito. O § 2º do art. 1.035 do CPC reafirma a exigência, ao dispor que "o recorrente deverá demonstrar a existência de repercussão geral para apreciação exclusiva pelo Supremo Tribunal Federal". O *quorum* qualificado é para considerar que a questão *não* tem repercussão geral.

Se for interposto o recurso extraordinário e este contiver a demonstração da existência de repercussão geral, passa, então, a haver uma presunção: presume-se que há repercussão geral, somente cabendo ao Plenário do STF (por 2/3 de seus membros) deixar de conhecer do recurso extraordinário por falta de repercussão geral. Em outras palavras, somente o STF poderá dizer que não há repercussão geral, não podendo o Presidente da Turma Recursal fazer essa análise. É da apreciação exclusiva do STF dizer que não há repercussão geral. Disso não há dúvida. Para isso, deve o recorrente, em suas razões, demonstrar a existência da repercussão geral. Se nas razões do recurso não houver demonstração de repercussão geral, não cabe o recurso, podendo não ser admitido, inclusive, pelo Presidente da Turma Recursal. Esse último não estará dizendo que não há repercussão geral; estará, apenas, observando o descumprimento de um requisito de admissibilidade relacionado à regularidade formal.

De acordo com o § 8º do art. 1.035 do CPC: "Negada a repercussão geral, o presidente ou vice-presidente do tribunal de origem negará seguimento aos recursos extraordinários sobrestados na origem que versem sobre matéria idêntica".

Reconhecida a *existência* da repercussão geral e julgado o mérito do recurso extraordinário, os recursos sobrestados serão apreciados pelos Tribunais, Turmas de Uniformização ou Turmas Recursais, que poderão declará-los prejudicados ou retratar-se (CPC, art. 1.040, I e II).[103] Se não houver retratação, admitido o recurso extraordinário cujo processamento ficara sobrestado, poderá o Supremo Tribunal Federal, nos termos do Regimento Interno, cassar ou reformar, liminarmente, o acórdão contrário à orientação firmada.

Cabe ao relator – nos termos do art. 323 do Regimento Interno do STF – examinar os requisitos de admissibilidade do Recurso Extraordinário. À falta de algum requisito de admissibilidade (preparo, tempestividade, prequestionamento etc.), cumpre-lhe negar seguimento ao recurso. Estando, porém, presentes todos os requisitos de admissibilidade – e não sendo um recurso idêntico a outro cuja repercussão geral já tenha sido examinada antes, hipótese em que o relator pode aplicar o precedente (RISTF, arts. 323, § 1º, e 327, § 1º), nem de recurso em que há presunção absoluta de repercussão geral (CPC, arts. 1.035, § 3º, e 987, § 1º) –, caberá ao relator manifestar-se sobre a existência ou não da repercussão geral, submetendo a questão aos demais ministros por meio eletrônico, que terão o prazo de vinte dias para pronunciar-se.

Se, nesse prazo, não chegar ao relator o número suficiente de manifestações para a rejeição da repercussão geral (sete manifestações que, somadas à do relator, perfazem um total de oito), estará cumprido o requisito, confirmando-se a existência de repercussão geral. Diversamente, se, nesse prazo, chegar ao relator o número suficiente de manifestações contrárias ao requisito, o recurso não será admitido por falta de repercussão geral.

Dessa sistemática de julgamento eletrônico extraem-se as seguintes conclusões.

O ministro que não se manifestar no prazo de vinte dias terá a falta de sua participação registrada na ata do julgamento (RISTF, art. 324, § 3º). Não alcançando o quórum necessário para o reconhecimento da natureza infraconstitucional da questão ou da existência, ou não, de repercussão geral, o julgamento será suspenso e automaticamente retomado na sessão em meio eletrônico imediatamente seguinte, com a coleta das manifestações dos ministros ausentes (RISTF, art. 324, § 4º). As manifestações devem ser explícitas, não se permitindo um julgamento *tácito* ou *implícito*. A interpretação construída em torno do art. 93, IX, da Constituição Federal abomina e impede a existência de julgamentos tácitos ou implícitos, por contrariar a exigência de fundamentação nas decisões judiciais.

O julgamento eletrônico não parece inconstitucional. O que se revela inconstitucional é um julgamento *secreto*, sem publicidade (CF, art. 93, IX). Cumpre, então, dar-lhe publicidade.

---

[103] Nesse sentido, o enunciado 482 do Fórum Permanente de Processualistas Civis: "Aplica-se o art. 1.040, I, aos recursos extraordinários interpostos nas turmas ou colégios recursais dos juizados especiais cíveis, federais e da fazenda pública".

Emitido pronunciamento do relator, será preciso proceder à divulgação desta sua manifestação, colocando à disposição dos interessados seu inteiro teor e, igualmente, de cada manifestação que lhe chegue, da lavra de cada um dos ministros que resolva exprimir seu entendimento. Tal publicidade é indispensável para viabilizar a apresentação de memoriais ou de petições com opiniões favoráveis à existência de repercussão geral e, até mesmo, para viabilizar a manifestação de terceiros, prevista em lei (CPC, art. 1.035, § 4º).

Em suma, pode-se dizer que o relator do recurso extraordinário, já entendendo não haver repercussão geral, pode colher o pronunciamento dos demais, por meio eletrônico, na forma analisada. Entendendo que há repercussão geral, o relator leva o caso a julgamento para a turma, que, concordando com ele (até quatro votos ao todo), irá confirmar a existência desse requisito. Do contrário, ou seja, se menos de quatro ministros afirmarem a presença de repercussão geral, deverá, então, o caso ser submetido ao plenário.

No julgamento realizado por meio eletrônico, se vencido o relator, redigirá o acórdão o ministro sorteado na redistribuição, dentre aqueles que divergiram ou não se manifestaram, a quem competirá a relatoria do recurso para exame do mérito e de incidentes processuais (RISTF, art. 324, § 5º).

19.3.5.10 Mandado de segurança contra ato judicial

Ressalvada a decisão que concede ou nega tutela provisória, da qual cabe agravo de instrumento, consoante registrado no subitem 19.3.5.5 *supra*, são irrecorríveis as decisões interlocutórias proferidas nos Juizados Especiais Cíveis Federais.

Quando o ato judicial for irrecorrível, cabe, como visto no subitem 14.8.2 *supra*, mandado de segurança. Significa, então, que se revela cabível o mandado de segurança contra decisão interlocutória proferida no Juizado Especial Federal, já que irrecorrível.[104]

Ao apreciar o Recurso Extraordinário 576.847/BA, o Supremo Tribunal Federal entendeu, todavia, não ser cabível, no âmbito dos Juizados Especiais Cíveis, o mandado de segurança contra ato judicial.[105]

Não obstante o entendimento manifestado pela Suprema Corte, não se pode, *a priori*, descartar o cabimento do *writ* contra ato judicial. Em cada caso, há de se examinar a necessidade ou não do mandado de segurança. Não se deve restringir um direito fundamental, impedindo, abstratamente, seu exercício, sem que se avalie, concretamente, as circunstâncias que permitem ou não sua utilização. Se a parte é atingida por decisão irrecorrível, que seja ilegal ou abusiva, a arrostar direito líquido e certo, não há razão para afastar o cabimento do mandado de segurança, sob pena de limitar, indevidamente, um direito fundamental garantido na Constituição Federal.

À evidência, afigura-se, em princípio, cabível o mandado de segurança contra decisão interlocutória proferida no Juizado Especial Federal.

O mandado de segurança, nesse caso, deveria ser julgado pelo respectivo Tribunal Regional Federal, em razão do disposto no art. 108, I, *c*, da Constituição Federal. Não é esse, contudo, o entendimento prevalecente na jurisprudência. O entendimento assentado no Superior Tribunal de Justiça é o de que cabe à Turma Recursal, e não ao respectivo TRF, processar e julgar mandado de segurança impetrado contra ato de juiz federal de Juizado.[106] Tal

---
[104] STJ, 5ª Turma, RMS 16.124/RS, Rel. Min. Félix Fischer, *DJ* 20.3.2006, p. 303.
[105] STF, Pleno, RE 576.847, Rel. Min. Eros Grau, *DJe* 7.8.2009.
[106] STJ, 6ª Turma, RMS 16.376/RS, Rel. Min. Maria Thereza de Assis Moura, *DJ* 3.12.2007, p. 363.

entendimento consolidou-se no enunciado 376 da Súmula do STJ, que está assim redigido: "Compete a turma recursal processar e julgar o mandado de segurança contra ato de juizado especial".

Se, porém, o mandado de segurança for impetrado para controlar a competência do próprio Juizado, aí será da competência do respectivo TRF processá-lo e julgá-lo. Caso a parte entenda não ser competente o Juizado Federal, poderá questionar essa competência em mandado de segurança impetrado ao correspondente Tribunal Regional Federal. Nessa hipótese, afasta-se o enunciado 376 da Súmula do STJ.[107]

Cabe, então, mandado de segurança contra decisão irrecorrível, a ser impetrado, processado e julgado na respectiva Turma Recursal. Denegada a segurança, não caberá recurso ordinário para o STJ. Isso porque, nos termos do art. 105, II, *b*, da Constituição Federal, o recurso ordinário é cabível quando denegatória a decisão do mandado de segurança decidido em única instância pelo Tribunal de Justiça ou Tribunal Regional Federal. Exclui-se, portanto, a possibilidade de recurso ordinário de decisão proferida por Turma Recursal de Juizado Especial.[108] Se, todavia, o mandado de segurança for impetrado para controlar a competência do Juizado, deverá ser processado e julgado, como visto, pelo respectivo TRF, cabendo recurso ordinário do acórdão que denegar a ordem postulada.

19.3.5.11 Ação rescisória

Não é admitida ação rescisória no âmbito dos Juizados Especiais Cíveis, em razão da vedação expressa contida no art. 59 da Lei 9.099/1995.

O STF julgou algumas ações rescisórias contra acórdãos proferidos em processos oriundos de juizados especiais federais. A título exemplificativo, observe-se, aliás, que o Ministro Gilmar Mendes, ao apreciar a AR 1.974 MC/SC, concedeu a tutela provisória, obstando a produção dos efeitos do acórdão rescindendo.

A decisão parece ter ignorado a existência de um microssistema do processo de pequenas causas, aplicável em qualquer Juizado Especial (Cível, Federal ou da Fazenda Pública Estadual). Parece mais acertado, assim, o posicionamento do Fórum Nacional dos Juizados Especiais Federais, que editou o enunciado 44, cuja redação é a seguinte: "Não cabe ação rescisória no JEF. O artigo 59 da Lei n. 9.099/95 está em consonância com os princípios do sistema processual dos Juizados Especiais, aplicando-se também aos Juizados Especiais Federais".

Caso se entenda pelo cabimento da ação rescisória contra sentença de juiz de juizado ou contra acórdão de turma recursal do Juizado Federal, cumpre observar que a competência para seu julgamento será da turma recursal, e não do tribunal a que vinculado o juiz.[109]

19.3.5.12 Recurso adesivo

O recurso adesivo não é espécie de recurso. Trata-se de forma de *interposição* de recurso. O recurso pode ser interposto de forma *independente* e de forma *adesiva*. O recurso adesivo é exatamente o mesmo recurso que poderia ter sido interposto autonomamente, diferenciando-se apenas pela técnica de interposição.

---

[107] STJ, 4ª Turma, RMS 48.259/PA, Rel. Min. Raul Araújo, *DJe* 25.10.2016; STJ, 3ª Turma, AgInt no REsp 1.578.589/MA, Rel. Min. Paulo de Tarso Sanseverino, *DJe* 29.10.2018; STJ, 1ª Turma, AgInt no RMS 57.285/DF, Rel. Min. Benedito Gonçalves, *DJe* 18.9.2019.

[108] STJ, 4ª Turma, EDcl no Ag 959.393/RJ, Rel. Min. Maria Isabel Gallotti, j. 17.11.2011, *DJe* 29.11.2011.

[109] Nesse sentido, assim entendeu o STJ no REsp 747.447/PR, Rel. Min. Laurita Vaz, *DJ* 2.10.2006, p. 302.

Recurso adesivo é o recurso contraposto ao da parte adversa, por aquela que se dispunha a não impugnar a decisão, e só veio a impugná-la porque o fizera o outro litigante.

Somente é possível cogitar de interposição adesiva em caso de sucumbência recíproca: ambos os litigantes são em parte vencedores e vencidos (CPC, art. 997, §§ 1º e 2º). Nesses casos, publicada a decisão, embora ambos pudessem ter recorrido de forma independente, um deles espera o comportamento do outro, para só então recorrer.

Nem todos os recursos podem ser interpostos adesivamente. A lei permite a interposição adesiva da apelação, do recurso especial e do recurso extraordinário (CPC, art. 997, § 2º, II).

Não se tem admitido o recurso adesivo no âmbito dos Juizados Especiais.[110] Esse entendimento tem sido estendido para o âmbito dos Juizados Federais. Realmente, assim está redigido o Enunciado 59 do Fonajef: "Não cabe recurso adesivo nos Juizados Especiais Federais".

Não é correto esse entendimento.

Parte-se da falsa premissa de que o recurso adesivo seria contrário à economia e à celeridade processuais. Na verdade, longe de atentar contra tais princípios, o recurso adesivo está afinado com eles. Nesse sentido, vale ceder a palavra a Cândido Rangel Dinamarco, que assim assevera:

> (...) os objetivos do recurso adesivo coadunam-se muito harmoniosamente com os da criação do processo especialíssimo dos juizados, onde o zelo pela terminação rápida do serviço jurisdicional se situa entre as preocupações centrais. Faz parte do espírito conciliatório que aqui se alvitra essa atitude do litigante que, atendido em parte quanto à pretensão sustentada em juízo, prefere não recorrer e só recorrerá se o fizer o adversário. Por isso, também no processo dos juizados especiais é admissível o recurso adesivo, embora não se tenha aqui o recurso de apelação mas o inominado, uma vez que os objetivos práticos deste coincidem com os daquela.[111]

Não obstante o entendimento contrário da jurisprudência do Fórum Nacional dos Juizados Federais, afigura-se cabível o recurso adesivo no âmbito de tais juizados, devendo ser admitido no recurso da sentença e no recurso extraordinário.

19.3.5.13 Do pedido de suspensão

Conforme já acentuado no item 15.11 *supra*, é cabível pedido de suspensão contra decisões proferidas no âmbito dos Juizados Especiais Federais. Embora a Lei 10.259/2001 nada disponha a respeito, aplica-se o disposto no art. 4º da Lei 8.437/1992, de sorte que o pedido de suspensão pode ser dirigido ao Presidente da Turma Recursal quando voltar-se contra liminar, tutela antecipada ou sentença proferida por juiz do Juizado.

---

[110] SODRÉ, Eduardo. O sistema recursal dos Juizados Especiais Cíveis. In: FARIAS, Cristiano Chaves de; DIDIER JR., Fredie (coords.). *Procedimentos especiais:* legislação extravagante. São Paulo: Saraiva, 2003. p. 528.

[111] DINAMARCO, Cândido Rangel. *Manual dos Juizados Cíveis*. São Paulo: Malheiros, 2001. p. 183. No mesmo sentido: CÂMARA, Alexandre Freitas. *Juizados Especiais Cíveis Estaduais e Federais:* uma abordagem crítica. 2. ed. Rio de Janeiro: Lumen Juris, 2005. p. 149-150; CAVALCANTE, Mantovanni Colares. *Recursos nos Juizados Especiais*. 2. ed. São Paulo: Dialética, 2007. n. 5.3, p. 55-56; CUNHA, J. S. Fagundes. *Recursos e impugnações nos Juizados Especiais Cíveis*. 2. ed. Curitiba: Juruá, 1997. p. 89-91.

De acórdão proferido por Turma Recursal cabe pedido de suspensão dirigido ao Presidente do STF. Não é possível dirigir pedido de suspensão ao Presidente do STJ, exatamente por não ser cabível o recurso especial no âmbito dos Juizados Especiais Federais.[112]

19.3.6 Execução nos Juizados Especiais Federais

A sentença proferida nos Juizados Federais pode impor à União, a uma autarquia ou empresa pública federal o cumprimento de uma obrigação de fazer, não fazer ou entregar coisa. Nessa hipótese, não há qualquer peculiaridade digna de nota. O cumprimento da sentença faz-se do mesmo modo que se faz em qualquer caso.

Tratando-se de obrigação de fazer, não fazer ou entregar coisa, não há exigência de precatório. Logo, não há qualquer regra diferente que afaste o regime geral nas demandas propostas em face da Fazenda Pública.

A execução de obrigação de fazer, não fazer ou entregar coisa está, no âmbito dos Juizados Federais, prevista no art. 16 da Lei 10.259/2001, que assim dispõe: "o cumprimento do acordo ou da sentença, com trânsito em julgado, que imponham obrigação de fazer, não fazer ou entrega de coisa certa, será efetuado mediante ofício do Juiz à autoridade citada para a causa, com cópia da sentença ou do acordo".

O cumprimento da obrigação de fazer, não fazer ou entregar coisa, como se vê, opera-se por meio de simples ofício dirigido à autoridade citada para a causa, podendo ser efetivado por intimação do advogado público que atua no processo, a quem caberá cientificar a autoridade responsável por tal cumprimento.[113] Então, o regime é o mesmo, caso o devedor seja a Fazenda Pública. Quanto à fixação e exigência da multa, cumpre observar o quanto foi dito no item 6.5 *supra*. Como ali se demonstrou, o *agente público* responsável pelo cumprimento da ordem judicial deve responder tanto pelas *astreintes* como pela multa prevista no § 2º do art. 77 do CPC. De resto, valem as demais observações contidas no subitem 12.1.19 *supra*.

Por sua vez, quando se tratar de obrigação de pagar quantia certa, somente se deve exigir o cumprimento após o trânsito em julgado da sentença. O pagamento será efetuado por ordem do juiz, independentemente de precatório. Consoante já demonstrado no subitem 12.1.12 *supra*, a obrigação por quantia certa da Fazenda Pública Federal, nos valores de até 60 (sessenta) salários mínimos, é exigida por Requisição de Pequeno Valor – RPV. Em caso de litisconsórcio ativo, deve-se considerar o valor do crédito de cada litisconsorte. O precatório fica dispensado para cada litisconsorte, cujo crédito seja inferior a 60 (sessenta) salários mínimos.[114]

A Fazenda Pública, no cumprimento de sentença em Juizados Federais, defende-se por impugnação, podendo suscitar as matérias previstas no art. 535 do CPC.

Aliás, em novembro de 2023, o Plenário do STF, analisando a aplicação do art. 535, § 5º, do CPC no âmbito dos Juizados Especiais Federais, consolidou as seguintes teses, firmadas no âmbito do Tema 100 da Repercussão Geral (RE 586.068/PR): "1) é possível aplicar o artigo 741, parágrafo único, do CPC/1973, atual art. 535, § 5º, do CPC/2015, aos feitos submetidos

---

[112] Foi exatamente essa a conclusão a que chegou o Ministro Barros Monteiro, quando, ao exercer a Presidência do STJ, deparou-se com a SLS 267/MS, negando o pedido ali formulado em decisão monocrática publicada no *DJ* de 06.03.2007.

[113] BORGES, Tarcísio Barros. Juizados Especiais Federais Cíveis: Reexame das Inovações da Lei n. 10.259/2001, após Cinco Anos de sua Vigência. *Revista Dialética de Direito Processual*. São Paulo: Dialética, v. 56, nov./2007, p. 132.

[114] STJ, 1ª Turma, AgRg no REsp 1.220.727/RS, Rel. Min. Benedito Gonçalves, *DJe* 7.12.2011; STJ, 2ª Turma, AgRg no AREsp 780.469/RS, Rel. Min. Diva Malerbi (Des. Conv. TRF 3ª Região), *DJe* 17.5.2016.

ao procedimento sumaríssimo, desde que o trânsito em julgado da fase de conhecimento seja posterior a 27.8.2001; 2) é admissível a invocação como fundamento da inexigibilidade de ser o título judicial fundado em 'aplicação ou interpretação tida como incompatível com a Constituição' quando houver pronunciamento jurisdicional, contrário ao decidido pelo Plenário do Supremo Tribunal Federal, seja no controle difuso, seja no controle concentrado de constitucionalidade; 3) o art. 59 da Lei 9.099/1995 não impede a desconstituição da coisa julgada quando o título executivo judicial se amparar em contrariedade à interpretação ou sentido da norma conferida pela Suprema Corte, anterior ou posterior ao trânsito em julgado, admitindo, respectivamente, o manejo (i) de impugnação ao cumprimento de sentença ou (ii) de simples petição, a ser apresentada em prazo equivalente ao da ação rescisória".

Após o trânsito em julgado, já se expede a RPV. Desatendida a requisição, o juiz determinará o sequestro[115] do numerário suficiente ao cumprimento da decisão.

Ao julgar a ADPF 219, o STF entendeu que, no âmbito dos Juizados Especiais, "incumbe ao órgão da Administração Pública acionado, à pessoa jurídica de direito público, apresentar os cálculos indispensáveis à solução rápida e definitiva da controvérsia",[116] ou seja, é possível uma "execução invertida" nos Juizados Especiais, podendo o juiz determinar à Fazenda Pública que apresente os cálculos para que o exequente possa promover seu cumprimento de sentença.

As demandas propostas nos Juizados Especiais Federais têm valor de até 60 (sessenta) salários mínimos. Tal limite há de ser verificado no momento da propositura da demanda.[117] É possível, entretanto, que o valor da condenação ultrapasse tal quantia, em razão de juros e correção monetária, ou em casos de prestações sucessivas, cujo total acumulado extrapole aquele limite. Nessas hipóteses em que o valor da condenação supera o limite de alçada, a obrigação de pagar deve ser exigida por precatório, e não por RPV (Lei 10.259/2001, art. 17, § 4º). Sendo assim, operado o trânsito em julgado, em vez de expedir a RPV, deverá o juiz expedir o precatório, que será encaminhado ao Presidente do respectivo TRF, a fim de ser inscrito até 2 de abril para ser pago, em valor monetariamente corrigido, até o final do exercício seguinte, tudo conforme já explicitado no subitem 12.1.8 *supra*.

Para que seu crédito não se submeta ao regime do precatório, poderá o exequente *renunciar* ao valor excedente, fazendo, com isso, a opção pela RPV. Ao exequente se faculta a opção de *renunciar* ao excedente, *não* se permitindo o fracionamento, a repartição ou a quebra do valor executado, de modo que o pagamento se faça, em parte, por precatório e, em parte, mediante RPV.

Também compete aos Juizados Federais processar o cumprimento de sentença relativo aos honorários de sucumbência ou a multas por eles mesmos impostas.[118]

Todas essas considerações relativas a precatório e a RPV aplicam-se aos casos julgados contra a União e autarquias federais. Tratando-se de demanda proposta em face de empresa pública federal, a execução de sentença segue o procedimento do Código de Processo Civil, com as adaptações determinadas pelo art. 52 da Lei 9.099/1995. E isso porque as empresas públicas federais submetem-se ao regime das pessoas jurídicas de direito privado, não desfrutando das vantagens e prerrogativas outorgadas à Fazenda Pública.

---

[115] Cumpre reiterar a advertência feita no subitem 12.1.10 *supra*: embora a lei se refira a *sequestro*, trata-se, em verdade, de arresto, cuja natureza não é cautelar, mas satisfativa, de cariz executivo.
[116] STF, Pleno, ADPF 219, Rel. Min. Marco Aurélio, *DJe* 7.10.2021.
[117] STJ, 3ª Turma, RMS 45.115/GO, Rel. Min. João Otávio de Noronha, *DJe* 1º.9.2014.
[118] Nesse sentido, o enunciado 86 do Fórum Nacional do Poder Público: "Compete aos Juizados Especiais Federais ou da Fazenda Pública executar os honorários advocatícios ou multas por conta de decisões por eles proferidas".

19.4 JUIZADOS ESPECIAIS ESTADUAIS DA FAZENDA PÚBLICA

19.4.1 Competência dos Juizados Especiais Estaduais da Fazenda Pública

O art. 2º da Lei 12.153/2009 estabelece ser da competência dos Juizados Estaduais da Fazenda Pública "... processar, conciliar e julgar causas cíveis de interesse dos Estados, do Distrito Federal, dos Territórios e dos Municípios, até o valor de 60 (sessenta) salários mínimos". Os Juizados Especiais da Fazenda Pública também são competentes para processar as execuções de seus próprios julgados.[119]

Embora o dispositivo refira-se apenas a Estados, Distrito Federal, Territórios e Municípios, não fazendo menção a autarquias, fundações, nem empresas públicas a eles vinculadas, é inegável que os Juizados Estaduais da Fazenda Pública são igualmente competentes para processar, conciliar e julgar causas de interesse de tais entes integrantes de suas Administrações indiretas. E isso porque o art. 5º, II, da Lei 12.153/2009 dispõe que podem ser partes nos Juizados Estaduais da Fazenda Pública, como réus, as autarquias, fundações e empresas públicas vinculadas a Estados, ao Distrito Federal e a Municípios.

Os Juizados Estaduais da Fazenda Pública foram criados, então, para processar, conciliar e julgar causas de interesse dos Estados, Distrito Federal, Territórios e Municípios, bem como de suas autarquias, fundações e empresas públicas, quando o valor for de até 60 (sessenta) salários mínimos.

Enquanto a Justiça Estadual processa e julga causas em que tais entes figurem como *autores, réus, assistentes, opoentes* ou *intervenientes,* aos Juizados Estaduais da Fazenda Pública apenas compete as causas em que os Estados, o Distrito Federal, os Municípios, bem como suas autarquias, fundações ou empresas públicas ostentem a condição de *réus*. Com efeito, nos termos do art. 5º da Lei 12.153/2009, somente podem ser partes no Juizado Estadual da Fazenda Pública, como autores, as pessoas físicas e as microempresas e empresas de pequeno porte e, *como réus,* os Estados, o Distrito Federal, os Territórios e os Municípios, bem como autarquias, fundações[120] e empresas públicas a eles vinculadas.

Quer isso dizer que uma demanda proposta por um ente público – estadual, distrital ou municipal – *não* pode tramitar no juizado, ainda que o valor da causa não supere o limite de 60 (sessenta) salários mínimos. Os entes públicos só podem, no âmbito dos juizados, figurar como réus, não lhes sendo possível ostentar a condição de parte autora.

Ressalvado o incidente de desconsideração da personalidade jurídica, que é, como visto no item 19.2.1.4, admissível nos Juizados Especiais, *não* se admite qualquer intervenção de terceiros, nem mesmo assistência, nos Juizados Especiais da Fazenda Pública (Lei 9.099/1995, art. 10).

Mesmo que a causa seja de pequeno valor, se o ente público figurar na causa como terceiro interveniente, não é competente o Juizado Especial da Fazenda Pública para processar e julgar a causa. Tome-se como exemplo uma demanda de pequeno valor na Justiça Comum Estadual e determinado Município intervém na condição de assistente ou opoente. Nesse caso, a causa *não* passará para a competência do Juizado Especial da Fazenda Pública, podendo, a depender da organização judiciária local, ser deslocada para uma Vara da Fazenda

---

[119] Nos termos do enunciado 86 do Fórum Nacional do Poder Público: "Compete aos Juizados Especiais Federais ou da Fazenda Pública executar os honorários advocatícios ou multas por conta de decisões por eles proferidas".

[120] Conforme já demonstrado no Capítulo I deste livro (item 1.1), sempre que houver alusão a entidades autárquicas ou a autarquias estão as fundações públicas igualmente abrangidas.

Pública, mas não para um Juizado Especial. Mesmo que o valor seja inferior a 60 (sessenta) salários mínimos, o processo, nesse exemplo, não será da competência do Juizado Especial, pois o ente público não estará como réu, mas como assistente ou opoente. E, no juizado, não se permite qualquer intervenção de terceiro (ressalvado o incidente de desconsideração da personalidade jurídica – ver item 19.2.1.4 *supra*), não podendo, então, haver, em seu âmbito, algum processo em que haja qualquer tipo de intervenção.

A competência dos Juizados Especiais da Fazenda Pública é estabelecida pelo valor da causa: apenas lhes cabe julgar causas de até 60 (sessenta) salários mínimos; são, portanto, juizados de *pequenas causas*.

Cumpre lembrar, contudo, que os juizados especiais são competentes, não apenas para as causas de *pequeno valor*, mas igualmente para as de *menor complexidade*, consoante já demonstrado no item 19.1 *supra*.

Vale dizer que os Juizados Especiais da Fazenda Pública somente julgam causas de *pequeno valor*, que sejam também de *menor complexidade*. As causas complexas de pequeno valor estão excluídas da competência de tais Juizados.[121] Não é por acaso, aliás, que o § 1º do art. 2º da Lei 12.153/2009 afasta do âmbito dos Juizados Estaduais da Fazenda Pública várias causas. Mesmo que sejam de pequeno valor, não se incluem na competência dos Juizados Estaduais da Fazenda Pública:

a) a ação de mandado de segurança;

b) a ação de desapropriação;

c) a ação de divisão e demarcação;

d) as ações populares;

e) as execuções fiscais;

f) as ações de improbidade administrativa;

g) as demandas sobre direitos ou interesses difusos e coletivos;[122]

---

[121] Em sentido contrário, afirmando "... A competência absoluta dos Juizados Especiais da Fazenda Pública nas causas com valor de até 60 salários mínimos, independentemente de seu objeto ou da complexidade da matéria" (CARDOSO, Oscar Valente. A competência dos Juizados Especiais da Fazenda Pública em pedidos de anulação ou cancelamento de ato administrativo. *Revista Dialética de Direito Processual*, São Paulo: Dialética, v. 94, jan. 2011, p. 100).

[122] Como se viu no subitem 19.3.1 *supra*, a Lei 10.259/2001 excluiu da competência dos Juizados Federais as demandas sobre direitos ou interesses difusos, coletivos e individuais homogêneos. Já a Lei 12.153/2009, ao tratar da competência dos Juizados da Fazenda Pública, exclui expressamente de seu âmbito as demandas relativas a direitos ou interesses difusos e coletivos, não mencionando aqueles concernentes a direitos individuais homogêneos. Para Luiz Manoel Gomes Junior, deve-se considerar que as demandas *coletivas* relativas a direitos individuais homogêneos estão abrangidas pela vedação, pois, se não são permitidas as demandas coletivas de direitos difusos e coletivos, não se deve, pelas mesmas razões, permitir as que se relacionem com direitos individuais homogêneos (*Comentários à Nova Lei dos Juizados Especiais da Fazenda Pública*. Em coautoria com Fernando da Fonseca Gajardoni, Luana Pedrosa de Figueiredo Cruz e Luís Otávio Sequeira de Cerqueira. São Paulo: RT, 2010. p. 55).

Impõe-se perfilhar o entendimento. Não é, efetivamente, competente o Juizado da Fazenda Pública para processar e julgar demandas *coletivas*, seja o direito discutido difuso, coletivo ou individual homogêneo. Isso porque a demanda a ser proposta no Juizado não pode ter como autor qualquer um dos entes legitimados para a propositura de ações coletivas. Ademais, as ações coletivas, seja o direito envolvido difuso, coletivo ou individual homogêneo, ostentam complexidade incompatível com a simplicidade que marca o procedimento dos Juizados. É possível, à evidência, a propositura

h) as causas sobre bens imóveis dos Estados, Distrito Federal, Territórios e Municípios, autarquias e fundações públicas a eles vinculadas;

i) as causas que tenham como objeto a impugnação da pena de demissão imposta a servidores públicos civis;

j) as causas que tenham como objeto a impugnação de sanções disciplinares aplicadas a militares.[123]

Consoante se viu no subitem 19.3.1 *supra,* não é competente o Juizado Especial Federal Cível para processar e julgar ações que objetivem a anulação ou o cancelamento de ato administrativo federal. Tal hipótese *não* foi reproduzida para os Juizados Especiais da Fazenda Pública, que podem, sim, processar e julgar controvérsias sobre a validade de atos administrativos.

Assim, é possível, no âmbito dos Juizados da Fazenda Pública, haver demandas sobre a validade do auto de infração de trânsito, lançamento de crédito tributário estadual ou municipal, bem como atos praticados em licitação pública, desde que o valor da causa não ultrapasse o limite de 60 (sessenta) salários mínimos.[124]

Nos Juizados da Fazenda Pública, admite-se, enfim, demanda destinada a anular ou cancelar ato administrativo, ressalvadas as exceções previstas no art. 2º, § 1º, I a III, da Lei 12.153/2009, de tal sorte que esses juizados não detêm competência para processar e julgar causas que versem sobre a validade de atos administrativos relativos a bens imóveis, ou a demissão imposta a servidores públicos civis ou a sanções disciplinares aplicadas a militares.

A competência dos Juizados Estaduais da Fazenda Pública limita-se, portanto, às *pequenas causas* de *menor complexidade,* que são aquelas em que os Estados, Distrito Federal, Territórios, Municípios, entidades autárquicas e fundacionais ou empresas públicas a eles vinculadas figurem como rés e que tenham valor não excedente a 60 (sessenta) salários mínimos. Quando a pretensão versar sobre obrigações vincendas, o Juizado será

---

de ação *individual* que verse sobre direito que seja individual homogêneo, a caracterizar a existência de possíveis ações *individuais* repetitivas. O que não se permite é o ajuizamento de ações *coletivas*, seja o direito difuso, coletivo ou individual homogêneo.

Ao se posicionar sobre o tema, Robson Godinho afirma que seria possível a ação coletiva nos Juizados da Fazenda Pública para defesa de direitos individuais homogêneos, defendendo a legitimidade ativa do Ministério Público. Fui por ele citado como um dos autores que aceitaria ação coletiva para defesa de direitos individuais homogêneos nos Juizados da Fazenda Pública (GODINHO, Robson Renault. O Ministério Público nos Juizados Especiais da Fazenda Pública. In: SILVA, Augusto Vinícius Fonseca e; KOEHLER, Frederico Augusto Leopoldino; PEIXOTO, Renata Cortez Vieira (coords.). *Juizados especiais da Fazenda Pública e juizados especiais federais*. Salvador: JusPodivm, 2019. p. 426). Diversamente, como está claro no corpo desta nota de rodapé, não é possível, segundo penso, ação coletiva nos Juizados da Fazenda Pública, nem mesmo para a defesa de direitos individuais homogêneos, não podendo o Ministério Público ser parte autora nos Juizados.

[123] No caso de impugnação de sanções disciplinares aplicadas a militares estaduais, há incompetência absoluta da Justiça Comum e dos Juizados, devendo a causa ser processada e julgada pela Justiça Militar estadual. Com efeito, assim dispõe o § 4º do art. 125 da Constituição Federal: "§ 4º Compete à Justiça Militar estadual processar e julgar os militares dos Estados, nos crimes militares definidos em lei e *as ações judiciais contra atos disciplinares militares*, ressalvada a competência do júri quando a vítima for civil, cabendo ao tribunal competente decidir sobre a perda do posto e da patente dos oficiais e da graduação das praças".

[124] Exemplos aventados por CARDOSO, Oscar Valente. A competência dos Juizados Especiais da Fazenda Pública em pedidos de anulação ou cancelamento de ato administrativo. *Revista Dialética de Direito Processual*, São Paulo: Dialética, v. 94, jan. 2011, p. 104.

competente se a soma de 12 (doze) parcelas vincendas e de eventuais vencidas não exceder 60 (sessenta) salários mínimos (Lei 12.153/2009, art. 2º, § 2º).

Ainda que o valor seja inferior a 60 (sessenta) salários mínimos, a causa será excluída da competência do Juizado Estadual da Fazenda Pública quando houver complexidade, ou melhor, quando houver uma prova técnica mais complexa ou demorada.[125] Se a resolução do litígio depende de prova técnica de intensa investigação, a competência deve ser da Justiça Comum Estadual, e não do Juizado da Fazenda Pública, mesmo que a causa ostente pequeno valor.[126] É importante observar ser aplicável aos Juizados da Fazenda Pública o disposto na Lei 9.099/1995, cujas regras estabelecem ser simplificada a produção probatória, não se admitindo a prova pericial da forma como está regulada no CPC; o que cabe, apenas, no âmbito dos juizados, é a inquirição de técnicos ou especialistas na própria audiência, ou uma inspeção sumária a ser realizada pelo juiz ou por pessoa de sua confiança, que lhe relatará informalmente o que for verificado.

19.4.1.1 Competência em caso de litisconsórcio ativo

O art. 2º da Lei 12.153/2009 deveria conter um § 3º, com o seguinte teor: "Nas hipóteses de litisconsórcio, os valores constantes do *caput* e do § 2º serão considerados por autor".

Tal dispositivo foi vetado pelo Presidente da República, que se valeu das seguintes razões:

> Ao estabelecer que o valor da causa será considerado individualmente, por autor, o dispositivo insere nas competências dos Juizados Especiais ações de maior complexidade e, consequentemente, incompatíveis com os princípios da oralidade e da simplicidade, entre outros previstos na Lei nº 9.099, de 26 de setembro de 1995.

Por aí se percebe que, havendo litisconsórcio, o valor da causa deve equivaler ao montante *total* postulado, *não* se considerando o valor individual por autor. Para que se possa postular no Juizado da Fazenda Pública, é preciso que o valor *total* equivalha a até 60 (sessenta) salários mínimos. Não é o valor *individual* de cada autor que deve ser levado em conta, mas o valor de *toda* a postulação.[127]

---

[125] STF, Pleno, RE 537.427, Rel. Min. Marco Aurélio, *DJe* 17.8.2011.

[126] O STJ entende que a necessidade de realização de prova pericial não afasta a competência dos Juizados: "A complexidade da causa, por maior exigência de dilação probatória, não afasta a competência dos juizados especiais federais" (STJ, 1ª Turma, AgInt no AREsp 1.232.765/PE, Rel. Min. Gurgel de Faria, *DJe* 5.8.2020). Sobre o tema, o enunciado 12 do FONAJE: "A perícia informal é admissível na hipótese do art. 35 da Lei 9.099/1995". Para o FONAJE, as perícias "formais" estariam excluídas da competência dos Juizados, em razão de sua complexidade. Por sua vez, a Súmula 22 da TNU admite a possibilidade de realização de prova pericial ao dispor que: "Se a prova pericial realizada em juízo dá conta de que a incapacidade já existia na data do requerimento administrativo, esta é o termo inicial do benefício assistencial". O enunciado 83 do FNPP também admite a possibilidade: "Nas demandas relativas a tratamento de saúde não incluso no rol do SUS, a perícia médica será sempre necessária, mesmo quando o processo, estiver instruído com os pareceres técnicos da câmara de saúde local, do NATS (CNJ) ou recomendações da CONITEC, inclusive no âmbito dos Juizados".

[127] O enunciado 2 da Fazenda Pública (FONAJE) está assim redigido: "É cabível, nos Juizados Especiais da Fazenda Pública, o litisconsórcio ativo, ficando definido, para fins de fixação da competência, o valor individualmente considerado de até 60 salários mínimos". De igual modo, o enunciado 18 do FONAJEF: "No caso de litisconsorte ativo, o valor da causa, para fins de fixação de competência, deve ser calculado por autor". Nesse mesmo sentido, assim compreende o STJ: "consoante o entendimento desta Corte, *em se tratando de litisconsórcio ativo facultativo, a fixação da competência dos Juizados Especiais deve observar o valor de cada autor, individualmente, e não o valor global da demanda*" (STJ, 1ª Turma, AgInt no AREsp 1.238.669/SP, Rel. Min. Gurgel de Faria, *DJe* 7.8.2019). Ainda nesse sentido:

Essa observação é relevante, exatamente porque a competência dos Juizados da Fazenda Pública é, como se demonstra no subitem 19.4.1.2 *infra*, absoluta. Significa que, proposta uma demanda com valor *total* da causa superior a 60 (sessenta) salários mínimos, haverá incompetência absoluta do Juizado, devendo a causa ser proposta numa Vara da Fazenda Pública.

19.4.1.2 Competência absoluta

Conforme demonstrado no subitem 19.3.1.1 *supra*, a competência dos Juizados Especiais Cíveis Federais é fixada até o valor de 60 (sessenta) salários mínimos, sendo, porém, absoluta (Lei 10.259/2001, art. 3º, § 3º).

Seguindo essa mesma diretriz, a Lei 12.153/2009, no § 4º de seu art. 2º, estabelece que "No foro onde estiver instalado Juizado Especial da Fazenda Pública, a sua competência é absoluta".

Quer isso dizer que uma causa intentada em face de Estados, Distrito Federal, Territórios, Municípios ou autarquias, fundações e empresas públicas a eles vinculadas, cujo valor seja de até 60 (sessenta) salários mínimos, há de ser proposta perante o Juizado Estadual da Fazenda Pública, a não ser que ostente complexidade ou que esteja inserida numa das hipóteses previstas no § 1º do art. 2º da Lei 12.153/2009. Diversamente, uma causa de valor superior a 60 (sessenta) salários mínimos não deve ser proposta no Juizado Estadual da Fazenda Pública.

Por ser absoluta e, portanto, improrrogável, tal competência não pode ser modificada por meio de conexão ou continência. Logo, caso haja uma causa na Justiça Estadual Comum e outra, no Juizado Estadual da Fazenda Pública, a conexão entre elas não provoca a reunião dos processos, visto que não se permite a modificação da competência absoluta. Nesse caso, deve o juiz, se houver prejudicialidade de uma causa em relação à outra, determinar a suspensão do processo, com suporte no art. 313, V, *a*, do CPC.

19.4.1.3 Competência territorial dos Juizados Estaduais da Fazenda Pública

O art. 4º da Lei 9.099/1995 dispõe sobre as regras de competência territorial dos Juizados Especiais Cíveis. Nos termos daquele dispositivo, será competente o juizado do foro (a) do domicílio do réu ou, a critério do autor, do local onde aquele exerça atividades profissionais ou econômicas ou mantenha estabelecimento, filial, agência, sucursal ou escritório; (b) do lugar onde a obrigação deva ser satisfeita; (c) do domicílio do autor ou do local do ato ou fato, nas ações para reparação de dano de qualquer natureza. Em qualquer hipótese, será competente o juizado do foro do réu (Lei 9.099/1995, art. 4º, parágrafo único).

Sendo relativa, a competência territorial sofre a incidência da regra da *perpetuatio jurisdictionis* prevista no art. 43 do CPC, de sorte que qualquer mudança superveniente no estado de fato ou de direito que altere a competência territorial não atinge o processo em curso. Significa que a posterior alteração do domicílio do autor, por exemplo, não repercute na competência, já fixada, do juizado.

"para que se fixe a competência dos Juizados Especiais, no caso de litisconsórcio ativo facultativo, deve ser considerado o valor em relação a cada autor, individualmente, e não o valor global da demanda" (STJ, 3ª Turma, AgInt no AREsp 1.464.001/PR, Rel. Min. Marco Aurélio Bellizze, DJe 26.10.2020). Tal entendimento desconsidera o veto presidencial a dispositivo equivalente que se pretendia inserir na lei. Além do mais, havendo litisconsórcio, há cumulação de demandas, sendo certo que o valor da causa é a soma de todas elas. Como a competência nos Juizados é definida pelo valor da causa, não é possível considerar cada pretensão isoladamente; havendo litisconsórcio, o valor da causa é a soma de todos os valores. Considerar os valores isolados equivale a desconsiderar o litisconsórcio e o cúmulo de demandas.

Tais regras, contidas no art. 4º da Lei 9.099/1995, aplicam-se aos Juizados Estaduais da Fazenda Pública, não havendo qualquer particularidade que afaste sua incidência. As causas, nos Juizados Estaduais da Fazenda Pública, devem ser propostas no foro do domicílio do réu, ou no foro do lugar onde a obrigação deva ser satisfeita, ou, ainda, nas ações de reparação civil, no foro do domicílio do autor ou do local do ato ou fato que rendeu ensejo ao alegado dano.

19.4.1.4 Reconhecimento da incompetência do Juizado Estadual da Fazenda Pública

Já se viu, no subitem 19.3.1.4 *supra*, que, via de regra, o reconhecimento da incompetência, no sistema processual brasileiro, não gera a extinção do processo, acarretando, isto sim, a remessa dos autos ao órgão competente.

Essa, todavia, não é a consequência quando se reconhece a incompetência do Juizado Especial. Realmente, no âmbito dos Juizados Especiais Cíveis, a incompetência é motivo para extinção do processo sem resolução do mérito (Lei 9.099/1995, art. 51, II e III), se bem que já desponte entendimento doutrinário no sentido de afirmar que tal consequência conspira contra a garantia constitucional de duração razoável dos processos, devendo, a bem da verdade, haver remessa dos autos ao juízo competente, e não extinção do processo.[128]

Abstraída a incompatibilidade da norma com a exigência constitucional de duração razoável dos processos, aplica-se aos Juizados Estaduais da Fazenda Pública o disposto no art. 51 da Lei 9.099/1995, de maneira que, reconhecida a incompetência do Juizado, deve o juiz extinguir o processo sem resolução do mérito.

19.4.1.5 Criação superveniente de Juizado Estadual da Fazenda Pública e possibilidade de limitação inicial da sua competência

Sendo, como visto, absoluta a competência dos Juizados Estaduais da Fazenda Pública, haveria de ser afastada a regra da *perpetuatio jurisdictionis* prevista no art. 43 do CPC. Desse modo, instalado, posteriormente, um Juizado Estadual da Fazenda Pública, deveriam as causas em andamento, de até 60 (sessenta) salários mínimos, propostas em face de Estados, Distrito Federal, Territórios, Municípios ou em face de suas autarquias, fundações ou empresas públicas, a ele ser remetidas.

Não foi essa, entretanto, a orientação adotada pela Lei 12.153/2009. Afastando-se da exceção contida no art. 43 do CPC, e fazendo prevalecer a regra da *perpetuatio jurisdictionis*, o art. 24 da referida Lei 12.153/2009 estabelece que "Não serão remetidas aos Juizados Especiais da Fazenda Pública as demandas ajuizadas até a data de sua instalação". Vale dizer que os Juizados Estaduais da Fazenda Pública apenas devem receber demandas intentadas *após* sua criação. Os casos já em curso perante a Justiça Comum não devem ser remetidos aos Juizados.

19.4.1.6 Conflito de competência entre juiz estadual de vara comum e juiz estadual de juizado

Consoante demonstrado no subitem 19.3.1.7 *supra*, o STJ firmou entendimento, consolidado no enunciado 348 de sua Súmula, que um conflito de competência entre o juiz federal de vara comum e um juiz federal de juizado deveria ser solucionado pelo próprio STJ. De

---

[128] GRECO, Leonardo. *Translatio Iudicii* e reassunção do processo. *Revista de Processo*, São Paulo: RT, v. 166, dez. 2008, p. 21.

tal entendimento divergiu o STF, sendo certo que um conflito de competência entre aqueles órgãos há de ser resolvido pelo respectivo TRF, e não pelo STJ. Diante do entendimento do STF, o STJ, como também se viu no subitem 19.3.1.7, cancelou o enunciado 348 de sua súmula.

Essa orientação jurisprudencial aplica-se igualmente no âmbito da Justiça Estadual, valendo dizer que um conflito de competência entre um juiz estadual de uma vara da fazenda pública e um juiz estadual de juizado da Fazenda Pública deve ser solucionado pelo correspondente Tribunal de Justiça, e não pelo STJ.

19.4.2 Partes nos Juizados Estaduais da Fazenda Pública

De acordo com o art. 5º, I, da Lei 12.153/2009, podem demandar no Juizado Estadual da Fazenda Pública as pessoas físicas e as microempresas e empresas de pequeno porte, assim definidas na Lei Complementar 123, de 14 de dezembro de 2006.

O § 1º do art. 8º da Lei 9.099/1995 aplica-se aos Juizados Estaduais da Fazenda Pública, de sorte que também devem ser admitidas como partes, na condição de autoras, as pessoas jurídicas qualificadas como Organização da Sociedade Civil de Interesse Público, nos termos da Lei 9.790/1999, e as sociedades de crédito ao microempreendedor, nos termos do art. 1º da Lei 10.194/2001. Não podem figurar como autoras as pessoas físicas que sejam cessionárias de direito de pessoas jurídicas.

Não podem ser parte no Juizado Estadual da Fazenda Pública os incapazes, os presos, a massa falida e o insolvente civil. Somente o maior de 18 (dezoito) anos pode ser autor nos Juizados.[129]

É plenamente aplicável aos Juizados Estaduais da Fazenda Pública o disposto no art. 8º da Lei 9.099/1995, porque tais Juizados, ao lado dos Juizados Cíveis e Criminais, formam o *sistema* dos Juizados Especiais dos Estados e do Distrito Federal (Lei 12.153/2009, art. 1º, parágrafo único). E, sendo um *sistema*, deve haver unidade e coerência, de sorte que as regras devem ser uniformes para todos eles.

Além do mais, os Juizados Estaduais da Fazenda Pública são regulados pelo conjunto das regras contidas na Lei 9.099/1995, na Lei 10.259/2001 e na Lei 12.153/2009, tal como estabelece

---

[129] O Superior Tribunal de Justiça, ao julgar o Recurso Especial 1.372.034/RO, Rel. Min. Benedito Gonçalves, admitiu que o menor pode ser autor em Juizado da Fazenda Pública. Eis o teor da ementa do julgado: "PROCESSUAL CIVIL. RECURSO ESPECIAL. AÇÃO DE INDENIZAÇÃO POR DANO MORAL. JUIZADO ESPECIAL DA FAZENDA PÚBLICA. MENOR INCAPAZ. LEGITIMIDADE ATIVA. INTERPRETAÇÃO DO ARTIGO 5º DA LEI 12.153/2009. INAPLICABILIDADE SUBSIDIÁRIA DO ART. 8º DA LEI 9.099/1995. 1. A controvérsia gira em torno da possibilidade de menor incapaz demandar como autor em causa que tramita no Juizado Especial da Fazenda Pública, tendo em vista que o artigo 27 da Lei 12.153/2009, que regula aqueles juizados, determina a aplicação subsidiária da Lei 9.099/95, a qual expressamente proíbe a atuação do incapaz no âmbito dos Juizados Especiais Cíveis. 2. A Lei dos Juizados Especiais da Fazenda Pública, ao tratar da legitimidade ativa das demandas que lhe são submetidas (art. 5º), faz alusão, tão somente, às pessoas físicas, não fazendo restrição quanto aos incapazes, nem mesmo por ocasião das disposições acerca das causas que excepcionam a sua competência (art. 2º). 3. Tendo havido regulação clara e suficiente acerca do tema na Lei 12.153/2009, não há o que se falar em omissão normativa a ensejar a incidência do art. 8º da Lei 9.099/95, visto ser este dispositivo legal de cunho subsidiário e que conflita com aquele regramento específico do Juizado Fazendário. 4. Assim, não há razões para se alterar o entendimento externado no acórdão de origem, corroborado, inclusive, pelo Ministério Público Federal, porquanto, não havendo óbice legal, apresenta-se viável a participação de menor, devidamente representado, no polo ativo de demanda ajuizada no Juizado Especial da Fazenda Pública. 5. Recurso especial não provido" (STJ, 1ª Turma, REsp 1.372.034/RO, Rel. Min. Benedito Gonçalves, *DJe* 21.11.2017).

o art. 27 da própria Lei 12.153/2009, que ainda determina ser aplicável, subsidiariamente, o disposto no Código de Processo Civil.

Os Estados, o Distrito Federal, os Territórios, os Municípios, suas autarquias, fundações e empresas públicas não podem ser admitidos, como autores, no Juizado Estadual da Fazenda Pública. De igual modo, não se permite, no âmbito do Juizado, qualquer demanda proposta pelo Ministério Público, sendo oportuno reportar-se a tudo o quanto está demonstrado no subitem 19.3.2 *supra*. É que, como ali está explicado, os Juizados são instituídos para atender aos chamados *litigantes eventuais*, e não aos *litigantes habituais*, não sendo possível que o Ministério Público ou os entes integrantes da Administração Pública figurem como autores no âmbito de tais órgãos jurisdicionais.

Podem ser partes, como réus, no Juizado Estadual da Fazenda Pública, os Estados, o Distrito Federal, os Territórios e os Municípios, bem como autarquias, fundações e empresas públicas a eles vinculadas. Não se permite demanda, no Juizado Estadual da Fazenda Pública, em face de sociedade de economia mista. Esta há de ser demandada, em causas de menor valor e de pouca complexidade, nos Juizados Especiais Cíveis, e não nos Juizados da Fazenda Pública.

A exemplo do que ocorre nos demais juizados, não cabe, no âmbito do Juizado da Fazenda Pública, intervenção de terceiros, ressalvado o incidente de desconsideração da personalidade jurídica, conforme demonstrado no item 19.2.1.4 *supra*; admite-se o litisconsórcio.

Segundo anotado no subitem 19.4.1.1 *supra*, havendo litisconsórcio ativo, o valor da causa deve corresponder ao *total* da quantia pretendida, não devendo ser levado em conta o montante individual por autor. Quer isso dizer que o litisconsórcio ativo, no âmbito do Juizado Estadual da Fazenda Pública, somente é possível, se o valor *total* da causa for de até 60 (sessenta) salários mínimos.[130] Como a competência é absoluta (ver subitem 19.4.1.2 *supra*), não será possível admitir, no âmbito do Juizado da Fazenda Pública, o litisconsórcio, quando o valor *total* disputado for superior ao limite de alçada.

Assim, no polo ativo, é possível que mais de uma pessoa intente demanda judicial em face do Estado, do Distrito Federal, do Município ou de suas autarquias ou empresas públicas, desde que o valor da causa não supere, globalmente, o equivalente a 60 (sessenta) salários mínimos.

De igual modo, é permitido o litisconsórcio passivo. O litisconsórcio passivo pode ocorrer entre entes estaduais, entre um ente estadual e um municipal, ou entre um ente público e uma pessoa jurídica de direito privado. Se, contudo, houver litisconsórcio passivo de algum

---

[130] O enunciado 2 da Fazenda Pública (FONAJE) está assim redigido: "É cabível, nos Juizados Especiais da Fazenda Pública, o litisconsórcio ativo, ficando definido, para fins de fixação da competência, o valor individualmente considerado de até 60 salários mínimos". De igual modo, o enunciado 18 do FONAJEF: "No caso de litisconsorte ativo, o valor da causa, para fins de fixação de competência, deve ser calculado por autor". Nesse mesmo sentido, assim compreende o STJ: "[c]onsoante o entendimento desta Corte, *em se tratando de litisconsórcio ativo facultativo, a fixação da competência dos Juizados Especiais deve observar o valor de cada autor, individualmente, e não o valor global da demanda*" (STJ, 1ª Turma, AgInt no AREsp 1.238.669/SP, Rel. Min. Gurgel de Faria, DJe 7.8.2019). Ainda nesse sentido: "*para que se fixe a competência dos Juizados Especiais, no caso de litisconsórcio ativo facultativo, deve ser considerado o valor em relação a cada autor, individualmente, e não o valor global da demanda*" (STJ, 3ª Turma, AgInt no AREsp 1.464.001/PR, Rel. Min. Marco Aurélio Bellizze, DJe 26.10.2020). Tal entendimento desconsidera o veto presidencial a dispositivo equivalente que se pretendia inserir na lei. Além do mais, havendo litisconsórcio, há cumulação de demandas, sendo certo que o valor da causa é a soma de todas elas. Como a competência nos Juizados é definida pelo valor da causa, não é possível considerar cada pretensão isoladamente; havendo litisconsórcio, o valor da causa é a soma de todos os valores. Considerar os valores isolados equivale a desconsiderar o litisconsórcio e o cúmulo de demandas.

ente estadual ou municipal com um ente federal, e a causa seja de pequeno valor e de pouca complexidade, a demanda não deverá ser proposta perante o Juizado Estadual da Fazenda Pública, mas no Juizado Federal.

Ao alegar sua ilegitimidade passiva *ad causam*, o réu deve indicar quem é o legitimado a estar em seu lugar, aplicando-se, no âmbito dos Juizados, o disposto no art. 339 do CPC, tal como consagrado no enunciado 42 do Fórum Permanente de Processualistas Civis.

De acordo com o art. 8º da Lei 12.153/2009, "os representantes judiciais dos réus presentes à audiência poderão conciliar, transigir ou desistir nos processos da competência dos Juizados Especiais, nos termos e nas hipóteses previstas na lei do respectivo ente da Federação". Em outras palavras, é possível, nos termos da legislação específica do Estado, do Distrito Federal ou do Município, haver transação, conciliação ou desistência de atos processuais nos processos que tramitem no Juizado da Fazenda Pública, sendo sua prática atribuída aos respectivos representantes judiciais, que são os advogados públicos.

As partes, nos Juizados Estaduais da Fazenda Pública, serão citadas e intimadas de acordo com as regras contidas no Código de Processo Civil, tal como determina o art. 6º da Lei 12.153/2009, sendo oportuno observar o que consta do Capítulo V do presente livro, especialmente as observações contidas nos itens 5.1 e 5.2. Realmente, os Estados, o Distrito Federal, os Municípios e suas autarquias e fundações não devem ser citados por via postal, sendo incabível, ademais, a citação por edital. A citação deverá ser feita por oficial de justiça ou por meio eletrônico, sendo as intimações feitas pessoalmente, assim consideradas a remessa, a carga e a intimação eletrônica *(CPC, art. 183, § 1º), conforme demonstrado no item 3.9 supra.*

Quanto às empresas públicas estaduais, distritais ou municipais, podem ser citadas por via postal, sendo suas intimações feitas, em regra, pela publicação no *Diário Oficial*.

19.4.2.1 Dispensa de advogado

Como esclarecido no subitem 19.3.2.1 *supra*, podem ser propostas, nos Juizados Especiais Cíveis Estaduais, demandas cujo valor não ultrapasse o equivalente a 40 (quarenta) salários mínimos. Nas causas de até 20 (vinte) salários mínimos, é dispensável a presença do advogado; a parte tem a faculdade de constituir um que lhe possa prestar sua contribuição profissional. Se, contudo, a causa for de valor superior a 20 (vinte) salários mínimos, a presença do advogado é obrigatória.

Também se viu no subitem 19.3.2.1 *supra* que há quem defenda ter sido omissa a Lei 10.259/2001 sobre o assunto, sugerindo que se proceda a uma interpretação teleológica, para adotar o mesmo critério da Lei 9.099/1995. Como nos Juizados Estaduais não há necessidade de advogado nas causas de até 20 (vinte) salários mínimos – que é a metade do valor de alçada – não deveria, igualmente, haver obrigatoriedade de advogado, nos Juizados Federais, nas causas de até 30 (trinta) salários mínimos, por ser a metade do limite máximo de sua competência; seguindo esse entendimento, seria obrigatória a presença de advogado nas causas cujo valor oscilasse entre 30 (trinta) e 60 (sessenta) salários mínimos.

Viu-se, contudo, no citado subitem 19.3.2.1 que tem prevalecido o entendimento de que a Lei 10.259/2001 tratou do assunto, estabelecendo, em seu art. 10, que "as partes poderão designar, por escrito, representantes para a causa, advogado ou não". Em virtude desse dispositivo, observa-se que a presença do advogado seria opcional, qualquer que seja o valor da causa. O STF afirmou, inclusive, a constitucionalidade da regra, entendendo ser dispensável a presença do advogado nas causas cíveis de até 60 (sessenta) salários mínimos, mas imprescindível nas causas criminais dos Juizados Federais.

No caso dos Juizados Estaduais da Fazenda Pública, como seria a regra? Aplicar-se-ia o art. 10 da Lei 10.259/2001, corroborado pelo STF, de forma que não haveria necessidade de advogado, ou seria aplicado, por analogia, o critério da Lei 9.099/1995, sendo dispensado advogado somente até metade do valor de alçada?

Cumpre observar que o art. 27 da Lei 12.153/2009 determina a aplicação subsidiária das Leis 10.259/2001 e 9.099/1995. No caso de omissão da Lei 12.153/2009, a de nº 10.259/2001 deve ser aplicada preferencialmente, pois trata de juizado de entes públicos. Somente quando não houver previsão específica na Lei 10.259/2001 é que se deve atentar para o quanto disposto na Lei 9.099/1995. E, se esta for igualmente omissa, aplica-se, então, o Código de Processo Civil.

O art. 27 da Lei 12.153/2009 confirmou a existência de um *sistema* de Juizados Especiais. E, como todo sistema, este deve ter unidade e coerência, devendo ser aplicadas as mesmas regras relativamente aos mesmos casos.

Logo, aplica-se aos Juizados Estaduais da Fazenda Pública o disposto no art. 10 da Lei 10.259/2001, de sorte que se dispensa a presença de advogado, qualquer que seja o valor da causa.[131]

A dispensa do advogado mantém-se, todavia, apenas no âmbito do primeiro grau de jurisdição. No recurso, as partes serão obrigatoriamente representadas por advogado (Lei 9.099/1995, art. 41, § 2º).

Conquanto não seja necessária a presença de advogado, é certo que a Fazenda Pública que figure como ré estará representada por advogado público. Assim, se a parte não tiver advogado, terá, se preferir, assistência jurídica prestada por órgão instituído junto ao Juizado. Daí se impor ao juiz alertar o autor da conveniência e da importância do patrocínio por advogado, quando a causa o recomendar.

Na hipótese de a parte resolver constituir um advogado, deverá fazê-lo por escrito, conforme estabelece o art. 10 da Lei 10.259/2001, não sendo admitido mandato verbal.

19.4.2.2 Inexistência de prazos diferenciados para a Fazenda Pública

O art. 7º da Lei 12.153/2009 dispõe que "Não haverá prazo diferenciado para a prática de qualquer ato processual pelas pessoas jurídicas de direito público, inclusive a interposição de recursos, devendo a citação para a audiência de conciliação ser efetuada com antecedência mínima de 30 (trinta) dias".

O dispositivo reproduz a regra contida no art. 9º da Lei 10.259/2001, sendo certo que a Fazenda Pública não dispõe, nos Juizados, de prazos diferenciados, devendo valer-se dos prazos simples.

Significa que, no âmbito dos Juizados, não se aplica o disposto no art. 183 do CPC, sendo tal inaplicabilidade compatível com a pouca expressão e a simplicidade das causas que são intentadas no Juizado. Não há, enfim, inconstitucionalidade nessa disposição que afasta a aplicação, no caso, do art. 183 do CPC, tal como já registrado no subitem 19.3.2.2 *supra*.

A exemplo do que estabelece o art. 9º da Lei 10.259/2001, o art. 7º da Lei 12.153/2009 impõe um prazo mínimo de 30 (trinta) dias entre a citação e a audiência de conciliação,

---

[131] No mesmo sentido: MADUREIRA, Claudio Penedo; RAMALHO, Lívio Oliveira. *Juizados da Fazenda Pública*. Salvador: JusPodivm, 2010. p. 151-152. Em sentido contrário, entendendo ser necessária a presença de advogado: SOUZA, Marcia Cristina Xavier de. *Juizados Especiais Fazendários*. Rio de Janeiro: Forense, 2010. p. 99-101.

possibilitando à Fazenda Pública obter, em tempo razoável, informações e elementos para sua defesa, que será apresentada não na audiência de conciliação, mas na de instrução e julgamento, numa causa de menor complexidade.

19.4.3 Provas nos Juizados Especiais Estaduais da Fazenda Pública

Aos Juizados Especiais da Fazenda Pública aplicam-se as regras sobre provas que estão inseridas na Lei 9.099/1995, de sorte que é possível, em tais Juizados, a produção de qualquer meio de prova, ainda que não especificados em lei, desde que moralmente legítimos (Lei 9.099/1995, art. 32).

O juiz, que deverá colher as provas em audiência, detém ampla liberdade probatória, sendo-lhe franqueado utilizar-se das regras de experiência comum ou técnica.

Nos termos do art. 9º da Lei 12.153/2009, "A entidade ré deverá fornecer ao Juizado a documentação de que disponha para o esclarecimento da causa, apresentando-a até a instalação da audiência de conciliação".

Não é possível a realização de prova pericial no âmbito dos Juizados Estaduais da Fazenda Pública. Admite-se, contudo, a nomeação de especialista para ser ouvido em audiência ou para que realize simples exame técnico que seja necessário à conciliação ou ao julgamento da causa.[132] Para efetuar tal exame técnico, o juiz nomeará, a teor do art. 10 da Lei 12.153/2009, pessoa habilitada que apresentará o laudo até 5 (cinco) dias antes da audiência.

19.4.4 Tutela provisória nos Juizados Estaduais da Fazenda Pública

Dispõe o art. 3º da Lei 12.153/2009 que "O juiz poderá, de ofício ou a requerimento das partes, deferir quaisquer providências cautelares e antecipatórias no curso do processo, para evitar dano de difícil ou de incerta reparação".

O dispositivo seguiu a mesma linha da regra contida na Lei dos Juizados Especiais Federais, ostentando, contudo, melhor redação que a do art. 4º da Lei 10.259/2001. Realmente, este dispositivo, como visto no subitem 19.3.4 *supra*, confere, *literalmente*, poder ao juiz para conceder tutela cautelar, não fazendo qualquer menção a tutelas satisfativas.

Embora *literalmente* o art. 4º da Lei 10.259/2001 aluda, apenas, a medidas cautelares, é evidente, consoante demonstrado no subitem 19.3.4 *supra*, que o juiz também pode, nos Juizados Federais, conceder qualquer tutela provisória, seja cautelar, seja satisfativa, de urgência

---

[132] O STJ, ao tratar dos Juizados Federais, entende que a necessidade de realização de prova pericial não afasta a sua competência: "A complexidade da causa, por maior exigência de dilação probatória, não afasta a competência dos juizados especiais federais" (STJ, 1ª Turma, AgInt no AREsp 1.232.765/PE, Rel. Min. Gurgel de Faria, *DJe* 5.8.2020). Sobre o tema, o enunciado 12 do FONAJE: "A perícia informal é admissível na hipótese do art. 35 da Lei 9.099/1995". Para o FONAJE, as perícias "formais" estariam excluídas da competência dos Juizados, em razão de sua complexidade. Por sua vez, a Súmula 22 da TNU admite a possibilidade de realização de prova pericial ao dispor que: "Se a prova pericial realizada em juízo dá conta de que a incapacidade já existia na data do requerimento administrativo, esta é o termo inicial do benefício assistencial". O enunciado 83 do FNPP também admite a possibilidade: "Nas demandas relativas a tratamento de saúde não incluso no rol do SUS, a perícia médica será sempre necessária, mesmo quando o processo, estiver instruído com os pareceres técnicos da câmara de saúde local, do NATS (CNJ) ou recomendações da CONITEC, inclusive no âmbito dos Juizados".

ou de evidência.[133] O art. 4º da Lei dos Juizados Federais prevê, *literalmente*, que o juiz pode conceder cautelares *incidentais*, não se referindo a cautelares *antecedentes*. Não obstante a redação do dispositivo, já se viu, no referido subitem 19.3.4, que o juiz, nos Juizados Federais, pode também conceder tutelas provisórias, incidentes ou *antecedentes*.

Tais problemas redacionais não se encontram presentes no art. 3º da Lei 12.153/2009, porquanto ali está estabelecido, expressamente, que o juiz poderá deferir *quaisquer* providências cautelares e antecipatórias no curso do processo.

Permite-se, então, no âmbito dos Juizados Estaduais da Fazenda Pública, a concessão de *qualquer* tutela provisória, seja cautelar, seja satisfativa, de forma incidental ou antecedente.

A cautelar antecedente somente pode ser proposta no Juizado Estadual da Fazenda Pública, se a causa da ação principal for de valor não superior a 60 (sessenta) salários mínimos. Do contrário, ou seja, se o valor da causa principal superar tal limite, não será possível a cautelar no Juizado, devendo ser proposta numa Vara da Fazenda Pública.

Finalmente, convém lembrar que aos provimentos de urgência nos Juizados da Fazenda Pública são aplicáveis *todas* as limitações e restrições à concessão de liminares ou de tutelas antecipadas contra a Fazenda Pública. Podem ser propostas demandas, nos Juizados, em face da Fazenda Pública estadual, distrital e municipal, mas também podem ser intentadas tais demandas em face de empresas públicas estaduais, distritais e municipais. Tais restrições à concessão de provimentos de urgência não se referem a empresas públicas. Significa que, ressalvadas as empresas públicas – que, por não se inserirem no conceito de Fazenda Pública, não se beneficiam de tais regras –, não se permite a concessão de provimento de urgência contra os Estados, o Distrito Federal, os Municípios e suas autarquias e fundações nas hipóteses legalmente estabelecidas e expressamente indicadas no aludido item 11.4.2.4.2.

19.4.5 Sistema recursal dos Juizados Estaduais da Fazenda Pública

Tudo o que se disse sobre o sistema recursal dos Juizados Federais aplica-se, integralmente, aos Juizados Estaduais da Fazenda Pública, sendo oportuno verificar o que consta do subitem 19.3.5 e de seus subitens.

Com efeito, nos Juizados da Fazenda Pública, conquanto seja dispensada a presença de advogado, as partes, no âmbito recursal, serão obrigatoriamente representadas por advogado (Lei 9.099/1995, art. 41, § 2º).

De acordo com o art. 11 da Lei 12.153/2009, "Nas causas de que trata desta Lei, não haverá reexame necessário".

Da sentença cabe recurso, segundo estabelece o art. 41 da Lei 9.099/1995, aplicável aos Juizados da Fazenda Pública. Com exceção da homologatória de conciliação ou de laudo arbitral, que se revela irrecorrível, cabe recurso contra a sentença. Tal recurso sujeita-se ao prazo de 10 (dez) dias e tem o mesmo regime da apelação prevista no Código de Processo Civil. Deve, então, ser interposta por petição escrita, não se admitindo apelação oral.

O recurso deve ser remetido à turma recursal, independentemente do juízo provisório de admissibilidade.[134]

---

[133] Nesse sentido, o enunciado 418 do Fórum Permanente de Processualistas Civis: "As tutelas provisórias de urgência e de evidência são admissíveis no sistema dos Juizados Especiais".

[134] Nesse sentido, o enunciado 474 do Fórum Permanente de Processualistas Civis: "O recurso inominado interposto contra a sentença proferida nos juizados especiais será remetido à respectiva turma recursal independentemente de juízo de admissibilidade".

O recurso será julgado por uma Turma formada por 3 (três) juízes de primeira instância, na forma da legislação dos Estados e do Distrito Federal, com mandato de 2 (dois) anos, e integradas, preferencialmente, por juízes do Sistema dos Juizados Especiais. A designação dos juízes das Turmas Recursais obedecerá aos critérios de antiguidade e merecimento, não sendo permitida a recondução, salvo quando não houver outro juiz na sede da Turma Recursal (Lei 12.153/2009, art. 17).

Ao recurso contra a sentença aplicam-se as regras da apelação, tal como demonstrado no subitem 19.3.5.3 *supra*. Rejeitado o recurso, o recorrente deve ser condenado ao pagamento de honorários de advogado (Lei 9.099/1995, art. 55; Lei 12.153/2009, art. 27). Se o recurso não for admitido, também deve haver condenação do recorrente a pagar os honorários do advogado da parte contrária.[135]

No âmbito dos Juizados Estaduais da Fazenda Pública, o recurso contra a sentença é dotado de duplo efeito, ou seja, tal recurso tem efeitos devolutivo e suspensivo. Isso porque o cumprimento da obrigação de fazer, não fazer ou entregar coisa depende, nos termos do art. 12 da Lei 12.153/2009, do prévio trânsito em julgado. De igual modo, o cumprimento de obrigação de pagar pressupõe, de acordo com o art. 13 da Lei 12.153/2009, o trânsito em julgado. É o § 3º do art. 100 da Constituição Federal, aliás, que exige o prévio trânsito em julgado para a expedição da Requisição de Pequeno Valor – RPV.

Ora, se o prévio trânsito em julgado é exigido para que se determine o cumprimento de qualquer obrigação, é evidente que os recursos, no âmbito dos Juizados Estaduais da Fazenda Pública, são dotados de efeito suspensivo. O art. 43 da Lei 9.099/1995 não se aplica aos Juizados Estaduais da Fazenda Pública, em virtude da incompatibilidade com as citadas regras que dizem respeito ao cumprimento da sentença.

No Juizado Estadual da Fazenda Pública, são cabíveis embargos de declaração contra *qualquer* ato judicial, ainda que irrecorrível, sendo relevante observar o que consta do subitem 19.3.5.4 *supra*.

O art. 3º da Lei 12.153/2009 prevê a possibilidade de ser concedido qualquer provimento de urgência no procedimento dos Juizados Estaduais da Fazenda Pública. E, de acordo com o art. 4º desse mesmo diploma legal, cabe recurso da decisão que defere o provimento de urgência, sendo oportuno verificar tudo que se diz no subitem 19.3.5.5 *supra*.

Não cabe, nos Juizados Estaduais da Fazenda Pública, a técnica de julgamento prevista no art. 942 do CPC, sendo, a propósito, conveniente reportar-se às explicações feitas no subitem 19.3.5.7 *supra*.

Também não cabe, no âmbito de tais Juizados, o recurso especial, cumprindo lembrar que assim estabelece o enunciado 203 da Súmula do STJ: "Não cabe recurso especial contra decisão proferida por órgão de segundo grau dos Juizados Especiais".

Já o recurso extraordinário afigura-se cabível nos Juizados Estaduais da Fazenda Pública. Não é demais lembrar o enunciado 640 da Súmula do STF: "É cabível recurso extraordinário contra decisão proferida por juiz de primeiro grau nas causas de alçada, ou por turma recursal de juizado especial cível e criminal".

---

[135] Nesse sentido, o enunciado 87 do Fórum Nacional do Poder Público: "Nos Juizados Especiais Federais ou da Fazenda Pública são devidos honorários advocatícios no caso de não conhecimento do recurso inominado".

Cabível, enfim, o recurso extraordinário de decisão proferida por órgão recursal de Juizado Estadual da Fazenda Pública, devendo, para evitar repetições desnecessárias, reportar-se a tudo o que se explica no subitem 19.3.5.9 *supra*.

É relevante, apenas, observar que a Lei 12.153/2009, em seu art. 21, estabelece que o recurso extraordinário, no caso de Juizados Estaduais da Fazenda Pública, deverá ser processado e julgado segundo as regras contidas no seu art. 19, além das normas do Regimento Interno do STF.

Sendo irrecorrível o ato judicial praticado no Juizado Estadual da Fazenda Pública, cabe mandado de segurança para a respectiva Turma Recursal,[136] se bem que o STF, ao julgar o Recurso Extraordinário 576.847/BA, tenha entendido pelo não cabimento. Sobre o assunto, vale observar o que consta do subitem 19.3.5.10 *supra*.

A ação rescisória revela-se incabível no Juizado Especial da Fazenda Pública, aplicando-se o disposto no art. 59 da Lei 9.099/1995, em que pese a discussão que existe sobre a legitimidade de tal vedação, conforme registrado no subitem 19.3.5.11 *supra*.

Consoante se demonstrou no subitem 19.3.5.12 *supra*, não se tem admitido recurso adesivo no âmbito dos Juizados Federais. A tendência é também não admiti-lo no âmbito dos Juizados da Fazenda Pública,[137] se bem que não se afigure correto tal entendimento, tal como já acentuado naquele mesmo subitem 19.3.5.12 *supra*.

19.4.6 Pedido de uniformização da interpretação de lei

Da decisão proferida pela Turma Recursal cabe pedido de uniformização de interpretação de lei, quando houver divergência com decisão de outra Turma Recursal sobre questões de Direito material (Lei 12.153/2009, art. 18).

Não cabe o pedido de uniformização quando se tratar de divergência de regra processual; somente é cabível o pedido de uniformização se se tratar de divergência de questão de Direito material.

Se a divergência ocorrer entre Turmas Recursais do mesmo Estado, o pedido de uniformização deve ser julgado pela reunião conjunta das Turmas em conflito, sob a presidência de Desembargador indicado pelo Tribunal de Justiça (Lei 12.153/2009, art. 18, § 1º). Nesse caso, a reunião de juízes domiciliados em Municípios diversos poderá ser feita por meio eletrônico (Lei 12.153/2009, art. 18, § 2º).

Por sua vez, se a divergência ocorrer entre Turmas de diferentes Estados, o pedido de uniformização será julgado pelo Superior Tribunal de Justiça (Lei 12.153/2009, art. 18, § 3º).

Havendo divergência entre a decisão da Turma Recursal e súmula do STJ, o pedido de uniformização será igualmente julgado pelo STJ (Lei 12.153/2009, art. 18, § 3º).[138]

---

[136] Súmula 376 do STJ: "Compete a turma recursal processar e julgar o mandado de segurança contra ato de juizado especial".

[137] Nesse sentido, CERQUEIRA, Luís Otávio Sequeira de. *Comentários à Nova Lei dos Juizados Especiais da Fazenda Pública*. Em coautoria com Luiz Manoel Gomes Junior, Fernando da Fonseca Gajardoni e Luana Pedrosa de Figueiredo Cruz. São Paulo: RT, 2010. p. 186.

[138] Há precedentes do STJ entendendo que a admissibilidade da sua manifestação, no âmbito dos Juizados da Fazenda Pública, deve ser examinada privativamente por ele, STJ, não havendo juízo prévio de admissibilidade pela Turma Recursal. O que cabe a esta é "apenas processar o pedido, intimando a parte recorrida para responder ao reclamo, e, depois disso, remeter os autos a este Tribunal" (STJ, 1ª Seção, Rcl 37.092/SP, Rel. Min. Herman Benjamin, *DJe* 16.4.2019). É passível de reclamação, por

Quando a orientação acolhida pela reunião conjunta das Turmas em conflito, realizada no respectivo Tribunal de Justiça, contrariar súmula do STJ, a parte interessada poderá provocar a manifestação deste, que deverá dirimir a divergência. Requerida a manifestação do STJ, deverá o caso ser distribuído a um relator, que poderá, diante da plausibilidade do direito invocado e havendo fundado receio de dano de difícil reparação, conceder, de ofício ou a requerimento, medida liminar determinando a suspensão dos processos nos quais a controvérsia esteja estabelecida. O relator poderá, ainda, se necessário for, pedir informações ao Presidente da Turma Recursal ou ao Desembargador Presidente da Turma de Uniformização e, nos casos previstos em lei, ouvirá o Ministério Público em 5 (cinco) dias. Eventuais interessados, ainda que não sejam partes no processo, poderão se manifestar, no prazo de 30 (trinta) dias.

Decorridos tais prazos, o relator incluirá o pedido em pauta de julgamento, com preferência sobre todos os demais feitos, ressalvados os processos com réus presos, os *habeas corpus* e os mandados de segurança.

Enquanto o STJ não se pronuncia sobre o caso, eventuais pedidos de uniformização idênticos, recebidos subsequentemente em quaisquer Turmas Recursais, ficarão retidos nos autos (Lei 12.153/2009, art. 19, § 1º). Julgado o caso pelo STJ, os pedidos que ficaram retidos serão apreciados pelas Turmas Recursais, que poderão exercer juízo de retratação ou declará-los prejudicados, se veicularem tese não acolhida por aquela Corte Superior.[139]

Os Tribunais de Justiça e o STJ, no âmbito de suas competências, expedirão normas regulamentando os procedimentos a serem adotados para o processamento e o julgamento do pedido de uniformização.

Diante da previsão do pedido de uniformização, não se admite reclamação, fundada na Resolução 12/2009, do STJ, para fazer valer precedente ou entendimento do STJ não observado pela Turma Recursal.[140]

19.4.7 Execução nos Juizados Estaduais da Fazenda Pública

A execução de obrigação de fazer, não fazer ou entregar coisa está, no âmbito dos Juizados Estaduais da Fazenda Pública, prevista no art. 12 da Lei 12.153/2009, que assim dispõe: "O cumprimento do acordo ou da sentença, com trânsito em julgado, que imponham obrigação de fazer, não fazer ou entrega de coisa certa, será efetuado mediante ofício do Juiz à autoridade citada para a causa, com cópia da sentença ou do acordo".

O cumprimento de tais obrigações realiza-se a partir da expedição de simples ofício dirigido à autoridade citada para a causa, podendo ser efetivado por intimação do advogado público que atua no processo, a quem caberá cientificar a autoridade responsável por tal cumprimento. Quer isso dizer que, quando se trata de obrigação de fazer, não fazer ou entregar coisa, não há qualquer regra diferente que afaste o regime geral do CPC nas demandas propostas em face da Fazenda Pública. No que diz respeito à fixação e exigência da multa, cumpre observar o quanto foi dito no item 6.5 *supra*. Segundo está ali demonstrado, o *agente público* responsável pelo cumprimento da ordem

---

usurpação de competência, a decisão da Turma Recursal que inadmite o pedido de uniformização pelo STJ (STJ, 1ª Seção, Rcl 34.801/RJ, Rel. Min. Benedito Gonçalves, *DJe* 25.10.2018).

[139] Conferir, a propósito, a Resolução 586, de 2019, do STJ, cujo art. 16 disciplina o pedido de uniformização representativo de controvérsia.

[140] STJ, 1ª Seção, AgRg na Rcl 23.192/SP, Rel. Min. Sérgio Kukina, *DJe* 7.8.2017.

judicial deve responder tanto pelas *astreintes* como pela multa prevista no § 2º do art. 77 do CPC. No mais, cumpre observar as explicações constantes do subitem 12.1.19 *supra*.

Já o cumprimento de obrigação de pagar quantia certa somente deve ser exigido após o trânsito em julgado da sentença. Conforme demonstrado no subitem 12.1.12 *supra,* aos Estados, Municípios e Distrito Federal cabe fixar o limite considerado de pequeno valor para que seja dispensada a expedição do precatório. Cada Estado fixa seu limite. Enquanto não editados os respectivos diplomas legais, deve prevalecer o teto estabelecido no art. 87 do ADCT da Constituição Federal: para as condenações impostas às Fazendas dos Estados e do Distrito Federal, o limite fixado é de até 40 (quarenta) salários mínimos, sendo de até 30 (trinta) salários mínimos para as condenações impostas às Fazendas Municipais.

Em qualquer caso, se o valor da execução ultrapassar o limite específico, deverá o pagamento submeter-se ao precatório, *a não ser que* a parte renuncie ao crédito do valor excedente, para que possa optar pelo pagamento do saldo sem o precatório.

Ao julgar a ADPF 219, o STF entendeu que, no âmbito dos Juizados Especiais, "incumbe ao órgão da Administração Pública acionado, à pessoa jurídica de direito público, apresentar os cálculos indispensáveis à solução rápida e definitiva da controvérsia",[141] ou seja, é possível uma "execução invertida" nos Juizados Especiais, podendo o juiz determinar à Fazenda Pública que apresente os cálculos para que o exequente possa promover seu cumprimento de sentença.

Os Juizados Estaduais da Fazenda Pública têm competência para processar, conciliar e julgar as causas de pouca complexidade, cujo valor seja de até 60 (sessenta) salários mínimos. Isso quer dizer que é possível haver causas nos Juizados da Fazenda Pública que exijam a expedição de precatório, pois o valor de alçada pode ser superior ao limite específico para dispensa de precatório. Se o Estado ou o Distrito Federal ainda não fixou seu limite, só não haverá precatório nas causas de até 40 (quarenta) salários mínimos, ou em valor até mesmo inferior, caso o limite fixado em lei própria seja menor que os 40 (quarenta) salários mínimos previstos no art. 87 do ADCT da Constituição Federal. De igual modo, se o Município ainda não fixou seu limite, o precatório somente será dispensado nas causas de até 30 (trinta) salários mínimos, ou, até mesmo, nas de valor inferior a tal limite, caso haja lei municipal específica assim estabelecendo.

Em resumo, havendo condenação do ente público estadual ou municipal ao pagamento de quantia certa, o cumprimento da sentença será efetuado, após o trânsito em julgado, no prazo máximo de 60 (sessenta) dias, contado da entrega da requisição do juiz à autoridade citada para a causa, independentemente de precatório, na hipótese de o valor enquadrar-se no limite fixado na lei específica ou, não tendo ainda sido editada, no limite previsto no art. 87 do ADCT. Em outras palavras, sendo caso de pequeno valor, haverá pagamento por meio da Requisição de Pequeno Valor – RPV.

Se, entretanto, o montante da condenação exceder o limite da obrigação de pequeno valor, o pagamento será feito, então, mediante precatório, aplicando-se as regras do art. 100 da Constituição Federal.

Para que seu crédito não se submeta ao regime do precatório, poderá o exequente *renunciar* ao valor excedente, fazendo, com isso, a opção pela RPV. Ao exequente se faculta a opção de *renunciar* ao excedente, *não* se permitindo o fracionamento, a repartição ou a quebra do valor executado, de modo que o pagamento se faça, em parte, por precatório e, em parte, mediante RPV.

---

[141] STF, Pleno, ADPF 219, Rel. Min. Marco Aurélio, *DJe* 7.10.2021.

Tudo o que se disse sobre o precatório e a RPV não se aplica aos casos julgados contra empresas públicas estaduais, distritais ou municipais. Em tais hipóteses, a execução de sentença segue o procedimento do Código de Processo Civil, com as adaptações determinadas pelo art. 52 da Lei 9.099/1995. E isso porque as empresas públicas submetem-se ao regime das pessoas jurídicas de direito privado, não gozando das vantagens e prerrogativas outorgadas à Fazenda Pública.

19.4.8 Do pedido de suspensão

Já se viu, no item 15.11 *supra*, que se admite pedido de suspensão contra decisões proferidas no âmbito dos Juizados Especiais da Fazenda Pública. Apesar de a Lei 12.153/2009 não dispor sobre o seu cabimento, aplica-se o disposto no art. 4º da Lei 8.437/1992, razão por que o pedido de suspensão pode ser dirigido ao Presidente da Turma Recursal em casos de liminar, tutela antecipada ou sentença proferida por juiz do Juizado contra o Poder Público.

De acórdão proferido por Turma Recursal é cabível pedido de suspensão dirigido ao Presidente do STF. Não se admite pedido de suspensão dirigido ao Presidente do STJ, pois não cabe o recurso especial no âmbito dos Juizados Especiais da Fazenda Pública.[142]

---

[142] Foi exatamente essa a conclusão a que chegou o Ministro Barros Monteiro, quando, ao exercer a Presidência do STJ, deparou-se com a SLS 267/MS, negando o pedido ali formulado em decisão monocrática publicada no *DJ* de 06.03.2007.

REFERÊNCIAS

ABBOUD, Georges; CAVALCANTI, Marcos. Inconstitucionalidades do incidente de resolução de demandas repetitivas e riscos ao sistema decisório. *Revista de Processo*, São Paulo: RT, v. 240, fev. 2015, p. 237-240.

ABREU, Rafael Sirangelo de. *Igualdade e processo:* posições processuais equilibradas e unidade do direito. São Paulo: RT, 2015.

ALBUQUERQUE, João Otávio Terceiro Neto B. Honorários de sucumbência e direito intertemporal: entre o CPC/1973 e o CPC/2015. *Revista de Processo*, São Paulo: RT, n. 265, mar. 2017.

ALBUQUERQUE JÚNIOR, Roberto Paulino de. A prescritibilidade das ações (materiais) declaratórias: notas à margem da obra de Agnelo Amorim Filho. In: MIRANDA, Daniel Gomes de; CUNHA, Leonardo Carneiro da; ALBUQUERQUE JÚNIOR, Roberto Paulino de (coords.). *Prescrição e decadência:* estudos em homenagem a Agnelo Amorim Filho. Salvador: JusPodivm, 2013.

ALBUQUERQUE JÚNIOR, Roberto Paulino de. Três problemas sobre a prescrição no direito brasileiro: primeiro esboço. In: ALBUQUERQUE, Fabíola Santos; CAMPOS, Alyson Rodrigo Correia (orgs.). *Do direito civil I*. Recife: Nossa Livraria, 2013. v. 1.

ALESSI, Renato. *Sistema istitutizionale del diritto amministrativo italiano*. Milano: Giuffrè, 1953.

ALLORIO, Enrico. *La cosa giudicata rispetto ai terzi*. Milano: Giuffrè, 1992.

ALMEIDA, Diogo Assumpção Rezende de. *A contratualização do processo: das convenções processuais no processo civil*. São Paulo: LTr, 2015.

ALMEIDA JUNIOR, Reginaldo Barros de. Regime da coisa julgada em mandado de segurança coletivo: repercussão da Lei nº 12.016/2009. In: KOEHLER, Frederico Augusto Leopoldino (org.). *Comentários à nova lei do mandado de segurança:* em homenagem ao Prof. Dr. Ivo Dantas. Porto Alegre: Núria Fabris, 2012.

ALVAREZ, Anselmo Prieto. Honorários advocatícios contra a Fazenda Pública e o novo CPC. In: COÊLHO, Marcus Vinícius Furtado; CAMARGO, Luiz Henrique Volpe (coords.). *Honorários advocatícios*. Salvador: JusPodivm, 2015.

ALVES, Gabriela Pellegrini; AZEVEDO, Júlio de Camargo. Condições da ação e novo Código de Processo Civil. *Revista Eletrônica de Direito Processual*, Rio de Janeiro, n. 14, 2014, p. 188. Disponível em: <www.redp.com.br>.

ALVIM, Arruda. Sentença no processo civil: as diversas formas de terminação do processo em primeiro grau. *Revista de Processo*, São Paulo: RT, v. 2, abr.-jun. 1976, p. 68.

ALVIM, Eduardo Arruda. Objeção de pré-executividade – aplicação em matéria fiscal. In: ROCHA, Valdir de Oliveira (coord.). *Problemas de processo judicial tributário*. São Paulo: Dialética, 2000. v. 4.

ALVIM, Eduardo Arruda; ALVIM, Angélica Arruda. Coisa julgada no mandado de segurança coletivo e a Lei n. 12.016/2009. In: MOREIRA, Alberto Camiña; ALVAREZ, Anselmo Prieto; BRUSCHI, Gilberto Gomes (coords.). *Panorama atual das tutelas individual e coletiva:* estudos em homenagem ao professor Sérgio Shimura. São Paulo: Saraiva, 2011.

ALVIM, José Eduardo Carreira. *Procedimento monitório*. 2. ed. Curitiba: Juruá, 1996.

ALVIM, Teresa Arruda; CONCEIÇÃO, Maria Lúcia Lins; SILVA, Leonardo Ferres da; MELLO, Rogério Licastro Torres de. *Primeiros comentários ao Código de Processo Civil*. 3. ed. São Paulo: Thomson Reuters Brasil, 2020.

ALVIM, Thereza. A organização judiciária e o Código de Processo Civil – competência em razão do valor. *Revista de Processo*, São Paulo: RT, v. 3, jul.-set. 1976, p. 35.

ALVIM, Thereza. Notas sobre alguns aspectos controvertidos da ação rescisória. *Revista de Processo*, São Paulo: RT, v. 39, jul.-set. 1985, p. 15.

ALVIM, Thereza. *O direito processual de estar em juízo*. São Paulo: RT, 1996.

AMARAL, Antônio Carlos Cintra do. *Concessão de serviço público*. 2. ed. São Paulo: Malheiros, 2002.

AMARAL, Guilherme Rizzo. Efetividade, segurança, massificação e a proposta de um "incidente de resolução de demandas repetitivas". *Revista de Processo*, São Paulo: RT, v. 196, jun. 2011, p. 254.

AMARAL, Paulo Osternack. *Arbitragem e Administração Pública*. Belo Horizonte: Fórum, 2012.

AMORIM FILHO, Agnelo. Critério científico para distinguir a prescrição da decadência e para identificar as ações imprescritíveis. *Revista Forense*: comemorativa 100 anos. Rio de Janeiro: Forense, 2006. t. 5.

ANDOLINA, Ítalo. *Cognizione ed esecuzione forzata nel sistema della tutela giurisdizionale*. Milano: Dott. A. Giuffrè, 1983.

ANDRADE, José Maria Arruda de; BRITO JR., Jorge Luiz de. O processo tributário e o Código de Processo Civil/2015. In: MACHADO, Hugo de Brito (org.). *O processo tributário e o Código de Processo Civil 2015*. São Paulo: Malheiros, 2017.

ARAGÃO, Egas Dirceu Moniz de. *A correição parcial*. São Paulo: Bushatsky, 1969.

ARAGÃO, Egas Dirceu Moniz de. Hobbes, Montesquieu e a Teoria da Ação. *Genesis* – Revista de Direito Processual Civil, Curitiba: Genesis, v. 25, p. 437-448.

ARAÚJO, Gabriela Expósito Miranda de; GOUVEIA FILHO, Roberto P. Campos; ALBUQUERQUE JR., Roberto Paulino de. Da noção de direito ao remédio jurídico processual à especialidade dos procedimentos das execuções fundadas em título extrajudicial: ensaio a partir do pensamento de Pontes de Miranda. In: DIDIER JR., Fredie; CUNHA, Leonardo Carneiro da; BASTOS, Antonio Adonias (coords.). *Execução e cautelar:* estudos em homenagem a José de Moura Rocha. Salvador: JusPodivm, 2012.

ARAÚJO, José Henrique Mouta. Aspectos envolvendo o direito líquido e certo, a decadência e a coisa julgada no mandado de segurança. *Revista Dialética de Direito Processual*, São Paulo: Dialética, v. 16, jul. 2004, p. 83.

ARAÚJO FILHO, Luiz Paulo da Silva. *Assistência e intervenção da União*. Rio de Janeiro: Forense, 2006.

ARENHART, Sérgio Cruz. *A tutela coletiva de interesses individuais:* para além da proteção dos interesses individuais homogêneos. São Paulo: RT, 2013.

ARENHART, Sérgio Cruz. *A tutela inibitória da vida privada*. São Paulo: RT, 2000.

ARMELIN, Donaldo. *Legitimidade para agir no direito processual civil brasileiro*. São Paulo: RT, 1979.

ASSIS, Araken de. Admissibilidade dos embargos infringentes em reexame necessário. In: NERY JR., Nelson Nery; WAMBIER, Teresa Arruda Alvim (coords.). *Aspectos polêmicos e atuais dos recursos cíveis e de outras formas de impugnação às decisões judiciais*. São Paulo: RT, 2001.

ASSIS, Araken de. *Cumulação de ações*. 3. ed. São Paulo: RT, 1998.

ASSIS, Araken de. Introdução aos sucedâneos recursais. *Aspectos polêmicos e atuais dos recursos e de outros meios de impugnação às decisões judiciais* – 6ª Série. São Paulo: RT, 2002.

ASSIS, Araken de. Introdução aos sucedâneos recursais. In: NERY JR., Nelson Nery; WAMBIER, Teresa Arruda Alvim (coords.). *Aspectos polêmicos e atuais dos recursos cíveis e de outras formas de impugnação*. São Paulo: RT, 2002. v. 6.

ASSIS, Araken de. *Manual da execução*. 9. ed. São Paulo: RT, 2005.

ASSIS, Araken de. *Manual dos recursos*. 2. ed. São Paulo: RT, 2008.

ASSIS, Araken de. *Processo civil brasileiro* – parte geral: institutos fundamentais. São Paulo: RT, 2015. v. 2, t. 1.

ATAÍDE JR., Jaldemiro Rodrigues de. O princípio da inércia argumentativa diante de um sistema de precedentes em formação no direito brasileiro. *Revista de Processo*, São Paulo: RT, v. 229, mar. 2014, p. 390.

ATAÍDE JR., Jaldemiro Rodrigues de. Prescrição e decadência: conceitos lógico-jurídicos ou jurídico--positivos? In: MIRANDA, Daniel Gomes de; CUNHA, Leonardo Carneiro da; ALBUQUERQUE JÚNIOR, Roberto Paulino de (coords.). *Prescrição e decadência:* estudos em homenagem a Agnelo Amorim Filho. Salvador: JusPodivm, 2013.

ATTARDI, Aldo. *Diritto processuale civile.* Padova: Cedam, 1994, v. 1.

ÁVILA, Humberto. O que é "devido processo legal"? *Revista de Processo* 163:50-59, São Paulo: RT, set. 2008, p. 53.

ÁVILA, Humberto. *Teoria dos princípios.* 12. ed. São Paulo: Malheiros, 2011.

ÁVILA, Humberto. *Teoria dos princípios:* da definição à aplicação dos princípios jurídicos. 3. ed. São Paulo: Malheiros, 2004.

ÁVILA, Humberto. *Teoria dos princípios:* da definição à aplicação dos princípios jurídicos. 9. ed. São Paulo: Malheiros, 2009.

AZEVEDO, Gustavo. "Reclamação e honorários advocatícios". *Aspectos polêmicos dos recursos cíveis e assuntos afins.* São Paulo: RT, 2017, v. 13.

AZEVEDO, Gustavo. Reclamação e questões repetitivas. In: DIDIER JR., Fredie; CUNHA, Leonardo Carneiro da (coords.). *Julgamento de casos repetitivos.* Salvador: JusPodivm, 2016.

AZEVEDO, Gustavo. *Reclamação constitucional no direito processual civil.* Rio de Janeiro: Forense, 2018.

AZEVEDO NETO, João Luiz Lessa de. Medidas cautelares, arbitragem e a cooperação com o poder judiciário. In: ADONIAS, Antonio; DIDIER JR., Fredie; CUNHA, Leonardo Carneiro da (coords.). *Execução e cautelar:* estudos em homenagem a José de Moura Rocha. Salvador: JusPodivm, 2012.

BARBI, Celso Agrícola. *Comentários ao Código de Processo Civil.* 8. ed. Rio de Janeiro: Forense, 1993. v. 1.

BARBI, Celso Agrícola. *Do mandado de segurança.* 8. ed. Rio de Janeiro: Forense, 1998.

BARBOSA MOREIRA, José Carlos. Apontamentos para um estudo sistemático da legitimidade extraordinária. *Revista do Ministério Público* (Edição comemorativa). Rio de Janeiro, 2015.

BARBOSA MOREIRA, José Carlos. Aspectos da "extinção do processo" conforme o art. 329 do CPC. *Revista de Processo*, São Paulo: RT, v. 57, jan.-mar. 1990, p. 203.

BARBOSA MOREIRA, José Carlos. *Comentários ao Código de Processo Civil.* 6. ed. Rio de Janeiro: Forense, 1994. v. 5.

BARBOSA MOREIRA, José Carlos. *Comentários ao Código de Processo Civil.* 12. ed. Rio de Janeiro: Forense, 2005. v. 5.

BARBOSA MOREIRA, José Carlos. *Comentários ao Código de Processo Civil.* 15. ed. Rio de Janeiro: Forense, 2009. v. 5.

BARBOSA MOREIRA, José Carlos. *Comentários ao Código de Processo Civil.* 16. ed. Rio de Janeiro: Forense, 2010. v. 5.

BARBOSA MOREIRA, José Carlos. Notas sobre a extinção da execução. *Temas de direito processual* – 5ª Série. São Paulo: Saraiva, 1994.

BARBOSA MOREIRA, José Carlos. O direito do nascituro à vida. *Repertório de Jurisprudência IOB*, n. 24, v. III, 2ª quinzena dez. 2005, p. 740-736.

BARBOSA MOREIRA, José Carlos. *O juízo de admissibilidade no sistema dos recursos cíveis.* Rio de Janeiro: s/e, 1968.

BARBOSA MOREIRA, José Carlos. Questões prejudiciais e questões preliminares. *Direito processual civil* – ensaios e pareceres. Rio de Janeiro: Borsoi, 1971.

BARCELOS, Pedro dos Santos. Medidas liminares em mandado de segurança. Suspensão de execução de medida liminar. Suspensão de execução de sentença. Medidas cautelares. *Revista dos Tribunais*, São Paulo: RT, v. 663, 1981, p. 43.

BARREIROS, Lorena Miranda Santos. *Convenções processuais e Poder Público*. Salvador: JusPodivm, 2016.

BARROS, Ennio Bastos de. Os embargos infringentes e o reexame necessário. *Revista Forense*, 254:60, abr.-jun. 1976.

BARROSO, Darlan; ROSSATO, Luciano Alves. *Mandado de segurança*. São Paulo: RT, 2009.

BASTOS, Antônio Adonias Aguiar. Situações jurídicas homogêneas: um conceito necessário para o processamento das demandas de massa. *Revista de Processo*, São Paulo: RT, v. 186, ago. 2010.

BEDAQUE, José Roberto dos Santos. *Código de Processo Civil interpretado*. Antonio Carlos Marcato (coord.). São Paulo: Atlas, 2004.

BELCHIOR, Deborah Sales; SILVEIRA, Larissa de Castro; AMARAL, Felipe Silveira Gurgel do. O processo tributário e o Código de Processo Civil/2015. In: MACHADO, Hugo de Brito (org.). *O processo tributário e o Código de Processo Civil 2015*. São Paulo: Malheiros, 2017.

BENJAMIN, Antonio Herman; ALMEIDA, Gregório Assagra de. *Comentários à nova lei do mandado de segurança*. Napoleão Nunes Maia Filho; Caio Cesar Vieira Rocha; Tiago Asfor Rocha Lima (orgs.). São Paulo: RT, 2010.

BEVILAQUA, Clovis. *Código Civil dos Estados Unidos do Brasil comentado*. 7. ed. Rio de Janeiro: Livraria Francisco Alves, 1944. v. 1.

BEZERRA, Isabel Cecília de Oliveira. *Suspensão de tutelas jurisdicionais contra o Poder Público*. Belo Horizonte: Fórum, 2009.

BOBBIO, Norberto. *Estado, governo, sociedade:* para uma teoria geral da política. 3. ed. Trad. Marco Aurélio Nogueira. Rio de Janeiro: Paz e Terra, 1987.

BOBBIO, Norberto. *Teoria do ordenamento jurídico*. 10. ed. Trad. Maria Celeste Cordeiro Leite dos Santos. Brasília: Editora da Universidade de Brasília, 1999.

BOCHENEK, Antônio César. A autoridade coatora e o ato coator no mandado de segurança individual. In: BUENO, Cassio Scarpinella; ALVIM, Eduardo Arruda; WAMBIER, Teresa Arruda Alvim (coords.). *Aspectos polêmicos e atuais do mandado de segurança*. São Paulo: RT, 2002.

BONDIOLI, Luís Guilherme Aidar. Comentários ao art. 903. In: CABRAL, Antonio do Passo; CRAMER, Ronaldo (coords.). *Comentários ao novo Código de Processo Civil*. Rio de Janeiro: Forense, 2015.

BONÍCIO, Marcelo José Magalhães. Breve análise sobre a arbitragem em conflitos que envolvem o Estado. *Revista da Procuradoria-Geral do Estado de São Paulo*. São Paulo, v. 75, p. 13-20, 2012.

BONOMO JÚNIOR, Aylton; ZANETI JÚNIOR, Hermes. *Mandado de segurança individiual e coletivo*. Salvador: JusPodivm, 2019.

BORGES, José Souto Maior. *Lançamento tributário*. 2. ed. São Paulo: Malheiros, 1999.

BOVE, Mauro. *Lineamenti di diritto processuali civile*. 3. ed. Torino: G. Giappichelli Editore, 2009.

BRANDÃO, Cláudio. *Reclamação constitucional no processo do trabalho*. São Paulo: LTr, 2017.

BRANDÃO, Flávia Monteiro de Castro. A suspensão das medidas de urgência nas ações contra o Poder Público à luz do devido processo legal. *Revista Dialética de Direito Processual*, São Paulo: Dialética, v. 4, jul. 2003, p. 29-30.

BRITO, Wladimir. *Lições de direito processual administrativo*. Coimbra: Coimbra Ed., 2005.

BUENO, Cassio Scarpinella. *A nova lei do mandado de segurança*. São Paulo: Saraiva, 2009.

BUENO, Cassio Scarpinella. *A nova lei do mandado de segurança*. 2. ed. São Paulo: Saraiva, 2010.

BUENO, Cassio Scarpinella. *Amicus curiae no processo civil brasileiro:* um terceiro enigmático. São Paulo: Saraiva, 2006.

BUENO, Cassio Scarpinella. Execução por quantia certa contra a Fazenda Pública – uma proposta atual de sistematização. In: SHIMURA, Sérgio; WAMBIER, Teresa Arruda Alvim (coords.). *Processo de execução*. São Paulo: RT, 2001.

BUENO, Cassio Scarpinella. *Habeas data* – efeitos da apelação, liminar e suspensão de sentença. In: WAMBIER, Teresa Arruda Alvim (coord.). *Habeas data*. São Paulo: RT, 1998.

BUENO, Cassio Scarpinella. *Liminar em mandado de segurança:* um tema com variações. 2. ed. São Paulo: RT, 1999.

BUENO, Cassio Scarpinella. Litisconsórcio necessário e ausência de citação de litisconsorte necessário em mandado de segurança. *Revista de Processo*, São Paulo: RT, v. 79, jul.-set. 1995, p. 263.

BUENO, Cassio Scarpinella. *Mandado de segurança*. São Paulo: Saraiva, 2002.

BUENO, Cassio Scarpinella. *Mandado de segurança:* comentários às Leis ns. 1.533/51, 4.348/64 e 5.021/66. 2. ed. São Paulo: Saraiva, 2004.

BUENO, Cassio Scarpinella. *Novo Código de Processo Civil anotado*. São Paulo: Saraiva, 2015.

BUENO, Cassio Scarpinella. O agravo interno e o indeferimento da suspensão de segurança – o cancelamento da Súmula 506 do STF: notas para uma primeira reflexão. *Revista Dialética de Direito Processual*, São Paulo: Dialética, v. 3, jun. 2003, p. 9-24.

BUENO, Cassio Scarpinella. Os impactos do novo Código de Processo Civil no mandado de segurança. *Revista de Processo*. São Paulo: RT, n. 297, nov. 2019.

BUENO, Cassio Scarpinella. *Partes e terceiros no processo civil brasileiro*. São Paulo: Saraiva, 2003.

BUENO, Júlio; FIGUEIREDO, Augusto. Os *Dispute Boards* em contratos de construção e grandes projetos de infraestrutura. *Cadernos FGV Projetos:* solução de conflitos, n. 30, abr.-maio 2017.

BUZAID, Alfredo. *Da apelação "ex officio" no sistema do Código de Processo Civil*. São Paulo: Saraiva, 1951.

BUZAID, Alfredo. *Do mandado de segurança*. São Paulo: Saraiva, 1989.

CABRAL, Antonio do Passo. A duração razoável do processo e a gestão do tempo no projeto de novo Código de Processo Civil. In: FREIRE, Alexandre; DANTAS, Bruno; NUNES, Dierle; DIDIER JR., Fredie; MEDINA, José Miguel Garcia; FUX, Luiz; CAMARGO, Luiz Henrique Volpe; OLIVEIRA, Pedro Miranda de (org.). *Novas tendências do processo civil* – estudos sobre o projeto do Novo Código de Processo Civil. Salvador: JusPodivm, 2013.

CABRAL, Antonio do Passo. A escolha da causa-piloto nos incidentes de resolução de processos repetitivos. *Revista de Processo*, São Paulo: RT, v. 231, 2014, p. 210-218.

CABRAL, Antonio do Passo. Comentários ao art. 976. In: CABRAL, Antonio do Passo; CRAMER, Ronaldo (coords.). *Comentários ao novo Código de Processo Civil*. Rio de Janeiro: Forense, 2015.

CABRAL, Antonio do Passo. Comentários ao art. 977. In: CABRAL, Antonio do Passo; CRAMER, Ronaldo (coords.). *Comentários ao novo Código de Processo Civil*. Rio de Janeiro: Forense, 2015.

CABRAL, Antonio do Passo. Comentários ao art. 982. In: CABRAL, Antonio do Passo; CRAMER, Ronaldo (coords.). *Comentários ao novo Código de Processo Civil*. Rio de Janeiro: Forense, 2015.

CABRAL, Antonio do Passo. Comentários ao art. 985. In: CABRAL, Antonio do Passo; CRAMER, Ronaldo (coords.). *Comentários ao novo Código de Processo Civil*. Rio de Janeiro: Forense, 2015.

CABRAL, Antonio do Passo. *Convenções processuais*. Salvador: JusPodivm, 2016.

CABRAL, Antonio do Passo. Do incidente de resolução de demandas repetitivas. In: CABRAL, Antonio do Passo; CRAMER, Ronaldo (coords.). *Comentários ao novo Código de Processo Civil*. Rio de Janeiro: Forense, 2015.

CABRAL, Antonio do Passo. *Juiz natural e eficiência processual:* flexibilização, delegação e coordenação de competências no processo civil. São Paulo: RT, 2021.

CABRAL, Antonio do Passo. O novo procedimento-modelo (*Musterverfahren*) alemão: uma alternativa às ações coletivas. *Revista de Processo*, São Paulo: RT, v. 147, maio 2007, p. 131.

CABRAL, Antonio do Passo. Pelas asas de Hermes: a intervenção do *amicus curiae*, um terceiro especial. Uma análise dos institutos interventivos similares – o *amicus* e o *Vertreter des Öffentlichen interesses*. *Revista de Processo*, São Paulo: RT, v. 117, set.-out. 2004, p. 24-25.

CABRAL, Antonio do Passo. Per un nuovo concetto di giurisdizione. *Revista da Faculdade Mineira de Direito*, Belo Horizonte: PUCMinas, v. 18, n. 35, 2015.

CAHALI, Francisco José. *Curso de arbitragem*. São Paulo: RT, 2011.

CAIS, Cleide Previtalli. *O processo tributário*. 2. ed. São Paulo: RT, 1996.

CÂMARA, Alexandre Freitas. As sociedades de economia mista em juízo. *Revista Dialética de Direito Processual*, São Paulo: Dialética, v. 11, fev. 2004, p. 18-19.

CÂMARA, Alexandre Freitas. Intervenção forçada de terceiros e responsabilidade civil do Estado. *Processo civil:* aspectos relevantes: estudos em homenagem ao Prof. Humberto Theodoro Júnior. São Paulo: Método, 2007. v. 2.

CÂMARA, Alexandre Freitas. *Juizados Especiais Cíveis Estaduais e Federais:* uma abordagem crítica. 2. ed. Rio de Janeiro: Lumen Juris, 2005.

CÂMARA, Alexandre Freitas. *Lições de direito processual civil*. 5. ed. Rio de Janeiro: Lumen Juris, 2003. v. 3.

CÂMARA, Alexandre Freitas. *Lições de direito processual civil*. 7. ed. Rio de Janeiro: Lumen Juris, 2003. v. 2.

CÂMARA, Alexandre Freitas. *Lições de direito processual civil*. 8. ed. Rio de Janeiro: Lumen Juris, 2003. v. 1.

CÂMARA, Alexandre Freitas. Mediação e conciliação na Res. 125 do CNJ e no projeto de Código de Processo Civil. *O processo em perspectiva:* jornadas brasileiras de direito processual. São Paulo: RT, 2013.

CÂMARA, Alexandre Freitas. *O novo Código de Processo Civil brasileiro*. São Paulo: Atlas, 2015.

CÂMARA, Alexandre Freitas. *O novo processo civil brasileiro*. São Paulo: Atlas, 2015.

CÂMARA, Alexandre Freitas. Será o fim da categoria "condição da ação"? Uma resposta a Fredie Didier Junior. *Revista de Processo*, São Paulo: RT, v. 197, jul. 2011, p. 261-269.

CÂMARA, Alexandre Freitas. Tutela jurisdicional de urgência nos Juizados Especiais Federais. *Revista Dialética de Direito Processual,* São Paulo: Dialética, v. 2, maio 2003, p. 10-12.

CÂMARA, Alexandre Freitas; DIDIER JR., Fredie. Primeiras impressões sobre a nova redação do artigo 247 do CPC. *Consultor Jurídico*. Disponível em: https://www.conjur.com.br/2021-dez-06/opiniao-impressoes-redacao-artigo-247-cpc. Acesso em: 5 jan. 2021.

CAMARGO, Luiz Henrique Volpe. Comentários ao art. 135. In: CABRAL, Antonio do Passo; CRAMER, Ronaldo (coords.). *Comentários ao novo Código de Processo Civil*. Rio de Janeiro: Forense, 2015.

CAMARGO, Luiz Henrique Volpe. O incidente de resolução de demandas repetitivas no projeto de novo CPC: a comparação entre a versão do Senado Federal e a da Câmara dos Deputados. In: FREIRE, Alexandre; DANTAS, Bruno; NUNES, Dierle; DIDIER JR., Fredie; MEDINA, José Miguel Garcia; FUX, Luiz; CAMARGO, Luiz Henrique Volpe; OLIVEIRA, Pedro Miranda de (orgs.). *Novas tendências do processo civil*. Salvador: JusPodivm, 2014. v. 3.

CAMARGO, Luiz Henrique Volpe. Os honorários advocatícios pela sucumbência recursal no CPC/2015. *Doutrina selecionada* – parte geral. Salvador: JusPodivm, 2015.

CAMBI, Accácio; CAMBI, Eduardo. Cabimento do agravo de instrumento contra as decisões interlocutórias em mandado de segurança. In: NERY JR., Nelson; WAMBIER, Teresa Arruda Alvim (coords.). *Aspectos polêmicos e atuais dos recursos cíveis e de outras formas de impugnação às decisões judiciais*. São Paulo: RT, 2001. v. 4.

CAMBI, Accácio; FOGAÇA, Mateus. Incidente de resolução de demandas repetitivas no novo Código de Processo Civil. *Revista de Processo*, São Paulo: RT, v. 243, maio 2015, p. 333-362.

CANOTILHO, J. J. Gomes. *Direito constitucional e teoria da Constituição*. 3. ed. Coimbra: Almedina, 1999.

CAPPELLETTI, Mauro; GARTH, Bryant. *Acesso à Justiça*. Trad. Ellen Gracie Northfleet. Porto Alegre: Sergio Antonio Fabris Editor, 1988.

CARDOSO, Oscar Valente. A competência dos Juizados Especiais da Fazenda Pública em pedidos de anulação ou cancelamento de ato administrativo. *Revista Dialética de Direito Processual*, São Paulo: Dialética, v. 94, jan. 2011, p. 100.

CARMONA, Carlos Alberto. *Arbitragem e processo*: um comentário à Lei nº 9.307/96. 2. ed. São Paulo: Atlas, 2004.

CARNEIRO, Athos Gusmão. Da intervenção da União Federal, como *amicus curiae*. Ilegitimidade para, nesta qualidade, requerer a suspensão dos efeitos de decisão jurisdicional. Leis 8.437/92, art. 4º, e 9.469/97, art. 5º. *Revista de Processo*, São Paulo: RT, v. 111, jul.-set. 2003, p. 252.

CARNEIRO, Athos Gusmão. *Intervenção de terceiros*. 9. ed. São Paulo: Saraiva, 1997.

CARNEIRO, Athos Gusmão. *Jurisdição e competência*. 14. ed. São Paulo: Saraiva, 2005.

CARNEIRO, Athos Gusmão; TEIXEIRA, Sálvio de Figueiredo. 12º Anteprojeto. *Revista de Processo* 90:36-45, São Paulo: RT, 1998, p. 40.

CARVALHO, Cesar Arthur Cavalcanti de. *O instituto da suspensão da decisão judicial contrária ao Poder Público*: um instrumento de proteção do interesse público. Recife: Fundação Antônio dos Santos Abranches, 2008.

CARVALHO, Paulo Gustavo Medeiros de; RIBEIRO, Rodrigo Pereira Martins. Honorários de sucumbência e o novo processo civil: Fazenda Pública e o advogado público (honorários advocatícios nas causas em que a Fazenda Pública for parte). In: COÊLHO, Marcus Vinícius Furtado; CAMARGO, Luiz Henrique Volpe (coords.). *Honorários advocatícios*. Salvador: JusPodivm, 2015.

CARVALHO, Vladimir Souza. *Competência da Justiça Federal*. 4. ed. Curitiba: Juruá, 2003.

CARVALHO FILHO, José dos Santos. *Manual de direito administrativo*. 12. ed. Rio de Janeiro: Lumen Juris, 2005.

CASTELO BRANCO, Janaína Soares Noleto. *Advocacia Pública e solução consensual dos conflitos*. Salvador: JusPodivm, 2018.

CAUPERS, João. *Introdução ao direito administrativo*. 8. ed. Lisboa: Âncora, 2005.

CAVALCANTE, Mantovanni Colares. Análise da Súmula 734 do STF à luz da natureza jurídica da reclamação constitucional. In: NERY JR., Nelson; WAMBIER, Teresa Arruda Alvim (coords.). *Aspectos polêmicos e atuais dos recursos cíveis e de outros meios de impugnação às decisões judiciais*. São Paulo: RT, 2005.

CAVALCANTE, Mantovanni Colares. Aspectos relevantes da exceção de pré-executividade. In: ROCHA, Valdir de Oliveira. *Problemas de processo judicial tributário*. São Paulo: Dialética, 2000. v. 4.

CAVALCANTE, Mantovanni Colares. *Mandado de segurança*. São Paulo: Dialética, 2002.

CAVALCANTE, Mantovanni Colares. Os novos rumos da jurisdição cautelar. *Revista Dialética de Direito Processual*, São Paulo: Dialética, v. 1, abr. 2003, p. 128.

CAVALCANTE, Mantovanni Colares. *Recursos nos Juizados Especiais*. 2. ed. São Paulo: Dialética, 2007.

CAVALCANTE JUNIOR, Ophir; FALCETE, Eduardo. Os honorários dos advogados públicos. In: COÊLHO, Marcus Vinícius Furtado; CAMARGO, Luiz Henrique Volpe (coords.). *Honorários advocatícios*. Salvador: JusPodivm, 2015.

CAVALCANTI, Francisco. *O novo regime jurídico do mandado de segurança*. São Paulo: MP, 2009.

CAVALCANTI, Marcos de Araújo. *O incidente de demandas repetitivas e as ações coletivas*. Salvador: JusPodivm, 2015.

CAVALCANTI NETO, Antonio de Moura. *A aplicação da teoria do fato consumado às tutelas sumárias concedidas contra o Poder Público*. São Paulo: dissertação de mestrado apresentada e defendida na PUC-SP, 2016.

CERQUEIRA, Luís Otávio Sequeira de. *Comentários à nova lei do mandado de segurança* (em coautoria com Luiz Manoel Gomes Junior, Luana Pedrosa de Figueiredo Cruz, Rogerio Favreto e Sidney Palharini Júnior). São Paulo: RT, 2009.

CERQUEIRA, Luís Otávio Sequeira de. *Comentários à Nova Lei dos Juizados Especiais da Fazenda Pública.* Em coautoria com Luiz Manoel Gomes Junior, Fernando da Fonseca Gajardoni e Luana Pedrosa de Figueiredo Cruz. São Paulo: RT, 2010.

CHERN, Cyril. *Cher on Dispute Boards:* practice and procedure. 3. ed. New York: Informa Law from Routledge, 2015.

CHIOVENDA, Giuseppe. *Instituições de direito processual civil.* Trad. Paolo Capitanio. Campinas: Bookseller, 1998. v. 3.

COELHO, Renata Moritz Serpa. Atualidades sobre a mediação de conflitos no Brasil a partir de 2015. *Revista de Processo,* São Paulo: RT, v. 272, out. 2017.

COMOGLIO, Luigi Paolo. *Etica e tecnica del "giusto processo".* Torino: Giappichelli, 2004.

CONRADO, Paulo Cesar. *Execução fiscal.* 3. ed. São Paulo: Noeses, 2017.

CORDEIRO, António Manuel da Rocha Menezes. *Da boa fé no direito civil.* Coimbra: Almedina, 2001.

CORDEIRO, António Menezes. *Tratado de direito civil.* Coimbra: Almedina, 2011. v. 5.

CORREIA, André de Luizi. *A citação no direito processual civil brasileiro.* São Paulo: RT, 2001.

CORREIA, Sérvulo. *Direito do contencioso administrativo.* Lisboa: Lex, 2005.

COSTA, Alfredo de Araújo Lopes da. *Direito processual civil brasileiro.* 2. ed. Rio de Janeiro: Forense, 1959. v. 3.

COSTA, Eduardo José da Fonseca. A execução negociada de políticas públicas em juízo. *Revista de Processo,* São Paulo: RT, v. 212, 2012.

COSTA, Eduardo José da Fonseca. As leis "impeditivas" de liminar realmente *impedem*? In: ALVIM, Eduardo Arruda; RAMOS, Glauco Gumerato; MELO, Gustavo de Medeiros; ARAÚJO, José Henrique Mouta (coords.). *O novo mandado de segurança:* estudos sobre a Lei nº 12.016/2009. Belo Horizonte: Fórum, 2010.

COSTA, Eduardo José da Fonseca. Comentários ao art. 294. In: STRECK, Lenio Luiz; NUNES, Dierle; CUNHA, Leonardo Carneiro da (orgs.). *Comentários ao Código de Processo Civil.* 2. ed. Alexandre Freire (coord. exec.). São Paulo: Saraiva, 2017.

COSTA, Eduardo José da Fonseca. Comentários ao art. 304. In: STRECK, Lenio Luiz; NUNES, Dierle; CUNHA, Leonardo Carneiro da (orgs.). *Comentários ao Código de Processo Civil.* 2. ed. Alexandre Freire (coord. exec.). São Paulo: Saraiva, 2017.

COSTA, Eduardo José da Fonseca. Da reclamação. In: WAMBIER, Teresa Arruda Alvim; DIDIER JR., Fredie; TALAMINI, Eduardo; DANTAS, Bruno (coords.). *Breves comentários ao novo Código de Processo Civil.* São Paulo: RT, 2015.

COSTA, Eduardo José da Fonseca. Pequena história dos embargos infringentes no Brasil: uma viagem redonda. In: FREIRE, Alexandre; DANTAS, Bruno; NUNES, Dierle; DIDIER JR., Fredie; MEDINA, José Miguel Garcia; FUX, Luiz; CAMARGO, Luiz Henrique Volpe; OLIVEIRA, Pedro Miranda de (org.). *Novas tendências do processo civil.* Salvador: JusPodivm, 2014. v. 2.

COSTA, José Rubens. *Ação monitória.* São Paulo: Saraiva, 1995.

COSTA, Nilton César Antunes da. *Poderes do árbitro.* São Paulo: RT, 2002.

CRUZ, João Claudino de Oliveira e. *Do recurso de apelação (cível).* Rio de Janeiro: Forense, 1949.

CRUZ, José Raimundo Gomes da. *Pluralidade de partes e intervenção de terceiros.* São Paulo: RT, 1991.

CRUZ, Luana Pedrosa de Figueiredo. *Comentários à nova lei do mandado de segurança.* Em coautoria com Luiz Manoel Gomes Junior, Luís Otávio Sequeira de Cerqueira, Rogério Favreto e Sidney Palharini Júnior. São Paulo: RT, 2009.

CUNHA, J. S. Fagundes. *Recursos e impugnações nos Juizados Especiais Cíveis.* 2. ed. Curitiba: Juruá, 1997.

CUNHA, Lásaro Cândido da. *Precatório: execução contra a Fazenda Pública.* Belo Horizonte: Del Rey, 1999.

CUNHA, Leonardo Carneiro da. A assistência no projeto do novo Código de Processo civil. In: AURELLI, Arlete Inês; SCHMITZ, Leonard Ziesemer; DELFINO, Lúcio; RIBEIRO, Sérgio Luiz de Almeida; FERREIRA, William Santos (orgs.). *O direito de estar em juízo e a coisa julgada*: estudos em homenagem a Thereza Alvim. São Paulo: RT, 2014.

CUNHA, Leonardo Carneiro da. A assistência no novo Código de Processo Civil brasileiro. In: MACEDO, Lucas Buril; PEIXOTO, Ravi; FREIRE, Alexandre (coord.). *Parte Geral.* 2. ed. Salvador: JusPodivm, 2016.

CUNHA, Leonardo Carneiro da. *A Fazenda Pública em juízo.* 12. ed. São Paulo: Dialética, 2014.

CUNHA, Leonardo Carneiro da. A previsão do princípio da eficiência no novo Código de Processo Civil brasileiro. *Revista de Processo*, São Paulo, RT, v. 233, jul. 2014.

CUNHA, Leonardo Carneiro da. Anotações sobre a garantia constitucional do juiz natural. In: FUX, Luiz; NERY JR., Nelson; WAMBIER, Teresa Arruda Alvim (coords.). São Paulo: RT, 2006.

CUNHA, Leonardo Carneiro da. Anotações sobre o incidente de resolução de demandas repetitivas previsto no projeto do novo Código de Processo Civil. *Revista de Processo*, São Paulo: RT, v. 193, mar. 2011.

CUNHA, Leonardo Carneiro da. As causas repetitivas e a necessidade de um regime que lhes seja próprio. *Revista da Faculdade de Direito do Sul de Minas*, Pouso Alegre, v. 25, n. 2, jul.-dez. 2009.

CUNHA, Leonardo Carneiro da. Ausência de limitação ao valor da multa prevista no art. 461, § 4º, do CPC. *Repertório IOB de Jurisprudência*, São Paulo: IOB, n. 16/2000: 345, 3/17.100, ago. 2000.

CUNHA, Leonardo Carneiro da. *Código de Processo Civil comentado*: artigo por artigo. Rio de Janeiro: Forense, 2023.

CUNHA, Leonardo Carneiro da. Comentários ao art. 489. In: WAMBIER, Teresa Arruda Alvim; DIDIER JR., Fredie; TALAMINI, Eduardo; DANTAS, Bruno (coords.). *Breves comentários ao novo Código de Processo Civil.* São Paulo: RT, 2015.

CUNHA, Leonardo Carneiro da. Dialogando com José de Moura Rocha sobre o usufruto de móvel ou imóvel na execução civil. In: DIDIER JR., Fredie; CUNHA, Leonardo Carneiro da; BASTOS, Antonio Adonias (coords.). *Execução e cautelar*: estudos em homenagem a José de Moura Rocha. Salvador: JusPodivm, 2012.

CUNHA, Leonardo Carneiro da. *Interesse de agir na ação declaratória.* Curitiba: Juruá, 2002.

CUNHA, Leonardo Carneiro da. *Jurisdição e competência.* São Paulo: RT, 2008.

CUNHA, Leonardo Carneiro da. *Jurisdição e competência.* 2. ed. São Paulo: RT, 2013.

CUNHA, Leonardo Carneiro da. O conflito de competência no âmbito da cooperação judiciária nacional. In: DIDIER JR., Fredie; CABRAL, Antonio do Passo (coords.). *Cooperação judiciária nacional.* Salvador: JusPodivm, 2021.

CUNHA, Leonardo Carneiro da. O regime processual das causas repetitivas. *Revista de Processo*, São Paulo: RT, v. 179, jan. 2010.

CUNHA, Leonardo Carneiro da. Parecer – Falta de interesse de agir – Cobrança sem o prévio requerimento. Seguro obrigatório DPVAT. *Revista de Processo*, São Paulo: RT, v. 236, 2014.

CUNHA, Leonardo Carneiro da. Parecer – Itaipu – natureza jurídica e prazo de prescrição para pretensões contra si propostas. *Revista de Direito Administrativo e Infraestrutura*, São Paulo: RT, v. 19, 2021.

CUNHA, Leonardo Carneiro da. Recurso especial. Mandado de segurança. Inviabilidade de justificação de prova testemunhal como meio para demonstração de direito líquido e certo. *Revista de Processo*, São Paulo: RT, v. 126, ago. 2005.

CUNHA, Leonardo Carneiro da. *Precatórios*: atual regime jurídico. Rio de Janeiro: Forense, 2023.

CUNHA, Leonardo Carneiro da. Recursos repetitivos. In: MENDES, Aluísio Gonçalves de Castro; WAMBIER, Teresa Arruda Alvim (org.). *O processo em perspectiva*: jornadas brasileiras de direito processual. São Paulo: RT, 2013.

CUNHA, Leonardo Carneiro da. Será o fim da categoria condições da ação? Uma intromissão no debate travado entre Fredie Didier Jr. e Alexandre Freitas Câmara. *Revista de Processo*, São Paulo: RT, v. 198, ago. 2011.

CUNHA, Leonardo Carneiro da; CABRAL, Antonio do Passo. Negociação direta ou resolução colaborativa de disputas (*collaborative law*): "mediação sem mediador". *Revista de Processo*, São Paulo: RT, v. 259, set. 2016.

CUNHA, Leonardo Carneiro da; DIDIER JR., Fredie. *Curso de direito processual civil.* 13. ed. Salvador: JusPodivm, 2016. v. 3.

DALL'AGNOL, Antônio. *Comentários ao Código de Processo Civil.* São Paulo: RT, 2000. v. 2.

DANTAS, Bruno. Comentários ao art. 978. In: WAMBIER, Teresa Arruda Alvim; DIDIER JR., Fredie; TALAMINI, Eduardo; DANTAS, Bruno (coords.). *Breves comentários ao novo Código de Processo Civil.* São Paulo: RT, 2015.

DANTAS, Marcelo Navarro Ribeiro. Admissibilidade e mérito na execução. *Revista de Processo*, São Paulo: RT, v. 47, jul.-set. 1987.

DANTAS, Marcelo Navarro Ribeiro. *Comentários à nova lei do mandado de segurança.* Napoleão Nunes Maia Filho; Caio Cesar Vieira Rocha; Tiago Asfor Rocha Lima (orgs.). São Paulo: RT, 2010.

DANTAS, Marcelo Navarro Ribeiro. Correição parcial não é recurso (portanto, não deve ser usada como tal). In: NERY JR., Nelson; WAMBIER, Teresa Arruda Alvim (coords.). *Aspectos polêmicos e atuais dos recursos cíveis e de outras formas de impugnação às decisões judiciais.* São Paulo: RT, 2001.

DANTAS, Marcelo Navarro Ribeiro. *Mandado de segurança coletivo: legitimação ativa.* São Paulo: Saraiva, 2000.

DANTAS, Marcelo Navarro Ribeiro. *Reclamação constitucional no direito brasileiro.* Porto Alegre: Sergio Antonio Fabris Editor, 2000.

DECOMAIN, Pedro Roberto. A ação de desapropriação por interesse social, para reforma agrária: processo e procedimento. *Revista Dialética de Direito Processual,* São Paulo: Dialética, n. 119, fev. 2013.

DECOMAIN, Pedro Roberto. *Mandado de segurança (o tradicional, o novo e o polêmico na Lei 12.016/09).* São Paulo: Dialética, 2009.

DEL PRÁ, Carlos Gustavo Rodrigues. *Amicus curiae.* Curitiba: Juruá, 2007.

DELGADO, José Augusto. Aspectos doutrinários e jurisprudenciais da medida cautelar fiscal. In: MARTINS, Ives Gandra da Silva; MARTINS, Rogério Gandra; ELALI, André (coords.). *Medida cautelar fiscal.* São Paulo: MP, 2006.

DELLORE, Luiz. Comentários ao art. 85 do CPC. *Teoria geral do processo:* comentários ao CPC de 2015 – parte geral. São Paulo: Método, 2015.

DI PIETRO, Maria Sylvia Zanella. *Discricionariedade administrativa na Constituição de 1988.* São Paulo: Atlas, 1991.

DIDIER JR., Fredie. A competência jurisdicional para a ação civil pública e a regra do art. 109, § 3º, da CF/88 (comentário ao acórdão do STF no RE 228.955-9). *Revista Dialética de Direito Processual,* São Paulo: Dialética, v. 5, ago. 2003.

DIDIER JR., Fredie. Cognição, construção de procedimentos e coisa julgada: os regimes de formação da coisa julgada no direito processual civil brasileiro. *Genesis – Revista de Direito Processual Civil,* Curitiba, v. 22, out.-dez. 2001.

DIDIER JR., Fredie. *Curso de direito processual civil.* 17. ed. Salvador: JusPodivm, 2015. v. 1.

DIDIER JR., Fredie. *Curso de direito processual civil.* 18. ed. Salvador: JusPodivm, 2016. v. 1.

DIDIER JR., Fredie. Fonte normativa da legitimação extraordinária no novo Código de Processo Civil: a legitimação extraordinária de origem negocial. *Revista de Processo*, São Paulo: RT, v. 232, jun. 2014.

DIDIER JR., Fredie. Natureza jurídica das informações da autoridade coatora no mandado de segurança. In: BUENO, Cassio Scarpinella; ALVIM, Eduardo Arruda; WAMBIER, Teresa Arruda Alvim (coords.). *Aspectos polêmicos e atuais do mandado de segurança*. São Paulo: RT, 2002.

DIDIER JR., Fredie. *Pressupostos processuais e condições da ação*: o juízo de admissibilidade do processo. São Paulo: Saraiva, 2005.

DIDIER JR., Fredie. Princípio do respeito ao autorregramento da vontade no processo civil. In: CABRAL, Antonio do Passo; NOGUEIRA, Pedro Henrique Pedrosa (org.). *Negócios processuais*. Salvador: JusPodivm, 2015.

DIDIER JR., Fredie. *Recurso de terceiro*: juízo de admissibilidade. São Paulo: RT, 2002.

DIDIER JR., Fredie. Será o fim da categoria "condição da ação"? Um elogio ao projeto do novo Código de Processo Civil. *Revista de Processo*, São Paulo: RT, v. 197, 2011.

DIDIER JR., Fredie; BRAGA, Paula Sarno; OLIVEIRA, Rafael. *Curso de direito processual civil*. 6. ed. Salvador: JusPodivm, 2011. v. 2.

DIDIER JR., Fredie; BRAGA, Paula Sarno; OLIVEIRA, Rafael. *Curso de direito processual civil*. 10. ed. Salvador: JusPodivm, 2015. v. 2.

DIDIER JR., Fredie; BRAGA, Paula Sarno; OLIVEIRA, Rafael. *Curso de direito processual civil*. 15. ed. Salvador: JusPodivm, 2020. v. 2.

DIDIER JR., Fredie; CABRAL, Antonio do Passo; CUNHA, Leonardo Carneiro da. *Por uma nova teoria dos procedimentos especiais*: dos procedimentos às técnicas. Salvador: JusPodivm, 2018.

DIDIER JR., Fredie; CABRAL, Antonio do Passo; CUNHA, Leonardo Carneiro da. *Por uma nova teoria dos procedimentos especiais*: dos procedimentos às técnicas. 2. ed. Salvador: JusPodivm, 2021.

DIDIER JR., Fredie; CUNHA, Leonardo Carneiro da. *Curso de direito processual civil*. 12. ed. Salvador: JusPodivm, 2014. v. 3.

DIDIER JR., Fredie; CUNHA, Leonardo Carneiro da. *Curso de direito processual civil*. 13. ed. Salvador: JusPodivm, 2016. v. 3.

DIDIER JR., Fredie; CUNHA, Leonardo Carneiro da. Intervenção do Ministério Público no incidente de assunção de competência e na reclamação: interpretando um silêncio e um exagero verborrágico do novo CPC. In: GODINHO, Robson; COSTA, Susana (coords.). *Repercussões do novo CPC* – Ministério Público. Salvador: JusPodivm, 2015.

DIDIER JR., Fredie; CUNHA, Leonardo Carneiro da; BRAGA, Paula Sarno; OLIVEIRA, Rafael Alexandria de. *Curso de direito processual civil*. 6. ed. Salvador: JusPodivm, 2014.

DIDIER JR., Fredie; FERNANDEZ, Leandro. *Introdução à justiça multiportas*. 2. ed. São Paulo: Juspodivm, 2025.

DIDIER JR., Fredie; FERNANDEZ, Leandro. Transformações da reclamação no Supremo Tribunal Federal. *Civil Procedure Review*, v. 15, n. 3, set./dez. 2024.

DIDIER JR., Fredie; GODINHO, Robson Renault. Questões atuais sobre as posições do Ministério Público no processo civil. *Revista de Processo*, São Paulo: RT, v. 234, 2014.

DIDIER JR., Fredie; MACÊDO, Lucas Buril de. Controle concentrado de constitucionalidade e revisão de coisa julgada: análise da reclamação nº 4.374/PE. *Revista Jurídica da Presidência*, Brasília, v. 16, n. 110, out. 2014-jan. 2015.

DIDIER JR., Fredie; OLIVEIRA, Rafael Alexandria de; BRAGA, Paula Sarno. Comentários ao art. 489. In: CABRAL, Antonio do Passo; CRAMER, Ronaldo (coords.). *Comentários ao novo Código de Processo Civil*. Rio de Janeiro: Forense, 2015.

DIDIER JR., Fredie; OLIVEIRA, Rafael Alexandria de; BRAGA, Paula Sarno. *Curso de direito processual civil*. 10. ed. Salvador: JusPodivm, 2015. v. 2.

DIDIER JR., Fredie; TEMER, Sofia. A decisão de organização do incidente de resolução de demandas repetitivas: importância, conteúdo e o papel do regimento interno do tribunal. *Revista de Processo*, São Paulo: RT, 2016, n. 258.

DIDIER JR., Fredie; ZANETI JR., Hermes. Ações coletivas e o incidente de julgamento de casos repetitivos – espécies de processo coletivo no Direito brasileiro: aproximações e distinções. *Revista de Processo*, São Paulo: RT, n. 256, 2016.

DIDIER JR., Fredie; ZANETI JR., Hermes. *Curso de direito processual civil*: processo coletivo. 9. ed. Salvador: JusPodivm, 2014. v. 4.

DIDIER JR., Fredie; ZANETI JR., Hermes. O mandado de segurança coletivo e a Lei n. 12.016/2009. In: ALVIM, Eduardo Arruda; RAMOS, Glauco Gumerato; MELO, Gustavo de Medeiros; ARAÚJO, José Henrique Mouta (org.). *O novo mandado de segurança*. Belo Horizonte: Fórum, 2010.

DINAMARCO, Cândido Rangel. *A arbitragem na teoria geral do processo*. São Paulo: Malheiros, 2013.

DINAMARCO, Cândido Rangel. A reclamação no processo civil brasileiro. *Nova era do processo civil*. São Paulo: Malheiros, 2003.

DINAMARCO, Cândido Rangel. *A reforma da reforma*. São Paulo: Malheiros, 2002.

DINAMARCO, Cândido Rangel. *Execução civil*. 5. ed. São Paulo: Malheiros, 1997.

DINAMARCO, Cândido Rangel. *Fundamentos do processo civil moderno*. 3. ed. São Paulo: Malheiros, 2000. t. 1.

DINAMARCO, Cândido Rangel. *Manual dos Juizados Cíveis*. São Paulo: Malheiros, 2001.

DINAMARCO, Cândido Rangel. Relativizar a coisa julgada material. *Nova era do processo civil*. São Paulo: Malheiros, 2003.

DINAMARCO, Pedro da Silva. Honorários de sucumbência no Superior Tribunal de Justiça. In: COSTA, Hélio Rubens Batista Ribeiro; RIBEIRO, José Horácio Halfeld Rezende; DINAMARCO, Pedro da Silva (coords.). *Linhas mestras do processo civil*: comemoração dos 30 anos de vigência do CPC. São Paulo: Atlas, 2004.

DONATI, Alberto. *Rule of law common law*: lineamenti. Milano: Giuffrè Editore, 2010.

FABRÍCIO, Adroaldo Furtado. As novas necessidades do processo civil e os poderes do juiz. *Ensaios de direito processual*. Rio de Janeiro: Forense, 2003.

FABRÍCIO, Adroaldo Furtado. *Comentários ao Código de Processo Civil*. 7. ed. Rio de Janeiro: Forense, 1995. v. 8, t. 3.

FABRÍCIO, Adroaldo Furtado. Extinção do processo e mérito da causa. *Ensaios de direito processual*. Rio de Janeiro: Forense, 2003.

FACCI, Lucio Picanço. *Meios adequados de resolução de conflitos administrativos*: a experiência da Câmara de Conciliação e Arbitragem da Administração Federal. Rio de Janeiro: Lumen Juris, 2019.

FADEL, Sérgio Sahione. O mandado de segurança e a Súmula nº 632 do STF. *Revista Dialética de Direito Processual*, São Paulo: Dialética, v. 19, out. 2004.

FALECK, Diego. *Manual de design de sistema de disputas*: criação de estratégias e processos eficazes para tratar conflitos. Rio de Janeiro: Lumen Juris, 2018.

FAZIO, César Cipriano. Honorários advocatícios de sucumbência recursal. In: COÊLHO, Marcus Vinícius Furtado; CAMARGO, Luiz Henrique Volpe (coords.). *Honorários advocatícios*. Salvador: JusPodivm, 2015.

FEDERIGHI, Wanderley José. *A execução contra a Fazenda Pública*. São Paulo: Saraiva, 1996.

FERRARESI, Eurico. *Do mandado de segurança*. Rio de Janeiro: Forense, 2009.

FERRAZ, Cristina. *Prazos no processo de conhecimento*. São Paulo: RT, 2001.

FERRAZ JÚNIOR, Tércio Sampaio. Comentários ao art. 173. *Constituição Federal comentada*. Rio de Janeiro: Forense, 2018.

FERREIRA, Maria Gabriela Silva Campos. *A tutela antecipada no incidente de desconsideração da personalidade jurídica*. Recife: trabalho de conclusão de curso apresentado na Faculdade de Direito do Recife (UFPE), 2015.

FIGUEIRA JÚNIOR, Joel Dias. *Arbitragem, jurisdição e execução:* análise crítica da Lei 9.307/96, de 23.09.1996. São Paulo: RT, 1999.

FIGUEIRA JÚNIOR, Joel Dias. *Comentários à novíssima reforma do CPC:* Lei 10.444, de 07 de maio de 2002. Rio de Janeiro: Forense, 2002.

FIGUEIRA JÚNIOR, Joel Dias. *Comentários ao Código de Processo Civil*. 2. ed. São Paulo: RT, 2007. v. 4, t. 1.

FIGUEIRA JÚNIOR, Joel Dias; TOURINHO FILHO, Fernando da Costa. *Juizados Especiais Federais Cíveis e Criminais*. 2. ed. São Paulo: RT, 2007.

FORSTHOFF, Ernest. *Tratado de derecho administrativo*. Madrid: Instituto de Estudios Políticos, 1958.

FRANCO, Fernão Borba. A execução de sentença "mandamental" e de obrigação de fazer: possibilidade de prisão como meio coercitivo. In: BUENO, Cassio Scarpinella; ALVIM, Eduardo Arruda; WAMBIER, Teresa Arruda Alvim (coords.). *Aspectos polêmicos e atuais do mandado de segurança*. São Paulo: RT, 2002.

FRANCO, Fernão Borba. *Execução em face da Fazenda Pública*. São Paulo: Juarez de Oliveira, 2002.

FREIRE, Alexandre; MARQUES, Leonardo Albuquerque. Os honorários de sucumbência no novo CPC. *Doutrina selecionada* – parte geral. Salvador: JusPodivm, 2015.

FREIRE, André Luiz. *O regime de direito público na prestação de serviços públicos por pessoas privadas*. São Paulo: Malheiros, 2014.

FREIRE, Rodrigo da Cunha Lima; GUEDES, Jefferson Carús. Juizados Especiais Federais. In: FARIAS, Cristiano Chaves de; DIDIER JR., Fredie (coords.). *Procedimentos especiais cíveis:* legislação extravagante. São Paulo: Saraiva, 2003.

FREITAS, José Lebre de. *A confissão no direito probatório*. Coimbra: Coimbra Ed., 1991.

FURTADO, Paulo. *Execução*. 2. ed. São Paulo: Saraiva, 1991.

GAIA, Marcio André Monteiro. O reexame necessário no mandado de segurança e as alterações do Código de Processo Civil (Lei nº 10.352/01): Comentários ao REsp 604.050-SP. *Revista Dialética de Direito Processual*, São Paulo: Dialética, v. 38, maio 2006.

GALIO, Morgana Henicka. Condições da ação, direitos fundamentais e o CPC projetado. *Revista Eletrônica de Direito Processual*, Rio de Janeiro, n. 14, 2014. Disponível em: <www.redp.com.br>.

GIDI, Antonio. *Coisa julgada e litispendência em ações coletivas*. São Paulo: Saraiva, 1995.

GIDI, Antonio. *Rumo a um Código de Processo Civil coletivo*. Rio de Janeiro: Forense, 2008.

GODINHO, Robson Renault. Comentários ao art. 75. In: CABRAL, Antonio do Passo; CRAMER, Ronaldo (coords.). *Comentários ao novo Código de Processo Civil*. Rio de Janeiro: Forense, 2015.

GODINHO, Robson Renault. Comentários ao art. 294. In: CABRAL, Antonio do Passo; CRAMER, Ronaldo (coords.). *Comentários ao novo Código de Processo Civil*. Rio de Janeiro: Forense, 2015.

GODINHO, Robson Renault. Comentários ao art. 300. In: CABRAL, Antonio do Passo; CRAMER, Ronaldo (coords.). *Comentários ao novo Código de Processo Civil*. Rio de Janeiro: Forense, 2015.

GODINHO, Robson Renault. O Ministério Público nos Juizados Especiais da Fazenda Pública. In: SILVA, Augusto Vinícius Fonseca e; KOEHLER, Frederico Augusto Leopoldino; PEIXOTO, Renata Cortez Vieira (coords.). *Juizados especiais da Fazenda Pública e juizados especiais federais*. Salvador: JusPodivm, 2019.

GOMES JUNIOR, Luiz Manoel. A remessa obrigatória prevista na legislação especial e os reflexos originários da Lei 10.352/2001. In: NERY JR., Nelson; WAMBIER, Teresa Arruda Alvim (coords.). *Aspectos polêmicos e atuais dos recursos cíveis e de outros meios de impugnação às decisões judiciais* – 8ª série. São Paulo: RT, 2005.

GOMES JUNIOR, Luiz Manoel. Anotações sobre a nova fase da reforma do CPC – âmbito recursal. In: NERY JR., Nelson Nery; WAMBIER, Teresa Arruda Alvim (coords.). São Paulo: RT, 2001.

GOMES JUNIOR, Luiz Manoel. *Comentários à Nova Lei dos Juizados Especiais da Fazenda Pública*. Em coautoria com Fernando da Fonseca Gajardoni, Luana Pedrosa de Figueiredo Cruz e Luís Otávio Sequeira de Cerqueira. São Paulo: RT, 2010.

GOMES JUNIOR, Luiz Manoel; FAVRETO, Rogério. *Comentários à nova lei do mandado de segurança*. Em coautoria com Luana Pedrosa de Figueiredo Cruz, Luís Otávio Sequeira de Cerqueira e Sidney Palharini Júnior. São Paulo: RT, 2009.

GOMES NETO, José Mário Wanderley. *O acesso à Justiça em Mauro Cappelletti*: análise teórica desta concepção como "movimento" de transformação das estruturas do processo civil brasileiro. Porto Alegre: Sergio Antonio Fabris Editor, 2005.

GONÇALVES NETO, Alfredo de Assis. *Direito de empresa*: comentários aos artigos 966 a 1.195 do Código Civil. São Paulo: RT, 2007.

GOUVÊA PINTO, Antonio Joaquim de. *Manual de apelações e agravos*. 2. ed. Lisboa: Imprensa Régia, 1820.

GOUVEIA, Mariana França. A acção especial de litigância de massas. *Novas exigências do processo civil:* organização, celeridade e eficácia. Coimbra: Coimbra Ed., 2007.

GOUVEIA, Mariana França. *Curso de resolução alternativa de litígios*. Coimbra: Almedina, 2011.

GOUVEIA FILHO, Roberto Campos; MIRANDA, Gabriela Expósito. O fenômeno processual de acordo com os planos material, pré-processual e processual do direito: breves considerações do tema a partir (e além) do pensamento de Pontes de Miranda. *Revista Brasileira de Direito Processual*, Belo Horizonte: Fórum, v. 89, jan.-mar. 2015.

GOUVEIA FILHO, Roberto Campos; PEREIRA, Mateus Costa. Ação material e tutela cautelar. In: COSTA, Eduardo José da Fonseca; MOURÃO, Luiz Eduardo Ribeiro; NOGUEIRA, Pedro Henrique Pedrosa (coords.). *Teoria quinária da ação*: estudos em homenagem a Pontes de Miranda nos 30 anos do seu falecimento. Salvador: JusPodivm, 2010.

GRAU, Eros. *A ordem econômica na Constituição de 1988*. 15. ed. São Paulo: Malheiros, 2012.

GRECO, Leonardo. Exceção de pré-executividade na execução fiscal. In: ROCHA, Valdir de Oliveira (coord.). *Problemas de processo judicial tributário*. São Paulo: Dialética, 2000. v. 4.

GRECO, Leonardo. *Instituições de processo civil*. Rio de Janeiro: Forense, 2015. v. 3.

GRECO, Leonardo. *Jurisdição voluntária moderna*. São Paulo: Dialética, 2003.

GRECO, Leonardo. Os atos de disposição processual – primeiras reflexões. In: MEDINA, José Miguel Garcia; CRUZ, Luana Pedrosa de Figueiredo; CERQUEIRA, Luís Otávio Sequeira de; GOMES JUNIOR, Luiz Manoel (coords.). *Os poderes do juiz e o controle das decisões judiciais*: estudos em homenagem à professora Teresa Arruda Alvim Wambier. São Paulo: RT, 2008.

GRECO, Leonardo. *Translatio Iudicii* e reassunção do processo. *Revista de Processo*, São Paulo: RT, v. 166, dez. 2008.

GRECO FILHO, Vicente. Prisão por desobediência. *Revista do Instituto dos Advogados do Paraná* 20:195-196, Curitiba, 1992.

GRINOVER, Ada Pellegrini. A reclamação para garantia da autoridade das decisões dos tribunais. *O processo*: estudos & pareceres. São Paulo: DPJ, 2005.

GROTTI, Dinorá. *O serviço público e a Constituição brasileira de 1988*. São Paulo: Malheiros, 2003.

GUEDES, Damian. A presunção de veracidade dos atos da Administração Pública e o processo administrativo: o dever de fiscalizar provando. *Interesse Público*, Porto Alegre: Notadez, v. 35, jan.-fev. 2006.

GUEDES, Damian. Efeitos das informações no mandado de segurança e de sua não apresentação em juízo. *Revista Dialética de Direito Processual*, São Paulo: Dialética, v. 11, fev. 2004.

GUERRA, Marcelo Lima. *Direitos fundamentais e a proteção do credor na execução civil*. São Paulo: RT, 2003.

GUERRA, Marcelo Lima. Execução contra o Poder Público. *Revista de Processo*, São Paulo: RT, v. 100, out.-dez. 2000.

GUERRA, Marcelo Lima. *Execução forçada*: controle de admissibilidade. São Paulo: RT, 1995.

GUERRA, Marcelo Lima. *Execução indireta*. São Paulo: RT, 1998.

GUERRA FILHO, Willis Santiago. Eficácia ultrassubjetiva da sentença, litisconsórcio necessário e princípio do contraditório. *Revista de Processo*, São Paulo: RT, v. 84, out.-dez. 1996.

GUERRERO, Luís Fernando. Tutela de urgência e arbitragem. *Revista Brasileira de Arbitragem*, Porto Alegre: Síntese, v. 6, n. 24, Curitiba: Comitê Brasileira de Arbitragem, 2009.

HARADA, Kiyoshi. *Desapropriação*: doutrina e prática. 5. ed. São Paulo: Atlas, 2005.

IRTI, Natalino. *L'età della decodificazione*. 4. ed. Milano: Giuffrè, 1999.

JUSTEN FILHO, Marçal. *O direito das agências reguladoras independentes*. São Paulo: Dialética, 2002.

KANTNER, Mag. Manfred. Il "contenzioso di massa" in Austria. In: GIORGETTI, Alessandro; VALLE-FUOCO, Valerio. *Il contenzioso di massa in Italia, in Europa e nel mondo*. Milano: Giuffrè, 2008.

KELSEN, Hans. *Teoria geral das normas*. Trad. José Florentino Duarte. Porto Alegre: Sergio Antonio Fabris Editor, 1986.

KEMMERICH, Clóvis Juarez. *Sentença obscura e trânsito em julgado*. Porto Alegre: Livraria do Advogado, 2013.

KLIPPEL, Rodrigo; NEFFA JUNIOR, José Antônio. *Comentários à lei do mandado de segurança*. Rio de Janeiro: Lumen Juris, 2010.

KOCH, Cristopher. Novo regulamento da CCI relativo aos dispute boards. *Revista de Arbitragem e Mediação*, São Paulo: RT, n. 6, 2005.

KOEHLER, Frederico Augusto Leopoldino. Incidente de resolução de demandas repetitivas e os juizados especiais. *Revista de Processo*, São Paulo: RT, v. 237, nov. 2014.

KOEHLER, Frederico Augusto Leopoldino. Questões polêmicas da aplicação do incidente de resolução de demandas repetitivas (IRDR) no microssistema dos juizados especiais. In: DIDIER JR., Fredie; CUNHA, Leonardo Carneiro da; MACÊDO, Lucas Buril de; ATAÍDE JR., Jaldemiro (org.). *Precedentes*. 2. ed. Salvador: JusPodivm, 2016.

KÜMPEL, Vitor Frederico. *Teoria da aparência no Código Civil de 2002*. São Paulo: Método, 2007.

LACERDA, Galeno. *Comentários ao Código de Processo Civil*. 5. ed. Rio de Janeiro: Forense, 1993. t. 1, v. 8.

LACERDA, Galeno. *O novo direito processual civil e os feitos pendentes*. 2. ed. Rio de Janeiro: Forense, 2006.

LAMY, Eduardo de Avelar. A transformação dos embargos infringentes em técnica de julgamento: ampliação das hipóteses. In: FREIRE, Alexandre; DANTAS, Bruno; NUNES, Dierle; DIDIER JR., Fredie; MEDINA, José Miguel Garcia; FUX, Luiz; CAMARGO, Luiz Henrique Volpe; OLIVEIRA, Pedro Miranda de (org.). *Novas tendências do processo civil*. Salvador: JusPodivm, 2014. v. 2.

LARENZ, Karl. *Metodologia da ciência do direito*. Trad. José Lamego. 3. ed. Lisboa: Fundação Calouste Gulbenkian, 1997.

LEAL, Antônio Luis da Câmara. *Da prescrição e da decadência*. 3. ed. Rio de Janeiro: Forense, 1978.

LEMOS, Vinicius Silva. A possibilidade de fungibilidade entre o IRDR e o IAC: viabilidade e necessidade de sistematização. *Revista de Processo*. São Paulo: RT, v. 274, dez-2017.

LEMOS, Vinicius Silva. *Recursos e processos nos tribunais no novo CPC*. São Paulo: Lexia, 2015.

LEONEL, Ricardo de Barros. *Reclamação constitucional*. São Paulo: RT, 2011.

LESSA NETO, João Luiz. O novo CPC adotou o modelo multiportas!!! E agora?! *Revista de Processo*, São Paulo: RT, v. 244, jun. 2015.

LIEBMAN, Enrico Tullio. *Efficacia ed autorità della sentenza*. Milano: Giuffrè, 1962.

LIEBMAN, Enrico Tullio. *Processo de execução*. Araras: Bestbook, 2001.

LIMA, Alcides de Mendonça. *O Poder Judiciário e nova Constituição*. Rio de Janeiro: AIDE, 1989.

LIMA, Alcides de Mendonça. *Sistema de normas gerais dos recursos cíveis.* Rio de Janeiro: Freitas Bastos, 1963.

LIMA, Lucas Rister de Sousa. Direito intertemporal e honorários advocatícios sucumbenciais no novo CPC. In: COÊLHO, Marcus Vinícius Furtado; CAMARGO, Luiz Henrique Volpe (coords.). *Honorários advocatícios.* Salvador: JusPodivm, 2015.

LIMA, Raimundo Márcio Ribeiro. *Administração Pública dialógica.* Curitiba: Juruá, 2013.

LIMA, Tiago Asfor Rocha. *Comentários à nova lei do mandado de segurança.* Napoleão Nunes Mais Filho; Caio Cesar Vieira Rocha; Tiago Asfor Rocha Lima (orgs.). São Paulo: RT, 2010.

LIMA NETO, Francisco Vieira; GUIMARÃES, Jader Ferreira. As tutelas de urgência contra a Fazenda Pública na jurisprudência atual do STF. *Revista de Processo*, São Paulo: RT, v. 143, jan. 2007.

LOPES, João Batista. *Ação declaratória.* 4. ed. São Paulo: RT, 1995.

LOPES, João Batista. Sujeito passivo no mandado de segurança. *Aspectos polêmicos e atuais do mandado de segurança.* São Paulo: RT, 2002.

LOPES FILHO, Juraci Mourão. Os reflexos do Código de Processo Civil/2015 no processo tributário. In: MACHADO, Hugo de Brito (org.). *O processo tributário e o Código de Processo Civil 2015.* São Paulo: Malheiros, 2017.

LUCENA, Tamyres Tavares de. Pedido de suspensão de liminar na nova Lei do Mandado de Segurança (Lei nº 12.016/2009). In: KOEHLER, Frederico Augusto Leopoldino (org.). *Comentários à nova Lei do Mandado de Segurança:* em homenagem ao Prof. Dr. Ivo Dantas. Porto Alegre: Núria Fabris, 2012.

LUCON, Paulo Henrique dos Santos. *Eficácia das decisões e execução provisória.* São Paulo: RT, 2000.

LUCON, Paulo Henrique dos Santos; BUENO, Cassio Scarpinella; ARSUFFI, Arthur Ferrari. Parecer do IBDP acerca da inconstitucionalidade da Lei Federal 14.199/2021 apresentado na ADI 7.005. *Revista de Processo,* São Paulo: RT, n. 327, maio 2022.

MACCORMICK, Neil. *Retórica e o Estado de Direito.* Trad. Conrado Hübner Mendes e Marcos Paulo Veríssimo. Rio de Janeiro: Elsevier, 2008.

MACEDO, Bruno Regis Bandeira Ferreira. As mudanças do NCPC no papel da Fazenda Pública: considerações sobre a capacidade postulatória, prazo processual e o reexame necessário. In: ARAÚJO, José Henrique Mouta; CUNHA, Leonardo Carneiro da (coords.). *Advocacia pública.* Salvador: JusPodivm, 2015.

MACÊDO, Lucas Buril de. Antecipação da tutela por evidência e os precedentes obrigatórios. *Revista de Processo*, São Paulo: RT, v. 242, abr. 2015.

MACÊDO, Lucas Buril de. *Precedentes judiciais e o direito processual civil.* Salvador: JusPodivm, 2015.

MACÊDO, Lucas Buril de. *Precedentes judiciais e o direito processual civil.* 3. ed. Salvador: JusPodivm, 2019.

MACÊDO, Lucas Buril de; PEIXOTO, Ravi. *Ônus da prova e sua dinamização.* 2. ed. Salvador: JusPodivm, 2016.

MACÊDO, Lucas Buril de; PEIXOTO, Ravi. Tutela provisória contra a Fazenda Pública no CPC/2015. In: ARAÚJO, José Henrique Mouta; CUNHA, Leonardo Carneiro da (coords.). *Advocacia pública.* Salvador: JusPodivm, 2015.

MACHADO, Antônio Cláudio da Costa. *A intervenção do Ministério Público no processo civil brasileiro.* 2. ed. São Paulo: Saraiva, 1998.

MACHADO, Hugo de Brito. Confissão e admissão, na teoria da prova. *Revista Dialética de Direito Processual*, São Paulo: Dialética, v. 3, jun. 2003.

MACHADO, Hugo de Brito. Impetração de mandado de segurança pelo Estado. *Revista de Processo*, São Paulo: RT, v. 78, abr.-jun. 1995.

MACHADO, Hugo de Brito. *Mandado de segurança em matéria tributária.* 2. ed. São Paulo: RT, 1995.

MACHADO, Hugo de Brito. *Mandado de segurança em matéria tributária*. 8. ed. São Paulo: Dialética, 2009.

MACHADO, Hugo de Brito. O processo tributário e o Código de Processo Civil/2015. In: MACHADO, Hugo de Brito (org.). *O processo tributário e o Código de Processo Civil 2015*. São Paulo: Malheiros, 2017.

MACHADO, Raquel Cavalcanti Ramos. *Interesse público e direitos do contribuinte*. São Paulo: Dialética, 2007.

MACHADO, Schubert de Farias. O Código de Processo Civil/2015 e o processo tributário. In: MACHADO, Hugo de Brito (org.). *O processo tributário e o Código de Processo Civil 2015*. São Paulo: Malheiros, 2017.

MACHADO SEGUNDO, Hugo de Brito; MACHADO, Raquel Cavalcanti Ramos. O processo tributário e o Código de Processo Civil/2015. In: MACHADO, Hugo de Brito (org.). *O processo tributário e o Código de Processo Civil 2015*. São Paulo: Malheiros, 2017.

MADUREIRA, Claudio Penedo; RAMALHO, Lívio Oliveira. *Juizados da Fazenda Pública*. Salvador: JusPodivm, 2010.

MAIA, Alberto Jonathas. *Fazenda Pública e arbitragem*: do contrato ao processo. Salvador: JusPodivm, 2020.

MAIA, Alberto Jonathas. Intervenção anômala da União no processo arbitral. *Revista de Processo*, São Paulo: RT, n. 353, jul. 2024.

MAIA, Maurílio Casas. A invisibilidade do "litígio real" e do "Processo Civil de interesse público" protetivo dos vulneráveis no STJ: análise crítica da SLS 3156/AM (STJ). *Revista dos Tribunais*, São Paulo: RT, v. 1.051, 2023.

MALUF, Carlos Alberto Dabus. *Teoria e prática da desapropriação*. São Paulo: Saraiva, 1995.

MANCUSO, Rodolfo de Camargo. *Divergência jurisprudencial e súmula vinculante*. 2. ed. São Paulo: RT, 2001.

MANCUSO, Rodolfo de Camargo. *Incidente de resolução de demandas repetitivas*: a luta contra a dispersão jurisprudencial excessiva. São Paulo: RT, 2016.

MANCUSO, Rodolfo de Camargo. *Interesses difusos: conceitos e legitimação para agir*. 4. ed. São Paulo: RT, 1997.

MANSO, Adriano Marques; SILVA, Sarita de Oliveira Moura da. Desafios para a adoção do *Dispute Board* por empresas públicas e sociedades de economia mista. In: FIGUEIREDO, Augusto Barros de; SALLA, Ricardo Medina (coords.). *Manual de* dispute boards: teoria, prática e provocações. São Paulo: Quartier Latin, 2021.

MARCATO, Antônio Carlos. *Ação de consignação em pagamento*. São Paulo: RT, 1985.

MARCATO, Antônio Carlos. *Procedimentos especiais*. 9. ed. São Paulo: Malheiros, 2001.

MARELLI, Fabio. *La Trattazione della Causa nel Regime delle Preclusioni*. Padova: Cedam, 1996.

MARINONI, Luiz Guilherme. *Efetividade do processo e tutela de urgência*. Porto Alegre: Sergio Antonio Fabris Editor, 1994.

MARINONI, Luiz Guilherme. *A antecipação da tutela na reforma do processo civil*. 2. ed. São Paulo: Malheiros, 1996.

MARINONI, Luiz Guilherme. *Abuso do direito de defesa e parte incontroversa da demanda*. 2. ed. São Paulo: RT, 2011.

MARINONI, Luiz Guilherme. *Efetividade do processo e tutela de urgência*. Porto Alegre: Sergio Antonio Fabris Editor, 1994.

MARINONI, Luiz Guilherme. *Novas linhas do processo civil*. 3. ed. São Paulo: Malheiros, 1999.

MARINONI, Luiz Guilherme. O "problema" do incidente de resolução de demandas repetitivas e dos recursos extraordinário e especial repetitivos. *Revista de Processo*, São Paulo: RT, v. 249, 2015.

MARINONI, Luiz Guilherme. *Técnica processual e tutela dos direitos*. São Paulo: RT, 2010.

MARINONI, Luiz Guilherme. *Tutela inibitória:* individual e coletiva. São Paulo: RT, 1998.

MARINONI, Luiz Guilherme. *Tutela inibitória individual e coletiva*. 5. ed. São Paulo: RT, 2012.

MARINONI, Luiz Guilherme; ARENHART, Sérgio Cruz. *Manual do processo de conhecimento:* a tutela jurisdicional através do processo de conhecimento. São Paulo: RT, 2001.

MARINONI, Luiz Guilherme; ARENHART, Sérgio Cruz; MITIDIERO, Daniel. *Novo curso de processo civil:* tutela dos direitos mediante procedimento comum. São Paulo: RT, 2015. v. 2.

MARINONI, Luiz Guilherme; MITIDIERO, Daniel. *Repercussão geral no recurso extraordinário*. São Paulo: RT, 2007.

MARINS, James. *Direito processual tributário brasileiro (administrativo e judicial)*. 6. ed. São Paulo: Dialética, 2012.

MARTINS, Pedro Batista. *Recursos e processos da competência originária dos tribunais*. Atual. por Alfredo Buzaid. Rio de Janeiro: Forense, 1957.

MARRAFON, Marco Aurélio; ROBL FILHO, Ilton Norberto. Controle de Constitucionalidade no Projeto de Lei de Conversão de Medida Provisória em face dos "contrabandos legislativos": salvaguarda do Estado Democrático de Direito. In: NOVELINO, Marcelo; FELLET, André (coords.). *Constitucionalismo e democracia*. Salvador: JusPodivm, 2013.

MARTINS, Sandro Gilbert. *A defesa do executado por meio de ações autônomas: defesa heterotópica*. São Paulo: RT, 2002.

MAZZEI, Rodrigo. A remessa "necessária" (reexame por remessa) e sua natureza jurídica. In: NERY JR., Nelson; WAMBIER, Teresa Arruda Alvim (coords.). *Aspectos polêmicos e atuais dos recursos cíveis e assuntos afins*. São Paulo: RT, 2011. v. 12.

MAZZEI, Rodrigo; MERÇON-VARGAS, Sarah. Comentários ao art. 867. In: CABRAL, Antonio do Passo; CRAMER, Ronaldo (coords.). *Comentários ao novo Código de Processo Civil*. Rio de Janeiro: Forense, 2015.

MAZZILLI, Hugo Nigro. *A defesa dos interesses difusos em juízo*. 15. ed. São Paulo: Saraiva, 2002.

MEDEIROS, Maria Lúcia L. C. de. *A revelia sob o aspecto da instrumentalidade*. São Paulo: RT, 2003.

MEDINA, José Miguel Garcia. *Execução*. 2. ed. São Paulo: RT, 2011.

MEDINA, José Miguel Garcia. *Novo Código de Processo Civil comentado*. São Paulo: RT, 2015.

MEDINA, José Miguel Garcia; ARAÚJO, Fábio Caldas de. *Mandado de segurança individual e coletivo*. São Paulo: RT, 2009.

MEDINA, José Miguel Garcia; CRUZ, Luana Pedrosa de Figueiredo; CERQUEIRA, Luís Otávio Sequeira de; GOMES JUNIOR, Luiz Manoel (coords.). *Os poderes do juiz e o controle das decisões judiciais:* estudos em homenagem à professora Teresa Arruda Alvim Wambier. São Paulo: RT, 2008.

MEIRELES, Edilton. Do incidente de resolução de demandas repetitivas no processo civil brasileiro e suas repercussões no processo do trabalho. In: LEITE, Carlos Henrique Bezerra (org.). *Novo CPC* – repercussões no processo do trabalho. São Paulo: Saraiva, 2015.

MEIRELES, Edilton. Mandado de segurança na relação de emprego. In: BUENO, Cassio Scarpinella; ALVIM, Eduardo Arruda; WAMBIER, Teresa Arruda Alvim (coords.). *Aspectos polêmicos e atuais do mandado de segurança:* 51 anos depois. São Paulo: RT, 2002.

MEIRELLES, Hely Lopes. *Direito administrativo brasileiro*. 23. ed. atual. por Eurico de Andrade Azevedo, Délcio Balestero Aleixo e José Emmanuel Burle Filho. São Paulo: Malheiros, 1998.

MEIRELLES, Hely Lopes. *Mandado de segurança, ação popular, ação civil pública, mandado de injunção, "habeas data", ação direta de inconstitucionalidade, ação declaratória de constitucionalidade e arguição de descumprimento de preceito fundamental*. 23. ed. atual. por Arnoldo Wald e Gilmar Ferreira Mendes. São Paulo: Malheiros, 2001.

MEIRELLES, Hely Lopes; WALD, Arnoldo; MENDES, Gilmar Ferreira. *Mandado de segurança e ações constitucionais*. 32. ed. com a colaboração de Rodrigo Garcia da Fonseca. São Paulo: Malheiros, 2009.

MELLO, Celso Antônio Bandeira de. *Conteúdo jurídico do princípio da igualdade*. 3. ed. São Paulo: Malheiros, 2002.

MELLO, Marcos Bernardes de. *Teoria do fato jurídico*: plano da validade. 2. ed. São Paulo: Saraiva, 1997.

MELLO, Marcos Bernardes de. *Teoria do fato jurídico*: plano da eficácia – 1ª parte. São Paulo: Saraiva, 2003.

MELLO, Rogério Licastro Torres de. Da apelação. In: WAMBIER, Teresa; DIDIER JR., Fredie; TALAMINI, Eduardo; DANTAS, Bruno (coords.). *Breves comentários ao Código de Processo Civil*. São Paulo: RT, 2015.

MELO, Gustavo de Medeiros. Seguro garantia judicial – aspectos processuais e materiais de uma figura ainda desconhecida. *Revista de Processo*, São Paulo: RT, v. 201, 2011.

MELO, José Eduardo Soares de. Execução fiscal contra sócio-gerente não responsável. Exceção de pré-executividade e embargos. In: ROCHA, Valdir de Oliveira (coord.). *Problemas de processo judicial tributário*. São Paulo: Dialética, 2002. v. 5.

MENDES, Aluisio Gonçalves de Castro. *Ações coletivas no direito comparado e nacional*. 2. ed. São Paulo: RT, 2009.

MENDES, Aluisio Gonçalves de Castro. *Competência cível da Justiça Federal*. 2. ed. São Paulo: RT, 2006.

MENDES, Aluisio Gonçalves de Castro. *Incidente de resolução de demandas repetitivas*: sistematização, análise e interpretação do novo instituto processual. Rio de Janeiro: Forense, 2017.

MENDES, Gilmar Ferreira. A reclamação constitucional no Supremo Tribunal Federal. *FADM*, Belo Horizonte: Fórum, n. 100, 2011.

MENEZES, Caio Campello. *Dispute Board* e seus efeitos na arbitragem: lições da experiência internacional. In: FIGUEIREDO, Augusto Barros de; SALLA, Ricardo Medina (coords.). *Manual de dispute boards: teoria, prática e provocações*. São Paulo: Quartier Latin, 2021.

MICHELON, Claudio. Princípios e coerência na argumentação jurídica. In: MACEDO JR., Ronaldo Porto; BARBIERI, Catarina Helena Cortada (org.). *Direito e interpretação* – racionalidades e instituições. São Paulo: Saraiva, 2011.

MINGATI, Vinícius Secafen. *Reclamação (neo)constitucional*: precedentes, segurança jurídica e os juizados especiais. Brasília: Gazeta Jurídica, 2012.

MIRANDA, Jorge. *Manual de direito constitucional*. 3. ed. Coimbra: Coimbra Ed., 2004. t. V.

MIRANDA NETTO, Fernando Gama de. *Ônus da prova no direito processual público*. Rio de Janeiro: Lumen Juris, 2009.

MITIDIERO, Daniel. *Antecipação da tutela*: da tutela cautelar à técnica antecipatória. 2. ed. São Paulo: RT, 2014.

MITIDIERO, Daniel. *Colaboração no processo civil*: pressupostos sociais, lógicos e éticos. São Paulo: RT, 2009.

MITIDIERO, Daniel. Comentários ao art. 301. In: WAMBIER, Teresa Arruda Alvim; DIDIER JR., Fredie; TALAMINI, Eduardo; DANTAS, Bruno (coords.). *Breves comentários ao novo Código de Processo Civil*. São Paulo: RT, 2015.

MITIDIERO, Daniel. *Cortes superiores e cortes supremas* – do controle à interpretação, da jurisprudência ao precedente. São Paulo: RT, 2013.

MITIDIERO, Daniel. Tendências em matéria de tutela sumária: da tutela cautelar à técnica antecipatória. *Revista de Processo*, São Paulo: RT, v. 197, jul. 2011.

MONTEIRO, Washington de Barros. *Curso de direito civil*. 33. ed. São Paulo: Saraiva, 1995. v. 1.

MORAES, José Roberto de. Prerrogativas processuais da Fazenda Pública. In: SUNDFELD, Carlos Ari; BUENO, Cassio Scarpinella (coords.). *Direito processual público:* a Fazenda Pública em juízo. São Paulo: Malheiros, 2000.

MORATO, Leonardo Lins. A reclamação prevista na Constituição Federal. In: ARRUDA ALVIM, Eduardo Pellegrini de; NERY JR., Nelson; WAMBIER, Teresa Arruda Alvim (coords.). *Aspectos polêmicos e atuais dos recursos*. São Paulo: RT, 2000.

MORATO, Leonardo Lins. *Reclamação e sua aplicação para o respeito da súmula vinculante*. São Paulo: RT, 2007.

MOURÃO, Luiz Eduardo Ribeiro. *Coisa julgada*. Belo Horizonte: Fórum, 2008.

NASCIMENTO, Carlos Valder do. *Coisa julgada inconstitucional*. 5. ed. Rio de Janeiro: América Jurídica, 2005.

NASSER, Paulo Magalhães. Considerações sobre o direito intertemporal e o reexame necessário: a supressão de hipótese de reexame necessário exclui a sujeição ao duplo grau de jurisdição de sentenças proferidas antes da vigência da lei nova, mas que ainda aguardam o reexame? *Revista de Processo*, São Paulo: RT, n. 166, 2008.

NEIVA, Geisa Rosignoli. *Conciliação e mediação pela Administração Pública:* parâmetros para sua efetivação. Rio de Janeiro: Lumen Juris, 2019.

NERY JÚNIOR, Nelson; NERY, Rosa Maria de Andrade. *Código de Processo Civil comentado e legislação extravagante*. 7. ed. São Paulo: RT, 2003.

NERY JÚNIOR, Nelson; NERY, Rosa Maria de Andrade. *Código de Processo Civil comentado e legislação processual civil extravagante em vigor*. 14. ed. São Paulo: RT, 2014.

NEVES, Daniel Amorim Assumpção. *Novo Código de Processo Civil* – Lei 13.105/2015. São Paulo: Método, 2015.

NEVES, Frederico Ricardo de Almeida. Mandado de segurança. Liquidez e certeza do direito. Interesse e pressuposto processuais. *Revista da Esmape* – Escola Superior da Magistratura de Pernambuco, Recife, n. 19, v. 9, 1996.

NOBRE JR., Edilson Pereira. *As normas de direito público na Lei de Introdução ao Direito Brasileiro:* paradigmas para interpretação e aplicação do Direito Administrativo. São Paulo: Contracorrente, 2019.

NOBRE JR., Edilson Pereira. Reclamação e tribunais de justiça. In: COSTA, Eduardo José da Fonseca; NOGUEIRA, Pedro Henrique Pedrosa (org.). *Reclamação constitucional*. Salvador: JusPodivm, 2013.

NOGUEIRA, Gustavo Santana. Do *amicus curiae*. Revista do Tribunal Regional Federal da 1ª Região, Brasília, v. 16, n. 7, 2004.

NOGUEIRA, Pedro Henrique Pedrosa. A cláusula geral do acordo de procedimento no projeto do novo CPC (PL 8.046/2010). In: FREIRE, Alexandre; DANTAS, Bruno; NUNES, Dierle; DIDIER JR., Fredie; MEDINA, José Miguel Garcia; FUX, Luiz; CAMARGO, Luiz Henrique Volpe; OLIVEIRA, Pedro Miranda de (org.). *Novas tendências do processo civil:* estudos sobre o projeto do novo Código de Processo Civil. Salvador: JusPodivm, 2013.

NOGUEIRA, Pedro Henrique Pedrosa. *Negócios jurídicos processuais*. Salvador: JusPodivm, 2016.

NOGUEIRA, Pedro Henrique Pedrosa. Notas sobre alguns reflexos do novo CPC no processo de execução fiscal. In: CIANCI, Mirna; DELFINO, Lúcio; DANTAS, Bruno; DIDIER JR., Fredie; CUNHA, Leonardo Carneiro da; CAMARGO, Luiz Henrique Volpe; REDONDO, Bruno Garcia (coords.). *Novo Código de Processo Civil:* impactos na legislação extravagante e interdisciplinar. São Paulo: Saraiva, 2016. v. 2.

NOGUEIRA, Pedro Henrique Pedrosa. O regime jurídico da legitimidade extraordinária (texto gentilmente cedido pelo autor).

NORTHFLEET, Ellen Gracie. Suspensão de sentença e de liminar. *Revista de Processo*. São Paulo: RT, n. 97, jan.-mar./2000.

NUNES, Amanda Lessa. *Astreintes* nas execuções contra a Fazenda Pública: possibilidade de incidência no patrimônio pessoal do agente público. *Revista de Processo*, São Paulo: RT, n. 245, jul. 2015.

NUNES, Castro. *Da Fazenda Pública em juízo.* Rio de Janeiro: Freitas Bastos, 1950.

NUNES, Castro. *Do mandado de segurança.* São Paulo: Saraiva, 1937.

NUNES, Dierle. Comentários ao art. 1.036. In: WAMBIER, Teresa Arruda Alvim; DIDIER JR., Fredie; TALAMINI, Eduardo; DANTAS, Bruno (coords.). *Breves comentários ao novo Código de Processo Civil.* São Paulo: RT, 2015.

NUNES, Dierle. Comentários ao art. 1.040. In: WAMBIER, Teresa Arruda Alvim; DIDIER JR., Fredie; TALAMINI, Eduardo; DANTAS, Bruno (coords.). *Breves comentários ao novo Código de Processo Civil.* São Paulo: RT, 2015.

NUNES, Dierle. Comentários ao art. 1.041. In: WAMBIER, Teresa Arruda Alvim; DIDIER JR., Fredie; TALAMINI, Eduardo; DANTAS, Bruno (coords.). *Breves comentários ao novo Código de Processo Civil.* São Paulo: RT, 2015.

NUNES, Dierle. Do julgamento dos recursos extraordinário e especial repetitivos. In: WAMBIER, Teresa Arruda Alvim; DIDIER JR., Fredie; TALAMINI, Eduardo; DANTAS, Bruno (coords.). *Breves comentários ao novo Código de Processo Civil.* São Paulo: RT, 2015.

NUNES, Dierle; DUTRA, Vitor Barbosa; OLIVEIRA JÚNIOR, Délio Mota de. Honorários no recurso de apelação e questões correlatas. In: COÊLHO, Marcus Vinícius Furtado; CAMARGO, Luiz Henrique Volpe (coords.). *Honorários advocatícios.* Salvador: JusPodivm, 2015.

NUNES, Dierle; TEIXEIRA, Ludmila. *Acesso à justiça democrático.* Brasília: Gazeta Jurídica, 2013.

OLIVEIRA, Ana Perestrelo. *Arbitragem de litígios com entes públicos.* 2. ed. Coimbra: Almedina, 2015.

OLIVEIRA, Diego Henrique Nobre de. O sujeito passivo no mandado de segurança e a posição da autoridade coatora. In: KOEHLER, Frederico Augusto Leopoldino (org.). *Comentários à nova lei do mandado de segurança*: em homenagem ao Prof. Dr. Ivo Dantas. Porto Alegre: Núria Fabris, 2012.

OLIVEIRA, Douglas Gonçalves de. Duplo grau de jurisdição: o limite previsto no § 2º do artigo 475 do CPC e sua aplicação no mandado de segurança. *Revista Dialética de Direito Processual*, São Paulo: Dialética, v. 15, jun. 2004.

OLIVEIRA, Eduardo Ribeiro de. A competência da Justiça Federal e a Lei 9.469/97. In: ASSIS, Araken de; ALVIM, Eduardo Arruda; NERY JR., Nelson; MAZZEI, Rodrigo; WAMBIER, Teresa Arruda Alvim; ALVIM, Thereza (coords.). *Direito civil e processo*: estudos em homenagem ao professor Arruda Alvim. São Paulo: RT, 2007.

OLIVEIRA, Guilherme Peres de. Incidente de resolução de demandas repetitivas – uma proposta de interpretação de seu procedimento. In: FREIRE, Alexandre; DANTAS, Bruno; NUNES, Dierle; DIDIER JR., Fredie; MEDINA, José Miguel Garcia; FUX, Luiz; CAMARGO, Luiz Henrique Volpe; OLIVEIRA, Pedro Miranda de (orgs.). *Novas tendências do processo civil.* Salvador: JusPodivm, 2014. v. 2.

OLIVEIRA, Pedro Miranda. Da reclamação. In: CABRAL, Antonio do Passo; CRAMER, Ronaldo (coords.). *Comentários ao novo Código de Processo Civil.* Rio de Janeiro: Forense, 2015.

OLIVEIRA, Ricardo Mariz de; SOUZA, Henrique Coutinho de; BARBOSA, Marcos Engel Vieira. O processo tributário e o Código de Processo Civil/2015. In: MACHADO, Hugo de Brito (org.). *O processo tributário e o Código de Processo Civil 2015.* São Paulo: Malheiros, 2017.

OLIVEIRA, Robson Carlos de. O efeito rescindente e substitutivo dos recursos: uma tentativa de sistematização. In: WAMBIER, Teresa Arruda Alvim; NERY JR., Nelson (coords.). *Aspectos polêmicos e atuais dos recursos cíveis de acordo com a Lei 9.756/98.* São Paulo: RT, 1999.

OLIVEIRA NETO, Olavo. *Conexão por prejudicialidade.* São Paulo: RT, 1994.

PACHECO, José da Silva. A "reclamação" no STF e no STJ de acordo com a nova Constituição. *Revista dos Tribunais*, São Paulo: RT, v. 646, ago. 1989.

PAULA, Daniel Giotti de. O incidente de desconsideração da personalidade jurídica: a questão sobre sua aplicação às execuções fiscais e uma análise de direito intertemporal. In: MACHADO, Hugo de Brito (org.). *O processo tributário e o Código de Processo Civil 2015*. São Paulo: Malheiros, 2017.

PEIXOTO, Ravi. A inserção do § 4º no art. 34-A do Dec-lei n. 3.365/1941. *Revista de Processo,* São Paulo: RT, n. 335, jan. 2023.

PEIXOTO, Ravi. A quem pertencem os honorários advocatícios dos advogados públicos? Uma crítica ao posicionamento do STJ. *Revista de processo*. São Paulo: RT, n. 345, nov. 2023.

PEIXOTO, Ravi. Os "princípios" da mediação e da conciliação: uma análise da Res. 125/2010 do CNJ, do CPC/2015 e da Lei 13.140/2015. In: ZANETI JR., Hermes; CABRAL, Trícia Navarro Xavier (coords.). *Justiça multiportas*: mediação, conciliação, arbitragem e outros meios de solução adequada de conflitos. Salvador: JusPodivm, 2016.

PEIXOTO, Ravi de Medeiros. Para além do art. 10 do CPC: uma análise das influências do casamento no processo civil. *Revista Dialética de Direito Processual*, São Paulo: Dialética, n. 123, jun. 2013.

PEIXOTO, Ravi de Medeiros. O reexame necessário e a nova lei do mandado de segurança. In: KOEHLER, Frederico Augusto Leopoldino (org.). *Comentários à nova lei do mandado de segurança*: em homenagem ao Prof. Dr. Ivo Dantas. Porto Alegre: Núria Fabris, 2012.

PEREIRA, Hélio do Valle. *Manual da Fazenda Pública em Juízo*. Rio de Janeiro: Renovar, 2003.

PEREIRA, Hélio do Valle. *O novo mandado de segurança*. Florianópolis: Conceito Editorial, 2010.

PEREIRA, Hélio do Valle. *O novo mandado de segurança*: comentários à Lei nº 12.016, de 7/8/2009. Florianópolis: Conceito Editorial, 2010.

PEREIRA, Milton Luiz. *Amicus curiae* – intervenção de terceiros. *Revista de Processo*, São Paulo: RT, v. 109, jan.-mar. 2003.

PEREIRA, Milton Luiz. Mandado de segurança – Câmara de Vereadores – personalidade judiciária – legitimação ativa. *Revista de Processo*, São Paulo: RT, v. 104, out.-dez. 2001.

PEREIRA, Rosalina Pinto da Costa Rodrigues. Ações prejudiciais à execução. *Genesis* – Revista de Direito Processual Civil, Curitiba: Genesis, v. 22.

PEREIRA, Rosalina Pinto da Costa Rodrigues. *Ações prejudiciais à execução*. São Paulo: Saraiva, 2001.

PERELMAN, Chaïm. *Lógica jurídica*. Trad. Vergínia K. Pupi. São Paulo: Martins Fontes, 2000.

PERRINI, Raquel Fernandez. *Competências da Justiça Federal Comum*. São Paulo: Saraiva, 2001.

PICOZZA, Elisa. Il calendario del processo. *Rivista di Diritto Processuale*, Milano: CEDAM, LXIV, n. 6, 2009.

PINHO, José Cândido de. *Breve ensaio sobre a competência hierárquica*. Coimbra: Almedina, 2000.

PIZZOL, Patrícia Miranda. *A competência no processo civil*. São Paulo: RT, 2003.

PONTES DE MIRANDA, Francisco Cavalcanti. *Comentários à Constituição de 1946*. 2. ed. São Paulo: Max Limonad, 1953. v. IV.

PONTES DE MIRANDA, Francisco Cavalcanti. *Comentários ao Código de Processo Civil*. Rio de Janeiro: Forense, 1974. t. 5.

PONTES DE MIRANDA, Francisco Cavalcanti. *Comentários ao Código de Processo Civil*. Rio de Janeiro: Forense, 1976. t. 12.

PONTES DE MIRANDA, Francisco Cavalcanti. *Comentários ao Código de Processo Civil*. 2. ed. Rio de Janeiro: Forense, 1960. t. 11.

PONTES DE MIRANDA, Francisco Cavalcanti. *Comentários ao Código de Processo Civil*. 3. ed. Rio de Janeiro: Forense, 1997. t. 5.

PONTES DE MIRANDA, Francisco Cavalcanti. *Tratado das ações*. Atual. por Vilson Rodrigues Alves. Campinas: Bookseller, 1999. t. 4.

PONTES DE MIRANDA, Francisco Cavalcanti. *Tratado das ações.* Atual. por Vilson Rodrigues Alves. Campinas: Bookseller, 1999. t. 6.

PONTES DE MIRANDA, Francisco Cavalcanti. *Tratado de direito privado.* Rio de Janeiro: Borsoi, 1955. t. 5.

PONTES DE MIRANDA, Francisco Cavalcanti. *Tratado de direito privado.* Rio de Janeiro: Borsoi, 1955. t. 6.

PUOLI, José Carlos Baptista. A substituição do bem penhorado na "nova" execução civil (Lei nº 11.382/2006). In: COSTA, Susana Henriques (coord.). *Execução extrajudicial:* modificações da Lei n. 11.382/2006. São Paulo: Quartier Latin, 2007.

QUEIROZ, Mary Elbe; SOUZA JÚNIOR, Antonio Carlos F. de. O incidente de desconsideração da personalidade jurídica no CPC-2015 e a responsabilidade tributária: primeiras impressões. In: SOUZA JÚNIOR, Antonio Carlos F. de; CUNHA, Leonardo Carneiro da (coords.). *Novo CPC e o processo tributário.* São Paulo: FocoFiscal, 2015.

QUEIROZ, Mary Elbe; SOUZA JÚNIOR, Antonio Carlos F. de. Alcance da solidariedade prevista no art. 124, II, do CTN. In: SILVA, Thiago Moreira da (coord.). *Créditos tributários e grupos econômicos de fato*: abordagens multidimensionais. Rio de Janeiro: Lumen Juris, 2020.

RANZOLIN, Ricardo, A eficácia dos *dispute boards* no direito brasileiro. *Revista de Arbitragem e Mediação*, São Paulo: RT, v. 52, mar. 2017.

REDONDO, Bruno Garcia; OLIVEIRA, Guilherme Peres de; CRAMER, Ronaldo. *Mandado de segurança*: comentários à Lei 12.016/2009. São Paulo: Método, 2009.

RÊGO, Bruno Noura de Moraes. *Ação rescisória e a retroatividade das decisões de controle de constitucionalidade das leis no Brasil.* Porto Alegre: Sergio Antonio Fabris Editor, 2001.

RICCI, Gian Franco. *Principi di diritto processuale generale.* Torino: Giappichelli, 1995.

RICCI, Gian Franco. *La reforma del processo civile:* legge 18 giugno 2009, n. 69. Torino: G. Giappichelli Editore, 2009.

ROCHA, José de Moura. *Mandado de segurança:* a defesa dos direitos individuais. Rio de Janeiro: Aide, 1987.

RODRIGUES, Marcelo Abelha. *Suspensão de segurança*: sustação da eficácia de decisão judicial proferida contra o Poder Público. São Paulo: RT, 2000.

RODRIGUES, Marco Antonio. *A Fazenda Pública no processo civil.* São Paulo: Atlas, 2016.

RODRIGUES FILHO, Otávio Joaquim. *Desconsideração da personalidade jurídica e processo*: de acordo com o Código de Processo Civil de 2015. São Paulo: Malheiros, 2016.

ROQUE, Andre Vasconcelos; DUARTE, Francisco Carlos. *Mandado de segurança*: comentários à Lei 12.016/09. Curitiba: Juruá, 2011.

ROSA, José Carlos. *Medidas cautelares e arbitragem.* São Paulo: Opera Nostra, 2006.

RUSSO, Ann; EASTON, Graham. *Dispute board manual:* a guide to best practices and procedures. DRBF, 2019.

SAAD NETTO, Patrícia Mara dos Santos; GOMES JR., Luiz Manoel. "O art. 475, inciso II, do CPC e o sistema recursal nas ações civis públicas". *Aspectos polêmicos e atuais dos recursos cíveis e de outras formas de impugnação das decisões judiciais.* São Paulo: RT, 2003.

SANCHES, Sydney. *Denunciação da lide no direito processual civil brasileiro.* São Paulo: RT, 1984.

SANDER, Frank. Varieties of dispute processing. In: LEVIN, A. Leo; WHEELER, Russell R. *The pound conference*: perspectives on justice in the future. Saint Paul: West Publishing Co., 1979.

SANTANGELI, Fabio. *L'interpretazione della sentenza civile.* Milano: Giuffrè, 1996.

SANTOS, Alexandre Moreira Tavares dos. Da reclamação. *Revista dos Tribunais*, São Paulo: RT, v. 808, fev. 2003.

SANTOS, Boaventura de Sousa; MARQUES, Maria Manuel Leitão; PEDROSO, João; FERREIRA, Pedro Lopes. *Os tribunais nas sociedades contemporâneas:* o caso português. Porto: Edições Afrontamento, 1996.

SANTOS, Ernane Fidelis dos. *Manual de direito processual civil.* 6. ed. São Paulo: Saraiva, 1998. v. 2.

SANTOS, Marina França. Intervenção de terceiro negociada: possibilidade aberta pelo novo Código de Processo Civil. *Revista Forense,* Rio de Janeiro: Forense, v. 420, 2014.

SANTOS, Moacyr Amaral. *Primeiras linhas de direito processual civil.* 16. ed. São Paulo: Saraiva, 1993. v. 1.

SARAIVA, Leonardo. *Arbitragem na Administração Pública.* Rio de Janeiro: Lumen Juris, 2019.

SCARTEZZINI, Jorge Tadeo Goffi Flaquer. *Suspensão de segurança.* São Paulo: RT, 2010.

SHIMURA, Sérgio. Execução da multa penal. *Revista de Processo,* São Paulo: RT, v. 101, jan.-mar. 2001.

SHIMURA, Sérgio. *Título executivo.* 2. ed. São Paulo: Método, 2005.

SICA, Heitor. Congestionamento viário e congestionamento judiciário. *Revista de Processo,* São Paulo: RT, v. 236, out. 2014.

SIDOU, J. M. Othon. *"Habeas corpus", mandado de segurança, mandado de injunção, "habeas data", ação popular:* as garantias ativas dos direitos coletivos. 5. ed. Rio de Janeiro: Forense, 1998.

SILVA, Augusto Vinícius Fonseca e. Sobre dois temas polêmicos: I) pode mesmo o Ministério Público ser parte nos Juizados Especiais da Fazenda Pública?; II) Procuradores da Fazenda gozam da prerrogativa de intimação pessoal no rito sumaríssimo da Lei n. 12.153/2009? In: SILVA, Augusto Vinícius Fonseca e; KOEHLER, Frederico Augusto Leopoldino; PEIXOTO, Renata Cortez Vieira (coords.). *Juizados especiais da Fazenda Pública e juizados especiais federais.* Salvador: JusPodivm, 2019.

SILVA, Beclaute Oliveira. Coisa julgada baseada em lei inconstitucional: análise sob o prisma da teoria das cargas de eficácia da sentença em Pontes de Miranda. In: COSTA, Eduardo José da Fonseca; MOURÃO, Luiz Eduardo Ribeiro; NOGUEIRA, Pedro Henrique Pedrosa (coords.). *Teoria quinária da ação:* estudos em homenagem a Pontes de Miranda nos 30 anos do seu falecimento. Salvador: JusPodivm, 2010.

SILVA, Clóvis do Couto e. *Comentários ao Código de Processo Civil.* São Paulo: RT, 1977. v. 9, t. 1.

SILVA, Marcello Terto e. Honorários advocatícios nas causas em que a Fazenda Pública é parte. Honorários advocatícios contra a Fazenda Pública e o novo CPC. In: COÊLHO, Marcus Vinícius Furtado; CAMARGO, Luiz Henrique Volpe (coords.). *Honorários advocatícios.* Salvador: JusPodivm, 2015.

SILVA, Michel Ferro e. *Litisconsórcio multitudinário.* Curitiba: Juruá, 2009.

SILVA NETO, Augusto Barros de Figueiredo; SALLA, Ricardo Medina. Conceituação dos *dispute boards.* In: FIGUEIREDO, Augusto Barros de; SALLA, Ricardo Medina (coords.). *Manual de* dispute boards: teoria, prática e provocações. São Paulo: Quartier Latin, 2021.

SILVA NETO, Francisco Antônio de Barros. *A antecipação da tutela nos processos declaratórios.* Porto Alegre: SAFE, 2005.

SILVA NETO, Francisco Antônio de Barros. *A improbidade processual da Administração Pública e sua responsabilidade objetiva pelo dano processual.* Rio de Janeiro: Lumen Juris, 2010.

SILVA, Ovídio A. Baptista da. *Comentários ao Código de Processo Civil.* São Paulo: RT, 2000. v. 1.

SILVA, Ovídio A. Baptista da. Conteúdo da sentença e coisa julgada. *Sentença e coisa julgada (ensaios e pareceres).* 4. ed. Rio de Janeiro: Forense, 2006.

SILVA, Ovídio A. Baptista da. *Curso de processo civil.* 3. ed. Porto Alegre: Sergio Antonio Fabris Editor, 1996. v. 1.

SILVA, Ovídio A. Baptista da. *Curso de processo civil.* 3. ed. São Paulo: RT, 1998. v. 2.

SILVA, Ovídio A. Baptista da. *Curso de direito processual civil.* 5. ed. São Paulo: RT, 2000. v. 1.

SILVA, Ovídio A. Baptista da. *Da sentença liminar à nulidade da sentença.* Rio de Janeiro: Forense, 2001.

SILVA, Ovídio A. Baptista da. *Do processo cautelar.* 2. ed. Rio de Janeiro: Forense, 1999.

SILVA, Paula Costa e. O processo e as situações jurídicas processuais. In: DIDIER JR., Fredie; JORDÃO, Eduardo Ferreira (coords.). *Teoria do processo*: panorama doutrinário mundial. Salvador: JusPodivm, 2008.

SILVA, Ricardo Perlingeiro Mendes da. *Execução contra a Fazenda Pública*. São Paulo: Malheiros, 1999.

SILVA, Ticiano Alves e. O incidente de resolução de demandas repetitivas e as agências reguladoras: o conteúdo jurídico do § 2º do art. 985 do CPC. In: ARAÚJO, José Henrique Mouta; CUNHA, Leonardo Carneiro da; RODRIGUES, Marco Antonio (coords.). *Fazenda Pública*. Salvador: JusPodivm, 2016.

SODRÉ, Eduardo. O sistema recursal dos Juizados Especiais Cíveis. In: FARIAS, Cristiano Chaves de; DIDIER JR., Fredie (coords.). *Procedimentos especiais*: legislação extravagante. São Paulo: Saraiva, 2003.

SOKAL, Guilherme Jales. *O julgamento colegiado nos tribunais*. São Paulo: Método, 2012.

SOUSA, Miguel Teixeira de. *Estudos sobre o novo processo civil*. 2. ed. Lisboa: Lex, 1997.

SOUTO, João Carlos. *A União Federal em Juízo*. 2. ed. São Paulo: Saraiva, 2000.

SOUZA, Bernardo Pimentel. Embargos infringentes de alçada. *Genesis – Revista de Direito Processual Civil*, Curitiba: Genesis, v. 28.

SOUZA, Marcelo Alves Dias de. *Do precedente judicial à súmula vinculante*. Curitiba: Juruá, 2006.

SOUZA, Marcelo Alves Dias de. *Do precedente judicial à súmula vinculante*. Curitiba: Juruá, 2013.

SOUZA, Marcia Cristina Xavier de. *Juizados Especiais Fazendários*. Rio de Janeiro: Forense, 2010.

SOUZA, Wilson Alves de. Procedimentos expropriatórios. In: FARIAS, Cristiano Chaves de; DIDIER JR., Fredie (coords.). *Procedimentos especiais cíveis: legislação extravagante*. São Paulo: Saraiva, 2003.

STOCO, Rui. Os precatórios judiciais e a intervenção no Estado ou Municípios. *Revista dos Tribunais*, São Paulo: RT, v. 739, maio 1997.

STRATZ, Murilo. *Reclamação na jurisdição constitucional*. Santa Cruz do Sul: Essere nel mondo, 2015.

SUNDFELD, Carlos Ari. Introdução às agências reguladoras. In: SUNDFELD, Carlos Ari (coord.). *Direito administrativo econômico*. São Paulo: Malheiros, 2006.

TAKOI, Sérgio Massaru. *Reclamação constitucional*. São Paulo: Saraiva, 2013.

TALAMINI, Eduardo. A (in)disponibilidade do interesse público: consequências processuais (composições em juízo, prerrogativas processuais, arbitragem e ação monitória). *Revista de Processo*, São Paulo: RT, n. 128, out. 2005.

TALAMINI, Eduardo. Ação monitória e cheque prescrito: relação subjacente, prova escrita e causa de pedir. *Revista de Processo*, São Paulo: RT, n. 228, fev. 2014.

TALAMINI, Eduardo. As origens do mandado de segurança na tradição processual luso-brasileira. In: BUENO, Cassio Scarpinella; ALVIM, Eduardo Arruda; WAMBIER, Teresa Arruda Alvim (coords.). *Aspectos polêmicos e atuais do mandado de segurança: 51 anos depois*. São Paulo: RT, 2002.

TALAMINI, Eduardo. *Coisa julgada e a sua revisão*. São Paulo: RT, 2005.

TALAMINI, Eduardo. Comentários ao art. 138. In: WAMBIER, Teresa Arruda Alvim; DIDIER JR., Fredie; TALAMINI, Eduardo; DANTAS, Bruno (coords.). *Breves comentários ao novo Código de Processo Civil*. São Paulo: RT, 2015.

TALAMINI, Eduardo. *Novos aspectos da jurisdição constitucional brasileira*: repercussão geral, força vinculante, modulação dos efeitos do controle de constitucionalidade e alargamento do objeto do controle direto. São Paulo: Tese de livre-docência apresentada na USP, 2008.

TALAMINI, Eduardo. *Tutela monitória*. 2. ed. São Paulo: RT, 2001.

TALAMINI, Eduardo. *Tutela relativa aos deveres de fazer e de não fazer*. São Paulo: RT, 2001.

TARTUCE, Fernanda. *Mediação nos conflitos civis*. 2. ed. São Paulo: Método, 2015.

TAVARES, Alexandre Macedo. O fenômeno da desconsideração da personalidade jurídica no direito tributário brasileiro: pressupostos, alcance e limites do art. 135 do Código Tributário Nacional. In: ROCHA, Valdir de Oliveira (coord.). *Problemas de processo judicial tributário*. São Paulo: Dialética, 2002. v. 5.

TEIXEIRA, José Roberto Fernandes. *Advocacia pública*. José Henrique Mouta Araújo; Leonardo Carneiro da Cunha (coords.). Salvador: JusPodivm, 2015.

TEMER, Sofia. *Incidente de resolução de demandas repetitivas*. 3. ed. Salvador: JusPodivm, 2018.

TEMER, Sofia. *Incidente de resolução de demandas repetitivas*. 4. ed. Salvador: JusPodivm, 2020.

TESHEINER, José Maria. *Pressupostos processuais e nulidades no processo civil*. São Paulo: Saraiva, 2000.

THEODORO JÚNIOR, Humberto. Aspectos processuais do precatório na execução contra a Fazenda Pública. *Revista Dialética de Direito Processual*, São Paulo: Dialética, v. 22, jan. 2005.

THEODORO JÚNIOR, Humberto. *Comentários ao novo Código Civil*. Sálvio de Figueiredo Teixeira (coord.). Rio de Janeiro: Forense, 2003, v. 3, t. 2.

THEODORO JÚNIOR, Humberto. *Curso de direito processual civil*. 26. ed. Rio de Janeiro: Forense, 2001. v. 3.

THEODORO JÚNIOR, Humberto. *Curso de direito processual civil*. 47. ed. Rio de Janeiro: Forense, 2015. v. 3.

THEODORO JÚNIOR, Humberto. *Curso de direito processual civil*. 51. ed. Rio de Janeiro: Forense, 2018. v. 3.

THEODORO JÚNIOR, Humberto. O anteprojeto de nova lei de execução fiscal. *Revista de Processo*, São Paulo: RT, n. 126, ago. 2005.

THEODORO JÚNIOR, Humberto. *O mandado de segurança segundo a Lei n. 12.016, de 07 de agosto de 2009*. Rio de Janeiro: Forense, 2009.

THEODORO JÚNIOR, Humberto. *Prescrição e Decadência*. Rio de Janeiro: Forense, 2018.

THEODORO JÚNIOR, Humberto. Tutela diferenciada: opção do credor entre a ação executiva e a ação ordinária de cobrança. *Revista Dialética de Direito Processual*, São Paulo: Dialética, v. 4, jul. 2003.

THEODORO JÚNIOR, Humberto; FARIA, Juliana Cordeiro de. O tormentoso problema da inconstitucionalidade da sentença passada em julgado. *Revista de Processo*, São Paulo: RT, n. 127, set. 2005.

TONIN, Maurício Morais. *Arbitragem, mediação e outros métodos de solução de conflitos envolvendo o Poder Público*. São Paulo: Almedina, 2019.

TOSTA, Jorge. *Do reexame necessário*. São Paulo: RT, 2005.

TROCKER, Nicolò. *Processo civile e costituzione:* problemi di diritto tedesco e italiano. Milano: Giuffrè, 1974.

TUCCI, José Rogério Cruz e. *Comentários à nova lei do mandado de segurança*. Napoleão Nunes Mais Filho; Caio Cesar Vieira Rocha; Tiago Asfor Rocha Lima (orgs.). São Paulo: RT, 2010.

TUHR, A. Von. *Tratado de las obligaciones*. Trad. W. Roces. Madri: Editorial Reus, 1934. t. 2.

UYEDA, Massami. *Da desistência da desapropriação*. 2. ed. Curitiba: Juruá, 2001.

UZEDA, Carolina. *Interesse recursal*. Salvador: JusPodivm, 2018.

VASCONCELOS, Carlos Eduardo de. *Mediação de conflitos e práticas restaurativas*. 4. ed. São Paulo: Método, 2015.

VASCONCELOS, Pedro Pais. *Contratos atípicos*. Coimbra: Almedina, 1995.

VENTURI, Elton. Comentários ao art. 825. In: WAMBIER, Teresa Arruda Alvim; DIDIER JR., Fredie; TALAMINI, Eduardo; DANTAS, Bruno (coords.). *Breves comentários ao novo Código de Processo Civil*. São Paulo: RT, 2015.

VENTURI, Elton. *Processo civil coletivo*. São Paulo: Malheiros, 2007.

VENTURI, Elton. *Suspensão de liminares e sentenças contrárias ao Poder Público*. São Paulo: RT, 2005.

VIANA, Emílio de Medeiros. A possibilidade de imposição de multa pessoal ao gestor público responsável pelo desatendimento de provimentos judiciais que imponham obrigações de fazer, não fazer e entregar no novo CPC. In: ARAÚJO, José Henrique Mouta; CUNHA, Leonardo Carneiro da (coords.). *Advocacia pública*. Salvador: JusPodivm, 2015.

VIANA, Juvêncio Vasconcelos. Ação monitória. *Revista Dialética de Direito Processual*, São Paulo: Dialética, v. 6, set. 2003.

VIANA, Juvêncio Vasconcelos. *Efetividade do processo em face da Fazenda Pública*. São Paulo: Dialética, 2003.

VIANA, Juvêncio Vasconcelos. *Execução contra a Fazenda Pública*. São Paulo: Dialética, 1998.

VIANA, Juvêncio Vasconcelos. Novas considerações acerca da execução contra a Fazenda Pública. *Revista Dialética de Direito Processual*, São Paulo: Dialética, v. 5, ago. 2003.

VIANA, Salomão. Comentários ao art. 46. In: WAMBIER, Teresa Arruda Alvim; DIDIER JR., Fredie; TALAMINI, Eduardo; DANTAS, Bruno (coords.). *Breves comentários ao Código de Processo Civil*. 3. ed. São Paulo: RT, 2016.

WALD, Arnoldo. Lei do mandado de segurança (Lei n. 12.016, de 7-8-2009 e o novo CPC. In: CIANCI, Mirna; DELFINO, Lúcio; DANTAS, Bruno; DIDIER JR., Fredie; CUNHA, Leonardo Carneiro da; CAMARGO, Luiz Henrique Volpe; REDONDO, Bruno Garcia (coords.). *Novo Código de Processo Civil*: impactos na legislação extravagante e interdisciplinar. São Paulo: Saraiva, 2016.

WAMBIER, Teresa Arruda Alvim. *Nulidades do processo e da sentença*. 4. ed. São Paulo: RT, 1997.

WAMBIER, Teresa Arruda Alvim. Reflexos das ações procedimentais autônomas (em que se discute, direta ou indiretamente, a viabilidade da execução) na própria execução. In: SHIMURA, Sérgio; WAMBIER, Teresa Arruda Alvim (coords.). *Processo de execução*. São Paulo: RT, 2001.

WATANABE, Kazuo. *Da cognição no processo civil*. 2. ed. Campinas: Bookseller, 2000.

WATANABE, Kazuo. *Política judiciária nacional de tratamento adequado dos conflitos de interesses*: utilização dos meios alternativos de resolução de controvérsias. O processo em perspectiva: jornadas brasileiras de direito processual. São Paulo: RT, 2013.

WITTMANN, Ralf-Thomas. Il "contenzioso di massa" in Germania. In: GIORGETTI, Alessandro; VALLEFUOCO, Valerio. *Il contenzioso di massa in Italia, in Europa e nel mondo*. Milano: Giuffrè, 2008.

YARSHELL, Flávio Luiz. Comentários ao art. 134. In: CABRAL, Antonio do Passo; CRAMER, Ronaldo (coords.). *Comentários ao novo Código de Processo Civil*. Rio de Janeiro: Forense, 2015.

YARSHELL, Flávio Luiz. Efetividade do processo de execução e remédios com efeito suspensivo. In: SHIMURA, Sérgio; WAMBIER, Teresa Arruda Alvim (coords.). *Processo de execução*. São Paulo: RT, 2001.

YOSHIKAWA, Eduardo Henrique de Oliveira. Indisponibilidade de bens na execução do crédito fiscal (artigo 185-A do Código Tributário Nacional). *Revista Dialética de Direito Processual*, São Paulo: Dialética, v. 28, jul. 2005.

ZANETI JR., Hermes. Comentários ao art. 928. In: CABRAL, Antonio do Passo; CRAMER, Ronaldo (coords.). *Comentários ao novo Código de Processo Civil*. Rio de Janeiro: Forense, 2015.

ZANETI JR., Hermes. *Mandado de segurança coletivo*: aspectos processuais controversos. Porto Alegre: Sergio Antonio Fabris Editor, 2001.

ZANFERDINI, Flávia; GOMES, Alexandre. Tratamento coletivo adequado das demandas individuais repetitivas pelo juízo de primeiro grau. *Revista de Processo*, São Paulo: RT, v. 234, 2014, p. 191.

ZAVASCKI, Teori Albino. *Antecipação da tutela*. São Paulo: Saraiva, 1997.

ZAVASCKI, Teori Albino. *Comentários ao Código de Processo Civil*. São Paulo: RT, 2000. v. 8.

ZAVASCKI, Teori Albino. Inexigibilidade de sentenças inconstitucionais. In: DIDIER JR., Fredie (org.). *Relativização da coisa julgada* – enfoque crítico. 2. ed. Salvador: JusPodivm, 2006.

ZAVASCKI, Teori Albino. *Processo coletivo*: tutela de direitos coletivos e tutela coletiva de direitos. 4. ed. São Paulo: RT, 2009.

ZAVASCKI, Teori Albino. *Processo de execução*: parte geral. 3. ed. São Paulo: RT, 2004.

ZENKNER, Marcelo. *Ministério Público e efetividade do processo civil*. São Paulo: RT, 2006.